Das große BLV

Handbuch Garten

Das große BLV Handbuch Garten

DIE GARTENPLANUNG
Gartengestaltung • Gartenrecht

PRAXISWISSEN
Botanik • Phänologie • Boden Gärtnerische Praxis • Düngung Pflanzenschutz

Pflanzenschutz

GEHÖLZE FÜR DEN ZIERGARTEN
Ziergehölze • Hecken • Rosen Kletterpflanzen

Ziergehölze

Hecken

Rosen

Kletterpflanzen

GRÜNE TEPPICHE
Rasen • Blumenwiese • Bodendecker

Rasen

Blumenwiese

Bodendecker

BLUMEN FÜR DEN GARTEN
Stauden • Blumenzwiebeln Pflanzbeispiele • Sommerblumen Kübelpflanzen

GARTENFORMEN
Wassergarten • Naturnaher Garten Biogarten • Bauerngarten

DER NUTZGARTEN
Baumobst • Beerenobst • Gemüse Kräuter

Baumobst

Beerenobst

Gemüse

Kräuter

GÄRTNERN UNTER GLAS UND FOLIE
Verfrühen • Kleingewächshaus Wintergarten

Verfrühen

Kleingewächshaus

Wintergarten

ARBEITSKALENDER

Die Autoren und ihre Beiträge

Wolfram Franke

Der Staatlich geprüfte Gartenbautechniker verbindet seit 1980 gärtnerisches Fachwissen mit redaktioneller Tätigkeit. Als Experimentierfeld für das naturgemäße Gärtnern dient ihm sein Kreativgarten, den er auch für Besucher öffnet. Wolfram Franke ist Chefredakteur des im Deutschen Landwirtschaftsverlag erscheinenden Biogarten-Magazins »kraut&rüben« und verfasste mehrere Gartenbücher, darunter drei zum Thema Gartenteich/Schwimmteich sowie zahlreiche Sonderpublikationen. In Vorträgen, Seminaren, Rundfunk- und Fernsehsendungen engagiert er sich für das Gärtnern nach naturgemäßen Regeln.

Der gesunde Gartenboden Seite 64 • Die Bodenbearbeitung 68 • Die Bodenverbesserung 70 • Bunte Alternative: die Blumenwiese Seite 256 • Der Naturnahe Garten Seite 378

Dr. Reinhold Kaub

Dr. Reinhold Kaub war Rechtsanwalt und Leitender Regierungsdirektor. Er war viele Jahre Mitglied des Bayerischen Landtags und Sprecher der SPD-Landtagsfraktion für Natur- und Umweltschutz sowie für Freizeit und Erholung. Von 1980 bis 1987 war er Beauftragter des Bund Naturschutz e.V. für Südbayern. Der. Reinhold Kaub ist Autor zahlreicher Fachaufsätze über Natur- und Umweltschutz sowie eines Buches über das Gartenrecht.

Das Gartenrecht Seite 48

Maria und Christoph Köchel

Diplom-Ingenieure für Gartenbau. Nach Lehr- und Gehilfenjahren studierten beide in Weihenstephan Gartenbauwissenschaften. Im Anschluss daran gründeten sie eine Spezialgärtnerei für mediterrane Pflanzen in Au/Hallertau. Schwerpunkte ihrer Arbeit sind neben der Gärtnerei die Gestaltung von Terrassen mit Kübelpflanzen und die Begrünung von Wintergärten. Ebenso gehört die Bepflanzung großer Innenraumbegrünungen zu ihrem Wirkungsbereich. Verfasser von Fachbüchern und zahlreichen Veröffentlichungen in Fachzeitschriften, Vorlesungen als Lehrbeauftragte an der FH Weihenstephan.

Kübelpflanzen verzaubern Garten, Terrasse und Balkon Seite 342

Marie-Luise Kreuter

Marie-Luise Kreuter ist Fachjournalistin und Schriftstellerin mit den Spezialgebieten Naturgemäßer Garten und Kräuter. Seit über drei Jahrzehnten sammelt sie praktische Erfahrungen mit biologischen Methoden im eigenen Garten. In verschiedenen Fachzeitschriften und Magazinen, in Rundfunk und Fernsehen, auf Video und in zahlreichen Veröffentlichungen bringt sie ihr umfangreiches Wissen einem breiten Publikum näher. Marie-Luise Kreuter veröffentlichte zahlreiche Bücher, ihr Buch »Der Bio-Garten« wurde zum Vorreiter der Biogarten-Literatur. Sie ist außerdem Herausgeberin und Fachberaterin der Zeitschrift »kraut&rüben«, die bei BLV erscheint.

Mulch: schützende Decke für den Boden Seite 74 • Kein Garten ohne Kompost Seite 77 • Biologischer Pflanzenschutz im Hausgarten Seite 144 • Hilfe in der Not 145 • Biogarten Seite 390 • Bauerngarten Seite 396 • Kräutergarten Seite 498

Ulrike Leyhe

Ulrike Leyhe ist Diplom-Ingenieurin agr., nach ihrer Baumschulausbildung und Gehilfenzeit folgte das Studium der Gartenbauwissenschaften an der TU München-Weihenstephan. Im Anschluss folgte ein gartenbauliches Referendariat an Nordrhein-Westfalen. Seit 1996 ist sie als Technische Leiterin im Sichtungsgarten Freising-Weihenstephan tätig. Ulrike Leyhe hat bereits mehrere Bücher zum Thema »Garten« verfasst.

Bodendecker für schnelle Begrünung Seite 262 • Stauden – bunte Vielfalt für jeden Garten Seite 270 • Blumenzwiebeln Seite 310 • Pflanzbeispiele vom Frühling bis zum Herbst Seite 320

Karl H.C. Ludwig

Diplom-Ingenieur der Landschaftsarchitektur. Er studierte in Berlin und Wien, arbeitete in Planungsbüros im In- und Ausland und war als Assistent an der TU Berlin tätig. Danach Partner einer Bürogemeinschaft in München und Redakteur von »Garten + Landschaft«, einer Fachzeitschrift für Landschaftsarchitektur. Seit 1991 Professor für Freiraumplanung an der Fachhochschule Nürtingen. Autor zahlreicher Bücher und Fachbeiträge zu Freiraumplanung und Landschaftsarchitektur.

Kletterpflanzen Seite 232

Robert Markley

Der Diplom-Ingenieur für Gartenbau war nach Baumschullehre und Studium zunächst acht Jahre im Baumschul-Großhandel tätig. Daneben begann der gebürtige Amerikaner seine Tätigkeit als Fachjournalist. Mittlerweile selbstständig, schreibt er regelmäßig für grüne Publikumszeitschriften (Gartenspaß, Mein schöner Garten) und Fachzeitschriften, arbeitet als Gartenbuchautor und als Spezialist für Warenpräsentation und Gehölzmarketing. Er berät Baumschulen und bietet vielfältige Dienstleistungen zur Absatzförderung in der Grünen Branche an.

Ziergehölze Seite 152 • Hecken für jeden Garten Seite 188 • Rosen – traumhaft schön Seite 198

Die Autoren und ihre Beiträge

Ulrike Schäfner

Ulrike Schäfner studierte an der Technischen Universität München-Weihenstephan Gartenbau (Dipl. Ing. agr.) mit den Schwerpunkten Obst, Gemüse, Arznei- und Gewürzpflanzenbau sowie Pflanzenschutz an Zier- und Nutzpflanzen. Anschließend sammelte sie im In- und Ausland mehrjährige praktische Erfahrungen im konventionellen und biologischen Gartenbau. Seit über 10 Jahren arbeitet sie als Redakteurin bei der Zeitschrift »kraut&rüben«, dem Gartenmagazin für Biologisches Gärtnern und naturgemäßes Leben. Die Fachjournalistin ist zudem Autorin verschiedener Gartenbücher für Hobbygärtner.

Pflanzenschutz im Hausgarten Seite 116 • Pflanzenschutz per Gesetz Seite 142

Hans Martin Schmidt

Hans Martin Schmidt ist in der Gärtnerei seiner Eltern aufgewachsen. Der Gärtnermeister und Florist hat den Betrieb 1987 übernommen. Seiner Leidenschaft alpiner Pflanzen folgend wechselte er 1997 an den Botanischen Garten Kiel, um dort das Alpinum zu leiten. Seit 1999 baut Hans Martin Schmidt in Feuchtwangen eine kleine Spezialgärtnerei für »Alpine Pflanzen« auf. Bereits seit seiner Meisterprüfung hat er an verschiedenen beruflichen Schulen nebenberuflich Fachtheorie und Fachpraxis unterrichtet, Vorträge über verschiedene Gartenthemen gehalten, Gartenbücher geschrieben und in verschiedenen Zeitschriften Artikel veröffentlicht.

Botanik 58 • Der Gärtner und das Wetter 62 • Die Düngung im Hausgarten 108 • Rasen Seite 244

Martin Stangl

Gartenbau-Ingenieur. Nach gärtnerischer Lehre, Gehilfenzeit und Studium in Weihenstephan war Martin Stangl bei der Bayerischen Landesanstalt für Pflanzenbau und Pflanzenschutz, in der Abteilung Gartenbau der Regierungen von Unter- und Mittelfranken sowie als Fachberater tätig. Auf der IGA 83 in München war er verantwortlich für die internationale Fachpresse. Er war über Jahrzehnte hinweg vereidigter Sachverständiger sowie freier Gartenschriftsteller und veröffentlichte sein Wissen in zahlreichen Büchern und Zeitschriften. Vor einigen Jahren ist unter seiner Leitung in ehrenamtlicher Tätigkeit der Schäftlarner Prälatengarten neu erstanden, ein Kleinod der dortigen Benediktinererabtei.

Gärtnerische Praxis Seite 82 • Das Baumobst Seite 404 • Das Beerenobst Seite 440 • Arbeitskalender Seite 542

Siegfried Stein

Diplom-Ingenieur für Gartenbau. Nach Gärtnerlehre und Studium mit Fachrichtung Zierpflanzen und Gemüsebau an der TU Berlin folgten Praxisjahre in Samenzuchtbetrieben im In- und Ausland. Viele Jahre arbeitete Siegfried Stein in der Produktentwicklung bei einem großen Samenzuchtbetrieb in Lüneburg. Heute ist er als Gartenjournalist und Gartenbuchautor selbständig tätig.

Wasser im Garten – Erlebnis für die Sinne Seite 356 • Gemüse Seite 458 • Gärtnern unter Glas und Folie Seite 520 • Der Wintergarten Seite 536

Herta Simon

Diplom-Gärtnerin mit Studium an der TU München-Weihenstephan. Seit 1980 bei Gartenschauen tätig (IGA 83 München, BUGA 85 Berlin, IGA 93 Stuttgart, BUGA 99 Magdeburg, BUGA 2001 Potsdam). Bei der IGA 83 entdeckte Herta Simon ihre Vorliebe für Frühlings- und Sommerblumen. Es wurde damals ein neues, natürlicheres Konzept der Pflanzenverwendung entwickelt, bei dessen Umsetzung sie beteiligt war. Seit einigen Jahren gestaltet sie die Wechselpflanzungsflächen im Britzer Garten in Berlin (ehemalige BUGA 85). Die Autorin ist freiberuflich tätig und durch Publikationen auf den Gebieten »Garten« und »Zimmerpflanzen« bekannt.

Frühlings- und Sommerblumen Seite 330

Gisela Zinkernagel

Diplom-Ingenieur der Garten- und Landschaftsarchitektur. Nach Abitur und Baumschullehre studierte Gisela Zinkernagel in Weihenstephan und Hannover und arbeitete anschließend in Planungsbüros in England, Berlin und Hannover. Seit mehreren Jahren arbeitet sie als freischaffende Gartengestalterin. Ihre Ideen, ihre Pflanzenkenntnisse und ihr praktisches Wissen hat sie in mehreren Büchern und Artikeln vorgestellt Außerdem wurde Gisela Zinkernagel als Übersetzerin von Gartenbüchern bekannt.

Die Gartengestaltung Seite 12

Eva Ott

Eva Ott ist für die Schriftleitung des »Handbuch Garten« verantwortlich und betreut das Werk seit 1986. Sie ist Graduierter Ingenieur der Landespflege, Schwerpunkt Grünplanung, mit Studium an der Fachhochschule Weihenstephan. Anschließend sammelte sie praktische Erfahrungen in Architekturbüros, unter anderem war sie bei der Planung für die Umgestaltung des Westparks zur IGA 83 in München beteiligt. Ab 1981 war Eva Ott für fünf Jahre als Lektorin im Gartenbuchbereich bei BLV tätig. Sie ist Verfasserin einiger Artikel in der Gartenzeitschrift »kraut & rüben« sowie Autorin von Gartenbüchern zu den Themen Gartengestaltung und Technik im Garten.

Schriftleitung

DIE GARTENPLANUNG

Gartengestaltung • Gartenrecht

Gedanken zur Gartengestaltung

Es wird heutzutage vielfach bedauernd festgestellt, dass es für unsere Zeit keinen passenden und gültigen Stil der Gartengestaltung gibt. Wir scheinen in einer Zeit des Umbruchs zu leben, in der die Gartenkunst noch keine zeitgemäße und allgemein gültige Ausdrucksform unseres Lebens findet.
Wenn wir einen Garten gestalten wollen, so werden unsere Gedanken und Überlegungen stets von dem geleitet, was wir im Laufe unseres Lebens gesehen haben. Von historischen Vorbildern beeinflusst, verwenden wir immer wieder die vorhandenen Motive, häufig in widersprüchlicher Zusammensetzung, und so verlieren sie ihre Bedeutung und die ihnen eigen gewesene Aussagekraft.
Wir leben in einer Zeit, in der technisch fast alles möglich ist, eine Tatsache, die für uns große Vorteile, aber auch erhebliche Nachteile bringt. Bauten die Menschen früherer Zeiten ihre Häuser mit relativ geringem, wenigstens aber vertretbarem Aufwand dorthin, wo es geographisch, morphologisch und klimatisch am sinnvollsten war (ausgenommen einige absolutistische Herrscher des Barock), und schlossen sie sich zu einander hilfreichen Gemeinschaften zusammen, so sind wir heutzutage in der Lage, in großspuriger Vernachlässigung aller natürlichen Gegebenheiten das repräsentative Einfamilienhaus mit Swimmingpool am unverbaubaren Südhang und die Reihenhaussiedlung im Überschwemmungsgebiet einer Flussniederung zu bauen.
Losgelöst von alten Bindungen verwenden wir zum Beispiel das »nostalgische« Motiv des Kräutergärtleins aus den mittelalterlichen Klostergärten, wo tatsächlich heilkräftige Kräuter zur Linderung der Leiden geerntet und verwendet wurden, und füllen damit eine Ecke in unserem Hausgarten. Während die Kräuter dort ihren Kampf gegen das »Unkraut« aufnehmen, gehen wir in die Apotheke und kaufen uns Pillen und Salben. Sehr ähnlich verfahren wir mit dem Bauerngarten. Im Zuge der Rückbesinnung auf die Natur ist er zum beliebten Motiv geworden. Er gehört jedoch in den ländlichen Raum, es ist das Stückchen Land, das die Bäuerin dem Zugriff der umgebenden Natur abgerungen hat, von einem einfachen Holzzaun umgeben und eingebettet zwischen Hof und Weideflächen. Entreißt man ihn dieser Umgebung und glaubt, ihn im städtischen Siedlungsbereich anlegen zu müssen, degradiert man ihn zur Dekoration.
Sehr in Mode sind neuerdings auch Stein- und Kiesgärten. Ihre Elemente stammen entweder aus dem Hochgebirge oder aus japanischen Gärten, beides ist vom natürlichen und geistigen Ursprung her so weit von den Gegebenheiten in den meisten unserer Hausgärten entfernt, dass bei einer Verwendung dieser Elemente nur zu allergrößter Behutsamkeit geraten werden kann. Eine nachempfundene Gebirgslandschaft gehört auf keinen Fall in eine saftig-grüne Wiesenlandschaft des Tieflands, und ebenso

Ein großer Garten in ländlicher Umgebung. Die Motive sind dem Bauerngarten und dem höfischen Garten entnommen: Buchseingefasste Blumenbeete, Streuobstwiese und der Rosenbogen, sie vermitteln die Stimmung der »guten alten Zeit«.

Pflanzen werden in neuen Gestaltungsansätzen häufig nicht in ihrer natürlichen Form, sondern in abstrahierten Kunstformen verwendet (wie im Barock auch schon einmal).

widersinnig ist es, auf dem Hang vor unserer Terrasse eine Miniatur-Alpenlandschaft anzulegen oder mühsam aus dem Gebirge herangeschleppte Felsbrocken entlang einer asphaltierten Garageneinfahrt aufzureihen.

Zwei »Erfindungen« des 19. Jahrhunderts haben die Form und Gestalt unserer Gärten wesentlich geprägt: der Rasen, der sich aus der Weide zum formalistischen Grünteppich entwickelt hat, und die Blumenrabatte, welche »die Gartenkunst in die Nähe des Konditorhandwerks bringt«. Diese provokative These stammt von L. Burckhardt, dem Schweizer Soziologen, der sich kritisch mit unserem heutigen Verständnis von Gesellschaft, Landschaft und Natur auseinandersetzte. Er beklage unter anderem auch, dass alle Motive und alle Materialien überall auftreten und dass »der Totaleinsatz des gesamten Arsenals« ebenso kostspielig wie wirkungslos sei.

Es darf uns nicht nur darum gehen, unsere Umwelt formal und optisch befriedigend zu gestalten, sondern Gestalt, Beziehung und Nutzung müssen eine erkennbare Einheit bilden, zu welcher auch der Mensch gehört.

Mensch und Umgebung

Ein eindrucksvolles Beispiel dafür, wie Menschen von der Nutzung ihrer unmittelbaren Umgebung weitgehend ausgeschlossen sind, finden wir in der Situation der Mieter in Geschosswohnungen. Diesen Menschen ist die Verfügbarkeit von und die Verantwortung für die Freiräume, die zu ihren Wohnungen gehören, abgenommen. Die Flächen dürfen häufig nicht einmal betreten und meist überhaupt nicht individuell genutzt oder bearbeitet werden.

Wir haben die Kriterien »Sauberkeit und Ordnung« aus den Wohnungen nach draußen projiziert, wir empfinden herumliegendes Laub, überwachsene Grenzen und manche Pflanzen, die wir dreist als Unkraut bezeichnen, als unordentlich und störend. Wir haben uns daran gewöhnt, uns inmitten gepflegter Sauberkeit als passive Betrachter zu bewegen. Grenzen wurden festgelegt (was gepflegt ist, darf nicht benutzt werden), inner-

Wie im japanischen Garten werden auch in modernen Gärten nichtpflanzliche Objekte zur Gestaltung eingesetzt.

Ein kleiner formaler, in Anlehnung an die Architektur gestalteter, pflegeleichter Garten.

halb derer wir uns wie Marionetten verhalten. Es ist aber doch so, dass ein Garten wie eine Wohnung verschiedene Nutzungsbereiche aufweisen muss, die den verschiedenen Bedürfnissen seiner Bewohner Rechnung tragen sollten.

Wir müssen Bereiche ausweisen für Kinder, Hausfrauen, ältere Menschen, Pflanzenliebhaber, für Menschen mit dem Wunsch, häufig zu feiern, sich körperlich auszuarbeiten, Tiere zu beobachten oder sich auszuruhen. All dies können wir in unseren kleinen Gärten natürlich nicht nebeneinander aufreihen. Vielmehr sollen sich die einzelnen Nutzungsarten überlagern, aneinander anpassen und ändern können, je nachdem, wie sich die Bewohner oder die Umgebung verändern.

Der Faktor Zeit hat bei der Planung unserer Gärten ein viel größeres Gewicht als beim Entwurf eines Hauses. Das lebende Material Pflanze, das wir in unsere Gärten einbringen, entwickelt im Laufe der Zeit ein Eigenleben, dem wir mit Achtung und Toleranz gegenübertreten müssen.

Eine neue Entwicklung ist bei uns durch die Schaffung von Muster- und Schaugärten ins Rollen gekommen: Sowohl in Deutschland, als auch in Holland, England und Amerika werden auf Gartenschauen die Trends der neuen Gartenarchitektur offenkundig. Die Zeit der niedlichen Cottage-Gärten scheint auf der großen Bühne der Gartenarchitektur vorüber zu sein, zu wenig passen sie in Form und Inhalt zur modernen Designer-Architektur. Die Planungsrichtung geht vielmehr hin zu einem stärkeren Bezug zur Umgebung, das heißt, zur Einbeziehung von Wesen und Geschichte des jeweiligen Ortes, sie ist häufig recht provokativ in dem Sinne, dass sie Materialien zum Einsatz bringt, die in diesem Zusammenhang bisher unüblich waren, was bis hin zur Absurdität gehen kann, der jedoch nicht selten ein unbeschwerter Humor innewohnt. Von den neuen Strömungen in der Gartenarchitektur seien im Folgenden einige Richtungen aufgezeigt.

Neue Strömungen in der Gartengestaltung

Es gibt eine Richtung in der Gartenarchitektur, welche die Pflanze als tektonisches Element betrachtet. Das bedeutet nicht, dass die Ehrfurcht vor der Pflanze als Lebewesen verloren gegangen ist, es ist vielmehr Ausdruck des Gestaltungsprinzips innerhalb urbaner Räume auch auf pflanzlicher Ebene die Bearbeitung durch Menschenhand deutlich werden zu lassen.

Den Pflanzen kommt im zeitgenössischen Entwurf dieser Richtung eine Objektrolle zu, sie werden eingesetzt wie Bauelemente, losgelöst vom natürlichen Kontext. War es früher etwas Besonderes, unbekannte Pflanzen originell zu arrangieren, so geht es heute häufig darum, bekannte Pflanzen in ungewöhnlicher Kombination oder jenseits überkommener Sehgewohnheiten zu präsentieren. Reizvolle Blattfarben oder -formen, auffallende Blüten- oder Fruchtstände, bizarre Wuchsformen werden in Massen oder einzeln verwendet, um sowohl eine großartige Gesamtwirkung als auch eine Reduzierung auf das Wesentliche zu bewirken, die bis hin zu meditativer Ruhe führen kann.

Diese gedankliche Entwicklung führt uns nun weiter zum so genannten Minimalismus, einer Strömung in der Gartenarchitektur, die als Antwort auf die modernistische Architektur des 20. Jahrhunderts zu verstehen ist: zurückhaltend gestaltete Bauten aus Beton und Glas fordern eine ähnliche Behandlung des dazugehörigen Freiraumes. Es wird häufig mit Bodenmodellierungen gearbeitet, die durch Einbauten von Eisen- und Stahlelementen, Glas oder Spiegeln durchlässige oder reflektierende Abgrenzungen erfahren. Die entstandenen, häufig ungewöhnlichen, überraschenden Aspekte werden durch großflächige Pflanzungen nur weniger Arten noch gesteigert. Es entstehen Situationen ähnlich wie in japanischen Gärten, die schlicht und ausdrucksvoll sind, subtile Gartenräume, oft in enger Verbundenheit mit der Architektur.

Es erhebt sich die Frage nach der Haltbarkeit und Pflege derartiger Anlagen. Wenn aus der Vielfalt von Pflanzen dieses speziellen Standortes gezielt nur die Widerstandsfähigsten ausgewählt und diese mit starkwüchsigen architektonischen Arten, zum Beispiel hohen Gräsern, kombiniert werden, so kann man einen naturalistischen Gesamteindruck mit harmonischen Kontrasten erzielen, eine sozusagen robuste, artenarme Pflanzung, die an das fachlich weniger erfahrene Pflegepersonal keine zu hohen Ansprüche stellt. Auch gelegentlich verwendetes anorganisches Mulchmaterial (Kies, Stein- oder farbiger Glassplitt) bringt erstaunliche Effekte und reduziert das Keimen von Unkrautsamen und damit den Pflegeaufwand.

Ein anderer sehr deutlicher Trend in der heutigen Garten- und Landschaftsarchitektur widmet sich der schon erwähnten bewussten Einbeziehung von Besonderheiten des Ortes, seiner natürlichen Ge-

In auffälliger Form geschnittene Pflanzen dominieren in diesem Garten und erwecken besondere Aufmerksamkeit.

gebenheiten, seiner Umgebung, sogar seiner Geschichte. Unter anderem ausgelöst durch den Niedergang der Kohleindustrie im Ruhrgebiet hat sich ein Wahrnehmungswandel vollzogen. Verlassene Zechengebäude, Förderschächte, Kohlebunker, Hochöfen und die sie umgebenden Freiflächen werden zu Landschaftsparks, in denen die Bevölkerung einen neuen Zugang zur Geschichte des Ortes erfahren kann. Beispiele für diese neue Aufmerksamkeit an geschichtsträchtigen Plätzen gibt es viele: ehemalige Heizkraftwerke, Braunkohletagebaugruben und Abraumhalden, Rangierbahnhofsgelände und vieles andere. Allen gemeinsam ist die Faszination, die ausgeht vom zugelassenen Verfall und dem Neuen, das sich daraus ergibt, ist der Charme des Unperfekten, das vorschtig gesteuert wird.

Selten finden wir in unseren kleinen Gärten eine derartig starke Vergangenheit, aber vielleicht ist hin und wieder doch etwas Besonderes, Charakteritisches zu finden. Wir sollten es behutsam aufnehmen und mit in unsere Planung einbeziehen.

In der Stadt oder in unmittelbarem Zusammenhang mit Architektur kann sich ein Garten durchaus als »gebändigte Natur« darstellen. Nicht selten werden in modernen Entwürfen farbige Putzflächen zusammen mit bunten Kunststoffmöbeln verwendet und die grünen Pflanzen stehen selbst fast wie Möbel in diesem Raum. Es sind geschnittene Sträucher, die entweder ein Grundraster bilden oder Räume schaffen für weitere Interpretationen und Entwicklungen. So ergeben sich, wenn man durch derartige Anlagen geht, perspektivische Veränderungen, mal steht eine Sitzbank oder ein Kunstwerk in einer Nische, mal ein kleines Wasserbecken oder eine duftende Blumengesellschaft, häufig ist der Garten als Ganzes nicht überschaubar, sondern erschließt sich erst während des Durchschreitens.

Die Pflanzen sollen sich der Architektur anpassen oder sie ergänzen, sie führen kein ausgeprägtes, natürliches Eigenleben mehr.

In diesem Hausgarten spielt ein artenreiches Staudenbeet die Hauptrolle, das einer aufmerksamen, liebevollen Pflege bedarf.

Der natürliche »Baustein« Pflanze

Wenden wir uns endlich dem ganz normalen kleinen Hausgarten zu, fern ab vom schwungvollen Design moderner Gartenarchitektur, er wird seine Berechtigung behalten. Es gilt hier, über den Wünschen des menschlichen Nutzers nicht die ökologischen Bedürfnisse des natürlichen Bausteines Pflanze zu vergessen, das wird uns viel Arbeit ersparen. Wir sollten die Pflanzen stets so einsetzen, dass sie sich ihrer Art entsprechend zu charaktervollen und dominierenden Geschöpfen entwickeln können. Wenn wir zudem den Mut haben, das Laub liegen zu lassen, in einer Ecke unseres Gartens abgeschnittene Zweige und Äste aufzustapeln, Platten- und Wegeflächen nicht zu betonieren, sondern wasserdurchlässig zu halten, irgendwo einen Stein- und Kieshaufen aufzuschütten und sich (fast) selbst zu überlassen, einen Teich anzulegen und ihn sich ebenfalls (fast) selbst zu überlassen, Pflanzen zu verwenden, die züchterisch nicht oder nur wenig beeinflusst sind, dann werden wir in relativ kurzer Zeit einen vielfältigen, lebendigen Garten haben. Es werden sich Frösche und Kröten einfinden, Vögel, Spinnen, Eidechsen, verschiedene Mäusearten, vielleicht auch Maulwürfe. Die Vegetation wäre in der Lage, sich auch nach intensiver Nutzung durch Kinder wieder zu regenerieren, oder sie verändert sich zum Beispiel im Bereich eines ehemaligen Sandspielplatzes, weil der Boden dort sandiger und durchlässiger geworden ist. Wir brauchen eine gute Beobachtungsgabe und etwas Fingerspitzengefühl, um einen solchen Garten so zu steuern, dass unser ästhetisches Empfinden nicht zu kurz kommt.

Wenn wir vielleicht auf das formalistische Element eines Rosenbeetes verzichten würden, das selbstverständlich auch seinen Reiz hat, und die Fläche stattdessen dem Zusammenwirken verschiedener, weniger hochgezüchteter Pflanzen überließen, so würde sich uns eine ganz neue Erlebniswelt eröffnen, in der der Begriff »Unkraut« nur noch eine sehr untergeordnete Bedeutung hätte. Unkraut gibt es eigentlich erst, seitdem wir (dank der Arbeit der Gartentechniker, Züchter und Pflanzenproduzenten) in der Lage sind, Monokulturen anzulegen. Wir haben uns die Last des Unkrauts selber geschaffen, indem wir zu stark in das natürliche Gefüge eingegriffen haben. Das prächtige Blumen- oder Rosenbeet, seit Jahrzehnten wesentlicher Bestandteil unserer Gärten, hatte sich als Pendant zum Gemüsebeet entwickelt. Dort mussten, wollte man eine angemessene Ernte erzielen, konkurrierende Pflanzen entfernt werden. Das Zierbeet, angefüllt mit Produkten der Blumengärtnerei, brachte in der Regel mehr Ärger über den Kampf gegen das Unkraut und um das Überleben der Pflanzen, als Freude an ihrer Schönheit.

Eine neue, für unsere Zeit gültige Richtung in der Gartengestaltung wird wahrscheinlich erst die Nachwelt herausfinden. Aber im Vorhergesagten sind einige Stilrichtungen aufgezeigt, einige aus den alten Denkweisen herausragende Ansätze. Zum Abschluss sei noch ein Beispiel aus Schottland erwähnt: der Gartenarchitekt I.H. Finlay hat in seinem Garten in Schottland stimmungsvolle kleine Bereiche geschaffen, denen er ein Kunstwerk aus der Vergangenheit zuordnet; eine Passage am Wasser ist zum Beispiel wie auf dem Gemälde eines Landschaftsmalers gestaltet. Oder ein Stück Wiese wird zum Rasenstück Dürers. Im Garten leben für ihn bedeutungsvolle Assoziationen aus Dichtung und Malerei. Das sind sehr persönliche Ausdrucksformen – sie sollen nicht unbedingt zum Nachmachen anregen, sondern zum Nachdenken.

Wie entsteht ein Gartenplan?

Bevor wir mit dem konkreten Planen beginnen, sollten wir uns über eines klar werden: Jegliche Planung kann nur einen Prozess einleiten, einen Beginn signalisieren, einen Weg aufzeigen, aber nichts abschließen oder beenden. Dies gilt insbesondere für die Planung unserer Gärten, sie können niemals fertig hergestellt werden. Sie wandeln sich ständig, und mit ihnen wandeln wir uns ebenfalls.
Unsere Gärten sind leider sehr klein geworden, eine Folge allzu hoher Grundstückspreise und dichter Bebauung. Obwohl unsere Städtebauer und Architekten oft ohne Beachtung natürlicher Gegebenheiten die Bebauung in der Landschaft verteilen, sollten wir uns dennoch zu Beginn unserer Überlegungen klar machen, in welcher natürlichen Umgebung unser Garten liegt. Während sich seine formale Gestaltung aus seiner Nutzung ergibt, muss seine Ausdrucksform im Einklang mit seiner Umgebung stehen. Gelegentlich kann ein Stilkontrast angebracht sein, etwa bei einem allseits umbauten Innenhof, aber im Allgemeinen ist das unpassend.
Wir sollten in der Planung möglichst alles, was an natürlichen Gegebenheiten vorhanden ist, berücksichtigen oder mit einbeziehen, besonders wenn unser Garten im Randbereich einer Ortschaft liegt. Bei der Pflanzenauswahl sollte hier weitgehend auf modische und auffallende Zierformen verzichtet und eher auf standortgerechte oder verwandte Arten zurückgegriffen werden.
Trotz der Korrespondenz mit der ihm umgebenden Natur sollte unser Garten ein geschützter Freiraum sein, in dem man ungestört Licht, Luft und Sonne genießen kann. Leider ist die Schaffung einer privaten Zone im Freien sehr schwierig geworden, sei es, weil die Grundstücke zu klein sind, oder weil die Häuser mitten im Grundstück liegen und ringsherum nur noch schmale Abstandsflächen übriggeblieben sind. Hier eine befriedigende Nutzungsform oder Erlebniswelt zu finden ist eines der besonderen Probleme, die sich bei der Planung unserer Gärten ergeben.

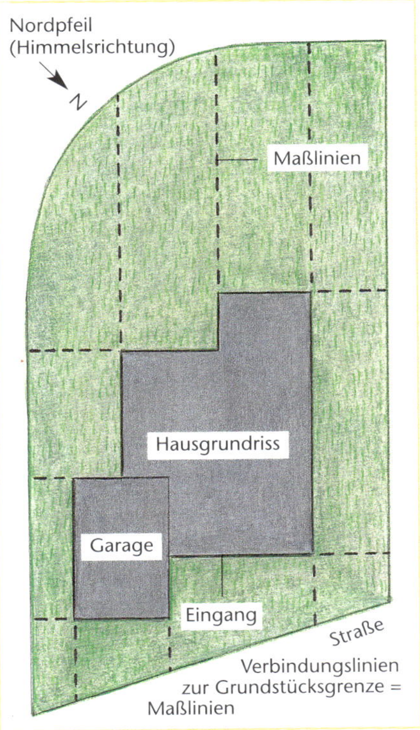

Das Einmessen des Hauses im Grundstück ist einfach, wenn Sie von jeder Ecke aus rechtwinklig die Entfernung bis zur Grenze eintragen.

Entscheidender Gesichtspunkt: die Lage des Grundstücks

Die Lage eines Grundstückes, ob es in der Stadt, am Stadtrand oder im dörflich-ländlichen Bereich liegt, sollte stets ein entscheidender Gesichtspunkt für seine Gestaltung sein, obwohl der Gegensatz zwischen Stadt und Land langsam geringer zu werden scheint und nur die wenigsten Haus- und Gartenbesitzer noch wirklich in der Stadt oder richtig auf dem Land wohnen. Quadratkilometergroße Stadtrandgebiete breiten sich in der Landschaft aus und sind weder »Fisch noch Fleisch«. Vielleicht können Sie für Ihr Grundstück herausfinden, ob dort früher landwirtschaftliche Nutzung war, Weide oder Äcker, ein Tal mit Bachlauf, oder liegt es vielleicht in der Nähe einer ehemaligen Mühle, eines Industriegeländes, eines historischen Gebäudes oder auf historischem Grund? Wenn sich irgendein sinnfälliger Bezug zur Umgebung herstellen lässt, können Sie Ihrem Garten eine unverwechselbare Identität geben.
Grundsätzlich gilt, inmitten dichter Bebauung, im Stadtkern, auf einem Dachgarten, in einem Innenhof, in einer Reihenhaussiedlung, einer Teppichbebauung aus L- oder U-Haustypen müssen andere Gestaltungsmittel eingesetzt werden als bei weiter voneinander entfernt liegenden Einzelhäusern oder Häusern, von denen aus eine direkte oder wenigstens noch optische Verbindung zur freien Landschaft besteht. In der Stadt können wir bevorzugt architektonische, strenge, gebaute Gestaltungselemente verwenden, im ländlichen Bereich sollten natürliche, weiche, landschaftsgebundene dominieren. In der Stadt kann die Pflanze

Der im freien Raum liegende Garten braucht mitunter eine dichte Abschirmung nach außen, ein Zaun mit Rankgerüst erfüllt diesen Zweck hervorragend.

Rund um das Haus können – entsprechend dem Kleinklima – verschiedene Sondergärtchen entstehen.

bewusstes Gestaltungsmittel, Kontrast, Steigerung zur Architektur sein, auf dem Land soll sie sich einfügen in die natürlichen, an dem jeweiligen Standort herrschenden Gegebenheiten.

Die Planung, erster Schritt

Wenn Sie sich über Art und Lage Ihres Grundstückes im Klaren geworden sind, sollten Sie den Hausgrundriss (meist als Bauplan vorhanden) im Maßstab 1:100 (1 cm auf dem Papier sind 100 cm in der Natur) auf ein Blatt Papier aufzeichnen. Es ist vorteilhaft, Transparentpapier zu verwenden. Kaufen Sie sich davon einige Blatt in DIN A4-Größe. Im Laufe des Planungsprozesses können Sie Änderungen auf solch einem, über den Grundriss gelegten durchsichtigen Blatt ausprobieren, ohne radieren oder den Grundriss neu zeichnen zu müssen. Dann messen Sie im Garten von jeder Hausecke aus im rechten Winkel und in Verlängerung der Hausflucht bis zu den Grundstücksgrenzen, tragen diese Entfernungen auf Ihrem Plan ein und verbinden die Punkte. So erhalten Sie eine recht genaue Zeichnung Ihres Grundstückes. Baugenehmi-

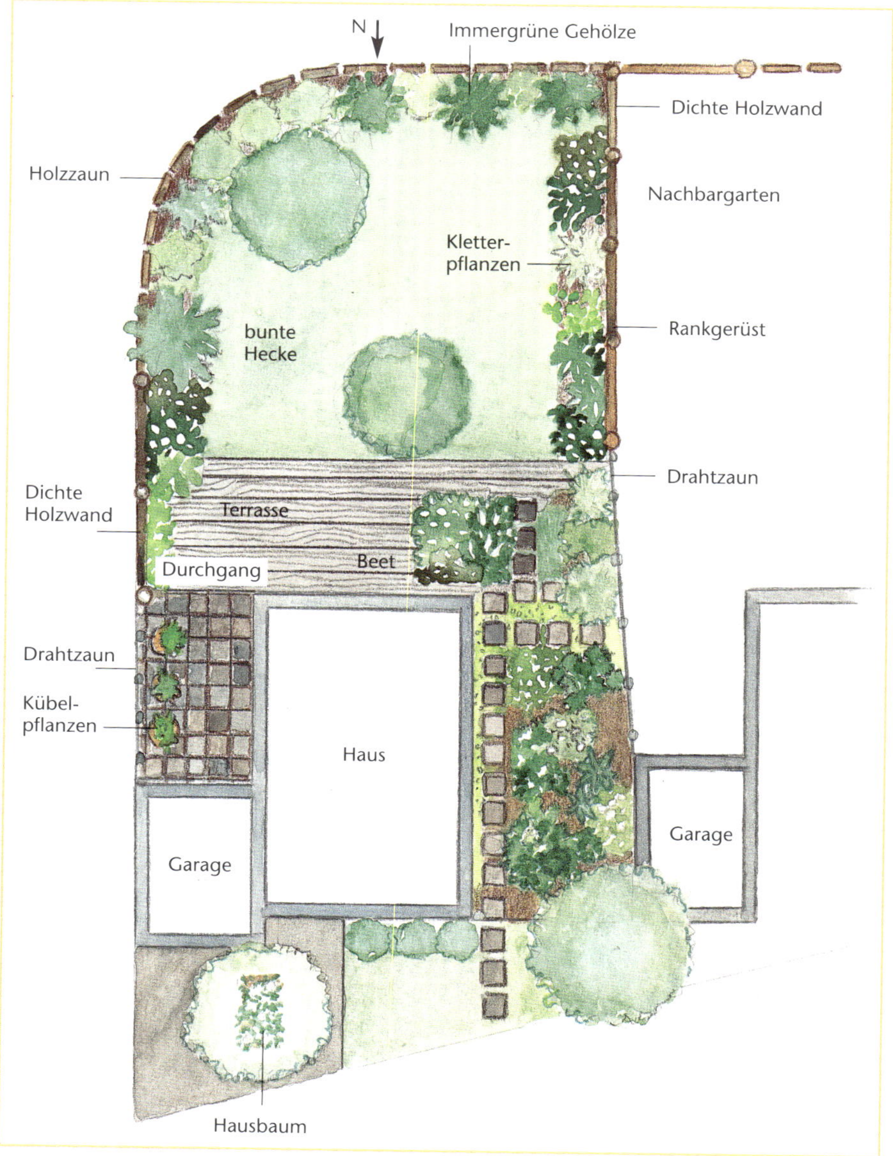

Gut ist links die Unterteilung des Gartenraumes in verschiedene Bereiche zu erkennen. Die Terrasse rechts liegt über Gartenniveau und erhält dadurch engen Bezug zum Haus.

gungsplänen liegen kleine Übersichtspläne im Maßstab 1:500 bei, aus ihnen können Sie sich Ihr Grundstück auch herausvergrößern (1 cm auf dem kleinen Plan sind 5 cm auf Ihrem Plan).
Wichtig ist nun noch die Eintragung der Himmelsrichtung, damit Sie während Ihrer Überlegungen stets vor Augen haben, wo die mehr oder weniger besonnten Flächen liegen.
Ein erster, bedeutender Gesichtspunkt für die Gestaltung unseres Gartens ist seine Beeinflussung von außen. Die heutige dichte Bebauung hat zur Folge, dass wir beim Blick aus dem Fenster fast immer irgendein Nachbarhaus sehen oder eine Straße, auf der mehr oder weniger viele Autos fahren. Gegen beides gilt es sich zu schützen. Am wirkungsvollsten ist es, wenn man sich hinter eine Mauer oder einen dichten Zaun zurückziehen kann, deren Stellung, Höhe und Länge möglichst einen Bezug zu Gebäuden haben muss, das heißt, sie sollte in Flucht oder Verlängerung einer Gebäudekante verlaufen oder die Höhe einer Fensterober- oder -unterkante, einer Dachtraufe oder eines Sockels aufnehmen. Gleiches gilt für Rankgerüste, deren Bewuchs zumindest im Sommer für ausreichenden Sichtschutz sorgt. Gezielte Platzierung von Bäumen und Sträuchern ist natürlich auch eine Möglichkeit, neugierige Blicke abzuhalten. Dabei sollten Sie einen Gesichtspunkt berücksichtigen: Jedes Sichtschutzelement wirkt umso höher und deckt umso besser ab, je näher es beim Betrachter steht.
Ein Schutz gegen Autolärm und -abgase ist leider ungleich schwieriger, besonders auf begrenztem Raum. Eine Abpflanzung aus verschiedenen großblättrigen und auch immergrünen Sträuchern müßte wenigstens 5–10 m breit sein und ein Lärmschutzzaun, für den man in der Regel eine Genehmigung benötigt, hilft nur, wenn er sehr dicht an der Lärmquelle steht und ausreichend lang ist. Sie sollten sich bei einer derartigen Maßnahme immer mit Ihrem Nachbarn zusammentun und mit der Gemeinde absprechen.

Manchmal genügt eine kurze Mauerscheibe mit einem Durchlass, um eine geschützte und gleichzeitig einladende Eingangssituation zu schaffen.

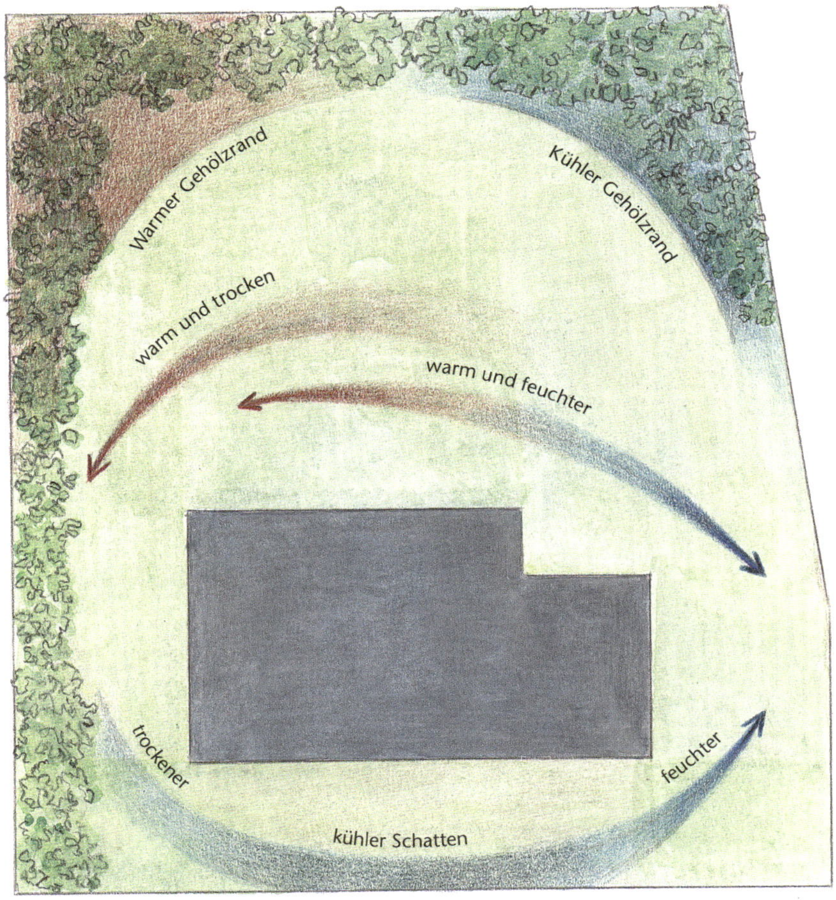

Das Kleinklima, ein wichtiger Punkt für die Planung

Ein weiterer wichtiger Faktor für die Planung und Gestaltung unseres Gartens ist das Klima. Nicht so sehr das großräumige, daran lässt sich nichts ändern, aber das so genannte Klein- oder Mikroklima, das sich je nach den örtlichen Verhältnissen wesentlich anders darstellen kann.
In der Stadt ist es, bedingt durch die Wärmeausstrahlung der Gebäude, zum Teil erheblich wärmer als außerhalb, es kann zwischen den Häusern windgeschützt und gleich daneben außerordentlich zugig sein. Ähnliche Extreme gelten für die Regenwasserverteilung. Im Regenschatten von Gebäuden herrscht große Trockenheit, andererseits fallen von den befestigten Oberflächen beträchtliche Wassermengen an, die meist schnell abgeleitet werden müssen. Seit einigen Jahren wird es mehr und mehr üblich, Regenwasser in Rinnen und Mulden oberirdisch oder unterirdisch in Rigolen zu sammeln, um die Abflussgeschwindigkeit zu verringern. Derartige Mulden

Prüfen Sie die Lage des Grundstückes in seiner Umgebung: Welches ist die sonnige, warme Seite, welches die kühle, schattige, wo ist es windig, wo trocken, wo feucht?

Dieser in einem baumbestandenen Gebiet liegende Garten hat einen gut mit Humus angereicherten sauren Boden. Besonders Rhododendron, Funkien, Anemonen fühlen sich hier wohl.

und Teiche bilden interessante Gestaltungsmöglichkeiten.
Eine wirksame und architektonisch reizvolle, innovative Methode zur Regulierung des lokalen Wasserhaushaltes ist auch die Begrünung von Dächern. Hier werden Niederschläge bis zur Erreichung einer gewissen Sättigungsgrenze aufgenommen, fließen verzögert ab und entlasten damit die Kanalisation. Diese Gesichtspunkte des Wassermanagements sollten bei der Planung der Außenanlagen mit einbezogen werden, ferner auch die Tatsache, dass die Luftverunreinigung in den Großstädten die Intensität der Sonneneinstrahlung oft so weit verringert hat, dass wir zum Beispiel Pflanzen, die eigentlich bevorzugt im Schatten gedeihen, in die »volle« Sonne pflanzen können.
Generell kann man sagen, dass das Kleinklima mit zunehmender Bebauungsdichte wärmer und trockener wird, was wir bei der Pflanzenauswahl für ausgesprochene Stadtgärten berücksichtigen sollten. Nutzen wir etwa gezielt die Strahlungswärme von Mauern aus, können in geschützten Ecken sogar Pflanzen im Freien kultiviert und überwintert werden, die normalerweise bei uns nicht winterhart sind (Feigen, Fuchsien, *Yucca*- und Palmen-Arten).
Auch die Vegetationszeit lässt sich mit Hilfe einfacher Mittel verlängern, wenn zum Beispiel Beete terrassiert werden oder eine Neigung nach Süden oder Südwesten erhalten. So nimmt ein um 15 Grad geneigter Hang im Frühjahr und Herbst fast doppelt so viel Energie auf wie eine ebene Fläche. Für ein Blumen- oder Gemüsebeet kann sich solch eine Modellierung nicht nur gestalterisch, sondern auch im Ertrag durchaus positiv auswirken.

Wichtigster Bestandteil unserer Gärten: der Boden

Zwar kann man in bestimmten, begrenzten Fällen einen Bodenaustausch vornehmen und sich über die natürlichen Gegebenheiten hinwegsetzen, in aller Regel wird jedoch durch die Bodenbeschaffenheit und die dadurch bedingte Pflanzenauswahl das Erscheinungsbild unserer Gärten entscheidend geprägt. Verwenden Sie deshalb auf die Pflege und Erhaltung der Oberbodenschicht in Ihrem Garten besondere Sorgfalt, gleichgültig, ob es sich um einen sandigen, leichten Boden oder einen lehmigen, schweren handelt.

➲ Mehr zum Thema »Boden« ab Seite 64.

In diesem schattigen Gartenteil ist auf leichtem, humosem Boden eine Art japanischer Garten entstanden.

Vielleicht sind Sie ein besonderer Pflanzenliebhaber und möchten sich eine Ecke mit Rhododendron und Moorbeetpflanzen anlegen, vielleicht einen Heidegarten oder ein Alpinum. Stets sollten Sie darauf achten, dass solche »Spezialisten« unter den Pflanzen den richtigen Boden bekommen. Wenn er nicht von Natur aus vorhanden ist, muss er herbeigeschafft werden. Das gilt insbesondere für die oft geschundenen Rhododendron, die einen sauren, sehr humosen Boden benötigen, um so schön zu gedeihen, wie sie auf Fotos dargestellt werden. Das bedeutet in den meisten Fällen, dass der normale Boden großzügig durch Torf, Sand und Rindenkompost ersetzt werden muss. Ähnliches gilt auch für die Heide *(Calluna),* die leichte, sandige Böden braucht.
Vor allem gilt es jedoch für ein Alpinum, wo ganz besonders darauf zu achten ist, dass wir den verschiedenen Gästen aus den Bergen die richtigen Standorte bereiten. Auch die in Wäldern natürlich vorkommenden, Schatten liebenden Pflanzen und deren Abkömmlinge, die wir im Norden und Osten unserer Häuser verwenden können, werden es uns danken, wenn wir ihnen einen mit Laub oder Rindenkompost, also mit viel organischer Masse durchsetzten Boden geben. Übergeben Sie den Pflanzen niemals den Boden so, wie ihn eine Baufirma hinterlassen hat. Der verdichtete, häufig leblose so genannte Oberboden, den eine Planierraupe auseinander geschoben hat, ist in den meisten Fällen kein geeignetes Substrat, in dem sich Pflanzen wohl fühlen können.

Die Geländeform im Garten fortsetzen

Besonderen Einfluss auf unsere Gestaltungsmaßnahmen hat die großräumige Geländebeschaffenheit, das heißt, unsere Modellierung im Detail sollte der großen Form nicht entgegenlaufen. Es kann viel reizvoller sein, sich einem natürlichen Geländeverlauf anzupassen, einen vorhandenen Wasserlauf mit einzubeziehen, auf einen alten Baum Rücksicht zu nehmen, als die Gartenflächen mit großem Aufwand aufzufüllen und einzuebnen, den Bach zu verrohren oder den Baum zu fällen. Alles, was unserem neuen Garten Unverwechselbarkeit und Charakter verleihen kann, sollten wir möglichst erhalten.

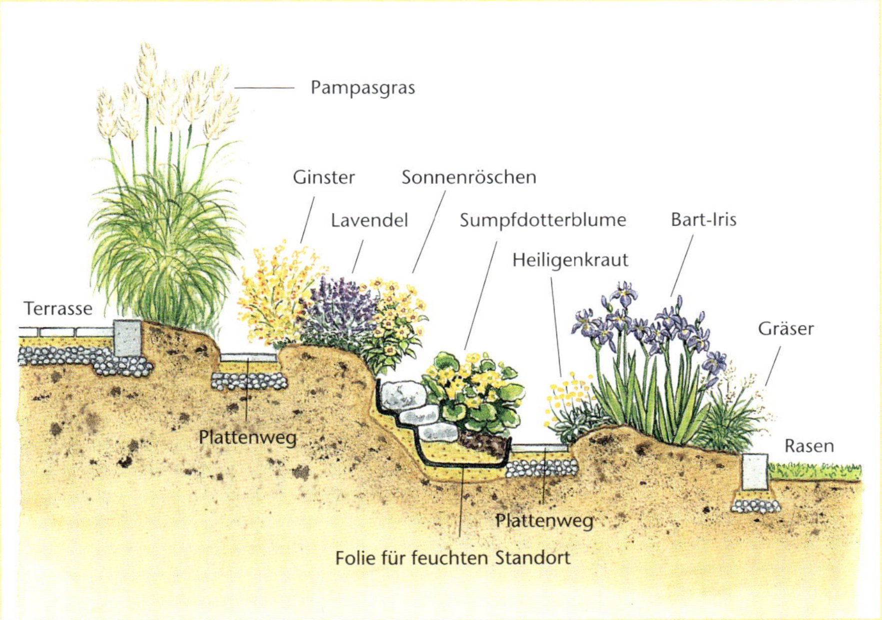

Hanggrundstücke können in ihrem Ablauf durch bewusst geschaffene Überhöhungen und/oder Vertiefungen interessanter gestaltet werden.

Hanggrundstücke

Derartige Grundstücke können reizvoll und originell gestaltet werden, und Sie sollten sich nicht scheuen, ein solches zu übernehmen, wenn Sie die Gelegenheit dazu bekommen. Am schönsten ist es, wenn der Hang auf das Haus zu fällt. Er bildet von innen einen herrlichen Blickfang, zugleich einen Schutz gegen Einsicht von außen. Nachteile eines solchen Grundstückes können sein, dass das Haus, da es tiefer liegt, weniger Sonneneinstrahlung bekommt und dass man bei der Anlage des Gartens besondere Sorgfalt auf den Schutz des Gebäudes vor Hang- und Oberflächenwasser verwenden muss. Eine geschickte Terrassierung kann dabei sowohl gestalterischen als auch technischen Nutzen bringen. Man könnte zum Beispiel ein kleines Bachbett bauen, in dem Wasser nur fließt, wenn es regnet, und das in der übrigen Zeit als trockene Kieselrinne in Erscheinung tritt. Auch den Traum der Hängenden Gärten der Semiramis könnte man sich hier verwirklichen: Über den Hang und die Terrassen könnten Kaskaden grüner und blühender Pflanzen herabhängen, vom Haus aus wunderbar zu übersehen. Weitaus häufiger ist leider die Situation, dass die Hangneigung vom Haus weg gerichtet ist. Dann sitzen wir in unserem Wohnzimmer oder auf der Terrasse hoch über dem Garten, der sich von uns abwendet. Es reicht gerade noch für einen schmalen Pflanzstreifen entlang der Terrassenvorderkante, die uns nun spärlichen Sichtschutz geben kann und uns vollends vom unteren Gartenbereich trennt. Bei einem solchen Grundstück gibt es eigentlich nur drei Möglichkeiten einer interessanten und befriedigenden Gestaltung. Entweder wird die Böschung so kurz wie möglich gehalten und als notwendiges Übel betrachtet, das überwunden werden muss, um in den unteren Gartenteil zu gelangen. Das bedeutet, dass entweder eine steile Böschung entsteht, durch dichte Bepflanzung gegen Erosion geschützt, vielleicht mit einem schrägen, den Hang diagonal durchschneidenden Abgang. Oder wir bauen

Ist der Hang in Richtung auf das Gebäude geneigt, kann man ihn gut überblicken und sich an der abwechlungsreichen Blütenfülle erfreuen, ohne das Haus verlassen zu müssen.

Stützmauern und Treppen (aus Beton, Formsteinen oder Holz, siehe Seite 27ff.), mit deren Hilfe das Gelände abgefangen wird. Das kann unter Umständen eine recht teure, aber auch reizvolle Lösung werden. Besonders im Bereich der Treppe können interessante Beete und Pflanzungen angelegt werden und diese spielerisch in den Garten einbinden.

Die dritte Möglichkeit besteht darin, dass wir für die Ausformung einer großzügigen Böschung zusätzliches Erdreich und mehr Gartenfläche in Anspruch nehmen, um gefällige und ausdrucksvolle Erdmodellierungen vornehmen zu können. Dabei folgen wir dem natürlichen Geländeverlauf weitgehend, bringen jedoch an notwendiger oder geeigneter Stelle künstliche Steigerungen. Der gelegentliche Einbau von kleinen Stützmauern und kurzen Treppen kann den Reiz einer solchen Anlage erhöhen. Die letzte der drei Möglichkeiten ist am ehesten dazu geeignet, die beiden Ebenen unseres Gartens zu einer harmonischen und auch gut nutzbaren Einheit zu verbinden.

Kleinere Geländevorsprünge lassen sich mit Holzpalisaden überwinden. Schön ist, dass Stufen und Stützwand aus dem gleichen Material hergestellt wurden.

Ebene Gärten

Im kleinen, ebenen Garten kommt es vor allem darauf an, ihn größer erscheinen zu lassen, als er ist. Hierfür gibt es allerlei Tricks, die von Gartenarchitekten gerne angewandt werden, deren Sie sich aber auch selber bedienen können.

Ganz geschickte Gartenbesitzer schaffen Höhenunterschiede künstlich und vergrößern auf diese Weise ihren Garten nicht nur optisch, sondern auch tatsächlich: Bei einer Neigung von 25 Grad ist die Geländeoberfläche um 10 % größer, bei 30 Grad Neigung um 20 %. So kann man seinen Garten durch den Einbau »künstlicher« Hügel und Senken tatsächlich vergrößern und durch die Schaffung neuer kleinklimatischer Standorte die Gestaltungs- und Erlebnismöglichkeiten erweitern.

Auch die Schaffung von Durchblicken – schon im Barock vergrößerte man durch Sichtachsen die ohnehin großen Gärten – auf Besonderheiten in der Umgebung, etwa Kirchturm, Baum, Weide, Berg oder Hügel, Durchblicke, die man vom Wohnzimmer, vom Arbeitsplatz der Hausfrau oder von der Terrasse aus genießen kann. Das »Fenster« darf jedoch nicht so groß sein, dass der ganze Garten wegen der Aussicht geöffnet wird. Der Durchblick sollte vielmehr relativ schmal gefasst sein, damit er um so interessanter wirkt. Ist es nicht möglich, einen Ausblick zu schaffen, so kann man selbst in kleinsten Gärten noch einen sehr wirksamen »Betrug« anwenden, den wir aus dem Theater kennen: das Schaffen von Kulissen. Wir können die Fläche durch Gegenstände oder Pflanzen gliedern, indem wir zum Beispiel die Sicht verstellen, so dass wir bestimmte Linien (Rasen- oder Beetkante, Teichufer) nicht mehr in ihrer ganzen Länge übersehen können. Das macht neugierig auf das, was verborgen ist, und wirkt in hohem Maße raumbildend. Auch geschwungene Wege, die hinter einer Mauer verschwinden, Hecken, versetzt angeordnet, mit schmalen Durchblicken, Pflanzungen, die den Raum einengen und wieder öffnen, sind

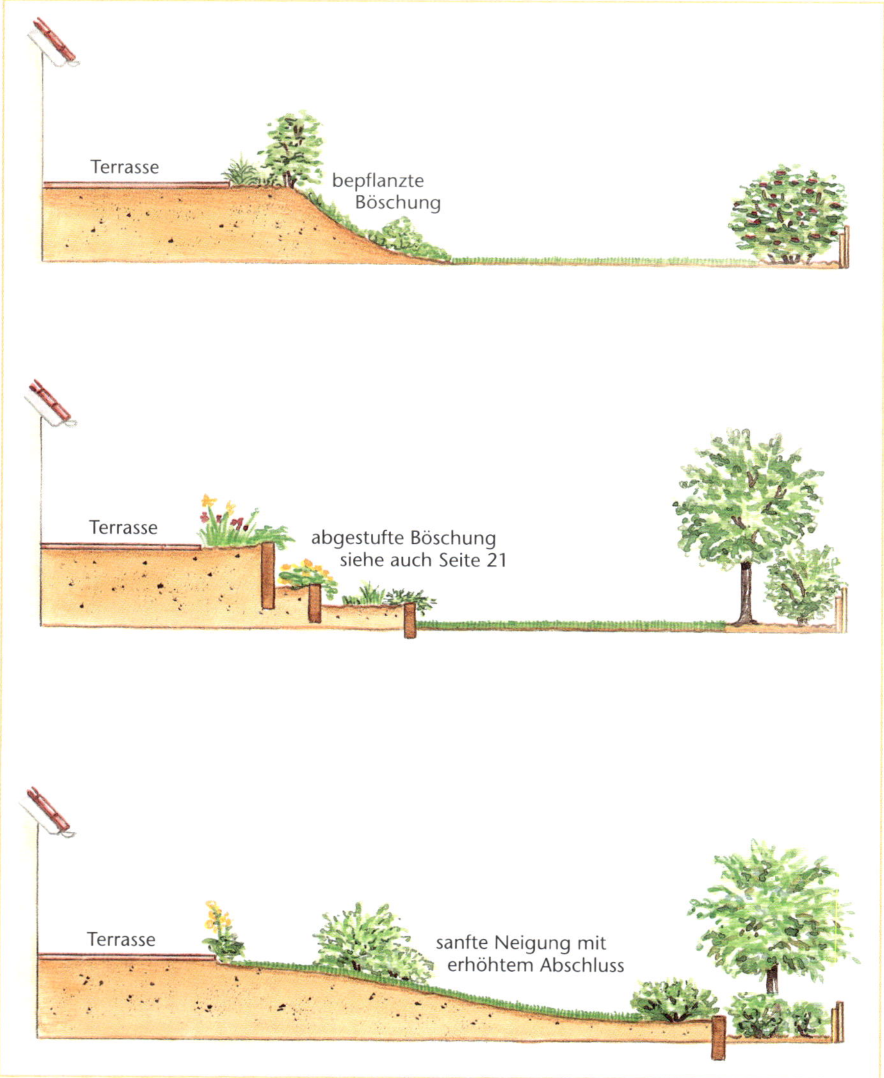

Wer viel ebene Flächen für Spiele benötigt, wird den Terassenhang möglichst steil gestalten. Eleganter und großzügiger ist jedoch eine geschwungene Form.

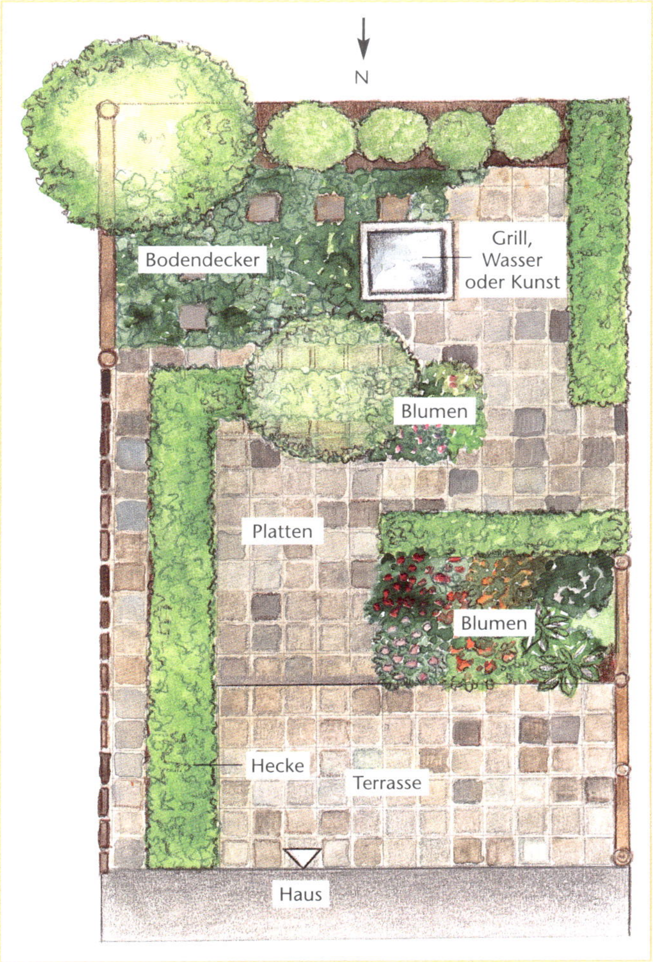

Diesen Garten kann man nicht auf einmal überblicken. »Kulissen« schaffen Räume, die man sich erst nach und nach erschließen kann.

Mittel, um räumliche Illusionen zu erzeugen und Neugier zu wecken. Man wird hineingelockt in den Garten, von einer Kulisse zur nächsten geführt, und jedes Mal wird die Aufmerksamkeit durch einen anderen Blickfang beansprucht.

Die Planung, zweiter Schritt

Haben Sie auf Ihrem Entwurfspapier eine Symbiose aus Ihren Wünschen und Bedürfnissen, der Größe und Lage des Grundstückes und den Einflüssen von außen gefunden, sollten Sie wieder ein Blatt Transparentpapier darüber legen und die einzelnen Bereiche noch einmal nachziehen und zum Beispiel auf Sitzplatzgröße achten (etwa 12 m²), auf die Wegeführung (keine spitzen Anschlusswinkel), auf die Abgrenzung zwischen Rasen- und Pflanzflächen (Fragen des Rasenmähens oder Unkrautjätens bedenken). Beachten Sie unbedingt, ob eingeplante Bäume auch nach zehn Jahren, wenn sie groß und stattlich geworden sind, an der vorgesehenen Stelle bleiben können und was ihnen unter Umständen »geopfert« werden kann.

Interessant: die Kostenfrage

Für die Materialien, also Platten, Sand, Holzbohlen, Kies, Naturstein- oder Betonpflaster usw., können Sie sich beim örtlichen Baustoffhandel die Preise besorgen. Maschinen, die Sie eventuell benötigen (Rüttler, Betonmischer, Minibagger, Transporfahrzeuge, Hilfsgeräte zum Betonstein-Mauerbau oder Plattenlegen), können Sie leihen. Fragen Sie beim Baufachhandel, beim Transportunternehemer oder schauen Sie im Internet. Die Preise für die Pflanzen erfahren Sie im Gartencenter oder, falls in Ihrer Nähe vorhanden, bei Baumschulen und Staudengärtnereien. Wenn Sie die Gartenarbeiten nicht selbst ausführen können,

Ein kleiner Garten, in welchem mit Hilfe formalistischer Elemente verschiedene, nicht sofort übersehbare Räume geschaffen wurden.

müssen Sie für das Herstellen des Gewerkes durch eine Fachfirma den Materialpreis etwa verdoppeln; das heißt, wenn 1 m² Platten 45,– Euro kostet, muss man für den fertig verlegten Quadratmeter etwa 90,– Euro rechnen.

Falls Sie sich die Anlage Ihres Gartens nicht selber zutrauen und einen Gartenarchitekten beauftragen, ist davon auszugehen, dass dessen Honorar sich nach der Herstellungssumme für die Anlage richtet. Je nach Arbeitsaufwand beträgt das Honorar 10 bis 30% der Herstellungssumme.

Adressen von Gartenarchitekten erhalten Sie zum Beispiel von der Deutschen Gesellschaft für Gartenkunst und Landschaftskultur, Berlin. Nachweise über Pflanzenlieferanten erhalten Sie vom Bund Deutscher Baumschulen in Pinneberg und der Sondergruppe Stauden im Zentralverband Gartenbau, Grünberg.

Die praktische Ausführung

Wege und Plätze bauen

Die Führung der Wege steht in engem Zusammenhang zur Geländebeschaffenheit. Wege dienen dabei sowohl der optischen Gliederung als auch der räumlichen Erschließung des Gartens. Ein Weg wird jedoch nur dann angenommen, wenn er sinnvoll angelegt ist. Wir erwarten, dass er uns die kürzeste Verbindung anbietet, und wir sind nur dann zu Umwegen bereit, wenn wir den Grund dafür einsehen. Im anderen Fall entstehen in kurzer Zeit Trampelpfade.

Haupt- und Nebenwege planen

Je nach Art der Benutzung werden wir Haupt- und Nebenwege planen. Hauptwege können die notwendigen Wege zum Hauseingang, zu Sitzplätzen, eventuell auch zum Gemüsegarten sein. In der Regel reicht hier eine Breite von 120 cm (für den Eingangsweg) bis 50 cm (für den Gartenweg). Sie sollten leicht zu begehen, gut sauber zu halten und nach Niederschlägen schnell wieder trocken sein. Andere, nicht so häufig benutzte Wege, etwa zum Komposthaufen, an einem Beet entlang oder durch eine Pflanzung hindurch, werden sich in der Regel der Pflanzung unterordnen, bedürfen keiner so perfekten Ausführung und können provisorischen Charakter haben. Sie werden schmal sein oder in Form von Trittplatten, als gemulchte Fläche oder einfach nur über den Rasen durch den Garten führen.

Die Art des Belages auswählen

Ist man sich über die Rangordnung der Wege im Klaren, kann man daran gehen, sich Gedanken über die Art ihres Aufbaus und ihres Belages zu machen. Geschwungene Wege lassen sich nur schlecht aus großformatigen, rechteckigen Platten gestalten. Für solche Wege bieten sich also kleine Formate an, etwa Katzenkopf, Kleinsteinpflaster, unregelmäßige Platten verschiedener Größen, Klinker, aber auch mit Rundhölzern eingefasster Rindenmulch.

Vielen Anforderungen gerecht wird ein Kiesweg. Er besitzt eine Oberfläche, auf der kein Wasser stehenbleibt, Unkraut findet sich fast nicht ein (Kies etwa 5 cm stark auf eine Vliesmatte aufbringen) und wenn, ist es leicht zu entfernen. Man kann ein »nettes Unkraut« auch einmal stehen lassen, etwa eine Königskerze *(Verbascum)*, Veilchen *(Viola)*, Fetthenne *(Sedum)* oder was sich dort spontan einfindet und wohl fühlt. Zudem ist ein Kiesweg angenehm zu begehen und wird auch im Schatten nie rutschig.

Dort, wo sich Wege zu Plätzen erweitern oder Plätze zu Wegen verjüngen, sollte das eine sich aus dem anderen harmonisch entwickeln und nicht angestückelt wirken. Ein Plattenverbund, ein geschickt ausgetüfteltes Verlegemuster oder eine Einfassung geben uns die Möglichkeit, beide Bereiche wie selbstverständlich miteinander zu verbinden. Dabei ist zu beachten, dass die Benutzer meist den kürzesten Weg nehmen, um von einem Punkt zum anderen zu gelangen. Es empfiehlt sich deshalb, abzweigende Wege möglichst so zu legen, wie Sie selber, wenn Sie es eilig haben, gehen würden, also schräg oder diagonal.

Platten- und Wegeflächen in unmittelbarer Nähe eines Gebäudes müssen ein vom Haus weggehendes Gefälle von 1–2 % aufweisen, damit anfallendes Regenwasser schnell abgeführt wird.

Müssen harmonieren: Material und Verlegemuster

Oft ist die Entscheidung, welches Material Verwendung finden soll, sehr schwer zu treffen. Abgesehen davon, dass für die Garageneinfahrt ein strapazierfähigerer Unterbau nötig ist als für die Nebenwege, ist es hilfreich, sich in der näheren Umgebung umzuschauen, ob dort ein bestimmter Naturstein vorkommt.

Die Übernahme heimischer Materialien in den Garten wirkt immer harmonisch und Sie ersparen sich die Mühe, aus dem riesigen Angebot in den Bau- und Gartencentern auswählen zu müssen. Möchten Sie jedoch dorthin gehen, sollten Sie sich zuerst Ihr Haus anschauen. Vielleicht ist es verklinkert, mit Holz verkleidet oder verputzt, vielleicht ist der Fußboden im Erdgeschoss mit Stein belegt, das Eingangspodest mit einem Naturstein abgedeckt – hier könnten sich Ansatzpunkte ergeben, die eine Entscheidung herbeiführen helfen.

Zwei verschiedene Beläge sind hier kombiniert: mit hochgesetzten Randsteinen eingefasste Betonsteine und Kies. Das verbindende Element dieser Eingangsgestaltung ist die runde Form.

Granitpflaster, in Sand verlegt, der Unterbau hängt von der zu erwartenden Belastung ab.

Als Fußweg velegtes Granitpflaster aus Steinen unterschiedlicher Größe.

Haus- und Stellplatzzufahrt aus Betonsteinen auf einer Schottertragschicht.

Lockere Wegebeläge wie Rindenmulch oder Kies benötigen wenig Unterbau.

Einfacher Gartenweg mit Pflasterbelag

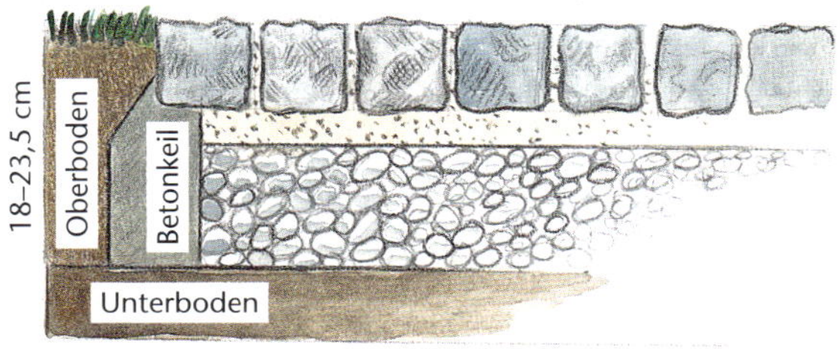

ca. 6 cm Pflaster

2–2,5 cm Sand 0/5 mm

10–15 cm Kies 0/32 mm

Gehweg oder Terrasse mit Plattenbelag oder Klinker

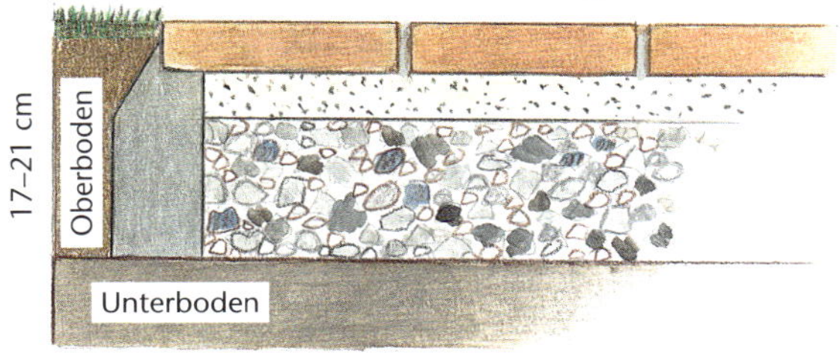

4 cm Platten

3–5 cm Sand 0/5 mm

10 cm Schotter 0/45 mm oder Kies 0/32 mm

Wegebelag auf Mörtelbett in frostgefährdeten Lagen

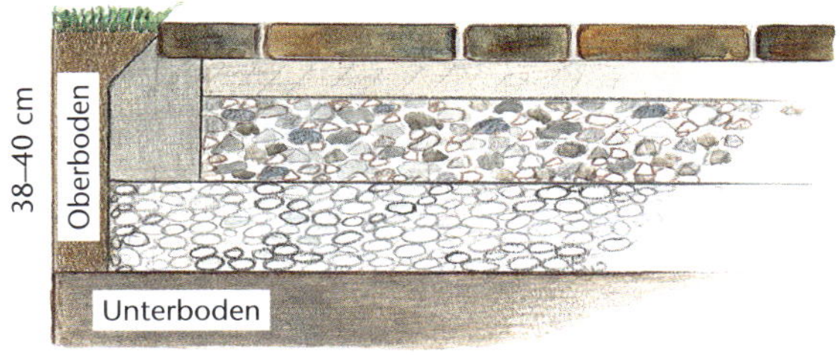

4–6 cm Klinker, Pflaster, Platten

4 cm Trasszement, Mörtel

15 cm Schotter 0/45 mm

15 cm Frostschutzkies

Befahrbare Wege, Einfahrten, Parkplätze

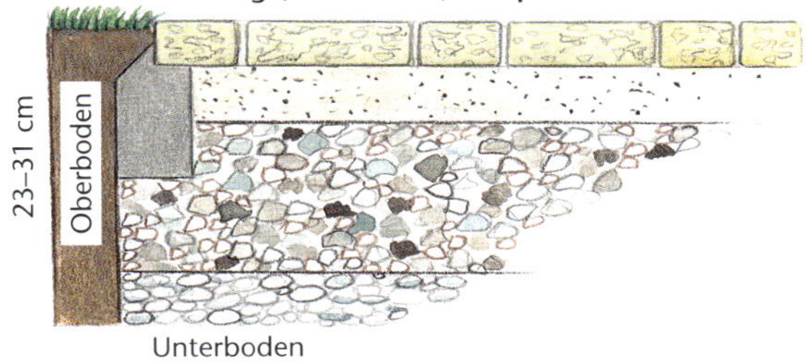

5–8 cm Betonverbundstein, Platten

3 cm Pflastersand 0/5 mm

15–20 cm Schottertragschicht 0/56 mm

evtl. Frostschutzkies

Schotterrasen für gelegentlich genutzte Parkplätze

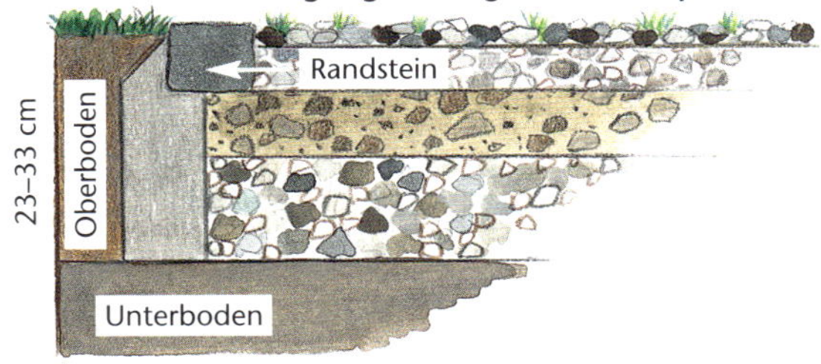

2 cm feiner Oberboden mit Rasensaatgut

3 cm Schotter 24/45 mm

10–15 cm Splitt-Schottergemisch 12/56 mm, mit sandig-lehmigem Boden 2:1

10–15 cm Schottertragschicht 0/56 mm

Weiche Wege aus Rindenmulch, Glasgranulat, Ziegelsplitt, Kies

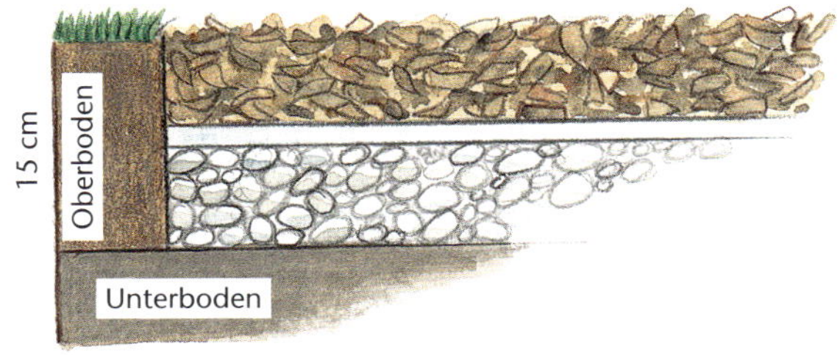

8–10 cm Rindenmulch

Dränmatte oder Vlies

5 cm Kies 0/32 mm

Hier wird die kreisförmige Pflasterung durch die Verwendung zweier Materialien betont und gibt dem Weg einen interessanten Anstrich.

Der einheitliche Klinkerbelag ist wohltuend zurückhaltend und ordnet sich dem Formenspiel der Pflanzung unter.

Interessant kann es sein, eine Mischung aus zwei verschiedenen Steinarten zu verwenden. Man kann dadurch einen Weg optisch verkürzen, indem man ihm Querstreifen verpasst, ihn verlängern, indem man Längsstreifen einbaut, oder schmaler erscheinen lassen, wenn man eine seitliche Einfassung hervorhebt. Andere Muster bringen, besonders im Winter, eine zusätzliche dekorative Komponente in den Garten.

Sehr hübsch wirken Kombinationen von Klinker oder Kleinsteinpflaster mit größeren Platten (Natur- oder Kunststeinmaterial), Betonsteine durch Pflaster- oder Klinkerbänder aufgelockert oder mit Kiesstreifen durchzogen. Auch Holzpflaster und Holzbohlen ergeben einen hübschen Belag. Verwenden Sie letztere jedoch nur an vollsonnigen Plätzen im Garten, denn wenn Holzbeläge nicht gut abtrocknen können, werden sie rutschig. Bretter und Bohlen für Wege und Terras-

Links: Der Wegeverlauf sollte sinnvoll sein, zum Beispiel zu einer Attraktion führen, ein Hindernis umgehen oder hinter einer bewusst geschaffenen Kulisse verschwinden.

Unten: Anschlüsse zwischen Wege- und Platzflächen dürfen nicht angestückelt wirken, sondern sollen in Muster oder Verlegeart harmonieren.

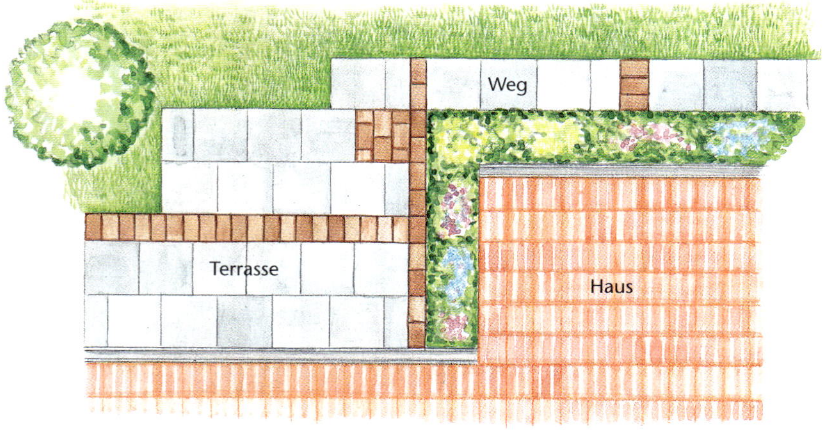

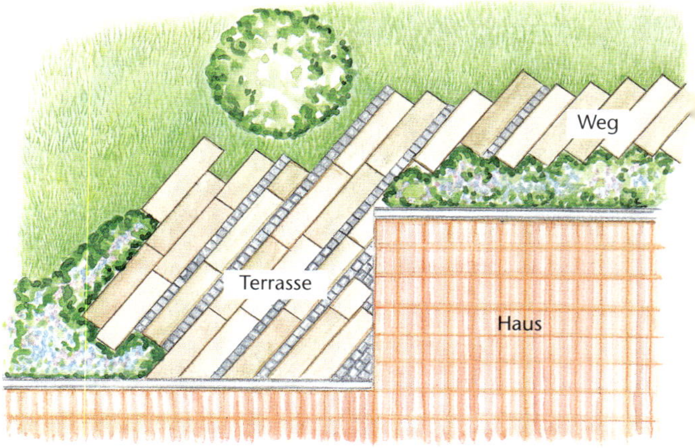

Kiesflächen benötigen eine Einfassung. Diese hübsche Lösung zeigt, wie kleine Höhenunterschiede im Eingangsbereich überwunden werden können und dabei die verwendeten Materialien farblich hervorragend harmonieren.

Ein nettes Motiv im Holzpflaster (oben) und ein Nebenweg aus Klinkerbelag, durch Pflanzen gegliedert.

sen sollten am besten aus abgelagertem Lärchenholz bestehen. Wichtig ist die Belüftung von unten, das heißt, diese Flächen müssen wie ein Steg auf Pfosten über dem Boden gebaut werden. Darunter liegender Kies führt überschüssiges Wasser ab.

Zahlreiche Kombinationen sind möglich, allerdings ist dem Erfindungsreichtum eine Grenze gesetzt: Der Garten soll am Ende unserer Bemühungen nicht wie das Materiallager einer Baustoffhandlung aussehen. Beschränken Sie sich deshalb auf zwei, höchstens drei verschiedene Belagarten.

Treppen für den Hausgarten

Bis zu einer Steigung von etwa 1:8 (1 m Höhe auf 8 m Länge) ist das Begehen eines Geländes ohne Stufen, eventuell mit Rampen, vertretbar. Darüber hinaus sind Treppen vorzusehen. Wichtig ist hierbei nicht nur die geschickte Eingliederung von Stufen und Podesten in die Umgebung, sondern auch die Anpassung der Materialien von Stufen, Wangen und Podesten an die übrigen Wege und Plätze des Gartens. Da die Treppen bequem begehbar sein sollen, empfehlen sich niedrige Schritthöhen und breite Auftrittsflächen. Die gebräuchlichen Höhen für Gartenstufen liegen zwischen 10 und 16 cm, wobei die Auftrittsfläche in einem bestimmten Verhältnis zur Höhe steht, die wiederum von der Schrittlänge ab-

Sitzplätze und podestartige Stufen aus Holz brauchen einen Unterbau, der das Holz gut belüftet und vor Fäulnis bewahrt.

hängig ist. Nach der so genannten Steigungsformel kann man alle bequem zu gehenden Treppen berechnen.

Bei längeren Treppenläufen mit mehreren Podesten ist es angebracht, den folgenden Treppenlauf wechselweise mit dem rechten und linken Bein zu beginnen. Man erreicht das dadurch, dass die Treppen mit ungerader Stufenzahl und die Podeste mit gerader Schrittzahl (oder umgekehrt) gebaut werden.

Treppentypen für jeden Bereich

Oberstes Gebot für den Bau einer Treppe ist, ihren Lauf so eng wie möglich an das vorhandene Gelände anzupassen. Sie liegt dann richtig, wenn sie sich in die Böschung schmiegt, die Auftritte also im Gelände vertieft sind. Mit dem Bau der Treppe wird immer unten begonnen. Stecken Sie vor Beginn der Arbeiten jede Stufe mit Stöcken ab oder zeichnen Sie den Verlauf auf die angrenzende Mauer, falls eine vorhanden ist. Grundsätzlich unterscheidet man drei Stufenarten, die sich in Konstruktion und Ausdruckskraft erheblich unterscheiden:

Einfach zu bauen: Blockstufen

Sie finden häufig Verwendung und sind überwiegend als Betonblockstufen im Handel. Blockstufen können in jeder erforderlichen Abmessung hergestellt werden und sind – abgesehen von ihrem hohen Gewicht – relativ leicht einzubauen. Aufgrund ihres Gewichtes wird kein besonders stabiler Unterbau benötigt, in der Regel reicht es aus, sie auf den gut verdichteten, ebenen Untergrund, eine so genannte Sauberkeitsschicht aus 5 cm Kies 0–36 zu legen.

Glatte Sichtbetonstufen können bei Feuchtigkeit extrem rutschig sein. Eine mit Natursteinvorsatz versehene oder nachträglich bearbeitete Oberfläche (gespritzt oder sandgestrahlt) ist sehr viel griffiger. Blockstufen aus Naturstein sind schön, leider aber sehr teuer. Eine Alternative bieten Straßenbordsteine aus Granit, die gelegt oder gestellt allerdings keine genügend breite Auftrittsfläche bieten. Wenn man diese mit Klinker, Kleinsteinpflaster oder Kies ergänzt, ergeben sich interessante Treppenanlagen.

①

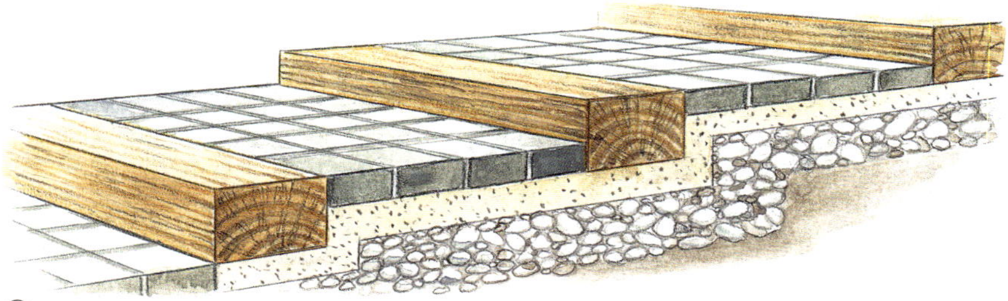
②

③

④

⑤

⑥

① Klassische Betonblockstufe
② Blockstufe aus Holz, Auftritt verlängert
③ Stellstufe aus Klinker und Kies
④ Stellstufe aus Knüppelholz und Rindenmulch
⑤ Flache, dem Gelände angepasste Legstufe
⑥ Legstufe aus Klinker

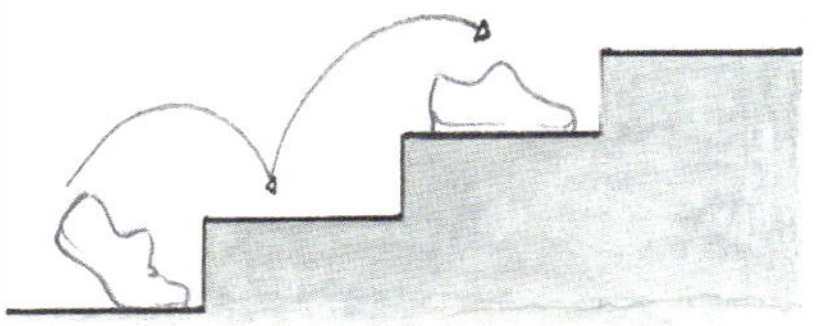

Steigungsformel:
2 x Stufenhöhe
+ Stufenbreite = 64 cm (Schrittlänge)

Podestmaß:
Anzahl der Schritte
x 64 cm (Schrittlänge) + Stufenbreite

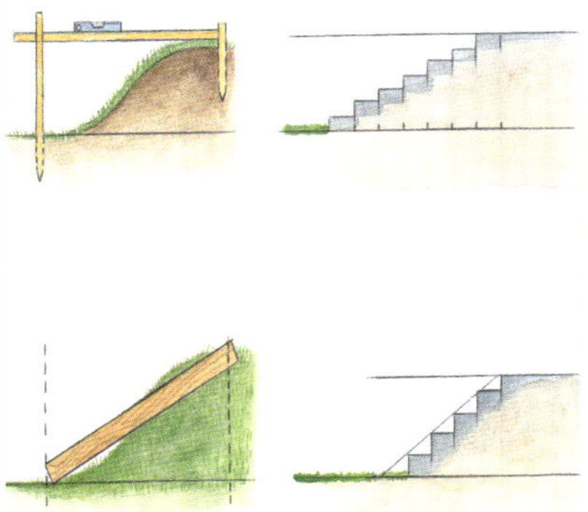

Je weniger Platz zur Verfügung steht, desto höher werden die einzelnen Stufen ausfallen. Achten Sie immer auf gute Begehbarkeit.

Sehr vielseitig verwendbar: Stellstufen

Diese Stufenart bietet die meisten Variationsmöglichkeiten und ist am besten dazu geeignet, eine Verbindung zwischen verschiedenen Belagsarten herzustellen. Bei Stellstufen wird die Vorderkante der Stufe jeweils fest im Boden einbetoniert oder eingestampft, dahinter ist dann Platz für Pflaster, Platten oder Kies. So können zum Beispiel die Vorderkanten der Stufen aus dem Material hergestellt werden, das im Garten als Wegebelag Verwendung findet, die Auftrittsflächen gleichen dagegen dem Terrassenbelag, aber auch der umgekehrte Fall ist möglich.

Auf dieselbe Weise werden auch einfache Holz- oder Knüppeltreppen aus geschälten oder ungeschälten Kant- oder Rundhölzern hergestellt. Dafür werden zwei zugespitzte Pfähle in den Boden geschlagen, dahinter die vorher zurechtgeschnittenen Querhölzer gelegt und die Auftrittsfläche dann mit Kies, Splitt oder Rindenmulch aufgefüllt. Dies ist eine Treppenart, die sich besonders gut für naturnahe Gärten eignet.

①

②

③

① Eine steile Blockstufentreppe zieht sich den Hang hinauf. ② Mit Klinkern lassen sich gut geschwungene Formen bauen, Stufen und Mauern sind leicht aus dem gleichen Material herzustellen. ③ Granit-Großpflaster eignet sich nur zum Mauer- und Stufenbau, wenn es in Beton verarbeitet wird (Vorsicht bei der Fugenbearbeitung!). ④ Legstufen aus Naturstein fügen sich unauffällig in die Umgebung ein und vermitteln einen filigranen Eindruck.

④

Harmonisch: die Legstufen

Sie wirken am schönsten als flache, dem Geländeverlauf angepasste Stufen. Auch sie können aus verschiedenen Materialien hergestellt werden. Lässt man eine hellere Auftrittsplatte über den darunter liegenden, dunkleren Auflagesteinen etwas überstehen, ergeben sich interessante Schattenbilder, die dieser Treppenart einen ganz eigenen Reiz geben.

Mit Mauern gestalten

Wo Treppen benötigt werden, sind Mauern nicht fern. Diese müssen in unserem Klima frostfrei gegründet werden, das bedeutet, dass ein 70–80 cm tiefes Fundament herzustellen ist, um der Mauer dauerhaften Halt zu garantieren. Es bedeutet auch, dass der Bau einer Mauer relativ aufwendig sein kann.
Ist man sich über ihre Notwendigkeit schon beim Bau des Hauses im Klaren, ist es am besten, sie gleich zu diesem Zeitpunkt von den entsprechenden Fachleuten errichten zu lassen. Auch später sollte man den Bau aller Mauern, die höher als 100 cm werden sollen, einem Fachmann überlassen. Den Bau kleinerer Stützmauern dürfen wir uns selbst zutrauen. Sie helfen, in schwach geneigtem Gelände den Boden zu halten, kurzen Treppen seitlichen Halt zu geben oder vertiefte Sitzplätze einzufassen.

Betonsteinmauern mit Bedacht verwenden

Auch wenn es mittlerweile Betonelemente verschiedenster Formen und Oberflächenstruktur gibt, ist der Eindruck, den sie vermitteln, stets ein harter, technischer. Ihre Verwendung sollte sich deshalb auf Bereiche in der Nähe von Bauwerken beschränken. Häufig in Gebrauch sind L- und U-Steine, mit deren Hilfe man sowohl Mauern als auch Treppen bauen und miteinander verbinden kann. Da sie sehr schwer sind, lassen sie sich meist ohne besonderen Unterbau verwenden, günstig ist jedoch eine etwa 10 cm dicke Sauberkeitsschicht aus gestampftem Kies oder Magerbeton.

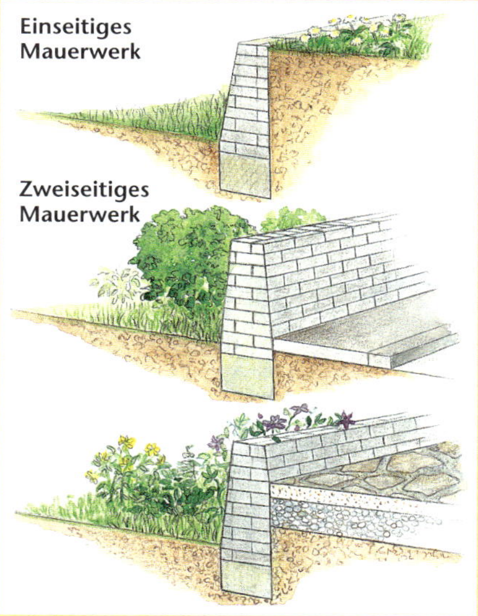

Klinkermauer mit Rollschichtabdeckung, Klinkerverbände für 1- und $1\frac{1}{2}$-Stein-Wände.

Im Handel werden zum Teil recht dekorative Winkelstützmauer-Elemente, Stelen, runde oder eckige Palisaden oder Bossensteine aus Beton angeboten. Lassen Sie sich bitte durch diese »Verschönerung« des Betons nicht dazu verleiten, diese Steine isoliert zu betrachten; auch hier sollte die Art der Mauerelemente immer zum Bodenbelag oder Gebäude passen, Vielfalt und Abwechslungsreichtum auf diesem Gebiet könnten die Harmonie Ihres Gartens empfindlich stören.

Wirken warm und natürlich: Klinkermauern

Sie nehmen eine Stellung zwischen Natur- und Kunststein ein. Sie haben einen warmen, natürlichen Farbton, der gut zum Grün der Pflanzen passt, sie haben aber auch ein gerades, technisches Format, das relativ nüchtern wirkt. Jedoch kann wegen der Vielfalt der Verwendungsmöglichkeiten der Steine die Oberflächenstruktur einer Mauer sehr abwechslungsreich sein. Auch die Wirkung einer weiß oder grau geschlämmten Ziegelmauer sollte man nicht unterschätzen: Der Schattenwurf der Fugen kommt hierbei besonders dekorativ zur Geltung.

Niedrige Klinkermauern begleiten den Weg, der in einen tiefer gelegenen Sitzplatz mündet. Sie sind zugleich Begrenzungen für Wasserbecken eine verspielte Teichlandschaft.

Diese Ziegelsteinmauern wirken wie lose aufgeschichtet. Sie erzeugen den Eindruck des Vorübergehenden, Vergänglichen.

Klinkermauern gehören am ehesten dahin, wo bereits Klinker verwendet wurde, sei es am Haus oder als Wege- und Treppenbelag. Zu einem weiß verputzten Gebäude passt am besten eine weiß getünchte Ziegelmauer. In einiger Entfernung vom Haus kann jedoch durchaus ein vertiefter Sitzplatz liegen, in dem eine aus rotem Klinker gemauerte Bank steht und der von einem Rankgerüst mit Klinkerpfeilern umgeben ist.

Ein besonderes Detail bei Klinkermauern ist der obere Mauerabschluss. Er muss die Mauer vor eindringendem Regenwasser schützen und sollte deshalb möglichst wenig Fugen haben. Ein wenigstens 0,5%iges, einseitiges Gefälle führt das Wasser ab. Große Abdecksteine oder -platten, auch Dachziegel, eventuell mit Überstand, wirken am besten, weil sie der Mauer das nötige »Gewicht« geben. Entschließt man sich jedoch zu der häufig angewandten Rollschicht als Abschluss, so muss der Mörtel von besonders guter Qualität sein und sehr sorgfältig verarbeitet werden.

Stützmauern aus Naturstein

Diese Mauerart findet man seit Jahrtausenden überall dort, wo in Hanglagen Landbau betrieben wurde oder wird. Die Steine wurden dort meist trocken aufeinander gestapelt und leicht zum Hang hin geneigt, um den Erddruck auffangen zu können. Leider sind Mauern dieser Art heutzutage unmodern geworden, vielen erscheinen sie unsolide oder gar unstabil. Beliebter sind die mit Hilfe von Wasserwaage und Schnur aufgemauerten »ordentlichen« Natursteinmauern. Dagegen ist gestalterisch auch nichts einzuwenden, wenn man nur einige Punkte bedenkt: Kommt in der Umgebung ein verwendbares Gestein vor, sollte man es unbedingt im Garten anwenden und seinen Garten damit in die Harmonie der Landschaft einfügen.

Beim Bau einer Natursteinmauer ist darauf zu achten, dass die Steine so zu liegen kommen, wie sie in der Natur gelegen haben. Schichtgestein wird also waagerecht verlegt und nicht immer wieder durch hochgestellte Steine unterbrochen, wie dies leider häufig zu sehen ist. Auch Mauerwerk aus Bruchsteinen sollte lagerhaft verwendet werden. Nur beim Zyklopenmauerwerk braucht man auf eine bestimmte Richtung nicht zu achten, denn es besteht aus gespaltenem und nur grob zugehauenem Eruptivgestein. Ähnlich richtungslos ist Vulkantuff, der in verschieden großen, gesägten Blöcken angeboten wird. Seine Oberfläche ist offenporig, der Stein wirkt sehr natürlich und setzt schnell Patina an.

Trockenmauern werden, wenn schwerer Boden ansteht, mit einer Dränschicht hinterfüllt und einem Ablaufrohr versehen.

Es gibt verschiedenste Möglichkeiten, Natursteine harmonisch aufeinander zu schichten (unten).

Bruchsteinmauerwerk

Zyklopenmauerwerk

Schichtenmauerwerk

Wechselmauerwerk

In dieser Trockenmauer finden viele Pflanzen und Tiere ihr Zuhause. Regelmäßige Pflege ist wichtig, damit sie nicht zuwächst.

Diese interessante Mauer aus verschiedensten Materialien umschließt schützend den Gartensitzplatz am Teich.

Trockenmauern, Heimat für Tiere und Pflanzen

Das Material für Trockenmauern sollte ebenfalls mit den natürlichen Gesteinsvorkommen der Region oder/und den Baulichkeiten in der Nähe in Einklang stehen. Die Höhe einer Trockenmauer sollte 100 cm nicht überschreiten, besser ist es, mehrere niedrige Mauern hintereinander anzuordnen, was den Vorteil hat, dass sich auf mehreren Ebenen Polsterstauden entwickeln können. Eine Höhe von 30–40 cm ist am günstigsten, solche Mauern lassen sich noch leicht bauen, wirken ruhig, bringen die Pflanzen in die richtige Sichthöhe und gestatten ein bequemes Sitzen zum Betrachten und Jäten.

Hohe Stützmauern bauen

Mitunter sind höhere Mauern nötig, die einem gewissen Erddruck standhalten müssen. Sie sollten eine Neigung von 20% zum Hang hin erhalten, das heißt, die Oberkante einer 80 cm hohen Mauer ist gegenüber der Unterkante um 16 cm nach hinten versetzt. Auch das Steinmaterial muss sich nach hinten neigen, damit der Regen in die Fugen dringen kann. Wenn Sie es sich wünschen, dass auch einige Tiere in der Mauer Einzug halten, sehen Sie kleine Höhlen für Kröten oder Igel vor, Sie werden Ihre Freude daran haben!

Extravagante Mauer-Variationen

Eigenwillig, aber im Sinne der Wiederverwertung von Altmaterial lobenswert, ist der Bau von Mauern aus Betonbrocken und anderem sogenannten Abfallmaterial. Es lassen sich auf diese Weise sehr persönliche Werke schaffen, indem man in das Mauergefüge Erinnerungsstücke von Reisen oder aus einem früheren Garten oder selbst gefertigte Kunstwerke mit einbaut. Auch die Verwendung von Gambionen, jenen mit Bruchsteinen gefüllten Drahtkäfigen, wie man sie zum Beispiel aus dem Hangverbau an steilen Straßenböschungen kennt, oder die Errichtung von Stützwänden aus Cortenstahl sind Beispiele moderner Verwertung ungewöhnlicher Materialien, die Aufsehen erregen dürfte.

Terrassenförmig angeordnete Mauer aus verschieden großen Trögen, Steinblöcken und Steinen.

Stützwände aus Holz

Sie können jede erdenkliche Form haben, runde und eckige Verläufe zeigen. Holzwände fügen sich in naturnah gestaltete Gärten besonders gut ein. Holz, ein sehr warmer, natürlicher Werkstoff, sollte jedoch hauptsächlich in sonnigen Bereichen verwendet werden, da es nur dort länger haltbar ist. Ob als Rundholz, Vierkantholz oder Bahnschwelle (wegen der ungesunden Ausdünstungen keine alten, gebrauchten Schwellen verwenden), stets müssen die Pfosten etwa so tief eingegraben werden, wie sie herausschauen sollen, wenn Sie die Hölzer senkrecht stehend verwenden wollen.

Waagerecht übereinander gelegte Holzbohlen, an den Enden durchbohrt und mit Moniereisen im Boden befestigt. Eine Kiesdränageschicht schützt vor aufsteigender Nässe.

Es gibt auch die Möglichkeit, Bohlen oder Vierkanthölzer liegend einzubauen. Das bedeutet einen 3 cm starken, ebenen Kiesunterbau herzustellen, die Bohlen waagerecht übereinander darauf zu legen und sie an den seitlichen Enden zu durchbohren, damit ein Moniereisen durchgeschlagen werden kann, welches das Verrutschen der Hölzer verhindert. Es ist zweckmäßig, die Hölzer in jedem Fall mit Folie, Vlies oder Dachpappe zu hinterlegen, um das Herausspülen von Erdreich zu verhindern und die unmittelbare Berührung des Holzes mit dem feuchten Erdreich zu vermeiden.

Zäune und Rankhilfen

Am schönsten ist es, wenn ein Zaun – ein trennendes, ausgrenzendes Element – so gestaltet und bepflanzt ist, dass sich seine abweisende Funktion zu einem attraktiven Blickfang wandelt. Zäune unterliegen wie Mauern dem Nachbarschaftsrecht und sind in Art und Höhe häufig im Bebauungsplan festgelegt. Je nach den Aufgaben, die ein Zaun zu erfüllen hat, als Schutz des Grundstückes vor Tieren oder Menschen, vor Lärm, Schmutz oder Wind, kann er deshalb aus den unterschiedlichsten Materialien hergestellt werden.

Drahtzäune wirken leicht und durchsichtig

Sie sind die ideale Grenzmarkierung zum Nachbarn (wenn sie denn nötig ist), sind schnell durchwachsen oder auch als Rankgerüst oder zum Anbinden hoher Stauden zu verwenden und verschwinden im Sommer meist in der Abpflanzung.

»Lebender« Zaun: das Weidengeflecht

Es bietet eine Möglichkeit, lebendes Material zum Zaun zu formen. Er verschwindet sozusagen in sich selbst, passt sehr gut in die freie Landschaft aber auch, als kunstvoll geflochtenes, dekoratives Element, in den städtischen Bereich.

Zäune aus Holz

Holzkonstruktionen sind überall dort angebracht, wo Einfriedung und Sichtschutz kombiniert werden müssen. Entweder dicht gelattet oder mit Abständen angebracht, bringen die verschiedenen vorgefertigten Profilhölzer zahlreiche Variationsmöglichkeiten. Der größeren Haltbarkeit wegen werden mitunter statt Holzpfosten verzinkte Metall-Profile verwendet. In jedem Fall müssen sie 70–80 cm tief einbetoniert werden.

Die Qual der Wahl

Bevor Sie sich für einen Zaun entscheiden, prüfen Sie seine Wirkung im Gesamtbild

Senkrechte Holzpalisaden fangen den Hang ab und lassen neue Räume entstehen.

Dieser leichte Metallzaun schützt, bewirkt aber keine abweisende Trennung zwischen Garten und Straße.

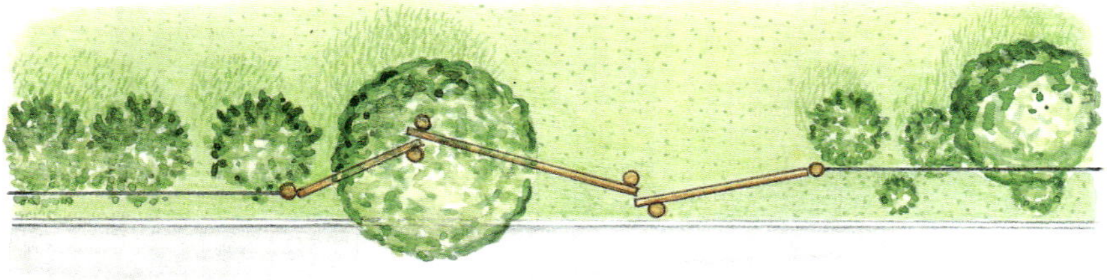

Benötigt Platz: der versetzte Zaun

Ungewöhnlich: farbiger Palisadenzaun

Holzzaun mit Bepflanzung zur Straßenseite

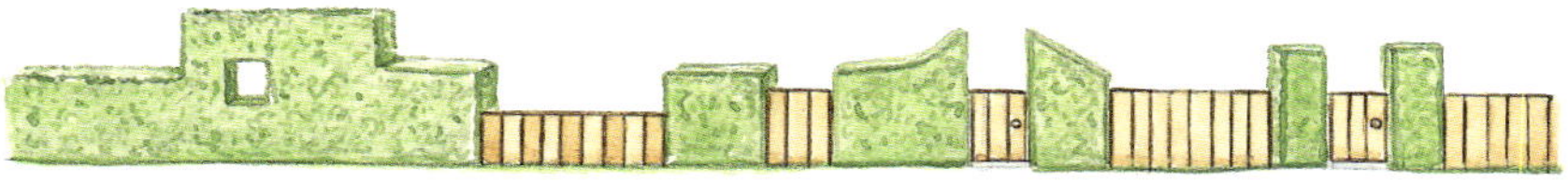

Mischung aus Schnitthecke und Holzzaun

Der weiße Holzzaun harmoniert mit den weißen Holzteilen am Haus, farbenfrohe Blumen umspielen die starre Konstruktion.

Ein rustikaler Staketenzaun passt am besten zu einer naturnahen Gartenanlage in ländlicher Umgebung.

der Umgebung. Ein Zaun aus unbearbeiteten Halbhölzern oder ein Palisadenzaun wirken rustikal, waagerecht angebrachte, ungesägte Bretter erinnern an Weidezäune, beide passen folglich besser in den ländlichen Raum, während Zäune aus gesägten und gehobelten Brettern sich durchaus in eine städtische Umgebung einfügen. Sie können die Bretter senkrecht oder waagerecht anbringen, stumpf aneinander gestoßen, beidseidig der Riegel versetzen, lamellenartig übereinander nageln oder verschieden breite Latten kombinieren. Es gibt viele Möglichkeiten, in Holzhandlungen und Gartencentern können Sie sich Anregungen holen, allerdings sei vor zu großer Verspieltheit gewarnt, da der Zaun in der Regel nur eine untergeordnete Bedeutung haben sollte.

Rankhilfen für grüne Wände

Rankgerüste als übermannshohe Gebilde sollten nicht unmotiviert im Raum stehen. Es ist sinnvoll, sie an ein Gebäude anzuschließen oder zwischen zwei Bauwerken einzuspannen oder als Abgrenzung anstelle eines Zaunes oder in Fortsetzung eines Zaunes zu bauen. Bei geschickter Anordnung und Anbindung kann das Rankgerüst auch als Blickfang in einem entfernteren Gartenteil dienen. Bei der Materialwahl für die Pfeiler ist es gut, wenn man Vorhandenes aufnimmt und Baustoffe verwendet, die am Haus oder im Garten bereits vorkommen. Sie können aus Ziegelstein oder Naturstein gemauert werden, aus Betonstelen, Stahlrohr, Naturstein-Monolithen, Bambus oder Holz bestehen.

Der Abstand der Pfosten voneinander sollte 300 cm nicht übersteigen, und die Höhe der Pfostenunterkante eines Rankgerüstes bzw. einer Pergola sollte zwischen 220 cm und 250 cm liegen. Bei Holzkonstruktionen ist darauf zu achten, dass das Holz stets wieder gut abtrocknen kann; also Pfosten nicht in die Erde eingraben und die einzelnen Elemente (Pfosten, Pfette und Auflageholz) so verbinden, dass keine Wasseransammlung in den Fugen und damit Fäulnis möglich wird.

Ein Zaun kann auch Durchblicke und Aussichten in andere Bereiche gewähren, was oft reizvoller ist als dichte Abgeschlossenheit.

Die Bepflanzung kann entweder nur auf die Pfosten beschränkt bleiben oder durch Schnüre, Drähte oder ein Holzgeflecht auch auf die Zwischenräume zwischen den Pfosten ausgedehnt werden. Dabei ist zu bedenken, dass Kletterpflanzen mit Haftwurzeln sich an Holzleisten besser als an Drahtseilen ausbreiten können, während die Schlinger sich auch an Seilen gut festhalten können.

➲ Mehr zum Thema »Rankhilfen« und Kletterpflanzen ab Seite 232.

Kletterpflanzen binden hohe Zäune und Sichtschutzwände in jeden Garten ein.

Die verschiedenen Gartenbereiche

Der Vorgarten: Tor zum Haus

Der Vorgarten stellt das Bindeglied zwischen dem öffentlichen und unserem privaten Lebensbereich dar. Hier müssen fremde Menschen Zugang haben (Briefträger, Müllabfuhr, Öllieferant), zugleich wollen wir uns vor Einsicht schützen aber auch hinaussehen können, um am öffentlichen Leben teilzunehmen.

Der Gestaltung dieses Bereiches sollte deshalb sehr viel Sorgfalt gewidmet werden.

Besonders wichtig ist es, in der Außenanlage mit der Fassade zu korrespondieren, das heißt, bei einer stark gegliederten Fassade den Vorgarten schlicht zu gestalten und Wege, Beete oder Mauern so anzulegen, dass sie mit den vorgegebenen Linien harmonieren. Bei einer flächigen, eintönigen Fassade können wir im Garten mutiger und ausdrucksvoller sein!

Zwar sind die Grundstücksflächen vor dem Haus in der Regel klein und es müssen darauf Mülltonne, Fahrradständer, Garagenzufahrt, Weg zur Haustüre und möglicherweise noch einige Sichtschutzpflanzen Platz finden, aber bei geschickter Anordnung – vielleicht gemeinsam mit dem Nachbarn – lassen sich all diese Dinge unterbringen.

Grundsätzlich ist zunächst zu überlegen, wie der Eingangsweg verlaufen soll. Ist der Garten nicht sehr tief (etwa 2 m), bietet sich eigentlich nur ein gerader Weg zur Haustür an, wobei bereits durch seitliches Versetzen des Belages eine gewisse Auflockerung erzielt werden kann. Kommen oder gehen Sie überwiegend in der gleichen Richtung auf Ihr Haus zu oder von Ihrem Haus weg, bietet sich eine schräge Durchschneidung der Vorgartenfläche an.

Günstig ist immer eine versetzte Plattenanordnung, da sie die beste Gelegenheit zum Anschluss von Wegen (in den Keller oder zur Mülltonne), aber auch zur Anordnung von Pflanzen und einer eventuellen Vorgartenbeleuchtung bietet. Auch Kübelpflanzen können so sinnvoll auf-

Eine sehr einladende Lösung, den Vorgarten zu gestalten. Nur der Eingang wird betont, auf einen Zaun kann hier verzichtet werden, die Einfassung ordnet sich der naturnahen Gestaltung unter.

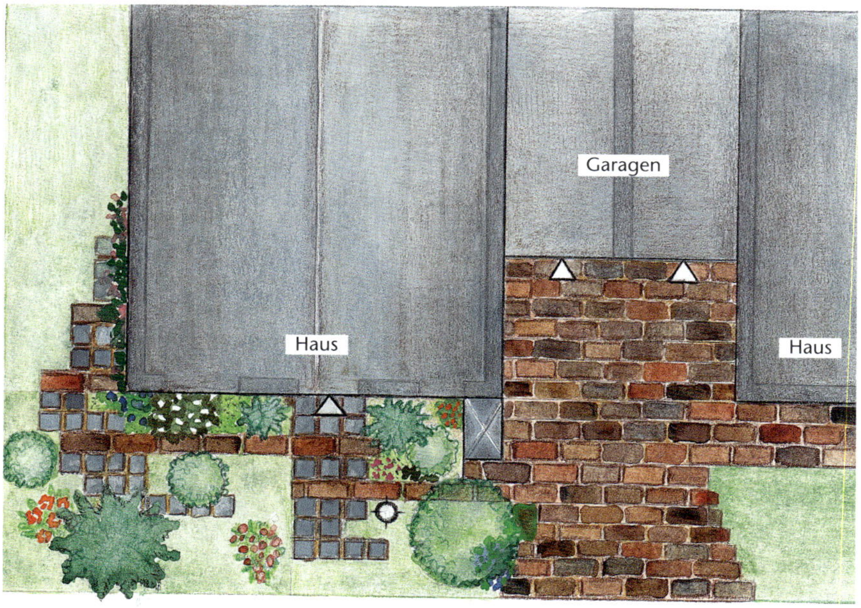

Die freistehende Mülltonne ist mit einem Holzzaun umgeben und wird bald von Rankpflanzen verdeckt sein.

gestellt werde. Ist dann noch ein Fahrradabstellplatz, ein zweiter Weg zur Garage oder zum Kellerabgang nötig, entstehen vielleicht noch mehr Pflanzinseln im Belag, die eine lockere, kulissenartige Bepflanzung ermöglichen (Wegebeläge siehe ab Seite 24).

Wohin mit der Mülltonne?

Eines der Hauptprobleme im Vorgarten ist die Eingliederung der Mülltonne, denn sie muss sowohl vom Haus als auch von der Straße aus gut erreichbar und transportierbar sein und, da sie kein Schmuckstück ist, auch noch gut versteckt sein. Schön ist es, wenn beim Hausbau eine Nische für sie vorgesehen wurde oder in

Links: Eine Reihenhaus-Vorgartengestaltung mit gemeinsamer Garagenzufahrt und individuell gestalteten Hauszugängen.

Unten: In den Zaun integrierter Mülltonnenschrank, dessen Dach begrünt ist. Technische Hinweise dazu finden Sie in der Zeichnung.

Dass ein Zugangsweg nicht immer gerade auf den Eingang zulaufen muss, zeigt dieses gelungene Beispiel.

der Garage ein Platz für sie gefunden werden kann. Andernfalls müssen Sie gewisse Gegebenheiten am Gebäude (hoher Sockel, Zaunanschluss oder Ähnliches) nutzen, um ein »Versteck« anzubauen. Vielleicht können Sie sich auch mit dem Nachbarn zusammentun und eine gemeinsame Anlage schaffen.
Wenn Sie vorgefertigte Waschbetonmüllschränke verwenden möchten, sollten Sie versuchen, den Betonkasten in den Gartenzaun zu integrieren und ihn einwachsen zu lassen.

Die Nachbarn mit einbeziehen

Vergessen Sie nicht, sich mit Ihrem Nachbarn über die sonstige Gestaltung der Vorgärten zu unterhalten. Vielleicht können Sie erreichen, dass in den kleinen Vorgärten keine trennenden Zäune errichtet werden, welche die Gärtchen in viele kleine Käfige verwandeln, sondern stattdessen eine offene, einladende Atmosphäre geschaffen wird. Sollte das Haus so weit von der Straße entfernt liegen, dass eine Umzäunung des Vorgartens nötig wird, sollte sie dem Charakter des jeweiligen Stadtteils oder der Umgebung angepasst sein. Es ist schlimm, wenn sich falsch verstandener Individualismus innerhalb einer Gemeinschaft darin äußert, dass entlang den Straßen ein Sammelsurium von verschiedenen Mauer-, Zaun- und Heckenmotiven aufgereiht ist. Gestalten Sie Ihren Vorgarten offen und einladend, damit Sie Ihre Gäste so empfangen können, wie auch Sie gerne empfangen würden.

Die Bepflanzung des Vorgartens

Zugleich mit den Überlegungen über Einzäunung, Materialwahl und Wegeführung sollten wir uns Gedanken über die Art der Bepflanzung des Vorgartens machen. Der Vorgarten genießt in dieser Hinsicht eine gewisse Sonderstellung. Da er meist im Norden oder Osten des Gebäudes liegt, ist es hier kühl, schattig, oft auch trocken. Die Auswahl an Pflanzen, die dort gedeihen, ist zwar nicht gering, aber wir müssen sorgfältig auswählen. Im Vorgarten, der Zweckmäßigkeit, Repräsentation und ästhetischen Genuss in sich vereinen sollte, kommt der Pflanze also eine ganz besondere Bedeutung zu. Entsprechend den hohen Anforderungen, die wir an sie stellen, müssen wir ihr den richtigen Standort und eine gute Bodenvorbereitung geben.
Je nach Größe der Vorgartenfläche werden dann zwei bis vier kräftige Akzente in Form von kleinkronigen Bäumen oder Sträuchern gesetzt, am besten sommer- und wintergrün gemischt, damit man sowohl den Wechsel der Jahreszeiten erlebt als auch einen gewissen Sichtschutz im Winter behält. Diesen Hauptpflanzen ordnen wir einige mittelhohe zu, möglichst an den scheinbar willkürlichen Versätzen der Platten oder Pflasterflächen, damit der Eindruck entsteht, der Weg mache nur deshalb einen Knick, weil dort eine Pflanze steht, um die man herumgehen muss.
Ob Sie sich zu einer flächigen, bodendeckenden Gehölzpflanzung oder für eine abwechslungsreichere, mit Stauden oder Sommerblumen durchsetzte Pflanzung entscheiden, hängt davon ab, mit welchem Aufwand und Engagement Sie Ihren Garten betreuen möchten.

Weiß leuchtet die Haustür aus dem Grün hervor, eine kleine Tonkugel korrespondiert mit den Buchskugeln.

Bestandteile eines Familiengartens

Der Garten sollte eine der Erweiterungen unseres Lebensbereiches in Haus und Wohnung werden, jedes Familienmitglied müsste auf dem kleinen Stück Erde, das uns anvertraut ist, die Möglichkeit bekommen, sich und die Natur zu erfahren und zu erleben.

Diese überdachte Terrasse ist durch die Bepflanzung zu einem lauschigen Familientreffpunkt geworden. Seine runde Form kommt durch das Granitpflaster im Klinker besonders gut zur Geltung.

Wohnzimmer im Freien: die Terrasse

Der wohl bedeutendste Platz im Garten ist die unmittelbar am Haus gelegene Terrasse. Sie bildet die Erweiterung des Hauses, ist das Wohnzimmer für den Sommer. Deshalb muss sie groß genug sein, wenigstens 3,50 x 3,00 m, um sowohl die ganze Familie als auch die Freunde zwanglos zum Essen oder sonstigem gemütlichen Beisammensein aufnehmen zu können. Ein dekorativer Busch, Kübelpflanzen, ein bepflanztes Rankgerüst, eventuell eine seitliche Mauer, ein Holzzaun, kombiniert mit einer Hecke oder säulenförmigen Immergrünen, oder Stellwände schützen, wenn nötig, vor Einsicht. Die Voraussetzungen für die Gestaltung sind von Fall zu Fall so verschieden, dass sich unendlich viele Lösungen finden ließen. Deshalb hier nur ein paar Beispiele: Wird eine große Familienterrasse benötigt, so sollte durch ein ansprechendes Muster im Belag (siehe Grafik) dafür gesorgt werden, dass die Fläche auch ohne Möblierung im Winter nicht langweilig wirkt. Gehören kleine Kinder zum Haushalt, darf ein Sandkasten in Hausnähe nicht fehlen, der an einer vor- oder nachmittags besonnten Stelle auf der Terrasse Platz finden kann. Richtig geplant, kann dieser Bereich später zu einem Wasserbecken oder Kiesbeet als Trockenbiotop umgebaut werden.

Die Terrasse wandelt sich: Aus dem Sandkasten wird ein Wasserbecken, Pflanzflächen verkleinern den Sitzplatz.

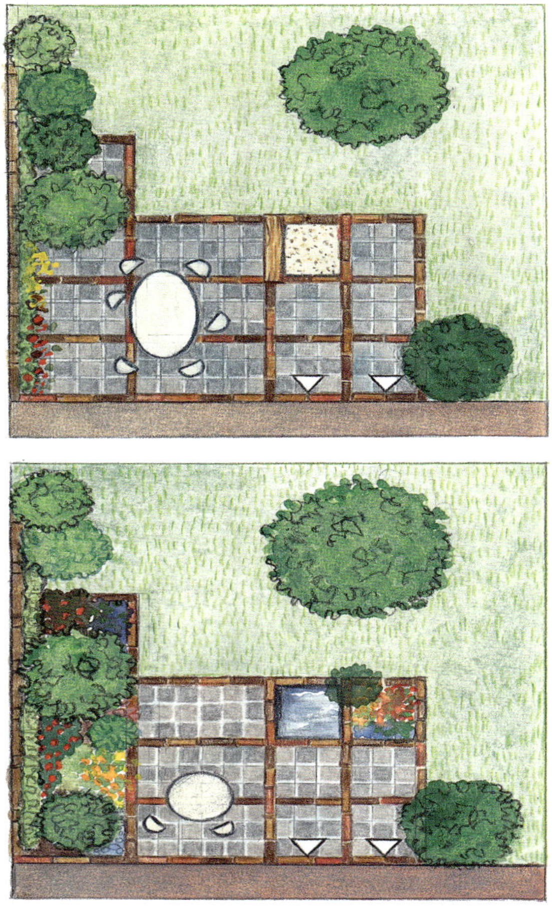

Auch lässt sich eine anfangs große Terrassenfläche nach und nach durch die Anlage von eingefügten Beeten gliedern und verkleinern. Wer diese Möglichkeit gleich bei der Gartenplanung in Erwägung zieht, kann dies bei Auswahl und Verlegungsart von Platten und Pflaster berücksichtigen, damit sich die Beete später in das Muster einfügen.

Südländischen Charme erhält eine von Wein umrankte Terrasse. Er lässt sich, wie auch die attraktive Glyzine *(Wisteria)*, über längere Strecken an Drähten ziehen. Allerdings müssen sie einmal im Spätsommer von ihren langen Trieben befreit werden, sonst werden sie unbezähmbar. Kübelpflanzen aus dem sonnigen Süden oder hübsche Keramiktöpfe voller Sommerblumen verstärken den mediterranen Flair. Wenn Sie frostbeständige Töpfe wählen, können Sie diese, mit Tannengrün ausgeschmückt, auch im Winter im Freien benützen. Durch geschickte Anordnung von Sichtschutzwänden, Stütz- oder Sitzmäuerchen, größeren Steinen, Pflanzbeeten oder entsprechenden Plattenmustern lassen sich Nischen und Plätze schaffen, in oder an denen verschiedenste Pflanzgefäße aufgestellt werden können.

Der Übergang von der Terrasse zum angrenzenden Garten bedarf besonders sorgfältiger Gestaltung, vor allem dann, wenn dieser tiefer liegt. An dieser Stelle entsteht meist, wegen der stark sonnenbeschienenen Böschung nach Südwesten, der so genannte Steingarten. Wenn Sie ein Anhänger dieses Details sind, sollten Sie ein paar Dinge beachten, damit Ihre Steine gut liegen und die Alpenpflanzen sich wohl fühlen (siehe Grafik). In manchen Fällen mag es nötig sein, einen dichten Sichtschutz direkt vor die Terrasse zu legen, schöner ist es aber, wenn es gelingt, einen großzügigen, freien Übergang in den Garten zu schaffen.

Die Grenze zwischen befestigter und bewachsener Fläche sollte dann möglichst nicht gerade und hart sein, Rasen und befestigte Flächen sowie Beete sollen sich verzahnen und ineinander übergehen.

Eine Grillecke für Hobbyköche

Es gibt Gärten, in denen eine Grillmöglichkeit in einiger Entfernung vom Haus oder ein hübscher Blickpunkt im Garten gewünscht werden. Hierfür gibt es zahlreiche Gestaltungsmöglichkeiten. Ein leichtes Rankgerüst, im Winkel aufgestellt, dazu ein Trog, eine Bank, eine schöne Vase oder Skulptur – schnell ist ein lauschiger Zweitsitzplatz entstanden. Aber auch eine niedrige Sitzmauer als Einfassung, dazu ein Grillstein oder ein Wasserbecken, vielleicht eine hübsche Möblierung und, wenn genügend Raum vorhanden ist, ein filigraner Gartenpavillon lassen eine gemütliche Ecke entstehen.

Interessant im Garten sind kleine intime Plätze, etwa ein meditativer »Kunstplatz« oder ein Grillplatz.

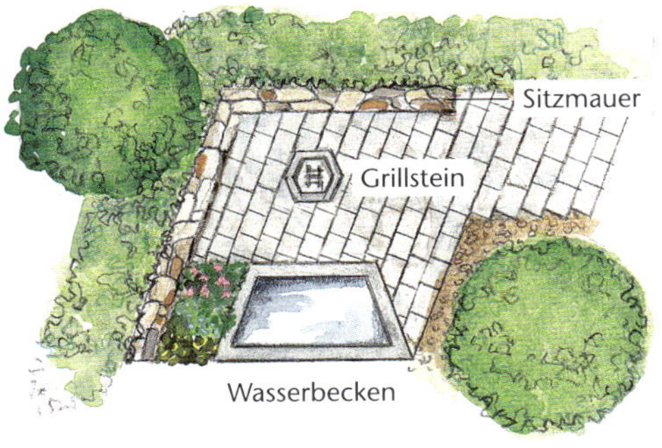

Der Innenhof, Rückzugsgebiet und Ruhezone

Von der Weite des Gartens zurück zur Intimität, zu den kleinsten Zimmern unter freiem Himmel, den Innenhöfen und Atriumgärten. Hier könnte sich der Steinesammler in Ihrer Familie verwirklichen. Wichtig sind in diesem Gartenteil die Details, da man diesen kleinen Raum ganzjährig nah vor Augen hat. Deshalb müssen die umgebenden Mauern oder Zäune »ansehnlich« sein und der Bodenbelag interessant. Ausgewählt hübsche Natursteinplatten als Bodenbelag, interessante Kiesel von der letzten Urlaubsreise, eventuell Fossilien oder steinerne Kunstwerke aus der eigenen Werkstatt, dies und mehr kann den Raum attraktiv machen, und wenn die Möbel leicht und die Pflanzenzusammenstellung so ist, dass sie sommers wie winters dekorativ wirkt, wird nicht nur der Steinliebhaber seine Freude an dem Innenhof haben.

Ist die Luftfeuchtigkeit hoch, eignen sich Rhododendron, immergrüne Schneeball-Arten *(Viburnum*-Arten), Stechpalme *(Ilex)*, Kirschlorbeer *(Prunus laurocerasus)* und Bambus-Arten *(Bambusa, Fargesia)* als wintergrüne Pflanzen für diesen Standort. Wo es wärmer und lufttrockener ist, sind Feuerdorn *(Pyracantha)*, Efeu *(Hedera)*, Scheinzypresse *(Chamaecyparis)*, Wacholder *(Juniperus)* und Buchsbaum *(Buxus)* als immergrünes Gerüst besser geeignet.

Ein Steingarten muss nicht unbedingt aus einer Natursteinsammlung bestehen, auch Kunststeinelemente können sehr ansprechend arrangiert werden.

Nicht nur die Pergola grenzt diesen Platz vom übrigen Garten ab, auch der andersartige Belag hebt seine Sonderstellung hervor.

Ein schlicht gestalteter, ruhiger Hof von architektonischer Strenge, zurückhaltend in der Bepflanzung, aber ansprechend.

Liegt ein Innenhof im Regenschatten und ist besonders trocken, so bietet es sich an, ihn überwiegend mit Platten und Kies und nur ganz wenigen Pflanzen zu gestalten.

Nicht vergessen: die Spielbereiche

Kleine Kinder brauchen in der Nähe der Terrasse einen Sandspielplatz. Liegt er zu weit weg von »Mutters Rockzipfel«, so mag das in der Regel für die Hausfrau weniger Schmutz in der Wohnung bedeuten, Kinder nehmen ihn jedoch nicht an, da er außerhalb des Bereiches liegt, in dem sie sich geborgen fühlen. Der Form dieses mehr oder weniger großen Sandspielplatzes fällt dabei keine große Bedeutung zu, sandgefüllte Autoreifen, ein Rechteck aus Bohlen mit einem Sitzbrett oder ein mit Holz eingefasstes Loch tun gute Dienste, und die Kinder werden es zu nutzen wissen.

Wenn in der Nähe des Sandspielplatzes dann noch eine Wasserstelle ist, ein kleines Schöpfbecken oder ein Trog, haben Sie für die Kleinen einen idealen Spielbereich geschaffen, und die Freude der Kinder über das Spiel mit Wasser und Sand sollte mehr Gewicht haben, als die Mühe des Hosen waschens!

Schon kleine Bodenbewegungen verstehen Kinder für ihre Spiele zu nutzen. Auf der Rasenböschung vor der Terrasse kann man mit dem Dreirad, Roller oder Fahrrad, im Winter mit dem Schlitten hinunterfahren. Eine relativ kleine Rasenfläche genügt schon, um darauf Boccia oder Rasenkrokett zu spielen. Vielleicht steckt in einem Ihrer Kinder auch schon ein kleiner Gärtner – stellen Sie ihm ein eigenes Beet zur Verfügung.

Für ältere Kinder ist ein großer Baum ein ideales Spielgerät. Man kann darin herumklettern, schaukeln und Baumhäuser bauen.

Spielbereiche für größere Kinder müssen nachmittags besonnt sein, da häufig erst nach den Schularbeiten Zeit zum Spielen ist. In kleinen Gärten sollte man unter Umständen ganz auf einen Spielplatz verzichten, da Kinder ab einem gewissen Alter nicht mehr im eigenen Garten bleiben. Dann kommt die Zeit, in der man eine Stelle zum Fahrrad oder Moped flicken braucht, vielleicht sogar einen geschützten, überdachten Platz, an dem eine Tischtennisplatte stehen kann.

Das Gleichgewicht schulen, ein Indianerzelt bauen: Jede Menge Spaß mit Materialien der Natur.

Wasser im Garten

Eine große Bereicherung der Erlebnismöglichkeiten ist Wasser im Garten. Sei es, dass Sie zur sommerlichen Erfrischung oder zum gesunden, sportlichen Training ein Schwimmbecken bauen oder einen Teich anlegen möchten, in und um den herum Sie Pflanzen und Tiere beobachten wollen, der Lage und der sinnvollen Zuordnung kommt große Bedeutung zu. Das architektonische Schwimmbecken gehört in Hausnähe, es ist ein technisches Bauwerk, zur besseren Ausnutzung möglichst mit Heizung und Gegenstromanlage ausgestattet. Es kann durch Mauern, Sichtschutzzaun, Pergola und Plattenwege mit dem Gebäude verbunden werden.

Dieser Quellstein auf Kieseln und zwischen Gräsern hat, obwohl er sehr klein ist, eine starke Aussagekraft.

Dachflächen müssen nicht grau und hässlich aussehen. Jede Begrünung bedeutet einen hübscheren Anblick und sorgt für langsameren Regenwasserabfluss.

Der kleine Teich, das Tümpelchen oder die Sumpfzone sollte wie zufällig in einer Bodensenke liegen, wenigstens zu zwei Dritteln mit Gräsern und buschig wachsenden Pflanzen umgeben, in denen sich Frösche und Kröten aufhalten können. Übrigens, Fische im Teich bedeuten, dass sowohl Mückenlarven als auch viele andere Kleinlebewesen im Wasser vertilgt werden, ohne Fische ist der Artenreichtum der Fauna meist größer. An einer Stelle schaffen wir uns unauffällig einen Platz zum stillen Beobachten, ein Findling oder Baumstamm dürfte dafür ausreichen.

➲ Mehr zu diesem Thema ab Seite 356.

Einschichtbauweise (extensiv, einfache Bepflanzung)

Mehrschichtbauweise (einfache, intensive Bepflanzung)

Den Gartenraum erweitern: Dachbegrünung und Dachgarten

Ökologische Gesichtspunkte bekommen immer mehr Gewicht in der Gartengestaltung. Die Verwendung von recyclebaren Materialien, Kompost aus Biomüll, Antrieb von Beleuchtung und Pumpen mit Sonnenenergie sind schon recht weit verbreitet. Begrünte Dächer finden wir gelegentlich auf öffentlichen Gebäuden, aber Gründächer auf Privathäusern sind leider noch so selten, dass sie oft nur mit Kopfschütteln zur Kenntnis genommen werden. Sie sind jedoch keine unnütze Spielerei, sondern fast eine ökonomische und ökologische Notwendigkeit.

Zunehmend heftige Niederschläge und eine fortschreitende Versiegelung der Böden führen dazu, dass der Wasserhaushalt aus dem Gleichgewicht gerät. Viele Hausbesitzer hätten die Möglichkeit, durch Schaffung von Grünflächen auf dem Dach ihres Hauses einen Beitrag zum Umweltschutz zu leisten. Selbst ein extensiv begrüntes Garagendach kann schon dazu beitragen, Regenwassermengen verzögert abfließen zu lassen und damit die Kananlisation zu entlasten – wie viel grö-

Je nach Art der Dachbegrünung wird der Unterbau anders beschaffen sein, Fachfirmen geben Rat.

Eine einfache intensive Dachbegrünung kann verschiedenartige Pflanzen aufnehmen und sehr dekorativ aussehen.

Dachbegrünungsformen

	Intensive Dachbegrünung		Extensive Dachbegrünung
	Intensivbegrünung	*Einfache Intensivbegrünung*	
Bepflanzung	Rasen Stauden Gehölze Bäume	Gräser Stauden Gehölze	Moos-*Sedum*-Begrünung *Sedum*-Gras-Kraut-Begrünung
Ausbildung	Flächig, höhendifferenziert und punktuell	Bodendeckend, weniger aufwändig	Flächig, Differenzierung vorrangig in Farben (statt in Höhen)
Pflege	Regelmäßiges Wässern, Düngen, Schneiden etc. Kontrolle technischer Einrichtung	Wässern, Düngen und Mähen nur in Ausnahmefällen Kontrolle technischer Einrichtungen	Entfernen von unerwünschter Vegetation Düngen nur nach Bedarf, Kontrolle technischer Einrichtungen
Kosten	Hoch	Mittel	Gering
Nutzbarkeit	Möblierung, Begehen, zum Teil Befahren	Begehen	Nur für Kontrollgang begehbar

ßer wäre der Effekt bei einem großen Hausdach. Außer über den ökologischen Aspekt könnten wir uns dann auch noch über einen optischen freuen, denn der Bewuchs auf der Dachfläche verfärbt sich je nach Feuchtigkeit oder Trockenheit von Grün über Gelb nach Braun und manchmal blüht er sogar.

Sehr wichtig: die Statik

Schon lange ist die Gestaltung von Dachterrassen üblich, die oft mit dem Aufstellen von Pflanzgefäßen beginnt. Es sei davor gewarnt, ohne profunde Prüfung der Statik des jeweiligen Bauwerks vorzugehen. Ist das Dach tragfähig genug, stehen Ihnen mittlerweile zahlreiche bewährte Dachaufbau-Varianten zur Verfügung, mit deren Hilfe Sie aus Ihrer Dachterrasse eine grünende und blühende Augenweide und eine Ergänzung Ihres Wohnraumes machen können. Anbieter verschiedener Systeme finden Sie im Internet.

Der stille Garten

Manch ein Gartenbesitzer möchte in seinem Garten nicht besonders aktiv werden müssen, sondern lieber ruhig zuschauen und beobachten. Obwohl ein Garten als lebendiges Objekt natürlich ständig pflegende Betätigung erfordert, können wir ihn doch so anlegen, dass genügend Muße bleibt, all das, was sich dort entwickelt, zu beobachten. Schaffen wir uns einen ruhigen Hintergrund aus einer relativ einheitlichen Abpflanzung, einem Zaun oder einer Mauer. Ein Weg aus wenigen, gut platzierten Platten oder ein Kiesband führt durch die Fläche, ergänzt durch einige wenige Akzente. Das können Solitärpflanzen, Kübel, Vasen, Stein- oder Holzplastiken sein, auch hübsche Sitzmöbel oder Wassertröge. Eine ruhige, einheitliche Bepflanzung am Boden liegt wie ein Perserteppich in der guten Stube. Das ganze Jahr über bietet sich uns ein schönes, ruhiges Bild. Wir sollten uns die Zeit nehmen, es zu genießen, das ist stilles Tun, welches nur durch die Gestaltung des Ortes bestimmt ist – einfach dasitzen, durch die Bäume ins Unendliche schauen, sich auf einem Weg (auch nur mit den Augen) durch einen Raum bewegen, dem Geräusch des Windes zuhören oder dem langsamen Wandern des Schattens zusehen. Das sind Tätigkeiten, die neue Kraft, Hoffnung und psychische Stabilität verleihen.

Wenn wir unseren privaten Bereich derart bewusst gestalten, dass unser Blick im Innern festgehalten wird, so verliert auch die hässlichste Umgebung ihre Bedeutung. Wir können uns – ähnlich den Japanern – einen stillen Garten der Kontemplation schaffen, in dem wir nur wenige, sorgfältig ausgewählte Materialien verwenden.

Ruhige Farben und Formen sind die Merkmale eines »stillen« Gartens, in dem man Hektik und Stress vergessen kann.

Ein Garten mit vielfältiger Nutzung: Blumen, Gemüse und Obst stehen neben- und miteinander.

Einen Nutzgarten verwirklichen

Gemüse und Kräuter bereichern den Speiseplan

Wenn Sie einen Gemüsegarten anlegen wollen, ist es wichtig, dass der vorgesehene Platz gut besonnt ist und ein fester, jederzeit begehbarer Weg zu ihm führt, da Sie bei jedem Wetter zu Ihrem Gemüse gelangen müssen. Ist Ihr Grundstück nur klein und Sie möchten dennoch Ihr eigenes Gemüse anbauen, so sollten Sie den Mut haben, auf eine Rasenfläche zu verzichten und stattdessen entweder einen reinen »Ertragsgarten« anzulegen oder ein fröhliches Durcheinander und Nacheinander von Gemüse- und Zierpflanzen in Ihrem Garten zu dulden. Pflanzen Sie Grünspargel neben Erdbeeren, die Ringelblumen *(Calendula)* säen sich überall aus, der Dill keimt zwischen dem Sellerie, das Löffelkraut *(Cochlearia)* säumt die Beetkante, und im Herbst blühen zwischen dem Lauch die Kosmeen *(Cosmea)*.

Sie werden dann auch den dekorativen Reiz unserer Gemüsepflanzen erkennen, und es wird Ihnen Spaß machen, sie mit Blumen zu kombinieren. Und damit wären wir fast bei der Mischkultur, auf die an anderer Stelle in diesem Buch näher eingegangen wird. Sie scheint die ideale Nutzungsart für Hausgärten zu sein, denn auf kleinstem Raum lässt sich eine Fülle von Gemüsen und Kräutern kultivieren.

➲ Mehr zu Gemüse und Mischkultur ab Seite 458, zu den Kräutern ab Seite 498.

Zu jeder Jahreszeit eine Augenweide: der Obstgarten

Für einen richtigen Obstgarten, vielleicht sogar eine Streuobstwiese, fehlt wohl heutzutage meist der Platz. Nur in seltenen Fällen werden wir unsere Apfelhochstämme in 10 x 10 m Abstand pflanzen können, damit sie sich zu Bäumen entwickeln können, die 40 bis 70 Jahre alt werden. Meist werden wir uns mit schwach wachsenden Sorten begnügen müssen. Sie tragen relativ früh, werden jedoch nicht so alt wie Hochstämme. Statt einer Zierjohannisbeere kann man auch eine Frucht tragende pflanzen; die ertragreichen Kultur-Heidelbeeren und Preiselbeeren können in der Rhododendron-Pflanzung oder bei anderen Moorbeetpflanzen ihren Platz bekommen. Johannisbeer- und Stachelbeer-Hochstämme dürfen mit Gemüse oder Blumen unterpflanzt werden. Am Gartenzaun entlang kann eine dornenlose Brombeere ranken und an der Pergola winden sich zwei Kiwi-Pflanzen, ein Männlein und ein Weiblein. Es sieht so aus, als ob unser moderner kleiner Obstgarten mit seinen Vorgängern nicht mehr viel gemeinsam hat.

➲ Alles über Baum- und Beerenobst ab Seite 404.

In diesem Nutzgarten herrscht ein fröhliches Miteinander der verschiedensten Nutz- und Zierpflanzen.

Ein Kompostplatz gehört in jeden Garten

In jedem lebendigen Garten ab 200 m² sollte ein Kompostplatz vorhanden sein. Für ihn müssen wir eine abgelegene Stelle finden, vielleicht in der Nähe des nachbarlichen Komposthaufens, abgeschirmt durch eine Pflanzung, Hecke oder Rankgerüst, oder mit Palisaden bzw. einem Lattengerüst umgeben. Auf jeden Fall muss der Platz im Schatten liegen, und wenn im neu angelegten Garten noch nicht genügend Schatten ist, kann er mit gelochter Folie abgedeckt werden. Früher, als es noch üblich war, Haufen anzulegen, einen ruhenden und einen wachsenden, rechnete man mit 30 m² Fläche für den Kompostplatz. Heute werden mehr und mehr die ordentlichen, raumsparenden Kompostsilos verwendet. Aber auch von ihnen sollten Sie zwei Stück aufstellen. Dazu benötigen Sie noch etwa 4 m² Fläche zum Umschaufeln der Erde. In Anbetracht der hervorragenden Wirkung, die Kompost auf Ihren Boden und die Pflanzen ausübt, sollten Sie die kleine Mühe auf sich nehmen, geeignete Abfälle nicht in die Mülltonne zu werfen, sondern auf den Haufen zu tragen und nach entsprechender Pflege Ihrem Garten wieder zuzuführen.

➲ Mehr zu Kompost ab Seite 77.

Zwei Gartentypen – zwei verschiedene Lösungen

Immer häufiger: der Reihenhausgarten

Hohe Bodenpreise und Baukosten haben dazu geführt, dass heutzutage sehr viele Reihenhäuser gebaut werden, sie bieten oft die einzige Möglichkeit, ein Eigenheim zu erwerben. Da die Häuser in der Regel zwischen 5 und 8 m breit sind, entstehen mehr oder weniger lange, schmale Gärten, deren Gestaltung besonderer Überlegungen bedarf. Leider ist das Bedürfnis nach einem privaten, abgeschirmten Freiraum bei dieser Anordnung der Häuser sehr schwer zu befriedigen und lässt sich nur dann annähernd verwirklichen, wenn die Häuser versetzt angeordnet sind.

Wenn die Gebäude um 3–4 m gegeneinander verschoben sind, entsteht in Hausnähe bzw. auf der Terrasse bereits eine relativ geschützte Nische, die nicht nur eine optische, sondern auch eine gewisse akustische Abschirmung bietet. Sind die Gebäude jedoch, was meist der Fall ist, in einer geraden Reihe nebeneinander gesetzt, so kann man durch Sichtschutzmauern oder -zäune, Hecken und Sträucher zwar die optische Beeinflussung vermindern, die akustische dagegen wird bleiben.

Geradezu ideal wäre es, wenn die Nachbarn aus der Not eine Tugend machten und sich zur gemeinsamen Gestaltung und Nutzung mehrerer Einzelgärten entschließen würden. Es gibt, besonders in den skandinavischen Ländern, zahlreiche Beispiele dafür, wie die in Hausnähe liegenden Bereiche durch Mauern, Trennwände oder Spaliere voneinander getrennt sind, um dort ein intimes Wohnen des Einzelnen zu ermöglichen, während der übrige Garten gemeinsam genutzt wird. Je nach der Größe der Wohngruppe erhält er einen oder mehrere Spielbereiche, Wäschetrockenplätze, eventuell einen Arbeits- und Bastelplatz und einen gemeinsamen Unterstellplatz für Fahrräder, Roller und Dreiräder. Die große zusammenhängende Rasenfläche kann dann für Federball oder Rasenspiele genutzt werden, was in jedem kleinen Einzelgarten gar nicht möglich wäre. Dies ist zweifellos eine großzügige Lösung, sie erfordert jedoch von allen Beteiligten Toleranz und Rücksichtnahme. Meistens wird jedoch, aus Angst vor möglichen Schwierigkeiten, jeder Eigentümer sein Grundstück einzäunen und den Garten selber gestalten und alleine nutzen wollen. Trotz der daraus resultierenden vielen trennenden Zäune sollten wir die Nachbargärten in unsere Betrachtungen mit einbeziehen. Alle baulichen Maßnahmen, die Sie zur Abschirmung Ihres Terrassenbereiches durchführen wollen (Wände, Mauern, Pergolen, in aller Regel nicht höher als 180 cm erlaubt), müssen Sie mit den Nachbarn abstimmen und in enger Beziehung zur Architektur der Häuser gestalten. Bevor Sie auch den übrigen Garten dicht abschirmen, sollten Sie die Vor- und Nachteile genau abwägen. Ein dichter Zaun oder eine Hecke entlang der Grundstücksgrenzen bedeutet für kleine Gärten viel Schatten. Bei langen, schmalen Grundstücken wird der Eindruck der Enge verstärkt, bei kleinen Parzellen erzielt man den Eindruck eines Hofes. Es kann durchaus reizvoll sein, als Freiraum an einem Reihenhaus einen umschlossenen kleinen Gartenhof

Ob kleiner Stadtgarten oder schmales Reihenhausgärtchen – individuelle Wünsche lassen sich erfüllen!

Es ist platzsparend, wenn Gartennachbarn eine Grenze gemeinsam gestalten, zum Beispiel mit berankten Sichtschutz-Elementen.

zieren, dass auch die Nachbarn Freude daran haben.

Sehr lange Grundstücke sollte man in mehrere, einzeln erlebbare Teile gliedern, Größe und Aussage richten sich natürlich nach Ihren Bedürfnissen. Den wohnungsnahen Aufenthaltsbereich könnte man zum Beispiel durch einen Pflanzriegel, eine Sitzbank in Verbindung mit einem Trog, Wasserbecken oder Sandkasten, durch ein Rankgerüst, Holzpalisaden oder Ähnliches begrenzen. Der hintere Gartenteil kann entsprechend Ihren Wünschen gestaltet und genutzt werden: als Spielgarten, Gemüsegarten, Blumengarten für Ihre Lieblingspflanzen, Abstell- oder Bastelfläche, als wenig beeinflusster Naturnaher Garten oder Sumpfbereich. Hier wäre es schön, wenn sich eine solche Zone auf den Nachbargrundstücken fortsetzen würde. Da das nicht immer der Fall sein wird, dürfte es eher angebracht sein, bei der Gestaltung von Reihenhausgärten strenge architektonische Elemente zu verwenden, die sich besser in die oft engen und harten Grenzen einfügen lassen als ein freier, naturnaher Stil, dessen großzügigere und weitläufigere Formen ständig von Zäunen, Hecken und Mauern eingeengt werden.

zu haben. Man kann ihn ruhig, mit einheitlicher Bodendecke und wenigen pflanzlichen oder kunstvollen Akzenten gestalten, oder ihn durch schmale befestigte Wege gliedern und mit bunten Blumen und Stauden bepflanzen – überlegen Sie, ob Sie tatsächlich eine Rasenfläche brauchen und wollen, für die Sie natürlich auch einen Rasenmäher benötigen! Häufiger anzutreffen und leichter zu verwirklichen ist eine lockere Bepflanzung entlang der Grenzen. Wenn Sie zum Beispiel eine gewünschte Sichtschutzpflanzung auf Ihrem Grundstück beginnen und Ihr Nachbar sie auf seiner Seite fortsetzt, so benötigen Sie beide nur die Hälfte des Platzes und haben beide etwas von Ihrem kostbaren Boden für Blumen oder anderes gewonnen. Auch Akzente oder Blickpunkte lassen sich durchaus so plat-

Dieser kleine Reihenhausgarten ist in mehrere Räume unterteilt: Terrasse, Zweitsitzplatz und viele Pflanzen laden zum Genießen ein.

Immer seltener: das große Grundstück

Hat man das Glück, ein größeres Grundstück mit frei stehendem Haus sein Eigen zu nennen, ist es schwierig, die vielen Möglichkeiten, die sich bieten, zu einem Konzept zu ordnen.

Der Eingangsbereich kann großzügig gestaltet werden. Vielleicht steht die (Doppel-)Garage frei. Sie könnte mit Hilfe einer Pergola oder eines Rankgitters an das Wohnhaus angebunden werden, vielleicht lässt sich auch noch ein kleiner Sitzplatz integrieren, auf dem Sie die Morgen- oder Abendsonne genießen und einen kurzen Plausch mit den Nachbarn halten können. Wenn der Vorgarten groß ist, dürfte er auch sonnenbeschienene, helle Bereiche haben, in denen Sie nach Herzenslust Rosen und Sommerblumen pflanzen können.

Ist der Abstand zur nachbarlichen Grenze größer als die vorgeschriebenen drei Meter, wäre es möglich, auf der Westseite des Hauses einen Nutzgarten anzulegen. Gemüse und Kräuter wären auf der Westseite ebenfalls gut situiert, besonders wenn sich die Küche auf dieser Seite des Hauses befindet und die Erzeugnisse des Gartens gleich vom Beet in den Kochtopf wandern können.

Süd- und Südwestseite sind meist dem Wohnbereich zugeordnet, das heißt, Terrasse, Rasenfläche und Blumenbeete finden hier ihren Platz. Die Terrasse kann großzügig bemessen sein, durch eine Musterung des Belages gegliedert und mit Beeten, Brunnen und Wasserspielen »möbliert«. Der weitläufige Rasen wird entweder durch eine sanfte Geländebewegung oder durch kleine Mauern modelliert, je nach natürlichen Vorgaben. Nutzen Sie die Weite des Raumes, um Einzelbäume oder kleine Gehölzgruppen zu pflanzen, die den Raum gliedern und Kulissen schaffen.

Wichtig für die Gestaltung großer Grundstücke ist vor allem, dass eine große Linie, eine allumfassende Form gefunden wird und sich der Gartenbesitzer nicht in kleinräumigen Details verliert, die einen sehr großen Pflegeaufwand erfordern und die Freude über ein großes Grundstück in Stress verwandeln werden.

Große Gärten bieten die Möglichkeit, verschiedene Nutzungsräume und Ideen zu verwirklichen.

Auch Gärten altern

Der aufmerksame und engagierte Gartenbesitzer wird beobachten, wie aus dem wenig lebendigen, verfestigten Oberboden, den eine Planierraupe vor Jahren im Garten ausgebreitet hatte, im Laufe der Zeit eine gut durchwurzelte, lockere Erde geworden ist, in der sich die Pflanzen gut entwickelt haben, denn er hat jährlich Laub und pflanzliche Abfälle verkompostiert, die Pflanzflächen damit abgedeckt und die Gehölzflächen mit Rasenmähgut und Laub gemulcht.
Es ist aber auch möglich, dass ein anderer Gartenbesitzer bemerkt, dass sein Boden fest, verschlämmt und eventuell auch moosbewachsen ist und dass seine Pflanzen eigentlich gar nicht viel größer sind als im ersten Jahr nach der Pflanzung. Sie stehen alle sauber und ordentlich nebeneinander, Laub und abgeschnittene Pflanzenteile hat er gewissenhaft in die Biotonne geräumt und immer wieder teuren Torf und Dünger gekauft, um seine Pflanzflächen abzudecken, damit sie ordentlich aussehen. Die seinerzeit zu dicht gepflanzten Gehölze im Hintergrund (schneller Sichtschutz!) sind immer höher und unten immer kahler geworden. Eines Tages wurde beschlossen, dass sie zu viel Schatten werfen, und armdicke Äste wurden in Brusthöhe abgesägt, hohe Fichten wurden ihrer Spitzen beraubt, Laubbäumen wurden die Kronen verstümmelt – übrig blieb und bleibt ein Bild des Jammers.

Tipps zur Gartenverjüngung

Unser einfühlsamer »Kompostgärtner« hat inzwischen seine Pflanzen beobachtet. Er hat gewiss schon einige Sträucher herausgenommen, weil er sie zu Anfang, als er schnell Sichtschutz brauchte, zu dicht gepflanzt hatte. Die Lücken, die diese Füllsträucher hinterließen, sind inzwischen von den edleren Büschen eingenommen worden. Er schneidet hier und dort überflüssige Zweige heraus oder kürzt Triebe ein, damit die Pflanzen buschig bleiben beziehungsweise nicht den Maßstab des Gartens sprengen. Die klein geschnittenen Triebe kommen entweder gleich im Hintergrund als Mulchschicht zwischen die Sträucher oder auf den Kompost. So wird es übrigens auch mit dem jährlich anfallenden Laub gemacht.

Mit den Jahren verändern sich Licht- und Klimaverhältnisse im Garten.

Veränderte Standortbedingungen erkennen

Im Bereich der größer gewordenen Gehölze haben sich die Standortbedingungen für Stauden und andere Blumen grundlegend geändert. Durch die Schleppenbildung mancher Sträucher (ihre Zweige hängen bis auf den Boden) wird es dort so dunkel, dass Pflanzen, die dort zunächst noch wuchsen, nach und nach nicht mehr genug Licht bekommen. Ferner ist Boden mitunter so stark durchwurzelt, dass nährstoff- und feuchtigkeitsliebende Pflanzen dort nicht mehr gedeihen können.Wenn wir auf diese oft bereits unterwuchsfreien Stellen nun eine 10 bis 20 cm hohe Substratdecke aus Rindenkompost, Lauberde oder Kompost auffüllen, können wir neue, standortgerechte Pflanzen dort einbringen.
Das sind zum Beispiel viele unserer Storchschnabel-Arten *(Geranium),* Blauer Steinsame *(Lithospermum),* Trugerdbeere *(Duchesnea),* Wald-Erdbeere *(Fragaria vesca),* Akelei *(Aquilegia),* Pfirsichblättrige Glockenblume (*Campanula persicifolia*) und die große Zahl der Frühlings-Geophyten, jener Lebenskünstler, deren Entwicklungs- und Blühperiode in der laublosen Zeit der Gehölze und deren Ruhezeit unter dem dunklen Blätterdach der Bäume im Sommer liegen: zum Beispiel Busch-Windröschen *(Anemone nemorosa),* Leberblümchen *(Hepatica),* Gelbes Windröschen *(Anemone ranunculoides),* Schneeglöckchen *(Galanthus),* Märzenbecher *(Leucojum vernum),* Bär-Lauch *(Allium ursinum),* Winterling *(Eranthis)* und Zweiblättriger Blaustern *(Scilla bifolia).*

Im Laufe der Jahre würden in allen Gärten die offenen, sonnigen Standorte verschwinden, denn die Entwicklung führt in unseren Breiten immer zum Wald.

Vorausschauend eingreifen

Wollen wir die Entwicklung zum Wald aufhalten und den einen oder anderen besonderen Standort erhalten, so müssen wir vorsichtig vorausschauend eingreifen. In jedem Katalog steht, wie hoch und breit ein Baum oder Strauch wird. Wir sollten nicht meinen, dass er das bei uns nicht würde, und wenn er dann – oh Schreck – doch so mächtig geworden ist, ihn kläglich verstümmeln. Beginnen Sie, wenn es sein muss, mit dem Auslichten oder Einkürzen so früh wie möglich, ohne den Wuchscharakter, den Habitus, der Pflanze zu verändern. Besser wäre es, im Laufe der Jahre die Zahl der Großgehölze in Ihrem Garten zu verringern, sich die verbliebenen jedoch ihrer Art entsprechend entwickeln zu lassen. Dann stehen dort charaktervolle Solitärs, denen eine geänderte Unterpflanzung zugesellt werden kann. Und nach Jahren sind Sie zusammen mit Ihrem Garten gereift, denn Sie brauchen nicht mehr die unruhige Vielfalt der ersten Jahre, sondern haben die Ausgeglichenheit, um sich an schön gewachsenen, charaktervollen Pflanzen zu erfreuen.

Die Pflanzen den Veränderungen anpassen

Gelegentlich mag doch eine durchgreifende Umgestaltung eines Gartens notwendig werden. Es ist manchmal schwierig, unter eingewachsenen Gehölzen eine neue Pflanzung hochzubekommen, aber mit der oben beschriebenen Methode des Auffüllens werden Sie Erfolg haben, und die neuen Pflanzen können erst einmal Fuß fassen. In den nächsten Jahren werden sie dann mit der Wurzelkonkurrenz besser fertig, vorausgesetzt, Sie haben die dem Standort entsprechenden Pflanzen verwendet.
Bei der Umgestaltung eines alten Gartens ist es viel wichtiger als bei einer Neuanlage, die verschiedenen Standorte und deren Besonderheiten zu erkennen. Dann wird es klar, dass man bei der Umgestaltung eines alten Gartens mit großer Sorgfalt und Behutsamkeit zu Werke gehen muss.

Das Gartenrecht

Der Gartenfreund und seine Nachbarn

Der Gartenliebhaber betrachtet sein Reich als sein Refugium. Wenn er dann auch noch Eigentümer und nicht nur Besitzer des Gartens ist, entwickeln sich sehr schnell Herrschaftsgefühle. Das Gesetz sagt dazu: »Der Eigentümer einer Sache kann, soweit nicht das Gesetz oder Rechte Dritter entgegenstehen, mit der Sache nach Belieben verfahren und andere von jeder Einwirkung ausschließen« (§ 903 BGB). Das ist ein sehr bedeutungsvoller Satz. So kann zum Beispiel jeder Eigentümer beliebig viele Bäume und Sträucher auf seinem Grundstück pflanzen, selbst dann, wenn durch die Bäume dem Nachbargrundstück Licht, Luft und Sonne entzogen werden. § 903 BGB wird jedoch immer wieder völlig missverstanden. Ein Tor, der glaubt, das Gesetz gewähre einen unbegrenzten Herrschaftsanspruch. Die Befugnis, »andere von jeder Einwirkung auszuschließen«, ist schön und gut, steht aber auch dem Nachbarn zu und zwingt daher den Gartenfreund, seine eigenen Herrschaftsgelüste zu zügeln. Andernfalls würde dem Nachbarn das Recht beschnitten, mit seiner eigenen Sache nach Belieben zu verfahren. Jeder Grundeigentümer ist schließlich seines Nachbarn Nachbar.

In § 903 BGB steckt also auch ein Appell zur gegenseitigen Rücksichtnahme. Reichsgericht und Bundesgerichtshof haben daher in ihren Entscheidungen immer wieder betont, dass aus dem nachbarrechtlichen Gemeinschaftsverhältnis die Pflicht zu gegenseitigem kooperativem Verhalten entspringt. Auf diesen Grundsatz müssen wir häufig zurückgreifen, da im Nachbarrecht manche heiß umstrittenen Rechtsprobleme gesetzlich nicht geregelt sind.

Was ist Bestandteil meines Grundstücks?

Streitigkeiten über den Grenzverlauf gibt es unter Landwirten immer noch zuhauf, für Gartenbesitzer bietet dieses Thema jedoch selten Anlass zum Streit – bei ernsthaften Konflikten schafft das Vermessungsamt schnell eindeutige Klarheit. Ebenfalls ohne große praktische Bedeutung ist für Gartenbesitzer die gesetzliche Bestimmung, dass sich das Recht des Eigentümers eines Grundstücks »auf den Raum über der Oberfläche und auf den Erdkörper unter der Oberfläche« erstreckt (§ 905 BGB). In aller Regel hat der Eigentümer eines Gartens kein rechtliches Interesse am Luftraum über seiner Liegewiese und sucht in unseren Breitengraden selten nach Öl unter seinem Rasen. Bei der später noch zu erörternden Befugnis, überhängende Zweige zu beseitigen, spielt die »Lufthoheit« dafür sehr wohl eine Rolle.

Ebenso von großer Bedeutung ist, was zum Eigentum am Grundstück gehört. Natürlich das Haus – aber wie ist es mit den eingepflanzten Bäumen und Sträuchern? Wie ist es, wenn die Baumschule unter Eigentumsvorbehalt geliefert hat? Bäume und Sträucher werden mit dem Einpflanzen »wesentliche Bestandteile« des Grundstücks und können nach §§ 93, 94 BGB nicht Gegenstand besonderer Rechte sein. Ein eventueller Eigentumsvorbehalt geht daher mit dem Einpflanzen des Baumes unter. So kann der Verkäufer eines Grundstücks von dem Erwerber nicht die Herausgabe des von ihm gepflanzten Hausbaumes oder anderer Pflanzen verlangen, dem Eigentümer des Gartens gehören vielmehr alle mit dem Grund und Boden verbundenen Pflanzen. Daran müssen sich auch Mieter und Pächter halten, die während der Miet- oder Pachtzeit den Garten mit vielerlei Pflanzen bereichert haben. Gegen den Willen des Grundeigentümers dürfen die Pflanzen nicht ausgegraben und mitgenommen werden. Denn § 94 BGB bestimmt präzise: »Samen wird mit dem Aussäen, eine Pflanze wird mit dem Einpflanzen wesentlicher Bestandteil des Grundstücks.«

Wenn dieser Satz uneingeschränkt gelten würde, müsste jeder Mieter den Hauseigentümer fragen, ob er die von ihm selbst gepflanzten Radieschen ernten darf oder abliefern muss. § 95 BGB bringt hier die notwendige Klarstellung: »Zu den Bestandteilen eines Grundstücks gehören solche Sachen nicht, die nur zu einem

Beim Anpflanzen von Bäumen und Sträuchern muss der gesetzliche Mindestabstand gewahrt werden. In den einzelnen Bundesländern gelten oft völlig unterschiedliche Gesetze.

vorübergehenden Zweck mit dem Grund und Boden verbunden sind.« Das BGB spricht daher von »Scheinbestandteilen«. Also keine Ablieferungspflicht für Radieschen! Nur »wesentliche« Bestandteile eines Grundstücks können nicht Gegenstand besonderer Rechte sein, sagt § 93 BGB. »Wesentlich« ist nicht gleich »wertvoll«. Entscheidend ist vielmehr, ob die Bestandteile einer Sache nach der Trennung noch ihren Gebrauchswert behalten. So ist ein Gartenhaus ohne Fundament kein wesentlicher Bestandteil, da es ohne Substanzverlust abgebaut und transportiert werden kann. Dagegen ist ein solider Zaun und erst recht eine Grenzmauer wesentlicher Bestandteil und gehört damit dem Eigentümer des Grundstücks.

Grenzabstand von Bäumen und Sträuchern

In jedem Bundesland anders geregelt: der gesetzliche Mindestabstand.

Wer von Baden-Württemberg nach Bayern zieht, darf beim Anpflanzen von Bäumen sehr viel näher an die Grenze des Nachbarn herangehen als umgekehrt. In Baden-Württemberg beträgt der gesetzliche Grenzabstand bis zu 8 m. In Bayern kommt man mit 2 m aus, es sei denn, das Nachbargrundstück wird landwirtschaftlich genutzt. Dann müssen 4 m eingehalten werden.

Und für den Gartenfreund aus Baden-Württemberg ist es ratsam, beim Anpflanzen eine Hain- oder Weißbuche (4 m Abstand) von einer Rotbuche (8 m Abstand) unterscheiden zu können. Für das bayerische Recht ist dagegen Buche gleich Buche.

In allen Landesgesetzen gibt es Regelungen über Verjährung oder Ausschluss des Anspruchs auf Beseitigung eines zu grenznah gepflanzten Baumes. Im Gegensatz zur Verjährung (= der Anspruch bleibt bestehen, kann aber nicht mehr durchgesetzt werden, wenn die Einrede der Verjährung erhoben wurde) geht mit dem Ausschluss der Anspruch unter. Er muss daher auch von Amts wegen beachtet werden.

Aber auch hier gibt es wieder gravierende Unterschiede. In Niedersachsen beginnt zum Beispiel die Ausschlussfrist erst zu dem Zeitpunkt, in welchem Baum oder Strauch über die zulässige Höhe hinausgewachsen sind. In Rheinland-Pfalz und einigen anderen Bundesländern beginnt die Verjährungs- oder Ausschlussfrist schon mit dem Pflanzakt.

Noch eine Kuriosität: In einigen Bundesländern muss der Gartenfreund die zu eng stehenden Bäume auch dann beseitigen, wenn sie dort durch Samenflug Wurzeln geschlagen haben (Wildlinge). In anderen Ländern beschränkt sich der Beseitigungsanspruch dagegen auf die von Menschenhand zu eng gepflanzten Bäume und Sträucher.

Das Überhängen von Zweigen

Nicht nur eingedrungene Wurzeln können stören, sondern auch überhängende Zweige. Auch für diesen Fall gilt § 910 BGB: Der Eigentümer des Nachbargrundstücks darf die herüberhängenden Zweige abschneiden und behalten. Hier wird deutlich, dass das Eigentum an einem Grundstück sich auch auf den darüber befindlichen Luftraum erstreckt (§ 905 BGB). Das Gesetz sagt nicht, wie weit die Zweige über die Grundstücksgrenze ragen müssen oder dürfen bzw. in welcher Höhe sie sich befinden. Es kommt auch nicht darauf an, inwieweit sich der Nachbar durch die in seinen Luftraum ragenden Zweige gestört **fühlt.** Das Gesetz verlangt vielmehr, dass die Zweige objektiv die Benutzung des Nachbargrundstücks beeinträchtigen. Das wird in den meisten Fällen nicht zutreffen. Wenn aber die überhängenden Zweige zum Beispiel dem Gemüsegarten des Nachbarn das Sonnenlicht entziehen, dann wird er zur Selbsthilfe schreiten dürfen. Auch dann, wenn die Zweige von Nachbars Baum in die Dachrinne des eigenen Hauses ragen, kann man von einer »Beeinträchtigung des Grundstücks« sprechen.

Auf die Fristsetzung achten!

Das Gesetz macht bei den Zweigen das Recht auf Selbsthilfe ausdrücklich von erfolgloser Fristsetzung abhängig. Der beeinträchtigte Grundstückseigentümer muss seinem Nachbarn zunächst eine angemessene Frist zur Beseitigung gesetzt haben. Erst wenn diese Frist erfolglos abgelaufen ist, darf er zur Selbsthilfe greifen. Kennt er das Gesetz nicht oder kann er es nicht erwarten und schneidet ohne Fristsetzung die Äste ab, handelt er widerrechtlich. Er darf die abgeschnittenen Zweige dann nicht behalten und macht sich darüber hinaus schadenersatzpflichtig. Und dass die Frist nicht mitten in die Vegetationszeit gelegt werden darf, sollte selbstverständlich sein. Insbesondere kann niemand verlangen, dass die Zweige eines Obstbaumes abgeschnitten werden, während dieser voller Früchte hängt. § 910 BGB verleiht ein eng umgrenztes Selbsthilferecht und beugt dadurch dem schikanösen Verlangen nach Zerstörung oder Beschädigung überragender Pflanzen vor. Ein Kommentar zum BGB weist herzerfrischend darauf hin, dass dem nachbarrechtlichen Gemeinschaftsverhältnis der Grundsatz des »Leben und Lebenlassens in Bagatellfällen« entspringt. Ein Grundsatz, der nicht nur beim Überhang anzuwenden ist.

Lange Zeit war die Frage umstritten, ob der Nachbar das Recht hat, statt selbst die Entfernung der Zweige oder Wurzeln vorzunehmen, den Baumeigentümer auf Beseitigung zu verklagen. Durch eine Entscheidung des Bundesgerichtshofes ist dieser Streit inzwischen ausgetragen. Der Nachbar braucht nicht selbst Hand anzulegen; er darf auch auf Beseitigung prozessieren.

Aus Nachbars Garten eindringender Wildwuchs muss nicht toleriert werden.

Auch hier ist wieder Vorsicht am Platz: In Baden-Württemberg gilt hinsichtlich der Beseitigung überhängender Zweige gegenüber dem übrigen Bundesgebiet abweichendes Recht.

Überfall von Früchten

Unter der bedrohlich klingenden Formulierung »Überfall« behandelt § 911 BGB einen alltäglichen Vorgang. Unser Baum trägt Früchte und steht so nah an der Grenze, dass ein Teil der Früchte auf Nachbars Grundstück fällt. Die Regelung des § 911 ist eindeutig: Der Nachbar darf die Früchte aufklauben und behalten. (§ 911 BGB: »Früchte, die von einem Baume oder Strauche auf ein Nachbargrundstück hinüberfallen, gelten als Früchte dieses Grundstücks. Diese Vorschrift findet keine Anwendung, wenn das Nachbargrundstück dem öffentlichen Gebrauche dient.«) Der Nachbar darf aber nicht nachhelfen und die Früchte herunterschütteln. Wenn er es dennoch tut, muss er die Früchte wieder herausrücken.

Solange die Früchte fest am Baum hängen, gehören sie dem Eigentümer oder Nutzungsberechtigten des Baumes. Gleichgültig, ob sie im eigenen oder im fremden Luftraum hängen. Infolgedessen darf der Eigentümer des Baumes die über fremden Grund hängenden Früchte auch selbst abernten. Nur darf er dazu nicht ohne Genehmigung das Grundstück des Nachbarn betreten. Findige Menschen haben für diesen Fall an langen Stöcken befestigte Geräte gebastelt.

Sind die Früchte nicht in den Privatgarten des Nachbarn gefallen, sondern auf ein dem öffentlichen Gebrauch gewidmetes Grundstück, also zum Beispiel auf eine Straße, dann bleiben sie im Eigentum dessen, dem der Baum gehört bzw. dem die Nutzung zusteht.

Wenn die Früchte auf Nachbars Grund gefallen sind, muss man sie auch dem Nachbarn gönnen. Holt man sich ohne Zustimmung des Nachbarn »seine« Äpfel wieder, wird man zum Dieb.

Immer wieder Streitpunkt: der Laubfall

Praktiker wissen, dass neben dem Zwist um den Grenzabstand von Bäumen der Laubfall zum häufigsten Streitfall im Nachbarrecht gehört. Und über den Laubfall schreiben weder das BGB noch die Nachbarrechtsgesetze der Länder etwas. Auch die vielfältigen Bemühungen deutscher Gerichte haben es nicht geschafft, zu einer einheitlichen Rechtsprechung zu kommen. Es besteht vielmehr Rechtsunsicherheit. Die bisher eingeschalteten Gerichte vertreten die Überzeugung, dass unser Problem von § 906 BGB umfasst wird.

§ 906 sagt in gewundener Gesetzessprache, dass ein Grundstückseigentümer sich nicht gegen die Zuführung von Gasen, Dämpfen, Gerüchen, Rauch, Ruß, Wärme, Geräuschen und ähnlichen vom Nachbargrundstück ausgehenden Einwirkungen wehren kann, wenn die Benutzung seines Grundstücks dadurch nicht wesentlich beeinträchtigt wird. Das Gleiche gilt, wenn die Beeinträchtigung zwar wesentlich, aber ortsüblich ist und nicht durch wirtschaftlich zumutbare Maßnahmen verhindert werden kann.

Es liegt auf der Hand, dass Laub von Bäumen nicht zu den »Gasen, Dämpfen, Gerüchen, Rauch, Ruß, Wärme, Geräuschen und Erschütterungen« gehört. Die Mehrzahl der Gerichte ist aber mit Zustimmung der Fachliteratur der Ansicht, dass es sich beim Laubfall um eine »ähnliche von einem anderen Grundstück ausgehende Einwirkung« handelt. Zur Lösung des Konflikts wird also der § 906 herangezogen. Damit ist allerdings noch nicht gesagt, ob diese Einwirkung geduldet werden muss oder untersagt werden kann oder zum finanziellen Ausgleich verpflichtet. Den extremsten Standpunkt hat das Landgericht Wiesbaden (Neue Juristische Wochenschrift 1979, S. 2617) eingenommen. Es hatte 1978 darüber zu entscheiden, ob der Nachbar es hinnehmen musste, dass die Blüten von fünf Birken auf seine Terrasse fielen.

Das Gericht kam zu der Auffassung, dass der Blütenfall eine wesentliche Beeinträchtigung darstelle. Sie sei aber ortsüblich, zumal auf dem Grundstück des

Laub ist eine wertvolle Bereicherung für jeden Boden, kann aber in Dachrinnen und Gullys sehr lästig werden.

Vielen »ordentlichen« Gärtnern ist der nachbarliche Naturgarten ein Dorn im Auge, obwohl er Platz für eine Vielzahl heimischer Pflanzen- und Tierarten bietet.

Nachbarn und Klägers ebenfalls Birken stünden. Die beantragte Beseitigung der fünf Birken hat das Gericht daher nicht ausgesprochen. Aber das Gericht errechnete, dass zur Beseitigung des Blüten- und Samenfalles jährlich etwa 14 Arbeitsstunden anfielen und verurteilte daher den Besitzer der Birken zur jährlichen Schadensersatzleistung in Höhe von DM 100,–. Diese Entscheidung ist in der Fachwelt auf viel Kritik gestoßen. Dennoch hat sich 1983 das Oberlandesgericht Karlsruhe (Die Justiz 1983, S. 387) auf den gleichen Standpunkt gestellt.

Das Landgericht Karlsruhe (Monatsschrift für Deutsches Recht 1984, S. 401) wies jedoch darauf hin, dass in einer Zeit des zunehmenden Umweltbewusstseins der vernünftige Durchschnittsbürger bereit sei, eine größere Belästigung durch Laub- und Samenflug hinzunehmen, eine Entschädigung scheide deshalb aus.

Das Landgericht Stuttgart (Neue Juristische Wochenschrift 1980, S. 2087) ließ die Kernfrage (Laubfall = ähnliche Einwirkung) offen, wies aber die Klage mit der Begründung ab, dass es sich dabei nicht um eine Einwirkung handle, die von einem »anderen« Grundstück ausgehe. Das Oberlandesgericht Düsseldorf war sich im Urteil vom 25.10.1989 (Neue Juristische Wochenschrift – Rechtsprechungsreport 1990, S. 144) nicht sicher, ob Laub und Blüten überhaupt zu den »Beeinträchtigungen« des § 906 gehören. Es hat aber den Klageanspruch auf Ersatz der jährlichen Reinigungskosten (Säuberung der Dachrinnen) von über DM 7000,– unter Berufung auf den Bundesgerichtshof abgewiesen: »...Daher sind Einwirkungen, die auf Naturereignissen beruhen, dem Eigentümer des Grundstücks, von dem sie ausgehen, nur zuzurechnen, wenn er sie durch eigene Handlungen ermöglicht oder durch pflichtwidriges Unterlassen herbeigeführt hat.«

Beschämend ist, in welchem Ausmaß sich deutsche Gerichte um das Fallen von Blättern kümmern müssen. Ein Beweis dafür, wie schwach das Naturverständnis vieler Bürger entwickelt ist. Erstaunlich aber auch, dass die Gerichte meinen, § 906 sei auf unser Problem überhaupt anwendbar. Ich halte das nicht für richtig.

Mit Ausnahme von Bremen und Hamburg gibt es in allen Bundesländern gesetzliche Vorschriften über den Grenzabstand von Bäumen. Der Sinn dieser Regelung ist nicht preußische Ordnungsliebe. Es geht nicht darum, dass Bäume und Sträucher stramm in Reih und Glied stehen, der Sinn besteht vielmehr darin, dass die berechtigten Interessen des Nachbarn durch den Grenzabstand voll abgedeckt werden sollen. Die bisherige Rechtsprechung glaubt, eine Gesetzeslücke ausfüllen zu müssen, die es in Wahrheit gar nicht gibt. Fühlt sich der Nachbar durch die naturgemäße Entwicklung des Baumes belästigt, obwohl der eingehaltene Abstand gewahrt wurde, dann stehen ihm keine Ansprüche zu. Es sei denn, Wurzeln sind in sein Grundstück eingedrungen, Zweige hängen über und Früchte fallen auf seinen Grund. Dafür gibt es ausdrücklich und ausnahmsweise eine gesetzliche Anspruchsgrundlage.

In Extremfällen sind jedoch Ausnahmen denkbar, zum Beispiel dann, wenn das Nachbarschaftsverhältnis in eklatanter, missbräuchlicher Weise verletzt wird. Diese Auffassung wird jetzt auch von Walter Dehner, Richter am Bundesgerichtshof, in der 1991 erschienenen 7. Auflage seines Kommentars zum Nachbarrecht vertreten. Er meint: »Dass aber von einem rechtmäßig angepflanzten Baum Laub auf das Nachbargrundstück geweht wird, hat der Eigentümer nicht zu verantworten.«

Unter Berufung auf Dehner hat das Oberlandesgericht Düsseldorf im Urteil vom 23.8.1995 (Neue Juristische Wochenschrift – Mietreport 1996, S. 2) entschieden: »Laubfall vom Nachbargrundstück ist in der Regel vom Eigentümer des betroffenen Grundstücks entschädigungslos hinzunehmen.«

Dass Laub aber nicht nur Last sein kann, beschreibt Martin Walser in einem Reisebericht aus West-Virginia: »Im Herbst, wenn hier die Blätter fallen, ertrinken ganze Stadtteile in Laub. Es ist die schönste Katastrophe, die man erleben kann.«

Samenflug in Nachbars Garten

Was tun, wenn aus dem Naturnahen Garten Unkrautsamen auf Nachbars Grundstück fliegen? Wenn dieser Nachbar den herkömmlichen gepflegten Zierrasen bevorzugt, wird es kritisch. Der Nachbar wähnt sich im Recht und verlangt die Beseitigung der Unkraut-Wildnis. Er wird damit Pech haben. Reichsgericht und Bundesgerichtshof haben übereinstimmend einen Unterlassungsanspruch gemäß § 1004 BGB immer dann verneint, wenn die Beeinträchtigung eines Grundstücks ausschließlich auf Naturkräfte zurückzuführen ist. Wenn also Unkrautsamen durch den Wind auf das Grundstück des Nachbarn getrieben wird, dann besteht kein Anspruch auf Beseitigung der »Unkräuter«. Es sei denn, das Unkraut wächst in den Himmel und über Grenzen.

Ein gut gepflegter Komposthaufen ist das Herz jeden Gartens und wird bei sachgerechter Behandlung eines Tages zu wertvollstem Humus.

Dennoch bleibt ein Unbehagen. Allen Entscheidungen ist anzumerken, dass der Begriff »Unkraut« Aversionen auslöst. Das ist verständlich, denn in dem herkömmlichen Garten hat Unkraut nichts zu suchen. In ihm dürfen aus falsch verstandener Ordnungsliebe nur wenige, häufig exotische Pflanzenarten wachsen. Im **Naturnahen Garten** ist dagegen Platz für eine Vielzahl heimischer Pflanzen- und Tierarten.

Im Gegensatz zum gepflegten, aber sterilen Garten ist Vielfalt das Kennzeichen eines Naturnahen Gartens. Der Garten wird zum Lebensraum für viele Tier- und Pflanzenarten. In einem solchen Garten gibt es eine natürliche Selbstregulierung. »Schädlinge« und »Unkräuter« werden durch natürliche Feinde und Konkurrenten in Schach gehalten. Wer sich in seinem Garten eine Biowiese anlegt, führt seinen Garten wieder in einen von Natur vorgegebenen Zustand zurück.

Diese Auffassung setzt sich immer mehr durch, auch in den Amtsstuben. In zahlreichen Städten wird das öffentliche Grün nicht mehr so penibel gepflegt wie früher, es dürfen wieder Wiesen wachsen. In der Fachliteratur findet man allerdings immer noch die Behauptung, dass in einigen Bundesländern alle Grundstückseigentümer zur Bekämpfung bestimmter Unkrautarten verpflichtet seien. Richtig ist, dass es in diesen Bundesländern Verordnungen zur Bekämpfung der Unkräuter gegeben hat. Inzwischen sind diese Verordnungen alle ersatzlos aufgehoben worden.

Gepflegter Kompost stinkt nicht

Ein gut gepflegter Komposthaufen ist das Herz eines jeden Gartens.

Die Natur kennt keinen Abfall. Ungekochte Gemüse- und Obstabfälle, Rasenschnitt und Laub, verwelkte Blumen und Heckenschnitt gehören auf den Komposthaufen, aber auch rohe Eierschalen und Kaffeesatz, etwas Zeitungspapier und Papiertaschentücher. Bei sachgerechter Behandlung wird alles eines Tages wertvollster Humus. Eine einzige Freude. Nur fraglich, ob der Nachbar das genauso sieht. Der hat sich ja schließlich für viel Geld einen Ziergarten angelegt mit vielen exotischen Nadelgehölzen, kurzgeschnittenem Rasen und auch einem Blumenbeet. Der Komposthaufen verletzt sein ästhetisches Empfinden. Schön ist, was nicht zu sehr an Natur erinnert, meint er. Also nimmt unser Nachbar Anstoß am Geruch. Er sagt, der Komposthaufen muss weg, weil er stinkt. Die Juristen werden bemüht.

Die Landesregierungen sind durch § 27 des Bundesabfallgesetzes in der Fassung vom 3. Mai 2000 ermächtigt worden, bestimmte Abfälle oder bestimmte Mengen von Abfällen von der generellen Beseitigungspflicht auszunehmen. Das haben alle Landesregierungen getan und Verordnungen über die Beseitigung pflanzlicher Abfälle außerhalb von Abfallbeseitigungsanlagen erlassen. Wichtig ist, dass in zehn Bundesländern das Kompostieren von Küchen- und Gartenabfällen für zulässig erklärt wurde. Mit Ausnahme von Hamburg haben alle Landesgesetze das Kompostieren davon abhängig gemacht, dass keine Geruchsbelästigungen auftreten. Die Rechtslage ist also klar, man darf in seinem Garten einen Komposthaufen anlegen. Er darf aber nicht stinken, sonst kann der Nachbar zum Kadi gehen. Das Landgericht Regensburg musste sich 1984 (AZ: S. 320/83) als Berufungsinstanz mit einer solchen Klage beschäftigen. Es stellte fest, dass sich der Komposthaufen in einer sehr windgeschützten Ecke des Gartens befand. »Daher ist auch bei Süd- oder Ostwind allenfalls mit einer geringfügigen Geruchsbelästigung zu rechnen. Diese muss der Kläger genauso hinnehmen wie umgekehrt die Beklagte Belästigungen duch die Abgase aus den Autos, die in der nahen Garage untergebracht sind, hinnehmen muss.« Die Klage wurde abgewiesen.

Das Urteil ist aber kein Freibrief für **so genannte** Komposthaufen, die in Wahrheit Müllkippen sind. Müllkippen stinken, Komposthaufen nicht.

Steht der Komposthaufen direkt an der Grundstücksgrenze, kann seine Beseitigung wegen Geruchsbelästigung verlangt werden (Landgericht München I, Urteil vom 23.12.1986, Juristische Wochenschrift-Rechtssprechungsreport 1988, Seite 205).

Zierteiche bergen Gefahren

Vielen Gefahren wirken Sie entgegen, wenn Sie nur sehr flache Gartenteiche anlegen, steile Ufer vermeiden und immer daran denken, dass spielende Kinder (auch Nachbarkinder) einem Ball hinterhertollen und dann unversehens in den Teich stolpern können. Schilder »Vorsicht« oder »Betreten verboten« verhindern keinen Unfall und befreien auch nicht von der Haftung. Natürlich ist es dabei von Bedeutung, ob der Gartenbesitzer selbst kleine Kinder hat oder damit

Bei Gartenteichen immer an die Gefahr für spielende Kinder denken.

Alle in der Bundesrepublik vorkommenden Frösche gehören zu den geschützten Arten.

rechnen muss, dass sich fremde Kinder unbemerkt seinem Teich nähern können. Zwei Entscheidungen des Oberlandesgerichts Oldenburg aus dem Jahre 1993 machen das Spannungsverhältnis deutlich.

Im Urteil vom 5.10.1993 (Zeitschrift für das gesamte Familienrecht 1994, Heft 13): »Solange der Besitzer eines Grundstücks mit Gartenteich nicht damit rechnen muss, dass Kinder in einem Alter, für welche ein Gartenteich eine Gefahr darstellen, auf sein Grundstück gelangen, besteht für ihn keine Verkehrssicherungspflicht, das Grundstück gegen das Betreten durch kleine Kinder zu sichern.«

Das gleiche Gericht kam aber in einem anderen Fall etwa einen Monat später zur Bejahung des Haftpflichtanspruchs. Dem Gartenbesitzer war bekannt, dass mehrere Kinder hinter dem Wohnhaus spielten und ungehindert auf das Gartengrundstück mit der Teichanlage gelangen konnten. Das Unterlassen der erforderlichen Sicherheitsmaßnahmen stelle eine schuldhafte Verletzung der allgemeinen Verkehrssicherungspflicht dar. Der Mutter des Kindes wurde wegen Verletzung der Aufsichtspflicht zwar ein Mitverschulden am Unfall ihres Kindes angelastet, die Haftung des Teichbesitzers führte aber zu dessen wirtschaftlichem Ruin (Urteil des Oberlandesgerichts Oldenburg vom 19.11.1993, FamRZ 1994, Heft 22).

Lärmbelästigung durch Frösche

Zu Schwierigkeiten ganz anderer Art können Gartenteiche dann führen, wenn sie von Fröschen bevölkert werden. Zwischen April und September melden sie sich lautstark, doch nicht allen Nachbarn gefallen die für Frösche typischen Quak- und Kecklaute. Sie laufen bisweilen Sturm und rufen die Gerichte zu Hilfe. Dabei wird dann häufig übersehen, dass alle in der Bundesrepublik vorkommenden Frösche nach dem Bundesnaturschutzgesetz und der Bundesartenschutzverordnung zu den geschützten Tieren gehören. Dieser Schutz gilt auch dann, wenn sich die Frösche in einem künstlich angelegten Teich aufhalten. Es ist verboten, Frösche zu fangen – und es ist auch nicht erlaubt, einen Froschteich einfach zuzuschütten.

Der Bundesgerichtshof hat in einem bemerkenswerten Urteil vom 20.11.1992 (Neue Juristische Wochenschrift 1993, S. 925) versucht, den Konflikt zu lösen. Nach einem überzeugenden Bekenntnis zum Naturschutz sieht er einen rechtlich zulässigen Ausweg: Die betroffenen Nachbarn (und natürlich auch der Teichbesitzer) könnten bei der Unteren Naturschutzbehörde den Antrag stellen, dass ausnahmsweise die Frösche zu entfernen seien oder der Teich zugeschüttet werden könne. Wie die Naturschutzbehörde dann entscheidet, liegt in ihrem Ermessen.

Lichtentzug durch große Bäume

Bei der Anlage eines Gartens sehen viele die Folgen nicht voraus, häufig auch der Grundstückseigentümer selbst nicht. Er pflanzt ein kleines, zartes Bäumchen, das allen Freude machen und niemanden stören soll. Als gesetzeskundiger Gartenbesitzer beachtet er sogar die in seinem Bundesland geltenden Grenzabstände. Er hegt und pflegt mit viel Liebe und Freude dieses Bäumchen. Und eines Tages ist aus dem Bäumchen ein Baum geworden, möglicherweise ein Riese seiner Art. Dieser Riese stellt alles in den Schatten, insbesondere Wohnstube und Terrasse des Nachbarn. Dessen Laune sinkt mit jedem Meter, den der Baum wächst. Er sieht nicht mehr den Sonnenschein, dafür aber den Wertverlust seines Hauses. Und dann beginnt der Ärger.

Das Oberlandesgericht Düsseldorf hatte sich 1979 mit einem solchen Rechtsstreit zu plagen. Die Beklagten hatten auf ihrem Grundstück eine Norfolktanne, vier Serbische Fichten und drei Zypressen angepflanzt. Als diese Bäume etwa 6 m hoch waren, warfen sie jeden Nachmittag ihren Schatten auf die Terrasse des Nachbarn. Dieser verlangte mit der Klage den Rückschnitt auf eine Höhe von 2 m.

Das Oberlandesgericht hat die Klage abgewiesen. In den Urteilsgründen weist es darauf hin, dass jeder Eigentümer sein Grundstück nach Belieben bepflanzen darf, auch dann, wenn der Nachbar durch die Schattenwirkung der Bäume erheblich beeinträchtigt wird. Gegen die Entziehung von Licht und Luft durch Bäume aus Nachbars Garten gebe es grundsätzlich keinen klagbaren Anspruch (Urteil vom 6.7.1979, Neue Juristische Wochenschrift 1979, S. 2618).

Das Landgericht Hamburg hatte schon zu einem früheren Zeitpunkt den gleichen Standpunkt vertreten. Da ging es um einen hohen Ahornbaum, der das Wohnzimmer des Nachbarn verdunkelte (Urteil vom 20.7.1962, Monatsschrift für Deutsches Recht 1963, S. 50).

Beide Urteile befinden sich in voller Übereinstimmung mit der Rechtsprechung des Reichsgerichts und des Bundesgerichtshofes. Unter Zustimmung der Fachliteratur haben diese Gerichte entschieden, dass es keinen klagbaren Anspruch gegen den Schattenwurf von Nachbars Bäumen gibt.

So bitter solche Urteile für manchen Nachbarn sein mögen, so gibt es dafür doch gute Gründe. In den Nachbarrechtsgesetzen der Länder wird genau bestimmt, in welchem Abstand zur Grenze die verschiedenen Baumarten zu pflanzen sind. Die Gesetzgeber haben dadurch die Interessen der angrenzenden Nachbarn im Prinzip berücksichtigt. Das Dumme ist nur, dass in den letzten Jahrzehnten die Grundstücke immer kleiner geworden sind und dadurch die festgesetzten Abstandsflächen für großkalibrige Bäume häufig nicht ausreichen.

Rasenmäherlärm-Verordnung

Auch der Rasen in einem Naturnahen Garten muss hin und wieder gestutzt werden. Der Gartenfreund tut gut daran, die Ohren der Nachbarn zu schonen, und bewegt den Rasenmäher daher nicht zur unrechten Zeit. Wann man ihn einsetzen darf, bestimmt sich nach der Achten Verordnung zur Durchführung des Bundesimmissionsschutzgesetzes vom 13. Juli 1992, der so genannten Rasenmäherlärm-Verordnung.
Diese Verordnung gilt für motorgetriebene Rasenmäher und bestimmt zunächst, welche Emissionswerte die Geräusche der Rasenmäher nicht überschreiten dürfen. Damit werden die Fabrikanten und Händler angesprochen. Dann bestimmt die Verordnung, dass Rasenmäher an Werktagen in der Zeit von 19 bis 7 Uhr sowie an Sonn- und Feiertagen nicht betrieben werden dürfen.
Abweichend von dieser Regelung dürfen Sie an Werktagen in der Zeit von 19 bis 22 Uhr Ihren Rasen schneiden, wenn das Gerät mit einem Schallleistungspegel von weniger als 88 Dezibel (A) arbeitet.
Diese Bundesverordnung lässt die Möglichkeit offen, die Ruhezeiten noch weiter auszudehnen. In vielen Ländern und Gemeinden ist das bereits geschehen.
Meist wird die Benutzung des Rasenmähers auch für die Mittagszeit verboten. Und manchmal wird zwischen Handmäher sowie Benzin- und Elektromotoren unterschieden. Es lohnt sich jeweils eine Anfrage bei der Gemeinde.

Herabfallende Äste, umstürzende Bäume

Jeder Grundstückseigentümer ist verpflichtet, alle notwendigen und möglichen Maßnahmen zu treffen, damit Dritte vor Schaden bewahrt werden. Es trifft ihn die so genannte Verkehrssicherungspflicht. Das Ausmaß dieser Verkehrssicherungspflicht ist aber von Fall zu Fall zu ermitteln. Nur wenn diese Pflicht schuldhaft verletzt wird, kommt eine Haftung in Frage. Das bedeutet, dass in jedem Einzelfall sorgfältig geprüft werden muss, ob die Verkehrssicherungspflicht tatsächlich verletzt wurde. Ob also voraussehbar war, dass der Baum umstürzen oder ein Ast abbrechen würde. Und ob rechtzeitig Abhilfemaßnahmen möglich waren. Für die Beurteilung dieser Frage haben die Gerichte Hinweise gegeben.
Die meisten der veröffentlichten Urteile befassen sich mit der Haftung der Behörden für Straßenbäume. Diese Rechtsprechung kann nicht einfach auf den Gartenbesitzer übertragen werden. Denn bei Straßenbäumen werden ziemlich hohe Anforderungen an die Verkehrssicherungspflicht gestellt. Das hängt damit zusammen, dass die öffentliche Verwaltung (Gemeinden, Straßenbauämter) über Fachkräfte verfügen, die mit der Sicherung von Straßenbäumen betraut und vertraut sind. Das Oberlandesgericht Köln sprach in seinem Urteil vom 11.12.1961 (Monatsschrift für Deutsches Recht 1962, S. 478) aus: »Welche Maßnahmen der Besitzer von Bäumen zu treffen hat, richtet sich nach dem Maß dessen, was man im menschlichen Verkehr billigerweise an gegenseitiger Rücksichtnahme verlangen kann. Unangemessen hohe Anforderungen dürfen an diese Sorgfaltspflicht nicht gestellt werden.«
Ähnlich sah es das Landgericht Heidelberg im Jahre 1979 (Urteil vom 26.6.1979, Versicherungsrecht 1980, S. 394). Ein Unwetter hatte eine Akazie 4 m über dem Boden abgerissen. Der – wie sich erst jetzt herausstellte – innen faule Baum fiel über die Straße und beschädigte in dem gegenüberliegenden Anwesen Zaun und Balkon. Das Landgericht hat einen Anspruch auf Ersatz des eingetretenen Schadens verneint. Eine Verkehrssicherung, die von vornherein jedes Schadensereignis ausschließe, sei nicht machbar. Die innere Fäulnis des Baumes sei von außen nicht erkennbar gewesen. Der Baum habe vielmehr nach seinem äußeren Gesamtbild einen gesunden Eindruck gemacht. Es habe daher auch kein Anlass bestanden, vorsorglich von Zeit zu Zeit durch Bohrungen oder ähnliche Maßnahmen Aufschluss über den Gesundheitszustand der Bäume zu erlangen. Das Landgericht meinte zum Schluss: »Dieses Ergebnis mag letztlich unbillig sein. Die Kammer ist jedoch bei der Entscheidung an das geltende Recht gebunden.«
Anders kann die Rechtslage dann sein, wenn äußere Umstände generell auf die Brüchigkeit der Äste schließen lassen. So sah es jedenfalls das Landgericht Frankfurt 1986 (Urteil vom 12.11.1986, Zeitschrift für Verkehrsrecht 8/87). Der Nussbaum ließ einen Ast genau auf den frisch lackierten Porsche des Nachbarn fallen. Das Gericht meinte, dass der Grundstückseigentümer eine besondere Sorgfaltspflicht gehabt habe, da in den Wochen vor dem Unfall mehrere Äste abgebrochen seien. Er hätte daher den Baum regelmäßig überwachen müssen.
In einem vergleichbaren Fall stellte das Oberlandesgericht Schleswig ähnliche Anforderungen an die Verkehrssicherungspflicht. Im Jahr vor dem Unfall waren zwei Äste am fraglichen Baum abgebrochen. Das Oberlandesgericht bejahte einen Schadensersatzanspruch, weil der Beklagte es schuldhaft unterlassen habe, aus diesem Astbruch die notwendigen Konsequenzen zu ziehen (Urteil vom 9.11.1994, Monatsschrift für Deutsches Recht 1995, Seite 148).
Dagegen kommt bei starkem Sturm für die im Nachbargrundstück angerichteten Schäden nur sehr selten eine Haftung in Frage. Der Bundesgerichtshof hat 1993 darauf eindringlich hingewiesen. »Wieb-

Die Rasenmäherlärm-Verordnung regelt, zu welchen Zeiten das Mähen des Rasens mit Motormähern erlaubt ist.

Der Mieter darf mit Abschluss des Mietvertrags nicht zum »Gärtner« des Vermieters degradiert werden.

ke« hatte in Herrsching am Ammersee eine große Fichte auf die Garage des Nachbarn geworfen. Der Bundesgerichtshof hat die Schadensersatzklage abgewiesen. Solche ungewöhnlichen Naturkatastrophen seien zwar denkbar, aber nicht zu erwarten. Das bloße Anpflanzen und Aufziehen von widerstandsfähigen Bäumen begründe allein noch keine Gefahrenlage. Der Grundstückseigentümer könne erst dann zur Verantwortung gezogen werden, wenn die von ihm unterhaltenen Bäume infolge erkennbarer Krankheit oder Überalterung ihre Widerstandskraft eingebüßt hätten (Urteil vom 23.4.1993; Neue Juristische Wochenschrift 1993, Seite 1855).

Rechte im gemieteten Garten

In den Verträgen über die Miete eines Einfamilienhauses finden sich meist auch Bestimmungen über die Pflege des Gartens. Etwa: Der Mieter ist verpflichtet, den Garten in Ordnung zu halten. Oder: Der Garten ist sachgerecht zu pflegen. Solche Klauseln klingen so unverfänglich und eindeutig, dass sie ohne weitere Diskussion unterschrieben werden. Die Zweifel kommen erst später. Wozu hat sich der Mieter in Wahrheit verpflichtet? Oder anders herum: Welche Rechte räumt ihm ein solcher Vertrag hinsichtlich der Gartengestaltung ein? Muss er (der Mieter) die Wiese regelmäßig auf englisches Maß stutzen, oder darf er einen Wildwuchs zulassen? Darf er ein Gemüsebeet anlegen, oder muss er vorher den Vermieter um Erlaubnis fragen? Muss er den Boden belüften und Unkraut jäten? Welche Haltung muss er zu Brennnesseln einnehmen? Und wenn im Garten Obstbäume stehen: Wem gehören die Früchte? Fragen über Fragen; immer wieder Anlass zum Streit. Es stellt sich dann schnell heraus, dass zu allgemein gehaltene Vertragsbestimmungen wenig Klarheit schaffen. Die Gerichte müssen mal wieder helfen. Aus den vorliegenden Urteilen lassen sich einige Thesen ableiten.

Wenn der Mietvertrag über ein Einfamilienhaus keine Aussage zur gärtnerischen Nutzung des Hausgartens macht, dann ist der Garten immer mitvermietet. Mit der weiteren Folge, dass der Mieter zur ausschließlichen Nutzung des Gartens berechtigt ist. Das bedeutet auch, dass er die Früchte der Obstbäume und Beerensträucher ernten darf.

Als »Gegenleistung« ist der Mieter dann aber auch stillschweigend zur Pflege des Gartens verpflichtet. Allerdings in einem sehr eingeschränkten Umfang. So kann der Vermieter nicht die Pflege eines englischen Zierrasens verlangen. Um das gelegentliche Rasenschneiden kommt der Mieter allerdings nicht herum. Das Amtsgericht Ibbenbüren leitet diese Pflicht aus dem Sinn und Zweck eines Wohnhauses mit Gartenanlage ab (Urteil vom 25.10.1983, Wohnungswirtschaft und Mietrecht 7/1984).

Kommt der Mieter der Pflicht des Rasenmähens nicht nach, kann der Vermieter die Kosten für einen beauftragten Gärtner nur dann vom Mieter verlangen, wenn er das zunächst angedroht und erfolglos eine Frist gesetzt hat. So entschied das Amtsgericht Solingen (Urteil vom 20.10.1982, Wohnungswirtschaft und Mietrecht 7/1984).

Ohne vertragliche Vereinbarung wird der Vermieter nicht das Schneiden von Gehölzen fordern dürfen. Diese Arbeiten setzen Fachkenntnisse voraus, die nicht zur allgemeinen Schulbildung gehören.

Wenn der Mieter sich im Vertrag ausdrücklich verpflichtet hat, den Garten »in Ordnung zu halten«, muss er lediglich landläufige Pflegemaßnahmen durchführen. Also Rasenmähen, Unkraut jäten, Umgraben von Beeten. Das Amtsgericht Detmold hat weitergehende Pflichten, die häufig auch gärtnerische Kenntnisse erfordern, verneint (Urteil vom 14.4.1988, Wohnungswirtschaft und Mietrecht 7/1990): »Eine Verpflichtung zur Durchführung von sonstigen Instandhaltungs- und Instandsetzungsarbeiten im Garten, die über diese einfachen und ohne besonderen Kostenaufwand durchzuführenden Pflegearbeiten hinausgehen, ergibt sich aus der mietvertraglichen Vereinbarung nicht.«

Zur Frage »Naturgarten« oder »Ziergarten« hat das Amtsgericht Darmstadt darauf hingewiesen, dass der Mieter mit Abschluss des Mietvertrages nicht zum Gärtner des Vermieters »degradiert« werde. Der Mieter könne daher durchaus im Rahmen seiner Verpflichtung zur Erhaltung der Gesamtanlage seinen persönlichen Vorstellungen über die Anlage eines Nutzgartens nachgehen. Wenn der Vermieter auf ein bestimmtes äußeres Erscheinungsbild seines Gartens wert lege, müsse er den Mieter im Vertrag ausdrücklich und entsprechend verpflichten (Urteil vom 2.4.1982, Wohnungswirtschaft und Mietrecht 9/1982).

Dagegen ist der Mieter nicht berechtigt, ohne entsprechende Vereinbarung den pflanzlichen Bestand wesentlich zu verändern. Er darf also nicht einfach Bäume umsägen und Sträucher ausgraben. Auch das Pflanzen eines Baumes sollte er sich sehr sorgfältig überlegen, denn der Baum wird wesentlicher Bestandteil des Grundstücks und darf bei Beendigung der Mietzeit nicht mitgenommen werden.

PRAXISWISSEN

Botanik • Phänologie • Boden
Gärtnerische Praxis • Düngung
Pflanzenschutz

Grundlagen der Botanik

Wenn man sich näher mit Pflanzen beschäftigt, bleibt es über kurz oder lang nicht aus, sich auch mit der Botanik, der Wissenschaft von den Pflanzen, zu befassen. Die Kenntnis botanischer Grundlagen erleichtert es uns, die Lebensvorgänge und Bedürfnisse der Pflanzen zu verstehen. Da die Botanik eine sehr breit gefächerte Wissenschaft ist, begnügen wir uns hier mit den für ein erfolgreiches gärtnerisches Arbeiten notwendigen Grundlagen.

Morphologie und Anatomie – der Aufbau der Pflanze

Um die Vielfalt der pflanzlichen Lebensformen besser zu verstehen, wenden wir uns zunächst dem Pflanzenkörper einer zweikeimblättrigen Pflanze mit seinen wesentlichen Organen zu.

Die Wurzel

Mit der Wurzel verankern sich die Pflanzen im bzw. am Untergrund. Normalerweise sind die Wurzeln für die Aufnahme von Nährstoffen und Wasser zuständig. Wenn wir uns die Wurzeln einer normalen Gartenpflanze, zum Beispiel einer Aster, genauer betrachten, fällt auf, dass man sie, von der Spitze aus gesehen, in mehrere Abschnitte unterteilen kann. Die eigentliche Wurzelspitze, in der sich das Bildungsgewebe befindet, liegt hinter der so genannten **Wurzelhaube**, einem weichen, sehr gut anschmiegsamen Gewebe, mit dessen Hilfe die Pflanzenwurzeln in die kleinsten Spalten und Öffnungen eindringen können. Nach dem Bildungsgewebe folgt die **Streckungszone**. Hier findet durch die Streckung der anfänglich noch mikroskopisch kleinen Zellen das eigentliche Wurzelwachstum statt. Nach der Streckung bilden die an der Oberfläche der Wurzel gelegenen Zellen die so genannten **Wurzelhaare** aus. Dabei handelt es sich um sehr zarte und kurzlebige Gebilde, die für die Aufnahme von Wasser und darin gelöster Nährstoffe zuständig sind. Dieser Bereich wird als **Ernährungszone** bezeichnet. Besonders gut lassen sich die feinen Wurzelhaare an jungen Keimlingswurzeln beobachten.
In der bei zweikeimblättrigen Pflanzen vorhandenen **Verzweigungszone** bilden sich die Seitenwurzel 1. Ordnung, in deren Verzweigungszone sich dann die Seitenwurzeln 2. Ordnung usw. bilden. Dadurch entsteht ein dichtes Wurzelsystem. Da sich die Wurzeln beim Verlust der 1. Wurzelspitze immer stärker verzweigen, nützt man diese Eigenart in der Baumschule, um durch mehrfaches Verpflanzen einen dichten und festen Wurzelballen zu erzielen. Die für die Wasseraufnahme zuständigen Wurzelhaare sind sehr empfindlich und auf eine ausreichende Luftversorgung angewiesen. Bei Vernässung des Bodens – der Gärtner spricht von Staunässe – oder auch der Erde im Blumentopf sterben sie sofort ab und die Pflanze kann kein Wasser mehr aufnehmen. Dies erklärt, warum manche Topfpflanze trotz Dauerfußbad vertrocknet und letztendlich zum Tod verurteilt ist.
Das aufgenommene Wasser gelangt mit den darin gelösten Nährstoffen durch **Osmose** von Zelle zu Zelle bis zum **Zentralzylinder** im Wurzelinneren. Hier befinden sich die nach oben zu den Blättern führenden Leitungsbahnen. Da bei der Osmose das Wasser von der schwächer konzentrierten zur stärker konzentrierten Lösung wandert, kann sich dieser Vorgang umkehren und das Wasser aus der Pflanze herausgezogen werden, wenn sich im Boden eine höher konzentrierte Lösung befindet. Der Gärtner spricht dann von einem **Salzschaden**, der durch absterbende Blattränder sehr deutlich sichtbar wird. Solche Schäden werden in der Regel durch Überdüngung, aber auch durch Streusalz verursacht. Bei einigen Pflanzen sind die Wurzeln zur Nährstoffspeicherung stark verdickt. Bei Möhren, Rettich und Zuckerrübe hat sich die Hauptwurzel verdickt, bei der Dahlie oder dem Scharbockskraut einige Wurzeln eines verzweigten Wurzelsystems.
Dass nur die Wurzelhaare Wasser und Nährstoffe aufnehmen, sollten wir uns vergegenwärtigen, wenn wir Sträucher und Obstbäume gießen und düngen. Normalerweise hat das Wurzelsystem von Gehölzen eine ähnliche Ausdehnung wie die Baumkrone. Demzufolge wird unterhalb des Kronenrandes gegossen und gedüngt, um die Wurzelhärchen direkt zu erreichen. Nur bei Pflanzen mit einer Pfahlwurzel (Tanne, Eiche, Esche) ist das Wässern direkt am Stamm sinnvoll.

Obwohl Wurzeln sehr verschieden sind, sind alle nach dem gleichen Prinzip aufgebaut.

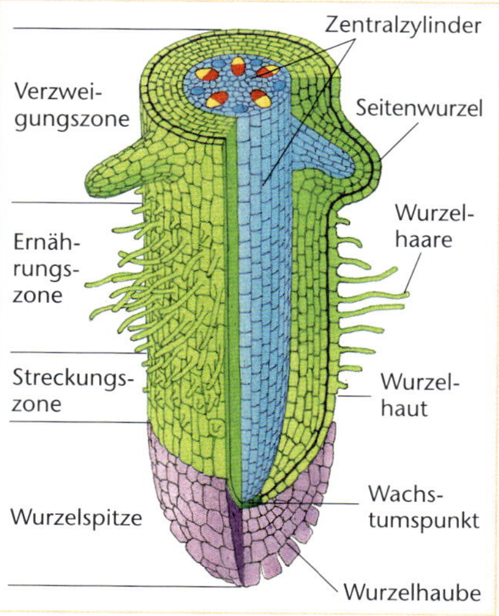

Die Sprossachse

An der Sprossachse befinden sich die Laubblätter und die Blüten. In den Leitungsbahnen der Sprossachse werden Wasser und Nährstoffe aus der Wurzel in die Blätter und Blüten und Assimilate zurück in die Wurzeln transportiert. Oberhalb der Wurzel beginnt die Sprossachse mit dem Wurzelhals. Durch Knoten (Nodien) wird sie in mehrere Stängelglieder oder **Internodien** unterteilt, an der Spitze sitzt die Endknospe. An den **Knoten** sitzen die Laubblätter, in den **Blattachseln** die Seitenknospen. Wie bei der Hauptwurzel wird auch bei der Sprossachse eine stärkere Verzweigung hervorgerufen, wenn die Haupt- oder Endknospe entfernt wird. Gärtnerisch nützt man das beim Rückschnitt, deutlicher noch beim Entspitzen von Jungpflanzen, die dann buschiger durchtreiben.
Die **Sprossachse** kann vielfältig gestaltet sein. Bei den Rosettenpflanzen wie Steinbrech, Primel oder Usambaraveilchen ist sie stark gestaucht, so dass Knoten an Knoten sitzt. Bei verschiedenen Kletterpflanzen können die Internodien sehr lang werden, um ein kräftiges Längenwachstum zu zeigen. Der Querschnitt der Sprossachse kann vielgestaltig sein: rund, rechteckig, geflügelt, zweischneidig usw. In der Sprossachse einer zweikeimblättrigen Pflanze sind die Leitungsbahnen bzw. Leitbündel ringförmig angelegt. Man unterscheidet zwischen dem **Sieb-**

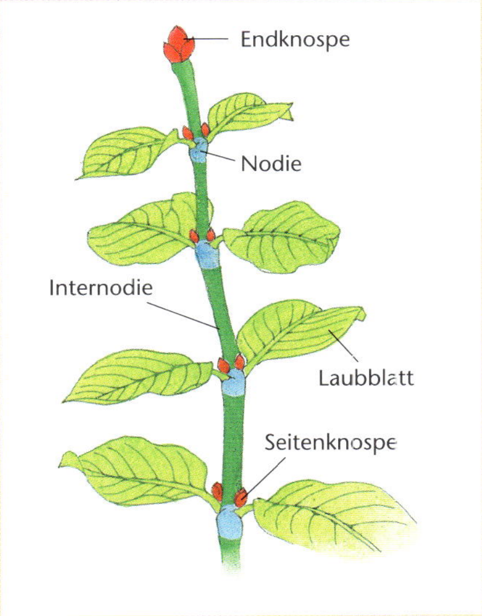

Auch die Sprossachse ist immer nach dem gleichen Schema aufgebaut.

teil (Phloem) und dem **Holzteil** (Xylem). Im innenseitig gelegenen Holzteil werden Wasser und Nährstoffe von der Wurzel nach oben zu den Blättern transportiert. Im außenseitig liegenden Siebteil wird der durch die Assimilation erzeugte Zucker nach unten in die Wurzel transportiert.
Zwischen Sieb- und Holzteil ist ringförmig das Kambium angelegt. Dort findet das so genannte sekundäre **Dickenwachstum** statt. Dieser Vorgang ist an den Jahresringen holziger Pflanzen deutlich zu sehen, bei dem ein Jahresring den jeweiligen Zuwachs während eines Jahres zeigt. Bei einkeimblättrigen Pflanzen, etwa Gräsern oder Palmen, findet kein sekundäres Dickenwachstum statt, da hier die Leitbündel mit dem Kambium nicht ringförmig angeordnet sind. Dadurch entsteht auch der für Palmen typische Wuchs mit einem gleichbleibend dicken Stamm.
Für uns Gärtner ist wichtig, dass sich im Bereich der Stängelknoten besonders leicht so genannte **Adventivwurzeln** bilden können. Stecklinge sollten deshalb immer knapp unterhalb eines Knotens mit einem scharfen Messer geschnitten werden. Der Knoten muss zur Stimulierung des Wurzelwachstums in die Erde gesteckt werden. Bei den Rhizom-Pflanzen hat sich die Sprossachse umgebildet und liegt nun flach am Boden. Meist bilden die neu gewachsenen Sprossteile Wurzeln aus.
Auch Zwiebeln sind eine Umwandlung (Metamorphose) der Sprossachse und der daran befindlichen Blätter. Der Spross ist extrem gestaucht, und die Blätter sind zu dickfleischigen Speicherblättern umgewandelt. Wird eine Küchenzwiebel senkrecht halbiert, kann man dies genau beobachten. Auch Knollen dienen zur Speicherung von Nährstoffen. Wir unterscheiden oberirdische Sprossknollen, wie Sellerie und Kohlrabi, und unterirdische, wie die Kartoffel.

Das Blatt

Blätter und Blattstiele sind äußerst vielgestaltig, im Prinzip aber alle nach dem gleichen Prinzip aufgebaut. Blätter sind von **Blattadern** durchzogen. Bei einkeimblättrigen Pflanzen (Narzissen, Lauch, Gräser) verlaufen die Blattadern parallel. Bei zweikeimblättrigen (Rosen, Löwenzahn oder auch Kopfsalat) verzweigen sich die Blattadern. Die Blattadern sind wie die **Leitbündel** aus Holz- und Siebteil aufgebaut, wobei der Zuckersaft führende Siebteil auf der Blattunterseite liegt. Blattläuse findet man deshalb immer zuerst auf der Blattunterseite, da sie dort den Zuckersaft leichter saugen können.
Begrenzt wird das Blatt durch den ebenfalls sehr vielfältig gestalteten **Blattrand.**

Zweikeimblättrige Pflanzen wie diese Rex-Begonie haben verzweigte Blattadern.

Querschnitt durch das Blatt

Ein Querschnitt durch das Blatt verdeutlicht den inneren Aufbau. Auf der Blattoberseite ist die Blatthaut zusätzlich noch mit einer **Wachsschicht** (Kutikula) überzogen, um unnötigen Wasserverlust zu verhindern.
Unter der Blattoberhaut befindet sich das **Palisadengewebe.** In den dort verstärkt eingelagerten grünen Farbstoffkörnern, den **Chloroplasten,** wird mit dem grünen Blattfarbstoff **(Chlorophyll)** die eingestrahlte Lichtenergie eingefangen und aus Wasser (H_2O) und Kohlendioxid (CO_2) aus der Luft Zucker ($C_6H_{12}O_6$) als Energieträger und Sauerstoff (O_2) als »Abfallprodukt« gebildet. Dieser Vorgang wird als **Assimilation** bezeichnet. Unterhalb des Palisadengewebes befindet sich die »Lunge« der Pflanze, das **Schwammgewebe.** Durch die auf der Blattunterseite befindlichen **Spaltöffnungen** kann Luft durch das Schwammgewebe strömen.
Durch die Spaltöffnungen transpirieren Pflanzen, sie verdunsten also Wasser. Dadurch entsteht eine Sogwirkung innerhalb des Gewebes, die letztlich den ge-

Die Blätter sind die Kraftwerke der Pflanzen. In den grünen Chlorophyllkörnern wird die Sonnenenergie eingefangen.

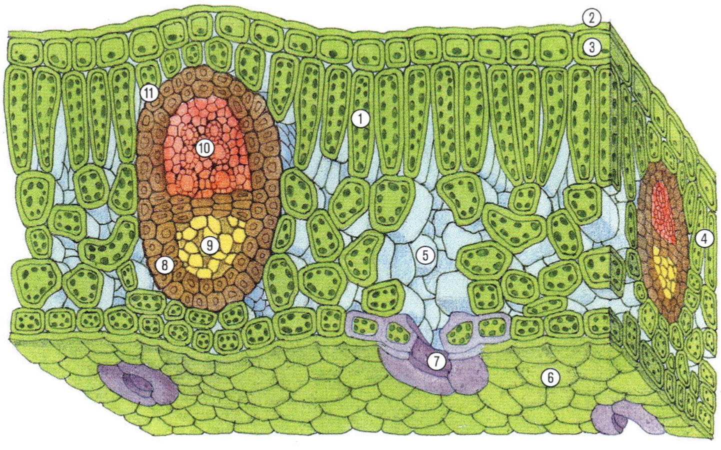

Blattquerschnitt einer zweikeimblättrigen Pflanze mit oberer und unterer Kutikula

① Grüne Farbstoffkörper (Chloroplasten)
② Wachsschicht (Kutikula)
③ Blatthaut
④ Palisadengewebe
⑤ Schwammgewebe
⑥ Untere Wachsschicht (Kutikula)
⑦ Spaltöffnungen
⑧ Bündelscheide
⑨ Siebteil
⑩ Holzteil
⑪ Leitbündel

samten Wasserstrom von der Wurzel her bis zu den Blattspitzen aufrechterhält. Im Laufe ihrer Entwicklung und der damit verbundenen Anpassung an die Umweltbedingungen haben Pflanzen besonders bei den Blättern viele Techniken entwickelt, um sich vor zu starker Sonneneinstrahlung, zu großer Kälte oder Hitze und zu starkem Wind und Trockenheit zu schützen. Verschiedene Haarformen, extra dicke Wachsschichten, Zwergwuchs oder Nadelblätter und wasserspeichernde Blätter wie bei der Dachwurz sind nur einige. Pflanzen aus extremen Trockengebieten wie Kakteen und Euphorbien haben völlig auf Blätter verzichtet.

Die Blüte

Die einzelnen Bauteile der Blüten haben sich aus normalen Laubblättern entwickelt. Blüten sind, wie alle anderen Pflanzenteile, ebenfalls sehr unterschiedlich gestaltet. In vielen Fällen hat sich ein hoch kompliziertes Zusammenspiel zwischen Blüte und bestäubendem Tier (Insekten, Vögel, Fledermäuse usw.) herausgebildet. In der Regel werden die verschiedenen Blütenformen und die Anzahl der einzelnen Blütenteile zur Einteilung der Pflanzen in verschiedene Familien herangezogen.
Trotz des großen Formenreichtums gibt es aber einige Blütenbestandteile, die wir, mehr oder weniger deutlich ausgeformt, bei allen Blüten finden. Der Übergang vom Blütenstiel zu den Blütenteilen wird **Blütenboden** genannt. An ihm befinden sich die **Kelchblätter**, welche die Knospe vor Beschädigung schützen und die Blütenblätter stützen. Nach den Kelchblättern finden wir im äußeren Bereich die

Die Blüten von Becherprimel und Tulpe haben sich gemeinsam mit ihren Bestäubern sehr verschieden entwickelt.

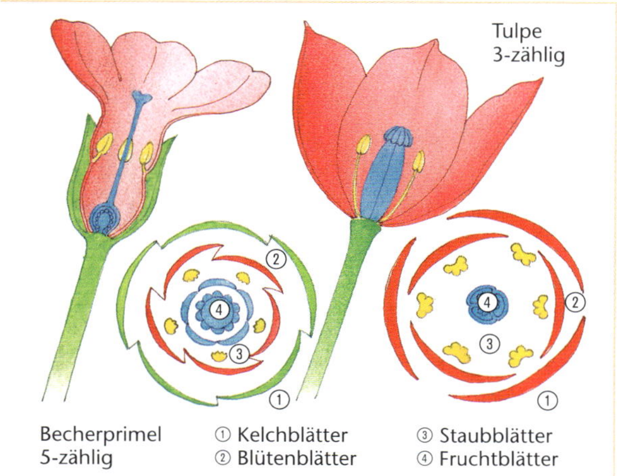

Die drei gleich geformten Kelch- und Blütenblätter lassen diese einkeimblättrige Tulpenblüte als sechszählig erscheinen.

Blütenblätter. Sie sind meist sehr auffällig geformt und weiß oder bunt gefärbt und dienen zur Anlockung von Insekten oder anderen Bestäubern. Bienen werden besonders von gelben Blüten (Löwenzahn), Hummeln von blauen (Eisenhut) und Vögel von roten Blüten (Hibiskus) angelockt.
Im Blüteninneren finden wir auf dem Blütenboden die **Fruchtblätter** bzw., wenn diese miteinander verwachsen sind, den **Fruchtknoten**. In ihm werden die **Samenkörner** gebildet. Auf dem Fruchtknoten sitzt der **Griffel**, dessen Spitze die **Narbe** darstellt. Sie dient der Aufnahme des Blütenstaubes bei der Bestäubung. Gemeinsam bilden diese drei Blütenteile den **Stempel**, also die weiblichen Blütenorgane. Um den Fruchtknoten herum sind die **Staubblätter** angeordnet. Dabei handelt es sich um säckchenähnliche Gebilde an dünnen Stielen, den Staubfäden, bei deren Reife Blütenstaub (Pollen) frei wird. **Staubfäden** und **Staubbeutel** sind die männlichen Blütenorgane. Bei gefüllten Blüten, etwa bei Rosen oder Tulpen, sind diese Staubgefäße zu Blütenblättern umgebildet.
Männliche und weibliche Blütenteile finden wir nur bei zwittrigen Blüten in einer Blüte. Daneben gibt es getrenntgeschlechtliche Blüten, die an einer Pflanze **(einhäusig)** oder auf zwei verschiedene Pflanzen **(zweihäusig)** verteilt sein können. Besonders bei den Gehölzen ist die Zweihäusigkeit verbreitet (zum Beispiel bei den Weidenkätzchen). Einhäusig und getrenntgeschlechtlich sind etwa die Kürbisgewächse, wie Gurken und Zucchini.
Bei einigen Blüten sind die Blütenblätter miteinander verwachsen und bilden dann kompliziert aufgebaute Blüten, wie bei Taubnessel, Fingerhut oder Orchideen. Oder es sind zahlreiche kleine Blüten zu einem Blütenstand vereinigt, der wie eine einzige Blüte wirkt (bei Korbblütlern wie Löwenzahn oder Margerite). Bei den meisten Blüten der einkeimblättrigen Pflanzen sind Kelch und Blütenblätter gleich geformt und gefärbt (Tulpe, Zwiebel).
Die **Anzahl** der einzelnen **Blütenteile** ist typisch für einzelne Pflanzenfamilien. Primelgewächse, wie Aurikel, sind fünfzählig, das heißt, von den einzelnen Blütenteilen sind jeweils fünf vorhanden. Bei den einkeimblättrigen Pflanzen herrscht die Dreizahl vor. Da dort aber Kelch- und Blütenblätter oft gleich geformt und gefärbt sind, scheinen die Blüten sechszählig zu sein, etwa bei Tulpen oder Lilien.
Um genetische Vielfalt zu sichern, haben Pflanzen in ihren Blüten einige Methoden entwickelt, um Selbstbestäubung zu verhindern. Dazu gehören ungleiche Reifezeit von Pollen und Narbe, räumliche Trennung von Narbe und Staubblättern wie bei der Fuchsie, bei der die Narbe weit aus der Blüte herausragt.

Samen und Früchte

Bei der Bestäubung wird durch ein Tier, den Wind oder auch den Menschen Blütenstaub auf die Narbe übertragen. Das **Pollenkorn** treibt dann wie ein Keimling aus und ein **Pollenschlauch** wächst durch den Griffel in den Fruchtknoten, um dort mit einer Samenanlage zu verschmelzen. Während der Entwicklung des Samenkorns wächst aus dem **Fruchtknoten** oder dem Blütenboden eine Frucht heran.
Je nach Pflanzenfamilie und Pflanzenart unterscheiden sich die **Früchte** deutlich voneinander. Einige sind groß und schwer und mit einem Schwimmkörper versehen (Kokosnuss), andere winzig klein, um millionenfach vom Wind verteilt zu werden (Orchideen). Sehr viele Samen werden von Tieren verbreitet, indem die Früchte gefressen und an einem anderen Ort die Samen wieder ausgeschieden werden. Dabei durchlaufen die Samenkörner den Verdauungstrakt der Tiere. Durch die Magensäure wird die harte Samenschale angegriffen und die Keimung kann dann schneller erfolgen. Andere Samen keimen erst in dunkler Feuchtigkeit oder direkt an der Erdoberfläche als Lichtkeimer. Viele Stauden, Gehölze und vor allem Hochgebirgspflanzen keimen erst, wenn durch eine Kälteperiode keimhemmende Stoffe im Samenkorn abgebaut werden.

Der Schnitt durch eine Mohnkapsel zeigt die aus miteinander verwachsenen Fruchtblättern bestehende Samenanlage.

Genetik und Vererbung

In den letzten Jahren haben so genannte F_1-Sorten eine weite Verbreitung gefunden, dazu tragen ihre hervorragenden Eigenschaften bei, die bei allen Pflanzen einer Sorte identisch sind. F_1-Sorten entstehen als erste Generation aus einer Kreuzung zweier reinerbiger (homozygoter) Elternpflanzen. Wenn die Mutterpflanze reinerbig rot und die Vaterpflanze reinerbig weiß ist, entstehen in der 1. Folgegeneration (F_1-Generation) ausschließlich rosa blühende Nachkommen. Da dies aber nur dann funktioniert, wenn die beiden Elternpflanzen reinerbig sind, muss bereits zur Gewinnung hierfür geeigneter Pflanzen ein relativ hoher züchterischer Aufwand betrieben werden. Deshalb sind F_1-Sorten immer teurer als normal gewonnene Samen bzw. Pflanzen. Auf Grund ihrer vorzüglichen Eigenschaften sowohl bei Gemüse als auch bei Blumen sind sie aber durchwegs zu empfehlen.
Die Pflanzen der F_1-Generation in unserem Beispiel sind aber nicht reinerbig rosa, sondern tragen jeweils eine weißes und ein rotes Farbgen in sich. Will der Hobbygärtner nun von diesen Pflanzen Samen ernten, erhält er nur zur Hälfte rosa blühende Pflanzen. Die andere Hälfte entspricht den Farben der Großeltern, also 25 % weiß und 25 % rot blühend (siehe Grafik).
Samenernte von F_1-Sorten ist deshalb wegen der Aufspaltung in der F_2-Generation sinnlos.

Physiologie: die Lebensvorgänge der Pflanze

Die Physiologie als Teilbereich der Botanik befasst sich im Wesentlichen mit der Ernährung und dem Stoffwechsel, dem Wachstum und der Pflanzenentwicklung, der Reizbarkeit und den Bewegungen der Pflanzen. Wie bereits kurz erwähnt, gewinnen die Pflanzen die zum Wachstum notwendige Energie durch die **Assimilation** bzw. **Photosynthese**. Mit dem dabei gewonnenen **Zucker** steht der Pflanze ein Stoff zur Verfügung, der sich zur Speicherung in **Stärke** umwandeln und in speziell dafür entwickelten Organen (Kartoffelknolle) einlagern lässt. Wird Energie benötigt, kann die Stärke jederzeit zu Zucker umgewandelt werden. Bei einer der Assimilation entgegengesetzten Reaktion, der **Dissimilation** oder Atmung, wird der Zucker wieder zerlegt, und die dabei frei werdende Energie steht der Pflanze zum Wachstum und dem damit verbundenen Aufbau komplizierter Verbindungen, aus den durch die Düngung angelieferten Nährstoffen, zur Verfügung. Viele dieser Stoffe sind auch für unsere Ernährung unersetzlich: Vitamine, Enzyme, Öle und Fette.

Die Lebensformen

Das Wachstum einer Pflanze führt vom keimenden Samenkorn bis hin zur Blüte und zur erneuten Samenbildung. Viele Pflanzen absolvieren diese Entwicklung in einer Vegetationsperiode: Sie werden als **Einjährige** bezeichnet, gärtnerisch gehören fast alle Sommerblumen hierzu. Als **zweijährig** werden Pflanzen bezeichnet, deren vegetative Entwicklung im ersten Jahr stattfindet. Nach einem winterlichen Kältereiz bilden sie im darauf folgenden Jahr Blüten und Samen (Vergissmeinnicht, *Bellis*, Fingerhut).
Unter **Stauden** versteht man Pflanzen, die mehrere Jahre alt werden, den Winter als Wurzelstock (Küchenschelle) oder als belaubte Pflanze (Bergenie) überdauern und nach dem Erreichen ihrer physiologischen Blühreife jährlich blühen und fruchten. Tritt an der Pflanzenbasis eine Verholzung der Zweige ein, sprechen wir von **Halbsträuchern** (Rosmarin, Sonnenröschen).
Komplett verholzende Pflanzen sind die Gehölze. Verzweigen sie sich bereits an der Basis, nennen wir sie **Sträucher**. **Bäume** bilden einen Stamm aus, dessen Dominanz die Verzweigung an der Basis unterdrückt.

Die »biologische Uhr«

Zur Steuerung ihres Wachstums und ihrer einzelnen Entwicklungsabschnitte bedienen sich die Pflanzen einer sehr zuverlässigen »Uhr«, der **Tageslänge**. Bei abnehmender Tageslänge beginnen Chrysanthemen und Weihnachtssterne zu blühen. Auch die herbstliche Verfärbung des Laubes, bei der die Pflanzen einige Substanzen in den Blättern abbauen, um die Rohstoffe im Holz einzulagern, wird durch kürzere Tage eingeleitet. Das Abwerfen der danach »wertlosen« Blätter wird dann oft durch die ersten Fröste ausgelöst.

Die Vererbung der Farben Rot (aa), Weiß (AA) und Rosa (Aa) bei der japanischen Wucherblume bis in die 3. Generation F_3 (Intermediärer Erbgang).

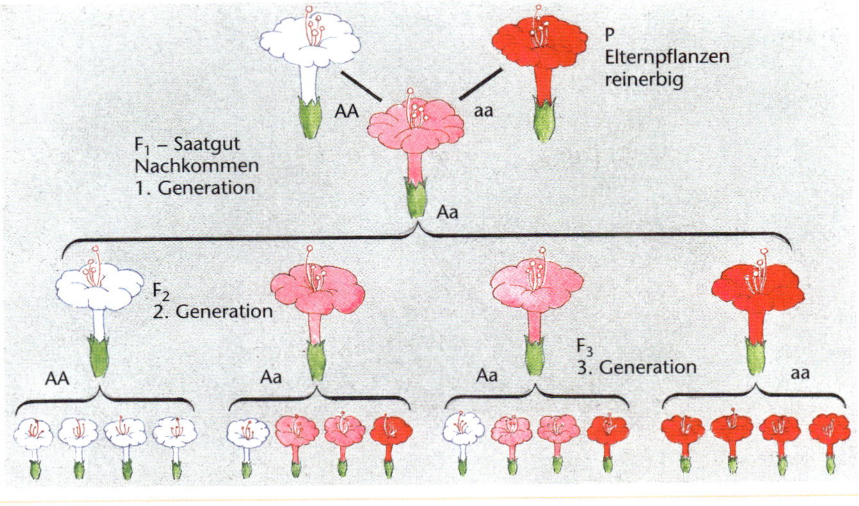

Der Gärtner und das Wetter

Auf einer größeren Frühlingsreise durch die Landschaft lassen sich phänologische Ereignisse am besten beobachten. Während auf den Höhenzügen in schattigen Ecken noch Schnee liegen kann, begrüßen uns in den milderen Tallagen schon die ersten Frühlingsblüher, wie Winterlinge und Schneeglöckchen. Die Klimaunterschiede werden noch deutlicher, wenn uns unsere Reise durch eine Weinbaugegend führt.

Was ist Phänologie?

Die Phänologie beschäftigt sich mit den Naturphänomenen wie Blütezeit und Fruchtreife einzelner Pflanzenarten, deren Beginn sich, abhängig von Wetter und Klima, in Mitteleuropa über mehrere Wochen hinziehen kann. Phänologische Karten und Tabellen geben darüber Auskunft. In ihnen sind die Erfahrungen und Aufzeichnungen von Landwirten, Gärtnern und Phänologen über mehrere Jahrzehnte zusammengetragen und dokumentiert. Wenn wir den Winter zu einer Phänologischen Jahreszeit zusammenfassen, teilt die Phänologie das Jahr in zehn Jahreszeiten (siehe Tabelle), deren jeweiliger Beginn sich nach Phänomenen des Pflanzenlebens wie Blattaustrieb, Blütezeit, Fruchtreife und Blattfall einzelner Kennpflanzen in Garten, Natur oder Landwirtschaft richtet. So beginnt der Vorfrühling mit der Schneeglöckchenblüte, die in der Kölner Bucht und im Breisgau bereits Mitte Februar stattfindet. Oft dauert es dann bis Mitte oder gar Ende März, bis sich die Knospen der Schneeglöckchen im Bayerischen Wald oder im Erzgebirge öffnen.

Klimaunterschiede und deren Auswirkungen

Entlang des Rheins und in anderen, milden Weinbaugebieten können demzufolge die Arbeiten im Garten bereits wesentlich früher beginnen. Auch die Eisheiligen, Mitte Mai, sind hier eher unbekannt und werden unseren Pflanzen nur selten gefährlich. Ganz anders erlebt der Pflanzenfreund das Frühjahr, dessen Garten in einer raueren, klimatisch ungünstigeren Gegend liegt. Ohne den Schutz von Gewächshaus, Frühbeet oder Frostschutzvlies können hier erst ab Mitte Mai die empfindlichen Gemüse und Blumen ins Freie gebracht werden. Bis in den Juni hinein, der hier, mit der Schafskälte, noch einmal mit leichten Nachtfrösten für eine unliebsame Überraschung sorgen kann, ist es ratsam, besonders in klaren Nächten Frostschutzvliese bereitzuhalten.

Im Hochsommer gleichen sich die Klimaunterschiede weitgehend aus. Erst im Spätsommer und im beginnenden Herbst treten mit den ersten kalten Nächten wieder größere Unterschiede zwischen mildem und rauem Klima auf.

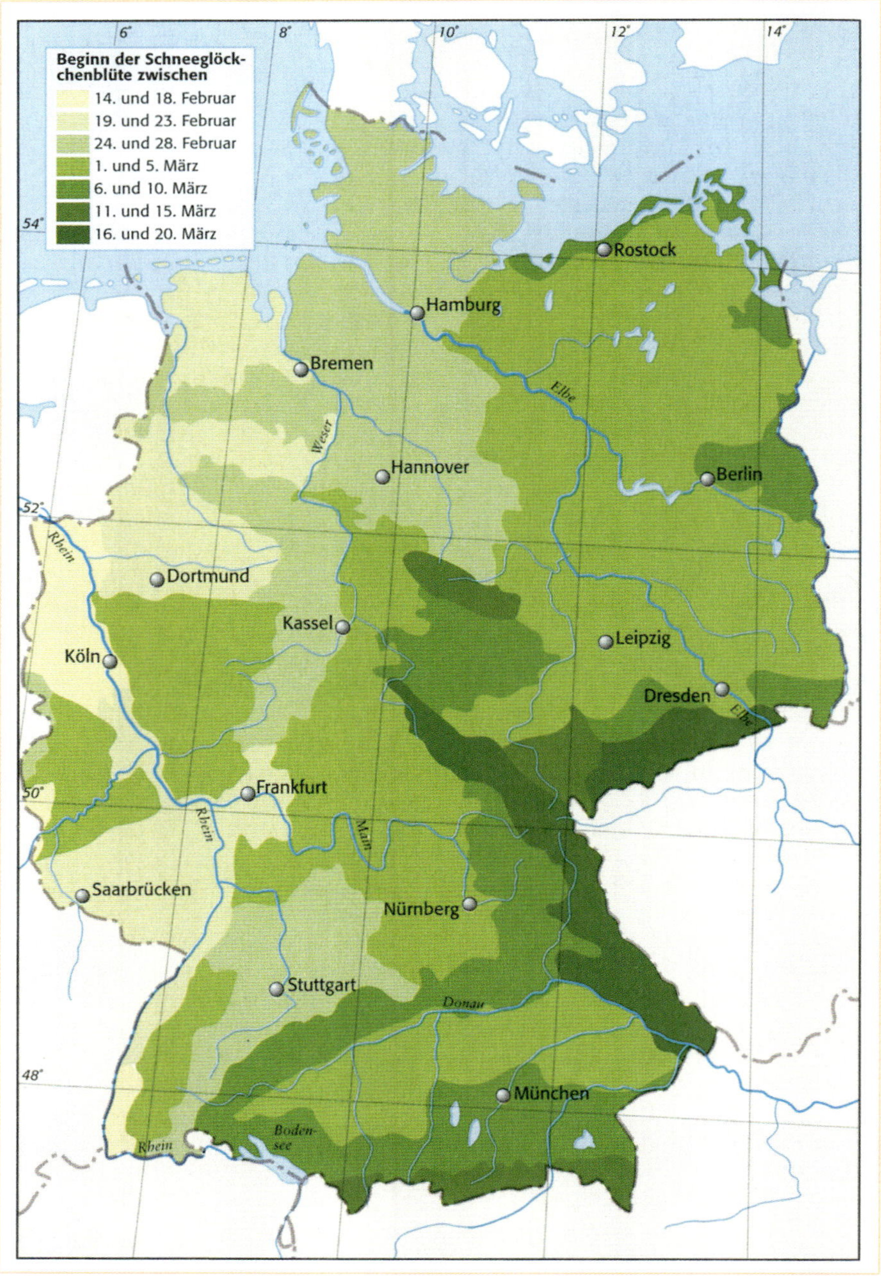

Mittlerer Beginn der Schneeglöckchenblüte (1951–1990) in 86 Naturräumen Deutschlands.

Auch im Garten gibt es verschiedene Klimazonen

Während neu angelegte Gärten dem Wetter noch wenig entgegenzusetzen haben, hat sich in alten und eingewachsenen Gärten ein vielfältiges Kleinklima entwickelt. So sorgen mehrreihig gepflanzte Hecken für optimalen Windschutz. Frei wachsende Hecken aus Wildgehölzen erfüllen auch einen ökologischen An-

spruch, indem sie vielen Vögeln und Kleintieren einen idealen Lebensraum bieten.
Als Windschutz eher ungeeignet sind exakt geschnittene Hecken oder Mauern. Sie bremsen den Wind nicht, sondern leiten ihn um, was man besonders gut beobachten kann, wenn starker Wind entlang einer Thujenhecke Laub oder Staub aufwirbelt. Gegensätzliche Bedingungen finden wir in nach Süden oder Süd-Westen geöffneten Gebäudewinkeln. Dort kann sich die Sonnenwärme am besten halten. Auch in raueren Lagen lohnt hier ein Versuch mit empfindlichen Pflanzen wie einem Pfirsich- oder Aprikosenspalier.
»Kalte Löcher« entstehen dort, wo die Kälte von einem höheren Punkt herabfließen kann und sich dann zwischen Mauern oder Hecken aufstaut. Im Gegensatz dazu sind Stellen, von denen die Kälte abfließen kann, immer wärmer und weniger frostgefährdet.

Der phänologische Gartenplan

Um die im eigenen Garten bestehenden Klimaverhältnisse zu erforschen, erstellen wir uns einen phänologischen Gartenplan. Mitunter liegen besonders im Frühjahr das Aufblühen und die Blattentwicklung einzelner Pflanzen einige Tage bis Wochen auseinander. Auch die Schneeschmelze ist ein sicheres Mittel, um kältere und wärmere Gartenbereiche zu erkennen.

Gartenarbeit nach dem Wetter

Wie die Anbauwürdigkeit einiger Pflanzenarten und -sorten vom Klima abhängt, müssen wir viele gärtnerische Arbeiten dem herrschenden Wetter entsprechend durchführen. Bodenbearbeitung darf nur an regenfreien Tagen bei idealer Bodenfeuchte stattfinden. Heil- und Gewürzkräuter werden vorzugsweise am Vormittag eines sonnigen Sommertages geerntet. Zum Unkraut hacken ist ein heißer Sonnentag ideal, da dann die Unkräuter schnell absterben.
An heißen Sommertagen sollten sich empfindliche Personen vor einem Hautkontakt mit so genannten photoallergenen Pflanzen wie Weinraute, Herkulesstaude oder Engelwurz hüten, da das zu massiven Hautschäden führen kann. Am Abend nach der großen Hitze ist das Gießen am ergiebigsten. Dann ist auch die richtige Zeit, um Pflanzenbehandlungsmittel zu spritzen. Ob Schmierseifenlauge oder »harte Chemie«, bedacht werden muss aber, dass es nach dem Spritzen einige Stunden nicht regnen darf, da sonst der Spritzbelag wieder abgewaschen würde. Für Arbeiten an der Pflanze sind trübe, regnerische Tage ideal, dann ist richtiges Pflanzwetter. Dann können sich auch die aus dem Winterquartier geräumten Kübelpflanzen problemlos akklimatisieren.
Bei bestimmten Wetterlagen müssen wir auch mit verschiedenen Gefahren für unsere Pflanzen rechnen. Während bei trüber Witterung in der Nacht nur eine geringe Wärmeabstrahlung stattfindet, kann es bei wolkenlosem Sonnenwetter und darauf folgenden klaren Nächten schnell zu starker Abkühlung und Nachtfrösten kommen.

Wetterlage und Pflanzenschutz

Die Entwicklung verschiedener Pflanzenkrankheiten und Schädlinge ist von der Wetterlage abhängig. Blattläuse entwickeln sich besonders rasant, wenn im Frühjahr nach einer längeren Kälteperiode plötzlich für mehrere Tage eine deutliche Erwärmung stattfindet. Auch bei trockenem Wetter im Sommer, wenn einzelne Pflanzen unter Wassermangel leiden, werden diese zuerst von Blattläusen befallen. Bei trockener Luft im Hochsommer können sich Spinnmilben ausgezeichnet entwickeln, während Schnecken wiederum eher bei nasser Witterung gefährlich werden. Bei den Pilzkrankheiten verhält es sich ähnlich. Grauschimmel kann in verregneten Sommern viele erntereife Früchte, insbesondere Erdbeeren, vernichten. Auch der Falsche Mehltau und die Krautfäule können sich dann optimal entwickeln. Im Gegensatz dazu bevorzugt der Echte Mehltau eher trockene, warme Sommer. Der erfahrene Gärtner beobachtet seine Pflanzen dann besonders genau, um frühzeitig geeignete Gegenmaßnahmen zu ergreifen.

Die Phänologischen Jahreszeiten

Jahreszeit	Kalenderzeit	Kennpflanze	Gärtnerische Arbeiten
Vorfrühling	Februar bis Ende März	Blüte: Haselnuss, Schneeglöckchen, Krokus, Salweide	Unter Glas: Salat und Kohlrabi pflanzen Im Freiland: Spinat, Möhren aussäen
Erstfrühling	Ende März bis Mitte April	Blüte: Forsythien, Buschwindröschen, Beerenobst, Birnen	Unter Glas: Blumenkohl, Brokkoli pflanzen Im Freiland: Rosenschnitt, Sommerblumenaussaat
Vollfrühling	Mitte April bis Ende Mai	Blüte: Rosskastanien, Birnen, Äpfel, Himbeere; Weinlaubentfaltung	Unter Glas: empfindliche Gemüse anziehen Im Freiland: unempfindliche Sommerblumen säen
nach den Eisheiligen	Mitte Mai		Pflanzen und Säen auch empfindlicher Pflanzen
Frühsommer	Ende Mai bis Ende Juni	Blüte: Holunder, Klatsch-Mohn, Liguster Rittersporn, Echter Jasmin	Im Freiland: späte Möhren, Winter-Lauch säen, zweijährige Blumen aussäen, verblüte Stauden zurückschneiden
Hochsommer	Ende Juni bis Ende Juli	Blüte: Winter-Linde, Phlox, Lavendel Fruchtreife: Johannisbeeren, Kirschen	Chinakohl aussäen, zweite Buschbohnen aussäen, Obstgehölze-Sommerschnitt, Beerenobst nach der Ernte auslichten
Spätsommer	Anfang August bis Ende August	Blüte: Goldrute, Herbstzeitlose, Heideblüte Fruchtreife: frühe Äpfel	Heckenschnitt, erste Blumenzwiebel pflanzen, Feldsalat, Spinat aussäen
Frühherbst	Anfang bis Mitte September	Fruchtreife: Schwarzer Holunder, Hagebutten, Rosskastanien	Letzte Aussaaten, Lilien, Pfingstrosen, Immergrüne pflanzen, Blumenzwiebel pflanzen, letzte Spinataussaat
Vollherbst	Mitte September bis Mitte Oktober	Fruchtreife: Walnuss, Weinreben, Äpfel, Birnen Kartoffelernte; einsetzende Laubfärbung	Stiefmütterchen und Vergissmeinnicht pflanzen, auf erste Nachtfröste achten
Spätherbst	Mitte Oktober bis Dezember	Fruchtreife: späte Weintrauben Laubfall: Rosskastanie, Äpfel	Lagergemüse ernten, Garten einwintern, Laubmulch ausbringen, letzter Rasenschnitt, Überwinterungsquartiere für Gartentiere
Winter	Dezember bis Februar	Vegetationsruhe	Obstbaumschnitt, Kalkanstrich, Winterschutz anbringen, Gerätepflege, Anbauplanung, Bodenprobe

Der gesunde Gartenboden

Am Anfang wer der nackte Fels. Abwechselnd schien die Sonne, prasselte der Regen auf ihn nieder und löste staubfeine Körnchen vom harten Gestein ab. Gefrorenes Wasser dehnte sich im Winter in feinen Haarrissen aus und sprengte einzelne Brocken und Steine ab.

In einem gesunden Gartenboden leben Milliarden kleiner und kleinster Lebewesen.

Mineralböden als Basis

Durch die Verwitterung der Ausgangsgesteine sind unterschiedlich große Steine und Körner entstanden. Bodenkundler bezeichnen sie bei Korngrößen von weniger als 2 mm als Sand, kleiner als 0,063 mm als Schluff und kleiner als 0,002 mm als Ton. Herrscht jeweils nur eine dieser Korngrößen vor, bezeichnet man diesen Boden als Sand-, Schluff- oder Tonboden. Sind alle drei Korngrößen zu etwa gleichen Anteilen im Boden enthalten, spricht man von einem Lehmboden. Diese Mischung bildet die ideale mineralische Basis für unseren Gartenboden.

Sandböden

Dieser »leichte« Boden erwärmt sich in der Sonne sehr schnell, kühlt jedoch bei Frost auch am schnellsten wieder ab. Aufgrund ihrer körnigen Struktur sind Sandböden kaum in der Lage, Wasser und Nährstoffe zu speichern. Das Wasser versickert zwischen den Körnern bis ins Grundwasser. Mit dem leicht versickernden Wasser werden auch die Nährstoffe in tiefere Schichten gespült. Sandböden sind gut durchlüftet. Die Pflanzenwurzeln entwickeln sich darin meistens sehr kräftig und bilden für ihre Nahrungssuche ein weit verzweigtes Netz. Sandböden lassen sich sehr leicht bearbeiten.

Tonböden

Diese Bodenart besteht aus mikroskopisch kleinen, dicht übereinander gelagerten Plättchen, auch Kolloide genannt. Gelangt zwischen die einzelnen Plättchen Wasser, so quellen die Kolloide auf. Tonböden speichern auf diese Weise ein hohes Maß an Wasser und Nährstoffen. Ist ein solcher Boden vernässt, trocknet er schlecht wieder ab, ist er aber erst einmal ausgetrocknet, nimmt er nur sehr schwer wieder Feuchtigkeit an, an seiner Oberfläche entstehen dann die typischen Risse. Tonböden sind kaum durchlüftet, sodass die Pflanzen darin nur schwer Wurzeln bilden können. Diese »schweren« Böden sind jedoch nährstoffreich und speichern auch Nährstoffe gut. Sie erwärmen sich sehr langsam, kühlen aber auch langsam ab. Auf Grund ihrer stark bindigen Struktur und ihrer Schwere lassen sie sich nur sehr mühsam bearbeiten.

Schluffböden

Sie liegen mit ihren Eigenschaften etwa zwischen den leichten Sand- und den schweren Tonböden.

Lehmiger Sand und sandiger Lehm

Ist ein Sandboden mit einem Anteil von zehn Prozent Lehm durchmischt, so bezeichnet man diesen Boden als lehmigen Sand, beträgt der Sandanteil eines Lehmbodens zwischen 15 bis 50 Prozent, so sprechen wir von einem sandigen Lehm. Diese beiden Mischformen bilden eine hervorragende mineralische Voraussetzung für pflanzliches Gedeihen.

Edaphon – Leben im Boden

Ein fruchtbarer Boden entsteht erst durch eine gute Mischung der mineralischen mit den organischen Bestandteilen. Abgestorbene, auf den Boden gefallene Pflanzenteile, wie zum Beispiel Herbstlaub, werden von unzähligen Lebewesen zersetzt. Diese Bodenlebewesen, in ihrer Gesamtheit als Edaphon bezeichnet, setzen sich aus pflanzlichen Organismen, der Bodenflora, sowie aus tierischen Lebewesen, der Bodenfauna, zusammen.

Die Bodenflora

Bakterien, Strahlenpilze, Pilze, Algen und Flechten bilden zusammen die Bodenflora. In einem Gramm Boden leben einige Milliarden dieser kleinen Lebewesen, die für den Nährstoffkreislauf im Boden sorgen. Viele dieser Organismen erfüllen spezielle Aufgaben. So binden die mit den Schmetterlingsblütlern (Leguminosen) in Symbiose lebenden **Knöllchenbakterien** den Stickstoff der Bodenluft. Allein die Bodenflora ist ein vielfältiges, in sich funktionierendes Ökosystem, das durch die Zersetzung von organischer Masse zur optimalen Nährstoffversorgung der Pflanzen beiträgt.

Die Bodenfauna

Sie besteht aus kleinen und kleinsten Bodentieren, von denen einige die grobe organische Substanz zerkleinern und somit bessere Angriffsflächen für die weitere Zersetzung durch die Mikroorganismen schaffen. Diese Bodentiere durchmischen organische und mineralische Bodenbestandteile. Ihre Vielfalt reicht von verschiedenen Einzellern wie Amöben und Wimpertierchen über Borstenwürmer, Springschwänze bis hin zu Asseln, Tausendfüßern und nicht zuletzt den Regenwürmern.

Regenwürmer nehmen sowohl organische als auch mineralische Nahrung auf und verbinden in ihrem Darmtrakt beides zu den so genannten Ton-Humus-Komplexen, die sie komprimiert in ihrer Wurmlosung ausscheiden. Sie lockern den Boden, indem sie Gänge graben, durch die sie oben liegende Pflanzenabfälle in tiefere Schichten ziehen und dann mit ihrer Wurmlosung auskleiden. Der eigentliche Regenwurm, lateinisch *Lumbricus terrestris*, kann bleistiftdick und 30 Zentimeter lang werden. Er lebt im lehmigen Gartenboden und ist vom **Kompost- oder Mistwurm** *(Eisenia foetida)* zu unterscheiden, der wesentlich dünner ist, nur etwa zehn Zentimeter lang wird und oft ein rot-gelblich geringeltes Muster aufweist. Dieser Wurm lebt im Kompost oder Mist und verwandelt dort – sofern mineralische Bestandteile in Form von

Anhand des Bodenprofils ist gut zu erkennen, dass im Laufe von Jahrmillionen aus unbelebtem Gestein fruchtbarer, belebter Boden entstand.

Tonpulver oder Gesteinsmehl zugefügt werden – ebenfalls Abfälle in Ton-Humus-Komplexe.

Humus – was ist das?

Die Lebewesen der Bodenflora und Bodenfauna zersetzen die abgestorbene organische Substanz, die wir in der Übergangsform Humus nennen. Bei einem Waldboden hat sich eine Humusschicht über dem Boden gebildet, die im Wald von den Bäumen im Rhythmus des alljährlichen herbstlichen Laubfalls regelmäßigen Nachschub erhält. Dabei entstehen sich schnell zersetzender **Nährhumus** und langsam verrottender **Dauerhumus**. Der Nährhumus steht, wie der Name sagt, mit den rasch freigesetzten Nährstoffen bald den Pflanzen zur Verfügung. Dauerhumus zersetzt sich langsamer und bildet einen wichtigen Bestandteil des Bodengefüges. Er dient vor allem der Wasser- und Nährstoffspeicherung. Wie langsam oder wie schnell die organische Substanz zersetzt wird, hängt vor allem vom Stickstoffanteil ab.

Humus enthält in hohem Maß **Kohlenstoff**. Die Bakterien, die an seiner Zersetzung beteiligt sind, benötigen jedoch Stickstoff als Nahrung. Je mehr **Stickstoff** in der organischen Substanz enthalten ist, desto rascher vermehren sich die Bakterien, desto schneller geht die Verrottung voran. Man spricht vom **C:N-Verhältnis** (Verhältnis von Kohlenstoff zu Stickstoff), das möglichst nicht weiter als 25:1 auseinanderliegen sollte. Liegt der Kohlenstoff in mehr als 25 Anteilen, Stickstoff aber nur in einem Anteil vor, so geht die Verrottung nur sehr langsam von Statten. Mit etwas Beobachtungsgabe und Ge-

Diese Leguminosenwurzel mit den von Bakterien gebildeten Knöllchen ist eine große Bereicherung der Bodenflora (links). Ein reicher Bestand von Kompostwürmern zeigt humusreichen Boden an (oben).

fühl lässt sich auch im Gartenboden ein günstiges C:N Verhältnis herstellen. Dabei enthalten grüne Abfälle einen hohen Stickstoffanteil, krautige oder holzige dagegen einen hohen Kohlenstoffanteil. Beides beim Aufsetzen von Kompost oder beim Mulchen so miteinander vermischt, dass der Grünanteil immer etwas höher liegt als der krautige Anteil, ergibt ein günstiges C:N-Verhältnis.

Das A und O im Garten: ein guter Oberboden

Die Bodentiere, allen voran der Regenwurm, bringen die organische Substanz in Form von Humus in den Boden und vermischen sie mit den mineralischen Bestandteilen des Unterbodens. Diese Mischung in der oberen Bodenschicht, bestehend aus den Mineralien des Unterbodens und dem Humus von oben, nennen wir Oberboden oder Mutterboden. Der Oberboden ist locker, mit vielen Hohlräumen durchsetzt und von zahlreichen Lebewesen bewohnt. Eine günstige Mischung mineralischer und organischer Bestandteile, eine Durchlüftung sowie die ausgewogene Speicherfähigkeit von Wasser und Nährstoffen (Pufferung) gewährleisten dann ein reiches Bodenleben, das ständig mit organischer Masse gefüttert werden will.

Den Boden testen

Anstehenden Bewuchs beobachten

Einige Eigenschaften des Gartenbodens können Sie schon am Bewuchs mit Wildkräutern ablesen. An Hand dieser sogenannten **Zeigerpflanzen** lassen sich bereits Rückschlüsse auf den vorhandenen Boden ziehen. Die Auflistung (siehe unten) stellt eine kleine Auswahl vor.

Einfach durchzuführen: die Handprobe

Stechen Sie mit dem Spaten eine Scholle aus, möglichst so, dass sie als Ganzes erhalten bleibt. Auf diese Weise können Sie die Dicke der Humusauflage und des Oberbodens messen und erkennen an der Sohle des Aushubs meist schon die Beschaffenheit des Unterbodens.
Am besten nehmen Sie etwas Erde aus der Oberbodenschicht in die Hand und beobachten, wie sich die Erde anfühlt.

Hilfsmittel Zeigerpflanzen

Häufig lässt sich der anstehende Boden auch mit Hilfe so genannter Zeigerpflanzen bestimmen. Diese aus der Umgebung in den Garten zugewanderten Pflanzenarten weisen uns dabei den Weg.

- **Sandböden** werden gerne besiedelt von: Saat-Wucherblume *(Chrysanthemum segetum)*, Gewöhnlicher Wegwarte *(Cichorium intybus)*, Gewöhnlicher Pechnelke *(Lychnis viscaria)*, Sand-Mohn *(Papaver argemone)*, Gewöhnlichem Löwenzahn *(Taraxacum officinale)* und Huflattich *(Tussilago farfara)*.
- **Lehmböden** bevorzugen: Feld-Beifuß *(Artemisia campestris)*, Acker-Kratzdistel *(Cirsium arvense)* und das Kletten-Labkraut *(Galium aparine)*.
- **Nährstoffarmer Boden** wird angezeigt durch: Echte Arnika *(Arnica montana)*, Kleinblättriges Knopfkraut *(Galinsoga parviflora)* sowie weiße und rote Taubnessel *(Lamium album, L. purpureum)*.
- **Nährstoffreiche Böden** zeigen an: Wiesen-Kerbel *(Anthriscus sylvestris)*, Gewöhnliche Zaunwinde *(Calystegia sepium)*, Gewöhnliches Hirtentäschel *(Capsella bursa-pastoris)*, Kornblume *(Centaurea cyanus)*, Weißer Gänsefuß *(Chenopodium album)*, Gewöhnlicher Erdrauch *(Fumaria officinalis)*, Wiesen-Bärenklau *(Heracleum sphondylium)* und Große Brennnessel *(Urtica dioica)*.
- Auf **trockenen Böden** finden sich ein: Spreizende Melde *(Atriplex patula)*, Frühlings-Hungerblümchen *(Erophila verna)* sowie die Echte Nelkenwurz *(Geum urbanum)*.
- **Feuchte und nasse Standorte** zeigen an: Gewöhnliches Silbergras *(Corynephorus canescens)*, Heide-Nelke *(Dianthus deltoides)*, Acker-Schachtelhalm *(Equisetum arvense)*.
- **Kalkarme Böden** besiedeln bevorzugt: Acker-Hundskamille *(Anthemis arvensis)*, Schlangen-Wiesenknöterich *(Bistorta officinalis)*, Hühnerhirse *(Echinochloa crus-galli)*, Echter Buchweizen *(Fagopyrum esculentum)* und der Kleine Baldrian *(Valeriana dioica)*.
- **Kalkreich** mögen es: Sommer-Adonisröschen *(Adonis aestivalis)*, Gewöhnliche Wegwarte *(Cichorim intybus)*, Acker-Rittersporn *(Consolida regalis)*, Weiches Honiggras *(Holcus mollis)* und Ysop *(Hyssopus officinalis)*.

Von oben nach unten: Sandige Erde rieselt durch die Finger, aus Lehm oder Ton lassen sich »Würste« formen, und idealer Oberboden besitzt eine gute Krümelstruktur.

Rieselt sie durch die Finger hindurch, handelt es sich um Sandboden, lassen sich aus der Gartenerde »Würste« rollen, haben Sie es mit einem Lehm- oder Tonboden zu tun. Weist der Boden eine dunkle Farbe und eine locker-krümelige Struktur auf, scheint es sich um einen idealen Gartenboden zu handeln. Haftet etwas von der Erde an der Hand, während der Rest durch die Finger rieselt, lässt dies lehmigen Sand vermuten, halten Sie einen Bodenkrümel reibend ans Ohr und hören es deutlich knirschen, so haben Sie es mit sandigem Lehm zu tun. Knirscht es nicht, ist die Gleitfläche also stumpf, handelt es sich um Lehm, glänzt die Gleitfläche, besteht der Boden überwiegend aus Ton.

Detaillierte Bodenanalysen anfordern

Wollen Sie den genauen Nährstoffgehalt des Bodens kennenlernen, dann senden Sie eine Bodenprobe an ein Bodenlabor. Bodenlabors unterhalten zum einen die staatlichen Lehr- und Forschungsanstalten (Lufa), zum anderen gibt es private Anbieter, die zum Teil auch Untersuchungen nach Gesichtspunkten des biologischen Anbaus durchführen. Anleitungen und spezielle Tüten zur Probeentnahme können Sie sich vom jeweiligen Institut zusenden lassen.

Getestet werden in der Regel die Hauptnährstoffe Phosphor, Kalium, Calcium und Magnesium. Von den privaten Instituten werden auch noch einige Spurenelemente sowie – bei biologisch orientierten Labors – der Humusgehalt festgestellt. Die Analysen der privaten Institute sind in der Regel teurer als die der staatlichen, allerdings sind die Auskünfte und Ratschläge für die Verbesserung des Bodens ausführlicher und für Laien verständlicher gehalten. Biologisch orientierte Institute geben detaillierte Anleitungen, wie man den Boden mit Kompost, Algenkalk, Gesteinsmehl und organischem Dünger verbessern kann.

Der Stickstoffgehalt des Bodens wird bei den üblichen Bodenuntersuchungen nicht ermittelt, da er abhängig von Feuchtigkeit, Temperatur und anderen Einflüssen ständig schwankt.

Für Gärtner, die häufig Bodenproben entnehmen, empfiehlt sich dieser praktische Probestecher.

Die Bedeutung des pH-Werts

Ein Schlüsselwert für die Chemie des Bodens ist der pH-Wert. PH heißt lateinisch potentia hydrogenii, übersetzt Gewicht des Wasserstoffs. Dieser Wert zeigt den **Säuregehalt des Bodens** an. Die Messskala des pH-Werts reicht von 1 bis 14. Ein pH-Wert von 3 zeigt einen stark sauren, pH 10 einen stark alkalischen Boden an. Einen pH-Wert von 7 bezeichnet man als neutral.

Die Nährstoffe können von den meisten Pflanzen am besten aufgenommen werden, wenn der pH-Wert im schwach sauren bis neutralen Bereich von pH 6 bis pH 7 liegt.

Der optimale pH-Wert

Neben den Hauptnährstoffen Stickstoff, Phosphor, Kali, Magnesium und Schwefel benötigt die Pflanze auch Spurennährstoffe, die unentbehrlich für sie sind. Hierzu gehören Eisen, Mangan, Kupfer, Zink und Bor. Fehlt es einer Rose zum Beispiel an Eisen, so färbt sich das Grün zwischen den Blattnerven erst gelb, dann braun und schließlich verliert sie ihre Blätter. Die Spurennährstoffe können in der Regel sehr gut von den Pflanzen bei einem niedrigen pH-Wert des Bodens aufgenommen werden. Auch bei einem neutralen Boden sind die Pflanzen mit den Spurenelementen, die sie ja nur in geringen Mengen brauchen, meist ausreichend versorgt.

Saure Böden sind oft leichte Böden mit einer guten Bodenstruktur, können aber aufgrund des geringen Tongehalts weniger Nährstoffe speichern. Auf solchen Böden kann es mit der Nährstoffversorgung dann knapp werden.

Hebt man nun den pH-Wert durch Kalkgaben stark an, werden damit die Spurenelemente für die Pflanzen in sauren, leichten Böden schlecht verfügbar. Deshalb arbeitet man mit einem kleinen Trick und strebt auf leichten Böden nicht pH 7, sondern nur einen Wert von pH 5,5 bis pH 6 an. Auf diese Weise stehen den Pflanzen sowohl die Spurenelemente als auch die Hauptnährstoffe in ausreichen-

Für eine Bodenanalyse werden gleichmäßig über die Fläche verteilt mit dem Spaten Erdschollen ausgehoben. Teile der gesammelten Mischprobe senden Sie dann an ein Bodenlabor.

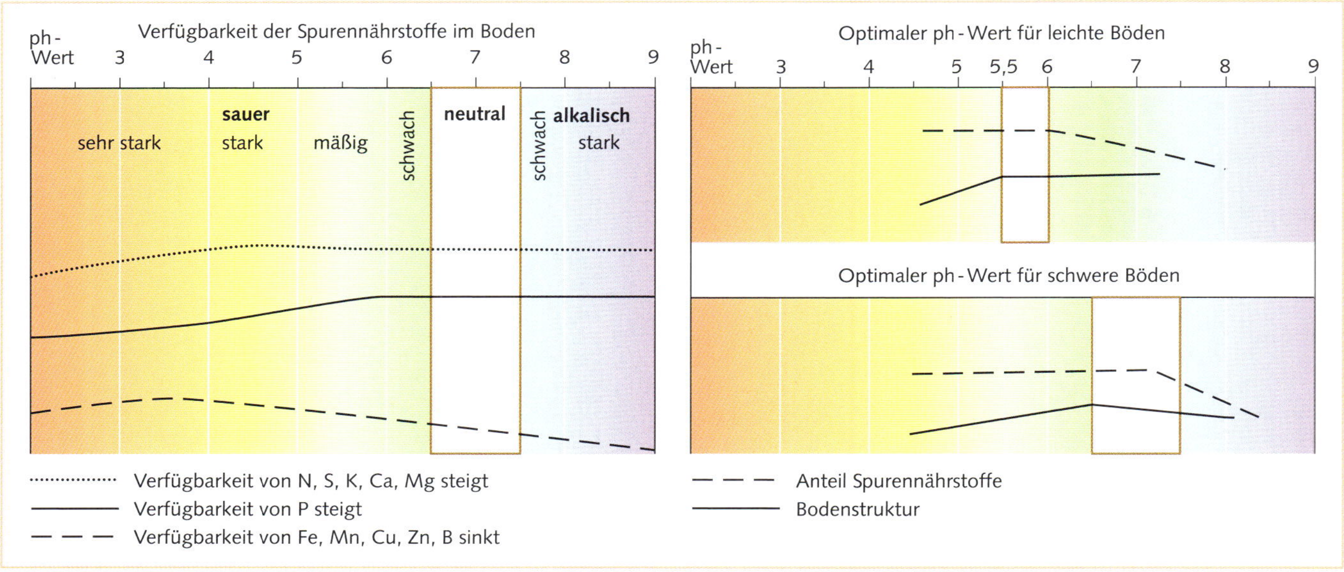

Die Grafiken zeigen, dass die Verfügbarkeit der Spurennährstoffe und optimaler pH-Wert je nach Bodenart variieren können. Rechts: Messen des pH-Wertes.

der Menge zur Verfügung (siehe Grafik). Schwere Böden lassen die Pflanzen, bedingt durch die mangelhafte Durchlüftung, schwerer Nährstoffe aufnehmen. Da Kalk nicht nur den pH-Wert anhebt, sondern auch die Bodenstruktur verbessert, fügt man schweren Böden Kalk zu. Zwar ist die Verfügbarkeit der Spurennährstoffe wegen des erhöhten pH-Werts schlechter, bedingt durch die verbesserte Bodenstruktur können sich die Pflanzen aber immer noch ausreichend versorgen. Der ideale Wert für schwere Böden liegt demnach zwischen pH 6,5 und 7,5.
Moorböden haben einen sehr niedrigen pH-Wert. Zwar arbeiten die Bodenbakterien am besten bei einem pH-Wert von 7 und zersetzen auf diese Weise auch am schnellsten die organische Substanz, was bei Böden mit einem hohen Anteil organischer Substanz zur Verschlechterung der Bodenstruktur führen würde. Deshalb hebt man den pH-Wert von Moorböden zu ihrer Erhaltung auf nicht mehr als pH 4 an.

➲ Mehr zum pH-Wert lesen Sie ab Seite 70, zur Nährstoffversorgung ab Seite 108.

Den pH-Wert messen

Den pH-Wert können Sie leicht selber feststellen. Im Gartenfachhandel können Sie Test-Sets, zum Beispiel pH-Meter oder pH-Messstäbchen, kaufen. Sie funktionieren alle nach dem gleichen Prinzip: Man sticht eine Erdscholle aus (bei Bedarf an mehreren Stellen des Gartens), streift in dem ausgehobenen Loch die Erde mit einer Pflanzschaufel von unten nach oben ab und vermischt diese Probe in einem sauberen Gefäß. Dann nimmt man daraus eine vorgeschriebene Menge (oft nur einen Krümel), füllt sie in ein Glasröhrchen oder ein sauberes Wasserglas, gibt einen Indikator (Pille, Flüssigkeit) sowie destilliertes Wasser dazu, rührt oder schüttelt das Ganze und wartet, bis sich die Flüssigkeit oder das Stäbchen verfärbt. Die entstandene Färbung lässt sich leicht mit Hilfe einer der Packung beiliegenden Farbskala vergleichen und zeigten Ihnen den pH-Wert Ihres Gartenbodens an.

Die Bodenbearbeitung im Hausgarten

Böden von Neubaugärten sind meist die größten Sorgenkinder. Zwar wurde vor Baubeginn der anstehende Oberboden sorgsam zur Seite und auf eine (oft viel zu große) Miete geschoben, doch der Unterboden wurde durch Baumaschinen, LKW und die Lagerung von Baustoffen in der Regel stark verdichtet. Mancher Untergrund wird auf diese Weise hart wie Beton. Wird dann nach dem Hausbau der zwischengelagerte Oberboden einfach wieder auf den verdichteten Unterboden aufgebraucht, entsteht Staunässe, weil Regenwasser zwar durch die Oberbodenschicht hindurchlaufen, aber nicht in den Untergrund versickern kann, sondern sich im Wurzelraum der Pflanzen staut. Als Folge faulen die Pflanzenwurzeln unter Luftabschluss, die Pflanzen sterben ab. Deshalb ist es äußerst wichtig, verdichteten Unterboden gründlich aufzureißen, bevor der Oberboden wieder aufgetragen wird.
Aber auch dem Unterboden kommen wichtige Aufgaben zu, liefert er doch Mineralien an die Oberbodenschicht. Wurde der Unterboden aufgrund baulicher Maßnahmen ebenfalls abgeräumt, muss vor dem Verteilen des Oberbodens wieder für eine ausreichend dicke Unterbodenschicht gesorgt werden. Achten Sie beim Einsatz von Maschinen darauf, dass dabei ein Bagger mit langem Arm und Gummirädern oder Gummiraupen eingesetzt

wird und dieser so arbeitet, dass eine Bodenverdichtung ausbleibt. Durch verdichteten Unterboden entsteht Staunässe, in der die Wurzeln der Pflanzen faulen.
Die weiteren Maßnahmen der Bodenbearbeitung zielen darauf ab, einem bindigen, Klumpen bildenden Boden eine feinere Struktur zu geben mit einem idealen Hohlraumanteil von 50 Prozent.

Umgraben oder nicht?

Der Oberboden ist ein lebendiger Organismus, in dem sich die Mikroorganismen im oberen Bereich aus ganz anderen Arten und in ganz anderen Anteilen zusammensetzen als in tieferen Schichten. Dreht man die Scholle beim Umgraben um, so stellt man auch diesen gewachsenen Organismus auf den Kopf, die Lebewesen müssen sich neu orientieren und viele bleiben dabei auf der Strecke. Dies ist der Grund, warum das Umgraben von vielen Biogärtnern abgelehnt wird.
Allerdings gibt es Böden, die sich zumindest in den ersten Jahren nicht anders bearbeiten lassen. Erst nachdem ein solcher Boden einige Jahre lang durch Gründüngung, Kompost und Mulch verbessert wurde, können Sie nach und nach das herbstliche Umgraben ausfallen lassen und durch Bearbeiten mit Vierzink oder Sauzahn ersetzen.

Die Technik des Umgrabens

Heben Sie mit der Grabegabel zunächst eine Scholle breit und tief einen Graben

Die Bio-Doppelgabel lockert den Boden, ohne die Scholle zu wenden. Man sticht sie in den Boden und zieht kräftig zurück.

aus und werfen die ausgehobene Erde rückwärtig breit über die umzugrabende Fläche, sodass sie beim Aufprall zerkrümelt. Dann stechen Sie in der nächsten Reihe eine Scholle ab, drehen Sie mit Schwung um und lassen die Scholle mit Wucht in den vorher ausgehobenen Graben fallen. So wird Scholle für Scholle umgegraben, wobei in der nächsten Reihe ein neuer Graben entsteht. Wer im **Herbst** umgräbt, achtet auf möglichst große Schollen. Der Frost soll tief eindringen können und die verklebten Bodenstrukturen aufbrechen, die vom Frost durchdrungene Erde lässt sich dann im Frühjahr leicht mit dem Krail weiter bearbeiten. Im **Frühjahr** gräbt man normalerweise nicht mehr um.

Die Scholle lockern

Ist der Boden nicht so stark verdichtet, dass man ihn nur mit Umgraben lockern kann, lässt sich die Scholle aufbrechen, indem man die Grabegabel in kurzen Abständen in den Boden sticht und nach jedem Stich kräftig zurückzieht. Auch auf diese Weise wird der Boden spatenstichtief gelockert, jedoch nicht umgedreht.

Hacken und lockern

Durch ständige Bodenverbesserung kann nach einigen Jahren teilweise oder ganz auf das Umgraben verzichtet werden. Zum Säen und Pflanzen ist es aber erforderlich, eine Bodenstruktur zu schaffen, die locker und zugleich so feinkrümelig ist, dass die Pflanzen mit ihren jungen Wurzeln darin Halt finden.
Ein altbewährtes Universalgerät zur Bodenbearbeitung ist der **Vierzink**, je nach Dialekt auch Vierzahn oder Krail genannt. Mit diesem Gerät kann man den Boden kraftvoll und gründlich durchhacken, sodass er eine feinkrümelige Struktur erhält. Dabei setzt man den Vierzahn am Rand des Beetes an und hackt sich mit kräftigen Schlägen in kurzen Abständen jeweils bis zur Mitte vor. Anschließend glättet man die Fläche, indem man die Spitzen des Krails durch die obere Krume führt.
Der **Sauzahn** ist das Universalgerät des Biogärtners. Voraussetzung für seinen Einsatz ist ein bereits gut vorgelockerter Boden. Er dient sowohl zur Vorbereitung eines neuen Beetes zum Säen und Pflanzen als auch zum Lockern zwischen den Gemüsereihen oder Stauden. Zur Vorbereitung eines Beetes zieht man den Sauzahn diagonal über die Fläche durch die Erde und wiederholt den Vorgang von der anderen Seite in entgegengesetzter Richtung.

Typische Neubausituation: Bevor der Oberboden aufgetragen wird, muss der Unterboden gründlich gelockert werden.

Zwei Universalgeräte zur Bodenlockerung, die in keinem Garten fehlen sollten: der Vierzahn (oben) und der Sauzahn (unten).

Darüber hinaus ist der **Eisenrechen**, im Norden und Osten Deutschlands als Harke bezeichnet, ein unentbehrliches Gerät, um die Oberfläche glatt zu ziehen und Steine sowie grobe Erdklumpen zu entfernen. Zieht man die Oberfläche anschließend mit dem Rechen ab, so erhält man eine besonders feinkrümelige Struktur, wie man sie zum Aussäen braucht.

➲ Mehr zu den Gartengeräten erfahren Sie ab Seite 104.

Die Bodenverbesserung

Mineralische Zusatzstoffe für lockeren Boden

Haben Sie es mit einem schweren Lehmboden zu tun, so können Sie diesen durch Einarbeiten von **Sand** in die obere Bodenschicht auflockern. Umgekehrt können Sie **Lehm** in einen Sandboden einarbeiten, der dann nach einem Regenguss oder nach dem Gießen Wasser und Nährstoffe speichert, die sonst in tiefere Schichten versickern würden. Ton gibt es auch als **Tonmineralpulver** unter dem Namen Bentonit zu kaufen. Sie können es bei einem Boden mit geringem Wasserhaltevermögen immer wieder bei der Beetvorbereitung einarbeiten oder beim Aufsetzen eines Komposts dünn über die jeweiligen Lagen der Kompostmaterialien streuen. Dann bilden die Kompostwürmer bereits die Ton-Humus-Komplexe, die im halbreifen oder reifen Kompost aufs Beet und damit in den Boden eingebracht werden.

Auch **Gesteinsmehl** (von manchen Herstellern als Urgesteinsmehl bezeichnet) können Sie in die obere Bodenschicht einarbeiten oder in den Kompost einmischen. Es handelt sich dabei um feingemahlenen Basalt, Lava oder Granitstein. Im Gegensatz zu den Tonkolloiden weisen die winzigen Partikel des Gesteinsmehls eine runde Form mit kantiger Oberfläche auf. Aufgrund dieser kantigen Oberfläche sind sie in der Lage, viele Nährstoffionen anzulagern und bei Bedarf an die Wurzeln der Pflanzen abzugeben. Auch diese staubfeinen Gesteinspartikel werden von den Erd- oder Kompostwürmern mit der organischen Substanz zu Ton-Humus-Komplexen verbunden. Gesteinsmehl erhöht die Speicherung von Nährstoffen im Boden und enthält selber einige Spurenelemente, vor allem auch Kieselsäure, welche die Pflanzen widerstandsfähig gegen Krankheiten und Schädlinge macht.

Kalkzufuhr erhöht den pH-Wert

Viele Böden sind von Natur aus sauer oder sie neigen, bedingt durch Umwelteinflüsse oder Nährstoffentzug, zur Versauerung. Der Säuregehalt des Bodens, gemessen als pH-Wert, wird aber stark vom Kalkanteil beeinflusst. Je geringer der Kalkgehalt, desto saurer der Boden, je kalkhaltiger, desto alkalischer ist der Boden. Mit gezielten Kalkgaben können Sie demnach den pH-Wert des Bodens

Kalk mit Bedacht ausbringen. Bei zu hohem pH-Wert können Pflanzen nicht genügend Magnesium und Eisen aufnehmen.

Mist sollte man nicht untergraben, sondern auf den Beeten verteilen und leicht in die Oberfläche einarbeiten.

anheben. Verwenden Sie keinen Branntkalk, denn er zerstört das Bodenleben. Empfehlenswert sind Kohlensaurer Kalk ($CaCO_3$) oder Algenkalk, der neben Calcium noch einige Spurenelemente enthält.
Um den pH-Wert anzuheben, streut man im Frühjahr 100 bis 200 Gramm Algenkalk pro Quadratmeter über die gelockerte Fläche und arbeitet ihn in die Oberfläche ein. Prüfen Sie in den darauf folgenden Jahren den pH-Wert und kalken Sie nach Bedarf nach. Bei einem von Natur aus sauren oder schwach sauren Boden empfiehlt es sich auch, Algenkalk in den Kompost einzumischen und ihn auf diesem Weg dem Boden zuzuführen.

Den pH-Wert absenken

Den pH-Wert des Bodens durch Kalkzufuhr anzuheben ist verhältnismäßig leicht, ihn bei einem alkalischen Boden abzusenken, ist wesentlich schwerer. Torf mit pH 3 könnte den pH-Wert senken, doch um die letzten Moore mit ihrer einmaligen Flora und Fauna zu schützen, wollen wir nicht durch die Verwendung dieses organischen Rohstoffs zur weiteren Zerstörung der Moore beitragen.
Für den Anbau von Gemüse ist ein alkalischer Boden durchaus nicht nachteilig. Kohl bleibt garantiert von der gefürchteten Kohlhernie verschont, und mit reichlichen Kompostgaben gedeihen auch andere Gemüsearten noch recht gut. Schwieriger wird es mit Moorbeetpflanzen, denen man oft nur dank Bodenaustausch die passende Wachstumsgrundlage liefern kann. Das Beste gegen Enttäuschungen ist die richtige Pflanzenwahl, und da steht für jeden Boden eine reiche Auswahl zur Verfügung.
Sammeln und verwenden Sie das Herbstlaub als Mulch oder kompostieren Sie es auf einem gesonderten Haufen, um diesen schwach sauren Laubkompost dann gezielt einzusetzen. Sie werden sehen, viele flach wachsende Gehölz- und Stauden-Arten breiten im verrottenden Laub dankbar ihre Wurzeln aus.
➲ Weitere Informationen zum pH-Wert auf Seite 67.

Die Bedeutung von Mulch

Sand, Lehm, Tonmineralpulver, Gesteinsmehl und nicht zuletzt Kalk sind mineralische Bodenverbesserer, die zur Verbesserung der Bodenstruktur beitragen, die Pufferung von Wasser und Nährstoffen verbessern und den pH-Wert beeinflussen. Sie sind jedoch eine unbelebte Materie. Der Boden ist aber in seiner oberen Schicht ein lebendiger Organismus und je höher der Anteil von Mikroorganismen, desto fruchtbarer ist der Boden. Das Bodenleben entwickelt sich jedoch am besten bei ausgeglichenen Bodentemperaturen und gleichmäßiger Feuchtigkeit, dazu braucht es ständig Nahrung. Die bekommen die Lebewesen am besten durch eine ständige Bodenbedeckung mit Pflanzenabfällen, durch Mulch.
Die grünen Mulchmaterialien werden von den Bodenlebewesen allmählich zersetzt und die frei werdenden Nährstoffe stehen den Pflanzen zur Verfügung. Alle Bodenverbesserungsmittel werden niemals untergegraben, sondern in die obere Bodenschicht eingearbeitet.
➲ Informationen über das richtige Mulchen erhalten Sie ab Seite 74, über Mist ab Seite 72 und Kompostierung ab Seite 77.

Die Gründüngung – Pflanzen helfen mit

Stehen Ihnen nicht genügend geeignete Mulchmaterialien zur Verfügung, bedecken Sie freie Bodenflächen mit Gründüngung. Unter diesem Sammelbegriff verbirgt sich die Aussaat einiger kurzlebiger Pflanzenarten zur Bodenverbesserung.

Leguminosen

Zu dieser auch Schmetterlingsblütler genannten Pflanzenfamilie gehören Erbsen, Bohnen, Wicken, Lupinen und Klee-Arten. Diese Pflanzen leben an ihren Wurzeln mit den so genannten Knöllchenbakterien in Symbiose. Diese Bakterien sind in der Lage, den Stickstoff aus der Luft zu sammeln und der Pflanze zuzuführen. Säen Sie also Leguminosen aus, so düngen Sie damit Ihren Boden mit Stickstoff. Diese Pflanzen mähen Sie ab, bevor sie Samen bilden, und lassen das Mähgut als Mulch liegen. Wenn es weitgehend verrottet ist, werden die Reste in die Oberfläche eingearbeitet (nicht untergegraben!). Leguminosen bilden reichlich Grünmasse, sodass Sie den Boden auf diese Weise auch mit organischer Substanz anreichern können. Diese Gründüngung ist empfehlenswert für nährstoffarme, sandige Böden.

Kreuzblütler

Raps, Senf und Ölrettich sind Angehörige dieser Gruppe. Sie bilden ein kräftiges Wurzelwerk aus, das festes Bodengefüge aufbricht und lockert. Auch in diesem Fall sollte man die Pflanzen nach der Blüte mähen und liegen lassen. Empfehlenswert ist diese Art der Gründüngung bei bindigen Böden.
Da auch Kohlgewächse zur Familie der Kreuzblütler gehören, sollte man Kohlarten nicht unmittelbar nach einer Gründüngung mit Kreuzblütlern anbauen. So vermeiden Sie die Gefahr, dass sich die gefürchtete Kohlherniekrankheit ausbreitet, von der alle Arten dieser Pflanzenfamilie mehr oder weniger leicht befallen werden können.

Tagetes und Ringelblumen

Sie scheiden durch ihre Wurzeln Stoffe aus, mit denen sie Nematoden aus dem Boden vertreiben. Empfehlenswert als Nachkultur auf Beeten, auf denen Nematoden auftraten, oder als Vor- oder Mischkultur zu nematodengefährdeten Gemüsearten, zum Beispiel Möhren, Kartoffeln und Erdbeeren.

Bienenfreund

Die blauviolett blühende *Phacelia* ist nicht nur eine hervorragende Bienenweide, sie verdrängt mit ihren starken Wurzeln auch hartnäckige Unkräuter. Dennoch: Vor der Aussaat muss das Unkraut gründlich mit seinen Wurzeln entfernt werden.

Leguminosen wie diese Lupinen sind vor allem auf leichten, nährstoffarmen Böden zu empfehlen. Sie reichern den Boden mit Stickstoff und Humus an.

Kartoffeln lockern bindigen Boden und verdrängen Unkraut (links). Senf lockert schwere, alkalische Gartenböden (rechts).

Kapuzinerkresse

Die rankende Art bedeckt weite Flächen des Bodens und entzieht so den Samenunkräutern das Licht. Lassen Sie die Pflanze im Winter erfrieren und das Kraut bis ins nächste Jahr liegen. Erst vor der weiteren Bearbeitung des Bodens werden die Reste weggeräumt.

Kresse

Nach Erfahrung des Autors unterdrückt dicht gesäte Kresse selbst hartnäckige Wurzelunkräuter.

Spinat

Dieses Blattgemüse scheidet Saponine aus, die sich wohltuend auf den Boden und nachfolgende Kulturen auswirken.

Kartoffeln

Sie werden vor allem in einem neu anzulegenden Garten gepflanzt, um Nährstoffüberschüsse überdüngter Ackerböden abzubauen, Unkräuter zurückzudrängen und den Boden zu lockern (siehe auch Seite 493).

Kompost und Mist

Gartenabfälle, die nicht zum Mulchen benötigt werden, kommen auf den Kompost. Ist der Kompost halbreif, können Sie ihn im Herbst oder zeitigen Frühjahr auf den gelockerten Beeten ausbringen.

Ein **halbreifer Kompost** ist dunkelbraun und hat eine faserige Struktur. Er ist äußerst reich an Nährstoffen und Mikroorganismen, mit denen Sie nun auch den Gartenboden anreichern, wenn Sie den Kompost dünn und flächig ausstreuen. Decken Sie anschließend die Beete mit einer dicken Mulchschicht ab, so sind die Lebewesen vor den stärksten Frösten geschützt und bekommen durch die Mulchmaterialien auch noch Nahrung. Zum Säen und Pflanzen dürfen Sie nur **reifen Kompost** verwenden.
Fehlt es Ihnen in einem neuen Garten noch an Kompost, so können Sie auf den Kompost aus den kommunalen Kompostwerken zurückgreifen. Dieser Kompost unterliegt einer Gütekontrolle, die garantiert, dass er frei von Krankheitskeimen und Schadstoffen ist. Allerdings ist ein gut komponierter Kompost aus dem eigenen Garten meist wesentlich gehaltvoller.
➲ Alles über die Kompostierung lesen Sie ab Seite 77.

Mit Hilfe von **Mist** erhöht sich der Anteil bodenlockernder Kleinstlebewesen deutlich.
Leider sind die Zeiten des guten alten Misthaufens weitgehend vorbei. In der konventionellen Viehzucht landen Kot und Harn der Tiere seltener im Stroh, sondern meist in der **Gülle**. Biobauern wirtschaften anders. Wenn Sie das Glück

haben, von dort Mist zu bekommen, greifen Sie zu.
Wo es **Reitställe** gibt, fällt meistens Pferdemist im Überfluss an. Verwenden Sie aber nur strohigen Mist. Wurde jedoch Sägemehl als Einstreu verwendet, kann es sein, dass dieses Material Stickstoff bindet und diesen sogar Ihrem Gartenboden entzieht.
Jeder Mist, den Sie im Garten verwenden, sollte gut abgelagert sein und darf, wenn man ihn vom Haufen abträgt, keine Wärme mehr entwickeln und dampfen. Auf Nummer Sicher gehen Sie, wenn Sie den Mist kompostieren.
➲ Siehe auch »Organische Dünger« Seite 111.

Bienen und Hummeln lieben *Phacelia*, die auch hartnäckiges Unkraut verdrängt.

Optimal: der gare Boden

Einen dauerhaft guten Boden mit einer lockeren Krümelstruktur, genügend Porenvolumen, der Fähigkeit, Wasser und Nährstoffe zu speichern, nennt man einen garen Boden. Sie erhalten ihn durch ein reiches Bodenleben, das immer wieder neue Ton-Humus-Komplexe bildet. Dieses Bodenleben braucht Schutz durch dichten Bewuchs oder Mulch und es muss ständig mit organischer Nahrung versorgt werden.

Pflanzen für die Gründüngung

Bodenzustand	Verbesserungsziel	Aussaattermin	Gründüngungspflanzen	Bemerkungen
Verschlämmt, überdüngt, verunkrautet	Lockerung, Nährstoffabbau, Unkraut verdrängen	März bis Mai	Kartoffeln *Solanum tuberosum*	Kartoffeln lockern den Boden mit ihren Wurzeln, beschatten ihn und fördern das Bodenleben und bauen Nährstoffüberschüsse ab. Empfehlenswert als erste Kultur im neuen Garten auf ehemals intensiv bewirtschaftetem Ackerland.
			Kapuzinerkresse *Tropaeolum peregrinum*	Die rankende Art bedeckt schnell den Boden, überschattet ihn und verdrängt Unkraut.
Leichter bis mittelschwerer Boden mit Unkraut wie Quecke, Giersch, Ackerwinde, Löwenzahn durchsetzt	Unkraut verdrängen	April bis Juni	Bienenfreund *Phacelia tanacetifolia* oder Sonnenblumen *Helanthus annus*	Blumen mit starkem Wurzelwerk drängen Wurzelunkräuter zurück. Außerdem schöne Blüten und gute Bienenweide.
Durch Baustelle verdichteter lehmiger Boden	Tiefgründige Lockerung	März bis August	Luzerne *Medicago sativa*	Luzerne besitzt tiefreichende Wurzeln und sammelt Stickstoff.
		April bis September	Ölrettich *Raphanus* var. *oleiformis*	Kreuzblütler mit kräftigen Pfahlwurzeln, kann mit anderen Gründüngungspflanzen ausgesät werden.
Sandig bis lehmig, leicht sauer, nährstoffarm	Besseres Speicherungsvermögen von Wasser und Nährstoffen, Stickstoffgehalt erhöhen	April bis Mai	Gelbe Lupine *Lupinus lutens*	Stickstoffsammler mit starkem Wurzelwerk, vor allem für sauren Boden.
			Schmalblättrige Lupine *Lupinus angustifolius*	Wie Gelbe Lupine, für schwach sauren Boden.
Lehmiger, leicht saurer Boden, schwach sauer bis neutral	Bessere Durchlüftung, Verfügbarkeit von Nährstoffen erleichtern	Mai bis September	Inkarnat-Klee *Trifolium incarnatum*	Stickstoffsammler, winterhart, gute Bienenweide.
Mittelschwerer Boden, schwach sauer bis leicht alkalisch	Gründliche Lockerung und Durchlüftung der oberen Bodenschicht	Mai bis Juli	Persischer Klee *Trifolium resupinatum*	Stickstoffsammler, reich verzweigtes Wurzelwerk, Bienenweide.
Schwerer bis verdichteter Boden, pH-neutral	Gründliche Lockerung auch tieferer Schichten	April bis September	Weißer Steinklee *Melilotus albus*	Stickstoffsammler und Tiefwurzler, reichliche Krautmengen, daher viel Humus, vertreibt Mäuse.
Nährstoffarmer, sonst lockerer, trockener Gartenboden	Nährstoff- und Humuszufuhr, Wasserspeicherung verbessern	März bis Mai	Saubohne *Vicia faba*	Stickstoffsammler, Gemüse, gute, tiefe Durchwurzelung, schnell verrottendes Kraut zur Humusbildung. Möglichst früh vor dem Anbau stark zehrender Gemüsearten säen.
Mittlerer bis schwerer Boden, alkalisch	Lockerung, Ausgleich schaffen nach intensiver, einseitiger Bewirtschaftung	März bis September	Senf *Sinapis arvensis*	Kreuzblütler, nicht vor Kohl aussäen, reichverzweigtes Wurzelwerk, macht Boden krümelig.
Kalkhaltiger, mittelschwerer Boden	Lockerung, Bodendecke	August bis September	Raps *Brassica napus*	Kreuzblütler, nicht vor Kohlarten aussäen, winterhart, daher gute Bodendecke.
Nematoden im Boden	Nematoden vertreiben	April bis Mai	Studentenblume, *Tagetes*, und Ringelblumen *Calendula officinalis*	Beide Blumen vertreiben mit ihren Wurzelausscheidungen Nematoden.

Mulch: schützende Decke für den Boden

Immer noch erfreuen sich viele Gärtner am Anblick »ordentlicher« Beete. Gleichmäßig braun liegt die frisch geharkte Erde unter der Sonne. Jedes Unkraut wurde säuberlich entfernt. Ist dieser blank gefegte Garten wirklich die viele Mühe wert? Oder lohnt es sich, ein wenig umzudenken und in der »grünen Schule« zu lernen, wie man es anders und besser machen kann?

Das gute Beispiel der Natur

Die Natur gibt sich keine Blößen. Wo immer es möglich ist, überzieht sie »nackten« Boden rasch mit einer grünen Pflanzendecke. Jeder aufmerksame Gärtner kann dieses Prinzip der Bodenbedeckung in der freien Landschaft beobachten. Selbst roh aufgetürmte Erdberge neben Baustellen werden bald von Kamille, Mohn und anderen Wildkräutern eingehüllt. Im Wald decken Bäume, Sträucher und Stauden den Boden mit ihren Zweigen und Blättern zu.

Ein solcher Pflanzen- oder Laubteppich schützt den Boden vor dem Austrocknen und vor dem Wegschwemmen bei starken Regengüssen. Wo dies nicht mehr geschieht, weil die natürlichen Regenerationsprozesse der Erde empfindlich gestört wurden, tragen Regen und Wind die Humusschicht ab. So entstehen unfruchtbare Wüsten- und Karstlandschaften.

Ein Gärtner, der nach den Regeln der Natur arbeiten möchte, zieht aus solchen Beispielen wichtige Lehren für sein Gartenland. Natürlich kann er zwischen Gemüsereihen und Rosen nicht jeden Wildwuchs dulden. Stattdessen breitet er auf allen freien Flächen eine lockere Schicht aus organischen Abfällen aus. Diese Art der naturgemäßen Bodenbedeckung nennt man Mulchen.

Die verschiedensten Substanzen aus dem eigenen Garten oder aus der Nachbarschaft eignen sich für solche Abdeckungen: zerkleinertes Unkraut, Erbsenstroh, Reste von Blumen- und Gemüsepflanzen, Gras, Stroh, geschredderter Baum- und Heckenschnitt, Laub und Rindenabfälle. Dieses organische Material wird zerkleinert und als dünne, lockere Decke auf den Beeten ausgebreitet: zwischen Gemüsereihen, unter Beerensträuchern, auf Baumscheiben und zwischen den Blumen.

Vorteile für Pflanzen und Gärtner

Unter solchen natürlichen Bodenteppichen bleibt die Erde feucht, warm und locker. Aufsteigende Verdunstungsfeuchtigkeit aus dem Boden wird abgebremst. Sonne und Wind können von außen nicht ungehindert angreifen. Auch das Unkraut wird unterdrückt. Gleichzeitig dient der langsam verrottende »Abfall« den Bodenlebewesen, vor allem den Regenwürmern, als Nahrung. Sie setzen die organischen Substanzen an Ort und Stelle in neuen, fruchtbaren Humus um.

Vor allem während der heißen Sommermonate bringen die Mulchdecken dem Biogärtner viele Vorteile:

- Die Feuchtigkeit im Boden bleibt länger erhalten.
- Das mühevolle Gießen wandelt sich von der Gewohnheits- zur Gelegenheitsarbeit.
- Bei heftigen Gewittergüssen werden die harten Wassertropfen weich abgefedert.
- Der Regen kann die lockere Krümelstruktur der Gartenerde nicht zerschlagen, deshalb braucht der Gärtner auch kaum zu hacken. Mulchdecken und Mikroorganismen nehmen ihm diese Arbeit ab.

Pflanzen, die auf gemulchten Flächen stehen, gedeihen auffallend gesund. Dies lässt sich unter anderem dadurch erklären, dass die Wachstumsbedingungen sehr gleichmäßig bleiben. Die Mulchdecken verhindern den krassen, ungesunden Wechsel zwischen ausgetrock-

Grob gehäckselte Gartenabfälle werden hier als lange haltbare, lockere Bodendecke unter dem Grünkohl ausgebreitet.

Rasenschnitt liefert gutes Mulchmaterial. Streuen Sie die leicht angetrockneten Grashalme dünn zwischen den Mischkulturen aus.

neter oder vom Wasser verschlämmter Erde. Auch das rege, gut geschützte Bodenleben trägt viel zur stetigen Fruchtbarkeit der Beete bei.

Bei den vielfältigen Umsetzungsprozessen entsteht auch Kohlensäure, die aus dem Boden aufsteigt. Die Pflanzen nehmen diesen Stoff, der für sie lebenswichtig ist, durch winzige Spalten an der Blattunterseite auf. Diese reiche Kohlensäureproduktion im belebten Boden trägt mit dazu bei, dass das Wachstum auf gemulchten Beeten sehr üppig ist.

Richtiges Mulchen will gelernt sein

Achten Sie unbedingt darauf, dass die Decke aus lebendigem Material stets locker ausgebreitet ist, denn die Sauerstoffzirkulation ist wichtig für eine harmonische Zersetzung. Wo saftiges, frisches Grün zu dicht aufeinander liegt, entstehen bald Luftmangel und Fäulnis! Vor allem Grasschnitt darf nie dick aufgetragen werden. Am besten lassen Sie die Halme leicht antrocknen, bevor Sie sie als Mulchdecke verwenden.

In nassen Sommerwochen dürfen nur sehr dünne Bodendecken ausgebreitet werden, da sich unter dichten, feuchten Schichten gern die Schnecken verstecken. Erneuern Sie lieber das Mulchmaterial öfter im Laufe des Jahres.

Die organischen Stoffe setzen sich besonders rasch in wertvollen Humus um, wenn über die Bodendecken einige Schaufeln voll Kompost verteilt werden. Diese Erdbeimischung hält auch das lockere Material ein wenig fest, so dass Blätter und Halme nicht bei jedem Windstoß fortgewirbelt werden. Eine ähnlich anregende Wirkung haben auch einige Hände voll Kompoststarter, der über das Mulchmaterial verteilt wird. Im Handel können Sie unter verschiedenen biologischen Präparaten wählen.

Woher nehmen?

Mancher Gärtner, der gerne seine Beete zudecken möchte, fragt verzweifelt: Aber woher bekomme ich so viel natürliches Material? Vieles wächst im Garten, manches lässt sich dazukaufen.

Rasenschnitt ist sicher das am meisten verbreitete und in größeren Mengen vorrätige Mulchmaterial. Vom Frühling bis zum Herbst wächst ständig neues Gras nach.

Wenn Sie eine Wiese abmähen, sollten Sie darauf achten, dass die Blumen und Kräuter noch keine Samen angesetzt haben. Anderenfalls darf dieser Schnitt nicht zum Mulchen verwendet werden; Sie säen sich sonst unfreiwillig eine Wildkräuterwiese auf den Gartenbeeten aus!

Zerkleinertes Unkraut ergibt hervorragendes, gut gemischtes Material für Bodendecken. Sie können auch gleich beim Jäten kleinere Unkrautpflanzen auf den Beeten ausbreiten und damit die eben freigelegte Erde wieder zudecken. Wichtig ist nur, dass die Wurzeln der Pflanzen oben liegen und nicht wieder Fuß fassen können.

Beinwellblätter wachsen mehrmals nach. Wenn Sie dieses mehrjährige Heilkraut *(Symphytum officinale)* in einer Ecke des Gartens anpflanzen, haben Sie vielfachen Nutzen davon. Die großen Blätter ergeben unter anderem einen hervorragenden, kalireichen Spezialmulch, der den Tomaten sehr gut bekommt, aber auch unter anderen Pflanzen ausgebreitet werden kann.

Brennnesselblätter fördern die Humusbildung besonders gut. Dieses natürliche Material ist fast überall zu finden. Sie können einige Brennnesselstauden, zum Beispiel am Kompostplatz, in Ihrem Garten wachsen lassen. Sie liefern Gemüse,

Sinnvolle Unkraut-Verwertung: Benutzen Sie es als Bodendecke (unten links). Rindenhäcksel ist besonders lange haltbar (unten rechts).

Wenn die Blätter fallen, kann man das Laub zum Abdecken freier Beete benutzen. Strohmulch hat sich besonders zwischen den Erdbeeren bewährt (rechts).

Tee, Jauche, Schmetterlingsnahrung und Mulchmaterial. Die robusten Pflanzen vertragen es, mehrmals vom Frühling bis zum Herbst geschnitten zu werden, immer wieder wachsen grüne Blätter nach. Lassen Sie Ihre Nesselernte leicht anwelken, bevor Sie sie auf 10–20 cm Länge zerkleinern. Die Brennnesseln eignen sich zur Bodenbedeckung unter allen Pflanzen des Gartens.

Rindenmulch ist ein Spezialsubstrat, das Sie im Handel kaufen können. Ähnlich wirkt auch zerkleinertes holziges Material aus dem eigenen Garten, das beim Baum- und Heckenschnitt anfällt. Diese festen organischen Abfälle zersetzen sich nur langsam, decken den Boden längere Zeit zu und hinterlassen einen leicht sauren Humus.

Verwenden Sie holziges Mulchmaterial deshalb gezielt bei bestimmten Pflanzen, die sich in einem solchen waldähnlichen Milieu zu Hause fühlen und dort besonders gut wachsen. Dazu gehören vor allem Beerensträucher, Erdbeeren und Wildsträucherhecken.

Laub ist ein besonders wertvolles Material für die herbstliche Bodenbedeckung. Eine Mischung von verschiedenen Laubgehölzen eignet sich am besten, wobei die gerbsäurehaltigen Blätter der Eiche und die schwer rottenden Blätter des Nussbaums nur in kleinen Mengen locker untergemischt werden dürfen.

Mulchen Sie vor allem Erdbeeren, Beerenobst und Baumscheiben mit Laub.

Stroh gehört zu den organischen Substanzen, die sich nur sehr langsam zersetzen. Als Mulchmaterial eignet es sich vor allem auf Erdbeerbeeten, denn die roten Früchte liegen zur Erntezeit sauber und trocken auf dem Strohbett. Auf diese Weise wird Pilzinfektionen, die durch Nässe begünstigt werden, vorgebeugt. Gleichzeitig schützt eine Strohdecke die süße Ernte vor ungebetenen Mitessern, denn Schnecken können sich zwischen den starren Halmen nur schwer fortbewegen.

Flache Steine gehören zu den ältesten Formen natürlicher Bodenbedeckung; sie erhalten die Feuchtigkeit und speichern gleichzeitig auch die Sonnenwärme. Probieren Sie diese einfache Methode zwischen den wärmebedürftigen Mittelmeergewächsen im Kräutergarten aus.

➲ Weiteres zum Thema »Mulch« siehe Seite 71.

Lebendiges Grün

Auch lebende Pflanzen können an Stelle von zerfallendem organischem Abfall die nackte Erde zudecken. So empfiehlt es sich zum Beispiel, abgeerntete Gemüsebeete mit so genannter Gründüngung einzusäen. Senf, Klee-Arten, Lupinen oder Bienenfreund *(Phacelia)* eignen sich dazu. Auch eine dichte Aussaat von Feldsalat oder Spinat könnte zeitweise die Rolle eines Bodendeckers übernehmen. Einjährige Sommerblumen überziehen offene Stellen im Ziergarten monatelang mit einem bunten, schützenden Teppich.

Langfristig bewähren sich Bodendeckerstauden, da sie die Rolle eines natürlichen Schutzmantels übernehmen. Unter Sträuchern und Bäumen, zwischen Wildstauden und Rosen decken sie in zwei bis drei Jahren die offene Erde zu. In gut sortierten Staudengärtnereien finden Sie eine große Auswahl dieser niedrigen Gewächse, die durch bunte Blüten und hübsche Blätter den Garten bereichern. Es gibt Arten, die sich speziell für schattige Plätze eignen, und solche, die gut in der Sonne gedeihen. Darauf sollten Sie bei der Auswahl besonders achten.

Für Gartenfreunde, die zwischen ihren Blumen und Ziersträuchern aus ästhetischen Gründen nicht gerne Gras oder Blätter ausstreuen möchten, bedeuten solche lebendigen, blühenden Bodendecker eine reizvolle Alternative. Sie schützen die Erde im Sinne der Natur und erfreuen durch ihre ausdauernde Schönheit.

➲ Mehr zur Gründüngung ab Seite 71, zu Bodendeckern ab Seite 262.

Schützende Teppiche breiten bodendeckende Stauden über dem Erdreich aus. Am Gehölzrand eignen sich dazu auch Walderdbeeren mit süßen Früchten.

Kein Garten ohne Kompost

In der Natur gibt es keinen unnützen »Abfall«. Alles, was im Laufe des Sommers und Herbstes welkt und zu Boden fällt, wird wieder in den großen Kreislauf der Stoffe zurückgenommen: dürre Blätter, vertrocknetes Gras, verblühte Blumen und tote Tiere. Unter einer Decke aus Laub und Schnee wandeln sie sich langsam in braune Erde um.
Auch Gärtner sollten nichts von dem verschwenden, was das Gartenjahr »abwirft«. Auf dem Kompostplatz entsteht aus welken Sommerblumen, Kartoffellaub und Erbsenstroh wieder gute Erde. Dieser nahrhafte Humus dient dazu, die Fruchtbarkeit des Gartenbodens ständig zu erneuern.
Für einen naturgemäßen Garten bedeutet der Kompostplatz das »Herz aller Dinge«. Ohne die ständige Erneuerung der Erde könnte das ökologische System nicht funktionieren. Aber auch für jeden anderen Gärtner ist es sinnvoll, die wertvollen organischen Abfälle zu nutzen. Wer selber Kompost herstellt, der schließt den natürlichen Kreislauf zwischen Werden und Vergehen, zwischen Welken und neuer Fruchtbarkeit. Im Garten haben wir es noch selbst in der Hand, etwas für eine gesündere Umwelt zu tun. Kompost, die gute Erde aus Menschenhand, ist ein wichtiger Beitrag für die Gesundheit des Bodens und der Pflanzen.

Auf diesem kleinen Kompostplatz im Schatten des Holunders haben außer der Holzlege auch noch Tonnen für Brennnesseljauche Platz gefunden.

Ein lebendiger Organismus

Bevor Sie sich an die praktische Arbeit machen, sollten Sie einmal versuchen, einen Einblick in die wunderbaren Lebensprozesse zu gewinnen, die sich im Inneren eines Komposthaufens abspielen. Milliarden Bakterien, Algen, Pilze und kleine Bodentiere finden sich zwischen den Abfällen ein, um sie aufzufressen und umzusetzen. Für ihre nützliche Tätigkeit benötigen sie Wärme, Feuchtigkeit und genügend Sauerstoff.
Die Zersetzung der organischen Substanzen in Humus verläuft in zwei unterschiedlichen Phasen: In den ersten zwei bis drei Wochen setzt in einem richtig aufgesetzten Kompost die Warmvergärung ein. Dieser stürmische Zersetzungsprozess erzeugt 50–70° C Wärme. Dabei werden im Inneren des Haufens sowohl Krankheitskeime als auch Unkrautsamen weitgehend vernichtet. Es sind ganz bestimmte Spezialisten unter den Mikroorganismen, die in dieser heißen Rotte die Materie »auseinander nehmen«.
Danach findet im Komposthügel so etwas wie ein Schichtwechsel statt. Der grobe Abbau ist beendet. Nun wandern, wie von unsichtbaren Kommandostellen gerufen, anders geartete winzige Spezialisten ein. Zu diesem Zeitpunkt tauchen auch die Regenwürmer auf und beteiligen sich an der Umsetzung der Stoffe. Von nun an wird überall im Kompost Aufbauarbeit geleistet. Die zerfallende Materie wandert durch die Leiber von Milliarden Bodenlebewesen, wird umgesetzt und zu neuen Bausteinen zusammengefügt.
Im Komposthaufen vollzieht sich in diesen Monaten ein Wunder: Aus bunt gemischten organischen Substanzen entsteht neue Erde. Dieser Humus ist angereichert mit den Stoffwechselprodukten der Mikroorganismen und Regenwürmer, er enthält Nährstoffe und Spurenelemente. Wenn der Kompost reif ist, duftet er wie gute Walderde!
Ein Gärtner, der begreift, dass der Kompost ein lebendiger, atmender Organismus ist, wird ihn auch richtig behandeln. Denn nur dort, wo die unsichtbaren »Erdarbeiter« gesunde Lebensbedingungen vorfinden, produzieren sie auch Humus von bester Qualität. Wo der Kompostplatz einer wilden Mülldeponie gleicht, da herrschen auch beim Zerfall chaotische Kräfte. Oft artet ein solcher ungepflegter Haufen in eine faulende Masse aus. Dieses fehlgeleitete »Produkt« ist für Menschen und Pflanzen ungesund!
Guter Kompost ist nach spätestens neun Monaten fertig. Er sollte dann noch nicht völlig vererdet sein, denn solange er noch etwas grob ist, enthält er mehr Nährstoffe.

Kein Nachbar muss die Nase rümpfen!

Wenn Kompost so vorschriftsmäßig aufgesetzt wird, kann er auch vor den Nasen Ihrer Nachbarn bestehen. Niemand braucht zu befürchten, dass schlechte Gerüche durch den Gartenzaun dringen. Nur wer gedankenlos nasses Gras, Kohlstrünke, verdorbenes Obst und Kartoffelschalen aufeinander wirft, hinterlässt ein übel riechendes Ärgernis für seine Mitmenschen. Hier fault und gärt es wirklich. Ein sorgfältig aufgesetzter Kompost entwickelt dagegen niemals unangenehme Gerüche. Das organische Material zersetzt sich rasch und harmonisch. Es wandelt sich in duftende Erde um, in die ruhig jeder »seine Nase stecken« kann.

Der richtige Platz für den Kompost

In jedem Garten findet sich ein Platz für die Kompostherstellung. Auf begrenztem Raum sind Kompostsilos empfehlenswert, die nur 1–2 m² Grundfläche beanspruchen. In einem großen Garten lohnt es sich, einen richtigen Kompostplatz anzulegen. Wählen Sie dafür eine Ecke aus, die etwas im Hintergrund liegt und die geschickt abgeschirmt werden kann. Halbschatten ist günstig, damit Kompostmieten oder Silos vor der Austrocknung durch Sonne und Wind geschützt sind. Holunder- und Haselnusssträucher eignen sich besonders gut als Schattenspender, sie können aber auch einen einjährigen Schutz aus Sonnenblumen oder Stangenbohnen aussäen.
Der Kompostplatz darf nicht zu eng angelegt sein, denn Sie müssen sich dort bequem mit Schubkarre und Gartengeräten bewegen können. Besonders praktisch sind befestigte Wege, die zu dieser Abfall-Sammelstelle führen. Dann können Sie auch bei feuchtem Wetter Unkraut und Küchenabfälle dort abladen, ohne im Schlamm zu versinken. Richten Sie neben Kompostkisten und Erdmieten möglichst noch eine Ecke für Jauchegefäße ein. Damit ist der Arbeitsplatz zur Erzeugung natürlicher Pflanzennahrung gut ausgerüstet.

Was gehört in den Kompost?

Ob Sie Ihren Kompost in Erdmieten oder in Behältern aufsetzen, bedeutet keinen entscheidenden Unterschied. Die Grundregeln bleiben die gleichen.
Am Anfang steht immer eine reichhaltige Sammlung organischer Abfälle. Werfen Sie ausgerissenes Unkraut oder abgeschnittene Staudenstängel nicht gleich auf einen Haufen in der Hoffnung, dass daraus irgendwann Kompost entsteht. Richten Sie stattdessen neben Ihrer Kompostkiste eine Sammelstelle ein. Dort können Sie organisches Material aus dem Garten und Küchenabfälle so lange lagern, bis die Menge zum Aufsetzen des Komposts reicht.

Alle organischen Abfälle aus dem Garten und der Küche wandern auf den Kompost. Größere Blätter oder Stängel werden vorher zerkleinert.

Material für die Kompostierung:
- Unkraut (möglichst ohne Samen), verwelkte Blumen, Gemüseabfall, Kartoffellaub, Erbsenstroh, welkes Laub, Gras, Obstreste, die frei von Pilzkrankheiten sind, Zweige von Obstbäumen und Sträuchern, Heckenschnitt sowie alte Erde aus Kästen und Kübeln.
- Auch Küchenabfälle liefern wertvolles Material, das in den Kreislauf der Stoffe zurückgeführt werden sollte. Ein Extra-Abfalleimer für Kaffeesatz, Teeblätter, Obst- und Kartoffelschalen, Gemüsereste, Papiertücher, Hundehaare usw. sollte in jeder Küche bereitstehen. Man gewöhnt sich schnell daran, organisches Material auszusortieren und zu sammeln.

So sieht ein mustergültiger Kompostplatz aus. In ordentlich aufgeschichteten Mieten und Holzlegen wandeln sich Abfälle in Humus um.

- Ungeeignet für die eigene »Erdfabrik« sind selbstverständlich Glas, Metall und Kunststoff. Auch große Knochen und größere Mengen fettiger Speisen haben nichts im Kompost zu suchen!
- Zerkleinern Sie das roh angehäufte Material. Dies geschieht mit einem Spaten, mit einer Gartenschere oder, am schnellsten und einfachsten, mit einem Schredder oder Häcksler. Je kleiner die Einzelteile, desto schneller verläuft später die Umsetzung in Humus!
- Vermengen Sie stets trockene und feuchte, feste und weiche Stoffe miteinander. So entsteht ein lockeres Gemisch, das beste Voraussetzungen für eine harmonische Rotte schafft.

Nachdem Sie genügend »Abfall« gesammelt und bearbeitet haben, steht dem Aufsetzen eines Komposts nichts mehr im Wege.

Eine Kompostmiete anlegen

Die Grundfläche einer Kompostmiete sollte etwa 150 cm breit sein. Die Länge ist beliebig, Sie können sie dem vorhandenen Platz und der Menge Ihrer Abfälle anpassen.

Beginnen Sie mit dem Aufschichten auf einer relativ kleinen Grundfläche, denn es ist wichtig, dass Sie die organische Masse hoch genug aufhäufen, damit rasch eine heiße Rotte einsetzen kann. Flache Schichten erwärmen sich nicht und zersetzen sich deshalb nur langsam!

Die Unterlage muss immer aus offenem, lebendigem Boden bestehen, denn nur dann bleiben die Kreisläufe des Lebens intakt. Überschüssiges Wasser kann abfließen. Nützliche Bodentiere werden in den Kompost überwechseln und die Zersetzung fördern. In heißen Sommerwochen oder in eiskalten Winterzeiten haben Regenwürmer und andere Bodenlebewesen die Möglichkeit, sich in schützende, tiefgelegene Schichten zurückzuziehen.

Besteht der Gartenboden aus lehmhaltiger Erde, legt man als unterste Lage grob zerschnittene Zweige aus, die als Dränage dienen. Auf sandigem Boden ist eine Schicht Humus (am besten Grobkompost), vermischt mit Tonmehl, günstiger. Damit verhindern Sie, dass Wasser und Nährstoffe zu rasch in den Untergrund ausgespült werden.

Breiten Sie aus den vermischten Abfällen zuerst eine etwa 20 cm hohe, lockere Schicht aus. Dann streuen Sie ein paar Hände voll organischen Dünger aus und stäuben ein wenig Kalk, dünn wie Puderzucker, darüber. Algenkalk ist besonders gut geeignet.

Um alle Lebewesen, die die Abfälle zersetzen sollen, zu emsiger Tätigkeit anzuregen, kann man zusätzlich einen der im Handel erhältlichen Kompostbeschleuniger hinzufügen. Denselben Zweck erfüllen auch ein paar Schaufeln halbreifen Komposts, falls Sie darauf schon zurückgreifen können. Auch mit einer dünnen Lage Gartenerde oder mit Steinmehl können Sie die erste Schicht abdecken.

Bei trockenem Wetter überbraust man alles mit Wasser oder verdünnter Brennnessel-Jauche. In regnerischen Herbstwochen kann man darauf verzichten, weil das Material bereits genügend Feuchtigkeit enthält.

Nun bauen Sie nach dem gleichen Schema die nächsten Schichten auf, bis die Kompostmiete etwa 150 cm hoch ist. Nach oben hin sollte der Haufen immer schmaler werden, so dass er schließlich einem niedrigen Erdzelt mit schräg ab-

Eine Kompostmiete wird lagenweise aufgeschichtet. Dazwischen streut man reifen Kompost, etwas Kalk und Dünger.

Wo sich viel Gehölzschnitt angesammelt hat, lohnt sich ein Häcksler, der die Äste in zerkleinertes Mulch- oder Kompostmaterial umwandelt.

Goldene Regeln für guten Kompost

- Bakterien, Algen, Pilze, Fadenwürmer, Tausendfüßer und Regenwürmer brauchen für ihre wichtige Arbeit im Komposthaufen gute Lebensbedingungen. Dazu gehören Sauerstoff, Wärme, Feuchtigkeit und Nahrung.
- Sauerstoff findet von selbst Zutritt, wenn Sie den Abfall mischen und locker aufsetzen. Holzstückchen sorgen zum Beispiel für Hohlräume und Luftzirkulation. Nasses Gras bildet dagegen dicht aufeinanderliegende Schichten ohne Sauerstoff. Hier entsteht Fäulnis!
- Feuchtigkeit ist meist genügend vorhanden, wenn Sie saftreiches Material, zum Beispiel Gemüseabfälle oder frisches Unkraut, untermischen. In trockenen Wochen müssen Sie den Kompost befeuchten.
- Wärme entsteht durch die Tätigkeit der Mikroorganismen während der Zersetzung. Eine Abdeckung aus Stroh, Gras, Laub oder alten Säcken schützt den Kompost vor dem Auskühlen.
- Nährstoffe finden die nützlichen »Mitarbeiter« im Kompost vor allem in den frischen grünen Abfällen. Wenn zusätzlich ein wenig organischer Dünger, zum Beispiel Hornmehl oder Kleintiermist, dazwischengestreut wird, verläuft die Rotte rascher. Auch ein Guss Brennnessel-Jauche kann nützlich sein. Gut genährte Arbeiter schaffen schneller!

fallenden Seitenwänden gleicht. Zum Schutz gegen Kälte und zu viel Nässe erhält der Kompost einen Mantel aus Stroh, Grasschnitt, Laub, Schilfmatten oder alten Säcken. So bleibt er den Winter über liegen. Diese luftdurchlässige Hülle schützt den Komposthügel vor Verdunstung, Wärme sowie Feuchtigkeit bleiben länger erhalten.

Das Kompostieren in Behältern

Hier wird das Kompostmaterial genauso vorbereitet und aufgeschichtet wie in der Kompostmiete. Abdecken lassen sich die Behälter gut mit Holzbrettern oder Schilfmatten. Gegen ausdauernde Regenfälle helfen Folien, die das Kompostmaterial vor zu viel Nässe schützen.
Im Handel sind unterschiedliche Kompostbehälter aus Holz, Kunststoff oder Metall erhältlich.
Holzlegen sind praktische Konstruktionen mit bewährter Tradition. Sie bestehen aus vier stabilen Eckpfosten, die Seitenwände lassen sich aus Brettern oder Rundhölzern leicht zusammensetzen.

Kunststoffsilos/Schnellkomposter können, wenn sie aus dauerhaftem, schlagfestem Material bestehen, gute Dienste leisten. Besonders bewährt haben sich Behälter, die innen mit Styropor ausgefüttert und mit einem Deckel zu verschließen sind. Diese Komposter halten im Winter länger die Wärme. Küchenabfälle können darin auch bei kaltem Wetter ordentlich gelagert werden.
Man nennt die geschlossenen Kunststoffbehälter, wenn sie zusätzlich isoliert sind, auch Schnellkomposter. Die Umsetzungsprozesse laufen hier wegen der konstanten Wärme sehr rasch ab.
»Marke Eigenbau« können geschickte Handwerker aus verschiedenen Baumaterialien selber konstruieren. Sehr wichtig ist für alle Behälterformen, dass durch Seitenschlitze oder Löcher eine gute Luftzirkulation möglich ist.
In kleinen Hausgärten lässt sich eine Holzlege oder ein anderer Kompostbehälter unter einem Strauch oder in einer Ecke des Gartens »verstecken«. Dort erfüllt er seinen guten Zweck, ohne aufzufallen oder zu viel Platz zu beanspruchen.

Problemlösung: Kompost aus Grasschnitt

Wenn Sie die Grundregeln des Kompostierens beherrschen, können Sie sich auch an Spezialprobleme heranwagen. Gras, das im Sommer beim Rasenmähen regelmäßig anfällt, bereitet vielen Gärtnern Kopfzerbrechen. Wohin mit dem vielen saftigen Grün? Für die Mülltonne ist es auf jeden Fall ungeeignet. Wer das Gras in einer Gartenecke auf einen Haufen wirft, erlebt bald eine unangenehme Überraschung: Der Rasenschnitt verwandelt sich in eine jauchige, übel riechende Masse. In heißen Wochen zieht dieser Haufen Fliegen und Ungeziefer an. Die Nachbarn sind zu Recht empört.
Auch im Kompost bildet das saftige Gras schnell nasse, faulige Schichten. Die Halme kleben dicht aufeinander, sobald die Feuchtigkeit herausläuft. Die Folge ist Sauerstoffmangel. In solchen nässetriefenden, luftarmen Zonen fühlen sich Fäulnisbakterien wohl. Sie sorgen für ungesunde Zersetzung und üble Gerüche. Um dieses zu verhindern, muss überschüssige Feuchtigkeit gebunden werden, damit wieder Luft zwischen den Halmen zirkulieren kann. Das folgende Rezept ist ebenso einfach wie wirkungsvoll.
Vermischen Sie Ihren Rasenschnitt im Verhältnis 2:1 mit trockenem, holzigem Material. Dafür können Sie zum Beispiel zerkleinerten Hecken- oder Obstbaumschnitt verwenden. Gut geeignet sind aber auch Sägespäne. Diese unterschiedlichen organischen Substanzen müssen sorgfältig miteinander vermischt werden. So entstehen zwischen den Grashalmen unzählige Hohlräume, für die das holzige Material sorgt. Damit die Rotte rasch einsetzt, streuen Sie noch einen käuflichen Kompoststarter dazu.

Die richtige Verwendung im Garten

Im Herbst oder im zeitigen Frühjahr kann der fertige Kompost überall im Garten

Aus Holzstangen oder Weidengeflecht kann man rustikale Kompostbehälter selber bauen. Kunststoffbehälter gibt es im Handel.

Im Herbst oder im Frühling wird der fertige Kompost auf Gemüsebeeten, zwischen Stauden und Rosen oder unter Obstgehölzen verteilt.

verteilt werden. Er darf ruhig noch etwas grob und bröckelig sein, denn in diesem Zustand besitzt er mehr Leben und Nährstoffe, als wenn er ganz in feine, mineralische Erde zerfallen ist. Gemüsebeete, Stauden, Rosen, Beerensträucher und Ziersträucher sind dankbar für diesen lebendigen Humus.

Im Naturgemäßen Garten wird der Boden vor dem Ausbringen des Komposts nicht umgegraben, sondern nur mit der Grabgabel oder dem Sauzahn gelockert.

Kompost wird, je nach Vorrat, 2–5 cm dick ausgestreut und nur ganz leicht in die Oberfläche eingeharkt. Dabei genügt es, wenn eine lockere Kontaktzone entsteht. Dort beginnen die Mikroorganismen, die mit dem Humus zusammen »eingewandert« sind, ihre nützliche Arbeit auf das Gartenbeet auszudehnen. Damit die lebendige, nährstoffreiche Substanz nicht austrocknet, sollte der frische Kompost gleich mit einer schützenden Mulchdecke aus Gras, Laub oder zerkleinertem Unkraut zugedeckt werden. Vor allem über Winter ist diese natürliche Bodendecke wichtig. Die kahlen, abgeräumten Beete bleiben darunter feucht und warm, geschützt vor hartem Regen und austrocknendem Wind. Im Frühling findet der Gärtner unter der halb verrotteten Mulchschicht dann mürbe, lockere Erde vor. Nackter Boden zeigt dagegen nach dem Wechsel von Regen und Sonne meist eine verhärtete Oberfläche.

Reifer Kompost, der länger gelagert und ganz zu feinkrümeliger Erde zerfallen ist, eignet sich zum Säen und Pflanzen. Sieben Sie diesen dunklen Humus in die Saatreihen, und geben Sie davon eine Handvoll in jedes Pflanzloch, wenn Sie Salat, Kohl oder Blumen in die Erde setzen.

Auch im Frühbeet und in eigenen Erdmischungen, die für Balkonkästen und Blumentöpfe bestimmt sind, sollten Sie reifen Kompost verwenden.

Grober Kompost, in dem noch Umsetzungsprozesse stattfinden, darf dagegen niemals direkt mit den Wurzeln von Jungpflanzen in Berührung kommen. Er könnte hier mehr schaden als nützen!

Geht schnell: die Flächenkompostierung

Eine Zeit und Aufwand sparende Art der Verrottung von Gartenabfällen ist die Flächenkompostierung. Bei dieser Methode werden die Vorteile des Mulchens und des Kompostierens miteinander verbunden: Die Umwandlung von organischen Abfällen geschieht gewissermaßen »vor Ort«, ohne den Umweg über den Kompostplatz. Geeignet sind im Grunde alle Substanzen aus dem Gartenkreislauf; sie müssen aber sorgfältig zerkleinert und vermischt sein, damit sie sich auch in flachen Schichten rasch umsetzen: Breiten Sie solche Abfälle 5–10 cm dick auf freien Beeten, vor allem aber unter Sträuchern und Bäumen aus. Um die Rotte zu beschleunigen, streuen Sie zum Schluss ein paar Schaufeln voll groben Kompost oder einen im Handel käuflichen Kompostbeschleuniger darüber.

Laub als Flächenkompost

Besonders gut lässt sich Laub im Herbst für die Flächenkompostierung verwenden. Lassen Sie unter Sträuchern und Bäumen die Blätter ruhig liegen. Unter dieser wärmenden, natürlichen Decke sind nicht nur Tulpenzwiebeln und Staudenwurzeln gut aufgehoben. Auch Regenwürmer und unzählige andere winzige Bodentiere lieben die feucht-warme Atmosphäre unter einer Laubschicht. Sie bleiben hier noch lange munter und zersetzen die welken Blätter, die ihnen willkommene Nahrung bieten. Bis zum Frühling haben sie den größten Teil des herbstlichen »Abfalls« in braune, krümelige Erde umgewandelt. Die Rabatten sind dann mit bestem, nährstoffreichem Humus versorgt, ohne dass der Gärtner eine Hand zu rühren brauchte.

Auf Baumscheiben wird der Boden mit Laub zugedeckt. Die Blätter zersetzen sich an Ort und Stelle in Humus.

Vermehrung durch Aussaat

Das Saatgut

Der Samenkauf erfolgt meist in einem der zahlreichen Gartencenter. Dort wird heute ein umfangreiches Sortiment an Gemüse- und Blumensamen angeboten, meist von bekannten, zuverlässigen Züchterfirmen mit langer Tradition. Aber auch in Lebensmittelgeschäften und Supermärkten gibt es Sämereien. Die bunten Tüten verlocken geradezu zum Mitnehmen. Vor allem bei den farbenprächtigen Sommerblumen fällt es schwer, nicht in einen Kaufrausch zu verfallen. Doch auch sie brauchen genügend weite Saat- bzw. Pflanzabstände, um sich zur vollen Schönheit entwickeln zu können. Selbstverständlich können wir auch nach Katalog direkt bei einem Samenzüchter bestellen.

Haltbarkeit und Sortenwahl

Meist ist auf den Tüten angegeben, wie lange der Samen haltbar ist, wenn nicht, schreiben wir das Kaufdatum darauf. Gurken- und Kürbissamen bleiben fünf bis sechs Jahre keimfähig, Porree, Petersilie und Zwiebel zwei bis drei Jahre und Dill oder Schwarzwurzel nur ein bis zwei Jahre.

Die Sortenwahl ist besonders bei Gemüse wichtig, denn jede Sorte zeichnet sich durch andere Eigenschaften aus wie Wuchs, Farbe, Geschmack, Ertrag, Entwicklungsdauer sowie Widerstandsfähigkeit gegen Krankheiten.

Auf Saatbändern liegt der Samen bereits im richtigen Abstand. So erspart man sich das spätere Vereinzeln.

Es lohnt sich, die Rückseite der Samentütchen zu lesen. Dort findet man Angaben über Aussaatzeit, Saattiefe, Keimdauer, Keimtemperatur, Saat- bzw. Pflanzabstand sowie Eigenschaften der betreffenden Sorte. Manchmal wird auch auf Bodenbeschaffenheit, Düngung und Partner, die sich für Mischkulturen eignen, hingewiesen.

Dunkel- und Lichtkeimer

Die meisten Gemüsearten keimen im Dunkeln; sie werden in der angegebenen Saattiefe gesät und mit Erde bedeckt. Es gibt aber auch Lichtkeimer, deren Samen lediglich angedrückt oder höchstens 0,5 cm hoch mit Erde bedeckt werden sollen. Auch dazu gibt es Hinweise auf der Packung. All das hier Gesagte gilt sowohl für Gemüse- als auch Blumensämereien.

F_1-Hybriden

Verschiedentlich ist der Sortenname auf der Packung mit dem Zusatz F_1-Hybride versehen. Solche durch Kreuzung ausgewählter Elternpflanzen entstandenen Sorten zeichnen sich durch besondere Eigenschaften und oft höheren Ertrag aus. F_1-Hybriden gibt es bei Gemüse und Sommerblumen. Das Saatgut ist wegen des hohen züchterischen Aufwandes teurer als Normal- bzw. Standardsaatgut. Wir können solche Sorten nicht weitervermehren, indem wir davon Samen gewinnen. Das Ergebnis würde nicht der F_1-Hybride entsprechen.

➲ Weiteres zu F_1-Hybriden siehe Seite 61.

Spezielle Sorten wählen

Bei verschiedenen Gemüsearten gibt es Sorten, die sich speziell für den Früh- oder Sommeranbau bzw. nur für die Kultur unter Glas eignen. Es gibt Sorten mit kurzer Entwicklungszeit und solche, die bis zur Ernte lange auf dem Beet bleiben müssen. So können Frühmöhren bereits im Frühsommer geerntet werden, während späte Sorten erst im Oktober ihre volle Größe erreichen, obwohl sie ebenfalls im Frühjahr gesät wurden. Wer noch im Sommer Möhren aussäen will, ver-

wendet dazu eine frühe Sorte mit kurzer Entwicklungsdauer. Dies ist nur ein Beispiel für die Möglichkeiten, die eine überlegte Sortenwahl bietet.
Besonders in rauen Gebieten mit frühem Wintereintritt wird man Sorten mit kurzer Kulturdauer bevorzugen. Bei Porree, Rosenkohl, Grünkohl, Spinat, also Gemüsearten, die teilweise den Winter über im Garten verbleiben, achten wir auf gute Frosthärte. Wer Tomaten oder Gurken auf dem Balkon ziehen möchte, wählt eine Sorte mit kompaktem, buschigem Wuchs, die sich besonders gut für Kästen und Kübel eignet. Von manchen Gemüsearten sind krankheitsresistente Sorten im Handel. So gibt es Gurken-, Feldsalat- und Spinatsorten, die widerstandsfähig gegen Echten bzw. Falschen Mehltau sind, und Buschbohnensorten mit Resistenz gegen Brennfleckenkrankheit. Bei Tomaten wurden platzfeste Sorten gezüchtet, die wir besonders in Gebieten mit hohen Niederschlägen bevorzugen. Ebenso sind bitterfreie Gurken im Sortiment und Möhren, die weitgehend tolerant gegen die Möhrenfliege sind.
Inzwischen werden auch Gemüsesorten aus anerkannt ökologischer Erzeugung angeboten, das heißt, die Samenträger wurden ohne mineralische Dünge- und chemische Pflanzenschutzmittel kultiviert.

Die Saatgutbeizung

Um die Samen und die zarten Keimlinge vor Bakterien und Pilzen zu schützen, wird das Saatgut gebeizt und als Inkrustiertes Saatgut angeboten. Solcher Samen ist mit einer dünnen Hülle überzogen, in der die abwehrenden Wirkstoffe enthalten sind. Normales Saatgut ist ohne chemische Beizmittel im Handel, auch aus ökologischen Gründen. Auf den Samentütchen ist dies teilweise eigens vermerkt: »... keimgeprüftes Qualitätssaatgut ohne chemische Beizmittel.«

Durch eine Keimprobe lässt sich feststellen, ob vorrätiger älterer Samen noch zuverlässig keimfähig ist.

Keimprobe gegen Enttäuschungen

Sind noch ältere Samen vorhanden, können wir eine Keimprobe machen. Dazu einige zurechtgeschnittene Lagen von saugfähigem Küchenkrepp oder Toilettenpapier in Blumenuntersetzer oder in eine Saatschale legen, anfeuchten und die Samen darauf verteilen. Von feinen Sämereien wie Möhren, Salat, Petersilie und anderen etwa 30 Korn abzählen, von Rettich, Radieschen und Kohlarten 20. Bei den wesentlich größeren Samen von Gurken, Zucchini oder Kürbis genügen 5 bis 10. Genauso gehen wir bei älteren Blumensamen vor. Wenn dann die Schalen mit Folie überdeckt, gleichmäßig feucht gehalten und an das Zimmerfenster über einen Heizkörper gestellt werden, beginnen manche Samen bereits nach wenigen Tagen zu keimen.
Wir brauchen dann nur noch zu schätzen oder zu zählen, wie viele Samen gekeimt haben, um festzustellen, ob der Samen noch brauchbar ist. Bei 75 Prozent ist dies der Fall, bei 50 Prozent säen wir dichter als normal, zumal die Keimbedingungen im Freien ungünstiger sind als im warmen Zimmer. Liegt das Ergebnis wesentlich darunter, kaufen wir neuen Samen.

Samen selbst ernten

Wer möchte, kann **Gemüsesamen** auch selbst ernten. Vor allem bei Bohnen, Gurken, Kürbis, Zucchini, Tomaten, Feldsalat und einigen Gewürzkräutern ist dies leicht möglich. Letztere säen sich teilweise sogar selbst aus. Dill, Bohnenkraut und Borretsch, einmal im Garten,

Samen-Angebotsformen

Standardsaatgut

■ Dies ist der übliche Samen, der in den bunten Tüten angeboten wird. Gemüsesorten mit diesem Aufdruck, oft abgekürzt »St.«, entsprechen der EG-Norm.

Saatbänder

■ Mit ihnen lässt sich das spätere Vereinzeln ersparen. Der Samen liegt auf Papierstreifen bereits im richtigen Abstand.

■ Saatbänder werden gleich nach dem Auslegen angegossen, damit sich das Papier rasch auflöst. Erst danach die Rillen schließen, die Erde andrücken und nochmals gießen.

■ Im Handel sind vor allem Saatbänder für Radieschen, Möhren, Kopfsalat, Petersilie und Gewürzkräuter.

Pillensaatgut

■ Auch mit pilliertem Saatgut wird ein gleichmäßiges Aufgehen der Sämlinge erreicht, außerdem erspart es ein späteres Vereinzeln. Es hat sich besonders bei Möhren und Salat bewährt.

■ Die Samenkörner sind mittels einer Hüllenmasse zu kleinen Kugeln von gleicher Größe geformt.

■ Pillierter Samen muss bis zum Aufgang gut feucht gehalten werden. Er darf nur 0,5–1 cm tief in den Boden kommen.

Kalibriertes Saatgut

■ Hier werden unterschiedlich große bzw. unregelmäßig geformte Samen auf eine einheitliche Form und Größe gebracht, indem man die zu kleinen entfernt.

■ Das Pflanzwachstum ist gleichmäßiger, der größere Samen lässt sich besser aussäen.

Links: Kräuteraussaat im Topf.
Unten: Pillierter Samen wird flacher als üblicher Samen gesät.

erscheinen auch im nächsten Jahr wieder und das ganz ohne unser Zutun. Bei anderen Gemüsearten lohnt es sich nicht, Samen selbst zu erzeugen, denn Kohlköpfe müssten zum Beispiel erst überwintert und im nächsten Frühjahr erneut ausgepflanzt werden, bis sie dann zu blühen beginnen und Samen bringen. Recht einfach ist die Ernte von Samen bei vielen **Sommerblumen**, seien es nun Ringelblumen *(Calendula)*, Mohn *(Papaver)*, Schleifenblume *(Iberis)*, Zinnien *(Zinnia)*, Astern *(Aster)*, Sonnenblume *(Helianthus)* und noch manch andere.
Auch bei **Stauden** hat mancher Hobbygärtner seinen Spaß daran, Samen zu ernten und auszusäen. Auch wenn wir einen **Apfel- oder Birnenkern** in den Boden stecken, wird daraus ein Apfel- oder Birnbaum, allerdings ein Wildling, der erst veredelt werden muss, wenn wir eine schmackhafte Sorte wollen. Aus einem Walnusskern kann im Laufe von Jahrzehnten ein mächtiger Baum heranwachsen, der, wenn wir Glück haben, große, wertvolle Nüsse bringt. Doch auch er wird kaum die gleiche Nuss bringen, die wir in den Boden gelegt haben.

Bei einigen Gemüsearten, vor allem aber bei Kräutern, Sommerblumen und Stauden, können wir Samen selbst ernten.

Vermehrung durch Stecklinge

Stecklingsvermehrung, hier bei Chrysanthemen. Eine übergestülpte Folie sorgt für »gespannte«, also feucht-warme Luft.

Durch Stecklinge lassen sich Stauden, aber auch manche Gehölze und vor allem beliebte Balkonpflanzen wie Pelargonien (»Geranien«), Fuchsien *(Fuchsia)* und Fleißiges Lieschen *(Impatiens walleriana)* vermehren.
Bei Stauden verwenden wir als Stecklinge nur gesunde, kräftige Triebspitzen. Wichtig ist, dass sie noch krautig, also nicht verholzt, und möglichst ohne Blütenknospen sind.
Die Stecklinge sollen nicht mehr als zwei bis drei Blattetagen haben; sie überstehen dann die Zeit bis zur Wurzelbildung besser als zu lange Triebspitzen. Die unteren Blätter werden entfernt, aber ohne dass dabei der Blattknoten beschädigt wird; es lässt sich dann leichter stecken.

Es ist auch nicht in jedem Fall nötig, die Stecklinge fein säuberlich zurechtzuschneiden. Vielfach genügt es, die Triebspitzen von der Mutterpflanze abzureißen, wobei ihnen noch ein kleines Stückchen von der Rinde anhaften soll.

Die Vermehrung von Pflanzen

- Die Vermehrung dient dazu, Pflanzen zu vervielfältigen.
- Bei der **generativen**, also geschlechtlichen Vermehrung, vereinigen sich während der Befruchtung zwei Einzelzellen, die von verschiedenen Elternteilen stammen. Dabei wird das Erbgut der Eltern in zufälliger Weise neu kombiniert. Es entstehen also Nachkommen, die sich von ihren Eltern sowie auch voneinander mehr oder weniger unterscheiden. Die meisten der uns bekannten Pflanzen vermehren sich auf diese Weise durch Samen.
- Bei der **vegetativen**, also ungeschlechtlichen Vermehrung, entwickelt sich ein Teil der Mutterpflanze zu einer neuen Pflanze, die dieser völlig gleicht. Die vegetative Vermehrung erfolgt vor allem durch Stecklinge, Teilung, Absenker und Brutzwiebeln.

Vermehrungsmethoden für den Hausgartenbereich (Beispiele)

Vermehrungsmethode	Pflanzen	Zeitpunkt
Aussaat unter Glas	**Gemüse:** Kopfsalat, Kohlrabi, Frühkohlarten, Radies, Rettich, Tomaten, Paprika, Auberginen, Sellerie, Treibgurken	Januar bis März März
	Sommerblumen: Begonien, Mittagsgold, Fleißiges Lieschen, Löwenmaul, Verbene, Zinnien, Astern, Levkojen, Tagetes, Sonnenhut	Januar März, April
Aussaat im Freien	**Gemüse:** Möhren, Zwiebeln, Schwarzwurzeln, Petersilie, Spinat, Radies, Bohnen, Gurken, Sommersalate, Zucchini, Kürbis	März, April Mai
	Sommerblumen: Sommerazalee, Buschmalve, Seidenmohn, Ringelblume, Goldmohn	April
Stecklinge	**Balkonpflanzen:** Pelargonien, Fuchsien	August
	Zimmerpflanzen: Fensterblatt, Oleander, Blattkaktus, Christusdorn, Dreimasterblume	ganzjährig
	Stauden: Gänsekresse Nelken Rittersporn Chrysanthemen Phlox	 September bis November September bis November Februar bis Mai Februar bis Mai August bis Oktober
Blätter am Stiel	**Zimmerpflanzen:** Usambaraveilchen (Warmbeet) Dickblatt, Echeverie, Fetthenne Blattbegonien	 ganzjährig Frühjahr, Sommer Frühjahr
Blatt-Teilen	**Zimmerpflanzen:** Blattbegonie (Warmbeet)	Frühjahr und ganzjährig
Teilung	**Stauden:** Sonnenbraut, Sonnenauge, Taglilie, Phlox, Mädchenauge, Eisenhut	März bis Mai oder Herbst
Tochterzwiebeln	**Zwiebelpflanzen:** Tulpen, Narzissen, Blaustern, Traubenhyazinthe, Krokus, Gladiolen, Lilien	entstehen an Mutter- zwiebel
Absenker, Ableger, Wurzelschösslinge	**Strauchbeerenobst:** Johannis- und Stachelbeere, Brombeere, Haselnuss, Himbeere	ab Frühjahr
	Ziergehölze: Rhododendron, Hartriegel, Zwergmispel, Forsythie, Magnolie	ab Frühjahr
Ausläufer	**Beerenobst:** Erdbeere	Sommer
Exoten	Bananen, Zitronen, Orangen	Januar, Februar, Frühjahr
Selbstaussaat	**Sommerblumen:** Goldmohn, Seidenmohn, Schleifenblume, Gretel im Busch, Ringelblume	nach der Blüte
	Stauden: Gedenkemein, Kaukasus-Vergissmeinnicht, Fingerhut, Akelei, Tränendes Herz	nach der Blüte

Bemerkung: Laubgehölze werden je nach Art durch Aussaat, Stecklinge, Steckholz und Ableger vermehrt. Rhododendron, Zaubernuss, Forsythien und andere kann der Hobbygärtner durch Ableger vermehren. Nadelgehölze werden vorwiegend im August durch bereits etwas verholzte Stecklinge vermehrt, auch bei Buchs gelingt dies sehr zuverlässig.

Lupinen *(Lupinus)*, Astern *(Aster)*, Feinstrahl *(Erigeron)*, Steinkraut *(Alyssum)* und andere lassen sich auf diese Weise gut vermehren, ebenso auch Buchs und die verschiedensten Nadelgehölze (Koniferen). Buchsstecklinge können wir von Frühjahr bis Herbst schneiden oder von vorhandenen Pflanzen abreißen. Dicht an dicht in ein Gartenbeet gesteckt, feucht und schattig gehalten, bewurzeln sie sich – von den Wintermonaten abgesehen – bereits in einem halben Jahr.
Die Stecklinge werden in Töpfe oder Schalen gesteckt und leicht angedrückt, angegossen und in das Frühbeet dicht unter die Fenster gestellt und schattiert. Wenn wir nur einige Jungpflanzen benötigen, genügen Blumentöpfe. Das untere Drittel wird mit Scherben oder kleineren Steinen gefüllt, so dass das Wasser gut abziehen kann. Auf diese grobe Schicht kommt bis zum Topfrand gewaschener Sand zusammen mit Torf, Mischverhältnis etwa 1:1. Ebenso sind Aussaaterde,

Buchs lässt sich leicht durch Stecklinge vermehren. Werden sie in Multitopfplatten gesteckt, kann später mit Ballen ausgepflanzt werden.

Einheitserde »Typ P« und ähnliche Substrate geeignet. Besitzen wir kein Frühbeet, so stülpen wir Plastikbeutel über die Blumentöpfe und bringen sie an einen leicht schattigen Platz bzw. stellen sie ins Zimmer, aber nicht in die Sonne.
In den ersten zwei bis drei Wochen sind die Stecklinge in geschlossener, »gespannter Luft« zu halten, also unter weitgehend geschlossenen Fenstern bzw. unter Folienbeutel. Nur bei Hitze wird ein wenig gelüftet bzw. schattiert. Sobald sich dann ausreichend Wurzeln gebildet haben, zu erkennen an den straffen Blättern und beginnendem Triebwachstum, können die Pflanzen ins Freie gesetzt werden.

Vermehrung von Pelargonien und Fuchsien

Wichtiger als bei Stauden und Koniferen ist für den Hobbygärtner die Stecklingsvermehrung bei einigen Balkon- und Kübelpflanzen. Bei Pelargonien *(Pelargonium)*

Auch bei Geranien ist die Vermehrung keine Hexerei. Ein Sand-Torf-Gemisch eignet sich dazu besonders gut.

schneiden wir im Juli und August Stecklinge von 10–12 cm Länge. Anschließend wird jeder Trieb unter dem untersten Blatt mit einem scharfen Messer waagerecht nachgeschnitten und die unteren Blätter entfernt. Dann lässt man die Stecklinge einen Tag lang an einem schattigen Platz liegen und steckt sie danach in leicht sandige Erde. Als Gefäße zum Stecken kann man nehmen, was gerade zur Hand ist: kleine Töpfchen für einzelne Stecklinge (z.B. Jiffy-Pots) oder aber »10er-Töpfe (10 cm Durchmesser am oberen Rand), in die um den Rand herum und in die Mitte fünf Stecklinge gesteckt werden.
Die Stecklinge sind in den folgenden Wochen nur wenig zu gießen, etwa einmal jede Woche, da sie bei zu viel Nässe allzu leicht faulen würden. Bis zum Herbst sind sie gut bewurzelt und werden dann in einem kühlen Raum dicht am Fenster überwintert. Man braucht nur selten zu gießen – gerade so viel, dass die Jungpflanzen nicht vertrocknen. Im Frühjahr werden sie einzeln eingetopft, hell und wärmer gestellt und kommen im Mai ins Freie.
Ebenso einfach wie bei Pelargonien gelingt die Vermehrung von Fuchsien. Hier genügt es, die Stecklinge im Sommer in ein Glas mit Wasser zu stellen, wo sie rasch Wurzeln bilden. Anschließend pflanzt man sie in kleine Töpfchen und überwintert sie.

Die Teilung – wann, wie, warum

Bei Stauden ist dies die häufigste und für den Hobbygärtner einfachste Vermehrungsart. Je nach Art verwenden wir zum Teilen den Spaten, ein Messer, vielfach genügen aber auch die bloßen Hände, vor allem bei Polsterstauden.
Stauden werden aber nicht nur geteilt, weil wir sie vermehren wollen. Auch wenn sie mit dem Blühen und in ihrer Entwicklung nachlassen, nehmen wir sie aus dem Boden, zerlegen sie in faustgroße Stücke und pflanzen diese neu auf. Dies geschieht am besten gleich nach der Blüte bzw. im Frühjahr oder Herbst. Nach einer solchen Verjüngungskur blühen viele Stauden bald wieder in gewohnter Schönheit.

Frühjahrs- und Vorsommerblüher

Gemswurz *(Doronicum)*, Kaukasus-Vergissmeinnicht *(Brunnera)*, Bunte Margerite *(Tanacetum coccineum)* und andere werden am besten gleich nach der Blüte geteilt. Dabei wird das Laub bis dicht über den Boden zurückgeschnitten. Anschließend werden die Pflanzen mit der Grabgabel herausgehoben, in mehrere, höchstens faustgroße Stücke geteilt und auf gut vorbereitetem Boden neu aufgepflanzt.

Die Teilung von spät blühenden Stauden

Staudenphlox *(Phlox paniculata)*, Sonnenbraut *(Helenium)*, Glattblatt-Astern *(Aster novi-belgii)* und andere, vor allem auch Gräser, teilen wir dagegen am besten im Frühling. Die meisten Stauden aber lassen sich ebenso gut im Frühjahr wie im Herbst teilen.

Stauden, die an ihren Trieben Wurzeln bilden

Diese Pflanzen können wir das ganze Jahr über teilen. Sie werden aus dem Boden genommen und mit den Händen auseinander gerissen. Die einzelnen mit Wurzeln besetzten Triebe oder mehrere in kleinen Büscheln zusammen kann man dann sofort wieder pflanzen. Hierzu gehören die teppichbildenden Arten wie Sternmoos *(Sagina)*, Katzenpfötchen *(Antennaria)*, die verschiedenen Fetthenne-*(Sedum-)*Arten, Pfennigkraut *(Lysimachia nummularia)*, Günsel *(Ajuga)* und viele andere. Auch rosettenbildende Arten wie Mannsschild *(Androsace)* und Hauswurz *(Sempervivum)* fallen darunter. Bodendeckende, wintergrüne Stauden für den Halbschatten wie Immergrün *(Vinca)*, Haselwurz *(Asarum europaeum)* und Ysander *(Pachysandra)* lassen sich ebenfalls leicht durch Zerlegen in einzelne bewurzelte Triebe vermehren. Mit der Hand oder unter gelegentlicher Zuhilfenahme eines Messers lassen sich folgende Stauden, besonders in jungem Zu-

Die Teilung ist eine beliebte Vermehrungsmethode bei vielen Stauden und Zimmerpflanzen.

Das Teilen von Iris (oben) und Astilben (unten). Je nach Art werden dazu die Hände, ein Messer oder der Spaten benötigt.

stand, leicht in bewurzelte Triebe zerlegen: Gewöhnliche Schafgarbe *(Achillea millefolium)*, Glattblatt-Aster *(Aster novi-belgii)*, Gemswurz *(Doronicum)*, Große Sommermargerite *(Leucanthemum*-Maximum-Hybriden), Sonnenbraut *(Helenium)*, Schwert-Lilie *(Iris germanica)*.

Stauden mit pfahlartigen Wurzeln

Ein Messer benötigen wir bei Stauden mit pfahlartigen Wurzeln wie Mohn *(Papaver)*, Akelei *(Aquilegia)*, Lupine *(Lupinus)* und andere. Nach dem Ausgraben wird jede Pflanze so durchschnitten, dass jedes Teilstück, meist gibt es nur zwei, Wurzeln und Triebe hat. Soweit die Wurzeln bei der Teilung beschädigt werden, schneiden wir sie glatt. Dadurch wird eine bessere Verheilung erzielt und Fäulnis vermieden.

Stauden mit verholzten Wurzelstöcken

Ein scharfer Spaten wird gebraucht, wenn wir Stauden mit verholzten Wurzelstöcken in einzelne Teilstücke zerlegen wollen. Hierzu gehören: Astilbe *(Astilbe)*, Rittersporn *(Delphinium)*, Berg-Aster *(Aster amellus)*, Raublatt-Aster *(Aster novae-angliae)*, Garten-Sonnenauge *(Heliopsis helianthoides* var. *scabra)*, Taglilie *(Hemerocallis)*, Pfingstrose *(Paeonia)*, hoher Stauden-Phlox *(Phlox paniculata)* und andere.

Weitere Vermehrungsarten

Neben der Vermehrung durch Aussaat, Stecklinge und Teilung sind bei einigen Pflanzenarten spezielle Methoden üblich.

»Blätter am Stiel«

Durch »Blätter am Stiel« wird das Usambaraveilchen vermehrt. Dabei werden die lang und glatt abgeschnittenen Stiele gut ausgereifter Blätter bis ans Blatt flach in eine Schale mit feuchtem Sand gesteckt, bis in »gespannter Luft«, also unter Glas- oder Folienabdeckung, innerhalb von sechs Wochen an den Schnittstellen junge Pflänzchen entstehen.
Auch Fetthennenarten *(Sedum)*, Blattbegonien und die meisten Sukkulenten wie Echeverie, Kalanchoe und andere können auf diese Weise vermehrt werden.

Blattteilung bei Begonien

Bei Blattbegonien können wir neue Pflanzen durch Teilen des Blattes erzielen. Sie entstehen, wenn man Blattadern an den Kreuzungsstellen durchschneidet und das ganze Blatt flach auf feuchten Sand oder Sand-Torf-Gemisch legt. Durchschneidet man die Adern nicht, bilden sich nur am Blattstiel neue Pflanzen.

Vermehrung durch Tochterzwiebeln

Tulpen und Narzissen lassen sich durch Tochterzwiebeln vermehren. An jeder Mutterzwiebel entsteht meist eine oder zwei, die wegen ihrer Größe gut erkennbar sind. Besonders reichlich setzen Blaustern *(Scilla)*, Schneeglanz *(Chionodoxa)*, Traubenhyazinthe *(Muscari)* und Milchstern *(Ornithogalum)* solche Nebenzwiebeln an, die hier als Brutzwiebeln bezeichnet werden. Diese Arten vermehren sich im Garten besonders rasch, sie verwildern, hier im positiven Sinne.
Die Ausbildung von Nebenzwiebeln ist bei fast allen Zwiebel- und Knollengewächsen verbreitet. So setzen auch Wild- und Gartenkrokusse reichlich **Brutknollen** an, ebenso Gladiolen *(Gladiolus)*, bei denen sie an der Unterseite der Mutterknolle erscheinen.

Beim Usambaraveilchen werden die Stiele bis ans Blatt in eine Schale mit feuchtem Sand gesteckt.

Vermehrung von Blattbegonien durch Blattstecklinge. Eine andere Möglichkeit ist im Text beschrieben.

Zwiebel- und Knollenpflanzen lassen sich durch Tochterzwiebeln bzw. Brutknollen vermehren, Lilien durch Zwiebelschuppen.

Bei Lilien *(Lilium)* kann die Vermehrung durch **Zwiebelschuppen** erfolgen. Einige Arten entwickeln in den Blattachseln kleine Brutzwiebeln, **Bulben** genannt. Bei anderen, die Wurzeln entlang des Stängels ausbilden, entstehen dort so genannte Stängelbulben, sie dienen ebenfalls der Verbreitung.

Vermehrung durch Absenker, Ableger und Steckholz

Durch **Absenker** bzw. Ableger erhalten wir von Stachelbeere, Johannisbeere, Brombeere und Haselnuss neue Pflanzen mit den gleichen Eigenschaften wie bei der Mutterpflanze. Dabei werden vorjährige Triebe flach auf den Boden gelegt, festgehakt und mit Erde abgedeckt. Wenn wir die aus den Augen des heruntergelegten Triebes entstehenden Triebe anhäufeln, haben sich diese bis zum Herbst bewurzelt. Wir brauchen dann nur noch den heruntergelegten Trieb in einzelne Stücke mit je einem Schoss auseinander schneiden.

Johannisbeeren können auch durch **Steckholz** vermehrt werden. Dazu werden im Herbst einjährige Triebe in etwa 20 cm lange Stücke zerteilt, wobei sich die untere Schnittfläche jeweils dicht unter einer Knospe befinden soll. Schräg in den Boden gesteckt, wobei die oberen ein oder zwei Augen sichtbar bleiben sollen, bewurzeln sich die Steckhölzer bis zum nächsten Herbst. Auch Weinreben können auf diese Art vermehrt werden.

Vor allem rankende Brombeeren lassen sich auf diese Weise hervorragend vermehren. Im Frühjahr wird abgetrennt und verpflanzt.

Die Vermehrung durch Steckholz ist in der Praxis bei verschiedenen Obst- und Ziergehölzen üblich.

Bei Himbeeren brauchen wir nur im Herbst oder Frühjahr die kräftigsten **Wurzelschösslinge** – von denen meist mehr entstehen, als uns lieb ist – ausgraben und können sofort ein neues Beet bepflanzen.

Bei all den genannten Beerenobstarten ist die Eigen-Vermehrung für den Hobbygärtner nur von geringem Interesse, anders dagegen bei Erdbeeren. Hier gewinnen wir neue Pflanzen durch **Ausläufer** (siehe Seite 444).

Durch **Wurzelschnittlinge** lassen sich verschiedene Stauden vermehren wie Mohn *(Papaver)*, Garten-Phlox *(Phlox paniculata)*, Kugeldistel *(Echinops)*, und andere. Dabei werden die Wurzeln in kurze Stücke zerteilt und, mit der oberen Schnittfläche nach oben, schräg in Erde eingelegt.

Vermehrung von »Exoten«

Auch Exoten können wir selbst vermehren. Bananensamen legt man im Januar/Februar in kleine Töpfe und stellt diese ans Zimmerfenster über einen Heizkörper. Mit Folie überdeckt gehen sie nach 10 bis 30 Tagen auf. Danach werden die Pflanzen bis Ende Mai im Warmen weiterkultiviert und bis zum Herbst im Freien ausgepflanzt.

Bei Apfelsinen und Zitronen, die um die gleiche Zeit gesät werden können, entstehen allerdings sparrig wachsende Wildlinge. Nur wenn wir sie später im August wie Apfel- oder Birnbäume pfropfen, bringen sie genießbare Früchte. Im Frühjahr geschnittene Stecklinge, die am besten in Wasser bewurzeln, bringen dagegen Pflanzen mit essbaren Zitronen und Orangen.

Die Selbstaussaat

Eine Vermehrung durch Selbstaussaat können wir bei manchen Sommerblumen beobachten. Ringelblumen *(Calendula)*, Seidenmohn *(Papaver rhoeas)* Kornblumen (Centaurea cyanus), Schöterich *(Erysimum)*, Kalifornischer Mohn *(Eschscholtzia)*, Vergissmeinnicht *(Myosotis)* kommen, einmal im Garten, meist im nächsten Jahr wieder. Ihr Samen geht an zusagenden Stellen auf und die Pflanzen entwickeln sich meist besser und sind gegen sommerliche Trockenheit robuster, als wenn wir diese Arten pflanzen. Im Staudengarten vermehren sich manche Primelarten *(Primula)*, Gedenkemein *(Omphalodes verna)*, Tränendes Herz *(Dicentra)*, Akeleien *(Aquilegia)*, Katzenminze *(Nepeta)*, Spornblume *(Centranthus)* und andere durch Selbstaussaat. Im Gemüsegarten sind es einige Gewürzkräuter, wie Dill, Borretsch und Bohnenkraut, die alljährlich wieder zur Stelle sind.

Durch Wurzelschnittlinge können einige Stauden, wie Phlox, Mohn und Kugeldistel, vermehrt werden.

Die Aussaat unter Glas

So macht das Gärtnern Spaß: Schalen, Töpfe, Sämereien, Etiketten und spezielle Anzuchterde sind für die Aussaat hergerichtet.

Vielen Hobbygärtnern macht es Spaß, Gemüse- und Blumenpflanzen selbst heranzuziehen. Dadurch lassen sich Kosten sparen, vor allem aber haben wir die Pflanzen immer dann zur Hand, wenn wir sie benötigen. Wenn wir Zeit dazu haben und das Wetter passt, können wir sie aus dem Anzuchtbeet nehmen und unmittelbar danach pflanzen.
Weitere Vorteile: Neue Sorten können erprobt werden, die in Gärtnereien und Gartencentern noch kaum zu haben sind. Vor allem aber werden wir wesentlich mehr Sommerblumen pflanzen und unseren Garten farbenfroher gestalten, als wenn wir jedes Pflänzchen kaufen müssten. Ähnliches gilt für Gemüse. So lässt sich mit Salatpflanzen aus eigener Anzucht so manche Lücke füllen, und dies den ganzen Sommer über.

Den richtigen Zeitpunkt wählen

Einige Sommerblumen und Gemüsearten sollten bereits ab Februar ausgesät werden, damit ab Anfang April, bei den meisten Sommerblumen ab Mitte Mai, kräftige Pflanzen vorhanden sind. Ideal ist es, wenn wir derart frühe Aussaaten in einem heizbaren Gewächshaus oder einem Frühbeet mit wärmender Stallmistpackung vornehmen können.
Doch es gelingt auch einfacher: Wir säen in der Wohnung aus und stellen die Saatschalen oder Töpfe auf das Fensterbrett über einem Heizkörper. Ein »warmer Fuß«, also Wärme von unten, ist ideal für den Keimvorgang, ebenso »wachsende« Folie (Schlitzfolie), die über die Saatgefäße gelegt wird. Unter ihr entsteht ein feucht-warmes Kleinklima; der Gärtner spricht von »gespannter Luft«.
Die oft schon nach wenigen Tagen beginnende Keimung darf nicht übersehen werden, da sonst die Keimlinge langbeinig, geil, werden. Sobald die ersten winzigen Keimblätter zu sehen sind, nehmen wir die »wachsende« Folie ab und rücken die Saatschalen möglichst nahe ans Licht. Auch die Temperatur sollte jetzt niedriger sein, damit die Pflanzen gedrungen heranwachsen.
Sobald sich die ersten Laubblättchen zeigen, wird pikiert, und dies kann jetzt – weil es inzwischen Mitte März geworden ist – in einen kalten Kasten, also in ein Frühbeet ohne Mistpackung erfolgen. Im Glashaus ist bei niedrigen Temperaturen eine Zusatzheizung nur nötig, wenn kälteempfindliche Sommerblumen wie Begonien, Fleißiges Lieschen, Mittagsgold und Ähnliche dort weiterkultiviert werden bzw. wenn dort später die Anzucht von zum Beispiel Tomaten, Paprika, Gurken erfolgen soll. Mit dieser Methode lassen sich im Frühjahr Heizkosten sparen bzw. wir können auf eine aufwändige Mistpackung im Frühbeet verzichten.

Aussaatbehälter und Zubehör

Wir können direkt in das Frühbeet oder Glashaus säen. Vorteilhafter ist es, dazu Saatschalen oder Blumentöpfe zu verwenden, die dann in das Frühbeet, Gewächshaus oder an das Zimmerfenster gestellt werden. Vor allem **Kunststoffschalen** sind handlich; sie sind leicht transportabel, gut zu stapeln und zu reinigen. Doch auch **hölzerne Flachsteigen** eignen sich, wie sie in Supermärkten und anderen Geschäften kostenlos abgegeben werden. Wir verwenden sie nur einmal, um eine Übertragung von Pilzkrankheiten zu vermeiden.

Saatschalen aus **Styropor** sind besonders leicht, wärmeisolierend und ebenfalls stapelfähig. Nachteil: Sie sind nicht so haltbar wie Kunststoffschalen, da Styropor leicht bricht.
Nur 3 cm hohe **Kunststoff-Untersetzer**, in der Größe zu Saatschalen und Multitopfplatten passend, sind besonders für die Aussaat am Zimmerfenster praktisch, damit beim Gießen der Schalen kein Wasser auf den Boden tropft.
Multitopfplatten mit vielen kleinen Töpfchen eignen sich vorzüglich zum Pikieren. Die darin weiterkultivierten Pflanzen können mit Wurzelballen ausgepflanzt werden. Sie wachsen ohne Störung weiter und schlappen selbst bei sommerlicher Hitze nicht.
Praktisch für die Jungpflanzenanzucht sind auch **Torf-Anzuchttöpfe**, im Handel unter der Bezeichnung **Jiffy-Pots** bekannt, mit 5, 6 und 8 cm Durchmesser. Man füllt sie mit einem der unter »Aussaaterde« genannten Substrate und kann dann die kleinen Pflänzchen hineinpikieren bzw. Samen darin auslegen. Die Torftöpfchen werden am besten in Kunststoff-Saatschalen oder Flachsteigen

Aussaat: Schalen mit Aussaaterde füllen ①, dünn säen, damit die Sämlinge bis zum Pikieren genügend Platz haben ②, angießen mit feiner Brause und etikettieren ③. Größere Samen legt man am besten einzeln in Multitopfplatten ④.

dicht an dicht nebeneinander gestellt, damit sie nicht so rasch austrocknen. Ebenso kann man sie im Frühbeet oder Kleingewächshaus in die Erde einsenken.

Der Vorteil solcher Torf-Anzuchttöpfchen liegt in einem ungestörten Verpflanzen mitsamt Topf. Nachteil: Jiffy-Pots lassen sich im Gegensatz zu Multitopfplatten oder Einzeltöpfen nur einmal verwenden.

Zur Aussaat und zum späteren Pikieren werden außerdem ein feinmaschiges Erdsieb, eine Gießkanne mit feiner Brause, Etiketten und ein Pikierstab benötigt.

Die Aussaaterde

Lockere, humose Anzuchterde kann man selbst herstellen, indem ein Drittel gesiebte Garten- oder reife Komposterde, ein Drittel Torf bzw. Rindenhumus und ein Drittel grobkörniger gewaschener Flusssand gemischt werden. Durch Zusatz von Perlit oder Styroporflocken wird die Erde besonders locker.

Gedämpfte Erde

Nachdem Aussaaten gegen Krankheiten sehr empfindlich sind, wird die Anzuchterde in Gärtnereien gedämpft und dadurch keimfrei gemacht. Im eigenen Haushalt geben wir sie auf ein Kuchenblech oder in einen Metalltopf und sterilisieren die Mischung eine halbe Stunde lang bei 100–120 °C im Backofen. Abgekühlt kann sie sofort verwendet werden. Für größere Mengen und häufigen Bedarf gibt es im Handel elektrische Erddämpfgeräte.

Nachdem der Arbeitsaufwand bei diesem »Do ist yourself«-Verfahren ziemlich groß ist und der Stromverbrauch hinzukommt, werden wir meist darauf verzichten und zu einem der im Handel angebotenen Substrate greifen. Die Bezeichnung »**Aussaaterde**« bietet Gewähr, dass die zarten Keimlinge nicht von Pilzkrankheiten befallen werden. Ebenso eignen sich **TKS 1** (Topfkultursubstrat) und **Einheitserde** »**Typ P**«. Alle diese Substrate sind weitgehend keim- und unkrautfrei, gut durchlüftet und enthalten die von den Sämlingen benötigten Nährstoffe in optimaler Dosierung beigemischt.

Wichtig ist, dass es sich um »Aussaaterde« und nicht um einen ähnlich aussehenden Plastiksack mit dem Aufdruck »Blumenerde« handelt. Wer ein solches Substrat verwendet, wird meist sein blaues Wunder erleben. Infolge des höheren Nährstoffgehaltes gehen die salzempfindlichen Sämlinge vielfach ein oder kümmern zumindest dahin.

Die Aussaat – Tipps und Tricks

Nachdem Erde, Topfscherben, ein Brettchen, ein engmaschiges Sieb und die Samen hergerichtet sind, kann die Arbeit beginnen.

Zuerst bedecken wir die am Boden der Saatschale oder des Blumentopfes befindlichen Löcher mit Topfscherben oder grobem Kies, damit überschüssiges Wasser gut abziehen kann. Bei flachen Obststeigen genügt es, auf den Boden einige Lagen Zeitungspapier zu legen, da diese das Wasser an den Seiten ohnehin durchlassen. Nachdem die Erde eingefüllt ist, drücken wir diese mit einem Brettchen leicht an, entfernen das Zuviel und streichen die Oberfläche glatt. Sie sollte ein wenig tiefer als die Oberkante der Saatschale liegen.

Damit die Keimlinge nach dem Aufgehen genügend Platz haben, darauf achten, dass der Samen nicht zu dicht aus dem Tütchen fällt. **Grobe Sämereien** können direkt aus der Tüte oder mit Daumen und Zeigefinger breitwürfig, aber möglichst gleichmäßig ausgesät werden. **Feine Sämereien** geben wir am besten in die scharfe Rille einer in der Mitte geknickten Postkarte, nehmen diese zwischen Daumen und Mittelfinger und tippen mit dem Zeigefinger etwas auf die leicht schräg über das Saatgefäß gehaltene Karte. **Sehr feine Sämereien** werden nur leicht angedrückt, die übrigen übersieben wir in der Stärke des Samens, es sei denn, auf dem Samentütchen ist vermerkt, dass es sich um einen Lichtkeimer handelt.

Wenn von jeder Art oder Sorte nur wenige Pflänzchen benötigt werden, unterteilen wir die Oberfläche der Saatschale mit dünnen Stäben in mehrere kleine Flächen und stecken in diese **Etiketten**. Mit wetterfestem Stift geben wir darauf Art, Sorte und Aussaatdatum an. So lässt sich später feststellen, wie lange eine Art von der Aussaat bis zum Auspflanzen bzw. bis zum Ernte- oder Blühbeginn benötigt hat.

Geeignete Töpfchen

Töpfchen, Multitopfplatten und Torfquelltöpfe eignen sich nicht nur zum späteren Pikieren, sondern auch zur Aussaat, vor allem, wenn es sich um größere Sämereien handelt. Nachdem die Saatschalen mit einem zur Aussaat geeigneten Substrat gefüllt sind, legen wir in jedes Töpfchen ein Samenkorn und drücken es leicht an; die Samen dürfen nur wenig mit Erde bedeckt sein. Bei manchen Sämereien, vor allem, wenn sie nicht mehr neu sind, legen wir in jedes Töpfchen zwei bis drei Körner und verziehen nach dem Aufgang auf eine Pflanze.
Anschließend die Saatschalen oder Töpfchen mit feiner Brause angießen und mit »wachsender« Folie (Schlitzfolie) abdecken. Das Gießen bei Bedarf wiederholen, denn die Saat ist während des Keimens gegen das Austrocknen besonders empfindlich. Sobald dann die Sämlinge zu sehen sind, die Folie entfernen und für reichlich Luft und Licht sorgen.

Das Pikieren der Sämlinge

Darunter versteht man das Verstupfen der Sämlinge. Sobald sich außer den Keimblättern die ersten Laubblätter zu entwickeln beginnen und die Pflänzchen mit den Fingern gut zu fassen sind, werden sie auf etwa 5 cm Abstand pikiert. Dadurch entwickeln sich besonders kräftige Pflanzen mit gut ausgebildetem Wurzelballen. Es lohnt sich deshalb, die meisten Sommerblumen, Frühgemüsearten sowie die ersten Salatpflanzen zu pikieren, während es bei Spätkohlarten, Sommersalaten, Endivie und anderen späten Kulturen genügt, auf einem Freilandsaatbeet dünn auszusäen und vom Saatbeet weg direkt auf die Beete zu pflanzen.
Wenn die Sämlinge aus der Saatschale entnommen werden, reißt meist die zarte Wurzel ab; wenn nicht, kürzen wir sie mit den Fingern etwas ein. Dadurch wird das verbleibende Wurzelstück zu vermehrter Seitenwurzelbildung angeregt; es entsteht ein kräftiger Ballen, der beim späteren Auspflanzen zusammenhält und das Anwachsen erleichtert. Auch zum Pikieren haben sich die bereits bei der Aussaat genannten Substrate bewährt.
Nachdem die Schale mit Erde gefüllt und diese leicht geglättet wurde, fasst man die kleinen Pflänzchen mit Daumen und Zeigefinger der einen Hand, während die andere das **Pikierholz** hält, heute meist aus Kunststoff (Pikierstab), und damit ein kleines Loch vorbohrt. Dann wird die Wurzel in das Loch gehalten und die Erde seitlich mit dem Pikierstab etwas angedrückt. Das Pflänzchen sollte anschließend so fest in der Erde sitzen, dass man es nicht mehr mit aller Leichtigkeit herausziehen kann.
Nach dem Pikieren werden die Schalen mit einer feinen Brause angegossen und in das Frühbeet bzw. Gewächshaus gestellt. Das Anwachsen der kleinen Pflanzen, die ja einen Teil ihrer Wurzeln verloren haben, wird gefördert, wenn wir die ersten Tage für »**gespannte**« Luft sorgen, das heißt die Fenster weitgehend geschlossen halten, jedoch gegen Sonne schattieren. Sobald dann die Pflänzchen mit neuem Trieb anzeigen, dass sie Fuß gefasst haben, wird zunehmend mehr gelüftet und die Schattierung weggelassen. Pflanzen mit besonders kräftigem Wurzelballen erhält man, wenn in kleine Töpfe, in Multitopfplatten oder Jiffy-Pots pikiert wird. Sie wachsen nach dem Auspflanzen ohne Störung weiter. Substrat und Pikiervorgang wie bereits beschrieben.

Bei Jungpflanzenanzucht im Zimmer die Saat- und Pikierschalen bei milder Witterung möglichst oft ins Freie stellen.

Von Salbei und anderen Kräutern genügen meist wenige Pflanzen, so dass zum Pikieren ein Topf genügt.

Zeitpunkt und Düngung

Vom Pikieren bis zur fertigen Pflanze dauert es vielfach nur drei bis vier Wochen, jedenfalls sollten sich die Pflanzen beim Auspflanzen im flotten Wachstum befinden. Ist der Wurzelballen zu sehr verfilzt und sehen die Wurzelspitzen bereits bräunlich aus, so standen die Pflanzen zu lange in den Töpfen; sie sind »verhockt«. Bei Nährstoffmangel während der Jungpflanzenanzucht – ungesunde, fahlgrüne Blätter, stockendes Wachstum – geben wir einen leicht wasserlöslichen Volldünger, 20–30 Gramm auf eine Zehn-Liter-Kanne, also etwa eine halbe Handvoll, bzw. die auf der Packung empfohlene Menge. Anschließend mit klarem Wasser nachbrausen.

Pflanzenanzucht in der Wohnung

Nicht nur die Aussaat gelingt im warmen Zimmer recht gut, es ist sogar möglich, die Pflanzen in der Wohnung heranzuziehen, allerdings mit wesentlich mehr Arbeitsaufwand als in einem Frühbeet oder Gewächshaus. Die Schalen und Töpfe sollten vor allem sehr dicht am Glas stehen und es darf nicht zu warm sein, also möglichst nicht über 18–20 °C. Wir öffnen das Fenster, sobald es die Temperatur erlaubt, oder – noch besser – stellen die Sämlinge bald nach dem Aufgehen und erst recht nach dem Pikieren tagsüber auf den Balkon oder die Terrasse.
Dies alles macht viel Arbeit, denn wenn es im April und Mai kalt zu werden droht, vor allem nachts, müssen die Schalen, Töpfe oder Multitopfplatten immer wieder nach innen gebracht werden. Nur wenn wir für reichlich Luft und Licht sorgen, bekommen wir kräftige, abgehärtete Pflanzen.

Die Aussaat im Freien

Neben ausreichender Feuchtigkeit spielt die Bodentemperatur eine wichtige Rolle. Zu früh in noch kalten Boden gesäte Gemüse- und Blumenarten brauchen erheblich länger, bis sie keimen, als solche, die bei optimaler Keimtemperatur in den Boden kommen.

Die Bodenvorbereitung

Erst wenn der Boden oberflächlich abgetrocknet ist, also im März und April, wird er mit dem Kultivator oder dem Krail gelockert. Von einem Umgraben ist abzuraten, denn die für das Keimen der Samen nötige Bodenfeuchtigkeit soll möglichst erhalten bleiben. Danach ziehen wir die Fläche mit einem Holz- oder Eisenrechen (Harke) glatt, wobei harte Erdklumpen, Pflanzenreste und Steine, größer als eine 2-Euro-Münze, mit entfernt werden. Dann die Beete abstecken und abtreten. Die übliche Beetbreite beträgt 110 bis 120 cm. Auf kleinen Gemüseflächen mit kurzen Beeten wirkt eine Breite von 100 cm oder gar nur 80 cm optisch besser. Wir spannen dazu eine Schnur und treten an dieser entlang einen Weg von etwa 30 cm Breite in den lockeren Boden. Es folgt das nächste Beet und so fort, bis schließlich die ganze Gemüsefläche unterteilt ist.
Praktisch ist es, in die Trittwege schmale Lattenroste zu legen, bestehend aus drei längs verlaufenden Dachlatten, die alle 80 cm durch Querlatten miteinander verbunden sind. Dadurch kann auch bei Regenwetter der Gemüsegarten bequem betreten werden, außerdem sehen solche Holzroste hübsch aus.
Dann verteilen wir auf die Beete Kompost, etwa einen Zehn-Liter-Eimer auf 2 bis 3 Quadratmeter, oder andere organische Stoffe. Gleichzeitig wird ein organischer oder mineralischer Dünger ausgestreut und dies alles zusammen oberflächlich eingearbeitet. Ob ein Volldünger nötig ist oder lediglich ein organischer bzw. mineralischer Stickstoffdünger, weil der Boden ohnehin genügend Phosphat und Kali enthält, kann nur durch eine Bodenuntersuchung festgestellt werden. Diese Düngung wird als Grunddüngung bezeichnet, im Gegensatz zur Kopfdüngung während der Kultur.

Das Beet ist vorbereitet, jetzt kann gesät werden. Eine Pflanzschnur erleichtert das Ziehen gerader Reihen.

➲ Mehr zu Bodenuntersuchung ab Seite 67, zu Düngung ab Seite 108.

Aussaat – die Praxis

Nach dieser Bodenvorbereitung einschließlich Düngung kann gesät werden. Dazu werden die **Saatrillen** entlang einer Schnur mit dem Stiel eines Gartengerätes gezogen. Je nach Gemüseart sollten sie etwa 1,5–3 cm tief sein. Keimlinge zu tief liegender Samen können nicht bis zur Erdoberfläche durchdringen, zu flach liegende vertrocknen häufig.
Anschließend ziehen wir die Rillen mit dem Rechenrücken zu und drücken leicht an, damit die Bodenfeuchtigkeit zum keimenden Samen aufsteigen kann. Gesät wird aus der Tüte, von Hand oder mit einem Sägerät.

Tipps zur Saattechnik

Wichtig ist, dass die Samen im gleichmäßigen Abstand fallen bzw. in den Boden gelegt werden. Bei den großen Samenkörnern von Bohnen und Gurken ist dies nicht schwierig, anders bei den feinen Samen von Petersilie, Möhren oder Salat. Selbst bei genauem Hinschauen werden wir bei diesen Arten um ein späteres Vereinzeln nicht herumkommen. Wir können uns diese Arbeit erleichtern, wenn wir sehr feine Samen mit etwa der doppelten Menge Sand vermischen und dann wie üblich säen. Dadurch lassen sich die Samen in der Rille gleichmäßiger verteilen.
Einige Gemüsearten wie Petersilie, Möhren und Zwiebeln brauchen zum Keimen einige Wochen. Damit sie beim Lockern des Bodens nicht gestört werden, geben wir in die Saatrillen ganz locker verteilt einige Radieschen- oder Salatsamen. Diese **Markiersaat** läuft rasch auf und kennzeichnet die Saatreihen.
Neben der beschriebenen und im Gemüsegarten meist angewandten Reihensaat kennen wir die **Horst- oder Stufensaat**, auch Dibbelsaat genannt. Dabei werden bei Buschbohnen 5 bis 6 Körner im Abstand von etwa 40 cm in eine 2 cm tiefe Mulde gelegt, bei Gurken 3 bis 4 Samen. Bei diesen wird nach dem Aufgang auf zwei Pflanzen verzogen. Gemeinsam durchbrechen die Keimlinge leichter den Boden, außerdem stützen sich die Buschbohnen später gegenseitig, sie fallen nicht so leicht um.

Die **breitwürfige Saat** empfiehlt sich im Gemüsegarten nur bei Gründüngerpflanzen, bei Feldsalat und Spinat, soweit der Boden weitgehend unkrautfrei ist. Bei Sommerblumen, die wir aus der Tüte direkt ins Freie säen, ist dies die übliche Art der Aussaat. Dünn säen bzw. nach Aufgang vereinzeln und daran denken, dass Unkraut nur von Hand entfernt werden kann.

Beim Säen mit Saatrolle kommen die Samen in gleichmäßigen Abständen in den Boden.

Pflegearbeiten

Solange der Samen im trockenen Boden liegt, bleibt er im Ruhezustand und behält seine Keimfähigkeit. Sobald er aber nach Regen oder Gießen zu keimen beginnt, sollte das Beet gleichmäßig feucht gehalten werden, bis die Pflänzchen gut zu sehen sind. Ganz besonders gilt dies, wenn Pillensaatgut oder Saatbänder verwendet werden. Die Hüllmasse bzw. das Papier der Saatbänder entziehen sonst den keimenden Samen bei Trockenheit schnell das notwendige Wasser. Der Boden wird gelockert, wenn er nach Regen oder Gießen verkrustet, und dabei das Unkraut entfernt.

Ernteverfrühung im Freiland

Das Keimen und die Ernte lassen sich verfrühen, wenn wir auf die frühen Aussaaten von Petersilie, Frühmöhren, Spinat und Radieschen eine **Schlitzfolie** oder ein **Vlies** legen.

➲ Mehr dazu ab Seite 520.

Das Freilandsaatbeet

Meist kaufen wir die benötigten Jungpflanzen beim Gärtner, es sei denn, wir besitzen ein Frühbeet oder Gewächshaus. Doch jeder Hobbygärtner kann, von Frühgemüsearten abgesehen, die Pflanzen für den späteren Anbau selbst heranziehen. Das sind vor allem Kopfsalat in wiederholten Sätzen, Endivie und andere Salate, Porree, Rote Rüben, Kohlrabi, Brokkoli, Blumenkohl, Spätkohlarten, Rosenkohl und Grünkohl.

Dazu legen wir in Hausnähe ein kleines Freilandsaatbeet an. Meist genügen ein bis zwei Quadratmeter auf lockerem Gartenboden, den wir zusätzlich mit unkrautfreier Komposterde oder einem Torfkultursubstrat verbessern. Die Aussaat erfolgt in Reihen mit 10 cm Abstand so dünn, dass der Abstand der Pflänzchen nach dem Aufgang etwa 3 bis 5 cm beträgt. Andernfalls wird später vereinzelt. Das Beet wird bis zum Aufgang der Sämlinge gut feucht gehalten.

Sollte sich Stickstoffmangel zeigen, erkennbar am fahl-gelblichen Aussehen der Blätter und stockendem Wachstum, düngen wir mit einem leicht wasserlöslichen Volldünger 2 bis 4 Gramm je Liter Wasser. Anschließend mit klarem Wasser nachbrausen.

Mit dem Rillenzieher können wir gleich mehrere Reihen auf einmal ziehen ①, Erbsen auslegen ②, Rillen schließen und andrücken ③, angießen, damit die Samen keimen ④.

Das Pflanzen von Gemüse und Sommerblumen

Gemüse- und Blumenpflanzen, ganz gleich, ob wir sie in einer Gärtnerei, im Gartencenter, auf dem Wochenmarkt kaufen oder selbst herangezogen haben, befinden sich mitten im Wachstum. Das Umsetzen bedeutet für sie eine Störung. Im Frühjahr kommen sie aus dem Gewächshaus oder Frühbeet in eine kühlere Umgebung. Im Sommer sind es Sonne und Hitze, die ihnen beim Umzug in den Garten zusetzen.

Was ist beim Kauf zu beachten?

Ideal sind Pflanzen aus Töpfen, Containern oder Multitopfplatten. Sie besitzen einen Wurzelballen und wachsen nach dem Auspflanzen fast ungestört weiter.
Wurden sie bei Eigenanzucht in Erde pikiert, achten wir beim Herausnehmen darauf, dass die Wurzeln möglichst nicht beschädigt werden. Also, mit der Hand oder der Pflanzkelle unter die Wurzeln fassen, die Pflanzen in eine Schale legen und möglichst gleich auf die Beete bringen, am besten abends oder morgens. Auch ein bewölkter Tag oder leichter Nieselregen sind günstig.

Qualität erkennt man an sattgrünen Blättern und am kräftigen, gedrungenen Wuchs, nicht an der Länge. Geile, hochgeschossene und meist gelbliche Pflanzen haben bei der Anzucht zu warm oder zu eng gestanden.
Auch im Wachstum stecken gebliebene, »verhockte« Pflanzen sind ungeeignet. Sie litten entweder unter Nährstoffmangel oder standen zu lange in den Töpfen oder Containern. Wenn wir sie austopfen, ist der Wurzelballen verfilzt, die Wurzelspitzen sind oft bräunlich.

Der Zeitpunkt des Pflanzens

Sobald keine stärkeren Fröste mehr zu erwarten sind, können die ersten Gemüsearten gepflanzt werden: Salate, Kohlrabi und Frühkohlarten meist ab Anfang April. Wärmeliebende Arten wie Tomaten, Gurken, Zucchini, Kürbis und Paprika dürfen dagegen erst nach den Eisheiligen, also ab Mitte bis Ende Mai ins Freie kommen. Auch bei Buschbohnen, die in Töpfen vorkultiviert wurden, warten wir die zweite Maihälfte ab, bis wir sie mit gut durchwurzeltem Ballen auf das Beet setzen.

Nachdem die meisten Sommerblumen, die unter Glas vorkultiviert wurden, frostempfindlich sind, werden sie erst in der zweiten Maihälfte im Garten ausgepflanzt. Lediglich robustere Arten wie Garten-Löwenmaul *(Antirrhinum)*, Levkojen *(Matthiola)* und Astern *(Aster)* können wir in den meisten Gegenden schon ab Ende April ins Freie bringen.

Die Bodenvorbereitung

Sie erfolgt wie bereits unter »Aussaat« (ab Seite 89) empfohlen.

Pflanzabstände und Pflanztiefen

Gemüsepflanzen werden üblich in Reihen gesetzt, weil dies die sommerliche Bodenlockerung und Unkrautbekämpfung wesentlich erleichtert.
Sommerblumen dagegen pflanzen wir nur in Reihen, wenn wir sie vorwiegend zum Schnitt haben wollen, wie dies bei Astern, Löwenmaul, Zinnien, Levkojen und Nelken häufig der Fall ist. Auf Schmuckbeeten oder in Lücken von Staudenpflanzungen werden sie besser in unregelmäßigen Gruppen angeordnet, damit sich ein malerisches, farbenfrohes Bild ergibt. Die Pflanzabstände sollten allerdings innerhalb einer Art etwa gleich groß bleiben. Fast alle Sommerblumen sind sonnenhungrig. Nur Fleißiges Lieschen, Begonien und Fuchsien machen eine Ausnahme. Mit ihnen können wir halbschattige Stellen beleben.
Die Pflanzen von Gemüse und Sommerblumen sollten genauso tief in den Boden kommen, wie sie vorher auf dem Anzuchtbeet oder in Töpfen gestanden haben. Werden sie zu hoch gepflanzt, fallen sie leicht um und die Wurzeln bzw. Ballen trocknen aus. Eine Ausnahme machen alle Salate, die betont flach gesetzt werden; die Blätter sollen »im Wind wehen«, denn bei zu tiefer Pflanzung faulen die großen Umblätter. Auch bei Sellerie begünstigt flacher Stand die Knollen-

Beim Pflanzen darauf achten, dass die Wurzeln senkrecht in den Boden kommen – gut andrücken und angießen.

Ein Meterstab oder ein in entsprechender Länge abgeschnittener Stab sorgt für gleichmäßige Pflanzabstände.

größe; kommen die Pflanzen zu tief in den Boden, entwickeln sich bevorzugt viele Wurzeln.
Lediglich bei Tomaten, Kohlarten – außer Kohlrabi – und Porree empfiehlt sich ein tieferes Pflanzen. Erstere bilden dann oberhalb des Wurzelballens am Stamm weitere Wurzeln, so genannte Adventivwurzeln. Beim Porree bekommen wir durch tiefes Pflanzen besonders lange weiße Schäfte.

Die Pflanzung

Wird auf Beete gepflanzt, spannen wir in der Beetmitte eine Schnur, um die Reihen einigermaßen gerade hinzubekommen. Wer Wert auf ganz genaue Arbeit legt, nimmt den Meterstab und spannt die Schnur entlang jeder einzelnen Reihe. Es wird im Verband gepflanzt, das heißt, die Pflanzen kommen zwischen denen der benachbarten Reihe in den Boden. Wie bei der Reihensaat hat die Reihenpflanzung den Vorteil, dass sich der Boden dazwischen bequem lockern lässt.
Für gleichmäßige Abstände in der Reihe nehmen wir den **Meterstab** oder einen in passender Länge abgeschnittenen Zweig. Sehr brauchbar ist die **gespreizte Hand**, denn vom kleinen Finger bis zum Daumen sind es meist 18 bis 20 Zentimeter. Dem erfahrenen Praktiker genügt oft das Augenmaß.
Zum Pflanzen verwenden wir ein **Pflanzholz**, bei Pflanzen mit Wurzelballen eine **Handschaufel**. Die Wurzeln sollen dabei senkrecht in das Pflanzloch hängen. Danach wird mit dem Pflanzholz oder der Pflanzkelle (Pflanzschaufel) gut angedrückt. Die Pflanze muss anschließend so fest sitzen, dass man sie beim Ziehen an einem Blatt nicht mehr aus dem Boden herausbringt. Durch kräftiges Angießen wird die Erde an die Wurzeln gespült, die Pflanzen bekommen engen Kontakt mit dem Boden.

Pflanzschalen und Pflanzkübel vorbereiten

Mit Pflanzschalen und -kübeln lassen sich farbenfrohe Blickpunkte auf dem Balkon oder auf der Terrasse schaffen. Solche Pflanzgefäße haben den Vorteil, dass sie leicht umgestellt werden und anders kombiniert werden können.
Vor dem Einfüllen der Pflanzerde bringen wir als unterste Schicht eine Dränage ein, damit das Wasser gut abziehen kann und keine Staunässe entsteht. Als Material hierfür eignen sich Ziegelscherben, Splitt, Blähton und ähnliche Materialien, vor allem auch in Stücke zerkleinertes Styropor-Verpackungsmaterial. Wenn wir die Gefäße je nach Größe zu einem Drittel oder bis zur Hälfte mit solchem Material füllen, lassen sie sich auf der Terrasse ohne großen Kraftaufwand bewegen, denn Styropor zeichnet sich durch sehr geringes Gewicht aus.
Als Pflanzsubstrat wird selbst gemischte Erde, Balkonblumenerde oder handelsübliche Pflanzerde eingefüllt. Bewährt hat sich außerdem Einheitserde, Typ T (= Topferde), bei salzempfindlichen Pflanzen Typ P (= Pikiererde). Wir verwenden jedes Jahr neue Erde, füllen damit das Gefäß zu gut drei Vierteln und drücken das Substrat an den Rändern etwas an. Wurden als Dränagematerial locker liegende Styroporstückchen verwendet, sollte man das Pflanzgefäß vorher ein paar Mal vorsichtig auf den Boden aufstoßen, damit die Erde in die Leerräume fällt.

Das A und O für gutes Anwachsen: wässern

Die Pflanzen werden vor dem Austopfen erst eine halbe Stunde in Wasser gestellt, damit sich die Wurzelballen gut voll saugen können, vor allem, wenn diese ein wenig verfilzt sind. Nachdem gepflanzt ist, werden die Pflanzen mit den Händen gut angedrückt und das Gefäß bis etwa zweifingerbreit unter dem Rand aufgefüllt. Der Gießrand verhindert, dass Wasser überläuft. Nach gründlichem Angießen bringen wir die mit Sommerblumen oder Gewürzkräutern bepflanzten Schalen und Kübeln an die vorgesehenen Stellen, schützen sie aber noch ein paar Tage lang vor zu praller Sonne oder Kälte. Untersetzer verhindern, dass das Wasser beim Gießen allzu schnell abläuft. Flache Hölzer oder Ziegel unter die Pflanzgefäße gelegt, sorgen für bessere Durchlüftung.

➲ Weiteres zu Kübelpflanzen ab den Seiten 241 und 344.

Nachdem die Blumenzwiebeln gelegt sind, können Stiefmütterchen oder Herbstblüher mit in die Schale gepflanzt werden.

Das Pflanzen von Stauden

Was ist beim Kauf zu beachten?

Damit es bei der Vielfalt an Stauden keine Verwechslung gibt, sollten wir mit dem botanischen Namen bestellen, der international gültig ist. Er wird in jedem Land und jeder Staudengärtnerei verstanden.

➲ Informationen zu den Stauden ab Seite 270.

Einkauf nach Pflanzskizze

Viel verwendete Stauden finden wir in Garten-Baumschulen oder Gartencentern. Dort sind sie meist in alphabetischer Folge ihres botanischen Namens aneinander gereiht und mit farbigen Bildetiketten versehen, so dass uns die Auswahl erleichtert wird. Damit wir uns aber nicht von den Farbbildern verführen lassen, zu viele oder ungeeignete Arten einkaufen, empfiehlt es sich, vorher eine Skizze der Pflanzfläche im Maßstab 1:50 oder – noch besser – 1:20 anzufertigen. Die geringe Mühe lohnt sich, denn in einer solchen Pflanzskizze können wir nicht nur die einzelnen Arten und Sorten berücksichtigen, sondern auch Pflanzabstände, Höhen und Farben.

Staudengärtnereien bieten Sortenvielfalt

Wollen wir eine anspruchsvollere Pflanzung gestalten mit Arten und Sorten, die nicht überall zu haben sind, bestellen wir nach Katalog bei einer Staudengärtnerei.

Pflanzware und Zeitpunkt des Pflanzens

Stauden, die direkt aus dem Anzuchtbeet kommen, werden im Frühjahr, also im März und April, oder im September bzw. Oktober gepflanzt, damit sie bis zum Wintereintritt noch etwas einwurzeln können. Nachdem aber Stauden heute fast ausschließlich in Plastiktöpfen (Containern) angeboten werden, ist es möglich, sie vom zeitigen Frühjahr bis zum Herbst zu pflanzen.

Sumpf- und Wasserstauden lieben erwärmtes Wasser. Beste Pflanzzeit: Mai bis Mitte August. Stauden, die von auswärts bezogen und bei Ankunft nicht sofort gepflanzt werden können, stellen wir an eine schattige, windgeschützte Stelle. Gelegentliches Gießen nicht vergessen!

Ein Staudenbeet anlegen: Nach einer gründlichen Bodenvorbereitung, bei der alle Dauerunkräuter entfernt wurden, kann gepflanzt werden. Wenn man vorher mit Sand markiert, erleichtert dies die Arbeit.

Die Bodenvorbereitung

Bei Gemüseland oder auf Flächen für Einjahrsblumen lassen sich Fehler im nächsten Jahr ausgleichen, nicht aber bei Staudenpflanzungen, die viele Jahre lang bestehen bleiben. Hier sollte der Boden besonders sorgfältig vorbereitet werden.

Ist er bei Neuanlage eines Gartens sehr hart und steinig oder durch Baumaschinen stark verdichtet, wird er mit einer Fräse oder von Hand mit Spaten oder Grabgabel, wenn nötig unter Zuhilfenahme eines Pickels bis auf gut 30 cm Tiefe gelockert. Für niedrige Arten, vor allem für Bodendecker, genügen 20 cm, sofern sich darunter kein Verdichtungshorizont befindet und das Wasser gut abziehen kann.

Größere Steine sind dabei auszulesen, vor allem aber die **Wurzeln von Dauerunkräutern** wie Quecke, Giersch, Ackerwinde und andere. Bleiben auch nur winzige Wurzelstückchen zurück, entsteht daraus eine neue Pflanze, die sich später nur noch schwer entfernen lässt. Übersehene Dauerunkräuter wachsen später in die Wurzelstöcke der Stauden hinein und sind kaum mehr loszubringen, es sei denn, wir roden die Fläche und legen die Pflanzung neu an.

Bei stark mit Dauerunkräutern durchsetzten Flächen ist es ratsam, nach gut vier Wochen die beim ersten Durchgang übersehenen Wurzeln, die inzwischen grün sprießen, zu entfernen und dies in ähnlichem Zeitraum noch zweimal zu wiederholen. Es ist besser, wir warten ein halbes Jahr länger und arbeiten den Boden Quadratmeter für Quadratmeter gründlich durch, als dass wir die Staudenpflanzung überstürzt anlegen.

Bodenverbesserung im Staudenbeet

Schwerer, lehmig-toniger Boden kann durch Zusatz von scharfem Sand, Ziegelsplitt und Ähnlichem lockerer gemacht werden, also Materialien, die im örtlichen Baustoffhandel angeboten werden. Nur in einem gut durchlüfteten Boden fühlen sich die Pflanzen wohl. Staunässe muss in jedem Fall vermieden werden. Leichte Sandböden verbessern wir mit weitgehend verrotteter Komposterde bzw. mit Torfersatzstoffen, wie sie im Gartencenter bzw. gärtnerischen Fachhandel angeboten werden. Nachdem die organischen bzw. bodenlockernden Stoffe verteilt sind, arbeiten wir sie mit der Grabgabel oder dem Krail ein. Dabei werden noch vorhandene Erdklumpen zerkleinert und Wurzelunkräuter aufgelesen.

Pflanzenabstände und Pflanztiefen

Die aus einer Staudengärtnerei oder dem Gartencenter bezogenen Pflänzchen sehen meist recht bescheiden aus und es ist vor allem für den Anfänger schwer, sich die künftige Entwicklung vorzustellen. Deshalb werden Abstände oft zu eng bemessen und es muss bereits nach zwei Jahren umgepflanzt werden. Um dies zu vermeiden, pflanzen wir von hohen, breit wachsenden Stauden je Quadratmeter nur ein bis drei, bei mittelhohen vier bis fünf und bei niedrigen Stauden sechs bis acht Stück. Für besonders große Beetstauden wie Pfingstrosen *(Paeonium)*, Rittersporn *(Delphinium)*, Sonnenbraut *(Helenium)*, Phlox *(Phlox)*, Sonnenauge *(Heliopsis)* Raublatt-Aster *(Aster novae-angliae)* sollte je Pflanze ein Quadratmeter vorgesehen werden, damit sie sich zur vollen Schönheit entwickeln können.
Die nach der Pflanzung noch leeren Zwischenräume können mit Sommerblumen gefüllt werden, die sich, einmal vorhanden, von selbst aussäen wie Goldmohn *(Eschscholtzia californica)*, Fiederblättrige Schmuckblume *(Cosmos bipinnatus)* und Schmuckkörbchen *(Cosmos sulphureus)*, Klatsch-Mohn *(Papaver rhoeas)* oder Ähnliche.

Stauden-Pflanzung

Anhand unserer Pflanzskizze legen wir erst die hohen Arten auf der vorgesehenen Fläche aus, dann die mittelhohen und schließlich die niedrigen.
Die hohen Arten bleiben am längsten stehen, ihre Plätze sollten deshalb besonders überlegt ausgewählt werden, vor allem brauchen sie genügend Abstand voneinander. Und: Nicht in schnurgeraden Reihen auslegen, sondern zwanglos locker, damit die Pflanzung möglichst ungezwungen und natürlich wirkt. Wenn alle Stauden ausgelegt sind, ergibt sich bereits ein erstes Bild. Korrekturen lassen sich jetzt noch leicht vornehmen. Das Pflanzen erfolgt am besten bei bedecktem Himmel und wenig Wind, an sonnigen Tagen am Abend oder morgens. Bei größeren Flächen nehmen wir zum Daraufstehen ein breites Brett zu Hilfe, damit die Erde beim Pflanzen nicht festgetreten wird.
Die Stauden sollen so gepflanzt werden, wie sie vorher im Anzuchttopf gestanden haben, also nicht höher, aber auch nicht tiefer. Durch Klopfen auf die Unterseite der Plastiktöpfe lassen sich die Stauden leicht herausnehmen. In gut vorbereitetem, lockerem Boden macht jetzt die Arbeit so richtig Spaß. Wir nehmen dazu die Pflanzkelle (Handschaufel), achten darauf, dass die Wurzeln senkrecht in das Pflanzloch kommen, und drücken die Erde um jede Pflanze mit den Händen gut an. Abschließend mit Gießkanne ohne Brause oder Schlauch kräftig angießen, damit die Erde an die feinen Wurzeln geschlämmt wird. Sobald der Boden nach wenigen Tagen abgetrocknet ist, wird er mit einem Bodenlüfter oder Kultivator gelockert. Dadurch kommt Luft in den Boden, das Anwachsen geht rascher vor sich. Bei trockener, warmer Witterung wiederholt gießen!

Umpflanzen und Teilen

Stellen wir im Jahr nach der Pflanzung fest, dass das farben- und höhenmäßige Zueinander der einzelnen Stauden nicht so recht gelungen ist, so lässt sich dies leicht korrigieren. Wir graben die an unpassender Stelle stehenden Pflanzen vorsichtig mit Wurzelballen aus und bringen sie an den richtigen Platz. Bei regnerischer Witterung kann dies sogar im Sommer geschehen.
Wenn nach einigen Jahren einzelne Stauden nicht mehr so richtig wachsen und blühen wollen, nehmen wir sie aus dem Boden, teilen und pflanzen sie neu auf. Das Gleiche gilt, wenn sonnenliebende Stauden im Laufe der Jahre zu sehr in den Schatten von Gehölzen geraten. Die beste Zeit hierfür ist unmittelbar nach der Blüte bzw. das Frühjahr bei herbstblühenden Stauden. Abweichungen hiervon und Einzelheiten über das Teilen von Stauden siehe Seite 86.
Grundsätzlich sollten alle älteren Stauden beim Umpflanzen geteilt werden, damit sie flott weiterwachsen.

Stauden bringen Farbe in den Garten; sie sind treue Begleiter, die meist viele Jahre hindurch immer wiederkommen.

Das Pflanzen von Zwiebel- und Knollengewächsen

Im Herbst die Blumenzwiebeln erst im richtigen Abstand auslegen, dann in den Boden bringen.

Was ist beim Kauf zu beachten?

Gesunde Ware fühlt sich fest an, das Gewicht entspricht in etwa der Größe, wie wir dies von saftigen Küchenzwiebeln her gewohnt sind. Das Innere der Zwiebeln und Knollen darf nicht von Fäulnis befallen, der Wurzelansatz muss gesund sein. Schmierige, dunkle Stellen weisen auf Krankheitsbefall oder Schäden beim Transport hin.

Wer Wert auf besondere Qualität legt, vor allem aber nicht überall erhältliche Arten und Sorten möchte, bestellt bei einer **Spezialfirma**. Die Blumenzwiebeln nach Erhalt sofort auspacken, trocken, kühl und luftig lagern, damit sie in tadellosem Zustand in den Boden gelegt werden können.

Der Bezug über den **Versandhandel** ist Vertrauenssache, denn wir können die Qualität erst nach Eingang der Sendung beurteilen. Die Bestellung sollte rechtzeitig vor der Pflanzzeit, also bereits im Sommer, erfolgen, vor allem, wenn wir ganz bestimmte Arten oder Sorten haben möchten.

Die Pflanzware

In Katalogen von Spezialgärtnereien ist stets die Größe der Zwiebeln und Knollen angegeben, meist der Umfang in Zentimetern.

Gartentulpen von 11–12 cm Umfang ergeben eine gute Blütenqualität. Ausnahme: die verschiedensten Arten von Wildtulpen; sie sind mit 5–8 cm wesentlich kleiner. Gute Qualität von Narzissen hat 15–18 cm Umfang, bei einfachen Hyazinthen bedeuten 15–19 cm eine Steigerung der Blütenqualität, bei gefüllten ist 15/16 cm eine optimale Ware und bei großblumigen Gartenkrokus reicht die Skala von 8/9–9/10 cm. Lilienzwiebeln sollen etwa 16–18 cm Umfang messen. Doch wie auch anderswo ist das Größere nicht immer das Bessere. Meist sind mittelgroße Zwiebeln fester und damit auch robuster als übergroße, etwas weichere.

Bei Narzissen gibt es so genannte **Doppel- und Dreifachnasen**, hier sind zwei bzw. drei Zwiebeln mit dem gemeinsamen Zwiebelboden verbunden. Solche Ware ist trotz des etwas höheren Preises zu empfehlen, weil jede Zwiebel einen Blütentrieb entwickelt; das Blühen ist bereits im ersten Jahr wesentlich reicher als bei Verwendung einfacher Zwiebeln. Narzissensorten, die sich dazu eignen, sie im Garten verwildern zu lassen, entwickeln dagegen ausschließlich **Einzelzwiebeln**.

Zwiebeln von Lilien schauen wir uns vor dem Kauf besonders genau an. Sie besitzen keine Hülle wie etwa Tulpen und andere, sondern bestehen aus ziemlich weichen **Zwiebelschuppen**, die gegen Austrocknen und Druck sehr empfindlich sind. Sie werden deshalb meist in perforierten Kunststoffhüllen angeboten, in denen die Zwiebeln in Sägespäne eingebettet sind. Gesunde Ware erkennt man an kräftigen, hellen Wurzeln. Deshalb keine Lilienzwiebeln kaufen, die trocken sind und deren äußere Zwiebelschuppen schlaff herabhängen.

Die Bodenvorbereitung

Ideal ist ein lockerer Boden, denn Zwiebel- und Knollenpflanzen wandern. Viele wachsen mit Hilfe von Absenkern in die Tiefe, andere breiten sich durch Brutknollen aus, die teils an der Seite der alten Knollen sitzen, teils an Ausläufern. Besonders anspruchsvoll sind Lilien, die einen Boden bevorzugen, in den wir bis zu den Ellbogen hineinfassen können. Für alle gilt: **keine stauende Nässe!** Schweren Boden deshalb mit Sand und anderen lockernden Materialien durchlässiger machen oder zumindest in die Pflanzlöcher reichlich Sand geben.

Die **Nährstoffansprüche** sind dagegen unterschiedlich: Hochgezüchtete Tulpen *(Tulipa)*, Narzissen *(Narcissus)*, Hyazinthen *(Hyacinthus)* und Kaiserkronen *(Fritillaria imperialis)* wollen einen nahrhaften Gartenboden, während deren Wildformen und Kleinzwiebelblumen äußerst anspruchslos sind. Zu üppiger Boden sollte für diese Arten, wenn möglich, mit Sand, Kies, Schotter, Ziegelsplitt und Ähnliches abgemagert werden, vor allem, wenn es sich um Zwiebeln aus dem Mittelmeerraum oder Kleinasien handelt.

Pflanzabstände und Pflanztiefen

Auf offenem Boden bringen wir die Zwiebeln von Tulpen, Narzissen und anderen Frühlingsblühern mit einer **Pflanzkelle** (kleiner Handspaten) in vorher gut gelockerte Erde. **Pflanzabstand** bei Tulpen

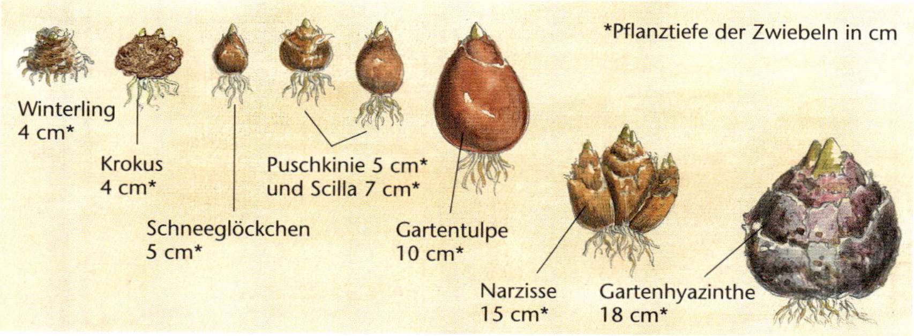

Tulpenzwiebeln in Gitter-Containern sind transportabel. Unten: Legen von Krokusknollen in den Rasen.

und Narzissen: 20 cm, wenn sie gruppenweise angeordnet werden.
In einem neuen Garten pflanzen wir erst die Gehölze, gefolgt von Stauden und schließlich Blumenzwiebeln. Die Pflanztiefen sind aus der Zeichnung (siehe Seite 98) zu ersehen. Im Allgemeinen sollte die Erddecke je nach Boden zwei- bis dreimal so hoch sein, wie die Zwiebel oder Knolle hoch ist.
Narzissen vor Gehölzgruppen wirken natürlicher, wenn wir sie in ganz unregelmäßigen Abständen auslegen. Die großen Zwiebeln werden am besten mit Hilfe eines Pickels in den Rasen gepflanzt. Auch Kleinblumenzwiebeln streuen wir mit vollen Händen unter und vor Gehölzen bzw. in einer naturnahen Staudenpflanzung im lichten Schatten aus. Wo sie hinfallen, drücken wir sie in den Boden oder verwenden dazu eine Pflanzkelle.
Eine andere Möglichkeit: Im Rasen mit dem Spaten an jeweils drei Seiten einstechen, die Rasensoden zurückklappen, einige Krokus- oder Blausternchen- *(Scilla-)* Zwiebeln in den Boden legen, die Grassode mit dem Fuß zurückschlagen und leicht antreten.

Das Pflanzen von Gehölzen

Gehölze sind langlebig. Es lohnt sich deshalb, dass wir uns in einer Baumschule, in einem Botanischen Garten oder anhand von Katalogen über die künftige Größe informieren.

Was ist beim Kauf zu beachten?

Gehölze kann man in einer Baumschule oder einem Gartencenter kaufen. Das hat den Vorteil, dass wir die Pflanzen sehen und uns beraten lassen können. Gehölze mit nur wenigen bzw. abgebrochenen Zweigen oder Ästen scheiden beim Kauf aus. Ebenso Bäume mit Stammwunden. Kräftige gesunde Hauptwurzeln mit vielen feinen Faserwurzeln sind ein Zeichen von Qualität. Auf keinen Fall dürfen die Wurzeln eingetrocknet sein. Dies lässt sich bei Zier- und Obstgehölzen, Heckenpflanzen und Rosen leicht feststellen, sofern es sich um wurzelnackte Ware, also nicht um Containerpflanzen handelt.

In unserer Nähe gelegene **Baumschulen** bieten außerdem vorwiegend Gehölze an, die im Betrieb selbst angezogen wurden und sich deshalb für die örtlichen klimatischen Verhältnisse besonders gut eignen.
Wer das Gewünschte am Ort nicht bekommt, kann von einer Baumschule bestellen, die auf **Versand** spezialisiert ist. Solche Betriebe bieten meist umfangreiche Sortimente an. Allerdings ist der Bezug von auswärts Vertrauenssache. Wir kaufen deshalb nur von Firmen, die Mitglieder des Bundes deutscher Baumschulen (BdB) sind. Diese dürfen das Gütezeichen »Deutsche Markenbaumschule« führen, eine Garantie dafür, dass die Gehölzpflanzen sortenecht, gut bewurzelt und gesund sind sowie andere Qualitätsmerkmale besitzen.

Gehölze in Containern lassen sich leicht transportieren und können fast das ganze Jahr über gepflanzt werden.

Katalogbezeichnungen und Gütebestimmungen

Damit wir bei einem Bezug von auswärts das Gewünschte bekommen, bestellen wir grundsätzlich mit dem botanischen Namen, der aus mindestens zwei Wörtern besteht, und der Sortenbezeichnung. Beim Kauf in ortsansässigen Baumschulen oder einem Gartencenter prüfen wir das Etikett, auf dem der botanische und meist auch der deutsche Namen sowie die Sorte angegeben sind.

In Baumschulkatalogen finden sich folgende Abkürzungen:

o.B. = ohne Ballen, mit größtmöglicher Wurzel.
m.B. = mit fest durchwurzeltem Erdballen.
Tb. = mit Topfballen. Tb. steht teilweise auch für Container.
Co. = Containerpflanze, mindestens zwei Liter Behälterinhalt.
DB. = mit Drahtballierung.

Weiter ist in den Katalogen vor dem Preis die Höhe, verschiedentlich auch die Breite und der Stammumfang angegeben, außerdem, wie oft das Gehölz in der Baumschule verpflanzt wurde.
So bedeutet 2 x v. o.B. zweimal verpflanzt, ohne Ballen; 3 x v. m.B. dreimal verpflanzt, mit Ballen.

Die Kosten hängen nicht nur von der Größe des jeweiligen Gehölzes ab, sondern vor allem auch davon, wie oft der Baum oder Strauch in der Baumschule verpflanzt (verschult) wurde. Durch diese sehr zeit- und arbeitsaufwändige Arbeit bilden die Gehölze bei jedem Verpflanzen neue Wurzeln. Es entsteht ein kompakter, fester Ballen, mit dem sich die Pflanzen später leicht transportieren lassen. Solche Gehölze wachsen am neuen Platz im Garten leichter an und sind zudem standfester. Vor allem mehrfach verpflanzte Nadelgehölze entwickeln sich dichter und kompakter als unverpflanzte Exemplare; sie eignen sich besonders gut zur Solitärstellung.

Gehölze mit Ballen – hier eine Säuleneibe – wachsen am neuen Standort ohne größere Störung weiter.

Die Pflanzware

Am billigsten sind **Pflanzen ohne Wurzelballen**, wie sie bei kleineren Pflanzgrößen, vor allem auch bei Sträuchern, üblich sind.
Etwas teurer ist **ballierte Ware.** Diese Verkaufsform wird bei Nadelgehölzen (Koniferen) verwendet. Die Wurzeln bilden hier zusammen mit Erde einen festen Ballen, der meist mit einem Jutegewebe oder anderem Verpackungsmaterial zusammengehalten wird. So können die gerade bei Koniferen empfindlichen Wurzeln nicht austrocknen.
Inzwischen bieten Baumschulen, Gärtnereien, Gartencenter und Baumärkte eine große Palette an Gehölzen als **Containerpflanzen,** also in Kunststoffbehältern an. Dies hat den Vorteil, dass, von Frostperioden abgesehen, fast das ganze Jahr über gepflanzt werden kann, außerdem lassen sich die Pflanzen leicht transportieren und lagern.

Wurzelnackte Gehölze möglichst rasch pflanzen bzw. einschlagen, vor Sonne und Wind schützen!

Qualitäts- bzw. Gütebestimmungen

Heister sind baumartige Pflanzen, die jedoch keine richtige Krone entwickelt haben und deshalb vor allem für Heckenpflanzungen geeignet sind.
Hochstämme müssen einen durchgehenden, verzweigungsfreien Stamm sowie eine gut ausgebildete Krone aufweisen.
Stammbüsche sind besonders reich verzweigte Exemplare.
Von Hochstämmen und Stammbüschen gibt es außerdem **Solitärgehölze.** Sie zeichnen sich durch einen besonders gleichmäßigen Wuchs aus und werden deshalb zur Einzelstellung verwendet. Solitärbäume müssen mindestens dreimal verpflanzt worden sein und über eine große, der Art bzw. Sorte entsprechende Krone verfügen.
Solitär-Hochstämme müssen sich außerdem durch einen mindestens 180 cm hohen, geraden und fehlerfreien Stamm sowie eine gerade Stammverlängerung innerhalb der Krone auszeichnen. Ausgenommen hiervon sind lediglich Kugelbäume, Trauer- und Hängeformen. Stammbüsche, die als Solitär angeboten werden, müssen mindestens zweimal verpflanzt worden und 250 cm hoch sein sowie eine besonders reiche Verzweigung aufweisen.
Kaufen wir Solitärgehölze in einer örtlichen Baumschule, so empfiehlt es sich, aus einer meist größeren Zahl von Exemplaren eine Pflanze auszuwählen, deren Wuchs, Stammhöhe, Verteilung der Äste und andere Eigenschaften unseren Vorstellungen entsprechen. Auch bei Pflanzen gibt es keine zwei, die sich völlig gleichen. Ein Etikett mit unserem Namen, an den Zweigen oder am Stamm angebracht, bietet Gewähr, dass wir diese Pflanze geliefert bekommen bzw. dass diese nicht anderweitig verkauft wird.
Auch **Obstbäume** beziehen wir von einer anerkannten Markenbaumschule. Die Etiketten geben Auskunft über Sorte und Unterlage. Von letzterer hängt vor allem der Erfolg ab, wenn wir schwachwachsende Spindelbüsche oder Spalierbäume pflanzen wollen. Virusfreie Obstbäume und Beerensträucher sind vorzuziehen, wenn sie angeboten werden.
Beim **Transport** der gekauften Gehölze und bei einer kurzfristigen Lagerung sor-

gen wir dafür, dass die Wurzeln nicht austrocknen. Also auf Schutz vor Sonne und Wind achten.

Gehölze aus dem Versand

Werden Bäume und Sträucher von auswärts bezogen, packen wir sie gleich nach Eingang der Sendung aus. Dann entweder pflanzen oder einschlagen. Dazu wird ein kleiner Graben, etwa ein Spatenstich tief, ausgehoben, die Gehölze dicht an dicht hineingestellt und die Wurzeln mit feuchtem Torfsubstrat oder Erde zugedeckt. So kann eine Herbstlieferung durchaus bis zum Frühjahr verbleiben.

In jedem Fall ist solch ein Einschlag besser als ein überstürztes Pflanzen, wenn der Boden noch nicht genügend vorbereitet ist.

Bei Containerware entfällt ein solcher Einschlag. Wir stellen die Pflanzen an eine schattige Stelle und achten darauf, dass die Töpfe nicht austrocknen. Sollen sie über Winter verbleiben, empfiehlt es sich, die Container mit trockenem Laub zu umschütten bzw. sie in Erde einzusenken, denn wiederholtes Gefrieren und Auftauen der Erdballen kann zu Wurzelschäden führen.

Die Bodenvorbereitung

Wird ein Garten neu angelegt, so kann es der Besitzer kaum erwarten, Bäume und Sträucher in den Boden zu bringen. Doch bei Neubauten ist erst an eine gründliche Bodenvorbereitung zu denken. Zwar wird in den meisten Fällen der Oberboden (Mutterboden) vor Baubeginn weggeschoben, in Haufen gelagert, um bei Beendigung des Baus wieder aufgebracht zu werden.

Der Untergrund wird aber häufig durch Baumaschinen derart verdichtet, dass Staunässe entsteht und die Wurzeln nicht eindringen können. In all diesen Fällen darauf achten, dass der Untergrund maschinell gelockert wird, entweder mit dem Heckaufreißer einer Raupe, einem Minibagger oder mit einem Frontlader, der mit seiner Schaufel den verdichteten Boden aufreißt und umgräbt. Wird dabei gleich jedes gelockerte Teilstück mit Oberboden aufgefüllt, muss die Maschine die Fläche nicht noch einmal befahren.

Eine solch gründliche Untergrundlockerung ist die Grundlage für alle folgenden Pflanzungen. Dort, wo Bäume hinkommen, wird der Boden zusätzlich bis 80 cm tief gelockert, für Sträucher genügen 40–50 cm. Bei schweren Lehm- und Tonböden, die zur Verdichtung neigen, kann grober Sand zugesetzt werden, damit die Gehölze im Wurzelbereich auf Dauer genügend Luft bekommen.

Komposterde, bei der Gehölzpflanzung beigegeben, fördert die Bildung neuer Wurzeln.

Zeitpunkt der Pflanzung

Gehölze im Container können fast das ganze Jahr über gepflanzt werden. Lediglich die kalten Wintermonate scheiden aus. Für wurzelnackte Pflanzware eignen sich vor allem das Frühjahr und der Herbst. Dabei kann man durchaus schon im Februar beginnen, wenn der Boden frostfrei ist, und auch im November und Dezember ist dies oft noch möglich.

Die **Herbstpflanzung** ist im Allgemeinen vorzuziehen, die Gehölze können dann im Frühjahr bereits zeitig starten. Nur auf schweren, kalten Böden wird besser im **Frühjahr** gepflanzt. Auch wärmeliebende Obstarten wie Aprikose, Pfirsich, Brombeere, Wein und Kiwi pflanzen wir bevorzugt im Frühjahr, ebenso immergrüne Gehölze wie Rhododendron, Stechpalme *(Ilex)*, Kirschlorbeer und andere.

Nadelgehölze mit Ballen, die meist von Jute umgeben sind, werden am besten kurz vor dem Austrieb, also im April und Mai, oder aber ab Mitte August und im September gepflanzt. Dann ist der Boden noch warm, was das Anwachsen fördert.

Die Pflanzgrößen

Großbäume haben wegen der langen Anzucht, verbunden mit mehrmaligem Verpflanzen (Verschulen), einen stolzen Preis. Hinzu kommt, dass sie wegen ihrer oft tonnenschweren Wurzelballen nur von einem Garten- und Landschaftsbaubetrieb mit Maschinen gepflanzt werden können, was solche Exemplare zusätzlich verteuert.

Jüngere Pflanzenware ist billiger, und die kleineren Gehölze können vom Hobbygärtner selbst gepflanzt werden. Außerdem lässt sich in der Praxis immer wieder beobachten, dass junge Gehölze ältere Großbäume oft schon in wenigen Jahren überholen. Sie gewöhnen sich viel rascher an den neuen Standort und legen nach einer kurzen Anwachsphase von ein bis zwei Jahren erstaunlich los.

Die Pflanzung von Gehölzen

Am besten warten wir für diese Arbeit einen mäßig warmen Tag mit bedecktem Himmel, aber ohne Regen ab. Bei gelockertem Boden oder Gartenboden in guter Kultur braucht das **Pflanzloch** nicht wesentlich größer zu sein als für das Wurzelwerk des Baumes nötig. Im anderen Fall oder bei Ballenware wird das Pflanzloch um etwa ein Drittel größer als der Ballen ausgehoben.

Sind die Wurzelballen oder die Container auf dem Transport trocken geworden, stellen wir sie erst für eine Stunde in **Wasser**, damit sie sich richtig voll saugen können. Bei Gehölzen mit Ballen bzw. im Container bleiben die **Wurzeln**, wie sie sind. Sonst **schneiden** wir beschädigte, faule oder vereinzelte zu lange Wurzeln mit der Gartenschere bis auf gesunde Teile zurück.

Bei Gehölzen ohne Ballen lässt sich die Bildung von Saugwurzeln zusätzlich fördern, wenn wir beim Pflanzen unmittelbar um die Wurzeln herum feuchten Torf, reifen Kompost oder eine der im Handel erhältlichen Pflanzerden einbringen.

Größere Gehölze benötigen einen **Pfahl**, den wir am besten bereits vor der Pflanzung in das ausgehobene Pflanzloch einschlagen. Er sollte an der Seite stehen, aus der vorwiegend der Wind kommt, also meist an der Westseite. Obstbäume auf schwachwachsender Unterlage, also Spindelbüsche, brauchen zeit ihres Lebens einen Pfahl.

Baumpflanzung: Genügend großes Pflanzloch ausheben und weitgehend mit Pflanzerde füllen ①, Pfahl einschlagen ②, Baum senkrecht in das Loch stellen, Ballentuch öffnen ③ und mit Pflanzerde auffüllen, am Baumpfahl anbinden ④, einschlämmen ⑤ und Baumscheibe mit Mulchmaterial abdecken ⑥.

Bei größeren, wertvollen Solitärgehölzen sollte ein **Stützgerüst** aus drei senkrechten oder leicht schräg zum Stamm hin gerichteten Pfählen angebracht werden. Sie werden am oberen Ende mit kurzen Latten verbunden bzw. der Baumstamm wird mit Kokosfaserstricken oder anderem Bindematerial an den Pfählen festgehalten. Bei Ballenware, wie sie bei Koniferen üblich ist, wird der Pfahl im 45-Grad-Winkel schräg zur Hauptwindrichtung in den Boden geschlagen.

Eine andere Möglichkeit: Wir verankern höhere Nadelgehölze mit drei **Drähten** fest im Boden. Damit diese den Stamm nicht einschnüren, legen wir ein Stück eines alten Fahrradreifens oder Ähnliches unter.

Der oder die Pfähle bzw. Drähte dürfen allerdings nicht zu lange am Gehölz bleiben. Sie sollten nach drei, spätestens vier Jahren entfernt werden; das Gehölz hält sich dann bei Wind und Wetter mit eigenem Wurzelwerk aufrecht.

Die Technik des Pflanzens

Gepflanzt wird am besten zu zweit, der eine hält das Gehölz senkrecht und in der richtigen Pflanzhöhe, der andere füllt die Erde ein. Dabei wird der Baum oder Strauch leicht gerüttelt, damit die Erde zwischen die Wurzeln fallen kann. Dann leicht antreten und mit Gießkanne oder Schlauch kräftig einschlämmen. Ein kleiner Wall, der Gießrand, verhindert, dass Wasser davonläuft. Danach den Boden mit kurzem Rasenschnitt, Stroh oder Rindenmulch abdecken. Dies fördert das Anwachsen, die Erde bleibt beschattet und feucht.

Anschließend sollte das Gehölz nicht wesentlich tiefer stehen als vorher in der Baumschule. Vor allem bei klein bleibenden Obstbäumen (Spindelbüsche), die am Wurzelhals veredelt wurden, ist es wichtig, nicht zu tief zu pflanzen. Die knollig angeschwollene Veredlungsstelle muss über dem Boden bleiben. Andernfalls bildet die Edelsorte aus dem Stamm heraus Wurzeln, was zu einem unerwünscht starken Wachstum führt.

Einige Gehölze wie Forsythien *(Forsythia)*, Schneebeere *(Symphoricarpos)*, Ranunkelstrauch *(Kerria)*, Essigbaum *(Rhus typhina)* bilden Wurzelausläufer, mit denen sie sich immer weiter ausbreiten. Wer dies verhindern will, kann sie in einen Betonring oder eine ähnlich feste Umrandung pflanzen.

Der Pflanzschnitt

Durch das Roden in der Baumschule geht ein Teil der Wurzeln verloren. Das Gleiche gilt, wenn wir zu eng oder am ungeeigneten Platz stehende Gehölze im späten Herbst umpflanzen. Um einen Ausgleich zwischen der verringerten Wurzelmasse und den Trieben zu schaffen, erfolgt ein Pflanzschnitt. Dabei entfernen wir schwache Triebe und kürzen die verbleibenden um etwa ein Drittel ein.

Bei **Obstbäumen** wird durch den Pflanzschnitt die Grundlage für den späteren Kronenaufbau gelegt. Es verbleiben nur die künftigen Leitäste und die Stammverlängerung.

Ballenware und Gehölze aus **Containern**, deren Wurzelwerk nicht gestört wurde, bleiben ohne Rückschnitt.

Das Pflanzen von Hecken

Die Pflanzware

Was bereits bei der Gehölzpflanzung gesagt wurde, trifft auch für Hecken zu. Junge Ware ist wüchsiger, kostet weniger und ist leicht zu pflanzen. Nach einem Anwachsjahr legt eine Hecke je nach Gehölzart pro Jahr etwa 20–30 cm an Höhe zu. Wir können uns also in etwa ausrechnen, wie lange es bei der gewählten Pflanzgröße dauert, bis die Hecke eine Höhe von 170 bis 180 cm erreicht. Eine solche Höhe bietet genügend Sichtschutz.

Die Bodenvorbereitung

Für die Bodenvorbereitung gilt das Gleiche wie bei einer Gehölzpflanzung (siehe Seite 101). Wir lockern den Gartenboden mit der Grabgabel auf etwa 50 cm Breite in Länge der Hecke und heben mit der Schaufel einen Graben aus, so tief, dass die Wurzeln bequem Platz haben.

Bei schlechtem Boden oder Neubaugelände wird der Graben spatentief (etwa 25 cm) ausgehoben, seitlich gelagert und anschließend der Unterboden mit Grabgabel bzw. Pickel gelockert und, wenn nötig, mit Sand durchlässiger gemacht. Dann den Oberboden verbessern, einfüllen und den Pflanzgraben in Schaufelbreite und nötiger Tiefe ausheben. Je laufenden Meter werden bei üblicher Pflanzware etwa vier bis fünf Stück benötigt, bei Hainbuchen oder Thujen als Ballenware genügen meist zwei bis drei Stück. Verwenden wir dagegen bei Laub- oder Nadelgehölzen sehr kleine,

Vor dem Pflanzen beschädigte Wurzeln bis auf gesunde Teile zurückschneiden.

also erst zwei- bis dreijährige Jungpflanzen, so kann die Stückzahl bis auf zehn Stück je laufenden Meter erhöht werden.

Die Pflanzung

Es empfiehlt sich, erst alle Pflanzen entlang des Grabens auszulegen, um kleine Korrekturen vornehmen zu können. So wird vermieden, dass zum Schluss einige Pflanzen fehlen oder übrig bleiben.

Dann werden die Gehölze nach der Schnur gesetzt, wobei eine Person die Pflanze gerade hält, während die andere Erde einschaufelt.

Der Pflanzschnitt

Nachdem die Pflanzen leicht angetreten und gründlich gewässert wurden, erfolgt

Pflanzung einer Ligusterhecke.
Durch Ballenware lässt sich die Entwicklung beschleunigen.

Durch Rückschnitt treiben die neu gepflanzten Gehölze kräftig aus. Ballenware wird nur bis auf eine einheitliche Höhe gekürzt.

ein Rückschnitt. Während wir zwei- bis dreijährige Jungpflanzen um die Hälfte, also sehr kräftig einkürzen, werden höhere Heckenpflanzen, die meist einen Ballen haben, nur auf eine einheitliche Höhe zurückgenommen. Durch seitliches Einkürzen erreichen wir ein ordentliches Bild und einen kräftigen Austrieb. Auch in den folgenden Jahren wird das Höhenwachstum zugunsten der seitlichen Verzweigung durch Rückschnitt gebremst, bis schließlich die gewünschte Höhe erreicht ist. So bekommen wir eine dichte, undurchdringliche Hecke, die schließlich sogar einen Zaun erspart.

➲ Weiteres zum Thema »Hecken« ab Seite 188.

Das Pflanzen von Rosen

Während Park- und Wildrosen wie andere Gehölze behandelt werden, brauchen Kletterrosen, öfterblühende Strauchrosen, vielblütige Beetrosen und die edlen Tee-Hybriden mehr Aufmerksamkeit.

➲ Rosenpflanzung siehe ab Seite 226.

Sinnvolle Gartengeräte

Nur mit dem richtigen Werkzeug macht die Arbeit Freude. Dabei ist es nicht allzu viel, was wir wirklich brauchen, vor allem in einem kleinen Garten. Ebenso wie eine geschickte Hausfrau mit nur wenigen Küchengeräten schmackhafte Gerichte auf den Tisch bringen kann, genügt eine Grundausstattung an Geräten zum erfolgreichen Gärtnern. Allerdings, was hier über dieses Minimum hinaus empfohlen wird, erleichtert die Arbeit. Falsch wäre, beim Kauf zu sparen, denn Gartengeräte begleiten uns ein Leben lang. Sie sollen von guter Qualität und einfach zu handhaben sein.

Motor- oder Handgeräte

■ Ähnlich wie im Haushalt ist eine Maschine nur dann wirtschaftlich, wenn sie oft eingesetzt, leicht gereinigt und gewartet werden kann. Vom Rasenmäher abgesehen, kann deshalb nur bei sehr großen Gärten zu Maschinen geraten werden. Mit Handarbeit haben wir einen gesunden Ausgleich zur oft einseitigen Berufsarbeit, außerdem bleiben wir und die Nachbarn vom Lärm verschont.

Die Basisausrüstung

Schaufel und Pickel

■ Sie sind im neuen Garten unentbehrlich. Aber auch in späteren Jahren brauchen wir sie immer wieder. Die Schaufel sollte spitz zulaufend sein und gut in der Hand liegen. Der Pickel, auch Kreuzhacke genannt, ist ein Universalwerkzeug zum Lockern schwerer, steiniger Böden. Ein Pickel wird gebraucht, wenn wir tiefere Löcher für Bäume, Kletterpflanzen oder die Vertiefung für einen Gartenteich vorbereiten wollen.

Der Spaten – das klassische Grundgerät!

■ Was für den Bauern der Pflug, ist für den Freizeitgärtner der Spaten. Er wird benötigt, um aus einer Wiese oder einem öden Stück Land einen Garten zu schaffen. Wir brauchen ihn zum herbstlichen Umgraben auf schwerem Boden, zum Abstechen von Rasenkanten, zum Pflanzen von Bäumen, Sträuchern, Stauden und Rosen. Ein »Idealspaten« ist für uns genau richtig: kräftig gebaut, unten leicht gewölbt. Ob ein Spaten mit T- oder Knopfgriff, ist persönliche Geschmackssache.

Die Grabgabel

■ Sie setzt bestimmt keinen Rost an, denn eine Grabgabel wird noch häufiger benutzt als der Spaten. Wird im Sommer ein Gemüsebeet neu bestellt, so lockern wir den Boden mit dem Krail oder mit der Grabgabel; das geht schnell und mit geringem Kraftaufwand, außerdem lässt sich der Boden gut zerkleinern. Die Grabgabel leistet beim Umsetzen des Komposthaufens gute Dienste, ebenso wenn sich zwischen den Beerensträuchern und anderen Kulturen tiefwurzelnde Unkräuter breit gemacht haben. Auch bei der Ernte vieler Gemüsearten wie Möhren, Rettiche, Sellerie und anderer ist sie das ideale Gerät. Sind viele Rosen vorhanden, so empfiehlt sich zusätzlich eine Rosengabel. Mit nur zwei etwa 25 cm langen Zinken, Abstand voneinander 8 cm, lässt sich der Boden zwischen den Pflanzen leicht lockern.

Rechen (Harke)

■ Er wird benötigt, um Beete oder ganze Gartenteile eben zu rechen. Steine oder größere Erdklumpen lassen sich mit ihm spielend entfernen, so dass wir ein saat- und pflanzfertiges Beet bekommen. Der am häufigsten verwendete Eisenrechen hat 16 Zinken und ist etwa 40 cm breit. Ein Rechen mit 8 oder 10 Zinken ist praktisch, um damit die Trittwege im Gemüsegarten sauber zu halten.

■ Mit einem breiten, leichten Holzrechen lassen sich besonders größere Flächen rasch

Die Schubkarre gehört zur Basisausrüstung.

Hier haben sich die wichtigsten Gartengeräte zu einem malerischen Familienbild versammelt.

eben ziehen. Er ist sehr praktisch bei der Neuanlage des Gartens, vor allem zum Planieren der Rasenfläche. In größeren Gärten wird man ihn aber auch später gerne verwenden. Zum Einebnen des Gemüselandes oder zum Heurechen, wenn eine Blumenwiese vorhanden ist.

Fächerbesen

■ Mit ihm säubern wir den Kiesweg, den Kompostplatz und die Rasenfläche. Ideal ist ein Nylon-Gartenbesen mit Aluminiumstiel.

■ Dieses Gerät ist so leicht, dass sogar Kinder damit arbeiten können. Selbst kurzer Rasenschnitt und Laub lassen sich damit auf kleineren Flächen spielerisch zusammenrechen. Für größere Rasenflächen ab etwa 200 Quadratmeter ist allerdings die Arbeitsbreite von 40 cm zu gering.

Straßenbesen

Ebenfalls an die 40 cm breit, mit kräftigen Kunststoffborsten, ist er nützlich zum Kehren von Terrasse und Plattenwegen. Vielfach genügt auch ein Reisstrohbesen.

Leiter

■ Zur Pflege höherer Obstbäume, von Spalierobst, Weinreben oder anderer Kletterpflanzen aber auch für Reparaturarbeiten am Haus und Säubern der Dachrinne wird eine standsichere Leiter benötigt. Leichtmetall-Leitern mit Verstellmöglichkeiten sind leichter als Holzleitern und verwittern bei Lagerung im Freien nicht. Eine standsichere Holzleiter mit zwei Stützen wird allerdings von Obstbauern bevorzugt und passt besser ins Gartenbild.

Schubkarre

■ Für die Anlage eines Gartens ist sie unentbehrlich. Wer Wert auf solide Ausführung und lebenslange Haltbarkeit legt, kauft ein Modell mit 85 Liter Inhalt aus verzinktem Stahlblech, kugelgelagertem Rad und Luftbereifung.

■ Inzwischen ist auch eine zusammenfaltbare und damit platzsparende Karre im Handel. Sie ist mit kräftigem Stoff bespannt, so dass Erde und leichtere Materialien transportiert werden können.

Gartenwagen (Gartenkarre)

■ Er unterscheidet sich von der Schubkarre vor allem durch seine zwei Räder. In gleich solider Ausführung wie diese, erspart er beim Transport schwerer Materialien das Ausbalancieren.

■ In kleineren Gärten kann meist nach deren Anlage auf eine Schubkarre verzichtet werden. Komposterde können wir auch mit Eimern, Grasschnitt, Laub und andere Abfälle mit Körben wegschaffen.

Pflanzschnur

■ Mit ihr ziehen wir gerade Saat- und Pflanzreihen und sie ist wohl das einzige »Gerät«, das wir auch selbst anfertigen können.

Durchwurfgitter

■ Es ist in der Regel verzinkt, Größe 100 x 60 cm und 16 mm Maschenweite. Es nimmt in der Gerätehütte nicht viel Platz weg und wird immer wieder einmal benötigt zum Durchwerfen von grobem Kompostmaterial.

■ Ein rundes Erdsieb für Aussaaten und zum Pikieren ist besonders praktisch, wenn es zwei auswechselbare Siebböden mit 4 und 6 mm Maschenweite hat.

Die Obstbaumspritze

■ In kleineren Gärten genügt oft ein Drucksprüher mit einem Liter Füllinhalt. Für größere Gärten mit Obstbäumen und Rosen empfiehlt sich ein Drucksprühgerät aus stabilem Kunststoff mit fünf Liter Füllinhalt. Hochdrucksprühgeräte aus rostfreiem Edelstahl für fünf oder zehn Liter Inhalt sind zwar besonders solide, aber schwerer und kosten ein Mehrfaches.

■ Darauf achten, dass das Gerät TÜV-geprüft, mit dem GS-Zeichen versehen ist und Ersatzteile erhältlich sind.

Kleingeräte und -material

■ Dazu gehören vor allem **Pflanzholz, Pflanzkelle** (Pflanzschäufelchen) und **Pikierstab.** Ebenso wird ein **Unkrautstecher** aus Stahl viel benutzt und ein **Kleingrubber,** mit dem sich der Boden zwischen eng stehenden Pflanzen lockern lässt.

Spezialgeräte zur Bodenbearbeitung

Die Schlaghacke

■ Sie ist altbekannt, aber nicht nötig, es sei denn, wir wollen auf einer größeren Fläche die Grassoden abhacken oder sparriges Kompostmaterial zerkleinern. Für die häufige Bodenlockerung kommen nur bequeme Geräte in Frage.

■ Wichtig ist die richtige **Stiellänge,** die der jeweiligen Körpergröße angepasst sein sollte. Nur dann wird, auch bei längerer Arbeit, der Rücken nicht strapaziert.

Der Krail

■ Mit drei bis vier Zinken ähnelt er einer umgebogenen Grabgabel. Ideal zur Bodenlockerung, bevor Beete angesät oder bepflanzt werden. Ein Gerät mit drei Zinken ist leichter und genügt vollauf. In ähnlicher Weise gelingt dies mit dem Sauzahn, einem vielseitigen Gerät, mit dem man zudem die Erde zwischen den Pflanzen lockern kann.

Gartenhacke

■ Sie wird auch Heindl genannt und ist ein altbekanntes und viel benutztes Universalgerät zur Bodenlockerung. Geschmiedet ist es mit zwei Zinken auf der einen Seite und einem herzförmigen bzw. breiten Blatt auf der anderen Seite erhältlich.

Der Kultivator

■ Dieses 10–15 cm breite Gerät mit drei feststehenden Scharen ist teilweise auch als »Krümmer« im Handel. Die Zinkenenden sind zu schmalen »Gänsefüßchen« gebildet.

Grubber

■ Er sieht dem Kultivator (Krümmer) sehr ähnlich, ist knapp 10 cm breit und eignet sich mit seinen drei spitzen Zinken vor allem für schwere Böden.

Mit dem Kultivator lassen sich Unkräuter schonend entfernen.

Geräte zur Bodenlockerung und Unkrautbekämpfung werden in jedem Garten gebraucht.

■ Ein **Handgrubber** ist besonders für die Bodenlockerung im Steingarten oder zwischen niedrigen Polsterstauden entlang des Gartenweges sehr nützlich.

Bodenlüfter

■ Ein häufig benutztes Gerät mit nur einer Schar, knapp 3,5 cm breit, zur Bodenlockerung zwischen Sommerblumen, Stauden und engen Gemüsereihen.

Pendeljäter

■ Mit diesem Gerät lässt sich bequem und flink arbeiten. An einem sonnigen Tag trocknen die einjährigen Unkräuter im Nu ab und können nicht mehr anwachsen.

Wellenjäter

■ Mit Seitenschutz und scharf geschliffener Wellenschneide dient er dem gleichen Zweck wie ein Pendeljäter. Mit ihm lassen sich auch einzeln stehende Unkräuter aus den Kulturen entfernen, ohne dass man sich dazu bücken muss.

Sauzahn

■ Dieses Gerät zur Bodenlockerung im Biogarten besteht lediglich aus einem sichelförmig gebogenen Zinken. Im Sommer kann man damit die Erde zwischen den Pflanzen lockern und gleichzeitig Unkräuter aus dem Boden ziehen. Im Frühjahr lässt sich mit dem Sauzahn der Boden tief lockern, ohne dabei die Bodenschichten umzudrehen.

Geräte zur Bewässerung

Die Gießkanne

■ Eine ovale Kanne mit Längsbügel lässt sich angenehm tragen; sie schmiegt sich dem Körper an. Plastikkannen für 5 oder 10 Liter sind leicht und billig. Leider zerstört die meist schrillgrüne oder knallgelbe Farbe jegliche Gartenromantik.

■ Einfach schön wirkt dagegen eine feuerverzinkte Gießkanne, der Garten wird mit ihr noch fotogener. Eine solche Kanne ist zwar teuer – und schwerer als Kunststoff –, doch hält sie meist ein Gärtnerleben aus.

Der Gartenschlauch

■ Die Länge richtet sich nach der Gartengröße, denn man sollte auch den letzten Winkel damit erreichen können, es sei denn, im Garten sind mehrere Anschlussstellen. Im Fachhandel werden verschiedene Qualitäten mit wahlweise 1/2 Zoll und 3/4 Zoll angeboten. Die teureren Schläuche sind dickwandiger und robuster als billige Fabrikate. Sie halten länger und die sich beim Gießen bildenden Schleifen knicken nicht so leicht ab.

■ Besonders ordnungsliebende Hobbygärtner kaufen zusätzlich einen Schlauchwagen zum Aufrollen des Schlauchs bzw. eine dem gleichen Zweck dienende Haltevorrichtung, die sich an der Hauswand befestigen lässt. Praktisch sind außerdem Schlauchrollen; sie werden an die Ecken der Pflanzflächen gesteckt und verhindern, dass der Schlauch über Gemüse und Blumen hinwegstreift und diese beschädigt.

Sauzahn und Krail sind ideale Geräte zur Bodenlockerung.

Ein Regner erleichtert die Gießarbeit; das Wasser erwärmt sich dabei in der Luft.

Regner

■ Sie erleichtern die Arbeit und sparen Zeit. Das Nonplusultra sind Profiregner aus Alu-Druckgussgehäuse, Messingdüsen und Bereichswähler, so dass sich solch ein Schwenkregner den Gegebenheiten anpassen lässt. Wir können ihn so einstellen, dass die Fläche links, in der Mitte bzw. rechts vom Gerät, oder auch die Gesamtfläche – bis zu 20 x 20 Meter, je nach Modell – beregnet wird.

■ Daneben sind profimäßige Kreisregner für feinste Tropfen und Wurfweiten-Verkürzung im Handel. Material: Messing, Kunststoff, verzinkter Stahl. Bei einem Kreisdurchmesser von 30 Metern beregnen sie an die 800 Quadratmeter.

■ In den Gartencentern haben wir die Wahl unter mehreren Fabrikaten von Schwenk- und Kreisregnern für verschiedene Gartengrößen. So gibt es Kreisregner, die bei 14 Meter Durchmesser etwa 150 Quadratmeter, Schwenkregner (Viereckregner), die 150–200 Quadratmeter beregnen, und Ausführungen für kleinere Gartengrößen. Manche von ihnen bieten zusätzlich hübsche Wasserspiele.

Elektropumpe

■ Wasser ist vielerorts recht teuer geworden, aber auch aus Gründen des Umweltschutzes wollen wir sparsam damit umgehen. Eine Elektropumpe ist deshalb ein praktisches Gerät, um das in einem Behälter gesammelte Regenwasser mit dem Schlauch zu vergießen bzw. verregnen zu können.

■ Eine Druck-Tauchpumpe vereint die Vorteile einer Gartenpumpe (hoher Druck) mit denen einer Tauchpumpe. Sie kann dauernd unter Wasser bleiben und ist deshalb immer einsatzbereit. Mit automatischem Schwimmerschalter gegen Trockenlaufen ausgestattet und ohne störendes Geräusch eignet sich solch eine Pumpe bestens zur Gartenbewässerung.

Wasser-Pipeline

■ Eine Attraktion besonderer Art. Im »Do-it-yourself-System« werden Kunststoffrohre und Steckdosen im Boden verlegt, an die mit einem raffiniert einfachen Stecksystem Regner und Schläuche angeschlossen werden können. Die Pipeline lässt sich an die Wasserleitung anschließen oder an eine Elektropumpe, so dass die Leitung mit Regenwasser aus einem Behälter gespeist werden kann.

■ Micro-Drip-System, Bewässerungsuhr bzw. Bewässerungscomputer sind weitere technische Neuerungen, über die wir uns im Gartencenter informieren können. Mit dem Bewässerungscomputer lassen sich Bewässerungs-Zeitpunkt, -Dauer und -Tag(e) programmieren.

■ Allerdings, wer Kontakt zu seinen Pflanzen halten möchte, wird auch in Zukunft auf Gießkanne und Schlauch nicht ganz verzichten wollen.

Schnittgeräte

Gartenschere

■ Zum Schneiden von Blumen, Rosen und Ziergehölzen genügt ein preiswertes Fabrikat. Wer dagegen mehrere Obstbäume im Garten hat, sollte tiefer in die Tasche greifen.

■ Auch eine Hippe, also ein kräftig gebautes Messer mit geschwungener Klinge, ist nützlich.

Die Präsentierschere

■ Ganz aus Stahl geschmiedet, ist dies die beste Schere zum Schneiden von Rosen. Interessant für Hobbygärtner, die viele Rosen im Garten stehen haben.

Die Astschere

■ Sehr praktisch, wenn viele Beerensträucher und Ziergehölze auszulichten sind. Durch die langen Griffe entsteht eine günstige Hebelwirkung, so dass selbst Äste mit 3 bis 4 cm Durchmesser ohne großen Kraftaufwand entfernt werden können.

Baumschere

■ Mit langem Stiel und Flaschenzugmechanik ausgestattete Schere. Mit einem solchen Spezialgerät lassen sich Zweige und Äste mit 3cm Durchmesser aus hohen

Säge, Schere und Hippe werden vor allem zum Obstbaumschnitt benötigt.

Baumkronen herausschneiden, ohne dass eine Leiter benötigt wird.

■ Ebenso gibt es Sägen an verlängerbarem Teleskopstiel. Das Arbeiten ist allerdings anstrengend, weil man ständig nach oben schauen muss, außerdem sind die Schnittstellen nicht so exakt wie bei der Arbeit von einer Leiter aus.

Heckenschere

■ Hecken bis zu 10, ja 15 Meter Länge lassen sich von Hand schneiden. Bei längeren Hecken ist eine Elektro-Heckenschere mit einer Schnittbreite von 40 bis 75 cm angebracht.

Häcksler

■ Kräftige Stängel und andere holzige Teile lassen sich mit der Gartenschere oder mit Hackstock und Beil zerkleinern, damit sie rascher verrotten. Für kleinere Gärten kommen wir damit gut zurecht.

■ Bequemer lässt sich diese Arbeit mit einem Häcksler erreichen, der Gartenmaterialien fein zerfasert. Schredder, wie Häcksler auch genannt werden, sind in unterschiedlicher Größe und Leistung im Handel.

Mit einem Häcksler, auch Schredder genannt, lassen sich Gartenabfälle zerkleinern.

Die Düngung im Hausgarten

Bei vielen Hobbygärtnern herrscht eine geteilte Meinung über das Thema Düngung. Während ein Teil überzeugt ist, auch ohne Düngung prächtige Pflanzen kultivieren zu können, halten andere eine reichliche Blaukorn-Gabe für das Mindeste, um schöne Pflanzen zu erhalten. In der unberührten Natur entwickeln sich die Pflanzen und Gehölze ohne Düngung optimal, dort herrscht ein Nährstoffkreislauf, bei dem herabfallende Blätter und abgestorbene Pflanzenteile im Boden verrotten und somit dem Kreislauf wieder Nährstoffe zuführen. Für die relativ geringen Zuwächse genügt der Eintrag von Stickstoff aus der Atmosphäre.
Wenn wir nun aber die Situation in unseren Gärten betrachten, wo wir regelmäßig Gemüse ernten oder Blumen abschneiden, entnehmen wir damit einen wesentlichen Teil der Nährstoffe und müssen diese dem Gartenboden wieder zuführen. Mit den Düngergaben beeinflussen wir aber nicht nur die Qualität und Haltbarkeit des geernteten Gemüses, sondern können bei einer Überdosierung, vor allem beim Stickstoff, auch zu beträchtlichen Umweltbelastungen beitragen.

Mit einer ausgewogenen und bedarfsgerechten Düngung im Hochsommer gedeihen herbstblühende Stauden, wie diese Astern, besonders gut.

Die Hauptnährstoffe

In der gärtnerischen Praxis werden die Pflanzennährstoffe in zwei Gruppen unterteilt: in die Hauptnährstoffe und die Spurenelemente (siehe Seite 110).
Die Hauptnährstoffe werden von den Pflanzen in größeren Mengen benötigt. Wasserstoff (H), Sauerstoff (O) und Kohlenstoff (C) erhalten Pflanzen in ausreichender Menge als Wasser (H_2O) über die normale Bewässerung und aus unserer Atemluft als Kohlendioxid (CO_2). Unter Einfluss des Sonnenlichts bauen Pflanzen bei der Photosynthese mit Hilfe des grünen Blattfarbstoffs Chlorophyll aus Wasser und Kohlendioxid Zucker als Energieträger auf. Dabei wird als Abfall Sauerstoff (O_2) ausgeschieden. Wenn die Pflanzen die gespeicherte Energie benötigen, wird der Zucker veratmet. Die chemische Reaktion läuft dann in die Gegenrichtung, das heißt, Sauerstoff (O_2) wird eingeatmet und CO_2 wird ausgeatmet. Mit Hilfe der frei werdenden Energie werden aus den anderen Nährstoffen mitunter komplizierte Verbindungen aufgebaut, die Pflanze wächst.
➲ Weiteres dazu im Kapitel »Botanik« ab Seite 58.

Stickstoff (N)

Stickstoff ist für die Pflanzen der Wachstumsstoff und zum Aufbau von Pflanzenmasse unverzichtbar. Stickstoff wird in Zellbausteine, Eiweißstoffe, Enzyme und Vitamine eingebaut. Da er auch Bestandteil des grünen Farbstoffes Chlorophyll ist, kann über die Färbung der Blätter auf die Stickstoffversorgung geschlossen werden.
Bei **Stickstoffmangel** vergilben zunächst die älteren Blätter, die Pflanzen zeigen Kümmerwuchs mit kleinen, starren Blättern und kleinen Kümmerblüten. Die Wurzeln sind weiß, sehr lang und nur selten verzweigt. Da Stickstoff in der Pflanze mobil ist, beginnen Mangelsymptome immer an den unteren, älteren Pflanzenteilen.
Stickstoffüberschuss ist nicht leicht zu diagnostizieren, da der Übergang von der Optimalversorgung zum Überschuss

Gut gedüngter Blumenkohl: die Werte der Bodenanalyse wurden einbezogen (Bild links).
Typisch für Stickstoffmangel an Blumenkohl sind gelbliche Blätter und Kümmerblüten (Bild rechts).

fließend ist. Die Pflanzen schießen ins Kraut, ihre Blätter sind mastig, blaugrün, das Gewebe hat eine schwammigweiche Struktur und enthält zu viel Wasser. Diese Pflanzen sind anfällig für Krankheiten und Schädlinge. Bei Gemüse sind Geschmack und Haltbarkeit minderwertig.
Von den als Nitratsammler bezeichneten Pflanzen (zum Beispiel Kopfsalat) wird Stickstoff in Form von **Nitrat** begierig aufgenommen. Fehlt aber, etwa an trüben Wintertagen, die nötige Sonnenenergie, um das Nitrat in Pflanzenbaustoffe umzuwandeln, wird Nitrat gespeichert. Nitratbelastetes Gemüse ist wie Nitratbelastetes Wasser für uns Menschen gesundheitsschädlich und deshalb für den Verzehr ungeeignet.

Phosphor (P)

Pflanzen benötigen Phosphor zur Wurzelbildung und ganz besonders zur Blüten- und Fruchtbildung. Deshalb ist der Bedarf im Jugendstadium sowie zur Blüte und während der Fruchtreife besonders hoch. Da Phosphat (Salz der Phosphorsäure) gut im Boden gespeichert wird, ist in den meisten Gartenböden Phosphor in ausreichender Menge vorhanden. Große Trockenheit und niedere Temperaturen können aber trotzdem bei einigen Pflanzen **Phosphormangel** verursachen. Typisch ist dann ein deutlicher Wachstumsstillstand, der mit der Rotfärbung von Blättern und Blattadern einhergehen kann.
Phosphorüberschuss kommt nur sehr selten vor.

Kalium (K)

Kalium wird nicht in Pflanzenbausteine eingebaut, sondern liegt in der Pflanze meist als Ion vor. Jedoch kann eine Vielzahl von Stoffwechselvorgängen nur bei ausreichender Kaliversorgung reibungslos funktionieren. Ist diese gewährleistet, werden Zellwände stabiler und damit verbunden steigt die Widerstandskraft gegen Frostschäden und Schädlingsbefall. Auch Geschmack und Lagerfähigkeit von Gemüse wird verbessert. Durch die gewebestabilisierende Wirkung wird zudem die Stickstoffwirkung durch Kali beeinflusst, ein ausgewogenes **Stickstoff-Kali-Verhältnis** ist deshalb immer anzustreben.
Die Wasserversorgung der Pflanze wird ebenfalls durch Kali gesteuert. **Kalimangel** zeigt sich deshalb auch oft durch die so genannte **Welketracht**, bei der die Pflanzen trotz ausreichender Bewässerung immer welk erscheinen. Auch **Kümmerwuchs** mit gestauchtem Pflanzenspross sind typisch.
Kaliüberschuss kommt nur in seltenen Fällen vor.

Schwefel (S)

Auch Schwefel wird von der Pflanze in größeren Mengen benötigt, ist allerdings sowohl im Boden als auch in der Luft in ausreichender Menge vorhanden. In den meisten organischen wie auch in mineralischen Düngern ist Schwefel enthalten, was eine zusätzliche Düngung praktisch unnötig macht.

Calcium (Ca)

Eine Sonderstellung unter den Pflanzennährstoffen hat das Calcium, das auch eine wichtige Wirkung auf den Boden hat (siehe Kapitel »Boden«, Seite 64). In der Pflanze regelt Calcium als Gegenspieler von Kalium die Wasserversorgung, wird in Zellwände eingebaut und beeinflusst das Längenwachstum. Im Gemüsegarten haben besonders Tomaten einen hohen Calciumbedarf.
Calciummangel zeigt sich zunächst durch sehr schlechtes Wurzelwachstum. Andere Symptome können leicht mit Pilzkrankheiten verwechselt werden, etwa die Stippigkeit an Äpfeln, Fleischbräune an Früchten, Blütenendfäule der Tomaten, Schwarzherzigkeit bei Sellerie. Auch Moorbeetpflanzen, die in sauren, kalkarmen Böden stehen, leiden gelegentlich an Calciummangel.
Calciumüberschuss ist praktisch nicht bekannt.

Magnesium (Mg)

Magnesium ist der zentrale Baustein des grünen Blattfarbstoffes Chlorophyll.
Magnesiummangel zeigt sich zunächst an älteren Blättern, wobei die Blattflächen vergilben, während die Blattadern noch längere Zeit grün bleiben (Christbaumchlorose). Bei Nadelgehölzen kommt es zu einem gelb-grünen Streifenmuster an den Nadeln.
Magnesiumüberschuss tritt praktisch nicht auf.

Besonders an den später reifenden Früchten zeigt sich bei Tomaten Kalimangel durch aufgerissene Früchte (links).
Stippigkeit zeigt Calciummangel an Äpfeln (rechts).

Die Spurenelemente

Die weiteren für die Pflanzenernährung wichtigen Stoffe sind für das Pflanzenwachstum unverzichtbar, werden aber nur in geringer Menge aufgenommen. Sie werden deshalb als Spurenelemente oder auch als **Mikronährstoffe** bezeichnet.

Eisen (Fe)

Eisen ist, wie Magnesium, ein wesentlicher Bestandteil des Chlorophylls. Eisen ist in der Pflanze schlecht beweglich, deshalb tritt **Eisenmangel** immer zuerst an jüngeren Blättern als typische Chlorose auf und lässt sich deshalb gut von anderen Mangel-Chlorosen unterscheiden. Eisenmangel tritt häufiger bei Rhododendren auf, die unter zu hohen pH-Werten im Boden leiden.
Eisenüberschuss wird nur sehr selten, bei Extremböden, beobachtet.

Weitere Spurenelemente

Mangan (Mn), Zink (Zn), Kupfer (Cu), Chlor (Cl), Bor (B), Molybdän (Mo) und andere Spurenelemente sind im Gartenboden in der Regel in ausreichender Menge vorhanden und müssen nur in Ausnahmefällen extra gedüngt werden.

Besonders in alkalischen Lehmböden neigen Rhododendren zu Eisenmangel. Abhilfe schafft ein hochwertiger Eisendünger.

Die Pufferung des Bodens

Die Verfügbarkeit von Nährstoffen im Boden ist auch von der Pufferung des Bodens abhängig. Darunter versteht man die »Dämpfungsfähigkeit« des Bodens gegenüber ansteigendem Salzgehalt und pH-Wert-Schwankungen durch die Bindung (Sorption) des jeweiligen Ionen-Überschusses. Tonige, kalkhaltige und humushaltige Böden puffern besser, torfige und stark sandige Böden puffern geringer. Das heißt für uns Gärtner, dass wir bei stark puffernden Böden höhere Dünger- und Kalkgaben verabreichen müssen, um die erwarteten Reaktionen im Boden zu erreichen. Nehmen die im Boden gelösten Nährstoffe wieder ab, so können die gepufferten Nährstoffe wieder von den Bodenteilen gelöst und pflanzenverfügbar gemacht werden.

Die abgebildete Auswahl an Düngern zeigt nur einen kleinen Teil der käuflichen Düngemittel.

Dünger für optimales Pflanzenwachstum

Mit Hilfe verschiedener Dünger können wir unseren Boden und die darauf wachsenden Pflanzen mit den notwendigen Nährstoffen versorgen. Dabei unterscheiden wir im Wesentlichen mineralische und organische Dünger.

Mineralische Dünger

Hier handelt es sich um Gemische aus natürlichen und künstlich (Kunstdünger) hergestellten Mineralsalzen. Da die Pflanzen ihre Nährstoffe hauptsächlich in Form von Mineralsalzen aufnehmen, sind diese Dünger sehr schnell wirksam. Für die Düngung im gewachsenen Boden im Garten sind mineralische Düngemittel weniger gut geeignet, da sie ausschließlich Nährsalze und keine organische Substanz liefern. Dies kann zu deutlichem Humusverlust und Absterben der Bodenlebewesen führen. Ein erhöhter Düngeraufwand ist die Folge.

Organisch-mineralische Dünger

Sie bestehen sowohl aus organischen als auch aus mineralischen Bestandteilen. Dabei ist der Stickstoffanteil in der Regel immer organisch, der Phosphatanteil entweder organisch (Knochenmehl) oder mineralisch (Rohphosphat) und der Kaliumanteil mineralisch. Die mineralischen Bestandteile dieser Dünger sind aber meist natürlichen Ursprungs und werden bergmännisch abgebaut.

Organische Dünger

Aus Schlachtabfällen, Pflanzenteilen, Gülle oder Mist bestehen organische Dünger und einige, wie Kompost und verschiedene Jauchen, können wir selbst herstellen. Organische Düngemittel enthalten als Nährstofflieferanten komplexe Verbindungen, die die Pflanzen so nicht aufnehmen können. Sie müssen zunächst in ihre einzelnen Bestandteile zerlegt und mineralisiert werden. Dies geschieht ausschließlich durch Mikroorganismen wie zum Beispiel Pilze und Bakterien im Boden. Organische Düngemittel haben auch immer eine positive, Humus aufbauende Wirkung auf die Bodenlebewesen und sind deshalb im Garten den mineralischen Düngern vorzuziehen. Da ihre Nährstoffverfügbarkeit von der Aktivität der Mikroorganismen abhängig ist, werden bei niederen Temperaturen nur wenig Nährstoffe frei. Bei hohen Temperaturen läuft die Mineralisierung wesentlich schneller ab, die Pflanzen erhalten dann auch mehr Nährstoffe. Durch diese Temperaturabhängigkeit sind organische Düngemittel in ihrer Wirkung schwerer kalkulierbar als mineralische Salzdünger. Gleichzeitig werden aber auch von den Pflanzen nur bei guten Wachstumsbedingungen größere Nährstoffmengen aufgenommen. Das bedeutet aber auch, dass organische Düngemittel nur in biologisch aktiven, ausreichend mit Mikroorganismen besiedelten Böden gut wirksam werden.

Organische Dünger und BSE

Leider sind die organischen Düngemittel tierischer Herkunft, wie Hornmehl, Blutmehl und Knochenmehl, durch das Auftreten von BSE in Verruf geraten. Grundsätzlich sind sich die Wissenschaftler darüber einig, dass von den zu Düngezwecken verwendeten tierischen Stoffen keine Gefahr für die menschliche Gesundheit ausgeht. Zumal die Rohstoffe namhafter Hersteller aus kontrollierten Schlachtungen stammen.

Selbst hergestellter Kompost gehört zu den organischen Düngern und versorgt nicht nur die Pflanzen mit Nährstoffen, sondern auch den Gartenboden mit wichtiger organischer Substanz.

Vegetabile Dünger

Die allgemeine Unsicherheit bei den Verbrauchern hat aber auch zur Suche nach Alternativen geführt, so dass zwischenzeitlich auch rein pflanzliche, so genannte vegetabile Dünger im Handel sind. Leider kann man bisher nur auf wenig positive Erfahrung verweisen, da mit rein pflanzlichen Rohstoffen eine längerfristige Düngewirkung noch nicht möglich und der Gehalt an Nährstoffen wesentlich geringer als bei tierischen Rohstoffen ist.
Einige pflanzliche Rohstoffe können beim Einsatz als Dünger sogar wachstumshemmend und gesundheitsgefährdend (Rizinusschrot) wirken.
Laufende Forschungen lassen hier aber für die Zukunft noch einiges erwarten.

Die Nährstoffzusammensetzung

Sowohl mineralische als auch organische Dünger werden entsprechend ihrer Nährstoffzusammensetzung als Einzelnährstoff- oder Mehrnährstoff- bzw. Volldünger bezeichnet. Der Nährstoffgehalt des Düngers muss auf der Verpackung in Prozent angegeben werden.

Einzelnährstoffdünger

Sie enthalten nur einen Nährstoff und werden eingesetzt, wenn die Bodenanalyse das Fehlen eines einzelnen Nährstoffes ergeben hat. Man kann auch aus verschiedenen Einzelnährstoffdüngern einen Mehrnährstoffdünger mischen. Aber Vorsicht, nicht alle Dünger sind miteinander mischbar!

Volldünger

Hier stehen die Nährstoffmengen immer in der Reihenfolge N-P-K-Mg, entsprechend steht die Zahlenfolge 12-12-17-2 für einen Nährstoffgehalt von 12 % N, 12 % P, 17 % K und 2 % Mg.
Für den jeweiligen Einsatzzweck sind Volldünger mit verschiedenen Nährstoffverhältnissen im Handel. **Blüten- und Fruchtdünger** haben einen erhöhten P- und K-Gehalt (Guano 6-12-12), **Wachstumsdünger** haben einen höheren N- und K-Anteil, sie sind auch für Rasen und

Grundregeln der Düngung

Um die optimale Wirkung der gedüngten Nährstoffe zu gewährleisten, ist es wichtig, die Düngung zum richtigen Zeitpunkt durchzuführen. Dazu gilt es einige für die mineralischen und organischen Dünger gültige Grundregeln zu beachten.

- Gedüngt werden sollte nur während oder kurz vor der Vegetationsperiode.
- Die Ergebnisse einer Bodenuntersuchung müssen bei der Berechnung der Düngermenge eingerechnet werden.
- Bei der Berechnung der Düngermenge müssen auch Ernterückstände und vorab gegebene Stallmist- und Kompostgaben berücksichtigt werden.
- Größere Stickstoffmengen werden nicht auf einmal gedüngt, sondern in kleineren Mengen während des Wachstums zugeführt.
- Stickstoffhaltige Dünger, auch Kompost und Stallmist, werden nicht im Herbst, sondern grundsätzlich nur im Frühjahr gedüngt.
- Sollen Beete im Herbst gemulcht werden, verwenden wir stickstoffarme Materialien wie Laub oder Stroh.
- Bei organischen Düngern entscheidet die Korngröße über ihre Wirkungsdauer.
- Gesunder, biologisch hoch aktiver Boden hilft, die Düngermenge zu reduzieren.

Jungpflanzen geeignet. Auch andere **Spezialdünger**, wie Rosen-, Erdbeer-, Tannen-, Orchideen- und Kakteendünger, unterscheiden sich in der Regel nur durch ihr Nährstoffverhältnis.

Mehrnährstoffdünger

Dies sind Gemische, bei deren Zusammensetzung auf einzelne Nährstoffe verzichtet wurde. So kann einen Dünger mit dem Nährstoffverhältnis 8-0-10-3 gut als Dünger bei hohem Phosphatgehalt im Boden oder auch als Rasendünger bezeichnet werden.

Langzeit- oder Depotdünger

Als solche werden Dünger bezeichnet, deren Wirkungsdauer die normale Wirkungszeit von sechs bis acht Wochen überschreitet (Rasen- oder Balkonpflanzendünger). Während die Langzeitwirkung bei organischen Düngern durch die Korngröße der einzelnen Komponenten beeinflusst wird, wie zum Beispiel bei **Hornmehl** (fein, schnell wirksam), **Horngries** (mittel) und **Hornspäne** (grob, langsam wirksam), hat sich bei den Mineraldüngern das **Umhüllen** (Coten) der Düngerkörner bewährt. Der umhüllende Kunststoff hat kleine Poren, die sich temperaturabhängig öffnen und schließen und damit die Nährsalze langsam und nur bei warmem Wetter freigeben. Düngerwirkungen bis über ein Jahr sind somit problemlos möglich. Sie sind deshalb auch bestens für Pflanzungen in Balkonkästen, Schalen und Kübeln geeignet.

Die Stickstoffdüngung

Nicht nur in der eigentlichen Pflanzenernährung, sondern auch in der Düngung spielt der Stickstoff (N) eine wichtige Rolle. Die Stickstoff-Verbindungen sind im Boden nicht stabil, sondern werden ab- bzw. umgebaut. Abgesehen davon, dass **Harnstoff** von den Pflanzen über die Blätter direkt aufgenommen werden kann, ist er im Boden die langsamste N-Form. Um den enthaltenen Stickstoff pflanzenverfügbar zu machen, muss er von Mikroorganismen in **Ammonium** (NH_4^+) ammonifiziert und anschließend zu **Nitrat** (NO_3^-) nitrifiziert werden. Am schnellsten wirkt die Nitratform (Salpeter), gefolgt von der Ammoniumform und dem Harnstoff. Auch der Stickstoff aus organischen Düngern muss nach seiner Freisetzung aus den organischen Verbindungen (Mineralisation) in Ammonium und dann in Nitrat umgewandelt werden, da Pflanzen Stickstoff in der Regel nur als Nitrat-Stickstoff aufnehmen.

Kohlgemüse sind typische Starkzehrer mit hohem Nährstoffbedarf, die mit zusätzlichen Düngergaben während des Wachstums versorgt werden müssen.

Die Stickstoffformen sind gut wasserlöslich und deshalb im Boden nur schwer zu speichern. Treten nach einer Stickstoffdüngung starke Regenfälle auf, ist im Boden durch Überdüngung ein zu hoher Stickstoffgehalt vorhanden oder findet wegen zu kalter Witterung kein Pflanzenwachstum und damit verbunden keine Stickstoffaufnahme statt (Gülledüngung im Winter), wird der Stickstoff in tiefere Bodenschichten bis ins Grundwasser ausgewaschen. Stickstoff kann deshalb nur schlecht bevorratet werden. Besser ist es, die N-Düngermenge auf mehrere kleine Gaben zu verteilen und erst kurz vor der Saat oder der Pflanzung mit der Düngung zu beginnen. Im Boden wirkt Ammonium stark pH-Wert-senkend, man kann damit die negativen Folgen einer Überkalkung teilweise ausgleichen.

Die richtige Düngermenge ermitteln

Um den Pflanzen im Garten eine ausreichende Nährstoffmenge ohne Belastung der Umwelt bieten zu können, sind die Angaben auf den Düngerverpackungen nur bedingt geeignet, da sie die im Boden noch vorhandenen Nährstoffreste nicht berücksichtigen.

Eine Bodenanalyse gibt Auskunft

Bei der Bodenanalyse werden die im Boden vorhandenen pflanzenverfügbaren Nährstoffmengen ermittelt. Manche Gartenbauvereine veranstalten im zeitigen Frühjahr kostengünstige Gemeinschaftsaktionen. Lässt man im Laufe von Jahren immer wieder Bodenproben untersuchen, ist es wichtig, diese immer nach der gleichen Methode bzw. vom gleichen Institut durchführen zu lassen, da die verschiedenen Methoden nicht miteinander vergleichbar sind. Untersucht werden sollten die Gehalte an N, P, K, Mg sowie pH-Wert und Humusgehalt.
Obwohl im zeitigen Frühjahr der freie Bodenstickstoff ausgewaschen sein wird, ist eine **Stickstoff-Untersuchung** im abgedeckten Frühbeet und unter Glas sinnvoll. Im Freiland ist es besser, im Herbst, nach der Ernte der letzten Gemüse, den restliche Stickstoff messen zu lassen, um festzustellen, ob die Stickstoff-Versorgung zu hoch war und noch Reststickstoff vorhanden ist.
Viele Untersuchungslabors liefern mit den Ergebnissen auch eine **Düngeempfehlung** mit. Die meisten Bodenproben aus Privatgärten zeigen einen hohen Gehalt an Phosphat und Kalium, was auch durch eine regelmäßige Kompost- oder Mistdüngung verursacht werden kann.
➲ Wie Sie eine Bodenprobe entnehmen, lesen Sie ab Seite 67.

N-Bedarf der Pflanzen

In der gärtnerischen Praxis hat sich eine Einteilung unserer Gartenpflanzen in **Schwach-, Mittel- und Starkzehrer** bewährt (siehe Tabelle Seite 113).
Schwachzehrer benötigen 1–5 g N/m²/Jahr, Mittelzehrer 5–15 g N/m²/Jahr in mindestens zwei Düngergaben und Starkzehrer 15–25 g N/m²/Jahr in mindestens drei Düngergaben. Die geringeren Werte gelten für eine einmalige, die höheren für eine mehrmalige Bestellung. So wird Kopfsalat bei nacheinander dreimaligem Anbau auf dem gleichen Beet mit jeweils etwa 5 g reinem Stickstoff zur Pflanzung gedüngt, was einem Jahresbedarf von etwa 15 g Rein-N entspricht. Bei länger stehenden Kulturen wie Tomaten wird die benötigte N-Menge von etwa 25 g auf drei Düngergaben, einer Start- oder Grunddüngung und zwei Kopfdüngungen, aufgeteilt. Hat die Bodenanalyse auf einen Reststickstoffgehalt hingewiesen, wird dieser bei der ersten Düngung abgezogen. Typische, im Herbst angebaute Folgekulturen im Gemüsegarten, wie Feldsalat und Postelein, müssen nicht mehr

Stickstoffdüngung im Jahreslauf

	Schwachzehrer eine Düngergabe/Jahr 1–5 g N/Jahr	Mittelzehrer zwei Düngergaben/Jahr 5–15 g N/Jahr	Starkzehrer drei Düngergaben/Jahr 15–25 g N/Jahr
Gemüse	Erbsen, Bohnen, Feldsalat, Postelein, Radieschen, Rettich, Kräuter	Kopfsalate, Endivien, Kohlrabi, Möhren, Zwiebel, Spinat, Lauch, Eissalat	Alle Kohlarten, Gurken, Tomaten, Sellerie, Artischocke, Rote Bete
Stauden	Lupine, Bergaster, Feinstrahlaster, Frauenmantel, Enzian, Maiglöckchen, Ziergräser, Blumenzwiebeln	Zierlauch, Akelei, Herbstaster, Strandflieder, Schleierkraut, Christrose, Hohe Glockenblumen	Rittersporn, Gämswurz, Schafgarbe, Prachtscharte, Sonnenauge, Pampasgras, Herbstchrysanthemen, Mohn, Staudenphlox
Sommerblumen	Gladiolen, Pantoffelblumen, Stiefmütterchen, Begonien, Pantoffelblumen	Astern, Löwenmäulchen, Feuersalbei, Leberbalsam, die meisten Sommer- und Balkonblumen	Sommerchrysanthemen, Geranien, Nelken, Sonnenblumen, Engelstrompeten
Topfpflanzen Flüssigdüngung Grunddüngung in der Erde	0,5–1 g oder ml/Liter Wasser ca. 1 g/Liter Erde	1–2 g oder ml/Liter Wasser ca. 2 g/Liter Erde	2–3 g oder ml/Liter Wasser ca. 3 g/Liter Erde
	Farne, Orchideen, Usambaraveilchen, Erika, Jungpflanzen	Asparagus, Azaleen, Drehfrucht, Gardenia, Primel, Bromelien	Gummibaum, Dieffenbachia, Alpenveilchen, Hortensie, Weihnachtsstern, Hibiscus

gedüngt werden, da sie nur wenige, meist noch ausreichend vorhandene Nährstoffe benötigen.

Düngermengenberechnung

Die richtige Düngermenge wird aus den im Boden noch vorhandenen Nährstoffen, dem Bedarf der Pflanzen und der im Dünger in Prozent enthaltenen Nährstoffmenge (siehe Tabelle unten) errechnet und entsprechend der Düngermenge in einer oder mehreren Gaben verabreicht. Beispiel Düngung von Tomaten im Gewächshaus: Hat die Bodenanalyse einen ausreichenden Gehalt an K und P und mit 3 g N/m² noch einen kleine Stickstoffvorrat gezeigt, so müssen wir entsprechend dem N-Bedarf der Tomaten von etwa 24 g N/m²/Jahr auf drei Gaben verteilt bei der ersten Gabe diese 3 g Reststickstoff abziehen. Es sollen also bei der Grunddüngung 5 g N/m² und bei den beiden folgenden jeweils 8 g N/m² gegeben werden. Wenn wir uns für den organischen Dünger Hornspäne entscheiden, der 13 % N enthält, entspricht dies einer Düngermenge von etwa 40 g Hornspäne /m² bei der ersten und jeweils etwa 60 g Hornspäne bei den beiden folgenden Düngungen.

Düngerbedarf von Kopfsalat

Bedarf der Pflanzen an Stickstoff (N)	5 g/m²
Vorrat im Boden nach Bodenuntersuchung	2 g/m²
Notwendige Reinnährstoffdüngung mit Hornmehl 13 % N	3 g/m²

Berechnung der Düngermenge über die Reinnährstoffmenge:

Reinnährstoffbedarf/m² : Nährstoffgehalt des Düngers in % x 100 = Düngermenge

3 g/m² : 13 x 100 = 23 g/m² Hornmehl

Unsere Berechnung ergibt eine einmalige Düngung zur Pflanzung mit 23 g Hornmehl/m².

Wie alle Zwiebelblumen ist auch dieser Zierlauch ein Schwachzehrer. Eine Kompostgabe im Frühjahr reicht für eine Saison aus.

Verabreichungsform der Dünger

Eine Düngergabe zur Saat oder Pflanzung bezeichnet man als **Start- oder Grunddüngung**, Düngung während der Wachstumsphase wird als **Kopfdüngung** bezeichnet. Die Kopfdüngung darf nur bei trockenen Pflanzen erfolgen. Wurde der Dünger über die Pflanze gestreut, müssen die Körner von den Blättern und aus den Blattachseln abgeschüttelt werden, da es sonst zu Verbrennungen kommen kann. Bei größeren Pflanzen, wie Zucchini, Tomaten oder Dahlien, kann der Kopfdünger direkt auf den Boden im Wurzelbereich der Pflanzen, also nicht direkt am »Stamm«, verteilt werden. Organische Dünger müssen nach dem Aus-

Jetzt ist der richtige Zeitpunkt für die Kopfdüngung der Kohlpflanzen. Dabei müssen die bereits gegebenen Nährstoffe berücksichtigt werden.

Um Blattschäden durch Überdüngung zu vermeiden, muss die Düngermenge bei der Flüssigdüngung exakt abgemessen werden.

streuen flach in den Boden eingearbeitet oder eingewässert werden, da sie von den Bodenlebewesen sonst nicht aufgeschlossen werden können.

Flüssigdüngung kann während der ganzen Vegetationsperiode gegeben werden.

Eine besondere Form der Flüssigdüngung ist die **Blattdüngung**. Zur Blattdüngung sind besonders harnstoffhaltige Dünger geeignet, da diese Stickstoffform von den Pflanzen gut über die Blätter aufgenommen werden kann. Auch viele andere Nährstoffe können die Pflanzen über ihre Blätter aufnehmen. Blattdüngung sollte an eher trüben Tagen oder in der leichten Dämmerung stattfinden, da dann die Düngerlösung langsamer verdunstet und die Nährstoffe besser aufgenommen werden können.

Die Konzentration der Flüssigdüngung richtet sich nicht nach dem Nährstoffvorrat im Boden, sondern nach der Salzverträglichkeit der zu düngenden Pflanzen. Bei den empfindlichen, wie Jungpflanzen, liegt sie bei 0,5–1,0 ‰ bzw. 0,5–1,0 g oder ml pro Liter Wasser. Bei den salzverträglichen gibt man 2–3 ‰, bzw. 2–3 g oder ml Flüssigdünger pro Liter Wasser. Bei einem entsprechend hohen Nährstoffbedarf der Pflanzen muss öfter flüssig gedüngt werden. Dies kann bei jedem Gießgang erfolgen. Trotzdem ist es bei den besonders nährstoffbedürftigen Pflanzen (Kohl-Arten) praktisch nicht möglich, sie nur mit Flüssigdüngung zu ernähren. Hier ist eine ausreichende Grunddüngung wichtig.

Die Inhalte von Mist, Kompost und Jauchen

➲ Mehr zu diesen Themen auch ab den Seiten 71, 74, 77.

Die Nährstoffgehalte von Mist, Jauche und Kompost schwanken, da sie von den Tieren bzw. den kompostierten Stoffen abhängig sind. Im Vergleich zu den käuflichen Düngern sind sie aber sehr gering und wir können uns mit Durchschnittswerten begnügen. So enthält Kompost etwa 0,3 % N, 0,1 % P und 0,3 % K, daneben viele andere Nährstoffe, vor allem Spurenelemente. Mist enthält 0,5 % N, 0,1 % P, 0,5 % K und ebenfalls viele Spurenelemente.

Die Nährstoffabgabe erfolgt über einen längeren Zeitraum, sodass im ersten Jahr nach der Düngung 40–50 %, im zweiten Jahr 30–40 % und im dritten Jahr die restlichen Nährstoffe frei werden. Bei einer immer wiederkehrenden Düngung mit Mist oder Kompost steigt der Kaliumgehalt des Bodens meist an. Um eine weitere Kaligabe bei der ergänzenden Düngung zu vermeiden, kann man mit Hornmehl (13–14 % N) den notwendigen Stickstoff und mit Knochenmehl (etwa 30 % P) das notwendige Phosphat zuführen.

Ratsam ist eine abwechselnde Düngung mit Mist bzw. Kompost und anderen Düngern. Bei Mist empfiehlt sich eine Düngung nur jedes dritte Jahr. Schwachzehrer können mit Mist oder Kompost ohne weiteres ausreichend ernährt werden, da eine einmalige Kompostgabe von 5 l /m² einer N-Menge von 5–10 g entspricht. 5 Liter Mist enthalten durchschnittlich 10–20 g N. In der Regel bedürfen Mittelzehrer einer zusätzlichen Düngergabe und Starkzehrer zweier zusätzlicher Gaben.

Nicht unterschätzen dürfen wir die gute Wirkung auf die **Bodenlebewesen**. Durch ihre hohe Aktivität bei organischer Düngung werden stabile Krümel gebildet, was für eine gute Luftversorgung der Wurzeln unabdingbar ist.

Eine Brennnessel-Jauche herstellen

- Die Jauche wird aus 1 kg frischem Grün oder etwa 160 g getrocknetem Pulver auf 10 l Wasser, wenn möglich Regenwasser, in einem Holz- oder Plastikfass angesetzt.
- Damit keine Tiere in das Fass fallen, wird nur mit einem Gitter abgedeckt.
- Für eine ausreichende Sauerstoffversorgung sollte einmal täglich kräftig umgerührt werden.
- Je nach Temperatur setzt nach wenigen Tagen der stark schäumende Gärungsprozess ein. Zur Geruchsbindung kann in dieser Zeit Gesteinsmehl zugegeben werden.
- Nach ein bis zwei Wochen wird die Jauche klar und dunkel. Jetzt kann sie in einer Verdünnung von 1:10 im Wurzelbereich der Pflanzen ausgebracht werden.
- Mit Ausnahme von Zwiebel, Knoblauch, Bohnen und Erbsen sind alle Gartenpflanzen für den stickstoffhaltigen Trank dankbar.
- Die fertige Jauche kann dunkel abgedeckt über längere Zeit verwendet, aber auch immer wieder neu angesetzt werden.
- Erst wenn die Brennnesseln Blüten ansetzen, sollten sie nicht mehr für die Jauche-Bereitung Verwendung finden.

Organische Dünger richtig einsetzen

Wie andere organische Dünger dürfen Mist und Kompost nur flach eingearbeitet werden, um eine schnelle Umsetzung zu sichern. Besonders in schweren Lehmböden bleiben zu tief eingegrabene Kompost- und Mistgaben über lange Zeit unwirksam.
Stallmist und Kompost sollten bevorzugt im Frühjahr ausgebracht werden, um Nitratauswaschungen zu verhindern.
Stallmist darf nur abgelagert bzw. kompostiert als Dünger Verwendung finden. Wird der Mist zum Kompostieren auf einen Haufen gesetzt, kann man Gesteinsmehl einmischen und damit den Gehalt an Spurennährstoffen erhöhen. Das Einstreuen von Bentonitmehl bindet Geruchsstoffe.
Frisch mit Kompost oder Stallmist gedüngte Beete sollten nicht mit Wurzelgemüse (Sellerie) und Zwiebel bestellt werden, da die Dünger Gemüsefliegen anlocken können.

Wertvolle Helfer: Dünger-Jauchen

Der alte Gärtnerspruch »Was stinkt, das düngt« gilt besonders für die Herstellung von Dünger-Jauchen. Ihr absoluter Nährstoffgehalt ist zwar gering, aber ihre vorzügliche Wirkung auf Pflanzen und Bodenlebewesen machen sie zu wertvollen Helfern für einen erfolgreichen Pflanzenbau. Unterscheiden müssen wir Kaltwasserauszüge, die meist bereits nach 24 Stunden Ansetzzeit ausgebracht werden, und Jauchen, die über mehrere Tage vergären und anschließend stark verdünnt, 1:10 bis 1:20, auf den Boden ausgebracht werden.

Pflanzen für die Jauche-Bereitung

Viele Pflanzen eignen sich zur Herstellung von Jauchen: Brennnessel, Ackerschachtelhalm, Beinwell bzw. Comfrey, Farnkraut, Löwenzahn, Wermut, Zwiebelschalen und Knoblauch haben eine wachstumsfördernde und kräftigende Wirkung.

Flüssiger Mist

Ebenfalls mit meist üblen Gerüchen ist die Anwendung von flüssigem Mist verbunden. Hierzu eignen sich verschiedene Mist- Arten, besonders Geflügel- und Taubenmist oder Guano. Flüssiger Mist wird nach dem Auflösen der Mistbestandteile in Wasser ausgebracht. Da er sehr gehaltvoll ist, sollten nur Starkzehrer wie Kopfkohl, Tomaten, Gurken und Zucchini damit gedüngt werden. Flüssiger Geflügelmist hat wegen seines höheren Phosphorgehalts eine anregende Wirkung auf die Blütenbildung von Gartenblumen und Stauden.
Auch bei den selbst hergestellten Düngern sollte man vorsichtig agieren und eine Überdüngung unter allen Umständen vermeiden.

Gründüngung und Mulchen

Eine hervorragende Ergänzung zur Ernährung von Pflanzen und Boden mit organischen Düngern sind die Gründüngung und das Mulchen.
➲ Mehr dazu im Kapitel »Gründüngung« ab Seite 71 und Kapitel »Mulchen« ab Seite 74.

Die Düngung verschiedener Gartenpflanzen

Das Düngen von Gemüsen

Für die Düngung von Blattgemüse sind Dünger mit einem Nährstoffverhältnis von 1 : 0,5 : 1,5 : 0,3 gut geeignet. Bei Blüten und Fruchtgemüse 1 : 1 : 1,5 : 0,3. Meist reicht eine Stickstoffdüngung, da viele Gemüsegärten mit Phosphat, Kalium und Magnesium ausreichend versorgt sind. Spätestens drei Wochen vor der Ernte wird kein Stickstoff mehr gedüngt.
Bei länger stehenden Kulturen wird die letzte Stickstoffdüngung spätestens Anfang September gegeben.
Die verschiedenen Gemüsearten werden entsprechend ihrem Nährstoffbedarf gedüngt. Bei **Folgekulturen** kann in humosen Gartenböden die Düngermenge auf die halbe bis dreiviertel der für die Erstkultur notwendigen Menge gesenkt werden, da Ernterückstände und ein besserer Nährstoffaufschluss während der warmen Sommerzeit für eine ausreichende Nährstoffnachlieferung sorgen.
➲ Die Düngung von Obstgehölzen wird ab Seite 435 beschrieben, die Düngung von Erdbeeren ab Seite 441.

Die Düngung von Stauden und Sommerblumen

Bei den Sommerblumen richtet sich die Düngermenge nach ihrer Wuchsleistung. So werden die kleinwüchsigen wie Zwergastern mit etwa 3 g N/m² und die kräftigen wie Sonnenblumen mit etwa 8 g N/m² auf zwei Gaben verteilt gedüngt. Für Polsterstauden reichen ebenfalls etwa 3 g N/m². Kräftig wachsende Stauden wie Rittersporn und Türkenmohn erhalten 6–8 g N/m² auf zwei Gaben verteilt.
➲ Siehe auch Seite 337 und Seite 273.

Die Düngung von Rosen

Rosen werden in der Regel wie kräftig wachsende Stauden mit 6–8 g N/m² in zwei Gaben gedüngt. Die erste erfolgt zum Austrieb im März, die zweite nach dem ersten Flor Ende Juni. Besonders bei Rosen ist eine Mulchdecke auf dem Boden für ein üppiges Wachstum wichtig.
➲ Weiteres dazu im Kapitel »Rosen« ab Seite 228.

Die Düngung von Gehölzen

Ziergehölze haben nur einen geringen Nährstoffbedarf. Es reicht deshalb eine einmalige Kompostgabe von etwa 5 Litern/m² oder eine Mulchschicht aus Rasenschnitt im Wurzelbereich voll aus.
➲ Die Düngung von Gehölzen wird ab Seite 184 beschrieben.

Ausreichende Kalkdüngung ist für die Krümelbildung des Bodens wichtig. Die Menge richtet sich nach dem vorab ermittelten pH-Wert.

Pflanzenschutz im Hausgarten

Wodurch werden Pflanzen geschädigt?

Pilze als Pflanzenschädiger

Weltweit gibt es mehr als 45 000 Pilzarten. Einige machen Menschen und Tiere krank, viele ernähren sich von toten oder lebenden Pflanzen. Pilze bilden ein fädiges Geflecht (Myzel), mit dessen Hilfe sie sich in oder auf ihrem Wirt ausbreiten. Auf Pflanzen schmarotzen Schleimpilze, Echte Pilze, Jochpilze, Schlauchpilze und Ständerpilze. Nicht alle Arten sind auf Wunden oder natürliche Öffnungen angewiesen, um in die Pflanzen einzudringen. Manche scheiden Stoffe aus, die die Zellwände auflösen. Für ihre Verbreitung sorgen Pilze, indem sie unzählige Sporen bilden, die Wind, Wasser, Insekten und andere Tiere verschleppen. Manche Pilze überleben mit Hilfe besonders widerstandsfähiger Dauersporen auch ohne ihre Wirtspflanzen Jahre oder gar Jahrzehnte im Boden. Viele Arten sind durch Samen übertragbar. Sehr häufig infizieren sich gesunde Pflanzen allerdings über kranke, auf oder im Boden verbliebene Pflanzenreste.

Wie stark die Pilze ihren Wirt schädigen, hängt unter anderem von der Art ab. Der in Europa heimische Stachelbeer-Mehltau richtet kaum Schäden an den Pflanzen an, denn die Stachelbeeren konnten aufgrund der jahrtausendelangen Bekanntschaft mit dem Erreger, Abwehrmechanismen entwickeln. Dagegen überzieht der eingeschleppte **Amerikanische Stachelbeer-Mehltau** die gesamten Büsche einschließlich Früchte mit seinem Geflecht und schwächt die Pflanzen.

Echte und **Falsche Mehltau-Pilze** schmarotzen in lebendem Gewebe (obligate Parasiten), auf abgestorbenem können sie nicht überleben. Der **Grauschimmel** *(Botrytis cinerea)* gilt als Schwächeparasit, da er gesunden Gewächsen nichts anhaben kann. Er lebt von abgestorbenem Gewebe (saprophytisch). Die Sporen dieses Allerweltspilzes schweben überall in der Luft. Hat er sich erst einmal auf einer kränkelnden Pflanze eingenistet, hilft er dem Absterben nach, indem er giftige Stoffe ausscheidet. Er besiedelt Blätter, Blüten, Knospen, Triebe, die er bei hoher Luftfeuchte mit seinem typischen mausgrauen Schimmelrasen überzieht. Viel Licht, Luft und Abstand zwischen den Pflanzen, Entfernen abgestorbener Teile und Trockenhalten von Blättern und Früchten beugt Befall vor (siehe auch Seite 149).

Auf Pflanzen schmarotzen viele Pilze (oben). Besonders gefürchtet ist der Amerikanische Stachelbeer-Mehltau (links).

Bakterien – Helfer und Krankmacher

Bakterien verursachen mehr als 400 Krankheiten (Bakteriosen) an Pflanzen (und sehr viele bei Mensch und Tier). Die meist stäbchenförmigen Einzeller sind unbeweglich, manche Arten können mit Hilfe von Geißeln schwimmen. Sie vermehren sich, indem sie sich teilen. Viele Bakterien leben an abgestorbenen Pflanzen und helfen bei deren Zersetzung; besonders zahlreich sind sie in biologisch aktiven

Böden und im Kompost vertreten. Andere siedeln friedlich auf den Pflanzen, wo sie sich von angewehten Nährstoffen ernähren oder von sonstigem Verwertbarem in ihrer Nähe. Häufig bilden sie eine natürliche Schutzschicht auf den Pflanzen.
Nur jene Arten, die sich ausschließlich oder wahlweise von lebendem Gewebe ernähren, bereiten Probleme im Garten. In ihre Wirte dringen diese Parasiten durch Wunden, Narben oder natürliche (Atem-)Öffnungen ein. Sie infizieren vom Boden aus, überdauern an Saat- und Pflanzgut und lassen sich von Wind, Wasser, Geräten und Tieren verschleppen. Die krank machenden Arten heißen *Erwinia, Xanthomonas, Pseudomonas, Rhizomonas, Rhizobium, Agrobacterium, Clavibacter* oder *Streptomyces*. Sie verursachen Nass- und Weichfäulen, Blatt-, Stängel- und Fruchtflecke, Bakterienkrebs, Wurzelkropf, Korkwurzeln, Tomatenwelke, Kartoffelschorf und Feuerbrand.
Den Einsatz von Antibiotika zur Bekämpfung von Bakteriosen an Pflanzen reglementiert der Gesetzgeber sehr stark, er war bisher nur in Ausnahmefällen bei Feuerbrand möglich. Dies ist eine Vorsichtsmaßnahme, um Resistenzbildung zu vermeiden, von der auch Bakterien profitieren würden, die beim Menschen Krankheiten verursachen.

Feuerbrand wird von Bakterien ausgelöst. Befallene Triebe sehen verbrannt aus, die austretenden Schleimtröpfchen enthalten die Erreger.

Die Wurzelbärte an den Möhren entstehen durch das Saugen von Nematoden *(Meloidogyne hapla)*. Eine weite Fruchtfolge beugt Schäden vor.

Äußerst vielfältig: Viren

In Europa treten ungefähr 1200 Krankheiten an Pflanzen auf, die von Viren verursacht werden (Virosen). Viren bestehen lediglich aus einem Bauplan (DNS oder RNS), der von einem Mantel aus Eiweiß eingehüllt ist. Ihre Größe und Form variiert, sie sind stäbchen-, fadenförmig oder kugelig.

Älchen oder Nematoden sind winzige Fadenwürmer, von denen manche Arten im Boden räuberisch leben, andere auf Kosten von Pflanzen.

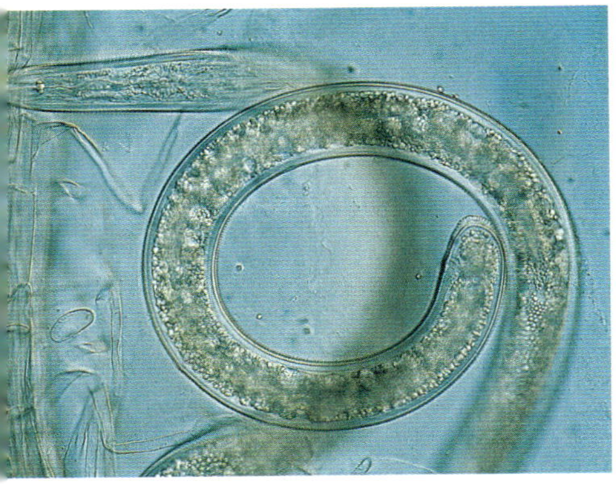

Daneben gibt es noch nackte Mini-Viren (Viroide) ohne Eiweißhülle sowie Phytoplasmen. Diese lösen über 300 Pflanzenkrankheiten (Phytoplasmosen) aus, bis vor kurzem nannte man sie Mycoplasmen-ähnliche Organismen (MLO). Sie bevorzugen warmes Klima, werden durch Zikaden und Blattsauger (Birnenverfall) übertragen und verursachen unter anderem Blütenvergrünungen und -verlaubungen sowie Asternvergilbung. Phytoplasmen sind einfach gebaut und enger mit Bakterien als mit Viren verwandt, doch da man lange Zeit die von ihnen verursachten Krankheiten für Virosen hielt, sind sie hier aufgeführt.
Viren verfügen über keinen eigenen Stoffwechsel und können sich deshalb nur in lebenden, intakten Zellen vermehren. Nachdem das Virus sich in die Zelle eingeschleust hat, zwingt es diese, Viren zu vervielfältigen. Den Bauplan liefert das Virus, das Material der Wirt, der auch die Arbeit ausführt. Die Parasiten dringen über Wunden in die Pflanze ein oder werden durch Pollen, Samen (Salatmosaik, Bohnenmosaik), Stecklinge und Edelreiser übertragen. Für die Verbreitung sorgen zudem Insekten, Milben, Nematoden oder Pilze (zum Beispiel Echter Mehltau an Eichen). Viren befinden sich im Speichel saftsaugender Tiere oder kleben an deren Stechborsten.
Manche dieser Schaderreger sind Spezialisten, eine große Anzahl wenig wählerisch. Das Spargelvirus befällt nur Spargel, andere Viren, wie das Gurkenmosaikvirus, eine Vielzahl von Pflanzen. Nicht selten sind Gewächse von zwei oder mehr Virenarten infiziert. Fachleute verwenden bevorzugt die international gebräuchlichen englischen Namen der Virosen. Die deutschen Namen bezeichnen oft die Symptome, da sie entstanden, lange bevor man wusste, dass Viren die Schäden auslösen. Auf diese Weise kam mancher Virus zu mehreren Namen, weil er bei verschiedenen Pflanzen unterschiedliche Reaktionen verursachte.
Eine Reihe von Viren tragen das Wort »Mosaik« in ihrem Namen, denn die Blätter von ihnen infizierter Pflanzen sind mosaikartig gescheckt. Weitere Symptome sind geschwächtes Wachstum sowie verfärbte, verformte Blätter, Triebe und Früchte.

Viren verursachen häufig Mosaikkrankheiten wie dieser Erreger an Salat (Salatmosaik). Gegen Viren helfen keine Pflanzenschutzmittel.

Besenwuchs wird durch Phytoplasmen hervorgerufen. Typische Symptome sind zudem kleine, farblose Früchte und rotes Herbstlaub.

Virosen und Phytoplasmosen sind vor allem im Obstbau gefürchtet. Beim Apfel verursachen sie Apfelmosaik, chlorotische Blattfleckung, Flachästigkeit, Gummiholzkrankheit, Rindennekrose, Besenwuchs, Rauschaligkeit, Buckel- und Kleinfrüchtigkeit; bei Birnen unter anderem Adernvergilbung, Rotfleckigkeit oder Steinfrüchtigkeit. Vom Birnenverfall infizierte Bäume welken, je nach Anfälligkeit und Witterung, innerhalb weniger Tage und sterben ab, wobei die Blätter sich rot oder braun verfärben.

Gemüse- und Obstsorten sind oft unterschiedlich anfällig, der 'Klarapfel' ist zum Beispiel wenig anfällig für Apfelmosaik. Bei Obstgehölzen hat zudem die Unterlage großen Einfluss auf die Widerstandsfähigkeit.

Es gibt keine Spritzmittel, die gegen Viren wirken. Viröse Pflanzen wie Himbeeren oder Gemüse (Salat, Kartoffeln und andere) sollte man ausreißen, bevor sie Nachbarn anstecken.

Viele Gewächse in freier Natur und Garten, unter anderem Wild- und Ziergehölze, sind von Viren befallen, ohne dass sie Symptome zeigen oder Schaden erleiden. Bei manchen Pflanzen treten fleckige Blätter nur zeitweise auf, bei warmer Witterung verschwinden sie wieder. Die Gewächse haben gelernt, mit diesen harmlosen Viren zu leben.

Tiere als Schädiger

Tiere, die sich vegetarisch, also von Pflanzen, ernähren, nennt man Schädlinge. Hin und wieder taucht der Begriff »tierische Schädlinge« auf – er ist so viel wert wie »weißer Schimmel« oder »schwarzer Rappe«. Alle nicht-tierischen Schaderreger, Pilze, Viren, Bakterien, verursachen Krankheiten.

Tiere, die andere Tiere fressen oder wie Schlupfwespen ihre Kinderstube in deren Körper einrichten, bezeichnen Gärtner vielfach als Nützlinge. Diese menschliche Betrachtungsweise wird den Tieren nicht gerecht. So galten Regenwürmer lange Zeit als Schädlinge. Maulwurfsgrillen wühlen sich zwar durch die Gartenbeete, vertilgen aber auch Schneckeneier, Engerlinge und anderes Getier. Und so mancher Nützling ist nicht wählerisch, was seine Beute betrifft; Laufkäfer teilen nicht nach nützlich und schädlich ein, sondern nach genießbar und ungenießbar oder nach schwer und leicht zu überwältigen. Die Trennung in Freund und Feind ist also keineswegs so eindeutig, wie die beiden eingebürgerten Begriffe Schädling und Nützling vermuten lassen.

Mit zu den kleinsten Schädlingen zählen die **Nematoden.** Die winzigen Fadenwürmer, auch **Älchen** genannt, sind zum größten Teil im Boden daheim. Viele (nützliche) Arten leben räuberisch und ernähren sich von Larven und sonstigen Bodentieren, andere bevorzugen abgestorbene Pflanzen. Schädlich sind jene, die an oder in den Wurzeln saugen oder in Blättern und Spross schmarotzen. Weit verbreitet ist das **Stock- und Stängelälchen** *(Ditylenchus dipsaci)*, es befällt Hortensien, Phlox, Bartnelken, Narzissen, Hyazinthen, Zwiebeln und rund 450 weitere Pflanzenarten. **Blattälchen** findet man unter anderem an Erdbeeren, Chrysanthemen, Farnen und Rosen.

Viele **Milben** saugen Pflanzensaft, es gibt aber auch zahlreiche räuberisch lebende Arten. **Asseln** sind auf dem Kompost wohlgelitten, im Obst- und Gemüsekeller aber nicht gerne gesehen. Unübersehbare Spuren und bleibende Eindrücke bei Gärtnern hinterlassen **Schnecken.**

Besonders groß ist die Anzahl an **Pflanzenfressern** und **Saftsaugern** im Reich der **Insekten:** Springschwänze (Collembolen), Ohrwürmer, Heuschrecken, Grillen, Wanzen, Zikaden, Blattläuse, Weiße Fliegen, Blattsauger, Schildläuse, Thripse, Käfer wie Erdflöhe oder Rüsselkäfer, Pflanzenwespen, Schmetterlinge (Raupen) und Zweiflügler wie Gallmücken, Trauermücken, Schnaken, Minierfliegen, Blumen-, Nackt- und Bohrfliegen.

Gelegentlich schädigen auch **Vögel** wie Tauben, Stare, Krähen, wenn sie Saaten oder Keimlinge plündern oder auf der Suche nach Engerlingen die Erde aufhacken.

Die Gefahr, die von **Säugetieren** für heimische Gartengewächse ausgeht, ist dagegen gering, sieht man von Mäusen und Wühlmäusen ab. Indem man das Schnittholz im Winter im Garten liegen lässt, hält man **Kaninchen** und **Hasen** davon ab, die Stämme und Zweige junger Obstbäume anzunagen. Vereinzelt wagen sich auch die inzwischen in unseren Breiten eingebürgerten **Waschbären** in Gärten, wo sie aus Bienenstöcken die Honigwaben stehlen oder Beerensträucher abernten. Bei Wiederholungstätern sollte man den Rat eines Jägers einholen.

Goldafterraupen fressen gesellig in einem feinen Gespinst (oben).
Die Kartoffelwurzeln sind von Kartoffelzystenälchen befallen (unten).

Krankheiten und Schädlingen vorbeugen

Das Wetter spielt eine große Rolle

Schäden erleiden Pflanzen nicht nur durch Krankheiten und Schädlinge, sondern auch durch Hagel, Blitz, Kälte oder Frost. Frost zerstört Obstblüten, junge Früchte und den Austrieb empfindlicher oder früh treibender Arten wie Kiwi.

In feuchten Sommern oder Regionen faulen Tomaten und Kartoffeln, Äpfel verschorfen, während sich Kohlgewächse und Farne prächtig entwickeln. Viele **Pilze** gedeihen bei hoher Luftfeuchte besonders gut. Kirschen leiden unter **Spitzendürre** (Monilia) und **Schrotschusskrankheit.** In regenreichen Gebieten wachsen Reben (Falscher Mehltau), Tomaten (Kraut- und Fruchtfäule) und Pfirsich (Kräuselkrankheit) nur pilzfrei, wenn sie vor Regen geschützt unter einem Dach stehen.

In warmen, trockenen Jahren und Regionen treten verstärkt auf: Echter Mehltau, Thripse, Spinnmilben und Zikaden. Braune punktförmige Flecken auf den Blättern von Bohnen werden von **Ozon** verursacht, das an heißen, trockenen Tagen in hoher Konzentration in der Luft schwebt. Empfindlich sind außerdem Mais, Rettich, Spinat, Tomaten und Zwiebeln.

Trocken warme Gebiete und nicht allzu feuchte Böden bevorzugt die **Kirschfruchtfliege.** In nassen Jahren verpilzen viele ihrer Puppen im Boden, ist es während der Eiablage im Frühsommer regnerisch, gehen zahlreiche Fliegen vor dem Eierlegen zugrunde.

Bei länger anhaltender nasskalter Witterung während des Sommerhalbjahres bleichen die Blätter mancher Gehölze (Rosen, Hortensien u.a.) aus, weil Nährstoffe nicht mehr verfügbar sind. Diese **Vergilbungen** (Schlechtwetterchlorosen) verschwinden, sobald das Wetter sich wieder bessert.

In strengen Wintern erfrieren nicht nur eine Reihe von Schädlingen (und Pflanzen), sondern auch die Knospen, in denen der Mehltau überwintert, was nächstjährigen Befall deutlich reduziert.

Licht und Luft

Die meisten Obst- und Gemüsearten benötigen einen sonnigen Standort. Falsche Standortwahl fördert den Befall mit Schädlingen und Krankheitserregern, dies gilt auch für Zierpflanzen. Mahonien, die in voller Sonne auf schwerem, lehmigem Boden stehen, leiden häufig unter Echtem Mehltau oder Mahonienrost. Auf feuchten Böden im Halbschatten wachsende Mahonien bleiben von diesen Krankheiten verschont. Die Wurzeln von Efeu meiden ebenfalls die Sonne. Weist man dem Kletterer einen zu trockenen, heißen Platz zu, spinnen Spinnmilben die Triebe ein. Regelmäßig von Zikaden befallen werden Rosen, die in praller Sonne an Südwänden lehnen, wo wenig Luftaustausch stattfindet. Wichtig für die Pflanzengesundheit sind auch weite Abstände. Den Gewächsen steht dadurch mehr Wurzelraum zur Verfügung, dies bewirkt eine bessere Ernährung; der größere Luftraum sorgt dafür, dass die Blätter nach Regen schnell abtrocknen.

Spinnmilben saugen bevorzugt an Pflanzen, die unter trocken-warmer Luft und Wassermangel leiden. In nassen Sommern treten sie kaum auf.

Frostschutzberegnung im Profi-Anbau: Selbst vereiste Blüten überleben, sofern man die Beregnung fortsetzt, bis sie völlig aufgetaut sind.

Auf den Boden kommt es an

Viele Gartengewächse fühlen sich in lockerer, luftiger Erde wohl. Deshalb ist Bodenpflege mit Hilfe von Kompost, Gründünger und Mulch in jedem Garten unerlässlich.

Humus lockert schwere Böden auf, er sorgt für die nötige Belüftung und entzieht dadurch dort lebenden (bodenbürtigen) Krankheitserregern die Lebensgrundlage. Leiden Pflanzenwurzeln unter Staunässe und Luftmangel, sind sie besonders anfällig für Schadpilze. So überleben *Phythium*-Pilze zwar sehr lange in trockenen Böden, können Wurzeln aber nur in nassen, sauerstoffarmen infizieren. An vernässten Lagen treten außerdem vermehrt Obstbaumkrebs, Himbeersterben *(Phytophthora fragariae)* sowie *Verticillium*-Welke bei Steinobst auf. Durch Staunässe geschwächte Kirschen leiden unter allerlei Krankheiten und sind besonders frostanfällig.

Mulch zwischen den Kulturen ausgelegt, vermindert unter anderem den Befall mit Kraut- und Knollenfäule *(Phytophthora infestans)* an Kartoffeln und erschwert Erdflöhen und Thripsen das Leben.

Verdichteter, steiniger Boden führt bei Wurzelgemüse zu gestauchtem, beinigem Wuchs. In sauren Böden findet der Erreger der **Kohlhernie** günstige Infektionsbedingungen, Aufkalken mit Algenkalk vor dem Pflanzen von Brokkoli, Chinakohl und anderen Kohlgewächsen beugt Befall vor. Trockener Boden fördert bei Rettich, Radieschen und Kartoffeln Schorfbefall, bei Phlox, Rittersporn und Apfel Echten Mehltau. Fressen Regenwürmer von Apfelschorf und Sprühflecken-Krankheit befallene Blätter, werden die Pilzsporen in deren Darm vernichtet.

Die richtige Sortenwahl

Ärger mit kranken Pflanzen erspart sich, wer resistente, widerstandsfähige oder wenig anfällige (tolerante) Sorten wählt. Diese gibt es inzwischen von vielen Arten, zum Beispiel von: Zuckererbsen (Echter Mehltau, Bodenpilz *Fusarium*), Buschbohnen (Brennflecken, Fettflecken-Bakteriose, Virosen), Möhren (Möhrenfliege), Spinat (Falscher Mehltau), Salat (Falscher Mehltau, Blattläuse), Gurken (Echter Mehltau,

Toleranz gegen Falschen Mehltau), Apfel (Schorf, Mehltau, Feuerbrand, Spinnmilben) und Reben (Mehltau).

Saat- und Pflanztermin passend wählen

Viele Schädlinge sind nur zu bestimmten Zeiten im Jahr unterwegs oder treten gehäuft auf. Es ist üblich, Dicke Bohnen zeitig zu säen, da diese Frühstarter kaum von Läusen besiedelt werden. Gemüsefliegen kann man ebenfalls durch frühes oder spätes Säen (Pflanzen) austricksen. Das Vorziehen von Kohl, Gartenbohnen, Puffbohnen, Zucchini, Gurken, Kürbis, Sommerblumen und anderen Pflanzen verschafft diesen einen Wachstumsvorsprung und damit Vorteil gegen Schnecken, Erdflöhen oder Nematoden. Im Haus vorgetriebene Dahlien haben gleichfalls verbesserte Startchancen gegen Schnecken.

Ausgewogen düngen

Unausgewogene, mit Stickstoff überdüngte Pflanzen bauen ihre Zellen schlampig auf. Das dünnwandige Gewebe, das zudem kaum von mobilen Abwehrstoffen geschützt wird, ist für Schadpilze und Schädlinge leichte Beute. Stickstoff-Überdüngung fördert unter anderem Schorf, Echten Mehltau, Blutlaus und Blattläuse. Ideal für die Düngung im Hausgarten ist Kompost. Er enthält nicht nur Nährstoffe, sondern auch Humus und Mikroorganismen und fördert dadurch das Bodenleben. Dies wiederum sorgt für eine erhöhte Nährstoffverfügbarkeit, manche der Mikroorganismen halten zudem schädliche Bodenpilze in Schach.

Gießen mit Fingerspitzengefühl

Wenn Pflanzen unter Wassermangel leiden, steigt die Konzentration von Zucker und anderen Stoffen in den Zellen stark an. Raupen und (Blattwespen-)Larven fressen bevorzugt solche Pflanzen. Gleichfalls von dürstenden Gehölzen und deren geringer Saftkonzentration angelockt werden Borkenkäfer, egal ob Trockenheit, Wurzelfäule oder Wurzelfraß (Engerlinge, Dickmaulrüssler-Larven) die Ursache ist.

Apfelbäume, die auf ausgetrockneten Böden stehen, werfen im Juni mehr Früchtchen ab als gewöhnlich (Junifruchtfall). Schwankungen in der Wasserversorgung führen zum Aufplatzen von Möhren, Kohlrabi, Tomaten, letztere färben zudem ungleichmäßig aus. Kaltes Gießwasser verursacht vor allem bei den empfindlichen Gurken Wurzelschäden.

Kohlrabiknollen neigen zum Aufplatzen, wenn sie unregelmäßig mit Wasser versorgt werden.

Hacken stört die Schädlinge

Einmal Hacken ersetzt zweimal Gießen – und die früher in Gärten häufig gehaltenen Hühner. Sie scharrten Larven und andere im Boden lebende oder überwinternde Tiere heraus und verspeisten sie. Häufiges Lockern und Bearbeiten des Bodens stört Drahtwürmer, Erdraupen, Erdflöhe, die Larven des Dickmaulrüsslers, Thripse und Kirschfruchtfliege (Puppen). Anhäufeln erhöht die Standfestigkeit der Gemüsepflanzen und beugt bei Kohlgewächsen bis zu einem gewissen Grad Befall mit Kohlfliegen und Kohlgallenrüssler vor.

Fruchtwechsel im Nutzgarten

Um das starke Vermehren von bodenbürtigen Krankheitserregern oder Nematodenarten zu vermeiden, die auf eine Pflanzenart oder -familie spezialisiert sind, sollte man nie länger als ein Jahr eine Kultur auf derselben Fläche anbauen. Auch bleiben selbst bei sorgfältigem Abräumen winzige Pflanzenreste auf dem Beet zurück, an denen Schadpilze überdauern.

Vorbeugend gelten folgende Wartezeiten:

- 2 Jahre: Feldsalat, Spinat, Radieschen
- 3 Jahre: Möhren, Sellerie und andere Doldenblütler, Mangold, Rote Rübe, Guter Heinrich, Melde, Mais, Lauch, Schwarzwurzel, Bohnen, Erbsen, Gurken, Zucchini, Kürbis, Kohlrabi, Rettich
- 4 Jahre: Meerrettich
- 5 Jahre: Schalotten, Zwiebeln
- 7 Jahre: Rhabarber
- Treten bodenbürtige Schaderreger wie Kohlhernie auf, kann sich diese Wartezeit auf bis zu 10 Jahre verlängern.

Bei Obstgehölzen beträgt die Wartezeit:

- bis zu 20 Jahre: Kirsche, Apfel (Hochstamm)
- 5 Jahre: Birne, Pfirsich, Aprikose, Pflaume, Zwetschge

Wer nicht so lange warten möchte, hebt die Erde, die das Vorgänger-Gehölz durchwurzelt hat, aus und füllt neue ein.

Stärkungsmittel für die Pflanzengesundheit

Seit Generationen verwenden Gärtner Rainfarn-Tee, um Gemüsefliegen zu vergrämen. Steinmehl und Algenkalk beugen Pilzkrankheiten vor. Viele Kräutertees mobilisieren die Abwehrkräfte der Pflanzen oder veranlassen sie, ihre Zellwände zu verstärken.

Kompost-Tee und Pflanzenstärkungsmittel, die Mikroorganismen enthalten, halten Schadpilze in Schach: Viele, vor allem bodenbewohnende Pilzarten treten in unterschiedlich aggressiven Rassen auf. Besiedelt ein friedfertiger Stamm eines Stärkungsmittels zuerst die Wurzeln, haben die angriffslustigen das Nachsehen. Auch ein dichter Rasen »pflanzenfreundlicher« Bakterien verhindert das Besiedeln durch Schadpilze.

In Deutschland dürfen Pflanzenstärkungsmittel nur vertrieben werden, wenn sie bei der Biologischen Bundesanstalt angemeldet wurden. Sie enthalten unterschiedliche Stoffe, allen ist gemeinsam, dass sie vorbeugend angewendet werden müssen, in der Regel mehrmals während der Kulturzeit.

Krankheiten und Schädlinge abwehren

Hand anlegen: Zerquetscht man im Frühjahr die ersten Läuse, kann dies den Ausbruch einer Massenvermehrung verhindern. Große Kolonien lassen sich mit einem scharfen Wasserstrahl von den Zweigen spritzen. Auf diese Weise wird man zwar nicht alle Läuse los, versetzt aber Nützlinge in die Lage, unter den restlichen Tieren aufzuräumen.

Kohlweißlingsraupen, Erdraupen und andere Schädlinge kann man leicht absammeln. Monilia, Rotpustelkrankheit oder Mehltau rückt man mit der Schere zuleibe, indem man befallene Zweige abschneidet. Bei **Rotpustel** und **Monilia** sollte man sicherheitshalber etwa 20 cm gesundes Holz mit entfernen, da der Pilz im Innern oft weiter vorgedrungen ist, als äußerlich sichtbar. Stark von Mehltau befallene Stauden schneidet man ebenfalls ab, Phlox und Rittersporn treiben in der Regel gesund aus.

Die Netze hindern Vögel daran, am Salat zu zupfen. Um kleinere Schädlinge auszusperren, benötigt man jedoch engmaschigere Abdeckungen.

Weibliche Frostspanner können nicht fliegen. Auf dem Weg zur Eiablage in die Krone bleiben sie an den grünen Leimringen kleben.

Aussperren: Raupen, Gemüsefliegen, Drehherzmücke und andere Schädlinge sperrt aus, wer die Gemüsebeete mit engmaschigen Schutznetzen (im Handel) überzieht. Mit **Vliesen** erzielt man denselben Effekt, spätestens ab Juni müssen sie im Gegensatz zu den luftigeren **Netzen** jedoch abgenommen werden, weil sonst die Pflanzen darunter »ersticken«, faulen oder bedingt durch die Hitze schossen. Beim Auflegen von Netzen und Vliesen ist zu beachten, dass sie nicht zu stramm aufliegen und den wachsenden Pflanzen Entwicklungsmöglichkeiten bieten. Es hat sich bewährt, das Gewebe mit Hilfe von bogenförmigen Metallstäben tunnelartig über den Beeten aufzubauen. Um Obstgehölze, die in nicht eingezäunten Gärten wachsen, vor Kaninchen und Hasen zu schützen, ummantelt man die Stämme mit einem Drahtgeflecht. Die Wurzel junger Apfelbäume sind in einem Drahtkorb vor **Wühlmäusen** sicher. Den Kohlherniepilz sperrt aus, wer die Wurzeln von Kohlsetzlingen vor dem Pflanzen in einen Brei aus Lehm oder Tonmehl (im Handel) und Algenkalk taucht.

Duftfallen: Insekten unterhalten sich mit Hilfe von Duftstoffen (Pheromonen). Blattläuse senden einen Alarmstoff aus, wenn Feinde in der Kolonie auftauchen, woraufhin viele Läuse sich fallen lassen. Die Kirschfruchtfliege hinterlässt auf den Kirschen, die sie mit je einem Ei belegt, einen Duftstoff, der anderen Weibchen signalisiert: »Diese Kirsche ist besetzt.« Feuerwanzen und andere Tiere, die in Gruppen auftreten, halten mit Hilfe von Duftstoffen die Truppe zusammen. Apfelwickler-Weibchen senden Düfte (Sexualpheromone) aus, um Männchen anzulocken.

Sexualpheromone vieler Insektenarten werden inzwischen synthetisch hergestellt und als Lockmittel verwendet. Erwerbsanbauern dienen diese Pheromonfallen vor allem dazu, die Flugzeiten zu bestimmen, um die Spritzmittel zum richtigen Termin auszubringen. Den Apfelwickler bekämpfen Erwerbsanbauer außerdem mit der Verwirrungsmethode: Sexualduftstoffe werden in so großer Menge ausgebracht, dass die Männchen die Weibchen im Duftnebel nicht finden. Dieses Verfahren funktioniert nur bei großflächiger Anwendung.
In Zukunft mehr Bedeutung gewinnen werden kombinierte Verfahren, bei denen Pheromone Schädlinge anlocken und ein Insektizid sie abtötet. Für Apfelwickler steht ein entsprechendes Mittel zur Verfügung, das auch die Zulassung für den Hausgarten besitzt.

Mit Hilfe von Duftfallen ermitteln Erwerbsobstbauer den Flughöhepunkt des Schädlings und damit den optimalen Spritztermin.

Im Gemüsegarten kann man Schädlinge ebenfalls mit Düften vergrämen, wie dies vielfach durch Mischkulturanbau praktiziert wird. Möhrenfliegen lassen sich von Zwiebelduft verwirren, Kohlfliegen von Doldenblütlern, Gemüsefliegen und Kohlweißlinge von Wermut.

Nützlinge: Der Einsatz von Nützlingen im Unterglasanbau von Gemüse und Zierpflanzen ist inzwischen allgemein geübte Praxis sowohl bei Bio-Betrieben als auch bei konventionell wirtschaftenden. Nützlinge wie Schlupfwespen oder Raubmilben leisten auch in Wintergarten und Kleingewächshaus gute Dienste, um Blattläuse, Weiße Fliege oder Spinnmilben im Zaum zu halten.

Spritzen: Zu den biologischen Pflanzenschutzmitteln zählen solche, die aus Pflanzenextrakten gewonnen werden wie Neem, oder Mittel, die Kaliseife, Lecithin oder Rapsöl enthalten.
Gegen Raupen bewährt haben sich *Bacillus-thuringiensis*-Präparate, speziell gegen den Apfelwickler Granulosevirus-Spritzmittel.
Viele chemische Mittel, die dem Erwerbsgärtner zur Verfügung stehen, sind für den Haus- und Kleingärtner inzwischen tabu, darunter alle hochgiftigen und ätzenden Mittel. Wegen der Anbauvielfalt im Garten sind Ertragsminderungen bei einzelnen Kulturen in der Regel zu verschmerzen. Die Anwendung von chemischen Spritzmitteln setzt Kenntnisse über den Schaderreger, die Wirkmechanismen und Nebenwirkungen voraus. Manche Hausgärtner verwendeten das falsche Mittel, verwechselten Echte-Mehltau-Pilze mit Falschen oder Spinnmilben mit Blattläusen, oder sie spritzten zum falschen Zeitpunkt. Der Moniliapilz (Spitzendürre an Kirschen) infiziert bereits während der Blüte, ebenfalls der Pilz, der Fruchtfäule *(Botrytis)* bei Erdbeeren verursacht. Die Kräuselkrankheit auf Pfirsichblättern macht sich im Mai,

Juni bemerkbar, doch schon ab Februar, wenn die Knospen sich spreizen, befällt der Pilz den Austrieb.
Aufgrund von Fehlern beim Berechnen des Mischungsansatzes kam es zu Unter- oder Überdosierungen. Inzwischen schreibt der Gesetzgeber vor, dass Packungen für den Haus- und Kleingarten genaue Dosieranleitungen oder sprühfertige Mischungen enthalten, außerdem Hinweise gegen welchen Schaderreger sie eingesetzt werden dürfen und zu welchem Zeitpunkt. Dies erleichtert dem Laien die richtige Anwendung.
Im integrierten Anbau bleibt die Anwendung von chemischen Pflanzenschutzmitteln auf das notwendige Maß beschränkt, wie es im Pflanzenschutzgesetz vorgeschrieben ist. Diese Maxime sollte generell im Umgang mit allen Pflanzenschutzmitteln gelten, egal ob chemisch oder biologisch. Erwerbsobstbauern führen häufig mehr als 20 Spritzungen (vor allem gegen Pilze) pro Jahr durch, egal ob sie integriert arbeiten oder noch nach der alten Methode sich am Spritzkalender orientierend und nicht am Vorhandensein von Schadorganismen. Das integrierte Verfahren setzt genaue Kenntnisse des Schaderregers voraus, eine sorgfältige Bestandsüberwachung (zum Beispiel Schorfwarndienst) und enge Zusammenarbeit mit Pflanzenschutzämtern. Die Anbauer kontrollieren ihre Anlagen nicht nur regelmäßig auf Schaderreger, sondern auch ob und welche Nützlinge sich dort aufhalten. So wird geringer Befall mit Spinnmilben geduldet, weil sie Raubmilben als Nahrung dienen, die eine starke Vermehrung des Schädlings verhindern.

Das Anwenden von Spritzmitteln ist gesetzlich streng geregelt. Tragen Sie Schutzkleidung und sprühen Sie nur an windstillen Tagen.

Die Nützlinge

Wo Blattläuse oder Raupen in Massen auftreten, sind Parasiten oder Räuber nicht weit. Oft dezimieren sie die Schädlinge so stark, dass sich Pflanzenschutzmaßnahmen erübrigen. Goldafter- und Ringelspinner-Raupen werden häufig von Bakterien und Viren infiziert, wenn sich viele Tiere auf engem Raum drängen. Die Blätter sind durch den Krankheitsausbruch zwar nicht mehr zu retten, doch verhindert er nächstjährigen Massenbefall. Sofern sie nicht von Ameisen behindert werden, räumen Nützlinge in Blattlauskolonien meist innerhalb kurzer Zeit so gründlich auf, dass mancher Gärtner sich das Ganze kaum erklären kann. Bevor man zur Spritze greift, egal ob man ein chemisches oder biologisches Mittel verwendet, sollte man erst kontrollieren, ob sich Nützlinge in den Kolonien befinden. Denn diese sind häufig besonders empfindlich gegen Spritzmittel, auch gegen biologische.
Nur in nicht allzu aufgeräumten Gärten können Nützlinge überleben. Damit Schwebfliegen, Schlupfwespen und andere nützliche Insekten, aber auch Vögel, Eidechsen, Blindschleichen, Spitzmäuse, Fledermäuse oder Kröten in den Garten kommen und bleiben, benötigen sie

- Verstecke, Nistplätze und -material wie Bäume, Hecken, Wildkrautinseln, Trockenmauern,
- Überwinterungsquartiere wie Stein-, Holz-, Laubhaufen, hohle Pflanzenstängel, Samenstände, Reisig, alte Baumstämme und Stümpfe,
- tierische und pflanzliche Nahrung wie Pollen und Nektar zum Beispiel für Schwebfliegen, Florfliegen oder Schlupfwespen.

Das Großreinemachen im Garten, alte Samenstände abschneiden, vergilbte, abgestorbene Pflanzenteile aus dem Staudenbeet entfernen und dergleichen, führt man am besten erst im Frühjahr durch und wirft die Abfälle locker auf den Kompost, damit sich dort aufhaltende Tiere in Sicherheit bringen können. Sommerblumen, vor allem Dolden- und Korbblütler wie Ringelblumen, Dill oder Kerbel, locken Schwebfliegen und andere Nützlinge in den Garten.

Florfliegen

Die Fliegen überwintern an warmen Plätzen und verkriechen sich deshalb gerne auf Dachböden oder in Rollladenkästen. Im zeitigen Frühjahr findet man sie oft am Fenster den Ausgang suchend. Wegen ihrer auffällig großen hellen Augen werden die Fliegen auch Goldauge genannt. Die Larven der Florfliege fressen Blattläuse, jede Larve bis zu 500. Auch Spinnmilben, Blutläuse, Insekteneier, kleine Raupen und Larven stehen auf

Überwinterungskasten (oben) für Florfliegen (unten). Die flinken Larven (Mitte) leben räuberisch, sie fressen unter anderem Blattläuse.

Die auffälligen, leuchtend orange gefärbten Gallmückenlarven räumen innerhalb kurzer Zeit in Blattlauskolonien auf.

Goldlaufkäfer jagen tags, ihre Larven nachts. Zu ihrer Beute zählen Raupen, die Larven von Kartoffelkäfern, Schnecken und Regenwürmer.

ihrem Speiseplan. Erwachsene Florfliegen ernähren sich von Honigtau, Nektar oder Pollen.

Gallmücken

Räuberisch lebende Gallmücken legen ihre Eier (bis zu 60) in Blattlauskolonien ab. Die gelb- bis rotorange-farbenen Larven stechen die Läuse an und sondern ein Gift ab, worauf die Läuse regungslos sitzen bleiben und sich aussaugen lassen. Wenn sich Gallmücken-Larven in einer Blattlauskolonie befinden, erübrigt sich der Einsatz von Pflanzenschutzmitteln.

Laufkäfer

Alle Arten, es gibt in Mitteleuropa rund 500, dieser Käferfamilie leben räuberisch. Die flinken Käfer und ihre Larven ernähren sich von Schnecken und deren Eiern, von (Kartoffel-)Käfern, Asseln, Larven aller Art wie Engerlingen, Drahtwürmern oder Raupen. Sie spritzen ihrer Beute einen Verdauungssaft ein und schlürfen die verflüssigte Nahrung auf. Die meisten Arten leben auf dem Boden, andere auf Bäumen.

Marienkäfer

Die Mehrzahl der etwa 70 heimischen Marienkäfer-Arten haben sich auf Blattläuse spezialisiert, einige bevorzugen Schildläuse, andere Spinnmilben oder den weißen Pilzrasen des Echten Mehltaus. Die Käfer überwintern unter Falllaub, in Grasbüscheln oder hinter loser Rinde. Am bekanntesten ist der Siebenpunkt-Marienkäfer, er frisst etwa 150 Blattläuse pro Tag, auch die Larven sind eifrige Blattlausjäger. Einzelnen Blattläusen jagen sie ungern hinterher, sie fressen am liebsten in großen Kolonien. Die erwachsenen Käfer lassen sich bei Gefahr fallen, ziehen Beine und Fühler ein und stellen sich tot. Nimmt man sie in die Hand, sondern sie eine übel riechende gelbliche Flüssigkeit ab, die sie vor Fraß schützen soll. Wagt es trotz aller Warnungen ein Tier, sie zu verspeisen, werden sie schnell wieder als ungenießbar ausgespuckt.

Raubmilben

Es gibt etwa 30 heimische Arten, viele sind auch in Gärten auf Obstbäumen zu finden. Die flinken Jäger ernähren sich von Spinnmilben und anderen Milbenarten. Eine Raubmilbe vertilgt pro Tag 10–20 Spinnmilben. Manche Raubmilben weichen in Notzeiten auf Pollen und Pilzgeflechte als Nahrung aus. Durch das großzügige Versprühen von Insektiziden im vergangenen Jahrhundert wurden die Raubmilben stark dezimiert, infolgedes-

Marienkäfer und ihre Larven sind gewandte Jäger. Viele heimische Arten haben sich auf Blattläuse als Nahrung spezialisiert.

Raubmilben fressen Spinnmilben und verhindern unter anderem, dass sich die Pflanzensauger auf Obstbäumen stark vermehren.

sen vermehrten sich die robusteren Spinnmilben explosionsartig. Nachdem man die Spritzungen reduziert hat und nützlingsschonende Mittel verwendet, übernehmen Raubmilben wieder erfolgreich die Bekämpfung der Spinnmilben.

Raubwanzen

Viele Wanzenarten zapfen Pflanzensaft, einige leben räuberisch. Sie spießen ihre Beute auf und saugen sie aus. Sie verzehren Blattläuse, Raupen, Blattsauger, Zikaden, Käfer- und Blattwespenlarven, Spinnmilben und Insekteneier. Die meisten Arten gehen am Boden oder im krautigen Dickicht auf Pirsch, manche auf Bäumen und Sträuchern. Sie sind sehr häufig und zahlreich, wirken aber oft im Verborgenen. Einige Wanzenarten *(Orius)* werden von Nützlingsfirmen gezüchtet und vor allen von Erwerbsgärtnern im Gewächshaus als Schädlingsbekämpfer ausgesetzt.

Raupenfliegen

Raupenfliegen parasitieren Larven, vor allem Raupen, und sind deshalb häufig dort anzutreffen, wo Raupen in Massen (Schwammspinner, Nonne, Goldafter) auftreten. Eine Art hat sich auf den Kleinen Frostspanner spezialisiert, weshalb man sie als Nützling sogar nach Kanada holte. Raupenfliegen legen ihre Eier in oder an die Wirtstiere, wo sie mit der Nahrung von den Raupen gefressen werden. Bei anderen Arten bohren sich die Larven nach dem Schlüpfen in den

Dieser Kartoffelkäfer wurde Beute einer räuberisch lebenden Wanze. Raubwanzen stechen ihre Opfer an und saugen sie aus.

Schmetterlingsnachwuchs ein. Die Fliegen ernähren sich von Honigtau, Nektar und Pollen, den sie sich bevorzugt von Doldenblütlern holen.

Schlupfwespen

Man unterscheidet zwischen Echten Schlupfwespen und Brackwespen. Echte Schlupfwespen parasitieren die Larven von Holzwespen und Bockkäfern, andere Apfelwickler- und sonstige Wicklerarten. Brackwespen bevorzugen für ihre Eiablage Kohlweißlinge, Miniermotten oder die Larven von Blattwespen. Der Schlupfwespen-Nachwuchs frisst seinen Wirt von innen auf.

Schwebfliegen

Sie werden oft mit Wespen verwechselt, ihnen fehlen unter anderem jedoch die Wespentaille und der Stachel. Außerdem haben sie nur zwei Flügel, Wespen besitzen vier. Die geschickten Flieger können wie Hubschrauber an einer Stelle in der Luft verharren, ohne abzustürzen. Die Fliegen ernähren sich von Honigtau, Nektar und Pollen. Wegen ihres kurzen Rüssels können sie ihre Nahrung nur von Blüten auflecken, die den Nektar offen darbieten wie die Doldenblütler. Die Larven saugen Blattläuse, Blutläuse, Blattsauger, Spinnmilben, Räupchen, kleine Larven und anderes Kleingetier aus. Eine Larve schafft bis zu 100 Läuse pro Tag. In Blattlausjahren vermehren sich die Schwebfliegen sehr stark und schwirren im Hochsommer oft in großer Anzahl in den Gärten herum.

Weichkäfer

Man kennt sie auch unter dem Namen Soldaten- oder Franzosenkäfer. Die Käfer findet man häufig auf den Blüten von Doldenblütlern. Sie fressen Nektar, Pollen, Blattläuse, Larven von Blattwespen, Raupen und anderes Kleingetier. Die am Boden lebenden Larven ernähren sich von Raupen, Larven, Schnecken und Insekteneiern.

Parasitierte Kohlweißlingsraupe mit Schlupfwespenpuppen (links). Schwebfliegen ernähren sich von Nektar, ihre Larven leben räuberisch.

Schädlinge und Krankheiten von A – Z

Ameisen

Ameisen leisten im Garten wertvolle Dienste. Sie füttern ihre Brut mit Insekten und anderem Kleingetier, darunter mit vielen pflanzenschädlichen Arten wie Kohlweißlings-Raupen oder Dickmaulrüssler-Larven. Außerdem verwerten sie tote Tiere. In Gärten treten häufig die Schwarzgraue Wegameise *(Lasius niger)* und die Gelbe Wiesenameise *(Lasius flavus)* auf. Sie siedeln gerne an warmen, trockenen Plätzen und bauen ihre Nester im Rasen, ins Staudenbeet oder unter Steinplatten, wobei sie den ausgeworfenen Sand zwischen den Fugen auftürmen.

Schaden

Ameisen sind nicht schädlich, können aber lästig werden, wenn sie Kolonien in Blumentöpfen, Hochbeeten, auf der Terrasse und im Wintergarten gründen oder in Kompaniestärke ins Haus eindringen, um dort nach Futter zu suchen. Die Tiere verschleppen Samen und säen Veilchen, Lavendel, Bärlauch und andere Pflanzen entlang ihrer Straßen. Den größten Ärger bereiten sie Gärtnern allerdings, weil sie Pflanzensauger wie Blattläuse betreuen, sie melken, von Pflanze zu Pflanze tragen und sie vor Feinden schützen. Die Gelbe Wiesenameise kümmert sich vor allem um Wurzelläuse und gründet im Boden häufig nahe bei ihren Melkkühen Nester.

Abwehr

Einzelne Ameisen im Haus zu erschlagen oder mit einem in Zuckerwasser getränkten Schwamm anzulocken und nach draußen zu tragen ist wenig sinnvoll, solange die Schlupflöcher nicht versiegelt sind. Um die Tiere endgültig loszuwerden, ist es wichtig, an den Außenwänden die Stellen zu finden, wo die Ameisen eindringen und diese lückenlos abzudichten. Nester im Wintergarten oder in Hochbeeten hebt man aus und siedelt sie um. Sind diese schwer zugänglich, stellt man Lockstoff-Dosen (im Handel) auf. Die Ameisen tragen den vergifteten Köder ins Nest und verfüttern ihn. Da die Königinnen mehrere Jahre alt werden, den Giftanschlag oft überleben und neue Kolonien aufbauen, muss man die Köderdosen so lange am besten jeweils schon im Frühjahr aufstellen, bis keine Ameisen mehr auftauchen.

Das Besiedeln von Blumenkübeln verhindert, wer Korken oder Kieselsteine als Dränageschicht in die Töpfe legt. Werden Steinplatten auf feinem, scharfkantigem Splitt statt auf Sand verlegt, haben Ameisen keine Chance, diese zu unterminieren. Duftstoffe stören die Kommunikation zwischen den Tieren eines Staates. Gibt man stark duftende Öle (Lavendel, Salbei) direkt ins Nest, löst das Verwirrung aus, kurzfristig lassen sich damit auch Ameisenstraßen umleiten. Um die Stämme gelegte Leimringe verhindern, dass Ameisen zu den Blattlaus-Kolonien an den Triebspitzen von Obstbäumen vordringen. Sobald tote Tiere, festgeklebte Ästchen oder Blätter eine Brücke bilden, muss der Leim erneuert werden.

Blattläuse, die von Ameisen betreut werden, vermehren sich ungestört, denn ihre Betreuer vertreiben alle Blattlausjäger.

Asseln

Kellerassel, Mauerassel sowie Roll- und Kugelasseln gehören zu den Landasseln und im Tierreich zur Klasse der Krebstiere *(Crustaceae)*, sie sind eng mit Hummer, Langusten und Garnelen verwandt. Landasseln atmen mit Hilfe von Kiemen, die ständig von einem Wasserfilm bedeckt sein müssen. Die lichtscheuen Tiere treten an dunklen Orten mit hoher Luftfeuchte auf. In der Natur helfen sie beim Zersetzen von abgestorbenem Pflanzengewebe oder Pilzen. Man findet sie nie einzeln, sondern immer in größeren Gruppen in jedem Gartenboden und vor allem auf dem Kompost.
Junge Tiere sind weiß, erwachsene je nach Art grau oder braun. Die Weibchen legen etwa 80 Eier, die sie bis zum Schlüpfen der Jungen in einer Bauchtasche herumtragen. Um Wasser und wertvolle Nährstoffe wie Kupfer zu sparen, trinken Landasseln ihren Harn und fressen ihren Kot. Obwohl Asseln bei Gefahr ein unangenehm riechendes Sekret ausscheiden, stehen sie auf der Speisekarte von Kröten, Fröschen, Spitzmäusen, Igeln, Eulen, Eidechsen, Blindschleichen, Käfern und Spinnen.

Kellerasseln können im Obstkeller große Schäden anrichten, da sie intakte Früchte anfressen und Fäulniserreger übertragen.

Schaden

Asseln spielen eine wichtige Rolle im Naturkreislauf. An manchen Orten sind sie jedoch unerwünscht, vor allem wenn sie in Massen auftreten. Hartes Gewebe können die kleinen Krebse nicht durchbeißen, aber weiches, saftiges von Keimlingen und Setzlingen. Besonders leicht gelingt ihnen dies bei verweichlichten Pflänzchen im Gewächshaus und Frühbeetkasten. Sie schaben das Gewebe ab oder beißen Löcher hinein. Auch den zarten Blüten von Orchideen, Kakteen und anderer Pflanzen können sie nicht widerstehen. Schäden richten sie eben-

falls an weichhäutigem oder verletztem Gemüse an wie Gurken, Zucchini, Tomaten oder Kartoffeln.
Ein Assel-Paradies sind Naturkeller, wo die Tiere hohe Luftfeuchte, Nahrung und Verstecke im Überfluss finden. Derbschalige Apfelsorten wie 'Boskoop' lassen die kleinen Krebse meist unberührt, aber weichschalige, saftige wie 'Cox Orange' höhlen sie von der Kelchgrube beginnend aus, bis nur noch Schale und Kelchgehäuse übrig bleiben.

Abwehr

Da Asseln keine Langstreckenläufer sind, hält man sie auf Abstand, indem man den Kompost nicht in der Nähe von Wintergarten, Gewächshaus oder Obst- und Gemüselager anlegt. Mauerasseln halten sich tagsüber gerne unter Steinplatten auf. Legt man die Platten nicht direkt auf Erde oder Sand, sondern auf Splitt, vergrämt das die Tiere.
Asseln treten nur dort in Massen auf, wo sie genügend Verstecke finden. Deshalb sollte man vorbeugend Keller, Gewächshaus und dergleichen sauber halten: Die Pflanzen regelmäßig putzen und abgestorbene Pflanzenteile entfernen; Kisten, Kartons, Zeitungspapier, unbenutzte Töpfe und Schilfmatten in trockenen, pflanzenfreien Räumen aufbewahren. Lagerkeller und Regale im Sommer gründlich reinigen, bei Bedarf kalken und ausgiebig lüften. Lagergemüse in frostfreien Räumen nicht mit Schilfmatten abdecken.
Wo Asseln in Massen auftreten und sich nicht aufkehren lassen, um sie ins Freie zu tragen, bietet man ihnen Tagesverstecke an, die man regelmäßig kontrolliert und auf dem Kompost entleert. Als Verstecke eignen sich: pilzbefallene morsche Bretter, Holzwolle oder angefeuchtete Strohbüschel, halbierte, leicht ausgehöhlte Äpfel und Kartoffeln, ausgepresste Orangen sowie besonders gut die Köpfe von Sonnenblumen, nachdem man die Samen entfernt hat.
Um das Gewebe von Keimlingen und Setzlingen zu kräftigen, gießt und überbraust man sie regelmäßig mit Ackerschachtelhalm-Tee oder bestäubt sie hauchfein mit Steinmehl. Gemüse nur auf sonnigen Beeten anbauen, auf genügend Abstand zwischen den Pflanzen achten. Früchte, die direkt auf der feuchten Erde aufliegen, junge Zucchini, Gurken, Kürbisse sowie Erdbeeren, außerdem mit Stroh gemulchte (Gewächshaus-) Gurken sind besonders gefährdet.

Spitzmäuse riechen und hören sehr gut. Sie fangen mit ihren scharfen Zähnen Insekten, Spinnen, Schnecken und andere Kleintiere.

Blattläuse

In Mitteleuropa treten etwa 850 Blattlaus-Arten auf *(Aphidina)*. Die Tiere sind 2–4 mm groß, geflügelt oder ungeflügelt und verschiedenfarbig, z.B. gelb, orange, grün oder schwarz. Die Farbe ist nicht nur von der Art abhängig, sondern auch von der Nahrung und der Jahreszeit. Läuse saugen Pflanzensaft, indem sie die Leitungsbahnen (Phloem) der Pflanzen anbohren. Je nach Art haben sie sich auf eine mehr oder weniger große Anzahl von Wirtspflanzen spezialisiert.
Eine häufige Art, die Grüne Pfirsichblattlaus, saugt auf über 400 Pflanzenarten, auch die Grünfleckige sowie die Grünstreifige Kartoffelblattlaus sind nicht sehr wählerisch. Die Mehlige Kohlblattlaus bevorzugt Kohlgewächse und andere Kreuzblütler; die Grüne Erbsenblattlaus Schmetterlingsblütler wie Erbsen. Die Große Johannisbeerblattlaus findet man vor allem an Salat, die Schwarze Bohnenblattlaus im Sommer an Puffbohnen, Gartenbohnen, Dahlien, als Winterwirt dienen Pfaffenhütchen und Schneeball. Auf Doldenblütlern lebt die Gierschblattlaus im Sommer, ihre Wintereier legt sie an Weiden ab. Die Grüne Apfelblattlaus saugt nicht nur an Apfelbäumen, sondern auch an Quitte, Birne, Eberesche und Weißdorn. Die Apfelgraslaus wandert Ende Mai vom Apfel zu Gräsern ab, an deren Wurzeln sie weitere Generationen bildet. Die Mehlige Apfelblattlaus besiedelt ab Juni Wegerich *(Plantago)*, Apfelfaltenläuse Ampfer *(Rumex)*.

Viele Blattlausarten saugen bevorzugt an den Triebspitzen, die bei starkem Befall verkümmern. Benachbarte Blätter leiden unter Honigtau.

Die Schwarzen Sauer- und Süßkirschblattläuse bleiben jeweils ihrer Kirschart treu; im Juni wechselt ein großer Teil dieser Kolonien zu Labkraut *(Galium)*, Ehrenpreis *(Veronica)* oder Tausendgüldenkraut *(Centaurium)*.
In milden Wintern und an Kübelpflanzen in frostfreien Räumen überleben einzelne Läuse, doch bei vielen Arten sterben normalerweise im Herbst die Tiere, nachdem sie Eier an ihre Lieblingspflanzen gelegt haben. Blattlaus-Wintereier vertragen Regen, Kälte und selbst starke Fröste. Die im zeitigen Frühjahr daraus schlüpfenden Läuse heißen Stammmütter. Diese besonders großen Läuse gebären junge Läuse am laufenden Band, und ihr Nachwuchs setzt bereits etwa zwei Wochen später ebenfalls Läuse in die Welt. Männchen sind bei dieser Jungfernzeugung (Parthenogenese) überflüssig. Die jungen Läuse sind die identische Kopie ihrer Mutter. Die Läuse tun nichts außer Saugen und Gebären, und auf diese Weise wachsen die Kolonien rasch an. Wird der Platz eng auf den Pflanzen oder versiegt die Saftquelle, entstehen geflügelte Läuse, die nach besseren Futterplätzen Ausschau halten. Erst im Herbst treten Männchen und Weibchen auf, letztere legen befruchtete Wintereier.
Blattläuse haben viele Feinde: Marienkäfer und ihre Larven, die Larven von Florfliegen und Gallmücken, Schlupf-

wespen, Ohrwürmer, Laufkäfer, Raubwanzen, Meisen und andere Vögel.

Schaden

Blattläuse treten nur im zeitigen Frühjahr einzeln auf, ansonsten wegen ihrer hohen Geburtenrate immer in mehr oder weniger großen Kolonien. Viele Arten werden von Ameisen betreut, zum Beispiel die Schwarze Kirschblattlaus oder die Mehlige Apfelblattlaus. Im Gegensatz zu Blut- oder Schildläusen saugen Blattläuse vor allem an den Triebspitzen, manche Arten auch an den Wurzeln. Lange, kraftvoll wachsende Zweige mit guter Nährstoffversorgung werden bevorzugt. Blattläuse schädigen durch Saftentzug, außerdem bewirken Stoffe im Speichel vieler Arten, dass die Blätter sich einrollen oder kräuseln, die Triebe gestaucht bleiben und verkrüppeln und somit die Läuse Schutz vor Feinden finden. Besonders bei jungen Bäumen kann dies zu starken Wuchshemmungen führen. Blattläuse übertragen zudem Krankheitserreger (Viren).

Für ihre Entwicklung benötigen Läuse stickstoffhaltige Eiweiß-Bausteine (Aminosäuren), die im Pflanzensaft schwimmen. Den dort reichlich vorhandenen Zucker verwerten sie nur zum Teil, überschüssigen spritzen sie mit ihrem Kot (Honigtau) in die Umgebung. Klebrige Blätter sind ein untrügliches Zeichen für die Anwesenheit dieser Pflanzensauger. Auf dem Honigtau siedeln sich häufig Schwärzepilze an. Unter dem klebrig dunklen Belag (Rußtau) ersticken die Blätter und können keine Sonnenenergie mehr einfangen. Betreuen Ameisen die Läuse, verklebt meist nur wenig Honigtau befallene Pflanzen, da die Ameisen den Zuckersaft melken.

Schwebfliegenlarve frisst Blattläuse. Wenn sich in einer Kolonie Nützlinge aufhalten, erübrigt sich das Ausbringen von Spritzmitteln.

Abwehr

Pflanzen, die mit Stickstoff überdüngt wurden, sind für Blattläuse besonders attraktiv. Denn deren Saft enthält viele (aus Zucker und Stickstoff zusammengebaute) Aminosäuren. Da die Pflanze einen Großteil ihrer Energie darauf verwendet, den für sie in größerer Menge giftigen Stickstoff zu verwerten, bleibt kaum Zeit, die Aminosäuren zu Eiweiß weiterzuverarbeiten. Zurückhaltende Stickstoff-Düngung beugt deshalb starkem Läusebefall vor.

Nicht jedes Jahr sind Läusejahre. Gelegentlicher Befall gibt keinen Anlass zur Sorge. Wird eine Pflanze Jahr für Jahr stark befallen, sollte man über einen neuen Standort nachdenken, der der Pflanze mehr zusagt und ihre Abwehr weniger schwächt. Die Widerstandskraft von jungen Salat- und Gemüsepflanzen fördern selbst hergestellte Pflanzen-Auszüge sowie Pflanzenstärkungsmittel auf pflanzlicher, Algen- oder Mikroorganismen-Basis (im Handel). Bei Kopfsalat gibt es inzwischen resistente Sorten; Pflücksalate sind weniger anfällig als Kopfsalat. Möhrensorten werden von der Gierschblattlaus unterschiedlich stark befallen.

Im Winterquartier stark verlauste Kübelpflanzen mit verkümmerten Trieben schneidet man zurück, mäßig verlauste stellt man ab April ins Freie, wo Regen, Blaumeisen und andere Tiere dem Spuk schnell ein Ende bereiten. Im Wintergarten und Gewächshaus ist regelmäßiges Lüften wichtig; dies dient einerseits der Pflanzengesundheit, andererseits ermöglicht es Nützlingen einzuwandern.

Blattläuse sind für viele Nützlinge lebenswichtig, man sollte deshalb diesen Helfern die Chance geben, die Pflanzensauger im Zaum zu halten. Aus diesem Grund ist es sinnvoll, nicht nur im Zier-, sondern auch im Nutzgarten, unter Obstbäumen oder auf dem Gemüsebeet Sommerblumen und andere Pflanzen, die Nützlinge anlocken, auszusäen.

Bevor man schwere Geschütze auffährt, auf chemische oder biologische Spritzmittel zurückgreift, sollte man überprüfen, ob sich Nützlinge in den Kolonien aufhalten. Als Laie kann man davon ausgehen, dass nahezu jedes Tier, das nicht wie eine Blattlaus (siehe auch Seite 145) aussieht, ein Nützling ist. Die Massenvermehrung von Blattläusen in warmen, trockenen Frühjahren hat immer auch eine starke Vermehrung von Nützlingen zur Folge. Am hartnäckigsten halten sich Blattläuse, die von Ameisen betreut werden. Werden die Ameisen wirksam bekämpft, finden Nützlinge ungehinderten Zugang zu den Blattläusen und räumen dort innerhalb kurzer Zeit auf.

Blattflöhe saugen Pflanzensaft. Die Larven des Frühjahrsapfelblattsaugers sind etwa 2 mm lang. Sie treten im April/Mai auf.

Blattsauger, Blattflöhe

In Mitteleuropa sind etwa 90 Arten *(Psyllina)* heimisch. Blattsauger zapfen wie Blattläuse die Transportbahnen (Phloem) der Pflanzen an und saugen Saft. Wie diese bevorzugen sie junges, wachsendes Gewebe. Die 2–4 mm großen Tiere klappen ihre Flügel in Ruhestellung dachartig auf dem Rücken zusammen und sehen dann kleinen Zikaden ähnlich. Sie werden auch Blattflöhe genannt, da die erwachsenen Tiere bei Störung springend aufstieben. Ihre Eier sind an einem fadenförmigen Stielchen befestigt, das bei der Eiablage mit Hilfe eines Legebohrers in das pflanzliche Gewebe geschoben wird. Ausgenommen das erste Larvenstadium, sind die flachen Larven wenig beweglich. Die meisten Blattflöhe überwintern als erwachsene Tiere, manche auch als Ei oder Larve.

Der Grüne Möhrenblattfloh bevorzugt Möhren, Sellerie und andere Doldenblütler *(Apiaceae)*. Neben den Larven saugen auch die erwachsenen Tiere, sie richten die größeren Schäden an. Diese Blattsauger überwintern meist an Fichten oder sonstigen Nadelgehölzen, die Eiablage an Doldenblütlern erfolgt im Mai.

An Obstgehölzen, manchmal auch an Citruspflanzen im Wintergarten findet man verschiedene Blattsauger-Arten. An Apfelbäumen tritt der Frühjahrsapfelblattsauger auf, mancherorts auch eine weitere Art im Sommer. An Birnbäumen saugen der Gemeine, Braune, Große und Kleine Birnenblattsauger.
Zu den eifrigsten Jägern von Blattsaugern zählen Raubwanzen, auch Ohrwürmer und Spinnen stellen ihnen nach, Schlupfwespen parasitieren sie.

Schaden

Befallene Möhrenblätter kräuseln sich stark, ohne sich zu verfärben. Der Wuchs ist gehemmt.
Beim Apfel welken Blatt- und Blütenknospen ungeöffnet und färben sich braun, junge Früchte verkrüppeln. In der Nähe der hellen, platt gedrückten Larven, die Blattläusen ähnlich sehen, sitzen klebrige, von Wachs umhüllte Kot-Tröpfchen (Honigtau). Die verschmierten Blätter werden von Schwärzepilzen besiedelt. Ab Juni findet man erwachsene Tiere auf den Trieben.
An Birnbäumen schlüpfen die ersten Blattsauger-Larven ebenfalls bereits vor der Blüte. Befallene Blätter sind braun verfleckt, eingerollt oder gekräuselt, die Triebe verdreht. Die Larven sondern sehr große Mengen Honigtau ab, den Schwärzepilze besiedeln. Stark verschmutzte Blätter vertrocknen und fallen ab. Als besonders anfällig gelten die Sorten 'Conference' und 'Clapps Liebling'. Birnenblattsauger übertragen Feuerbrand und andere Krankheiten (Birnenverfall).

Abwehr

Im Hausgarten treten in der Regel so geringe Schäden auf, dass viele Gartenbesitzer diesen Schädling nicht einmal dem Namen nach kennen. Vorbeugend auf genügend Abstand zwischen den Bäumen achten, windoffene Standorte bevorzugen und die Kronen regelmäßig auslichten. Möhren nicht zu eng säen, für kräftiges Wachstum sorgen. Bei Bedarf mit Wermut- oder Rainfarn-Tee spritzen.

Blattwespen

Blattwespen *(Symphyta)* legen ihre Eier mit Hilfe eines Legebohrers ins Blattgewebe. Ihre Larven (Afterraupen) fressen Pflanzen, sie leben außen auf den Blättern, minieren innen oder bilden Gallen. Manche schützen sich mit Gespinsten wie die Birnenblattwespe oder die Fichten-Gespinstblattwespe. Zu den Blattwespen gehören auch die Sägewespen, die auf Apfel- oder Pflaumenbäumen leben, Rosentriebbohrer sowie die Rosenblattrollwespe, die in manchen Jahren verstärkt auftritt und ihre Anwesenheit durch charakteristisch eingerollte Rosenblätter verrät.
Einige Blattwespen neigen zu Massenvermehrung und können zu Kahlfraß führen, die meisten haben sich auf Gehölze spezialisiert.
Die Larven der Stachelbeer-Blattwespe, es gibt eine gelbe und eine schwarze Art, beginnen mit dem Fraß von der Strauchmitte aus. Zunächst fressen sie Löchlein in die Blätter, später das gesamte Gewebe bis auf die Blattrippen ab. Die Wespen der ersten Generation fliegen im April, Mai; pro Jahr entstehen bis zu vier Generationen.
Die glänzenden Schwarzen Kirschblattwespen fliegen im Mai, Juni und legen ihre Eier auf die Unterseite von Kirschblättern.
Neben Süßkirsche, Sauerkirsche, Aprikose, Pfirsich befällt die Wespe gelegentlich auch Pflaume, Birne, Apfel und Quitte. Im Sommer fallen auf den Blättern schwarze Schleimhäufchen auf, die mancherorts auch fälschlicherweise als Kaulquappen oder Schneckenschleim bezeichnet werden. Die im Schleim verborgenen Larven der Schwarzen Kirschblattwespe schaben die Blätter ab, dass nur noch die Adern und die untere Haut übrig bleiben. Bei starkem Befall kommt es zu Kahlfraß. Die Larven verpuppen sich im Boden, im Juli, August erscheint die zweite Wespengeneration.
Die Weißfüßige Kirschblattwespe ist weniger häufig, sie bevorzugt Kirsche, Himbeere und Brombeere.
Kohlgewächse und andere Kreuzblütler schädigt die Kohlrübenblattwespe. Sie frisst vor allem die Blätter von Radieschen, Rettichen, Chinakohl und Meerrettich bis auf die Blattrippen ab.

Schaden

Leichter Befall wird oft übersehen: durchlöcherte oder abgeschabte Blätter (Rand-, Loch-, Fensterfraß). Der Schaden fällt erst auf, wenn die Larven in Massen auftreten und die Gehölze bis auf die Blattskelette kahl fressen. Die Pflanzen werden dadurch zwar geschwächt, erholen sich aber meist bis zum folgenden Jahr wieder völlig.
Auch die Larven von Blattwespen haben Feinde: Vögel, Schlupfwespen, Raupenfliegen, Laufkäfer u.a.

Abwehr

Von kleinen Kirschbäumen oder Stachelbeerbüschen kann man die Larven absammeln. Eingerollte Rosenblätter pflückt man mitsamt den darin verborgenen Larven. Von Rosentriebbohrern befallene Zweige werden abgeschnitten.
Die Larven der meisten Blattwespen-Arten überwintern im Boden. Durch häufiges Hacken unter den befallenen Büschen oder Bäumen werden die Larven an die Oberfläche befördert oder zumindest gestört und für Fressfeinde leicht zugänglich. Manche Gärtner berichten von guten Erfahrungen, die den Boden nach dem Lockern durchdringend mit Rainfarn- oder Rhabarber-Tee gießen.
Beim Einsatz von chemischen Mitteln ist darauf zu achten, dass sie für das Anwendungsgebiet zugelassen sind. Die gefräßigen Larven werden oft mit Raupen verwechselt, sie sind allerdings nicht der Nachwuchs von Schmetterlingen, sondern von Wespen, deshalb zeigen *Bacillus-thuringiensis*-Präparate (Raupenspritzmittel) gegen sie keine Wirkung.

Die Larven von Blattwespen bezeichnet man als Afterraupen. Die Larve der Pflaumensägewespe (unten) lebt in Zwetschgen- und Pflaumenfrüchten.

Blutlaus

Die Blutlaus *(Eriosoma lanigerum)*, sie gehört zur Familie der Blasenläuse *(Eriosomatidae)*, ist vor allem auf Apfelbäumen anzutreffen. Sie wurde aus Nordamerika nach Europa eingeschleppt und über befallene Baumschulware weitflächig verbreitet. Die weißen Läusekolonien findet man ab Mai in Astgabelungen, an Wurzeltrieben, Wasserschossen und vor allem an Schnittstellen im alten und neuen Holz, wo sie den Zellinhalt (Parenchym) aussaugen. Die 2 mm kleinen, braunroten Läuse färben sich beim Zerquetschen rot (Blutlaus). Sie saugen geschützt unter einem wachsigen, wattebauschähnlichen Flaum.
Während des Sommers setzen sich die Tiere ungeschlechtlich lebendgebärend fort. Im Sommer brechen geflügelte Läuse auf, um neue Kolonien zu gründen.
Im Herbst werden männliche und weibliche Tiere geboren, jedes Weibchen legt ein Winterei ab. In unseren Breiten entstehen daraus jedoch keine fruchtbaren Nachkommen. Die Läuse sorgen für das Überleben ihrer Art in Europa, indem die Tiere, vor allem die jungen, hinter der Borke am Stammgrund und in der Erde am Wurzelhals überwintern.
Auf den Bäumen findet man in der kalten Jahreszeit außer einigen weißen Larvenhäuten keine mit weißen Wachsfäden getarnten Tiere mehr. In strengen Wintern erfrieren alle Läuse, die sich oberirdisch aufhalten, obwohl sie kurzzeitig Temperaturen bis –25° C ertragen. Strenge Winter und heiße Sommer hemmen die Entwicklung der amerikanischen Blutlaus. Sie befällt außer Apfel auch Felsenmispel, Zwergmispel, Weißdorn und Eberesche.
An Obstgehölzen und Kübelpflanzen treten ebenfalls mit weißen Wachsflocken überzogene Läusearten auf. Diese Schmierläuse gehören zur Sippschaft der Schildläuse und sind starke Honigtauproduzenten.

Schaden

An Apfelbäumen schädigen Blutläuse weniger durch Saftklau, sondern vor allem durch das Verursachen von Wuchsdeformationen (Blutlauskrebs, Blutlausgallen). Die Tiere geben mit ihrem Speichel Stoffe ab, der befallenes Gewebe zu wulstigen, knotigen, krebsartigen Wucherungen veranlasst. Oberhalb der Kolonien ist der Wuchs gehemmt, diese Triebe sind häufig besonders frostanfällig.

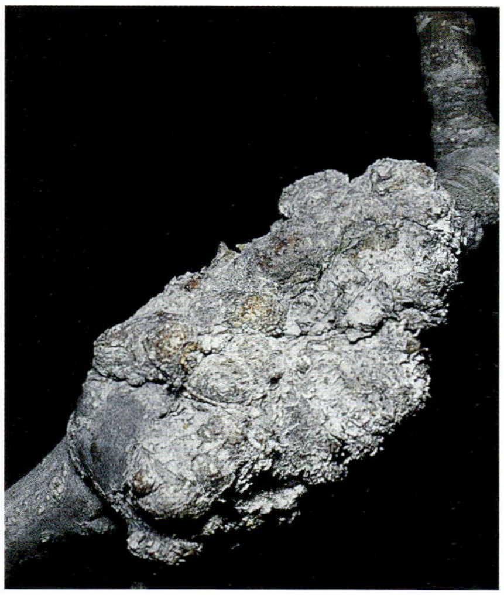

Die Blutlaus wurde von Nordamerika nach Europa eingeschleppt. Wo diese Läuse saugen, entstehen Wucherungen am Gewebe (Blutlauskrebs).

Abwehr

Apfelbäume an warmen, beengten, windgeschützten Standorten sind erhöht gefährdet. Als besonders anfällig gelten die Sorten 'Boskoop', 'Cox Orange', 'Goldparmäne', 'James Grieve', 'Jonathan', 'Klarapfel', 'Landsberger'; als wenig anfällig 'Berlepsch' und 'Ontario'. Bei den Apfel-Unterlagen werden bevorzugt M4 und M9 befallen, die MM-Unterlagen (MM109, MM111) sind resistent.
Die Kolonien bürstet man im Frühsommer mit Seifenlauge oder Rainfarn-Tee ab. Auch das Gießen des Wurzelbereichs mit konzentriertem Rainfarn- oder Wermut-Tee im Winter mindert den Befall. Inzwischen ist in Europa die Blutlauszehrwespe *(Aphelinus mali)* eingebürgert. Sie stammt wie die Blutlaus aus Nordamerika und wurde ausgesetzt, um die Laus zu bekämpfen. Von ihr parasitierte Tiere färben sich schwarz. Die Zehrwespe reagiert sehr empfindlich gegen Insektizide.
Vorbeugend sollte man zurückhaltend düngen (Stickstoff), die Kronen auslichten sowie Stamm- und Wurzelschösslinge entfernen.

Drahtwürmer

Als Drahtwürmer bezeichnet man die Larven der Saatschnellkäfer und anderer Schnellkäfer-Arten *(Elateridae)*. Die Käfer heißen so, weil sie aus der Rückenlage in Bruchteilen von Sekunden hochschnellen, um wieder auf ihren Beinen zu landen. Die lang gestreckten Larven haben eine feste, widerstandsfähige Haut, »hart wie Draht«, und durchlaufen je nach Art eine bis zu sechsjährige Entwicklung bis zum Vollinsekt. Von den etwa 180 heimischen Schnellkäfer-Arten ernährt sich der Nachwuchs vieler von Humus und abgestorbenen Pflanzen. Die Larven einiger Arten gelten als Pflanzenschädlinge. Auf feuchtem, sandigem Boden fühlt sich der Steppenschnellkäfer wohl. Der etwa 1–1,5 cm große, metallisch schimmernde Käfer versteckt sich unter Steinen und Ähnlichem am Boden. Die Larven fressen an den Wurzeln von krautigen Pflanzen. Häufig treten Humus- oder Saatschnellkäfer-Arten auf. Sie bevorzugen nicht allzu schwere, feuchte, saure Böden sowie dicht bewachsene Flächen (Wiesen, Rasen). Ihre Larven fressen an den Wurzeln oder am Wurzelhals von vielen Nutz- und Zierpflanzen: Erdbeeren, Getreide, Klee, Mais, Salat, Möhren, Kartoffeln, Knollensellerie, Wurzelpetersilie, Dahlien …
Zu den Feinden zählen Laufkäfer, Kröten, Igel, Spitzmäuse, Maulwürfe, Vögel und Hühner.

Schaden

Da die Larven an den Wurzeln fressen, bemerkt man den Schaden häufig spät. Salatpflanzen welken und lassen sich leicht aus dem Boden ziehen. Setzlinge

Drahtwürmer heißen die Larven der Schnellkäfer. Salat, Möhren, Kartoffeln und anderes saftige Gemüse gehören zu ihren Lieblingsspeisen.

sind am Wurzelhals an- oder durchgebissen; Saaten gehen lückig auf, da die Larven die Keimlinge anfressen. Maissamen wird ausgehöhlt.

Abwehr

Drahtwürmer lieben feuchte, humose, saure Böden; Trockenheit, Sonne und häufige Bodenbearbeitung (Hacken, Fräsen) missfällt ihnen. Junge Larven kann man durch Einarbeiten von Algenkalk in den Boden bekämpfen. In trockenen Zeiten wandern Drahtwürmer in tiefe, feuchte Erdschichten. Auf durchdringend nassen Beeten halten sich die Larven dicht unter der Oberfläche oder an der Oberfläche unter Pflanzenbewuchs auf, wo sie sich leicht ködern lassen. Als Köder eignen sich Salat, Möhren, Rüben oder Kartoffeln. Man drückt halbierte Möhren mit der Schnittfläche nach unten 2–3 cm tief in den feuchten Boden. Das Ende schaut aus der Erde heraus, damit man die Köder wiederfindet. Diese müssen regelmäßig, am besten täglich, kontrolliert und die Tiere abgesammelt werden. Baut man Kartoffeln und Salat reihenweise gemischt mit Studentenblumen *(Tagetes)* an, hält dies Drahtwürmer ebenfalls auf Abstand.
Umbrochene Wiesen oder Rasenflächen sollte man erst in einen Nutzgarten umwandeln, nachdem man sich vergewissert hat, dass dort kein Befall mit Drahtwürmern vorliegt. Andernfalls ist es sinnvoll, erst zwei, drei Jahre lang Gründünger anzubauen.
In einigen Jahren wird vermutlich ein Pflanzenschutzmittel auf den Markt kommen, das einen weltweit vorkommenden Pilz *(Metarhizium)* enthält, der Drahtwürmer infiziert und abtötet. In Kanada laufen diesbezüglich vielversprechende Versuche.

Echter Mehltau

Die etwa 700 Echten Mehltau-Pilze *(Erysiphales)* parasitieren weltweit rund 7000 Wirtspflanzen. Dank ihres hohen Wasser- und Fettgehalts gelingt es den Sporen, auch auf trockenen Oberflächen auszukeimen. Eine Luftfeuchte von 70 % genügt ihnen, diese wird oft in den Nachtstunden erreicht. Weil Echte Mehltau-Pilze vor allem bei warmer, trockener Witterung (und in klimatisch begünstigten Regionen) auftreten, heißen sie trockenholde oder Schönwetter-Pilze. In Küstennähe bereiten sie kaum Probleme. Viele dieser Pilze leben oberflächlich auf den Pflanzen, die Nährstoffe holen sie sich mit Hilfe spezieller Saugorgane (Haustorien). Sie sind meist auf eine bestimmte Pflanzenart spezialisiert. Mehltau an Apfelbäumen kann keine Stachelbeeren, Reben oder Phloxe infizieren und umgekehrt.
Wenn Frühjahr und Frühsommer trocken und warm sind, entwickeln sich diese Pilze besonders gut. Echte Mehltau-Pilze findet man auf vielen Pflanzen im Garten, unter anderem an: Astern, Begonien, Clematis, Dahlien, Erbsen, Gurken, Hopfen, Löwenmäulchen, Monarde, Pflaumen, Phlox, Reben, Rittersporn oder Rosen.
Auch Echte Mehltau-Pilze haben Feinde, verschiedene Tierchen weiden den Pilzrasen ab, darunter Flechtlinge und der gelbe, schwarz gepunktete 22-Punkt Marienkäfer *(Thea vigintiduopunctata)* und seine Larven.

Schaden

Es gibt auch Echte Mehltau-Pilze, die auf der Blattunterseite schmarotzen. Anfangs sitzen sie jedoch bevorzugt auf den Blättern und jungen Trieben und überziehen sie mit einem mehlig weißen Belag, der sich braun verfärbt, bevor die Blätter absterben. Bei Stachelbeeren und Apfelbäumen ist bei trocken-warmer Witterung bereits der Austrieb infiziert, die weiß bepuderten Blätter wölben sich leicht nach oben und bleiben klein. Denn die meisten dieser Pilze überwintern in den Schuppen, die die Knospen umschließen, oder auf den Trieben und finden deshalb schnell Kontakt zu den austreibenden Blättern. Der Amerikanische Stachelbeer-Mehltau befällt auch die Früchte; der weiße Belag lässt sich abwaschen oder abkratzen, der braune nicht. Bei Apfelbäumen erkranken nur die Früchte stark anfälliger Sorten.

Abwehr

Ärger mit Mehltau erspart sich, wer widerstandsfähige oder resistente Sorten anbaut. Dies gilt für Rosen, Äpfel (Re-Sorten aus Pillnitz), Stachelbeeren genauso wie für Erbsen, Gurken, Phlox oder Rittersporn (Foerster-Sorten).
In trockenen, heißen Lagen sollte man auf den Anbau von 'Cox Orange', 'Elstar', 'Idared', 'Jonagold', 'Jonathan', 'Klarapfel', 'Landsberger', 'Oldenburg' oder 'Ontario' verzichten und stattdessen die wenig anfälligen Apfelsorten 'Berlepsch', 'Bohnapfel' oder die widerstandsfähigen 'Relinda', 'Remo', 'Retina' und 'Rewena' bevorzugen.
Krautige Pflanzen oder Gehölze (zum Beispiel Apfel, Stachelbeeren, Rosen), die großzügig mit Stickstoff gedüngt wurden oder in der Nähe des Kompostplatzes wachsen, sind stark anfällig. Stachelbeeren tragen auf Gartenböden auch ohne Düngung viele Früchte.
Auf Pflanzen, die unter Wassermangel leiden, kann sich der Pilz besonders leicht einnisten. Der richtige Standort, ausreichend Abstand, rechtzeitiges Gießen, bevor der Boden austrocknet, und Mulchen verhindern oder verzögern bei vielen Gewächsen die Infektion. Bedeckter Boden ist vor allem bei krautigen Pflanzen wie Astern, Goldrute oder Monarde hilfreich. Phloxe benötigen gleichmäßige Feuchtigkeit, in trockenen Gegenden fühlen sie sich nicht wohl. Entweder man verzichtet dort auf den Anbau oder freut sich auch über von Mehltau überzogene Phloxe. Die Blüten bleiben von der In-

Befall mit Echtem Mehltau findet man an vielen Nutz- und Zierpflanzen, sehr häufig an Begonien (links), selten an Petersilie (rechts).

fektion verschont und eignen sich zusammen mit Schnittgrün trotzdem gut für die Vase, nachdem man die kranken Blätter abgezupft hat. Gleiches gilt für Löwenmäulchen.
Stark befallene krautige Pflanzen schneidet man zurück, der Neuaustrieb ist in der Regel gesund. Die Triebspitzen von kranken Gehölzen werden beim Winterschnitt und bei Nachkontrollen im Frühjahr entfernt.
Vorbeugend kann man die Abwehrkräfte der Pflanzen durch Verwendung von Pflanzenstärkungsmitteln (Algen, Steinmehl, Mikroorganismen) auf Trab bringen. Auch Spritzungen mit mancherlei Hausmitteln (Backpulver-Rapsöl-Wasser-Gemisch, Milch, Rhabarber-Tee) beugen Befall vor. Bio-Anbauer bevorzugen Spritzmittel, die natürliche Stoffe wie Lecithin oder Staudenknöterich-Extrakt enthalten. Diese wie auch synthetische Fungizide (auf Indikation achten) zeigen nur ausreichende Wirkung, wenn sie rechtzeitig zu Beginn der Infektion ausgebracht werden. Vorsicht bei blühenden Pflanzen, sie reagieren empfindlich auf manche Fungizide.

Engerlinge

Als Engerlinge bezeichnet man die Larven von Blatthornkäfern *(Scarabaeidae)*. Dazu gehören Mistkäfer, Rosenkäfer, Nashornkäfer, Maikäfer und Junikäfer. Im Darm der großen fleischigen Larven siedeln Bakterien, die Zellulose verdauen und auch selbst den Tieren als (eiweißreiche) Nahrung dienen. Die Populationsdichte von Maikäfern schwankt über einen längeren Zeitraum; alle vier, fünf Jahre treten sie in größerer Zahl auf, etwa alle 40 Jahre kommt es zur Massenvermehrung. Die Tiere können in Maikäferjahren regional in Baumschulen, Obst- und Rebanlagen zur Plage werden.
Engerlinge richten auch starke Schäden an Golf-, Sport- und Zierrasen an. Hierbei sind gelegentlich beteiligt Dungkäfer *(Aphodius)* und Purzelkäfer *(Hoplia)* sowie sehr häufig der Gartenlaubkäfer *(Phyllopertha horticola)*. Die flachen, etwa 1 cm großen Käfer mit den gelb- oder rotbraunen, behaarten Flügeln fliegen oft in Massen von Mai bis Juni. Da die Weibchen noch in der selben Nacht, in der sie schlüpfen, sich wieder in den Boden graben und Eier ablegen und erst anschließend ihre Futterpflanzen aufsuchen, ist die Bekämpfung der Käfer wenig sinnvoll.

Engerling und Junikäfer. Engerlinge leben im Boden und fressen Pflanzenwurzeln. Bei Massenauftreten richten sie großen Schaden an.

Die Larven ernähren sich von abgestorbenen Pflanzenteilen, später von feinen Haarwurzeln, erst das dritte Larvenstadium frisst das komplette Wurzelwerk. Die Engerlinge halten sich direkt an der Grasnarbe auf, zum Überwintern ziehen sie sich tiefer in den Boden zurück, verpuppen sich im Frühjahr, und wenig später schlüpfen die Käfer.
Gartenlaubkäfer werden oft fälschlicherweise als Junikäfer *(Amphimallon solstitialis)* bezeichnet. Dieser fliegt von Juni bis August, seine Larven leben zwei Jahre lang im Boden.
Für viele Tiere sind Käfer und (oder) Engerlinge ein Leckerbissen: Igel, Spitzmäuse, Laufkäfer, Maulwürfe, Fledermäuse, Amseln, Stare, Krähen, Möwen; räuberisch lebende Nematoden, Bakterien, Viren und Pilze infizieren die Engerlinge im Boden und töten sie ab.

Schaden

Wenn die Engerlinge des Gartenlaubkäfers in Massen auftreten, lassen sich betroffene Rasenstellen wie ein Teppich abziehen oder aufrollen. Darunter liegen die Engerlinge in großer Anzahl. Der wurzellose Rasen sieht aus wie vertrocknet. Die Larven schädigen auch an jungem Gemüse, Kartoffeln, Salat und anderen Pflanzen. Befallsschwerpunkte in Deutschland sind Nordrhein-Westfalen und Mecklenburg-Vorpommern.

Abwehr

Wenn in manchen Jahren die Käfer zu Hunderten auf dem Rasen sitzen, sollte das ein Alarmzeichen sein, etwas gegen die Engerlinge zu unternehmen: den Boden ab Juni häufig hacken, im Herbst und Frühjahr fräsen. Auf kleinen Flächen oder bei schwachem Befall kann man die Engerlinge mit Salat ködern.

Bei Massenauftreten hat es sich bewährt, auf ein Pflanzenschutzmittel zurückzugreifen, das Nematoden *(Heterorhabditis bacteriophora)* enthält. Das Mittel mit den mikroskopisch kleinen Nützlingen wird in Wasser eingerührt und über die befallenen Flächen gegossen. Der beste Zeitpunkt hierfür ist Mitte Juli bis Ende September, da die Nematoden erst bei Bodentemperaturen ab 12°C aktiv sind. Sie schwimmen im Bodenwasser zu den Engerlingen, dringen in sie ein, vermehren sich und töten sie ab. Das Nematoden-Mittel wirkt gegen Engerlinge des Gartenlaubkäfers, Dungkäfers und Purzelkäfers, nicht jedoch gegen die von Mai- oder Junikäfer.
Kam es im Vorjahr zu Massenflügen, sollte man im folgenden den Rasen oder die Wiese erst nach dem Frühsommer mähen. Die Weibchen legen ihre Eier dann ins hohe Gras statt in den Boden ab, wo sie austrocknen.

Erdflöhe

Mit Flöhen sind diese Blattkäfer *(Alticinae)* nicht verwandt, auch wenn sie bei Störung so gewandt wie diese springen. Die Käferchen fressen Löcher in die Blätter, die Larven leben unterirdisch und ernähren sich von Wurzeln oder halten sich über der Erdoberfläche auf und minieren in Pflanzen (Rapserdfloh). Es gibt etwa 280 Arten in Mitteleuropa, die sich auf verschiedene Pflanzenfamilien oder Arten spezialisiert haben.

Erdflöhe lieben warme Witterung, trockenen, verkrusteten Boden und Kreuzblütler.

Erdflöhe treten auf an Pappel, Hanf, Mais, Fuchsie und vielen anderen Gewächsen. Im Garten schädigen vor allem Kohlerdflöhe *(Phyllotreta)*, es gibt verschiedene Arten, unter anderem einen Gelbstreifigen, Schwarzen, Blauseidigen und Gewelltstreifigen. Allen gemeinsam ist, dass sie Kreuzblütler wie Kohlgewächse, Rettich, Radieschen, Rauke, Hirtentäschel oder Goldlack bevorzugen. Da Senföle sie anlocken, befallen sie auch die Kapuzinerkresse. Gelegentlich findet man sie auf Reseden.

Die 2–3 mm kleinen Käfer überwintern in Grasbüscheln, unter Pflanzenresten oder in Hecken. Im Frühjahr kriechen sie aus ihren Verstecken und fliegen mehr als einen Kilometer weit auf der Suche nach geeigneter Nahrung. Die erste Generation ist ab Ende April bis Juni aktiv, die zweite im Juli. Die Tiere legen ihre Eier auf dem Boden ab. Die wie winzige Drahtwürmer aussehenden, 4 mm kleinen Larven der Kohlerdflöhe fressen Würzelchen, der Schaden fällt kaum auf. Schlupfwespen parasitieren die Larven und töten sie ab.

Schaden

Die größten Schäden richten Erdflöhe an Keimlingen und Setzlingen an. Mit ihrem Fraß durchlöchern sie das Gewebe, bei starkem Befall gehen die Sämlinge ein. Bei trockener, heißer Witterung setzen sie auch älteren Pflanzen zu.

Kohlerdflöhe übertragen verschiedene Viren und Pilze *(Alternaria)*.

Abwehr

Die Käferchen benötigen glatte Absprungflächen und lieben deshalb harten, verkrusteten Boden. Regelmäßiges Hacken lockert die Oberfläche, zerstört einen Teil der Eier und befördert Larven an die Oberfläche. In trockenem Boden wachsende Pflanzen leiden besonders unter Erdflöhen, vor allem wenn sie wie Kohlgewächse oder Pfefferminze feuchtigkeitsliebend sind. Regelmäßiges Gießen ermöglicht den Pflanzen zügiges Wachstum und vergrämt die Tiere.

Erdflöhe lassen sich auch mit Hilfe von ausgelegten Ginsterzweigen in ihre Schranken weisen, wie dies auf Seite 148 beschrieben wird.

Falscher Mehltau

Im Gegensatz zu den Echten Mehltau-Pilzen benötigen die Sporen der Falschen Mehltau-Arten *(Peronosporaceae)* ausreichend Feuchtigkeit, um auskeimen zu können (Schlechtwetter-Pilze). Nur auf Gewebe, das mehrere Stunden lang nass ist, gelingt ihnen dies. Licht-, Temperatur- und Feuchte-Wechsel stimulieren die Keimung der Sporen. Nasskalte Witterung begünstigt ihre Entwicklung.

Wind und Regen sorgen für die Verbreitung, die Sporen überleben einige Zeit lang im Boden auch ohne ihre Wirtspflanze. Die Infektion geht jedoch in der Regel von kranken Pflanzenresten aus, die auf dem Beet verblieben sind. Die Pilze können auf trockenen Pflanzen ebenfalls lange ausharren, bis die Bedingungen für sie wieder günstig sind. Sie wachsen ins Gewebe ein, nur ihre Sporenträger stecken sie aus den natürlichen Atemöffnungen der Pflanzen heraus. Diese Spaltöffnungen befinden sich auf den Blattunterseiten.

Falsche Mehltau-Pilze bevorzugen krautige Pflanzen, nur wenige leben an Gehölzen. Sie schmarotzen auf Astern, Erbsen, Feldsalat, Gurken, Hopfen, Reben, Rudbeckien, Salat, Sonnenblumen, Spinat, Stiefmütterchen, Strohblumen oder Zwiebeln.

Typisch für einige dieser Pilze ist, dass sie sehr anpassungs- und wandlungsfähig sind und Rassen bilden, bei Salat treten über 20 auf, bei Spinat bisher etwa 7. Die Züchter resistenter Sorten liefern sich mit ihnen einen Wettlauf, weil innerhalb weniger Jahre neue Rassen auftauchen, die die Resistenz durchbrechen.

Schaden

Falsche Mehltau-Pilze finden bei feuchter Witterung sowie im Frühjahr und Herbst ideale Vermehrungs-Bedingungen (kurze Tage, Taubildung, starke Temperatur-Schwankungen). Da die Pilze in den Pflanzen leben, zeigen sich Schäden erst spät. Auf der Blattoberseite erscheinen meist gelbliche, bei Gurken von den Adern begrenzte Flecken.

Sobald die Infektion fortgeschritten ist und die Umweltbedingungen günstig sind, bilden die Pilze Sporenträger, die die Blattunterseite mit einem weißlichen, grauen, braunen oder braunvioletten Flaum überziehen, dem die Krankheit den Namen Mehltau verdankt. Je nach Mehltau-Art und Wirt sterben einzelne Blätter oder ganze Pflanzen ab. Besonders aggressiv ist der Falsche Mehltau an Gurken, der erst seit etwa einem Jahr-

Falscher Mehltau an Gurke (links) und Eissalat (rechts). Der aggressive Gurkenmehltau tötet die Kultur oft innerhalb weniger Wochen ab.

zehnt in Mitteleuropa auftritt und im Sommer innerhalb von zwei Wochen ganze Bestände vernichtet. Die Blätter »vertrocknen« vom Rand her und sterben ab. Am längsten grün bleiben die Blattstiele.
Hohe Ausfälle (etwa bei Viola, Feldsalat, Spinat) entstehen in den lichtarmen Monaten im Glashaus oder bei zu engem Stand auf dem Beet.

Abwehr

Auf trockenen Blättern können die Pilze zwar überdauern, aber nicht einwachsen. Beachtet man einige Regeln – wie einen sonnigen, windoffenen Standort wählen, auf genügend Abstand achten, nie abends gießen und die Pflanzen nicht benetzen, sondern den Boden –, haben diese Pilze das Nachsehen. Im Gewächshaus sollte man starke Temperatur-Schwankungen vermeiden und ausreichend lüften.
Um Neuinfektionen zu verhindern, ist es sinnvoll etwa zwei Jahre lang auf befallenen Beeten nicht die vorjährige Kultur anzubauen. Beim Kauf von Saatgut von Salat, Feldsalat, Spinat und anderen Gemüsen sollte es selbstverständlich sein, resistente Sorten zu bevorzugen, bei Gurken gibt es bisher nur weniger anfällige (tolerante). Reben, die vor Regen geschützt unter einer Pergola oder einem Dachvorsprung wachsen, werden nicht von Falschem Mehltau befallen.
Vorbeugend sollte man alle gefährdeten Pflanzen stärken. Bewährt haben sich unter anderem Kompost-Extrakte. Spritzmittel gegen Echten Mehltau helfen nicht gegen Falsche Mehltau-Pilze. Bevor man zu einem für den Hausgarten für die jeweilige Pflanzenart zugelassenen Mittel greift, muss erst eine eindeutige Diagnose gestellt werden.

Frostspanner

Spanner *(Geometridae)* sind Schmetterlinge, deren Raupen beim Laufen einen Katzenbuckel schieben, weil sie in der Körpermitte keine Füße haben. Bei einigen Arten verfügen die Weibchen über unbrauchbare Flügelstummel, sie sind dann allerdings sehr flink zu Fuß unterwegs. Die Raupen leben auf Laubgehölzen. An Obstbäumen fressen Kirschen-, Schnee-, Pappel-, Birken- und Apfelblütenspanner.
Den größten Schaden richtet der Kleine Frostspanner *(Operophthera brumata)* an,

der hin und wieder regional verstärkt auftritt. Der Große Frostspanner ist ein Einzelgänger und hat Seltenheitswert.
Egal, ob bereits Nachtfröste auftraten oder nicht – der Kleine Frostspanner lässt sich nicht von der Witterung beeindrucken, er erscheint ab Oktober. Die Männchen fliegen in die Baumkronen, die plumpen, behaarten, grau gemusterten, etwa 7 mm kleinen Weibchen krabbeln die Stämme hoch. Nach der Paarung legt die Spanner-Frau bis zu 300 Eier einzeln oder gruppenweise in Rindenritzen von jungen Trieben. Im Frühjahr schlüpfen die Raupen. Sie fressen bis Juni, seilen sich dann an einem Spinnfaden ab und verpuppen sich im Boden.
Den Raupen stellen nach: Schlupfwespen, Raupenfliegen, Raubkäfer, Spinnen und vor allem Vögel (Blau-, Kohlmeisen und andere).

Die Larven des Großen Frostspanners treten vereinzelt auf. Wie alle Spannerraupen schieben auch sie beim Laufen einen Katzenbuckel.

Schaden

Die frisch geschlüpften Larven dringen in die sich öffnenden Knospen ein und zerstören sie häufig. Neben Blatt- und Blütenknospen fressen sie später Blätter, Blüten und junge Früchte. Sie sind auf allen Obst- und vielen Laubgehölzen zu finden, außer auf Pfirsich. Junge Räupchen lassen sich an einem Spinnfaden hängend vom Wind zu anderen Futterquellen verwehen.

Abwehr

Bei starkem Befall helfen *Bacillus-thuringiensis*-Mittel gegen die Raupen. Ab Ende September legt man Leimringe um die Stämme der Obstbäume und um die Stützpfähle, um nächstjährigem Befall vorzubeugen. Sie verbleiben bis zum nächsten Frühjahr.
Früher verwendete man weißes Leimpapier, heutzutage grünes, da dadurch weniger neugierige Nützlinge und andere unbeteiligte Insekten angelockt werden, die auf dem Leim verenden. Die Leimringe müssen dicht anliegen, weil anderenfalls die Weibchen durchkriechen. Gras, Ästchen und Blätter, die eine Brücke über den Leim bilden, entfernen.

Die Raupen des Kleinen Frostspanners leben gesellig. In manchen Jahren sind sie besonders zahlreich und schädigen beträchtlich.

Kohlfliegen legen ihre Eier an Kreuzblütlern ab. Die hell gefärbten Larven fressen meist zu mehreren an den Wurzeln oder am Wurzelhals.

Die dunklen Fraßgänge in den Gelben Rüben stammen von den Maden der Möhrenfliege. Stark befallene Möhren eignen sich nicht zum Verzehr.

Gemüsefliegen

Die meisten Gemüsefliegen gehören zu den Blumenfliegen *(Anthomyiidae),* von denen es im Mitteleuropa etwa 220 Arten gibt. Die beborsteten Fliegen ernähren sich von Nektar und Pollen und legen ihre Eier in unmittelbarer Nähe der Wirtspflanzen ab. Ihre Larven fressen an und in den Wurzeln oder minieren in den Blättern.
Die Kleine Kohlfliege legt ihre Eier an Kreuzblütler, ebenfalls die selten auftretende Große Kohlfliege.
Die Zwiebelfliege bevorzugt Lauchgewächse, die Knoblauchfliege Knoblauch, die beiden häufigsten Wurzelfliegen Wurzeln vieler Arten. Sie sind von März bis Mai unterwegs, ihre Larven schädigen vor allem an Keimlingen, Bohnen, Gurken, Spinat, Erbse, Kartoffeln, Zwiebel und Spargel. Rübenfliegen findet man an Gänsefußgewächsen wie Spinat oder Mangold. Die knapp 1 cm großen Larven minieren in den Blättern. Die Lattichfliege legt ihre Eier in Salatblüten, ihre Larven ernähren sich von den Samen.
Die Möhrenfliege gehört zu den Nacktfliegen *(Psilidae),* von denen es in Mitteleuropa etwa 30 Arten gibt. Die fast unbehaarte Fliege fliegt zur Eiablage an Doldenblütler (Möhren, Sellerie, Kerbelrübe, Pastinake, Petersilie, Dill und andere), die Larven fressen in den Wurzeln. Zu den Feinden zählen Schlupfwespen, Laufkäfer, Raubwanzen, Gallmücken-Larven, Ohrwürmer und Spinnen.

Schaden

Befallene Möhren, Rettiche oder Pastinaken sind von Fraßgängen durchzogen, nachfolgend nisten sich oft Fäulnispilze ein. Junge Kohlpflanzen wachsen verzögert und lassen sich leicht aus dem Boden ziehen, da die Wurzeln abgefressen sind. Wurzelfliegen fressen im Wurzelhals, Stängel und in den Keimblättern, häufig gehen Keimlinge ein.

Abwehr

Wo Gemüsefliegen gehäuft auftreten, zieht man sofort nach dem Säen oder Pflanzen engmaschige Schutznetze (im Handel) über die Kulturen und sperrt damit die Fliegen aus. Auf windoffenen Standorten und auf lockeren Böden ist der Befall meist gering. Vor der Aussaat den Boden gründlich hacken. Die Wahl geeigneter Mischkultur-Partner vermindert die Gefahr ebenfalls. Bei Möhren gibt es widerstandsfähige Sorten.
Bei Auftreten von Wurzelfliegen sollte man Kartoffeln und Spinat als Vorkultur meiden; trocken heiße Sommer dezimieren die Fliegen.

Gespinstmotten

Weil die Räupchen der Gespinstmotten *(Yponomeutidae)* gesellig leben und sich außerdem in Gruppen bis zu 1000 Tieren einspinnen, sind sie kaum zu übersehen. Die Schmetterlinge legen ihre Eier im Sommer, im Herbst schlüpfen die Räupchen und überwintern. Ab dem Frühjahr fressen sie im Schutz des Gespinstes und verpuppen sich auch dort. Die über 50 heimischen Arten sind mehr oder weniger stark auf einzelne Wirte spezialisiert, zum Beispiel auf Apfel, Pflaume, Eberesche, Faulbaum, Pfaffenhütchen, Traubenkirsche, Weiden oder Weißdorn.
Solange die Gespinste noch keinen Schutz bieten, stellen den Raupen Schlupfwespen, Raupenfliegen, Raubwanzen und Vögel nach.

Schaden

Meist hängen nur einzelne Nester in den Zweigen, nur in manchen Jahren mit heißen, trockenen Sommern kommt es zu Massenbefall. Die Bäume sind dann völlig eingesponnen und glänzen schon von weitem silbrig. Die kahl gefressenen Bäume treiben gesund aus und überstehen den Schaden meist problemlos.

Abwehr

Befallene Gehölze sehen besorgniserregend aus, doch der Schaden ist gering, da der Befall nur selten, in Abständen von mehreren Jahren, auftritt. Es genügt, Zweige mit den Gespinsten abzuschneiden und zu vernichten. Wenn man auf die Gespinste aufmerksam wird, ist es für Spritzungen zu spät, da an den Gespinsten die Spritzbrühe abtropft.

In manchen Jahren vermehren sich Gespinstmotten stark. Die Raupen leben in Gruppen und fressen im Schutz ihres Gespinstes Bäume kahl.

Läuse

➲ Siehe Blatt-, Blut-, Schild-, Schmierläuse oder Weiße Fliegen (Mottenschildläuse).

Maulwurfsgrille, Werre

Die Vorderbeine der Maulwurfsgrillen *(Gryllotalpidae)* sind zu Grabfüßen umgestaltet, mit denen sie ihre unterirdischen fingerdicken Tunnelstraßen dicht unter der Bodenoberfläche ausheben. Die etwa 5 cm großen Tiere, die mancherorts auch Werren heißen, ernähren sich von Bodentieren wie Schnecken(eiern), Engerlingen und anderen Insekten-Larven, allerdings auch von Wurzeln. Tagsüber fressen sie unterirdisch, nachts manchmal auch oberirdisch. Wegen ihrer Wühlerei sind sie in Gärten nicht gern gesehen. Erwachsene Werren können schwimmen, tauchen und kurze Strecken (während der Paarungszeit) fliegen. Die Eiablage erfolgt von April bis Juli, das Weibchen gräbt mehrere Nester in 10–30 cm Tiefe und legt in jedes bis zu 300 Eier. Zwei, drei Wochen später schlüpfen die Jungen. Die Entwicklung zum Vollinsekt dauert in unseren Breiten meist knapp zwei, manchmal bis zu drei Jahre. Im Winter verkriechen sich die Tiere in den Boden (30–100 cm) oder in den Kompost.
Werren lieben gleichmäßig feuchten, lockeren, warmen Boden. In manchen Gegenden Deutschlands sind sie weit verbreitet, in anderen fehlen sie.
Den Tieren stellen Amseln, Stare, Krähen, Spitzmäuse, Maulwürfe und Katzen nach.

Schaden

Abgefressene Wurzeln und ausgehobene, verwühlte, welkende Pflanzen weisen auf Befall hin. Störende Wurzeln beim Graben werden ebenfalls abgebissen. Im Frühsommer findet man im Rasen tellergroße Kahlstellen, darunter befinden sich die Nester.

Abwehr

Bekämpfung ist nur bei starkem Auftreten nötig, sie sollte vorrangig von April bis Juni erfolgen, solange sich Eier und Junge noch im Nest befinden.
Verschiedene Hausmittel werden empfohlen, wie Spülmittel in Wasser einrühren und damit die Gänge einschäumen, bis die Tiere herauskommen; oder Speiseöl in die Nester gießen und anschließend Wasser. Dies treibt die erwachsenen Tiere ebenfalls ans Tageslicht, Eier und Junge ersticken. Beliebt ist auch die Methode, glattwandige Gefäße ebenerdig einzugraben und Latten auszulegen, die die nächtlich wandernden Tiere in diese Fallen lotsen.
Wirkungsvoll ist gleichfalls, die Gänge aufzugraben und die gänseeigroßen Nester auszuheben. Die Wände der Nester sind mit Speichel verstärkt und fallen beim Ausgraben nicht auseinander. Seit einigen Jahren gibt es ein Mittel im Handel, das Nematoden *(Steinernema carpocapsae)* enthält, die die erwachsenen Werren parasitieren. Der Einsatz ist sinnvoll bei starkem Auftreten der Tiere. Das Pulver wird in Wasser eingerührt und befallene Flächen damit gegossen. Der beste Anwendungstermin ist jeweils der Frühsommer. Da die Jungen nicht befallen werden, sollte man das Mittel an zwei aufeinander folgenden Jahren ausbringen.

Abgefressene Wurzeln und welkende Pflanzen gehen auf das Konto von Maulwurfsgrillen, die den Boden mit ihren Gängen durchziehen.

Mehltau

➲ Siehe unter Echter oder Falscher Mehltau, Seite 130 und 132.

Rostpilze

Weltweit treten etwa 5000 Rostpilze *(Uredinales)* auf, die ihren Namen tragen, weil ihre Sporenlager häufig rostbraun gefärbt sind, um Insekten anzulocken.

Rostpilze verdanken ihren Namen den rostbraunen Flecken (Sporenlagern), die sie in der Regel auf den Blattunterseiten hinterlassen.

Sie sind hoch spezialisiert und haben eine komplexe Lebensweise mit fünf Sporenformen bei vollständigem Zyklus. Viele Arten sind wirtswechselnd: Mit Hilfe von Wind oder Insekten wechseln sie in einem bestimmten Entwicklungsstadium und zu einer bestimmten Jahreszeit auf einen zweiten Wirt über, den sie für die weitere Entwicklung dringend benötigen.
Der Birkenrost lebt zum Beispiel auf Birken und Lärchen, andere auf Farnen und Tannen oder auf Fichten und Rhododendren. Auf Kiefern schmarotzen verschiedene Roste, die auf Eiche, Esskastanie oder Johannisbeeren (Säulchenrost = Weymouthkiefer–Blasenrost) ihre Entwicklung abschließen. Der Pappelrost infiziert Zwiebeln, Schnittlauch und andere *Allium*-Arten, der Nelkenrost Wolfsmilchgewächse, der Pflaumenrost Anemonen, Leberblümchen und Ranunkeln und der Erbsenrost die Zypressen-Wolfsmilch. Der Fuchsienrost benötigt Weidenröschen und Tanne für seine vollständige Entwicklung. Gefürchtet sind vor allem Getreideroste. Der Anbau von Berberitzen war mancherorts stark eingeschränkt, weil dieses Gehölz Zwischenwirt für den Schwarzrost an Getreide ist.
Nicht wirtswechselnd sind der Rost an Porree, Löwenmäulchen, Mahonien, Malven (Stockrosen), Pfefferminze, Pelargonien, Rosen und Spargel; dies gilt auch für den Bohnenrost, er überwintert

Nelkenrost (links) und Birnengitterrost (rechts) sind weit verbreitet; letzterer vor allem, seit vermehrt Wacholder angepflanzt wurden.

an Pflanzenresten und Bohnenstangen, und den Ackerbohnenrost (Puffbohnen, Wicken, Erbsen).

Zu den auffälligsten Arten in heutiger Zeit gehört der Birnengitterrost, der zwischen Birnen und Wacholder wechselt.

Schaden

Rostpilze treten vor allem in warmen, regenarmen Sommern auf. Befallene Blätter weisen gelbe, rötliche oder braune Flecken auf, die typischen Rostpusteln sitzen in der Regel auf der Blattunterseite.

Abwehr

Von einigen Kulturpflanzen gibt es resistente oder widerstandsfähige Sorten oder Arten: unter anderem von Fuchsien, Johannisbeeren, Löwenmäulchen, Porree, Schnittlauch. Gelb blühende Strauchmargeriten sind anfällig, weiß blühende werden nicht oder kaum befallen.

Als anfällig gelten die Pflaumensorten 'Ersinger', 'Wangenheim', 'Stanley', 'Ruth Gerstetter' sowie alle Hauszwetschgen und die Reneklode 'Graf Althanns'; als wenig anfällig 'Bühler' und 'Anna Späth'.

Bei den wirtswechselnden Rostpilzen sollte man Haupt- und Zwischenwirt nicht zusammen im Garten anbauen, zum Beispiel Pflaumen und Anemonen.

Erst seitdem Gärten, Parks oder Friedhöfe mit Wacholdern verschiedenster Arten zugepflanzt wurden, hat die Verbreitung des Birnengitterrostes beträchtliche Ausmaße angenommen. Je größer der Abstand zwischen beiden Wirten ist, desto besser. Der Befallsdruck auf Birnen lässt stark nach, wenn im Umkreis von etwa 300 m keine Wacholder stehen.

Den Infektionsdruck bei anfälligen Gewächsen mindert, wer auf ausreichend Abstand zwischen den Pflanzen achtet, die Blätter trocken hält und zurückhaltend düngt (Stickstoff).

Mulchen und Zwischensaaten (zum Beispiel Klee, Spinat, Kresse) verringern die Rostgefahr bei Lauch, Löwenmäulchen und anderen Pflanzen. Befallene Mahonien schneidet man im Herbst zurück und wirft das Schnittgut in die Biotonne.

Rostpilze bringen ihre Wirte in der Regel nicht um, leichter Befall sollte im Hausgarten kein Anlass zur Sorge sein. Gegen Fungizide haben viele Rostpilze Resistenzen ausgebildet.

Rüsselkäfer

Es gibt weltweit etwa 50 000 Rüsselkäfer-Arten *(Curculionidae)*, in Mitteleuropa rund 1100, zahlreiche haben sich auf Garten- und andere Kulturpflanzen spezialisiert. Der Blattrandkäfer bevorzugt Bohnen und weitere Schmetterlingsblütler. Kohlgewächse und sonstige Kreuzblütler werden vom Kleinen und Großen Kohltriebrüssler, vom Kohlschoten- und Kohlgallenrüssler befallen. Haselnussbohrer, Apfel- und Erdbeerblütenstecher, Erdbeerwurzelrüssler, Schmalbauch, Zweigstecher und Rebstecher halten sich im Obstgarten auf, Kornkäfer im Getreide.

Nahe mit den Rüsselkäfern verwandt sind die Spitzmäuschen *(Apionidae)*, sie werden auch oft als solche bezeichnet. Diese Käfer bevorzugen meist Schmetterlingsblütler, sie fressen an Knospen, Blüten, Samen und Stängeln von Puffbohnen, Wicken, Klee und verwandten Arten.

Hausgärtnern wohl bekannt ist der Gefurchte Dickmaulrüssler *(Otiorhynchus sulcatus)*. Er schädigte früher vor allem in norddeutschen Baumschulen, inzwischen wurde er durch den in den vergangenen Jahrzehnten stark gestiegenen Verkauf von Topf- und Kübelpflanzen weit verbreitet.

Neben dem Gefurchten Dickmaulrüssler treten noch andere Arten auf. Käfer und Larven aller Arten fressen Pflanzen, die Käfer oberirdisch, die weißen, fußlosen Larven mit dem braunen Kopf ernähren sich von Wurzeln.

Beim Gefurchten Dickmaulrüssler treten in unseren Breiten nur Weibchen auf. Diese sind flugunfähig, da ihnen die Flügel auf dem Rücken zusammengewachsen sind, und in der Dämmerung oder nachts aktiv. Bei Störung lassen sie sich fallen, verstecken sich in Erdritzen oder stellen sich tot. Die rund 1 cm großen grauschwarzen Käfer kriechen ab April aus dem Boden. Etwa 4–6 Wochen später legt jedes Tier bis in den Herbst hinein bis zu 1000 Eier in die Erde. Die Larven robben aktiv zu den Wurzeln, angelockt von deren Duft, und fressen sie ab. Käfer und Larven überwintern.

Die Larven werden gefressen von Laufkäfern, Spitzmäusen, Igeln, Vögeln und parasitiert von räuberisch lebenden Nematoden im Boden sowie Bodenpilzen.

Dickmaulrüssler-Käfer fressen Blätter. Sie richten im Gegensatz zu ihren Larven, die sich von Wurzeln ernähren, nur geringen Schaden an.

Schaden

Buchtenförmig eingefressene Blätter an Erdbeeren und anderen Pflanzen sind ein typischer Hinweis auf Dickmaulrüssler-Fraß. Den Schaden, den die Larven anrichten, sieht man erst, wenn es zu spät ist, die Pflanzen welken und lassen sich leicht aus der Erde ziehen. Außer in Baumschulen hält sich die Schädigung von ausgepflanzten Gehölzen durch die Larven meist in Grenzen.
Der Gefurchte Dickmaulrüssler hat einen großen Wirtspflanzenkreis, er befällt nahezu alles, was Wurzeln hat, Gehölze, auch Rosen und Reben, daneben unter anderem Rhododendren, Azaleen, Hortensien, Fuchsien, Farne. Bei Dickblattgewächsen fressen sich die Larven bis in den saftigen Stängel empor, die Knollen von Begonien, Gloxinien und Alpenveilchen höhlen sie aus.

Abwehr

Die Schäden, die der Käfer anrichtet, sind zu vernachlässigen. Die Larven dagegen zerstören viele Pflanzen. Regelmäßiges Durchhacken der Erdbeerbeete dezimiert Eier und Larven. Einige Fuchsien oder Flammende Käthchen *(Kalanchoe)* kann man als Fangpflanzen auf die Erdbeerbeete setzen, diese Gewächse mögen die Larven besonders gerne.
Als beste Bekämpfung hat sich die Behandlung befallener Flächen mit räuberisch lebenden Nematoden *(Heterorhabditis)* erwiesen, die es im Handel gibt. Die mit bloßem Auge nicht sichtbaren Älchen sind in Tonmehl gebettet. Sie werden in Wasser eingerührt und gegossen. Nematoden sind erst ab einer Bodentemperatur von mindestens 12° C ausreichend aktiv, um die Dickmaulrüssler-Larven und -Puppen zu parasitieren. Alle Topf- und Kübelpflanzen, die im Freien übersommert haben, sollte man vor dem Einräumen mit dem Nematoden-Mittel behandeln, sofern einige Pflanzen buchtigen Blattfraß aufweisen.

Schildläuse

Zu den Schildläusen *(Coccina)* gehören drei Lausfamilien: Schmierläuse, Napfschildläuse und Deckelschildläuse (Austernschildläuse). Schützende Schilde besitzen jedoch nur die beiden zuletzt genannten Arten.
Die Männchen sind geflügelt, sie nehmen keine Nahrung auf und leben kurz, oft nur Stunden. Den unbeweglichen, in der Regel festsitzenden Weibchen fehlen Flügel und meist auch Beine und Fühler. Die jungen Larven (Krabbler) haben Füße und wandern auf der Pflanze umher auf der Suche nach geeigneten Saugstellen oder sie lassen sich vom Wind oder von Ameisen zu neuen Futterplätzen tragen. Der verhärtete Rücken der Napfschildläuse *(Coccidae)* ist stark gewölbt. Die Eier werden unter den Körper abgelegt und vom Schild auch nach dem Tod der Mutter geschützt. Diese Läuse saugen meist auf der Blattunterseite oder an Stielen, einige Arten sondern große Mengen Honigtau ab und werden von Ameisen betreut. Häufige Arten: Gemeine, Schwarze und Halbkugelige Napfschildlaus.
Die Schilde der Deckelschildläuse *(Diaspididae)* bestehen aus körpereigenen Sekreten, Kot und alten Larvenhäuten und lassen sich abheben. Ihr Speichel enthält Stoffe, der zu Wuchsstörungen und Verfärbungen führt. Sie scheiden keinen Honigtau aus und sitzen meist auf den Blattunterseiten oder am Stamm. An Obstgehölzen oder Kübelpflanzen treten unter anderem auf: Kommaschildlaus, San-José-Schildlaus, Oleanderschildlaus und Farnschildlaus.
Schmier- oder Wollläuse *(Pseudococcidae)* sind weichhäutig und von weißen Wachsfäden bedeckt. Sie tarnen ihre Eigelege mit Wachsflocken, einige Arten gebären ihren Nachwuchs. Sie scheiden oft große Mengen an Honigtau aus und werden von Ameisen betreut. An Gehölzen tritt die Gemeine Schmierlaus auf, an Topf- und Kübelpflanzen wie Oleander, Citrus, Fuchsie, Kakteen die Citrusschmierlaus, Kaktusschmierlaus und andere Arten.

Schildläuse besetzen wie Blattläuse die Pflanzen in größeren Gruppen und saugen Saft. Der Rücken der Napfschildläuse ist stark gewölbt.

Woll- oder Schmierläuse tarnen sich mit weißen Wachsfäden. Vor allem an Kübel- und Zimmerpflanzen sind sie eine hartnäckige Plage.

Zu den Feinden zählen Marienkäfer und ihre Larven, die Larven von Florfliegen und Schlupfwespen.

Schaden

Befallene Pflanzen wachsen gehemmt, manche sind von Honigtau verklebt und von Rußtaupilzen besiedelt. Häufig herrscht reger Ameisenverkehr. Die Saugstellen von Deckelschildläusen sind oft gelb, rot oder braun verfärbt.
Einige Schildlaus-Arten übertragen Viren.

Abwehr

An Obstgehölzen halten oft Nützlinge den Befall in Grenzen. Im Wintergarten helfen mehrmalige Spritzungen mit ölhaltigen Pflanzenschutzmitteln. Bei Kübelpflanzen, die im Freien übersommern, genügt es, Ameisen fernzuhalten und damit Nützlingen den Zugang zu ermöglichen. Sie befreien innerhalb kurzer Zeit die Pflanzen von den Schildläusen.
Bei der Bekämpfung von Schmierläusen ist darauf zu achten, dass sich auch Tiere in der Erde am Wurzelhals oder zwischen Topf und Erde sowie unter dem Topfrand aufhalten. Stützstäbe und Spaliere müssen ebenfalls sorgfältig kontrolliert, abgewaschen und gesäubert werden.

Schnecken

Die meisten Schnecken *(Gastropoda)* leben im Wasser, einige Arten – Schnirkelschnecken, Weinbergschnecken und andere Gehäuseschnecken sowie Nackt-

Wer im Herbst möglichst viele Eigelege der Wegschnecken sammelt, verhindert Invasionen junger Schnecken im Frühjahr.

Weinbergschnecken erscheinen nur vereinzelt auf den Gemüsebeeten. Wenn sie Schaden anrichten, setzt man sie auf einer Wiese aus.

schnecken – auf dem Land und nur wenige sind Pflanzenschädlinge. Landschnecken atmen durch Lungen statt durch Kiemen und schützen sich vor Austrocknung durch Absondern einer dicken Schleimschicht. Außerdem sind sie vor allem nachts oder bei feuchter Witterung unterwegs. Sie gelten als Allesfresser, sie ernähren sich von abgestorbenen Pflanzen, von Kot, toten Tieren, selbst von Artgenossen und leider auch von saftigem Pflanzengewebe. Im Garten richten Nacktschnecken große Schäden an, allen voran die Spanische Wegschnecke *(Arion lusitanicus)*, die nach Mitteleuropa eingeschleppt wurde, daneben die Garten-Wegschnecke *(Arion hortensis)* und die Große Wegschnecke *(Arion ater)*.
Obwohl Schnecken Zwitter sind, paaren sie sich und legen ihre Eier in kleinen Gruppen in Bodenritzen, unter Brettern, Steinen oder Bodendeckerpflanzen wie Wollziest ab, wo sie vor Feinden und Austrocknung geschützt sind. Schnecken können gut riechen, frisch gepflanzte Salatsetzlinge oder Bier(fallen) locken sie von weither an. Am nächsten Morgen verraten nur Schleimspuren auf der Erde oder auf Pflanzenresten, die Schnecken waren da …
➲ Abwehr siehe Kapitel »Biologischer Pflanzenschutz« ab Seite 146.

Spinnmilben

Milben gehören nicht zu den Insekten, sondern zu den Spinnentieren *(Arachnida)*. Sie haben acht Beine, die Larven sechs, keine Fühler und obwohl die pflanzenschädigenden Arten Eier legen und nicht wie die Blattläuse Junge gebären, bei warmem, trockenem Wetter eine sehr hohe Vermehrungsrate. Mit Hilfe ihrer Stechborsten saugen erwachsene Milben und Larven Pflanzensaft bevorzugt an jungem, wachsendem Gewebe und auf der Blattunterseite.
Weit verbreitet ist die Gemeine Spinnmilbe oder Bohnenspinnmilbe *(Tetranychus urticae)*, die an mehr als 200 Wirtspflanzen (Gemüse, Obst, Topf- und Wildpflanzen) saugt. Sie vermehrt sich wie alle Spinnmilben sehr stark bei großer Hitze und Trockenheit, vor allem trockene Luft fördert ihre Entwicklung. Bei dieser Art überwintern befruchtete Weibchen. Spinnmilben wandern aktiv zu neuen Nahrungspflanzen, lassen sich aber auch von Insekten, Vögeln, Menschen huckepack nehmen oder vom Wind verfrachten.
Auf Obstgehölzen hält sich die dunkelrot gefärbte Obstbaumspinnmilbe *(Panonychus ulmi)* auf. Sie spinnt nicht und überwintert im Eistadium (karminrote Wintereier). Starker Schnitt, windstiller Standort, Überdüngung und Wassermangel begünstigen das Auftreten dieser Milben.
Andere Milben-Arten schädigen an Erdbeeren, Brombeeren oder Reben.
In naturnahen Gärten halten Raubmilben die pflanzensaftsaugenden Arten in Schach. Zu den Feinden von Milben gehören: räuberisch lebende Thripse, Raubmilben, Blumenwanzen, Gallmücken (Larven), Marienkäfer, Florfliege (Larve) und Pilze.

Schaden

Die Blätter von Gurken, Bohnen, Paprika und die anderer Pflanzen sind weiß gespenkelt, bei deutlichem Befall an den Triebspitzen, in den Blattachseln und auf der Blattunterseite mit hauchdünnen Fäden eingesponnen. Stark besaugte Blätter vergilben und fallen ab. Pflanzen, die unter Trockenheit leiden, sind besonders anfällig. Spinnmilben fühlen sich im Wintergarten und Glashaus wohl, in heißen Sommern auch im Freiland. Sie überwintern unter anderem an Bohnenstangen, in Erdbeerbeeten oder an Brennnesseln.

Abwehr

Vorbeugend zurückhaltend düngen (Stickstoff), mulchen, Pflanzenstärkungsmittel einsetzen, im Hochsommer für hohe Luftfeuchte im Wintergarten und Gewächshaus sorgen und ausreichend gießen. In Glashäusern hat sich der Einsatz von Nützlingen bewährt. Sobald die ersten Spinnmilben auftauchen (regelmäßig kontrollieren!), Raubmilben bestellen und aussetzen.

Bei trockener Hitze vermehren sich Spinnmilben sehr stark. In praller Sonne an einer Südwand stehende Rosen sind besonders anfällig.

Thripse

In Mitteleuropa sind etwa 400 Thrips-Arten *(Thysanoptera)* heimisch. An ihren Flügeln sitzen lange, borstige Haare, deshalb heißen die Tiere auch Fransenflügler; wegen ihrer faltbaren Haftlappen an den Füßen nannte man sie früher Blasenfüße. Sie schädigen im Freiland und an Topfpflanzen, einige Arten überleben nur im Gewächshaus oder Haus. Thripse

Die winzigen Thripse saugen Pflanzenzellen aus. Sie verspritzen keinen Honigtau, weshalb ihre Anwesenheit lange unentdeckt bleibt.

sind schlank, nicht größer als 1–2 mm und saugen den Inhalt von Pflanzenzellen aus. Weil sie so winzig sind und keinen Honigtau verspritzen, fällt ihre Anwesenheit oft erst spät auf.

Einige Arten sind ihre Wirtspflanzen betreffend wenig wählerisch, andere sind stark spezialisiert. Die erwachsenen Tiere überwintern meist im oder am Boden. Einige Arten verpuppen sich in der Erde, zeitweise halten sich auch einige Larvenstadien dort auf.

Der winzige Zwiebelthrips saugt unter anderem an Zwiebeln, Lauch, der Rosenthrips an Rosen, Gurken und Fenchel, der bereits im zeitigen Frühjahr auftretende Ackerthrips an Kohl, Schmetterlingsblütlern und Getreide, der aus Asien eingeschleppte Palmenthrips an vielerlei (Gemüse-)Pflanzen. Bevorzugt (aber nicht nur) in Glashäusern und Innenräumen findet man den Gewächshausthrips, den Drazänenthrips, den Amerikanischen Zierpflanzenthrips sowie den Kalifornischen Blütenthrips und verwandte Arten.

Pflanzenschädlichen Thripsen stellen nach: räuberisch lebende Thripse, Raubwanzen oder die Larven der Florfliege; Nematoden und Bodenpilze parasitieren die Bodenstadien.

Schaden

Thripse treten vor allem bei trocken warmer Witterung auf. Auf Porreeblättern erscheinen in Längsstreifen angeordnete silbrige Pünktchen, bei starkem Befall ist der Wuchs gehemmt. Blütenthripse leben im Gewächshaus in den Blüten von Gurken, Paprika, Tomaten und Bohnen. Sie schädigen den Fruchtknoten, was schlechten Fruchtansatz oder verkorkte, verkrüppelte Früchte zur Folge hat.

Oft wird der Befall an jungem Gewebe wie Sprossspitze oder Fruchtknoten erst mit zunehmendem Wachstum sichtbar. Auf den Blättern erscheinen weiße Pünktchen; stark besaugte Blätter verkorken oder verformen sich.

Bei Kübelpflanzen kommt es zu vermehrtem Befall, wenn diese in zu warmen Räumen mit trockener Luft überwintert werden. Die Blattoberseiten sehen silbrig glänzend gesprenkelt aus.

Manche Arten übertragen Viren und Bakterien.

Abwehr

Im Gemüsegarten beugen Fruchtwechsel, Mischkultur und tiefes Bearbeiten des Bodens Befall vor. Bei Porree und Zwiebeln haben sich Zwischensaaten oder Mulch bewährt.

Im Wintergarten und Glashaus ist der Einsatz von Nützlingen wie Raubmilben *(Amblyseius)* erprobt. Gleichzeitig sollte man regelmäßig lüften und die Luftfeuchte erhöhen.

Chemische Spritzmittel müssen zu Beginn des Auftretens mehrmals in kurzen Abständen angewandt werden, um Wirkung zu erzielen.

Wanzen

Von den etwa 800 heimischen Arten *(Heteroptera)* bevorzugen viele Pflanzensaft, einige leben räuberisch und saugen Insekten oder Milben aus. An Nutzpflanzen schädigen Wiesenwanzen, Futterwanze, Kohlwanze, Rübenwanze und weitere Arten. Manche Wanzenarten legen im Sommer ihre Eier an Kartoffeln, Löwenzahn, Ampfer oder Winden. Die scheuen Tiere huschen bei Gefahr in Deckung, sie lassen sich fallen, verkriechen sich oder stellen sich tot. Nur am frühen Morgen, wenn sie in Kältestarre verharren, kann man sie leicht von den Pflanzen klopfen.

Schaden

Sowohl Larven als auch die erwachsenen Wanzen stechen Pflanzengewebe an und saugen Saft. Ihr Speichel enthält Stoffe, die zu Verwachsungen und Verdrehungen des betroffenen Pflanzenteils (Knospe, Blüte, Frucht, Blatt, Trieb) führen. Wenn diese Verformungen mit zunehmendem Wachstum sichtbar werden, sind die Wanzen aber in der Regel schon abgewandert.

Auf Bohnenblättern erscheinen punktförmige Einstichstellen, das Gewebe in der Umgebung färbt sich gelb und sinkt ein. Wenn die deformierten Blätter größer werden, reißen sie schlitzförmig auf. Befallene Triebe und Hülsen wachsen ver-

Wanzenschäden werden erst sichtbar, wenn sich die Einstichstellen beim Wachsen verformen. Dann sind die Übeltäter längst auf und davon.

krüppelt. Auf den Hülsen bilden sich an den Einstichstellen Dellen, da das zerstörte Gewebe nicht mitwächst. Gelbe Hülsen werden stärker befallen als grüne. Angestochene Triebe von Dicken Bohnen wachsen verdreht.
An Spargel sterben die jungen Triebe ab, auf den Stangen erscheinen eingesunkene, verfärbte Einstichstellen. Das Laub färbt sich oberhalb des Einstichs dunkel. Bei Sellerie macht sich der Schaden vor allem bemerkbar, wenn das Herz zerstört wird. Die Herzblätter kräuseln sich, färben sich dunkel, faulen oder vertrocknen. Mehrere Seitentriebe versuchen, den zerstörten Haupttrieb zu ersetzen.
Die Blätter von Apfelbäumen wachsen missgestaltet, die Einstichstellen färben sich schwarz und sterben ab. Mit zunehmendem Wachstum des Blattes reißen diese auf. Junge Früchte werden nur bis zu einer gewissen Größe (Haselnuss) angestochen. Der Stich färbt sich rot, verwuchert und vernarbt, der Baum stößt die verkrüppelten Früchte vorzeitig ab. Kirschfrüchte sind an der Einstichstelle stark eingedellt. Auch Birnen, Stachelbeeren, Johannisbeeren, Brombeeren, Erdbeeren, Dahlien, Hortensien und Astern werden befallen.
Manche Arten wie die Beerenwanze hinterlassen aus ihren Stinkdrüsen auf Himbeeren, Brombeeren und Kirschen einen derart widerlichen Geschmack, dass die Früchte ungenießbar werden.

Abwehr

Wanzen lieben warme, sonnige Witterung und vermehren sich deshalb nur in trocken-heißen Jahren stark. Sie wandern bevorzugt von Wiesen oder Gertreidefeldern in Gärten ein oder halten sich im dichten Gestrüpp in der Umgebung der Gemüsebeete oder Obstgehölze auf. Pflanzen, die windgeschützt oder eingeschlossen stehen, werden bevorzugt befallen. Jäten von Unkraut in der Nähe gefährdeter Pflanzen sowie regelmäßige Kontrolle am frühen Morgen und Abklopfen der Tiere beugt Schäden vor. Da meist nur einzelne Triebe oder Pflanzen von den Wanzen besucht werden, sind die Schäden zu vernachlässigen. Bei Dahlien werden die Sorten unterschiedlich stark befallen.

Weiße Fliegen saugen auf der Blattunterseite Saft. Wenn sie sich belästigt fühlen, stieben sie auf und kehren kurz darauf zurück.

Weiße Fliegen

In Mitteleuropa sind etwa 15 Arten heimisch *(Aleyrodina)*. Die Tiere sehen zwar aus wie weiße Fliegen, sie gehören jedoch wie die Blatt- und Schildläuse zu den Pflanzenläusen oder Pflanzensaugern. Daher rührt auch ihr zweiter Name Mottenschildläuse. Körper und Flügel sind mit weißem Wachsstaub bepudert. Weiße Fliegen durchlaufen vier Larvenstadien, bevor sie sich zum geflügelten Insekt entwickeln. Nur das erste Larvenstadium (Krabbler) verfügt über Beine und ist beweglich.
Die Kohlmottenschildlaus *(Aleyrodes)* lebt auf Kohlgewächsen und Schöllkraut. Weibliche Tiere überwintern dort, daneben auch auf Erdbeeren, Endiviensalat und Gänsedisteln.
Im Gewächshaus und Wintergarten treten wärmeliebende Weiße Fliegen auf. Sie stammen aus tropischen Regionen, haben sich in unseren Breiten aber fest eingebürgert. Seit langem im Land ist die Gewächshaus-Mottenschildlaus *(Trialeurodes vaporariorum)*, vor einigen Jahrzehnten stieß die Tabak- oder Baumwoll-Mottenschildlaus *(Bemisia tabaci)* dazu. Der Neuankömmling ist etwas kleiner als *Trialeurodes*, gelblich gefärbt und wirkt schlanker. Beide Arten unterscheiden sich unter anderem durch die Dauer ihrer Entwicklungszeit, die bei 25°C je nach Art 17–27 Tage vom Ei bis zum geflügelten Tier dauert. Die Gewächshausbewohner haben einen großen Wirtspflanzenkreis (200–500 Pflanzenarten). Wie Blattläuse bevorzugen auch diese Läuse junge, wachsende Pflanzenteile, weil dort die Saftquelle besonders ergiebig sprudelt.
Einige heimische Schlupfwespen-Arten parasitieren die Larven der Mottenschildläuse sehr erfolgreich, auch Spinnen, Raubwanzen und andere Nützlinge stellen diesen Läusen nach.

Schaden

Fuchsien, Schönmalve, Lantanen, Gurken, Zucchini, Kürbis, Paprika, Tomaten und viele weitere Pflanzen, die im Gewächshaus, Wintergarten oder an einem anderen warmen, windstillen Ort stehen, werden befallen. Die Larven saugen blattunterseits, doch nur stark geschädigtes Gewebe stirbt ab.
In der Regel ist der erste Hinweis eine auffällige Verschmutzung der Pflanzen mit Honigtau. Dreht man die Blätter um, stieben die geflügelten Läuse hoch, um sich wenig später wieder auf der Unterseite einzufinden.
Schwärzepilze besiedeln den Honigtau, was vor allem bei Tomatenfrüchten die Qualität mindert. Tomatenfrüchte, an denen *Bemisia*-Larven saugen, haben gelbgrüne Flecken oder Streifen und wenig Geschmack. Bei Zucchini hellen die Blattadern auf und junge Blätter glänzen silbrig.
Mottenschildläuse übertragen Viren, *Bemisia* mehr als 20 Arten, sowie Pilze (zum Beispiel Fuchsienrost).

Abwehr

Warme Spätsommer und trockene Böden begünstigen das Auftreten von Kohlmottenschildläusen. Kohlgewächse lieben gleichmäßige Wasser- und Nährstoffversorgung und hohe Luftfeuchte. Wenn man ihnen diese Bedingungen bietet und damit für zügiges Wachstum sorgt, haben die Kohlmottenschildläuse das Nachsehen. Im Herbst sollte man nach der Ernte keine Pflanzenreste auf den Kohlbeeten liegen lassen.
In neuen Gewächshäusern und Wintergärten vermehren sich Weiße Fliegen in den ersten Jahren, sehr stark. Wird ausreichend gelüftet, wandern Nützlinge ein und dezimieren die Läuse. Es ist sinnvoll, nachzuhelfen und Nützlinge wie Schlupfwespen *(Encarsia formosa)* zu kaufen und auszusetzen, dann erledigt sich das Problem innerhalb kurzer Zeit. Sind die Glashäuser ausreichend groß, überwintern die Nützlinge sogar an den Pflanzen.
Weiße Fliegen sind schlechte Flieger, sie bevorzugen warme, stehende Luft und hohe Luftfeuchte, auch deshalb ist regelmäßiges und ausgiebiges Lüften wichtig. Dies hemmt die Entwicklung der Läuse und fördert die Pflanzengesundheit.

Untersuchungen belegen: Wühlmäuse lassen sich durch Schallwellen nicht vergrämen.

In hartnäckigen Fällen helfen käufliche Mittel (Kaliseifen, Rapsöl und andere), die mehrmals angewendet werden müssen, denn Eier und Puppen sind besonders widerstandsfähig. Weiße Fliegen bilden wegen ihrer hohen Vermehrungsrate schnell Resistenzen.

Wühlmäuse

Die Große Wühlmaus oder Schermaus *(Arvicola terrestris)* ist etwa 18 cm lang (einschließlich Schwanz, der etwa halb so lang ist wie der Körper, rund 28 cm), ihre Ohren sind fast völlig im Fell verborgen. Sie wirft bei trocken-warmer Witterung bis zu fünfmal im Jahr zwei bis sieben Junge. Ihr Gangsystem ist weit verzweigt und verläuft in der Regel 12–25 cm unter der Oberfläche, Vorratslager und Nestkammer liegen 30–60 cm tief. Je nach Region halten sich Wühlmäuse nur unterirdisch oder auch länger oberirdisch auf. Die Angewohnheit, geöffnete Gänge schnell zu verschließen, ist nach Meinung von Fachleuten ebenfalls nicht allerorten anzutreffen. Maulwürfe verschließen ihre rundlichen, querovalen Gänge in der Regel nicht oder nicht so schnell wie Wühlmäuse, sie wühlen lediglich ihren Gang frei, Wühlmäuse graben den neuen Gang oft tiefer. Wühlmausgänge sind in der Regel hochoval und haben einen Durchmesser von bis zu 8 cm.
Zu den natürlichen Feinden zählen Wiesel, Greifvögel und Katzen.

Schaden

Die Schermaus schadet im Gemüse- und Ziergarten durch ihre unterirdische Wühlerei. Außerdem frisst sie Wurzeln, Knollen und Zwiebeln. Stark geschädigt werden Obstgehölze, Möhren, Sellerie, Schwarzwurzeln und Blumenzwiebeln vieler Arten. Die Wurzeln junger Apfelbäume kappen Wühlmäuse bis auf kurze Stammstrünke, die sich ohne Widerstand aus dem Boden ziehen lassen.

Abwehr

Fallen stellen, am besten im Spätherbst. Um zu sehen, ob der Gang bewohnt ist, sollte man vorher ein etwa 50 cm langes Teilstück öffnen und abwarten, ob es wieder geschlossen wird. Dies dauert normalerweise 1–24 Stunden. Ein in den Boden gestoßener Metallstab hilft beim Auffinden der Gänge. Junge Apfelbäume pflanzt man in korbförmig gebogenes Drahtgeflecht, das ausreichend groß und dicht schließend sein muss.
➲ Siehe auch Kapitel »Biologischer Pflanzenschutz« ab Seite 147.

Wurzelläuse

Wurzelläuse sind keine eigenständige Tierfamilie, sondern gehören je nach Art zu den Blatt- oder Schildläusen. Sie leben an den Wurzeln oder am Wurzelhals von Salat, Zwiebelblumen wie Tulpen, an Primeln, Gänseblümchen, Kakteen, Farnen, Palmen, Wolfsmilch- und Dickblattgewächsen. Meist sind die Läuse mit Wachs bepudert und werden von Ameisen betreut, vor allem die unterirdisch lebenden Schildläuse.
Einige Arten, die zu den Blattläusen gehören, wechseln zeitweise den Wirt und saugen an oberirdischen Pflanzenteilen. Die Salatwurzellaus aus der Familie der Blasenläuse ist eng mit der Blutlaus verwandt. Sie lebt den Sommer über außer an Salat noch an anderen Korbblütlern, im Herbst fliegen die männlichen und weiblichen Tiere zu Schwarzpappeln, wo die Eiablage stattfindet. In milden Wintern ist auch eine Überwinterung von Läusen an den Wurzeln ihres Sommerwirts möglich.

Schaden

Bei befallenen Pflanzen stockt das Wachstum, bei starken Schäden vergilben die Blätter, die Pflanze welkt und stirbt ab.

Sowohl manche Blattlaus- als auch manche Schildlausarten leben unterirdisch als Wurzelläuse. Durch ihr Saftsaugen schwächen sie die Pflanzen.

Gräbt man den Wurzelbereich auf, findet man die Laus-Kolonien und gleich daneben oft auch ein Ameisennest.

Abwehr

Meist sind nur einzelne Pflanzen befallen. Kopfsalat, Endivie oder Chicoree leiden vor allem bei warmem, trockenem Wetter und Wassermangel unter Befall. Starkes Gießen und ständiges Feuchthalten der Erde behagt den Läusen nicht. Es gibt inzwischen einige Kopfsalat-Sorten auf dem Markt, die als besonders widerstandsfähig gelten. In feuchten Jahren verpilzen die Laus-Kolonien häufig.
Von Wurzelläusen befallene Topfpflanzen wie Kakteen oder Farne sollte man von anderen isolieren, bevor die Läuse auch die Nachbarn besiedeln, und mit einem zugelassenen Mittel behandeln.

Zikaden

Von den etwa 500 heimischen Zikadenarten leben die meisten unauffällig, abgesehen von den Schaumzikaden, deren Larven ein Schutzmantel aus Schaum (Kuckucksspeichel) umgibt, in dessen Innern sie ungestört am Pflanzengewebe saugen. Meist findet man diese Art von Kinderstube an Pflanzen in freier Natur, ab und zu sind aber auch Dahlien eingeschäumt. Zikaden saugen wie Blattläuse oder Blattsauger Pflanzensaft.
Je nach Art bevorzugen sie verschiedene Pflanzenteile als Nahrungsquelle. Nur Arten, die die von Zuckersaft durchströmten Leitbahnen anstechen, scheiden Honigtau aus. Dazu gehört zum Beispiel

die Rhododendron-Zikade. Die knapp 1 cm großen, auffällig grün-rot gezeichneten Tiere legen ihre Eier ab September in die Blütenknospen von Rhododendren und übertragen dabei häufig einen Pilz, der die Knospen schwärzt und bei hoher Luftfeuchte mit einem dunklen Flaum überzieht.

Im Gegensatz zu den Blattsaugern können bei Zikaden sowohl die erwachsenen, geflügelten Tiere als auch die nur mit Flügelstummeln versehenen Larven springen. In unseren Breiten richten Zikaden kaum Schäden an, in tropischen Ländern kommt es oft zu Massenauftreten und hohen Ernteverlusten (zum Beispiel durch die Reiszikade).

Die häufigsten in heimischen Gärten auffallenden Arten gehören zu den Zwergzikaden. Die Tiere finden Nahrung an Laubgehölzen, Erdbeeren, Dahlien und anderen Pflanzen. Bekanntester Vertreter der Zwergzikaden ist die Rosenzikade. Larven und Vollinsekten saugen blattunterseits unter anderem an Rose, Apfel, Pflaume und Johannisbeere, wobei die Larven die größeren Schäden verursachen. Diese Zikadenart scheidet keinen Honigtau aus. Die Larven der ersten Generation schlüpfen Mitte Mai, die der zweiten ab Mitte Juli. Ab Anfang Oktober legen die Weibchen ihre widerstandsfähigen Wintereier in die Rinde von jungen Rosenzweigen.

Seit einigen Jahren schädigen im süddeutschen Raum Zwergzikaden-Arten vermehrt Gurken, die im Gewächshaus wachsen.

Zu den Feinden von Zikaden zählen Weichwanzen, Blumenwanzen, die Larven von Florfliegen, Spinnen, Raubmilben und Erzwespen.

Schaden

Die Tiere sitzen meist auf den Blattunterseiten. Auf der Blattoberseite verraten punktförmige Aufhellungen ihre Anwesenheit, diese sind gröber als die von Spinnmilben verursachten Schäden.

An besaugten Gurkenblättern staut sich der Saftstrom, zunächst verfärben sich die Blattränder gelb und rollen sich nach unten ein, später vergilbt das Gewebe zwischen den Blattadern und vertrocknet bei starkem Befall. Das Wachstum stockt. Die Früchte sind stark verformt und missgebildet.

Manche Zikadenarten übertragen Krankheiten (Viren, Phytoplasmen).

Abwehr

In verregneten Jahren treten Zikaden kaum in Erscheinung. Zu starker Vermehrung kommt es bei trocken-warmer Witterung und an abwehrgeschwächten Gehölzen, denen der Standort nicht zusagt. Rosen sollte man nicht zu eng an Südwände oder an andere heiße, windstille Standorte pflanzen, sondern mindestens einen halben Meter Abstand halten. An frei stehenden Rosen und anderen Gehölzen tritt in der Regel nur geringer Befall auf.

Die Schäden an Rhododendren sind zu vernachlässigen. Verpilzte Knospen bricht man aus, um den Infektionskreislauf zu unterbrechen.

Bei Dahlien auf einen windoffenen Standort und gleichmäßig feuchten, humosen Boden achten.

Gegen Zwergzikaden, die an Gurken saugen, sind Schlupfwespen in Erprobung.

Besonders hübsche Vertreter der Zikaden sind die Rhododendron-Zikaden, die bei ihrer Eiablage Blütenknospen häufig mit einem Pilz infizieren.

Pflanzenschutz per Gesetz

Auszüge aus dem Pflanzenschutzgesetz

(gültig seit 1. Juli 1998)

Die Neufassung des Pflanzenschutzgesetzes von 1986, in dem der Schutz des Naturhaushalts besondere Berücksichtigung fand, war erforderlich, um das deutsche Gesetz dem EU-Recht bei der Zulassung von Pflanzenschutzmitteln anzupassen.

§ 2 »Im Sinne des Gesetzes sind

1. Pflanzenschutz:

a) der Schutz von Pflanzen vor Schadorganismen und nichtparasitären Beeinträchtigungen,

b) der Schutz der Pflanzenerzeugnisse vor Schadorganismen (Vorratsschutz) einschließlich der Verwendung und des Schutzes von Tieren, Pflanzen und Mikroorganismen, durch die Schadorganismen bekämpft werden können;

2. integrierter Pflanzenschutz:

eine Kombination von Verfahren, bei denen unter vorrangiger Berücksichtigung biologischer, biotechnischer, pflanzenzüchterischer sowie anbau- und kulturtechnischer Maßnahmen die Anwendung chemischer Pflanzenschutzmittel auf das notwendige Maß beschränkt wird.«

Pflanzenschutzmittel dürfen in Deutschland grundsätzlich nur angewendet werden, wenn sie von der Biologischen Bundesanstalt für Land- und Forstwirtschaft (BBA) zugelassen sind und dann nur in dem mit der Zulassung festgesetzten Anwendungsgebiet (Indikation) und gemäß den festgesetzten Anwendungsbestimmungen.

Früher durfte ein Mittel, nachdem es zugelassen war, nach Belieben gegen verschiedene Schadorganismen und in verschiedenen Kulturen eingesetzt werden, außer ein Anwendungsgebiet war auf der Gebrauchsanleitung ausdrücklich verboten.

§ 6 (1) »Bei der Anwendung von Pflanzenschutzmitteln ist nach guter fachlicher Praxis zu verfahren. Pflanzenschutzmittel dürfen nicht angewandt werden, soweit der Anwender damit rechnen muss, dass ihre Anwendung im Einzelfall schädliche Auswirkungen auf die Gesundheit von Mensch und Tier oder auf Grundwasser oder sonstige erhebliche schädliche Aus-

wirkungen, insbesondere auf den Naturhaushalt, hat.«
§ 2 (6) Zum Naturhaushalt zählen: »seine Bestandteile Boden, Wasser, Luft, Tier- und Pflanzenarten sowie das Wirkungsgefüge zwischen ihnen.«
§ 2a »Zur guten fachlichen Praxis gehört, dass die Grundsätze des integrierten Pflanzenschutzes und der Schutz des Grundwassers berücksichtigt werden.«
§ 6 (2) »Pflanzenschutzmittel dürfen auf Freilandflächen nur angewandt werden, soweit diese landwirtschaftlich, forstwirtschaftlich oder gärtnerisch genutzt werden. Sie dürfen jedoch nicht in oder unmittelbar an oberirdischen Gewässern und Küstengewässern angewandt werden.«
»Der Begriff ›gärtnerisch‹ umfasst, über den Begriff ›landwirtschaftlich‹ hinausgehend, auch insbesondere Haus- und Ziergärten sowie öffentliche und private Grünanlagen, Sportanlagen und sonstige Außenanlagen sowie Friedhöfe.«
§ 6a (1) »Pflanzenschutzmittel dürfen einzeln oder gemischt mit anderen nur angewandt werden, wenn sie zugelassen sind.«
§ 6a (4) »Ausgenommen hiervon sind Pflanzenschutzmittel, die für landwirtschaftliche, forstwirtschaftliche oder gärtnerische Zwecke zur Anwendung im eigenen Betrieb hergestellt werden.«
Die Vorschriften für die Abgabe von Pflanzenschutzmitteln wurden verschärft. Verkäufer von Pflanzenschutzmitteln sind verpflichtet, die Käufer »über die Anwendung des Pflanzenschutzmittels, insbesondere über Verbote und Beschränkungen, zu unterrichten.« (§ 22)
Für den Haus- und Kleingarten gilt im Gegensatz zu früher eine bundeseinheitliche Regelung. Die Anwendung von Pflanzenschutzmitteln im Haus- und Kleingarten ist verschärft worden. Sie dürfen nur angewandt werden, wenn sie von der Biologischen Bundesanstalt (BBA) als geeignet für diesen Bereich eingestuft und für diese Anwendung auf der Gebrauchsanleitung ausgewiesen sind.
§ 6a »Sie dürfen im Haus- und Kleingartenbereich nur angewandt werden, wenn sie mit der Angabe ›Anwendung im Haus- und Kleingartenbereich zulässig‹ gekennzeichnet sind.«
Nicht alle Mittel, die für Erwerbsgärtner zugelassen sind, erhalten auch die Zulassung für den Haus- und Kleingarten. Die BBA erläutert diese Maßnahme: »Die Palette der Mittel ist gegenüber den Pflanzenschutzmitteln im Erwerbsgartenbau oder in der Landwirtschaft stark reduziert.
Giftige Mittel werden für den Haus- und Kleingarten nicht zugelassen, es sei denn, die Verpackungen sind so gestaltet, dass der in der Regel nicht sachkundige Haus- und Kleingartenbesitzer mit dem unverdünnten Pflanzenschutzmittel nicht in Berührung kommt. Die Biologische Bundesanstalt legt Wert darauf, dass nur Kleinpackungen zugelassen werden, die für eine Fläche von maximal 500 qm ausgelegt sind. Damit wird auch für die Sicherheit des Anwenders gesorgt, der keine größeren Restmengen an Pflanzenschutzmitteln über Jahre lagern muss.«
Die Industrie hat sich inzwischen auf diese Anforderungen eingestellt. Sie bietet die Mittel mit Dosier-Sprühsystemen, als Streumittel oder in Portionspackungen an. Zum Teil stehen sogar Kanister mit sprühfertigen Mischungen samt Spritze zur Verfügung.
Auch im Hausgarten gilt die Indikations-Zulassung. Ein Mittel, das gegen Echten Mehltau an Stachelbeeren zugelassen ist, darf nur bei dieser Pflanzenart und nur gegen diese Krankheit eingesetzt werden, nicht jedoch zum Beispiel gegen Mehltau an Spinat. Im Bereich Obst und Gemüse sowie anderer Nutzpflanzen ist die Zulassung auf ein genau definiertes Anwendungsgebiet begrenzt, zum Beispiel ein Mittel zugelassen gegen Echten Mehltau *(Sphaerotheca fuliginea, Erysiphe cichoracearum)* bei Gurke für Freiland- und (oder) Unterglas-Anbau; bei Zierpflanzen ist das Anwendungsgebiet in der Regel allgemeiner gehalten (etwa »Echte Mehltaupilze bei Zierpflanzen«, »beißende oder saugende Insekten bei Zimmerpflanzen«). In jedem Fall sind die Informationen, die der Hersteller auf der Packung laut Gesetzgeber vermerken muss, sorgfältig zu lesen und zu beachten.
Den einzelnen Bundesländern bleibt es überlassen, den vom Bund abgesteckten gesetzlichen Rahmen durch den Erlass von Vorschriften (zum Beispiel dem Einsatzverbot von Herbiziden in Haus- und Kleingärten, Wasserschutz- oder Naturschutzgebieten) zu ergänzen.

Pflanzenstärkungsmittel

Der Begriff Pflanzenstärkungsmittel ist seit 1986 im deutschen Pflanzenschutzgesetz verankert. In der überarbeiteten Fassung von 1998 wurde die Definition des Begriffs deutlich erweitert.
§ 2 (10) »Pflanzenstärkungsmittel sind Stoffe, die
a) ausschließlich dazu bestimmt sind, die Widerstandsfähigkeit von Pflanzen gegen Schadorganismen zu erhöhen,
b) dazu bestimmt sind, Pflanzen vor nichtparasitären Beeinträchtigungen zu schützen,
c) für die Anwendung an abgeschnittenen Zierpflanzen außer Anbaumaterial bestimmt sind« (Frischhaltemittel für Schnittblumen).
§ 31 (1) »Pflanzenstärkungsmittel dürfen nur in den Verkehr gebracht werden, wenn sie
1. bei bestimmungsgemäßer und sachgerechter Anwendung oder als Folge einer solchen Anwendung keine schädlichen Auswirkungen, insbesondere auf die Gesundheit von Mensch und Tier, das Grundwasser und den Naturhaushalt, haben,
2. in eine Liste der Biologischen Bundesanstalt über Pflanzenstärkungsmittel aufgenommen worden sind und
3. auf den Behältnissen und äußeren Umhüllungen oder Packungsbeilagen mit … der Angabe »Pflanzenstärkungsmittel« und der Listennummer versehen sind.« Pflanzenstärkungsmittel bedürfen keiner Zulassung, sie müssen nur angemeldet werden. Die Aufnahme in die von der BBA geführten Liste kann abgelehnt werden.
Unter dem Begriff Pflanzenstärkungsmittel sind sowohl Stoffe erfasst, wie sie natürlich vorkommen, als auch Zubereitungen, wie Pflanzenextrakte oder -sude, ohne dass das Stoffgemisch chemisch eindeutig definiert ist. Die BBA unterscheidet Mittel auf anorganischer und mikrobieller Basis sowie Homöopathie. Im Gegensatz zu den Pflanzenschutzmitteln, bei denen die hinreichende Wirksamkeit gegen einen bestimmten Schadorganismus eine Voraussetzung der Zulassung ist, steht bei Pflanzenstärkungsmitteln die Erhöhung der Widerstandsfähigkeit der Pflanze im Mittelpunkt, ohne dass eine Wirkung auf bestimmte Schadorganismen beabsichtigt ist.
Pflanzenstärkungsmittel wirken vorbeugend. Sie müssen regelmäßig angewendet werden, um Befall durch Schädlinge oder Krankheiten zu vermeiden. Ist die Schädigung bereits eingetreten, bleibt es dem Anwender überlassen, auf Pflanzenschutzmittel zurückzugreifen.

Biologischer Pflanzenschutz im Hausgarten

Wer naturgemäß gärtnert, der versucht die großen ökologischen Zusammenhänge nicht aus den Augen zu verlieren. Er übersetzt die Naturgesetze auf seine Gartenverhältnisse und betrachtet sich selbst und seine Pflanzen als einen Teil der natürlichen Umwelt.

Aus diesem Grund behandelt ein Biogärtner »Schädlinge« nicht als »Feinde«. Er »bekämpft« sie nicht, sondern wehrt sie ab, versucht sie in erträglichen Grenzen zu halten. Natürlich möchte auch ein friedlicher Biogärtner die Früchte seiner Mühe selber ernten. Das ist schließlich der Sinn jedes Gartenbaues. Aber er vergisst dabei zum Beispiel nie, dass Läuse nötig sind, um die Jungen der Meisen oder die Nachkommen der Marienkäfer zu ernähren. Sein Ziel ist niemals die Ausrottung, sondern die sinnvolle Begrenzung ungebetener Mitesser. Dazu stehen ihm eine Reihe wirkungsvoller naturgemäßer Mittel und Maßnahmen zur Verfügung.

Die erfolgreichste Abwehr von Schädlingen und Krankheiten gelingt auf die Dauer durch konsequente biologische Bodenpflege: Kompost, Mulchen und organische Dünger schaffen eine harmonische Wachstumsgrundlage für alle Pflanzen. Auf gesundem Boden gedeihen auch gesunde, kräftige Pflanzen, die kaum anfällig sind. Überdüngte oder schwächliche Gewächse gehören dagegen zu den ersten Opfern von Läusen und Pilzen.

Zu den wichtigsten vorbeugenden Maßnahmen, die gesundes Wachstum fördern, gehört die Mischkultur.

Vorbeugen ist besser als spritzen

Pflanzenschutz sollte nicht nur aus »Feuerwehr-Aktionen« bestehen. Wenn eine Krankheit ausgebrochen ist, wird guter Rat oft zu einer teuren Angelegenheit. Als viel klüger erweist sich vernünftige Fürsorge. Mancher Plage kann man aus dem Weg gehen, wenn man ihr die Grundlage entzieht.

Vorbeugung spielt im naturgemäßen Garten eine besondere Rolle. Es gibt eine Fülle von speziellen Tipps und Kulturmaßnahmen, die zum richtigen Zeitpunkt angewendet werden müssen. Die folgenden Beispiele zeigen, wie diese Überzeugung in die Praxis umgesetzt werden kann.

Mit der klassischen Mischkultur von Möhren und Zwiebeln wird sowohl die Möhren- als auch die Zwiebelfliege erfolgreich vertrieben.

Vor der gefürchteten **Möhrenfliege** können Sie Ihre Beete schützen, wenn Sie einen freien, etwas windigen Standort wählen. Solche Bedingungen schätzen diese Schädlinge überhaupt nicht. Der Eiablage gehen Sie aus dem Weg, wenn Sie die Flugzeit der Fliege meiden, indem Sie möglichst früh im März oder spät im Juni Möhren aussäen und die Beete zusätzlich mit Vliesen zudecken. Verwenden Sie nie frischen Mist! Kompost ist dagegen eine gesunde Grundlage für gesunde Möhren. Sorgen Sie auch dafür, dass der Boden möglichst locker und durchlässig ist, damit die Früchte gerade und gleichmäßig in die Erde wachsen können. Eine Mischkultur mit Zwiebeln oder Lauch trägt ebenfalls zur gesunden Entwicklung bei.

Drahtwürmer, die die Wurzeln junger Pflanzen abfressen und sich in Möhren und Kartoffeln einbohren, können Sie in Fallen locken. Legen Sie halbierte Kartoffeln aus, und setzen Sie rechtzeitig einige Salatpflanzen als Köder zwischen die Reihen der Möhren. Sobald die Köpfe welken, graben Sie sie vorsichtig aus und fangen die Drahtwürmer direkt am »Tatort«. Zu den wärmebedürftigen Gurken sollten

Sie einen **Windschutz** aus Erbsen und Zuckermais pflanzen. Kälteschocks werden auf diese Weise abgewendet oder zumindest gemildert.
Tomaten neben den Kohlpflanzen wehren die **Kohlweißlinge** ab, weil die Falter durch den strengen Geruch des Nachtschattengewächses irritiert werden. Sie finden ihr Ziel nicht und können deshalb auch keine Eier an den begehrten Kohlpflanzen ablegen. Buschbohnen bleiben weitgehend von **Schwarzen Läusen** verschont, wenn Sie an den Rändern des Beetes das stark duftende Bohnenkraut aussäen.
Manchen Schaden und große Enttäuschungen können Sie bei den Obstbäumen allein dadurch vermeiden, dass Sie von Anfang an solche Sorten auswählen, die dem **Klima** und den **Bodenverhältnissen** in Ihrem Garten angepasst sind. Apfelbäume brauchen zum Beispiel feuchten Boden und möglichst auch Luftfeuchtigkeit. An trockenen, sonnigen Hängen werden sie schlecht wachsen und immer anfällig für Krankheiten bleiben.
Alle Beerenfrüchte, die ursprünglich am Waldrand zu Hause waren, gedeihen gesund, wenn sie »heimatliche« Bedingungen vorfinden. Deshalb sollten Sie Erdbeeren, Brombeeren und Himbeeren immer mit Kompost versorgen und während des ganzen Jahres eine Bodendecke darüber auslegen. Leicht saures Material wie Laub- oder Gehölzschnitt eignet sich dazu besonders gut.
Achten Sie beim Kauf des **Saatgutes** auf mehltauresistente Sorten. Auch diese umsichtige Wahl beugt bereits Schäden vor. Eine luftige Pflanzung mit genügend Abstand verhindert ebenfalls die Gefahr von **Pilzinfektionen**. Stickig-enge Verhältnisse bieten dieser Krankheit dagegen beste Verbreitungsbedingungen.
Im Grunde verhält es sich mit den Pflanzen im Garten oft ähnlich wie mit dem Gärtner. Menschen, die sich vernünftig ernähren und kleiden, die sich abhärten und regelmäßig an der frischen Luft bewegen, entwickeln genügend eigene Widerstandskraft.
Auch Pflanzen, die in guter Erde am richtigen Standort aufwachsen, die nicht überdüngt werden, aber auch nicht hungern müssen, gedeihen kräftig und entwickeln ausreichende Widerstandskraft. An ihrem gesunden Gewebe beißen sich die Läuse »die Zähne aus« und wandern lieber gleich zu schwächlichen Gewächsen, mit denen sie leichteres Spiel haben. Krankheiten und Schädlinge breiten sich vor allem dort aus, wo sie von Schwachstellen angelockt werden. Deshalb ist eine naturgemäße Anzucht, die die Pflanzen stärkt, die sicherste Vorsorge.
Es sind im Grunde sehr einfache Maßnahmen, die die Pflanzen vor Schäden bewahren. Sie entsprechen den Gesetzen der Natur. Jeder Gärtner, der sich die Zeit nimmt, das Wachsen und Blühen in seinem Garten aufmerksam zu beobachten, kommt fast von selbst zu solchen Erkenntnissen. Vielleicht sollten wir uns wieder viel mehr auf unsere eigenen Augen und Ohren verlassen und eingefahrene Gewohnheiten einmal kritisch überprüfen. Probieren Sie die Ratschläge aus der naturgemäßen Praxis selber aus und vertrauen Sie Ihren eigenen Erfahrungen! Vor allem: Bleiben Sie geduldig. »Knopfdrucklösungen« zeigen zwar oft kurzfristig schnelle Erfolge, das dicke Ende der ungewollten Nebenwirkungen folgt aber meist noch lange nach.

Vorbeugender Pflanzenschutz durch schädlingsabwehrende Mischkultur: Der strenge Duft der Tomaten wehrt Kohlweißlinge vom Rosenkohl ab.

Hilfe in der Not

Blattläuse

Über mangelnde Erfahrung mit Blattläusen kann sich wohl selten ein Gärtner beklagen. Auch in naturgemäßen Anlagen tauchen die kleinen Pflanzensaftsauger an Rosen, Obstbäumen oder Buschbohnen auf. Besonders während der Umstellung auf biologische Methoden kann es zeitweise zu Läuseplagen kommen. Auch extreme Wetterbedingungen oder Kulturfehler schaffen oft günstige Voraussetzungen für »lausige Zeiten«.

Kostenlose Helfer

Geraten Sie nicht gleich in Panik, wenn Ihre Pflanzen von Grünen oder Schwarzen Läusen überfallen werden. Im Frühling muss der Gärtner meist noch ein paar Tage warten, bis die ersten Marienkäfer auftauchen und die »fetten Weidegründe« regelrecht abgrasen. Bald erscheinen dann auch die graublauen Larven des Käfers mit den gelblichen Punkten, die ebenfalls zu den großen, unersättlichen Blattlausräubern gehören.
Die grünlichen Larven der Schwebfliege können leicht mit Raupen verwechselt werden. Mancher Gärtner bringt dann aus Unkenntnis seine eifrigsten Gehilfen bei der Schädlingsabwehr eigenhändig um. Biogärtner sollten solche natürlichen Bundesgenossen kennen, immer wieder im Garten beobachten und ihnen die Arbeit so weit wie möglich überlassen.
Florfliegen, Schlupfwespen, Spinnen mit ihren Netzen und zahlreiche Vögel, die ihre hungrige Brut füttern müssen, gehören ebenfalls zu den natürlichen Feinden der Blattläuse.

Natürliche Hilfsmittel

Im Notfall kann sich ein Biogärtner aber auch selbst gegen übermäßige Plagen helfen. Dafür steht ihm eine Fülle natürlicher Mittel und Maßnahmen zur Verfügung.

Mechanische Abwehr: Kleinere Läuse-Ansammlungen kann man mit den Fingern zerdrücken oder mit einem Wasserstrahl abspritzen. Stark verlauste Triebspitzen,

Bewährte Spritzbrühen gegen Blattläuse

■ **Wermut-Tee**
Für 10 Liter Wasser benötigt man 30 g getrocknetes oder 300 g frisches Wermutkraut. Der Tee wird mit kochendem Wasser aufgebrüht und nach 10–15 Minuten abgesiebt. Spritzen Sie ihn im Frühling unverdünnt, im Sommer 1:3 verdünnt über verlauste Pflanzen.

■ **Rainfarn-Brühe**
300 g frisches oder 30 g getrocknetes Kraut werden mit 10 Liter Wasser 24 Stunden eingeweicht. Für kleine Gärten kann man auch 5 Liter oder noch weniger ansetzen. Die Brühe wird mit dem Einweichwasser aufgekocht und soll anschließend noch etwa 10 bis 30 Minuten leise sieden. Nach dem Abkühlen wird die Flüssigkeit abgesiebt, 1:3 mit Wasser verdünnt und ausgesprüht.

■ **Quassia-Brühe**
150–250 g Holzspäne in 2 Liter Wasser einweichen, am nächsten Tag eine Stunde kochen, abgießen und mit 10–20 Liter Wasser auffüllen.

■ **Schmierseifen-Brühe**
150–300 g reine Schmierseife werden in 10 Liter heißem Wasser verrührt. Dazu kann man noch zusätzlich etwa 0,5 Liter Brennspiritus geben. Diese Brühe wird, wenn sie abgekühlt ist, unverdünnt ausgespritzt.

Aus frischem Wermutkraut kann jeder Gärtner eine Spritzbrühe gegen Läuse ansetzen.

zum Beispiel bei Dicken Bohnen, werden abgeschnitten.

Stärkende Blattdüngung: Die Abwehrkräfte der Pflanzen werden gestärkt durch Algenpräparate oder verdünnte Brennnesseljauche, die der Gärtner über die Blättern versprüht.

Spritzmittel aus Kräutern: Preiswert und wirksam bei geringem Läusebefall sind Kräuter-Spritzbrühen aus eigener Herstellung.

Weitere Spritzmittel: Brühen aus **Schmierseife** oder **Quassia** kann ein Biogärtner ebenfalls selber ansetzen. Das tropische Bitterholz Quassia bekommt man in der Apotheke, dort gibt es auch reine Schmierseife (Kali-Seife) zu kaufen.

Niembaum-Präparate werden aus Blättern und Samen des tropischen Niembaums gewonnen. Sie stören die Fortpflanzung der Insekten, die auch bald aufhören zu fressen. Niembaum-Produkte sind nützlingsschonend und umweltfreundlich und deshalb besonders empfehlenswert.

Pyrethrum-Präparate enthalten ein natürliches Gift, das aus einer afrikanischen Margeritenart stammt. Auf Läuse und andere Kaltblüter wirkt es tödlich. Bienen und Haustiere sind nicht gefährdet. Niembaum- und Pyrethrum-Präparate werden von verschiedenen Firmen im Handel angeboten.

Fein gesiebtes Gesteinsmehl (oben) und Brühe aus Quassia-Bitterholz helfen gegen Läuse.

Quassia-Brühe, Schmierseifen-Brühe, aber auch Pyrethrum-Präparate sollten nur im Notfall verwendet werden. Diese Mittel sind sehr wirksam, auch bei starkem Befall, aber sie können nicht unterscheiden. Außer den Läusen werden auch nützliche Insekten tödlich getroffen. Wenn Marienkäfer oder Schwebfliegen-Larven in der Nähe der Läuse auftauchen, sollten auch diese natürlichen Gifte nicht mehr eingesetzt werden.

Schnecken

Bei feuchtem Wetter kriechen sie aus ihren Schlupfwinkeln: Schnecken aller Größen und Farben. In der Abenddämmerung ziehen sie ihre silbrigen Schleimspuren über die Gartenwege, und im Schutz der Nacht fressen sie die ersten zarten Aussaaten ab. Schon manchen gutwilligen Gärtner packte darüber die Verzweiflung und er fragte sich: Wie kann man sich gegen so viel Gefräßigkeit wehren, ohne gleich »giftig« zu werden. Den größten Erfolg gegen die Schneckenplage verspricht eine Kombination verschiedener Mittel und Methoden. Die Erfahrungen beweisen: Sobald wieder ein biologisches Gleichgewicht besteht, lässt die übermäßige Vermehrung spürbar nach.

Die natürlichen Feinde: Helfer in der Not

Zunächst einmal muss man sich klar machen, dass die erschreckende Vermehrung der Schnecken ein Zeichen für das gestörte Gleichgewicht der Umwelt ist. Versuchen Sie, im eigenen Garten wieder

eine »biologische Balance« aufzubauen zwischen »Nützlingen« und »Schädlingen«. Dann nimmt die Natur selbst Ihnen einen Teil der Probleme ab.
Zu den natürlichen Feinden der Schnecken zählen zum Beispiel Igel, Kröten, Spitzmäuse, Frösche, Zauneidechsen, Blindschleichen und teilweise auch Amseln und Stare. Schaffen Sie Lebensräume für diese Tiere, indem Sie einen kleinen Teich oder ein Feuchtbiotop und ungestörte Hecken anlegen. Eine kleine »Burg« aus lose übereinander geschichteten Bruchsteinen bietet Eidechsen und den ungiftigen, harmlosen Blindschleichen einen Unterschlupf. In Reisighaufen und unberührten Laubhügeln kann sich der Igel eine Höhle bauen.

Schnell gebaut: unüberwindliche Schneckenkanten

Im Handel werden verschiedene Elemente mit abgewinkelten Kanten angeboten. Daraus lassen sich mobile Beetbegrenzungen zusammenbauen, in denen Aussaaten von Salat, Kräutern und Sommerblumen ungefährdet heranwachsen. Die Schnecken können nicht von außen zuwandern, denn die abgewinkelten Kanten bedeuten für sie ein unüberwindliches Hindernis. Falls sich im Inneren des Beetes noch einige Tiere aufhalten, können sie leicht unter feuchte Bretter gelockt und eingesammelt werden.

Mulch und Sägemehl

Aufmerksame Gärtner fangen bereits frühzeitig mit natürlichen Abwehrmaßnahmen an. Bodendecken (Mulch) aus Wurmfarnblättern helfen mit, Schnecken vom Beet abzuhalten.

Schneckenzäune mit abgewinkelten Kanten sind für Schnecken ein unüberwindliches Hindernis. Die Tiere können nicht von außen ins Beet einwandern.

Bierfallen kann man kaufen oder selber bauen. Die angelockten Schnecken ertrinken im frischen Gerstensaft.

Aber Vorsicht! Unter dichten Mulchschichten fühlen sich die Schnecken wohl, streuen Sie deshalb nur dünne Decken aus.
Wirkungsvoll sind auch Schutzstreifen aus Sägemehl, Schilfhäcksel oder scharfem Sand, die um gefährdete Aussaaten und junge Triebe herumgestreut werden. Kalk- und Gesteinsmehl wirken nur bei trockenem Wetter als »Sperrgürtel«. Bei feuchter Witterung, gerade dann, wenn viele Schnecken unterwegs sind, lösen sie sich auf.

Fallen im feuchten Dunkel

Wer geduldig und beharrlich ist, der kann jede Nacht große Mengen von Schnecken in selbst ausgelegten Fallen fangen. Unter feuchten Säcken, alten Brettern und großen, angewelkten Rhabarberblättern verkriechen sich die Tiere gern, wenn es hell wird, denn sie lieben feuchte, dunkle Schlupfwinkel. Dort können Sie die Tiere am Morgen einsammeln. Bringen Sie sie, wenn möglich, an einen Wiesenrand oder einen abgelegenen Ort, wo sie niemandem Schaden zufügen.

Bier lockt unwiderstehlich

Die »Bierfallen gegen Schnecken« sind inzwischen schon populär geworden. Im Handel werden dafür verschiedene Plastikbehälter mit passendem Dach angeboten. Sie können aber auch einfach Joghurt- oder Quarkbecher benutzen, die ebenerdig eingegraben werden. Schützen Sie die Schneckenfalle vor Regen, damit das Bier nicht verwässert wird. Füllen Sie die Behälter nur zu zwei Dritteln, denn

Die feuchte Unterseite alter Bretter ist ein beliebtes Schneckenversteck. Dort können Sie die Tiere leicht einsammeln.

aus vollen Bechern können die Schnecken bequem trinken und anschließend »beschwipst«, aber ungefährdet wegkriechen!

Umweltschonendes Schneckenkorn

In der größten Not hilft ein neues, umweltschonendes Schneckenkorn. Das im Handel erhältliche Mittel enthält eine natürliche Eisenverbindung, der Hauptwirkstoff ist Eisenphosphat. Die Schnecken fressen den Köder, verkriechen sich dann, hören auf zu fressen und sterben. Für andere Tiere besteht keine Gefahr.

Wühlmäuse

Gegen die gefräßigen Nagetiere, die Gemüse-, Blumen- und Obstbaumwurzeln vernichten, gibt es keine Wundermittel. Dennoch können Sie sich durch eine Reihe von wirkungsvollen Maßnahmen erfolgreich gegen die Wühlmäuse wehren. Am sichersten ist immer eine Kombination verschiedener Methoden. Handeln Sie nach Möglichkeit gemeinsam mit den Nachbarn, damit die Tiere nicht in die angrenzenden Gärten flüchten und von dort eines Nachts zurückwandern. Wählen Sie unter den folgenden Vorschlägen, was Ihnen unter den örtlichen Umständen den größten Erfolg verspricht.

Abwehrpflanzen

Kaiserkronen *(Fritillaria imperialis)* und Knoblauch üben durch starken Geruch eine begrenzte Abwehr aus. Auch Kreuzblättrige Wolfsmilch *(Euphorbia lathyris)*

Eine Topinambur-Pflanzung (links) zieht Wühlmäuse an. Die Kreuzblättrige Wolfsmilch (rechts) gilt mit ihren giftigen Samen als Wühlmaus-Abwehrpflanze.

und Gewöhnliche Hundszunge *(Cynoglossum officinale)* helfen teilweise gegen die Nager. Voraussetzung: Sie müssen um gefährdete Stellen dichte Schutzringe pflanzen.

Penetrante Düfte

Unangenehm für die empfindlichen Nasen der Wühlmäuse sind starke Gerüche, vor allem dann, wenn Sie sie direkt in ihren »Wohnbereich« leiten. Legen Sie Knoblauch, Nussbaumblätter, Thuja-Zweige oder Heringsköpfe in die Gänge. Sehr wirkungsvoll ist es, unverdünnte Holunderblätter-Jauche in freigelegte Öffnungen zu gießen.

Haariger Feindgeruch

Menschenhaare, die Sie in größeren Mengen problemlos beim Friseur bekommen, werden in die Gänge der Mäuse gestopft oder rund um gefährdete Pflanzen im Boden vergraben. Offenbar signalisiert der Geruch der Haare den Tieren, dass ein Feind ganz in der Nähe ist. Hunde- und Katzenhaare wirken ähnlich. Wo dieses einfache Mittel systematisch eingesetzt wird, ziehen sich die Wühlmäuse zurück. Haare verrotten nur langsam, die Wirkung bleibt also länger erhalten.

Geräusche und Druckwellen

Diese Methode ist sehr einfach und wirkungsvoller als viele andere. Treiben Sie an gefährdeten Stellen lange Eisenstangen in den Gartenboden. Schlagen Sie mehrmals täglich mit einem Hammer kräftig auf diese Stäbe. Das Geräusch und die Druckwellen sind den empfindlichen Nagern sehr unangenehm. Sie entfernen sich aus solchen Lärmzonen.
Dennoch sollte der Gärtner geduldig und ausdauernd bleiben. Hämmern Sie ein paar Wochen lang jeden Tag zu bestimmten Zeiten. Auf diese Weise verderben Sie auch rückkehrwilligen Mäusen und Neulingen die Freude an Ihrem Garten!

Umleitung

Diese List können Sie anwenden, indem Sie eine Pflanzung aus Topinambur *(Helianthus tuberosus)* am Gartenrand anlegen. Wühlmäuse lieben diese Knollen. Sie werden von anderen Gartenbeeten abgelenkt und können zwischen den Topinamburstauden leichter entdeckt und vertrieben werden.

Fallen stellen

Im Handel gibt es verschieden konstruierte Fallen zu kaufen, die sehr wirkungsvoll sind, aber geschickt aufgestellt werden müssen.
Die Entscheidung, ob er zu solchen tödlich wirkenden Methoden greifen will oder nicht, muss jeder für sich selber treffen. Zu einem Biogärtner passen besser geschickte Abwehrmaßnahmen. Das Ergebnis »mausetot« überlassen Sie am besten einem tüchtigen Kater!

Erdflöhe

Die kleinen gefräßigen Käfer fressen zahlreiche Löcher in die Blätter junger Pflanzen. Sie sind auf Kreuzblütler, wie Kohl, Radieschen, Rettiche und Kresse, spezialisiert. Aber auch zarte Gurkenkeime verschonen sie nicht.
Wichtiges Gegenmittel: Halten Sie den Boden stets feucht, denn Erdflöhe lieben trockenen Untergrund. Legen Sie zwischen den Pflanzreihen Mulchmaterial aus. Mischkulturen mit Salat und Spinat üben eine gewisse Abwehrwirkung aus. Auch bittere Kräuterbrühen aus Wermut und Rainfarn, die über den Boden gespritzt werden, helfen, die Käfer zu vertreiben.
Probieren Sie auch einmal ein sehr altes Mittel aus dem Bauerngarten: Um gefährdete Kulturen werden blühende Ginsterzweige ausgelegt. Bei dieser Methode wirkt sicherlich der starke Duft der Pflanzen abschreckend. Ginster wird auch seit Generationen als Ungeziefervertreiber im Taubenschlag benutzt.

Kohlweißlinge

Meist entwickeln sich zwei Generationen der Falter: Die Raupen der ersten Generation im Frühling leben von wilden Kreuzblütlern. Die zweite Raupengeneration, die im Frühsommer schlüpft, hat es gezielt auf die kreuzblütigen Kulturpflanzen abgesehen. Sie überfällt alle Kohl-Arten, aber auch Raps und Rüben.
Selbst einem Biogärtner fällt es schwer, die Kohlweißlinge zu lieben. Aber er zieht nicht »mit Feuer und Schwert« gegen sie zu Felde. Bei seinen Abwehrmaßnahmen macht er sich zahlreiche natürliche Tricks zunutze. Beharrlich versucht er, die Falter zu überlisten. Nur im Notfall, wenn eine ganze Ernte auf dem Spiel steht, greift er zu gezielten Gegenmitteln.

Natürliche Feinde

Vor allem Schlupfwespenarten tragen dazu bei, die Ausbreitung der Kohlweißlingsraupen auf natürliche Weise zu regulieren. Die Wespen legen mit Hilfe eines langen Stachels am Hinterleib ihre Eier in die lebenden Raupen. Im Inneren der Tiere entwickeln sich dann die Maden des Insekts, die ihren Wirt langsam auffressen.

Vorbeugende Schutzmaßnahmen

Die rahmweißen, schwarz gezeichneten Schmetterlinge des Kohlweißlings werden von senfölhaltigen Gewächsen angezogen. Deshalb können sie durch starke Fremddüfte, die diese vertrauten Signale übertönen, oft erfolgreich von Kulturpflanzen abgelenkt werden.

Wer nicht rechtzeitig vorbeugt, der kann mit Kohlweißlingsraupen eine böse Überraschung erleben: Sie fressen den größten Kohlkopf kahl!

»Irritierende« Mischkulturen

Tomaten und Sellerie wirken durch ihre intensiven Gerüche als Schmetterlings-Verwirrer im Kohlbeet. Auch kräftig duftende Kräuter, wie zum Beispiel Thymian und Salbei, lenken die Kohlweißlinge von ihrem begehrten Ziel ab.

Tomatenblätter-Brühe

Zwei Hände voll frischer Tomatenblätter (sehr gut eignen sich die Geiztriebe) werden leicht zerdrückt und mit 2–3 Liter Wasser übergossen. Nachdem dieser kalte Auszug etwa drei Stunden lang durchgezogen ist, wird die Flüssigkeit abgesiebt und unverdünnt über die Kohlpflanzen versprüht. Diese Abwehrmaßnahme muss während der Flugzeit der Kohlweißlings-Schmetterlinge alle zwei Tage wiederholt werden, damit die Wirkung sich nicht abschwächt.

Wermut-Tee

Dieser bittere Tee (Rezept Seite 146) überdeckt ebenfalls erfolgreich den Kohlgeruch. Er muss mehrmals in kurzen Abständen über die befallenen Pflanzen gespritzt werden.

Absammeln

Wenn die weißen Schmetterlinge fliegen, sollte ein Gärtner seine Kohlbeete regelmäßig kontrollieren. Oft wird der Schaden schon abgewendet, wenn die gelben Eier oder die jungen, schlüpfenden Raupen immer wieder abgesammelt werden.

Bacillus thuringiensis-Präparate

Für Notfälle sind im Handel *Bacillus thuringiensis*-Präparate erhältlich. Das Pulver muss nach Vorschrift in Wasser aufgelöst und direkt auf die Raupen des Kohlweißlings gespritzt werden. Diese Bakterienpräparate zerstören die Darmwand der Tiere. Sie hören auf zu fressen und sterben innerhalb kurzer Zeit. *Bacillus thuringiensis*-Präparate sind umweltfreundlich, weil sie selektiv wirken. Außer Kohlweißlingsraupen sind nur noch Kohlmotten, Frostspanner und einige andere Schädlinge betroffen. Bienen und andere nützliche Inseken werden nicht gefährdet.

➲ Siehe auch »Pflanzenschutz« ab Seite 116.

Was tun gegen Pilzerkrankungen?

Verschiedenartige Schadpilze siedeln sich vor allem auf den Blättern und Früchten der Pflanzen an. Sie dringen in das Gewebe ein und zerstören die Leitbahnen. Weit verbreitet ist im Garten zum Beispiel der **Echte Mehltau**, der einen mehlig-weißen Belag bildet auf Rosen- oder Gurkenblättern, der **Grauschimmel**, der Erdbeerfrüchte überzieht, oder die **Kraut- und Braunfäule**, die Tomatenblätter und -früchte zerstört. Einige Pilzinfektionen verbreiten sich mit Vorliebe unter warmen, stickig-feuchten Verhältnissen, andere vermehren sich bei kühlem Regenwetter besonders rasch.
Ein luftiger Standort, genügend Abstand und eine ausgewogene Düngung, die festes Gewebe erzeugt, gehören zu den wichtigen vorbeugenden Maßnahmen gegen Pilzerkrankungen.
Im naturgemäßen Garten werden gefährdete Pflanzen, zum Beispiel Tomaten, Erdbeeren und Rosen, vorbeugend mit Schachtelhalm-Brühe gespritzt. Diese Wildpflanze ist außerordentlich reich an Kieselsäure. Dadurch werden die Zellen der Pflanzen gestärkt, Pilze können dann nicht mehr so leicht eindringen. Wer Schachtelhalm im Garten oder in der Nachbarschaft als Unkraut findet, der kann die Spritzbrühe selber herstellen.

Schachtelhalm-Brühe und Fertigpräparate

Übergießen Sie etwa 1 kg frisches Kraut oder 150 g getrockneten Schachtelhalm mit 10 Liter Wasser. Dieser Ansatz bleibt 24 Stunden stehen und wird am nächsten Tag langsam aufgekocht. Die Brühe soll noch eine halbe Stunde leise sieden. Dann lassen Sie sie abkühlen und sieben die Flüssigkeit ab. Schachtelhalm-Brühe wird 1:5 mit Wasser verdünnt und an sonnigen Vormittagen über die Pflanzen gesprüht. Diese Spritzung muss mehrmals im Abstand von 14 Tagen durchgeführt werden. Wer sichergehen will, setzt Schachtelhalm-Brühe regelmäßig von der Blattentwicklung (Mai/Juni) bis zum Spätsommer ein. Schachtelhalm-Präparate, manchmal mit Schwefelzusatz versehen oder mit anderen Kräutern gemischt, gibt es im Fachhandel. Überall erhältlich ist auch getrockneter Schachtelhalm, der nach Bedarf abgewogen wird.

Knoblauch-Zwiebel-Jauche

Eine Stärkung der Widerstandskraft gegen Pilzerkrankungen erreichen Sie auch durch schwefelhaltige Zwiebeln und Knoblauchzehen.
Mischen Sie 0,5 kg frische Zwiebeln und Knoblauch und setzen Sie sie mit 10 Liter Wasser an, bis sie zu einer Jauche vergoren sind. Diese Brühe wird 1:10 verdünnt und über den Boden versprüht.
Eine gewisse Vorbeugung gegen Pilzerkrankungen bewirkt auch die Mischkultur mit Knoblauch. Pflanzen Sie die »Stinkerzwiebel« zu Rosen und Erdbeeren.

Sachalin-Staudenknöterich und Lecithin-Präparate

Als besonders wirkungsvoll, auch bei bereits einsetzendem Befall, haben sich Präparate aus Lecithin oder aus Sachalin-Staudenknöterich *(Fallopia sachalinensis)* erwiesen, die im Fachhandel erhältlich sind. Sie werden gegen Echten Mehltau an Rosen und Gurken besonders empfohlen. Bei anderen Pflanzen wirken sie vorbeugend und stärkend.

Der ostasiatische Sachalin-Staudenknöterich gedeiht auch in unseren Breiten. Aus den Blättern wird ein Extrakt gegen Echten Mehltau gewonnen.

GEHÖLZE FÜR DEN ZIERGARTEN

Ziergehölze • Hecken • Rosen
Kletterpflanzen

Sträucher und Bäume für den Ziergarten

Ziersträucher und -bäume bringen Struktur in unsere Gärten, ohne Ziergehölze wirkt die schönste Stauden- und Sommerblumenpracht wie ein Bild ohne Rahmen.
Gehölze bieten Gartenlust rund ums Jahr. Wenn der Frühling die Natur zum Bersten bringt, öffnen auch die Laub- und Nadelgehölze ihr Blütenfüllhorn. April und Mai sind ihre stärksten Blühmonate. Dem Blütenrausch folgt der Sommer mit seinen Duft- und buntlaubigen Gehölzen. Wenn der vergänglichen Herrlichkeit der Sommerblumen die Blütenkräfte schwinden, streuen die spätsommerlich blühenden Ziersträucher Farbtupfer in das private Gartenparadies. Im Herbst scheinen viele Sträucher unter ihrer bunten Laubfärbung förmlich zu verglühen. Besondere Preziosen sind die raren Winterblüher, die mit ihrem Farbenspiel das winterliche Grau-in-Grau aufheitern.

Was sind Ziergehölze?

Botanisch betrachtet sind Ziergehölze strauch- oder baumartig wachsende, Laub abwerfende Gehölze, deren ober- und unterirdische Teile verholzen und die durch eine oder mehrere besondere Eigenschaften ihren Gartenwert unterstreichen. Diese Eigenschaften können eine hübsche Blüte, zierende Belaubung und Früchte, aber auch Schnittverträglichkeit (Hecken), flächendeckende Wuchsform (Bodendecker) oder ein besonderer ökologischer Wert (unter anderem Wildsträucher) sein. Nachfolgend werden die wichtigsten Ziergehölzgruppen vorgestellt. Die Einteilung ergibt sich aus den besonderen Wuchs- und Laubeigenschaften bestimmter Gehölze. Sie hat sich bewährt und hilft bei der ersten Eingrenzung der Suche nach dem passenden Gehölz für den vorhandenen Standort. Die Arten und Sorten sind nach gängigen Gruppen geordnet.
➲ Viele Kletterpflanzen und die Rosen zählen ebenfalls zu den Gehölzen. Sie finden sie bei den »Kletterpflanzen« ab Seite 232 und »Rosen« ab Seite 198.

Die Pflanzenporträts und ihre Merkmale

Wuchshöhe ↕:
Die Angaben beziehen sich auf ein Pflanzenalter nach fünf bis 15 Wachstumsjahren eines Gehölzes ab dem Kauf in einer gängigen Größe. Auf welches Alter sich die Angaben beziehen, ist vor dem jeweiligen Kapitel vermerkt.
Blühzeit ❁:
Die genannten Angaben sind durchschnittliche, bundesweite Erfahrungswerte.
Standort ○ ◑ ●:
Alle Angaben sind auf den jeweiligen Idealanspruch des Gehölzes bezogen.
Wuchsform:
Hinweise zur Wuchsgestalt.
Blüte:
Blütenfarben wurden der Übersichtlichkeit wegen auf Grundfarben reduziert.
Duft:
Duft wird nur erwähnt, wenn er deutlich wahrnehmbar ist.
Zapfen/Frucht:
Werden nur erwähnt, wenn sie einen Schmuckwert darstellen.
Nadeln/Laub:
Enthält Angaben zu Form, Farbe (wenn von grün abweichend) und Größe.
Verwendung:
Enthält Hinweise darauf,
- für welche Gartenstile (Auswahl) das Gehölz üblicherweise verwendet werden kann,
- ob eine bestimmte Wuchsform besondere Einsätze ermöglicht (Bodendecker, Formgehölz),
- ob ein besonderer ökologischer Nutzen vorliegt,
- ob weitere besondere Eigenschaften den Gartenwert des Gehölzes erhöhen.

Pflegetipps:
Meist Hinweise zur Schnittverträglichkeit. Das Regenerationsvermögen von Gehölzen nimmt mit dem Lichtangebot ab. Viele Gehölze bestocken sich unter Schattendruck nur unzureichend.
Sortenauswahl:
Bewährte, im Fachhandel verfügbare Sorten werden genannt.

Sträucher und Bäume prägen das Gartenbild rund ums Jahr und lassen ein grünes Paradies entstehen.

Sommergrüne Laubsträucher

Laubsträucher sind, wissenschaftlich betrachtet, strauchartig wachsende, Laub abwerfende Gehölze, die bereits an der Erdoberfläche mehrere Triebe besitzen. Interessanterweise spielen Sträucher in vielen neuen Gärten mitunter nur eine Statistenrolle, gefragt ist der schnelle Blütenrausch der Stauden und Einjährigen. Dabei belohnen Laub abwerfende und immergrüne Sträucher, Rhododendron und edle Blütensträucher schon nach wenigen Jahren die Geduld des Gartenfreundes: mit dem Reichtum ihrer Farben und Formen. Ein Garten ohne Laubsträucher ist ein Garten ohne Höhepunkte.

Anhand der Laub- oder Wuchsform eines Gehölzes können Sie auf seine Licht- und Standortbedürfnisse rückschließen. Derbledrige oder/und kleine Blätter lassen auf Hitzeverträglichkeit schließen, geschlitztes oder gefiedertes Laub ist häufig sehr windangepasst, ältere Gehölze, die bis ins Innere belaubt sind, gelten als schattentolerant, nur an ihrer Peripherie belaubte Sträucher oder Bäume signalisieren Sonnenhunger, rotes Laub toleriert ebenfalls viel Sonne, bläulich silbriges Laub weist auf eine hohe Trockenheitstoleranz hin, viel Bodenfeuchte wünschen dagegen frischgrüne Gehölze, während gelbblättrige Laubgehölze bei ungleichmäßigem Bodenfeuchteangebot zum Verbrennen neigen.

Angaben zur Wuchshöhe bezeichnen bei den Laubsträuchern die Höhe des Gehölzes nach fünf Standjahren im Garten. Ausgangspflanzen sind mehrjährige Sträucher, die in einer gängigen Pflanzgröße gekauft wurden.

➲ Weitere sommergrüne Laubsträucher finden Sie im Kapitel »Hecken«: Grüne Hecken-Berberitze (Seite 193), Kleine Blut-Berberitze (Seite 193), Weiß-Dorn (Seite 194), Schwarzgrüner Liguster (Seite 195), Alpenbeere (Seite 195), Maiblumenstrauch (Seite 196), Rosen (Seite 192), Braut-Spiere (Seite 196), Weiße Rispen-Spiere (Seite 197), Kissen-Spiere (Seite 197), Pracht-Spiere (Seite 197), Perlenbeere (Seite 197).

Japanischer Feuer-Ahorn

Acer japonicum 'Aconitifolium'

↥ 100–150 cm ❁ 4–5 ○–◑ (▷ Foto)

Wuchsform: Bogig überhängend.
Blüte: Purpur/gelb, in Trauben.
Frucht: Geflügelt, im Sommer rot.
Laub: Dekorativ geschlitzt, bis 15 cm.
Herbstfärbung: Jedes Jahr feurig rot.
Verwendung: Heidegarten, Japangarten, Bienenweide. Das tief und mehrfach geschlitzte Laub kommt in Einzelstellung, etwa auf einer Rasenfläche oder vor immergrünen Gehölzen, angemessen zur Geltung.
Pflegetipp: Unterpflanzung mit wuchszahmen Stauden schützt die flachen Wurzeln vor Erwärmung.

Rosabunter Eschen-Ahorn

Acer negundo 'Flamingo' (▷ Foto)

↥ 200–300 cm ❁ entfällt bei Schnitt ○

Wuchsform: Buschig, großer Strauch, ungeschnitten kleiner Baum.
Laub: Weißrosa gerandet, gefiedert, über 20 cm, Austrieb attraktiv rosa.
Verwendung: Schnellwüchsiges Gehölz, für Sandböden, als Zierstamm angeboten, in Teichnähe, frosthartes Kübelgehölz. Idealer »Sonnenschirm« für Schatten suchende Rhododendron.
Pflegetipp: Rückschnitt im mehrjährigen Turnus fördert dekorativen Austrieb. Triebe mit rein grünen Blättern (Rückmutation) entfernen.

Fächer-Ahorn (▷ Foto)

Acer palmatum-Sorten

↥ 100–300 cm ❁ 6 (Art) ○–◑

Wuchsform: Trichterförmig, aufrecht, viele Sorten auch betont überhängend.
Laub: Grün oder rot, gelappt bzw. geschlitzt, bis 10 cm.
Verwendung: Heide-, Stein-, Japangarten, in Teichnähe, für Grabstellen.
Pflegetipp: Unterpflanzung mit wuchszahmen Stauden und Bodendeckern schützt die flachen Wurzeln vor Erwärmung. An heiß-trockenen Standorten Blattverbrennungen.

Sortenauswahl (Laub, Höhe): 'Atropurpureum' (rot, 300 cm), 'Bloodgood' (rot, 200 cm), 'Dissectum' (grün, 100 cm), 'Dissectum Garnet' (rot, 100 cm), 'Osakazuki' (grün, 150 cm)

Hängende Felsenbirne

Amelanchier laevis 'Ballerina'

↕ 200–300 cm ❁ 4–5 ○–◑

Wuchsform: Bogig überhängend.
Blüte: Weiß, sehr große Traube.
Frucht: Rotschwarz, ab Juli, essbar.
Laub: Oval bis elliptisch, bis 10 cm.
Herbstfärbung: Attraktiv gelbrot.
Verwendung: Wildobst, Heidegarten, Vogelnährgehölz, Bienenweide, Formgehölz, für Sandböden, Dachgarten, in Teichnähe, frosthartes Kübelgehölz.
Pflegetipp: Rückschnitt nicht empfehlenswert, Auslichten im mehrjährigen Rhythmus ausreichend. Veredelte Pflanze, Wildtriebe entfernen.

Stachel-Aralie (◁ Foto)

Aralia elata

↕ 200–300 cm ❁ 8–9 ○

Wuchsform: Bizarr, mehrstämmig, locker, straff aufrecht.
Blüte: Cremeweiß, in Trugdolden.
Frucht: Schwarz, Samen giftig.
Trieb: Stark bestachelt, Triebdornen.
Laub: Doppelt gefiedert, bis 70 cm.
Herbstfärbung: Gelb, auch rot.
Verwendung: Japangarten. Bienenweide.
Pflegetipp: Verjüngungsschnitt bis auf 50 cm möglich, nimmt bizarrem Wuchs jedoch seine charismatische Ausstrahlung und kann unerwünschte Ausläuferbildung fördern.

Hänge-Buddleje (◁ Foto)

Buddleja alternifolia

↕ 200–300 cm ❁ 6 ○

Wuchsform: Malerisch überhängend.
Blüte: Lila, Büschel, zahlreich.
Duft: Intensiv und sehr stark.
Laub: Lanzettlich, bis 10 cm.
Verwendung: Steingarten, Japangarten, Bienenweide, schnellwüchsiges Gehölz, für Sandböden, Dachgarten. Prunkstrauch, der sich mit seinen überhängenden Trieben insbesondere auf erhöhten Standorten in Szene zu setzen weiß.
Pflegetipp: Auf Rückschnitt verzichten, alte Sträucher können jedoch ausgelichtet werden.

Schmetterlingsstrauch

Buddleja davidii-Sorten

↕ 200–300 cm ❁ 7–10 ○

Wuchsform: Trichterförmig, aufrecht.
Blüte: Je nach Sorte weiß, rosa, rot, violett, Rispen bis 50 cm lang.
Duft: Angenehm, zum Teil herb.
Laub: Lanzettlich, bis 20 cm.
Verwendung: Bienenweide, Blütentriebe für Schnitt, schnellwüchsiges Gehölz, Dachgarten.
Pflegetipp: Radikaler Frühjahrsschnitt sichert sommerliche Blütenfülle. Auf nährstoffarmen Standorten bessere Ausreife des Holzes. Wurzelbereich junger Pflanzen im Winter mit Laub- oder Reisigdecke schützen.

Sortenauswahl (Blüte, Duft): 'Black Knight' (violett, leicht), 'Border Beauty' (rotviolett, intensiv), 'Empire Blue' (blau, intensiv), 'Fascination' (rosa, leicht), 'Nanho Blue' (blau, intensiv), 'Nanho Purple' (violett, intensiv), 'Niobe' (rotviolett, leicht), 'Peace' (weiß, leicht), 'Pink Delight' (rosa, intensiv), 'Purple Prince' (violett, intensiv), 'Royal Red' (rotviolett, leicht), 'Summer Beauty' (rosa, intensiv)

Liebesperlenstrauch (◁ Foto)

Callicarpa bodinieri var. *giraldii*

↕ 100–150 cm ❁ 7–8 ○–◑

Wuchsform: Buschig, leicht sparrig.
Blüte: Violett, Trugdolde, unscheinbar.
Frucht: Lilafarben, zahlreich, zierend.
Laub: Oval, lang zugespitzt, bis 12 cm.
Herbstfärbung: Hellgelb bis orange.
Verwendung: Japangarten, Vogelnährgehölz, Fruchttriebe für Schnitt. Dekorativer Fruchtstrauch für Einzelstand oder Gruppenpflanzung.
Pflegetipp: Deutlich reicherer Fruchtansatz, wenn in Gruppen gepflanzt wird. Winterschutz für junge Pflanzen ratsam. Radikaler Rückschnitt verunstaltet die natürliche Schönheit des Strauches.

Bartblume

Caryopteris-Sorten

↑ 60–100 cm ❁ 8–10 ○

Wuchsform: Buschig und vieltriebig.
Blüte: Blaue Büschel am Jahrestrieb.
Laub: Auf der Unterseite silbrig schimmernd, bis 8 cm lang.
Verwendung: Heidegarten, Steingarten, Bienenweide, Blütentriebe für Schnitt, Dachgarten. Sofortblüher, der sich neben Rosen, Gräsern und graulaubigen Stauden schon im ersten Jahr in Szene zu setzen weiß.
Pflegetipp: Winterschutz an der Basis sinnvoll, regelmäßiger kräftiger Frühjahrsschnitt steigert die Blütenfülle.

Sortenauswahl: 'Heavenly Blue' (blau), 'Kew Blue' (dunkelblau)

Säckelblume (▷ Foto)

Ceanothus-Sorten

↑ 60–100 cm ❁ 7–10 ○

Wuchsform: Kleiner, buschiger, locker aufrecht wachsender Zierstrauch.
Blüte: Je nach Sorte rosa oder blau, in großen, verzweigten Rispen.
Laub: Eilänglich, bis 8 cm lang.
Verwendung: Für Sandböden. Wählen Sie einen geschützten Standort. Passende Nachbarn sind Rosen, Gräser, Stauden und schwach wachsende Gehölze.
Pflegetipp: Winterschutz im Wurzelbereich, regelmäßiger kräftiger Frühjahrsschnitt steigert die Blütenfülle.

Sortenauswahl: 'Gloire de Versailles' (blauviolett), 'Marie Simon' (lachsrosa), 'Topaze' (himmelblau)

Zierquitte (▷ Foto)

Chaenomeles-Sorten

↑ 60–100 cm ❁ 4–5 ○–◑

Wuchsform: Betont breit ausladend.
Blüte: Je nach Sorte rot, weiß, rosa.
Frucht: Gelbgrün, aromatischer Duft.
Trieb: Auffallend große Triebdornen.
Laub: Oval, ledrig, bis 5 cm.
Verwendung: Wildobst, Heidegarten, Vogelschutzgehölz, Vogelnährgehölz, Bienenweide, für Sandböden, Dachgarten, frosthartes Kübelgehölz.
Pflegetipp: Nicht im Wurzelbereich graben.

Sortenauswahl: 'Cido' (orangerot, »Nordische Zitrone«), 'Crimson and Glory' (dunkelrot), 'Nivalis' (weiß), 'Elly Mossel' (orangerot, sommerliche Nachblüte), 'Firedance' (rot), 'Nicoline' (dunkelrot)

Weißbunter Purpur-Hartriegel

Cornus alba 'Sibirica Variegata'

↑ 150–200 cm ❁ 5–6 ○–●

Wuchsform: Breit buschig, locker.
Blüte: Cremefarbene Trugdolden.
Frucht: Weißlich bis hellblau.
Rinde: Rötlich, intensiv leuchtend.
Laub: Weißbunt, oval, bis 8 cm.
Herbstfärbung: Gelb bis rotorange.
Verwendung: Vogelschutzgehölz, Vogelnährgehölz, Bienenweide, in Teichnähe, frosthartes Kübelgehölz.
Pflegetipp: Rückschnitt im mehrjährigen Turnus fördert leuchtend rotrindige Jungtriebe.

Sortenauswahl: Gelbbunter Purpur-Hartriegel (*Cornus alba* 'Spaethii') mit gelbbuntem Laub

Teppich-Hartriegel

Cornus canadensis

↑ 10–20 cm ❁ 6 ○–●

Wuchsform: Dank unterirdischer Wurzelausläufer polsterförmig wachsend.
Blüte: Rahmweiße Hochblätter.
Frucht: Leuchtend rot, zu mehreren.
Laub: Oval, bis 5 cm, teils wintergrün.
Verwendung: Bodendecker, Heidegarten, für Grabstellen, toleriert Vollschatten. Ideal zu Rhododendron, immergrünen Gehölzen, Farnen, Kalmien, Heidelbeeren und zur Unterpflanzung lichter Gehölze.
Pflegetipp: Empfindlich gegenüber verdichteten Oberflächen und kalkhaltigen Böden.

Weißbunter Pagoden-Hartriegel

Cornus controversa 'Variegata' (▷ Foto)

↑ 150–200 cm ❁ 5–6 ○–●

Wuchsform: Breit ausladender, sehr attraktiver Großstrauch, der seine Triebe in Etagen anordnet.
Blüte: Weiß, in breiten Schirmrispen.
Frucht: Blauschwarz und zahlreich.
Laub: Weißbunt, oval, bis 16 cm.
Herbstfärbung: Leuchtend purpurrot.
Verwendung: Heidegarten, Japangarten, in Teichnähe.
Pflegetipp: Unbedingt geschützter Standort, Rückschnitt möglich, verunstaltet jedoch die malerische Wuchsform und natürliche Schönheit des prachtvollen Strauches.

Kornelkirsche

Cornus mas

↑ 200–300 cm ❁ 3–4 ○–●

Wuchsform: Breit buschiger, meist sparrig verzweigter Großstrauch.
Blüte: Gelb, Dolde, lange vor dem Laubaustrieb erscheinend.
Frucht: Rot, bis 2 cm, Küchenobst.
Laub: Oval, bis 10 cm lang.
Herbstfärbung: Gelb bis rotorange.
Verwendung: Wildobst, heimisches Gehölz, Vogelschutzgehölz, frühe Bienenweide, Blütentriebe für Schnitt, Formgehölz, für Sandböden, Bauerngarten.
Pflegetipp: Sehr gut schnittverträglich, selbst aus altem, äußerst hartem Holz gut nachtreibend.

Niedrige Glockenhasel (◁ Foto)

Corylopsis pauciflora

↑ 60–100 cm ❁ 3–4 ○–◑

Wuchsform: Buschig, feintriebig.
Blüte: Gelbe Ähre, vor Laubaustrieb.
Duft: Leichter, lieblicher Primelduft.
Laub: Oval, bis 7 cm, frisch hellgrün.
Herbstfärbung: Leuchtend gelb.
Verwendung: Heidegarten, Steingarten, Japangarten, Blütentriebe für Schnitt (Weihnachten), für Grabstellen. Besonders schön in kleinen Gruppen, eingebettet in blau blühende Blumenzwiebeln.
Pflegetipp: Geschützter Standort, nicht im Wurzelbereich graben, Boden in den ersten drei Jahren offen halten.

Korkenzieher-Hasel

Corylus avellana 'Contorta'

↑ 100–150 cm ❁ 3–4 ○–◑

Wuchsform: Breit buschiger Strauch.
Blüte: Gelbe Kätzchen, sehr dekorativ.
Frucht: Kleine, essbare Haselnuss.
Trieb: Stark korkenzieherartig gedreht.
Laub: Eiförmig, kraus, bis 10 cm lang.
Herbstfärbung: Leuchtend gelb.
Verwendung: Bienenweide, Blüten- und Dekortriebe für den Vasenschnitt prädestiniert.
Pflegetipp: Verträgt radikalen Verjüngungsschnitt vor dem Austrieb selbst bis in alte, stark verholzte Partien. Wildtriebe (ohne Drehwuchs) häufig, umgehend entfernen.

Purpur-Hasel (◁ Foto)

Corylus maxima 'Purpurea'

↑ 150–200 cm ❁ 3–4 ○–◑

Wuchsform: Buschig, straff aufrecht.
Blüte: Rote Kätzchen vor dem Laub.
Frucht: Rotbraune Nuss, essbar.
Laub: Schwarzrot, eiförmig, bis 15 cm
Verwendung: Wildobst, Vogelschutzgehölz, Bienenweide, dekorative Blütentriebe für den Schnitt, schnellwüchsiges Gehölz. Auch in Schattenlagen bleibt die rötliche Laubfärbung erhalten.
Pflegetipp: Regelmäßiger Schnitt nicht notwendig. Verträgt jedoch radikalen Verjüngungsschnitt vor dem Austrieb selbst bis in alte Holzpartien.

Roter Perückenstrauch (◁ Foto)

Cotinus coggygria 'Royal Purple'

↑ 150–200 cm ❁ 6–7 ○

Wuchsform: Breit buschiger Strauch.
Blüte: Gelbliche Blütenrispen.
Frucht: Rosaroter, perückenartiger Fruchtstand, sehr auffallend.
Laub: Intensiv rot, eiförmig, bis 9 cm.
Herbstfärbung: Gelbrot bis orangerot.
Verwendung: Heidegarten, rote Laubtriebe für den Vasenschnitt, für Sandböden geeignet.
Pflegetipp: Schnitt verunstaltet die Wuchsform, nur nach Frostschäden sinnvoll. Ältere Sträucher mögen radikale Eingriffe nicht.

Fächermispel

Cotoneaster horizontalis

↑ 60–100 cm ❁ 6 ○–●

Wuchsform: Betont überhängend.
Blüte: Unscheinbar, weiß oder rötlich.
Frucht: Rot, überaus zahlreich, rund.
Trieb: Fischgrätenartige Dekorzweige.
Laub: Rund, bis 2 cm, sehr zierend.
Herbstfärbung: Leuchtend rotorange.
Verwendung: Bodendecker, Steingarten, Vogelschutzgehölz, Bienenweide, Frucht- und Dekortriebe für Schnitt, Dachgarten, für Tröge, Minigärten. Sehr dekorativ vor hellen Wänden.
Pflegetipp: Regelmäßiges Auslichten vertragend.

Edel-Ginster (▷ Foto)

Cytisus-Sorten

↕ 100–150 cm ❀ 5–6 ○

Wuchsform: Buschig, vieltriebig.
Blüte: Rot, gelb oder mehrfarbig.
Laub: Dreiteilig, bis 2 cm, giftig.
Verwendung: Heidegarten, Bienenweide, Blütentriebe für Schnitt, für Sandböden.
Rinde: Frisch hellgrün.
Pflegetipp: Jährlicher Rückschnitt nach der Blüte fördert nächstjährige Blütenfülle, radikaler Verjüngungsschnitt alter Sträucher nicht empfehlenswert. Vor Wildfraß (Kaninchen) schützen.

Sortenauswahl: 'Allgold' (goldgelb), 'Boskoop Ruby' (karminrot), 'Burkwoodii' (rot, gelb und rosa), 'Dragonfly' (gelbrot), 'Firefly' (gelbrot), 'Luna' (gelb), 'Hollandia' (rubinrot), 'Roter Favorit' (rot)

Roter Märzen-Seidelbast

Daphne mezereum 'Rubra Select'

↕ 60–100 cm ❀ 3–4 ○–◑

Wuchsform: Betont trichterförmig.
Blüte: Rosarot, vor Laubaustrieb.
Duft: Intensiv, sehr stark.
Frucht: Rote Steinfrüchte, stark giftig.
Laub: Lanzettlich, bis 8 cm, giftig.
Herbstfärbung: Gelb, dekorativ.
Verwendung: Heidegarten, Bienenweide, Blütentriebe für Schnitt. Bekannter Frühlingsblüher und Standard-Steingartenstrauch mit langsamem Wuchs.
Pflegetipp: Radikaler Schnitt ungünstig, wenn überhaupt, dann nur vor der Blüte erfolgversprechend.

Gefüllter Sternchenstrauch

Deutzia scabra 'Plena'

↕ 200–300 cm ❀ 6–7 ○–●

Wuchsform: Aufrechter Strauch.
Blüte: Zahlreiche, dicht gefüllte, weiße, zartrosa überhauchte Blüten in Rispen, die zum Sommeranfang im Garten Akzente setzen.
Laub: Oval, über 14 cm, rauh.
Verwendung: Bienenweide, Dachgarten.
Pflegetipp: Regelmäßiges Auslichten im Zweijahres-Rhythmus regt eine fortlaufende Straucherneuerung an und ist brachialen Radikalverjüngungen vorzuziehen, dennoch ist auch Letzteres möglich.

Korkflügelstrauch (▷ Foto)

Euonymus alatus

↕ 100–150 cm ❀ 5–6 ○–◑

Wuchsform: Breit buschig, sparrig.
Blüte: Grünlich gelb, Traube, zahlreich.
Frucht: Wenige, rote, giftige Kapseln.
Rinde: Korkleisten als Winterzierde.
Laub: Verkehrt eiförmig, bis 6 cm.
Herbstfärbung: Spektakulär rot.
Verwendung: Heidegarten, Steingarten, Bienenweide, Dekortriebe für Schnitt, Dachgarten, frosthartes Kübelgehölz.
Pflegetipp: Niemals im Wurzelbereich graben. Schnitt möglich, verunstaltet aber die natürliche Schönheit des ungewöhnlichen Strauches.

Goldglöckchen (▷ Foto)

Forsythia intermedia-Sorten

↕ 80–250 cm ❀ 3–4 ○–◑

Wuchsform: Trichterförmig, aufrecht.
Blüte: Sortenweise in Gelbtönen.
Laub: Lanzettlich, bis 12 cm lang.
Verwendung: Blütentriebe für Schnitt, schnellwüchsiges Gehölz. Dank klein bleibender Zwergsorten auch für kleinere Gartenbereiche bestens geeignet.
Pflegetipp: Im zweijährigen Turnus alte Triebe auslichten, aber auch radikaler Verjüngungsschnitt alter Sträucher ist möglich.

Sortenauswahl: 'Lynwood' (bis 250 cm), 'Mêlée d'Or' (nur bis 80 cm), 'Minigold' (nur bis 100 cm), 'Spectabilis' (bis 250 cm), 'Weekend' (bis 150 cm)

Stein-Ginster

Genista lydia

↕ 20–40 cm ❀ 5–6 ○

Wuchsform: Niederliegend, breit.
Blüte: Gelb, in großer Anzahl.
Trieb: Zweigspitzen leicht bewehrt.
Laub: Lanzettlich, bis 2 cm, giftig.
Rinde: Frisch hellgrün.
Verwendung: Bodendecker, über Mauerkronen überhängend, Steingarten, für Sandböden, für Grabstellen, für Tröge, Minigärten.
Pflegetipp: Jährlicher Rückschnitt nach der Blüte fördert nächstjährige Blütenfülle, radikaler Verjüngungsschnitt alter Sträucher nicht empfehlenswert. Vor Kaninchen schützen.

Zaubernuss (◁ Foto)

Hamamelis-Sorten

↕ 150–200 cm ❁ 12–3 ○–◑

Wuchsform: Betont trichterförmig.
Blüte: Je nach Sorte rot, orange, gelb.
Duft: Sortenunterschiedlich ausgeprägt.
Laub: Eiförmig, bis 12 cm lang.
Herbstfärbung: Leuchtend gelbrot.
Verwendung: Heidegarten, Japangarten, Blütentriebe für Schnitt, frosthartes Kübelgehölz.
Pflegetipp: Schnitt bei jungen Pflanzen gut möglich, starke Eingriffe bei älteren Exemplaren verunstalten jedoch die malerische Wuchsform.

Sortenauswahl: *H. mollis* (gelb, leichter Duft), 'Feuerzauber' (bronzerot, süßlicher Duft), 'Jelena' (kupferorange, leichter Duft), 'Pallida' (schwefelgelb, starker Duft), 'Westerstede' (primelgelb, Duft)

Garten-Eibisch

Hibiscus-Gartensorten

↕ 100–150 cm ❁ 7–9 ○

Wuchsform: Aufrecht, trichterförmig.
Blüte: Je nach Sorte rot, violett, rosa, weiß, bis 14 cm Durchmesser.
Laub: Dreiteilig gelappt, bis 10 cm.
Herbstfärbung: Leuchtend gelb.
Verwendung: Bienenweide, tropisch-exotische Aura.
Pflegetipp: Kräftige Rückschnitte im jährlichen oder mehrjährigen Turnus fördern Blütenfülle. Radikaler Rückschnitt alter Sträucher möglich.

Sortenauswahl: 'Blue Bird' (blauviolett), 'Coelestris' (pastellviolett), 'Hamabo' (rosa mit rotem Herz), 'Red Heart' (reinweiß mit rotem Herz), 'Totus Albus' (weiß), 'Woodbridge' (blaurot mit rotem Fleck)

Frucht-Sanddorn (◁ Foto)

Hippophae rhamnoides-Sorten

↕ 150–200 cm ❁ unscheinbar ○

Wuchsform: Trichterförmig, sparrig.
Frucht: Orange, saftiges Küchenobst unter anderem für Säfte, Marmeladen.
Trieb: Graubraun, bedornt.
Laub: Silbrig, lanzettlich, bis 7 cm.
Verwendung: Wildobst, Vogelnährgehölz, Bienenweide, für Sandböden, frosthartes Kübelgehölz.
Pflegetipp: Verträgt radikalen Rückschnitt. Das Beipflanzen von männlichen Befruchtersorten erhöht die Ernteerträge deutlich.

Sortenauswahl: 'Leikora' (großfrüchtige Selektion), 'Pollmix' (männlicher Pollenspender)

Strauch-Hortensie

Hydrangea arborescens 'Annabelle'

↕ 100–150 cm ❁ 7–9 ○–◑

Wuchsform: Aufrecht, breit buschig.
Blüte: Weiß, bis zu 25 cm große ballartige Schirmrispen, die für eine ungewöhnlich lange Blühzeit jeden Garten verzaubern.
Laub: Eiförmig, bis 15 cm groß.
Verwendung: Blütentriebe für Schnitt, Bauerngarten, vor allem auch in Teichnähe.
Pflegetipp: Jährlicher Rückschnitt im Frühjahr. Für ausreichende Bodenfeuchte sorgen, da das große Laub während sommerlicher Hitzeperioden rasch schlappt.

Bauern-Hortensien (◁ Foto)

Hydrangea macrophylla-, H. serrata-Sorten

↕ 100–150 cm ❁ 6–9 ○–◑

Wuchsform: Breit buschig, aufrecht.
Blüte: Je nach Sorte blau, rosa, rot, lila, weiß, in Trugdolden. Abgeblühtes als Winteraspekt stehen lassen.
Laub: Elliptisch, bis 15 cm groß.
Verwendung: Heidegarten, für Grabstellen, Bauerngarten, in Teichnähe. Bauern-Hortensien lieben eine dauerhafte Bodenfeuchte.
Pflegetipp: Radikale Verjüngung möglich, dann aber Blühpause. Besser: Rückschnitt lediglich bis Kniehöhe, damit ausreichend altes Holz am Strauch bleibt.

Kleinblumiger Johannisstrauch

Hypericum 'Hidcote'

↕ 100–150 cm ❁ 6–10 ○–●

Wuchsform: Breit buschiger Strauch mit aufrechten Grundtrieben, die an der Spitze überhängen.
Blüte: Große, gelbe Schalenblüten.
Laub: Wintergrün, oval, bis 5 cm lang.
Verwendung: Heidegarten, Bienenweide, toleriert Vollschatten, Dachgarten, für große Tröge. Bei regelmäßigem, erdnahem Rückschnitt Bodendecker. Passt dank extrem langer Blütezeit sehr gut in Gehölz- und Staudenrabatten.
Pflegetipp: Kräftiger Frühjahrsschnitt fördert Blütengröße und -fülle.

Gefüllter Ranunkelstrauch

Kerria japonica 'Pleniflora' (▷ Foto)

↥ 150–200 cm ❁ 4–5 ○–●

Wuchsform: Stark wachsender, aufrecht-buschiger Strauch, vieltriebig.
Blüte: Gelb, nelkenähnlich.
Rinde: Frisch hellgrün, auffallend.
Laub: Oval bis eilänglich, bis 7 cm.
Herbstfärbung: Gelb, teils grünlich.
Verwendung: Schnellwüchsiges Gehölz, toleriert Vollschatten, Dachgarten, Bauerngarten, in Teichnähe.
Pflegetipp: Alte, mehrjährige Triebe in regelmäßigem Turnus bodennah entfernen. Radikale Verjüngung kann unerwünschte Ausläuferbildung fördern.

Perlmuttstrauch

Kolkwitzia amabilis

↥ 150–200 cm ❁ 6 ○–◑

Wuchsform: Breit buschiger, aufrecht wachsender Strauch, später locker.
Blüte: Rosa, in Doldentrauben. Kein rosa blühender Strauch verbindet Frühjahr und Sommer blütenreicher.
Laub: Eiförmig, zugespitzt, bis 7 cm.
Verwendung: Vogelschutzgehölz, Dachgarten, frosthartes Kübelgehölz. Extrem anspruchslos und unkompliziert.
Pflegetipp: Alte, mehrjährige Triebe in regelmäßigem Turnus bodennah entfernen. Radikale Verjüngung alter Sträucher möglich.

Frischgrünes Geißblatt

Lonicera nitida 'Maigrün'

↥ 20–40 cm ❁ 5 ○–●

Wuchsform: Buschig, niederliegend.
Blüte: Cremeweiß, eher unscheinbar.
Frucht: Purpur, glänzend, bis 5 mm.
Laub: Wintergrün, lanzettlich, 2 cm lang, zweizeilig angeordnet.
Verwendung: Bodendecker, toleriert Vollschatten, Dachgarten, für Tröge, für niedrige Einfassungen. Flächenstrauch für den bequemen Gartenfreund: Das dichte Laubpolster lässt kaum Unkraut aufkommen.
Pflegetipp: Gut schnittverträglich, für Rückschnitte im mehrjährigen Rhythmus dankbar.

Großblumige Stern-Magnolie

Magnolia loebneri-Sorten (▷ Foto)

↥ 200–300 cm ❁ 4–5 ○

Wuchsform: Breitbuschiger Strauch.
Blüte: Weiß oder rosa, auch junge Pflanzen blühen schon überreich.
Duft: Leicht, angenehm.
Laub: Verkehrt eiförmig, bis 15 cm.
Herbstfärbung: Leuchtend gelb.
Verwendung: Japangarten, Blütentriebe für Schnitt, als Zierstamm angeboten.
Pflegetipp: Geschützter Standort mindert Spätfrostgefahr, niemals im Wurzelbereich graben, nicht zu tief pflanzen. Solitärstrauch, Rückschnitt unüblich, aber möglich.

Sortenauswahl: 'Leonard Messel' (rosa, innen weißlich), 'Merrill' (weiß)

Gefüllte Stern-Magnolie

Magnolia stellata 'Royal Star'

↥ 100–150 cm ❁ 3–4 ○

Wuchsform: Breit buschig, sehr dicht.
Blüte: Weiß, vor dem Laubaustrieb.
Duft: Angenehm.
Laub: Eiförmig, elliptisch, bis 10 cm.
Herbstfärbung: Leuchtend gelb.
Verwendung: Heidegarten, Japangarten, Blütentriebe für Schnitt, als Zierstamm angeboten, in Teichnähe.
Pflegetipp: Geschützter Standort mindert Spätfrostgefahr, niemals im Wurzelbereich graben, nicht zu tief pflanzen. Rückschnitt unüblich, aber möglich. Sehr frosthart.

Strauch-Pfingstrose (▷ Foto)

Paeonia suffruticosa-Sorten

↥ 60–100 cm ❁ 5–6 ○

Wuchsform: Trichterförmig, locker.
Blüte: Je nach Sorte rosa, rot, violett, weiß, einfach, halb gefüllt oder gefüllt.
Duft: Bei vielen Sorten angenehm.
Frucht: Bräunliche Balgfrüchte.
Laub: Doppelt gefiedert, über 10 cm.
Verwendung: Bienenweide, Bauerngarten, Japangarten.
Pflegetipp: Wichtig ist das tiefe Pflanzen (etwa 15 cm) der Veredlungen.

Sortenauswahl: 'Beauté de Twickel' (karminrosa), 'Blanche de His' (weißrosa), 'Reine Elisabeth' (rosa), 'Souvenir de Ducher' (violettrot). Neue amerikanische Sorten mit später Juni-Blüte und neuen Farbtönen (Orange, Gelb) sind im Kommen.

Blauraute

Perovskia abrotanoides

↕ 60–100 cm ❀ 7–10 ○

Wuchsform: Breit buschig, aufrecht.
Blüte: Blaue Ähre, Insektenmagnet im blütenarmen Spätsommer.
Duft: Streng und stark aromatisch.
Laub: Doppelt gefiedert, bis 6 cm lang, apart graufilzig, dekorativ.
Verwendung: Heidegarten, Steingarten, Bienenweide, für Sandböden. Der Kleinstrauch ist ein klassischer Rosenbegleiter in Blau.
Pflegetipp: Jährlicher radikaler Rückschnitt im Frühjahr zwingend notwendig. Winterschutz mit Laubmulch oder Nadelreisig ratsam.

Gefüllter Jasmin (◁ Foto)

Philadelphus 'Virginal'

↕ 150–200 cm ❀ 6–7 ○–◑

Wuchsform: Aufrecht buschig.
Blüte: Weiß, gefüllt, in vielen Trauben.
Duft: Angenehm, lieblich.
Laub: Länglich, spitzoval, bis 7 cm.
Verwendung: Bienenweide, Blütentriebe für Schnitt, Bauerngarten. Schönster gefüllt blühender Gartenjasmin mit betont aufrechtem Wuchs. Die überreich erscheinenden Blüten locken zahlreiche Insekten.
Pflegetipp: Auslichten alter Triebe in mehrjährigem Turnus, liebt offenen Boden. Bei nachlassender Blüte im Frühjahr düngen.

Rotlaubige Fasanenspiere

Physocarpus opulifolius 'Diabolo'

↕ 150–200 cm ❀ 6–7 ○–● (◁ Foto)

Wuchsform: Breit buschig, aufrecht.
Blüte: Weiß, vielblütig, Doldentraube.
Frucht: Rotbraun, blasig aufgetrieben.
Laub: Rot, dreiteilig, bis 10 cm lang.
Herbstfärbung: Leuchtend gelbrot.
Verwendung: Vogelschutzgehölz, Vogelnährgehölz, für Sandböden, toleriert Vollschatten, in Teichnähe. Zierstrauch für alle Farbgärten.
Pflegetipp: Sollte ungeschnitten bleiben. Verjüngungsschnitt mit dem Alter wenig erfolgversprechend.

Sortenauswahl: Gelblaubige Fasanenspiere *(Physocarpus opulifolius* 'Dart's Gold') mit gelbem Laub.

Fingerstrauch

Potentilla fruticosa-Sorten

↕ 40–60 cm ❀ 5–11 ○

Wuchsform: Buschig, niederliegend.
Blüte: Gelb, weiß, rosa oder rot.
Laub: Gefingert, bis 4 cm lang.
Verwendung: Bodendecker, Heidegarten, Steingarten, Bienenweide, Dachgarten, frosthartes Kübelgehölz.
Pflegetipp: Radikaler Rückschnitt im Frühjahr fördert Blütenfülle und -größe. Ungeschnitten zum Vergreisen und Auseinanderfallen neigend.

Sortenauswahl (Farbe, Blütendurchmesser): 'Abbotswood' (weiß, bis 2,5 cm), 'Goldfinger' (gelb, bis 5 cm), 'Goldteppich' (gelb, bis 4,5 cm), 'Jolina' (tiefgelb, bis 4 cm), 'Princess' (rosa, bis 3 cm), 'Red Ace' (rot, bis 3 cm), 'Red Robin' (rot, bis 3 cm)

Großfrüchtige Blut-Pflaume

Prunus cerasifera 'Nigra'

↕ 200–300 cm ❀ 4 ○–◑

Wuchsform: Baumartiger Großstrauch oder kleiner Baum, rundliche Krone.
Blüte: Leuchtend rosaweiß, einfach.
Frucht: Rot, essbare Pflaumen, süß schmeckend, 2 bis 3 cm dick.
Laub: Schwarzrot, oval, bis 8 cm lang.
Herbstfärbung: Leuchtend rötlich.
Verwendung: Wildobst, Vogelschutzgehölz, Vogelnährgehölz, Bienenweide, Blütentriebe für Schnitt. Passend zu anderen rotlaubigen Gehölzen und Stauden.
Pflegetipp: Rückschnitt möglich, verunstaltet jedoch die Wuchsschönheit.

Schlehe (◁ Foto)

Prunus spinosa

↕ 150–200 cm ❀ 3–4 ○–◑

Wuchsform: Breit buschig, ausladend.
Blüte: Weiß, vor dem Laubaustrieb.
Duft: Angenehm mit feiner Duftnote.
Frucht: Blauschwarze Beeren.
Trieb: Scharfe Triebdornen, markant.
Laub: Verkehrt eiförmig, bis 5 cm lang.
Herbstfärbung: Gelb, zierend.
Verwendung: Wildobst, heimisches Gehölz, Vogelschutzgehölz, Vogelnährgehölz, Bienenweide, Formgehölz. Wichtiges Gehölz mit zahlreichen ökologischen Aufgaben.
Pflegetipp: Selbst radikalsten Rückschnitt vertragend.

Mandelbäumchen

Prunus triloba

↑ 100–150 cm ❁ 4–5 ○

Wuchsform: Aufrecht, vieltriebig.
Blüte: Rosa, rosettenartig gefüllt.
Laub: Oval, bis 8 cm, dunkelgrün.
Herbstfärbung: Gelb, aber unsicher.
Verwendung: Japangarten, als Zierstamm angeboten.
Pflegetipp: Rückschnitt nach der Blüte auf halbe Trieblänge. Wildtriebe am Stamm oder aus dem Wurzelbereich sofort entfernen. Der Rückschnitt der Triebe nach der Blüte mindert die Befallswahrscheinlichkeit durch Monilia, jedoch sollte man Problemlagen vorsichtshalber meiden.

Geschlitzter Essigbaum

Rhus typhina 'Dissecta' (▷ Foto)

↑ 100–150 cm ❁ 6–7 ○

Wuchsform: Ausladend, bizarr, breit.
Blüte: Grüne, bis 20 cm lange Rispen.
Frucht: Rot, kolbenartig, auffallend.
Laub: Doppelt gefiedert, bis 50 cm.
Herbstfärbung: Dekorativ gelbrot.
Verwendung: Hausgarten, für Sandböden. Wegen seines filigranen Laubes wie ein hoher »Farn« wirkend.
Pflegetipp: Graben im Wurzelbereich kann zu Wurzelverletzungen und in der Folge zu verstärkter Ausläuferbildung führen. Ein Schnitt verunstaltet den mehrstämmigen Wuchs, ist aber problemlos möglich.

Blut-Johannisbeere (▷ Foto)

Ribes sanguineum 'Atrorubens'

↑ 150–200 cm ❁ 4 ○–◑

Wuchsform: Breit und dicht buschig.
Blüte: Zahlreiche rosarote Trauben locken blütenhungrige Bienen und Hummeln in Massen.
Frucht: Schwarze, ungiftige Beeren.
Laub: Herzförmig, gelappt, bis 10 cm.
Herbstfärbung: Leuchtend gelb.
Verwendung: Vogelschutzgehölz, Bienenweide, Blütentriebe für Schnitt.
Pflegetipp: Radikaler Verjüngungsschnitt mit zunehmendem Alter wenig erfolgversprechend. Besser: Alle zwei bis drei Jahre regelmäßig alte Triebe auslichten.

Hängende Kätzchen-Weide

Salix caprea 'Pendula'

↑ variabel ❁ 3–4 ○–◑

Wuchsform: Stark überhängende, vieltriebige Schleppenkronen auf Zierstämmchen mit variabler Ansatzhöhe.
Blüte: Gelbe Kätzchen, leichter Duft.
Laub: Oval, bis 10 cm, mattgrün.
Herbstfärbung: Leuchtend gelb.
Verwendung: Bienenweide, für Sandböden, als Zierstamm angeboten. Für Einzelstellung im Vorgarten oder in Kübeln.
Pflegetipp: Kräftiger Rückschnitt nach der Blüte bei guter Nährstoffversorgung sichert nächstjährigen Kätzchen-Besatz. Wildtriebe am Stamm sofort entfernen.

Weißbunte Hänge-Weide

Salix integra 'Hakuro Nishiki' (▷ Foto)

↑ variabel ❁ unscheinbar ○–◑

Wuchsform: Überhängende, vieltriebige Kronen, meist als Zierstämmchen angeboten, Kronenhöhe variabel.
Laub: Weißbunt, lanzettlich, bis 5 cm.
Verwendung: Für Sandböden, in Teichnähe. Muntert als Strauch oder kleines Bäumchen selbst kleinste Gartenbereiche kontrastreich auf. Vorgarten-Attraktion.
Pflegetipp: Schnitt ein Muss, fördert Buntlaubigkeit. Starker Rückschnitt jedoch erst im Frühjahr, denn die feinen Triebe und Ästlein sind eine hübsche Winterzierde.

Küchen-Holunder

Sambucus nigra 'Haschberg'

↑ 200–300 cm ❁ 6–8 ○–●

Wuchsform: Breit buschiger Strauch.
Blüte: Cremeweiß, in Schirmrispen.
Duft: Starke und strenge Duftnote.
Frucht: Violettschwarz, bekannte Holunderbeeren, auffallend dekorativ. 'Haschberg' ist bereits als junge Pflanze außerordentlich reich tragend.
Laub: Gefiedert, bis 30 cm groß.
Verwendung: Wildobst, Vogelschutzgehölz, Vogelnährgehölz, Bienenweide, Bauerngarten, in Teichnähe. Alte Heil- und Kulturpflanze.
Pflegetipp: Selbst radikalsten Verjüngungsschnitt sehr gut vertragend.

Herbst-Flieder

Syringa microphylla 'Superba'

↑ 60–100 cm ❀ 5, Nachblüte 10 ○

Wuchsform: Bogig überhängender, locker aufrechter Kleinstrauch.
Blüte: Rosafarben, dekorative Rispen.
Duft: Angenehm und sehr intensiv.
Laub: Oval bis rund, bis 6 cm lang.
Verwendung: Bienenweide, häufig als Zierstamm angeboten, Dachgarten, Bauerngarten, frosthartes Kübelgehölz. Passt durch seine lange Blütendauer ideal zu Stauden wie dem weiß blühenden Schleierkraut.
Pflegetipp: Kräftiger Rückschnitt im Frühjahr steigert die Blütenfülle.

Edel-Flieder (◁ Foto)

Syringa vulgaris-Sorten

↑ 150–200 cm ❀ 5 ○

Wuchsform: Trichterförmig, dicht.
Blüte: Je nach Sorte rote, weiße, rosafarbene, gelbe oder violette Rispen.
Duft: Sehr angenehm und intensiv.
Laub: Oval bis herzförmig, bis 12 cm.
Verwendung: Blütentriebe für Schnitt, als Zierstamm angeboten, Bauerngarten, in Teichnähe, frosthartes Kübelgehölz.
Pflegetipp: Meist Veredlungen, mögliche Wildtriebe umgehend entfernen.

Sortenauswahl: 'Andenken an Ludwig Späth' (lilarosa, einfach), 'Charles Joly' (purpurrot, gefüllt), 'Katherine Havemeyer' (lilarosa, gefüllt), 'Madame Lemoine' (weiß, gefüllt), 'Michel Buchner' (lila, gefüllt), 'Primrose' (hellgelb, einfach)

Rosa Frühlings-Tamariske

Tamarix parviflora (◁ Foto)

↑ 200–300 cm ❀ 5–6 ○

Wuchsform: Breit buschig, ausladend.
Blüte: Rosafarben, in Trauben.
Laub: Schuppenartig, bis 2 cm groß.
Herbstfärbung: Leuchtend gelbrot.
Verwendung: Bienenweide, in Teichnähe. Schönste Frühlings-Tamariske mit sehr guter Salztoleranz. Anspruchslos, auch auf sandigen Böden überreich blühend.
Pflegetipp: Radikaler Rückschnitt möglich, verunstaltet jedoch die malerisch-lockere Wuchsform. Am schönsten wirkt der ausladende Edelstrauch als Solitär im Freistand.

Winter-Schneeball

Viburnum × *bodnantense* 'Dawn'

↑ 150–200 cm ❀ 12–4 ○–◑

Wuchsform: Trichterförmig, sparrig.
Blüte: Rosa, Rispe, Knospen tiefrosa.
Duft: Angenehm und sehr intensiv.
Laub: Eiförmig, bis 10 cm, Stiel rot.
Herbstfärbung: Leuchtend rot.
Verwendung: Bienenweide, Blütentriebe für Schnitt, Formgehölz, frosthartes Kübelgehölz. Ein fensternaher Pflanzplatz ist optimal, um die Winterblüte aus den Wohnräumen heraus zu genießen.
Pflegetipp: Schnitt unüblich, nur junge Pflanzen belohnen einen Verjüngungsschnitt mit buschigerem Wuchs.

Echter Schneeball

Viburnum opulus 'Roseum'

↑ 150–200 cm ❀ 5–6 ○–◑

Wuchsform: Breit ausladend, wuchtig.
Blüte: Weiß, ballförmiger Blütenstand.
Laub: Rundlich, gelappt, über 10 cm.
Herbstfärbung: Leuchtend rot.
Verwendung: Vogelschutzgehölz, Bienenweide, Blütentriebe für Schnitt, Bauerngarten, in Teichnähe. Der »Schneeball« schlechthin. Zählt neben Flieder und Goldregen zu den klassischen Mai-Blühern. Passt vorzüglich neben Stauden wie Himmelsleiter und *Geranium*.
Pflegetipp: Schnitt unüblich, Auslichten in mehrjährigem Turnus möglich.

Weigelie, Glockenstrauch

Weigela-Sorten (◁ Foto)

↑ 100–250 cm ❀ 6–8 ○–◑

Wuchsform: Buschig, überhängend.
Blüte: Je nach Sorte rot, weiß, rosa.
Laub: Grün oder buntlaubig, bis 10 cm.
Herbstfärbung: Teils gelbrot.
Verwendung: Bienenweide, Buntlauber für Schnitt, schnellwüchsiges Gehölz, Bauerngarten.
Pflegetipp: Auslichten in mehrjährigem Turnus ausreichend, aber auch radikaler Rückschnitt wird vertragen.

Sortenauswahl: 'Bristol Ruby' (karminrot, bis 250 cm), 'Bouquet Rose' (rosa, bis 200 cm), *W. florida* 'Purpurea' (dunkelrosa, bis 150 cm, Laub braunrot), 'Nana Variegata' (rosa, bis 100 cm, Laub weißbunt), 'Snowflake' (weiß, bis 150 cm), 'Variegata' (hellrosa, bis 150 cm, Laub weißbunt)

Laubbäume

Laubbäume sind sommergrüne Gehölze, die – wie die Laubsträucher – im Winter ihr Laub abwerfen. Im Unterschied zu Laubsträuchern besitzen sie einen Stamm, eine Krone und einen deutlich stärkeren Wuchs.
Die Geschichte der Laubbäume ist eine Geschichte voller Mythen und Sagen. Als größte und älteste Lebewesen der Erde spielen sie in der Kulturgeschichte vieler Völker eine wichtige Rolle – bis zum heutigen Tage. Der Baum ist Symbol für Kraft und Stärke, und im Volksglauben hält der Hausbaum Unglück von den Bewohnern fern. Aber auch ohne Aberglauben gilt: Ein Garten ohne Baum ist irgendwie kein richtiger Garten.
Zumindest ein Baum gehört in jeden Garten, schon um Straßenlärm abzudämpfen und etwas zur Luftverbesserung beizutragen. Leider sprengen viele schöne Baumriesen mit ihren Ausmaßen die Möglichkeiten mittelgroßer Hausgärten. Ein Baum könnte der Mittelpunkt vieler Gärten sein, aber wer hat schon ausreichend Platz, um den Fundus der Laubriesen voll ausschöpfen zu können?
Deshalb berücksichtigt die nachfolgende Auswahl in erster Linie gartengerechte, kugelkronige Haus- und Kleinbäume. Aber auch sie bieten Vögeln in ihrem Zweiggewirr Nistschutz und Futter, werfen kühlenden Schatten, den kein Sonnenschirm in dieser Frische nachzuahmen in der Lage ist, laden Kinder zum Klettern ein. Schlechte Standortbedingungen können aus Bäumen Sträucher machen. Daher sind Angaben zur Wuchshöhe immer relativ zu verstehen. Auf nährstoffarmem Sandboden ist die Birke nur ein mannshoher Strauch, auf fetten Böden kann sie 30 Meter Höhe erreichen. Angaben zur Wuchshöhe bei der Beschreibung von Laubbäumen beziehen sich deshalb auf die Höhe des Baumes nach 15 Standjahren im Garten auf reifen Böden. Ausgangspflanzen sind mehrjährige Bäume, die in einer gängigen Stammstärke gekauft wurden.
Dennoch sollte man auch vor der Pflanzung des Hausbaumes unbedingt einen Blick ins Nachbarrecht werfen – damit die blattreichen Gartendächer in erster Linie die Zukunft begrünen und nicht den Zaunfrieden gefährden.
➲ Weitere Laubbäume finden Sie im Kapitel »Hecken«: Feld-Ahorn Seite 193, Hainbuche Seite 194, Rot-Buche Seite 194.

Kugel-Ahorn (▷ Foto)

Acer platanoides 'Globosum'

↕ 300–500 cm ❁ 4 ○–◑

Wuchsform: Kugelförmige Krone.
Blüte: Gelbgrüne Doldentrauben.
Frucht: Stumpfwinklig geflügelt.
Laub: Spitz gelappt, bis 15 cm groß.
Herbstfärbung: Leuchtend gelb.
Verwendung: Hausgarten, Toreinfahrten, Vogelschutzgehölz, Bienenweide, für Sandböden, Hausbaum, frosthartes Kübelgehölz.
Pflegetipp: Schnitt nur ab Herbst bis Januar, spätere Eingriffe fördern ein »Bluten« der Bäume. Kein pilzanfälliges Totholz stehen lassen, größere Wunden unbedingt verstreichen.

Echte Hänge-Birke

Betula pendula 'Youngii' (▷ Foto)

↕ 500–700 cm ❁ unscheinbar ○

Wuchsform: Kronentriebe herabhängend, breite Schirmkrone bildend.
Laub: Dreieckig, herzförmig, bis 5 cm.
Herbstfärbung: Leuchtend gelb.
Verwendung: Vorgarten, Heidegarten, für Sandböden geeignet, Friedhof, als Zierstamm angeboten, in Teichnähe, frosthartes Kübelgehölz. Die beschaulich wachsende Schirmkrone bietet über die Jahre mit ihrem grünen Laubvorhang einen guten Sichtschutz und ideale Beschattung für Sitzplätze.
Pflegetipp: Schnitt unüblich.

Kugel-Trompetenbaum

Catalpa bignonioides 'Nana' (▷ Foto)

↕ 300–500 cm ❁ keine ○

Wuchsform: Kleiner Baum mit kugeliger, dichttriebiger Krone. Idealer Nistplatz für Vögel aller Art.
Laub: Herzförmig, bis 20 cm groß.
Herbstfärbung: Leuchtend gelb.
Verwendung: Toreinfahrten, Vogelschutzgehölz, Hausbaum, Vorgarten. Dichttriebiges Baumhaus für nistende Vögel, das selbst in kleine Gärten passt.
Pflegetipp: Junge Pflanzen können unter Frostempfindlichkeit leiden, die aber mit zunehmendem Alter schwindet. Schnitt möglich, aber nicht üblich.

Rot-Dorn (◁ Foto)

Crataegus laevigata 'Paul's Scarlet'

↕ 300–500 cm ❀ 5–6 ○–◑

Wuchsform: Meist als Kleinbaum angeboten. Durch Schnitt rundliche und kompakte Krone, sonst breit ausladend.
Blüte: Karmesinrot, stark gefüllt.
Trieb: Bis zu 3 cm lange Kurzdornen.
Laub: Gelappt, bis 5 cm, dunkelgrün.
Verwendung: Vogelschutzgehölz, Bienenweide, Formgehölz, Hausbaum, Bauerngarten.
Pflegetipp: Radikaler Verjüngungsschnitt möglich. Regelmäßige Formschnitte (Kugelkrone) mindern Blütenansatz. Ungeschnitten wächst der beliebte Straßenbaum breit ausladend.

Edel-Goldregen

Laburnum watereri 'Vossii'

↕ 300–500 cm ❀ 5 ○–◑

Wuchsform: Trichterförmige Krone.
Blüte: Gelbe Trauben, bis 50 cm lang.
Duft: Angenehm, liebliche Duftnote.
Frucht: Braune und giftige Hülse.
Laub: Dreiteilig, bis 8 cm lang, giftig.
Verwendung: Bienenweide, Blütentriebe für Schnitt, als Zierstamm angeboten, Bauerngarten. Schattenspender für Rhododendron.
Pflegetipp: Schnitt unüblich. Jedoch Blütentriebe, die von Kindern erreicht werden können, nach der Blüte abschneiden, da eine Gefährdung durch giftige Samenstände möglich ist.

Amberbaum (◁ Foto)

Liquidambar styraciflua

↕ 500–700 cm ❀ unscheinbar ◑

Wuchsform: Schmal-kegelförmige Krone, später mehr rundlich.
Frucht: Braun, kugelig, bis 3 cm dick.
Rinde: Auffallend borkig, dekorative Korkleisten, hübscher Winterschmuck.
Laub: Tief gelappt, bis 15 cm groß.
Herbstfärbung: Gelbrot, sehr früh beginnend und überaus spektakulär.
Verwendung: Bienenweide, schnellwüchsiges Gehölz, in Teichnähe. Zu Immergrünen.
Pflegetipp: Jungbäume frostempfindlich, nur im Frühjahr pflanzen. Im Alter absolut frosthart.

Tulpen-Magnolie

Magnolia soulangiana

↕ 300–500 cm ❀ 4–5 ○–◑

Wuchsform: Breit ausladende Krone.
Blüte: Weißrosa, vor dem Laub.
Duft: Leicht und angenehm.
Frucht: Rot, walzenförmig, zierend.
Laub: Eiförmig, bis 15 cm groß.
Verwendung: Blütentriebe für Schnitt, als Zierstamm angeboten, in Teichnähe.
Pflegetipp: Niemals im Wurzelbereich graben, nicht zu tief pflanzen. Rückschnitt nicht empfehlenswert, jedoch möglich. Baumdiva unter den Blütenbäumen, der eine geschützte Lage zugestanden werden sollte.

Zier-Apfel (◁ Foto)

Malus-Sorten

↕ 500–700 cm ❀ 5 ○

Wuchsform: Schmal bis ausladend.
Blüte: Je nach Sorte weiß, rosa, rot.
Duft: Leicht und angenehm.
Frucht: Gelb bis rot, bis 5 cm groß.
Laub: Eiförmig, elliptisch, bis 10 cm.
Verwendung: Vogelschutzgehölz, Vogelnährgehölz, Bienenweide, teils Wildobst, Hausbaum.
Pflegetipp: Schnitt unüblich, Wildtriebe jedoch sofort entfernen.

Sortenauswahl (Blüte; Frucht): 'Eleyi' (weinrot; purpurn, Laub rötlich), *M. floribunda* (rosaweiß; gelb, klein), 'John Downie' (weiß; orangerot, sehr groß), 'Liset' (blaurot; purpurn, Laubaustrieb rötlich), 'Royalty' (purpurn; rot, Laub rot)

Japanische Blüten-Kirsche

Zier-Kirsche/*Prunus*-Sorten

↕ 300–700 cm ❀ 4–5 ○–◑

Wuchsform: Je nach Sorte variabel.
Blüte: Weiß oder rosa, Doldentraube.
Laub: Spitz-elliptisch, bis 10 cm groß.
Herbstfärbung: Gelborange, zierend.
Verwendung: Japangarten, Blütentriebe für Schnitt, teils als Zierstamm angeboten.
Pflegetipp: Treiben selbst nach starkem Rückschnitt willig durch. Lieben ausreichend bodenfeuchte Gartenplätze. Wildtriebe sofort entfernen.

Sortenauswahl: 'Accolade' (Blüte rosa), 'Amanogawa' (weißlichrosa), 'Kanzan' (dunkelrosa) 'Kikushidare-zakura' (rosa), 'Schnee' (weiß), 'Shiro-fugen' (weiß), 'Shirotae' (weiß)

Gold-Akazie (▷ Foto)

Robinia pseudoacacia 'Frisia'

↥ über 700 cm ❀ 5–6 ○

Wuchsform: Eiförmige, lockere Krone.
Blüte: Weiß, in hängenden Trauben.
Duft: Angenehm und süßlich.
Frucht: Braune Hülsen, giftig.
Trieb: Weinrote, 3 cm lange Dornen.
Laub: Gelb, gefiedert, bis 30 cm lang.
Verwendung: Einzelbaum für größere Vorgärten, Bienenweide, schnellwüchsiges Gehölz. Idealer Kontrast-Partner dunkler Nadelgehölze, Leitgehölz mit duftenden Blütentrauben für den gelben Garten.
Pflegetipp: Starker Rückschnitt bis ins alte Holz problemlos möglich.

Kugel-Akazie

Robinia pseudoacacia 'Umbraculifera'

↥ 300–500 cm ❀ keine ○

Wuchsform: Kugelrunde Krone.
Trieb: Dornlose, sehr feine Triebe.
Laub: Gefiedert, bis 15 cm groß.
Herbstfärbung: Leuchtend gelb.
Verwendung: Toreinfahrten, Vogelschutzgehölz, Hausbaum, Dachgarten. Idealer, da kleinkroniger Hausbaum mit einer Kugelkrone, die einem Lehrbuch der Geometrie entstiegen sein könnte.
Pflegetipp: Starker Rückschnitt problemlos möglich. Lässt sich dank bester Schnittverträglichkeit in Form und damit im Zaum halten.

Kaskaden-Schnurbaum

Sophora japonica 'Pendula'

↥ 300–500 cm ❀ unscheinbar ○

Wuchsform: Ungleichmäßige Krone mit malerisch wachsender Hängeform, die sich mit den Jahren zu einem schattenspendenden Schirm mit Laubencharakter entwickelt.
Laub: Gefiedert, bis 25 cm lang.
Herbstfärbung: Leuchtend gelb.
Verwendung: Japangarten, für Sandböden. Einzelbaum für romantische Gartenteile.
Pflegetipp: Geschützter Standort, in der Jugend frostsensibel. Ein Schnitt ist möglich, verunstaltet aber die typische Wuchskaskade.

Essbare Eberesche (▷ Foto)

Sorbus aucuparia 'Edulis'

↥ 500–700 cm ❀ 5 ○–●

Wuchsform: Eiförmige Krone.
Blüte: Weiße, flache Trugdolden.
Frucht: Rote, essbare, dicke Beeren.
Laub: Gefiedert, über 16 cm groß.
Herbstfärbung: Leuchtend gelbrot.
Verwendung: Wildobst, Heidegarten, Vogelschutzgehölz, Vogelnährgehölz, Bienenweide, schnellwüchsiges Gehölz, toleriert Vollschatten, Dachgarten, Bauerngarten, frosthartes Kübelgehölz.
Pflegetipp: Verträgt längere Trockenperioden, dann aber deutlich geringerer Fruchtansatz.

Lauben-Ulme (▷ Foto)

Ulmus glabra 'Pendula'

↥ 300–500 cm ❀ 3–4 ○–◑

Wuchsform: Laubenartige Krone, dicht verzweigte Hängeform.
Blüte: Bräunlichviolett, in Büscheln.
Laub: Oval, bis 20 cm, asymmetrisch.
Herbstfärbung: Leuchtend gelb.
Verwendung: Vogelschutzgehölz, Bienenweide, als Zierstamm angeboten, in Teichnähe, frosthartes Kübelgehölz. Die Hängeform entwickelt sich mit den Jahren zu einem schattenspendenden Schirm.
Pflegetipp: Starker Rückschnitt möglich, verunstaltet aber Wuchsform und natürliche Schönheit der Kaskade.

Gold-Ulme, Bastard-Ulme

Ulmus × hollandica 'Wredei'

↥ 300–500 cm ❀ keine ○–◑

Wuchsform: Kleiner Baum mit säulenförmiger Krone, Seitenäste straff aufrecht. Langsam wachsend.
Laub: Im Austrieb auffallend gelb, später gelbgrün, gewellt, bis 10 cm.
Verwendung: In Teichnähe. Gelblaubiges Fanal, das in jedem Garten sofort ins Auge fällt. Markante Erscheinung insbesondere in Wassernähe, aber auch in begrenzten, absonnigen Vorgärten ein unübersehbarer Willkommensgruß. Leitgehölz im gelben Garten.
Pflegetipp: Schnitt unüblich.

Immergrüne Laubgehölze

Immergrünen Laubgehölzen haftet der Ruf an, langweilig zu sein. Dabei ist ihr stilles Grün das beste Beruhigungsmittel für gestresste Großstadtgemüter. Natürlich zeigen Immergrüne keine spektakulären Blütenkünste. Wenn aber der Blütenrausch des Frühjahrs und des Sommers verflogen ist und die sommergrünen Laubgehölze ihr Kleid für die Winterruhe abgelegt haben, dann beginnt der große Auftritt der immergrünen Laubgehölze im Garten. Sie sind verlässliche Gestaltungspartner, auf die man sich rund ums Gartenjahr verlassen kann.

Gehölze gelten als immergrün, wenn sie ihr Laub für mindestens zwei Wachstumsperioden behalten. Über diese Fähigkeit, die die Gestaltungspalette für den Garten deutlich erweitert, verfügen nur einige Laubgehölze. Fragt jemand im Fachhandel nach »Immergrünen«, meint er deshalb auch fast immer Laubgehölze, weil diese Eigenschaft unter den Blattträgern etwas Besonderes darstellt. Nadelgehölze werden nicht zu den klassischen Immergrünen gerechnet. Von ihnen erwartet man automatisch ein immergrünes Nadelkleid. Ungewöhnlich und erwähnenswert sind vielmehr ihre sommergrünen, nadelabwerfenden Arten.

Immergrüne haben immer Durst, auch im Winter. Im Herbst frisch gepflanzte Immergrüne sollten Sie während des Winters bei frostfreiem Boden im Abstand von vier Wochen wässern. Gönnen Sie den immergrünen Blattsträuchern einen halbschattigen bis schattigen Gartenwinkel. Dann ist die Gefahr des Verdurstens schon von vornherein stark reduziert.

Mitunter verfärben sich im Sommer die älteren Blätter immergrüner Gehölze gelb und fallen ab. Dies ist kein Grund zur Sorge, sondern eine vollkommen normale Erscheinung.

Angaben zur Wuchshöhe bei den Beschreibungen von Immergrünen beziehen sich auf die Höhe des Gehölzes nach fünf Standjahren im Garten. Ausgangspflanzen sind mehrjährige Sträucher, die in einer gängigen Pflanzgröße gekauft wurden.

➲ Weitere immergrüne Gehölze finden Sie im Kapitel »Hecken« ab Seite 188, bei den Rhododendron ab Seite 169 sowie den Nadelsträuchern und -bäumen ab Seite 172.

Gelbbunte Aukube (◁ Foto)

Aucuba japonica 'Variegata'

↑ 100–150 cm ❁ unscheinbar ◑–●

Wuchsform: Zunächst steif aufrecht wachsend, später breit buschig.
Frucht: Große, rote, beerenähnliche Steinfrüchte, die lange haften bleiben.
Laub: Gelbbunt, oval, bis 20 cm.
Verwendung: Für winter- und immergrüne Gärten. Sympathischer Schattenaufheller. Langlebige, vollkommen unkomplizierte und duldsame Kübelpflanze.
Pflegetipp: Geschützter Gartenstandort. Als Kübelgehölz frostfrei überwintern, beispielsweise in einem Wintergarten.

Sommer-Heide

Calluna vulgaris-Sorten

↑ 10–20 cm ❁ 8–12 ○

Wuchsform: Polsterförmig, dicht.
Blüte: Violettrot, rosa oder weiß.
Laub: Schuppenförmig, bis 1 cm.
Verwendung: Bodendecker, Heidegarten, Bienenweide, Blütentriebe für Schnitt, für Sandböden, für Grabstellen, Minigärten. Knospenblühende Sorten blühen bis in den Winter hinein.
Pflegetipp: Schnitt im späten Frühjahr in zweijährigem Turnus hält die Polster jung und damit blühvital. Empfindlich gegenüber Mineraldünger.

Sortenauswahl an Knospenblühern: 'Alexandra' (rot), 'Alicia' (weiß), 'Amethyst' (rot), 'Anette' (rosa), 'Fritz Kircher' (rosa), 'Melanie' (weiß), 'Sandy' (weiß, gelbes Laub)

Fruchtende Kriechmispel

Cotoneaster dammeri 'Coral Beauty'

↑ 20–40 cm ❁ 5–6 ○–◑ (◁ Foto)

Wuchsform: Niederliegend, dicht.
Blüte: Weiß, sehr zahlreich.
Frucht: Leuchtend rot, auffallend.
Laub: Oval, stark glänzend, bis 2 cm.
Winterlaub: Teils leuchtend gelbrot.
Verwendung: Bodendecker, Heidegarten, Steingarten, Fruchttriebe für Schnitt, Formgehölz, für Grabstellen, als Zierstamm angeboten, Dachgarten, frosthartes Kübelgehölz.
Pflegetipp: Junge Pflanzen enorm schnittverträglich, jedoch radikaler Rückschnitt alter Sträucher bis ins alte Holz nicht empfehlenswert.

Buntlaubige Ölweide

Elaeagnus pungens 'Maculata'

↑ 60–100 cm ❁ 10–11 ○–◑

Wuchsform: Breit buschig, niedrig. Der Kleinstrauch wächst meist etwas sparrig und unregelmäßig.
Blüte: Im Herbst weiße, leicht duftende, unscheinbare Blüten.
Laub: Kunstvoll gemustert, gelbbunt gestreifte Blätter, oval, bis 10 cm lang.
Verwendung: Vorgarten, für Sandböden. Enorme Trockenheitsresistenz kennzeichnet dieses Gehölzjuwel, das auch im Kübel ziert.
Pflegetipp: Windgeschützter Standort, Wurzelbereich im Winter mit Laubschicht und Laub mit Vlies schützen.

Winterheide, Schneeheide

Erica carnea-Sorten (▷ Foto)

↑ 20–40 cm ❁ 1–4 ○–◑

Wuchsform: Polsterförmig, dicht.
Blüte: Rosa, violett, rot oder weiß.
Laub: Nadelförmig, bis 1 cm lang.
Verwendung: Bodendecker, Heidegarten, Bienenweide, für Grabstellen, für Tröge, Minigärten. Kalktoleranteste Heideart, die in vielen Sorten angeboten wird.
Pflegetipp: Leichter Rückschnitt nach der Blüte fördert die nächstjährige Blütenfülle, die bereits im Sommer an- und damit festgelegt wird.

Sortenauswahl: 'Atrorubra' (dunkelrosa), 'Lohses Rubin' (rubinrosa), 'Myretoun Ruby' (rot), 'Snow Queen' (weiß), 'Vivelli' (violettrot), 'Winter Beauty' (rosarot)

Kriechspindel (▷ Foto)

Euonymus fortunei-Sorten

↑ bis 60 cm ❁ 5–6, unscheinbar ○–●

Wuchsform: Niedrig bis aufrecht.
Laub: Grün, weiß- oder gelbbunt, oval.
Verwendung: Bodendecker, Heidegarten, Steingarten, für Grabstellen, toleriert Vollschatten, als Zierstamm angeboten, in Teichnähe, für Tröge, Minigärten, Wandbegrüner.
Pflegetipp: Zunächst langsam wachsend, darum die ersten Jahre Pflanzfläche offen halten.

Sortenauswahl (Laubfarbe, Höhe): 'Blondy' (gelbbunt, 60 cm), 'Coloratus' (grün, 40 cm), 'Emerald Gaiety' (weißbunt, 20 cm), 'Emerald Gold' (gelbbunt, 20 cm), 'Minimus' (grün, 10 cm), 'Sunspot' (gelber Fleck auf grünem Grund, 60 cm), 'Vegetus' (grün, 60 cm)

Rote Teppichbeere

Gaultheria procumbens

↑ bis 10 cm ❁ 7–8 ◑–●

Wuchsform: Matten bildend, dicht.
Blüte: Weißrosa, nickend, einzeln.
Frucht: Rot, essbar, wenig Aroma.
Laub: Rötlich, bis 3 cm, glänzend.
Winterlaub: Teils auffallend violett.
Verwendung: Bodendecker, Heidegarten, Steingarten, Bienenweide, für Grabstellen, toleriert Vollschatten, in Teichnähe, Minigärten. Besonders wertvoll zur Begrünung absonniger Areale in Heidegärten, eine attraktive Partnerin des Teppich-Hartriegels.
Pflegetipp: Schnitt nicht üblich.

Gelber Berg-Ilex

Ilex crenata 'Golden Gem'

↑ 20–40 cm ❁ unscheinbar ○–●

Wuchsform: Breit ausladender, dichter und niedriger Zwergstrauch.
Laub: Gelb, oval, bis 2 cm. Das buchsähnliche Blatt erträgt auch ein langfristiges Schattendasein, wechselt dann aber die Farbe und wird grün.
Verwendung: Heidegarten, Formgehölz, für Grabstellen, toleriert Vollschatten, Minigärten. Hübsche Zwergform in Gelb, die ausgeprägtes Japanflair verbreitet.
Pflegetipp: Schnittverträglich, junge Pflanzen im Winter mit Laubschicht schützen.

Gold-Liguster (▷ Foto)

Ligustrum ovalifolium 'Aureum'

↑ 60–100 cm ❁ 6–7 ○

Wuchsform: Buschig, straff aufrecht.
Blüte: Cremeweiß, Rispe bis 10 cm.
Duft: Angenehm, intensiv und stark.
Frucht: Schwarzblau, schwach giftig.
Laub: Gelbbunt, oval, bis 7 cm lang.
Verwendung: Vogelschutzgehölz, schnellwüchsiges Gehölz, Triebe für Vasenschnitt. Beste Fernwirkung. Unentbehrliches Gehölz für gelbe Gartenbereiche, das sehr schnell Leitcharakter annimmt.
Pflegetipp: Verträgt kräftigen Rückschnitt. Leuchtende Laubfarbe nur bei sonnigem Standort.

Niedriges Schattengrün

Pachysandra terminalis 'Green Carpet®'

↕ 10–20 cm ❁ 4–5 ◑–●

Wuchsform: Matten bildend, dicht.
Blüte: Weiß, in aufrechten Ähren.
Laub: Verkehrt eiförmig, bis 6 cm lang.
Verwendung: Bodendecker, für Grabstellen, Bindegrün für kleine Sträuße, toleriert Vollschatten, für Tröge, Minigärten. Überzieht absonnige bis vollkommen schattige Gartenbereiche mit einem sympathisch-grünen Laubteppich. Dabei erträgt der Bodendecker erstaunlich gut den Wurzeldruck durch große Bäume.
Pflegetipp: Im Frühjahr Schnitt mit der Heckenschere möglich.

Fruchtmyrte (◁ Foto)

Pernettya mucronata-Sorten

↕ 40–60 cm ❁ 5–6 ○–●

Wuchsform: Buschig, dicht verzweigt.
Blüte: Weiß bis rosa, krugförmig.
Frucht: Je nach Sorte rot, weiß, rosa, zu mehreren am Triebende, giftig.
Laub: Linear, ledrig, spitz, bis 2 cm.
Verwendung: Heidegarten, Fruchttriebe für Schnitt. Attraktiver Fruchtschmuck, der auch in Balkonkästen für winterliches Aufsehen sorgt.
Pflegetipp: Rückschnitt unüblich, aber möglich, Winterschutz empfehlenswert. Besserer Fruchtansatz, wenn in Gruppen gepflanzt (auf sechs weibliche eine männliche Pflanze).

Schattenglöckchen (◁ Foto)

Pieris-Sorten

↕ 30–100 cm ❁ 3–5 ◑–●

Wuchsform: Buschig, aufrecht, locker.
Blüte: Weiß, rosa oder rot, in Rispen.
Duft: Sortenunterschiedlich intensiv.
Frucht: Braun, unscheinbar, giftig.
Laub: Schmal elliptisch, bis 8 cm lang.
Verwendung: Heidegarten, Japangarten, für Grabstellen, toleriert Vollschatten.
Pflegetipp: Schnitt unüblich, aber möglich. Empfindlich gegenüber Mineraldünger, nur organisch düngen.

Sortenauswahl: 'Debutante' (Blüte weiß, Duft, 60 cm), 'Flamingo' (Blüte rosa, 100 cm), 'Forest Flame' (Blüte weiß, 100 cm), 'Mountain Fire' (Blüte weiß, 100 cm), 'Purity' (Blüte weiß, 60 cm), 'Red Mill' (Blüte weiß, 100 cm), 'Variegata' (Blüte weiß, Laub weißbunt, 50 cm)

Lorbeerkirsche

Prunus laurocerasus-Sorten

↕ 60–200 cm ❁ 5–6, Nachblüte ○–●

Wuchsform: Buschig, breit wachsend.
Blüte: Weiß, in aufrechten Trauben.
Duft: Angenehm, aromatisch.
Frucht: Schwarze Beeren, giftig.
Laub: Länglich, glänzend, bis 10 cm.
Verwendung: Bienenweide, Blatttriebe für Schnitt, Formgehölz, für Grabstellen, toleriert Vollschatten. Auch für Schnitthecken.
Pflegetipp: Rückschnitt vertragend, mit zunehmendem Alter jedoch weniger erfolgversprechend.

Sortenauswahl: 'Mount Vernon' (bis 20 cm, bodendeckend), 'Otto Luyken' (60 cm), 'Schipkaensis Macrophylla' (200 cm),'Van Nes' (100 cm)

Feuerdorn (◁ Foto)

Pyracantha-Sorten

↕ 150–200 cm ❁ 5–6 ○–◑

Wuchsform: Buschig, oft sparrig.
Blüte: Weiß, zu vielen in Schirmrispen.
Duft: Angenehm, aromatisch.
Frucht: Rot, orange oder gelb.
Trieb: Spitz-scharfe Kurzdornen.
Laub: Oval, bis 4 cm, glänzend.
Verwendung: Vogelschutzgehölz, Vogelnährgehölz, Bienenweide, Fruchttriebe für Schnitt, Dachgarten. Auch als Formhecke.
Pflegetipp: Kräftigen Rückschnitt bis ins alte Holz sehr gut vertragend.

Sortenauswahl (Fruchtfarbe): 'Orange Charmer' (orange), 'Orange Glow' (orangerot), 'Red Column' (rot), 'Soleil d'Or' (gelb)

Kleines Immergrün

Vinca minor

↕ bis 10 cm ❁ 4–5, Nachblüte ○–●

Wuchsform: Niederliegender Teppich.
Blüte: Blau, Nachblüte bis zum Herbst.
Laub: Oval, bis 4 cm, stark glänzend.
Verwendung: Bodendecker, Heidegarten, Steingarten, Bienenweide, für Grabstellen, toleriert Vollschatten, Bauerngarten, für Tröge, Minigärten. Licht- und kalktoleranter Bodenbegrüner und Rasenersatz. Selbst in dunkelsten Gartenbereichen, etwa unter dichten Laubkronen, nicht versagend.
Pflegetipp: Empfindlich gegenüber verdichteten Oberflächen.

Rhododendron und Azaleen

Eine besonders blühstarke Gruppe immergrüner Gehölze bilden die Rhododendron mit ihren großen Blütenbällen. Ihre Blütenfarben reichen von Violett, Blau, Rot und Rosa bis zu Weiß und Gelb. Hinzu kommen die Laub abwerfenden Azaleen, die intensive Orangetöne und eine leuchtende Herbstfärbung mit ins Spiel bringen. Die Blüte beginnt mit dem Vorfrühlings-Rhododendron bereits im März und reicht sortenunterschiedlich bis in den Juni.

Rhododendron sind von Haus aus Pflanzen, die nur innerhalb eines bestimmten Säurewertebereichs des Bodens ausreichend viele Nährstoffe aufnehmen können. Wird dieser Bereich verlassen, sind Mangelerscheinungen vorprogrammiert. Besonders die groß wachsenden, großlaubigen Rhododendron haben einen erheblichen Nährstoffbedarf. Fragen Sie im Fachhandel nach speziellen Rhododendron-Düngern, die auf die Bedürfnisse und Abneigungen (Kalk!) dieser Gehölzgruppe abgestimmt sind.

Rhododendron fühlen sich an lichtschattigen Standorten, etwa unter einer Kiefernkrone, besonders wohl. Je kleiner das Rhododendronlaub, desto mehr Sonne kann es vertragen. Hält man den Boden gleichmäßig feucht, vertragen viele Arten sogar mehr direkte Sonne als man vermuten könnte. Dies gilt insbesondere für die Ball-Rhododendron mit ihrem filzartig behaarten Laub, das sich sogar mit besonderer Vorliebe in der Sonne räkelt. Einzig vollsonnige Plätze in Südlage bekommen selbst lichtholden Rhododendron-Arten nicht.

Der Fachhandel bietet heute kalktolerante Rhododendron (INKARHO) an, mit denen eine Rhododendronpflanzung auch auf untypischen Böden möglich wird. Dank einer kalkverträglichen Veredlungsunterlage tolerieren INKARHO-Rhododendron auch Böden mit pH-Werten von 6 bis 6,5.

Beachten Sie beim Pflanzen die Pflanztiefe. Werden veredelte Rhododendron zu tief gepflanzt, bildet die Edelpflanze eigene Wurzeln und der Einfluss der kalkverträglichen Unterlage geht verloren. Der Ballen richtig gepflanzter Rhododendron darf mit seiner oberen Wölbung nach dem Pflanzen noch sichtbar sein, tiefer als bodeneben soll er nicht gesetzt werden.

Großblumige Rhododendron

Rhododendron-Sorten (▷ Foto)

↕ 150–200 cm ❀ 5–6 ◐–●

Wuchsform: Buschig, halbkugelig.
Blüte: Rosa, weiß, violett, rot, gelb.
Duft: Sortenunterschiedlich.
Laub: Länglich, immergrün, bis 20 cm.
Hecke: Lockere Hecken, bis 200 cm.
Verwendung: Japangarten, Heidegarten, Vogelschutzgehölz, Bienenweide, in Teichnähe.
Pflegetipp: Niemals im Wurzelbereich graben. Rückschnitt unüblich, dennoch radikale Verjüngung möglich.

Sortenauswahl: 'Catawbiense Grandiflora' (lila), 'Cunningham's White' (weiß), 'English Roseum' (lilarosa), 'Furnivall's Daughter' (hellrosa, roter Fleck), 'Nova Zembla' (rubinrot), 'Progrès' (hellrosa)

Glocken-Rhododendron

Rhododendron williamsianum-Sorten

↕ 100–150 cm ❀ 5–6 ◐–● (▷ Foto)

Wuchsform: Breit aufrecht, dicht.
Blüte: Glockenförmig, rosa oder rot.
Laub: Eiförmig, bis 5 cm, immergrün.
Verwendung: Heidegarten, Steingarten, Japangarten, Vogelschutzgehölz, Bienenweide, für große Grabstellen, in Teichnähe.
Pflegetipp: Geschützter Standort. Niemals im Wurzelbereich graben, nicht zu tief pflanzen. Rückschnitt unüblich, dennoch radikale Verjüngung möglich, dann aber Blühpause.

Sortenauswahl: 'August Lamken' (purpurrosa, dunkelrote Zeichnung), 'Lissabon' (karminrot, innen weißrosa)

Zwerg-Rhododendron (▷ Foto)

Rhododendron repens-Sorten

↕ 40–60 cm ❀ 5 ◐–●

Wuchsform: Buschig, flach kompakt.
Blüte: Leuchtend scharlachrot.
Laub: Breit oval, bis 5 cm, immergrün, dekorativ dunkelgrün und glänzend.
Verwendung: Heidegarten, Steingarten, Japangarten, für absonnige Grabstellen, in Teichnähe, Minigärten.
Pflegetipp: Geschützter Standort. Niemals im Wurzelbereich graben, nicht zu tief pflanzen. Rückschnitt unüblich, aber dennoch möglich.

Sortenauswahl: 'Baden-Baden' (scharlachrot), 'Scarlet Wonder' (rot)

Ball-Rhododendron (◁ Foto)

Rhododendron yakushimanum-Sorten

↥ 100–150 cm ❁ 5–6 ○–◑

Wuchsform: Kompakt, halbrund.
Blüte: Rosa, weiß, gelb oder rot.
Duft: Sortenunterschiedlich.
Laub: Filzig behaart, immergrün.
Verwendung: Heidegarten, Japangarten, Vogelschutzgehölz, Bienenweide, für Grabstellen, in Teichnähe, auch für Kübel.
Pflegetipp: Rückschnitt unüblich, dennoch radikale Verjüngung möglich.

Sortenauswahl: 'Anuschka' (dunkelrosa, innen weiß), 'Fantastica' (hellrot, später zartrosa), 'Flava' (cremegelb), 'Graf Lennart' (zitronengelb), 'Kalinka' (hellrosa, innen rubinrosa), 'Polaris' (rubinrosa, innen zartrosa), 'Schneewolke' (hellrosa, später weiß)

Großblumige Azaleen

Rhododendron-Sorten

↥ 100–150 cm ❁ 5–6 ◑–●

Wuchsform: Locker aufrecht, sparrig.
Blüte: Rosa, rot, orange oder gelblich.
Duft: Sortenunterschiedlich.
Laub: Oval, bis 5 cm, sommergrün.
Herbstfärbung: Teils rotorange.
Verwendung: Steingarten, Japangarten, in Teichnähe.
Pflegetipp: Niemals im Wurzelbereich graben, nicht zu tief pflanzen. Rückschnitt unüblich, dennoch radikale Verjüngung möglich.

Sortenauswahl: 'Feuerwerk' (feuerrot, innen orange geflammt, leichter Duft), 'Gibraltar' (orange), 'Golden Eagle' (hellorange), 'Homebush' (karminrosa), 'Klondyke' (orangerot), 'Persil' (weiß mit großem gelbem Fleck)

Kissen-Rhododendron (◁ Foto)

Rhododendron impeditum-Sorten

↥ 20–40 cm ❁ 4–5 ◑–●

Wuchsform: Buschig wachsender Zwergstrauch, flach kugelig.
Blüte: Kleine, aber zahlreiche violettblaue Blüten in vielen Blaunuancen.
Laub: Länglich, dunkelgrün, silbrig glänzend, bis 2 cm, immergrün.
Verwendung: Heidegarten, Steingarten, Japangarten, für Grabstellen, in Teichnähe, Minigärten. Däumling unter den Rhododendren, der selbst auf kleinste Pflanzstellen passt.
Pflegetipp: Schnitt nicht üblich.

Sortenauswahl: 'Blue Tit Magor' (lavendelblau)

Diamant-Azaleen

Rhododendron in Farben

↥ 60–100 cm ❁ 5–6 ◑–●

Wuchsform: Kompakt und sehr dicht wachsend. Strauchpolster bildende, niedrig wachsende Abkömmlinge der Japanischen Azaleen.
Blüte: Im Handel in den Farben Lachs, Rosa, Purpur, Rot und Weiß angeboten.
Laub: Oval, bis 4 cm, teils wintergrün.
Verwendung: Japangarten, in Teichnähe. Herrliche Ergänzung für kleine Frühlingsgärten, auch für Grabstellen und rustikale Tröge.
Pflegetipp: Niemals im Wurzelbereich graben, nicht zu tief pflanzen. Rückschnitt unüblich.

Vorfrühlings-Rhododendron

Rhododendron praecox

↥ 150–200 cm ❁ 3–4 ◑–●

Wuchsform: Locker aufrecht.
Blüte: Lilarosa, oft in 3er-Gruppe.
Duft: Laub duftet aromatisch.
Laub: Oval, bis 7 cm, immergrün.
Verwendung: Heidegarten, Japangarten, für große Grabstellen, in Teichnähe. Frühlingsbote mit würzigem Laubduft. Passt ideal zu vielen früh blühenden Blumenzwiebeln.
Pflegetipp: Geschützter Standort sichert frühe Blüte. Niemals im Wurzelbereich graben, nicht zu tief pflanzen. Rückschnitt unüblich, aber möglich.

Japanische Azaleen (◁ Foto)

Rhododendron-Sorten

↥ 100–150 cm ❁ 5–6 ◑–●

Wuchsform: Kompakt, sehr dicht.
Blüte: Im Handel in den Farben Rosa, Rot, Weiß und Orangerot angeboten.
Laub: Oval, bis 5 cm, an geschützten Standorten immergrüne, sonst wintergrüne Azaleengruppe.
Verwendung: Frühlingsgärten, Heidegarten, Steingarten, Japangarten, für halbschattige Grabstellen, in Teichnähe.
Pflegetipp: Extremer Flachwurzler, deshalb niemals im Wurzelbereich graben, nicht zu tief pflanzen. Rückschnitt unüblich.

Bambus

Als besonders dekorative »Asiaten« präsentieren sich Bambusse. Sie sind die passenden Gehölze, um auch im eigenen Garten etwas vom exotischen Flair fernöstlicher Gartenkunst zu genießen. Der gestalterische Wert der Bambusse liegt einmal in ihrem immergrünen Laub: Sie ziehen sich nicht, wie viele andere Gräser, im Winter zurück, sondern verholzen, weshalb sie auch den Gehölzen und nicht den Stauden – wie andere, sommergrüne Gräser – zugeordnet werden. Dadurch können sie wie ein immergrünes Laub- und Nadelgehölz als feste Konstante rund ums Jahr in die Gartengestaltung eingebunden werden. Außerdem sind ihre vielfältigen Halmformen und -farben eine herrliche Bereicherung für den Garten.

Aufgrund ihrer asiatischen Herkunft könnte man meinen, dass viele Arten in unseren Breiten nicht ausreichend frosthart seien. Weit gefehlt! Viele Bambusse vertragen das Kontinentalklima gut. Mittlerweile liegen so viele Erfahrungen mit diesen Gräsern vor, dass auch in kälteren Regionen niemand auf den unbestrittenen gestalterischen Wert der Bambusse zu verzichten braucht.

Von großer Bedeutung für jeden, der Bambusse im Garten einsetzen möchte, ist das Wissen um ihre Einteilung in Horst bzw. Ausläufer bildende Arten und Sorten. Bevor Sie Bambusse für Ihren Garten auswählen, informieren Sie sich unbedingt darüber, welche Arten und Sorten Horste und welche Ausläufer bilden. Bambusse haben teilweise einen enorm starken Ausbreitungsdrang, der für nachbarliche Disharmonie sorgen kann. Stabile Rhizomsperren aus starker Folie oder Betonringe halten, wenn sie rund um die Pflanze mindestens 60 cm tief eingegraben werden, die Ausläuferbildung im Zaum und verhindern das »Wandern« der unterirdischen Triebe durch den Garten. Rhizome machen nämlich selbst vor Terrassenbelägen nicht Halt, lässt man ihnen ihren Willen.

Weitere bewährte Bambusse sind:

Hoher Bambus *(Phyllostachys viridiglaucescens)*: Wuchsvital, 500 bis 600 cm, Ausläufer, deshalb Rhizomsperrre zwingend notwendig.

Hoher Wald-Bambus *(Sasa kurilensis)*: Toleriert Vollschatten, 200 bis 300 cm, solide Rhizomsperre hält den Ausläuferdrang im Rahmen.

Schirm-Bambus (▷ Foto)

Thamnocalamus spathaceus
(Syn.: *Fargesia murieleae)* 'Kranich'
↥ 100–150 cm ○–◑

Wuchsform: Aufrecht, kompakt, mit den Jahren breite Horste bildend.
Halm: Stielrund, gelbgrün, zierend.
Laub: Immergrün, lanzettlich, bis 12 cm lang und bis 2 cm breit.
Verwendung: Japangarten, schnellwüchsiges Gehölz, in Teichnähe.
Pflegetipp: Windgeschützte Lage, in sommertrockenen Gebieten absonniger Standort empfohlen. Während der Wachstumsphase ausreichend mit Nährstoffen und Wasser versorgen. Die Horste können durch Herausschneiden einzelner Halme licht gehalten werden.

Schwarzer Bambus (▷ Foto)

Phyllostachys nigra
↥ 300–400 cm ○–◑

Wuchsform: Aufrecht bis überhängend, nur wenige Ausläufer bildend.
Halm: Attraktiv schwarz, glänzend.
Laub: Immergrün, lanzettlich, bis 10 cm lang, sehr fein, hauchdünn.
Verwendung: Japangarten, schnellwüchsiges Gehölz, für Sandböden, in Teichnähe.
Pflegetipp: Während des Sommers ausreichend mit Nährstoffen und Wasser versorgen. Unbedingt geschützte Lage wählen. Alte Pflanzen sehr frosthart, jedoch jungen Pflanzen Winterschutz gewähren.

Pfeil-Bambus (▷ Foto)

Pseudosasa japonica
↥ 20–40 cm ○–◑

Wuchsform: Aufrecht, aber zugleich mattenförmig wachsend, Ausläufer.
Halm: Fein, dünn, rötlich violett.
Laub: Immergrün, Austrieb gelb, bis 20 cm lang. Schönster bunter Zwergbambus mit grüngelbem Laub.
Verwendung: Sehr frosthart, 200 bis 300 cm, bildet nur wenige Ausläufer, dennoch Rhizomsperre ratsam.
Pflegetipp: Während des Sommers ausreichend mit Nährstoffen und Wasser versorgen. Rückschnitt im Frühjahr verstärkt die sommerliche Laubfärbung und fördert kompakten Wuchs.

Nadelsträucher

Mit ihren immerblauen, -gelben oder -grünen Nadelfarben sagen Nadelgehölzsorten der Wintertristesse Adieu und bringen Farbe in die kalte Jahreszeit. Im Sommer bilden sie eine markante Kulisse für bunte Gehölz- und Staudenpflanzungen. Der bizarre Wuchs des einen Nadelgehölzes schafft das ganze Jahr hindurch lebhafte Kontraste im Garten, während das dunkle Grün eines anderen für gestalterische Ruhe sorgt. Durch die Kombination mit Blütenpflanzen aller Art können Sie der Gefahr allzu monotoner Gartenbilder problemlos begegnen. Nadelgehölze – es kommt darauf an, was man mit ihnen macht!

In vielen Gärten ist Platz ein wertvolles Gut und so erstaunt es nicht, dass insbesondere die vielen Zwergformen bei den kreativen Gartenfreunden regen Anklang finden. Bei ihnen handelt es sich um Zwerg-Ausgaben imposanter Nadelriesen, die selbst auf kleinsten Flächen ein Plätzchen finden. Die immergrünen Zwerge sind unverwüstliche Gartengewächse mit einem ausgeprägten Überlebenswillen, der sogar exponierten, trockenen Sonnenlagen und Nährstoffarmut trotzt. Außerdem besitzen sie die robuste Frosthärte vieler Nadelgehölze. Sie gelten als sehr pflegeleicht und bescheiden, vor allem aber auch als unkomplizierte Kübelpflanzen, die vergessene Gießgänge meist ohne Schaden überstehen.

Nadelsträucher sind fast ausschließlich immergrüne Gehölze. Aber auch bei ihnen gibt es einen Nadelfall, manchmal verfärben sich zum Beispiel ältere Kiefer-Nadeln gelb und fallen ab. Dies ist eine vollkommen normale Erscheinung und – sofern es dem Gartenfreund überhaupt auffällt – kein Grund zur Sorge.

Aus Unwissenheit werden Nadelgehölze häufig als fremdländisch und damit ökologisch wertlos abqualifiziert. Dabei agieren viele Sorten im Frühling als zwar unscheinbarer, aber ergiebiger Pollenspender für Bienen, Hummeln und andere Insekten. Sie bieten mit ihrem Ganzjahres-Grün, etwa als Hecke, vielen Vögeln und anderen Tieren auch im Winter sicheren, da nicht einsehbaren Schutz. Dafür meiden die gefräßigen Raupen Nadelgehölze, sie bevorzugen einheimische Laubkost.

Angaben zur Wuchshöhe der Nadelsträucher beziehen sich auf die Höhe des Gehölzes nach zehn Standjahren im Garten. Ausgangspflanzen sind mehrjährige Sträucher, die in einer gängigen Pflanzgröße gekauft wurden.

➲ Weitere Nadelsträucher finden Sie im Kapitel »Hecken« ab Seite 195.

Niedere Balsam-Tanne (◁ Foto)

Abies balsamea 'Piccolo'

↥ 40–60 cm ○–●

Wuchsform: Kompakte Zwergform.
Nadeln: Sehr kurz, bis 2 cm, zierend.
Verwendung: Heidegarten, Steingarten, für Grabstellen, toleriert Vollschatten, frosthartes Kübelgehölz, Minigärten. Die Niedere Balsam-Tanne ist ein Winzling mit weichem Nadelkleid zum Streicheln. Für alle tiefgründigen, ausreichend feuchten Standorte mit begrenztem Raumangebot.
Pflegetipp: Empfindlich gegenüber Luft- und Bodentrockenheit, nicht vor glutheiße, prallsonnige Südwände pflanzen.

Blaue Kegel-Scheinzypresse

Chamaecyparis lawsoniana 'Ellwoodii'

↥ 100–150 cm ○ (◁ Foto)

Wuchsform: Schmal kegelförmig.
Nadeln: Bläulich grau, zum Herbst blau, schuppen- bis nadelförmig.
Verwendung: Heidegarten, Steingarten, für Grabstellen. Allgegenwärtiges Allerweltsgehölz für unzählige Einsatzmöglichkeiten. Dank seiner Genügsamkeit auch als wuchszahme Vorgarten-Hecke denkbar. Idealer Partner zu Rosen und Stauden. Kann im Alter sehr groß werden.
Pflegetipp: Schnittverträglich. Für junge Pflanzen Winterschutz empfehlenswert.

Muschel-Scheinzypresse

Chamaecyparis obtusa 'Nana Gracilis'

↥ 40–60 cm ○–●

Wuchsform: Buschige Zwergform.
Nadeln: Schuppen- bis muschelförmig.
Verwendung: Heidegarten, Steingarten, Japangarten, für Grabstellen, toleriert Vollschatten, Minigärten. Langsam wachsender Naturbonsai mit Japanflair. Dank seines sehr langsamen Wuchses für viele Jahre ein »Zwerggehölz«, das jedoch kontinuierlich weiter nach oben strebt.
Pflegetipp: Empfindlich gegenüber Luft- und Bodentrockenheit, nicht vor heiße Südwände pflanzen. Für junge Pflanzen Winterschutz ratsam.

Kleine Silber-Scheinzypresse

Chamaecyparis pisifera 'Boulevard'

↕ 100–150 cm ○ (▷ Foto)

Wuchsform: Buschig, kegelförmig.
Nadeln: Silbrigblau, weich, bis 2 cm, im Winter blaugrau, sehr attraktiv.
Verwendung: Heidegarten, Steingarten, für Grabstellen, frosthartes Kübelgehölz. Dank seines sehr langsamen Wuchses für viele Jahre ein »Zwerggehölz«, das jedoch zielstrebig weiter nach oben strebt.
Pflegetipp: Kann durch Schnitt viele Jahre klein gehalten werden.

Weitere Sorte: Gelbe Fadenzypresse *(Chamaecyparis pisifera* 'Sungold'), ein funkelndes Nadelkissen, das auch in voller Sonne und im Winter seine gelbe Farbe behält. Höhe 20 bis 40 cm.

Irischer Säulen-Wacholder

Juniperus × communis 'Hibernica'

↕ 100–150 cm ○

Wuchsform: Betont säulenförmig.
Nadeln: Bis 1 cm, spitz.
Verwendung: Heidegarten, Steingarten, Vogelschutzgehölz, für Sandböden, für Grabstellen, Dachgarten, frosthartes Kübelgehölz.
Pflegetipp: Das Umwickeln großer, mehrstämmiger Säulen mit dünnem Draht während des Winters mindert die Gefahr eines Auseinanderbrechens durch Schneedruck.

Weitere Sorte: Kriech-Wacholder *(Juniperus communis* 'Repanda'), flach liegende Variante des heimischen Wacholders. Die frischgrünen Polster lockern stein- und felsenreiche Gärten auf. Höhe 10 bis 20 cm

Blauer Teppich-Wacholder

Juniperus horizontalis 'Wiltonii'

↕ bis 10 cm ○ (▷ Foto)

Wuchsform: Niederliegend, dichte Matten bildend.
Nadeln: Bläulich, schuppenförmig.
Verwendung: Bodendecker, Heidegarten, Steingarten, für Sandböden, für Grabstellen, als Zierstamm angeboten, Dachgarten, für Tröge, Minigärten. Wie ein blauer Teppich schmiegt sich der Trockenkünstler an Mauerkronen oder liegt säulenförmig wachsenden Gehölzen zu Füßen.
Pflegetipp: Leichte Rückschnitte überlanger Triebe direkt unter einem Jungtrieb möglich.

Grüner Strauch-Wacholder

Juniperus media 'Mint Julep'

↕ 40–60 cm ○–◑

Wuchsform: Aufrecht, trichterförmig, Triebe bogig auseinander strebend.
Nadeln: Schuppenförmig, spitz.
Verwendung: Bodendecker, Heidegarten, Steingarten, für Sandböden, frosthartes Kübelgehölz. Frostharter Flächenbegrüner, der jährlich etwa handbreit in die Höhe wächst.
Pflegetipp: Rückschnitte überlanger Triebe direkt unter einem Jungtrieb möglich. Für junge Pflanzen Winterschutz empfehlenswert.

Weitere Sorte: Gelber Strauch-Wacholder *(Juniperus media* 'Old Gold'), gelber Flächenbegrüner mit Fernwirkung. Höhe 40 bis 60 cm.

Stein-Wacholder

Juniperus procumbens 'Nana'

↕ bis 10 cm ○

Wuchsform: Niederliegend, polsterförmig, dichte Matte bildend.
Nadeln: Grünbläulich, spitz, bis 2 cm.
Verwendung: Bodendecker, Heidegarten, Steingarten, für Sandböden, Dachgarten, frosthartes Kübelgehölz, für Tröge, Minigärten. Die mattenförmigen Triebe bilden ein dichtes Nadelpolster, das ideal mit allen Stein- und Felsformen harmoniert.
Pflegetipp: Leichte Rückschnitte überlanger Triebe direkt unter einem Jungtrieb möglich.

Raketen-Wacholder (▷ Foto)

Juniperus scopulorum 'Blue Arrow'

↕ 100–150 cm ○

Wuchsform: Schmal, säulenförmig.
Nadeln: Bläulich, schuppenförmig.
Verwendung: Gruppengehölz für Heidegarten, für Sandböden, frosthartes Kübelgehölz. Die blauen Säulen erinnern an toskanische Zypressen und zaubern in jeden Garten auf kleinstem Raum Mittelmeeratmosphäre.
Pflegetipp: Seitentriebe regelmäßig einkürzen. In jungen Jahren an einen stützenden Pfahl binden. Für junge Pflanzen Winterschutz empfehlenswert.

Blauer Kissen-Wacholder

Juniperus squamata 'Blue Carpet'

↑ 20–40 cm ○ (◁ Foto)

Wuchsform: Niederliegend, dicht.
Nadeln: Bläulich, bis 2 cm, spitz.
Verwendung: Bodendecker, Heidegarten, Steingarten, für Sandböden, für Grabstellen, Dachgarten, frosthartes Kübelgehölz, für Tröge, Minigärten. Legt seinen intensiv blauen Nadelteppich über Böschungen und in alle sonnigen Gartenbereiche aus.
Pflegetipp: Leichte Rückschnitte überlanger Triebe direkt unter einem Jungtrieb möglich.

Weitere Sorte: Blauer Zwerg-Wacholder *(Juniperus squamata* 'Blue Star'), Polsterstrauch, dessen kleine Nadelsterne bläulich leuchten. Höhe 40 bis 60 cm.

Zuckerhut-Fichte

Picea glauca 'Conica'

↑ 60–100 cm ○–◑

Wuchsform: Bewährte Zwergform, die vollkommen ohne Schnitt einen zuckerhutartigen Kegel entwickelt.
Nadeln: Bis 2 cm, sehr weich.
Verwendung: Heidegarten, Steingarten, für Grabstellen, frosthartes Kübelgehölz. Hübsch zu Rosen.
Pflegetipp: Bevorzugt luftfeuchte Standorte, unter Dächern bei Trockenheit Probleme mit Roter Spinne. Für junge Pflanzen Winterschutz empfehlenswert.

Weitere Sorte: Blaue Igel-Fichte *(Picea glauca* 'Echiniformis'). Nadel-Igel, der durch sein dichtes, blaues Polster erfreut. Höhe 20 bis 40 cm.

Blaue Mädchen-Kiefer (◁ Foto)

Pinus parviflora 'Glauca'

↑ 150–200 cm, auch baumartig ○

Wuchsform: Buschig breit aufrecht. Sehr unterschiedliche Formen ausbildend, häufig jedoch bizarr-ausladend und immer betont langsam wachsend.
Zapfen: Braun, lange haftend, zahlreich und sehr dekorativ, bis 9 cm.
Nadeln: Bläulich, weich, bis 10 cm.
Verwendung: Für Einzelstellung in Heidegarten, Japangarten, Vogelnährgehölz, Formgehölz, für Grabstellen, frosthartes Kübelgehölz. Passt sehr gut zu Rosen und Gräsern.
Pflegetipp: Schnitt unüblich, lichthungriges Gartengehölz.

Silber-Kiefer

Pinus sylvestris 'Watereri'

↑ 100–150 cm ○

Wuchsform: Meist buschig, aber auch schirmförmig und malerisch wachsend.
Nadeln: Bläulich, bis 7 cm lang.
Verwendung: Heidegarten, Steingarten, Japangarten, Vogelschutzgehölz, Formgehölz, für Sandböden, Dachgarten, frosthartes Kübelgehölz. Echter Japaner, dessen ostasiatische Aura durch das Herausnehmen einzelner Astpartien noch verstärkt werden kann.
Pflegetipp: Aufasten bzw. Auslichten begrenzt Schneebruchgefahr und ermöglicht langfristige Unterpflanzung.

Japanische Schirmtanne

Sciadopitys verticillata

↑ 200–300 cm ○–●

Wuchsform: Kegelförmig, formiert und sehr langsam wachsend.
Zapfen: Braun, eiförmig, bis 10 cm.
Nadeln: Frischgrün, schirmartig in Quirlen angeordnet, bis 11 cm lang.
Verwendung: Heidegarten, toleriert Vollschatten. Erdgeschichtlich sehr altes Nadelgehölz, das in keinem Garten japanischer Prägung fehlen sollte.
Pflegetipp: Liebt bodenfeuchte Lagen, kalksensibel, passt gut zu Rhododendron. Für junge Pflanzen Winterschutz empfehlenswert.

Kissen-Hemlocktanne (◁ Foto)

Tsuga canadensis 'Nana'

↑ 40–60 cm ○–●

Wuchsform: Niederliegend wachsende Zwergform, Mitte nestartig vertieft.
Nadeln: Fein, dunkelgrün, bis 2 cm.
Verwendung: Heidegarten, Steingarten, für Grabstellen, toleriert Vollschatten, Dachgarten, Minigärten. Beliebter Zwerg, der mit seinem aparten, halbkugelförmigen Nadelkissen zu Rhododendron und Azaleen ebenso wie zu Rosen und Stauden passt.
Pflegetipp: Ein Schnitt ist unüblich und verunstaltet die Wuchsform. Für junge Pflanzen Winterschutz empfehlenswert.

Nadelbäume

Viele Eigenarten der Nadelsträucher treffen auch für die Nadelbäume zu. Typisch für die immergrünen Bäume sind ihre meist kegelförmigen Kronen. Es gibt aber auch bizarr-malerische Formen mit stark herabfallenden Ästen, die eine besonders exotische Zierde darstellen. Wie bei den Laubbäumen beschränkt sich der Einsatz von Nadelbäumen auf entsprechend große Gartengrundstücke. In mittelgroße Gärten passt am besten eines der vielen säulenförmig wachsenden Nadelgehölze. Wo Nadelbäume ausreichend Platz finden, sind sie sommers ein kühlender Schattenspender und winters ein wertvoller Vogelschutz.

Nadelbäume wachsen gattungsunterschiedlich schnell. Scheinzypressen schießen zwei- bis dreimal so schnell in die Höhe wie die gemächlich dahinwachsende Eibe. Angaben zur Wuchshöhe von Nadelbäumen bleiben deshalb immer relativ und beziehen sich auf die Höhe des Gehölzes nach 15 bis 20 Standjahren im Garten. Ausgangspflanzen sind mehrjährige Bäume, die in einer gängigen Pflanzgröße gekauft wurden. Es empfiehlt sich, vor einer Baumpflanzung einen Blick ins Nachbarrecht zu werfen – damit die nadelreiche Gartensilhouette nicht den nachbarlichen Zaunfrieden stört.

➲ Weitere Nadelbäume im Kapitel »Hecken« ab Seite 195.

Veredelte Korea-Tanne

Abies koreana (Veredlung) (▷ Foto)

↑ bis 500 cm ○–◑

Wuchsform: Breit kegelförmig.
Zapfen: Violett, aufrecht, bis 8 cm, überaus dekorativ und zierend, bereits an jungen Pflanzen zahlreich.
Nadeln: Unterseits silbrig, bis 2 cm.
Verwendung: Größere Heidegarten, Steingarten, Vogelnährgehölz, Bienenweide (Nadelhonig), frosthartes Kübelgehölz. Passt viele Jahre auch in kleine Gartenwinkel, auch in einer Nordlage.
Pflegetipp: Schnitt unüblich. Veredelte Pflanzen bilden bereits nach wenigen Jahren attraktive Zapfen.

Echte Blau-Tanne (▷ Foto)

Abies procera 'Glauca'

↑ 500–700 cm ○–◑

Wuchsform: Kegelförmig, ungleichmäßig, teils bizarr und spektakulär.
Zapfen: Gelbbraun, aufrecht, zahlreich, auffallend groß, bis 25 cm.
Nadeln: Bläulich, bis 4 cm lang.
Verwendung: Größere Heidegärten, Steingarten, Vogelschutzgehölz, Vogelnährgehölz, Schmuckreisig für Binderei, für größere Grabstellen, frosthartes Kübelgehölz.
Pflegetipp: Schnittverträglich. Wer Schnittreisig gewinnen möchte, sollte aufrechte Typen mit geradem Stamm wählen, da diese ergiebiger sind.

Hängende Blau-Zeder (▷ Foto)

Cedrus atlantica 'Glauca Pendula'

↑ 300–500 cm, variabel ○–◑

Wuchsform: Hängend, mähnenartige Äste auffallend stark bogig überhängend, aufrecht, wenn aufgebunden.
Zapfen: Tonnenförmig, bläulich grün, auffallend dick, bis 8 cm, sehr zierend.
Nadeln: Bläulich, spitz, bis 3 cm lang.
Verwendung: Größere Heidegärten. Blauer Solitär für Liebhaber. Ungewöhnliche, in der Dämmerung leicht unheimlich wirkende und auf jeden Fall die Blicke auf sich ziehende Wuchsform.
Pflegetipp: Frühjahrspflanzung empfohlen.

Gelbe Garten-Scheinzypresse

Chamaecyparis lawsoniana 'Stewartii'

↥ 450–700 cm ○–◑

Wuchsform: Kegelförmig, Trieb- und Zweigspitzen leicht überhängend.
Nadeln: Beständig goldgelb, innen grün, schuppenförmig, dicht.
Verwendung: Heidegarten, Vogelschutzgehölz. Sehr wirkungsvoller Solitär für Einzelstellung oder in kleinen Gruppen. Heller Kontrast während dunkler Wintertage.
Pflegetipp: Gelbe Variante der Blauen Säulenzypresse (Seite). Ebenso schnittverträglich, bildet jedoch auch ohne Schnitt straffe Säule. Für junge Pflanzen Winterschutz sinnvoll.

Mähnen-Scheinzypresse

Chamaecyparis nootkatensis 'Pendula'

↥ 500–700 cm ○–◑ (◁ Foto)

Wuchsform: Breit kegelförmig, Mitteltrieb durchgehend aufrecht, Zweige waagerecht ausgebreitet und hängend.
Nadeln: Schuppenförmig, rund ums Jahr gleichmäßig sattgrün.
Frucht: Kleine, kugelige Zapfen, ältere Exemplare besonders reich fruchtend.
Verwendung: Größere Heidegärten. Malerische Pyramidenform für Solitärstellung.
Pflegetipp: Schnitt möglich, verunstaltet jedoch die Wuchsform. Für junge Pflanzen Winterschutz empfehlenswert.

Fächerblattbaum (◁ Foto)

Ginkgo biloba

↥ über 700 cm ○–◑

Wuchsform: Schmal bis ausladend.
Frucht: Weibliche Bäume mit aprikosenähnlichen Früchten.
»Nadeln«: Laub fächerförmig, blattartig, bis 10 cm, sommergrün, dekorativ.
Herbstfärbung: Leuchtend gelb.
Verwendung: Größere Japangärten. Relikt aus den Frühzeiten der Erdgeschichte.
Pflegetipp: Schnitt möglich, aber unüblich. Junge Triebe werden gerne von Mäusen angefressen. Allzu dicke Mulchschichten vermeiden; sie bieten den Nagern beliebte Rückzugsareale.

Serbische Fichte

Picea omorika

↥ über 700 cm ○

Wuchsform: Schmal kegelförmig.
Zapfen: Violett, hängend, 6 cm lang.
Nadeln: Unterseits silbrig, bis 2 cm.
Verwendung: Größere Vogelschutzgehölz, Vogelnährgehölz, frosthartes Kübelgehölz. Gartenklassiker mit extrem schmalem Wuchs. Auch geeignet für meterhohe Sichtschutzpflanzungen, die jeden Schneedruck ertragen.
Pflegetipp: Magnesiummangel führt zu helbgelben Nadeln. Ausgleich durch Bittersalz-Gaben möglich, jedoch dann unbedingt stauende Nässe meiden.

Silber-Fichte, Blau-Tanne

Picea pungens 'Hoopsii'

↥ 500–700 cm ○

Wuchsform: Sehr gleichmäßig, breit kegelförmig, wertvollste und beste Blaufichten-Gartenform.
Nadeln: Bläulich, bis 4 cm, spitz, stechend. Die intensiv stahlblaue Benadelung ist sehr robust, Frost und Trockenheit können ihr wenig anhaben.
Verwendung: Größere Vogelschutzgehölz. Wuchsstarker Blickfang für Einzelstellung, in großen Gärten auch in markanten Gruppen.
Pflegetipp: Schnitt von Schmuckreisig möglich, verunstaltet jedoch die Wuchsform.

Schlangenhaut-Kiefer, Panzer-Kiefer (◁ Foto)

Pinus leucodermis

↥ 500–700 cm ○

Wuchsform: Viele Jahre breit kegelförmig, später Kronenbildung.
Zapfen: Braun, eiförmig, bis 9 cm.
Nadeln: Dekorativ dunkelgrün, steif, bis 9 cm, spitz und scharf.
Verwendung: Schönste hoch wachsende Garten-Kiefer in dunklem Edelgrün, für größere Heidegärten im absoluten Freistand, Japangarten, Vogelnährgehölz, für Sandböden, Dachgarten, frosthartes Kübelgehölz.
Pflegetipp: Außergewöhnlich trockenheitsresistent und robust.

Gestalten mit Gehölzen

Für jeden Standort und jede Gestaltungsidee lassen sich besonders geeignete Ziersträucher und Hausbäume finden. Ganz niedrig bleibende Gehölze können kahle Böden bedecken, hoch aufragende in den Himmel wachsen und dazwischen bieten sich alle nur denkbaren Übergänge. Dabei sind Gartengehölze weit weniger heikel als oft angenommen. Selbst Magnolien und Päonien, die Diven unter den Ziersträuchern, erfüllen bei richtiger Hege und Pflege die in sie gesetzten Erwartungen.

Viele Gestaltungsaufgaben lassen sich mit Hilfe des Formenreichtums der Gehölze lösen. Solitärgehölze beispielsweise bieten gestalterische Blickpunkte, die das Gartenbild nachhaltig prägen. Deshalb ist ihre Auswahl behutsam vorzunehmen. Ein zu großer Baum kann ein kleines Haus optisch erdrücken. Machen Sie sich deshalb vor dem Pflanzen am besten eine kleine Skizze. Informieren Sie sich vor dem Kauf über die zu erwartenden Ausmaße Ihres Wunschgehölzes und den richtigen Pflanzabstand, damit die gewünschte Wirkung dauerhaft erzielt werden kann. Auch ein Spaziergang durch botanische Gärten fördert das Kennenlernen der zukünftigen Gartenbewohner und hilft, Fehler zu vermeiden.

Nadelgehölze sorgen im Winter für das Gartengrün. Damit aber nicht zu viel dunkles Dauergrün für Monotonie sorgt, sollte die Mischung von Laub und Nadeln ausgewogen sein. Als Faustformel hat sich ein Verhältnis von 2:1 (Laub- zu Nadelgehölzen) bewährt.

Gestalterische Tricks verwenden

Mehr und mehr Gartenfreunden steht immer weniger Platz für ihr Gartenparadies zur Verfügung. Mit Gehölzen können Sie kleine Gärten mit gestalterischen Tricks optisch vergrößern. Beim Einschätzen von Entfernungen orientieren wir uns an Fixpunkten, die in der Summe die Perspektive bilden. Verkehrsplaner nutzen diese Erkenntnis mit einer bedachten Auswahl des Straßenbegleitgrüns, so dass Autofahrer den richtigen Sicherheitsabstand besser einschätzen können. Ohne optische Beziehungspunkte fehlt dem menschlichen Auge die Vergleichsmöglichkeit, was sich nachweislich in einer erhöhten Unfallwahrscheinlichkeit widerspiegelt.

Auch die Länge eines Gartens schätzt der Mensch entlang vorhandener Fixpunkte, beispielsweise hohe Sträucher, ab. Durch ein geschicktes Platzieren von Blickfängen lässt sich das räumliche Sehen direkt beeinflussen, damit zum Beispiel lange Wege kürzer wirken. Wirkungsvoll sind auch zwei als Duo gepflanzte Gartenbäume, die ein Tor bilden, das einen anderen Gartenbereich zunächst verdeckt und so die Neugierde darauf wecken, was es hinter diesem Laubbogen Neues zu entdecken gibt.

Mit dem Kontrastreichtum der Laub- und Nadelfarben der Gehölze lassen sich zusätzliche Vergrößerungseffekte erzielen. Ordnen Sie Gehölze verschiedener Größe entlang eines Weges zu einer grünen Kulisse. Dabei pflanzen Sie am Ende der Pflanzreihe ein gelblaubiges Gehölz wie die Gold-Ulme. Mit etwas Abstand setzen Sie davor dunkle Immergrüne und Nadelgehölze wie Eiben oder Kiefern. Dieser simple Trick erzeugt eine erstaunliche Tiefenwirkung.

Zusätzliche Räumlichkeit bringt auch die Kombination unterschiedlicher Blattstrukturen und -texturen. Mischen Sie möglichst oft Klein- und Großlauber, zum Beispiel großes Rhododendronlaub mit feinen Ilex-Blättern, das riesige Laub eines Kugeltrompetenbaums mit dem grazilen Laub einer Hänge-Birke oder die langen Nadeln einer Kiefer mit den kurzen einer Hemlocktanne. Platzieren Sie die Großlauber möglichst weit im Vordergrund, die Kleinlauber kommen mit etwas Abstand nach hinten, um eigentlich kurze Entfernungen optisch zu verlängern. Derartige Zweier- und Dreiergruppen bilden einen spannungsreichen Rahmen für Ihre Blumen- und Staudenrabatten oder sorgen auch auf der Terrasse im Kübel dauerhaft für gestalterischen Schwung.

Das Angebot ist riesengroß

Die Listen ab Seite 178 benennen eine erste Auswahl für einen möglichen Gestaltungsbereich. Sie stellen keine vollständige Übersicht dar. Weitere für den jeweiligen Verwendungszweck passende Pflanzen finden sich in den Pflanzenporträts unter den einzelnen Gehölzgruppen ab Seite 153.

Zu einem vitalen Gartenbild gehören sowohl Laub- als auch Nadelgehölze. Der Laubfall im Herbst lässt Sie diese Jahreszeit besonders intensiv erleben.

Gehölze für Steingärten

Steingärten sind ein nachgeahmtes Stück Natur, das zumeist an alpine Szenarien mit zerklüfteten, von Wind und Wetter gezeichneten Landschaften angelehnt ist. Auch räumlich sehr begrenzte Bereiche wie Trockenmauern, Treppenaufgänge oder winzige Vorgärten können zu pflanzenreichen Kleinoden umgewandelt werden. Die Bodenverhältnisse sind hier üblicherweise mager und meist, aber nicht zwangsläufig trocken. Für sonnige Lagen mit südlicher Ausrichtung kommen viele anspruchsarme, meist wuchszahme und langsam wachsende Sonnenanbeter aus dem Gehölzbereich in die engere Auswahl. Insbesondere Nadelsträucher in Zwerg-Sorten erfüllen diese Voraussetzungen. Wenn Sie in sehr niederschlagsreichen Gegenden mit dauerfeuchten Böden zu Hause sind, stehen Ihnen kleinlaubige Rhododendron-Arten (siehe Seite 169 ff.) für das Steinparadies zur Verfügung.

Mit Steinen und Gehölzen lassen sich pflegeleichte Gartenszenen arrangieren. Vor allem Nadelgehölze sind problemlose Steingartenpflanzen.

Gehölze für Steingärten

Gruppe	Deutscher Name	Botanischer Name	Blüte	Wuchshöhe in cm	Seite
Laubsträucher	Fächer-Ahorn	*Acer palmatum*-Sorten		200 bis 300	153
	Kleine Blut-Berberitze	*Berberis thunbergii* 'Atropurpurea Nana'	primelgelb, Mai	40 bis 60	193
	Hänge-Buddleie	*Buddleija alternifolia*	lila, Juni, Duft	200 bis 300	154
	Bartblume	*Caryopteris*-Sorten	blau, August bis Oktober	60 bis 100	155
	Niedrige Glockenhasel	*Corylopsis pauciflora*	gelb, März bis April, Primel-Duft	60 bis 100	156
	Fächermispel	*Cotoneaster horizontalis*		60 bis 100	156
	Roter Märzen-Seidelbast	*Daphne mezereum* 'Rubra Select'	rosarot, März bis April, Duft	60 bis 100	157
	Korkflügelstrauch	*Euonymus alatus*	grünlich gelb, Mai bis Juni	100 bis 150	157
	Stein-Ginster	*Genista lydia*	gelb, Mai bis Juni	20 bis 40	157
	Blauraute	*Perovskia abrotanoides*	blau, Juli bis Oktober, Duft	60 bis 100	160
	Fingerstrauch	*Potentilla fruticosa*-Sorten	je nach Sorte gelb, weiß, rosa, rot, Mai bis November	40 bis 60	160
	Kissen-Spiere	*Spiraea japonica*-Sorten	je nach Sorte weiß, rosa, rot, Juni bis August	80, je nach Sorte	197
Immergrüne Laubgehölze	Grüne Polster-Berberitze	*Berberis buxifolia* 'Nana'	orangegelb, April bis Mai	40 bis 60	193
	Immergrüne Kissen-Berberitze	*Berberis candidula*	gelb, Mai	60 bis 100	–
	Fruchtende Kriechmispel	*Cotoneaster dammeri* 'Coral Beauty'	weiß, Mai bis Juni	20 bis 40	263
	Kriechspindel	*Euonymus fortunei*-Sorten		60, je nach Sorte	263
	Rote Teppichbeere	*Gaultheria procumbens*	weißrosa, Juli bis August	bis 10	167
	Mahonie	*Mahonia aquifolium*	gelb, April bis Mai	40 bis 60	264
	Kleinblättriges Fadengrün	*Vinca minor*	blau, April bis Mai	bis 10	267
Nadelsträucher und -bäume	in zahlreichen Arten und Sorten	*Abies* bis *Tsuga*		10 bis 700	ab 172

Gehölze für Heidegärten

Gruppe	Deutscher Name	Botanischer Name	Blüte	Wuchshöhe in cm	Seite
Laubsträucher	Japanischer Feuer-Ahorn	*Acer japonicum* 'Aconitifolium'	purpur/gelb, April bis Mai	100 bis 150	153
	Fächer-Ahorn	*Acer palmatum*-Sorten		200 bis 300	153
	Hängende Felsenbirne	*Amelanchier laevis* 'Ballerina'	weiß, April bis Mai	200 bis 300	154
	Kleine Blut-Berberitze	*Berberis thunbergii* 'Atropurpurea Nana'	primelgelb, Mai	40 bis 60	193
	Bartblume	*Caryopteris*-Sorten	blau, August bis Oktober	60 bis 100	155
	Zierquitte	*Chaenomeles*-Sorten	je nach Sorte rot, weiß, rosa, April bis Mai	60 bis 100	155
	Teppich-Hartriegel	*Cornus canadensis*	rahmweiß, Juni	10 bis 20	155
	Niedrige Glockenhasel	*Corylopsis pauciflora*	gelb, März bis April, Primel-Duft	60 bis 100	156
	Roter Perückenstrauch	*Cotinus coggygria* 'Royal Purple'	gelblich rot, Juni bis Juli	150 bis 200	156
	Ginster	*Cytisus*-Sorten	je nach Sorte rot, gelb, oft mehrfarbig, Mai bis Juni	20 bis 150	157
	Roter Märzen-Seidelbast	*Daphne mezereum* 'Rubra Select'	rosarot, März bis April, Duft	60 bis 100	157
	Korkflügelstrauch	*Euonymus alatus*	grünlich gelb, Mai bis Juni	100 bis 150	157
	Zaubernuss	*Hamamelis*-Sorten	je nach Sorte rot, orange, gelb, Dezember bis März, Duft	150 bis 200	158
	Hortensien	*Hydrangea*-Sorten	je nach Sorte blau, rosa, rot, lila, Juni bis September	100 bis 150	158
	Kleinblumiger Johannisstrauch	*Hypericum* 'Hidcote'	goldgelb, Juni bis Oktober	100 bis 150	158
	Blauraute	*Perovskia abrotanoides*	blau, Juli bis Oktober, Duft	60 bis 100	160
	Fingerstrauch	*Potentilla fruticosa*-Sorten	je nach Sorte gelb, weiß, rosa, rot, Mai bis November	40 bis 60	160
Laubbäume	Echte Hängebirke	*Betula pendula* 'Youngii'		500 bis 700	163
	Essbare Eberesche	*Sorbus aucuparia* 'Edulis'	weiß, Mai	500 bis 700	156
Immergrüne Laubgehölze	in zahlreichen Arten und Sorten	Von *Berberis* bis *Vinca*	je nach Art und Sorte	10 bis 200	–
Rhododendron	Rhododendron in Arten /Sorten	*Rhododendron*-Sorten	je nach Sorte rosa, weiß, violett, rot, orange, gelb, blau, Mai bis Juni, teils Duft	20 bis 200	ab 169
Nadelsträucher und -bäume	in zahlreichen Arten und Sorten	*Abies* bis *Tsuga*		10 bis 700	ab 172

Gehölze für Heidegärten

Eine gut durchdachte Heidepflanzung ist ein immer währendes Farbschauspiel, das sich seine Blühphasen gut einteilt, um nicht elf von zwölf Monaten im Jahr farblos dazustehen. Mit der Auswahl von zu unterschiedlichen Zeiten blühenden Gehölzen bietet er zu jeder Jahreszeit etwas für die Sinne. Hauptblütenträger sind dabei natürlich die vielen immergrünen Winter- und Sommerheide-Sorten mit ihrem Blütenfarben- und Blattformenreichtum. Markante Gehölzerscheinungen und Gräser-Silhouetten überragen die Heidepolster. Flächenmodulationen bringen durch Hügel und leichte Senken Bewegung ins Heidemeer. Findlinge und ein verschlungener Trampelpfad fügen sich nahtlos und wirkungsvoll in diese private Heidelandschaft ein. Ihren großen Auftritt haben im Heidegarten, neben schmallaubigen Immergrünen, die Nadelsträucher. Sie alle hier aufzulisten würde den Rahmen sprengen. In den Pflanzenporträts ab Seite 153 finden Sie aber die entsprechenden Hinweise zum Heidegarten. Heide liebt saure Bodenverhältnisse, die mit den Ansprüchen der Rhododendron vergleichbar sind. Kalktoleranter sind Eriken. Wichtig ist für jede Heidepflanzung ein Standort mit gutem Wasserabzug und viel Sonne. Heide verlangt Sonne, am besten in luftfeuchter Lage. Einige Heide- Arten wachsen zwar auch in absonnigen Bereichen, blühen dann aber kaum. Auch eine herbstliche Laubschicht verschärft den Überlebenskampf für die immergrünen Flächendecker.

Durchdachte Heide-Arrangements sorgen für immergrüne Standbilder, die trotzdem nicht langweilig werden.

Frostharte Kübelgehölze für Terrasse und Balkon

Frostharte Kübelgehölze müssen nicht – wie ihre Kollegen aus der Abteilung »Mediterrane Südpflanzen« – frostsicher eingeräumt werden und sorgen auch im Herbst und Winter dafür, dass Ihre Terrasse oder Ihr Balkon nicht verlassen und trist aussehen.
Alle hier als Kübelgehölze empfohlenen Pflanzen haben sich bundesweit als bis in die Wurzeln frosthart erwiesen. Grundlage der Bewertung sind die Erfahrungen namhafter Experten. Frostharte Kübel-

Lazy gardening – frostharte Kübelgehölze müssen im Winter nicht Schweiß treibend eingeräumt werden.

Frostharte Kübelgehölze

Gruppe	Deutscher Name	Botanischer Name	Blüte	Wuchshöhe in cm	Wuchsform	Seite
Laubsträucher	Rosabunter Eschen-Ahorn	*Acer negundo* 'Flamingo'		200 bis 300	buschig	153
	Hängende Felsenbirne	*Amelanchier laevis* 'Ballerina'	weiß, April bis Mai	200 bis 300	bogig überhängend	154
	Hecken-Berberitze	*Berberis thunbergii*-Sorten	primelgelb, Mai	40 bis 200	buschig	193
	Zierquitte	*Chaenomeles*-Sorten	je nach Sorte rot, weiß, rosa, April bis Mai	60 bis 100	breit ausladend	155
	Purpur-Hartriegel	*Cornus alba*-Sorten	cremefarben, Mai bis Juni	100 bis 200	breit buschig	155
	Korkflügelstrauch	*Euonymus alatus*	grünlich gelb, Mai bis Juni	100 bis 150	breit buschig	157
	Zaubernuss	*Hamamelis*-Sorten	je nach Sorte	150 bis 200	trichterförmig	158
	Perlmuttstrauch	*Kolkwitzia amabilis*	rosa, Juni	150 bis 200	breit buschig	159
	Schwarzgrüner Liguster	*Ligustrum vulgare* 'Atrovirens'	cremeweiß, Juni bis Juli, Duft	100 bis 150	buschig aufrecht	195
	Fingerstrauch	*Potentilla fruticosa*-Sorten	je nach Sorte gelb, weiß, rosa, rot, Mai bis November	40 bis 60	breit buschig bis niederliegend	160
	Weiße Rispen-Spiere	*Spiraea cinerea* 'Grefsheim'	weiß, April	100 bis 150	buschig	197
	Flieder	*Syringa*-Sorten	je nach Sorte	100 bis 200	buschig bis trichterförmig	162
	Winter-Schneeball	*Viburnum × bodnantense* 'Dawn'	rosa, Dezember bis April, Duft	150 bis 200	trichterförmig	162
Laubbäume	Feld-Ahorn	*Acer campestre*	gelbgrün, April bis Mai	500 bis 700	rundliche Krone	193
	Kugel-Ahorn	*Acer platanoides* 'Globosum'	gelbgrün, April	300 über 500	kugelförmige Krone	163
	Echte Hängebirke	*Betula pendula* 'Youngii'		500 bis 700	Kronentriebe herabhängend	163
	Essbare Eberesche	*Sorbus aucuparia* 'Edulis'	weiß, Mai	500 bis 700	eiförmige Krone	165
	Lauben-Ulme	*Ulmus glabra* 'Pendula'	bräunlich, März bis April	300 bis 500	laubenartige Krone, Hängeform	165
Immergrüne Laubgehölze	Fruchtende Kriechmispel	*Cotoneaster dammeri* 'Coral Beauty'	weiß, Mai bis Juni	20 bis 40	niederliegend	263
Rosen	Gartenrosen	*Rosa*-Sorten	je nach Sorte	20 bis 500	variabel	ab 198
Nadelsträucher und -bäume	in zahlreichen Arten und Sorten	*Abies* bis *Tsuga*		10 bis 700	variabel	ab 172

Winterblühende Gehölze

Gruppe	Deutscher Name	Botanischer Name	Blüte	Wuchshöhe in cm	Seite
Laubsträucher	Zaubernuss	*Hamamelis*-Sorten	je nach Sorte rot, orange, gelb; Dezember bis März, Duft	150 bis 200	158
	Winter-Schneeball	*Viburnum bodnantense* (×) 'Dawn'	rosa, Dezember bis April, Duft	150 bis 200	162
Immergrünes Laubgehölz	Winterheide/ Schneeheide	*Erica carnea*-Sorten	je nach Sorte rosa, violett, rot, weiß, Januar bis April	20 bis 40	167

Blüte ab März, teils früher

Gruppe	Deutscher Name	Botanischer Name	Blüte	Wuchshöhe in cm	Seite
Laubsträucher	Kornelkirsche	*Cornus mas*	gelb, März bis April	200 bis 300	156
	Niedrige Glockenhasel	*Corylopsis pauciflora*	gelb, März bis April, Primel-Duft	60 bis 100	156
	Korkenzieher-Hasel	*Corylus avellana* 'Contorta'	gelb, März bis April	100 bis 150	156
	Purpur-Hasel	*Corylus maxima* 'Purpurea'	rot, März bis April	150 bis 200	156
	Roter Märzen-Seidelbast	*Daphne mezereum* 'Rubra Select'	rosarot, März bis April, Duft	60 bis 100	157
	Goldglöckchen	*Forsythia intermedia*-Sorten	gelb, März bis April	250, je nach Sorte	157
	Gefüllte Stern-Magnolie	*Magnolia stellata* 'Royal Star'	weiß, März bis April, Duft	100 bis 150	159
	Schlehe	*Prunus spinosa*	weiß, März bis April, Duft	150 bis 200	160
	Hängende Kätzchen-Weide	*Salix caprea* 'Pendula'	gelb, März bis April	Zierstämmchen, Kronenhöhe variabel	161
	Lauben-Ulme	*Ulmus glabra* 'Pendula'	bräunlich, März bis April	300 bis 500	165
Immergrünes Laubgehölze	Schattenglöckchen	*Pieris japonica*-Sorten	je nach Sorte weiß, rosa, rot, März bis Mai, Duft	30 bis 100, je nach Sorte	168
Rhododendron	Vorfrühlings-Rhododendron	*Rhododendron praecox*	lilarosa, März bis April, Laub duftet	150 bis 200	170

gehölze können ganzjährig im Freien stehen und müssen im Winter nicht aufwändig eingeräumt werden. Voraussetzung ist ein typischer Winterverlauf mit allmählich sinkenden Temperaturen, der den gut versorgten Pflanzen in ausreichend großen Kübeln die Möglichkeit zur Umstellung auf die kalte Jahreszeit ermöglicht. In raueren Lagen empfiehlt es sich aus Gründen der Vorsicht, den Kübel mit geeigneten Materialien wie Kokosmatten oder Noppenfolie einzupacken. Wer das Überwinterungsrisiko nicht scheut oder in ausgesprochen wintermilden Regionen zu Hause ist, kann natürlich auch mit vielen anderen Blütengehölz-Arten und -Sorten im Kübel experimentieren.

➲ Nicht oder nur bedingt frostharte Kübelpflanzen werden in den Kapiteln »Kübelpflanzen« ab Seite 344, »Kletterpflanzen« ab Seite 232 und »Rosen«, Seite 220, vorgestellt.

Kübelformen und Kübelmaterialien

Viele Gehölze sind Tiefwurzler. Als optimale Kübelform hat sich für sie der hohe, lang gezogene Zylinder, am besten mit standsichernder Bodenwulst zur Minderung der Kopflastigkeit, erwiesen.

Winterblühende Gehölze

Die meisten Gehölze blühen im Frühjahr und im Sommer. Nur eine kleine Schar unserer Ziersträucher bekennt während der kalten Jahreszeit Farbe. Diesen wertvollen Winterblühern sollten Sie einen Platz in Fensternähe, etwa an der Terrasse oder im Vorgarten, einräumen, damit Sie von der warmen Stube aus das Blütenspiel in Eis und Schnee verfolgen können. Zum Erschnuppern des herrlichen Duftes vieler dieser »Eisblumen« müssen Sie sich allerdings ins Freie wagen.

Auch unter den Kletterpflanzen gibt es Gehölze mit ungewöhnlicher Blütezeit. Ein bekannter Klassiker ist der leuchtend gelb blühende Winterjasmin.

Herbstfärbende Gehölze

Meist leuchtend gelbe Herbstfärbung

Gruppe	Deutscher Name	Botanischer Name	Laub/Nadeln	Wuchshöhe in cm	Seite
Laubsträucher	Stachel-Aralie	*Aralia elata*	doppelt gefiedert, bis 70 cm	200 bis 300	154
	Garten-Eibisch	*Hibiscus*-Gartensorten	dreiteilig gelappt, bis 10 cm	100 bis 150	158
	Schlehe	*Prunus spinosa*	eiförmig, bis 5 cm	150 bis 200	160
	Alpenbeere	*Ribes alpinum* 'Schmidt'	gelappt, bis 5 cm	100 bis 150	195
	Hängende Kätzchen-Weide	*Salix caprea* 'Pendula'	oval, bis 10 cm	Zierstämmchen, Kronenhöhe variabel	161
	Pracht-Spiere	*Spiraea vanhouttei*	oval, bis 4 cm	150 bis 200	197
Laubbäume	Feld-Ahorn	*Acer campestre*	drei- bis fünflappig, bis 10 cm	500 bis 700	193
	Kugel-Ahorn	*Acer platanoides* 'Globosum'	spitz gelappt, bis 15 cm	300 bis 500	163
	Echte Hängebirke	*Betula pendula* 'Youngii'	herzförmig, bis 5 cm	500 bis 700	163
	Hainbuche	*Carpinus betulus*	elliptisch, bis 10 cm	500 bis 700	194
	Kugel-Trompetenbaum	*Catalpa bignonioides* 'Nana'	herzförmig, bis 20 cm	300 bis 500	163
	Rot-Buche	*Fagus sylvatica*	oval, bis 10 cm	über 700	194
	Japanische Blütenkirsche	*Prunus*-Sorten	elliptisch, bis 10 cm	300 bis 700	164
	Kaskaden-Schnurbaum	*Sophora japonica* 'Pendula'	gefiedert, bis 25 cm	300 bis 500	165
Nadelbäume	Fächerblattbaum	*Ginkgo biloba*	»Blätter« fächerförmig, bis 10 cm	über 700	176

Leuchtend bunte Herbstfärbung rot, gelb, orange

Gruppe	Deutscher Name	Botanischer Name	Herbstfärbung	Wuchshöhe in cm	Seite
Laubsträucher	Feuer-Ahorn	*Acer ginnala*	rot	300 bis 500	–
	Japanischer Feuer-Ahorn	*Acer japonicum* 'Aconitifolium'	rot	100 bis 150	153
	Hängende Felsenbirne	*Amelanchier laevis* 'Ballerina'	gelbrot	200 bis 300	154
	Weißbunter Purpur-Hartriegel	*Cornus alba* 'Sibirica Variegata'	rotorange	150 bis 200	155
	Gelbbunter Purpur-Hartriegel	*Cornus alba* 'Spaethii'	rotorange	100 bis 150	155
	Weißbunter Pagoden-Hartriegel	*Cornus controversa* 'Variegata'	rot	150 bis 200	155
	Roter Perückenstrauch	*Cotinus coggygria* 'Royal Purple'	gelbrot	150 bis 200	156
	Fächermispel	*Cotoneaster horizontalis*	rotorange	60 bis 100	156
	Korkflügelstrauch	*Euonymus alatus*	rot	100 bis 150	157
	Zaubernuss	*Hamamelis*-Sorten	gelbrot	150 bis 200	158
	Rotlaubige Fasanenspiere	*Physocarpus opulifolius* 'Diabolo'	gelbrot	150 bis 200	160
	Geschlitzter Essigbaum	*Rhus typhina* 'Dissecta'	gelbrot	100 bis 150	161
	Rosa Frühlings-Tamariske	*Tamarix parviflora*	gelbrot	200 bis 300	162
	Winter-Schneeball	*Viburnum × bodnantense* 'Dawn'	rot	150 bis 200	162
	Echter Schneeball	*Viburnum opulus* 'Roseum'	rot	150 bis 200	162
	Glockenstrauch	*Weigela*-Sorten	sortenunterschiedlich teils gelbrot	250, je nach Sorte	162
Laubbäume	Amberbaum	*Liquidambar styraciflua*	gelbrot	500 bis 700	164
	Essbare Eberesche	*Sorbus aucuparia* 'Edulis'	gelbrot	500 bis 700	165
Rhododendron	Großblumige Azaleen	*Rhododendron*-Sorten	sortenunterschiedlich rot-orange	100 bis 150	ab 169

Auch spät im Jahr kommt Farbe in Ihren Garten. Achten Sie auf die richtige Pflanzenauswahl für einen kunterbunten Altweibersommer.

Herbstfärbende Gehölze

Wer liebt ihn nicht, den richtig bunten Herbst? Ihn bietet auch das eigene Gartenparadies mit prachtvollen Herbstfärbern. Zwar machen zwei oder drei leuchtend rotorangefarbene Laubsträucher noch keinen Indian Summer, lassen aber den September und vor allem den Oktober im Garten doch wahrhaft leuchten.

Die Intensität des spektakulären Laubfeuerwerkes wird durch äußere Faktoren verstärkt. Insbesondere Bodentrockenheit und viel Sonne ab September lassen das Laub feurig erglühen. Meist beginnt das herbstliche Laubfeuerwerk mit den ersten frischkühlen Nächten. Auch einige immergrüne Gehölze wie Mahonien lassen zwar ihr Laub nicht fallen, entflammen aber leuchtend rot.

Bodendeckende Gehölze

Bodendeckende Gehölze sind grüne Teppiche der Natur, die ihre dichten Laubmatten auf Böden, Grabstellen, Hängen oder Böschungen ausbreiten. Sie halten den Boden feucht, schützen den Bodenhumus, fördern das Bodenleben und unterdrücken durch ihre dichte Laubstellung den Unkrautwuchs.

Bodendecker mit immergrüner Belaubung gedeihen auch in absonnigen Gartenbereichen. Die Wuchsform der Bodendecker lässt Rückschlüsse auf ihre Bedürfnisse zu. Gehölze mit langen Trieben, etwa Kriechmispeln, lassen sich durch Rückschnitt im mehrjährigen Turnus dicht und kompakt halten. Extrem flach aufliegende Gehölze, wie Kriech- oder Teppich-Wacholder, sind Sonnenanbeter, die jeden Quadratzentimeter für ihr Sonnenbad nutzen. Horstartig wachsende Flächenbegrüner regenerieren sich nach einem kräftigen Rückschnitt besonders rasch. Detaillierte Schnitthinweise finden Sie bei den Einzelbeschreibungen.

Bodendeckende Gehölze

Gruppe	Deutscher Name	Botanischer Name	Blüte	Wuchshöhe in cm	Wuchsform	Seite
Laubsträucher	Teppich-Hartriegel	*Cornus canadensis*	rahmweiß, Juni	10 bis 20	polsterförmig	155
	Fächermispel	*Cotoneaster horizontalis*	unscheinbar	60 bis 100	überhängend	156
	Frischgrünes Geißblatt	*Lonicera nitida* 'Maigrün'	cremeweiß, Mai	20 bis 40	niederliegend	159
	Fingerstrauch	*Potentilla fruticosa*-Sorten	je nach Sorte gelb, weiß, rosa, rot, Mai bis November	40 bis 60	breit buschig bis niederliegend	160
Immergrüne Laubgehölze	Fruchtende Kriechmispel	*Cotoneaster dammeri* 'Coral Beauty'	weiß, Mai bis Juni	20 bis 40	niederliegend	263
	Kriechspindel	*Euonymus fortunei*-Sorten		60, je nach Sorte	niederliegend bis aufrecht	263
	Rote Teppichbeere	*Gaultheria procumbens*	weißrosa, Juli bis August	bis 10	polsterförmig, mattenbildend	167
	Niedriges Schattengrün	*Pachysandra terminalis* 'Green Carpet®'	weiß, April bis Mai	10 bis 20	Matten bildend	168
	Kleinblättriges Fadengrün	*Vinca minor*	blau, April bis Mai	bis 10	niederliegend	168
Bambus	Matten-Bambus	*Pleioblastus viridistriatus*		20 bis 40	mattenförmig, Ausläufer	265
Nadelsträucher	Kriech-Wacholder	*Juniperus communis* 'Repanda'		10 bis 20	polsterförmig, niederliegend	266
	Blauer Teppich-Wacholder	*Juniperus horizontalis* 'Wiltonii'		bis 10	niederliegend	266
	Stein-Wacholder	*Juniperus procumbens* 'Nana'		bis 10	niederliegend, polsterförmig	173
	Blauer Kissen-Wacholder	*Juniperus squamata* 'Blue Carpet'		20 bis 40	niederliegend	174

Praxistipps Ziergehölze

Die meisten Gartengehölze besitzen eine ungewöhnliche Standorttoleranz und gedeihen auf vielen Gartenflächen. Fast jeder unverdichtete Gartenboden ist gehölztauglich, verdichtete Böden müssen jedoch vor einer Bepflanzung entsprechend gelockert und aufbereitet werden.
➲ Wie Sie Gehölze richtig pflanzen, erfahren Sie ab Seite 99.

An sonnigen, hellen Standorten finden die Gehölze den wichtigen Blatt- und Blütentreibstoff Licht in großzügigen Mengen. Nur sehr wenige Gehölze sind ausgesprochene Schattenkünstler, zu ihnen gehören die wertvollen immergrünen Gehölze.

Newcomer Containergehölze

Mittlerweile werden Gehölze in so vielfältiger Art und Weise angeboten, dass ein Pflanzen rund ums Jahr möglich ist, insbesondere durch das breite Sortimentsangebot im Container. Besonders im Sommer, wenn wurzelnackte Ware nicht mehr pflanzfähig ist, sind Containergehölze die einzige Möglichkeit, seiner Gartenlust bei schönstem Wetter zu frönen. Wegen des höheren Kultur- und Transportaufwandes kosten Containergehölze zwar etwas mehr als Pflanzen mit nackter Wurzel, wachsen bei richtiger Pflege aber auch sicher an.
Hochwertige, ausreichend lange kultivierte Containergehölze erkennen Sie an der feinen Durchwurzelung, die den gesamten Ballen durchzieht. Der Ballen lässt sich als Einheit, ohne auseinander zu fallen, aus seinem Plastiktopf ziehen. Wichtig sind die sachgemäße Pflanzung und fortlaufende Bewässerung der Containergehölze. Dann wachsen die Pflanzen im Garten auch bei sommerlichen Außentemperaturen risikolos an.

Die Düngung

Für Gartengehölze haben sich Langzeit- bzw. Depotdünger bewährt. Dies sind mineralische Dünger, deren Düngerkörner in eine halb durchlässige Harzhülle eingepackt sind. Dank dieser Hülle geben die Körner die in ihnen enthaltenen Nährstoffe temperaturabhängig ab. Die Gefahr einer Auswaschung oder Überdosierung ist bei richtiger Handhabung praktisch ausgeschlossen. Bei höheren Bodentemperaturen werden mehr, bei niedrigen Temperaturen weniger bis keine Nährsalze freigesetzt. Da das Pflanzenwachstum ebenfalls temperaturabhängig ist, passt sich die Menge der abgegebenen Nährstoffe ideal dem Wachstum der Gehölze an. Vor allem im Winter, wenn die Pflanzen keine Nährstoffe aufnehmen, verhindert dieser Mechanismus eine Auswaschung der Nährstoffe. Weiterer Vorteil: Neben der umweltschonenden Wirkung sind Langzeitdünger sehr leicht zu handhaben.
➲ Das Thema »Düngung« wird ab Seite 108 behandelt.

Vor allem jungen Laub- und Nadelgehölzen in wertvollen Sorten sollten Sie in den ersten Gartenjahren einen Winterschutz angedeihen lassen.

Der Winterschutz

Alle in diesem Kapitel vorgestellten Gehölze gelten als frosthart. Jedoch sind junge Pflanzen von edlen Gewächsen wie Magnolien, Päonien, Hibiskus und immergrünen Sträuchern – die aufgrund ihres höheren Preises oft in kleineren Größen gekauft und gepflanzt werden – für einen Schutz in den ersten beiden Wintern nach der Pflanzung dankbar.

Anhäufeln und Abhängen gegen Erfrierungen

Rosen und andere Gehölz-Jungware können Sie ab Dezember anhäufeln. Ausgereifte Triebe werden etwa 15 bis 20 Zentimeter hoch mit lockerer Lauberde, Gartenkompost oder einem ähnlichen organischen Material bedeckt. Über die eingepackten Triebe kommt abschließend noch eine mollige Decke aus Nadelreisig. Sackleinen, lockeres Jutegewebe oder Nadelholzreisig sind ein sicherer Frostschutzmantel für Ihre Zierstämmchen, Kletterrosen und andere junge Kletterpflanzen. Locker um das Geäst gebunden, bringen diese wärmenden Hüllen auch empfindliche Gehölze gut durch den Winter.

Der Gehölzschnitt

Bestimmte Gehölze verlangen einen regelmäßigen Schnitt. Paradebeispiele sind öfterblühende Rosen oder die spätsommerblühenden Ziersträucher. Die meisten Gehölze brauchen keinen regelmäßigen Schnitt. Wertvollen Gehölzen wie Zaubernuss, Magnolien oder Goldregen ist er sogar abträglich. Ein Schnitt ist nur sinnvoll, wenn es darum geht, bestimmte Eigenschaften wie Blüten- und Fruchtbildung zu fördern, zu groß gewordene Gehölze zu verkleinern, überalterte Sträucher radikal zu verjüngen oder Gehölzhecken zu formieren.

Wann wird geschnitten?

Geschnitten wird während der Winterzeit bei frostfreier Witterung, etwa ab Februar. Dieser Winterschnitt kommt für die meisten Sommerblüher wie Buddleien, Spireen und Hortensien in Frage. Frühjahrsblüher wie Forsythien oder Flieder werden nach ihrer Blüte geschnitten und auch mit dem Schnitt frostgeschädigter Gehölze wartet man besser bis zum Frühling, wenn das Ausmaß der Schäden sichtbar wird. Ein Herbstschnitt sollte sich darauf beschränken, Schäden durch Windbruch oder Schneelast vorzubeugen. Bei *Clematis* und Rosen hängen Schnittstärke und Schnittzeitpunkt von der jeweiligen Blührhythmik der Sorten ab. Hinweise hierzu finden Sie bei den Beschreibungen der Gehölze. Hier nun grundsätzliche Tipps zum Gehölzschnitt.

Wildtriebe entfernen

Einige Gehölze, beispielsweise Zierstämmchen, sind auf so genannten Wildlingen veredelt. Mitunter wachsen aus dieser Unterlage oder dem Stamm Wildtriebe heraus. Wildtriebe rauben der Veredlung wertvolle Nährstoffe und müssen direkt an der Ansatzstelle abgerissen oder mit einem scharfen Messer entfernt werden.

Grundsätzliche Tipps zum Gehölzschnitt

■ Generell hat die Schnitt-Tiefe folgende Auswirkungen: Wenn Sie stark zurückschneiden und nur wenige Knospen stehen lassen, werden Sie weniger, dafür aber längere und stärkere neue Triebe erzielen. Umgekehrt bewirkt ein nur leichter Schnitt zahlreiche, aber dafür kürzere Neutriebe. Vereinfacht ausgedrückt: Ein schwacher Rückschnitt verursacht einen schwachen, ein starker Rückschnitt einen starken Austrieb.

■ Der Schnitt soll vor allem die Lichtverhältnisse innerhalb eines Gehölzes so verbessern, dass mehr und kräftiger entwickelte Triebe gebildet werden können. Richtig ausgeführt, fördert er die Entwicklung junger, bodennaher Blütentriebe, die der Vitalität und Grunderneuerung des Strauches zugute kommen.

■ Schneiden Sie zunächst alle durch Krankheiten, Verletzungen oder Frost geschädigten morschen, meist bräunlichen Triebe bis in das gesunde, innen noch grünlich weiße Holz zurück. Beim Rückschnitt gesunden Holzes spüren Sie einen deutlichen Widerstand. Entfernen Sie alle dünnen und schwachen Triebe bis zum Ansatz.

■ Beim Auslichten von Blütensträuchern schneiden Sie Triebe, die älter als drei bis vier Jahre sind, dicht über dem Boden ab. Junges, kräftiges, blühvitales Holz bleibt stehen.

■ Wenn Sie überlange Jungtriebe einkürzen, ist die richtige Schnittführung wichtig. Schneiden Sie den Trieb etwa 5 mm über einer Knospe leicht schräg ab. Dabei halten Sie die Wundfläche so klein wie möglich. Ihre Schere muss nicht teuer, aber scharf sein, denn sie soll die Triebe nicht abquetschen, sondern glatt abschneiden. Geeignete Wunderverschlussmittel sind im Handel erhältlich.

■ Lassen Sie keine Triebstummel stehen, weil diese später zu idealen Vermehrungshorten für Krankheiten und Pilze werden.

■ Abgeschnittene Triebe haben nichts in Gartenbeeten zu suchen. Sammeln Sie sie ein. Das hat nichts mit Pedanterie zu tun, sondern beugt der Bildung von Krankheitsherden vor.

Blühstarke Ziersträucher wie Rispen-Hortensien verlangen nach einem regelmäßigen Rückschnitt, damit sie ihre Blütenkraft entfalten können.

Schnitt von Nadelgehölzen

Der Schnitt von Nadelgehölzen ist unüblich, da er die natürliche Wuchsschönheit der Pflanzen beeinträchtigt. Regelmäßig geschnitten werden vor allem Hecken-Nadelgehölze wie *Thuja*, Scheinzypressen und andere Koniferen mit **schuppenartigen Nadeln** (siehe auch Kapitel »Hecken« ab Seite 188). Bei einigen **nadeltragenden Arten** ist zwar ein Schnitt möglich, sollte sich aber auf das Einkürzen der Triebspitzen beschränken. Kieferntriebe können Ende Mai/Anfang Juni um die Hälfte eingekürzt werden. Ausnahme: Sehr schnittverträglich sind Eiben, die aus diesem Grund auch als wertvolle Formhecken und -gehölze beliebt sind.

Schnitt-Einmaleins für die wichtigsten Laubgehölze

Arten und Sorten	Seite	Schnitt
Ahorn *(Acer)*		Rückschnitt in mehrjährigem Turnus möglich, fördert bei buntlaubigen Arten den dekorativen Austrieb. Rückschnitt bei Japanischen Ahornen unüblich
Hecken-Berberitze *(Berberis thunbergii* und Sorten)		Sehr gut schnittverträglich, starke Langtriebe bereits im Sommer einkürzen
Schmetterlingsstrauch *(Buddleia davidii*-Sorten)		Radikaler Frühjahrsschnitt sichert sommerliche Blütenfülle
Einfassungs-Buchs *(Buxus sempervirens* 'Suffruticosa')		Enorm schnittverträglich, kräftigen Verjüngungsschnitt vertragend. Schnitt entweder im April oder Ende Juni bei trübem Wetter durchführen
Sommer-Heide *(Calluna vulgaris*-Sorten)		Schnitt im späten Frühjahr in zweijährigem Turnus hält die Polster jung und damit blühvital
Bartblume *(Caryopteris*-Sorten)		Regelmäßiger kräftiger Frühjahrsschnitt steigert Blütenfülle
Blattbunte Purpur-Hartriegel *(Cornus alba*-Sorten)		Rückschnitt in mehrjährigem Turnus fördert leuchtend rotrindige Jungtriebe, jedoch sind radikale Verjüngungsschnitte mit zunehmendem Alter weniger erfolgversprechend
Korkenzieher-Hasel *(Corylus avellana* 'Contorta')		Verträgt radikalen Verjüngungsschnitt vor dem Austrieb selbst bis in alte Holzpartien
Mispeln *(Cotoneaster)*		Regelmäßigen Schnitt vertragend
Edel-Ginster *(Cytisus*-Sorten)		Jährlicher Rückschnitt nach der Blüte fördert nächstjährige Blütenfülle, radikaler Verjüngungsschnitt alter Sträucher nicht empfehlenswert
Deutzien *(Deutzia)*		Regelmäßiges Auslichten im Zweijahres-Rhythmus regt eine fortlaufende Strauch-erneuerung an und ist brachialen Radikalverjüngungen vorzuziehen, dennoch ist auch letzteres möglich
Winterheide/Schneeheide *(Erica carnea*-Sorten)		Leichter Rückschnitt nach der Blüte fördert die nächstjährige Blütenfülle, die bereits im Sommer für das nächste Jahr an- und damit festgelegt wird
Kriechspindel *(Euonymus fortunei*-Sorten)		Kräftiger Rückschnitt mit zunehmendem Alter weniger erfolgreich
Goldglöckchen *(Forsythia)*		In zweijährigem Turnus alte Triebe auslichten, aber auch radikaler Verjüngungsschnitt großer Strauchmethusaleme ist möglich, dann allerdings Blühpause
Bauern-Hortensien *(Hydrangea macrophylla-, serrata*-Sorten)		Rückschnitt lediglich bis Kniehöhe, damit ausreichend altes Holz am Strauch bleibt
Kleinblumiger Johannisstrauch *(Hypericum* 'Hidcote')		Kräftiger Frühjahrsschnitt fördert Blütengröße und -fülle
Fruchtende Gartenhülse *(Ilex aquifolium*-Sorten)		Gut schnittverträglich, jedoch wegen möglicher Winterschäden erst im Frühjahr schneiden
Gefüllter Ranunkelstrauch *(Kerria japonica* 'Pleniflora')		Alte, mehrjährige Triebe in regelmäßigem Turnus bodennah entfernen. Radikale Verjüngung kann unerwünschte Ausläuferbildung fördern
Perlmuttstrauch *(Kolkwitzia amabilis)*		Alte, mehrjährige Triebe in regelmäßigem Turnus bodennah entfernen. Radikale Verjüngung alter Sträucher ist möglich
Liguster *(Ligustrum)*		Ungewöhnlich gute Schnittverträglichkeit
Frischgrünes Geißblatt *(Lonicera nitida* 'Maigrün')		Gut schnittverträglich, für Rückschnitte in mehrjährigem Rhythmus dankbar
Mahonie *(Mahonia aquifolium)*		Verträgt kräftigen Rückschnitt
Blauraute *(Perovskia abrotanoides)*		Jährlicher, radikaler Rückschnitt im Frühjahr zwingend notwendig
Gefüllter Gartenjasmin *(Philadelphus* 'Virginal')		Auslichten alter Triebe in mehrjährigem Turnus
Fingerstrauch *(Potentilla fruticosa*-Sorten)		Radikaler Rückschnitt im Frühjahr fördert Blütenfülle und -größe. Ungeschnittene Bestände neigen zum Vergreisen und Auseinanderfallen
Japanische Blütenkirsche *(Prunus*-Sorten)		Treiben selbst nach starkem Rückschnitt willig wieder durch
Mandelbäumchen *(Prunus triloba)*		Rückschnitt nach der Blüte auf halbe Trieblänge. Alte Pflanzen können radikal bis auf wenige Knospen zurückgenommen werden
Feuerdorn *(Pyracantha*-Sorten)		Kräftigen Rückschnitt sehr gut vertragend, treibt selbst nach radikaler Verjüngung problemlos wieder aus
Hängende Kätzchen-Weide *(Salix caprea* 'Pendula')		Kräftiger Rückschnitt nach der Blüte bei guter Nährstoffversorgung sichert nächstjährigen Kätzchen-Besatz
Spiere *(Spiraea*-Arten)		In mehrjährigem Turnus alte Triebe der hohen Sorten nach der Blüte an der Basis entfernen, jedoch auch radikaler Verjüngungsschnitt möglich. Bei niedrigen Sorten bis 50 cm fördert starker Rückschnitt im Frühjahr geschlossenen Wuchs und Blütenfülle
Edel-Flieder *(Syringa vulgaris*-Sorten)		Regelmäßiger Schnitt nicht üblich, jedoch leichte Eingriffe nach der Blüte möglich. Verträgt auch radikale Verjüngung bis ins alte Holz problemlos, der jedoch eine mehrjährige Blühpause folgen kann
Rosa Frühlings-Tamariske *(Tamarix parviflora)*		Radikaler Rückschnitt möglich
Glockenstrauch *(Weigela*-Sorten)		Auslichten in mehrjährigem Turnus ausreichend, aber auch radikaler Rückschnitt wird vertragen, dem eine Blühpause folgt.

Entfernen Sie umgehend mit Baumkrebs befallene Pflanzenteile aus den Gehölzen und dem Garten. Verstreichen Sie die Wunden sorgfältig mit einem Wundverschlussmittel.

Die Rotpustelkrankheit befällt abgestorbene Triebe. Deshalb totes Holz aus Sräuchern und Bäumen entfernen, kein befallenes Holz unter den Gehölzen liegen lassen.

Spezielle Krankheiten und Schädlinge

Bäume und Sträucher gelten als sehr robust. Wenn Ihre Gehölze dann doch einmal von Krankheiten und Schädlingen befallen werden, ist dies meist nur eine vorübergehende Erscheinung, die keinen Anlass zur Sorge gibt.

Die nachfolgende Übersicht bietet einen Überblick über spezielle Gehölzschädlinge und -krankheiten. Wenn ein Einsatz von Pflanzenschutzmitteln unausweichlich scheint, sollte nützlingsschonenden und bienenungefährlichen Mitteln der Vorzug gegeben werden.

➲ Weitere Informationen zu allgemeinen Krankheiten und Schädlingen und zum Umgang mit sowie zur Ausbringung von Pflanzenschutzmitteln finden Sie im Kapitel »Pflanzenschutz« ab Seite 116.

Krankheiten und Schädlinge an Gehölzen

Betroffene Pflanzenart	Krankheit/Schädling	Schadbild	Bekämpfung
Buche	Buchenblatt-Baumlaus	Charakteristisch sind Blattkräuselungen, röhrenartig nach unten gekrümmte Blattränder und auf der Blattunterseite weiße, wollige Wachsausscheidungen, unter denen die Läuse sitzen	Bei stärkerem Befall mit geeigneten Pflanzenschutzmitteln spritzen
Clematis	Clematis-Welke	Blätter, Triebteile, aber auch ganze Pflanzen welken plötzlich und sterben ab. Die Ursache sind verschiedene Pilze, die bevorzugt jüngere Pflanzen heimsuchen	Sofortiger Rückschnitt bis in den gesunden Bereich, oft bis zum Boden, notwendig. Triebverletzungen vermeiden, robuste Sorten wählen auf gut wasserdurchlässige Standorte achten
Fichte	Sitkafichtenlaus	Ältere Nadeln bekommen gelbliche Flecken, werden später braun und fallen ab. An den Nadeln saugen grüne Läuse mit roten Augen	Läusekontrolle durch Abklopfen über weißem Papier bereits ab November vornehmen. Bei starkem Befall chemisch behandeln
Flieder	Fliedermotte	Auffallend geschlängelte, blasenartig aufgetriebene, durchscheinende Gänge der Larven im Blatt	Abpflücken und Vernichten der befallenen Blätter
Hülse, Stechpalme	Ilexminierfliege	Auffallend geschlängelte, blasenartig aufgetriebene Gänge der Maden im Blatt	Abpflücken und Vernichten der befallenen Blätter
Kirsche, Kirschlorbeer	Schrotschusskrankheit	Zunächst auf den Blättern kleine, runde Flecken, die später durchlöchert sind. Durch die vielen Löcher entsteht der Schrotschuss-Eindruck	Vorbeugend staunasse, spätfrostgefährdete Standorte meiden, nur sparsam düngen
Lebensbaum	Thujaminiermotte	Triebspitzen werden braun und fallen ab. Im Trieb befindet sich die 3 mm lange Raupe der Miniermotte.	Befallsstellen ausschneiden
Rhododendron	Rhododendronzikade (Knospenbräune)	Auffallend grünbraune Tiere sind auf der Oberseite der Blätter zu beobachten. Die Zikaden stechen die Knospen an und übertragen dabei die Knospenfäule	Knospen auspflücken
Rhododendron u.a.	Dickmaulrüssler	Blattränder werden von dem Käfer buchtig ausgefressen. Bodenbürtige, weiße Larven in der Erde, die die Wurzeln anfressen	Käfer abends abschütteln, Bodennützlinge ab Mai bis Anfang September einsetzen, wenn die Bodentemperatur über 13 °C liegt
Scheinzypressen u.a.	Wurzelfäule (Phytophthora)	Zunächst welken einzelne Triebspitzen und verfärben sich braun, später die ganze Pflanze.	Pflanze roden, Pflanzloch über Winter durchfrieren lassen, keine anfälligen Gehölze nachpflanzen
Tanne, Kiefer u.a.	Wollläuse	Typisch sind die weißen Wachsfäden ab Mai, die an Schneeflocken erinnern; unter ihnen sitzen die Läuse	Wiederholt befallene Partien mit starkem Wasserstrahl abspritzen
Wacholder	Wacholdertriebsterben	Zweige und Haupttriebe werden zunächst gelb, dann braun und sterben ab. Bei älteren Pflanzen Befall oft nur in begrenzten Abschnitten	Pflanzenbestand auslichten, Befallsstellen ausschneiden
Zierkirschen, Mandelbäumchen u.a.	Monilia-Spitzendürre	Blüten und Triebspitzen welken schlagartig und scheinen zu vertrocknen	Befallsstellen bis in das gesunde Holz ausschneiden, Fruchtmumien entfernen

Hecken für jeden Garten

Hecken sind »lebende Zäune«, sie bieten Sicht- und Lärmschutz, gliedern Räume und haben zahlreiche lebenserhaltende Aufgaben. Hecken gleichen zudem Temperaturextreme aus – eine beachtliche Anzahl von Lebewesen nutzt die erhöhte Luftfeuchtigkeit und die durch verstärkte Taubildung feuchte Kühle innerhalb ihres Zweiggewirrs –, vermindern die Windgeschwindigkeit, sind lebende Staubfilter und Schalldämpfer, reinigen durch ihre Laubaktivität die Luft und produzieren Sauerstoff. Vögeln und anderen Tieren bieten sie Brut- und Lebensschutz und mit Früchten zudem eine beliebte Vogelnahrung.

Neben einer Reihe von Laubgehölzen erfüllen auch nadelige Heckenpflanzen diese Aufgaben. Kein Gartenbesitzer muss ein schlechtes Gewissen haben, wenn er auf einen grünen Zaun aus Nadelgehölzen zurückgreift. Berichte, wonach Tiere in Nadelgehölzen keine Nahrung finden, sind sachlich falsch und schon lange wissenschaftlich widerlegt. Zudem bilden sie durch ihre immergrüne Benadelung auch im Winter nicht einsehbare Schutzzonen für Vögel und Kleinsäuger.

Welche Hecke soll es sein?

Sichtschutz-Hecke

Hecken als Sichtschutz sind meist zwischen zwei und drei Meter hoch. Mit den Jahren können selbst regelmäßig geschnittene Hecken zu groß werden. Unsere Auswahl berücksichtigt deshalb Gehölze, die nicht nur einen Schnitt ihrer jungen Triebe, sondern auch einmal einen kräftigen Rückschnitt bis weit in das alte Holz vertragen. Konische Heckenformen bleiben bis unten dicht. Wer eine größere Hecke plant, sollte einen Blick ins Nachbarschaftsrecht werfen oder sich mit dem Nachbarn auf eine gemeinsame Hecke verständigen, mitten auf der Grenze gepflanzt, von beiden Nachbarn bezahlt und gepflegt. Solche Vereinbarungen schriftlich festhalten, um bei Streitigkeiten etwas in der Hand zu haben!

Windschutz-Hecke

Wenn Sie in einer windreichen Gegend zu Hause sind, bietet Ihnen das Anlegen einer Windschutz-Hecke viele Vorteile, die Ihnen ein starrer Zaun oder eine geschlossene Mauer verwehren. Sommergrüne Windschutz-Hecken bremsen den Wind, ohne dabei Wirbelwinde entstehen zu lassen. Direkt vor oder hinter unflexiblen Windstoppern entstehen übermäßige Windturbulenzen, die zu Trockenschäden bei Pflanzen führen. Gut erkennen lässt sich die Wirkung dieser Wirbel an umgeworfenen, schrägen Pflanzen, wie man sie direkt hinter Mauern häufig findet. Laubhecken aus Buchen oder Hainbuchen wirken dagegen wie Windfilter, die dem Wind die Geschwindigkeit nehmen, ihn aber passieren lassen. Um diese Wirkung entfalten zu können, müssen die Hecken rechtwinklig zur Hauptwindrichtung stehen.

Hecken schaffen eine paradiesische Abgeschiedenheit, so lässt sich die Terrassenoase ungestört genießen.

Einfassungen

Kein Garten ohne Hecke! Selbst wer sein kleines Gartenparadies nicht umfrieden kann, dem stehen mit klein bleibendem Einfassungs-Buchs Minibordüren für die Gestaltung spezieller Gartenornamente zur Verfügung. Auch kleinste Hecken übernehmen viele ökologisch wichtige Funktionen.

Für lockere Einfassungen eignen sich, neben dem Klassiker Buchs *(Buxus)*, auch Gehölze wie *Pachysandra,* Zwergmispel *(Cotoneaster)* und Spindelstrauch *(Euonymus fortunei*-Sorten).

Lockere Blütenhecken

Lockere, ungeschnittene Hecken sind meist herrliche Blütenhecken, wie man sie noch viel zu selten sieht. In Frage kommen – neben den nachfolgend aufgelisteten Gehölzen – natürlich auch große Ziersträucher wie Sommerjasmin *(Philadelphus)* und Goldglöckchen *(Forsythia)*. Bei der Planung einer lockeren Hecke ist allerdings der immense Platzbedarf mit zu berücksichtigen. Blütenhecken müssen nicht immer einfarbig sein, auch das Mischen verschiedener Blütenfarben sorgt für spektakuläre Kontraste. Es bieten sich unendlich viele Kombinationsmöglichkeiten an, da durch unterschiedliche Blütezeiten, durch Wuchshöhen, Herbstfärbung des Laubes und Fruchtbehang zahlreiche Elemente in die Heckengestaltung einfließen.

➲ Weiteres in der Tabelle Seite 192 sowie im Kapitel »Rosen« Seite 220.

Noch viel zu selten sieht man farbenfrohe Blütenhecken. Wer ausreichend Platz hat, sollte sich über die vielen Möglichkeiten informieren.

Alte Hecken renovieren

■ Bereits kleinere Schäden an einer Hecke können das gepflegte Gesamtbild trüben, ähnlich wie eine Roststelle an einem Auto. Schneiden Sie die beschädigten Triebe bis ins gesunde Holz zurück. Laubgehölze und schuppenförmige Koniferen (*Thuja*, Scheinzypresse) schließen ein Loch rasch, wenn Sonnenlicht auf die Stelle treffen kann.

■ Bewährt hat sich auch das Führen von intakten Trieben entlang eines Bambusstabes, um Lücken zu schließen.

■ Bei größeren Ausfällen in einer alten Hecke hilft nur noch das Nachpflanzen sortenidentischer Ersatzpflanzen. Dabei hat es keinen Zweck, kleine Pflänzchen in große Lücken zu setzen, denn dicht bedrängt von den Altpflanzen können sich Jungpflanzen nicht entwickeln. Der Nachschub muss also bereits erwachsen und sogar etwas größer sein als die etablierten Heckenpflanzen.

■ Wichtig ist vor der Neupflanzung eine gute Bodenvorbereitung. Dann können die grünen »Reservisten« die Lücke füllen.

■ Geschnitten werden die neuen Heckenpflanzen erst nach dem Anwachsen, auch wenn die Flickstelle eine Zeit lang erkennbar bleibt.

■ Hecken können mit den Jahrzehnten vergreisen bzw. aus der Form geraten. Eine radikale Schnittkur bei Hainbuchen, Feld-Ahorn oder Rot-Buche sorgt für einen Neuaufbau. Entfernen Sie dazu im zeitigen Frühjahr mit der Astschere auf der Oberseite und an den Flanken alle dicken Äste und Astquirle. Dickere Äste werden abgesägt. Zurück bleiben stark verjüngte Stammstummel mit etwas Seitenholz, die kräftig austreiben und nach drei Jahren wieder dicht sind.

■ Sie können Schnittmaßnahmen ins alte Holz vermeiden, wenn Sie beim regelmäßigen Heckenschnitt grundsätzlich etwas stärker zurückschneiden. Die Bildung von Astquirlen wird auf diese Weise verhindert und eine kontinuierliche Regeneration der Gehölze ist möglich.

Die Pflanzung einer Hecke

Der schnellste Weg zur eigenen Hecke führt über buschige Heckenpflanzen mit Ballen. Größere Pflanzen kosten zwar etwas mehr als wurzelnackte Setzlinge, dafür wachsen sie aber problemlos an. Wichtig ist das exakte Ausrichten des »grünen Zaunes«, weshalb sich eine Grabenpflanzung empfiehlt. Dafür wird entlang einer gespannten Richtschnur ein Graben ausgehoben. Stellen Sie die Pflanzen in den Graben, ein Helfer hält sie beim Auffüllen mit Erde in Position.

➲ Alles über die Pflanzung einer Hecke erfahren Sie ab Seite 103.

Der Heckenschnitt

Hecken brauchen von Beginn an einen regelmäßigen Schnitt, denn nur dann entsteht über die Jahre der geschlossene Eindruck eines formschönen Sichtschutzes. Auch Solitärpflanzen – in der Regel nicht ganz billige Heckenelemente – bedürfen einer gewissen Zeit und Pflege, bis sich ihre Säulenkörper miteinander verwoben haben.

Wann wird geschnitten?

Die besten Schnitttermine für Laubgehölze liegen Ende Juni, wenn die Vogelbrut ausgeschlüpft ist und die gefiederten Gartennützlinge ihre Nester verlassen haben, und Mitte August für den zweiten Schnitt. Immergrüne Formgehölze wie Buchs und Liguster können ab Anfang Juni in Form gebracht werden. Nadelgehölze schneiden Sie nur einmal, am besten etwa Mitte Juli.

Welche Formen sind möglich?

Formieren Sie Ihre Hecke konisch, also unten breiter, oben schmaler, dann bleibt sie von unten bis oben dicht. Es entsteht eine Trapezform, die für alle Heckenpflanzen gut geeignet ist und für eine bis zum Boden dichte Belaubung sorgt. Eine gleichmäßig breite Kastenform kommt nur für schattentolerante Heckengehölze wie Hainbuche und Buche in Frage. Natürlich ist für die meisten Heckengehölze auch ein Rundbogenschnitt möglich, der sehr gefällig und nostalgisch wirken kann.

Torbögen contra Einheitsschnitt: Planen Sie bei hohen Laubhecken einen Torbogen mit ein, der Ihr Gartentor überspannt und die abgrenzende Wirkung der Hecke aufbricht. Bereits beim Pflanzen wird ein Rosenbogen als entsprechendes Leitgerüst mit eingesetzt. Lassen Sie links und rechts des Tores beim Aufbau der Heckenpflanzen lange Leittriebe stehen, die Sie festbinden. Mit den Jahren verholzen die Triebe und der Bogen kann entfernt werden. Das grüne Tor wird dann jedes Jahr beim Heckenschnitt mitgeformt. Wer etwas mehr investieren will, kann in einer Baumschule bereits einen begrünten Torbogen erwerben.

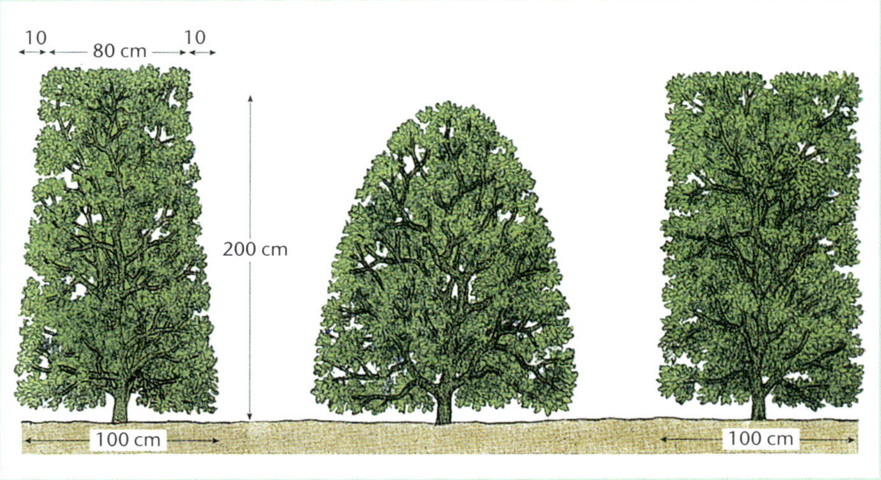

Für alle Heckenpflanzen gut geeignet ist die Trapezform (links), aber auch nostalgische Rundformen und exakte Kastenformen sind möglich.

Das richtige Werkzeug

Mit einer Wasserwaage gelingt Ihnen Ihr Heckenschnitt auf Anhieb. Spannen Sie am besten eine mit der Wasserwaage ausgelotete Schnur als Richtmittel.

Sehr hohe Windschutz-Hecken lassen sich nur mit Hilfe einer Stehleiter in Form bringen. Achten Sie hier auf Ihre Sicherheit und verwenden Sie nur Sicherheitsleitern, die Ihnen bei der schwungvollen Heckenarbeit einen sicheren Stand bieten.

Achten Sie auf scharfe und saubere Scheren, denn schartige Wunden sind potenzielle Krankheitsherde.

Der Klassiker ist die Hand-Heckenschere, die nicht zu schwer sein sollte. Sie kommt hauptsächlich beim Heckenschnitt zum Einsatz, aber auch langes Gras lässt sich mit ihr einkürzen.

Bei dicken, bis 1 cm starken Trieben hilft die so genannte Rosenschere. Sie lässt sich ungefährlich mit einer Hand bedienen.

Die Akku-Schere ist eine Lösung für alle bequemen Gartenfreunde. Weder Kabel noch Benzingestank und Lärm beeinträchtigen den Schnittspaß, allerdings ist die Leistungsfähigkeit begrenzt.

Damit die Hecke eine schöne, gerade Form erhält, sollte eine Schnur in Schnitthöhe gespannt werden.

So einfach ist der Heckenschnitt: Wer regelmäßig größere Hecken schneidet, für den lohnt sich die Anschaffung einer Akku-Schere.

Der Formschnitt

Damit die Buchskugel auch wirklich rund wird, arbeiten Sie sich am besten Stück für Stück vor. Wichtig: Immer wieder von allen Seiten den Fortschritt betrachten!

Gleichmäßige Kegel lassen sich mit Hilfe gespannter Schnüre oder Stäbe zurechtschneiden. Regelmäßiger Schnitt verhindert, dass sich die Fromen »auswachsen« oder kahle Stellen entstehen.

Immer volle Power bieten Scheren mit Kabelanschluss. Ob mit oder ohne Kabel – für alle Besitzer größerer Hecken ist die elektrische Heckenschere eine echte Erleichterung. Damit geht die Arbeit schneller und vor allem weniger schweißtreibend voran. Halten Sie beim Schnitt mit elektrischen Heckenscheren das Schneidblatt immer parallel zur Hecke. Fahren Sie mit ausladenden, schwingenden Schneidbewegungen immer wieder an der Heckenwand entlang, so lange, bis die Lauboberfläche plan ist und auch der letzte »Laubstoppel« erfasst wurde.

Ein Nachteil gegenüber den allerdings geräuschvollen Benzinmotor-Scheren ist das nachschleifende Kabel der Elektroscheren. Achten Sie deshalb auf ein langes, komfortables Anschlusskabel, das genug Auslauf bietet. Fixieren Sie mit einem Gürtelclip das Kabel der Elektroschere am Gürtel. Dies verringert die Unfallgefahr.

Mit Buchs können Sie Einfassungen aller Art gestalten. Schneiden Sie Ihren Buchs mäßig, aber regelmäßig, dann wird der grüne Wall umso dichter.

Die Vielfalt der frei wachsenden, gemischten Blütenhecken

Heckentyp	Gehölze	Gehölz-Porträts Seite	Anmerkungen
Niedrige gemischte Blütenhecke bis 150 cm Höhe	Zierquitte *(Chaenomeles)* Maiblumenstrauch *(Deutzia gracilis)* Blauraute *(Perovskia abrotanoides)* Fingerstrauch *(Potentilla fruticosa*-Sorten) *Rosa rugosa*-Sorten Strauchrosen Spiere *(Spiraea*-Sorten) Herbst-Flieder *(Syringa vulgaris*-Sorten)	155 196 160 160 212 206 196 162	Dieser Heckentyp braucht Sonne und einen kultivierten Gartenboden. Ein radikaler Verjüngungsschnitt ist möglich. Niedrige Blütenhecken eignen sich auch als Vorpflanzung vor größeren, streng formierten Hecken.
Höhere gemischte Blütenhecke ab 150 cm Höhe	Hängende Felsenbirne *(Amelanchier laevis* 'Ballerina') Schmetterlingsstrauch *(Buddleja davidii*-Sorten) Gefüllter Sternchenstrauch *(Deutzia scabra* 'Plena') Goldglöckchen *(Forsythia intermedia*-Sorten) Gefüllter Gartenjasmin *(Philadelphus* 'Virginal') Großfrüchtige Blut-Pflaume *(Prunus cerasifera* 'Nigra') Edel-Flieder *(Syringa vulgaris*-Sorten)	154 154 196 157 160 160 162	Bei diesem Heckentyp ist der große Platzbedarf einzukalkulieren. Ein radikaler Verjüngungsschnitt im fünfjährigen Turnus oder jährliche Auslichtungsschnitte sind sinnvoll, um die Blühkraft zu erneuern.
Gemischte Blütenhecke mit Osterblüte	Goldglöckchen *(Forsythia × intermedia*-Sorten) Gefüllter Ranunkelstrauch *(Kerria japonica* 'Pleniflora') Großfrüchtige Blut-Pflaume *(Prunus cerasifera* 'Nigra') Blut-Johannisbeere *(Ribes sanguineum* 'Atrorubens') Spiere *(Spiraea*-Sorten)	157 159 160 161 197	Die Osterhecke blüht ab April bis Juni in den Farben Rot, Rosa, Weiß und Gelb. Ideal dazu ist eine Unterpflanzung mit frühjahrsblühenden Polsterstauden, die keine großen Ansprüche stellen.
Gemischte Blütenhecke mit Sommerblüte	Schmetterlingsstrauch *(Buddleia davidii*-Sorten) Gefüllter Sternchenstrauch *(Deutzia scabra* 'Plena') Gefüllter Gartenjasmin *(Philadelphus* 'Virginal') Glockenstrauch *(Weigela*-Sorten)	154 157 160 162	Ideale Blütenhecke für fröhliche Sommertage. Die Blüte beginnt im Mai und reicht bis in den Juli hinein. Eine Unterpflanzung mit sommerblühenden, farblich passenden Stauden rundet das Bild ab.
Gemischte Blüten- und Laubhecke für vollsonnige, trockene Lagen	Bartblume *(Caryopteris*-Sorten) Roter Perückenstrauch *(Cotinus coggygria* 'Royal Purple') Frucht-Sanddorn *(Hippophae rhamnoides*-Sorten) Rosa Frühlings-Tamariske *(Tamarix parviflora)*	155 156 158 162	Auf extrem heißen, trockenen Standorten versagen viele Gehölze. Dieser Heckenvorschlag ist hart im Nehmen und begrünt auch Hitzelagen.
Gemischte Blütenhecke mit Jahreszeiten-Aspekten	Weißbunter Purpur-Hartriegel *(Cornus alba* 'Sibirica Variegata') Korkflügelstrauch *(Euonymus alatus)* *Rosa rugosa*-Sorten Strauchrosen	155 157 212 206	Dieser Typ aus wertvollen Gehölzen besticht in allen vier Jahreszeiten durch Blüten, Fruchtbehang, dekorative Rinde und Herbstfärbung.
Gemischte Blüten- und Fruchthecke aus heimischen Gehölzen	Kornelkirsche *(Cornus mas)* Schlehe *(Prunus spinosa)* Heimische Wildrosen wie *Rosa canina*	156 160 208	Eine Naturhecke ist ein Frucht-Eldorado und eine Vogel-Oase erster Güte. Regelmäßiger Schnitt ist zwar möglich, schränkt aber den ökologischen Nutzen der Hecke erheblich ein.
Blütenhecke für bodenfeuchte Schattenlagen	Kleinblumiger Johannisstrauch *(Hypericum* 'Hidcote') Gefüllter Ranunkelstrauch *(Kerria japonica* 'Pleniflora') Fasanenspiere *(Physocarpus*-Sorten)	158 159 160	Als Unterpflanzung zu dieser Hecke bieten sich auf ausreichend bodenfeuchten Standorten Schattenstauden wie Astilben, Dost, Bergenien, Lungenkraut, Elfenblume, Funkie und viele frühlingsblühende Blumenzwiebeln an.

Die Pflanzenporträts

Jede genannte Art/Sorte ist für unsere Klimaverhältnisse geeignet und wird nach einem einheitlichen Schema vorgestellt, das im Kapitel »Ziergehölze« auf Seite 152 erläutert wird.
Die Höhenangaben bezeichnen die Höhe ungeschnittener Pflanzen, und zwar bei den Laubsträuchern nach fünf, bei Laubbäumen nach 15 Standjahren.
Ausgangspflanzen sind mehrjährige Sträucher, die in einer gängigen Pflanzgröße gekauft wurden.
Die Rubrik »Hecke-Schnitthöhe« bietet zusätzliche Hinweise auf übliche bzw. erreichbare Schnitthöhen.

Symbolerklärung

↥ = Höhe ❁ = Blütezeit
○ = Sonne ◑ = Halbschatten
● = Schatten

Laubgehölze für regelmäßig geschnittene Hecken

Feld-Ahorn (▷ Foto)

Acer campestre

↕ 500–700 cm ❁ 4–5 ○–◑

Wuchsform ungeschnitten: Kleiner Laubbaum mit rundlicher Krone.
Blüte: Gelbgrün, Rispe, unscheinbar.
Frucht: Geflügelt, sehr dekorativ.
Rinde: Korkleisten, Winteraspekt.
Laub: Sommergrün, dunkelgrün, drei- bis fünflappig, bis 10 cm lang.
Herbstfärbung: Leuchtend gelb.
Hecke (Schnitthöhe): 150 bis 300 cm.
Verwendung: Heimisches Gehölz, Vogelschutz- und Vogelnährgehölz, Bienenweide, Dachgarten, Kübel.
Pflegetipp: Sehr gute Schnittverträglichkeit, im Alter etwas nachlassend.

Grüne Hecken-Berberitze

Berberis thunbergii

↕ 150–200 cm ❁ 5 ○–◑

Wuchsform ungeschnitten: Laubstrauch, buschig, dicht verzweigt.
Blüte: Primelgelb, in Büscheln.
Frucht: Rot, sehr lange haftend.
Trieb: Kantig, rötlich braun, bedornt.
Laub: Sommergrün, eiförmig, bis 3 cm.
Hecke (Schnitthöhe): 50 bis 80 cm.
Verwendung: Wildobst, Vogelschutz- und Vogelnährgehölz, Bienenweide, für Sandböden, Dachgarten, Kübel.
Pflegetipp: Sehr gut schnittverträglich, Langtriebe im Sommer einkürzen.

Sorten: Rote Hecken-Berberitze *(Berberis thunbergii* 'Atropurpurea'), rotlaubiges Pendant zur grünlaubigen Hecken-Berberitze.

Grüne Polster-Berberitze

Berberis buxifolia 'Nana'

↕ 40–60 cm ❁ 4–5 ○–●

Wuchsform ungeschnitten: Zwerg-Laubstrauch, dicht buschig, rundlich.
Blüte: Leuchtend orangegelb.
Trieb: Fein, rötlich braun, bedornt.
Laub: Immergrün, oval, bis 2 cm lang.
Hecke (Schnitthöhe): 20 bis 40 cm.
Verwendung: Haus- und Vorgarten, Bodendecker, Heidegarten, Steingarten, für Grabstellen, Dachgarten, Minigärten. Eignet sich hervorragend für niedrige Hecken und Einfassungen.
Pflegetipp: Windresistent und schnittverträglich, kräftigen Verjüngungsschnitt problemlos vertragend.

Kleine Blut-Berberitze (▷ Foto)

Berberis thunbergii 'Atropurpurea Nana'

↕ 40–60 cm ❁ 5 ○–◑

Wuchsform ungeschnitten: Zwerg-Laubstrauch, buschig, rundlich.
Blüte: Primelgelb, in kleinen Büscheln.
Trieb: Rötlich braun, dicht bedornt.
Laub: Sommergrün, rot, eiförmig, bis 2 cm lang, sehr dekorativ.
Hecke (Schnitthöhe): 20 bis 40 cm.
Verwendung: Hausgarten, Bodendecker, Heidegarten, Steingarten, Bienenweide, für Sandböden, für Grabstellen, frosthartes Kübelgehölz, Minigärten. Für robuste, wehrhafte, hundesichere und farbige Einfassungen.
Pflegetipp: Gut schnittverträglich.

Einfassungs-Buchs

Buxus sempervirens 'Suffruticosa'

↕ variabel ❁ keine ○–●

Wuchsform ungeschnitten: Kleiner Laubstrauch, buschig, straff aufrecht.
Laub: Immergrün, eiförmig oder verkehrt eiförmig, bis 2 cm, giftig.
Hecke (Schnitthöhe): 15 bis 40 cm.
Verwendung: Hausgarten, toleriert Vollschatten, Bauerngarten. Grüner Rahmen für Beet- und Grabstellenbilder. Bewährt in Schloss- und ornamentalen Gartenanlagen.
Pflegetipp: Enorm schnittverträglich, kräftigen Verjüngungsschnitt vertragend. Schnitt entweder im April oder Ende Juni durchführen.

Hoher Buchsbaum (▷ Foto)

Buxus sempervirens var. *arborescens*

↕ 100–150 cm ❁ unscheinbar ○–●

Wuchsform ungeschnitten: Hoher Laubstrauch, buschig, breit aufrecht.
Laub: Immergrün, eiförmig, ledrig, dunkelgrün glänzend, bis 2 cm, giftig.
Hecke (Schnitthöhe): 40 bis 120 cm.
Verwendung: Hausgarten, heimisches Gehölz, Heidegarten, Bienenweide, Formgehölz, toleriert Vollschatten, Bauerngarten, Kübelgehölz. Ungeschnitten herrliches Solitärgehölz.
Pflegetipp: Enorm schnittverträglich, jedoch nicht nach dem 1. August schneiden, da Neutriebe ohne ausreichende Holzreife frostgefährdet sind.

Hainbuche (◁ Foto)

Carpinus betulus

↥ 500–700 cm ❁ 4 ○–◑

Wuchsform ungeschnitten: Mittelgroßer Laubbaum, rundliche Krone.
Blüte: Männliche Kätzchen gelb.
Frucht: Flügelnuss, hellgrüne Büschel.
Laub: Sommergrün, eiförmig, 10 cm. Herbstfärbung: Leuchtend gelb.
Hecke (Schnitthöhe): 100 bis 300 cm.
Verwendung: Größere Hausgärten, heimisches Gehölz, Vogelschutzgehölz, Vogelnährgehölz, Formgehölz, Bauerngarten. Für Windschutzhecken, Laub bleibt bis zum Frühjahr haften.
Pflegetipp: Extrem schnittverträglich, sogar während der Sommermonate.

Weiß-Dorn

Crataegus monogyna

↥ 200–300 cm ❁ 5–6 ○–◑

Wuchsform ungeschnitten: Großer Laubstrauch, buschig, aufrecht.
Blüte: Weiß, Schirmrispe, zahlreich.
Duft: Sehr streng, wenig aromatisch.
Frucht: Dunkelrot, bis 9 mm dick.
Trieb: Spitze, bis 3 cm lange Dornen.
Laub: Sommergrün, gelappt, bis 4 cm.
Hecke (Schnitthöhe): 80 bis 200 cm.
Verwendung: Hausgarten, heimisches Gehölz, Wildobst, Vogelnährgehölz, Bienenweide, Bauerngarten. Die bedornten Triebe bieten auch als geschnittene Hecke sicheren Schutz.
Pflegetipp: Sehr schnittverträglich.

Rot-Buche (◁ Foto)

Fagus sylvatica

↥ über 700 cm ❁ unscheinbar ○–●

Wuchsform ungeschnitten: Großer Laubbaum, breit gewölbte Krone.
Frucht: Bucheckern, schwach giftig.
Laub: Sommergrün, oval, bis 10 cm, teils über Winter braun und haftend.
Herbstfärbung: Teils orangegelb.
Hecke (Schnitthöhe): 150 bis 300 cm.
Verwendung: Größere Hausgärten, heimisches Gehölz, Vogelnährgehölz, Bienenweide, Formgehölz, toleriert Vollschatten, Windschutzpflanze.
Pflegetipp: Schnittverträglichkeit im Alter etwas nachlassend, größere Schnittwunden verstreichen.

Strauch-Efeu

Hedera helix 'Arborescens'

↥ 60–100 cm ❁ 9–10 ◑–●

Wuchsform ungeschnitten: Kleiner Laubstrauch, dicht buschig, aufrecht.
Blüte: Grüngelb, Dolde, nektarreich.
Duft: Sehr streng, wenig aromatisch.
Frucht: Schwarzblau, schwach giftig.
Laub: Immergrün, herzförmig, leicht gewellt, dunkelgrün, bis 10 cm.
Hecke (Schnitthöhe): 50 bis 80 cm.
Verwendung: Hausgarten, Heidegarten, Bienenweide, toleriert Vollschatten, Dachgarten, Bauerngarten, in Teichnähe. Die Fruchtstände sind im Winter ein hübscher Kranzschmuck.
Pflegetipp: Schnittverträglich.

Fruchtende Garten-Hülse, Stechpalme (◁ Foto)

Ilex aquifolium 'I.C. van Tol'

↥ 150–200 cm ❁ 5–6 ○–●

Wuchsform ungeschnitten: Aufrechter Laubstrauch, breit ausladend.
Blüte: Weiß, klein und unscheinbar.
Frucht: Hellrot, überreich, giftig.
Laub: Immergrün, eiförmig, kaum dornig, dekorativ glänzend, bis 8 cm.
Hecke (Schnitthöhe): 100 bis 250 cm.
Verwendung: Heidegarten, Vogelschutz- und Vogelnährgehölz, Bienenweide, Fruchttriebe für Schnitt, Formgehölz, toleriert Vollschatten.
Pflegetipp: Gut schnittverträglich, jedoch wegen möglicher Winterschäden erst im Frühjahr schneiden.

Fruchtende Strauch-Hülse

Ilex meserveae 'Blue Princess'

↥ 100–150 cm ❁ 5 ○–●

Wuchsform ungeschnitten: Aufrechter Laubstrauch, buschig.
Blüte: Weiß, klein und unscheinbar.
Frucht: Leuchtend rot, zierend, giftig.
Laub: Immergrün, dornig, bis 5 cm.
Hecke (Schnitthöhe): 80 bis 120 cm.
Verwendung: Hausgarten, Heidegarten, Vogelschutzgehölz, Vogelnährgehölz, Bienenweide, Fruchttriebe für Schnitt, Formgehölz, für Grabstellen, toleriert Vollschatten, Dachgarten.
Pflegetipp: Gut schnittverträglich, Pollenspender-Sorte 'Blue Prince' erhöht den Fruchtbehang deutlich.

Immergrüne Nadelgehölze für regelmäßig geschnittene Hecken

Blaue Säulenzypresse
Chamaecyparis lawsoniana 'Columnaris'
↥ 300–500 cm ○–◑

Wuchsform ungeschnitten: Hoher Nadelbaum, säulenförmig, schmal, auch im Alter bis unten beastet.
Nadeln: Bläulich, schuppenförmig.
Hecke (Schnitthöhe): 125 bis 300 cm.
Verwendung: Hausgarten, Heidegarten, Vogelschutzgehölz. Weit verbreitete, klassische Heckenzypresse, in Einzelstellung ein großes, blaues Ausrufezeichen im Garten. Schattentolerant.
Pflegetipp: Sehr schnittverträglich, bildet jedoch auch ohne Schnitt eine straffe Säule.

Schwarzgrüner Liguster
Ligustrum vulgare 'Atrovirens' (▷ Foto)
↥ 100–150 cm ✿ 6–7 ○–●

Wuchsform ungeschnitten: Hoher Laubstrauch, buschig aufrecht.
Blüte: Cremeweiß, Rispe, bis 8 cm.
Duft: Angenehm, wohlriechend.
Frucht: Schwarz, schwach giftig.
Laub: In milden Wintern wintergrün, sonst sommergrün, bis 6 cm lang.
Hecke (Schnitthöhe): 100 bis 200 cm.
Verwendung: Hausgarten, Vogelschutzgehölz, Bienenweide, schnellwüchsiges Gehölz, Formgehölz, für Sandböden, frosthartes Kübelgehölz.
Pflegetipp: Ungewöhnlich gute Schnittverträglichkeit bis ins Alter.

Gelbe Baumzypresse
Cupressocyparis leylandii 'Castlewellan Gold'
↥ 500–700 cm ○–◑

Wuchsform ungeschnitten: Stark wachsender Nadelbaum, kegelförmig, absolut dicht, feintriebig.
Nadeln: Auffallend goldgelb, im Winter bronzegelb, schuppenförmig.
Hecke (Schnitthöhe): 200 bis 300 cm.
Verwendung: Größere Hausgärten, schnellwüchsiges Gehölz, das dem Gartenfreund ohne Schnitt rasch über den Kopf wächst.
Pflegetipp: Stark wachsende, ungeschnittene Pflanzen in den ersten Jahren vorsorglich durch stabilisierenden Pfahl sichern.

Mahonie (▷ Foto)
Mahonia aquifolium
↥ 40–60 cm ✿ 4–5 ○–●

Wuchsform ungeschnitten: Vieltriebiger Laubstrauch, breit buschig.
Blüte: Gelb, Traube, auffallend.
Frucht: Schwarz, blau bereifte Beere.
Laub: Immergrün, gefiedert, über 8 cm.
Winterlaub: Teils bronze, zierend.
Hecke (Schnitthöhe): 40 bis 50 cm.
Verwendung: Hausgarten, Wildobst, Heidegarten, Steingarten, Vogelnährgehölz, Bienenweide, für Grabstellen, toleriert Vollschatten, Dachgarten. Exzellenter Flächenbegrüner.
Pflegetipp: Verträgt kräftigen Rückschnitt bis in alte Holzbereiche.

Krummholz-Kiefer (▷ Foto)
Pinus mugo subsp. *mughus*
↥ 60 bis 100 cm ○

Wuchsform ungeschnitten: Kleiner Nadelstrauch, meist breit buschig.
Zapfen: Braun, zahlreich, bis 5 cm.
Nadeln: Bis 5 cm, dunkelgrün.
Hecke (Schnitthöhe): 60 bis 100 cm, auch locker frei wachsend eine Zierde.
Verwendung: Hausgarten, Heidegarten, Vogelschutzgehölz, Vogelnährgehölz, Formgehölz, für Sandböden, für Grabstellen, Dachgarten, Kübelgehölz. Robuster Flächenarbeiter, der Hänge befestigt und Bienen lockt.
Pflegetipp: Schnitt der Neutriebe Mitte Juni möglich, lichthungrig.

Alpenbeere
Ribes alpinum 'Schmidt'
↥ 100–150 cm ✿ 4–5 ◑–●

Wuchsform ungeschnitten: Kleiner Laubstrauch, buschig, straff aufrecht.
Blüte: Gelblich grün, aufrechte Traube.
Frucht: Männliche Form ohne Frucht.
Laub: Sommergrün, gelappt, bis 5 cm.
Herbstfärbung: Leuchtend gelb.
Hecke (Schnitthöhe): 50 bis 120 cm.
Verwendung: Vogelschutzgehölz, Bienenweide, toleriert Vollschatten, Dachgarten, Böschungsbefestiger.
Pflegetipp: Turnusmäßiger Auslichtungsschnitt lässt Pflanzungen sehr viel gepflegter erscheinen, verträgt radikale Verjüngung problemlos.

Immergrüne Nadelgehölze

Gemeine Eibe (◁ Foto)

Taxus baccata

↥ 500–700 cm ○–●

Wuchsform ungeschnitten: Mittelgroßer Nadelbaum, buschig, aufrecht.
Frucht: Rot, Same zerkaut giftig.
Nadeln: Schwarzgrün, bis 3 cm, giftig.
Hecke (Schnitthöhe): 100 bis 200 cm.
Verwendung: Hausgarten, heimisches Gehölz, Heidegarten, Vogelschutzgehölz, Vogelnährgehölz, Bienenweide, Formgehölz, für Grabstellen, toleriert Vollschatten, Bauerngarten, auch für Kübel bestens geeignet. Äußerst vielseitiges Nadelgehölz.
Pflegetipp: Verträgt radikalen Rückschnitt bis in alte Stammbereiche.

Brabant-Lebensbaum

Thuja occidentalis 'Brabant'

↥ 500–700 cm ○–●

Wuchsform ungeschnitten: Mittelhoher Nadelbaum, schmal kegelförmig.
Nadeln: Schuppenförmig, giftig.
Winterlaub: Grün, nicht verfärbend.
Hecke (Schnitthöhe): 60 bis 250 cm.
Verwendung: Hausgarten, Vogelschutzgehölz, toleriert Vollschatten, in Teichnähe, frosthartes Kübelgehölz. Bei einem ungeschnittenen, hoch gewachsenen Einzelexemplar fällt zusätzlich die rötlichbraune Rinde angenehm und zierend ins Auge.
Pflegetipp: Sehr schnittverträglich, verträgt selbst radikale Eingriffe.

Smaragd-Lebensbaum (◁ Foto)

Thuja occidentalis 'Smaragd'

↥ 150–200 cm ○–●

Wuchsform ungeschnitten: Langsam wachsender Nadelstrauch, streng aufrecht, säulenförmig, absolut dicht.
Nadeln: Schuppenförmig, herrlich dunkelgrün, dicht angeordnet, giftig.
Hecke (Schnitthöhe): 60 bis 250 cm.
Verwendung: Hausgarten, Heidegarten, Steingarten, toleriert Vollschatten, in Teichnähe, frosthartes Kübelgehölz. Schönster Lebensbaum für frisch grüne Edelhecken und Einzelstellung. Auch im Winter glänzend sattgrün.
Pflegetipp: Sehr schnittverträglich, bleibt aber auch ohne Schnitt in Form.

Gehölze für lockere Hecken

Immergrüne Kissen-Berberitze

Berberis candidula

↥ 60–100 cm ❁ V ○–●

Wuchsform: Zwerg-Laubstrauch, polsterförmig, halbkugelig wachsend.
Blüte: Goldgelb, zahlreich, auffallend.
Trieb: Bedornt, Dorne bis 2 cm lang.
Laub: Immergrün, elliptisch, bis 3 cm.
Winterlaub: Teils leuchtend gelbrot.
Hecke: Locker, bis 70 cm Höhe.
Verwendung: Hausgarten, Heidegarten, Steingarten, Bienenweide, für Grabstellen, Dachgarten. Wind und Trockenheit erduldendes Grünpolster.
Pflegetipp: Enorm schnittverträglich, selbst kräftigen Verjüngungsschnitt sehr gut vertragend.

Maiblumenstrauch (◁ Foto)

Deutzia gracilis

↥ 40–60 cm ❁ 5–6 ○–◑

Wuchsform: Zwerg-Laubstrauch, breit buschig, sehr dicht, aufrecht.
Blüte: Weiß, Rispe, reich blühend.
Laub: Sommergrün, oval, bis 6 cm.
Hecke: Locker, bis 50 cm Höhe.
Verwendung: Hausgarten, Bienenweide, Blütentriebe für Schnitt und Treiberei, Dachgarten, Minigärten. Der liebliche und wuchszahme Zwergstrauch passt vortrefflich zu Stauden (Phlox, Trollius), Gräsern und Rosen.
Pflegetipp: Kräftiger Rückschnitt direkt nach der Blüte fördert nächstjährige Blütenfülle und -größe.

Braut-Spiere

Spiraea arguta

↥ 150–200 cm ❁ 4–5 ○–◑

Wuchsform: Laubstrauch, buschig.
Blüte: Weiß, in vielen Doldentrauben.
Duft: Streng, wenig aromatisch.
Laub: Sommergrün, bis 4 cm lang.
Herbstfärbung: Leuchtend gelb.
Hecke: Locker, bis 130 cm Höhe.
Verwendung: Vogelschutzgehölz, Bienenweide, Bauerngarten. Die weißen Blüten passen kontrastreich zu rot blühenden Blut-Johannisbeeren.
Pflegetipp: In mehrjährigem Turnus alte Triebe nach der Blüte an der Basis entfernen, jedoch auch radikaler Verjüngungsschnitt möglich.

Weiße Rispen-Spiere

Spiraea cinerea 'Grefsheim'

↕ 100–150 cm ❁4 ○–◑

Wuchsform: Laubstrauch, buschig.
Blüte: Weiß, in vielen Doldentrauben.
Laub: Sommergrün, bis 4 cm lang.
Herbstfärbung: Leuchtend gelb.
Hecke: Locker, bis 100 cm Höhe.
Verwendung: Hausgarten, Vogelschutzgehölz, Bienenweide, Blütentriebe für Schnitt, Bauerngarten, frostthartes Kübelgehölz.
Pflegetipp: Entweder mehrjährige Triebe an der Basis entfernen oder – um die nächstjährige Blütenfülle zu fördern – Triebe nach der Blüte zurückschneiden.

Kissen-Spiere (▷ Foto)

Spiraea japonica-Sorten

↕ bis 80 cm ❁6–8 ○–◑

Wuchsform: Laubstrauch, buschig.
Blüte: Weiß, rosa, rot, Doldentraube.
Laub: Sommergrün, grün oder buntlaubig, lanzettlich, bis 7 cm lang.
Hecke: Locker, sortenweise bis 50 cm.
Verwendung: Bodendecker, Steingarten, Japangarten, Bienenweide, für Tröge, Minigärten. Beste Spiersträucher für kleinste Pflanzbereiche.
Pflegetipp: Rückschnitt im Frühjahr fördert Wuchsdichte und Blütenfülle.

Sorten: 'Alpina' (rosa, bis 20 cm), 'Anthony Waterer' (rot, bis 80 cm), 'Goldflame' (rosa, gelbes Laub, bis 60 cm), 'Little Princess' (rosa, bis 30 cm), 'Shirobana' (weiß und rosa gemischt, bis 60 cm)

Pracht-Spiere (▷ Foto)

Spiraea vanhouttei

↕ 150–200 cm ❁5–6 ○–◑

Wuchsform: Laubstrauch, breit buschig, bogig überhängend, dicht.
Blüte: Weiß, dichte Doldentraube.
Laub: Sommergrün, oval, bis 4 cm.
Herbstfärbung: Leuchtend gelb.
Hecke: Locker, bis 150 cm Höhe.
Verwendung: Hausgarten, Vogelschutzgehölz, Bienenweide. Der Frühlingsblüher gesellt sich gerne zu Deutzien, Weigelien oder Edel-Flieder.
Pflegetipp: In mehrjährigem Turnus alte Triebe an der Basis entfernen, jedoch auch radikaler Verjüngungsschnitt möglich.

Perlenbeere

Symphoricarpos doorenbosii-Sorten

↕ 60–100 cm ❁6–8 ○–●

Wuchsform: Laubstrauch, rundlich.
Blüte: Weißrosa, Traube, unscheinbar.
Frucht: Je nach Sorte weiß bis rosarot.
Laub: Sommergrün, eiförmig, bis 4 cm.
Hecke: Locker, bis 60 cm Höhe.
Verwendung: Bodendecker, Vogelschutzgehölz, Bienenweide, Fruchttriebe für Schnitt, toleriert Vollschatten, für Tröge. Auch in lichtarmen Bereichen mit überreichem Fruchtbehang.
Pflegetipp: Starker Schnitt im Frühjahr fördert die Fruchtfülle deutlich.

Sorten (Frucht): 'Amethyst' (lila), 'Magic Berry' (rosarot)

Hecken aus Weiden (▷ Foto)

Salix-Arten

↕ 150–200 cm ○–◑

Weiden sind absolut robuste Gehölze, die ohne chemischen Pflanzenschutz auskommen. Noch weitestgehend unbekannt ist ihre Fähigkeit, als lebendes Baumaterial für Hecken zu dienen. Hecken aus Weidenruten bilden einen preiswerten Rahmen für das Eigenheim oder Gartengrundstück. Wichtig ist die bedachte Auswahl eines passenden Standortes. Weiden sind Sonnenkinder. Optimal ist deshalb ein freier Standort in sonnenverwöhnter Lage.
Zunächst ernten Sie das Baumaterial, indem Sie etwa 2 cm dicke und 200 bis 300 cm lange Ruten schneiden. Der Schnitt sollte spätestens bis zum Austrieb der Kätzchen im März erfolgt sein. Mit dem Spaten heben Sie entlang einer Richtschnur einen Graben aus. Stellen Sie die Ruten in den Graben. Treten Sie die Erde mit dem Absatz leicht an. Die Ruten sollen sich im 45° Winkel kreuzen und werden mit dünneren Ruten, die Sie vertikal einschieben, verflochten. Anfangs müssen Sie die Weidenruten sehr stark, am besten täglich, gießen. Im Laufe des Sommers können Sie Ihre Hecke durch Schnitt in Form halten.

Rosen – traumhaft schön

Die Rose gilt als die älteste und zugleich traditionsreichste Kulturpflanze der Menschheit. Ihr Stammbaum reicht unstreitig viele Jahrtausende zurück, allererste Anfänge sind sogar vor Jahrmillionen und damit vor den Anfängen menschlicher Existenz anzusiedeln. Paläobotaniker – also Wissenschaftler, die sich mit der Flora längst vergangener Zeiten befassen – fanden in Tertiärüberresten einige Blätter, Stacheln und Zweigfragmente, die sie der Rose zuordnen.

Chinas Rosenkultur

Die Rosen damaliger Zeiten haben mit den modernen Gartenrosen heutiger Prägung jedoch wenig bis nichts mehr zu tun, denn die Geschichte der Rose als Gartenkulturpflanze begann erst wesentlich später. Wahrscheinlich pflanzten die Chinesen etwa 2700 Jahre v. Chr. erste Rosensträucher als Ziergehölze in ihren Gärten. Die Art *Rosa chinensis* und die daraus entstandene Gruppe der China-Rosen erinnern noch heute nicht nur wortgeschichtlich an die Wurzeln der Rosenkultur. China-Rosen haben nach ihrem Erscheinen in Europa Ende des 18. Jahrhunderts die europäische Rosenzüchtung revolutioniert. Mit den hochgezüchteten China-Rosen gelangten Öfterblütigkeit und niedriger Wuchs in die Züchtung.

Rosen für die Schönheit

Doch in den Jahrhunderten, bevor Rosen systematisch gezüchtet wurden, dominierten Auslesen und zufällig gefundene Abkömmlinge von Wildarten das rosige Angebot. Die leichte Vermehrbarkeit der Rosen ermöglichte eine teils recht umfangreiche Rosenkultur, die allerdings weniger der Zierde, sondern vielmehr der Herstellung von Rosenöl und -wasser diente. Auf Kreta befindet sich die älteste gesicherte Darstellung einer Rose. Der Palast von Knossos beherbergt das 3500 Jahre alte »Fresko mit dem blauen Vogel« und eben einer Rose. Im 7. Jahrhundert v. Chr bereits bezeichnete die Dichterin Sappho in einem Gedicht die Rose als »Königin der Blumen«.

Massenartikel Rose

Die Rose folgte dem Lauf der Geschichte von Griechenland nach Rom. Dort spielte sie erneut eine dominante Rolle, stand sie doch oft genug im Zentrum von Exzessen und Ausschweifungen der römischen Kaiser. Unglaubliche Mengen an Rosenblüten wurden gebraucht. Der von 37 bis 68 n. Chr. regierende Kaiser Nero, Herr der wildesten Gelage, scheute beispielsweise weder Kosten noch Mühe, seinen Festen mit unglaublichen Mengen an Rosenblüten eine besondere Note zu verleihen.

Es nimmt nicht Wunder, dass die Rose zu einem Massenartikel verkam. Ihrem ihr aus der römischen Epoche anhaftenden zweifelhaften Ruf als der Blume des Lasters verdankte es die Rose, dass ihr Anbau stark zurückging. Zu Zeiten Karls des Großen überdauerte die Rose viele Jahrhunderte als Heilpflanze vornehmlich in Klöstern, bis die Kreuzritter mit *Rosa damascena* aus Syrien frischen Rosenwind nach Europa brachten. »Syrien« bedeutet in etwa »Land der Rosen« und *Rosa damascena* trägt den Namen der syrischen Hauptstadt Damaskus. *Rosa damascena* eroberte mit ihrem Duft und dem wunderbaren, aus ihren Blütenblättern gepressten Öl Europa.

Thibaut IV. de Champagne, König von Navarra, brachte aus dem Heiligen Land zudem einen gefüllten Abkömmling von *Rosa gallica* mit. Aus ihr ging sehr wahrscheinlich *Rosa gallica* 'Officinalis', die Apothekerrose, hervor. In Provins bei Paris kultivierte man die halb gefüllte, karmesinrote Rose, die zur wichtigsten Heil- und Kosmetikrose ihrer Zeit wurde, ab dem 13. Jahrhundert in großem Ausmaß.

Die gezielte Rosenzüchtung beginnt

Mit der Präsenz von *Rosa damascena, Rosa chinensis* und zahlreichen heimischen Wildarten konnte die gezielte Rosenzüchtung im 18. Jahrhundert ihren Anfang nehmen. Im 19. Jahrhundert traten dann vor allem mit den Noisetterosen und der Bourbonrose die ersten Vorläufer unserer heutigen Edelrosen in Erscheinung. Im 20. Jahrhundert wurde mit *Rosa foetida*-Abkömmlingen gekreuzt, Weltrosen wie 'Gloria Dei' erblickten das Licht der Rosenwelt. Durch die Einkreuzung von asiatischen Arten wie beispielsweise *Rosa multiflora* oder *Rosa wi-*

'Mary Rose' ist ein Züchtungserfolg von David Austin mit herrlichen Duftblüten und praller Füllung.

churiana entstanden – in Verbindung mit den neuen Edelrosen – letztendlich unsere modernen, vielblütigen Beetrosen.

Ein wenig Botanik

Die Rose zählt zu den strauchartigen Gehölzen. Das bedeutet, dass ihre Triebe verholzen und die Winterperiode in unseren Breiten blattlos überdauern. Zusammen mit vielen anderen Gehölzen, aber auch einigen Stauden wie Frauenmantel und Nelkenwurz bildet die Rose die Familie der **Rosengewächse** – eine Großfamilie mit mehr als 2000 »Verwandten«. Darunter finden sich alle wichtigen Obstgehölze wie Apfel, Birne, Kirsche, Pflaume, Pfirsich, Erdbeere, Himbeere und Brombeere, aber auch landschaftsprägende Wildgehölze wie Schlehe, Vogel- und Trauben-Kirsche, Weiß-Dorn oder Ziergehölze wie Scheinquitte, Spierstrauch, Zwergmispel, Feuerdorn und Fingerstrauch – sie alle gehören zur Familie der Rosaceae.

Die Blüte

Die einfache Blüte der Wildrosen besitzt fünf Blütenblätter (Petalen) und fünf Kelchblätter (Sepalen). Die Stacheldraht-Rose, *Rosa sericea f. pteracantha,* hat nur je vier Blüten- und Kelchblätter. Die Blüten aller Rosenarten sind zwittrig, das heißt, die männlichen Blütenorgane (Staubblätter) und das weibliche Pendant, der Stempel, befinden sich zusammen in einer Blüte.

Durch natürliche Befruchtung oder/und menschliche Züchtungsarbeit können die Staubblätter nach und nach über Generationen hinweg in Blütenblätter umgewandelt werden. So erklären sich die unterschiedlichen Blütenfüllungen, die vom einfachen bis zum stark gefüllten Blütenaufbau alle Nuancen abdecken.

Dank der intensiven Rosenzüchtung der letzten zweihundert Jahre existieren heute Rosenblüten in den Hauptfarben Rot, Rosa, Gelb und Weiß, zwischen denen sich unzählige Schattierungen finden. Einzig ein reines Blau fehlt. Während kühler Witterungsperioden werden Rosenfarben intensiver. Heiße Witterung lässt Farben verblassen. Auch während des zeitlichen Ablaufs der Blüte kann sich die Farbe einer Rose verändern.

Die Frucht

Hagebutten sind Schein- bzw. Sammelfrüchte, die aus den Blüten der Rosen

Die Stacheln der Rosen treten sehr vielgestaltig auf. Bei der wehrhaften Stacheldraht-Rose üben sie einen besonderen ästhetischen Reiz aus.

entstehen. In den Hagebutten reifen die eigentlichen Samen der Rose, die Nüsschen, heran. Bei den meisten gefüllten Sorten sind die Staubblätter zu Blütenblättern umgewandelt. Sie bilden keine Hagebutten aus. Hagebutten können gelb, orange, rot, aber auch grünlich oder braun bis schwarz gefärbt sein. Die Formen variieren von kugelig bis flaschenförmig.

Zahlreiche Flächen-, Strauch- und Wildrosen sind ergiebige Hagebuttenspender. Zwerg-, Beet-, Edel- und Kletterrosen können – sortenunterschiedlich – ebenfalls fruchten, wobei viele gefüllte Sorten dieser Rosenklassen allerdings, botanisch ausgedrückt, selbststeril, sind. Sie bilden also keine Hagebutten aus.

Das Blatt

Das Blatt der Rose ist unpaarig gefiedert, es besteht aus mehreren zusammengesetzten Teilen in ungerader Anzahl: Die Fiederblätter können drei, fünf, sieben oder mehr Blättchen zählen. Botanisch werden sie als eine Einheit und nicht als Einzelblätter betrachtet. Je mehr Wildrosengene eine Rose in sich trägt, desto mehrzähliger und kleinblättriger sind ihre Fiederblätter. Edelrosen beispielsweise besitzen im Gegensatz zu ihren wilden Ahnen deutlich größere Fiederblätter in geringerer Anzahl. Das Laub der Rosen zeigt sich in vielen Grünabstufungen. Der Austrieb ist häufig rötlich, verfärbt sich dann aber rasch grün. Die Hecht-Rose, *Rosa glauca,* besitzt bläulich rotes Laub.

Einfach bis halb gefüllt blühende Rosensorten setzen in der Regel sicher Hagebutten an und gelten deshalb auch als Vitaminrosen.

Die Stacheln

Rosen haben Stacheln und keine Dornen. Botanisch betrachtet sind Stacheln aus Oberhautzellen der Triebe, Blattnerven oder Kelchblättern hervorgegangene Auswüchse von spitzer Form. Stacheln lassen sich immer leicht vom Trieb lösen. Ihre Form variiert sehr stark. Sie kann borstig, flächig-stachlig, gekrümmt hakig oder auch krallig sein.

Die Wurzel

Sie bilden das Fundament der Pflanze. Gartenrosen sind in der Regel auf Wildlingsunterlagen, meist *Rosa laxa,* veredelt. Diese bilden im Gegensatz zu den Wildrosen tief hinabgehende Wurzeln aus, quasi unterirdische Verlängerungen der oberirdischen Triebe.

Kein Buch mit sieben Siegeln: die Rosengruppen

Für viele Gartenfreunde stellt sich das gigantische Sortenangebot im Bereich Gartenrosen unübersichtlich dar.
Kein anderes Gehölz weist ähnlich vielfältige Wuchsformen und so unterschiedliche Eigenschaften auf wie die Rose. Die Rosengruppen geben deshalb einen ersten Hinweis darauf, welche Gestaltungsaufgaben mit welcher Sorte oder Art am ehesten lösbar sind.

Die Nostalgierosen

Unter dem Begriff Nostalgierosen werden Alte, Romantische und Englische Rosen zusammengefasst. Eigentlich handelt es sich bei Nostalgierosen um keine eigenständige Rosenklasse, denn viele unterschiedliche Wuchstypen, insbesondere zahlreiche Sorten mit Strauchrosenwuchs und praller Blütenpracht, sind vertreten. Mit der Rückbesinnung auf die »gute, alte Zeit« und der Suche nach dem Flair von Großmutters Garten begann der Triumphzug dieser Rosenklasse. Ihr Charisma, das unzählige Gartenfreunde betört, geht von den rosetten- und ballonartig geformten, enorm stark gefüllten Blütenbällen aus. Im Gegensatz zu vielen modernen Edelrosen, die eine betont spitze Blüten ausbilden und in den ersten Tagen der Blütenentfaltung am meisten faszinieren, werden die Nostalgierosen mit jedem Tag, an dem die Blüte sich weiter öffnet, schöner. Dazu gesellen sich weiche, warme Blütenfarben und sehr oft ein intensiver Duft. Nostalgierosen sind Rosen für die Sinne. Bereits wenige Blüten dieser Rosen genügen, um sich in Großmutters Garten zurückversetzt zu fühlen.

Alte Rosen

Der Begriff Alte Rosen fasst Rosensorten zusammen, deren Ursprünge vor das Jahr 1867 zurückreichen: Eine Rose ist eine Alte Rose, wenn es sie bereits vor 1867 gab. In jenem Jahr wurde die Sorte 'La

Überblick über wichtige Rosengruppen

Alte Rosen: Zeitliche Zuordnung älterer Sorten, starke Blütenfülle, häufig Duft, meist Strauchrosen zwischen 100 und 200 cm Höhe (Seite 200).
Englische Rosen: Neue Rosengruppe des Briten David Austin, starke Blütenfülle, häufig Duft, meist Strauchrosen zwischen 100 und 200 cm Höhe (Seite 202).
Romantische Nostalgie-Rosen: Moderne Sorten bekannter Rosenzüchter, starke Blütenfülle, häufig Duft, meist Edel- oder Strauchrosen zwischen 80 und 200 cm Höhe (Seite 202).
Kletterrosen: Meist öfterblühende Rosen, bis 300 cm Höhe erreichend (Seite 205).
Rambler: Meist einmalblühende Rosen, extrem stark wachsend, über 500 cm Höhe erreichend (Seite 206).
Strauchrosen: Öfterblühende Ziersträucher mit aufrechtem Wuchs und guter Widerstandskraft, teils überhängende Triebe, oft Pollen und Hagebutten, Höhe zwischen 150 und 250 cm (Seite 206).
Wildrosen: Einmalblühende Sträucher mit einfacher Blüte, viele einheimische Arten, Pollen, Hagebutten, Höhe zwischen 100 und 300 cm (Seite 208).
Flächenrosen: Genügsame, sehr robuste Flächenbegrüner mit aufrechtem bis überhängendem, teils flachem Wuchs, oft Pollen und Hagebutten, Höhe zwischen 50 und 130 cm (Seite 210).
Rugosa-Rosen: Salztolerante, aber kalksensible Flächenrosen mit Duft, robustem Laub, guter Frosthärte, Pollen, Hagebutten, Höhe zwischen 50 und 120 cm (Seite 212).
Beetrosen: Kniehohe, öfterblühende Rosensträucher mit verzweigten Trieben und zahlreichen Blütenbüscheln, Höhe zwischen 50 und 90 cm. Blütenformreichste Rosenklasse (Seite 212).
Zwergrosen: Wadenhohe, öfterblühende Rosensträucher mit verzweigten Trieben und zahlreichen Blütenbüscheln, Höhe zwischen 30 und 50 cm (Seite 214).
Edelrosen: Lange Blütenstiele mit einer eleganten, gefüllten, teils duftenden Rosenblüte, öfterblühend, viele Sorten wenig widerstandsfähig, Höhe 60 bis 120 cm (Seite 215).
Stammrosen: Keine eigenständige Rosengruppe, Sorten aller Rosenklassen werden auf 40 cm (**Fußstämme**), 60 cm (**Halbstämme**), 90 cm (**Hochstämme**) und 140 cm (**Kaskadenstämme**) Höhe veredelt (Seite 216).

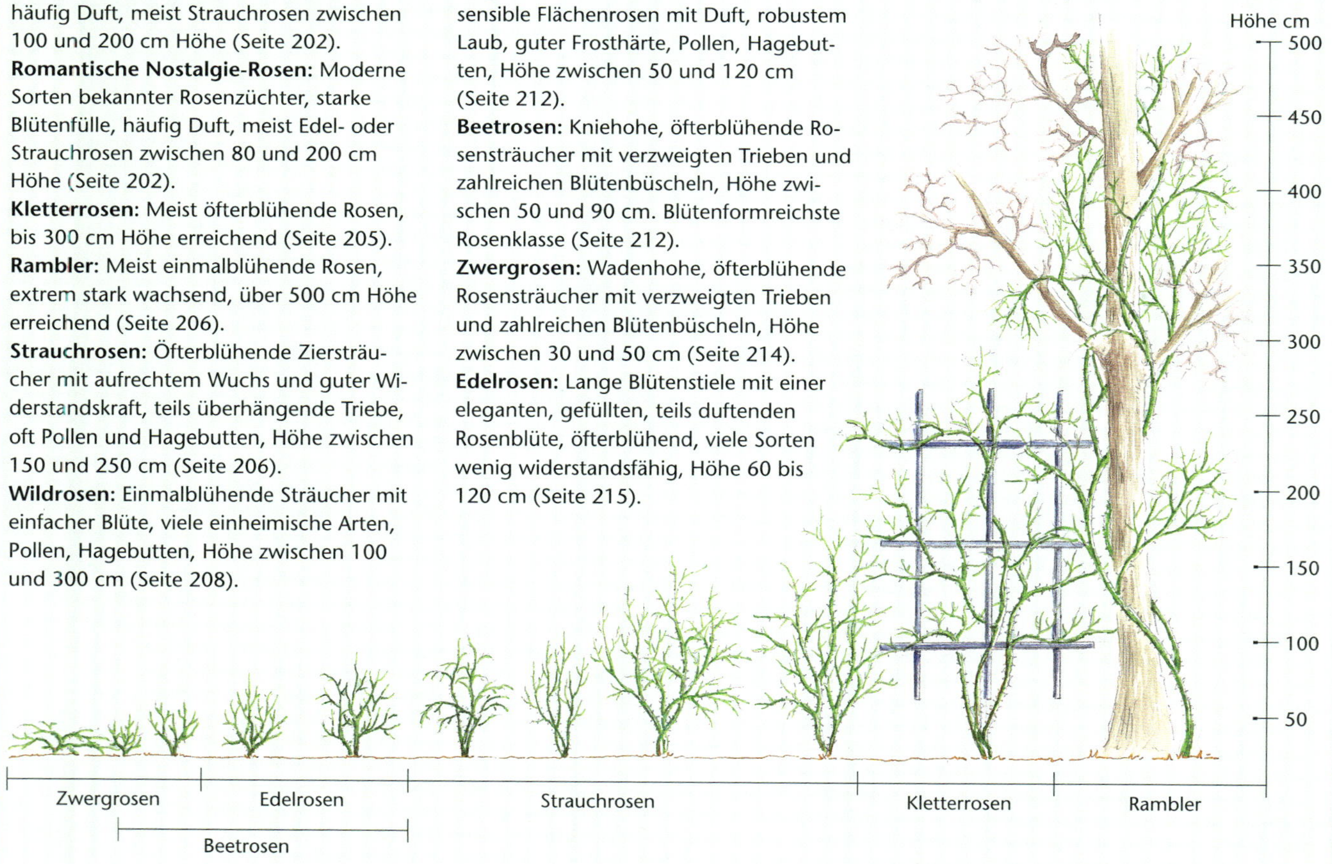

Alte Rosen

Sorte (Züchter)	Blütenfarbe, Blütenfüllung, Blührhythmik	Rosengruppe Wuchshöhe Wuchsform Pflanzenbedarf pro m²	Verwendung
'Ghislaine de Feligonde' (Lambert 1916)	lachsrosa bis gelb, gefüllt, öfterblühend, spät blühend, Duft	Strauchrose 150 bis 200 cm überhängend 1–2/m²	Einzeln oder gruppenweise, kaum bestachelt, für lockere Hecken, auch für Kübel, Blüten regenfest, toleriert Halbschatten, robuste Sorte für Schrebergärten, für Grabstellen, über Mauerkronen überhängend, Stammrose 90 cm
'Gloire de Dijon' (Jacotot 1853)	orange-aprikot, stark gefüllt, öfterblühend, Duft	Noisette-Rose, Kletterrose 200 bis 300 cm überhängend 1–2/m²	Einzeln oder gruppenweise, Schnittrose, Blüten für Rosenrezepte geeignet, toleriert Halbschatten
'Gruß an Aachen' (Geduldig 1909)	creme, stark gefüllt, öfterblühend, starke Hauptblüte	Beetrose 40 bis 60 cm buschig 5–6/m²	Einzeln oder gruppenweise, auch für Kübel, Blüten für Rosenrezepte geeignet, Schnittrose
'Jacques Cartier' (Moreau-Robert 1868)	rosa, stark gefüllt, nachblühend	Portland-Rose, Strauchrose 100 bis 150 cm überhängend, 1–2/m²	Einzeln oder gruppenweise, auch für Kübel, Schnittrose
'Louise Odier' (Margottin 1851)	rosa, stark gefüllt, öfterblühend, starke Hauptblüte, Duft	Bourbon-Rose, Strauchrose 150 bis 200 cm überhängend, 2–3/m²	Einzeln oder gruppenweise, auch für Kübel und Tröge, für Grabstellen geeignet, Schnittrose, toleriert Halbschatten, Blüten für Rosenrezepte geeignet
'Maiden's Blush' (unbekannt, vor 1500)	rosa, stark gefüllt, einmalblühend	Alba-Rose, Strauchrose 100 bis 150 cm überhängend, 2–3/m²	Einzeln oder gruppenweise, für Hecken, Blüten für Rosenrezepte geeignet, sehr frosthart
Rosa centifolia 'Muscosa' (Holland 1796)	rosa, stark gefüllt, einmalblühend, Duft	Moosrose, Strauchrose 80 bis 100 cm überhängend, 1–2/m²	Einzeln oder gruppenweise, auch für Kübel, Blüten für Rosenrezepte geeignet, Schnittrose
Rosa gallica 'Officinalis' (vor 1310 in Kultur)	karmesinrot, halbgefüllt, einmalblühend, Duft	Strauchrose 100 bis 150 cm überhängend, 1–2/m²	Einzeln oder gruppenweise, für lockere Hecken, auch für Kübel, setzt Hagebutten an, Pollenquelle, toleriert Halbschatten
Rosa gallica 'Versicolor' (in Kultur vor 1581)	weißrosa mit karminroten Streifen, halbgefüllt, einmalblühend, Duft	Strauchrose 100 bis 150 cm überhängend 1–2/m²	Einzeln oder gruppenweise, toleriert Halbschatten
'Rose de Resht' (Persien)	rot, stark gefüllt, öfterblühend, starke Hauptblüte, Duft	Damaszener-Rose, Beetrose 80 bis 100 cm aufrecht 4–5/m²	Einzeln oder gruppenweise, für lockere Hecken, auch für Kübel und Tröge, Stammrose 60 cm
'Souvenir de la Malmaison' (Béluze 1843)	zartrosa, stark gefüllt, nachblühend, Duft	Bourbon-Rose, Strauchrose 80 bis 100 cm buschig, 4–5/m²	Einzeln oder gruppenweise, auch für Kübel und Tröge, Schnittrose
'Suaveolens' (Herkunft unbekannt, vor 1750 in Kultur)	weiß, gefüllt, einmalblühend, Duft	Strauchrose 200 bis 300 cm überhängend, 1–2/m²	Einzeln oder gruppenweise, setzt Hagebutten an
'Trigintipetala' (Bulgarien, eingeführt vor 1899)	rosa, halbgefüllt, einmalblühend, Duft	Strauchrose 150 bis 200 cm überhängend, 1–2/m²	Einzeln oder gruppenweise, Südlagen ertragend, toleriert Halbschatten

France' eingeführt, die als erste Teehybride gilt. Sie markiert die Wende zur modernen Edelrose mit hoher, eleganter Knospe – eine Blütenform, die mit den Rosettenblüten früherer Sorten überhaupt nichts mehr zu tun hatte. Wir wollen an dieser Stelle dieser zeitlichen Akribie aber nicht bis zur letzten Konsequenz folgen und fassen auch Rosen als »alt« auf, die erst Anfang des 20. Jahrhunderts das Licht der Rosenwelt erblickten.

Die gefüllte Blütenpracht Alter Rosen ist in der Floristik besonders begehrt. Selbst kurzstielige Duftblüten bezaubern im Bouquet.

Bourbon-Rosen

Die erste Bourbon-Rose und spätere Ausgangssorte dieser Gruppe entstand sehr wahrscheinlich aus Kreuzungen von Damaszener- mit chinesischen Rosen auf der Insel Ile de Bourbon (heute Réunion) im Indischen Ozean Anfang des 19. Jahrhunderts.

Damaszener-Rosen

Typisch für die Damaszener-Sorten sind das graugrüne, weiche Laub und der schwere, üppige Duft, den sie an viele nachfolgende Rosensorten weitergegeben haben.

In unseren Regionen bewährte Englische Rosen sind 'Abraham Darby' (links) und 'Graham Thomas' (rechts). In regenreichen Gebieten kann es sinnvoll sein, die gewaltige Blütenlast abzustützen.

Portland-Rosen

In engster Verwandtschaft zu den Damaszener-Rosen stehen die Portland-Rosen. Entstanden ist diese Gruppe wahrscheinlich aus einer Kreuzung der öfterblühenden Herbstdamaszener-Rose mit *Rosa gallica* 'Officinalis', der Apotheker-Rose.

Zentifolien und Moosrosen

Die Zentifolien gelten als Inbegriff der Alten Rosen schlechthin: üppige Blütenfülle und fantastischer Duft, der als »Zentifolienduft« ein fester Bestandteil zahlreicher Duftbeschreibungen moderner Sorten geworden ist. Man sollte allerdings wissen, dass die Zentifolien gut zwei Meter hoch werden, der Strauch fällt zudem leicht auseinander.

Noisette-Rosen

Diese öfterblühende Rosenklasse mit niedrigen und kletternden Sorten geht auf den Franzosen Louis Noisette zurück.

Alba-Rosen

Bereits Römer und Griechen waren von ihr fasziniert, sie ist die älteste Gartenrose überhaupt. Die später erzielten Formen und Sorten zeichnen eine sehr gute Winterhärte, robuster Wuchs und überragender Duft aus.

Alte Rosen wachsen meist strauchrosenartig, ihre Triebe hängen häufig nach vorne über. Sind die Blüten regennass, verstärkt sich dieser fließend ausladende Charakter durch die kopflastigen Triebenden. In regenreichen Klimazonen mit hohen Niederschlagswerten kann die mangelnde Statik vieler alter Sorten jedoch auch lästig werden. Für diese Standorte bieten sich die halbgefüllten Gallica-Abkömmlinge 'Officinalis' und 'Versicolor' als Alternative an – zwei rosige, kulturgeschichtlich spannende Methusaleme. Alte Rosen mit Strauchrosenwuchs brauchen im Garten einen gewissen Freiraum, nicht zuletzt, um problemlos an sie herantreten und sich an ihnen mit allen Sinnen erfreuen zu können.

Englische Rosen (New English Roses)

Die Englischen Rosen des Briten David Austin zählen heute zu den festen Größen im Rosenangebot von Baumschulen und Gartencentern. Der Begriff »Englische Rosen« bezieht sich nicht auf eine fest umrissene Klasse wie etwa Beet- oder Strauchrosen. Austin ordnet seinen Englischen Rosen sowohl Beet- als auch Strauch- und Kletterrosen unterschiedlichster Höhe zu. Nicht alle haben Duft, auch gibt es – wenn auch wenige – einfach blühende Sorten darunter. Die meisten der hier vorgestellten »New English Roses« sind jedoch stark gefüllte, duftende Strauchrosen.

David Austin und die Rosenromantik

Seit über 40 Jahren beschäftigt sich Austin, Jahrgang 1926, mit der spezialisierten Züchtung neuer Rosensorten, die das Flair und das verschwenderische Rosenparfüm von Großmutters Rosensorten mit der Öfterblütigkeit und Robustheit moderner Formen verbinden.
Verschiedene Englische Rosen behaupten sich durchaus auch in ausgesprochenen Regengebieten wie dem Bergischen Land oder der Voralpengegend. Die Blüten zeigen sich trotz ihrer enormen Fülle meist erstaunlich wasserfest. Probleme bereitet zuweilen jedoch die Pflanzenstatik: Die meisten Austin-Sorten wachsen strauchrosenartig überhängend. Bei starken Regenfällen zieht das Gewicht der voll gesogenen Blüten einiger Sorten die vergleichsweise dünnen Triebe stark nach unten. Ein stützendes Holzgerüst, das um den Strauch aufgestellt wird, kann in niederschlagsreichen Gebieten diesen Nachteil ausgleichen helfen.

Romantische Nostalgierosen

Neben David Austin haben sich natürlich auch andere europäische Rosenzüchter bei ihrer Arbeit an alten Rosenbildern orientiert. Sie bieten mittlerweile eine Fülle von neuen alten Rosen an, in zahlreichen Farbnuancen und Wuchsformen. In Rosenkatalogen werden sie unter Begriffen wie »Nostalgierosen«, »Märchenrosen« oder »Duftrosen der Provence« beworben.
Durch kompakte Beet- und Edelrosen im Romantik-Look eröffnen sich auch neue Möglichkeiten für beengtere Gartenstandorte. Mit 'Rosarium Uetersen'® steht sogar eine enorm vitale rosettenblütige Kletterrose zur Verfügung.

'Raubritter' ist ein romantischer Nostalgieklassiker aus dem Hause Kordes. Wählen Sie für diese Sorte einen windumspielten Standort.

Englische Rosen

Sorte (Züchter)	Blütenfarbe, Blütenfüllung, Blührhythmik	Rosengruppe, Wuchshöhe Wuchsform Pflanzenbedarf pro m²	Verwendung
'Abraham Darby'® (Austin 1985)	aprikot, stark gefüllt, öfterblühend, starke Hauptblüte, Duft	Strauchrose, 150 bis 200 cm, überhängend, 1–2/m²	Einzeln oder gruppenweise, auch für Kübel, Blüten für Rosenrezepte geeignet, Schnittrose
'Charles Austin'® (Austin 1963)	aprikot, stark gefüllt, öfterblühend, starke Hauptblüte, Duft	Strauchrose, 100 bis 150 cm, aufrecht, 2–3/m²	Einzeln oder gruppenweise, auch für Kübel, Blüten für Rosenrezepte geeignet, Schnittrose
'Constance Spry' (Austin 1960)	rosa, stark gefüllt, einmalblühend, Duft	Strauchrose, 150 bis 200 cm, überhängend, 1–2/m²	Einzeln oder gruppenweise, stark bestachelt, für lockere Hecken, Schnittrose, Südlagen ertragend
'Graham Thomas'® (Austin 1983)	gelb, stark gefüllt, öfterblühend, starke Hauptblüte, Duft	Strauchrose, 100 bis 150 cm, überhängend, 1–2/m²	Einzeln oder gruppenweise, auch für Kübel, Schnittrose, Südlagen ertragend, toleriert Halbschatten
'Heritage'® (Austin 1984)	rosa, stark gefüllt, öfterblühend, früh blühend, Duft	Strauchrose, 100 bis 150 cm, überhängend, 2–3/m²	Einzeln oder gruppenweise, auch für Kübel, Blüten für Rosenrezepte geeignet, Schnittrose
'Mary Rose'® (Austin 1982)	rosa, stark gefüllt, öfterblühend, früh blühend	100 bis 150 cm buschig, 2–3/m²	Einzeln oder gruppenweise, auch für Kübel, Schnittrose, Blüten regenfest, Südlagen ertragend
'Othello'® (Austin 1986)	rot, stark gefüllt, öfterblühend, spät blühend, Duft	Strauchrose, 100 bis 150 cm, aufrecht, 1–2/m²	Einzeln oder gruppenweise, auch für Kübel, Blüten für Rosenrezepte geeignet, Schnittrose
'Wife of Bath' (Austin 1969)	rosa, stark gefüllt, öfterblühend, starke Hauptblüte, Duft	Strauchrose, 80 bis 100 cm, überhängend, 1–2/m²	Einzeln oder gruppenweise, für lockere Hecken, auch für Kübel, Schnittrose

Romantische Nostalgierosen

Sorte (Züchter)	Blütenfarbe, Blütenfüllung, Blührhythmik	Rosengruppe, Wuchshöhe Wuchsform Pflanzenbedarf pro m²	Verwendung
'Ballade'® (Tantau 1991)	rosa, gefüllt, öfterblühend, starke Hauptblüte	Beetrose, 60 bis 80 cm, aufrecht, 5–6/m²	Einzeln oder gruppenweise, auch für Kübel, Südlagen ertragend, Stammrose 90 cm
'Bernstein Rose'® (Tantau 1987)	bernstein, stark gefüllt, öfterblühend, früh blühend	Beetrose, 60 bis 80 cm, buschig, 5–6/m²	Einzeln oder gruppenweise, auch für Kübel, Stammrose 90 cm
'Colette'® (Meilland 1993)	aprikot, stark gefüllt, öfterblühend, starke Hauptblüte, Duft	Strauchrose, 150 bis 200 cm, überhängend, 2–3/m²	Einzeln oder gruppenweise, auch für Kübel, Blüten regenfest, Südlagen ertragend
'Eden Rose'® 85 (Meilland 1985)	zartrosa, stark gefüllt, öfterblühend, spät blühend	Strauchrose, 150 bis 200 cm, aufrecht, 1–2/m²	Einzeln oder gruppenweise, auch für Kübel, Schnittrose, Südlagen ertragend, Stammrose 90 cm
'Leonardo da Vinci'® (Meilland 1993)	rosa, stark gefüllt, öfterblühend, starke Hauptblüte	Beetrose, 60 bis 80 cm buschig, 5–6/m²	Einzeln oder gruppenweise, auch für Kübel und Tröge, Schnittrose, Südlagen ertragend, Stammrose 60 cm, 90 cm
'Michelangelo'® (Meilland 1997)	gelb, stark gefüllt, öfterblühend, starke Hauptblüte, Duft	Edelrose, 40 bis 60 cm, aufrecht, 5–6/m²	Einzeln oder gruppenweise, auch für Kübel, Blüten für Rosenrezepte geeignet, Schnittrose
'Nostalgie'® (Tantau 1995)	weiß/rot, gefüllt, öfterblühend, starke Hauptblüte, Duft	Edelrose, 80 bis 100 cm, aufrecht, 6–7/m²	Einzeln oder gruppenweise, auch für Kübel, Blüten für Rosenrezepte geeignet, Schnittrose, Stammrose 90 cm
'Old Port'® (McGredy 1994)	dunkelviolett, stark gefüllt, öfterblühend, starke Hauptblüte, Duft	Edelrose, 40 bis 60 cm, aufrecht, 4–5/m²	Einzeln oder gruppenweise, auch für Kübel, Blüten für Rosenrezepte geeignet, Schnittrose
'Polka'® 91 (Meilland 1991)	aprikot, stark gefüllt, öfterblühend, kontinuierlich, Duft	Strauchrose, 100 bis 150 cm, überhängend, 1–2/m²	Einzeln oder gruppenweise, für lockere Hecken, auch für Kübel, Schnittrose, Blüten regenfest, Südlagen ertragend
'Raubritter' (Kordes 1936)	rosa, stark gefüllt, einmalblühend	Strauchrose, 200 bis 300 cm, überhängend, 1–2/m²	Einzeln oder gruppenweise, auch für Kübel, Schnittrose, Stammrose 90 cm, 140 cm
'Rosarium Uetersen'® (Kordes 1977)	rosa, stark gefüllt, öfterblühend, kräftige Hauptblüte	Kletterrose, 200 bis 300 cm, überhängend, 2–3/m²	Sehr frosthart, Schnittrose, Blüten regenfest, Südlagen ertragend, toleriert Halbschatten, Stammrose 90 cm, 140 cm
'Sebastian Kneipp'® (Kordes 1997)	cremeweiß, stark gefüllt, öfterblühend, starke Hauptblüte, Duft	Edelrose, 80 bis 100 cm, aufrecht, 5–6/m²	Einzeln oder gruppenweise, auch für Kübel, Blüten für Rosenrezepte geeignet, Schnittrose, Südlagen ertragend

Gehen in die Höhe: Kletterrosen und Rambler

Die Bezeichnung »Kletterrosen« wird als Überbegriff für Rosen benutzt, die Strauchrosen ähneln, aber im Unterschied zu diesen längere Triebe ausbilden. Kletterrosen können nicht selbstständig klettern, sie benötigen eine Hilfe für den Aufstieg an Wänden und Pergolen. Botanisch gesehen zählen diese Rankrosen zu den so genannten Spreizklimmern, das heißt, sie sind mit ihren Stacheln immer auf der Suche nach einem Halt. Ist die Suche erfolgreich, haken sie sich mit ihnen fest.

Wenig Schnitt, zuverlässige Blüte

Kletterrosen sind in der Lage, ganze Hauswände unter einem rosigen Mantel zu verstecken – wenn man sie blütenfördernd führt. Denn die Wuchsrichtung der Triebe entscheidet über die Blühwilligkeit der Kletterrose. Ohne Führung wachsen die Triebe steil nach oben – dem Licht entgegen. Sie bilden nur wenig Blütenknospen tragende Seitentriebe aus. Je waagerechter hingegen ein Trieb geführt wird, desto mehr blütenreiche Seitentriebe setzt er an. Binden Sie deshalb die langen Tentakeln Ihrer Rose gleich von Anfang an immer wieder in die Waagerechte. Dadurch provozieren Sie einen Saftstau in den Trieben, die sich in der Folge besser verzweigen und damit gleichmäßiger verteilen lassen. Ein zu häufiger Schnitt der Kletterrosen regt letztendlich nur eine übermäßige Haupttriebproduktion ohne Blütenknospen an. Deshalb werden Kletterrosen in der Regel nur ausgelichtet. Um die Blühwilligkeit von Kletterrosen an Hauswänden bereits auf Augenhöhe des Betrachters zu fördern, empfiehlt es sich auch, die Stöcke nicht zwischen, sondern unter die Fenster zu pflanzen.

Auch für kleinste Gärten: genügsame Kletterer

Rosen sind Sonnenanbeter, exponierte Südseiten mit enormen Einstrahlungswerten bekommen Kletterrosen aber trotzdem häufig nicht. Der Grund: Von Haus- und Mauerwänden reflektierte Sonnenstrahlen treffen auf die empfindliche Blattunterseite, außerdem speichert der Stein zusätzlich Wärme. Die Folge ist unter anderem eine hohe Lufttrockenheit, die Rosenzikaden, Spinnmilben und Mehltau geradezu einlädt. Überstehende Vordächer verschärfen dieses Steppenklima noch. Ideal für Kletterrosen sind deshalb windumspielte Wände und Mauern in Südost- bzw. Südwestlage.

Das Spaliergerüst als Kletterhilfe

Die Kletterkonstruktionen, an die die Triebe gebunden werden, müssen sehr stabil sein, weil Regen und Schnee das Gewicht von Kletterrosen um ein Vielfaches erhöhen können. Bewährt haben sich Spaliere aus Holz oder kunststoffummanteltem Draht. Ein Mindestabstand von 8 cm zwischen Wand und Gerüst sorgt für eine ausreichende Belüftung, die wiederum Mehltau- und Spinnmilbenbefall vorbeugt.

Immer schön: ein Rosenbogen

Ein besonderer Gestaltungseffekt im Garten sind Rosenbögen. Für kleinere Bögen eignen sich eher schwächer wachsende, öfterblühende Sorten, für große Bögen kommen auch Rambler in die engere Auswahl. Unabhängig von der Sortenwahl sollte man bei der Gestaltung von Bögen mit Rosen nicht ihre Stacheln vergessen. Der Abstand zwischen den Pfosten ist deshalb so weit zu wählen, dass beim Durchschreiten keine Verletzungsgefahr besteht. Das Gleiche gilt natürlich auch für Pergolen und andere Rankgestelle. Ist nicht genug Platz vorhanden, bieten sich fast stachellose Sorten wie 'Maria Lisa' an. Rosenbögen sind ein künstlicher Gestaltungsrahmen, der in den ersten Jahren vom Gartenfreund Bindearbeit und Triebführung verlangt. Auch stellt sich der gewünschte Effekt nicht sofort ein, die notwendige Geduld wird aber ab dem dritten Standjahr durch üppige Rosenpracht belohnt.

'Dortmund' als erprobte, sehr robuste Kletterrose ist mit dem ADR-Prädikat ausgezeichnet. Ihre einfachen Blüten erinnern an Wildrosen.

Kletterrosen

Sorte (Züchter)	Blütenfarbe, Blütenfüllung, Blührhythmik	Wuchshöhe Wuchsform Pflanzenbedarf pro m²	Verwendung
'Dortmund'® (Kordes 1955), ADR-Rose	rot mit weißem Auge, einfach, öfterblühend, starke Hauptblüte	200 bis 300 cm überhängend 2–3/m²	Einzeln, sehr frosthart, Pollenquelle, setzt Hagebutten an, Blüten regenfest, Südlagen ertragend, toleriert Halbschatten, robuste Sorte für Schrebergärten
'Golden Showers'® (Lammerts 1956)	gelb, gefüllt, öfterblühend, starke Hauptblüte	200 bis 300 cm überhängend bis aufrecht 2–3/m²	Einzeln, auch für Kübel, toleriert Halbschatten, über Mauerkronen überhängend, Stammrose 140 cm
'Harlekin'® (Kordes 1986)	weiß mit rotem Rand, stark gefüllt, öfterblühend, starke Hauptblüte, Duft	200 bis 300 cm überhängend 2–3/m²	Einzeln, auch für Kübel, Blüten für Rosenrezepte geeignet, Südlagen ertragend
'Ilse Krohn Superior'® (Kordes 1964)	weiß, gefüllt, öfterblühend, starke Hauptblüte, Duft	200 bis 300 cm überhängend 2–3/m²	Einzeln, auch für Kübel, Blüten für Rosenrezepte geeignet, Herbstfärbung, Stammrose 140 cm
'Lawinia'® (Tantau 1980)	rosa, stark gefüllt, kontinuierlich, Duft	200 bis 300 cm überhängend 2–3/m²	Einzeln, auch für Kübel, Blüten regenfest, Südlagen ertragend, toleriert Halbschatten, Blüten für Rosenrezepte geeignet, Stammrose 140 cm
'Maria Lisa' (Liebau 1936)	rosa, einfach, einmalblühend	200 bis 300 cm überhängend 2–3/m²	Einzeln, kaum bestachelt, Südlagen ertragend
'Morning Jewel'® (Cocker 1968) ADR-Rose	rosa, halbgefüllt, öfterblühend, starke Hauptblüte, Duft	200 bis 300 cm überhängend 2–3/m²	Einzeln, Pollenquelle, robuste Sorte für Schrebergärten, Stammrose 140 cm
'New Dawn' (Somerset 1930)	perlmutt, gefüllt, öfterblühend, starke Hauptblüte, Duft	200 bis 300 cm überhängend 2–3/m²	Einzeln, sehr frosthart, auch für Kübel und Tröge, setzt Hagebutten an, Schnittrose, Blüten regenfest, Südlagen ertragend, toleriert Halbschatten, robuste Sorte für Schrebergärten, über Mauerkronen überhängend, Stammrose 140 cm
'Ramira'® (Kordes 1988)	rosa, gefüllt, öfterblühend, starke Hauptblüte	200 bis 300 cm überhängend 2–3/m²	Einzeln, auch für Kübel, Blüten regenfest, Südlagen ertragend, toleriert Halbschatten, Stammrose 140 cm
'Salita'® (Kordes 1987)	orange, gefüllt, öfterblühend, kräftige Hauptblüte	200 bis 300 cm überhängend 2–3/m²	Einzeln, auch für Kübel, Blüten regenfest, Südlagen ertragend
'Santana'® (Tantau 1984)	rot, gefüllt, öfterblühend, kräftige Hauptblüte	200 bis 300 cm überhängend 2–3/m²	Einzeln, auch für Kübel, Blüten regenfest, Südlagen ertragend, robuste Sorte für Schrebergärten, über Mauerkronen überhängend, Stammrose 140 cm

'Golden Showers' – nach wie vor eine der interessantesten gelben Kletterrosen für den Hausgarten.

Kletterrosen (Climber)

Unter diesem Begriff ordnen wir die klassischen Kletterrosen ein. Öfterblühende Sorten weisen häufig eine schwächere Wuchskraft auf, werden selten – im Gegensatz zu den wild wachsenden, meist einmalblühenden lianenartigen Ramblern (siehe Seite 206) – über drei Meter hoch. Mit diesen Maßen passen sie auch noch in kleinste Gartenparadiese. Die Blütenformen variieren von einfach bis edelrosengleich. Wegen ihrer Vitalität gelten Kletterrosen als besonders robuste Rosengruppe.

Öfterblühende Kletterrosen eignen sich nicht nur zur Begrünung kleinerer Torbögen und niedriger Pergolen. Zu zweit oder zu dritt um eine hohe Rosenpyramide, eine dekorative Gittersäule oder einen alten Baumstumpf platziert, sind sie ein Blickfang erster Güte.

Eher selten werden Kletterrosen bisher in Form frei stehender Rosenwände als mannshoher Sicht- und Windschutz genutzt. Man führt die Triebe dabei beispielsweise an bereits existierenden, ausreichend stabilen Maschendrahtzäunen möglichst horizontal entlang – ähnlich wie Spalierobst.

➲ Weitere Kletterrosen finden sich in den Klassen Romantische Nostalgierosen Seite 202 (Rosarium Uetersen®) und Alte Rosen Seite 200 (Gloire de Dijon).

Rambler-Rosen

Die meist von Juni bis Juli blühenden Sorten wachsen extrem stark und erreichen spielend Höhen von über 500 cm Höhe. Mit ihren langen, weichen und relativ dünnen Trieben erklimmen sie größere Torbögen, Pergolen und Carports, wobei sie in entsprechend großen Teams auch leicht einen schattigen Laubengang begrünen können. Die Weichheit ihrer oft sehr wenig bestachelten Triebe strahlt sehr viel Anmut und Eleganz aus. Natürlich schmücken diese Dornröschenrosen auch hohe Wände und Mauern.
In England häufig, bei uns noch selten zu sehen sind Rambler, die an dicken, in Kopfhöhe locker zwischen Pfosten gespannten Tauen wie Rosengirlanden entlangwachsen. Auch lichte Bäume werden auf der Insel Ramblern oft als Tummelplatz geboten, den sie scheinbar mühelos bis in große Höhen erklettern. Diese Variante ist auch in unseren Breiten problemlos möglich, vorausgesetzt, das als Ramblerstütze ausgewählte Gehölz ist bereits »erwachsen« und damit entsprechend belastbar. Ideal sind tief wurzelnde Lärchen, Kiefern oder Goldregen (*Laburnum*), die den flach wurzelnden Ramblern keine allzu große Konkurrenz bereiten.
Ein Tipp: Wem die Einmalblütigkeit vieler Ramblersorten nicht reicht, der kann durch benachbarte *Clematis*-Wildarten die Blühzeiträume deutlich erweitern.

Die vitalwüchsige Ramblerrose 'Bobby James' umschlingt binnen weniger Jahre große Häuserwände mit ihren Blütentrieben.

Strauchrosen für den Hausgarten

Alle Rosen sind »Sträucher«, der Begriff Strauchrosen bezeichnet jedoch Sorten und Arten, die durch größere Wuchsstärke in Höhe und Breite auffallen. Die Blüten können einfach, halb gefüllt, aber auch gefüllt und edelrosenähnlich sein.

Einmalblühende Parkrosen

Zu den klassischen Parkrosen zählt beispielsweise 'Frühlingsgold', also eine Sorte mit wahrhaft »einmaliger«, sehr langer Blüte im Frühjahr oder Frühsommer, mächtigem Wachstum, reichlichem Hagebuttenansatz und ungewöhnlicher Frosthärte. Die Bezeichnung »Parkrosen« verweist schon auf den Ort, an dem diese Rosen am besten eingesetzt werden können – in Parks und weitläufigen Gartenanlagen entfalten die Parkrosen ungestört und frei wachsend ihre üppige Pracht. Ideal eignen sie sich dort zur Unterpflanzung großer Bäume, als Einzelsträucher oder auch in lockeren Hecken,

Rambler

Sorte (Züchter)	Blütenfarbe, Blütenfüllung, Blührhythmik	Wuchshöhe Wuchsform Pflanzenbedarf pro m²	Verwendung
'Albéric Barbier' (Barbier 1900)	creme, gefüllt, einmalblühend	300 bis 500 cm ohne Rankhilfe flach wachsend 1/m²	Einzeln, toleriert Halbschatten
'Bobby James' (Sunningdale Nurseries 1961)	weiß, halbgefüllt, einmalblühend, Duft	300 bis 500 cm ohne Rankhilfe flach wachsend 1/m²	Einzeln, Herbstfärbung, toleriert Halbschatten, über Mauerkronen überhängend
'Flammentanz'® (Kordes 1955), ADR-Rose	rot, gefüllt, einmalblühend	300 bis 500 cm ohne Rankhilfe flach wachsend 1–2/m²	Einzeln, sehr frosthart, für sehr große Ampeln, Südlagen ertragend, toleriert Halbschatten, robuste Sorte für Schrebergärten, über Mauerkronen überhängend, Stammrose 140 cm
'Paul Noël' (Tanne 1913)	aprikot-rosa, gefüllt, nachblühend, Duft	300 bis 500 cm ohne Rankhilfe flach wachsend 1/m²	Einzeln, toleriert Halbschatten, über Mauerkronen überhängend, Stammrose 90 cm, 140 cm
'Super Dorothy'® (Hetzel 1986)	rosa, gefüllt, öfterblühend, spät blühend	300 bis 500 cm, ohne Rankhilfe flach wachsend 1/m²	Einzeln, auch für Kübel und Tröge, große Ampeln, Herbstfärbung, Südlagen ertragend, toleriert Halbschatten, robuste Sorte für Schrebergärten, über Mauerkronen überhängend, Stammrose 90 cm, 140 cm
'Super Excelsa'® (Hetzel 1986), ADR-Rose	karminrosa, gefüllt, öfterblühend, spät blühend	300 bis 500 cm ohne Rankhilfe flach wachsend 1/m²	Einzeln, auch für Kübel und Tröge, große Ampeln, Herbstfärbung, Südlagen ertragend, toleriert Halbschatten, robuste Sorte für Schrebergärten, über Mauerkronen überhängend, Stammrose 90 cm, 140 cm
'Venusta Pendula' (unbekannt, 1928 von Kordes eingeführt)	rosa/weiß, halbgefüllt, einmalblühend	300 bis 500 cm ohne Rankhilfe flach wachsend 1–2/m²	Einzeln, sehr frosthart, toleriert Halbschatten

Strauchrosen

Sorte (Züchter)	Blütenfarbe, Blütenfüllung, Blührhythmik	Wuchshöhe Wuchsform Pflanzenbedarf pro m²	Verwendung
'Angela'® (Kordes 1984), ADR-Rose	altrosa, halbgefüllt, öfterblühend, kontinuierlich	100 bis 150 cm buschig 2–3/m²	Einzeln oder gruppenweise, für lockere Hecken, auch für Kübel, Blüten regenfest, Südlagen ertragend, toleriert Halbschatten, robuste Sorte für Schrebergärten
'Astrid Lindgren'® (Poulsen 1989)	rosa, gefüllt, öfterblühend, kräftige Hauptblüte	100 bis 150 cm aufrecht 1–2/m²	Einzeln oder gruppenweise, für lockere Hecken, Blüten regenfest
'Bischofsstadt Paderborn'® (Kordes 1964), ADR-Rose	rot, einfach, öfterblühend, kontinuierlich	100 bis 150 cm aufrecht 1–2/m²	Einzeln oder gruppenweise, für lockere Hecken, Blüten regenfest, Südlagen ertragend, Pollenquelle, toleriert Halbschatten, robuste Sorte für Schrebergärten
'Bourgogne'® (Interplant 1983)	rosa, einfach, einmalblühend	150 bis 200 cm überhängend, 1–2/m²	Einzeln oder gruppenweise, Pollenquelle, Südlagen ertragend, toleriert Halbschatten. Strauchrose mit den formschönsten Hagebutten.
'Centenaire de Lourdes' (Delbard-Chabert 1958)	rosa, halbgefüllt, öfterblühend, früh blühend, Duft	150 bis 200 cm überhängend 1–2/m²	Einzeln oder gruppenweise, für lockere Hecken, auch für Kübel, Blüten regenfest, Pollenquelle, Südlagen ertragend, toleriert Halbschatten, für große Grabstellen
'Dirigent'® (Tantau 1956), ADR-Rose	rot, halbgefüllt, öfterblühend, kontinuierlich	150 bis 200 cm buschig 1–2/m²	Einzeln oder gruppenweise, für lockere Hecken, Blüten regenfest, Südlagen ertragend, Pollenquelle, robuste Sorte für Schrebergärten
'Dornröschenschloss Sababurg'® (Kordes 1993)	rosa, gefüllt, öfterblühend, starke Hauptblüte, Wildrosenduft	100 bis 150 cm überhängend 1–2/m²	Einzeln oder gruppenweise, für lockere Hecken, auch für Kübel
'Ferdy'® (Keisei 1984)	rosa, gefüllt, einmalblühend	80 bis 100 cm überhängend 1–2/m²	Einzeln oder gruppenweise, für lockere Hecken, stark bestachelt, sehr frosthart, toleriert Halbschatten, über Mauerkronen überhängend. Nicht schneiden, nur – wenn nötig – auslichten.
'Fontaine'® (Tantau 1969), ADR-Rose	rot, gefüllt, edelrosengleich, öfterblühend, starke Hauptblüte	150 bis 200 cm aufrecht 1–2/m²	Einzeln oder gruppenweise, auch für Kübel, Südlagen ertragend, robuste Sorte für Schrebergärten
'Frühlingsgold' (Kordes 1937)	gelb, einfach, einmalblühend, früh blühend ab Mai, Duft	150 bis 200 cm überhängend 1–2/m²	Einzeln oder gruppenweise, Pollenquelle, toleriert Halbschatten, für Heidegärten
'Grandhotel'® (McGredy 1972), ADR-Rose	rot, gefüllt, öfterblühend, kontinuierlich	150 bis 200 cm aufrecht 1–2/m²	Einzeln oder gruppenweise, auch für Kübel, Blüten regenfest, robuste Sorte für Schrebergärten
'IGA 83 München'® (Meilland 1982), ADR-Rose	rosa, gefüllt, öfterblühend, starke Hauptblüte	80 bis 100 cm buschig 2–3/m²	Einzeln oder gruppenweise, für lockere Hecken, sehr frosthart, auch für Kübel, setzt Hagebutten an, Blüten regenfest, toleriert Halbschatten, robuste Sorte für Schrebergärten, für große Grabstellen
'Ilse Haberland'® (Kordes 1956)	lachsrosa, gefüllt, öfterblühend, starke Hauptblüte, Duft	100 bis 150 cm überhängend 1–2/m²	Einzeln oder gruppenweise, für lockere Hecken, Blüten für Rosenrezepte geeignet
'Kordes Brillant'® (Kordes 1983)	orange, gefüllt, öfterblühend, kräftige Hauptblüte	100 bis 150 cm aufrecht 1–2/m²	Einzeln oder gruppenweise, für lockere Hecken, Blüten regenfest, Südlagen ertragend, toleriert Halbschatten
'Lichtkönigin Lucia'® (Kordes 1966), ADR-Rose	gelb, gefüllt, öfterblühend, früh blühend	100 bis 150 cm aufrecht 1–2/m²	Einzeln oder gruppenweise, für lockere Hecken, auch für Kübel, Schnittrose, Blüten regenfest, Südlagen ertragend, toleriert Halbschatten, robuste Sorte für Schrebergärten
'Marguerite Hilling' (Hilling 1959)	rosa, halbgefüllt, nachblühend	150 bis 200 cm buschig 1–2/m²	Einzeln oder gruppenweise, für lockere Hecken, auch für Kübel, sehr frosthart, Blüten regenfest, Pollenquelle, toleriert Halbschatten, für Heidegärten
'Mein schöner Garten'® (Kordes 1997)	rosa, gefüllt, öfterblühend, kontinuierlich	100 bis 150 cm buschig 2–3/m²	Einzeln oder gruppenweise, für lockere Hecken, auch für Kübel, Blüten regenfest, Südlagen ertragend, toleriert Halbschatten, für große Grabstellen
'Romanze'® (Tantau 1984), ADR-Rose	rosa, gefüllt, öfterblühend, kontinuierlich	100 bis 150 cm aufrecht 1–2/m²	Einzeln oder gruppenweise, auch für Kübel, Blüten regenfest, Südlagen ertragend, toleriert Halbschatten, robuste Sorte für Schrebergärten, für große Grabstellen
'Schneewittchen'® (Kordes 1958), ADR-Rose	weiß, gefüllt, öfterblühend, früh blühend	100 bis 150 cm buschig 1–2/m²	Einzeln oder gruppenweise, für lockere Hecken, sehr frosthart, auch für Kübel, setzt Hagebutten an, Pollenquelle, Blüten regenfest, Südlagen ertragend, toleriert Halbschatten, robuste Sorte für Schrebergärten, für große Grabstellen, Stammrose 90 cm, 140 cm
'Vogelpark Walsrode'® (Kordes 1988), ADR-Rose	rosa, gefüllt, öfterblühend, früh blühend	100 bis 150 cm buschig 1–2/m²	Einzeln oder gruppenweise, auch für Kübel, Blüten regenfest, Südlagen ertragend, robuste Sorte für Schrebergärten
'Westerland'® (Kordes 1969), ADR-Rose	apricot, halbgefüllt, öfterblühend, kontinuierlich, Duft	150 bis 200 cm buschig 1–2/m²	Einzeln oder gruppenweise, für lockere Hecken, auch für Kübel, Blüten regenfest, Südlagen ertragend, robuste Sorte für Schrebergärten

die leicht drei bis vier Meter hoch werden können.

Öfterblühende Zierstrauchrosen

Für die Verwendung in Hausgärten konzentrieren wir uns vor allem auf die meist öfterblühenden Zierstrauchrosen. Sie sind die gartengerechtesten Strauchrosen, mit aufrechtem Wuchs und guter Widerstandskraft. Mit ihren zum Teil überhängenden Trieben erreichen sie Höhen zwischen 150 bis 250 cm, sind häufig Pollenquelle und Hagebuttenspender. Die im Gartenrahmen bleibenden Maße erklären sich aus ihrer Öfterblütigkeit – die einmalblühenden Kollegen sind deutlich wuchsvitaler. Die Blütenformen reichen von einfach bis edelrosengleich.

Stauchrosen – blühwillig und robust

Strauchrosen sind die blühwilligsten Ziersträucher unserer Gärten. Von allen Rosenklassen lassen sie sich am idealsten mit anderen Ziersträuchern kombinieren. Auch viele Alte und Englische Rosen sowie Romantische Nostalgie-Rosen sind Strauchrosen.

Viele Strauchrosen sind mit ihren pollenreichen Blütenschalen beliebte Anflugziele für Insekten.

Durch ihren Habitus zum Solitär unter den Rosen prädestiniert, sollten auch Sie eine Strauchrose einzeln frei stehend und gut sichtbar pflanzen. In größeren Gärten bietet sich eine Gruppenpflanzung an, bei der man zwei oder besser drei Rosenstöcke sehr eng zusammensetzt, um rascher den wuchtigen Solitärcharakter eines einzigen, mächtigen Strauches zu suggerieren.

Strauchrosen sollten sich möglichst ungeschnitten frei entfalten, damit sie ihre elegante Wuchsschönheit in Szene setzen können.

➲ Weitere Strauchrosen finden sich in den folgenden Klassen: Romantische Nostalgie-Rosen (Colette®, Eden Rose® 85, Polka® 91, Raubritter), Alte Rosen (Ghislaine de Feligonde, Jacques Cartier, Louise Odier, Maiden's Blush, Rosa centifolia 'Muscosa', Rosa gallica 'Officinalis', Rosa gallica 'Versicolor', Souvenir de la Malmaison, Suaveolens, Trigintipetala), Englische Rosen (Abraham Darby®, Charles Austin®, Constance Spry, Graham Thomas®, Heritage®, Mary Rose®, Othello®, Wife of Bath) und Wildrosen.

Wildrosen, Schönheiten für naturnahe Gärten

Die Schönen Wilden in der großen Rosenfamilie sind die heimischen Wildrosen. Die bekannteste unter ihnen ist *Rosa canina*, die Hundsrose, die Rose der Felder und Äcker. Ein etwa sechshundert Jahre alter Abkömmling von *Rosa canina* ziert den Hildesheimer Dom.

Wildrosen gelten ebenfalls als Strauchrosen. Insbesondere die Übergänge zu den einmalblühenden Parkrosen gestalten sich fließend. Viele Parkrosen sind züchterisch bearbeitete, »zivilisierte« Wildrosen. Wildrosen sind aber immer einmalblühende Sträucher mit einfacher Blüte. Stammen sie aus Europa, gelten sie als einheimische Arten. Die Wuchshöhen liegen zwischen 100 und 300 cm. Pollenbildung und Hagebuttenansatz unterstreichen den ökologischen Nutzen der Wildrosen.

Die oft undurchdringliche Bestachelung ungeschnittener Wildrosen bietet Vögeln und anderen Tieren zudem Schutz. Wuchsschöne, leuchtend rote Stacheln, wie sie etwa die Stacheldrahtrose, *Rosa sericea* f. *pteracantha*, besitzt, können als zusätzliches Gestaltungselement im Garten eingeplant werden. Gleiches gilt für die flaschenförmigen Hagebutten von *Rosa moyesii* oder die schwarzen Hagebutten von *Rosa pimpinellifolia*. Die

Wildrosen

Sorte Herkunft	Blütenfarbe, Blütenfüllung, Blührhythmik	Wuchshöhe Wuchsform Pflanzenbedarf pro m²	Verwendung
Rosa arvensis (heimische Wildrose, Europa)	weiß, einfach, einmalblühend	80 bis 100 cm flach, stark wachsend 1/m²	Einzeln oder gruppenweise, setzt Hagebutten an, toleriert Halbschatten, über Mauerkronen überhängend
Rosa canina (heimische Wildrose, Europa)	zartrosa, einfach, einmalblühend, Duft	150 bis 200 cm buschig 1–2/m²	Einzeln oder gruppenweise, für lockere Hecken, sehr frosthart, setzt Hagebutten an, Pollenquelle
Rosa gallica (heimische Wildrose, Europa)	rosa, einfach, einmalblühend, Duft	80 bis 100 cm aufrecht 1–2/m²	Einzeln oder gruppenweise, stark bestachelt, sehr frosthart, setzt Hagebutten an, toleriert Halbschatten
Rosa glauca (heimische Wildrose, Europa)	hellrot, einfach, einmalblühend	200 bis 300 cm buschig 1–2/m²	Einzeln, setzt Hagebutten an, toleriert Halbschatten
Rosa hugonis (China/Hemsley 1899)	gelb, einfach, einmalblühend	200 bis 300 cm überhängend 1–2/m²	Einzeln, setzt Hagebutten an, Pollenquelle, für Heidegärten
Rosa jundzillii (heimische Wildrose, Europa)	rosa, einfach, einmalblühend	150 bis 200 cm überhängend 1–2/m²	Einzeln oder gruppenweise, setzt Hagebutten an, Pollenquelle, toleriert Halbschatten
Rosa majalis (heimische Wildrose, Nordost-Europa)	rosa, einfach, einmalblühend	150 bis 200 cm buschig 1–2/m²	Einzeln oder gruppenweise
Rosa moyesii (China 1890)	rot, einfach, einmalblühend	200 bis 300 cm aufrecht 1–2/m²	Einzeln, sehr frosthart, setzt Hagebutten an, Pollenquelle, toleriert Halbschatten, für Heidegärten
Rosa nitida (Nordamerika 1807)	rosa, einfach, einmalblühend	40 bis 60 cm buschig 4–5/m²	Einzeln oder gruppenweise, stark bestachelt, für lockere Hecken, setzt Hagebutten an, Herbstfärbung, toleriert Halbschatten
Rosa pimpinellifolia (heimische Wildrose, Europa)	creme, einfach, einmalblühend	100 bis 150 cm buschig 1–2/m²	Einzeln oder gruppenweise, stark bestachelt, für lockere Hecken, setzt schwarze (!) Hagebutten an, Pollenquelle, toleriert Halbschatten, für Heidegärten
Rosa rubiginosa (heimische Wildrose, Europa)	rosa, einfach, einmalblühend	200 bis 300 cm überhängend 1–2/m²	Einzeln, stark bestachelt, für lockere Hecken, auch für Kübel, setzt Hagebutten an, Pollenquelle
Rosa sericea f. pteracantha (China 1890)	weiß, einfach, einmalblühend	200 bis 300 cm aufrecht 1–2/m²	Einzeln, stark bestachelt, sehr frosthart, setzt Hagebutten an, toleriert Halbschatten, für Heidegärten

sehr vitaminreichen, wohlschmeckenden Hagebutten großfrüchtiger Wildrosenarten wie *Rosa gallica, Rosa jundzillii* und *Rosa rubiginosa* eignen sich hervorragend für viele Hagebuttenrezepte.

Arten wie *Rosa hugonis* erweitern den jährlichen Zeitraum der Rosenblüte beträchtlich. Mitunter blühen sie bereits ab Ende April. *Rosa nitida* bezaubert zusätzlich durch rötliches Herbstlaub. Viele Wildrosen harmonieren vortrefflich mit Gräsern.

Besonders dort, wo ausreichend Licht für das Sonnenkind Rose fehlt, bieten halbschattige Lagen tolerierende, ja bevorzugende Arten wie *Rosa arvensis* und *Rosa majalis* rosige Alternativen. Letztere begnügt sich auch mit sehr trockenen, steinreichen Bodenverhältnissen.

Wildrosenarten wie *Rosa canina* (links) und *Rosa pimpinellifolia* (rechts) bringen Naturgartenambiente in entsprechend große Gärten.

Mit Flächenrosen gestalten

'Sommerabend' gilt als sehr robuste und ausgesprochen pflegearme Flächenrose aus dem Züchterhaus Kordes.

Der Begriff Flächenrose ist neu. Er fasst die Bodendecker- und Kleinstrauchrosen zusammen, deren Sortimente meistens nur schwer voneinander zu trennen waren, und beschreibt den Nutzen dieser Sorten, nämlich größere Bodenflächen Unkraut unterdrückend und pflegeleicht abdecken zu können.
Flächenrosen sind jedoch keine Wunderkinder. In den ersten Jahren bedürfen sie der Pflege, müssen bei ihrem Kampf gegen das Unkraut Unterstützung durch den Gartenfreund erhalten. Nicht zu verwechseln sind Flächenrosen mit Bodendeckern, die zur Unterpflanzung stark Schatten werfender Bäume und dichter Großsträucher geeignet sind. Die Verwechslungen entstehen aus der Doppeldeutigkeit des Begriffs »Bodendecker«, der einerseits Pflanzen meint, die als Böschungsbefestiger und Rasenersatz dienen, andererseits aber auch zur Unterpflanzung großer Gehölze geeignete Pflanzen bezeichnet. Zu letzterem kommen vorwiegend Stauden mit nicht verfilzenden Wurzeln zum Einsatz, auf Dauer niemals Rosen. Höchstens unter Jungbäumen mit noch kleiner, kaum schattierender Kronentraufe ist für einige Jahre eine rosige Flächendeckung mit robusten Sorten denkbar.

Flächenrosen – vielfältig und genügsam

Der Begriff Bodendecker ist unglücklich gewählt, er wird einer Rosengruppe nicht gerecht, die wie keine andere Rosenklasse von flach wachsend bis steif aufrecht eine breite Wuchstypenpalette zeigt. Daraus ergibt sich auch ein unterschiedlicher Pflanzenbedarf pro Quadratmeter, der zwischen zwei und sechs Pflanzen schwanken kann. Die meisten Sorten wachsen jedoch niedrig buschig in Form eines kleinen Strauches. Diese so genannten Kleinstrauchrosen bieten sich für kleinere Gärten als Alternative zu ihren wuchsstärkeren Kollegen aus der Strauchrosenklasse an, die mit ihrem Habitus den vorgegebenen Rahmen sprengen würden.
So reich an Wuchsformen die Flächenrosen sind, so arm sind sie an Farben – die meisten blühen rosa, einige weiß, wenige rot und erst seit kurzer Zeit stehen interessante gelbe Sorten zur Verfügung. Die Farbe Orange fehlt völlig.
Flächenrosen gelten als ausgesprochen robust, frosthart und belastbar. Keine andere Rosenklasse hat in den letzten zehn Jahren mehr ADR-Prädikate eingeheimst als die Flächenrosen. Dies ändert aber nichts an der Tatsache, dass auch Flächenrosen auf eine gute Bodenvorbereitung vor dem Pflanzen angewiesen sind. Die Flächenbegrüner decken ab dem dritten Pflanzjahr Beete so dicht ab, dass die nur mäßig beliebte gärtnerische Tätigkeit des Unkrautzupfens fast völlig wegfällt. Voraussetzung dafür ist allerdings, dass die Fläche vor dem Pflanzen peinlich genau von allen Wurzelunkräutern befreit wurde und unkrautfrei bleibt, bis der Rosenteppich sich geschlossen hat.

Monokulturen vermeiden

Obwohl man Flächenrosen zur Bepflanzung sehr großer Flächen sortenrein in sehr hoher Zahl verwenden kann, sollte man Monokulturen vermeiden. Eine einseitige Sortenverwendung ist nicht nur vom gestalterischen Aspekt her gesehen öde und unbefriedigend, sondern leistet auch der Ausbreitung von Krankheiten und Schädlingen Vorschub. Artenreiche Kombinationen von Flächenrosen mit anderen Pflanzen stellen auf jeden Fall die bessere Alternative dar. Flächenrosen harmonieren beispielsweise vortrefflich mit Stauden.

Flächenrosen-Klassiker mit Erfolgsgarantie: 'The Fairy' wird seit Jahrzehnten in Gärten gepflanzt.

Flächenrosen

Sorte (Züchter)	Blütenfarbe, Blütenfüllung, Blührhythmik	Wuchshöhe Wuchsform Pflanzenbedarf pro m²	Verwendung
'Alba Meidiland'® (Meilland 1987)	weiß, gefüllt, öfterblühend, spät blühend	80 bis 100 cm buschig 3–4/m²	Einzeln oder gruppenweise, sehr frosthart, auch für Kübel, Tröge und Ampeln, gelbe Herbstfärbung, Schnittrose, Blüten regenfest, Südlagen ertragend, keine Hagebutten ansetzend, für Heidegärten, über Mauerkronen überhängend, Stammrose 60 cm, 90 cm, wurzelecht für Hanglagen, Dachgärten
'Aspirin'®-Rose (Tantau 1997), ADR-Rose	weiß, gefüllt, öfterblühend, kontinuierlich	60 bis 80 cm buschig 3–4/m²	Einzeln oder gruppenweise, auch für Kübel, Blüten regenfest, Südlagen ertragend, toleriert Halbschatten, robuste Sorte für Schrebergärten, Stammrose 90 cm, 140 cm, wurzelecht für Hanglagen, Dachgärten
'Ballerina' (Bentall 1937)	rosa mit weißem Auge, einfach, öfterblühend, kräftige Hauptblüte	60 bis 80 cm überhängend 3–4/m²	Einzeln oder gruppenweise, für lockere Hecken, auch für Kübel, Tröge, setzt Hagebutten an, Pollenquelle, Blüten regenfest, Südlagen ertragend, toleriert Halbschatten, für Heidegärten, für Grabstellen, Stammrose 60 cm, 90 cm, wurzelecht für Hanglagen, Dachgärten
'Bingo Meidiland'® (Meilland 1991), ADR-Rose	rosa, einfach, öfterblühend, kontinuierlich	40 bis 60 cm buschig 3–4/m²	Einzeln oder gruppenweise, sehr frosthart, Blüten regenfest, Südlagen ertragend, Pollenquelle, robuste Sorte für Schrebergärten, für Heidegärten, wurzelecht für Hanglagen, Dachgärten
'Celina '® (Noack 1997), ADR-Rose	gelb, halbgefüllt, öfterblühend, kontinuierlich	60 bis 80 cm buschig 3–4/m²	Einzeln oder gruppenweise, auch für Kübel, Blüten regenfest, Südlagen ertragend, toleriert Halbschatten, robuste Sorte für Schrebergärten, wurzelecht für Hanglagen, Dachgärten
'Heideröslein Nozomi'® (Onodera 1968)	perlmutt, einfach, einmalblühend	40 bis 60 cm flach, schwachwüchsig 4–5/m²	Einzeln oder gruppenweise, auch für Kübel und Tröge, Blüten regenfest, Pollenquelle, Südlagen ertragend, toleriert Halbschatten, für Heidegärten, für Grabstellen, über Mauerkronen überhängend, Stammrose 140 cm, wurzelecht für Hanglagen, Dachgärten
'Heidetraum'® (Noack 1988), ADR-Rose	rosa, halbgefüllt, öfterblühend, spät blühend	60 bis 80 cm buschig 2–3/m²	Einzeln oder gruppenweise, sehr frosthart, auch für Kübel, Tröge und Ampeln, Schnittrose, Blüten regenfest, Pollenquelle, Südlagen ertragend, toleriert Halbschatten, robuste Sorte für Schrebergärten, keine Hagebutten ansetzend, für Grabstellen, Stammrose 60 cm, 90 cm, wurzelecht für Hanglagen, Dachgärten
'Lavender Dream'® (Interplant 1985), ADR-Rose	lavendel, halbgefüllt, öfterblühend, früh blühend, Duft	60 bis 80 cm niedrig buschig 2–3/m²	Einzeln oder gruppenweise, Südlagen ertragend, wurzelecht für Hanglagen, Dachgärten, robuste Sorte für Schrebergärten
'Lovely Fairy'® (Vurens/Spek 1992)	rosa, gefüllt, öfterblühend, spät blühend	60 bis 80 cm buschig 3–4/m²	Einzeln oder gruppenweise, auch für Kübel und Tröge, Schnittrose, Blüten regenfest, Südlagen ertragend, toleriert Halbschatten, keine Hagebutten ansetzend, für Heidegärten, über Mauerkronen überhängend, Stammrose 40 cm, 60 cm, 90 cm, wurzelecht für Hanglagen, Dachgärten
'Mirato'® (Tantau 1990), ADR-Rose	rosa, gefüllt, öfterblühend, kontinuierlich	40 bis 60 cm buschig 3–4/m²	Einzeln oder gruppenweise, auch für Kübel, Tröge und Ampeln, Blüten regenfest, Südlagen ertragend, toleriert Halbschatten, robuste Sorte für Schrebergärten, für Heidegärten, für sonnige Grabstellen, Stammrose 40 cm, 60 cm, 90 cm, 140 cm, wurzelecht für Hanglagen, Dachgärten
'Pink Meidiland'® (Meilland 1984), ADR-Rose	pink/weiß, einfach, öfterblühend, kontinuierlich	60 bis 80 cm überhängend 2–3/m²	Einzeln oder gruppenweise, für lockere Hecken, sehr frosthart, setzt Hagebutten an, Pollenquelle, Blüten regenfest, Südlagen ertragend, robuste - Sorte für Schrebergärten, wurzelecht für Hanglagen, Dachgärten
'Red Yesterday'® (Harkness 1978), ADR-Rose	rot mit weißem Auge, einfach, öfterblühend, kontinuierlich	60 bis 80 cm überhängend 2–3/m²	Einzeln oder gruppenweise, für lockere Hecken, auch für Kübel, Blüten regenfest, Pollenquelle, Südlagen ertragend, robuste Sorte für Schrebergärten, wurzelecht für Hanglagen, Dachgärten
'Royal Bassino'® (Kordes 1991)	rot, halbgefüllt, öfterblühend, kontinuierlich	40 bis 60 cm buschig 2–3/m²	Einzeln oder gruppenweise, setzt Hagebutten an, Blüten regenfest, Pollenquelle, Südlagen ertragend, für Heidegärten, über Mauerkronen überhängend, wurzelecht für Hanglagen, Dachgärten
'Satina'® (Tantau 1992)	rosa, gefüllt, öfterblühend, kontinuierlich	40 bis 60 cm buschig 4–5/m²	Einzeln oder gruppenweise, auch für Kübel, Blüten regenfest, Südlagen ertragend, toleriert Halbschatten, Stammrose 90 cm, 140 cm, wurzelecht für Hanglagen, Dachgärten
'Sommerabend'® (Kordes 1995), ADR-Rose	rot, einfach, öfterblühend, kontinuierlich	30 bis 40 cm flach, stark wachsend 2–3/m²	Einzeln oder gruppenweise, Blüten regenfest, Südlagen ertragend, Pollenquelle, robuste Sorte für Schrebergärten, wurzelecht für Hanglagen, Dachgärten
'Swany'® (Meilland 1977)	weiß, gefüllt, öfterblühend,	40 bis 60 cm flach, schwachwüchsig 3–4/m²	Einzeln oder gruppenweise, auch für Kübel, Tröge, Ampeln, Blüten regenfest, über Mauerkronen überhängend, Stammrose 40 cm, 60 cm, 90 cm, wurzelecht für Hanglagen, Dachgärten
'The Fairy' (Bentall 1932)	rosa, gefüllt, öfterblühend, spät blühend	60 bis 80 cm buschig 4–5/m²	Einzeln oder gruppenweise, sehr frosthart, auch für Kübel, Tröge und Ampeln, gelbe Herbstfärbung, Schnittrose, Blüten regenfest, Südlagen ertragend, toleriert Halbschatten, keine Hagebutten ansetzend, robuste Sorte für Schrebergärten, für Heidegärten, für Grabstellen, über Mauerkronen überhängend, Stammrose 40 cm, 60 cm, 90 cm, 140 cm, wurzelecht für Hanglagen, Dachgärten
'White Meidiland'® (Meilland 1985)	weiß, stark gefüllt, öfterblühend, starke Hauptblüte	40 bis 60 cm niedrig buschig 4–5/m²	Einzeln oder gruppenweise, auch für Kübel, Schnittrose, toleriert Halbschatten, für Grabstellen, wurzelecht für Hanglagen, Dachgärten

Rosa rugosa und ihre Abkömmlinge locken mit ihrem Duft Menschen und Insekten. Das lederartige Laub ist sehr widerstandsfähig.

Rugosa-Sorten, eine besondere Gruppe unter den Flächenrosen

Sie gelten, sofern sie auf eigener Wurzel stehen, als die Rosen mit der größten Bodensalzverträglichkeit. Ihre Hagebutten sind ungewöhnlich groß und besonders ergiebig in puncto Fruchtfleisch. Ihre Blüten verströmen einen intensiven Duft, ihr Laub verabschiedet sich im Herbst mit einer gelben Färbung. Als nachteilig werden die Regenempfindlichkeit der Blüten empfunden (Mumienbildung) und die Neigung der Pflanzen, auf kalkreichen Böden mit hohen pH-Werten gelbe Laubfärbungen (Chlorosen) zu entwickeln. Dem steif aufrechten Wuchs der Rugosa-Sorten und der damit einhergehenden arttypischen Vergreisung wirkt jedoch ein jährlicher Schnitt entgegen. Diese Vor- und Nachteile sollten Gartenfreunde vor der Verwendung von Rugosa-Sorten im Hausgarten abwägen.

Beetrosen, ideale Partner auf Rabatten

Bei der Bezeichnung »Beetrosen« handelt es sich um einen Sammelbegriff für Polyantharosen und Floribundarosen, letztere auch Polyantha-Hybriden genannt. Unter Polyantharosen verstehen die Rosenliebhaber niedrig wachsende Beetrosen mit großen, viele kleinblumige Blüten tragenden Blütenständen. Hervorgegangen sind sie aus Kreuzungen von *Rosa multiflora* und *Rosa chinensis*.
Aus den Polyantharosen entwickelten sich durch züchterische Bearbeitung die Polyantha-Hybriden. Durch das weitere Einkreuzen von Edelrosen schuf der Däne Svend Poulsen im letzten Jahrhundert die ersten Exemplare. Die Floribundarosen sind großblumige, winterharte, niedrige und öfterblühende Beetrosen, deren edle, gefüllte Blütenform an die der Edelrosen erinnert. Blüten der Floribundarosen sehen bisweilen wie Miniaturausgaben der Edelrosenblüten aus.

Beetrosen sind teamfähig

Bei den Beetrosen ist der Name Programm. Sie sind teamfähig und bieten, in mehr oder weniger großen Gruppen gepflanzt, auf Beeten und Rabatten eine bemerkenswerte Flächen- und Fernwirkung. Dabei gilt: Je großflächiger ihr Einsatz geplant ist, desto mehr Augenmerk muss bei der Sortenauswahl auf die Robustheit gelegt werden.
Mit ihrer dichten Belaubung schattieren Beetrosen den Untergrund und verzögern die Unkrautentwicklung. Alle Beetrosen bilden gut verzweigte Triebe, die durch Blütenbüschel mit zahlreichen, mehr oder weniger gefüllten Einzelblü-

Niedrig wachsende Beetrosen sind ideale Partner für Staudenpflanzungen und ergiebige Schnittrosen. Die Sorten 'Edelweiß' (oben) und 'Rumba' sind besonders hübsche Vertreter ihrer Zunft.

Rugosa-Rosen

Sorte (Züchter)	Blütenfarbe, Blütenfüllung, Blührhythmik	Wuchshöhe Wuchsform Pflanzenbedarf pro m²	Verwendung
'Gelbe Dagmar Hastrup'® (Moore 1989)	gelb, halbgefüllt, öfterblühend, starke Hauptblüte, Duft	60 bis 80 cm aufrecht 3–4/m²	Einzeln oder gruppenweise, sehr frosthart, gelbe Herbstfärbung, Pollenquelle, toleriert Halbschatten, auf eigener Wurzel salztolerant, für Grabstellen
'Pierette'® (Uhl 1989), ADR-Rose	rosa, gefüllt, öfterblühend, starke Hauptblüte, Duft	60 bis 80 cm buschig 3–4/m²	Einzeln oder gruppenweise, sehr frosthart, gelbe Herbstfärbung, Südlagen ertragend, Pollenquelle, toleriert Halbschatten, auf eigener Wurzel salztolerant, robuste Sorte für Schrebergärten, für Grabstellen
'Polarsonne'® (Strobel 1991)	rot, gefüllt, öfterblühend, starke Hauptblüte, Duft	60 bis 80 cm buschig 3–4/m²	Einzeln oder gruppenweise, sehr frosthart, setzt viele Hagebutten an, Pollenquelle, gelbe Herbstfärbung, Südlagen ertragend, toleriert Halbschatten, auf eigener Wurzel salztolerant
'Schnee-Eule'® (Uhl 1989)	weiß, gefüllt, öfterblühend, starke Hauptblüte, Duft	40 bis 60 cm aufrecht 3–4/m²	Einzeln oder gruppenweise, für lockere Hecken, sehr frosthart, setzt viele Hagebutten an, Pollenquelle, gelbe Herbstfärbung, Südlagen ertragend, toleriert Halbschatten, auf eigener Wurzel salztolerant, für Grabstellen

Beetrosen

Sorte Herkunft	Blütenfarbe, Blütenfüllung, Blührhythmik	Wuchshöhe Wuchsform Pflanzenbedarf pro m²	Verwendung
'Amber Queen'® (Harkness 1984)	aprikot, gefüllt, öfterblühend, kräftige Hauptblüte	40 bis 60 cm aufrecht 5–6/m²	Einzeln oder gruppenweise, auch für Kübel, Schnittrose, Blüten regenfest, robuste Sorte für Schrebergärten, Stammrose 90 cm
'Bella Rosa'® (Kordes 1982)	rosa, gefüllt, öfterblühend, spät blühend	60 bis 80 cm buschig 5–6/m²	Einzeln oder gruppenweise, auch für Kübel und Tröge, Schnittrose, Blüten regenfest, Südlagen ertragend, Stammrose 90 cm
'Bonica'® 82 (Meilland 1982), ADR-Rose	rosa, gefüllt, öfterblühend, kräftige Hauptblüte	60 bis 80 cm buschig 4–5/m²	Einzeln oder gruppenweise, äußerst frosthart, auch für Kübel und Tröge, setzt Hagebutten an, Pollenquelle, Schnittrose, Blüten regenfest, Südlagen ertragend, toleriert Halbschatten, robuste Sorte für Schrebergärten, für Grabstellen, Stammrose 60 cm, 90 cm
'Chorus'® (Meilland 1975), ADR-Rose	rot, gefüllt, öfterblühend, kontinuierlich	60 bis 80 cm aufrecht 5–6/m²	Einzeln oder gruppenweise, Südlagen ertragend, robuste Sorte für Schrebergärten
'Duftwolke'® (Tantau 1963), ADR-Rose	rot, gefüllt, öfterblühend, kräftige Hauptblüte, Duft	60 bis 80 cm buschig 5–6/m²	Einzeln oder gruppenweise, auch für Kübel, Schnittrose, robuste Sorte für Schrebergärten, Blüten für Rosenrezepte geeignet, Stammrose 60 cm, 90 cm
'Edelweiß'® (Poulsen 1969), ADR-Rose	weiß, gefüllt, öfterblühend, kräftige Hauptblüte	40 bis 60 cm aufrecht 5–6/m²	Einzeln oder gruppenweise, Blüten regenfest, Südlagen ertragend, toleriert Halbschatten, robuste Sorte für Schrebergärten
'Escapade'® (Harkness 1967), ADR-Rose	lila/weiß, halbgefüllt, öfterblühend, kontinuierlich	80 bis 100 cm buschig 4–5/m²	Einzeln oder gruppenweise, für lockere Hecken, auch für Kübel, setzt Hagebutten an, Pollenquelle, Blüten regenfest, toleriert Halbschatten, robuste Sorte für Schrebergärten, für Grabstellen geeignet
'Focus'® Noack 1997	lachsorange, gefüllt, öfterblühend, starke Hauptblüte	60 bis 80 cm buschig 4–5/m²	Einzeln oder gruppenweise, auch für Kübel, Schnittrose, Blüten regenfest, Südlagen ertragend, toleriert Halbschatten, robuste Sorte für Schrebergärten, Stammrose 90 cm, interessante Neuheit mit Zukunft
'Friesia'® (Kordes 1973), ADR-Rose	gelb, gefüllt, öfterblühend, früh blühend, Duft	60 bis 80 cm aufrecht 5–6/m²	Einzeln oder gruppenweise, auch für Kübel und Tröge, Blüten regenfest, Südlagen ertragend, robuste Sorte für Schrebergärten, Stammrose 90 cm
'La Paloma'® 85 Tantau 1985	weiß, gefüllt, öfterblühend, starke Hauptblüte	60 bis 80 cm buschig 5–6/m²	Einzeln oder gruppenweise, auch für Kübel, Stammrose 90 cm
'La Sevillana'® (Meilland 1978), ADR-Rose	rot, halbgefüllt, öfterblühend, kontinuierlich	60 bis 80 cm buschig 5–6/m²	Einzeln oder gruppenweise, für lockere Hecken, sehr frosthart, auch für Kübel und Tröge, setzt Hagebutten an, Pollenquelle, Blüten regenfest, Südlagen ertragend, toleriert Halbschatten, robuste Sorte für Schrebergärten, eine der besten roten Beetrosen
'Mariandel'® Kordes 1984	rot, gefüllt, öfterblühend, kräftige Hauptblüte	40 bis 60 cm buschig 5–6/m²	Einzeln oder gruppenweise, Stammrose 90 cm
'Montana'® (Tantau 1974), ADR-Rose	rot, gefüllt, öfterblühend, kontinuierlich	80 bis 100 cm aufrecht 4–5/m²	Einzeln oder gruppenweise, Südlagen ertragend, toleriert Halbschatten, robuste Sorte für Schrebergärten, Stammrose 90 cm
'NDR 1 Radio Niedersachsen'® Kordes 1996	rosa, halbgefüllt, öfterblühend, kontinuierlich	80 bis 100 cm aufrecht 3–4/m²	Einzeln oder gruppenweise, sehr frosthart, auch für Kübel, robuste Sorte für Schrebergärten, Blüten regenfest, Südlagen ertragend, toleriert Halbschatten, für Grabstellen, sehr pflegeleichte Sorte
'Rosali 83'® Tantau 1983	rosa, gefüllt, öfterblühend, starke Hauptblüte	60 bis 80 cm buschig 5–6/m²	Einzeln oder gruppenweise
'Rosenprofessor Sieber'® (Kordes 1997), ADR-Rose	rosa, gefüllt, öfterblühend, kontinuierlich	60 bis 80 cm buschig 4–5/m²	Einzeln oder gruppenweise, auch für Kübel, Blüten regenfest, Südlagen ertragend, toleriert Halbschatten, robuste Sorte für Schrebergärten, für Grabstellen, enorm reich blühende Beetrose, ideal für Staudenkombinationen
'Rumba'® Poulsen 1960	aprikot/gelb, gefüllt, öfterblühend, starke Hauptblüte	60 bis 80 cm buschig 5–6/m²	Einzeln oder gruppenweise, Schnittrose
'Schneeflocke'® (Noack 1991), ADR-Rose	weiß, halbgefüllt, öfterblühend, früh blühend	40 bis 60 cm buschig 4–5/m²	Einzeln oder gruppenweise, auch für Kübel, Blüten regenfest, hitzetolerant, Pollenquelle, robuste Sorte für Schrebergärten, für Grabstellen, Stammrose 60 cm, 90 cm, eine der besten weißen Beetrosen
'Sommermorgen'® Kordes 1991	rosa, gefüllt, öfterblühend, spät blühend	60 bis 80 cm buschig 4–5/m²	Einzeln oder gruppenweise, Blüten regenfest, Südlagen ertragend, toleriert Halbschatten, Stammrose 90 cm
'The Queen Elizabeth Rose'® Lammerts 1954	rosa, gefüllt, öfterblühend, kontinuierlich	100 bis 150 cm aufrecht 4–5/m²	Einzeln oder gruppenweise, für lockere Hecken, sehr frosthart, setzt Hagebutten an, Blüten regenfest, Südlagen ertragend, toleriert Halbschatten, sehr robust, teils sehr hoch werdend

Pflegeleicht und blühwillig ist die leuchtend gelb blühende ADR-Rose 'Friesia', eine der wenigen Beetrosen mit einem deutlich wahrnehmbaren Duft.

ten in Rot, Rosa, Weiß und Gelb auf sich aufmerksam machen. Der erste Blütenflor der Beetrosen hat fast immer eine fantastische Fernwirkung. Danach legen die meisten Sorten erst einmal eine Verschnaufpause ein, um ab August wieder ein dominanter, farbiger Blickpunkt im Garten zu sein. Viele Beetrosen harmonieren vortrefflich mit Stauden und sind außerdem hervorragende, blütenergiebige Schnittrosen.

➲ Weitere Beetrosen finden sich in der Klasse Romantische Nostalgie-Rosen (Ballade®, Bernstein Rose®, Leonardo da Vinci®) und in der Klasse Alte Rosen (Gruß an Aachen, Rose de Resht).

Zwergrosen, die Däumlinge unter den Rosen

Zwergrosen zeigen eine Wuchshöhe, die kaum über 30 cm hinausgeht. Trotz ihrer Schwachwüchsigkeit bilden gute Zwergsorten eine für ihre Größe enorme Menge an Blüten aus. Ihr Laub ist zierlich klein und rundet den putzigen Gesamteindruck ab. Der Zwergwuchs der Sorten ermöglicht ihre vielseitige Verwendung im Balkonkasten, im Garten und Steingarten oder auch als stecklingsvermehrte Topfrose.

Andererseits geht mit der Schwachwüchsigkeit eine relativ hohe Anfälligkeit vieler Sorten für Pilzkrankheiten einher. Mehrere Spritzungen mit pilzabtötenden Mitteln während der Sommermonate sind notwendig, wenn Zwergrosen für flächige Pflanzungen verwendet werden. Das bedeutet aber nicht, dass umweltbewusste Rosenfreunde ganz auf Zwergrosen verzichten müssen.

Der Standort spielt eine wichtige Rolle

Auf einen absolut rosengerechten, also sonnen- und luftumspielten Standort (mindestens acht Sonnenscheinstunden täglich) muss geachtet werden, jede Standortsünde rächt sich bei den Miniaturrosen innerhalb kürzester Zeit. Das Laub der Winzlinge muss immer trocken bleiben. Die Probleme mit Pilzkrankheiten nehmen spürbar ab, wenn die Blätter nicht der unmittelbaren Erdnähe ausgesetzt sind. Vor allem die Dauersporen der Sternrußtaupilze gelangen von der Erdoberfläche über spritzendes Regen- oder Gießwasser leicht an gesunde Blätter.

Im Handel finden sich verschiedene Angebotsformen. Vor allem an Muttertag werden stecklingsvermehrte Topfrosen angeboten. Sie sind als Zimmerrosen selektiert und deswegen nur bedingt für den Garten geeignet.

Die Auswahl der an dieser Stelle genannten Sorten bezieht sich auf veredelte Rosenstöcke. Durch die Wuchskraft der Unterlage wachsen sie etwas stärker als ihre wurzelechten Kollegen aus dem Gewächshaus. Sie sind auch robuster und verholzen ausreichend, um eine Überwinterung im Freien zu überstehen. Wegen ihres starken Wurzelwerks passen sie nicht in kleine Blumenkästen, die verwendeten Gefäße müssen mindestens 30 cm tief und breit sein.

Keine andere Zwergrose kommt an die unglaubliche Leuchtkraft der Sorte 'Orange Meillandina' aus dem Hause des Rosenzüchters Meilland heran.

Zwergrosen

Sorte Herkunft	Blütenfarbe, Blütenfüllung, Blührhythmik	Wuchshöhe Wuchsform Pflanzenbedarf pro m²	Verwendung
'Orange Meillandina'® (Meilland 1980)	orangerot, gefüllt, öfterblühend, starke Hauptblüte	30 bis 40 cm aufrecht 8–9/m²	Bei idealer Lage im Hausgarten, einzeln oder gruppenweise, für Kübel, Tröge und Kästen, Stammrose 40 cm
'Peach Meillandina'® (Meilland 1991)	apricot, gefüllt, öfterblühend, starke Hauptblüte	30 bis 40 cm aufrecht 8–9/m²	Bei idealer Lage im Hausgarten, einzeln oder gruppenweise, auch für Kübel, Tröge und Kästen, Stammrose 40 cm
'Pink Symphonie'® (Meilland 1987)	rosa, gefüllt, öfterblühend, kräftige Hauptblüte	30 bis 40 cm aufrecht 8–9/m²	Bei idealer Lage im Hausgarten, einzeln oder gruppenweise, für Kübel, Tröge und Kästen, Blüten regenfest, Südlagen ertragend, für sonnige Grabstellen, Stammrose 40 cm, 60 cm
'Rosmarin 89'® (Kordes 1989)	rosa, gefüllt, öfterblühend, kräftige Hauptblüte	30 bis 40 cm aufrecht 8–9/m²	Bei idealer Lage im Hausgarten, einzeln oder gruppenweise, für Kübel, Tröge und Kästen, Blüten regenfest, für sonnige Grabstellen, Stammrose 40 cm
'Sonnenkind'® (Kordes 1986)	gelb, gefüllt, öfterblühend, kräftige Hauptblüte	30 bis 40 cm aufrecht 8–9/m²	Bei idealer Lage im Hausgarten, einzeln oder gruppenweise, auch für Kübel, Tröge und Kästen, für sonnige Grabstellen, Stammrose 40 cm
'Zwergkönig'® 78 (Kordes 1978)	rot, gefüllt, öfterblühend, kräftige Hauptblüte	40 bis 60 cm aufrecht 6–7/m²	Bei idealer Lage im Hausgarten, einzeln oder gruppenweise, für lockere Hecken, für Kübel, Tröge und Kästen, für sonnige Grabstellen, Stammrose 40 cm

Edelrosen

Sorte Herkunft	Blütenfarbe, Blütenfüllung, Blührhythmik	Wuchshöhe Wuchsform Pflanzenbedarf pro m²	Verwendung
'Aachener Dom'® (Meilland 1988), ADR-Rose	rosa, gefüllt, öfterblühend, starke Hauptblüte	60 bis 80 cm aufrecht 6–7/m²	Einzeln oder gruppenweise, auch für Kübel, Schnittrose, Blüten regenfest, toleriert Halbschatten, robuste Sorte für Schrebergärten, Stammrose 90 cm
'Banzai'® 83 (Meilland 1983), ADR-Rose	gelb/rötlicher Rand, gefüllt, öfterblühend, starke Hauptblüte, Duft	80 bis 100 cm aufrecht 6–7/m²	Einzeln oder gruppenweise, Schnittrose, Blüten regenfest, toleriert Halbschatten, robuste Sorte für Schrebergärten
'Barkarole'® (Tantau 1988)	rot, gefüllt, öfterblühend, starke Hauptblüte, Duft	80 bis 100 cm aufrecht 6–7/m²	Einzeln oder gruppenweise, Blüten für Rosenrezepte geeignet, Schnittrose, Stammrose 90 cm
'Burgund'® 81 (Kordes 1981)	rot, gefüllt, öfterblühend, starke Hauptblüte, Duft	60 bis 80 cm aufrecht 6–7/m²	Einzeln oder gruppenweise, auch für Kübel, Schnittrose, Blüten regenfest, robuste Sorte für Schrebergärten, Stammrose 90 cm
'Christoph Columbus'® (Meilland 1992)	orange, gefüllt, öfterblühend, starke Hauptblüte	60 bis 80 cm aufrecht 6–7/m²	Einzeln oder gruppenweise, auch für Kübel, Schnittrose, Blüten regenfest, toleriert Halbschatten, robuste Sorte für Schrebergärten
'Duftgold'® (Tantau 1981)	gelb, gefüllt, öfterblühend, starke Hauptblüte, Duft	60 bis 80 cm aufrecht 6–7/m²	Einzeln oder gruppenweise, Blüten für Rosenrezepte geeignet, Schnittrose
'Duftrausch'® (Tantau 1986)	lila, gefüllt, öfterblühend, starke Hauptblüte, Duft	80 bis 100 cm aufrecht 6–7/m²	Einzeln oder gruppenweise, auch für Kübel, Blüten für Rosenrezepte geeignet, Schnittrose, Stammrose 90 cm
'Elina'® (Dickson/Pekmez 1983), ADR-Rose	gelb, gefüllt, öfterblühend, starke Hauptblüte, leichter Duft	80 bis 100 cm aufrecht 6–7/m²	Einzeln oder gruppenweise, auch für Kübel, Schnittrose, toleriert Halbschatten, robuste Sorte für Schrebergärten, Stammrose 90 cm
'Gloria Dei' (Meilland 1945)	gelb/rot, gefüllt, öfterblühend, starke Hauptblüte	80 bis 100 cm aufrecht 6–7/m²	Einzeln oder gruppenweise, Schnittrose, Blüten regenfest, toleriert Halbschatten, Stammrose 90 cm
'Karl Heinz Hanisch'® (Meilland 1986)	creme, gefüllt, öfterblühend, früh blühend, Duft	60 bis 80 cm aufrecht 6–7/m²	Einzeln oder gruppenweise, Blüten für Rosenrezepte geeignet, Schnittrose
'Mildred Scheel'® (Tantau 1976), ADR-Rose	rot, gefüllt, öfterblühend, starke Hauptblüte, Duft	80 bis 100 cm aufrecht 6–7/m²	Einzeln oder gruppenweise, auch für Kübel, Blüten für Rosenrezepte geeignet, Schnittrose, toleriert Halbschatten, Stammrose 90 cm
'Paul Ricard'® (Meilland 1991)	bernstein, gefüllt, öfterblühend, starke Hauptblüte, Anis-Duft	60 bis 80 cm aufrecht 6–7/m²	Einzeln oder gruppenweise, auch für Kübel, Blüten für Rosenrezepte geeignet, Schnittrose, toleriert Halbschatten
'Polarstern'® (Tantau 1982)	weiß, gefüllt, öfterblühend, starke Hauptblüte, Duft	60 bis 80 cm aufrecht 6–7/m²	Einzeln oder gruppenweise, Blüten für Rosenrezepte geeignet, Schnittrose, Stammrose 90 cm
'Silver Jubilee'® (Cocker 1978)	rosa, gefüllt, öfterblühend, früh blühend	60 bis 80 cm aufrecht 6–7/m²	Einzeln oder gruppenweise, auch für Kübel, Schnittrose, Blüten regenfest, toleriert Halbschatten, robuste Sorte für Schrebergärten, Stammrose 60 cm, 90 cm
'The McCartney Rose'® (Meilland 1991)	rosa, gefüllt, öfterblühend, starke Hauptblüte, Duft	60 bis 80 cm aufrecht 6–7/m²	Einzeln oder gruppenweise, Blüten für Rosenrezepte geeignet, Schnittrose

Edelrosen – langstielige Schönheiten

Edelrosen – auch als Teehybriden bezeichnet – sind durch ihre langen Stiele, auf denen große, elegant geformte, gut gefüllte, meist einzelne Blüten sitzen, für den Vasenschnitt prädestiniert. Im Garten wirken sie mit ihrem betont aufrechten Wuchs häufig sehr staksig, fast steif und erinnern an hoch gebaute Kleiderständer – ein Eindruck, der sich durch die oft lichte Belaubung vieler Sorten noch verstärkt. Deshalb pflanzt man Edelrosen am besten in Dreier- oder Fünfergruppen.

Was man nicht übersehen darf: Edelrosen stellen zweifellos die beliebteste, aber auch die krankheitsanfälligste Rosenklasse dar. Doch ihrer fast charismatischen Wirkung tut dies keinen Abbruch. Kommt noch ein entsprechender Duft hinzu, ist der Rosentraum für viele Rosenfreunde perfekt.

➲ Weitere Edelrosen finden sich in der Klasse Romantische Nostalgie-Rosen (Michelangelo®, Nostalgie®, Old Port®, Sebastian Kneipp®)

'Gloria Dei' führt mit über 100 Millionen Pflanzen die Hitliste der am häufigsten gepflanzten Rosen der Welt an.

Stammrosen – vielseitiges Gestaltungsmittel

Heute erleben Stammrosen – ebenso wie die Stämmchenformen anderer Gehölze – eine Renaissance. Und das hat Gründe: Die durchschnittliche Gartengröße nimmt kontinuierlich ab, mit Stammrosen jedoch kann man auch kleinstflächig gestalten. Alle Rosenstämme müssen grundsätzlich mit einem Stab oder Pfahl abgestützt werden und in frostreichen Gebieten brauchen sie unbedingt ausreichenden Winterschutz.
Stammrosen sind keine eigenständige Rosengruppe, sondern eine Kulturform der Rosenschulen. Bewährte Gartenrosensorten werden auf eine bestimmte Stammhöhe veredelt und wachsen ab dieser Höhe genauso, wie sie es in die Erde gepflanzt tun würden. Aufveredelt werden meistens gefüllte Sorten aus allen Rosengruppen: Beet-, Zwerg-, Edel-, Strauch, Flächen- oder Kletterrosen. Die Höhe der Veredlung bestimmt den Kronenansatz der Stammrosen. Danach unterscheidet man:

40 cm Fußstämme (Zwergstämme)

Auf der Höhe von 40 cm werden meist Zwerg-, aber auch einige Flächenrosensorten veredelt.

Sortenauswahl: Flächenrosen (Lovely Fairy®, Mirato®, Sommermärchen®, Sommerwind®, Swany®, The Fairy), Zwergrosen (Pink Symphonie®, Orange Meillandina®, Peach Meillandina®, Rosmarin 89®, Sonnenkind®, Zwergkönig 78®).

60 cm Halbstämme

Auf der Höhe von 60 cm werden meist Beet- und Flächenrosensorten veredelt. Halbstämme sind ideale Kübelstämme für Balkon und Terrasse.

Sortenauswahl: Alte Rosen (Rose de Resht), Beetrosen (Bonica® 82, Duftwolke®, Schneeflocke®), Edelrosen (Silver Jubilee®), Flächenrosen (Alba Meidiland®, Ballerina, Heidetraum®, Lovely Fairy®, Mirato®, Sommermärchen®, Sommerwind®, Sonnenschirm®, Swany®, The Fairy), Romantische Nostalgie-Rosen (Leonardo da Vinci®), Zwergrosen (Pink Symphonie®)

Auch Edelrosen, wie diese 'Meilland 1945', sehen als Hochstämmchen bezaubernd aus.

90 cm Hochstämme

Auf der Höhe von 90 cm werden in der Regel kompakte Beet-, Edel- und Flächenrosen veredelt.

Sortenauswahl: Alte Rosen (Ghislaine de Feligonde), Beetrosen (Amber Queen®, Bella Rosa®, Bonica® 82, Duftwolke®, Focus®, Friesia®, La Paloma 85®, Mariandel®, Montana®, Schneeflocke®, Sommermorgen®), Edelrosen (Aachener Dom®, Barkarole®, Burgund 81®, Duftrausch®, Elina®, Gloria Dei, Mildred Scheel®, Polarstern®, Silver Jubilee®), Flächenrosen (Alba Meidiland®, Aspirin®-Rose, Ballerina, Heidetraum®, Lovely Fairy®, Mirato®, Satina®, Sommermärchen®, Sommerwind®, Sonnenschirm®, Swany®, The Fairy), Rambler (Paul Noel, Super Dorothy®, Super Excelsa®), Romantische Nostalgie-Rosen, (Ballade®, Bernstein Rose®, Eden Rose® 85, Leonardo da Vinci®, Nostalgie®, Raubritter, Rosarium Uetersen®), Strauchrosen (Schneewittchen®)

140 cm Kaskadenstämme

Auf der Höhe von 140 cm werden als Kaskadenrosen Kletterrosen- bzw. überhängende Flächenrosensorten veredelt. Besonders Ramblersorten sind mit ihren herabhängenden Blütenkaskaden eine wahre Pracht.

Sortenauswahl: Flächenrosen (Aspirin®-Rose, Heideröslein Nozomi®, Mirato®, Satina®, Sonnenschirm®, The Fairy), Kletterrosen (Golden Showers®, Ilse Krohn Superior®, Lawinia®, Morning Jewel®, New Dawn, Ramira®, Santana®), Rambler (Flammentanz®, Paul Noel, Super Dorothy®, Super Excelsa®), Romantische Nostalgie-Rosen (Raubritter, Rosarium Uetersen®), Strauchrosen (Schneewittchen®)

Klingt Kaskadenrose nicht viel ansprechender als der früher übliche Begriff Trauerrose? 'Paul Noel' ist ein besonderer Sortentipp.

Die vielen Talente der Rosen

Nutzen Sie die vielen Talente der Rose! Sei es beispielsweise der Wunsch nach Rosen für den Vasenschnitt, den Kübel oder als Hagebuttenspender – bei einer sorgfältig bedachten Standort- und Sortenauswahl kann die Rose (fast) allen Ansprüchen gerecht werden.
Denn es gilt: Je standortgerechter mit Rosen gestaltet wird, desto pflegeleichter präsentieren sie sich. Die richtige Rose für den vorhandenen Standort auszuwählen entscheidet letztendlich maßgeblich darüber, ob die Robustheit einer Rosensorte – und damit ihre Pflegeleichtigkeit – auch zum Tragen kommen kann.

Hitzetolerante Rosen

Obwohl alle Rosen hungrige »Sonnenfresser« sind, empfiehlt sich für exponierte Südlagen mit enorm hoher Sonneneinstrahlung eine besondere Sortimentsauswahl. Entscheidend dafür, wieviel Hitze eine Sorte zu erdulden vermag, ist die Kleinlaubigkeit. Je kleiner das Laub, desto geringer die Transpiration, sprich Wasserverdunstung.
Außer dem Wasserhaushalt spielt die Hitzefestigkeit der Blüten bei der Tauglichkeitsprüfung einer Sorte für extreme Sonnenbäder eine Rolle. Vor allem rot blühende Sorten verlieren durch permanente Sonnenbestrahlung an Farbe und können verblassen. Besonders hitzefest sind weiße Rosenblüten.

Sortenauswahl: Alte Rosen (Trigintipetala), Englische Rosen (Constance Spry, Graham Thomas®, Mary Rose®), Romantische Nostalgie-Rosen (Ballade®, Colette®, Eden Rose® 85, Leonardo da Vinci®, Polka® 91, Rosarium Uetersen®, Sebastian Kneipp®), Kletterrosen (Dortmund®, Harlekin®, Lawinia®, Maria Lisa, New Dawn, Ramira®, Salita®, Santana®), Rambler (Flammentanz®, Super Dorothy®, Super Excelsa®), Strauchrosen (Angela®, Bischofsstadt Paderborn®, Bourgogne®, Centenaire de Lourdes, Dirigent®, Fontaine®, Kordes' Brillant®, Lichtkönigin Lucia®, Mein schöner Garten®, Romanze®, Schneewittchen®, Vogelpark Walsrode®, Westerland®), Flächenrosen (Alba Meidiland®, Aspirin®-Rose, Ballerina, Bingo Meidiland®, Celina®, Heideröslein Nozomi®, Heidetraum®, Lavender Dream®, Lovely Fairy®, Mirato®, Pink Meidiland®, Red Yesterday®, Royal Bassino®, Satina®, Sommerabend®, Sommermärchen®, Sommerwind®, Sonnenschirm®, The Fairy), Rugosa-Sorten (Pierette®, Polarsonne®, Schnee-Eule®), Beetrosen (Bella Rosa®, Bonica® 82, Chorus®, Edelweiß®, Focus®, Friesia®, La Sevillana®, Montana®, NDR 1 Radio Niedersachsen®, Rosenprofessor Sieber®, Sommermorgen®, The Queen Elizabeth Rose®), Zwergrosen (Pink Symphonie®)

Dank der Vielgestaltigkeit der Rosen können Sie alle Bereiche Ihres Gartens und Ihrer Terrasse mit Rosenblüten verschönern. Wichtig ist die richtige Sortenauswahl für den vorhandenen Standort.

Rosen für halbschattige Lagen

Rosen sind Sonnenkinder. Nimmt die Lichtverfügbarkeit ab, leidet die Blühwilligkeit und steigt in der Regel die Anfälligkeit für Pilzkrankheiten. Daran, dass Rosen im Innern des Strauches in der Regel vollkommen unbelaubt sind, erkennt man den hohen Lichtbedarf der Königin der Blumen. Bestimmte Sorten nehmen aber auch mit absonnigen Lagen vorlieb, wie sie etwa im Wanderschatten von Häusern zu finden sind. Wichtig ist, dass der Schatten nicht von großen Baumkronen verursacht wird. Auch Rosen für halbschattige Lagen haben nichts unter den Traufen von Laub- und Nadelbäumen verloren.

Sortenauswahl: Alte Rosen (Ghislaine de Feligonde, Gloire de Dijon, Louise Odier, *Rosa gallica* 'Officinalis', *Rosa gallica* 'Versicolor', Trigintipetala), Englische Rosen (Graham Thomas®), Romantische Nostalgie-Rosen (Leonardo da Vinci®, Polka® 91, Rosarium Uetersen®), Kletterrosen (Dortmund®, Golden Showers®, Lawinia®, New Dawn, Ramira®), Rambler (Albéric Barbier, Bobby James, Flammentanz®, Paul Noel, Super Dorothy®, Super Excelsa®, Venusta Pendula), Strauchrosen (Angela®, Bischofsstadt Paderborn®, Bourgogne®, Centenaire de Lourdes, Ferdy®, Frühlingsgold, IGA 83 München®, Kordes' Brillant®, Lichtkönigin Lucia®, Marguerite Hilling, Mein schöner Garten®, Romanze®, Schneewittchen®), Wildrosen (*Rosa arvensis, Rosa gallica, Rosa glauca, Rosa jundzillii, Rosa moyesii, Rosa nitida, Rosa pimpinellifolia, Rosa sericea* f. *pteracantha*), Flächenrosen (Aspirin®-Rose, Ballerina, Celina®, Heideröslein Nozomi®, Heidetraum®, Lovely Fairy®, Mirato®, Satina®, Sommerwind®, The Fairy, White Meidiland®), Rugosa-Sorten (Gelbe Dagmar Hastrup®, Pierette®, Polarsonne®, Schnee-Eule®), Beetrosen (Bonica® 82, Edelweiß®, Escapade®, Focus®, La Sevillana®, Montana®, NDR 1 Radio Niedersachsen®, Rosenprofessor Sieber®, Sommermorgen®, The Queen Elizabeth Rose®), Edelrosen (Aachener Dom®, Banzai ® 83, Christoph Columbus®, Elina®, Gloria Dei, Mildred Scheel®, Paul Ricard®, Silver Jubilee®)

Rosen für die Hangbepflanzung

Die Begrünung und Befestigung von Hängen war die ursprüngliche Aufgabe der Flächenrosen. Glücklicherweise erkannten die Rosenzüchter frühzeitig die Entwicklung und gaben innerhalb weniger Jahre ein breites Sortiment an geeigneten Hangrosen in den Handel.

Hang ist nicht gleich Hang

Entscheidend für die Bepflanzung sind die Hangneigung und Flächengröße. Ihre Eigenschaft, an bodenaufliegenden Trieben neue Wurzeln bilden zu können, befähigt die Flächenrosen, zur Hangbefestigung beizutragen. Jedoch können auch sie keine Wunder vollbringen; zu steile

Vor allem mit den vielen Flächenrosensorten lassen sich Hänge dauerhaft bepflanzen. Achten Sie auf wurzelechte Ware, die keine Wildtriebe bildet.

Hänge müssen zusätzlich durch Stützmauern aufgefangen werden. Dies ist nicht nur zweckmäßig, sondern bei der Verwendung dekorativen Mauerwerks auch zugleich ästhetisch sehr ansprechend.
Bei der rosigen Begrünung von Hängen schlägt die große Stunde der wurzelechten Flächenrosen. Sie sind besonders geeignet, weil mit ihrer Verwendung ausgeschlossen ist, dass auf schwer zugänglichen Hängen lästige Wildtriebe entfernt werden müssen.

Sortenauswahl: Flächenrosen (Alba Meidiland®, Aspirin®-Rose, Ballerina, Bingo Meidiland®, Celina®, Heideröslein Nozomi®, Heidetraum®, Lavender Dream®, Lovely Fairy®, Mirato®, Pink Meidiland®, Red Yesterday®, Royal Bassino®, Satina®, Sommerabend®, Sommermärchen®, Sommerwind®, Sonnenschirm®, Swany®, The Fairy, White Meidiland®)

Blütezeit und Blühdauer – Mittel zur Gestaltung

Grundsätzlich unterscheidet man zwischen einmal- und öfterblühenden Sorten; die Übergänge sind fließend.

Einmalblühende Frühlingsrosen

Das aktuelle Rosenangebot im Handel wird beherrscht von öfterblühenden Sorten. Den »nur« einmalblühenden Rosen schenkt man wenig Beachtung. Zu Unrecht, denn dieser Gruppe gehören eine Reihe interessanter Sorten vor allem aus dem Bereich der Strauch- und Kletterrosen (Rambler) an. Einmalblühende Rosen sind »einmalig« blühende Rosen, die in der Regel zeitlich vor den öfterblühenden Sorten auftrumpfen und durch ihre bis zu fünf Wochen lange Blütezeit verzaubern. Nach dem Blütenrausch darf der Rosenfreund sich dann wiederum elf Monate auf den nächsten Blütenflor freuen. Viele einmalblühende Strauchrosen sind ausgesprochen frosthart und gelten deshalb auch als »Polarrosen«.
Bereits im Mai eröffnen die Frühlingsrosen das rosige Halbjahr. Es handelt sich bei ihnen um einmalblühende Strauchrosen, die sich auf optimalen Standorten zu mannshohen Rosenbergen auswachsen können. Deshalb sollte man in sehr kleinen Gärten auf sie verzichten. Beispiele sind: Frühlingsgold, *Rosa hugonis, Rosa moyesii, Rosa sericea* f. *pteracantha*. Die heimische Wildrose *Rosa pimpinellifolia* blüht zeitgleich mit den Frühlingsrosen. Sie bleibt mit 80 bis 100 cm Höhe im Rahmen und gilt als wuchszahme Alternative zu den eigentlichen Frühlingsrosen.

Öfterblütigkeit

In den meisten Hausgärten dominieren öfterblühende Rosensorten. Öfterblühend heißt, dass jedes Jahr zwei Blütenwellen durch unsere Gärten rauschen: die erste, stärkere im Juni, die zweite im August. Öfterblühend wird häufig unpräzise mit sommer- oder dauerblühend gleichgesetzt, obwohl es deutliche, sortentypische Unterschiede im Blühverhalten gibt. So können sich besonders früh blühende Sorten mit ausgeprägt spät blühenden Rosen vortrefflich ergänzen und die Blühpausen zwischen den Floren erheblich verkürzen.

Besonders früh blühende, öfterblühende Rosen (Sortenauswahl): Englische Rosen (Heritage®, Mary Rose®), Romantische Nostalgie-Rosen (Bernstein Rose®, Rosarium Uetersen®), Strauchrosen (Centenaire de Lourdes, Lichtkönigin Lucia®, Schneewittchen®, Vogelpark Walsrode®), Flächenrosen (Lavender Dream®), Beetrosen (Friesia®, Schneeflocke®), Edelrosen (Karl Heinz Hanisch®, Silver Jubilee®)

Besonders spät blühende, öfterblühende Rosen (Sortenauswahl): Alte Rosen (Ghislaine de Feligonde), Englische Rosen (Othello®), Romantische Nostalgie-Rosen (Eden Rose® 85), Kletterrosen (Super Dorothy®, Super Excelsa®), Flächenrosen (Alba Meidiland®, Heidetraum®, Lovely Fairy®, Sommermärchen®, The Fairy), Beetrosen (Bella Rosa®, Sommermorgen®)

Sehr frostharte Rosen

Wer einen Hausgarten in Höhenlagen über 500 NN oder in ausgesprochenen Frostlagen (Senken) sein eigen nennt, braucht auf Rosen nicht zu verzichten. Natürlich ist die Auswahl beschränkt,

Besonders frosthart sind einmalblühende Strauchrosen und alle Rugosa-Hybriden.

trotzdem lassen sich für größere und kleinere Pflanzstellen Sorten in Weiß, Rosa, Rot und sogar Gelb empfehlen. Besonders einmalblühende Strauch- und Kletterrosen und die Rugosa-Hybriden sind sehr frosthart.
Neben der wohl überlegten Sortenauswahl muss besonderer Wert auf die dem Standort angepasste Pflege der »Polarrosen« gelegt werden. Sparsamer Gebrauch von stickstoffbetonten Düngern ist oberstes Gebot, um die Ausbildung der notwendigen Holzreife nicht zu gefährden. Organische Dünger auf jeden Fall im Winter bzw. Frühjahr ausbringen, damit eine wachstumsgerechte Umsetzung bis zum Frühsommer möglich ist. Wählen Sie zum Schnitt der Rosen einen späten Zeitpunkt ab Ende April, um Spätfrostschäden an weichen Frühtrieben und in der Folge eine Schwächung der Pflanze zu vermeiden. Bei öfterblühenden Sorten sollte man auf den Sommerschnitt verzichten, der den Hagebuttenansatz zeitlich nach hinten verschieben würde.

Sortenauswahl: Alte Rosen (Maiden's Blush), Romantische Nostalgie-Rosen (Rosarium Uetersen®), Kletterrosen (Dortmund®, New Dawn, Flammentanz®, Venusta Pendula), Strauchrosen (Ferdy®, Frühlingsgold, IGA 83 München®, Marguerite Hilling, Schneewittchen®), Wildrosen, Flächenrosen (Alba Meidiland®, Bingo Meidiland®, Heidetraum®, Pink Meidiland®, Sommerwind®, The Fairy), Rugosa-Sorten (Gelbe Dagmar Hastrup®, Pierette®, Polarsonne®, Schnee-Eule®), Beetrosen (Bonica® 82, La Sevillana®, NDR 1 Radio Niedersachsen®, The Queen Elizabeth Rose®)

Duftrosen

Rein chemisch betrachtet, sind Duftstoffe Ausscheidungsprodukte bestimmter Drüsen, einzelner Drüsenzellen oder ganzer Organe (Blüten, Blätter) der Rosen mit flüchtigem Charakter. Nicht jede Rose duftet, doch von jeder wird Rosenduft erwartet. Rosenfreund A. S. Thomas formulierte es treffend: »Eine Rose ohne Duft ist nicht weniger schön, aber sie ist weniger anziehend.«
Die Meinungen über Intensität und Note eines Rosenduftes gehen meist weit auseinander. Spricht ein Rosenfreund vom »reichlichen« Duft einer Rosensorte, muss ein anderer ihn förmlich suchen. Duft bleibt relativ, deshalb sind die Düfte der nachfolgend genannten Rosensorten auch immer im Zusammenhang mit ihrer Gruppenzugehörigkeit zu sehen.

Duftstärke und Duftnote können bei Rosen derselben Sorte variieren, unter anderem ändern sie sich auch mit der Bodenart, dem Standort, der Tageszeit und dem Entwicklungsstadium der Pflanze. Auch die Platzierung hat einen Einfluss. Duftrosen sollten zum einem gut zugänglich sein, damit man immer leicht an die Blüten herantreten kann. Zum anderen stehen Duftrosen am besten windgeschützt. Windböen in zugigen Ecken können die privaten Duftproben stark beeinträchtigen.

Sortenauswahl: Alte Rosen (Ghislaine de Feligonde, Gloire de Dijon, Louise Odier, *Rosa centifolia* 'Muscosa', Rosa gallica 'Officinalis', *Rosa gallica* 'Versicolor', Rose de Resht, Souvenir de la Malmaison, Suaveolens, Trigintipetala), Englische Rosen (Abraham Darby®, Charles Austin®, Constance Spry, Graham Thomas®, Heritage®, Othello®, Wife of Bath), Romantische Nostalgie-Rosen (Colette®, Michelangelo®, Nostalgie®, Old Port®, Polka® 91, Sebastian Kneipp®), Kletterrosen (Harlekin®, Ilse Krohn Superior®, Lawinia®, Morning Jewel®, New Dawn), Rambler (Bobby James, Paul Noel), Strauchrosen (Centenaire de Lourdes, Frühlingsgold, Ilse Haberland®, Westerland®), Wildrosen *(Rosa canina, Rosa gallica, Rosa pimpinellifolia)*, Flächenrosen (Lavender Dream®), Rugosa-Sorten, Beetrosen (Duftwolke®, Friesia®), Edelrosen (Banzai® 83, Barkarole®, Burgund 81®, Duftgold®, Duftrausch®, Elina®, Karl Heinz Hanisch®, Mildred Scheel®, Paul Ricard®, Polarstern®, The McCartney Rose®)

Hagebuttenrosen

Seit vielen Jahrhunderten wird die Frucht der Rosen als Speise genutzt. Ohne dass unsere Vorfahren es ahnten, waren Hagebutten für sie – vor allem während der Wintermonate, in denen frisches Obst und Gemüse fehlte – eine wichtige, äußerst ergiebige Vitamin-C-Quelle.
Am besten erntet man Hagebutten, wenn die Früchte voll ausgefärbt, aber noch hart und knackig sind. Zu früh geerntete Hagebutten besitzen noch keine ansprechende geschmackliche Reife. Bei zu spät gepflückten, überreifen, weichen Hagebutten beginnt durch die fortlaufende Sauerstoffzusetzung bereits der Abbau der inhaltsreichen Stoffe. Die Hagebutten sollten unmittelbar nach der Ernte verarbeitet werden, da sich während der Lagerung der innere Abbau ebenfalls weiter fortsetzt.
Hagebutten müssen vor der Verarbeitung grundsätzlich entkernt werden. Die Kerne schmecken scharf und pelzig und sind nicht gerade eine Gaumenfreude.

Rosa rugosa-Hybriden

Die Rugosa-Hybriden sind Auslesen bzw. Züchtungen aus der Kartoffelrose, *Rosa rugosa*. Die Hagebutten der Rugosen erreichen eine ungewöhnliche Größe und liefern viel verwertbares Fruchtfleisch für bekömmliche Hagebuttenrezepte.

Sortenauswahl: Alte Rosen *(Rosa gallica* 'Officinalis', Suaveolens), Kletterrosen (Dortmund®, New Dawn), Strauchrosen (Bourgogne®, IGA 83 München®, Schneewittchen®), Wildrosen, Flächenrosen (Ballerina, Pink Meidiland®, Royal Bassino®), Rugosa-Sorten, Beetrosen (Bonica® 82, Escapade®, La Sevillana®, The Queen Elizabeth Rose®)

'Graham Thomas' mit herrlichem Duft und sehr langer Blütezeit aus dem Hause Austin.

Rosenhecken

Heckenform, Heckenhöhe	Sorte/Art	Rosengruppe
Lockere Hecken, 40 – 60 cm	*Rosa nitida*	Wildrose
	'Schnee-Eule'®	Rugosa-Sorte
	'Sonnenschirm'®	Flächenrose
	'Zwergkönig 78'®	Zwergrose
Lockere Hecken, 60 – 80 cm	'Ballerina'	Flächenrose
	'La Sevillana'®	
	'Pink Meidiland'®	Flächenrose
	'Red Yesterday'®	Flächenrose
Lockere Hecken, 80 – 100 cm	'Escapade'®	Beetrose
	'Ferdy'®	Strauchrose
	'IGA 83 München'®	Strauchrose
	'Rose de Resht'	Alte Rose
	'Wife of Bath'	Englische Rose
Lockere Hecken, 100 – 150 cm	'Angela'®	Strauchrose
	'Astrid Lindgren'®	Strauchrose
	'Bischofsstadt Paderborn'®	Strauchrose
	'Dornröschenschloss Sababurg'®	Strauchrose
	'Ilse Haberland'®	Strauchrose
	'Kordes Brillant'®	Strauchrose
	'Lichtkönigin Lucia'®	Strauchrose
	'Maiden's Blush'	Alte Rose
	'Mein schöner Garten'®	Strauchrose
	'Polka® 91'	Romantische Nostalgie-Rose
	Rosa gallica 'Officinalis'	Alte Rose
	Rosa pimpinellifolia	Wildrose
	'Schneewittchen'®	Strauchrose
	'The Queen Elizabeth Rose'v	Beetrose
Lockere Hecken, 150 – 200 cm	'Ghislaine de Feligonde'	Alte Rose
	'Constance Spry'	Englische Rose
	'Centenaire de Lourdes'	Strauchrose
	'Dirigent'®	Strauchrose
	'Marguerite Hilling'	Strauchrose
	'Westerland'®	Strauchrose
	Rosa canina	Wildrose
Lockere Hecken, 200 – 300 cm	*Rosa rubiginosa*	Wildrose

Duftige Rosenhecken

Rosenhecken – wie anderen Hecken (siehe Kapitel »Hecken«, Seite 188) auch – kommen zahlreiche lebenserhaltende Aufgaben zu. Sie gleichen Temperaturextreme aus – zahlreiche Lebewesen nutzen die erhöhte Luftfeuchtigkeit und die durch verstärkte Taubildung feuchte Kühle innerhalb ihres Zweiggewirrs –, sie vermindern die Windgeschwindigkeit, sind lebende Staubfilter und Schalldämpfer, reinigen durch ihre Laubaktivität die Luft und produzieren Sauerstoff. Vögeln und anderen Tieren bieten sie Brut- und Lebensschutz und mit den Hagebutten zudem eine beliebte Vogelnahrung.
In der Tabelle sind öfterblühende Rosensorten aufgeführt, die sich für lockere, frei wachsende Hecken eignen. Nicht nur Zierstrauchrosen kommen in Frage, sondern – für niedrige Hecken – auch Sorten aus der Gruppe der Flächen- und Beetrosen. Die notwendige dichte Pflanzfolge für eine Hecke erhöht den Befallsdruck durch Pilzkrankheiten und bedingt in der Folge einen etwas höheren Pflegeaufwand. Der ideale Standort der Hecken ist sonnig, unter den Traufen von Bäumen haben auch robuste, öfterblühende Rosenhecken nichts zu suchen. Natürlich können Sorten mit ähnlichen Wuchshöhen und -formen auch zu bunten Hecken gemischt werden.

Rosen für Kübel, Trog, Ampel und Kasten

Mobile, frostharte Rosen für Terrasse und Balkon – gepflanzt in Kübel, Tröge, Ampeln oder größere Balkonkästen – erlauben es, über viele Jahre hinweg Orte mit Rosen zu schmücken, an denen rosige Blütenpracht nicht möglich schien.
Natürlich gedeiht auch eine Terrassenrose an einem rosengerechten Standort besser als an einem schattigen Plätzchen, aber der Befallsdruck durch die schlimmste Geißel der Rosenliebhaber – den Sternrußtau – lässt auf der Terrasse oder dem Balkon durch die Erdferne deutlich nach.

Auch Kübelrosen brauchen Pflege

Für mehrjährigen Kübelspaß sollte der Mindestdurchmesser der Kübel 40 cm

Rosenhecken, gepflanzt aus verschiedenen Sorten, sind ein unvergleichlicher Blütentraum.

betragen – je größer, desto besser. Als ideal für die Rose mit ihren tiefgehenden, langen Wurzeln hat sich die hohe, lang gezogene Zylinderform des Pflanzgefäßes erwiesen, am besten mit standsichernder Bodenwulst zur Minderung der Kopflastigkeit.
Je nach Kübelmaterial und -größe sind die Wurzeln der Rosen in Gefäßen häufig wechselnder Bodenfeuchte ausgesetzt. Gleichmäßige Bodenfeuchtigkeit wäre das Ideal – auf jeden Fall aber wird der achtsame Rosenfreund seine Rosen nicht vertrocknen lassen. In den meisten Fällen wird dann aber zu viel des Guten getan – die Rosen werden ertränkt.
Rosen sind frostharte Kübelpflanzen, die im Freien überwintern können. Die Voraussetzung dafür ist, dass sich die Rosen im Zustand der Ruhe befinden, das heißt, das Wachstum sollte für das laufende Jahr abgeschlossen sein. Trifft Frost auf eine noch aktive Wurzel, sind Schäden vorprogrammiert. Deshalb hat sich eine 10 cm starke, trocken bleibende Isolierschicht rund um den Kübel bewährt. Diese Isolierschicht kann entweder aus einem Mantel aus Kokosfasern oder feinem Birken-, Buchen- oder Apfellaub oder aus Noppenfolie bestehen. Die oberirdischen Triebe der Rosen werden zum Schutz vor Frost und kalten Winden mit Sackleinen, Ballentuch oder Fichtenreisig abgedeckt.

Besonders geeignet: Stammrosen

Ein besonderer Kübelschmaus sind Stammrosen (siehe Seite 216). Alle in diesem Buch genannten Zwergstamm-, Halbstamm-, Hochstamm- und Kaskadenrosen eignen sich für eine Kultur in entsprechend dimensionierten Kübeln. Ganz wichtig sind schwere Gefäße, damit der Wind die kopflastigen Stämme nicht allzu leicht umwerfen kann. Hübsch ist das Unterpflanzen der Stämme mit rosengerechten Stauden. Bewährt haben sich beispielsweise das Bergbohnenkraut *(Satureja montana)* und niedrige Glockenblumen-Arten *(Campanula portenschlagiana)*.

Rosen für Kübel – Sortenauswahl: Alte Rosen (Ghislaine de Feligonde, Gruß an Aachen, Jacques Cartier, Louise Odier, Rosa centifolia 'Muscosa', Rosa gallica 'Officinalis', Rose de Resht, Souvenir de la Malmaison), Englische Rosen (Abraham Darby®, Charles Austin®, Graham Thomas®, Heritage®, Mary Rose®, Othello®, Wife of Bath), Romantische Nostalgie-Rosen (Ballade®, Bernstein Rose®, Colette®, Eden Rose® 85, Leonardo da Vinci®, Michelangelo®, Nostalgie®, Old Port®, Polka® 91, Raubritter, Rosarium Uetersen®, Sebastian Kneipp®), Kletterrosen (Golden Showers®, Harlekin®, Ilse Krohn Superior®, Lawinia®, New Dawn, Ramira®, Salita®, Santana®), Rambler (Super Dorothy®, Super Excelsa®), Strauchrosen (Angela®, Centenaire de Lourdes, Dornröschenschloss Sababurg®, Fontaine®, Grandhotel®, IGA 83 München®, Lichtkönigin Lucia®, Marguerite Hilling, Mein schöner Garten®, Romanze®, Schneewittchen®, Vogelpark Walsrode®, Westerland®), Flächenrosen (Alba Meidiland®, Aspirin®-Rose, Ballerina, Celina®, Heideröslein Nozomi®, Heidetraum®, Lovely Fairy®, Mirato®, Red Yesterday®, Satina®, Sommerwind®, Sonnenschirm®, Swany®, The Fairy, White Meidiland®), Beetrosen (Amber Queen®, Bella Rosa®, Bonica® 82, Duftwolke®, Escapade®, Focus®, Friesia®, La Paloma 85®, La Sevillana®, NDR 1 Radio Niedersachsen®, Rosenprofessor Sieber®, Schneeflocke®), Edelrosen (Aachener Dom®, Burgund 81®, Christoph Columbus®, Duftrausch®, Elina®, Mildred Scheel®, Paul Ricard®, Silver Jubilee®)

Rosen für Tröge – Sortenauswahl: Rambler (Super Dorothy®, Super Excelsa®), Flächenrosen (Alba Meidiland®, Ballerina, Celina®, Heideröslein Nozomi®, Heidetraum®, Lovely Fairy®, Mirato®, Sommermärchen®, Sommerwind®, Sonnenschirm®, Swany®, The Fairy), Zwergrosen (Orange Meillandina®, Peach Meillandina®, Pink Symphonie®, Rosmarin 89®, Sonnenkind®, Zwergkönig 78®)

Rosen für Ampeln – Sortenauswahl: Kletterrosen (Flammentanz®), Rambler (Super Dorothy®, Super Excelsa®), Flächenrosen (Alba Meidiland®, Heidetraum®, Mirato®, Swany®, The Fairy)

Rosen für Kästen – Sortenauswahl: Zwergrosen (Orange Meillandina®, Peach Meillandina®, Pink Symphonie®, Rosmarin 89®, Sonnenkind®, Zwergkönig 78®)

Wählen Sie für Rosen ausreichend große Gefäße, damit sie optimal gedeihen können. Je größer das Gefäß, desto leichter ist die Überwinterung.

Rosen für die Vase

Viele Gartenfreunde haben bereits tolle Rosensorten im eigenen Garten stehen, deren Vasentauglichkeit ihnen gar nicht bewusst ist. Ein Blick auf das Vasenrosensortiment zeigt, dass viele Rosen für die Vase aus der Klasse der so genannten Edelrosen stammen. Edelrosen kennzeichnen lange, zum Vasenschnitt prädestinierte Stiele, auf denen große, elegant geformte, gut gefüllte, meist einzelne Blüten stehen.
Die zweite interessante Gruppe der Vasenrosen bilden die so genannten Sprayrosen, besonders büschelblütige Sorten mit zahlreichen Blüten pro Stiel. Sie setzen sich aus Sorten der Beet- und Flächenrosen zusammen. Bereits mit wenigen, auch kurzstieligen Blütenbüscheln lassen sich üppige Sträuße zusammenstellen.

Tipps für eine gute »Ernte«

Zu den Tricks erfahrener Rosengärtner, besonders üppige Rosenblüten zu bekommen, gehört das Ausbrechen der Blüten. Bei Edelrosen bewirkt das Entfernen der Beiknospen eine verstärkte Entwicklung der Spitzenknospe. Bei Beet- und Flächenrosen, die Blütenbüschel ausbilden, wird dagegen die Spitzenknospe entfernt, damit alle Seitenknospen sich gleichmäßig entwickeln.

Der richtige Schnittzeitpunkt ist gekommen, wenn die äußeren Kelchblätter der Blüten sich gelöst haben und nach unten weisen, während sich das erste Blütenblatt am oberen Blütenrand langsam zu öffnen beginnt. Die Blütenknospe fühlt sich in diesem Stadium weich an. Eine Blüte, die im knospigen, harten Zustand mit geschlossenen Kelchblättern geschnitten wurde, wird sich nicht in der Vase öffnen und vorzeitig welken.
Geschnitten werden Rosen, die für die Vase bestimmt sind, in den frühen Morgenstunden, wenn die Kühle der Nacht noch vorherrscht.

Doldenblüher mit ausgeprägtem Blütenstand: Strauchrose (Lichtkönigin Lucia®), Flächenrosen (Alba Meidiland®, Heidetraum®, Lovely Fairy®, The Fairy, White Meidiland®), Beetrosen (Amber Queen®, Bella Rosa®, Bonica® 82, Duftwolke®, Focus®, Rumba®)

Einzelblüten: Alte Rosen (Gloire de Dijon, Gruß an Aachen, Jacques Cartier, Louise Odier, *Rosa centifolia* 'Muscosa', Souvenir de la Malmaison), Englische Rosen (Abraham Darby®, Charles Austin®, Constance Spry, Graham Thomas®, Heritage®, Mary Rose®, Othello®, Wife of Bath), Romantische Nostalgie-Rosen (Eden Rose® 85, Leonardo da Vinci®, Michelangelo®, Nostalgie®, Old Port®, Polka® 91, Raubritter, Rosarium Uetersen®, Sebastian Kneipp®), Kletterrosen (New Dawn), Edelrosen (Aachener Dom®, Banzai® 83, Barkarole®, Burgund 81®, Christoph Columbus®, Duftgold®, Duftrausch®, Elina®, Gloria Dei, Karl Heinz Hanisch®, Mildred Scheel®, Paul Ricard®, Polarstern®, Silver Jubilee®, The McCartney Rose®)

Mit Rosen gestalten

Wer bunte Gartenbilder zaubern will, kann mit den vielen angebotenen Rosensorten eine nuancenreiche Farbpalette nutzen. Rot, Rosa, Weiß, Gelb, Orange, dazwischen zahllose Schattierungen – einzig blaue Farbtöne fehlen, die aber spielend von anderen Pflanzen abgedeckt werden können. Die Pflanzenvielfalt verwöhnt dabei nicht nur das Auge, der Artenreichtum ist auch eine wichtige Voraussetzung für geringere Pflegemaßnahmen und naturnahe Gartengestaltung. Rosige Kombinationen entsprechen dem Naturverhalten vieler Rosenarten, die in der freien Natur als Saumpflanzen an lichten Gehölzrändern auftreten.

Die Kunst des Gestaltens mit Pflanzen besteht darin zu arrangieren, ohne dass das Arrangement zu erkennen ist. Die wohl wichtigste Harmonielehre im Umgang mit Rosen ist die Farbenlehre. Die Grundfarben des Farbenkreises – Gelb, Blau und Rot – harmonieren ohne Probleme miteinander. Problematischer verhält es sich mit einander nahe stehenden Farben, die zwar einer Grundfarbe entstammen und scheinbar gut zusammenpassen würden, die sich dann aber doch beißen. Reizvoll sind Spannung erzeugende Kontraste, etwa Rot zu Grün, Gelb zu Violett, Blau zu Orange.

➲ Einen Farbkreis finden Sie bei den Sommerblumen auf Seite 335.

Die Rose als Königin der Blumen und *Clematis* als Königin der Kletterpflanzen bilden ein erlesenes Pflanzenduo für viele Gartenideen.

Rosen und Stauden, eine schöne Gemeinschaft

Damit die gute Nachbarschaft von Rosen und Stauden nicht durch einen Konkurrenzkampf gefährdet wird, den nur die aggressivsten Arten überstehen, gilt es, die sehr unterschiedlichen Nährstoffbedürfnisse beider Gruppen im Auge zu behalten. Rosen und Stauden sind niemals gemischt, sondern immer nebeneinander zu pflanzen – sei es in Gruppen, Bändern, Reihen oder einzeln. Dieses Nebeneinander ermöglicht die bedarfsgerechte Ernährung und Pflege, so dass aus Partnern keine Kontrahenten werden. Zudem brauchen Rosen einen offenen Boden, damit man sie – in frostreichen Gegenden – anhäufeln kann. Auch zum Schneiden muss man immer wieder an die Pflanze herantreten können. Die Rosensorten, die sich besonders gut für eine Kombination mit Stauden eignen, stammen aus den Gruppen der Beet-, Flächen- und Strauchrosen.

Passende Begleitpflanzen unterstreichen die Blütenpracht eines Rosengartens und sorgen für pflegeleichten Artenreichtum.

Achten Sie auf die Farbenwahl

In der Nähe von Rosen ist vor allem die Staudenfarbe Rot gefährlich. Mit dem Gelb der Steppenkerzen *(Eremurus)* oder des Frauenmantels *(Alchemilla mollis,* Blüte Juni/Juli), etwa zu dunkelroten Beet- und Strauchrosen, kann man nicht viel verkehrt machen. Weiße Flammenblumen-Sorten *(Phlox)* leuchten im August elegant neben Strauchrosen. Rittersporne *(Delphinium)* zählen zu den stolzesten blauen Begleitern von Rosen. Weitere häufig auftretende blaue Rosenbegleiter sind Katzenminze *(Nepeta)* und Salbei *(Salvia)*, die – im Gegensatz zum Rittersporn – eher magere Bodenverhältnisse favorisieren. Passende blau blühende Kräuter sind Lavendel.

Silberlaubige Stauden sind als Rosenbegleiter Gold wert. Ihre graue Laubfarbe verweist auf ihren Lichthunger und empfiehlt sie damit als Nachbarn für das Sonnenkind Rose. Eine Favoritenstellung nimmt das Heiligenkraut *(Santolina chamaecyparissus)* ein, getrocknet ein duftiger Innenraumschmuck. Daneben bieten sich das Perlkörbchen *(Anaphalis triplinervis)* mit weißen Blütentrauben, die Katzenminze *(Nepeta)*, Lavendel und Edelraute *(Artemisia stellerina* und *A. schmidtiana* 'Nana') an. Sehr gut zu Rosen passen auch buntlaubige Stauden wie die Funkien *(Hosta)* und ihre Sorten: etwa die Frühlingsgold-Funkie *(Hosta fortunei* 'Aurea') oder die Blaublatt-Funkie *(Hosta sieboldiana)*.

Rosen und Clematis kombinieren

Gleich nach den Stauden folgt die Waldrebe *(Clematis)* in der Hitliste der Pflanzen, die gerne mit Rosen kombiniert werden. Sie ist eine Trendpflanze, die nach Höherem strebt. Bisher kommt nur eine vergleichsweise kleine Sortenanzahl in unseren Gärten zum Einsatz.

Wie die Rose liebt die *Clematis* nahrhafte, tiefgründige Böden und reagiert auf stauende Nässe umgehend mit Welkeerscheinungen. Reine Lehm- bzw. Tonböden sollten Sie deshalb vor einer Pflanzung nachhaltig aufbessern. Dennoch hat die *Clematis* – auch hier gleicht sie

Rosen und Stauden

	Höhe in cm	Blühmonate	Verwendungsbereich	Standort
Blau bis violett blühende Stauden				
Eisenhut *(Aconitum napellus)*	110	VI – VII	Beet, Gehölzrand	wechselsonnig
Berg-Aster *(Aster amellus*-Sorten)	50–60	VII – VIII (– IX)	Beet, Schnitt	sonnig
Glockenblumen *(Campanula*-Arten/-Sorten)	10–80	VI – VII (– VIII)	Polsterstaude, Schnitt, Kübel	sonnig
Rittersporn *(Delphinium*-Sorten)	80–150	VI – IX	Beet, Leitpflanze	sonnig
Kugeldistel *(Echinops* 'Veitch's Blue')	80	VII – IX	Terrasse, Beet	sonnig
Feinstrahl *(Erigeron*-Sorten)	70	VI – VII, IX	Terrasse, Beet	warm, sonnig
Lavendel *(Lavandula)*	40	VI – VII	Terrasse, Beet, Kübel	warm
Katzenminze *(Nepeta × fassenii)*	25	V – IX	Terrasse, Steingarten	sonnig
Dost *(Origanum*-Arten)	20–40	VII – IX	Beet, Kübel	sonnig
Ballonblume *(Platycodon grandiflorus)*	50	VII – VIII	Beet	sonnig
Zier-Salbei *(Salvia nemorosa*-Sorten)	40	VI – VIII	Beet, remontierend	sonnig
Gelb blühende Stauden				
Kleiner Frauenmantel *(Alchemilla erythropoda)*	10–20	VI – IX	Kübel	sonnig bis halbschattig
Frauenmantel *(Alchemilla mollis)*	30–40	VI – VII	Beet, Schnitt	anspruchslos
Mädchenauge *(Coreopsis*-Arten)	25	VI – VIII	Rabatte	sonnig
Steppenkerze *(Eremurus)*	150–200	V – VI	Rabatte, Schnitt	sonnig
Rudbeckie *(Rudbeckia)*	80	VIII – X	Beet, Schnitt	sonnig
Goldrute *(Solidago caesia)*	60	VII – VIII	Rabatte	sonnig
Weiß blühende Stauden				
Perlkörbchen *(Anaphalis triplinervis)*	25	VII – VIII	Terrasse, Beet	warm, sonnig
Herbstaster *(Aster*-Sorten)	100–140	IX – X	Rabatte	sonnig
Kissenaster *(Aster dumosus*-Sorten)	25	VIII – IX	Polster, Böschung	sonnig
Glockenblumen *(Campanula*-Arten/-Sorten)	80–100	VI – VII (– VIII)	Schnitt	sonnig
Feinstrahl *(Erigeron*-Sorten)	60	VI – VII, IX	Terrasse, Beet	warm, sonnig
Schleierkraut *(Gypsophila)*	80	VI – VIII	Beet, Böschung	sonnig
Madonnen-Lilie *(Lilium candidum)*	80–120	VI – VII	Rabatte	warm
Rosa blühende Stauden				
Buschmalve *(Lavatera thuringiaca)*	150	VII – IX	Rabatte	sonnig
Königslilie *(Lilium regale)*	80–150	VII	Rabatte	sonnig
Moschus-Malve *(Malva moschata)*	70	VI – IX	Rabatte, Schnitt	auch absonnig
Phlox *(Phlox paniculata)*	70	VII – IX	Beet, Schnitt	sonnig
Rot blühende Stauden				
Herbstaster *(Aster*-Sorten)	100–140	IX – X	Rabatte	sonnig
Blutstorchschnabel *(Geranium)*	30	V – VIII	Flächendecker	sonnig
Indianernessel *(Monarda)*	80	VII – IX	Beet, Schnitt	sonnig

Aufrechte Rittersspornblüten geben dem weiß blühenden Rosenstrauch Halt und einen passenden Rahmen mit ihren himmlisch blauen Blütenlanzen.

der Rose – einen hohen Wasserbedarf. Wichtig ist jedoch, dass das Überschusswasser schnell abfließt.

Clematis-Wildarten

Eine Möglichkeit für erfolgversprechende *Clematis*-Rosen-Partnerschaften ist der gemeinsame Einsatz von starkwüchsigen Ramblersorten und vitalen, kleinblütigen *Clematis*-Wildarten. Beide wachsen zum Beispiel spielend in lichte Bäume hinein. Pflanzen Sie die Waldrebe auf die kühle Schattenseite des Baumes, die Ramblerrose auf die sonnenzugewandte Stammseite. Beiden Kletterkünstlern gewährt man dabei ausreichenden Abstand zum Stamm, damit die Baumwurzeln ihnen keine zu starke Konkurrenz machen. *Clematis*-Wildarten passen auch ausgezeichnet in die Nachbarschaft von Wildrosen.

Empfehlenswert sind insbesondere welkerobuste Sorten der Art *Clematis viticella*, etwa 'Etoile Violette'. *Viticella*-Sorten werden im Frühjahr bodengleich abgeschnitten und nach dem Austrieb pinziert – einfacher geht's kaum noch.

Großblumige *Clematis*-Sorten

Mit ihren bis zu zwanzig Zentimeter großen Blüten und aufgrund ihres Nachblühverhaltens besitzen die großblumigen *Clematis*-Sorten einen besonderen Gartenwert. Sie begrünen elegant Spaliere, Gitter, Zäune und auch lichte Bäume. Kombinationen von großblumigen Clematis und öfterblühenden Kletterrosen gehören zu den reizvollsten Höhepunkten des Gartenjahres.

Rosen und Sommerblumen

Natürlich sollten auch Sommerblumen wie die Stauden den Rosen nicht zu nahe kommen. Dies zum einen wegen der Nährstofffrage – die sich ähnlich wie bei den Stauden verhält –, zum anderen verhindern Sommerblumen – dicht mit Rosen vermischt – durch ihre Blattmasse ein zügiges Abtrocknen des Rosenlaubes – mit pilzfördernden Folgen.

Einen Einstieg in das Thema »Rosen und Sommerblumen« bietet zum Beispiel das Auffüllen von Leerstellen im einstmals geschlossenen Rosenbeet mit Sommerblumen.

Welche Sommerblumen passen zu Rosen?

Der Anfänger sollte sich zunächst auf weiß bzw. blau blühende Sommerblumen beschränken und mit diesen kreativ arbeiten. Weiße Beetrosen harmonieren exzellent mit hohen, fragil-eleganten Schmuckkörbchen *(Cosmos bipinnatus)*. Niedrige Sommerblumen wie der Duftsteinrich *(Lobularia)* zieren reizvoll den Boden unter Stammrosen. In kleinen Gruppen verträgt sich der silbrige Blattschmuck des Kreuzkrautes *(Senecio)* mit allen Rosenfarben. Hübsch macht sich die Jungfer im Grünen *(Nigella)* mit gelben Beetrosen.

➲ Mehr zu Sommerblumen ab Seite 330.

Rosen mit Gräsern

Gräser vermitteln als gestalterisches Element im Garten Struktur und Disziplin. Rosen und Gräser ergänzen sich gut, denn sie sind beide lichthungrig, kommen sich aber im Wurzelbereich nicht in

Zu Gräsern passen vor allem Strauch- und Wildrosen. Sie schmücken auch während der Winterszeit kahle Beete.

die Quere. Während des Sommers bieten Gräser ein dauerhaftes, konstantes Bild und strahlen Gelassenheit und Ruhe aus. Während der Frostperiode schmücken viele Arten mit ihren wintergrünen, bisweilen gelb- bzw. weißbunten Halmen die blütenlosen Rosenbeete und bringen Leben ins triste Wintergrau. Niedrige Gräser wie Blauschwingel oder das Bärenfellgras eignen sich ideal als Einfassung für Beetrosengruppen. Höhere Gräser, neben Strauch- und Wildrosen gepflanzt, geben Rahmen und Halt. Bewährte »Rosengräser« wie der Blaustrahlhafer oder das Lampenputzergras kommen selbst auf begrenzten Standorten zurecht und bringen auch in kleine Hausgärten »Linie«.

Rosen und Laubgehölze

Pflanzt man Laubgehölze vor oder neben Rosen, ist – je nach Wuchsstärke – auf ausreichenden Abstand zu achten. Die Lichtverhältnisse für die Rosen dürfen sich durch die Entwicklung der Gehölze nicht verschlechtern. In idealer Weise wirkt sich die Pflanzung einer Gehölzkulisse auf der Ost- und/oder Nordseite des Gartens aus. Die Auswahl frischgrüner Frühlingsblüher gestaltet sich ganz problemlos, da sie nicht in optische Konkurrenz zur Rose treten. Buntlaubige Gehölze sind auffallend und deshalb nicht in unmittelbarer Nähe zur Rose zu platzieren. Je mehr das Gehölz während der Rosenblüte im Sommer von den Rosen durch Blatt oder/und Blüte ablenken könnte, desto weiter entfernt sollte es – auch unter dem Aspekt des Kontrapunktes – von der Königin der Blumen gepflanzt werden. Und: Je wuchsfreudiger das Gehölz, desto größer ist der Abstand von den Rosen zu wählen.

Blau blühende Gehölze

Sie ergänzen die Farbenpalette der Rosenblüten: Bartblume *(Caryopteris clandonensis* 'Kew Blue'), Säckelblume *(Ceanothus*-Sorten), Blauraute 'Blue Spire' *(Perovskia atriplicifolia*-Sorte) sowie Hortensien *(Hydrangea)*, Buddleien *(Buddleja)*, Flieder *(Syringa)* und Eibisch *(Hibiscus)* in blauen Sorten passen gut.

Immergrüne Laubgehölze

Sie fungieren als ruhende Pole im wechselnden Farbenspiel des Gartenjahres. Für die Nachbarschaft zu Rosen empfehlen sich: Immergrüne Kissen-Berberitze *(Berberis candidula)*, Hoher Buchsbaum *(Buxus sempervirens arborescens)*, Buchs 'Blauer Heinz' *(Buxus sempervirens*-Sorte), Strauch-Hülse *(Ilex meserveae*-Sorten), Flache Heckenmyrte *(Lonicera nitida* 'Maigrün'), Schmuck-Mahonie *(Mahonia bealei)* und Schattenglöckchen *(Pieris japonica*-Sorten).

Rosen und Nadelgehölze

Die Auswahl an passenden Nadelgehölzen für eine Kombination mit Rosen ist groß. Wir stellen an dieser Stelle vor allem kompakt wachsende Zwergformen, buntnadlige Auslesen und exquisite Einzelstücke, die den Garten strukturieren können, vor. Letztere sind jedoch mit ausreichendem Abstand zu den Rosen zu platzieren. Als junge Pflanze aus der Baumschule kommend, sehen sie zunächst niedlich aus, sobald sie aber Fuß gefasst haben, legen sie kontinuierlich, Jahr für Jahr, zu.

Platzprobleme gibt es mit den Zwergformen nicht. Diese Miniaturausgaben ihrer imposanten Artkollegen schaffen selbst auf kleinsten Flächen, die im Zuge der Gestaltungslust mitunter allzu bunt ausgestattet wurden, mit ihrer zumeist dunkelgrünen Farbe Ruhe. Ihr Grün harmoniert eigentlich mit allen Rosenfarben, von der Wuchsform her eignen sich besonders Beetrosen als Partner dieser nadligen Liliputaner. Bodendeckende Nadelgehölze lassen sich zwischen Rosengruppen einsetzen. In größere Gärten passen Wildrosen bestens zu imposanten Eiben und Kiefern.

Laubsträucher eignen sich hervorragend dazu, mit üppig blühenden Beetrosen attraktive Gartengemeinschaften zu bilden.

Laub- und Nadelgehölze bilden einen idealen Rahmen für farbenfrohe Rosen und Stauden.

Praxistipps für Rosenfreunde

Die Angebotsformen

Wurzelnackte Rosen befinden sich im Zustand absoluter Winterruhe. Der Kunde erkennt bei dieser verpackungsfreien Angebotsweise auf einen Blick die Qualität einer Pflanze. Sobald sie in der Baumschule aus dem Beet gezogen wird, muss ihre nackte Wurzel vor direkter Sonneneinstrahlung und Wind geschützt werden.

Vorverpackte Rosen werden in ein feuchtigkeitsspendendes Naturmaterial, beispielsweise Moos oder Pflanzerde, eingepackt, das ein Austrocknen verhindern soll. Die so präparierte Rose kommt in einen Folienbeutel bzw. eine Kunststoffbox mit einem großen Farbbild, dessen Rückseite zahlreiche Pflanzinformationen für den Kunden enthält.

Wurzelballierte Rosen sind Pflanzen, deren Wurzeln in einem Erdballen stecken. Er wird von einem Karton oder einem Netz zusammengehalten. Das Netz ist zusätzlich mit einem die Erde feucht haltenden Folienbeutel, den man vor dem Pflanzen entfernt, überzogen. Netz und Karton zersetzen sich im Boden und werden deshalb mitgepflanzt, so dass die bereits aktive Wurzel beim Pflanzvorgang nicht gestört und in ihrer Entwicklung nicht zurückgeworfen wird.

Gärtnereien bieten heute eine große Sortenauswahl an Rosen in so genannten Containern an. Containerrosen können ganzjährig gepflanzt werden.

Containerrosen sind Rosen in Kunststoffbehältnissen – den so genannten Containern. Sie sehen, was Sie kaufen, da Containerrosen in der Regel blühend angeboten werden. Qualitäts-Containerrosen zeichnet eine feste, stabile Durchwurzelung ihres Ballens aus. Sie müssen mehrere Monate im Topf gewachsen sein.

Das Pflanzloch für eine Rose sollte mindestens doppelt so groß wie der Wurzelballen sein. Die Veredlungsstelle (Bild Mitte) muss sich nach dem Pflanzen 5 cm tief in der Erde befinden.

Wurzelballierte Rosen sind im Einkauf etwas günstiger als Containerrosen und sehr gut für die Herbst- und Frühjahrspflanzung geeignet.

Die Pflanzzeiten für Rosen

Rosen können, von Frostperioden abgesehen, rund ums Jahr gepflanzt werden, da sie, in irgendeiner der genannten Angebotsformen, immer auf dem Markt zu finden sind. Jede Angebotsform hat jedoch ihre jeweils beste Pflanzzeit.

Herbstpflanzung

Die ideale Pflanzzeit für wurzelnackte und beutelverpackte Rosen beginnt im Oktober und reicht bis Mitte November. Wer in frostreichen Höhenlagen zu Hause ist bzw. extrem schwere Böden sein Eigen nennt, pflanzt Rosen sicherheitshalber erst im Frühjahr.

Frühjahrspflanzung

Wurzelnackte und beutelverpackte Rosen können von dem Zeitpunkt an, ab dem der Boden frostfrei ist, bis ins zeitige Frühjahr gesetzt werden. Rosen, die – sachgemäß gelagert – in den Klimakammern der Baumschulen an einem vorzeitigen Austreiben gehindert wurden, lassen sich bis in den Mai hinein pflanzen. Wichtig ist bei der späten Pflanzung von zurückgehaltenen, nicht ausgetriebenen Rosen generell, sie nach dem Pflanzen anzuhäufeln. Je später im Frühjahr gepflanzt werden soll (oder kann), desto eher sollte man auf wurzelballierte oder getopfte Rosen zurückgreifen.

Sommerpflanzung

Dank Containerrosen ist das Einpflanzen von Rosen in sommerlicher Hitze im Garten risikolos möglich. Die feinen, lebensnotwendigen Feinwurzeln bleiben im festen Wurzelballen von Qualitätsware beim Pflanzen unversehrt. Achten Sie jedoch unbedingt darauf, die Rosen danach fortlaufend zu bewässern.

Wo werden Rosen gekauft?

Rosenschulen bieten in Katalogen und Listen ihr Sortiment zum **Versand** an. Die bekannten Anbieter sind traditionsreiche Firmen, die in der Regel nur Qualitätsware versenden und zuverlässig liefern. Obwohl Angebote und Farbkataloge ganzjährig verschickt werden, beschränkt sich die Auslieferung der Ware auf die üblichen Pflanzzeiten in Herbst und Frühjahr.

Wer **Fachberatung** wünscht, sollte den Weg zu einer Baumschule, einem Gartencenter oder einem Gartenfachgeschäft einschlagen. Auch Baumärkte mit angeschlossener, gut sortierter Rosenabteilung sind eine Einkaufsmöglichkeit. Keine Beratung ist in Supermärkten zu erwarten, die bisweilen mit Billigangeboten von namenlosen Rosen aufwarten.

Auf Qualität achten

Der Bund deutscher Baumschulen (BdB) – der Berufsverband der Baumschulen mit Sitz in Pinneberg bei Hamburg (www.bund-deutscher-baumschulen.de) – hat unter anderem auch für Rosen Gütebestimmungen formuliert. Diese Bestimmungen sind europaweit anerkannt und werden in allen Handelsstufen akzeptiert.

Veredelte Rosen werden in zwei Güteklassen unterteilt:

Rosen der **Güteklasse A** müssen neben einem gut verzweigten Wurzelwerk mindestens drei kräftige Triebe aufweisen, wovon mindestens zwei der Veredlungsstelle entspringen müssen. Der dritte Trieb darf bis zu 5 cm über der Veredlungsstelle ansetzen.

Rosen der **Güteklasse B** müssen ebenfalls mit gut verzweigtem Wurzelwerk angeboten werden und mindestens zwei der Veredlungsstelle entspringende Triebe haben. Eine B-Rose muss nicht schlechter als eine A-Rose sein, sie ist keinesfalls eine Rose zweiter Klasse. Sie bietet lediglich etwas weniger Holzmasse und damit Triebsubstanz.

Für **Stammrosen** gelten ebenfalls Gütebestimmungen, die neben der Triebzahl auch die Anzahl der vorhandenen Veredlungsstellen berücksichtigen. Die Krone von Stammrosen der Güteklasse A muss sich aus drei kräftigen Trieben, die aus mindestens zwei Veredlungsstellen entspringen, zusammensetzen. Der Stamm muss stabil und gerade gewachsen sein. Der Stamm-Durchmesser beträgt unmittelbar unter der Veredlungsstelle mindestens 9 mm. Die Kronen von Stammrosen der Güteklasse B wachsen aus nur einer Veredlung. Sie neigen deshalb zu einseitigem Wuchs, ein Makel, der sich nicht mehr korrigieren lässt.

Alle Qualitätsrosen weisen grundsätzlich eine gute Feinwurzelbildung auf.

Die optimale Standortwahl

Die Frage nach den Standortverhältnissen ist die wichtigste überhaupt: Rosen brauchen Sonne und Luft. Sie bevorzugen einen tiefgründigen, sandig-lehmigen Boden mit ausreichenden Humus- und Nährstoffanteilen. Rosen sind relativ bodentolerant – in allen unverdichteten Gartenböden, in denen andere Ziergehölze problemlos wachsen, ist auch eine Rosenpflanzung möglich.

Rosen sind ausgesprochene Tiefwurzler, die ihre Wurzeln ziemlich schnell einen Meter und tiefer ins Erdreich hinabsenken. Eine Oberbodenschicht von mindestens 60–80 cm ist für eine langfristig angelegte Rosenpflanzung unbedingt notwendig für gutes Gedeihen.

Ein für Rosen ungeeigneter Standort liegt unter den Kronentraufen alter, großkroniger Laubbäume. Im Tropfbereich der Kronen dieser Baummethusaleme kann das Laub der Rosenpflanzen durch die erhöhte Luftfeuchtigkeit nicht so schnell abtrocknen, dass Mehltau- und Sternrußtaupilzen der Nährboden rechtzeitig entzogen würde.

Nachbaukrankheit und Bodenmüdigkeit

Die Bodenmüdigkeit kann auftreten bei Nachpflanzungen von Rosen auf einer Fläche, auf der bereits Rosen, aber auch andere Vertreter der großen Familie der Rosengewächse (Rosaceae), beispielsweise

Achten Sie beim sommerlichen Einkauf von Containerrosen darauf, dass die Pflanzen den Kunststofftopf ausreichend durchwurzelt haben.

Äpfel und Birnen, gestanden haben. Eine hundertprozentig sichere Abhilfe schafft nur die Beseitigung des rosenmüden Bodens, was wegen des weit verzweigten, tiefen Wurzelwerks der Vorgängerrosen einen aufwändigen Bodenaustausch bedeutet. Vor der Rosenneupflanzung muss dazu die Erde bis zu 70 cm tief ausgehoben und durch neuen, rosenfrischen Boden ersetzt werden.

Pflanzung und Pflege der Rosen

Die beste Anwachsgarantie für jede Rosenpflanzung ist und bleibt die gründliche Bodenvorbereitung. Ebenso wichtig wie die Bodenlockerung sind unkrautfreie Pflanzflächen. Entfernen Sie vor dem Pflanzen der Rosen alle Wurzelunkräuter mit der Grabegabel aus dem Beet. Vor dem Pflanzen werden beschädigte Wurzeln bis knapp oberhalb der Schadstelle entfernt. Die oberirdischen, grünen Triebe der wurzelnackten, beutelverpackten bzw. wurzelballierten Rosen werden bis auf etwa 20 cm mit einer scharfen Schere zurückgenommen.

Das **Pflanzloch** sollte in Höhe, Tiefe und Breite etwa 30 bis 40 cm messen, zumindest sollte die Pflanzgrube nach dem Ausheben nach allen Seiten eine Handbreit größer als der Ballen bzw. die nackte Wurzel sein. Die Pflanzlocherde kann mit abgelagertem Gartenkompost bis zu einem Kompostanteil von 30 Prozent vermischt werden. Wenn Sie Ihren neuen Rosen etwas Gutes tun wollen, dann mischen Sie etwa 50 Gramm Hornspäne oder einige Körner Langzeitdünger unter die Pflanzerde.

Nach dem Pflanzen muss sich die **Veredlungsstelle** 5 cm tief in der Erde befinden. Auch die Veredlungsstelle einer Containerrose muss nach dem Auspflanzen im Garten 5 cm unter der Erde sein. Zum Abschluss erfolgt das Anhäufeln der gepflanzten Rosen. Ziehen Sie die Erde um die Rose etwa 15 cm hoch, so dass nur noch die Triebspitzen zu sehen sind.

Düngen für gutes Wachstum

Für das Wachstum der Rosen sind ausreichend zur Verfügung stehende Nährstoffe unentbehrlich. Nur gut und ausgewogen ernährte Rosenpflanzen bilden ausreichend Blüten und bewahren ihre Widerstandsfähigkeit. Die Nährstoffe werden den Rosen als Dünger zur Verfügung gestellt. **Langzeitdünger** (Depotdünger) sind mineralische Dünger und sehr gut geeignet zur Ernährung von Rosen.

Vor dem Pflanzen müssen beschädigte Wurzeln geschnitten werden.

Zweistündiges Wasserbad

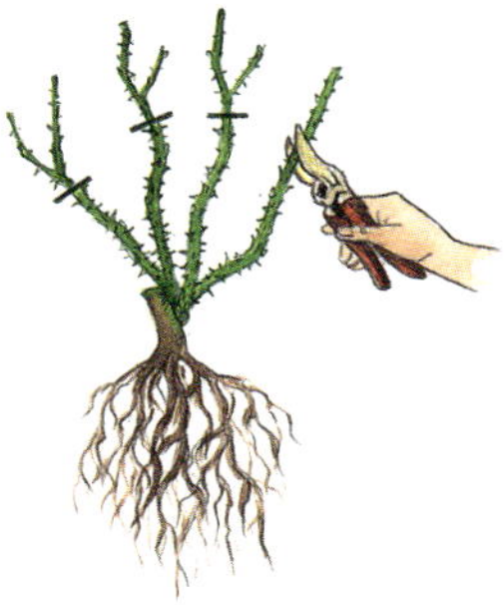

Triebe viel, Wurzeln wenig schneiden

Veredelungsstelle 5 cm tief setzen, die Wurzeln sollen frei hängen können

Tüchtig mit Schlauch oder Kanne einschlämmen

Immer mit Erde anhäufeln!

Wassergaben bis September

Mehrjährig eingewurzelte Rosen regeln ihren Wasserhaushalt selbst. Lediglich bei jungen Rosenpflanzen ist auf ein Wasserdefizit zu achten, zumindest, bis sie sich über tiefer gehende Wurzeln selbst versorgen können.

Ein Wassermangel kann witterungsbedingt bereits im Frühjahr auftreten. Er behindert unter Umständen den um diese Zeit wichtigen Nährstofffluss. Abhilfe schafft eine **Bodenlockerung** mit der Grabegabel, die verkrustete Erdoberflächen schonend aufbricht. Muss bei jungen Rosen im Frühjahr gewässert werden, dann geschieht dies einmal, dafür aber sehr ausgiebig. Anschließendes Mulchen hält die Bodenfeuchte länger im Boden fest. Wer nicht mulcht, sollte fortlaufend im Sommer immer wieder die oberste Bodenkruste durch flaches Hacken aufbrechen. Dies gilt besonders nach heftigen, verschlämmend wirkenden Regenfällen.

Öfterblühende Rosensorten reagieren im Sommer auf Durst mit weniger Blüten und höherer Pilzanfälligkeit. Ist die Erde bis in etwa 10 cm Tiefe trocken, ist eine ausgiebige Wassergabe notwendig. Dabei legt man den Schlauch frühmorgens

Das lockere Einbinden von Nadelreisig (Fichte, Tanne) in die Kronen von Stammrosen schützt die Triebe vor austrocknenden Winden.

direkt an die Rosen und wässert bei geringem Druck durchdringend. Das kann durchaus eine Stunde und mehr dauern – nur Mengen ab 30 Liter/m^2 sind bei anhaltender Trockenheit wirksam. Wichtiger Hinweis: **Rosen niemals über das Laub gießen!**

Ab September wird nicht mehr bewässert, damit die Rose ihr Wachstum einstellen und ausreifen kann.

Mulchen – auch Rosen danken es

Bewährt hat sich für Rosen Gartenkompost aus eigener Produktion oder Rindenmulch aus dem Fachhandel. Das ist zerkleinerte Rinde, die ohne weitere Zusatzstoffe zur Bodenabdeckung verwendet wird. Vor dem Ausbringen des Rindenmulchs muss ein Stickstoffdünger gestreut werden. Rindenmulch fixiert in den ersten beiden Monaten nach der Ausbringung größere Mengen an Bodenstickstoff, der – ohne Ausgleichsdüngung – den Rosen fehlen würde. Deshalb sind zusätzliche Düngegaben von Hornspänen (130 Gramm pro m^2) vor der Mulchausbringung notwendig.

Der Winterschutz

Düngen Sie Ihre Rosen nach dem ersten Juli eines Jahres nicht mehr mit Stickstoff, denn ein Überangebot an Nährstoffen schränkt die Holzreife der Rose unmittelbar ein und die Rose kommt nicht zur Ruhe. Trifft eine Frostwelle auf eine solch aktive Pflanze, ist es vorbei mit all der rosigen Herrlichkeit.

Kali reguliert den Wasserhaushalt der Rosen. Eine Kaligabe (50 g Patentkali pro m^2) ab Ende August/Anfang September fördert die Entwässerung der Zellen und damit die Holzreife der Rosen.

Als direkter Winterschutz hat sich das **Anhäufeln** der niedrigen Gartenrosen (Edel-, Zwerg- und Beetrosen) bewährt. Über die jetzt noch herausragenden Triebe legt man einen zusätzlichen Schutz aus Nadelholzreisig.

Zum Schutz der langen Triebe von Strauch- und Kletterrosen vor starker, direkter Sonneneinstrahlung im Januar und Februar wird im Dezember in die Rosen **Nadelreisig** hineingehängt. Austrocknende Winde werden auf diese Weise abgehalten, dennoch kann Luft zirkulieren und damit einem Wärmestau – der einen vorzeitigen Austrieb provozieren würde – vorgebeugt. Niemals Rosen zum Schutz in Plastikfolien einpacken.

Die Kronen alter Stammrosen werden, unabhängig von ihrer Stammhöhe, ähnlich wie die Strauch- und Kletterrosen mit **Sackleinen** bzw. Nadelreisig eingepackt.

Pflanzenschutz im Rosengarten: das ADR-Prädikat

Das ADR-Prädikat hilft bei der Auswahl relativ robuster Sorten. ADR-Rose – diese Buchstaben stehen für die härteste Rosenprüfung der Welt und kürzen den offiziellen Titel griffig ab: Allgemeine Deutsche Rosenneuheitenprüfung. Alle ADR-Rosen müssen sich ohne den Einsatz von Pflanzenschutzmitteln über drei bis vier Jahre an verschiedenen Standorten bundesweit bewähren. Achten Sie bei der Sortenauswahl und beim Einkauf auf das ADR-Prädikat, es lohnt sich!

Der Rosenschnitt

Regelmäßig und sachgerecht geschnittene niedrige Rosen entwickeln mehr leistungsfähiges Laub als ihre ungeschnittenen Kollegen. Mehr Laub bedeutet mehr Produktion rosenwichtiger Aufbaustoffe und in der Folge mehr Blüten. Wer Rosen viel schneidet, muss natürlich auch an die Düngung denken. Für die Entwicklung starker, wuchs- und blühfreudiger Neutriebe ist vor allem eine ausreichende und ausgewogene Ernährung der Rosen unabdingbar.

Heute gebräuchlich: Der Frühjahrsschnitt

Im Herbst kürzen ordnungsliebende Gartenfreunde lediglich überlange Triebe ein, um der Wind- bzw. Schneebruchgefahr vorzubeugen, denn der früher übliche Herbstschnitt von Rosen kurz vor dem Winter verursacht offene Wunden, die die Rose nicht mehr schließen und in die der Frost ungehindert bis tief in das Mark der Pflanze eindringen kann.

Der richtige Zeitpunkt für den Rückschnitt der Rosen in unseren Breiten ist deshalb das Frühjahr. Als zeitliche Orientierungshilfe für den Frühjahrsschnitt bietet sich die Blüte der Forsythien an. Der Schnitt sollte nicht früher angesetzt werden, auch wenn die Rosen bereits austreiben. Vorzeitige Triebe können beim eigentlichen Frühjahrsschnitt bedenkenlos entfernt werden, der Rose wird dadurch kein Schaden zugefügt.

Schnittregeln für Gartenrosen

Die einzelnen Rosengruppen haben unterschiedliche Schnittbedürfnisse. Grundsätzlich gelten aber für alle Gartenrosen folgende Regeln:

- Alle durch Krankheiten, Verletzungen oder Frost geschädigten, bräunlichen Triebe werden bis in das gesunde, innen noch grünlich weiße Holz zurückgeschnitten.
- Sehr dünne und schwache Triebe sind ebenfalls am Triebansatz zu entfernen.

Eindeutig und allgemein gültig sind auch die Auswirkungen der Schnitt-Tiefe:

- Wer Rosen stark zurückschneidet und nur wenige Knospen, so genannte Augen, stehen lässt, wird weniger, dafür aber längere und starke Triebe erzielen.
- Umgekehrt bewirkt ein nur leichter Schnitt zahlreiche, aber dafür kürzere Neutriebe. Kurz gesagt: Ein schwacher Rückschnitt verursacht einen schwachen, ein starker Rückschnitt einen starken Austrieb.

Schnittführung:

- Der Schnitt wird etwa 5 mm oberhalb einer Knospe leicht schräg angesetzt, damit Regenwasser von dem weichen und sehr empfindlichen Neutrieb ablaufen kann.
- Die auf dem obersten Punkt des eingekürzten Triebes verbliebene Knospe sollte – vom Strauchinneren weg – nach außen weisen.
- Es dürfen keine Schnittabfälle zwischen den Rosen liegen bleiben, da sie potenzielle Krankheitsherde darstellen.

Beetrosen (links) werden im Frühjahr auf 3–4 Augen zurückgeschnitten, bei Strauchrosen (Mitte) reicht auslichten und bei Kletterrosen (rechts) werden blühfaule Triebe entfernt.

Öfterblühende Zwerg-, Beet- und Edelrosen: Ihr Schnitt erfolgt ab März, etwa zur Forsythienblüte. Zunächst wird krankes, altersschwaches und abgestorbenes Holz an der Ansatzstelle entfernt. Die Zwergrosen erhalten mit etwa 10–15 cm den im Verhältnis zu ihrer Größe stärksten Rückschnitt, die Schnitthöhe bei den Beet- und Edelrosen variiert zwischen 20 und 40 cm über dem Boden, je nachdem, welche Wirkung bei den unterschiedlichen Sorten erzielt werden soll.
Einmalblühende Kletterrosen: Sie werden nicht geschnitten, denn sie blühen erst an den vorjährigen Langtrieben. Die dort entspringenden Seitentriebe entwickeln die üppige Blütenpracht. Mit einem Schnitt der Langtriebe im Frühjahr würde man sich um diesen Rosentraum bringen.
Ramblerrosen: Sie werden bei entsprechendem Raumangebot ebenfalls nicht regelmäßig geschnitten, sondern, wenn überhaupt, nur ausgelichtet. Das heißt, alte, mehrjährige Triebe werden an ihrer Basis entfernt. Fehlt es an Raum, können im Turnus von vier und mehr Jahren die Stöcke radikal verjüngt werden. Nach der Blüte werden die alten Triebe bis zum Boden zurückgeschnitten und nur die diesjährigen Jungtriebe bleiben stehen.
Öfterblühende Kletterrosen: Sie blühen sowohl am diesjährigen wie am ein- und mehrjährigen Holz. Im Frühjahr werden, ähnlich wie bei den Zwerg-, Beet- und Edelrosen, alle toten und beschädigten Triebe entfernt. Schwache Triebe schneidet man direkt an der Austriebsstelle, kräftige Seitentriebe kürzt man nach der Blüte bis auf drei bis fünf Augen ein. Das erste Verblühte wird bis zu einem gut entwickelten Auge entfernt (Sommerschnitt), da die öfterblühenden Rosen im Sommer innerhalb von sechs bis sieben Wochen eine neue Blüte bilden und aus dieser später je nach Sorte Hagebutten ansetzen können. Neue Langtriebe werden am Kletterspalier horizontal bis schräg festgebunden. Sie sind das Blütengerüst für das nächste Jahr.
Einmalblühende Strauchrosen: Diese Rosen werden nur bei Bedarf sehr behutsam geschnitten. Nur krankes, zurückgefrorenes und totes Holz ist zu entfernen, zu dicht stehende Triebe können ausgelichtet werden. Wenn überhaupt, erhalten die Sorten dieser Rosengruppe im Turnus von fünf bis sechs Jahren einen kräftigen, etwa kniehohen Verjüngungsschnitt.
Öfterblühende Strauchrosen: Die modernen Sorten sind in der Regel ohne Schnitt so blüh- und wuchswillig, dass das Entfernen alter Triebe und zeitweiliges Auslichten genügen. Verblühtes des ersten Flors kann bis auf ein kräftiges Auge zurückgenommen werden (Sommerschnitt). Turnusmäßig können die Sträucher alle fünf Jahre stark verjüngt werden.
Alte und Englische Rosen: Die meisten Alten Sorten blühen am mehrjährigen Holz. Nur altes, krankes und abgestorbenes Holz wird entfernt. Alle fünf Jahre ist ein Verjüngungsschnitt möglich, aber nicht unbedingt notwendig. Englische Rosen wachsen meist strauchartig. Sie werden wie öfterblühende Strauchrosen geschnitten.
Flächenrosen: Sie bedecken unter Umständen größere Flächen. Ein radikaler Rückschnitt braucht nur alle drei bis vier Jahre vorgenommen zu werden.
Stammrosen: Die Kronen der Fuß-, Halb- und Hochstämme schneidet man, wie die Beetrosen auf etwa 20 cm zurück. Die Kaskadenrosen, bei denen in der Regel starkwüchsige Kletterrosen auf die Stämme aufveredelt sind, werden nach den für diese Gruppen gültigen Schnittregeln – je nachdem, ob einmal- oder öfterblühend – zurückgenommen. In der Regel läuft dies auf einen nur leichten Schnitt hinaus.

Sommerschnitt

Nach der Juniblüte können alle öfterblühenden Zwerg-, Beet-, Strauch-, Kletter- und Edelrosen bis unter die Blüte bzw. den Blütenstand zurückgeschnitten

Die Kronen von Hochstämmchen schneidet man wie bei den Beetrosen ab März auf etwa 20 cm zurück.

Schneiden Sie Wildtriebe möglichst nahe an der Ansatzstelle ab. Schwächere Triebe können mit der Hand ausgerissen werden.

werden, das heißt, Verblühtes wird entfernt. Nach etwa sechs Wochen blühen die Rosen erneut. Als Richtschnur für die Schnitttiefe fungiert das erste voll ausgebildete Laubblatt, über dem der Schnitt angesetzt wird. Einmalblühende Sorten erhalten keinen Sommerschnitt.

Entfernen der Wildtriebe

Rosen sind auf Unterlagen, dem sogenannten Wildling, veredelt. Es kann immer vorkommen, dass aus der Unterlage – oder bei Stammrosen aus dem Stamm – Wildtriebe herauswachsen. Die Wildtriebe müssen direkt an der Ansatzstelle abgerissen oder mit einem scharfen Messer entfernt werden, denn es sollten keinesfalls Stummel mit schlafenden Augen stehen bleiben, welche die nächsten, der Edelsorte die Energie raubenden Wildtriebe hervorbringen. Unter Umständen muss zum Erreichen der Ansatzstelle etwas Erde entfernt werden, die dann nach dem Schnitt wieder angehäufelt wird.

Richtige Standortwahl und eine bedachte Sortenentscheidung sind die besten vorbeugenden Maßnahmen gegen lästige Rosenpilze.

Rosenschädlinge und -krankheiten

Befall	Symptome	Bekämpfung
Rosenblattlaus	Grüne oder schwarze Läuse, welche die jungen, noch weichen Triebspitzen befallen	Nützlinge fördern, Abspritzen kräftiger Triebe mit kaltem, scharfem Wasserstrahl, kleine Lausmengen mit einer feinen Bürste abstreifen oder mit den Fingerspitzen wegschnippen bzw. Tiere zerdrücken
Rote Spinne und Gemeine Spinnmilbe	Sehr kleine, orangerote Tierchen, die an der Blattunterseite saugen	Spinnmilben treten bei trockenheißer Witterung ab Mai massenhaft auf; deshalb ist die Vermeidung extrem lufttrockener Standorte die beste Vorbeugemaßnahme
Rosenblattrollwespe	Eingerollte Blätter durch Eiablage am Blattrand. In den dadurch entstehenden, sehr auffallenden und typischen Blattröllchen entwickeln sich ab Mai die grünlichweißen Larven	Absammeln und Zerdrücken der winzigen Larven mit der Hand; der Entwicklungszyklus – und damit der Befallsdruck für das nächste Jahr – wird durch das Entfernen der Larven unterbrochen; Nützlinge wie Blaumeisen und Schlupfwespen fördern; Spritzungen sind nicht sinnvoll
Rosenzikade	Auf der Blattunterseite findet man grünlichweiße, blattlausähnliche Insekten	Winterspritzung mit Ölemulsion
Rosengallwespe (Rosenäpfel)	Bis golfballgroße Gallen-Wucherungen, die durch ihre haarartigen Auswüchse wie mit Moos bewachsen scheinen	Das Entfernen der betroffenen Triebe genügt; in der frühen Heilmedizin galten die Rosenäpfel als Schlafmittel
Triebbohrer	Beginnen Triebe schlagartig am oberen Ende zu welken, ist häufig der Rosentriebbohrer am Werk. Spaltet man den Trieb an der Welkestelle in Längsrichtung, entdeckt man einen Fraßgang, in dem eine kleine Raupe sitzt.	Befallene Triebe werden bis ins gesunde Holz zurückgeschnitten und mit den Raupen vernichtet; oft jährlich wiederkehrender Befall an denselben Standorten; wen der Befall stört, dem helfen nur systemische Insektizide, die allerdings auch den Nützlingen die Fraßgrundlage entziehen
Wurzelnematoden (Wurzelälchen)	Schädigt die Rosenpflanze durch Saug- und Bohraktivitäten an den Wurzeln. Die Wurzel reagiert mit typischen, knotigen Wucherungen	Die Bekämpfung ist sehr schwierig, eine Gründüngung mit *Tagetes erecta* wirkt der weiteren Verbreitung entgegen
Sternrußtau	Auf den Blattoberflächen treten violettschwarze Flecken auf, die sternförmig auslaufen. Die Blätter werden gelb und fallen ab. Aggressivste Pilzkrankheit bei Rosen	Robuste Sorten wählen; niemals Rosen über das Laub wässern.
Echter Mehltau	Mehlig-weißer Belag auf der Oberseite junger Blätter sowie auf den Blütenkelchen und Triebspitzen. Das betroffene Laub kräuselt sich und färbt sich rötlich	Robuste Sorten wählen; Stickstoffüberdünnung vermeiden; rosengerecht wässern
Falscher Mehltau	Weißlicher Schimmelbelag auf der Blattunterseite, beginnend an jungen Blättern und die Rose von oben nach unten befallend	Nur vorbeugende Bekämpfung mit Handelspräparaten sinnvoll
Rosenrost	Orange- bis rostfarbene, stäubende Sporenlager an der Blattunterseite	Häufig auf stark lehmigen Standorten; bei Bekämpfung auch Blattunterseite spritzen
Rindenfleckenkrankheit	Bräunlichrote Flecken auf den Trieben.	Kupferspritzmittel während der Vegetationsruhe der Rosen dämmen die weitere Ausbreitung ein. Befallene Triebe entfernen, mit Stickstoffdüngung sparsam umgehen.

Kletterpflanzen

Kletterpflanzen gehören zu den eigenwilligsten und gestalterisch zugleich wohl am vielseitigsten verwendbaren Gewächsen. Anders als die meisten anderen Pflanzen wachsen sie von Natur aus ohne Ausbildung eines eigenen Traggerüstes. Sie können sich daher nicht selbst aufrecht halten, wie etwa Bäume durch Stamm und Krone, sondern brauchen zu ihrer Entwicklung immer geeignete Kletterhilfen. Dort erst finden dann ihre langen und zumeist schlanken Sprosse den Halt, an dem sie emporranken oder hochschlingen können. Viele Arten sind raschwüchsig und können nicht selten ein bis zwei Meter Jahreszuwachs und mehr erreichen.

Die Verbreitung in der Natur

Der natürliche Halt der Kletterpflanzen sind die Äste, Stämme und Zweige anderer Pflanzen sowie Felsen oder Gesteinsblöcke. Aus diesem Grunde wachsen die meisten Arten in freier Natur im Wald, am Waldrand oder in Gebüschen. Obwohl in unseren Gärten eine breite Palette unterschiedlicher Arten kultiviert wird, sind in unseren Breiten doch nur einige wenige wirklich heimisch, etwa Efeu *(Hedera)*, Hopfen *(Humulus)* oder Waldgeißblatt *(Lonicera)*.

Die meisten Arten hingegen stammen aus anderen Ländern und Erdteilen und wurden bei uns in Europa vor allem im 17. bis 19. Jahrhundert von Pflanzenliebhabern und -sammlern eingeführt. Weltweit gesehen liegt der Schwerpunkt der Verbreitung von Kletterpflanzen in den Subtropen und Tropen. Dort heimische Arten können bei uns allerdings nur einjährig oder aber im Haus kultiviert werden, da sie nicht winterhart sind. Zum Glück gibt es jedoch auch zahlreiche Arten aus Nordamerika sowie China und Japan, die sich in unserem Klima als gut winterhart erwiesen haben und auch im Garten gut gedeihen.

Vielen sagt dieses gar so gut zu, dass sie heute bei uns oft weiter verbreitet sind als die heimischen Arten; bekannte Beispiele hierfür sind etwa der üppig wachsende Schlingknöterich *(Fallopia)*, der prächtig blühende Blauregen oder der vielfach an Hauswänden gepflanzte Wilde Wein *(Parthenocissus)*.

Gehört ganz einfach zu einem Gartenhaus: das Geißblatt *(Lonicera caprifolium)*.

Kletterpflanzen im Garten verwenden

Der gärtnerische Umgang mit Kletterpflanzen ist geprägt von deren Vielseitigkeit und Vitalität. Fast alle sind bemerkenswert anpassungsfähige Wuchskünstler, die sich je nach Art entweder flächig oder linear ausbreiten. Im Unterschied zu anderen Pflanzen wachsen sie aber nicht nur mehr oder weniger senkrecht von unten nach oben, sondern lassen sich an Kletterhilfen zudem auch schräg nach oben oder sogar um Ecken ziehen. Manche Arten können sogar ohne Probleme von oben nach unten hängend verwendet werden.

Kletterpflanzen sind eine interessante Bereicherung für jeden Garten. Dabei gibt es gestalterisch so viele Möglichkeiten, dass nur einige Beispiele dafür aufgeführt werden sollen; der individuellen Fantasie und eigenem Tatendrang sind hier kaum Grenzen gesetzt.

Natürliche Kletterhilfen

Natürliche Stützen für Kletterpflanzen im Garten sind etwa dort schon vorhandene Bäume. Insbesondere bei der Umgestaltung alter Gärten sind sie zum Bewachsen großer oder aufkahlender Bäume fast unverzichtbar. Aber auch in Sträuchern oder an Hecken gesetzt, können Kletterpflanzen sehr reizvoll wirken. Beachtet werden sollte dabei jedoch, dass die Größe und Wuchskraft der Arten aufeinander abgestimmt sind, denn nur so können dauerhafte Partnerschaften entstehen. So passen zu Hecken und

Sträuchern nur klein bleibende oder mittelstark wachsende Arten, wie *Clematis, Lonicera* oder Winden, während kräftig und hochwachsende Arten, wie Efeu oder Kletterhortensien *(Hydrangea)*, eher an Bäumen gepflanzt werden sollen.

Rankgerüste und Lauben

Der klassische Platz für Kletterpflanzen im Garten sind freilich freistehende Gerüstkonstruktionen wie Pergolen, Spaliere, Torbögen oder Treillagen. Als raumbildende Elemente tragen diese dazu bei, kleinere Gärten illusionistisch zu vergrößern und können zum anderen auch größere Gärten gliedern helfen. Sie schaffen dabei Bereiche mit spezifischen räumlichen und mikroklimatischen Qualitäten und benötigen bei all dem nur eine geringe Standfläche.
Auch für Gartenhäuser und Lauben lassen sich fast alle Arten verwenden. Durch Be- und Überwachsen mit Kletterpflanzen werden diese auf natürliche Art und Weise in den Gartenraum einbezogen und lassen so ein grünes Zimmer im Freien entstehen. Geschützt vor Einblicken, Sonne und Wind entstehen angenehm lauschige Aufenthalts- und Sitzbereiche, bewachsen zum Beispiel von Kletterrosen, Pfeifenwinden *(Aristolochia)*, Waldreben oder Wildem Wein.

Kletterpflanzen als Bodendecker

Vielen noch wenig bekannt ist, dass eine ganze Reihe von Kletterpflanzen sich auch gut als Bodendecker eignen. Manche Arten bringen so Grün auch in Garteneile, wo durch tiefe Beschattung oder die Beschaffenheit des Bodens nur schwer etwas anderes wächst. Hierfür eignen sich insbesondere Brombeeren, Efeu, Kletterhortensie, Kletterspindel *(Euonymus fortunei)* oder Wilder Wein.

Preiswerte Dachbegrünung

Eine flächige Begrünung ist auch auf höherer Ebene, wie etwa auf Schuppen- oder Garagendächern, denkbar; Kletterpflanzen bieten so sicherlich eine der preiswertesten Arten der Dachbegrünung. Während die Pflanzen ganz normal in den Boden gesetzt werden und dort wurzeln, werden die Triebe über eine Kletterhilfe aufgeleitet und können sich dann ungehindert auf und über das Dach ausbreiten.
Mancher Autobesitzer verzichtet heute von vornherein auf eine abgeschlossene Garage und parkt seinen Wagen nur unter einem Schutzdach mit offenen Seiten, einem Carport. Auch solche Konstruktionen werden eigentlich erst durch Kletterpflanzen so richtig schön.

»Lebender« Zaun

Selbst Sichtschutz- und andere Zäune im Garten lassen sich mit Kletterpflanzen begrünen; nicht ohne Grund heißt der Wilde Wein in manch ländlichen Gegenden bisweilen »Zaunwein«. Begrünte Zäune wirken immer freundlicher als solche ohne Bewuchs oder kahle Mauern. Wenn Kletterpflanzen auch nicht eindeutig unter den Begriff »Hecken« des Nachbarrechts fallen, so sollte man sich vor einer Zaunbepflanzung doch immer mit dem Nachbarn abstimmen, damit nachträglich kein Ärger entsteht. Geeignet sind jedenfalls viele Arten und Sorten, einjährige wie mehrjährige.

Wände begrünen

Hervorragende Möglichkeiten für Kletterpflanzen bieten schließlich insbesondere auch alle Fassaden, Hauswände und Mauerflächen im und um den Garten. Ganz auf die jeweilige Situation abgestimmt lassen sich diese punktuell, linear, partiell oder auch vollflächig begrünen. Flächendeckend angeordnet, stellen Kletterpflanzen für das bewachsene Bauteil zudem einen natürlichen Schutz vor Wind und Wetter dar, denn sie können mit ihren Blättern wie eine zweite Haut die dort auftretenden Temperatur- und Feuchtigkeitsschwankungen dämpfen.

Wächst gerne auch an und über Zäunen: Wilder Wein *(Parthenocissus quinquefolia)*, mancherorts deswegen Zaunwein genannt.

Kann an warmen Standorten recht groß werden: die Trompetenblume *(Campsis radicans)*, an der Fassade Wilder Wein.

Fassadengrün wird daher nicht selten mit einem grünen Pelz oder Pullover verglichen. Für das gesamte Gebäude stellen die Pflanzen eine Art natürlicher Klimaanlage dar, denn das zwischen Hauswand und Blättern entstehende Luftpolster wirkt ähnlich einer Wärmedämmschicht. Während im Sommer die Blätter einer Jalousie vergleichbar das unerwünschte Aufheizen des Baukörpers vermindern, kann nach dem Laubfall im Herbst und Winter die dann sehr wohl erwünschte Sonnenstrahlung ungehindert auf die Wand einwirken. An nordexponierten und daher das gesamte Jahr ohnehin unbesonnten Bauteilen kann immergrüner Efeu dazu beitragen, die winterliche Wärmeabstrahlung vom Haus zu vermindern. Sollen Kletterpflanzen direkt auf der Wand haften, muss diese allerdings ausreichend tragfähig sein. Dispersionsbeschichtete Mauern und Putze sollten zur Vermeidung von Schäden nicht mit Selbstklimmern begrünt werden.

Kletterpflanzen am Balkon

Kletterpflanzen lassen sich aber nicht nur vom Boden aus über die Fassaden ziehen, sondern wachsen auch auf, von und vor einzelnen Gebäudeteilen, wie Balkons, Loggien, Veranden und Dachgärten. Die Pflanzgefäße dort müssen jedoch ausreichend groß sein, wenn die Pflanzen darin auf Dauer wachsen sollen. Auf diese Weise lassen sich sogar Ar-

Der Schlingknöterich *(Fallopia)* lässt filigrane Spaliere rasch zuwachsen.

ten subtropischer oder tropischer Herkunft länger als nur einen Sommer lang ziehen. Sie werden in der warmen Jahreszeit ins Freie gestellt und dann über den Winter samt Kübel frostfrei ins Haus oder den Wintergarten gestellt und dort überwintert.

Klettertechniken und Kletterhilfen

Interessant und für den Umgang mit Kletterpflanzen von großer Bedeutung ist, dass sich im Laufe der Evolution vier unterschiedliche Klettertechniken herausgebildet haben. Dies sollte beim Bau und bei der Gestaltung der Kletterhilfen unbedingt berücksichtigt werden.

Schlingpflanzen

Sie umschlingen mit Stängeln und Trieben spiralförmig die Stützvorrichtungen. Dabei wächst die Triebspitze zunächst senkrecht nach oben und sucht mit kreisförmigen Bewegungen nach einem geeigneten Halt; trifft sie auf einen solchen, wird dieser umschlungen und entwickelt dann erst neue Blätter. Die meisten Schlinger wachsen – von oben betrachtet – entgegengesetzt dem Uhrzeigersinn (Linkswinker, zum Beispiel Baumwürger, *Celastrus,* oder Pfeifenwinde, *Aristolochia),* einige wenige auch im Uhrzeigersinn (Rechtswinder, etwa Geißschlinge, *Lonicera).* Um sich besonders gut festhalten zu können, haben verschiedene Arten zusätzliche Halteorgane entwickelt, zum Beispiel Borsten oder Dorne.

Als Kletterhilfen für diese weit verbreitete Klettertechnik eignen sich vor allem Stäbe, Stützen und Spaliere mit deutlich vertikaler Ausrichtung. Damit die Pflanzen diese auch gut umschlingen können, sollte deren Stabdurchmesser wenigstens 5 mm und höchstens 5–10 cm stark sein. Um an glatten Unterlagen wie Drähten oder Rohrprofilen ein Abrutschen der Pflanzen zu verhindern, sollten diese entweder eine leicht raue Oberfläche aufweisen oder in Abständen mit kleinen Querverstrebungen versehen sein.

Rankpflanzen

Sie klettern mit speziellen Rankorganen, die durch Umwandlung von Blättern oder Sprossachsen entstanden, einige wenige auch nur mit Hilfe ihrer langen Blattstiele. Die zumeist fadenförmig dünnen Ranken sind mit reizempfindlichen Spitzen versehen, die sich ähnlich kreisenden Antennen bewegen und erst auf einen Berührungsreiz hin die Stützen umwickeln. Der eigentliche Pflanzentrieb hingegen wächst weiter nach oben.

Die überreich blühende *Clematis* ist eine typische Rankpflanze.

Bei einigen Arten verholzen die Ranken im Lauf der Zeit, bei anderen wiederum ziehen sie sich korkenzieherartig zusammen und wirken dann wie elastische Tragfedern, an der die Pflanze hängt. Die Gruppe der Rankpflanzen umfasst zahlreiche Arten; bekannte Vertreter sind etwa Waldrebe *(Clematis)* und Weinrebe *(Vitis).*

Als Kletterhilfe am besten geeignet sind flächige Unterlagen wie Gitter, Netze und Spaliere. Deren Querschnitte sollten allerdings nicht zu massiv sein (etwa 2,5–25 mm), da sich die Ranken dort sonst nicht herumwickeln und festhalten können. Wichtig ist zudem die Maschenweite der Unterlage: dabei hat sich gezeigt, dass abhängig von der Pflanzenart zwischen 5 und 20 cm Abstand am besten angenommen werden. Ebenfalls gut geeignet sind Drahtseile oder Rank- und Spanndrähte.

Echte Kletterer (Selbstkletterer)

Sie bilden längs der jungen Triebe Haftscheiben oder Haftwurzeln aus, die direkt auf der Unterlage haften. Entspre-

Der kräftig und unverwüstlich wachsende Hopfen *(Humulus)* gehört ebenso wie die zauberhaft blühende *Lonicera heckrottii* zu den Schlingpflanzen. Ihre Stängel und Triebe umschlingen spiralförmig Stäbe und Spaliere.

chend ihrer Biologie werden sie in zwei Gruppen unterschieden.
Bilden die Pflanzen längs der Triebe und vom Licht abgewandt spezielle Haftwurzeln aus, spricht man von Wurzelkletterern. Ihre Haftwurzeln verankern die Pflanzen zunächst auf der Unterlage und diese können sich unter bestimmten Voraussetzungen sogar zu richtigen Wurzeln weiterentwickeln. Bekannte Vertreter dieses Klettertyps sind der Efeu sowie die Kletterhortensie.
Die zweite Gruppe der echten Kletterer entwickelt Haftscheiben. Botanisch gesehen sind dies Ranken, die sich erst bei Kontakt mit der Unterlage umbilden und die Pflanze dann durch ein Sekret regelrecht dort kleben lassen. Der bei uns wohl bekanntester Vertreter dieser Gruppe ist der Wilde Wein.
Der Vorgang des Anhaftens ist bei den Vertretern beider Gruppen freilich nur in der Wachstumsphase möglich; an verholzten Trieben werden in der Regel keine neuen Haftorgane mehr gebildet.
Im Gegensatz zu Schling- und Rankpflanzen brauchen echte Kletterpflanzen an Mauern und Wänden keine Kletterhilfen. Wurzelkletterer wachsen besonders gut auf leicht rauem Untergrund, wie Beton oder Putz; allenfalls an sandenden oder glatten Oberflächen können zur Unterstützung der Haftwurzeln in Abständen horizontal geführte Spanndrähte sinnvoll sein. Das ist beim Wilden Wein nicht erforderlich: Er hält selbst noch auf glattem Untergrund wie Glas ganz ohne Probleme.

Kletterhortensien, hier zur Blütezeit im Mai, werden im Alter sehr ausladend und beanspruchen dann reichlich Platz.

Spreizklimmer

Im Gegensatz zu den drei bisher genannten Klettertypen besitzen sie keine besonderen Befestigungs- oder Halteorgane, sondern bewegen sich nur mit Hilfe ihrer langen und sperrigen, oft mit abstehenden Seitentrieben versehenen Triebe nach oben. Borsten, Dornen und Stacheln können dies noch unterstützen. Findet der Spross keinen Halt, sinkt er durch sein eigenes Gewicht zu Boden und legt sich dort auf kleinere Pflanzen oder andere, bereits niedergesunkene Triebe; so entsteht allmählich ein wirres, nach oben wachsendes Knäuel aus vielen Trieben. Vielfach werden Spreiz klimmer aus diesem Grunde nur bedingt zu den Kletterpflanzen gezählt. Bekannte Vertreter sind Brombeeren oder Kletterrosen.
Als Kletterhilfen empfehlen sich Gerüste und Spaliere mit eher waagerecht angeordneten Sprossen. An diese sollten die Pflanzen regelmäßig von Hand aufgesteckt und gegebenenfalls zusätzlich angebunden werden. Bedingt durch das zumeist ausladende Wachstum der Pflanzen sollten die Kletterhilfen stets ausreichend dimensioniert sein und Gitterweiten von einem bis mehreren Dezimetern aufweisen.

Baumaterialien für Kletterhilfen

Kletterhilfen können sowohl frei stehende als auch Mauern und Wänden vorgehängte Konstruktionen sein. Da es je nach Pflanzenwahl einige Zeit dauern kann, bis diese bewachsen sind, sollte deren Form und Gestaltung im Voraus gut überlegt und wohl bedacht werden. Die folgende Übersicht wichtiger Baumaterialien sowie einige Hinweise zu ihrer Verarbeitung sollen hierfür Anregungen bieten und erste Anleitung sein.

Schnüre

Einfach zu befestigen und sehr preiswert sind Schnüre aus Naturfasern, etwa Hanf, Kokos oder Sisal. Das raue Material ist pflanzenfreundlich und bietet den Pflanzen einen festen Halt. Allerdings dehnen sich Naturfasern unter dem Einfluss von Luftfeuchte und Sonnenstrahlung stark aus, können mitsamt den Pflanzen leicht vom Wind hin und her bewegt werden und sind dadurch nicht sehr dauerhaft. Sie eignen sich daher im Allgemeinen nur für einjährige Pflanzenarten.

Braucht einige Zeit und einen geschützten Standort, bis er so üppig fruchtet: der Feuerdorn mit herrlichem Fruchtbehang.

Haltbarer sind Schnüre aus Kunststoff, vor allem die so genannten Bohnen- oder Hopfenschnüre. Im Gegensatz zu normalen Schnüren ist deren Oberfläche leicht aufgeraut, so dass die Pflanzen daran nicht abrutschen können. Solche Schnüre sind nicht nur preiswert und einfach zu handhaben, sondern optisch auch wenig auffällig und gestalterisch daher fast überall zu integrieren. Mit ihnen lassen sich Abstände bis zu einigen Metern überspannen, doch werden starkwüchsige Pflanzen für diese Schnüre oft zu schwer.

Spanndrähte und Drahtseile

Wesentlich stabiler und damit auch für größere Pflanzen geeignet sind Kletterhilfen aus Draht und Drahtseile. Diese sind überall erhältlich und müssen rostgeschützt sein, zum Beispiel durch eine Kunststoffummantelung. Das beugt zudem auch der Gefahr des winterlichen Ausfrierens sowie des sommerlichen Verbrennens von Pflanzenteilen vor – bei reinen Metalldrähten bisweilen ein gewisses Risiko. Das notwendige Spannen der Drähte erfolgt bei Spannweiten bis zu etwa 3 m über Drahtspanner, bei Längen bis zu 5–6 m über Spannschlösser und bei größeren Kletterhilfen durch so genannte Kauschen; um letztere zu installieren bedarf es der Hilfe von Fachleuten. Geriffelte oder aufgeraute Drähte sind glatten vorzuziehen, da sie den Pflanzen besseren Halt bieten.

Was wie eine Schnitthecke aussieht, ist eine mit Efeu bewachsene Gartenmauer, die diesen lauschigen Sitzplatz von der Garagenzufahrt trennt.

Maschendraht

Weithin bekannt und verwendet ist Maschendraht, der heute in vielerlei Arten und Maschenweiten erhältlich ist. Er wird verzinkt oder mit Kunststoff ummantelt am Markt angeboten und ist durch sein geringes Eigengewicht einfach zu verarbeiten. Da er ohne zusätzliche Verspannung nicht sehr stabil ist, empfiehlt es sich, ihn am besten in einen stabilen Rahmen aus Holzleisten oder Stahlprofilen einzuspannen. Für Pflanzen mit stärkerem Wachstum ist er durch seine Engmaschigkeit allerdings weniger geeignet.

Baustahlmatten

Leicht und dennoch stabil sind Baustahlmatten. Sie sind in beliebiger Form und Größe erhältlich und müssen vor dem Bepflanzen unbedingt nachhaltig vor Rost geschützt werden, am besten durch Verzinken. Weniger Mühe machen bereits rostgeschützte Rankgitter, wie sie montagefertig vom Handel angeboten werden; sie sind allerdings auch entsprechend teurer. Frei stehend verwendet, ergeben sich stark räumliche Wirkungen, da sich Baustahlmatten ohne übermäßig großen Aufwand gut zu Bögen oder Laubengängen biegen lassen.

Stahlrohre

Sehr stabil und dauerhaft sind Konstruktionen aus verzinktem Stahlrohr; dessen Verarbeitung setzt jedoch Fachwissen und Spezialwerkzeug voraus. Die im Querschnitt rechteckigen oder runden Rohre werden im Allgemeinen verschweißt oder über eine T-förmige Rohrverbindung ineinander gesteckt und miteinander verschraubt. Um an glatten Rohren das Haften der Pflanzen zu verbessern, werden die senkrechten Teile im allgemeinen mit kleinen Querdornen oder Rankdrähten versehen.

Drei Möglichkeiten, wie Kletterhilfen an Mauern und Wänden gestaltet und befestigt werden können.

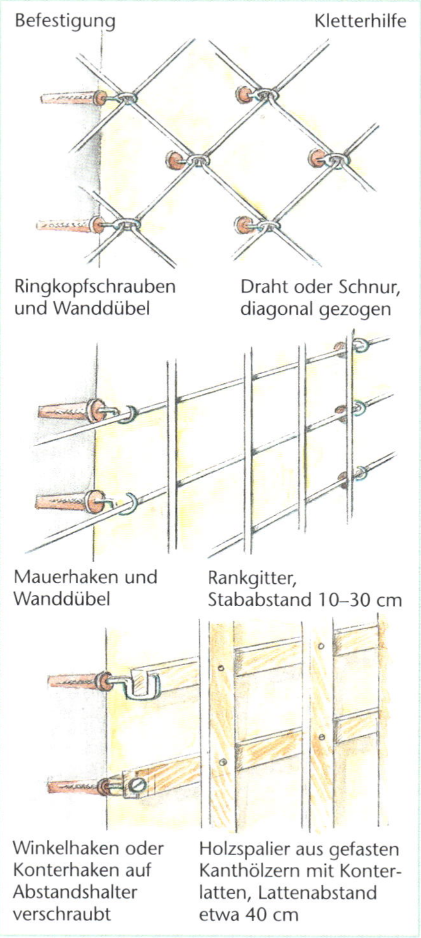

Bambusrohr

Einfacher zu verarbeiten ist Bambusrohr, das in verschiedener Länge und Stärke vom Handel angeboten wird. Es ist auch ohne Oberflächenbehandlung ausreichend haltbar sowie vielseitig mit anderen Materialien kombinierbar. Da es beim Nageln oder Verschrauben aber gerne splittert oder reißt, sollte es mit Bambusfasern, Schnüren oder einem dünnen Draht, der natürlich rostgeschützt sein sollte, verbunden werden.

Holz

In ihrer Form und Gestaltung am vielseitigsten jedoch sind nach wie vor Kletterhilfen aus Holz. Das Material leitet weder Kälte noch Wärme und ist daher besonders pflanzenfreundlich. Besonders geeignet sind Nadelhölzer, wie Kiefer, Fichte oder Lärche, doch finden auch Harthölzer, etwa Eiche oder Robinie, zunehmend Verwendung. Für dauerhafte und stabile Konstruktionen sind neben der Holzwahl zwei weitere Aspekte zu berücksichtigen.
Zum Schutz vor Wind und Wetter sollten Kletterhilfen aus Holz durch pflanzenunschädliche Holzschutzmittel, zum Beispiel Leinöl, Holzöl oder Naturharz, geschützt und tragende Teile am besten gleich druckimprägniert sein.
Darüber hinaus sollten die Konstruktionen immer so gebaut werden, dass kein Wasser in die Bauteile eindringen oder dort verbleiben kann. Dazu zählen neben der Verwendung gehobelter Profile und von Kanthölzern auch das Abschrägen waagerechter Flächen, das Vermeiden wasserspeichernder Nuten und Stöße sowie die Wahl von Verbindungstechniken, die den Holzquerschnitt möglichst nicht schwächen. Deshalb sind Leimen, Verplatten und Verzapfen für Kletterhilfen aus Holz meist weniger geeignet als einfache Schraubverbindungen.

Spaliere aus Holz

Sie bestehen aus Latten (z.B. 24 x 48 mm), die mit jeweils 30–50 cm Abstand auf quer dazu verlaufende Unterzüge aufgeschraubt sind, am besten mit Senkkopfschrauben. Je nach Anordnung ergeben sich dabei quadratische, rechteckige oder diagonale Rasterformen, die frei stehend oder Wänden vorgehängt verwendet werden. Hierbei sollte zwischen Kletterhilfe und Wand immer ausreichend Abstand sein, damit die Pflanzen mit ihren Ranken und Trieben die Stützen auch umschlingen können; als Abstandshal-

Sehr transparent wirkt ein Laubengang aus Stahlrohren und Spanndraht.

Pergolen aus Kanthölzern sind inzwischen als praktische Bausätze erhältlich.

Eine gelungene Mischung: Pergola in Holz-Stahl-Ausführung mit Wandmontage.

ter eignen sich zum Beispiel Rohrhülsen oder auch kleine Holzklötze.

Pergolen aus Holz

Dies ist die klassische Form eines frei stehenden Klettergerüstes. Pergolen bestehen aus Stützen oder Pfosten sowie den horizontal aufliegenden Pfetten und Sparren; falls erforderlich, werden zur Aussteifung auch noch zusätzliche Streben eingezogen. Pergolen lassen sich sowohl einreihig wie auch zweireihig bauen; bei zweireihigen Konstruktionen sind vor allem die »richtigen« Proportionen wichtig. Eine Pergola sollte immer etwas breiter als hoch sein. Als Faustzahl für die Höhe der Pfettenunterkante gelten etwa 230–250 cm, für den Abstand der Stützen maximal etwa 300 cm und für den Abstand der Sparren untereinander etwa 40 bis 80 cm. Die Dimensionierung der Profilstärken hängt ab von der Bauart und vom Material. Ein zusätzliches Rankgitter oder Spalier zwischen die Stützen einzubauen ist dann vorteilhaft, wenn sich Blüten nicht nur auf und über den Sparren, sondern auch in Augenhöhe entwickeln sollen.

Wichtig ist außerdem, die Stützen einer Pergola auf frostfrei gegründete Fundamente von etwa 30 x 30 x 80 cm zu stellen. Dabei werden Holzstützen zum Schutz vor Fäulnis auf einen verzinkten Stahlschuh oder Stützenfuß mit mindestens 5 cm Bodenfreiheit aufgeständert. Die für die Stabilität einer Pergola wichtige Verbindung von Stütze zu Pfette sollte gedübelt, verschraubt oder fachgerecht verzapft werden und den Stützenkopf zum Schutz vor Niederschlägen immer voll abdecken. Bei Pfetten oder Sparren notwendig werdende Anschnitte sollten nur an deren Unterseite erfolgen. Wird die Pergola mit einer Mauer verbunden, werden die Pfetten auf dieser am besten mit einem Stahlwinkel befestigt. Bei Anlehnung einer Pergola an ein Gebäude ist es vorteilhaft, Stahlprofile in die Wand einzulassen und dort die Pfetten zu verschrauben.

Lässt den Sitzplatz im Garten zu seiner Blütezeit im Mai zur lauschigen Laube werden: ein reich blühender Blauregen.

Richtige Standort- und Pflanzenwahl

Kletterpflanzen schätzen ihrer Herkunft entsprechend einen Standort mit »kühlem Fuß und warmem Kopf«, also einen beschatteten Wurzelbereich und für ihre Blätter und Blüten eher Licht und Sonne. Für unsere Breiten sind aber auch durch kleinräumige Veränderungen bedingte klimatische Besonderheiten wichtig. So sind in Städten die Temperaturen im Jahresdurchschnitt oft einige Grad höher als auf dem Land; das hat zur Folge, dass empfindliche Kletterpflanzenarten in der Stadt besser gedeihen. Durch ihre stärkere Erwärmung gegenüber der Umgebung bieten Gebäude und Mauern wärmeliebenden Arten oft bessere Lebensmöglichkeiten als frei stehende Gerüste im Garten. Andererseits können speziell vor sonnenexponierten hellen Wandflächen bisweilen solch hohe Temperaturen entstehen, dass junge Blätter und Triebe geschädigt werden. Die Winter- und Frühlingssonne kann hier überdies die Blätter und Triebe immergrüner Arten schon zur Wasserverdunstung anregen, während der Boden noch gefroren ist und die Pflanze daher noch kein Wasser aufnehmen kann. Es kommt dann zur so genannten Frosttrocknis, das heißt, die Pflanze vertrocknet.

Wichtig bei der Artenwahl ist, die Wuchskraft und erreichbare Größe der Pflanze auf das zu begrünende Objekt abzustimmen. Wuchskräftigen Arten, wie etwa dem Blauregen oder dem Schlingknöterich, sollte immer ausreichend Platz zugestanden werden: Sie eignen sich kaum für kleinere Spaliere oder Blumenkästen auf Balkons. Umgekehrt werden deshalb klein bleibende Arten, wie Duftwicken *(Lathyrus odoratus)* oder Winterjasmin *(Jasminum nudiflorum)*, sinn-

vollerweise nur an kleinere Klettergerüste oder Wandflächen gesetzt.
Ihrer Lebensform und ihrer Verwendung entsprechend wird bei uns generell zwischen ein- und mehrjährigen Pflanzenarten unterschieden.

Pflanzung und Pflege

Kletterpflanzen wachsen mit ihren Wurzeln allgemein eher tief als flach und brauchen daher schon beim Pflanzen ausreichend Bodentiefe: einjährige Arten etwa 15–30 cm, mehrjährige Arten 30–60 cm. In Gartenböden ist dies in aller Regel gewährleistet. Nur im Stammbereich großer Bäume können Trockenheit und Wurzelkonkurrenz für die Pflanzen zu einem Problem werden. Hier hilft man sich dadurch, dass die Pflanzen nicht unmittelbar an den Stamm, sondern etwas entfernt von diesem gesetzt und von dort dann über den Boden an den Stamm geleitet werden.
Durch Dachüberstände bedingte Trockenzonen vor Fassaden und Wänden werden ähnlich umgangen. Dort kann zusätzlich das Problem auftreten, dass der Boden mit Bauschutt oder anderem Unrat durchsetzt ist; ist dem so, wird vor dem Pflanzen eine Bodenverbesserung erforderlich. Hierzu sollten der Boden mindestens zwei Spatenstiche tief umgegraben und gelockert sowie im Unterboden vorhandene Verdichtungen entfernt oder durchstoßen werden. Mit Schutt durchsetzter Boden muss davon gesäubert oder gegebenenfalls auch gänzlich ausgetauscht werden.
Bis auf Kletterrosen und die großblumigen *Clematis*-Sorten werden Kletterpflanzen nicht tiefer gesetzt, als sie vorher in der Baumschule oder Gärtnerei standen. Vorteilhaft ist es, die Wurzelscheibe mit Laub oder Rindenkompost leicht abzudecken oder eine flach wurzelnde Vorpflanzung vorzusehen; dieses Vorgehen schützt den Boden vor Verschlämmung und allzu starker Austrocknung.
Mit Haftwurzeln kletternde Arten, wie etwa Efeu, werden mit ihren Trieben über den Boden an das Klettergerüst oder die Mauer geleitet und dort zunächst mit Klebeband befestigt oder, wie alle nicht selbstkletternden Arten, leicht angebunden. So gewinnt der Spross ersten Halt.

Der Schnitt von Kletterpflanzen

Kletterpflanzen benötigen im Allgemeinen keinen regelmäßigen Schnitt. Es genügt schon, im Frühjahr abgestorbene oder erfrorene Pflanzenteile zu entfernen. Wirklich notwendig wird ein Schnitt nur bei wenigen Arten zur Förderung der Blüte. Vor allem bei Kletterrosen nimmt der Blütenreichtum mit zunehmendem Alter ab: Hier fördern das Ausschneiden alter Triebe im Frühjahr sowie das regelmäßige Entfernen verwelkter Blüten den Blütenansatz.
Grundsätzlich geschnitten werden sollten die großblumigen Hybrid-Waldreben: Die im Frühjahr und Frühsommer blühenden Sorten werden am besten sofort nach der Blüte, die im Spätsommer und Herbst blühenden Sorten erst im Nachwinter zurückgeschnitten.
Staudige Kletterpflanzen, als Beispiel sei hier der Hopfen genannt, ziehen im Winter ein und dürfen erst geschnitten werden, wenn die Triebe und Blätter gelb und vertrocknet sind. Fruchtende Kletterpflanzen, wie Wein oder Kiwis, schätzen einen fachgerechten und regelmäßigen Frucht- und Rückschnitt.

Einjährige Kletterpflanzen

Alle Einjährigen sind besonders zur schnellen Begrünung von Balkons und Veranden am Haus sowie Spalieren und Zäunen aller Art im Garten geeignet.
Sie brauchen zu ihrer Entwicklung immer Kletterhilfen, etwa Blumengitter, Gerüste oder Stäbe, und sind in Blumenkästen oder Pflanzkübeln auch gut mit Balkonpflanzen oder Sommerflor zu kombinieren. Viele von ihnen entwickeln zudem attraktive und farbenkräftige Blüten.
Die vorwiegend in tropischen Gebieten beheimateten Pflanzen sind in ihrer Heimat oft mehrjährig und werden nur bei uns einjährig gezogen, da sie Temperaturen unter dem Gefrierpunkt nicht vertragen und mit den ersten Herbstfrösten absterben. Fast alle lassen sich leicht aus Samen ziehen und erreichen je nach Art Höhen von 100–500 cm; manche Arten sind mit etwas Fingerspitzengefühl sogar im Haus zu überwintern.
Die Einjährigen brauchen zumeist vollsonnige Standorte, wobei bereits nasse und regnerische Sommer die Entwicklung mancher Art beeinträchtigen können. Alle brauchen nährstoffreichen Boden; er sollte vor der Pflanzung gründlich gelockert und am besten mit Komposterde und einer Grunddüngung, zum Beispiel aus Hornspänen, versehen werden. Bei Pflanzung in Kästen, Kübeln und Töpfen sollte jedes Jahr neue Erde verwendet werden. Ab etwa vier bis sechs Wochen nach dem Auspflanzen ist regelmäßig nachzudüngen, da die Pflanzen durch ihr starkes Wachstum einen hohen Nährstoffverbrauch haben. Zu starkes Düngen mit Stickstoff fördert bei einigen Arten allerdings weniger die Blüten als vielmehr die Entwicklung der Blätter. Vor allem bei der Pflanzung in

Bis in den Herbst hinein erfreut uns die einjährige Kapuzinerkresse mit ihrer farbenfrohen Blütenfülle.

Behältern ohne Bodenanschluss ist regelmäßiges, an heißen Tagen am besten tägliches Wässern erforderlich. Die Behälter sollten andererseits auch mit einer Öffnung im Boden versehen sein, sodass überschüssiges Wasser abziehen kann. Einjährige werden nicht vor Mitte bis Ende Mai ins Freie ausgepflanzt, um Spätfröste zu vermeiden. Obwohl einige Arten auch direkt an Ort und Stelle ins Freie ausgesät werden können, ist eine Vorkultur im Haus meist vorteilhafter, da solcherart gezogene Pflanzen später im Freiland meist kräftiger wachsen. Die Aussaat erfolgt von Mitte März bis April, bei anspruchsvolleren Arten, wie etwa Kalebassen, auch schon einige Wochen früher. Die Samen werden in 6er–10er Töpfe mit lockerem und humosem Substrat gelegt, flach mit etwas Erde abgedeckt und mit einem umgestülpten Glas überstellt. Nach dem Auflaufen werden die Sämlinge bei Bedarf pikiert und in größere Töpfe oder nach den Eisheiligen auch direkt ins Freiland ausgepflanzt. Jungpflanzen sollten immer rechtzeitig an Stäbe aufgebunden und so aufgestellt werden, dass sie mit ihren Nachbarpflanzen nicht unentwirrbar verwachsen. Ein Stutzen der Jungpflanzen zur besseren Verzweigung ist nur in Ausnahmen erforderlich.

Die Schwarzäugige Susanne wächst auch im Topf sehr gut und ist deshalb universell als üppig blühende Bereicherung auf der Terrasse zu verwenden.

Einjährige Kletterpflanzen

Name	Wuchshöhe in m	Standort	Härte robust	Härte empfindlich	Hauptmerkmale Blatt	Hauptmerkmale Blüte	Hauptmerkmale Frucht	Anzucht Vorkultur	Anzucht Direktsaat	Klettertechnik
Doppelkappe *Adlumia fungosa*	2	○–◑		■	■	■		■		Rankpflanze
Asarine *Asarina*-Arten	2–3	○	■ bis	■		■		■		Rankpflanze
Indischer Spinat *Basella alba*	2–3	○		■			■	■		Schlingpflanze
Glocken-Rebe *Cobaea scandens*	3–5	○–◑–●	■		■	■		■		Rankpflanze
Zierkürbis *Cucurbita pepo* 'Ovifera'	3–5	○	■ bis	■	■		■		■	Rankpflanze
Explodiergurke *Cyclanthera brachystachya*	3–5	○	■			■	■		■	Rankpflanze
Helmbohne *Dolichos lablab*	2–4	○		■		■	■	■		Schlingpflanze
Schönranke *Eccremocarpus scaber*	2–3	○	■			■		■		Rankpflanze
Igelgurke *Echinocystis lobata*	4–5	○	■		■		■		■	Rankpflanze
Japanischer Hopfen *Humulus japonicus*	3–4	○–◑–●	■		■				■	Schlingpflanze
Trichterwinde *Ipomea purpurea*	2–4	○	■		■	■			■	Schlingpflanze
Prunkwinde *Ipomoea tricolor*	2–3	○		■	■	■		■		Schlingpflanze
Flaschenkürbis, Kalebasse *Lagenaria siceraria*	3–6	○		■	■		■	■		Rankpflanze
Duft-Wicke *Lathyrus odoratus*	1–2	○		■		■			■	Rankpflanze
Feuer-Bohne *Phaseolus coccineus*	3–4	○–◑	■		■	■	■		■	Schlingpflanze
Sternwinde *Quamoclit lobata*	3	○–◑	■ bis	■	■	■		■		Schlingpflanze
Haargurke *Sicyos angulatus*	3–5	○	■		■		■		■	Rankpflanze
Schwarzäugige Susanne *Thunbergia alata*	1–2	○–◑	■			■		■		Schlingpflanze
Kapuzinerkresse *Tropaeolum*-Arten	1–3	○–◑	■		■	■			■	Rankpflanze

○ = volle Sonne ◑ = Halbschatten ● = Schatten

Mehrjährige Kletterpflanzen

Name	Wuchs-höhe in m	Standort	Wuchs	Härte robust		Härte empfind-lich	Hauptmerkmale Blatt	Hauptmerkmale Blüte	Hauptmerkmale Frucht	Klettertechnik
Strahlengriffel *Actinidia*-Arten	3–8	○–◑	mittel	■	bis	■	■		■	Schlingpflanze
Fingerblättrige Akebie *Akebia quinata*	5–8	○–◑	mittel	■	bis	■	■		■	Schlingpflanze
Scheinrebe *Ampelopsis*-Arten	4–8	○–◑	mittel	■	bis	■	■		■	Rankpflanze
Pfeifenwinde *Aristolochia*-Arten	6–12	◑–●	mittel	■			■			Schlingpflanze
Rattanschlinge *Berchemia scandens*	3–5	○–◑	mittel	■	bis	■	■		■	Schlingpflanze
Trompetenblume *Campsis*-Arten	4–8	○	mittel	■	bis	■	■	■		Wurzelkletterer
Baumwürger *Celastrus*-Arten	5–10	○–◑–●	schnell	■					■	Schlingpflanze
Waldreben-Sorten *Clematis*-Hybriden	2–4	○–◑	mittel	■	bis	■		■		Rankpflanze
Wild-Waldreben *Clematis*-Wildarten	2–10	○–◑	mittel	■	bis	■	■	■	■	Rankpflanze
Kokkelstrauch *Cocculus orbiculatus*	3–4	○–◑	mittel			■	■			Schlingpflanze
Kletterspindel *Euonymus fortunei*-Sorten	3–5	◑–●	langsam	■			■	immergrün		Wurzelkletterer
Schlingknöterich *Fallopia aubertii*	8–15	○–◑–●	schnell	■			■	■		Schlingpflanze
Efeu *Hedera helix*	5–25	◑–●	langsam	■	bis	■	■	immergrün		Wurzelkletterer
Gewöhnlicher Hopfen *Humulus lupulus*	4–6	○–◑	schnell	■			■		■	Schlingpflanze
Kletter-Hortensie *Hydrangea anomala* ssp. *petiolaris*	6–10	◑–●	mittel	■			■	■		Wurzelkletterer
Winter-Jasmin *Jasminum nudiflorum*	2–4	○–◑	langsam			■		■		Spreizklimmer
Geißblatt, Geißschlinge *Lonicera*-Arten	2–6	◑	mittel	■			■	■		Schlingpflanze
Mondsame *Menispermum*-Arten	3–4	◑	mittel	■			■			Schlingpflanze
Wilder Wein *Parthenocissus*-Arten	8–15	○–◑	schnell	■			■			Rankpflanze
Passionsblume *Passiflora caerulea*	2–4	○	schnell			■	■	■		Rankpflanze
Baumschlinge *Periploca*-Arten	5–10	○–◑	mittel	■	bis	■	■		■	Schlingpflanze
Feuerdorn *Pyracantha*-Sorten	2–5	○–◑	mittel	■	bis	■	■		■	Spreizklimmer
Kletter-Rose *Rosa*-Arten und -Sorten	2–5	○	schnell	■	bis	■		■		Spreizklimmer
Kletter-Brombeere *Rubus*-Arten	2–6	◑–●	mittel			■	■			Spreizklimmer
Spaltkölbchen *Schisandra chinensis*	4–8	◑	mittel	■			■		■	Schlingpflanze
Kugelbeere *Sinofranchetia chinensis*	5–7	○–◑	mittel	■	bis	■	■			Schlingpflanze
Haarblume *Trichosanthes kirilowii*	3–4	○–◑	schnell			■	■			Schlingpflanze
Wilde Reben *Vitis*-Arten	4–12	○–◑	schnell	■			■			Rankpflanze
Weinrebe *Vitis vinifera*	3–10	○	schnell			■	■		■	Rankpflanze
Wisterie, Blauregen *Wisteria*-Arten	6–12	○–◑	schnell	■			■	■		Schlingpflanze

○ = volle Sonne ◑ = Halbschatten ● = Schatten

Mehrjährige Kletterpflanzen

Alle mehrjährigen Kletterpflanzen sind sehr gut geeignet, frei stehende Klettergerüste im Garten, also Lauben und Pergolen, oder auch Hausfassaden und Mauerwände dauerhaft zu begrünen. Sie erreichen je nach Pflanzenart dabei Wuchshöhen von 2–20 m. Die Mehrzahl der Arten braucht bauliche Kletterhilfen; nur einige wenige, wie etwa der Efeu, kommen auch ohne diese aus, da sie direkt auf der Unterlage haften. Viele Arten entwickeln attraktive oder auffallende Blüten, die hauptsächlich vom Früh- bis zum Hochsommer erscheinen. Bei manchen Arten zeigt sich im Herbst zudem eine prächtige Laubfärbung, und einige wenige entwickeln auch noch zierende Früchte, die mitunter über den gesamten Winter an der Pflanze haften.

Mehrjährige stammen vor allem aus Amerika und Asien, während nur wenige Arten bei uns heimisch sind. Ihr natürlicher Standort ist der Waldrand; entsprechend schätzen die meisten der Arten daher halbschattige Standorte. Viele vertragen auch schattige Standorte gut, während es nur wenige Arten gibt, die auch an vollschattigen Standorten noch problemlos wachsen. Allgemein bevorzugen Immergrüne schattige bis halbschattige, Sommergrüne hingegen eher halbschattige bis sonnige Standorte. Als Faustregel für die Pflanzenwahl kann gelten, dass die Besonnung umso wichtiger ist, je mehr Blüten erwartet werden.

An den Boden stellen die Pflanzen, abgesehen von wenigen Ausnahmen wie etwa den Hybrid-Waldreben *(Clematis*-Hybriden), keine besonderen Ansprüche; ein guter Gartenboden ist ausreichend. Pflanzzeiten aller Arten sind sowohl Herbst wie auch Frühjahr, für in Containern gezogene Pflanzen auch noch der Sommer. Allen erleichtert ein anfängliches Anhaften oder Festbinden das Anwachsen und Festhalten auf der Unterlage; dies gilt auch für selbstkletternde Arten. Kletterhilfen sollten immer auf die Klettertechnik der Pflanzen abgestimmt sein.

Mehrjährige sind zumeist Individualisten; dennoch lassen sich einzelne Arten mit anderen kombinieren: im Schatten Efeu mit Pfeifenwinde oder Kletterhortensie; im Halbschatten zum Beispiel Kletterhortensie mit Waldrebe oder Efeu; und in der Sonne gut Wilder Wein mit Kletterrosen oder Blauregen *(Wisteria)*.

Bringt mit ihren orangefarbenen Blüten im Hochsommer weitere Farbtupfer in den Garten: die Trompetenblume *(Campsis)*.

Solche Mischkulturen sind ökologisch weit interessanter und in sich zumeist auch stabiler als Monokulturen.

Kletterpflanzen für Container und Kübel

Name	Blütenfarbe	Blütezeit	Höhe in m	Klettertyp	Überwinterung	Bemerkungen
Asarine *Asarina erubescens*	rosa	Mai bis November	bis 3	Schlingpflanze	Frostfrei und Rückschnitt	Samenkapseln entfernen
Bougainville *Bougainvillea*-Arten	viele Farben	Januar bis Dezember	bis 8	Spreizklimmer	Minimal +10 °C	Dornig, Stämmchen
Glockenrebe *Cobaea scandens*	blau/weiß	Juli bis November	bis 6	Rankpflanze	Frostfrei und Rückschnitt	Meist einjährig, hoher Nährstoffbedarf
Japanischer Hopfen *Humulus japonicus*	grün	Juli bis August	bis 8	Schlingpflanze		
Veilchenstrauch *Iochroma*-Arten	rot, blau	Januar bis Dezember	bis 5	Spreizklimmer	Frostfrei und Rückschnitt	Auf Schädlinge achten
Trichterwinde *Ipomoea*-Arten	viele Farben	Juni bis Oktober	bis 5	Schlingpflanze		Früchte entfernen, Direktaussaat
Duftwicke *Lathyrus odoratus*	viele Farben, Duft	Juni bis Oktober	bis 2	Rankpflanze		Schnittblume, Direktaussaat
Pandorea *Pandorea jasminoides*	rosa	März bis November	bis 5	Schlingpflanze	Frostfrei	Immergrün
Passionsblume *Passiflora*-Arten	viele Farben	März bis Dezember	bis 8	Rankpflanze	Frostfrei und Rückschnitt	Immergrün, einige Arten vertragen Fröste
Feuerbohne *Phaseolus coccinea*	rot	Juni bis Oktober	bis 5	Schlingpflanze		Direktaussaat, Früchte essbar
Jasmin-Nachtschatten *Solanum jasminoides*	hellblau, weiß	Februar bis	bis 10	Rankpflanze	Frostfrei und Rückschnitt	Immergrün, auf Läuse achten
Costa-Rica-Nachtschatten *Solanum wendlandii*	lila	Juli bis November	bis 5	Spreizklimmer	Minimal +10 °C	Meist Laub abwerfend
Schwarzäugige Susanne *Thunbergia alata*	orange mit schwarz. Auge	März bis November	bis 2	Schlingpflanze	Frostfrei und Rückschnitt	Zimmerpflanze, Früchte entfernen
Sternjasmin, *Trachelospermum jasminoides*	weiß, Duft	Mai bis Oktober	bis 6	Spreizklimmer	Hart bis –10 °C	Immergrün, guter Bodendecker

GRÜNE TEPPICHE

Rasen • Blumenwiese
Bodendecker

Einen Rasen anlegen und pflegen

Aus unseren modernen Freizeitgärten ist ein Rasen oder zumindest eine rasenartige Grünfläche nicht mehr wegzudenken. So verschiedenartig die diesem Gartenelement zugedachten Aufgaben sind, so weit gefächert sind die Ansprüche der Rasenflächen an die Pflege und die zur Herstellung notwendigen Voraussetzungen. Die Bandbreite erstreckt sich vom intensiv gepflegten Sportrasen bis hin zum nur noch gelegentlich gemähten und sehr extensiv gepflegten Kräuterrasen.

Die Rasengräser

Die richtige Auswahl der für den Standort und die vorgesehene Nutzung geeigneten Gräser ist für den späteren Erfolg ausschlaggebend. Gleichzeitig ist der wenig erfahrene Laie durch eine Vielzahl von verschiedenen Sorten bei der Zusammenstellung einer individuellen Gräsermischung überfordert. Um die im Handel angebotenen Rasenmischungen für ihre Eignung besser beurteilen zu können, ist es aber wichtig, etwas über die Mindestanforderungen der Grasarten zu wissen.

Den **Straußgräsern** *Agrostis stolonifera* (Weißes Straußgras) und *Agrostis capillaris* (Rotes Straußgras) sind eine geringe Belastbarkeit und Trockenheitsresistenz gemeinsam. Da sie, bei intensiver Rasenpflege, über ein hohes Konkurrenzvermögen verfügen, sind sie für Zierrasen und Landschaftsrasen gut geeignet.

Die **Schwingel-Arten** *Festuca ovina* (Echter Schaf-Schwingel) und *Festuca rubra* (Rot-Schwingel) besitzen alle ein feines Laub und eine hohe Trockenresistenz bei eher geringer Belastbarkeit. Je nach Art, Unterart und Sorte sind sie für Zier-, Gebrauchs- und Landschaftsrasen geeignet.

Als Strapaziergräser können das **Deutsche Weidelgras** *(Lolium perenne)* und das **Wiesen-Rispengras** *(Poa pratensis)* mit ihren verschiedenen Sorten bezeichnet werden. Sie zeichnen sich durch hohe Belastbarkeit und gute Trocken- und Hitzeresistenz aus.

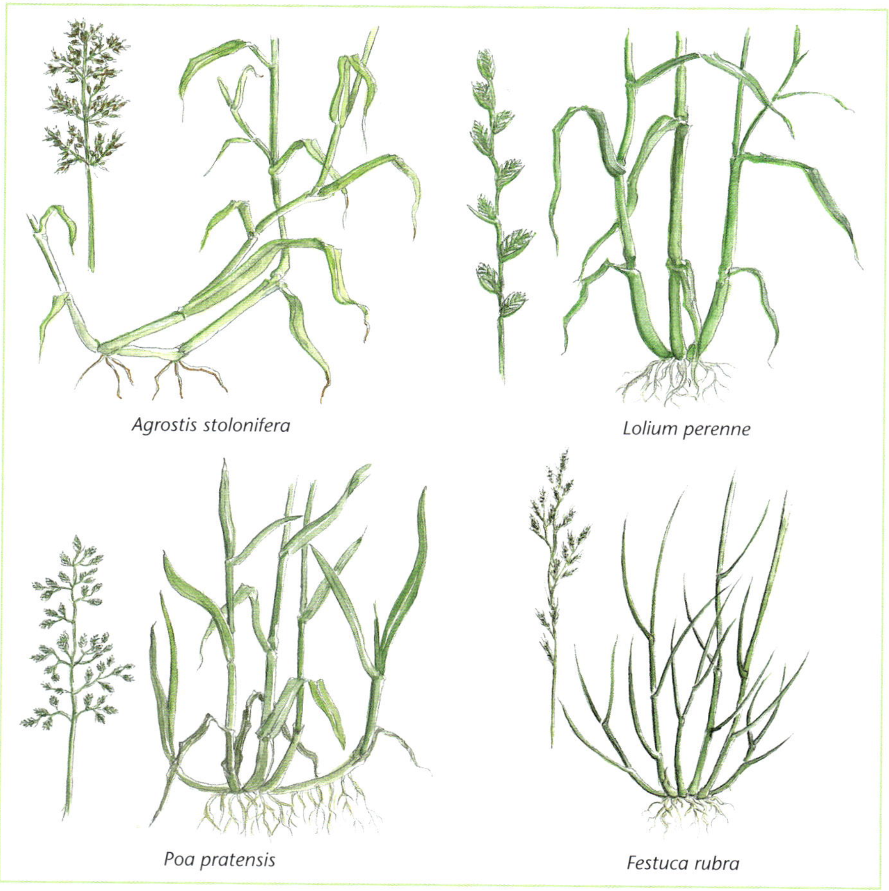

Straußgräser *(Agrostis)* treiben oberirdische Ausläufer und sind wenig belastbar, während das Deutsche Weidelgras *(Lolium perenne)*, das Wiesen-Rispengras *(Poa pratensis)* sowie der Rot-Schwingel *(Festuca rubra)* bewährte Bestandteile von Gebrauchsrasen sind.

Saatgutkauf ist Vertrauenssache

Der erfahrene Gärtner greift deshalb ausschließlich auf Qualitätssaatgut namhafter Anbieter zurück. Vor preisgünstigen Rasensamenmischungen mit dubiosen Bezeichnungen muss ausdrücklich gewarnt werden. Sie bestehen oft aus kurzlebigen, wenig belastbaren Arten und Sorten, die sich nach der Ansaat zwar schnell entwickeln, aber bereits nach dem ersten Jahr wieder zurückgehen. Vermoosung sowie Verunkrautung und damit verbundener Ärger sind die Folgen. Neben einer Vielzahl von Spezialmischungen, die von renommierten Saatgutfirmen angeboten werden, haben sich neben den **Regel-Saatgut-Mischungen** (RSM), die von der Forschungsanstalt für Landschaftsentwicklung und Landschaftsbau (FLL) entwickelt wurden, auch einige Standardmischungen bewährt, die unter Bezeichnung wie »Spielrasen«, »Sportrasen«, »Schattenrasen«, alles Gebrauchsrasen, oder »Berliner Tiergarten«, einem Allzweckrasen, im Handel erhältlich sind.

Die verschiedenen Rasentypen

Ob es nun unbedingt ein »Englischer Rasen« oder doch lieber ein Spiel- und Gebrauchsrasen für die Kinder werden soll, ist eine zentrale Frage, die man sich vor allem unter dem Gesichtspunkt des Pflege- und Materialaufwands stellen muss. Hilfreich ist dabei die Kenntnis der unterschiedlichen Rasentypen.

Erfordert viel Pflege: der Zierrasen

Unter diese Kategorie fällt auch der immer wieder als Beispiel für edlen und schönen Rasen angeführte »Englische Rasen«. Dieser Rasentyp ist eher als Repräsentationsgrün zu betrachten. Die Pflegeansprüche sind hoch bis sehr hoch, demgegenüber ist die Belastbarkeit gering. Die Gräser sind feinblättrig, sie bilden eine dichte und teppichartige Grasnarbe.

Schön gepflegte Rasenflächen bilden eine ruhige Verbindung zwischen den einzelnen Gartenelementen und Gebäuden.

Gebrauchsrasen für den Hausgarten

Das ist der Rasentyp der Hausgärten und Parkanlagen. Je nach Belastung ist der Pflegeaufwand gering bis mittel. Die Belastbarkeit ist wesentlich höher als beim reinen Zierrasen und die Auswahl der Gräser ergibt eine gewisse Widerstandsfähigkeit gegen Trockenheit.

Strapazierrasen ist sehr belastbar

Unter Strapazierrasen werden Rasenflächen mit hoher Belastbarkeit zusammengefaßt.

Liegewiesen, Sport- und Spielplätze, aber auch PKW-Stellplätze sollten einer ganzjährigen hohen Belastung widerstehen können. Der notwendige Pflegeaufwand ist deshalb beträchtlich und als mittel bis sehr hoch einzustufen.

Vorstadium zur Blumenwiese: der Kräuterrasen

Diese Rasenform bildet sich bei einer extensiven Pflege oft von alleine aus einem Gebrauchsrasen heraus, sie kann aber genauso gut als ein Rasentyp mit geringen Pflegeansprüchen angesät werden. Keine Düngung, weniger wässern und seltenes Mähen, bei dem das Schnittgut entfernt wird, können die Entwicklung unterstützen und ermöglichen verschiedenen Kräutern wie Gänseblümchen, Ehrenpreis oder Klee die Ansiedlung. Mit dem Wiesenblumen- und Kräuteranteil nimmt der ökologische Wert deutlich zu. Im Lauf einiger Jahre kann man aus einem Kräuterrasen eine Blumenwiese entwickeln. Dieser Rasentyp ist bestens dazu geeignet, verschiedene Blumenzwiebeln wie Krokus, Narzissen, Traubenhyazinthen und viele mehr darin verwildern zu lassen. Allerdings darf die erste Mahd dann erst spät im Frühjahr erfolgen, wenn die Blumenzwiebel bereits eingezogen haben.

➲ Mehr zu Blumenwiesen ab Seite 256.

Landschaftsrasen: ökologisch wertvoll

Hier handelt es sich um überwiegend selten genutzte und extensiv gepflegte Grünflächen. Auch hier ist das Einbringen von verschiedenen Blumenzwiebeln reizvoll. Landschaftsrasen sind ökologisch wertvoller als andere Rasentypen und der Übergang zur Blumenwiese ist fließend.

Einen Versuch wert: der Schattenrasen

Dieser Rasen stellt eigentlich keinen eigenen Typ dar, sondern ist eine Rasengräsermischung für Gebrauchsrasen, die besonders schattenverträglich ist. Ist der Schatten so stark, dass selbst diese Sondermischung nicht mehr zufriedenstellend gedeiht, sollte man auf einen Rasen verzichten. Schattenstaudenbeete sind dann die bessere Lösung.

Gitterrasen und Schotterrasen für starke Belastung

Diese Rasentypen sind für wenig belastete Verkehrsflächen wie Gartenzufahrten, als Stellflächen oder Wegbelag geeignet. Die Tragfähigkeit wird durch einen belastbaren Unterbau, der mit Schotter und Splitt vermischt ist, gesichert. Zur Einsaat sind Spezialmischungen oder Gebrauchs- und Landschaftsrasenmischungen geeignet. Solche Rasenstellplätze sind nicht für Dauerparkflächen geeignet, da sich unter einem PKW kein Rasen ausreichend entwickeln kann.

Wo ist Rasen sinnvoll?

Zunächst sollten wir uns die Frage stellen, ob die Anlage eines Rasens überhaupt sinnvoll ist. Zu kleine Flächen und schmale Streifen sind schwer zu pflegen und meist auch nicht als Rasenfläche nutzbar. Auch die geplante Form der Rasenfläche ist für den Pflegeaufwand von Bedeutung. Enge Rasenzungen und unregelmäßig ausgeführte Kanten erschweren das Mähen und Bewässern mit einem Regner. Für das Gedeihen von Rasengräsern ist ein Mindestangebot an Licht und Helligkeit unabdingbar. Nur im lichten Halbschatten ist die Anlage noch sinnvoll (siehe Schattenrasen), dunklere Flächen eignen sich dagegen besser für ein meist wesentlich reizvolleres Beet mit Schattenstauden oder Bodendeckern. Ist ausreichend Licht vorhanden, so lassen sich die anderen Faktoren wie Bodenqualität, Feuchtigkeit, Nährstoffgehalt, pH-Wert und Geländekontur ohne übergroßen Aufwand passend für einen schönen Rasen verändern.

Die richtige Zeit für die Rasenanlage

Die Entwicklung der Gräser ist sehr stark von den herrschenden Wetterbedingungen abhängig. Bereits knapp über 0°C wachsen Gräser, die Keimung erfolgt ab 5°C. Je nach Region sind für die Aussaat die Monate April bis Juni sowie der September ideal. Zu frühe Aussaaten können durch Fröste vernichtet werden, zudem entwickeln sich bei zunehmender Bodenwärme die Gräser schneller. Im Frühjahr ist es grundsätzlich feuchter, was einer zügigen Entwicklung der zarten Keimlinge zugute kommt. Die Keimung erfolgt dann zwischen ein bis vier Wochen, je nach Grasarten und -sorten.
Entsprechend der Witterung ist natürlich auch die Zeitspanne von der Aussaat bis zur Nutzung verschieden lang. Bei einer Aussaat im April kann man mit einer Nutzung frühestens ab Ende Juli rechnen, richtig belastbar ist die Neuanlage erst nach etwa sechs Monaten.

Mit Gründüngung überbrücken

Liegt der Gartenboden während des Hausbaus brach, empfiehlt sich die Ansaat einer Gründüngung mit tief wurzelnden Kreuzblütlern wie Senf, Ölrettich oder Sommer-Raps. Das schont und lockert den Boden und hält Samenunkräuter fern. Eine Gründüngung kann auch mehrfach wiederholt werden.
➲ Mehr zum Thema »Gründüngung« ab Seite 71.

Zu Haufen zusammengeschobene Erde sollte bis zum Einbau unter einer schützenden Gründüngungsdecke aus *Phacelia* oder Lupinen ruhen.

Schritt für Schritt zum grünen Teppich

Im Gegensatz zur Blumenwiese, bei der ein möglichst karger Boden für die größte Artenvielfalt sorgt, benötigt der Rasen einen guten, ausreichend mit Humus versorgten und tiefgründigen Boden.

Die Unterbodenlockerung

Besonders bei Neuanlagen nach einem Hausbau sind einzelne Gartenbereiche durch Baumaschinen oder Lieferfahrzeuge stark verdichtet. Verräterische, lange bestehende Wasserpfützen zeugen davon. Nicht nur der zukünftige Rasen, sondern alle Gartenpflanzen benötigen in solchen Fällen zunächst eine maschinelle **Untergrundlockerung**. Da diese Geräte bis zu einer Tiefe von 80–100 cm arbeiten, ist als Zugmaschine einen entsprechend kräftiger Traktor nötig.
Besondere Aufmerksamkeit gilt bei dieser Arbeitstiefe bereits verlegten Rohren, Dränagen und Kabeln. Falls noch **Stromkabel** oder **Bewässerungsleitungen** verlegt werden müssen, erfolgt dies nach der Unterbodenlockerung. Der gewissenhafte Gartenbesitzer zeichnet sich den Verlauf einzelner Leitungen in seinen Gartenplan ein, schon allein deshalb, um die Leitungen für spätere Erweiterungsanschlüsse wieder zu finden.
Zur Tiefenlockerung sollte der Oberboden entfernt sein und **trockene Witterung** herrschen. Besonders bei einer Bodenbelastung mit schwerem Gerät wird bei nassem Boden mehr zerstört als gut gemacht. Da die Traktoren viel Platz benötigen, um ausreichend manövrieren zu können, ist das Grubbern die erste Arbeit, die in einem noch brachen, zukünftigen Garten zu geschehen hat. Als Alternative bleibt nur **tiefes Umgraben** oder **Fräsen**, bei dem der Boden zwei bis drei Spatentiefen umgegraben wird – eine überaus mühsame Arbeit.
Zuvor wird natürlich aller **grober Unrat**, wie Steine, Baumwurzeln, Bauschutt oder Ähnliches, entfernt.
Bei Bedarf kann grober, gewaschener Sand in den Unterboden eingearbeitet werden, um die Dränageeigenschaften des Bodens zu verbessern.

Das Geländeprofil gestalten

Vor der Bodenbearbeitung mit der schweren Fräse muss bei Bedarf das **Geländeprofil** gestaltet werden. Die Anlage von Böschungen oder Absenkungen ist ein

Hier weisen Radspuren und Wasserpfützen auf schädliche Untergrundverdichtungen hin.

preiswertes Mittel, um seinem Gartengrundstück einen individuellen Charakter zu verleihen. Bedacht werden sollte aber auch der Abfluss von Niederschlagswasser, das sich in den abgesenkten Flächen sammelt. Am besten lassen Sie diese Arbeit von einer Fachfirma ausführen.
Bei der Geländemodellierung empfiehlt es sich, **Gefälle** von mehr als 15 % Neigung zu vermeiden, da der Rasenmäher an steileren Flächen nicht mehr sicher zu führen ist. Leichtes Gefälle von etwa 2 % zu den angrenzenden Blumenbeeten oder Hecken führt übermäßiges Regenwasser ab und bewässert die Randbeete zusätzlich. Hat die Rasenfläche einen direkten Anschluss an ein Gebäude, empfiehlt es sich, das Bodenniveau von Mauern und Wänden weg abfallen zu lassen, um übermäßiges Regenwasser abzuführen.

Unkrautbekämpfung am Unterboden

Hat man genügend Zeit bis zur Fertigstellung des Gartens zur Verfügung, so kann die spätere Rasenfläche nach den Vorarbeiten bei Verdacht auf tief wurzelnde Unkräuter erst einmal offen liegen bleiben. Die unangenehmen und nur schwer zu entfernenden Wurzelunkräuter wie Quecke, Distel, Winde, Löwenzahn und Sauerampfer müssen vor den nachfolgenden Arbeiten bekämpft werden. Bei besonders großen Pflanzen mit entsprechend kompaktem Wurzelsystem (Löwenzahn, Sauerampfer, Brennnessel) ist es ratsam, diese mit einem Spaten sorgfältig auszustechen.
Zur Bekämpfung kleinerer Pflanzen und der anderen Wurzelunkräuter gibt es zur chemischen Keule eines Unkrautbe-

kämpfungsmittels (Herbizid) leider keine zufriedenstellende Alternative. Die systemisch wirkenden Herbizide der Glyphosat-Gruppe werden nach der Aufnahme über die Blätter in der ganzen Pflanze bis in die tiefen Wurzeln verteilt und führen so zum Absterben der ganzen Unkrautpflanzen. Das dauert allerdings je nach Witterung bis zu vier Wochen. Sie verfärben sich zunächst gelb und dürfen erst nach dem Absterben entfernt werden. Bei starker Verunkrautung muss die Behandlung eventuell ein zweites Mal wiederholt werden.
Regelmäßiger Schnitt und starke Konkurrenz durch gesunde Rasengräser verdrängen die meisten Unkräuter auf Dauer, so dass bei einem gut gepflegten Rasen die Wurzelunkräuter nur selten zum Problem werden.

Mit der Grabgabel lassen sich versteckte Unkrautwurzeln schnell entdecken (Foto links). Bei kleinen Flächen kann Sand auch mit einem Rechen eingearbeitet werden.

Den Oberboden verbessern

Nun kann der Oberboden verteilt werden. Da diese Schicht die Bodenschicht ist, in der das eigentliche Rasenwachstum stattfindet, müssen mit ihr optimale Wachstumsbedingungen geschaffen werden, umso mehr, je höher die Ansprüche an den späteren Rasentyp gestellt werden.
Die optimale Bodenart für hochwertigen Rasen ist sandiger Lehmboden oder humoser, lehmiger Sandboden. Leider findet sich eine solche Bodenart nicht in jedem Garten, in dem eine Rasenansaat geplant ist.
Tendiert der vorhandene Boden eher zum **Sandboden**, müssen wir mit organischer Masse wie Rindenhumus, humoser Gartenerde oder Kompost für eine bessere Wasser- und Nährstoffspeicherung sowie höhere biologische Aktivität sorgen.
Lehmige und schwere, aber auch stark **humose Böden** speichern sehr viel Wasser, was zu Staunässe und Wurzelschäden führen kann. Deshalb empfiehlt es sich hier, gewaschenen, kalkfreien Sand einzuarbeiten.
Werden für das geplante Geländeprofil zusätzlich größere Oberbodenmengen benötigt, sollten Sie bei stark lehmigem Ausgangsboden möglichst sandigen Boden einbringen, bei sandigem Ausgangsboden möglichst tonig-humosen Boden.
Bei schlechter Bodenqualität müssen mineralische Zusatzstoffe (siehe Seite 70) zur Verbesserung in der vom Hersteller empfohlenen Menge zugemischt werden.
Angelieferte Erde sollte möglichst frei von Unkraut sein. Auch müssen grobe Teile wie Wurzelwerk, Steine, Holzteile und Ähnliches entfernt werden.

Ziel ist ein feinkrümeliger, lockerer, nicht zu schwerer Boden, der einen idealen Kompromiss zwischen Wasserdurchlässigkeit und Wasserspeicherung darstellt. Um die jungen Graspflanzen ausreichend mit Nährstoffen zu versorgen, muss gedüngt werden. Dazu benötigen wir aber genaue Kenntnis über die im Boden vorrätigen Nährstoffmengen. Eine **Bodenprobe**, die wir jetzt an mehreren Stellen entnehmen, gibt darüber Auskunft.
➲ Mehr zu Boden und Bodenprobe ab Seite 64.

Das Ausbringen der Rasentragschicht

Vor der eigentlichen Oberbodenverteilung, dem Aufbringen der so genannten Rasentragschicht, wird zunächst der aufgelockerte Untergrund mit einem Holzrechen oder einem Krail abgezogen und grob eingeebnet. Dabei anfallender Unrat wird entfernt.
Nun kann die Rasentragschicht verteilt werden, was bei kleineren Flächen am besten mit einer Schubkarre erfolgt. Gegen erneute Bodenverdichtung des Unterbodens werden auf den Schubkarrenstrecken Bretter als Fahrbahn ausgelegt, um den Raddruck gleichmäßig zu verteilen.
Die **Stärke der Rasentragschicht** sollte mindestens 15 cm, besser 20–25 cm betragen. Beim Verteilen muss die Erde überall gleichmäßig dicht aufgetragen werden, da sonst die Gefahr besteht, dass sich der Oberboden ungleichmäßig setzt und Löcher und Kuhlen entstehen. Steht zur Neuanlage ausreichend Zeit zur Verfügung, ist es gut, wenn zwischen dem Verteilen und der Ansaat zwei bis drei möglichst regnerische Wochen vergehen, damit sich die Rasentragschicht ausreichend setzen kann.
Mit etwas Augenmaß und Übung bereitet es keine Probleme, den Oberboden ohne Kuhlen gleichmäßig eben zu verteilen. Mit Hilfe eines **Holzrechens** (Heurechen) wird bei fast senkrechter Zinkenstellung viel Erde transportiert und auf diese Weise werden sowohl »Hügel« als auch »Täler« nahezu ausgeglichen.

Ein Feinplanum erstellen

Bei flacher, parallel zum Boden verlaufender Zinkenstellung wird nur wenig Erde bewegt und das abschließende Feinplanum erstellt. Dabei auftauchende Erdbrocken werden von Hand zerkleinert oder mit dem Rechen zerschlagen sowie Steine, Wurzeln und andere Fremdkörper entfernt.

Steine und andere Grobteile müssen beim Feinplanum unbedingt entfernt werden, um die spätere Pflege zu erleichtern.

Garantieren Gleichmäßigkeit: Höhenmarkierungen

Für eine absolut gleichmäßige Rasenfläche müssen vor der Bodenverteilung Höhenmarkierungen angebracht werden. Dazu schlagen wir kleine Pflöcke, auf der Rasenfläche gleichmäßig im Abstand der Richtscheitlänge verteilt, in den Boden. Daran werden nun die Höhenmarkierungen angebracht. Mit Hilfe eines Richtscheites oder einer auf ein gerades, hochkant gehaltenes Brett aufgelegten Wasserwaage, werden ausgehend von einem vorher festgelegten Nullpunkt die Höhen an den Pfählen markieren. Geländeneigungen sind dabei gleichmäßig zu berücksichtigen, um »Wellen« zu vermeiden. Von einem oftmals empfohlenen Schnurgerüst möchte ich dringend abraten, da man sich beim Verteilen der Erde ständig mit dem Rechen darin verheddert. Besser ist es, nach dem Verteilen der Erde mit dem Richtscheit die gewünschte Geländekontur zu überprüfen und gegebenenfalls nochmals nachzuarbeiten. Die Pfähle müssen vor der Aussaat entfernt werden.

Anschlusshöhen beachten

Bei allen Rasenanlagen ist es wichtig, die Anschlüsse der Grasnarbe an Wegebeläge, Schachtabdeckungen, Gartenabgrenzungen durch niedere Mauern, Einsteckhülsen für Wäschespinnen oder versenkbare Beregnungsanlagen so zu gestalten, dass die Messer des Rasenmähers später beim Mähen nicht dagegenschlagen können. Rechnet man mit 2–3 cm Setzung, muss das Feinplanum die Hindernisse um diesen Wert überdecken, um ebenerdig abzuschließen. Rechnet man die spätere Schnitthöhe von mindestens 3–5 cm dazu, so arbeiten die Mähermesser dann mit einem sicheren Abstand.

Die Rasenaussaat

Bevor mit der eigentlichen Ansaat begonnen werden kann, sollte das Saatbeet mit dem Holzrechen nochmals flach gelockert werden. Hierzu wird der Rechen sanft über den Boden geschoben, bis feinkrümelige Furchen entstehen. Auf diese Weise lassen sich auch kleine, in der Zwischenzeit gekeimte Unkräuter entfernen. Manchmal kommt es nach einigen Tagen zu starken Setzungen, dann sollte das Feinplanum noch einmal nachgebessert werden. Hat sich der Oberboden noch nicht ausreichend gesetzt, so kann er vor der Aussaat mit einer Rasenwalze verdichtet werden. Alle Arbeiten dürfen nur bei abgetrocknetem Boden durchgeführt werden.

Nun wird gesät

Nach den Vorbereitungen kann der eigentliche **Saatvorgang** beginnen. Ideal für die Aussaat ist trockenes und windstilles Wetter. Nun kommt es darauf an, das Saatgut möglichst gleichmäßig auf dem vorbereiteten Saatbeet zu verteilen. Dies kann entweder von Hand oder mit einer Saatmaschine bzw. einem Streuwagen erfolgen.

Die Handaussaat

Sie erfordert etwas Erfahrung. Zur Übung kann vorab eine Testaussaat auf einem festen Untergrund durchgeführt werden. Dazu markiert man eine Fläche von 1 x 1 m auf dem Boden und versucht mit gleichmäßig schwingenden Handbewegungen die für 1 m² notwendige Saatmenge auf der Probefläche zu verteilen. Orientiert man sich bei der eigentlichen Aussaat an dem bei der Übung entstandenen Streubild der Grassamen, wird eine gleichmäßige Aussaat erreicht. Bei größeren Flächen kann es für die Handsaat hilfreich sein, diese in mehrere Parzellen aufzuteilen und das dafür notwendige Saatgut getrennt abzuwiegen und auszusäen. Das Zumischen von trockenem Sand zum Grassamen kann die Verteilung erleichtern.

Bei der Handsaat ist es wichtig, die Grassamen vor dem Ausbringen immer wieder zu durchmischen, da sich das Saatgut bereits bei kleinen Erschütterungen entmischt und somit keine gleichmäßige Verteilung der einzelnen Grassorten mehr gewährleistet wäre. Dies gilt auch für jede Entnahme aus dem Vorratssack.

Saat mit dem Streuwagen

Ein im Fachhandel auszuleihender Streuwagen erleichtert die exakte Verteilung der Samen ganz enorm. Dabei empfiehlt es sich, pro Fahrt nur die Hälfte der empfohlenen Saatmenge auszubringen und die Bahnen kreuzweise zu fahren. Auf diese Weise werden Fehlstellen vermieden.

Die Maschinensaat

Diese ebenfalls im Fachhandel auszuleihende Maschine erledigt das Vorkrümeln, Ansäen und Anwalzen in einem Arbeitsgang. Ist die empfohlene Saatgutmenge eingestellt, erfolgt die Verteilung absolut gleichmäßig. Die Aussaat erfolgt wie mit dem Streuwagen am besten in sich kreuzenden Bahnen.

Das Walzen der frisch gesäten Fläche

Nach der Aussaat müssen die Samen etwa 1 cm tief im Boden liegen, um vor Vogelfraß geschützt zu sein. Liegen sie tiefer, fehlt das zur schnellen Keimung not-

Um einen ebenmäßigen Rasen zu erhalten, sind genaue Höhenmarkierungen zum Beispiel mit Hilfe von Holzpflöcken unumgänglich. Wasserwaage und Richtlatte sind hierfür wichtige Hilfsmittel.

Ein Rasen wird angelegt: Das Feinplanum wird erstellt ①; eine Testsaat auf der Fläche von einem Quadratmeter Größe zeigt die richtige Saatdichte ②; einarbeiten der Samenkörner ③; die Aussaat mit dem Streuwagen ④; abschließend wird die Fläche gewalzt ⑤; nach der Ansaat muß die Fläche bis zur Keimung der Gräser feucht gehalten werden ⑥; eine schöne Rasenfläche ist der Lohn für gewissenhafte Vorarbeit ⑦.

wendige Licht. Um restliche, noch sichtbare Körner in den Boden einzuarbeiten, können sie mit dem Rechen flach eingehackt oder durch Schieben des Rechens eingestrichen werden. Nun werden die eingearbeiteten Samen mit einer Rasenwalze abgewalzt oder mit Brettern, die mit breiten Bändern an den Füßen befestigt werden, angetreten.

Den jungen Rasen wässern

Bei größeren Flächen ist der Einsatz von Schwenkregnern, die nach dem Wässern auf der Fläche stehen bleiben, vorteilhaft. Bei trockener Sommerwitterung ist es unter Umständen notwendig, ein- bis zweimal täglich mit etwa 5 l/m² zu wässern. Nach ungefähr zwei Wochen kann ein Beregnen von zwei- bis dreimal pro Woche mit 10–20 l/m² ausreichend sein. Besonders wirksam ist das Gießen am frühen Morgen oder am späten Abend. Bei Flächen mit Gefälle ist Vorsicht angeraten, denn das Saatgut darf auf keinen Fall abgeschwämmt werden. Für dieses erste Wässern eignen sich nur feine Düsen, die einen weichen Wasserstrahl erzeugen.

Lücken durch Nachsaat vermeiden

Zeigen sich bei der Keimung Lücken, müssen diese innerhalb von drei bis vier Wochen nachgesät werden, da sonst der Entwicklungsvorsprung der anderen Keimlinge nicht mehr aufgeholt werden kann.

Erst- und Zweitschnitt nach der Saat

Abweichend vom regelmäßigen Rasenschnitt kürzt man beim Erst- und Zweitschnitt bei einer Wuchshöhe von 8 bis 10 cm nur um 2–3 cm ein. Frisch geschliffene Rasenmähermesser sind dabei Pflicht, damit die noch empfindlichen Graspflanzen nicht von schartigen Messern aus dem Boden gerissen werden. Anschließendes Walzen und Wässern festigt die Grasnarbe.

Rollrasen ist eine schnelle Lösung für Ungeduldige.

Begrünungsmatten für Böschungen

An besonders exponierten und starker Erosion ausgesetzten Flächen kann der Einsatz von Begrünungsmatten sinnvoll sein. Dabei handelt es sich um teppichähnliche Matten aus verrottbaren Fasern, in die Rasensamen und wasserlösliche Mineraldünger eingearbeitet sind. Die Matten werden wie Teppichboden auf den wie zur Aussaat vorbereiteten Boden verlegt und mit Nägeln oder Drahthaken befestigt. An den Stößen sollten die Matten etwa 5 cm überlappen.

Schnelle Alternative: Roll- oder Fertigrasen

Hier handelt es sich um eine besondere Form der Rasenanlage. Die Bodenvorbereitungen verlaufen wie bei einer normalen Rasenanlage, eine Aussaat findet jedoch nicht statt. Statt dessen werden fertige Rasensoden verlegt, die bereits dicht verwurzelt und wesentlich früher belastbar sind als ein vor Ort ausgesäter Rasen.

Mit dem Verlegen beginnt man an einer möglichst geraden Kante, wobei die einzelnen Bahnen dicht an dicht verlegt werden. Alle folgenden Bahnenreihen werden im Verbund, das heißt, wie die Ziegel eines Mauerwerks, ausgelegt. Die Bahnen sollten immer gerade verlegt werden, Überlappungen an Stößen und Kanten werden mit einem scharfen Messer oder einem Spaten abgeschnitten. Sofort nach dem Ausrollen werden die Rasensoden gut angedrückt und dürfen nur noch auf untergelegten Brettern betreten werden, um ein Verrutschen der Bahnen und hässliche Trittspuren zu verhindern. Die fertig verlegten Rasensoden walzt man mit einer Rasenwalze schräg zur Verlegerichtung. Nach dem Verlegen wird sofort ausgiebig mit 10–15 l/m² Wasser bewässert, und auch während der ersten zwei Wochen ist regelmäßige Wasserzufuhr nötig, um Trockenschäden zu vermeiden. Bereits nach ein bis zwei Wochen werden die Rasenbahnen angewachsen sein und nach fünf bis sechs Wochen ist der Rasen mit einer Wurzeltiefe von gut 10 cm ausreichend verankert. Nun kann die Bewässerung auf das normale Niveau der Rasenpflege gesenkt werden. Ab jetzt ist der Rasen belastbar.

Wichtig: früher erster Schnitt

Der erste Schnitt ist bereits fünf bis sieben Tage nach dem Verlegen oder einer Halmlänge von 7–8 cm fällig. Der zweite Schnitt erfolgt ebenfalls bei 7–8 cm Halmhöhe. Die beiden ersten Schnitte müssen unbedingt schräg zur Verlegerichtung mit einem scharfen Rasenmähermesser ausgeführt werden. Danach erfolgt die Pflege wie bei einem direkt angesäten Rasen.

Lücken im Rasen reparieren

Nachsaaten zur Regeneration der Rasenflächen werden nötig, wenn durch Trockenschäden oder Pflegefehler größere Lücken entstanden sind.

Zunächst wird mit einem tiefen Schnitt auf etwa 2 cm Halmhöhe begonnen. Danach muss das Schnittgut sofort entfernt werden. Anschließend wird die Fläche tiefgründig vertikutiert, wobei die Messer den Boden unterhalb der Grasfilzschicht deutlich anreißen müssen. Auch das Vertikutiergut wird entfernt. Die Nachsaat erfolgt mit einer speziellen Regenerationsmischung (etwa 30 g/m²). Decken Sie nun die Samenkörner durch Besanden ab, etwa 5 l/m² gewaschener Sand in der Körnung 0/2 mm reichen aus. Vor dem abschließenden Walzen wird mit dem Rechen über die frisch angesäte Fläche gestrichen. Dies erhöht den Bodenkontakt der neuen Grassamen. Bewässerung und weitere Pflege erfolgen wie bei der Neuanlage. Die Regenerationsfläche darf vier bis sechs Wochen nicht belastet werden.

Die Rasenregeneration

Für eine Rasen-Regeneration wird nach folgendem Schema vorgegangen:
- Tiefschnitt (2 cm)
- Vertikutieren
- Einebnen
- Löchern oder Schlitzen (bei starker Bodenverdichtung)
- Sanden
- Düngen
- Nachsaat
- Sanden

Die Arbeiten werden am schonendsten bei trübem Wetter durchgeführt.

Die Pflege der Rasenflächen

Der Rasenschnitt

Sowohl für die Erhaltung als auch für die Belastbarkeit einer Rasenfläche ist der richtige Schnitt von zentraler Bedeutung, denn durch das Mähen werden das Blattwachstum und die Ausbildung von Seitentrieben gefördert. Häufigeres Mähen fördert zudem die Bestockung und damit die Rasendichte.

Die Schnitthöhen

Sie sind von der Jahreszeit und dem Klima abhängig. In Mitteleuropa empfiehlt sich eine Schnitthöhe von etwa 4 cm, im Hochsommer bei intensiver Sonneneinstrahlung sollten es besser 6 cm sein, um Verbrennungen der Gräser zu vermeiden. Tieferer Schnitt setzt eine intensive Bewässerung sowie gute Nährstoffversorgung voraus.
Für die Schnitthöhe gilt grundsätzlich, dass mindestens 30 %, aber nie mehr als 50 % der Aufwuchshöhe entfernt werden sollen.
Vorsicht ist an Geländekanten und Kuppen geboten, auf denen die Grasnarbe beim Mähvorgang richtiggehend abrasiert wird. Hier kommt es zu großen Schäden, da die Gräser hier nur noch sehr zögerlich oder überhaupt nicht mehr austreiben.

Wie oft wird geschnitten?

Die Schnitthäufigkeit ist von der Entwicklung der Blattmasse abhängig. Je nach Witterung, Rasentyp und Ansprüchen des Gartenbesitzers liegen die jährlich notwendigen Mähgänge zwischen acht- und 20 mal für einen Gebrauchsrasen, für den Zierrasen bei 30–60mal und für den Extensivrasen nur bei maximal dreimal. Mit etwas weiteren Bewässerungsintervallen und geringerer Stickstoffdüngung kann die Mähhäufigkeit unter günstigen Umständen reduziert werden. Wird aber grundsätzlich zu wenig gemäht, lassen Rasenqualität und Belastbarkeit sehr schnell nach. Dann ist es günstiger, bei der Auswahl des Saatgutes auf extensiver zu pflegende Rasenmischungen zurückzugreifen.
Der für Kleintiere und Insekten interessante Kräuterrasen stellt hier eine sinnvolle und abwechslungsreiche Alternative dar.

Bei derartig verwinkelten Rasenflächen ist ein wendiger Rasenmäher wichtig. Man sollte bereits beim Kauf darauf achten.

Gebräuchliche Rasenmäher

Für den Rasenschnitt stehen verschiedene Rasenmäher-Techniken zur Verfügung. Je nach Rasentyp kann die Wahl etwas anders ausfallen.

Weit verbreitet: Sichelmäher

Kostengünstig und weit verbreitet sind Sichelmäher. Ihre Technik ist robust und auch für etwas größere Wuchshöhen gut geeignet. Um ein schönes Schnittbild zu erhalten, sollte das im Gehäuse rotierende Messer regelmäßig, mindestens aber einmal jährlich geschliffen werden. Stumpfe Messer schlagen die Gräser ab und es entstehen unsaubere Schnittstellen, die den Befall mit Pilzkrankheiten fördern können.
Schnitthöhen unter 3 cm sind mit einem Sichelmäher nur schwer zu erreichen. Für ein gleichmäßiges Schnittbild sorgen Mäher mit eigenem Radantrieb.

Mulch- oder Recyclingmäher

Eine wesentliche Arbeitserleichterung ist der Einsatz von Mulch- oder Recyclingmähern. Dabei wird das Schnittgut im Messergehäuse mehrfach zerschnitten und fällt dann, als Dünger, zwischen die Grashalme auf den Boden zurück. Für eine gleichmäßige Verteilung des Schnittgutes ist ein häufigeres Mähen notwendig, man spart aber das lästige Entleeren der Auffangbehälter und das Entsorgen des Grasschnitts. Zu viel oder verklumptes Schnittgut fördert jedoch die Rasenfilzbildung.

Spindelmäher brauchen Pflege

Sie werden bei großen Rasenflächen und vor allem im Sportrasenbereich eingesetzt. Im Gegensatz zu Sichelmähren sind sie sehr teuer und pflegeaufwändig. Gräser über 10 cm Halmhöhe sind damit nicht mehr zu mähen. Mit Spindelmähern erreicht man das schönste Schnittbild und die geringsten Schnitthöhen.

Spindelmäher mit einer Mähspindel sind für die vielen Flächen im Hausgarten gut geeignet.

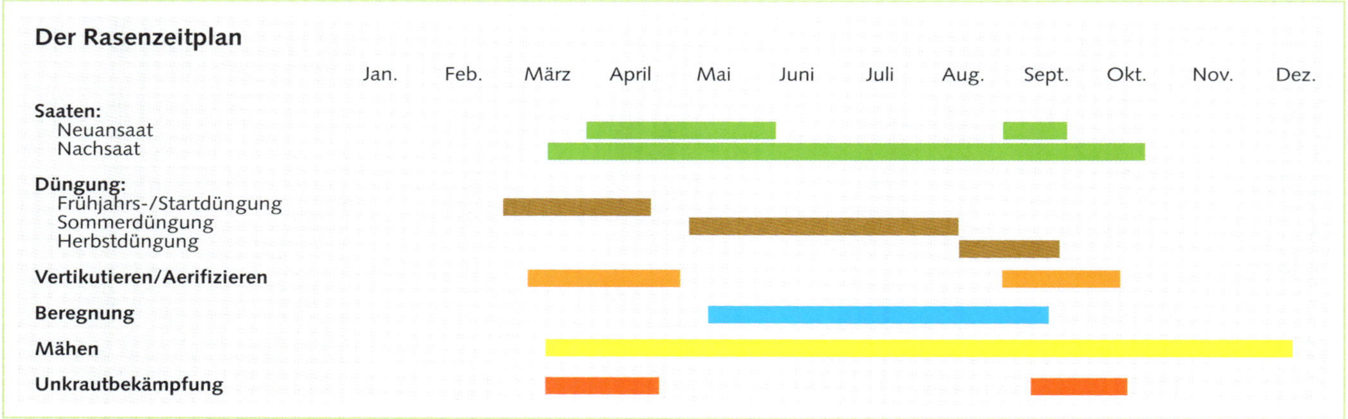

Gut gepflegte Hand-Spindelmäher mit scharfen Messern erleichtern die schweißtreibende Arbeit.

An Randbereichen und zwischen Gehölzen kann gut mit der Motorsense gearbeitet werden. Bei Arbeiten mit der Motorsense empfehlen sich lange Hose und Schutzbrille.

Balkenmäher für Blumenwiese

Diese Mähgeräte arbeiten ähnlich einer Heckenschere. Sie werden bei größeren Wuchshöhen für Blumenwiesen und Landschaftsrasen für die jährlich ein- bis zweimalige Mahd eingesetzt.

Freischneider, Motorsensen und Rasentrimmer

Sie spielen bei der Rasenpflege nur eine geringe Rolle und sind ein Notbehelf für verwinkelte Anschlussbereiche.
Auch Rasentrimmer sind nur für kleinflächige Schnittflächen sowie Schnittkorrekturen geeignet.
➲ Mehr zu Mähgeräten im Kapitel »Blumenwiese« Seite 260.

Das Vertikutieren gegen Rasenfilz

Im Laufe der Zeit, besonders wenn das Schnittgut auf der Rasenfläche verbleibt, sammelt sich zwischen den Graspflanzen eine dichte, nur schwer luft- und wasserdurchlässige Rasenfilzschicht aus abgestorbenem Mähgut an. Vertikutiermaschinen mit senkrecht rotierenden Messern schlitzen den Boden etwa 1–2 cm tief auf und entfernen dabei den Rasenfilz. Für kleinere Flächen ist auch ein Vertikutierrechen geeignet. Je nach Filzdichte sind dazu einer bis zwei, am besten über Kreuz geführte Arbeitsgänge notwendig.
Vor dem Vertikutieren wird der Rasen möglichst kurz gemäht und das Schnittgut entfernt. Auch die mit dem Vertikutiergerät herausgerissenen Filzfetzen müssen sauber entfernt werden. Entstehen dabei größere Lücken, muss nachgesät werden. Je nach Schnitthäufigkeit sollte diese Arbeit mindestens einmal jährlich (März/April) durchgeführt werden.

Besanden zur Bodenverbesserung

Das anschließende Besanden fördert die Zersetzung der Rasenfilzschicht, verbessert die Belastbarkeit und die Durchlässigkeit des Bodens. Ein einmaliges Besanden reicht unter normalen Bedingungen aus, nur bei starker Rasenfilzbildung, eventuell durch andauerndes Mulchmähen, kann eine bis zu dreimalige Anwendung sinnvoll sein.
3–5 l gewaschener Sand der Körnung 0/2–3 mm werden pro Gabe ausgebracht. Ist zur Regeneration eine Nachsaat nötig, wird erst anschließend gesandet (siehe Regenerationsnachsaat Seite 250).
Leichte Bodenunebenheiten von maximal 2–3 cm können mit einem Sand-Oberboden-Gemisch ausgeglichen werden.

Aerifizieren zur Belüftung

Hierbei sind zwei verschiedene Vorgehensweisen möglich.

Gelegentliches Vertikutieren ist für einen schönen Rasen unerlässlich. Für kleinere Flächen sind Vertikutierrechen geeignet.

Das Löchern der Rasenfläche mit einem Handgerät ist mühsam. Es kann wie ein Spaten mit den Füßen eingedrückt werden.

Das Schlitzen

Dieses Verfahren ist mit einem besonders tief wirkenden Vertikutieren gleichzusetzten und kann unter günstigen Bedingungen mit einer tief eingestellten Vertikutiermaschine durchgeführt werden.

Das Löchern

Eine andere Methode ist das Löchern. Dabei werden von einer Spezialmaschine 5–10 cm tiefe Löcher in den Boden gestanzt. Für eine gute Wirkung sollten mindestens 200 Löcher pro m^2 eingestochen werden. Auf kleineren Flächen kann man auch mit einer Grabgabel löchern.

Auch hier: sanden

Sowohl nach dem Schlitzen als auch nach dem Löchern muss die Rasenfläche wie beim Vertikutieren gesandet werden, um die entstandenen Öffnungen möglichst lange luftig zu halten. Da beide Aerifizierungs-Methoden den Rasen stark beanspruchen, sollte er nach der Behandlung einige Zeit nicht belastet werden.

Bewässerung des Rasens

Die notwendige Bewässerungsmenge und Bewässerungsverteilung ist vom Entwicklungsstand der Rasenfläche, vom Standort, von den Bodenverhältnissen und der Rasenmischung abhängig. Gut entwickelte Rasenflächen sollten in größeren Intervallen mit höheren Wassermengen (10–20 l/m^2) bewässert werden. Häufigere kleine Wassergaben fördern flach wurzelnde Grasarten, was wiederum zu einem gesteigerten Wasserbedarf führt. Wenige, jedoch kräftige Gaben fördern dagegen die tief wurzelnden Grasarten und damit die Belastbarkeit und eine höhere Trockentoleranz. Wenn möglich, können bevorstehende Regenschauer in die Bewässerung eingebunden und zur Überbrückung nur geringe Wassermengen ausgebracht werden. Bleibt der Regen aber aus oder ist er nicht ergiebig genug, muss trotzdem ausreichend bewässert werden. Ein gut gepflegter Gebrauchsrasen benötigt im Sommer mindestens 20 l/m^2 am Tag, auf zwei Gaben verteilt.

Grundsätzlich sollte die Bewässerung bei windstillem Wetter in den Morgenstunden oder in der Nacht erfolgen, um die Verdunstung so gering wie möglich zu halten. Der richtige Zeitpunkt für die Bewässerung ist erreicht, wenn die Gräser eine leicht bläuliche Farbe einnehmen und Fuß- oder Handabdrücke relativ lange sichtbar bleiben. Bei bereits deutlich trockenem Boden kann es besonders bei einer Hanglage der Rasenfläche sinnvoll sein, zunächst nur für kurze Zeit zu beregnen, bis der Boden Wasser aufsaugen kann, um dann in der üblichen Menge kräftig zu wässern.

Richtig düngen

Je nach Rasentyp und Bodenbeschaffenheit haben Rasenflächen einen relativ hohen Nährstoffbedarf. Zum einen ist eine ausreichende Nährstoffversorgung der Gräser notwendig, gleichzeitig aber eine Auswaschung von Nährstoffen in den Untergrund zu vermeiden. Dabei ist es gleichgültig, ob organisch oder mineralisch gedüngt wird.

Einige Tage nach der Düngung von Hand sieht man hier deutlich das ungleichmäßige Streubild.

Moos und Unkraut im Rasen weisen häufig auf schlechte Ernährung hin. Um bedarfsgerecht und umweltschonend düngen zu können, empfiehlt es sich, spätestens jedes dritte Jahr eine Bodenanalyse durchzuführen. Die in dieser Untersuchung nachgewiesenen Restnährstoffe im Boden müssen von der notwendigen Düngermenge abgezogen werden. Auch das bei der Mulchmahd auf dem Rasen verbleibende Schnittgut ist bei der Düngung als Nährstofflieferant zu berücksichtigen. Die Ernährung der Rasengräser zielt auf das Blattwachstum ab und ist deshalb stickstoffbetont.

Das ideale Nährstoffverhältnis eines Rasendüngers lautet drei Teile Stickstoff (N) zu einem Teil Phosphat (P_2O_5) zu zwei Teilen Kalium (K) zu drei Teilen Magnesium (Mg). Je nach Rasentyp und Pflegeintensität benötigen die Rasengräser verschiedene Nährstoffmengen (siehe Ta-

Jährlicher Nährstoffbedarf verschiedener Rasentypen in g/m^2

Rasentyp	Stickstoff (N)	Phophat (P_2O_5)	Kalium (K)	Magnesium (Mg)
Zierrasen	10 – 25 g	3 – 5 g	10 – 15 g	1 – 2 g
Gebrauchsrasen				
geringe Belastung	5 – 15 g	2 – 3 g	8 – 12 g	1 – 2 g
hohe Belastung	10 – 15 g	3 – 5 g	10 – 15 g	2 – 3 g
Sportrasen				
geringe Belastung	15 – 25 g	5 – 10 g	15 – 20 g	2 – 3 g
hohe Belastung	20 – 35 g	10 – 15 g	20 – 25 g	3 – 5 g
Landschaftsrasen	0 – 10 g	0 – 5 g	0 – 10 g	0 – 1 g

belle Seite 253). Bei Mulchschnitt reduziert sich der Nährstoffbedarf um 20 bis 30 %.

➲ Mehr dazu auch im Kapitel »Düngung« ab Seite 108.

Der Düngetermin

Beim Einsatz von Langzeitdüngern reicht eine zweimalige Düngung im Jahr, und zwar im März/April und im Juni. Als Herbstdüngung kann ab Mitte August ein stickstoffarmer, kalireicher Dünger gegeben werden, um das Ausreifen der Gräser und die Winterhärte zu fördern. Grundsätzlich gilt, niemals mehr als 5 g Reinstickstoff pro m^2 zu verabreichen. Bei höherem Bedarf muss die Düngermenge in mehrere Gaben aufgeteilt werden. Vor der Düngung sollte der Rasen gemäht werden.

Nach der Düngung, die am besten bei bedecktem Himmel erfolgt, muss mit etwa 5–10 l/m^2 bewässert werden.

Durch auf den Boden sauer wirkende Dünger ist es möglich, den pH-Wert der Rasenflächen abzusenken, wodurch zweikeimblättrige Unkräuter wie Klee und Gänseblümchen ohne Herbizid-Einsatz verdrängt werden. Dazu wird Anfang April, Anfang Juni und Anfang August mit 10–20 g/m^2 Ammonsulfatsalpeter gedüngt. Im Mai und Anfang September können zur Ergänzung etwa 10 g/m^2 eines Mineraldüngers gegeben werden. Die Unkraut bekämpfende Wirkung stellt sich erst im zweiten Jahr der Behandlung ein, ist dafür aber nachhaltiger als ein Herbizid-Einsatz.

Durch heranwachsende Bäume und Sträucher ändern sich die Lichtverhältnisse im Garten. Zur Regeneration empfehlen sich dann Schattenrasenmischungen.

Die Rasenkrankheiten

Im normalen Hausgartenrasen sind Krankheiten eher selten und nur von geringer Bedeutung.Die verschiedenen Probleme entstehen meist durch mangelnde oder nicht sachgemäße Pflege bzw. nicht standortgemäße Rasengräserauswahl.

Unkräuter und Ungräser

Eine sichere Bekämpfung der meisten einjährigen Unkräuter und Ungräser ist mit einem regelmäßigen Schnitt und ausreichender Düngung gewährleistet, denn der Schnitt verhindert die Blüten- und Samenbildung der unerwünschten Gäste. Mehrjährige Unkräuter wie Gänseblümchen oder Weiß-Klee können durch ein Absenken des pH-Wertes dauerhaft vertrieben werden.

Der Einsatz von Herbiziden

Ist der Einsatz eines Unkrautbekämpfungsmittels (Herbizid) nicht zu vermeiden, müssen vorab die zu bekämpfenden Kräuter genau diagnostiziert werden, da die einzelnen Herbizid-Wirkstoffe nur gegen bestimmte Pflanzen wirken.

Im Aussaatjahr dürfen keine Bekämpfungsmittel eingesetzt werden, da die jungen Gräser noch zu empfindlich sind. Hier zahlt sich eine gute Vorbereitung der Ansaatflächen aus.

Vor und nach der Behandlung mit einem Unkrautmittel sollte der Rasen mindestens eine Woche nicht gemäht werden, um genügend Blattmasse zur optimalen Aufnahme des Wirkstoffes zu erhalten. Für die Anwendung sind Temperaturen zwischen 15 und 25°C ideal. Die Blätter müssen trocken sein, und es darf anschließend für einige Stunden nicht regnen, um ein Abschwemmen des Mittels zu vermeiden.

Da es sich bei den im Handel angebotenen Mitteln um chemische Keulen handelt, ist ein entsprechend verantwortungsvoller und vorsichtiger Umgang zwingende Voraussetzung für umweltschonendes Verhalten. Abdrift des Spritznebels oder Streugranulats auf andere Flächen wie Blumen-, Stauden- und Gemüsebeete ist unbedingt zu vermeiden. Ebenso wirken die Chemikalien stark giftig auf Fische und Fischnährtiere in Gartenteichen. Grundsätzlich sollte der Einsatz chemischer Unkrautbekämpfungsmittel als äußerste Notlösung betrachtet werden. Dazu wird die notwendige Stickstoffmenge, in mehreren Gaben, 2–3 Jahre lang, als sauer wirkender Ammonsulfatsalpeter gegeben.

Moos im Rasen

Ein sehr häufiges Problem in Gebrauchsrasenflächen ist die Moosbildung, die durch Schatten, Bodenverdichtung, schlechte Dränage, Rasenfilz und zu tiefes Mähen begünstigt wird. Vor einer chemischen Bekämpfung sollten die oben erwähnten Ursachen beseitigt werden, da die Bekämpfungsmittel nur kurzzeitig wirken und eine erneute Moosansiedlung schon nach wenigen Wochen stattfindet.

Neben dem Vertikutieren und Aerifizieren kann es notwendig sein, mit kohlensaurem Kalk den pH-Wert anzuheben, der zwischen 5,5 und 7 liegen sollte.

Gelegentlich reicht es bereits aus, die Bewässerungsintervalle zu strecken und dafür pro Bewässerung mehr Wasser zu geben. Bei starkem Moosbefall bleibt meist als Lösung nur, das komplette Regenerationsprogramm (siehe Seite 250) durchzuführen. In schattigen Lagen, die sich seit der Neuanlage im Laufe der Jahre zwischenzeitlich ausgebildet haben können (Schatten von Baumkronen, Hecken oder großen Sträuchern) sollte eine Schattenrasenmischung nachgesät werden.

Pilzkrankheiten in Rasenflächen

Sie sind eine weitere Problemgruppe, die aber nur gelegentlich im Hausgarten auftritt. Mit zunehmender Belastung der Rasenflächen steigt auch das Infektionsrisiko für Pilzkrankheiten. Bereits bei der Neuansaat können Pilzkrankheiten, wie die Wurzeltöterkrankheit (Rhizoctonia), auftreten, die mit minderwertigem Saatgut eingeschleppt wurden. Pilzprobleme in etablierten Rasenflächen werden in Sommer- und Winterkrankheiten unterteilt.

Moos im Rasen weist auf ungünstige Standortbedingungen oder mangelhafte Pflege hin.

Hexenringe lassen sich durch Regenerationsmaßnahmen gut bekämpfen. Die Pilzhüte sollten frühzeitig entfernt werden.

Die Rotspitzigkeit zeigt meist eine ungenügende Ernährung an. Ausreichende Düngung wirkt vorbeugend dagegen.

Schneeschimmel und Grauschimmelfäule

Sie sind typische Winterpilze. Da zur Zeit für den Hausgartenbereich keine geeigneten Mittel zur Bekämpfung zur Verfügung stehen, bleiben nur die meist erfolgreichen Vorbeugemaßnahmen wie herbstliches Aerifizieren, eine abschließende Mahd auf maximal 6 cm Schnitthöhe, keine Stickstoff-Düngung ab Mitte August, keine Kalkung im Herbst und das regelmäßige Entfernen von Herbstlaub.

Hexenringe

Die im Sommer auftretenden, meist leicht zu erkennenden Hexenringe entwickeln sich besonders gut bei einer dichten Rasenfilzschicht, die zur Bekämpfung unbedingt durch Vertikutieren entfernt werden muss. Die im Boden befindlichen Pilzmyzelfäden bilden ein dichtes, wasserabweisendes Geflecht, um die Gräser ausreichend mit Wasser versorgen zu können, muss der Boden mit einer Grabgabel oder einem Aerifizierungsgerät mehrmals tief gelöchert werden. Anschließend wird wiederholt intensiv gewässert. Da sich dieser Pilz über Sporen verbreitet, ist es wichtig, die sich entwickelnden Pilzhüte frühzeitig zu entfernen und im Hausmüll zu entsorgen. Die Behandlung kann mit einer ausgewogenen Stickstoff- und Kalidüngung unterstützt werden.

Rotspitzigkeit

Sie kann in den Sommermonaten in schwachwüchsigen, schlecht ernährten und zu tief gemähten Rasenflächen, vor allem nach feuchtwarmem Wetter, auftreten. Eine gleichmäßig, langsam fließende Düngung und weniger häufiges, dafür aber intensiveres Gießen können erfolgreich entgegenwirken. Auch bei trockener Witterung kann die Krankheit wieder verschwinden.

Algenbelag

Ein bei stark verdichteten, vernässten, strapazierten und sehr kurz gemähten Rasenflächen gelegentlich auftretender glitschiger Algenbelag lässt sich durch wiederholtes Vertikutieren und Aerifizieren mit anschließendem Sanden gut bekämpfen. Hier greifen auch die Maßnahmen gegen Moos im Rasen.

Tierische Schädlinge

Unter den tierischen Schädlingen können die an den Wurzeln fressenden Larven der Wiesenschnake *(Tipula paludosa)* größere Schäden verursachen. Meist wird ein Befall erst festgestellt, wenn Amseln die Rasenfläche auf der Suche nach den Larven regelrecht umgraben. Eine sichere Bekämpfungsmöglichkeit ist der Einsatz des Nützlings *Steinernema carpocapsae*. Die mikroskopisch kleinen Fadenwürmer dringen in die Larven ein und töten sie ab. Da sie eine Temperatur von mindestens 12°C benötigen, ist der Einsatz der Nematoden erst ab April bis Mai möglich.

Grundlagen für einen schönen Rasen

- Eine gewissenhafte Bodenvorbereitung erspart später viel Ärger und Probleme mit Staunässe und Vermoosung.
- Besonders in Neubaugebieten empfiehlt sich vorab eine maschinelle Untergrundlockerung oder doppelt tiefes Umgraben bei kleinen Flächen.
- Die Zugabe von Sand zur Rasentragschicht erhöht die Dränage, die Zugabe von Kompost und Humus erhöht die Wasser- und Nährstoffspeicherung.
- Standort- und zweckentsprechende Saatgutmischungen von Qualitätssaatgut sichern den Erfolg bei der Rasenanlage.
- Für schattige Flächen sind Schattenrasen-Mischungen geeignet.
- Dunkle Gartenbereiche werden besser mit Hilfe von Schattenstauden begrünt.
- Wenig belastete Rasenflächen brauchen weniger, stärker belastete Rasenflächen mehr Pflege.
- Gut gepflegte und ausreichend ernährte und bewässerte Rasenflächen erweisen sich als widerstandsfähiger gegen verschiedene Rasenkrankheiten.
- Mindestens einmal jährlich sollten Rasenflächen vertikutiert und gesandet werden.
- Moosbefall und andere Krankheiten deuten meist auf mangelnde Pflege und falsche Düngung hin.
- Rasendünger entweder als Langzeitdünger oder nur in kleinen Mengen geben, Überdüngung ist zu vermeiden.
- Eine ausreichende Kalium-Versorgung ab dem Spätsommer erhöht die Widerstandskraft der Gräser.
- Um Wasser zu sparen, sollte die Bewässerung weniger oft, dafür aber ausgiebiger und in den Abendstunden erfolgen.
- Kräuterrasen mit Blumen sind ökologisch hochwertiger und weniger pflegebedürftig als der grüne »Teppich«.

Bunte Alternative: die Blumenwiese

Wo sind sie geblieben, die blühenden Wiesen mit duftenden Kräutern und üppigem Blumenflor bis zur Sommermahd? Diese artenreichen Wiesen finden wir in unserer Kulturlandschaft nur noch selten, denn die konventionelle Landwirtschaft hat durch Düngung das Gräserwachstum gefördert und damit die Vielfalt der blühenden Wiesenblumen vielerorts verdrängt. Doch mit etwas Geduld und Feingefühl lässt sich die bunte Vielfalt der früheren bäuerlichen Wiesen wieder in den Garten holen.

Wiese ist nicht gleich Wiese

Nicht jede Blume und nicht jedes Kraut gedeiht auf jedem Boden. Vor allem sollten Sie sich einmal darüber klar werden, was Sie von der Wiese im eigenen Garten erwarten. Wünschen Sie sich ein Reservoir von blühenden Wiesenblumen, von denen Sie nach Herzenslust Sträuße pflücken können? Oder wollen Sie eine reich blühende Nahrungsquelle für Insekten anlegen? Vielleicht kommt es Ihnen darauf an, eine Lebensgemeinschaft von heimischen Gräsern, Kräutern und Blumen anzusiedeln, wie es sie ähnlich in der Natur auch gibt?

Nicht alle Saatgutmischungen für Blumenwiesen bringen die große Artenvielfalt hervor, wie sie auf der Liste des Beipackzettels versprochen wird. Manchmal setzen sich die Gräser oder aber nur eine Art – auf dem Foto links sind es vor allem die Margeriten – durch.

Eine Wiese ist eine Lebensgemeinschaft, die in der Sonne gedeiht. Deshalb sollte auch Ihre Wiese auf einer Fläche angelegt werden, welche die meiste Zeit des Tages besonnt ist. Wo dies nicht möglich ist und Sie dennoch nicht auf die Wiese verzichten wollen, sollten Sie sich bei der Auswahl der Wiesenblumen oder Zusammenstellung der Saatgutmischung von einem Wildpflanzen-Spezialisten beraten lassen.

Der Fachhandel und einige Spezialfirmen halten für alle Ansprüche die verschiedensten Blumenwiesenmischungen bereit. Wollen Sie nicht enttäuscht werden, so sollten Sie nicht blindlings zugreifen, sondern die angebotenen Mischungen miteinander vergleichen und dann die Mischung auswählen, die dem Standort in Ihrem Garten und Ihren Erwartungen am besten entspricht. Es ist also ein wesentlicher Unterschied, ob Sie eine Mischung für eine Magerwiese, eine Feuchtwiese, eine Blumenwiesenmischung mit einem hohen Anteil einjähriger Arten oder typischen Blumenstraußblumen auswählen. Und wählen Sie eine Mischung, die Ihrem Standort nicht entspricht, so kann es sein, dass ein großer Teil der Saat nicht aufgeht oder sich nur wenige Arten durchsetzen, die mit dem Standort gut zurechtkommen und die anderen Wiesenblumen verdrängen.

An dieser üppigen Blumenwiesengesellschaft mit zahlreichen Doldenblütlern werden der Schwalbenschwanz und viele andere Schmetterlinge ihre Freude haben (oben links). Islandmohn und Ehrenpreis bilden einen schönen Kontrast (oben). Eine Vielfalt, die auf leichtem Boden gedeiht: Pechnelke, Mohn, Kornrade, Storchschnabel, Kornblume, Borretsch und viele andere (links).

Vom Rasen zur Wiese

Es ist ein langer Prozess, bis aus dem Gänseblümchen-Rasen eine Blumenwiese wird, dennoch ist es einen Versuch wert. Mähen Sie den Rasen vom Frühjahr an nicht mehr und lassen Sie ihn wachsen, bis das Gras umzufallen droht. Dann mähen Sie, räumen das Mähgut sorgfältig ab und lassen das Gras und die Kräuter wieder wachsen.

Wichtig: Der Rasen, den Sie in eine Wiese verwandeln wollen, darf nicht mehr gedüngt und nicht betreten werden. Einen schmalen Durchgang oder Weg zu einem anderen Gartenteil mähen Sie wie bisher mit dem Rasenmäher kurz und erhalten einen gut begehbaren grünen Pfad durch die Blumenwiese. Registrieren Sie genau, was in dem nicht gemähten Rasen neben Gras noch wächst. Sind es nur Gänseblümchen und Löwenzahn, machen sich Krauser Ampfer *(Rumex crispus)*, Wegerich *(Plantago)* und Hahnenfuß *(Ranunculus)* breit oder hat auch das Wiesen-Schaumkraut *(Cardamine pratensis)* eine Chance zum Gedeihen und sich auszubreiten? Wachsen nur Löwenzahn & Co., mag dies zum Zeitpunkt der Blüte recht reizvoll aussehen. Doch die Wiese ist artenarm und bleibt die meiste Zeit nur grün. In diesem Fall ist es besser, die Grasnarbe mit den Unkräutern zu entfernen und die Wiese komplett neu anzulegen. Entdecken Sie aber eine, wenn auch nur bescheidene Vielfalt anderer Kräuter und Blumen, dann lohnt es sich, diese Vielfalt auszubauen. Machen Sie sich kundig, um welche Wildpflanzen es sich handelt und welchem Vegetationstyp sie angehören, also zum Beispiel Zeigerpflanzen (siehe Seite 66) für Magerrasen, Fettwiese, Feuchtwiese oder andere sind.

Die Verwandlung Schritt für Schritt

Stechen Sie an einigen Stellen Kreise von etwa einem bis zu fünf Meter Durchmesser aus. Die ausgestochenen Grassoden werden kompostiert. Haben Sie Geduld und pflanzen Sie auf diesen freigelegten Flächen als erste Besiedler Frühkartoffeln, denn sie bauen Nährstoffüberschüsse aus dem Boden ab. Dies ist wichtig, denn auf einem zuvor reich gedüngten Rasenboden gedeihen Gräser am besten, während Wiesenblumen magere Standorte bevorzugen. Zudem lockern die Kartoffeln den Boden und verdrängen hartnäckige Unkräuter. Frühkartoffeln können im Juni oder Juli geerntet werden und sind dann auch noch eine Bereicherung für den Kochtopf. Nun magern Sie die Erde weiter ab, indem Sie eine dünne Schicht Sand auf die Fläche ausbringen und in die Oberfläche einarbeiten. Zu diesem Zeitpunkt blühen bereits viele Wiesenblumen und die Wiesen werden gerade gemäht. Fragen Sie einen Bauern, der noch eine reich blühende Wiese besitzt, ob Sie ein wenig von seinem frischen Heu bekommen können, das Sie dünn auf der vorbereiteten Fläche in Ihrem Garten ausbreiten. Die Gräser, Kräuter und Blumen samen sich nun auf der vorbereiteten Fläche aus. Nach dem Entfernen des Heus sollten Sie bei Trockenheit gießen. Erscheint Ihnen diese unkonventionelle Methode zu unsicher oder finden Sie in Ihrer Umgebung keine artenreiche Blumenwiese, so können Sie auch von Gärtnereien, die auf die Vermehrung von

Wildblumen spezialisiert sind, in Containern (Töpfen) vorgezogene Wildblumen bekommen. Dort stellt man Ihnen auf Wunsch eine für Ihren Wiesenstandort geeignete Mischung von Pflanzen zusammen.
Einige dieser Firmen vertreiben auch Wiesenblumenmischungen. Diese Mischungen sind von den speziellen Wildpflanzengärtnereien unter fachkundiger Orientierung an Naturwiesen zusammengestellt.
Bei den im allgemeinen Samenfachhandel angebotenen Mischungen müssen Sie schon kritischer auf die Artenzusammensetzung schauen. Oft enthalten sie Arten, die bei uns nicht heimisch sind und somit durch ihre Starkwüchsigkeit die Tendenz haben, schwächer wachsende Arten zu verdrängen. Nicht selten enthalten sie einen hohen Anteil Klee, der sich, einmal ausgesät, sehr schnell gegenüber den meisten Arten durchsetzt. Diese Mischungen wurden, wie es scheint, so zusammengestellt, dass von der Nordseeküste bis zum Alpenrand auf jeden Fall irgendetwas gedeiht. Dies ist auch sicher der Fall. Aber die Vielfalt der auf der Packung angegebenen Arten zeigt sich nach der Aussaat nie. Und oft ist auch die Pracht der Einjährigen nach dem ersten Jahr dahin. Jäten Sie nach der Aussaat stark wachsende Gräser und Unkräuter heraus. Nach und nach vergrößern Sie die Blumeninseln, indem Sie den Rasen rundherum in immer weiteren Kreisen abstechen, Samen von den in der Mitte gedeihenden Blumen ernten und am Rand aussäen oder einige der Kräuter und Blumen an den Rand verpflanzen. Mit den Jahren und mit viel Geduld entwickelt sich auf diese Weise allmählich aus dem Rasen eine Blumenwiese.

Die Neuanlage einer Wiese

Die Vorbereitung eines Wiesenbodens bedarf einer ganz besonderen Sorgfalt, denn die Gesellschaft aus Gräsern, Kräutern und Blumen ist sehr anspruchsvoll. Entspricht der Boden ihren Ansprüchen nicht, gerät sie ins Ungleichgewicht, das heißt, einige wenige Pflanzenarten breiten sich rasend schnell aus und verdrängen andere. Die Folge ist Arten-Armut und das Zurückgehen blühender Blumen. Die Wiese sieht schließlich nur noch wie ein vernachlässigter Rasen aus.
Da es sich bei einer Wiese um eine naturnahe Lebensgemeinschaft handelt, ist es ratsam, sich in der näheren Umgebung anzusehen, welcher Beschaffenheit noch weitgehend naturbelassene Wiesen-, Feld- und Waldsäume sind und sich dann daran zu orientieren.

So wird eine Blumenwiese angelegt: Die Fläche säubern, lockern und glätten ①, dann das Saatgut mit Sand vermischen, damit es gleichmäßig gestreut werden kann ②. Nun breitwürfig säen ③, die Saat mit Gartenstiefeln oder einer Walze befestigen ④ und abschließend gut wässern ⑤.

Den Boden vorbereiten

Wie bereits auf Seite 257 beschrieben, magern Sie zuerst die Erde ab, denn zu hohe Nährstoffgehalte fördern das Gräserwachstum und mindern die Ausbreitung der Blumen. Zu diesem Zweck bauen Sie Kartoffeln auf der spatenstichtief gründlich gelockerten Fläche an, denn sie tragen zur Bodenlockerung bei, verdrängen hartnäckige Unkräuter und entziehen dem Boden überschüssige Nährstoffe. Ihre Geduld wird mit einer nahrhaften Ernte belohnt. Bevor Sie mit der Aussaat beginnen, sollten Sie die Anleitung auf der Saatgutpackung genau studieren und den Boden eventuell weiter abmagern, mit Kalk anreichern oder durch andere Zuschlagstoffe verbessern. Messen Sie auf jeden Fall den pH-Wert oder schicken Sie, wenn Sie ganz sichergehen wollen, eine Bodenprobe an ein Bodenlabor. Auf den Nährstoffgehalt des Bodens können Sie die Samenmischung abstimmen.
Nachdem der Boden gelockert und nach Bedarf abgemagert wurde, ziehen Sie die Oberfläche mit dem Rechen glatt, wie dies im Kapitel »Rasen« beschrieben wird.
➲ Mehr zu Bodenprobe auf Seite 67, zum Glätten des Bodens vor der Aussaat auf Seite 247.

Magerrasen für kargen Boden

Haben Sie eine Fläche mit kargem Boden, wie er zum Beispiel häufig auf Neubaugrundstücken ansteht, können Sie aus der Not eine Tugend machen. Sie müssen dann nur noch die geeignete Samenmischung aus »Hungerkünstlern« auswählen. Gerade auf schotterigen, sandigen oder kiesigen Flächen gedeihen oft besonders farbenfrohe Blumen. Lockern Sie auch diesen Boden gründlich und bringen Sie auf den anstehenden Boden eine dünne, mit Sand abgemagerte Oberbodenschicht auf.

Narzissen und zahlreiche andere Gewächse, die aus Zwiebeln und Knollen wachsen, können eine Blumenwiese von Ende Februar bis Ende Mai beleben.

Eine Feuchtwiese für nasse Bereiche

Das andere Extrem sind besonders nasse Stellen im Garten. Anstatt für viel Geld Dränagen verlegen zu lassen, sollten Sie den feuchten Standort für eine Feuchtwiesenvegetation nutzen. Um die Feuchtigkeit zu erhalten, können Sie zusätzlich das Wasser aus dem Fallrohr der Dachrinne auf diese Fläche leiten. Oder lassen Sie das nach einem Regenguss überlaufende Wasser aus dem Gartenteich in einen Feuchtwiesenbereich versickern.

Etwas mehr Aufwand bedeutet das Anlegen einer Feuchtwiese auf trockenem Naturstandort. Hier heben Sie eine flache Mulde aus, die mit einer 15 cm dicken Schicht aus gestampftem Ton oder Lehm abgedichtet werden muss, damit sich das Wasser vorübergehend in der Mulde anstaut, aber auch wieder versickern kann. Auch eine Abdichtung dieser Mulde mit Teichfolie ist möglich. Auch bei dieser Lösung wird das Wasser vorübergehend angestaut, wird jedoch durch die Kapillarwirkung des umgebenden Erdreiches immer wieder der Mulde entzogen, so dass eine Bodensituation entsteht, wie sie auf natürlichen, vorübergehend überfluteten Wiesen herrscht.

Die Aussaat der Wiese

Der beste Zeitpunkt für die Aussaat ist der Sommer bis Mitte September, nachdem Sie die Frühkartoffeln geerntet und noch vorhandenes Unkraut gejätet haben. Zwar wachsen die Ackerwildkräuter zu diesem Zeitpunkt kaum noch nach, Ihre Wiesensaat geht aber noch vor dem Winter auf, ohne von lästigem Unkraut bedrängt zu werden. Die Aussaat erfolgt wie bei der Rasensaat.

Oft sind die Samen von Gräsern sowie von ein- und mehrjährigen Arten getrennt abgepackt und müssen vor der Aussaat miteinander vermischt werden. Dabei sollten Sie nicht den gesamten Grassamen, sondern nur die Hälfte oder ein Drittel davon in Ihre Mischung einbringen, um den Kräutern und Blumen mehr Chancen einzuräumen. Das Saatgut wird vor dem Ausbringen gut durchgemischt, so dass die verschiedenen Arten beim Säen möglichst gleichmäßig auf der Fläche verteilt werden. Sie können breitwürfig von Hand oder mit einem Saatwagen säen. Anschließend wird das Saatgut leicht in die obere Krume eingeharkt und mit Brettern festgetreten oder mit einer Walze eingedrückt. Besteht die Gefahr, dass sich Vögel an den frisch gesäten Samenkörnern laben, decken Sie ein Netz über die eingesäte Fläche. Nach der Saat wird vorsichtig gewässert und die Fläche bis zum Aufgehen der Saat feucht gehalten.

Beobachten Sie in den folgenden Tagen und Wochen die frisch eingesäte Fläche. Zeigen sich die Spitzen von Quecke oder Ackerwinde, siedeln sich Melde oder Löwenzahn an, dann betreten Sie die Fläche mit möglichst leichten Füßen und ziehen die Keimlinge heraus. Mit Spannung dürfen Sie Ihre neu angelegte Wiese vom nächsten Frühjahr an beobachten. Achten Sie auf die sich entwickelnden Arten, deren Blütezeiten und den Zeitpunkt, zu dem sich die Blumen aussäen, und freuen Sie sich über die wachsende Artenvielfalt der Pflanzen und Tiere.

➲ Weiteres zur Aussaat im Kapitel »Rasen« ab Seite 248.

Ein Minimum an Pflege muss sein

Würden Sie die Wiese nun sich selbst überlassen, so fänden sich darin bald Sämlinge von Weide, Pappel, Hasel oder Ahorn und anderen Gehölzen ein. Binnen weniger Jahre wäre ein undurchdringliches Gebüsch herangewachsen, das sich nach einiger Zeit in einen kleinen Wald verwandeln würde. Bei der Anlage einer Wiese ist Ihnen jedoch an der

Vielfalt der Kräuter und Blumen gelegen, an den Schmetterlingen, Grillen und Heuhüpfern, die sie besiedeln und uns begeistern. Um diese vielfältige Wiese zu erhalten, muss regelmäßig gemäht werden. Hierdurch und mit dem anschließenden Abräumen des Mähguts verhindern Sie, dass sich der abgemagerte Boden über verrottende Pflanzen mit Nährstoffen anreichert und wieder zu einer guten Grundlage für Gehölze wird.

Der richtige Zeitpunkt für die Mahd

Beobachten Sie die Blütenpflanzen Ihrer Wiese genau und bestimmen Sie zu den Hochzeiten der Wiesenblüte einige typische Leitpflanzen, an denen Sie sich künftig orientieren. Wenn diese Pflanzen beginnen sich auszusamen, ist der rechte Zeitpunkt zum Mähen gekommen. In der Regel wird eine Wiese Ende Juni bis Juli und dann noch einmal Ende August bis Mitte September gemäht. Diese Termine können sich je nach Witterungsverlauf etwas verschieben. Grundsätzlich ist es aber ratsam, immer zum selben Zeitpunkt zu mähen. So passt sich das Artenspektrum der Wiesenblumen an diesen Mährhytmus an.

Vor der Mahd sollte eine Blumenwiese nur in Ausnahmefällen betreten werden, sonst zertreten Sie die Blütenpracht, noch bevor sie sich richtig entfalten konnte. Wenn Sie Blumen pflücken wollen oder einen Durchgang zu einem anderen Gartenteil benötigen, mähen Sie mit dem Rasenmäher einfach eine Schneise durch die Wiese und halten diese den ganzen Sommer über frei.

Mit der Sense lässt sich am besten frühmorgens im taufeuchten Gras mähen. Die Mahd bleibt liegen und wird gewendet, bis Heu daraus geworden ist.

Macht Spaß: das Mähen mit der Sense

Mit der Sense zu mähen, ist eine leichte und sogar gesunde Tätigkeit, vorausgesetzt die Sense ist gut gedengelt und gewetzt. Zum Dengeln, Wetzen und richtigen Mähen mit der Sense werden Kurse angeboten, in denen man diese elementaren Tätigkeiten innerhalb weniger Stunden erlernen kann. Zuerst muss das Sensenblatt, genauer die Schneide, gedengelt werden. Dazu gibt es im landwirtschaftlichen oder gärtnerischen Fachhandel einen Dengelbock mit einem kleinen Amboss darauf. Man schraubt das Sensenblatt mit einem (zur Sense gehörenden) Vierkantschlüssel ab, setzt sich rittlings auf den Dengelbock und legt das Sensenblatt auf den kleinen Amboss, so dass die Innenseite nach oben weist. Die Schneide wird mit einer Hand satt auf den Amboss aufgelegt. In der anderen Hand hält man einen Hammer, den man – ohne hohen Kraftaufwand – fallend auf die Schneide schlägt. Beim Aufschlagen zieht man den Hammer etwas zum Körper hin. Dieser Vorgang wird Millimeter für Millimeter von der Spitze des Sensenblatts bis zur Basis wiederholt und mit dem Daumen wird die Schärfe getestet. Ist die Sense scharf genug, kann gemäht werden. Geht das Mähen mit der Sense nach einer gewissen Zeit schwerer vonstatten, wird mit dem Wetzstein nachgeschliffen.

Mähen Sie die Wiese mit der Sense am besten morgens bei taufeuchtem Gras. Setzen Sie das Sensenblatt dicht über dem Boden an, so dass die Spitze leicht nach oben weist, und mähen Sie mit leichtem, elegantem Schwung ohne hohen Kraftaufwand das Gras Bogen für Boden ab. Ungeübte nehmen mit jedem Schwung möglichst wenig Gras unter das Sensenblatt. So mäht es sich leichter.

Wiesen- und Balkenmäher für große Flächen

Umfasst Ihre Wiesenfläche mehrere Hundert Quadratmeter, so dass Ihnen das Mähen mit der Sense zu beschwerlich erscheint, können Sie auch benzinbetriebene Wiesen- oder Balkenmäher einsetzen. Dabei sollte das Gras nicht zu nass sein.

Die Anschaffung eines Balkenmähers lohnt sich bei sehr großen Flächen. Mit ihm lassen sich Blumenwiesen schnell und leicht mähen.

Der Rasenmäher ist das ideale Gerät, um Schneisen durch die Blumenwiese frei zu halten: zum Begehen und zum Blumenpflücken.

Wiesenmäher weisen einen großen Raddurchmesser auf und sind mit einem Radantrieb ausgestattet, sind geländegängig und lassen sich auch am Hang noch mühelos führen. Ihre Viertakt-Motoren leisten etwa 4,4 kW (6 PS) und arbeiten nach den vorgeschriebenen Normen abgas- und geräuscharm. Die Schnitthöhen lassen sich von 2,5 bis 9 cm in vier bis sechs Stufen verstellen und so dem Blumenrasen und der Blumenwiese anpassen.

Ein **Balkenmäher** schneidet das Gras mit einem an seiner Vorderseite angebrachten Mähbalken. Dieser Balken besteht aus zwei Messerreihen, die sich gegenläufig bewegen, also das Gras wie mit einer Schere schneiden. Ein solcher Schnitt ist

Eine artenreiche Blumenwiese mit Skabiosen, Acker-Rittersporn, Färber-Hundskamille und vielen anderen Wildblumen. Nächstes Jahr sieht sie vielleicht schon ganz anders aus.

sauber und das Schneidewerk ist durchaus in der Lage, auch dickere Halme, gegebenenfalls sogar Baumsämlinge zu schneiden. Mit einer Mähbreite von 60–102 cm, einem leistungsfähigen Motor, der zwei große Räder mit starkem Reifenprofil antreibt, lassen sich auch weitläufige Wiesenflächen in kurzer Zeit mähen.

➲ Weiteres zu Mähgeräten ab Seite 251.

Das Mähgut abräumen

Lassen Sie das Mähgut zunächst liegen und wenden Sie es bei sonnigem Wetter so lange, bis daraus Heu geworden ist. Auf diese Weise samen sich noch einige der abgemähten Kräuter und Blumen aus. Anschließend räumen Sie das Mähgut sorgfältig ab, denn es darf nichts liegen bleiben, was anschließend verrotten und der Wiesennarbe Nährstoffe zuführen kann. Und die Samen und Sämlinge der Wiesenblumen brauchen genügend Licht, um gedeihen zu können! Mähen Sie nicht die ganze Wiese auf einmal, sondern lassen Sie am Rand einen schmalen Streifen stehen, in den sich Heuhüpfer und andere Wiesentiere zurückziehen können. Wenn das gemähte Gras sowie die Kräuter und Blumen nach zwei, drei Wochen ein wenig nachgewachsen sind, mähen Sie den restlichen Streifen. Einen solchen Streifen lassen Sie bei jeder Mahd an anderer Stelle stehen und fördern auf diese Weise die Artenvielfalt sowohl der Pflanzen als auch der Wieseninsekten.
Vielleicht hat ein Bauer oder ein Tierfreund, der Kaninchen oder dergleichen hält, Verwendung für Ihr gutes, duftendes Heu. Es lässt sich aber auch gut kompostieren. Gelingt es Ihnen, das Heu mit grünen Abfällen zu einem Heißkompost (siehe Seite 80) aufzusetzen, werden die sich noch im Heu befindlichen Samen abgetötet.

Ständige Veränderungen der Wiesenflora

Wie eine natürliche Wiese, ist die künstlich angelegte Blumenwiese ständigen Veränderungen unterworfen. Bei manchen Blumenwiesenmischungen zeigen sich im ersten Jahr farbenfrohe Blumen, die in den darauf folgenden Jahren immer weniger zu sehen sind. Dies sind einjährige Arten, von manchen Saatgutfirmen eingemischt, um ihre Kunden nicht zu enttäuschen. Denn die ausdauernden Wiesenblumen brauchen wesentlich länger, bis sie ihre Blütenfülle und Schönheit entfalten. Jedes Jahr werden einige Arten ganz verschwinden, andere in geringerer Anzahl vorhanden sein, aber auch neue Arten hinzukommen. Der Wind weht manchen Samen an und auch Vögel schleppen ein, was Sie nicht gesät haben. Dies ist eine schöne und natürliche Entwicklung, die Sie mit Spannung und Freude beobachten können und der Sie weitgehend freien Lauf lassen sollten.
Allerdings können sich auch bei bester Vorbereitung und rechtzeitiger Mahd immer wieder manche Arten stark ausbreiten und andere verdrängen. Beobachten Sie Ihre Wiese und machen Sie jedes Jahr Fotos von immer gleichen Standorten, dann können Sie derartige Entwicklungen gut verfolgen. Und notfalls zupfen Sie einen Teil der starken Wucherer oder auch hartnäckige Unkräuter einfach heraus, so dass die zarteren Pflänzchen mehr Raum zum Wachsen haben. So werden Sie über Jahrzehnte Freude an Ihrer Wiese haben.

Schritte zur Blumenwiese

- Ein Rasen kann in eine Blumenwiese verwandelt werden. Voraussetzung: nicht mehr düngen und immer seltener mähen.
- Der Boden für eine Blumenwiese muss nährstoffarm sein. Zur Abmagerung, Lockerung und zur Verdrängung von Unkräutern werden vor der Aussaat Kartoffeln angebaut.
- Extreme Bodenverhältnisse können genutzt werden, indem man einen Magerrasen oder eine Feuchtwiese anlegt.
- Das Wiesensaatgut sollte keinen Klee und möglichst wenig Grassamen enthalten. Es wird wie eine Rasensaat ausgebracht.
- Beim Mähen kommt es auf den rechten Zeitpunkt an. Er liegt in der Regel zwischen Ende Juni und Mitte September.
- Der richtige Umgang mit der Sense ist leicht. Dazu werden Kurse angeboten.
- Für große Wiesenflächen gibt es motorbetriebene Wiesen- und Balkenmäher.
- Das Mähgut muss immer sorgfältig abgeräumt werden.
- Die Wiesenflora verändert sich von Jahr zu Jahr und lädt zum Beobachen und Entdecken ein.

Bodendecker für schnelle Begrünung

Für Bereiche im Garten, die schnell, dauerhaft und pflegearm begrünt werden sollen, bieten sich Bodendecker an. Bodendecker sind Pflanzen mit geringer Wuchshöhe, die mit ihren oberirdischen Pflanzenteilen wie Zweiggerüst, Blättern oder Ausläufern den Boden möglichst vollständig und ganzjährig bedecken. Durch ihre Konkurrenzkraft bilden sie dauerhafte und pflegeleichte Pflanzungen. Sowohl Gehölze als auch Stauden können bodenbedeckende Pflanzungen bilden. In Hinblick auf eine langfristige Bodenbedeckung bieten immer- und wintergrüne Pflanzen Vorteile, unter den Sommergrünen sind es solche, die früh austreiben und/oder spät einziehen.

Die richtige Zusammenstellung

Bodendeckerpflanzungen können ausschließlich aus einer einzigen oder auch aus verschiedenen Pflanzenarten zusammengesetzt sein. Pflanzungen aus nur einer Pflanzenart haben den Vorteil, dass sie leicht zu pflanzen und zu pflegen sind. Je nach Größe der Pflanzfläche können sie sowohl ruhig wie auch monoton wirken, wenn sie zu großflächig verwendet werden.
Sollen mehrere Arten kombiniert werden, ist der Planungs- und Pflanzaufwand deutlich höher, denn hier müssen Sie berücksichtigen, dass nur Pflanzen mit gleicher Konkurrenzstärke dauerhaft eine pflegeextensive Pflanzung bilden können. Dafür ergeben sich abwechslungsreiche Pflanzungen, die optisch ansprechender wirken, als dies bei rein einartigen Pflanzungen in der Regel der Fall ist. Lediglich bei kleineren Flächen kann eine mehrartige Pflanzung Unruhe ausstrahlen. Da Gehölzbodendecker in der Regel konkurrenzstärker sind als die staudigen Vertreter, sollte man eine mehrartige Pflanzung entweder nur mit verschiedenen Gehölzen oder nur mit Stauden anlegen. Soll eine Bodendeckerfläche durch Sträucher oder Bäume aufgelockert werden, ist die schnellere Entwicklung der Bodendecker und deren Kampfkraft zu berücksichtigen. Deshalb sind hier größere Baum- und Strauchqualitäten zu bevorzugen, damit diese zwischen den Bodendeckern in den Anfangsjahren nicht verkümmern und ersticken. Besondere Vorsicht ist bei Zwerg-Bambus geboten, da dieser erfahrungsgemäß durch das Wurzelsystem anderer Gehölze hindurchwuchert.

Der Beinwell ***(Symphytum grandiflorum)*** **ist ein staudiger Bodendecker, der dichte und pflegeleichte Teppiche bildet. Unkraut hat hier keine Chance.**

➲ Eine wichtige Bodendeckergruppe bilden die Flächenrosen, die im Rosenkapitel ab Seite 210 behandelt werden.

Die Pflanzung der Bodendecker

Grundvoraussetzungen für eine pflegearme Bodendeckerpflanzung sind eine standortgerechte Auswahl und eine fachgerechte Bodenvorbereitung sowie Pflanzung. Es dauert in der Regel zwei bis drei Jahre, bis sich der Pflanzenteppich völlig geschlossen hat. Während dieser Zeit kann aufkeimendes Unkraut durch das Mulchen der Fläche mit zum Beispiel Rindenmulch erheblich reduziert werden.
➲ Mehr zu Bodenvorbereitung und Pflanzung ab Seite 64 und Seite 96.

Symbole
↥ = Höhe
○ = Sonne
● = Schatten
❀ = Blütezeit
◑ = Halbschatten

Bodendeckende Gehölze und Stauden

Laubgehölze	immergrün	Pflanzenbedarf/ Stück pro m²	Seite
Cotoneaster dammeri 'Eichholz'	■	5–7	263
Cotoneaster dammeri 'Skogholm'	■	3	263
Cotoneaster dammeri 'Streib's Findling'	■	9–12	263
Euonymus fortunei	■	5–9	263
Hedera helix	■	3–5	263
Hypericum calycinum	■	5–7	263
Lonicera nitida	■	3–5	264
Lonicera pileata	■	3–5	264
Mahonia aquifolium	■	2–4	264
Pachysandra terminalis	■	9–12	264
Pleioblastus pygmaeus		1–3	265
Potentilla fruticosa		3–6	265
Spiraea betulifolia		3–5	265
Spiraea japonica		3–5	265
Stephanandra incisa 'Crispa'		2–4	266
Symphoricarpos × chenaultii 'Hancock'		1–3	266
Nadelgehölze			
Juniperus horizontalis	■	2–5	266
Juniperus communis 'Repanda'	■	1–2	266
Microbiota decussata	■	1–2	266
Taxus baccata 'Repandens'	■	1–2	266
Stauden			
Alchemilla mollis		3–5	267
Epimedium pinnatum ssp. *colchicum*		7–9	267
Geranium macrorrhizum		4–7	267
Symphytum grandiflorum		5–7	267
Vinca minor	■	7–9	267
Waldsteinia ternata	■	9–12	267

Laubgehölze zur Bodenbedeckung

Kriechmispel

Cotoneaster dammeri

↥ 20–80 cm ❀ 5–6 ○–◑

Wuchs: Zwergstrauch mit niederliegenden, teils bogig abstehenden, dicht verzweigten Trieben.
Blatt: Dunkelgrün glänzend, elliptisch-länglich, immergrün.
Blüte: Weiß, einzeln stehend, leuchtend rote Früchte.
Standort: Mäßig trockene bis frische, durchlässige und nährstoffreiche Böden, sonnig bis halbschattig.
Sehr anspruchslos und anpassungsfähig.
Verwendung: Robuster Bodendecker für Flächenbegrünungen, Böschungen, Mauerkronen und Trogbepflanzungen.

Sorten: 'Coral Beauty', 50–70 cm, sehr konkurrenzstark, überreich fruchtend; 'Eichholz', 50–70 cm, kompaktwüchsig; 'Skogholm', 100–150 cm, sehr wüchsig und konkurrenzstark; 'Streib's Findling', 10–15 cm, kompakt, langsamwüchsig.

Weitere Art: *Cotoneaster dammeri* var. *radicans*, 20–30 cm, flach niederliegend, reich fruchtend.

Kriechender Spindelstrauch

Euonymus fortunei (▷ Foto)

↥ 20–30 cm ○–●

Wuchs: Kriechender Strauch mit zunächst ansteigenden, später niederliegenden Trieben.
Blatt: Dunkelgrün und je nach Sorte gelb oder weiß panaschiert, eiförmig-elliptisch, immergrün.
Blüte: Nur an Altersformen, bei den meisten Sorten fehlend. Gelblich grüne Dolden, rötliche Früchte.
Standort: Mäßig trockene bis frische, sandig-humose Lehmböden, sonnig bis schattig.
Verwendung: Hervorragender Bodendecker für Flächenbegrünungen, Grabbepflanzungen, Tröge.

Sorten: 'Emerald'n Queen', 30–70 cm, Blätter breit hellgelb gerandet; 'Minimus', 15–20 cm, kleinblättrig, mattenförmig wachsend; 'Silver Queen', 30–70 cm, Blätter weiß gerandet; 'Sunshine', 60–80 cm, gelbbunte Blätter; 'Sunspot', 60–120 cm, Blattmitte gelb, sonst dunkelgrün glänzend.

Weitere Art: *Euonymus fortunei* var. *radicans*, 50–80 cm, dunkelgrün, dicht bodendeckend.

Gewöhnlicher Efeu (▷ Foto)

Hedera helix

↥ 10 cm ❀ 9 ○–●

Wuchs: Breit mattenförmig wachsendes oder kletterndes Gehölz.
Blatt: Dunkelgrün glänzend, Blattform sehr variabel, meist dreilappig, wechselständig, immergrün.
Blüte: Grüngelb in Dolden, nur an alten bzw. überhängenden Pflanzen.
Standort: Mäßig trockene bis feuchte, nährstoffreiche Böden. Wächst in jedem Gartenboden, halbschattig bis schattig. In wintermilden Lagen auch sonnige Standorte möglich.
Verwendung: Wüchsiger Bodendecker für großflächige Unterpflanzungen von Gehölzen. Nicht mit konkurrenzschwachen Nachbarn kombinieren.

Sorten: 'Goldheart', Blattmitte hellgelb, sonst dunkelgrün; 'Cathedral Wall', Blätter dunkelgrün, deutlich geadert, stark wachsend; 'Plattensee', Blätter frischgrün, großblättrig; 'Wingerstberg', Blätter dunkelgrün, deutlich geadert, sehr stark wachsend; 'Woerner', Blätter dunkelgrün mit hellen Blattadern, stark wachsend.

Kriechendes Johanniskraut

Hypericum calycinum (▽ Foto)

↥ 20–30 cm ❀ 7 ○–●

Wuchs: Ausläuferbildender Halbstrauch, der großflächige Teppiche bildet.
Blatt: Dunkelgrün, oval, wintergrün.
Blüte: Leuchtend gelb, große Schalenblüten mit vielen strahlenförmigen Staubgefäßen. Dauerblüher.
Standort: Mäßig trockene bis frische, durchlässige Böden, sauer bis schwach alkalisch. Sonnig bis schattig.
Verwendung: Wertvoller blühender Bodendecker für großflächige Pflanzungen, sehr konkurrenzstark.

Immergrüne Strauch-Heckenkirsche
Lonicera nitida (◁ Foto)
↕ 100–150 cm ❁ 5 ○–●

Wuchs: Vieltriebiger Kleinstrauch.
Blatt: Dunkelgrün glänzend, ledrig, kleine rundliche, gegenständige Blätter, winter- bis immergrün.
Blüte: Cremeweiß, unscheinbar, leicht duftend. Früchte glänzend purpurviolett.
Standort: Sehr anpassungsfähig, wächst in jedem Gartenboden, sonnig bis schattig. In extremen Wintern können Frostschäden auftreten, regeneriert jedoch nach Rückschnitt.
Verwendung: Wertvolles Flächengrün, Unterwuchs in Gehölzen.

Sorten: 'Elegant', 100–150 cm hoch und breit, straff aufrechte Zweige mit waagerechten Seitenzweigen, dunkelgrüne Blätter; 'Maigrün', 70–100 cm hoch und breit, frischgrün glänzende Blätter.

Gewöhnliche Mahonie
Mahonia aquifolium (◁ Foto)
↕ 80–120cm ❁ 4–5 ◑–●

Wuchs: Vieltriebiger, aber wenig verzweigter Kleinstrauch.
Blatt: Dunkelgrün glänzend, gefiedert, am Rand leicht dornig, immergrün.
Blüte: Goldgelbe endständige Blütentrauben, dekorative Früchte, blaubereifte schwarze Beeren.
Standort: Mäßig trockene bis feuchte Gartenböden, sehr anpassungsfähig, halbschattig bis schattig, sonnige Standorte nur bei hoher Luft- und Bodenfeuchte.
Verwendung: Gruppenpflanzungen, Flächengrün, Unterpflanzung von schattigen Gehölzpartien, verträgt Wurzel- und Schattendruck sehr gut.

Sorten: 'Apollo', Niedrige Mahonie, 60–100 cm, langsamwüchsig; 'Atropurpurea', 60–120 cm, im Winter auffallend bronzerot, im Frühjahr vergrünend; 'Smaragd', 70 cm, glänzend smaragdgrüne Belaubung.

Immergrüne Kriech-Heckenkirsche
Lonicera pileata
↕ 80–100 cm ❁ 5 ○–●

Wuchs: Flach ausgebreiteter Kleinstrauch.
Blatt: Frischgrün, oval-lanzettlich, gegenständig, winter- bis immergrün.
Blüte: Rahmweiß, unscheinbar, leicht duftend. Purpurviolette Früchte.
Standort: Sehr anspruchslos, wächst in jedem Gartenboden, sonnig bis schattig. Pflanzen können in kalten Wintern zurückfrieren, regenerieren sehr schnell nach Rückschnitt.
Verwendung: Gut zur Unterpflanzung von Gehölzen, da Schatten- und Wurzeldruck ertragend.

Ysander, Dickanthere
Pachysandra terminalis (▽ Foto)
↕ 20–30 cm ❁ 4–5 ◑–●

Wuchs: Ausläuferbildender Halbstrauch, der dichte Teppiche bildet.
Blatt: Frisch- bis dunkelgrün, derb ledrig, immergrün, verkehrt eiförmig, gehäuft an den Triebenden.
Blüte: Weißliche, aufrechte Ähren.
Standort: Frische humose, kalkarme Böden in halbschattigen bis schattigen Lagen. Keine sonnigen Plätze. Bevorzugt luftfeuchte Lagen. Sehr empfindlich gegenüber Bodenverdichtung.
Verwendung: Bodendecker unter Gehölzen, Grabbepflanzungen.

Sorte: 'Green Carpet', schwachwüchsiger und kompakter als die Art, 15–20 cm.

Zwerg-Bambus

Pleioblastus pygmaeus

↕ 30 cm ○–◑

Wuchs: Dichtwüchsiger Zwergbambus, der sich durch Ausläuferbildung stark ausbreitet.
Blatt: Bläulich grün, lanzettlich, 2–3 cm lang.
Standort: Frische bis feuchte Gartenböden, sonnig bis halbschattig.
Verwendung: Stark wuchernder Bodendecker, als Rasenersatz, zur Unterpflanzung von Gehölzen.
Wenn die Flächen zu Beginn des Frühjahrs abgemäht werden (z.B. mit einem hochgestellten Rasenmäher), bilden sich dichte Bambusteppiche.

Weitere Arten: *Pleioblastus pygmaeus* var. *distichus,* 40 cm, dunkelgrün, fächerähnliche Blätter, 5–6 cm lang; *Pleioblastus fortunei,* Weißstreifiger Dichtbusch-Bambus, grün-weiß gestreifte Blätter, 10 cm lang, 1–1,5 cm breit, lanzettlich, immergrün, 40 cm.

Fünffingerstrauch (▷ Foto)

Potentilla fruticosa

↕ 100 cm ❀ 6–10 ○

Wuchs: Breitbuschiger, dicht verzweigter Kleinstrauch.
Blatt: Frischgrün, 3–5zählig gefingert, sommergrün.
Blüte: Gelb und Orange in vielen Variationen oder weißliche Schalenblüten je nach Sorte, sehr reich und lange blühend.
Standort: Anspruchslos, alle frischen bis mäßig feuchten, durchlässigen Gartenböden, sauer bis schwach alkalisch. Bei zu hohen pH-Werten entstehen Eisenchlorosen (Gelbverfärbung der Blätter bedingt durch zu hohen pH-Wert). Sonnige bis absonnige Plätze.
Verwendung: Flächenbegrünungen, Einzel- oder Gruppenpflanzungen, freiwachsende Blütenhecken.

Sorten: 'Abbotswood', milchweiß, 100–120 cm; 'Goldstar', tief goldgelb, 50–80 cm; 'Goldteppich', intensiv goldgelb, 50–70 cm; 'Red Ace', gelborange, 50–60 cm; 'Sommerflor', goldgelb, 60–80 cm.

Birkenblättrige Spiere

Spiraea betulifolia (▷ Foto)

↕ 60–100 cm ❀ 6 ○–◑

Wuchs: Dichttriebiger Kleinstrauch, der sich durch unterirdische Ausläufer stark ausbreitet.
Blatt: Dunkelgrün, Blattform sehr variabel, breitrund bis rund, sommergrün, auffällige Herbstfärbung in orangerot.
Blüte: Weiß, breite Doldentrauben, sehr reich blühend.
Standort: Anspruchslos, alle frischen, durchlässigen Gartenböden.
Verwendung: Robuster Kleinstrauch, der durch Ausläuferbildung für Flächenbegrünungen und Unterpflanzungen von Gehölzen ideal geeignet ist.

Sorte: 'Tor', klein bleibende Selektion, 50–70 cm, langsamwüchsig.

Weitere Arten: *Spiraea betulifolia* var. *aemiliana,* dicht verzweigt, 90–120 cm. *Spiraea decumbens,* breitbuschig, schwach wachsend, 30–40 cm.

Sommer-Spiere (▽ Foto)

Spiraea japonica

↕ 50–70 cm ❀ 7–9 ○–◑

Wuchs: Halbkugelförmiger, dichttriebiger Kleinstrauch.
Blatt: Frischgrün, lanzettlich zugespitzt, Austrieb häufig rötlich gefärbt, sommergrün, schöne orangerote Herbstfärbung.
Blüte: Karminrot, rosa oder weiß je nach Sorte, flache breite Schirmrispen, Dauerblüher.
Standort: Frische bis feuchte Gartenböden, anspruchslos, sonnig bis halbschattig.
Verwendung: Vielseitig zu verwendender Kleinstrauch für Flächenbegrünungen, aber auch als Gruppenpflanze oder für niedrige Hecken.

Sorten: 'Albiflora', weiß, 60–80 cm; 'Little Princess', dunkelrosa, 50–70 cm; 'Nana', dunkelrosa, Zwerggehölz für Einfassungen, Bodendecker, 30–40 cm.

Weitere Art: *Spiraea bumalda* 'Anthony Waterer Sapho', karminrot, 80–100 cm.

Zwerg-Kranzspiere

Stephanandra incisa 'Crispa'

↕ 50–80 cm ❀ 6–8 ○–◑

Wuchs: Flach wachsender Zwergstrauch mit weit ausladenden Trieben.
Blatt: Frischgrün, dreilappig, Rand scharf gesägt, sommergrün, früh austreibend, gelb-orangefarbene Herbstfärbung.
Blüte: Weiß, lockere endständige Rispen.
Standort: Frische bis feuchte, humus- und nährstoffreiche, durchlässige Böden, sonnig bis halbschattig.
Verwendung: Guter Bodendecker für lichtschattige Standorte, Gehölzränder.

Bastard-Korallenbeere

Symphoricarpos × chenaultii 'Hancock'

↕ 80–120 cm ❀ 6 ○–● (◁ Foto)

Wuchs: Schnellwüchsiger Kleinstrauch mit bogig überhängenden Zweigen, die bei Bodenkontakt wurzeln.
Blatt: Frischgrün, rundlich-eiförmig, gegenständig, sommergrün.
Blüte: Rosa, kleinblütig. Reicher Fruchtbesatz mit kugeligen, rötlich weißen Früchten, lange haftend.
Standort: Alle trockenen bis feuchten Gartenböden, sonnig bis schattig.
Verwendung: Robuster Flächengrüner auch für problematischere Standorte. Unterpflanzung von Gehölzen, Wurzel- und Schattendruck ertragend.

Nadelgehölze zur Bodenbedeckung

Gewöhnlicher Tepppich-Wacholder

Juniperus communis 'Repanda'

↕ 30–50 cm ○

Wuchs: Teppichartig wachsende Zwergform, langsamwüchsig.
Blatt: Dunkelgrün, nadelartig, oben silbrig gestreift, im Winter braungrün gefärbt, immergrün.
Standort: Durchlässige, mäßig trockene bis frische Gartenböden.
Verwendung: Robuster Bodendecker auch für kleine Gärten, Heide- und Steingärten, Grab- und Trogbepflanzungen.

Sorte: *Juniperus communis* 'Hornibrookii', hellgrüne Nadeln, 50–60 cm.

Teppich-Wacholder (◁ Foto)

Juniperus horizontalis

↕ 20–30 cm ○

Wuchs: Flach ausgebreiteter Zwergstrauch, langsam wachsend.
Blatt: Grünlich bis stahlblau je nach Sorte, schuppenförmig, immergrün.
Standort: Sehr anspruchslos und anpassungsfähig, wichtig sind vor allem durchlässige Gartenböden.
Verwendung: Wertvoller Bodendecker auch für Böschungen, Grabbepflanzungen, Einzel- oder Gruppenpflanzungen in Heide- oder Steingärten, Trogbepflanzungen.

Sorten: 'Glauca', intensiv stahlblau; 'Prince of Wales', blau.

Teppichlebensbaum (◁ Foto)

Microbiota decussata

↕ 40–80 cm ○–●

Wuchs: Flach ausgebreiteter Zwerg- bis Kleinstrauch, langsam wachsend.
Blatt: Frischgrüne Schuppen, die dachziegelartig angeordnet sind, aromatisch duftend, immergrün.
Blüte: Unscheinbar.
Standort: Mäßig trockene bis sandiglehmige, frische Gartenböden, sonnige bis schattige Plätze.
Verwendung: Sehr schnittverträglicher Bodendecker, auch für Grabbepflanzungen, Dach- und Troggärten.

Kissen-Eibe

Taxus baccata 'Repandens'

↕ 60–80 cm ❀ 4–5 ○–◑

Wuchs: Flache Zwergform.
Blatt: Dunkelgrün glänzend, nadelförmig, zweizeilig, immergrün.
Blüte: Unscheinbar. Rote fleischige Früchte mit giftigem Samen.
Standort: Frische bis feuchte, gut durchlässige, nährstoffreiche, kalkhaltige Böden, sonnig bis schattig.
Verwendung: Unterpflanzung von schattigen Gehölzpartien, Gruppenpflanzungen, Mauerkronen und Grabbepflanzungen.
Alle Pflanzenteile mit Ausnahme des roten Fruchtfleisches sind giftig.

Stauden

Schleier-Frauenmantel

Alchemilla mollis

↕ 30–50 cm ❁ 6–8 ○–◑

Wuchs: Horstig.
Blatt: Mattgrün, rundlich, gefaltet, behaart.
Blüte: Gelblich grün, unzählige kleine Blütchen, die duftige Schleier bilden.
Standort: Anpassungsfähig, nährstoffreiche, frische Lehmböden, sonnig bis halbschattig.
Verwendung: Wertvoller Bodendecker für den Gehölzrand. Ein vollständiger Rückschnitt nach der Blüte schränkt die starke Selbstaussaat ein und verbessert das Aussehen der Pflanzen.

Immergrüne Elfenblume

Epimedium pinnatum ssp. *colchicum*

↕ 20–30 cm ❁ 4–5 ◑–● (▷ Foto)

Wuchs: Durch Ausläuferbildung flächendeckend.
Blatt: Frischgrün glänzend, herzförmig, wintergrün, oft auch immergrün, auffällig bronzefarbene Winterfarbe.
Blüte: Gelbe, lang gespornte Blüten in lockeren Rispen.
Standort: Frische bis feuchte, humose, durchlässige Böden, halbschattig bis schattig.
Verwendung: Langlebiger und anspruchsloser Bodendecker für die Unterpflanzung von Gehölzen. Auch im Wurzelfilz von Gehölzen einsetzbar.

Balkan-Storchschnabel

Geranium macrorrhizum

↕ 20–30 cm ❁ 5–7 ○–◑

Wuchs: Durch kriechende Rhizome dichte Teppiche bildend.
Blatt: Stumpfgrün, handförmig geteilt, aromatisch duftend.
Blüte: Rosa, weiß oder purpurviolett je nach Sorte. Radförmig, in lockeren Dolden.
Standort: Trockene bis frische, durchlässige Böden, sonnig bis halbschattig.
Verwendung: Starkwüchsiger Bodendecker vor und unter Gehölzen.

Sorten: 'Czakor', purpurviolett, 25–30 cm; 'Ingwersen', altrosafarben, 25–30 cm; 'Spessart', weißlich rosa, 20–30 cm.

Kleinblättriges Immergrün

Vinca minor (▷ Foto)

↕ 10–20 cm ❁ 4–5 ◑–●

Wuchs: Teppichbildner, immergrüner Halbstrauch mit langen niederliegenden Trieben.
Blatt: Dunkelgrün glänzend, gegenständig, ledrig.
Blüte: Violettbraun, radförmig.
Standort: Wertvoller Bodendecker unter Gehölzen, Grabbepflanzungen.
Verwendung: Frische, humus- und nährstoffreiche, sandig-lehmige Böden, halbschattig bis schattig. Empfindlich gegen verdichtete Böden.

Sorten: 'Alba', weiß; 'Bowles', violettblau.

Kaukasus-Beinwell

Symphytum grandiflorum

↕ 20–30 cm ❁ 4–5 ◑–●

Wuchs: Durch Ausläufer geschlossene Blattteppiche bildend.
Blatt: Dunkelgrün, spitz-eiförmig.
Blüte: Cremegelb, röhrenförmig, in endständigen Büscheln.
Standort: Humus- und nährstoffreiche, mäßig trockene bis feuchte Böden im Halbschatten und Schatten. Bei ausreichender Bodenfeuchte auch sonnig.
Verwendung: Für naturnahe Pflanzungen am Gehölzrand. Nicht neben konkurrenzschwache Nachbarn pflanzen, da verdrängend.

Sorten: 'Hidcote Blue', 40 cm, hellblau; 'Saphir', himmelblau, 40 cm.

Teppich-Golderdbeere

Waldsteinia ternata (▷ Foto)

↕ 15–20 cm ❁ 4–5 ◑–●

Wuchs: Durch Absenkerbildung teppichartig.
Blatt: Dunkelgrün glänzend, dreiteilige Blätter, wintergrün.
Blüte: Goldgelb, schalenförmig, kurz über dem Blattteppich stehend.
Standort: Frische bis mäßig trockene, humose Böden, halbschattig bis schattig.
Verwendung: Guter schattenverträglicher Bodendecker, auch für sommertrockene Plätze, Grabbepflanzungen.

BLUMEN FÜR DEN GARTEN

Stauden • Blumenzwiebeln
Pflanzbeispiele • Sommerblumen
Kübelpflanzen

Stauden – bunte Vielfalt für jeden Garten

Bäume und Sträucher bilden das Gerüst eines Gartens und schaffen Räume. Stauden vervollständigen das Gartenbild und geben dem Garten Atmosphäre. Das Staudensortiment bietet eine unglaubliche Vielfalt an Wuchsformen, Blüten- und Blattformen sowie Farben und Düften, so dass sie für die Gartengestaltung unentbehrlich sind.

Was sind Stauden?

Stauden sind mehrjährige, ausdauernde Pflanzen, die nicht verholzen und krautig bleiben. Im Winter stirbt der oberirdische Teil ab, während sich die Pflanze unter die Erdoberfläche zurückzieht. Stauden überdauern den Winter mit Hilfe unterirdischer Speicherorgane wie Wurzelstöcken oder Rhizomen. Diese Speicherorgane tragen die Knospenanlagen für den Austrieb im Frühjahr.

Ausnahmen bilden einige wenige **winter- und immergrüne Stauden**, die ihre Blattorgane während der kalten Jahreszeit behalten. Das Laub der Wintergrünen, wie zum Beispiel der Japan-Segge *(Carex morrowii)*, stirbt erst nach dem Winter ab, kurz darauf treiben die Pflanzen erneut aus. Immergrüne bleiben das ganze Jahr über grün. Da sie immer nur einen Teil ihrer Blätter erneuern, erscheinen sie immergrün.

Zwiebel- und Knollenpflanzen wie Tulpen oder Narzissen gehören botanisch gesehen auch zu den Stauden, auch wenn sie in der gärtnerischen Praxis oft als eigene Gruppe gehandelt werden. Auch **Gräser und Farne** zählen zu den Stauden, so dass das Repertoire für die Verwendung im Garten unendlich groß ist.

Andere, wie Lavendel *(Lavandula)*, Perovskie *(Perovskia)* oder Garten-Salbei *(Salvia officinalis)*, besitzen zwar staudenähnliches Aussehen, sind aber botanisch korrekt **Halbsträucher**, da ihre Triebe verholzen. Sie nehmen eine Stellung zwischen Gehölzen und Stauden ein. Da sie wie Stauden kultiviert und mit diesen gemeinsam verwendet werden, finden wir sie in den Sortimenten der Staudengärtnereien.

Wo wachsen Stauden?

Stauden wachsen in voller Sonne, im Schatten unter Bäumen, im und am Gartenteich oder auch im Steingarten. Es gibt kaum einen Platz im Garten, an dem Stauden nicht ihre Schönheit entfalten können. Allerdings fühlt sich nicht jede Staude an jedem beliebigen Standort wohl. Wichtig ist, dass Stauden standortgerecht verwendet werden, denn nur dann entstehen langlebige Pflanzungen. Hier hilft das Ordnungssystem der Lebensbereiche, das die Stauden nach ähnlichen Anprüchen ordnet und dem Laien die Auswahl der Stauden für bestimmte Standorte erleichert.

Die Lebensbereiche der Stauden

Betrachtet man das Vorkommen der Stauden in der Natur, so kann man beobachten, dass sie nahezu überall gegenwärtig sind. Selbst extreme Standorte, die keinen Gehölzwuchs mehr zulassen, werden von Stauden besiedelt. Stauden findet man im Wald, im Hochgebirge, in Steppen und sogar im Wasser. Entsprechend vielseitig sind die Verwendungsmöglichkeiten im Garten. Hierzu wurde ein Ordnungssystem geschaffen, das als Lebensbereiche der Stauden benannt wurde. Die Stauden werden gemäß ihrem Vorkommen und ihrem Wuchsverhalten in der Natur verschiedenen Lebensbereichen zugeordnet. Andere Begriffe für Lebensbereiche sind Wuchsgemeinschaften oder Pflanzengemeinschaften.

Die Lebensbereiche werden nach Raumelementen bezeichnet, die den natürlichen Standortansprüchen im Garten entsprechen. Man unterscheidet acht verschiedene Lebensbereiche: Gehölz, Gehölzrand, Freifläche, Steinanlagen, Alpinum, Beet, Wasserrand und Wasser. Diese Lebensbereiche beschreiben die wichtigsten ökologischen Bedingungen wie Lichtverhältnisse und Bodeneigenschaften eines Standortes im Garten. In dieses System wurden alle im Handel erhältlichen Stauden eingeordnet. Die Zuordnung zu den jeweiligen Lebensbereichen findet sich auch in Staudenkatalogen und Fachbüchern. Sie erleichtern somit die richtige Auswahl für Ihren Garten.

Die Gehölze und Hecken bilden hier das Gerüst der Pflanzung und schaffen Raum, die verschiedenen Stauden vervollständigen die Szenerie und schaffen Atmosphäre.

Üppige Staudenhorste umspielen die scharfen Kanten der gepflasterten Wege. Durch die pultartige Anordnung der Stauden wird die räumliche Wirkung verstärkt.

Die Einteilung nach Lebensbereichen erleichtert die Auswahl von Stauden nach ihren Standortbedingungen. Zu ergänzen ist, dass es zwischen einzelnen Lebensbereichen fließende Übergänge gibt, so etwa zwischen Gehölz und Gehölzrand oder auch zwischen Steingartenpflanzen und alpinen Stauden. In diesen Bereichen sind die Grenzen fließend, das heißt, man muss sich nicht exakt an einem einzigen Lebensbereich orientieren.

Lebensbereich Gehölz

Im normalen Hausgarten ist der Lebensbereich Gehölz nicht so ausgeprägt, er reduziert sich auf Gehölzgruppen oder auch einen einzelnen Baum oder auch die Schattenlage eines Hauses. Gemeinsam ist den Gehölzstauden, die auch Wald- oder Schattenstauden genannt werden, dass sie die Anbindung an das Gehölz brauchen. Durch ihren Schattenwurf, Laubfall und Wurzeldruck üben die Gehölze einen starken Einfluss auf die Stauden aus. Sie konkurrieren um Licht, Wasser und Nährstoffe. Daher haben etliche dieser Waldstauden eine optimale Wachstumsstrategie entwickelt, um möglichst günstige Lichtverhältnisse ausnutzen zu können.
Viele der Schattenpflanzen haben ihre Hauptwachstumszeit in die lichtreiche Zeit gelegt, nämlich vor dem Austrieb der Laubbäume. Andere sind immergrün und kommen so in den Wintermonaten nach dem Laubfall in den vollen Lichtgenuss. Alle Waldstauden benötigen humosen Boden. Das herabfallende Laub trägt dazu bei, daher darf es in Gehölzpflanzungen nicht entfernt werden.

Lebensbereich Gehölzrand

Der Gehölzrand spielt im Hausgarten eine sehr viel größere Rolle. Die Gehölzrand- oder auch Waldrandstauden werden auch Halbschattenstauden genannt, da sie häufig wechselnder Belichtung ausgesetzt sind. Im Wanderschatten von Bäumen oder auf der Nordseite von Hecken finden diese Stauden im Garten vergleichbare Bedingungen.
Je nach Lage kann der Gehölzrand sonnig oder absonnig sein. Der Boden ist in der Regel humos und die Stauden werden bestimmt vom Wurzelsystem der Bäume und Sträucher. Viele Gehölzrandstauden bilden dichte Blattteppiche, die nach dem Einwachsen völlig pflegeleicht sind.

Lebensbereich Freifläche

Als Lebensbereich Freifläche werden alle baum- und strauchfreien Gartenräume bezeichnet. Dementsprechend spricht man von Freiflächen- oder auch Sonnenstauden. Viele der Freiflächenstauden sind wärmeliebend und hitzeverträglich. Als Anpassung an diese Standorte zeigen sie oft reduzierte Blattspreiten, zum Beispiel bei Lavendel *(Lavandula)*, grausilbriges Laub oder auch eine dicke, bläuliche Wachsschicht.

Lebensbereich Steinanlagen

Dieser Lebensbereich umfasst alle Plätze im Garten, auf denen eingebautes Stein-

Staudige Begleiter setzen einen wirkungsvollen Rahmen für Rosenbeete, außerdem ergänzen sich die Blütenfarben farblich sehr gut.

Gelbe Steppenkerzen *(Eremurus)* und orangefarbene Lilien *(Lilium*-Hybriden) setzen hier farbenfrohe Akzente und einen ersten Blütenhöhepunkt in einer Freiflächenpflanzung.

material ein gutes Gedeihen der Felsen- und Gebirgspflanzen begünstigt. Die Blätter der Steingartenpflanzen mögen die Wärmerückstrahlung der Steine, während die Wurzeln gleichzeitig die Kühle der Gesteinspalten und -fugen bevorzugen. Empfindlich reagieren Steingartenpflanzen auf nährstoffreiche, fette Böden, die zu Staunässe neigen.

Lebensbereich Alpinum

Auch alpine Stauden brauchen die Verbindung zum Stein. Hierzu zählen viele Standortspezialisten aus Hochgebirgslagen, die zusätzlich auch noch konkurrenzschwach sind. Sie bedürfen anspruchsvoller Pflege, wenn sie im Tiefland ausdauernd angesiedelt werden sollen.

Lebensbereich Beetstauden

Der Lebensbereich stellt eine Besonderheit dar, da sich hier fast ausschließlich züchterisch bearbeitete Kulturpflanzen finden. Beetstauden unterscheiden sich von Wildstauden durch ihren Blütenreichtum, eine lang anhaltende Blüte und auffällige Blütenformen und -farben. In diese Gruppe gehören die großen Sortimente der Garten-Rittersporne *(Delphinium)*, die Pfingstrosen *(Paeonia)* oder auch die Herbstastern *(Aster)*. Aufgrund ihrer Blütenpracht oder nach dem von ihnen bevorzugten Pflanzort werden sie auch auch als Pracht- oder Rabattenstauden bezeichnet. Der Name Beetstaude weist darauf hin, dass diese Stauden zu ihrem optimalen Gedeihen, auch nachdem sie eingewachsen sind, einen offenen lockeren Boden, sonnige Standorte sowie intensive Pflege bedürfen.

Lebensbereich Wasserrand

Zu diesem Lebensbereich zählen die Stauden der Wasserufer, Flachwasserzonen, Sümpfe und Überflutungsbereiche. Gemeinsam ist den Wasserrandstauden, dass sie feuchte Standorte lieben und die Überflutung besser vertragen als zu trockene Standorte.

➲ Mehr hierzu finden Sie ab Seite 373.

Lebensbereich Wasser

Der Lebensbereich Wasser umfasst die Tiefenregionen eines Teiches, dort leben die Wasserstauden.

➲ Mehr zu dieser Staudengruppe finden Sie ab Seite 370.

Wild- und Beetstauden in unserem Garten

Hinsichtlich der Verwendung von Stauden können zwei große Gruppen unterschieden werden, die Wildstauden und Beetstauden.

Was sind Wildstauden?

Bei den Wildstauden wurden sowohl das Aussehen als auch die inneren Eigenschaften nicht oder nur sehr geringfügig vom Menschen beeinflusst, sodass die Wildstauden ihr natürliches Aussehen bewahrt haben. Neben Arten aus der heimischen Flora stammen viele der in Gartenkultur verwendeten Wildarten aus anderen Teilen der Welt. Vor allem Ostasien und Nordamerika, aber auch Südeuropa und Westasien bereicherten unsere Gärten mit einer Vielzahl von Gartenschätzen.

Die Wildstauden zeichnen sich weniger durch eine auffällige Blüte als durch ihre das ganze Jahr über einprägsame Gestalt aus. Wildstauden sind weniger anspruchsvoll als die Beetstauden und eignen sich somit für naturhafte Gartenbereiche. Unter den Wildstauden gibt es Standortspezialisten für sonnige bis schattige, trockene bis feuchte oder auch nährstoffarme und nährstoffreiche Pflanzorte.

Beet- oder Prachtstauden

Durch intensive Züchtungsarbeit sind aus mitunter unscheinbaren Wildarten – oft über Jahrzehnte hinweg – prachtvolle

Stauden gibt es für alle Lebenslagen. Selbst für die unterschiedlich tiefen Wasserzonen und den Uferrand gibt es eine Vielzahl von geeigneten Stauden, die ganzjährig im Wasser leben.

Steinanlagen bieten geeignete Pflanzplätze für Steingartenstauden, die die Anbindung an den Stein brauchen und von der Wärmespeicherfähigkeit der Steine profitieren.

Züchtungen entstanden. Vorrangige Züchtungsziele waren Blütenreichtum und -größe, Standfestigkeit und Krankheitsresistenz. Infolge dieser züchterischen Bearbeitung gedeihen Beet- oder Prachtstauden am besten in voller Sonne auf Beeten oder Rabatten.

Während Wildstaudenpflanzungen den Boden bald nach der Pflanzung vollständig bedecken, verlangen Beetstauden auch nach dem Einwachsen einen offenen Boden. Beetstauden mögen es, wenn sie sich ausbreiten können. Eine sie umgebende Pflanzendecke würde dem entgegenwirken. Folglich ist der Boden um die Horste offen zu halten. Auch Verschlämmungen und Verkrustungen, die auf schweren Böden häufig einstellen, sind durch Hacken zu beheben. Daher sollte man Wild- und Beetstauden nicht gemeinsam verwenden. Ebenso unterschiedlich wie die Standortansprüche sind auch die notwendigen Pflegemaßnahmen.

Das Pflanzen der Stauden

Mit der standortgerechten Auswahl der Stauden legt man den Grundstein für eine dauerhafte Staudenpflanzung. Wenn dieser Grundsatz beherzigt wird, genügt es beim Pflanzen und Pflegen einige einfache Regeln zu beachten.

➲ Weiteres zur Staudenpflanzung auch ab Seite 96.

Die Staudenpflege

Pflegemaßnahmen der Lebensbereiche Gehölz und Gehölzrand

Die Stauden der Lebensbereiche Gehölz und Gehölzrand haben einen geringen Pflegebedarf. Lediglich in der ersten Zeit nach der Pflanzung ist mit einem erhöhtem Jäteaufwand zu rechnen. Sobald sich eine geschlossene Pflanzendecke gebildet hat, reduziert sich der Pflegeaufwand auf ein gelegentliches Entfernen von Gehölzsämlingen und Unkräutern. Außerdem sollten sich zu stark ausbreitende Arten in Zaum gehalten werden. Auf Hacken sollte man in Gehölz- und Gehölzrandpflanzungen verzichten, da sonst die Pflanzen in ihrer Entwicklung gestört werden. Das Laub der Gehölze sollte nach dem herbstlichen Laubfall unbedingt in der Pflanzung belassen werden, da nur so der Nährstoffkreislauf funktionieren kann und die Humusbildung gefördert wird. Nur wenn es so gehäuft anfällt, dass einige Pflanzen zu ersticken drohen, nimmt man einen Teil vorsichtig aus der Pflanzung heraus.

Die Pflege des Lebensbereiches Steingarten

Steingartenstauden fordern einen Boden mit guter Wasserdurchlässigkeit, der die Bildung der meist tief gehenden Wurzeln begünstigt. Viele Steingartenstauden sind empfindliche Kleinode, die sehr konkurrenzschwach sind, auch Unkräutern gegenüber. Daher erfordert ein Steingarten ein sorgfältiges und meist arbeitsreiches Jäten von Unkräutern.

Viele der Steingartenstauden bilden flache Polster aus, die im Frühjahr mit dichten Blüten überzogen sind. Nach der Blüte sollten die Polsterstauden zurückgeschnitten werden, damit sie nicht vergreisen und verkahlen und auch im nächsten Jahr wieder einen reichen Blütenansatz zeigen. Daher schneidet man die Polster nach der Blüte stark zurück, lediglich ein Drittel der Trieblänge bleibt erhalten. Das Ergebnis sind kompakte und blütenreiche Polsterstauden, die über Jahre hinweg einen Steingarten bereichern. Besonders einfach gestaltet sich der Rückschnitt von Polsterstauden mit Hilfe von so genannten Schaf- oder Grasscheren, die eine besonders lange Schnittfläche aufweisen.

Das Düngen der Staudenbeete

Stauden entziehen dem Boden nicht nur Wasser, sondern auch Nährstoffe, die sie zum Wachstum brauchen. Sinnvoll ist eine Düngung zum Austrieb der Stauden und unmittelbar vor ihrer Blütezeit. Ab August sollte man nicht mehr düngen, da die Triebe sonst schlecht ausreifen und die Pflanzen leicht auswintern.

Die Höhe der Düngergabe richtet sich nach der jeweiligen Staudenart. Prinzipiell haben hochwachsende Stauden einen höheren Nährstoffbedarf als niedrigere Stauden. Gehölz- und Gehölzrandstauden haben in der Regel nur einen mäßigen Nährstoffbedarf. Viele von ihnen sind salzempfindlich, so dass Sie hier organische Dünger bevorzugen sollten. In solchen Pflanzungen ist eine einmalige Düngergabe von 60–80 g/m² völlig ausreichend.

Den höchsten Düngerbedarf haben Beetstauden. Hier ist eine Düngermenge von 100–150 g/m² eines mineralischen Volldüngers zu empfehlen, die auf zwei Gaben verteilt wird.

Beachten Sie, dass Nährstoffe im Überschuss, insbesondere Stickstoff, zu verstärktem Blatt- und Triebwachstum sowie mastigem Gewebe führen. Die Folgen sind bei vielen Stauden Standschwäche und erhöhte Krankheitsanfälligkeit.

Exakte Düngerempfehlungen ergeben sich aus Bodenuntersuchungen, die Aufschluss über den Nährstoffgehalt des Bodens liefern.

➲ Mehr zu Düngung Seite 108, zu Bodenuntersuchung Seite 67.

Humusieren des Beetes

Als Humusieren bezeichnet man das flächige Abstreuen einer Pflanzung mit Komposterde. Sinnvoll ist eine Schichtstärke von 3–4 cm. Als Zeitpunkt bieten sich der Winter oder das zeitige Frühjahr vor dem Austrieb der Stauden an. Durch den Kompost wird die Bodenstruktur verbessert, gleichzeitig werden dem Boden Nährstoffe zugeführt.

Mulchen unterdrückt Unkrautwuchs

Alternativ zur Bodenpflege können Staudenpflanzungen auch gemulcht werden. Als Mulchen bezeichnet man das Abdecken der offenen Pflanzflächen mit Rindenmulch wie auch anderen organischen oder anorganischen Materialien. Je nach Material wird eine Mulchschicht von 3–5 cm ausgebracht. Durch das Mulchen entfällt die Bodenpflege, der Boden bleibt locker und es keimen weniger Unkräuter. Zusätzlich wird die Bodenfeuchte bewahrt.

Wenn organische Mulchmaterialien verwendet werden, ist eine Ausgleichsdüngung von 50–80 g/m² eines organischen Düngers notwendig, die vor dem Mulchen ausgebracht wird. Die Nährstoffgabe ist erforderlich, da die Bodenlebewesen bei der Zersetzung von organischem Mulchmaterial dem Boden Nährstoffe entziehen, die den Stauden somit fehlen würden.

➲ Mehr dazu ab Seite74.

Aufbinden und Stäben

Einige hochwüchsige Stauden erweisen sich oft als standschwach, wenn ihnen Wind und Regen zusetzen. Um sie vor dem Auseinanderfallen zu bewahren, müssen sie rechtzeitig gestützt werden, bevor sie ihre Endhöhe erreicht haben. Rettende Maßnahmen erst nach einem Unwetter führen in der Regel nicht zu einem befriedigenden Ergebnis.

Bei allen Stützmaßnahmen sollte man beachten, dass die natürliche Wuchsform der Stauden beibehalten wird. Denn zu eng eingeschnürte Stauden zieren genauso wenig wie umgefallene Stauden. Für das Stäben bieten sich unterschiedliche Methoden und Hilfsmittel an. Als Stützen oder Stäbe eignen sich

Hohe Stauden wie die Herbstastern *(Aster novi-belgii, Aster novae-angliae)* müssen rechtzeitig gestäbt werden, damit sie auch ihre volle Schönheit zeigen können.

Holzruten ebenso wie Bambus- oder Eisenstäbe. Das Bindematerial kann aus Sisal, Kunst- oder Naturbast sein. Mittlerweile gibt es im Fachhandel auch eine Vielzahl von Staudenstützen in unterschiedlichsten Formen. Alle sind mit grünem Kunststoff ummantelt, so dass sie unauffällig verwendet werden können. Spezielle Staudenstützen wie so genannte »link stakes« vereinfachen das Stäben ganz erheblich und verunzieren nicht.

Alternativ können auch Naturmaterialien verwendet werden. Geeignet sind verzweigtes Reisigmaterial oder auch biegsame Weidenruten. Aus diesen Materialien können fantasievolle Staudenstützen geformt werden, die zusätzlich schmücken.

Alternative: Vorblüteschnitt statt Stäben

Eine Alternative zum Stäben bietet der Vorblüteschnitt. Hiermit bezeichnet man das gezielte Zurückschneiden der Triebe vor dem Blütenansatz, um die Standfestigkeit zu erhöhen. Der beste Zeitpunkt hierfür ist von Juni bis Juli. Hierzu werden alle Triebe etwa um die Hälfte eingekürzt. Nach dem Schnitt werden verstärkt Seitentriebe gebildet, so dass die Stauden niedriger, kompakter und standfester bleiben. Zusätzlich wird aber auch der Blütenflor um zwei bis drei Wochen verschoben. Sinnvoll ist dieser Schnitt bei vielen sommer- und herbstblühenden Beetstauden.

Blütenschnitt bringt längere Blühdauer

Bei vielen Stauden kann die Blütenpracht durch gezielte Schnittmaßnahmen verlängert werden. Hier ist zwischen Ausschneiden, Remontierschnitt, Nachblüteschnitt und Verjüngungsschnitt zu unterscheiden.

Ausschneiden: Das regelmäßige Ausschneiden der verwelkten Blüten fördert bei vielen Stauden, dass fortlaufend neue Blütenknospen gebildet werden. Der Blütenflor wird somit deutlich verlängert.

Remontierschnitt: Als Remontierschnitt bezeichnet man den Totalrückschnitt von Stauden, um einen Neuaustrieb und eine zweite Blüte anzuregen. Die Stauden werden nach der ersten Blüte bis auf den Boden zurückgeschnitten. Eine Düngergabe und Wässern bei Trockenheit fördern den Neuaustrieb und die Zweitblüte.

Nachblüteschnitt gegen Selbstaussaat: Einige Stauden versamen sich stark, wenn man die verblühten Blüten nicht ausschneidet. Sämlinge von Sorten fallen in der Regel nicht sortenecht, das heißt, sie variieren sehr stark und zeigen nicht die Eigenschaften der Mutterpflanzen. Häufig entstehen so Sämlinge mit blassen, verwaschenen Blütenfarben. Oft sind die Sämlinge auch wüchsiger und vitaler, so dass sie die Sorten auf Dauer verdrängen können. Da die Samen in den Horsten ungestört keimen und aufwachsen können, erkennt man die Sämlinge erst nach einigen Jahren während der Blüte. Daher ist es bei vielen Stauden ratsam, die Blütenstände vor dem Aussamen auszuschneiden. Die beblätterten Horste bleiben erhalten, damit sie weiter assimilieren können.

Nachblüteschnitt, um kraftzehrenden Samenansatz zu vermeiden: Einige Stauden versamen sich zwar nicht, wie zum Beispiel die Wiesen- und Bart-Iris *(Iris sibirica, Iris-Barbata*-Hybriden) oder

Angewendet werden kann der Vorblüteschnitt bei:	
Sonnenbraut	*Helenium*-Hybriden
Sonnenauge	*Heliopsis helianthoides* var. *scabra*
Rau- und Glattblatt-Astern	*Aster novae-angliae, Aster novi-belgii*
Hohe Flammenblume	*Phlox paniculata*
Wiesen-Flammenblume	*Phlox-Maculata*-Hybriden
Bauerngarten-Sonnenhut	*Rudbeckia nitida*
Ausschneiden verlängert den Blütenflor bei folgenden Stauden:	
Gold-Garbe	*Achillea filipendulina*
Tausendblättrige Garbe	*Achillea millefolium*
Purpursonnenhut	*Echinacea purpurea*
Kokardenblume	*Gaillardia*-Hybride
Stauden-Sonnenblume	*Helianthus decapetalus*
Sonnenauge	*Heliopsis helianthoides* var. *scabra*
Sommer-Margerite	*Leucanthemum-Maximum*-Hybriden
Goldsturm-Sonnenhut	*Rudbeckia fulgida* var. *sullivantii* 'Goldsturm'
Skabiose	*Scabiosa caucasica*
Langblättriger Ehrenpreis	*Veronica longifolia*
Ein Remontierschnitt erzielt bei den folgenden Stauden eine Zweitblüte:	
Garten-Rittersporn	*Delphinium*-Hybriden
Feinstrahlaster	*Erigeron*-Hybriden
Garten-Lupinen	*Lupinus-Polyphyllus*-Hybriden
Brennende Liebe	*Lychnis chalcedonica*
Katzenminze	*Nepeta* × *faassenii*
Himmelsleiter	*Polemonium caeruleum*
Sommer-Salbei	*Salvia nemorosa*
Dreimasterblume	*Tradescantia-Andersoniana*-Hybriden
Garten-Trollblume	*Trollius*-Hybriden
Sinnvoll ist der Nachblüteschnitt bei diesen Arten:	
Sonnenauge	*Heliopsis helianthoides* var. *scabra*
Blutweiderich	*Lythrum salicaria*
Hohe Flammenblume	*Phlox paniculata*
Wiesen-Flammenblume	*Phlox-Maculata*-Hybriden
Garten-Goldrute	*Solidago*-Hybriden
Ein Verjüngungsschnitt ist sinnvoll bei:	
Frauen-Schleiermantel	*Alchemilla mollis*
Pracht-Storchschnabel	*Geranium* × *magnificum*
Storchschnabel	*Geranium* × *oxonianum*
Wald-Storchschnabel	*Geranium sylvaticum*
Vorzeitig zurückschneiden sollte man:	
Ochsenzunge	*Anchusa azurea*
Färberkamille	*Anthemis tinctoria*
Spornblume	*Centranthus coccineus*
Kokardenblume	*Gaillardia*-Hybriden
Sommer-Margerite	*Leucanthemum-Maximum*-Hybriden
Indianernessel	*Monarda*-Hybriden
Polsterstauden, die nach der Blüte zurückgeschnitten werden sollten:	
Gänsekresse	*Arabis caucasica*
Blaukissen	*Aubrieta*-Hybriden
Steinkraut	*Aurinia saxatilis*
Balkan-Glockenblume	*Campanula poscharskyana*
Filziges Hornkraut	*Cerastium tomentosum* var. *columnae*
Walzen-Wolfsmilch	*Euphorbia myrsinites*
Schleifenblume	*Iberis sempervirens*
Polster-Phlox	*Phlox subulata*

Kokardenblumen (Bild oben) blühen monatelang, wenn sie regelmäßig ausgeschnitten werden. Der Blutweiderich (Mitte) ist dankbar für einen Nachblüteschnitt. Bei Trollblumen (Bild unten) fördert ein Remontierschnitt eine Zweitblüte.

Nach der Blüte werden die walzenförmigen Triebe der Walzen-Wolfsmilch *(Euphorbia myrsinites)* bis auf die Basis zurückgeschnitten, damit die Pflanzen nicht vergreisen.

die Pfingstrosen *(Paeonia)*, sondern hier werden die Blüten ausgeschnitten, um die kraftzehrende Samenbildung zu vermeiden. Andere, wie die Taglilien *(Hemerocallis)*, haben wenig schmuckvolle Blütenstängel, so dass sie nach der Blüte besser an der Basis ausgeschnitten werden.

Verjüngungsschnitt: Stauden wie Frauenmantel *(Alchemilla)* und viele Storchschnabel-Arten *(Geranium)* fallen nach der Blüte auseinander und werden unansehnlich. Deshalb schneidet man sie nach der Blüte bis auf den Boden zurück. Die Horste treiben willig wieder aus und zieren mit frischgrünen, neuen Blättern. Vereinzelt bilden sie auch Nachblüten. Die Horste bleiben auf diese Weise kompakt und schmücken bis zum Winter mit attraktivem Blattschmuck.

Vorgezogener Rückschnitt

Einige Stauden sollte man vorzeitig zurückschneiden, da sie überreich und unermüdlich blühen, so dass sie sich verausgaben und nicht frühzeitig genug Überwinterungsknospen ausbilden. Deshalb werden diese Stauden bereits Ende September ganz zurückgeschnitten, um sie zur Bildung von Überwinterungsknospen, die das Austreiben im Frühjahr sichern, zu zwingen.

Rückschnitt von Polsterstauden

Die Polster bildenden Steingartenstauden werden nach der Blüte stark zurückgeschnitten. Mit dieser Schnittmaßnahme fördert man, dass die Polster kompakt bleiben und nicht vergreisen.

Rückschnitt im Herbst oder Frühjahr

Alle anderen Stauden werden im Spätherbst oder Frühjahr bis auf den Boden zurückgeschnitten. Stauden mit schönen Blüten- und Samenständen zieren auch mit Raureif oder Schnee im winterlichen Garten, daher können sie auch erst im Frühjahr entfernt werden. Gräser werden grundsätzlich erst im Frühjahr zurückgeschnitten, da das eingetrocknete Laub einen Schutz vor Winternässe und -kälte bietet.

Rückschnitt bei Halbsträuchern

Halbsträucher werden erst im Frühjahr zurückgeschnitten, da man nach dem Winter erkennt, wie stark die Pflanze zurückgefroren ist. Bei Lavendel *(Lavandula)*, Perovskien *(Perovskia)* oder Garten-Salbei *(Salvia officinalis)* werden alle Triebe stark eingekürzt. Nach kalten Wintern können Halbsträucher auch stärker, bei Bedarf sogar bis auf kurze Stummeln, zurückgeschnitten werden. Auch alte, struppig gewordene Büsche können so verjüngt werden. Durch regelmäßigen Schnitt bleiben die Horste kompakt und formschön.

Verjüngen von Stauden

Stauden können jahrelang an ihrem Platz verweilen, ohne verpflanzt zu werden. Dann, wenn die Horste aus der Mitte heraus verkahlen, die Wüchsigkeit nachlässt und die Stauden nur noch wenig blühen, ist es Zeit, die Stauden aufzunehmen und zu verjüngen. Dazu werden die Stauden ausgegraben und mit dem Spaten in kleinere Teilstücke geteilt, die dann wieder an einen vorbereiteten Standort gepflanzt werden.
➲ Mehr zur Teilung auf Seite 86.

Winterschutz für Stauden

Die meisten Stauden sind auch ohne vorbeugende Winterschutzmaßnahmen ausreichend winterhart. Winterschutzmaßnahmen sind notwendig bei Neupflanzungen, die durch Abdeckung mit Fichtenreisig ausreichend geschützt werden. Schützen muss man auch einige empfindliche Stauden, die in der Regel aus milderen Klimagebieten stammen. Sie benötigen Schutz vor niedrigen Temperaturen und vor Winternässe. Gefährdet sind zum Beispiel das Pampasgras *(Cortaderia selloana)*, das aus Südamerika stammt, oder die Fackellilie *(Kniphofia*-Hybride) aus Südafrika. Vorbeugend sollten sie auch nur auf durchlässigen Standorten gepflanzt werden, wo Winternässe unproblematisch ist. Zusätzlich werden die wintergrünen Blätter schopfartig zusammengebunden, damit das Herz der Pflanze vor Nässe und Kälte geschützt ist.

Das Vermehren von Stauden

Fast alle Stauden können problemlos durch Teilung vermehrt werden. Eine einfache Methode, die immer gelingt. Voraussetzung ist ein Wurzelstock, der Erneuerungsknospen aufweist. Stauden, die Pfahlwurzeln bilden, etwa Lupinen *(Lupinus*-Hybriden) oder Mohn *(Papaver orientale)*, können nicht geteilt werden. Als Hilfsmittel für die Teilung sind Messer, Schere und Spaten ausreichend. Geteilt wird im Frühjahr oder im Herbst.
➲ Mehr dazu ab Seite 86.

Nach der Blüte fallen die Horste des Pracht-Storchschnabels *(Geranium x magnificum)* auseinander. Ein Totalrückschnitt fördert den Neuaustrieb und kompakt bleibende Horste.

Geeignete Stauden für verschiedene Gartenbereiche

Gehölz
Aster divaricatus, Seite 280
Astrantia major, Seite 282
Brunnera macrophylla, Seite 282
Epimedium × versicolor, Seite 287
Hosta-Hybriden, Seite 290
Kirengeshoma palmata, Seite 291
Lamiastrum galeobdolon, Seite 291
Omphalodes verna, Seite 295
Pulmonaria dacica, Seite 297
Pulmonaria officinalis, Seite 298
Rodgersia podophylla, Seite 298
Tiarella cordifolia, Seite 299
Waldsteinia geoides, Seite 300

Gehölzrand
Aconitum carmichaelii 'Arendsii', Seite 278
Aconitum napellus, Seite 278
Alchemilla mollis, Seite 278
Anemone-Japonica-Hybriden, Seite 279
Aquilegia-Hybriden, Seite 279
Aruncus dioicus, Seite 280
Aster divaricatus, Seite 280
Astilbe-Arendsii-Hybriden, Seite 281
Astilbe-Japonica-Hybriden, Seite 281
Astilbe-Thunbergii-Hybriden, Seite 282
Astrantia major, Seite 282
Bergenia-Hybriden, Seite 282
Brunnera macrophylla, Seite 282
Campanula lactiflora, Seite 283
Campanula latifolia var. *macrantha*, Seite 283
Campanula persicifolia, Seite 283
Cardamine trifolia, Seite 284
Ceratostigma plumbaginoides, Seite 284
Chelone obliqua, Seite 284
Cimicifuga racemosa, Seite 285
Dicentra spectabilis, Seite 286
Digitalis purpurea, Seite 286
Doronicum orientale, Seite 286
Epimedium × versicolor, Seite 287
Euphorbia griffithii, Seite 287
Geranium × magnificum, Seite 288
Geranium × oxonianum, Seite 288
Geranium sanguineum, Seite 288
Geranium sylvaticum, Seite 289
Geum coccineum, Seite 289
Helleborus-Hybriden, Seite 290
Heuchera-Hybriden, Seite 290
Hosta-Hybriden, Seite 290
Kirengeshoma palmata, Seite 291
Lamiastrum argentatum, Seite 291
Ligularia przewalskii, Seite 292
Lithospermum purpurocaeruleum, Seite 293
Lysimachia punctata, Seite 293
Meconopsis cambrica, Seite 294
Omphalodes verna, Seite 295
Phuopsis stylosa, Seite 296
Polygonatum-Hybride 'Weihenstephan', Seite 297
Primula denticulata, Seite 297
Primula elatior, Seite 297
Pulmonaria dacica, Seite 297
Pulmonaria officinalis, Seite 298
Rodgersia podophylla, Seite 298
Tiarella cordifolia, Seite 299
Waldsteinia geoides, Seite 300

Beet
Achillea filipendulina, Seite 278
Achillea millefolium, Seite 278
Alcea rosea, Seite 278
Aquilegia-Hybriden, Seite 279
Aster-Dumosus-Hybriden, Seite 280
Aster ericoides, Seite 281
Aster laevis, Seite 281
Aster novae-angliae, Seite 281
Aster novi-belgii, Seite 281
Chrysanthemum-Hybriden, Seite 285
Coreopsis verticillata, Seite 285
Delphinium-Hybriden, Seite 286
Echinacea purpurea, Seite 286
Erigeron-Hybriden, Seite 287
Gaillardia-Hybriden, Seite 288
Geranium × magnificum, Seite 288
Geum coccineum, Seite 289
Helenium-Hybriden, Seite 289
Helianthus decapetalus, Seite 289
Heliopsis helianthoides var. *scabra*, Seite 289
Hemerocallis-Hybriden, Seite 290
Iris-Barbata-Hybriden, Seite 291
Iris sibirica, Seite 291
Kniphofia-Hybriden, Seite 291
Leucanthemella serotina 'Herbststern', Seite 292
Leucanthemum-Maximum-Hybriden, Seite 292
Lupinus-Polyphyllus-Hybriden, Seite 293
Lychnis chalcedonica, Seite 293
Lychnis coronaria, Seite 293
Monarda-Hybriden, Seite 294
Paeonia-Hybriden, Seite 295
Paeonia-Lactiflora-Hybriden, Seite 295
Papaver orientale, Seite 295
Phlox-Maculata-Hybriden, Seite 296
Phlox paniculata, Seite 296
Polemonium caeruleum, Seite 297
Physostegia virginiana, Seite 297
Rudbeckia fulgida var. *sullivantii* 'Goldsturm', Seite 298
Salvia nemorosa, Seite 298
Salvia officinalis, Seite 298
Saponaria lempergii 'Max Frei', Seite 299
Scabiosa caucasica, Seite 299
Sedum telephium, Seite 299
Solidago-Hybriden, Seite 299
Tradescantia-Andersoniana-Hybriden, Seite 300
Trollius-Hybriden, Seite 300
Veronica longifolia, Seite 300
Veronicastrum virginicum, Seite 300

Freiflächen
Anaphalis triplinervis, Seite 279
Anchusa azurea, Seite 279
Anthemis tinctoria, Seite 279
Asphodeline lutea, Seite 280
Calamintha nepeta ssp. *nepeta*, Seite 283
Centranthus ruber, Seite 284
Crambe cordifolia, Seite 285
Echinops bannaticus, Seite 287
Gypsophila paniculata, Seite 289
Lavandula angustifolia, Seite 292
Liatris spicata, Seite 292
Macleaya cordata, Seite 294
Nepeta × faassenii, Seite 294
Oenothera tetragona, Seite 294
Phlomis russeliana, Seite 296
Pulsatilla vulgaris, Seite 298
Stachys byzantina, Seite 299
Verbascum olympicum, Seite 300

Steingarten
Arabis caucasica, Seite 279
Aster alpinus, Seite 280
Aster amellus, Seite 280
Aubrieta-Hybriden, Seite 282
Aurinia saxatilis, Seite 282
Campanula poscharskyana, Seite 283
Cerastium tomentosum var. *columnae*, Seite 284
Euphorbia myrsinites, Seite 287
Euphorbia polychroma, Seite 288
Gentiana acaulis, Seite 288
Iberis sempervirens, Seite 290
Leontopodium alpinum, Seite 292
Phlox subulata, Seite 296

Symbole
↕ = Höhe
❁ = Blütezeit
○ = Sonne
◑ = Halbschatten
● = Schatten

Gold-Garbe (◁ Foto)

Achillea filipendulina

↕ 80–120 cm ❁ 6–9 ○

Wuchs: Horstig, buschig aufrecht.
Blatt: Graugrün, gefiedert, aromatisch duftend.
Blüte: Goldgelbe, tellerförmige Blütendolden, Dauerblüher.
Standort: Durchlässige, nährstoffreiche, mäßig trockene bis frische Böden in sonniger Lage.
Verwendung: Sonnige Rabatten, bewährte Schnitt- und Trockenblume.

Sorten: 'Parker's Variety', gelb, 120 cm; 'Coronation Gold', goldgelb, 80 cm.
Weitere Sorten: *Achillea*-Hybriden, Garten-Garben, Kreuzungen zwischen *Achillea filipendulina* und *Achillea millefolium*.
'Credo', zartgelb, 120 cm; 'Feuerland', leuchtend rot, 90 cm; 'Terracotta', orangefarben, 100 cm.

Tausendblättrige Schaf-Garbe

Achillea millefolium

↕ 50–80 cm ❁ 6–8 ○

Wuchs: Kurze Ausläufer bildend, etwas wuchernd.
Blatt: Graugrün, stark gefiedert, moosartig.
Blüte: Flache Blütendolden in Weiß, Rosa, Lachs, Lila oder Karminrot.
Standort: Durchlässige, nährstoffreiche, mäßig trockene bis frische Böden, vollsonnig.
Verwendung: Rabatten, haltbare Schnittblume.

Sorten: 'Fanal', rot, 60 cm; 'Lachsschönheit', lachsrosa, 60 cm; 'Lilac Beauty', zartlila, 60 cm; 'Sammetriese', tiefrot, 80 cm.

Herbst-Eisenhut

Aconitum carmichaelii 'Arendsii'

↕ 80–120 cm ❁ 9–10 ◑

Wuchs: Horstig, straff aufrecht.
Blatt: Glänzend dunkelgrün, dreilappig, tief eingeschnitten.
Blüte: Dunkelblauviolett, helmartig, kerzenartige Rispen.
Standort: Nährstoffreiche, humos-lehmige, frische bis feuchte Böden, halbschattig. Bei ausreichender Bodenfeuchte auch sonnig.
Verwendung: Schmuckvoller Herbstblüher für Rabatten, Gehölzrand, Schnittblume.
Alle Pflanzenteile sind stark giftig.

Blauer Eisenhut (◁ Foto)

Aconitum napellus

↕ 80–100 cm ❁ 6–8 ◑

Wuchs: Horstig, straff aufrecht.
Blatt: Glänzend dunkelgrün, tief handförmig geteilt, fast fiederartig geschlitzt.
Blüte: Tiefblau, helmartige Blüten, vielblumige, dichte Rispen.
Standort: Nährstoffreiche, humos-lehmige, frische bis feuchte Böden, halbschattig. Bei ausreichender Bodenfeuchte auch sonnig.
Verwendung: Rabatten, Gehölzrand, Schnittblume.

Sorten: 'Bergfürst', leuchtend blau, 120 cm; 'Gletschereis', weiß, 120 cm; alle Pflanzenteile sind stark giftig.

Stockrose, Stockmalve

Alcea rosea (◁ Foto)

↕ 200 cm ❁ 7–10 ○

Wuchs: Zwei- bis mehrjährig, horstig, straff aufrecht.
Blatt: Stumpfgrün, runzelig, rundlich, etwas gelappt.
Blüte: Rosettenartige Blüten in Rosa bis Dunkelrot, Purpur, Violett, Lachs, Gelb oder Weiß, einfach oder dicht gefüllt.
Standort: Tiefgründige, nährstoffreiche, frische Böden, warme, sonnige Plätze.
Verwendung: Bauerngarten, vor Mauern, Wänden oder Zäunen.

Schleier-Frauenmantel

Alchemilla mollis

↕ 30–50 cm ❁ 6–7 ○–◑

Wuchs: Horstig.
Blatt: Mattgrün, rundlich, gefaltet, behaart.
Blüte: Gelblich grün, unzählige kleine Blütchen, die duftige Schleier bilden.
Standort: Anpassungsfähig, nährstoffreiche, frische Lehmböden, sonnig bis halbschattig.
Verwendung: Vielseitig kombinierbar, Rabatten, Gehölzrand, wertvolle Schnittblume.

Perlpfötchen, Staudenimmortelle

Anaphalis triplinervis (▷ Foto)

↥ 20–30 cm ❁ 7–8 ○

Wuchs: Horstartig, buschig, kurze Ausläufer bildend.
Blatt: Graugrün, unterseits weißfilzig, elliptisch, 3–5nervig.
Blüte: Weißliche Körbchenblüten mit gelbbrauner Mitte, papierartige Hüllblätter, vielblütige Dolden.
Standort: Durchlässige, nährstoffarme, mäßig trocken bis frische Böden, vollsonnige warme Plätze.
Verwendung: Sonnige Rabatten, Steingarten, Trockenmauern, Schnitt- und Trockenblume.

Sorte: 'Sommerschnee', weiß, 20 cm, VI–VII, niedrig, kompakt.

Ochsenzunge

Anchusa azurea

↥ 60–120 cm ❁ 6–7 ○

Wuchs: Horstig, aufrecht, reich verzweigt.
Blatt: Stumpfgrün, rauhaarig, breitlanzettlich.
Blüte: Enzianblau, trichterförmig, verzweigte Blütentriebe.
Standort: Tiefgründige, durchlässige, nährstoffreiche, mäßig trockene Böden, sonnige warme Lagen.
Verwendung: Wertvoller Blauträger für sonnige Rabatten, Kiesgärten.

Sorten: 'Dropmore', enzianblau, 120 cm; 'Loddon Royalist', enzianblau, 100 cm; 'Royal Blue', enzianblau, 60 cm.

Herbst-Anemone

Anemone-Japonica-Hybriden

↥ 80–120 cm ❁ 9–10 ◑

Wuchs: Breite Horste bildend.
Blatt: Stumpfgrün, dreifach geteilt, lange Blattstiele.
Blüte: Schalenförmig, großblütig, reich verzweigte Blütenstiele, Sorten in Weiß, Rosa, Silberrosa oder Karminrosa, einfach bis gefüllt.
Standort: Humos-lehmige, nährstoffreiche, frische Gartenböden, halbschattig.
Verwendung: Schöner Herbstblüher für Rabatten, Gehölzrand.

Sorten: 'Honorine Jobert', weiß, einfach, 120 cm; 'Prinz Heinrich', karminrosa, halb gefüllt, 80 cm; 'Rosenschale', dunkelrosa, einfach, 70 cm.

Färberkamille (▷ Foto)

Anthemis tinctoria

↥ 40–80 cm ❁ 6–9 ○

Wuchs: Horstig, mitunter standschwach.
Blatt: Graugrün, gefiedert, aromatisch duftend.
Blüte: Goldgelbe Margeritenblüten, deutlich über dem Laub stehend, sehr reichblütig.
Standort: Durchlässige, trockene, sandig-lehmige Böden in vollsonniger warmer Lage.
Verwendung: Kies- und Schottergärten, Böschungen, Mauerkronen.

Sorten: 'E. C. Buxton', zitronengelb, 50 cm, V–IX; 'Wargrave', hellgelb, 100 cm, V–IX.

Garten-Akelei (▷ Foto)

Aquilegia-Hybriden

↥ 70–90 cm ❁ 5–7 ○–◑

Wuchs: Lockere Horste, kurzlebig, versamt sich reichlich.
Blatt: Blaugrün, mehrfach gefiedert, ziehen bald nach der Blüte ein.
Blüte: Großblumig, lang gespornt, zahlreiche Sorten in Weiß, Gelb, Rosa, Violett, Blau, Rot, häufig auch zweifarbig.
Standort: Humose, nährstoffreiche, frische bis feuchte Böden, sonnig bis halbschattig.
Verwendung: Im Halbschatten von Mauern, Gehölzrand, vor und zwischen Gehölzen.

Garten-Gänsekresse

Arabis caucasica

↥ 10–20 cm ❁ 3–5 ○

Wuchs: Polsterförmig, rasenbildend.
Blatt: Graugrün, behaart, länglich oval, gezähnt.
Blüte: Weiß oder rosa, große vielblütige Dolden, auch gefüllte Sorten.
Standort: Jeder durchlässige, nährstoffreiche, mäßig trockene bis frische Gartenboden, sonnig warme Plätze.
Verwendung: Steingarten, Trockenmauern, Wegkanten.

Sorten: 'Hedi', rosa, 15 cm; 'Plena', weiß gefüllt, 20 cm; 'Schneehaube', weiß, 15 cm.

Wald-Geißbart
Aruncus dioicus
↑ 200 cm ❁ 6–7 ◑

Wuchs: Stattliche, aufrechte Horste. Sehr langlebig.
Blatt: Frischgrün, großblättrig, mehrfach gefiedert.
Blüte: Locker verzweigte Rispen, zweihäusig, männliche Blütenrispen cremeweiß, zierlich, weibliche Blütenrispen gelblich weiß, dicht mit Blütchen besetzt.
Standort: Humusreiche, frische bis feuchte Böden, anspruchslos, halbschattig bis schattig.
Verwendung: Gehölzränder, im Schatten von Mauern, Gehölzen.

Junkerlilie (◁ Foto)
Asphodeline lutea
↑ 100 cm ❁ 5–6 ○

Wuchs: Aufrecht, horstartig, verbreitert sich durch kurze Ausläufer.
Blatt: Blaugrün, grasartig, Blütenstängel bis oben beblättert.
Blüte: Goldgelb, sternförmig, in dichten Ähren, schöne Fruchtstände.
Standort: Durchlässige, nährstoffreiche, sandig-lehmige, mäßig trockene Böden, Sonne und Wärme liebend.
Verwendung: Rabatten, Steppengärten, Kiesgärten, vor Südwänden.

Alpen-Aster (◁ Foto)
Aster alpinus
↑ 20–30 cm ❁ 5–6 ○

Wuchs: Polsterförmig.
Blatt: Stumpfgrün, grundständige Rosette, schmal lanzettlich, rauhaarig.
Blüte: Sternförmige Körbchenblüten mit gelber Mitte, großblütig, Sorten in Weiß, Rosa, Blau, Lila oder Violett.
Standort: Durchlässige, kalkhaltige, mäßig trockene bis frische Böden in voller Sonne.
Verwendung: Steingarten, Steppengärten, Trockenmauern, Trogbepflanzungen.

Sorten: 'Albus', weiß, 20 cm; 'Dunkle Schöne', tiefviolett, 20 cm; 'Happy End', rosa, 20 cm.

Berg-Aster
Aster amellus
↑ 40–80 cm ❁ 8–9 ○

Wuchs: Buschig, aufrecht.
Blatt: Stumpfgrün, rauhaarig, breitlanzettlich.
Blüte: Großblütig, schmale Zungenblüten in Tiefviolett, Lila, Rosa, Weiß, gelbe Mitte, endständige Blüten in einer Ebene.
Standort: Kalkhaltige, durchlässige Böden, mäßig trocken bis frisch, sonnig warm.
Verwendung: Rabatten, steppenartige Pflanzungen, vor Südwänden.

Sorten: 'Sternkugel', hellviolett, 50 cm; 'Veilchenkönigin', dunkellila, 40 cm.

Wald-Aster, Gebüsch-Aster
Aster divaricatus
↑ 50–70 cm ❁ 9–10 ◑

Wuchs: Horstartig, halbkugelförmig.
Blatt: Frischgrün, herzförmig bis schmal eiförmig, raublättrig, grundständige Blätter bodendeckend.
Blüte: Zierliche, weiße Körbchenblüten mit gelbbrauner Mitte, die lockere Blütenwolken bilden.
Standort: Sandig-lehmige, mäßig trockene bis frische Böden, halbschattig, anspruchslos.
Verwendung: Gehölzrand, Unterpflanzung von Gehölzen.

Kissen-Aster (◁ Foto)
Aster-Dumosus-Hybriden
↑ 15–50 cm ❁ 9–10 ○

Wuchs: Durch Ausläuferbildung dichte Teppiche bildend.
Blatt: Dunkelgrün, lanzettlich.
Blüte: Körbchenblüte in Weiß, Rosa, Violett, Blau, Lila oder Karminrot mit gelber Mitte, sehr reichblütig.
Standort: Lehmig-humose, nährstoffreiche, frische bis feuchte Böden in sonniger Lage.
Verwendung: Sonnige Rabatten, verträglicher Flächendecker für den Vordergrund, Beeteinfassungen.

Sorten: 'Prof. Dr. A. Kippenberg', blauviolett; 35 cm; 'Kristina', weiß; 30 cm; 'Starlight', weinrot; 30 cm.

Myrten-Aster (▷ Foto)

Aster ericoides

↥ 80–120 cm ❁ 9–11 ○

Wuchs: Horstig, aufrecht, stark verzweigte Stängel.
Blatt: Dunkelgrün, schmal lineal, fast nadelartig.
Blüte: Kleine Körbchenblüten in Weiß, Hellrosa, Zartviolett.
Standort: Nährstoffreiche, sandig-lehmige, mäßig trockene bis frische Böden, sonnig.
Verwendung: Kleinblütiger Herbstblüher für sonnige Rabatten, wertvolle Schnittblume.

Sorten: 'Erlkönig', hellviolett, 120 cm; 'Herbstmyrte', weiß, 90 cm; 'Schneetanne', weiß, 120 cm; Aster-Hybride 'Pink Star', rosa, 120 cm.

Himmels-Aster

Aster laevis

↥ 150 cm ❁ 9–10 ○

Wuchs: Locker horstig, aufrecht, elegant überhängende Triebe.
Blatt: Blaugrün, breit lanzettlich, bis zum Boden beblättert.
Blüte: Lavendelblaue, sternförmige Blüten in lockeren, leicht übergeneigten Blütenrispen.
Standort: Frische, nährstoffreiche Böden in sonniger Lage.
Verwendung: Rabatten, Herbstbeete, naturnahe Pflanzungen.

Raublatt-Aster

Aster novae-angliae

↥ 120–180 cm ❁ 9–10 ○

Wuchs: Horstartig, straff aufrecht.
Blatt: Stumpfgrün, lanzettlich, raublättrig.
Blüte: Sternförmig, schmale Zungenblüten in Weiß, Blau, Violett, Rosa oder Karminrot mit gelblicher Mitte.
Standort: Humos-lehmige, nährstoffreiche, frische Böden, sonnig.
Verwendung: Rabatten, Herbstbeete.

Sorten: 'Alma Pötschke', lachsrosa, 120 cm; 'Andenken an Paul Gerber', rosaviolett, 160 cm; 'Herbstschnee', reinweiß, 140 cm.

Glattblatt-Aster (▷ Foto)

Aster novi-belgii

↥ 80–140 cm ❁ 9–11 ○

Wuchs: Buschig, ausläuferbildend.
Blatt: Dunkelgrün, lanzettlich.
Blüte: Sternförmige Blüten, farbprächtige Sorten in Weiß, Rosa, Karminrot, Blau, Violett, Lila, ungefüllt bis gefüllt.
Standort: Frische bis feuchte, lehmighumose, nährstoffreiche Böden, sonnig. In Trockenzeiten wässern.
Verwendung: Rabatten, Schnittblume.

Sorten: 'Blaue Nachhut', hellblau, 120 cm; 'Crimson Brocade', rosarot, halb gefüllt, 90 cm; 'Dauerblau', dunkelblau, 120 cm; 'Fellowship', rosa, gefüllt, 100 cm; 'Karminkuppel', karminrot, 80 cm; 'Schöne von Dietlikon', violett, 120 cm.

Garten-Astilbe

Astilbe-Arendsii-Hybriden

↥ 60–120 cm ❁ 7–9 ◑

Wuchs: Horstig, breit buschig.
Blatt: Dunkelgrün, mehrfach gefiedert, viele Sorten im Austrieb oft bronzefarben oder rötlich.
Blüte: Aufrechte, fedrige Blütenrispen. Zahlreiche Sorten in vielen Farbnuancen von Weiß, Rosa, Rot, Lila bis Violett.
Standort: Frische, humos-lehmige Böden, halbschattig. Bei ausreichender Bodenfeuchte auch sonnige Lagen. Ungeeignet für sommertrockene, warme Gebiete.
Verwendung: Rabatten, Gehölzrand.

Japan-Astilbe (▷ Foto)

Astilbe-Japonica-Hybriden

↥ 50–60 cm ❁ 6–7 ◑

Wuchs: Horstartig, buschig kompakt.
Blatt: Glänzend dunkelgrün, mehrfach gefiedert, Blattaustrieb bei vielen Sorten bronzefarben oder rötlich.
Blüte: Früh blühend, aufrechte, kegelförmige Blütenrispen in Weiß, Rosa, Rot oder Violett.
Standort: Frische, humos-lehmige Böden, halbschattig. Bei ausreichender Bodenfeuchte auch sonnige Lagen. Ungeeignet für sommertrockene, warme Gebiete.
Verwendung: Rabatten, Gehölzrand.

Wald-Astilben

Astilbe-Thunbergii-Hybriden

↥ 100–10 cm ❁ 7–8 ◑

Wuchs: Horstartig, buschig, aufrecht.
Blatt: Frischgrün, mehrfach gefiedert.
Blüte: Locker, verzweigte Blütenrispen mit leicht hängenden Seitenzweigen. Weiß, lila, rosa oder rot.
Standort: Frische, humos-lehmige Böden, halbschattig. Bei ausreichender Bodenfeuchte auch sonnige Lagen. Ungeeignet für sommertrockene, warme Gebiete.
Verwendung: Rabatten, Gehölzrand.

Sorten: 'Straußenfeder', lachsrosa, 100 cm; 'Van der Wielen', cremeweiß, 120 cm.

Große Sterndolde (◁ Foto)

Astrantia major

↥ 60 cm ❁ 7–8 ◑

Wuchs: Horstig, aufrecht.
Blatt: Frischgrün, handförmig gelappt.
Blüte: Silbrig rosa, sternförmige Blüten auf aufrechten vielblumigen Stielen.
Standort: Humose, frische bis feuchte Böden, halbschattig. Bei ausreichender Bodenfeuchte auch absonnig.
Verwendung: Gehölzrand, vor und zwischen licht stehenden Gehölzen. Wertvolle Schnittblume.

Sorten: 'Rosensinfonie', rosa, 70 cm.

Weitere Art: *Astrantia maxima,* altrosa, 40 cm, großblütig.

Blaukissen

Aubrieta-Hybriden

↥ 5–15 cm ❁ 4–5 ○

Wuchs: Polsterförmig.
Blatt: Graugrün, spatelförmig, behaart, wintergrün.
Blüte: Violettblau, rosa oder karminrot, Polster mit kleinen Blüten überdeckt, Massenblüher.
Standort: Durchlässige, nährstoffreiche, kalkhaltige, mäßig trockene bis frische Böden, sonnig warm.
Verwendung: Steingarten, Trockenmauern, Steintreppen, Tröge.

Sorten: 'Blaumeise', blauviolett, kompakt; 'Dr. Mules', dunkelviolett; 'Hamburger Stadtpark', blauviolett.

Felsen-Steinkraut (◁ Foto)

Aurinia saxatilis (Alyssum saxatile)

↥ 20 cm ❁ 4–5 ○

Wuchs: Polsterförmiger Halbstrauch.
Blatt: Graugrün, Grundblätter rosettenartig, lanzettlich.
Blüte: Leuchtend goldgelb, kleinblütig, in endständigen Doldentrauben, duftend.
Standort: Durchlässige, kalkhaltige, sandig-lehmige Böden, mäßig trocken bis frisch, sonnig.
Verwendung: Steingarten, Trockenmauern, Felsfugen.

Sorten: 'Citrina', zitronengelb, 30 cm; 'Compacta', leuchtend gelb, 20 cm, kompakt.

Bergenie (◁ Foto)

Bergenia-Hybriden

↥ 30–50 cm ❁ 4–5 ◑

Wuchs: Kriechende Wurzelstöcke, breite Horste bildend.
Blatt: Frischgrün glänzend, derb ledrig, rundlich bis herzförmig, wintergrün, viele Sorten mit auffällig rötlicher Herbstfärbung.
Blüte: Weiß, rosa oder karminrote Blüten in vielblumigen Rispen.
Standort: Äußerst genügsam und anpassungsfähig, halbschattig, auch schattig. Bei guter Bodenfeuchte auch sonnig.
Verwendung: Gehölzrandpflanzungen, Unterpflanzung von Gehölzen, Schnittgrün.

Kaukasusvergissmeinnicht

Brunnera macrophylla

↥ 30–40 cm ❁ 4–5 ○–◑

Wuchs: Horstig, verbreitet sich durch Selbstaussaat.
Blatt: Frischgrün, groß- und raublättrig, herzförmig, im Herbst leuchtend gelb.
Blüte: Himmelblaue vergissmeinnichtähnliche Blüten, in lockeren vielblumigen Rispen.
Standort: Frische, humos-lehmige Böden, halbschattig. Bei ausreichender Bodenfeuchte auch sonnig.
Verwendung: Frühlingsbeete, Gehölzrand- und Schattenpflanzungen.

Sorte: 'Langtrees', silbrig geflecktes Laub.

Steinquendel

Calamintha nepeta ssp. *nepeta*

↥ 40–50 cm ❁ 7–10 ○

Wuchs: Buschige Horste.
Blatt: Stumpfgrün, kleinblättrig, rundlich, aromatischer Minzeduft.
Blüte: Hellviolett, zahlreiche kleine Blüten, die duftige Blütenwolken bilden. Dauerblüher und gute Bienenweide.
Standort: Durchlässige, mäßig trockene Böden, sonnig warme Plätze.
Verwendung: Rabatten, Duftgärten, Rosengärten, Steingärten.

Sorte: 'Blue Cloud', violettblau, 30 cm, VI–VIII.

Sumpfdotterblume (▷ Foto)

Caltha palustris

↥ 30 cm ❁ 4–5 ○–◑

Wuchs: Horstig.
Blatt: Frischgrün glänzend, rundlich bis herzförmig.
Blüte: Leuchtend goldgelb, schalenförmig.
Standort: Nährstoffreiche, feuchte bis nasse, lehmige Böden, sonnig bis halbschattig,
Verwendung: Feuchte Wiesen, an Wasserläufen, Teichrand. Auch in flachen Gewässern bis zu 10 cm Wasserstand.

Sorten: 'Alba', weiß, einfach, 20 cm; 'Multiplex', goldgelb, gefüllt, 20 cm.

Riesen-Glockenblume

Campanula lactiflora

↥ 80–100 cm ❁ 6–7 ○–◑

Wuchs: Aufrecht, horstig.
Blatt: Frischgrün, oval-lanzettlich, gesägt.
Blüte: Breitglockige Blüten in Weiß, Rosa, Hellblau oder Zartviolett, endständige Blütenkuppeln, reich blühend.
Standort: Nährstoffreiche, humose, frische Böden, in halbschattigen Lagen. Bei ausreichender Bodenfeuchte auch sonnig.
Verwendung: Rabatten, Gehölzrand.

Sorten: 'Alba', weiß, 100 cm; 'Loddon Anna', lilarosa, 90 cm; 'Prichard´s Variety', amethystviolett, 80 cm.

Breitblättrige Wald-Glockenblume (▷ Foto)

Campanula latifolia var. *macrantha*

↥ 80–120 cm ❁ 6–7 ◑

Wuchs: Horstig.
Blatt: Stumpfgrün, breit oval, zugespitzt, behaart.
Blüte: Aufrechte Blütenstiele, die bis zur Spitze mit großen Glockenblüten besetzt sind, violettblau oder weiß blühend.
Standort: Frische, humose, nährstoffreiche Böden, halbschattig.
Verwendung: Gehölzrand, vor und zwischen licht stehenden Gehölzen, naturnahe Pflanzungen.

Sorte: 'Alba', weiß, 100 cm.

Pfirsichblättrige Glockenblume (▷ Foto)

Campanula persicifolia

↥ 60–100 cm ❁ 6–7 ○–◑

Wuchs: Breite Horste, die sich durch kurze Ausläufer ausbreiten.
Blatt: Glänzend grün, schmalblättrig.
Blüte: Große schalenförmige Blütenglocken in Zartblau oder Weiß.
Standort: Humose, mäßig trockene bis frische und durchlässige Böden, halbschattig. Bei ausreichender Bodenfeuchte auch sonnig.
Verwendung: Wertvolle Wildstaude für den Gehölzrand, halbschattige Rabatten, Rosengärten.

Sorten: 'Grandiflora Alba', weiß, 80 cm; 'Grandiflora Coerulea', hellblau, 80 cm.

Hängepolster-Glockenblume

Campanula poscharskyana

↥ 20 cm ❁ 6–8 ○–◑

Wuchs: Teppichartige Polster. Starke Ausbreitung durch Ausläuferbildung und Selbstaussaat.
Blatt: Frischgrün, rundlich bis herzförmig, Rand gezähnt.
Blüte: Lavendelblau, sternförmig.
Standort: Durchlässige, kalkhaltige, mäßig trockene bis frische Böden, sonnige bis halbschattige Plätze.
Verwendung: Steingarten, Trockenmauern, Trogbepflanzungen.
Weitere Art: *Campanula portenschlagiana*, Dalmatiner-Glockenblume, 10–15 cm, kompakt polsterförmig.

Kleeblättriges Schaumkraut

Cardamine trifolia

↥ 20–30 cm ❁ 5–6 ◑–●

Wuchs: Durch kurze Ausläufer niedrige, geschlossene Blattteppiche bildend.
Blatt: Dunkelgrün, dreizählig, wintergrün.
Blüte: Weiß, in lockeren Trugdolden, die duftige Blütenschleier bilden.
Standort: Humose, frische bis feuchte Böden, halbschattig bis schattig.
Verwendung: Bodendecker für kleine Flächen, vor und zwischen Gehölzen.

Berg-Flockenblume (◁ Foto)

Centaurea montana

↥ 30–40 cm ❁ 5–6 ○–◑

Wuchs: Breit horstig durch kriechende Wurzelstöcke.
Blatt: Dunkelgrün, lanzettlich.
Blüte: Blau, in Form und Farbe an Kornblumen erinnernd, einzeln auf behaarten Blütenstielen.
Standort: Durchlässige, humose, mäßig trockene bis frische Böden, halbschattig. Bei ausreichender Bodenfeuchte auch sonnig.
Verwendung: Naturgarten, Gehölzrand, Rabatten. Gute Schnittblume.

Sorten: 'Grandiflora', leuchtend blau, großblumig; 'Alba', weiß.

Spornblume (◁ Foto)

Centranthus ruber

↥ 60–80 cm ❁ 6–8 ○

Wuchs: Aufrechte Horste, verbreitet sich durch Selbstaussaat.
Blatt: Blaugrün, breit-lanzettlich.
Blüte: Rosarot, weiß, dichte kuppelförmige Trugdolden.
Standort: Durchlässige, mäßig trockene, kalkhaltige Böden, sonnige warme Plätze.
Verwendung: Gut zum Verwildern in Naturgärten, Kiesgärten, Rabatten, Trockenmauern, Schnittblume.

Sorten: 'Coccineus', karminrot ; 'Albiflorus', weiß.

Filziges Hornkraut

Cerastium tomentosum var. *columnae*

↥ 10–15 cm ❁ 5–6 ○

Wuchs: Teppichartige Polster.
Blatt: Silbrig weiß, kleinblättrig.
Blüte: Weiß, kleinblütig, sternförmig, sehr reich blühend.
Standort: Durchlässige, mäßig trockene Böden in voller Sonne. Je trockener der Standort und je ärmer der Boden, desto kompakter und weißfilziger bleiben die Polster.
Verwendung: Trockenmauern, Fugenfüller, Steingärten.
Weitere Art: *Cerastium biebersteinii*, Silber-Hornkraut, wüchsig und wuchernd, nur für große Steinanlagen.

Chinesische Bleiwurz

Ceratostigma plumbaginoides

↥ 20–30 cm ❁ 8–9 ○–◑

Wuchs: Durch Ausläuferbildung teppichartig.
Blatt: Frischgrün, oval, spät austreibend, schöne kupfrig rote Herbstfärbung.
Blüte: Enzianblau, in endständigen Köpfen.
Standort: Durchlässige, nährstoffreiche, mäßig trockene bis frische Böden, vollsonnige bis halbschattige, warme Plätze.
Verwendung: Bodendecker, Unterpflanzung von lichten Gehölzen, Trockenmauern, Böschungen.

Schildblume, Schlangenkopf

Chelone obliqua (◁ Foto)

↥ 50–60 cm ❁ 7–9 ○–◑

Wuchs: Aufrechte Horste.
Blatt: Dunkelgrün, breit lanzettlich, gegenständig, am Rand gesägt, gelbbraune Herbstfärbung.
Blüte: Dunkelrosafarbene Rachenblüten in endständigen dichten Ähren, Blütenstand erinnert an einen Schlangenkopf.
Standort: Frische bis feuchte, humose Lehmböden, sonnig bis halbschattig.
Verwendung: Feuchte Rabatten am Teichrand.

Sorte: 'Alba', weiß.

Herbst-Chrysantheme, Winteraster (▷ Foto)
Chrysanthemum-Hybriden
↥ 50–100 cm ❀ 8–11 ○

Wuchs: Aufrecht horstig, breitet sich durch kurze Ausläufer aus.
Blatt: Graugrün, tief eingeschnitten, aromatisch duftend.
Blüte: Zahlreiche Sorten in vielen Blütenfarben, -formen und -größen. Weiß, gelb, orange, rot, rosa und bronzefarben, zusätzlich viele Zwischentöne. Ungefüllt, halb gefüllt, gefüllt, pomponblütig oder spinnenförmig.
Standort: Durchlässige, nährstoffreiche, frische Böden, vollsonnige, warme Plätze.
Verwendung: Rabatten. Schnittblume.

Goldkörbchen
Chrysogonum virginianum
↥ 25–30 cm ❀ 5–7 ○

Wuchs: Flach kissenförmig, kurze Ausläufer bildend.
Blatt: Herz- bis eiförmig, frischgrün, raublättrig.
Blüte: Goldgelb, sternförmig, Dauerblüher.
Standort: Lehmig-humose, frische bis feuchte Böden, sonnig bis halbschattig.
Verwendung: Sonniger Gehölzrand, Vordergrund von Rabatten.

Juli-Silberkerze (▷ Foto)
Cimicifuga racemosa
↥ 200 cm ❀ 7 ◑

Wuchs: Dichte Blatthorste, die von aufrechten Blütenkerzen überragt werden.
Blatt: Frischgrün, gefiedert, goldgelbe Herbstfärbung.
Blüte: Weiß, wenig verzweigte, leicht überhängende Blütenkerzen.
Standort: Humose, nährstoffreiche, frische bis feuchte Böden, licht- bis halbschattig, kühle Plätze.
Verwendung: Langlebige, dekorative Stauden für Rabatten, Gehölzrand, vor und zwischen licht stehenden Gehölzen.
Weitere Arten:
Cimicifuga racemosa var. *cordifolia,* Lanzen-Silberkerze, cremeweiß, 200 cm, straff aufrechte Blütenkerzen, VIII–IX.
Cimcifuga ramosa, September-Silberkerze, cremeweiß, 200 cm, kaum verzweigte, leicht geschwungene, große Blütenkerzen, VII.
Cimicifuga simplex, Oktober-Silberkerze, reinweiß, 140 cm, stark verzweigte, leicht überhängende Blütenkerzen, IX–X.

Nadelblättriges Mädchenauge
Coreopsis verticillata 'Grandiflora'
↥ 60–70 cm ❀ 5–9 ○ (▽ Foto)

Wuchs: Dichte Horste, die sich durch kurze Ausläufer verbreitern.
Blatt: Frischgrün, schmal nadelartig.
Blüte: Goldgelb, sternförmig, sehr reich und lange blühend.
Standort: Frische, nährstoffreiche Böden in voller Sonne.
Verwendung: Sonnige Rabatten.

Sorten: 'Moonbeam', zitronengelb, 40 cm; 'Zagreb', goldgelb, 25 cm.

Weitere Art: *Coreopsis grandiflora,* Großblütiges Mädchenauge, goldgelb, 60 cm, VI–VIII.

Riesenschleierkraut
Crambe cordifolia
↥ 150–200 cm ❀ 6–7 ○

Wuchs: Stattliche Horste.
Blatt: Kleine weiße Blüten in riesigen, locker verzweigten, duftigen Rispen.
Blüte: Dunkelgrün, sehr großblättrig, rundlich bis herzförmig, unregelmäßig gezähnt.
Standort: Tiefgründige, durchlässige, kalkhaltige und nährstoffreiche, frische Böden in vollsonnigen Lagen.
Verwendung: Dekorative Solitärstaude für Rabatten, den Rosengarten.

Garten-Rittersporn (◁ Foto)

Delphinium-Elatum-Hybriden

↕ 120–200 cm ❀ 6–7 ○

Wuchs: Aufrechte Horste.
Blatt: Frischgrün, stark gelappt bis handförmig geteilt.
Blüte: Hohe, wenig verzweigte, kerzenartige Blütenstände, nach Remontierschnitt Zweitblüte im September/Oktober. Zahlreiche Sorten in vielen Blau- und Violetttönen sowie Weiß.
Standort: Tiefgründige, nährstoffreiche, frische Lehmböden, sonnig, kühle, luftfeuchte Lagen.
Verwendung: Vielseitig kombinierbarer Blauträger für Rabatten. Gute Schnittblumen.

Sorten: 'Lanzenträger', enzianblau mit hellem Auge, 200 cm; 'Jubelruf', himmelblau, 180 cm; 'Ouvertüre', blau mit rosa Schimmer, 160 cm.

Weitere Gruppen:
Belladonna-Hybriden: Niedriger und graziler, lockere, reich verzweigte Blütenstände.

Sorten: 'Völkerfriede', azurblau, 120 cm; 'Piccolo', leuchtend tiefblau, 100 cm;

Pacific-Hybriden: Große gefüllte Blüten in dichten Blütenrispen.

Sorten: 'Astolat', rosa, 160 cm; 'Black Knight', dunkelviolett, 160 cm; 'Galahad', weiß, 150 cm.

Tränendes Herz (Foto Mitte)

Dicentra spectabilis

↕ 60–80 cm ❀ 5–6 ◑

Wuchs: Horstig.
Blatt: Blaugrün, gefiedert, vergilben bereits nach der Blüte.
Blüte: Herzförmige, rosafarbene Blüten mit weißer Träne an elegant geschwungenen Trieben.
Standort: Durchlässige, humose, frische Böden, halbschattig. Bei ausreichender Bodenfeuchte auch sonnig.
Verwendung: Einzeln oder in kleineren Gruppen, im mittleren Beetbereich, damit die Lücken im Hochsommer nicht auffallen.

Sorte: 'Alba', weiß, 70 cm.

Gemswurz

Doronicum orientale

↕ 40–60 cm ❀ 4–5 ○–◑

Wuchs: Horstig.
Blatt: Frischgrün, breit-herzförmig, behaart.
Blüte: Leuchtend gelbe, große Margeritenblüte, einzeln auf aufrechten Blütenstielen.
Standort: Frische, sandig-lehmige, nährstoffreiche Böden, halbschattig. Bei ausreichender Bodenfeuchte auch sonnig.
Verwendung: Wertvoller Frühlingsblüher für den sonnigen Gehölzrand, Rabatten, Schnittblume.

Roter Fingerhut (◁ Foto)

Digitalis purpurea

↕ 100–150 cm ❀ 6–7 ◑

Wuchs: Rosettenartige Blattschöpfe. Kurzlebig, aber reichliche Versamung.
Blatt: Stumpfgrün, eiförmig-lanzettlich, graufilzig behaart.
Blüte: Rosa-, karmin- bis purpurfarbene, glockenförmige Blüten an aufrechten Blütenstielen.
Standort: Sauer humos-lehmige, mäßig trockene bis frische Böden, halbschattig, wärmeliebend.
Verwendung: Heimische Wildpflanze für sonnige Gehölzränder, Gehölzlichtungen.
Alle Pflanzenteile sind stark giftig.

Purpursonnenhut

Echinacea purpurea

↕ 70–100 cm ❀ 7–9 ○

Wuchs: Horstartig, aufrechte Blütentriebe.
Blatt: Dunkelgrün, raublättrig, zugespitzt-eiförmig, Rand gezähnt.
Blüte: Dunkelrosa bis karminrote Strahlenblüten mit hoch aufgewölbter brauner Mitte, einzeln auf kräftigen Stielen.
Standort: Frische, nährstoff- und humusreiche, durchlässige Böden in sonnigen warmen Lagen.
Verwendung: Sonnige Rabatten.

Sorten: 'Alba', cremeweiß, 70 cm, VII–VIII; 'Magnus', karminrot, 80 cm, besonders großblütig, VII–IX.

Kugeldistel (▷ Foto)

Echinops bannaticus

↥ 80–100 cm ❁ 7–9 ○

Wuchs: Dichtbuschige Horste.
Blatt: Dunkelgrün, spinnwebartig behaart, tief eingeschnitten.
Blüte: Blauviolette, kugelige, stachelige Blütenköpfe. Gute Bienen- und Schmetterlingsweide.
Standort: Durchlässige, trockene Böden, vollsonnige, warme Plätze. Nicht zu feuchte und nährstoffreiche Böden, sonst standschwach.
Verwendung: Sonnige Rabatten, Schnitt- und Trockenblume.

Sorte: 'Taplow Blue', blauviolett, großblumig, 100 cm, VIII–IX.

Schwefel-Elfenblume

Epimedium × versicolor

↥ 30 cm ❁ 4–5 ◑–●

Wuchs: Durch Ausläufer dichte Teppiche bildend.
Blatt: Im Austrieb auffällig kupfrig rot gefärbt, später vergrünend mit bräunlichem Rand, mehrfach dreiteilig.
Blüte: Hellgelb, kleinblumig, glockig, in lockeren Trauben.
Standort: Mäßig trockene bis feuchte, nährstoffreiche humos-lehmige Böden, halbschattig bis schattig.
Verwendung: Guter Bodendecker unter Gehölzen, auch im Wurzelfilz von Sträuchern und Bäumen.

Feinstrahlaster

Erigeron-Hybride

↥ 60–70 cm ❁ 6–7/9–10 ○

Wuchs: Horstbildend.
Blatt: Stumpfgrün, länglich-lanzettlich.
Blüte: Feinstrahlige Körbchenblüten in Weiß, Rosa, Karminrot, Lila oder Violett. Ungefüllte, halbgefüllte oder gefüllte Sorten. Nach Remontierschnitt Zweitblüte im September.
Standort: Durchlässige, nährstoffreiche, frische Böden, sonnig warm.
Verwendung: Rabatten, Rosengärten.

Sorten: 'Dunkelste Aller', blauviolett, 60 cm; 'Sommerneuschnee', weiß, 60 cm.

Wasserdost (▷ Foto)

Eupatorium fistulosum

↥ 180–200 cm ❁ 7–9 ○–◑

Wuchs: Stattliche Horste, aufrecht.
Blatt: Dunkelgrün, lanzettlich, quirlständig.
Blüte: Karminrote, große Blütendolden. Gute Bienenweide.
Standort: Frische bis feuchte, humoslehmige, nährstoffreiche Böden, sonnig bis halbschattig.
Verwendung: Wirkungsvolle Solitärstaude für Rabatten, wildnishafte Gärten.

Sorte: 'Atropurpureum', kräftig rote Stiele, 200 cm.

Feuer-Wolfsmilch (▷ Foto)

Euphorbia griffithii

↥ 50–80 cm ❁ 5–6 ○–◑

Wuchs: Breit horstig, Ausläufer bildend.
Blatt: Stumpfgrün, lanzettlich, leuchtend rötlich gelbe Herbstfärbung.
Blüte: Endständige Trugdolden mit intensiv orangerot getönten Hochblättern.
Standort: Mäßig trockene bis frische, nährstoffreiche, durchlässige Böden, sonnig bis halbschattig.
Verwendung: Rabatten, lichter Gehölzbestand, sonniger Gehölzrand. Alle Pflanzenteile enthalten giftigen Milchsaft.

Walzen-Wolfsmilch

Euphorbia myrsinites

↥ 10–20 cm ❁ 4–5 ○

Wuchs: Polsterförmig mit walzenförmigen, niederliegenden Trieben.
Blatt: Graublau, bereift, kleine fleischige Blätter, wintergrün.
Blüte: Gelblich grüne Hochblätter, endständig an langen Trieben.
Standort: Kalkhaltige, trockene Böden, sonnige warme Plätze.
Verwendung: Steingarten, Trockenmauern, Mauerkronen, Steinfugen. Alle Pflanzenteile enthalten giftigen Milchsaft.

Gold-Wolfsmilch (◁ Foto)

Euphorbia polychroma

↕ 30–40 cm ❁ 4–5 ○–◑

Wuchs: Halbkugelförmige Horste.
Blatt: Frischgrün, länglich-lanzettlich, rötlich gelbe Herbstfärbung.
Blüte: Leuchtend grünlich gelbe Hochblätter mit langer Wirkung.
Standort: Durchlässige, kalkhaltige, mäßig trockene bis frische Böden, sonnig bis halbschattig, wärmeliebend.
Verwendung: Sonniger Gehölzrand, Rabatten, Steingarten.
Alle Pflanzenteile enthalten giftigen Milchsaft.

Kokardenblume

Gaillardia-Hybriden

↕ 50 cm ❁ 6–9 ○

Wuchs: Horstig.
Blatt: Stumpfgrün, Grundblätter fiederteilig, Stängelblätter lanzettlich, behaart.
Blüte: Großblumige Körbchenblüten in Gelb, Orange, Rot, auch zwei- und mehrfarbige Sorten, Dauerblüher.
Standort: Durchlässige, frische, nährstoffreiche Böden, sonnig warme Plätze.
Verwendung: Lückenfüller für Sommerrabatten, Schnittblume.

Sorten: 'Burgunder', braunrot, 50 cm; 'Kobold', rot mit gelb, kompakter Wuchs, 25 cm.

Stängelloser Enzian (◁ Foto)

Gentiana acaulis

↕ 10 cm ❁ 5–6 ○

Wuchs: Flache, kompakte Polster.
Blatt: Tiefgrün, grundständige Blattrosetten, breit-lanzettlich.
Blüte: Tiefblau, große, trichterförmige Blüten auf kurzen Stielen.
Standort: Frische, humos-lehmige, durchlässige Böden, sonnig, kühle Lagen.
Verwendung: Steingarten, Trogbepflanzungen.
Weitere Art: *Gentiana sinoornata,* Chinesischer Herbst-Enzian, azurblau, 15 cm, IX–XI, sauer-humose, frische Böden, sonnig.

Pracht-Storchschnabel

Geranium × magnificum

↕ 40–60 cm ❁ 6–7 ○–◑

Wuchs: Horstig.
Blatt: Stumpfgrün, rundlich gelappt, behaart, rötlich gelbe Herbstfärbung.
Blüte: Leuchtend violettblau, schalenförmig, auffallend geadert; versamt sich nicht, da steril.
Standort: Durchlässige, mäßig trockene bis frische Böden, sonnig bis halbschattig.
Verwendung: Rabatten, vor und zwischen Gehölzen, wiesenartige Pflanzungen.

Sorte: 'Rosemoore', nur kompakter und niedriger als *G. × magnificum*, 40 cm.

Storchschnabel

Geranium × oxonianum

↕ 40–60 cm ❁ 6–9 ○–◑

Wuchs: Buschig, bodendeckend.
Blatt: Frischgrün, rundlich, gelappt.
Blüte: Rosa-, lachs-, karminfarben, oder weiß, schalenförmig, sehr reich und lange nachblühend.
Standort: Frische, humos-lehmige, nährstoffreiche Böden, sonnig bis halbschattig.
Verwendung: In größeren Gruppen oder als Bodendecker unter Gehölzen, Gehölzrand, wiesenartige Pflanzungen.

Sorten: 'Claridge Druce', lilarosa, dunkle Aderung, 50 cm; 'Wargrave Pink', hell lachsrosa, 40 cm.

Blut-Storchschnabel (◁ Foto)

Geranium sanguineum

↕ 30 cm ❁ 5–8 ○–◑

Wuchs: Breite Teppiche bildend.
Blatt: Dunkelgrün, tief gelappt und geschlitzt, rote Herbstfärbung.
Blüte: Intensiv karminrote Schalenblüten, Dauerblüher.
Standort: Kalkhaltige, mäßig trockene bis frische Böden, sonnig bis halbschattig.
Verwendung: Bodendecker vor und unter Gehölzen, für trockene Gartenplätze, Gehölzränder.

Sorten: 'Album', weiß, 30 cm; 'Elsbeth', karminrot, 40 cm.

Wald-Storchschnabel

Geranium sylvaticum

↑ 60 cm ❁ 6–7 ◑

Wuchs: Horstbildend.
Blatt: Frischgrün, handförmig geteilt, tief eingeschnitten.
Blüte: Blauviolett mit weißer Mitte, schalenförmige Blüten auf hohen, verzweigten Stielen.
Standort: Nährstoffreiche, frische bis feuchte Böden im Halbschatten.
Verwendung: Rabatten, Natur- und Schattengärten, wiesenhafte Pflanzungen.

Sorten: 'Album', weiß, 60 cm; 'Birch Lilac', lilablau, 60 cm; 'Mayflower', blauviolett, 60 cm.

Rote Nelkenwurz (▷ Foto)

Geum coccineum

↑ 30–40 cm ❁ 6–7 ○–◑

Wuchs: Breit horstig bis flächendeckend.
Blatt: Frischgrün, rundlich, unregelmäßig gelappt, wintergrün.
Blüte: Leuchtend orange, orangerot oder ziegelrot, schalenförmig, ungefüllt bis gefüllt, lange Blühdauer.
Standort: Anspruchslos. Frische bis feuchte, humose, aber durchlässige Böden, sonnig bis halbschattig.
Verwendung: In kleineren Gruppen pflanzen, im Vordergrund von Rabatten, lichter Gehölzrand.

Sorten: 'Borisii', orangerot, 25 cm; 'Werner Arends', orangerot, halb gefüllt, 30 cm.

Rispen-Schleierkraut (▷ Foto)

Gypsophila paniculata

↑ 100 cm ❁ 7–8 ○

Wuchs: Buschige Horste.
Blatt: Blaugrün, schmal lanzettlich.
Blüte: Weiß, kleinblütig, in reich verzweigten Rispen, die zarte Blütenwolken bilden.
Standort: Durchlässige, kalkhaltige, mäßig trockene bis frische Böden in vollsonnigen, warmen Lagen.
Verwendung: Dekorative Begleitstaude, bewährte Schnitt- und Trockenblume.

Weitere Art: *Gypsophila repens,* Teppich-Schleierkraut, weiß, 10 cm, V–VIII, Steingarten.

Sonnenbraut

Helenium-Hybriden

↑ 80–150 cm ❁ 6–9 ○

Wuchs: Langlebige, dichte Horste.
Blatt: Frischgrün, lanzettförmig.
Blüte: Große Körbchenblüten in Gelb, Orange, Rot oder Kupfer, viele Zwischentöne, auch mehrfarbige Sorten.
Standort: Nährstoffreiche, frische bis feuchte Lehmböden, sonnig warm.
Verwendung: Rabatten. Verschiedene Sorten verlängern den Blütenflor und verwirklichen ein harmonisches Farbenspiel.

Sorten: 'Baudirektor Linné', braunrot, 120 cm; 'Goldrausch', goldgelb, 150 cm; 'Moerheim Beauty', braunrot, 80 cm; 'Waltraut', orangefarben, 80 cm.

Stauden-Sonnenblume

Helianthus decapetalus (▷ Foto)

↑ 120–160 cm ❁ 7–9 ○

Wuchs: Horstig mit aufrechten Blütenstielen.
Blatt: Dunkelgrün, raublättrig, zugespitzt-eiförmig.
Blüte: Großblumig, leuchtend gelbe, großstrahlige Zungenblüten, bräunlich gelbe Mitte, einfach bis gefüllt.
Standort: Nährstoffreiche, durchlässige Lehmböden, frisch bis feucht, sonnige, warme Plätze.
Verwendung: Sonnige Rabatten, begehrte Schnittblume.

Sorten: 'Meteor', goldgelb, halb gefüllt, 160 cm; 'Soleil d´Or, goldgelb, gefüllt, 120 cm.

Sonnenauge

Heliopsis helianthoides var. *scabra*

↑ 100–150 cm ❁ 7–9 ○

Wuchs: Aufrecht, horstbildend.
Blatt: Dunkelgrün, gegenständig, spitz-eiförmig, Rand gesägt.
Blüte: Intensiv gelb bis gelborange, große, margeritenähnliche Blüten, einfach bis gefüllt, reich blühend.
Standort: Frische bis feuchte, nährstoffreiche und durchlässige Lehmböden, sonnig.
Verwendung: Sonnige Rabatten, haltbare Schnittblume.

Sorten: 'Goldgrünherz', gelb, Mitte grünlich, 90 cm; 'Hohlspiegel', goldgelb, halb gefüllt, 120 cm; 'Mars', gelborange, einfach, 150 cm.

Lenzrose, Nieswurz (◁ Foto)

Helleborus-Hybriden

↕ 30–40 cm ❀ 2–4 ◑–●

Wuchs: Horstbildend.
Blatt: Dunkelgrün glänzend, ledrig, fächerartig gefingert, wintergrün.
Blüte: Weiß, grünlich weiß, rötlich bis purpurfarben, teilweise gefleckt, nickende Schalenblüten.
Standort: Durchlässige, humos-lehmige und kalkhaltige Böden, halbschattig bis schattig.
Verwendung: Gehölzränder, Schattenrabatten, Waldgärten.
Weitere Art: *Helleborus foetidus,* Stinkende Nieswurz, gelbgrün, 40–60 cm, II–IV, Gehölzrand.

Taglilie

Hemerocallis-Hybriden

↕ 40–120 cm ❀ 5–8 ○

Wuchs: Breit horstig.
Blatt: Frischgrün, grasartiges Laub.
Blüte: Farbprächtige Sorten in allen Nuancen von Weiß, Gelb, Orange, Rosa, Pink, Lachs, Rot und Purpur. Blütenform sortenabhängig, trichter-, glocken- oder sternförmig sowie spinnenartig. Blüten öffnen nur einen Tag, dafür reicher Blütenansatz.
Standort: Frische bis feuchte, nährstoffreiche Lehmböden, sonnig. Im Halbschatten leidet die Blühfreudigkeit.
Verwendung: Rabatten, wiesenartige Pflanzungen, Teichrand, Wasserlauf.

Purpurglöckchen

Heuchera-Hybriden

↕ 40–60 cm ❀ 5–7 ○–◑

Wuchs: Horstig bis polsterförmig.
Blatt: Grün, braunrot bis purpurfarben, einige Sorten mit silbriger Zeichnung, rundlich-herzförmig, gelappt und gekerbt.
Blüte: Weiß, rosa, purpur- und zinnoberrot, kleine, nickende Glocken an feinen, verzweigten Rispen.
Standort: Frische bis feuchte, gut durchlässige, humose Böden, sonnig bis halbschattig.
Verwendung: Gehölzrand, im Vordergrund von Rabatten, Einfassungen.

Funkien, Herzlilie (◁ Foto)

Hosta-Hybriden

↕ 20–120 cm ❀ 6–8 ◑–●

Wuchs: Horstig, langsamwüchsig.
Blatt: Sehr vielgestaltig hinsichtlich Blattgröße, -form, und -farbe, auffällige Blattnerven, spät austreibend, goldgelbe Herbstfärbung.
Blüte: Weiß, hellblau, violettblau, glockige Blüten in langen Trauben.
Standort: Frische, humos-lehmige, nährstoffreiche Böden, halbschattig bis schattig.
Verwendung: Dekorative Blattschmuckstauden für den Gehölzrand, Waldgarten, unter licht stehenden Gehölzen.

Arten: Entsprechend der Blattfarben unterscheidet man
Grünblatt-Funkien
Hosta plantaginea, Lilien-Funkie, weiß, duftend, frischgrüne Blätter, 50–70 cm.
Blaublatt-Funkien
Hosta sieboldiana 'Elegans', Große Blaublatt-Funkie, helllila, blaugraue Blätter, 50–80 cm.
Gelbblatt-Funkien
Hosta sieboldiana 'Semperaurea', Gold-Funkie, lila, breit herzförmige Blätter, gelb gefärbt, 40–60 cm.
Weißblatt-Funkien
Hosta sieboldii, Weißrand-Funkie, lila, grüne Blätter mit weißem Rand, 30–60 cm.

Schleifenblume (◁ Foto)

Iberis sempervirens

↕ 15–30 cm ❀ 4–5 ○

Wuchs: Polsterförmiger Zwergstrauch.
Blatt: Dunkelgrün, schmal linealisch, immergrün.
Blüte: Weiß, sternförmig, in dichten endständigen Trugdolden.
Standort: Durchlässige, kalkhaltige Böden, mäßig trocken bis frisch, sonnige warme Lagen.
Verwendung: Steingarten, Tröge, Trockenmauern, Beeteinfassungen.

Sorten: 'Elfenreigen', weiß, 25 cm; 'Schneeflocke', weiß, großblumig, 30 cm; 'Zwergschneeflocke', weiß, kompakt, 15 cm, IV–V.

Bart-Iris, Schwertlilie (▷ Foto)

Iris-Barbata-Hybriden

↑ 10–120 cm ❀ 4–6 ○

Wuchs: Horste aus kriechenden Rhizomen, die nahe der Erdoberfläche wachsen.
Blatt: Graugrün, breit schwertförmig, wintergrün.
Blüte: Großblumige Blüten, die sich aus Hängeblättern und aufrechten Domblättern zusammensetzen. Hängeblätter mit auffälliger Behaarung, oft auch geadert. Zahlreiche Sorten in Weiß, Gelb, Orange, Rosa, Lachs, Blau, Violett, auch mehrfarbige Sorten, viele Sorten duftend.
Standort: Nährstoffreiche, lehmige und vor allem durchlässige Böden in sonnigen, warmen Lagen.
Verwendung: Rabatten. Da die Blütezeit auf zwei bis drei Wochen begrenzt ist, empfiehlt sich eine Kombination mit anderen graulaubigen Stauden und Halbsträuchern, z.B. Katzenminze *(Nepeta)*, Lavendel *(Lavandula)*, Salbei *(Salvia)* oder Perovskie *(Perovskia)*

Sorten: *Iris-Barbata-Nana*-Hybriden, 10–30 cm, IV–V, Steingarten.
Iris-Barbata-Media-Hybriden, 40–70 cm, V.
Iris-Barbata-Elatior-Hybriden, 70–120 cm, V–VI.

Sibirische Wiesen-Iris

Iris sibirica

↑ 40–100 cm ❀ 5–6 ○–◑

Wuchs: Dichte Horste, aufrecht.
Blatt: Frischgrün, schmalblättrig, schilfartig, gelbliche Herbstfärbung.
Blüte: Wirkungsvolle Blüten aus Hänge- und aufrechten Domblättern, Hängeblätter oft auffällig geadert. Weiß, gelb, blau oder violett.
Standort: Frische bis feuchte, humoslehmige, nährstoffreiche Böden, sonnig bis halbschattig. Sonnige Lagen fördern bei ausreichender Bodenfeuchte den Blütenansatz.
Verwendung: Rabatten, wiesenartige Pflanzungen, Naturgarten.

Fackellilie (▷ Foto)

Kniphofia-Hybriden

↑ 50–150 cm ❀ 6–9 ○

Wuchs: Horstbildend, aufrecht.
Blatt: Frischgrün, schilfartig mit scharfkantigem Rand, wintergrün.
Blüte: Kolbenförmige Blütenstände, die in Form und Farbe an Fackeln erinnern; gelb, orange, rot, auch mehrfarbige Sorten.
Standort: Durchlässige, mäßig trockene bis frische, nährstoffreiche Böden, vollsonnige warme Plätze. Empfindlich gegenüber Winternässe.
Verwendung: Rabatten, Schnittblume.

Sorten: 'Alcazar', feuerrot, 80 cm, VII–IX; 'Express', orangerot, 100 cm, VII–IX.

Wachsglocke (▷ Foto)

Kirengeshoma palmata

↑ 60–80 cm ❀ 8–9 ◑–●

Wuchs: Vieltriebige, dichte Horste.
Blatt: Frischgrün, rundlich bis herzförmig, gelappt.
Blüte: Zartgelb, nickende, wachsartige Glockenblüten in Trugdolden.
Standort: Nährstoffreiche, humose, frische bis feuchte Böden in halbschattigen bis schattigen Lagen.
Verwendung: Wertvoller Spätsommer- bis Herbstblüher für den Gehölzrand, Schattengarten.

Florentiner Goldnessel

Lamiastrum galeobdolon (L. argentatum)

↑ 20 cm ❀ 4–6 ◑–●

Wuchs: Teppichartig durch lange, rankige Ausläufer. Stark wuchernd.
Blatt: Frischgrün, silbrig weiß gefleckt, gegenständig, zugespitzt-eiförmig, wintergrün.
Blüte: Gelbe Lippenblüten in Quirlen.
Standort: Sehr anpassungsfähig, wächst in jedem Gartenboden, trocken bis feucht, halbschattig bis schattig.
Verwendung: Großflächige Unterpflanzung von sommergrünen Gehölzen. Wuchert, daher nicht mit anderen Stauden kombinieren.

Lavendel
Lavandula angustifolia
↕ 30–60 cm ❁ 6–8 ○

Wuchs: Kissenförmiger Halbstrauch.
Blatt: Graugrün, nadelförmig, schmal-lineal, aromatisch duftend, immergrün.
Blüte: Blauviolett, lang gestielte Blütenähren, aromatischer Duft.
Standort: Trockene, durchlässige, kalkhaltige und nährstoffreiche Böden in voller Sonne, Wärme liebend.
Verwendung: Im Vordergrund von Rabatten, Beeteinfassungen, niedrige Hecken, Rosengärten.

Sorten: 'Hidcote Blue', violettblau, 40 cm; 'Munstead', mittelblau, 40 cm.

Alpen-Edelweiß (◁ Foto)
Leontopodium alpinum
↕ 15–20 cm ❁ 6–8 ○

Wuchs: Lockere Matten bildend.
Blatt: Graugrün, länglich-lanzettlich, stängel- und grundständige Blätter.
Blüte: Silberweiße Blütensterne aus weißfilzigen, sternförmigen Hochblättern. Die Blüten selbst sind unscheinbar.
Standort: Frische lehm- und kalkhaltige Böden, die durchlässig und mager sind.
Verwendung: Steingarten, Trogbepflanzung.

Oktobermargerite (◁ Foto)
Leucanthemella serotina 'Herbststern'
↕ 150 cm ❁ 9–10 ○

Wuchs: Horstig, straff aufrecht.
Blatt: Dunkelgrün, länglich-lanzettförmig, gezähnt.
Blüte: Weiß mit gelber Mitte. Großblumige Margeritenblüten in vielblütigen Trugdolden.
Standort: Frische bis feuchte, nährstoffreiche, durchlässige Lehmböden in voller Sonne.
Verwendung: Im Hintergrund von Rabatten, Schnittblume. Nur die Sorte im Handel.

Sommer-Margerite
Leucanthemum-Maximum-Hybriden
↕ 50–90 cm ❁ 7–9 ○

Wuchs: Buschige Horste.
Blatt: Dunkelgrün, lanzettlich, Rand gezähnt.
Blüte: Weiß mit gelber Mitte, großblumige Margeritenblüten, Blütenform je nach Sorte ungefüllt, halbgefüllt oder gefüllt.
Standort: Frische, gut durchlässige, lehmig-humose, nährstoffreiche Böden, sonnig. Winternasse Standorte meiden, sonst kurzlebig.
Verwendung: Rabatten, Schnittblume.

Sorten: 'Gruppenstolz', weiß, einfach, 50 cm; 'Beethoven', weiß, einfach, 80 cm.

Prachtscharte
Liatris spicata
↕ 40–90 cm ❁ 7–9 ○

Wuchs: Grasartige Blattschöpfe mit aufrechten Blütenstielen.
Blatt: Dunkelgrün, schmal linealisch.
Blüte: Violettrosa, dicht stehende Ähren, blühen von oben nach unten auf.
Standort: Durchlässige, nährstoffreiche, mäßig trockene bis frische Böden, sonnig warme, auch heiße Lagen.
Verwendung: Rabatten, Schnittblume.

Sorten: 'Floristan', violett, 90 cm; 'Floristan Weiß', weiß, 90 cm; 'Kobold', violett, 40 cm.

Kerzen-Ligularie (◁ Foto)
Ligularia przewalskii
↕ 100–150 cm ❁ 7–8 ○–◑

Wuchs: Horstig, aufrecht.
Blatt: Dunkelgrün, tief handförmig geschlitzt, Blattstiele purpurfarben.
Blüte: Gelb, aufrechte schlanke Blütenkerzen.
Standort: Frische bis feuchte, nährstoffreiche Böden, halbschattige kühle Plätze. Bei ausreichender Bodenfeuchte auch sonnig.
Verwendung: Für feuchte Rabatten und Gartenplätze, am Teichrand, Bachläufen. Wirkungsvoll vor dunklem Hintergrund.

Purpurblauer Steinsame

Lithospermum purpurocaeruleum (Buglossoides purpurocaerulea)

↥ 20–30 cm ❀ 5–6 ○–◑ (▷ Foto)

Wuchs: Teppichartig, bildet oberirdische Ausläufer.
Blatt: Graugrün, kleinblütig, schmal-lanzettlich, behaart.
Blüte: Knospen im Aufblühen rötlich, in Vollblüte enzianblau, sternförmig.
Standort: Mäßig trockene bis frische, nährstoffreiche und kalkreiche Böden, warme sonnige Plätze.
Verwendung: Wertvoller Bodendecker für den Gehölzrand, der auch Wurzeldruck und trockene Gartenplätze verträgt, auf Mauerkronen.

Garten-Lupine

Lupinus-Polyphyllus-Hybriden

↥ 80–100 cm ❀ 6–7 ○

Wuchs: Horstartig, aufrecht.
Blatt: Blaugrün, fingerförmig geteilt, Blätter vergilben nach der Blüte.
Blüte: Aufrechte, dicht besetzte Blütenkerzen in Weiß, Gelb, Rosa, Rot, Violett, Blau, viele Zwischenfarben.
Standort: Frische, durchlässige, sandig-humose, kalkarme Böden, sonnig. Auf schweren Böden nur kurzlebig.
Verwendung: Im mittleren Bereich von Rabatten, damit Lücken im Hochsommer nicht auffallen.

Sorten: 'Edelknabe', karminrot, 80 cm; 'Fräulein', weiß, 80 cm; 'Kastellan', blau, 80 cm; 'Kronleuchter', gelb, 80 cm; 'Mein Schloß', rot, 80 cm; 'Schloßfrau', rosa, 80 cm.

Brennende Liebe (▷ Foto)

Lychnis chalcedonica

↥ 80–100 cm ❀ 6–7 ○

Wuchs: Buschige Horste, aufrechte Blütentriebe.
Blatt: Stumpfgrün, raublättrig, länglich-lanzettlich.
Blüte: Leuchtend feuerrot, endständige Blütendolden aus sternförmigen Einzelblüten auf straff aufrechten, beblätterten Blütenstielen.
Standort: Frische, humose, nährstoffreiche Böden in voller Sonne.
Verwendung: Rabatten, Schnittblume.

Vexiernelke, Kron-Lichtnelke

Lychnis coronaria

↥ 60–80 cm ❀ 6–7 ○

Wuchs: Horstig. Meist nur kurzlebig, an zusagenden Standorten reichliche Versamung.
Blatt: Graufilzig, länglich-eiförmig.
Blüte: Leuchtend karminrot, sternförmig, endständig auf verzweigten Blütenstielen.
Standort: Mäßig trockene bis frische, nährstoffreiche, nicht zu schwere Böden, sonnig.
Verwendung: Als Füllpflanze auf Rabatten.

Sorte: 'Alba', weiß, 70 cm.

Gold-Felberich

Lysimachia punctata

↥ 60–100 cm ❀ 7–8 ◑

Wuchs: Aufrecht, breitet sich durch Ausläuferbildung stark aus.
Blatt: Frischgrün, lanzettlich, quirlständig.
Blüte: Leuchtend gelb, sternförmig, quirlständig an aufrechten Stängeln. Dauerblüher.
Standort: Frische bis feuchte, nährstoffreiche Lehmböden, halbschattig. Bei ausreichender Bodenfeuchte auch sonnig.
Verwendung: Unterpflanzung von licht stehenden Gehölzen, feuchte Rabatten, Uferpflanzungen, Teichrand.

Blut-Weiderich (▷ Foto)

Lythrum salicaria

↥ 80–120 cm ❀ 6–8 ○–◑

Wuchs: Aufrecht, horstbildend.
Blatt: Frischgrün, schmal lanzettförmig, rötliche Herbstfärbung.
Blüte: Rosarot, sternförmig, dicht besetzte, kerzenartige Blütenähren. Gute Bienen- und Schmetterlingsweide.
Standort: Frische bis feuchte, nährstoffreiche Böden, sonnig bis halbschattig.
Verwendung: Uferpflanzungen, feuchte Rabatten, Teichrand, Sumpfgärten.

Federmohn (◁ Foto)

Macleaya cordata

↥ 200–300 cm ❁ 7–8 ○–◑

Wuchs: Aufrecht, horstartig, ausläuferbildend.
Blatt: Blaugrün, großblättrig, rundlich bis herzförmig, lappig gebuchtet.
Blüte: Beige- bis apricotfarben, kleine Blüten in lockeren, federartigen Rispen.
Standort: Frische, gut durchlässige, nährstoffreiche Böden in voller Sonne.
Verwendung: Dekorative Solitärstaude vor Wänden, Mauern oder Hecken, im Hintergrund großer Rabatten.

Wald-Scheinmohn

Meconopsis cambrica

↥ 30–40 cm ❁ 6–9 ◑

Wuchs: Horstig, kurzlebig, versamt sich an zusagenden Standorten.
Blatt: Stumpfgrün, behaart, fiederlappig geteilt.
Blüte: Leuchtend gelb, schalenförmig, lang gestielt.
Standort: Frische, humos-lehmige Böden; halbschattige kühle Plätze.
Verwendung: Wirkungsvoller Farbtupfer für den Gehölzrand, vor und zwischen licht stehenden Gehölzen.

Sorten: 'Aurantiaca', orangefarben; 'Plena', orangefarben, gefüllt.

Indianernessel (◁ Foto)

Monarda-Hybriden

↥ 70–130 cm ❁ 7–9 ○

Wuchs: Buschige Horste, aufrecht.
Blatt: Dunkelgrün, gegenständig, eiförmig-lanzettlich, gezähnt, aromatisch duftend.
Blüte: Weißlich, rosafarben, lila oder rot in allen Schattierungen. Schmale Lippenblüten in dichten endständigen Quirlen. Intensiver Duft, der Bienen und andere Insekten anlockt.
Standort: Frische, durchlässige und nährstoffreiche Böden, sonnig bis halbschattig. Auf schweren Böden standschwach und kurzlebig. Bei Trockenheit unbedingt wässern, um Befall mit Echtem Mehltau vorzubeugen.
Verwendung: Rabatte, Schnittblume.

Sorten: 'Beauty of Cobham', lilarosa, 100 cm; 'Blaustrumpf', dunkellila, 110 cm; 'Cambridge Scarlet', scharlachrot, 100 cm; 'Croftway Pink', intensiv rosa, 120 cm; 'Prärienacht', tief kardinalrot, 150 cm; 'Schneewittchen', weiß, 120 cm; 'Squaw', scharlachrot, 100 cm.

Katzenminze

Nepeta × faassenii

↥ 25–50 cm ❁ 5–9 ○

Wuchs: Buschige Horste.
Blatt: Graugrün, ovalblättrig, gekerbt, aromatisch duftend.
Blüte: Lavendelblau, quirlständige Lippenblüten, Dauerblüher. Rückschnitt nach der Blüte fördert Zweitblüte und kompakten Wuchs.
Standort: Durchlässige, mäßig trockene bis frische Böden in sonnig warmen Lagen.
Verwendung: Rabatten, Kiesbeete, Rosengärten, Beeteinfassungen.

Sorten: 'Six Hills Giant', 50 cm, wüchsig; 'Walker's Low', 40 cm.

Hohe Nachtkerze (◁ Foto)

Oenothera tetragona

↥ 40–70 cm ❁ 6–8 ○

Wuchs: Aufrechte Horste.
Blatt: Dunkelgrün, purpurfarben getönt, breit lanzettlich, rötliche Herbstfärbung.
Blüte: Leuchtend gelb, großblumig, becherförmig, büschelweise an aufrechten Blütenstielen. Dauer- und Massenblüher.
Standort: Durchlässige, nährstoffreiche, mäßig trockene bis frische Böden, warme sonnige Plätze.
Verwendung: Sonnige Rabatten.

Sorte: 'Fyrverkeri', 50 cm, Blütenstiele und Knospen rötlich gefärbt.

Frühlings-Gedenkemein

Omphalodes verna (▷ Foto)

↕ 15–20 cm ❀ 3–5 ◑

Wuchs: Durch kurze Ausläufer dichte Teppiche bildend.
Blatt: Frischgrün, eiförmig-zugespitzt, gestielt.
Blüte: Himmelblau, vergissmeinnichtähnliche Blüten in lockeren Trauben.
Standort: Frische bis feuchte, humusreiche Böden in halbschattigen Lagen.
Verwendung: Unterpflanzung von Gehölzen, Frühlingsbeete, verwildert an zusagenden Plätzen.

Sorte: 'Alba', weiß, schwachwüchsig.

Türkischer Mohn (▽ Foto)

Papaver orientale

↕ 50–100 cm ❀ 5–6 ○

Wuchs: Aufrecht, horstig. Blätter ziehen nach der Blüte ein, im Herbst werden kleine Blattrosetten gebildet, die überwintern und dann absterben. Im Frühjahr treiben sie erneut aus.
Blatt: Stumpfgrün, großblättrig, tief fiederartig eingeschnitten, borstig behaart.
Blüte: Großblumige Schalenblüten, einzeln auf aufrechten Stielen, auffällige Farben wie orange, ziegelrot, lachs, rosa oder weiß.
Standort: Mäßig trockene, durchlässige, nährstoffreiche Böden; sonnige warme Plätze.
Verwendung: Sonnige Rabatten, in kleineren Gruppen im mittleren Beetbereich verwenden, damit die Lücken nach dem Einziehen nicht auffallen. Alle Pflanzenteile enthalten giftigen Milchsaft.

Sorten: 'Aladin', leuchtend rot, 80 cm; 'Feuerriese', ziegelrot, 80 cm; 'Karine', hellrosa, 60 cm; 'Türkenlouis', leuchtend rot, 80 cm.

Edel-Pfingstrose, Chinesische Pfingstrose

Paeonia-Lactiflora-Hybriden (Foto Mitte)

↕ 60–100 cm ❀ 5–6 ○

Wuchs: Breit horstig.
Blatt: Dunkelgrün glänzend, ledrig, doppelt dreizählig, kupfer- bis bronzefarbene Herbstfärbung.
Blüte: Weiß, rosa, silbrig rosa oder karminrot. Blütenform variiert je nach Sorte von einfach, halb gefüllt bis dicht gefüllt. Viele Sorten duften sehr angenehm, besonders intensiv duften die hellen und gefüllten Sorten.
Standort: Frische, nährstoffreiche Lehmböden, sonnige warme Lagen.
Verwendung: Rabatten, wertvolle Schnittblumen.

Sorten: 'Festiva Maxima', reinweiß, dicht gefüllt, duftend; 'Inspecteur Lavergne', dunkelrot, gefüllt; 'Karl Rosenfield', karminrot, dicht gefüllt; 'Marie Lemoine', elfenbeinfarben, gefüllt; 'Sarah Bernhardt', silbrig rosa, gefüllt.

Weitere Art: *Paeonia officinalis*, Bauerngarten-Pfingstrose

Sorten: 'Alba Plena', weiß, 80 cm; 'Rosea Plena', rosa, 80 cm; 'Rubra Plena', tiefrot, 80 cm.

Pracht-Pfingstrosen

Paeonia-Hybriden

↕ 80–120 cm ❀ 5–6 ○

Wuchs: Aufrecht, breit horstig.
Blatt: Dunkelgrün glänzend, ledrig, doppelt dreizählig, kupfer- bis bronzefarbene Herbstfärbung.
Blüte: Cremeweiß, zartgelb, rosa, rot, lachsfarben oder pink. Blütenform sehr variabel je nach Sorte, einfache Schalenblüten bis dicht gefüllt.
Standort: Frische, nährstoffreiche Lehmböden, sonnig warm.
Verwendung: Rabatten, Schnittblume.

Brandkraut (◁ Foto)

Phlomis russeliana

↕ 80–100 cm ❀ 6–7 ○

Wuchs: Durch Ausläuferbildung entstehen dichte Teppiche, die von den Blütenständen weit überragt werden.
Blatt: Stumpfgrün, oval bis herzförmig, behaart.
Blüte: Zartgelbe Lippenblüten, quirlständig in Etagen angeordnet. Dekorative Fruchtstände.
Standort: Anspruchslos. Trockene bis frische, durchlässige Gartenböden, sonnig bis halbschattig.
Verwendung: Großflächiger Bodendecker, vor Gehölzen, Steppenpflanzungen, Südböschungen.

Wiesen-Flammenblume, Wiesen-Phlox

Phlox-Maculata-Hybriden

↕ 70–150 cm ❀ 6–8 ○–◑

Wuchs: Aufrecht, horstig.
Blatt: Glänzend dunkelgrün, schmallanzettlich, dicht beblätterte Triebe.
Blüte: Weiß, rosa oder lilarosa, auch zweifarbige Sorten. Radförmige Blüten in lang gestreckten, schmalen Rispen, stark duftend.
Standort: Frische bis feuchte, lehmighumose, nährstoffreiche Böden; sonnig, kühle Lagen.
Verwendung: Rabatten, Schnittblume.

Sorten: 'Mrs Lingard', reinweiß, 80 cm; 'Rosalinde', karminrosa, 100 cm; 'Omega' weiß mit rotem Auge, 100 cm.

Hohe Flammenblume, Hoher Phlox (◁ Foto)

Phlox paniculata

↕ 80–140 cm ❀ 7–9 ○

Wuchs: Aufrecht, horstig.
Blatt: Frischgrün, oval-lanzettlich, dicht beblätterte Triebe.
Blüte: Reiches Farbsprektrum in Weiß, Rosa, Lila, Violett, Rot, Lachs sowie in vielen feinen Abstufungen, viele Sorten auch zweifarbig. Radförmige Blüten in dichten, endständigen kuppelförmigen Dolden. Angenehm duftend.
Standort: Frische bis feuchte, lehmighumose, nährstoffreiche Böden; sonnig, kühle Lagen. Bei Trockenheit ausreichend wässern, um Befall mit Echtem Mehltau vorzubeugen.
Verwendung: Rabatten, Schnittblume.

Sorten: 'Aida', tief kardinalrot, 90 cm; 'Landhochzeit', rosa mit dunkelrotem Auge, 140 cm; 'Orange', zinnoberrot, 80 cm; 'Sommerfreude', rosa mit rotem Auge, 90 cm; 'Schneeferner', weiß, 100 cm; 'Starfire', leuchtend rot, 90 cm; 'Sternhimmel', zartlila, 100 cm.

Polster-Phlox, Moos-Phlox

Phlox subulata

↕ 10–20 cm ❀ 4–5 ○

Wuchs: Flache, niederliegende Polster.
Blatt: Frischgrün, kurz- und schmalblättrig, wintergrün.
Blüte: Farbprächtige Sorten in vielen Schattierungen von Weiß, Rosa, Pink, Rot, Lila und Violett. Kleine sternförmige Blüten. Massenblüher.
Standort: Sandig-durchlässige, nährstoffreiche, mäßig trockene bis frische Böden; sonnig warm.
Verwendung: Steingarten, Trockenmauer, Trogbepflanzungen.

Rosenwaldmeister, Scheinwaldmeister (◁ Foto)

Phuopsis stylosa

↕ 15–25 cm ❀ 6–8 ○–◑

Wuchs: Niederliegende Triebe, die dichte Teppiche bilden.
Blatt: Frischgrün, schmal-lanzettlich, quirlig angeordnet, aromatisch duftend.
Blüte: Dunkelrosa, kleine, stark duftende Blüten in endständigen, halbkugelförmigen Blütenköpfen.
Standort: Frische, humos-lehmige Böden, sonnig bis halbschattig.
Verwendung: Bodendecker vor und unter licht stehenden Gehölzen, Rosenbegleitstaude.

Gelenkblume, Etagenerika

Physostegia virginiana

↑ 60–100 cm ❁ 7–9 ○–◑

Wuchs: Aufrechte, reich verzweigte Horste. Ausläuferbildend.
Blatt: Dunkelgrün glänzend, schmal lanzettlich, quirlständig, gezähnt.
Blüte: Weiß, rosa, lila oder rot. Lippenförmige Blüten in kerzenartigen, langen Ähren. Die Einzelblüten sind beweglich, daher der Name.
Standort: Frische bis feuchte, humus- und nährstoffreiche Böden, sonnig bis halbschattig.
Verwendung: Rabatten, wiesenartige Pflanzungen, Teichrand.

Sorten: 'Bouquet Rose', lilarosa, 70 cm ; 'Red Beauty', rot, 80 cm; 'Summersnow', weiß, 100 cm; 'Vivid', purpurrosa, 60 cm, kompakter Wuchs.

Himmelsleiter, Jakobsleiter

Polemonium caeruleum (▷ Foto)

↑ 40–80 cm ❁ 6–8 ○–◑

Wuchs: Dichte Horste mit aufrechten Blütenstielen.
Blatt: Frischgrün, gefiedert, lang gestielt, an eine Leiter erinnernd.
Blüte: Weiß, hellblau, blauviolett, lila. Breitglockige Blüten in endständigen Rispen. Remontierschnitt nach der Blüte fördert Neuaustrieb und Zweitblüte im September.
Standort: Frische bis feuchte, nährstoffreiche Lehmböden, sonnig bis halbschattig.
Verwendung: Naturgärten, wiesenhafte Pflanzungen, Ufer- und Teichrand.

Salomonssiegel (▷ Foto)

Polygonatum-Hybride 'Weihenstephan'

↑ 80–100 cm ❁ 5–6 ◑

Wuchs: Breite Horste durch kriechende Rhizome.
Blatt: Frischgrün, breit lanzettlich, gelbliche Herbstfärbung.
Blüte: Röhrenförmige, weiße Blüten, die in den Blattachseln an elegant überhängenden Trieben sitzen. Im Spätherbst zieren schwarze Beeren.
Standort: Tiefgründige, humose, frische Böden, halbschattig.
Verwendung: Gehölzrand, vor und zwischen Gehölzen.
Die ganze Pflanze ist giftig.

Kugel-Primel

Primula denticulata

↑ 25–30 cm ❁ 2–4 ◑

Wuchs: Dichte Blattrosetten mit aufrechten Blütenstielen.
Blatt: Frischgrün, oval-lanzettlich.
Blüte: Kugelige Blütendolden, einzeln auf Blütenschäften, die sich erst während dem Flor strecken.
Standort: Frische, humos-lehmige Böden in halbschattiger Lage.
Verwendung: Frühlingsbeete, Vorbote auf Rabatten, vor und zwischen Gehölzen.

Sorten: 'Alba', weiß; 'Rubin', karminrot.

Hohe Schlüsselblume

Primula elatior

↑ 20–30 cm ❁ 3–4 ○–◑

Wuchs: Blattrosetten mit aufrechten Blütenstielen, breitet sich durch Selbstaussaat aus.
Blatt: Frischgrün, eiförmig länglich.
Blüte: Schwefelgelb, trichterförmige Einzelblüten in kleinen, nickenden Blütendolden.
Standort: Frische bis feuchte, lehmig-humose Böden, halbschattig. Bei ausreichender Bodenfeuchte auch sonnig.
Verwendung: Zum Verwildern unter Gehölzen, auf feuchten Wiesen.

Schmalblättriges Lungenkraut

Pulmonaria dacica (P. angustifolia)

↑ 20–30 cm ❁ 4–5 ◑ (▷ Foto)

Wuchs: Durch Ausläufer teppichartig.
Blatt: Dunkelgrün, länglich-oval, rau behaart.
Blüte: Leuchtend enzianblau, Knospe purpurviolett, kleine, trichterförmige Blüten in endständigen Blütenköpfen.
Standort: Frische, lockere humos-lehmige Böden, halbschattig, warme Lagen.
Verwendung: Gehölzrand, vor und zwischen Gehölzen, Frühlingsgärten.

Sorten: 'Azurea', enzianblau; 'Blue Ensign', dunkel enzianblau; 'Munstead Blue', enzianblau.

Gewöhnliches Lungenkraut

Pulmonaria officinalis

↕ 20–30 cm ❁ 4–5 ◑

Wuchs: Breit horstig.
Blatt: Stumpfgrün, breit oval, rau behaart, silbrig gefleckt.
Blüte: Weiß, rosa oder blau. Häufig zweifarbig, da Blütenfarbe sich während der Blüte verändert. Trichterförmige Blüten in endständigen Blütenköpfen.
Standort: Frische, lockere humos-lehmige Böden, halbschattig, warme Lagen.
Verwendung: Gehölzrand, vor und zwischen Gehölzen, Frühlingsgärten.

Sorten: 'Alba', weiß; 'Nürnberg', mittelblau, Blätter auffällig gefleckt; 'Dora Bielefeld', rosa, Blätter auffällig gefleckt.

Küchenschelle (◁ Foto)

Pulsatilla vulgaris

↕ 20 cm ❁ 4–5 ○

Wuchs: Horstig.
Blatt: Blätter erscheinen erst nach der Blüte, mehrfach gefiedert, zuerst filzig behaart, dann stumpfgrün.
Blüte: Wollige Knospen, nickende Glockenblüten in Blauviolett. Schmuckvolle, fedrige Fruchtstände.
Standort: Kalkhaltige und durchlässige, mäßig trockene bis frische Böden, vollsonnige warme Plätze.
Verwendung: Steingarten, Steppenpflanzungen, Trockenrasen, Schotterrasen.

Bronze-Schaublatt

Rodgersia podophylla

↕ 80–120 cm ❁ 6–7 ◑–●

Wuchs: Stattliche Horste.
Blatt: Dunkelgrün, sehr großblättrig, handförmig geteilt mit breitgezähnten Blättchen, im Austrieb bronzefarben.
Blüte: Kleine, cremeweiße Blüten in reich verzweigten Rispen.
Standort: Frische bis feuchte, durchlässige, humos-lehmige Böden in halbschattigen Lagen.
Verwendung: Schattenpflanzungen, vor und zwischen licht stehenden Gehölzen.
Weitere Art: *Rodgersia aesculifolia*, Kastanienblättriges Schaublatt, 100 cm.

Goldsturm-Sonnenhut

Rudbeckia fulgida var. *sullivantii* 'Goldsturm' (◁ Foto)

↕ 50–80 cm ❁ 7–9 ○

Wuchs: Aufrechte, breite Horste bildend.
Blatt: Dunkelgrün, eiförmig zugespitzt, raublättrig.
Blüte: Leuchtend goldgelbe Strahlenblüten mit schwarzer hochgewölbter Mitte, margeritenähnlich, Massen- und Dauerblüher.
Standort: Durchlässige, frische, nährstoffreiche Böden; sonnig warm.
Verwendung: Sonnige Rabatten.
Weitere Art: *Rudbeckia nitida*, Fallschirm-Rudbeckie, 200 cm, leuchtend gelbe Margeritenblüten.

Sommer-Salbei (◁ Foto)

Salvia nemorosa

↕ 40–70 cm ❁ 5–7/9 ○

Wuchs: Horstig, aufrechte Blütentriebe.
Blatt: Stumpfgrün, oval-lanzettlich, runzelig, aromatisch duftend.
Blüte: Blau, violett, rosa, weiß. Kleine Lippenblüten in schmalen Blütenrispen. Dauerblüher. Gute Bienenweide. Remontierschnitt nach der Blüte fördert Zweitblüte im September.
Standort: Kalkhaltige, mäßig trockene bis frische, durchlässige Böden, sonnig warme Plätze.
Verwendung: Rabatten, Rosenpflanzungen.

Garten-Salbei

Salvia officinalis

↕ 40–60 cm ❁ 6–7 ○

Wuchs: Buschiger Halbstrauch.
Blatt: Graugrün, oval-eiförmig, aromatisch duftend, wintergrün.
Blüte: Violettblaue Lippenblüten in lockeren Blütenähren.
Standort: Durchlässige, kalkhaltige, mäßig trockene bis frische Böden, sonnige warme Plätze.
Verwendung: Heil- und Bauerngartenpflanze, Blattschmuckstaude für Steppenbeete, Rosengärten.

Sorte: 'Berggarten', breitblättrig, 40 cm, schöne Blattschmuckstaude.

Spätsommer-Seifenkraut

Saponaria × lempergii

↑ 30 cm ❁ 8–9 ○

Wuchs: Horstartig, mit stark verzweigten, niederliegenden Trieben.
Blatt: Dunkelgrün, kurz behaart, lanzettlich.
Blüte: Karminrosa, sternförmig, achselständig. Dauerblüher.
Standort: Durchlässige Gartenböden, die mäßig trocken bis frisch sind, sonnig warme Lagen.
Verwendung: Wertvoller Herbstblüher für den Steingarten, Trockenmauern.

Sorte: 'Max Frei', rosa, 20–30 cm, VII–IX.

Skabiose (▷ Foto)

Scabiosa caucasica

↑ 50–80 cm ❁ 6–10 ○

Wuchs: Locker horstig.
Blatt: Stumpfgrün, längliche Grundblätter, fiederteilige Stängelblätter.
Blüte: Hellblau, violett, lila oder weiß. Großblumige Schalenblüten auf langen Stielen.
Standort: Durchlässige, mäßig trockene bis frische, nährstoffreiche, nicht zu schwere Böden, sonnig warm.
Verwendung: Sonnige Rabatten, begehrte Schnittblume.

Sorten: 'Miss Willmott', rahmweiß; 'Clive Greaves', violettblau.

Fetthenne (▷ Foto)

Sedum telephium

↑ 50–60 cm ❁ 8–9 ○

Wuchs: Horstig, aufrecht.
Blatt: Graugrün, fleischig, eiförmig, gelbliche Herbstfärbung.
Blüte: Rostrote, doldenartige Blütenstände. Dekorative Fruchtstände, die auch noch im Winter zieren.
Standort: Durchlässige, mäßig trockene, sandig-lehmige Böden, vollsonnig.
Verwendung: Schotterbeete, Steppengärten, sonnige Rabatten.

Sorten: 'Herbstfreude', rostrot, 50 cm; 'Matrona', rosa, purpurfarbenes Laub, 60 cm.

Garten-Goldrute

Solidago-Hybriden

↑ 60–120 cm ❁ 7–9 ○

Wuchs: Aufrechte Horste.
Blatt: Dunkelgrün, lanzettlich, dicht beblätterte Stängel.
Blüte: Leuchtend gelb, dicht mit kleinen, sternförmigen Blüten besetzte Rispen.
Standort: Frische bis feuchte, nährstoffreiche Lehmböden in voller Sonne. Bei Trockenheit ausreichend wässern, um Befall mit Echtem Mehltau vorzubeugen.
Verwendung: Rabatten, Schnittblume.

Sorten: 'Ledsham', hellgelb, lockere Rispen, 80 cm, VIII–IX; 'Strahlenkrone', goldgelb, 70 cm, VII–VIII.

Eselsohr, Wollziest (▷ Foto)

Stachys byzantina

↑ 10–25 cm ❁ 7–9 ○

Wuchs: Durch kurze Ausläufer teppichartig.
Blatt: Grauweiß, dicht weißwollig behaart, breit-lanzettlich.
Blüte: Rosafarbene Lippenblüten an vierkantigen Stängeln.
Standort: Gut durchlässige, mäßig trockene bis frische, nicht zu nährstoffreiche Böden, voll sonnig.
Verwendung: Im Vordergrund von Rabatten, Beeteinfassungen, Steppenpflanzungen, Kiesgärten.

Sorte: 'Silver Carpet', blühfaule Selektion auf Blattschmuck, bildet dichte Polster, 15 cm.

Wald-Schaumblüte

Tiarella cordifolia

↑ 15–30 cm ❁ 5–6 ◑–●

Wuchs: Durch Ausläuferbildung dichte Teppiche bildend.
Blatt: Mattgrün, gelappt, kupfrige Herbst- und Winterfarbe.
Blüte: Cremeweiß, lockere Blütenstände, die an Schaum erinnern.
Standort: Durchlässige, humose, frische Böden, halbschattig bis schattig.
Verwendung: Unentbehrlicher Bodendecker für waldartige Pflanzungen, Gehölzrand.
Weitere Art: *Tiarella wherryi,* horstartiger Wuchs, keine Ausläufer, 25 cm, rosaweiß.

Dreimasterblume, Tradeskantie (◁ Foto)

Tradescantia-Andersoniana-Hybriden

↕ 40–60 cm ❁ 6–9 ○–◑

Wuchs: Horstig, buschig, mit den Jahren sehr breit werdend.
Blatt: Frischgrün, lineal lanzettlich, grasartig, leicht fleischig.
Blüte: Blau, violett, karminrot, rosa oder weiß. Dreiteilige Blüten, die in dichten Blütendolden sitzen. Nach der Blüte empfiehlt sich ein Totalrückschnitt, um Neuaustrieb und schwächere Zweitblüte anzuregen.
Standort: Frische bis feuchte, nährstoffreiche Böden, sonnig bis halbschattig.
Verwendung: Rabatten, wiesenartige Pflanzungen, Wasserrand.

Garten-Trollblume

Trollius-Hybriden

↕ 40–90 cm ❁ 5–6/9 ○–◑

Wuchs: Horstig.
Blatt: Frischgrün, handförmig geteilt, tief eingeschnitten, Blätter ziehen bald nach der Blüte ein.
Blüte: Gelb bis gelborange in vielen Nuancen, kugelige Blütenköpfe.
Standort: Frische bis feuchte, nährstoffreiche, lehmig-humose Böden. Je feuchter der Boden, desto sonniger kann der Standort sein.
Verwendung: Rabatten, feuchte Senken, wiesenartige Pflanzungen, Teichrand, Schnittblume.

Sorten: 'Earliest of All', goldgelb, 60 cm; 'Lemon Queen', hellgelb, 70 cm; 'Orange Globe', hellorange, 70 cm.

Kandelaber-Königskerze

Verbascum olympicum (◁ Foto)

↕ 200 cm ❁ 6–8 ○

Wuchs: Blattrosetten mit aufrechten Blütentrieben im 2. oder 3. Jahr. Die Pflanze stirbt nach der Blüte ab, erhält sich aber durch Selbstaussaat.
Blatt: Grauweiß, filzig behaart, breitlanzettlich.
Blüte: Gelb, schalenförmige Einzelblüten, die in hohen, vielfach sich verzweigenden Blütenstielen vereint sind.
Standort: Durchlässige, mäßig trockene bis trockene Böden, sonnig.
Verwendung: Kies- und Schotterbeete, Steppenpflanzungen.

Langblättriger Ehrenpreis

Veronica longifolia

↕ 80 cm ❁ 7–8 ○

Wuchs: Horstig, aufrechte Blütenrispen.
Blatt: Frischgrün, lanzettlich-zugespitzt, Rand gesägt.
Blüte: Leuchtend blau, weiß, verzweigte Blütenkerzen.
Standort: Frische bis feuchte, nährstoffreiche, humose Lehmböden, sonnig.
Verwendung: Rabatten, Ufer- und Teichrand, wiesenartige Pflanzungen, Schnittblume.

Sorten: 'Blauriesin', blau, 80 cm; 'Schneeriesin', weiß, 80 cm.

Kandelaber-Ehrenpreis

Veronicastrum virginicum (◁ Foto)

↕ 100–120 cm ❁ 7–9 ○

Wuchs: Horstig, aufrechte Blütenrispen.
Blatt: Dunkelgrün, länglich-lanzettlich, zugespitzt, scharf gesägt.
Blüte: Weiß, rosafarben, elegante, straff aufrechte Blütenkerzen, reichlich verzweigt.
Standort: Frische, lehmig-humose Böden, sonnig.
Verwendung: Rabatten, Ufer- und Teichrand, wiesenartige Pflanzungen, Schnittblume.

Sorten: 'Alba', weiß; 'Rosea', zartrosa.

Golderdbeere, Ungarwurz

Waldsteinia geoides

↕ 25 cm ❁ 4–5 ◑–●

Wuchs: Horstartig, buschig.
Blatt: Frischgrün, dreilappig, sommergrün.
Blüte: Goldgelb, schalenförmig, lockere Blütenstände kurz über dem Laub stehend.
Standort: Humose, auch durchwurzelte Böden, frisch bis mäßig trocken, wenig anspruchsvoll.
Verwendung: Guter Bodendecker vor und zwischen Gehölzen.
Weitere Art: *Waldsteinia ternata,* Teppich-Golderdbeere, flach teppichartig, goldgelb, 15–20 cm.

Gräser

Gräser bieten sehr vielfältige Verwendungsmöglichkeiten in der Gartengestaltung. Ihr gestalterisches Potenzial zeigen sie als Staudenbegleiter wie auch als Solitärgräser. Häufig bilden sie auch das Gerüst einer Pflanzung und schaffen den grünen Rahmen für die Blütenfarben der Stauden. Gräser gibt es für alle Gartenbereiche, so dass man für jede Gartensituation geeignete Arten findet. Sie wirken vor allem mit ihrem eleganten Blattschmuck und ihren wirkungsvollen Horstformen. Viele zieren auch mit prachtvollem Blütenschmuck und einer attraktiven Herbstfärbung. Wenn Sie die Gräser über Winter stehen lassen, begeistern sie auch mit Schnee und Eis in der Wintersonne.
Die Angaben für Laub- und Blütenhöhe erfolgen bei den Gräsern getrennt. Die erste Zahl steht für die Höhe der Blatthorste, die zweite für die Höhe der Blütenähren.

Das Pampasgras (*Cortaderia selloana* `Sunningdale Silver´) ist ein imposantes Solitärgras, das im Herbst mit wunderschönen Blütenständen auftrumpft.

Diamantgras (▷ Foto)

Achnatherum brachytricha

↥ 60/100 cm ❁ 8–10 ○

Wuchs: Horstig, buschig.
Blatt: Grün, silbrig glänzend, schmal lanzettlich, elegant überhängend.
Blüte: Aufrechte, rosasilbrigfarbene Blütenrispen, auffallend fein gegliedert, besonders reizvoll mit Tau.
Standort: Durchlässige, mäßig trockene Böden in sonniger Lage.
Verwendung: Wirkungsvolles Gras, einzeln oder in Gruppen als Gerüstbildner in Rabatten, naturhaften Pflanzungen.

Silberährengras, Straußengras (▷ Foto)

Achnatherum calamagrostis

↥ 50/90 cm ❁ 6–9 ○

Wuchs: Horstig, ohne Ausläuferbildung.
Blatt: Graugrün, schmal linealisch, locker überhängend.
Blüte: Schweifartige, fein gegliederte Rispen, während der Blütezeit silberweiß, später kamelhaarfarben.
Standort: Durchlässige, mäßig trockene und kalkhaltige Böden; sonnig warme Plätze.
Verwendung: Naturhafte Pflanzungen, Steppengärten, Rabatten, warme Böschungen, Terrassenpflanzungen.

Pfahlrohr (▷ Foto)

Arundo donax

↥ 300 cm ❁ 8–9 ○

Wuchs: Rhizomartige Ausläufer, straff aufrecht, schilfartig.
Blatt: Graugrün, breit lanzettlich, schilfähnlich, spät austreibend.
Blüte: Gedrungene rötliche Rispen, kommt nur in wärmeren Klimaten (z.B. Mittelmeergebiet) zur Blüte.
Standort: Nährstoffreiche, frische bis feuchte Böden, sonnig, warm. Empfehlenswert sind geschützte Gartenplätze sowie eine gute Wasser- und Nährstoffversorgung.
Verwendung: In Verbindung mit Wasser, vor Wänden, Mauern.

Herz-Zittergras (◁ Foto)

Briza media

↕ 25/40 cm ❀ 5–8 ○

Wuchs: Lockere Horste, kurze Ausläufer bildend.
Blatt: Frischgrün, schmalblättrig, rau.
Blüte: Vielblütige Rispen mit bräunlichen, herzförmigen Ährchen, diese lang gestielt und nickend. Schöner Trockenschmuck.
Standort: Trockene bis frische, nicht zu nährstoffreiche Böden in sonniger Lage.
Verwendung: Steppengarten, Felssteppen, Heidegarten, Steingarten.

Garten-Sandrohr

Calamagrostis × acutiflora

↕ 60/150 cm ❀ 7–8 ○–◑

Wuchs: Buschige Blatthorste mit straff aufrechten Blütenrispen.
Blatt: Frischgrün, schmal linealisch, ab September leuchtend ockergelb gefärbt.
Blüte: Grünliche Blütenrispen, die sich nach der Blüte ockergelb färben.
Standort: Nährstoffreiche, mäßig trockene bis frische Böden, sonnig bis halbschattig.
Verwendung: Rabatten, lichte Gehölzränder, Freiflächen.

Sorten: 'Overdam', weiß gerandete Blätter, 50/100 cm; 'Karl Foerster', straff aufrecht, 60/150 cm.

Fuchsrote Segge, Neuseeland-Segge

Carex buchananii

↕ 40/50 cm ❀ 6–7 ○

Wuchs: Horstig, aufrecht, die Blattspitzen überhängend.
Blatt: Ganzjährig rotbraun, schmal linealisch, auch im Winter zierend.
Blüte: Unauffällige Ähren.
Standort: Durchlässige, frische bis feuchte und nährstoffreiche Böden, sonnig, wärmeliebend. Benötigt in exponierten Lagen Winterschutz.
Verwendung: Außergewöhnliche Farbe, die Verwendung erschwert. Wirkungsvoll als Blattkontrast zu Stachelnüsschen *(Acaena)* oder rotblättrigen *Heuchera*.

Morgenstern-Segge (◁ Foto)

Carex grayi

↕ 50/60 cm ❀ 6–8 ○–◑

Wuchs: Horstartig.
Blatt: Frischgrün, schmal, steif überhängend, lange grün bleibend.
Blüte: Gelbe Ähren, dekorative stachelige Fruchtstände, auch als Trockenschmuck zu verwenden.
Standort: Sehr anspruchslos, wächst in allen Gartenböden, trocken bis feucht; sonnig bis halbschattig.
Verwendung: Gartenteich, Wasserrand, Naturgarten, wiesenartige Pflanzungen.
Weitere Art: *Carex muskingumensis*, Palmwedel-Segge, 80 cm.

Berg-Segge

Carex montana

↕ 15/25 cm ❀ 3–4 ○

Wuchs: Dichte Horste, schopfartig, bogig überhängend.
Blatt: Hellgrün, schmal, frischgrüner Austrieb, goldbraune Herbstfärbung.
Blüte: Schwefelgelbe, pinselartige Blütenstände.
Standort: Lehmige, kalkhaltige Böden, trocken bis frisch. Warme, sonnige Plätze.
Verwendung: Steppenpflanzungen, Steingarten, Trockenmauern, Felsfugen, sonnige Gehölzränder.

Sorte: *Carex caryophyllea* 'The Beatles', 20 cm, horstig, schopfartig überhängend, IV–V.

Weißbunte Japan-Segge

Carex morrowii 'Variegata' (◁ Foto)

↕ 30/40 cm ❀ 4 ◑–●

Wuchs: Breite Horste, halbkugelförmig.
Blatt: Dunkelgrün mit hellem Randstreifen, schmalblättrig, winter- bis immergrün.
Blüte: Gelbliche Ähren, meist kaum aus dem Laub ragend.
Standort: Lehmig-humose, frische bis feuchte Böden, halbschattig bis schattig.
Verwendung: Unter Gehölzen, Schattenpflanzungen, waldartige Gartenpartien.

Vogelfuß-Segge

Carex ornithopoda 'Variegata'

↑ 15/20 cm ❁ 4–5 ◑

Wuchs: Kleine, dichte Horste.
Blatt: Hellgrün mit auffälligem weißem Mittelstreifen, schmal lineal.
Blüte: Ährige, vogelfußähnliche Blütenstände.
Standort: Lockere humose Böden, mäßig trocken bis frisch, licht- bis halbschattig.
Verwendung: Einzeln oder in kleinen Gruppen, unter licht stehenden Gehölzen, Innenhöfe.

Sorte: *Carex hachijoensis* 'Evergold', grünes Blatt mit weißem Mittelnerv, 20–30 cm, IV–V.

Riesen-Segge (▷ Foto)

Carex pendula

↑ 50/150 cm ❁ 5–6 ◑–●

Wuchs: Stattliche Horste, breit buschig, ohne Ausläufer.
Blatt: Glänzend dunkelgrün, breit lineal, bogig überhängend, immergrün.
Blüte: Elegant geschwungene Blütenstände mit pendelnden Ähren.
Standort: Lehmige, nicht zu kalkhaltige, frische bis feuchte Böden, halbschattig bis schattig.
Verwendung: Einzeln oder gruppenweise in waldartigen Pflanzungen, Naturgärten, schattigen Rabatten.
Weitere Art: *Carex sylvatica,* Wald-Segge, 30/60 cm, glänzend dunkelgrün, locker horstig,V–VI.

Breitblatt-Segge

Carex plantaginea

↑ 20/30 cm ❁ 5–6 ◑–●

Wuchs: Flache, breite Horste, teppichartig durch Ausläuferbildung.
Blatt: Frischgrün glänzend, breit lineal, wintergrün.
Blüte: Hellgelbe Blütenähren.
Standort: Lehmig-humose, frische bis feuchte Böden, halbschattig bis schattig.
Verwendung: Gute Ergänzung zu Blattschmuckstauden und Farnen, attraktiver Bodendecker unter Gehölzen, Schattenpflanzungen.
Weitere Art: *Carex siderosticha,* Weißbunte Breitblatt-Segge, 20 cm.

Plattährengras (▷ Foto)

Chasmanthium latifolium

↑ 60/80 cm ❁ 8–10 ○–◑

Wuchs: Horstig, beblätterte Halme, straff aufrecht.
Blatt: Frischgrün, lanzettlich, aufrecht, nur ältere Blätter leicht überhängend, gelbe Herbstfärbung.
Blüte: Platt gedrückte Ähren in lockeren, überhängenden Blütenrispen, auch als Trockenschmuck für Floristik.
Standort: Humos-lehmige, nährstoffreiche, frische bis feuchte Böden, sonnig bis halbschattig.
Verwendung: Rabatten, lichte Gehölzrandpflanzungen.

Pampasgras

Cortaderia selloana

↑ 80/250 cm ❁ 9–10 ○

Wuchs: Stattliche Horste mit weit darüber hinausragenden Blütenhalmen.
Blatt: Graugrün, sehr schmal, elegant überhängend, scharfkantig, wintergrün.
Blüte: Silbrig weiß, fedrige Blütenrispen auf hohen Halmen.
Standort: Frische, nährstoffreiche und durchlässige Böden, sonnig warme Plätze. Empfindlich gegen Winternässe, empfehlenswert ist ein trockener Winterschutz.
Verwendung: Solitärgras für Rabatten.

Sorten: 'Sunningdale Silver', 80/250 cm, silbrig weiße Blütenrispen; 'Pumila', 50/120 cm, kompakt, silbrig weiße Blütenrispen.

Wald-Schmiele (▷ Foto)

Deschampsia cespitosa

↑ 60/100 cm ❁ 6–9 ◑–○

Wuchs: Halbkugelige, dichte Blatthorste, aus denen hohe Blütenrispen ragen.
Blatt: Dunkelgrün, schmal lineal, raublättrig, überhängend.
Blüte: Breitpyramidale, duftige Blütenschleier, zunächst grün, ab August strohgelb.
Standort: Frische bis feuchte, humoslehmige Böden, halbschattig bis schattig, bei ausreichender Feuchtigkeit auch sonnig.
Verwendung: Rabatten, Gehölzränder, Naturgarten.

Sorten: 'Tauträger', 30/70 cm, VI–VII; 'Goldschleier', 40/90 cm, VI–VII.

Blau-Schwingel (◁ Foto)

Festuca cinerea (= F. glauca)

↕ 20/40 cm ❁ 6–7 ○

Wuchs: Halbkugelförmige Polster, igelartig abstehende Blattspreiten.
Blatt: Graublau, sehr schmal, wintergrün.
Blüte: Lockere, blaugrüne Rispen, nach der Blüte schnell vergilbend.
Standort: Nährstoffarme, trockene und durchlässige Böden, sonnig warm.
Verwendung: Steppenpflanzungen, Schotterbeete, Kiesgarten, Steingarten.

Sorten: 'Azurit', tiefblau, 20 cm; 'Blaufink', silberblau, 15 cm; 'Frühlingsblau', stahlblau, 15/25 cm.

Bärenfell-Schwingel

Festuca gautieri (= F. scoparia)

↕ 10/20 cm ❁ 6–8 ○

Wuchs: Breite, polsterförmige Horste.
Blatt: Frischgrün, sehr fein, fast nadelartig, wintergrün.
Blüte: Grünlich gelbe Blütenrispen auf zierlichen Halmen, schnell vergilbend.
Standort: Nährstoffarme, durchlässige, mäßig trockene bis frische Böden, absonnig bis halbschattig.
Verwendung: Sonniger Gehölzrand, Heidegarten, Schottergarten, Steinanlagen.

Sorte: 'Pic Carlit', sehr kompakt, 5/10 cm.

Atlas-Schwingel (◁ Foto)

Festuca mairei

↕ 50/100 cm ❁ 6–7 ○

Wuchs: Dichte, strahlige Horste.
Blatt: Graugrün, schmal, scharf gesägt, bogig überhängend.
Blüte: Schlanke Blütenrispen, weit überhängend, bereits im Sommer vergilbend.
Standort: Durchlässige, sandig-lehmige und nährstoffreiche Böden, mäßig trocken bis frisch, vollsonnige Lagen.
Verwendung: Solitärgras, Freiflächen.
Weitere Art: *Festuca amethystina*, Regenbogen-Schwingel, blaugrün, 30/50 cm, V–VII.

Schaf-Schwingel

Festuca ovina

↕ 20/30 cm ❁ 6–7 ○

Wuchs: Dicht horstig, halbkugelförmig.
Blatt: Grün bis graugrün, schmal lineal, gerollt.
Blüte: Grünlich, schmale Blütenrispen.
Standort: Durchlässige, trockene und nährstoffarme Böden, vollsonnige warme Lagen.
Verwendung: Steppenpflanzungen, Felssteppen, Steingarten, Heidegarten.

Sorten: 'Harz', blaugrün, 20/30 cm, VI–VII; 'Blaufuchs', stahlblau, 15/25 cm, VI–VII.

Japan-Waldgras (◁ Foto)

Hakonechloa macra

↕ 40 cm ❁ 8–9 ◑

Wuchs: Schopfartige Horste, die sich durch kurze Ausläufer ausbreiten.
Blatt: Bläulich dunkelgrün, linealisch, elegant überhängend.
Blüte: Goldgelb, lockere Blütenrispen.
Standort: Frische bis feuchte, humose, aber durchlässige Böden, halbschattig. In rauen Lagen ist Winterschutz empfehlenswert.
Verwendung: Gehölzrand, in dekorativen Kombinationen mit Blattschmuckstauden, z.B. *Heuchera, Tiarella*.

Sorte: 'Aureola', Blatt gelbgrün, längs gestreift, 40 cm, VIII.

Blaustrahlhafer

Helictotrichon sempervirens

↕ 40/100 cm ❁ 7–8 ○

Wuchs: Strahlige Horste.
Blatt: Bläulich grau, schmalblättrig, wintergrün.
Blüte: Gelblich braune, lockere Rispen auf hohen, überhängenden Halmen.
Standort: Trockene, durchlässige und nährstoffarme Böden in voller Sonne.
Verwendung: Steppenpflanzungen, Felssteppe, in Kombination mit graulaubigen Stauden.

Sorte: 'Saphirsprudel', 50/120 cm, VII–VIII.

Blaugrünes Schillergras
Koeleria glauca
↥ 15/25 cm ❁ 6–7 ○

Wuchs: Horstartig, buschig, aufrecht, Blätter am Grund zwiebelartig verdickt.
Blatt: Blaugrün, schmalblättrig. Blätter trocknen nach der Blüte ein, dann erfolgt ein erneuter Austrieb von wintergrünen Blättern.
Blüte: Dichte graugrüne Blütenrispen, später gelblich braun.
Standort: Sandige, trockene und durchlässige Böden, sonnig. Auf zu nährstoffreichen Böden kurzlebig.
Verwendung: Heidegarten, Steingarten, Steppenheide.

Hainsimse, Wald-Marbel
Luzula sylvatica (▷ Foto)
↥ 30/40 cm ❁ 5–6 ◑–●

Wuchs: Locker horstig, durch kurze Ausläufer allmählich rasenartig.
Blatt: Glänzend frischgrün, breit und flach, am Rande bewimpert, wintergrün.
Blüte: Bräunliche Blütenähren.
Standort: Humusreiche, frische Böden, halbschattig bis schattig.
Verwendung: Gehölzrand- und Schattenpflanzungen. Gehölzunterpflanzung, verträgt Schatten- und Wurzelkonkurrenz.

Sorte: 'Marginata', Silberrand-Marbel, deutlicher Silberrand an den Blättern.

Wimper-Perlgras (▷ Foto)
Melica ciliata
↥ 30/60 cm ❁ 5–6 ○

Wuchs: Locker horstartig.
Blatt: Graugrün, schmal lanzettlich, gerollt, starr aufrecht.
Blüte: Silbrig weiße, dichte walzenförmige Ährenrispen, in Vollreife fahlgelb.
Standort: Durchlässige, kiesig-steinige, trockene und kalkhaltige Böden, sonnig.
Verwendung: Heidegarten, Felssteppe, Steinanlagen, Troggärten.

Riesen-Chinaschilf
Miscanthus giganteus 'Aksel Olsen'
(= M. floridulus, M. japonicus)
↥ 300–400 cm ❁ 10 ○

Wuchs: Horstig, straff aufrecht mit überhängenden Blattspreiten.
Blatt: Grasgrün mit weißem Mittelnerv, schilfartig, leicht überhängend, leuchtend ockergelbe Herbstfärbung.
Blüte: Silbergrau, fedrige Rispen. Blüht nur nach langen und warmen Sommern sowie bei ausreichender Feuchtigkeit.
Standort: Lehmige, nährstoffreiche Böden, frisch bis feucht, in sonniger warmer Lage.
Verwendung: Dekoratives Solitärgras, Rabatten, vor Hauswänden.

Chinaschilf (▽ Foto)
Miscanthus sinensis
↥ 150/200 cm ❁ 7–10 ○

Wuchs: Dicht horstig, aufrecht.
Blatt: Saftig grün, schilfartig, überhängend, viele Sorten mit auffallender Herbstfärbung in Ockergelb oder Braunrot.
Blüte: Fedrige Blütenstände, je nach Sorte und Reifegrad silbrig weiß, silbrig rosa oder rötlich.
Standort: Lehmige, nährstoffreiche, frische bis feuchte Böden, sonnig warme Plätze.
Verwendung: Solitärgras, als Hintergrund auf Staudenrabatten, die dekorative Wirkung hält bis zum Ende des Winters.

Sorten: 'Gracillimus', 130 cm, IX–X, blüht nur selten, schmalblättrig; 'Kleine Fontäne', 90/170 cm, IX–X, sehr reich blühend, silbrig weiß; 'Malepartus', 150/200 cm, rotbraune Herbstfärbung, IX–X, rötliche Blütenrispen; 'Silberfeder', 150/200 cm, VIII–X, blühfreudig, silberweiß; 'Strictus', 180/210 cm, gelblich quer gestreift, straff aufrecht, IX–X; 'Yakushima Dwarf', 60/80 cm, zwergige Sorte, frühe Blüte, VII–IX.

Riesen-Pfeifengras (◁ Foto)

Molinia arundinacea

↥ 60/180 cm ❁ 8–10 ○–◑

Wuchs: Horstige Blattschöpfe, aufrechte Blatthalme hoch über dem Horst.
Blatt: Grün, schmal linealisch, elegant überhängend, später Austrieb, leuchtend goldgelbe Herbstfärbung.
Blüte: Lockere Rispen auf blattlosen Halmen, im Herbst intensiv goldbraun.
Standort: Frische bis feuchte, nährstoffreiche Böden, sonnig bis halbschattig.
Verwendung: Lichte Gehölzrandpflanzungen, Rabatten, Heidegarten.

Sorten: 'Fontäne', 40/70 cm, überhängende Blütenrispen; 'Transparent', 50/180 cm, feinrispige Blütenstände; 'Windspiel', 60/200 cm, straff aufrecht.

Moor-Pfeifengras

Molinia caerulea

↥ 30/70 cm ❁ 8–9 ○–◑

Wuchs: Dicht horstig mit weit überragenden Blütenhalmen.
Blatt: Bläulich grün, schmal lineal, überhängend, im Herbst leuchtend goldbraun.
Blüte: Schmale, bräunliche Rispen auf drahtigen Stielen, nach der Blüte leuchtend gelb.
Standort: Frische bis feuchte, humusreiche Böden, sonnig bis halbschattig.
Verwendung: Heidegarten, Gehölzrand, Naturgarten.

Sorten: 'Moorhexe', 30/80 cm, fast schwarze Blütenhalme; 'Strahlenquelle', strahlenförmige Horste, aufrecht, 40/80 cm; 'Variegata', gelblich weiß gestreifte Blätter, 30/50 cm.

Ruten-Hirse (◁ Foto)

Panicum virgatum

↥ 60/150 cm ❁ 7–9 ○

Wuchs: Kompakte Horste, aufrecht.
Blatt: Hellgrün, schmal aufrecht, überhängend, ockergelbe Herbstfärbung.
Blüte: Reichlich verzweigte, duftig wirkende Rispen, bräunlich.
Standort: Alle Gartenböden, mäßig trocken bis frisch, sonnig warm.
Verwendung: Staudenrabatten, wiesenartige Pflanzungen.

Sorten: 'Hänse Herms', leuchtend rote Herbstfärbung, 60/80 cm; 'Heavy Metal', blaugrünes Laub, straff aufrecht, 60/160 cm; 'Rehbraun', rotbraune Herbstfärbung, 90/100 cm; 'Strictum', aufrecht, wüchsig, 120/160 cm.

Lampenputzergras, Federborstengras

Pennisetum alopecuroides

↥ 50/70 cm ❁ 8–9 ○

Wuchs: Halbkugelförmige Horste.
Blatt: Graugrün, schmallineal, elegant überhängend, spät austreibend.
Blüte: Walzenförmige Blütenähren, die an Lampenputzer erinnern. Rotbraun, sehr reich blühend, goldgelbe Herbstfärbung.
Standort: Durchlässige, nährstoffreiche, mäßig trockene bis frische Böden, sonnig.
Verwendung: Einzeln oder gruppenweise in Rabatten, wirkungsvoll mit herbstfärbenden Gehölzen, Floristik.

Sorte: 'Hameln', 40/60 cm, kompakt, sehr reich blühend, VIII–IX.

Herbst-Kopfgras (◁ Foto)

Sesleria autumnalis

↥ 30/50 cm ❁ 8–10 ○–◑

Wuchs: Buschige Horste, igelartig.
Blatt: Gelbgrün, schmalblättrig, auch im Winter zierend.
Blüte: Endständige, silbrig weiße Ähren, die den Horst überragen.
Standort: Kalkhaltige, sandig-humose Böden, sonnig bis halbschattig, warme Lagen.
Verwendung: Zu Herbstblühern, Gehölzrand, Steppengarten, Steinanlagen, Heidegarten.
Weitere Art: *Sesleria caerulea,* Blaues Kopfgras, 25 cm, Blätter blau bereift, IV–V.

Goldbartgras

Sorghastrum nutans

↥ 80/150 cm ❁ 8–10 ○

Wuchs: Horstig, schmal und straff aufrecht.
Blatt: Graugrün, schmalblättrig, später Austrieb, im Herbst intensiv braunrot gefärbt.
Blüte: Dichte, violettbraune Blütenrispen mit auffällig goldgelben Staubgefäßen.
Standort: Frische bis mäßig trockene, kalkhaltige Böden, nicht zu nährstoffreich, sonnig warm.
Verwendung: Steppengarten, Präriepflanzungen.

Goldleistengras (▷ Foto)
Spartina pectinata 'Aureomarginata'
↥ 130/150 cm ❁ 8–9 ○–◑

Wuchs: Horstig, etwas wuchernd durch Ausläuferbildung.
Blatt: Gelblich grün mit auffällig breiten gelben Leisten, Blattspreiten elegant bogig überhängend, leuchtend gelbe Herbstfärbung.
Blüte: Bräunlich gelbe Ähren.
Standort: Lehmige, nährstoffreiche Böden, frisch bis feucht, auch nass, sonnig bis halbschattig.
Verwendung: Ufer- oder Teichrand, Wasserlauf. Wirkungsvolles Gras für feuchte Rabatten, Senken. Hohe Schnitteignung.

Büschel-Federgras, Büschelhaargras
Stipa capillata
↥ 30/80 cm ❁ 7–8 ○

Wuchs: Dichte Horste.
Blatt: Stumpfgrün, nadelförmig, eingerollt, sehr schmal.
Blüte: Lockere, silbrige Blütenrispen mit langen Grannen, die bizarr von den Halmen abstehen.
Standort: Trockene, durchlässige und kalkhaltige Böden, warm, sonnig.
Verwendung: Felssteppe, Steppenpflanzungen, Kiesbeete.
Weitere Arten: *Stipa gigantea,* Riesen-Federgras, 50/180 cm, hohe Blütenrispen, VII–VIII; *Stipa pulcherrima,* Reiher-Federgras, 30/80 cm, fedrige, lange Grannen, VII–VIII.

Farne

Farne zählen zu den ältesten Landpflanzen, die vor 400 Mio. Jahren entstanden sind. Die meisten von ihnen sind ausgestorben. Entwicklungsgeschichtlich stellen sie den Übergang zu den Blütenpflanzen dar. Da die Farne keine Blüten, sondern Sporen entwickeln, bilden sie eine eigenständige Gruppe. Die Sporen befinden sich entweder auf der Unterseite der Farnblätter oder auf separaten Sporenwedeln. Farne sind reine Blattschmuckstauden, die mit ihren attraktiven Blattformen in vielen Grüntönen zieren. Die meisten Farne sind auf Standorte angewiesen, die stete Boden- und Luftfeuchtigkeit wie auch Schutz vor starker Einstrahlung und austrocknenden Winden gewähren. Daher fühlen sie sich im Wanderschatten eingewurzelter Bäume besonders wohl und sind so hervorragend mit Gehölzrand- und Gehölzstauden zu kombinieren. Fast alle Farne sind ausgesprochene Humusbewohner, die empfindlich auf schwere Lehmböden und stauende Nässe reagieren. Der Boden sollte frisch bis feucht und nicht zu nährstoffreich sein. Einige wenige Farne besiedeln auch Mauerfugen.

Farne sind für Schattengärten und waldartige Gartensituationen unentbehrlich. Sie bereichern einen Garten vom Austrieb bis hin zur attraktiven Herbstfärbung

Pfauenradfarn (◁ Foto)

Adianthum pedatum

↕ 40–60 cm ◑

Wuchs: Breit horstig, aufrecht. Durch flach kriechende Rhizome vielköpfig. Waagerecht angeordnete, fächerförmige Wedel, die an ein Pfauenrad erinnern.
Blatt: Handförmige Wedel auf drahtigen, schwarz glänzenden Stielen.
Standort: Durchlässige, frische bis feuchte, humose Böden, kühle und luftfeuchte Lagen; licht bis halbschattig.
Verwendung: Graziler Farn für lichte Gehölzpartien, nordseitig vor Mauern oder Wänden. Schnittgrün.

Sorte: 'Imbricatum', Krauser Pfauenradfarn, Zwergform, 20 cm.

Braunstieliger Streifenfarn

Asplenium trichomanes

↕ 15–25 cm ◑

Wuchs: Rasenartig, Rhizome bildend.
Blatt: Stumpf dunkelgrün, fast linealisch, einfach gefiedert, gegenständige rundliche Blättchen an rotbraunen bis schwarzbraunen Wedelstielen, Wedel 5–20 cm lang, wintergrün.
Standort: Humose, frische bis feuchte, durchlässige Böden, sauer bis leicht alkalisch, halbschattig.
Verwendung: Zierlicher Farn für feuchtschattige Mauern und Steinfugen, absonnige Bereiche des Steingartens, Troggärten.

Frauenfarn (◁ Foto)

Athyrium filix-femina

↕ 80–100 cm ◑–●

Wuchs: Dichtbuschige Horste, aufrecht, trichterförmig. Mit den Jahren entwickeln sich aus kurzen Rhizomen vielköpfige breite Pflanzen.
Blatt: Hellgrün, fein gegliederte Wedel, Fiedern zugespitzt, Wedel 30–40 cm lang, sommergrün.
Standort: Durchlässige, humose Böden, frisch bis feucht; halbschattig bis schattig. Insgesamt anspruchslos und anpassungsfähig.
Verwendung: Wüchsiger Farn für schattige, waldartige Gartensituationen.

Rippenfarn

Blechnum spicant

↕ 20–30 cm ●

Wuchs: Dichte Horste, flach ausgebreitet, aufrechte Sporenwedel.
Blatt: Glänzend dunkelgrün, ledrig, einfach gefiedert, rosettenartig dem Boden aufliegend, wintergrün. Straff aufrechte, sommergrüne Sporenwedel.
Standort: Frische bis feuchte, sauer humose Böden in schattiger und kühler Lage.
Verwendung: Sonnenabgewandte Steingartenbeete, in feuchten Gehölzbereichen.

Gemeiner Wurmfarn

Dryopteris filix-mas

↕ 80–120 cm ◑–●

Wuchs: Aufrechte, trichterförmige Horste.
Blatt: Dunkelgrüne Wedel, doppelt gefiedert, schöner brauner Austrieb.
Standort: Humose, frische bis feuchte Böden, halbschattig bis schattig. Bei ausreichender Bodenfeuchtigkeit auch sonnig.
Verwendung: Anspruchsloser Waldfarn für naturnahe Waldgärten, Gehölzrandpflanzungen.
Weitere Art: *Dryopteris affinis,* Goldschuppenfarn, 100 cm, wintergrün, leuchtend goldbrauner Austrieb.

Trichterfarn, Straußfarn

Matteuccia struthiopteris (◁ Foto)

↕ 80–120 cm ◑–●

Wuchs: Trichterförmige Horste, durch starke Ausläuferbildung mit den Jahren flächendeckend.
Blatt: Frischgrün, sterile Wedel trichterförmig angeordnet, doppelt gefiedert, sommergrün. Aufrechte, schmuckvolle Sporenwedel, die den Winter überdauern.
Standort: Humose, frische bis feuchte Böden in kühlen, luftfeuchten Lagen, halbschattig bis schattig.
Verwendung: Wüchsiger Farn mit großem Ausbreitungsdrang, für größere waldartige Gartenpartien.

Perlfarn

Onoclea sensibilis

↑ 50–90 cm ◑

Wuchs: Durch Ausläuferbildung flächendeckend.
Blatt: Lichtgrün, sterile Wedel doppelt gefiedert, lang gestielt, 50–90 cm, sommergrün. Im Sommer erscheinen kurze Sporenwedel mit perlschnurartig aufgereihten Sporenträgern. Gelbrote Herbstfärbung.
Standort: Frische bis feuchte, humusreiche Lehmböden, licht- bis halbschattig.
Verwendung: Wuchernder Farn für größere Waldgärten, Sumpf- und Uferflächen.

Königsfarn (▷ Foto)

Osmunda regalis

↑ 120–150 cm ●

Wuchs: Locker horstig, aufrecht.
Blatt: Frischgrün, ledrig, doppelt gefiedert. Aufrechte kerzenartige Sporenträger. Gelbbraune Herbstfärbung.
Standort: Feuchte, sauer-humose, moorige Böden; schattige, luftfeuchte und wintermilde Lagen.
Verwendung: Einzeln oder in lockeren Gruppen vor und zwischen Gehölzen, am Bachlauf, an größeren Teichen.

Hirschzungenfarn (▷ Foto)

Phyllitis scolopendrium

↑ 40–50 cm ◑–●

Wuchs: Horstig, trichterförmig.
Blatt: Frischgrün glänzend, ledrig, ungefiederte Wedel, zungenförmig, wintergrün.
Standort: Durchlässige, humusreiche, kalkhaltige Böden, frisch bis feucht. Halbschattige bis schattige, luftfeuchte Plätze.
Verwendung: Im lichten Gehölzbestand, absonnige Steinanlagen, vor nordseitigen Mauern oder Wänden.

Sorten: 'Crispa', Gewellter Hirschzungenfarn, gewellte Wedel, 30 cm; 'Angustifolia', Schmalblättriger Hirschzungenfarn, schmale Wedel, 35 cm.

Tüpfelfarn, Engelsüß

Polypodium vulgare

↑ 20–30 cm ◑–●

Wuchs: Durch Ausläuferbildung mit der Zeit teppichartig.
Blatt: Dunkelgrün, derb ledrig, einfach gefiedert, Fiedern stumpf abgerundet, wintergrün, unterseits tüpfelartig angeordnete Sporenbehälter.
Standort: Durchlässige, humos-lehmige, kalkarme Böden, halbschattige bis schattige, luftfeuchte Lagen.
Verwendung: In schattigen Gehölzpartien, auch bei Wurzelkonkurrenz, absonnige Steinanlagen, Mauernspalten, Felsen.

Glanz-Schildfarn

Polystichum aculeatum

↑ 60–80 cm ◑–●

Wuchs: Buschig, horstig.
Blatt: Glänzend grün, lederartig, 2–3fach gefiedert, Wedel elegant gebogen, wintergrün.
Standort: Durchlässige, frische, humose und nährstoffreiche Böden, halbschattig bis schattig.
Verwendung: Wirkungsvoller Farn für den Schattengarten, zusammen mit Rhododendron, Schattengräsern und Waldstauden, absonnige Steingärten, Mauern.

Filigranfarn, Weicher Schildfarn (▷ Foto)

Polystichum setiferum

↑ 60–80 cm ◑–●

Wuchs: Horstig, breit trichterförmig.
Blatt: Mattgrün, fein gegfiederte Wedel, Wedelstiele dicht mit braunen Spreuschuppen bedeckt, wintergrün.
Standort: Frische bis feuchte, humusreiche und nährstoffreiche Böden, halbschattige bis schattige und luftfeuchte Plätze.
Verwendung: Dekorativer Farn vor und zwischen Gehölzen, in schattigen Gartenwinkeln.

Sorten: 'Plumosum Densum', Flaumfeder-Filigranfarn, 40 cm, dicht gefiedert, fast moosartig; 'Proliferum', Schmaler Filigranfarn, 40 cm, schmale, flach gebogene Wedel.

Blumenzwiebeln

Blumenzwiebeln sind ausdauernde, krautartige Pflanzen und zählen somit zu den Stauden. In der gärtnerischen Praxis werden sie oft als eigene Gruppe behandelt, da sie im Unterschied zu Stauden unterirdische Speicherorgane wie Zwiebeln oder Knollen ausbilden. Die Überdauerungsorgane dienen als Reservespeicher, mit deren Hilfe sie ungünstige Lebensbedingungen wie Sommertrockenheit, Lichtarmut oder Winterkälte problemlos überstehen. Da die Speicherorgane unter der Erde liegen, werden Zwiebel- und Knollengewächse auch Geophyten oder Erdpflanzen genannt.

Ihre Verwendung im Garten

Zwiebel- und Knollenpflanzen sind im Garten äußerst vielseitig einzusetzen, da sie einen überraschenden Farben- und Formenreichtum bieten. Bei der Verwendung ist zu unterscheiden zwischen den Wildarten und hochgezüchteten Kulturformen, um ihrem Charakter und zugleich auch ihren Ansprüchen gerecht zu werden.

Rabatten für die Kulturformen

Hochgezüchtete Kulturformen präsentieren sich besonders gut auf Rabatten. Zusammen mit Stauden lassen sich unzählige Kombinationen verwirklichen. Geschickt eingesetzt, können sie Blütenlücken füllen oder sie vollenden Pflanzungen bei gleichzeitiger Blüte. Beachten sollte man, dass sie nicht im Vordergrund, sondern besser im mittleren bis hinteren Beetbereich gepflanzt werden, damit das einziehende Laub nach der Blüte nicht stört.

Ideal: Zwiebel- und Knollengewächse unter Gehölzen

Bäume und Sträucher bilden das Gerüst eines Gartens. Frühjahrsblühende Geophyten gedeihen unter sommergrünen Gehölzen ganz besonders prächtig und setzen dort farbige Akzente. Besonders geeignet sind Arten, die von Natur aus in Wäldern vorkommen, etwa Schneeglöckchen *(Galanthus)*, Busch-Windröschen *(Anemone nemorosa)* oder Lerchensporn *(Corydalis)*.
Im Frühjahr nutzen die Geophyten unter den laublosen Gehölzen das reiche Lichtangebot für ihre aktive Wachstumsphase, und während der Vegetationsruhe profitieren sie vom kühlen Schatten, den die Gehölze spenden.

Rasenflächen werden zu Blütenteppichen

Im Frühjahr können Zwiebelgewächse Rasenflächen und Wiesen in wahre Blütenteppiche verwandeln. Geeignet sind Rasenflächen, die im Schatten von Gehölzen nur dürftig entwickelt und stark vermoost sind, oder lückenhafter Rasen im Wurzelbereich von Gehölzen. Hier können sich früh austreibende Blumenzwiebelgewächse gegen die Konkurrenz der Gräser durchsetzen, wenn ihre Entwicklung und Versamung nicht vorzeitig durch Mähen gestört wird.
Für solche Rasenflächen sind Kleinblumenzwiebeln wie Winterling *(Eranthis)*, Krokus *(Crocus)*, Sibirisches Blausternchen *(Scilla)* oder Puschkinie *(Puschkinia)* bestens geeignet. Um natürliche Bilder zu schaffen, siedelt man die Kleinzwiebelgewächse in unregelmäßig großen Gruppen an, denn erst im Pulk kommen sie richtig zur Geltung. Perfekt gepflegte Zierrasenflächen sind ungeeignet, da die Kleinblumenzwiebeln der Graskonkurrenz nicht gewachsen sind, außerdem lassen sich frühe Mähtermine nicht mit der Samenreife vereinbaren. Höhere Grasflächen oder Blumenwiesen verlangen auch größere Zwiebeln, zum Beispiel robuste Narzissen-Arten, damit sie sich dauerhaft durchsetzen können.
➲ Mehr dazu auch ab Seite 256.

Zwiebeln- und Knollengewächse in Stein- oder Steppengärten

Einige Arten fühlen sich in warmen, sonnigen Stein- oder Steppenpflanzungen besonders wohl. Unregelmäßig gepflanzte Nester von Netz-Iris *(Iris reticulata)*, Traubenhyazinthen *(Muscari)* oder Wildtulpen *(Tulipa)* können hier zusätzliche Blickpunkte schaffen.

Pflanzung und Pflege

Trockene Zwiebeln und Knollen werden meist gegen Ende ihrer natürlichen Vegetationsruhe im Handel angeboten. Frühjahrsblühende Geophyten wie Narzissen, Tulpen oder Schneeglöckchen werden im Herbst gepflanzt. Im Sommer blühende wie Montbretien *(Crocosmia)* kommen im Frühjahr in die Erde. Pflanzzeit für Herbstblüher wie Herbstzeitlose *(Colchicum)* oder Herbst-Krokus *(Crocus speciosus)* ist der Sommer.

Die richtige Pflanztiefe

Die Pflanztiefe hängt von der Zwiebelgröße und dem Boden ab. Als Faustregel gilt, dass die Zwiebeln und Knollen etwa

Garten-Tulpen setzen mit ihren leuchtkräftigen Blütenfarben bunte Farbtupfer im Frühlingsgarten und eröffnen den Blütenreigen im Gartenjahr.

dreimal so tief gepflanzt werden, wie sie selbst groß sind. Auf lockeren und leichten Böden sollten sie etwas tiefer, auf schweren Böden etwas höher gepflanzt werden.

➲ Mehr zu Pflanzung siehe Seite 98.

Auch Zwiebelblumen brauchen Düngung

Die Düngung sollte dem Wachstumsrhythmus der Zwiebel- und Knollenpflanzen angepasst werden. Daher sollte man die Düngermenge in eine Frühjahrs- und eine Herbstgabe aufteilen. Die Frühjahrsdüngung sollte zum Austrieb erfolgen. Bewährt haben sich mineralische Volldünger, die schnell wirksam werden und der Blütenausbildung zugute kommen. Eine zweite Gabe im Herbst ist empfehlenswert, da sich die Zwiebeln und Knollen zu dieser Zeit in einer kräftigen Wachstumsphase befinden und somit viele Nährstoffe benötigen. Geeignet sind in dieser Jahreszeit organische Dünger, da sie über einen langen Zeitraum hinweg wirksam sind. Die Düngermenge ist dem Nährstoffbedarf der verschiedenen Zwiebel- und Knollengewächse anzupassen. Dieser ist bei den großblumigen Züchtungen natürlich höher als bei den Kleinblumenzwiebeln. Empfehlenswert ist als Faustzahl eine Gesamtmenge von 50–80 Gramm Volldünger pro Quadratmeter, in Abhängigkeit von der Pflanzengröße.

Der Blütenschnitt

Nach der Blüte sollte man bei den großblumigen Zwiebel- und Knollenpflanzen (Tulpen, Narzissen, Hyazinthen) die verblühten Blütenstängel ausschneiden, damit sie für die Fruchtbildung nicht unnötig Kraft verschwenden. Bei Kleinblumenzwiebeln, die sich versamen sollen, verzichtet man auf den Blütenschnitt.

Das Laub nicht abschneiden

Auch wenn das Laub vieler Geophyten nach der Blüte oft als störend empfunden wird, sollte man ihr Laub unbedingt in Ruhe vergilben und einziehen lassen, denn die Pflanzen assimilieren mit Hilfe der Blätter und sammeln so die notwendigen Reservestoffe im Speichergewebe, die sie auch im Folgejahr blühen lassen. Rasenflächen, in denen Zwiebel- und Knollengewächse durch Selbstaussaat Kolonien bilden sollen, dürfen deshalb erst nach dem Vergilben der Blätter und der Samenreife gemäht werden. Je nach Witterung also sechs bis acht Wochen nach der Blüte.

Iran-Lauch (▷ Foto)

Allium aflatunense

↥ 70–100 cm ❁ 5–6 ○

Wuchs: Eintriebig mit straff aufrechten Blütendolden.
Blatt: Blaugrün, riemenförmig, vergilben bereits während der Blüte.
Blüte: Violettrosa, kugelige Blütendolden aus zahlreichen sternförmigen Einzelblüten, 10 cm Durchmesser.
Standort: Durchlässige, lehmige und nährstoffreiche Böden, mäßig trocken bis frisch, sonnig.
Verwendung: In lockeren Gruppen in Staudenrabatten, zwischen den Horsten, so dass das vergilbende Laub verdeckt wird.

Sorte: 'Purple Sensation', intensiv purpurviolett, 100 cm.

Blauzungen-Lauch (▷ Foto)

Allium karataviense

↥ 15–25 cm ❁ 5–6 ○

Wuchs: Eintriebige Zwiebelpflanze.
Blatt: Sehr dekorativ, metallisch blaugrün, zungenförmig und gegenständig angeordnet.
Blüte: Silbrigrosafarbene Blütendolden, kugelförmig, bis zu 10 cm Durchmesser.
Standort: Durchlässige, mäßig trockene bis frische, sandige Böden. Sonnig, wärmeliebende Art.
Verwendung: Wirkungsvoller Frühlingsblüher für das Steppenbeet, Steingarten, Kiesgarten. In kleineren Gruppen pflanzen.

Gelber Lauch, Gold-Lauch

Allium moly (▷ Foto)

↥ 20–30 cm ❁ 5–6 ○–◑

Wuchs: Horstartig, kolonienbildende Zwiebelpflanze. Verbreitet sich durch Tochterzwiebeln und Selbstaussaat.
Blatt: Blaugrün, breit lanzettlich.
Blüte: Leuchtend goldgelbe Sternblüten in lockeren, schirmförmigen Dolden.
Standort: Sehr anpassungsfähig und anspruchslos, mäßig trockene bis frische Plätze, sonnig bis halbschattig.
Verwendung: Ideal zur Verwilderung unter lichten Gehölzen oder in Naturnahen Gärten. Bildet rasch größere Kolonien.

Balkan-Anemone

Anemone blanda

↥ 20–25 cm ❁ 3–5 ○–◑

Wuchs: Kolonienbildende Knolle.
Blatt: Dunkelgrün, dreiteilig gelappt, früh einziehend.
Blüte: Strahlenförmige Blüten mit schmalen Zungenblüten, Blütenfarbe je nach Sorte in vielen Tönungen von Blau, Purpurviolett, Rosa und Weiß.
Standort: Durchlässige, humose Böden, mäßig trocken bis frisch. Warme, sonnige oder auch halbschattige Plätze.
Verwendung: Unterpflanzung von laubabwerfenden Gehölzen und Sträuchern.

Kronen-Anemone (◁ Foto)

Anemone coronaria

↥ 15–20 cm ❁ 3–5 ○–◑

Wuchs: Einblütige Knollen.
Blatt: Frischgrün, unterhalb der Blüte grüne Halskrause aus geschlitzten Hüllblättern.
Blüte: Farbenprächtige Schalenblüten mit schwarzen Staubgefäßen in Blau, Violett, Rot, Pink und Weiß.
Standort: Nährstoffreiche, trockene bis frische, warme sonnige Plätze.
Verwendung: Leuchtkräftige Farbtupfer für den sonnigen Gehölzrand, Heckenränder. Leider nur kurzlebig.

Sorten: DeCaen-Anemonen 'Hollandia', rot; 'Mr. Fokker', blau; 'The Bride', weiß.

Weißes Buschwindröschen

Anemone nemorosa

↥ 15–20 cm ❁ 3–4 ◑–●

Wuchs: Teppichartig, kolonienbildend durch kriechende Rhizome.
Blatt: Dunkelgrün, dreiteilig, lang gestielt, nach der Blüte einziehend.
Blüte: Weiße Schalenblüten mit auffällig gelben Staubgefäßen.
Standort: Frische, humose Waldböden. Im Frühjahr sonnig, im Sommer schattenverträglich.
Verwendung: Zur Verwilderung unter und zwischen sommergrünen Gehölzen, in waldartigen Pflanzungen.
Weitere Art: *Anemone ranunculoides,* Gelbes Windröschen, goldgelb.

Sardischer Schneestolz

Chionodoxa sardensis (◁ Foto)

↥ 15 cm ❁ 3–4 ○–◑

Wuchs: Kolonienbildende Zwiebelpflanze. Vermehrt sich durch Tochterzwiebeln und Selbstaussaat.
Blatt: Frischgrün, schmalblättrig, nach der Blüte schnell einziehend.
Blüte: Leuchtend enzianblaue Sternblüten mit kleinem weißem Auge, bis zu 12 Blüten an einem Blütenstand.
Standort: Frische, humose Böden, sonnig oder halbschattig.
Verwendung: Ideal zum Verwildern unter und zwischen Gehölzen oder in vermoosten Rasenflächen.

Herbstzeitlose

Colchicum-Hybriden

↥ 20 cm ❁ 9–10 ○

Wuchs: Mehrblütige Knollenpflanze mit Blattrosetten im Frühjahr.
Blatt: Große, breit lanzettliche Blätter, die im Juni einziehen. Während der Blüte blattlos.
Blüte: Glockige, trichterförmige Blüten in Lila, Violett oder Rosa. Mehrere Blüten pro Knolle.
Standort: Durchlässige, nährstoffreiche Lehmböden, sommertrockene Plätze.
Verwendung: Sonniger Gehölzrand, Steinanlagen, Rabatten.
Alle Pflanzenteile sind stark giftig.

Maiglöckchen (◁ Foto)

Convallaria majalis

↥ 15–25 cm ❁ 5–6 ◑

Wuchs: Teppichartig, verbreitet sich durch kriechende Rhizome.
Blatt: Frischgrün, oval-lanzettlich, im Spätsommer einziehend.
Blüte: Weiß, glockenförmig, in lockeren Trauben, angenehm duftend.
Standort: Humos-lehmige, mäßig trockene bis frische Böden, halbschattig. Bei ausreichender Bodenfeuchte auch sonnig.
Verwendung: Im lichten Schatten unter Gehölzen, vor Mauern, Wänden. Wertvolle Schnittblume.
Alle Pflanzenteile sind giftig.

Gefingerter Lerchensporn

Corydalis solida

↥ 15 cm ❁ 3–4 ○–◑

Wuchs: Zierliche Knollenpflanze, die sich reichlich versamt und große Bestände bildet.
Blatt: Fingerartig eingeschnittene Hochblätter.
Blüte: Purpurrosa oder Weiß, gespornt, in dichten Trauben.
Standort: Humusreiche, frische bis feuchte, nährstoffreiche Böden, sonnig bis halbschattig.
Verwendung: Großflächig, zum Verwildern in Gehölzrändern, schütteren Rasenflächen.
Weitere Art: *Corydalis cava,* Hohler Lerchensporn, 25 cm.

Garten-Monbretie (▷ Foto)

Crocosmia × crocosmiiflora

↥ 60–100 cm ❁ 7–10 ○

Wuchs: Horstartig, langsame Vermehrung über Brutknollen.
Blatt: Frischgrün, schwertförmig.
Blüte: Orange, orangerot oder feuerrot, trichterförmige Blüten in dichtblütigen Ähren, duftend.
Standort: Lockere, gut wasserdurchlässige und nährstoffreiche Böden in sonniger, warmer Lage. Empfindlich gegen Winternässe. Schutz bietet das Zusammenbinden der Blätter und Abdecken mit Reisig.
Verwendung: Rabatten. Wertvolle Schnittblume.

Gold-Krokus (▷ Foto)

Crocus flavus

↥ 10 cm ❁ 2–3 ○

Wuchs: Starke Ausbreitung durch reichliche Versamung und Brutknollenbildung.
Blatt: Frischgrün mit weißer Mittelrippe, schmal lineal, bald nach der Blüte einziehend.
Blüte: Leuchtend goldgelb, lang anhaltender Blütenflor.
Standort: Durchlässige Böden, sonnige, sommertrockene Plätze.
Verwendung: Robuster Krokus für Steppengärten, Steingärten. Bester gelber Krokus zum Verwildern.

Garten-Krokus

Crocus-Hybriden

↥ 10–15 cm ❁ 3–4 ○–◑

Wuchs: Langsame, horstartige Ausbreitung durch Tochterknollen.
Blatt: Dunkelgrün mit weißem Mittelstreifen, grasartig, nach der Blüte einziehend.
Blüte: Großblütig, trichterförmig. Sorten in Weiß, Gelb, Lila, Violett oder Violett-Weiß gestreift.
Standort: Durchlässige, mäßig trockene bis frische Böden in sonnig warmer Lage.
Verwendung: Gruppenweise in schütteren Rasenflächen, unter lichten Gehölzen.

Herbst-Krokus (▷ Foto)

Crocus speciosus

↥ 10–15 cm ❁ 9–10 ○–◑

Wuchs: Kolonienbildung durch Brutknollenbildung und Selbstaussaat.
Blatt: Frischgrün, schmal lineal, Blätter erscheinen erst nach der Blüte und überdauern den Winter.
Blüte: Hellviolett mit dunkelvioletten Adern, großblütige Trichterblüten.
Standort: Durchlässige, humose, frische Böden, sonnig bis halbschattig, warme Plätze.
Verwendung: Wertvoller Herbstblüher für Stein- und Heidegärten, in schütterem Rasen, im Vordergrund von Gehölzen.

Elfen-Krokus

Crocus tommasinianus

↥ 10 cm ❁ 2–4 ◑

Wuchs: Große Kolonien bildend durch reiche Versamung.
Blatt: Frischgrün, grasartig, weißer Mittelstreifen.
Blüte: Helllila, trichterförmig, sehr reich blühend.
Standort: Jeder durchlässige Gartenboden, im Frühjahr frisch bis feucht, im Sommer trockener.
Verwendung: Gut zum Verwildern unter sommergrünen Gehölzen, in schütteren Rasenflächen. Sie wirken am besten bei Verwendung in größeren Stückzahlen.

Vorfrühlings-Alpenveilchen

Cyclamen coum

↕ 8–10 cm ❁ 2–4 ◑

Wuchs: Kolonienbildung durch Selbstaussaat. Ausdauernde Knollenpflanze.
Blatt: Dunkelgrün, silbrig gemustert, rundlich herzförmig.
Blüte: Rosa, karminrot oder weiß, endständig auf dünnen Stielen, duftend.
Standort: Durchlässige, humose und kalkhaltige Böden; halbschattig, warm und sommertrocken.
Verwendung: Im Schatten sommergrüner Gehölze.
Weitere Art: *Cyclamen hederifolium,* Herbst-Alpenveilchen, 10 cm, VIII–IX, rosa, weiß.

Winterling (◁ Foto)

Eranthis hyemalis

↕ 10 cm ❁ 2–3 ◑–●

Wuchs: Größere Kolonien durch Tochterknollen und Versamung.
Blatt: Halskrausenähnliche Hochblätter aus breiten geschlitzten Blättchen, im Sommer einziehend.
Blüte: Leuchtend gelbe Schalenblüten, leicht duftend, gute Bienenweide.
Standort: Nährstoffreiche, humose, frische Böden. Im kühlen Schatten von sommergrünen Gehölzen, die zur Blütezeit viel Licht durchlassen.
Verwendung: Gut zum Verwildern unter Gehölzen, in schütteren Rasenflächen.

Steppenkerze, Lilienschweif

Eremurus robustus (◁ Foto)

↕ 250 cm ❁ 6–7 ○

Wuchs: Eintriebige Zwiebelpflanze mit seesternartigen Knollen.
Blatt: Blaugrün, rosettenartig, linealisch, Blätter vergilben bereits bei der Blüte.
Blüte: Zartrosa, aufgeblüht fast weiß, imposante Blütenkerzen.
Standort: Tiefgründige, durchlässige, nährstoffreiche Böden, sommertrocken, sonnig warm.
Verwendung: Prachtvoller Blüher für Rabatten, Steppengarten, Felssteppen.

Sorten: *Eremurus stenophyllus,* 100 cm, VI–VII, intensiv gelb; *Eremurus-Ruiter*-Hybriden, 200 cm, V–VII, orange, gelb, rosa.

Schachbrettblume, Kiebitzei

Fritillaria meleagris

↕ 20–30 cm ❁ 4–5 ◑

Wuchs: Eintriebige Zwiebelpflanze mit elegant übergeneigten Blütenständen.
Blatt: Graugrün, linealisch.
Blüte: Glockenförmige, nickende Blüten, purpurrosa mit weiß-purpurfarbener Musterung, auch rein weiße Blüten.
Standort: Frische bis feuchte, lehmige, nährstoffreiche Böden im Halbschatten.
Verwendung: In feuchten Wiesen, an feuchten Gartenplätzen, am Naturteich.

Kaiserkrone (◁ Foto)

Fritillaria imperialis

↕ 80–100 cm ❁ 4 ○

Wuchs: Stattliche Zwiebelpflanze mit hohen, kräftigen Blütenschäften.
Blatt: Glänzend grün, breit lanzettlich, quirlständig an fleischigen Stängeln. Über den Blüten erhebt sich ein Büschel spitzförmiger Blätter.
Blüte: Große, glockenförmige Blüten in Gelb, Orange oder Rot.
Standort: Nährstoffreiche, durchlässige, frische Böden, sonnig.
Verwendung: Als Blickfang in Rabatten, Bauerngärten.

Sorten: 'Aurora', rotorange; 'Lutea Maxima', gelb, großblumig; 'Lutea Rubra', rot, großblumig.

Schneeglöckchen

Galanthus nivalis

↕ 10–15 cm ❁ 2–4 ◑

Wuchs: Kolonienbildung durch Selbstaussaat und Brutzwiebelbildung.
Blatt: Graugrün, schmal linealisch, Blätter ziehen bald nach der Blüte ein.
Blüte: Weiß, Innenkrone grün gerandet, glockenförmig, nickend.
Standort: Humos-lehmige, frische bis feuchte Böden, halbschattig.
Verwendung: Unterpflanzung von Gehölzen, in schütterem Rasen. Gut zum Verwildern.
Weitere Art: *Galanthus elwesii,* Großblütiges Schneeglöckchen, 20 cm, besonders großblütig.

Spanisches Blauglöckchen

Hyacinthoides hispanica (▷ Foto)

↕ 25–30 cm ❁ 5–6 ◑–●

Wuchs: Rosettenartige Horste. Kolonienbildung durch Selbstaussaat und Brutzwiebelbildung.
Blatt: Frischgrün, breit lanzettlich, nach der Blüte einziehend.
Blüte: Violettblau, glockenförmig mit zurückgebogenen Spitzen, bis zu 15 Blüten pro Traube, duftend.
Standort: Nährstoffreicher, humoser, frischer bis feuchter, aber durchlässiger Boden, halbschattig bis schattig.
Verwendung: Zum Verwildern in Naturgärten, Gehölzrändern, Waldgärten.

Garten-Hyazinthe

Hyacinthus orientalis

↕ 20–30 cm ❁ 4–5 ○

Wuchs: Zwiebelpflanze mit kräftigem Blütenschaft.
Blatt: Hellgrün, breit lanzettlich.
Blüte: Weiß, rosa, blau, hellgelb, orange oder violett. Dichte Traube mit glockenförmigen Blüten, einfach oder gefüllt, intensiv süßlich duftend.
Standort: Durchlässige, humose, nährstoffreiche Böden, sonnig warm.
Verwendung: Frühlingsbeete, Rabatten, vor Mauern. Vorzügliche Schnittblume.

Weitere Sorten: Multiflora-Hyazinthen, 20 cm, mehrere Blütentrauben pro Zwiebel, kleinblütiger.

Netz-Iris (▷ Foto)

Iris reticulata

↕ 10–15 cm ❁ 3–4 ○

Wuchs: Zwergige Zwiebelpflanze, die sich nur langsam vermehrt.
Blatt: Graugrün, schmal linealisch, aufrecht, ziehen nach der Blüte ein.
Blüte: Sorten in Blau, Violett, Purpur, Gelb oder Weiß, oft auffällig gezeichnet, leicht duftend.
Standort: Durchlässige, sandige, leicht alkalische Böden, mäßig trocken bis trocken, vollsonnig warm.
Verwendung: Zierlicher Frühlingsblüher für den Steingarten, Steppenpflanzungen.

Märzbecher, Frühlings-Knotenblume

Leucojum vernum

↕ 20–30 cm ❁ 3–4 ◑–●

Wuchs: Kolonienbildende Zwiebelpflanze durch Selbstaussaat und Brutzwiebelbildung.
Blatt: Glänzend frischgrün, nach der Blüte bald vergilbend.
Blüte: Weiß mit gelblich grünen Tupfen am Rand, breit glockenförmig, nickend.
Standort: Humos-lehmige, nährstoffreiche, frische bis feuchte Böden, halbschattig bis schattig.
Verwendung: Gut zum Verwildern in lichten, feuchten Gehölzbereichen und Rasenflächen.

Feuer-Lilie

Lilium bulbiferum

↕ 60–120 cm ❁ 6–7 ○–◑

Wuchs: Eintriebige Zwiebelpflanze.
Blatt: Stumpfgrün, schmal lanzettlich.
Blüte: Leuchtend orange, orangerot oder rot, dunkel gesprenkelt, großblütige Schalen, endständige Dolden mit bis zu 20 Blüten.
Standort: Durchlässige, sandig-lehmige, nährstoffreiche, frische Böden, sonnig bis halbschattig, warm.
Verwendung: Staudenpflanzungen, sonnige Gehölzränder.

Madonnen-Lilie (▷ Foto)

Lilium candidum

↕ 100–150 cm ❁ 6–7 ○

Wuchs: Eintriebige Zwiebelpflanze.
Blatt: Frischgrün, lanzettlich.
Blüte: Reinweiße, kelchförmige Blüte, intensiv duftend, 10 bis 20 Blüten pro Blütenstand.
Standort: Durchlässige, sandig-lehmige, kalkhaltige und nährstoffreiche Böden, sonnig warme Plätze.
Verwendung: Gruppenweise in Rabatten, möglichst ungestört zwischen Stauden.

Narzissen, Osterglocken

Das unüberschaubare Narzissensortiment wird in mehrere Gruppen eingeteilt, die sich in der Blütenform und -größe unterscheiden. Narzissenblüten setzen sich zusammen aus einer sternförmigen Hauptkrone und einer Nebenkrone, die trompetenförmig bis napfartig geformt ist. Die Blüten sind gelb, orange oder weiß gefärbt, viele Sorten sind auch zweifarbig.

Trompeten-Narzissen
Trompeten-Narzissen zeigen große Einzelblüten, die sich aus einer sternförmigen Hauptkrone und einer langen, trompetenförmigen Nebenkrone zusammensetzen. Eine widerstandsfähige Narzissengruppe, die von März bis August blüht.

Großkronige Narzissen (Schalen- oder Becher-Narzissen)
Die Blüten setzen sich zusammen aus einer sternförmigen Hauptkrone und einer schalenförmigen Nebenkrone. Blütezeit ist von April bis Mai. Pro Stiel wird nur eine Blüte ausgebildet.

Kleinkronige Narzissen
Einzelblüten, bei denen die Hauptkrone sternförmig und die Nebenkrone tellerartig verkleinert ist. Die Sorten blühen von April bis Mai.

Gefüllt blühende Narzissen (◁ Foto)
Zu dieser Gruppe zählen alle Narzissen, die mehr oder weniger stark gefüllt sind. Sie sollten an windgeschützten Standorten gepflanzt werden. Sie blühen von April bis Mai.

Trompeten-Narzissen, Groß- und kleinkronige Narzissen

Narcissus
↕ 30–60 cm ❁ 3–4 ○–◑

Wuchs: Zwiebelpflanzen, die sich über Tochterzwiebeln vermehren.
Blatt: Graugrün, schmal lanzettlich, nach der Blüte einziehend.
Standort: Frische, humos-lehmige, nährstoffreiche Böden, sonnig bis halbschattig.
Verwendung: Rabatten, Frühlingsbeete, in größeren Stückzahlen in Wiesen, Schnittblume.

Alpenveilchen-Narzissen

Narcissus-Cyclamineus-Hybriden
↕ 10–40 cm ❁ 2–4 ○–◑ (◁ Foto)

Wuchs: Zwiebelpflanze, die sich durch Brutzwiebeln vermehrt.
Blatt: Frischgrün, lanzettlich.
Blüte: Gelb oder weiß, nickende Einzelblüten pro Stiel. Die sternförmigen Blütenblätter der Hauptkrone sind zurückgebogen wie bei Alpenveilchen, die Nebenkrone ist röhrenförmig und lang gestreckt.
Standort: Durchlässige, lehmig-humose Böden, sonnig bis halbschattig.
Verwendung: Steingärten, Tröge, sonnige Gehölzrander.

Dichter-Narzisse (◁ Foto)

Narcissus poeticus
↕ 30–40 cm ❁ 4–5 ○–◑

Wuchs: Zwiebelpflanze, die sich durch Brutzwiebeln und Selbstaussaat vermehrt.
Blatt: Graugrün, schmal linealisch.
Blüte: Weiße, sternförmige Hauptkrone, die Nebenkrone ist napfartig reduziert und orangefarben gefärbt, duftend.
Standort: Frische, nährstoffreiche, humos-lehmige Böden, sonnig bis halbschattig.
Verwendung: Gut zum Verwildern am Gehölzrand, in Rasenflächen.

Sorte: 'Actaea', wichtigste Sorte, großblumiger als die Art.

Strauß-Narzissen, Tazetten

Narcissus
↕ 30–45 cm ❁ 4–5 ○–◑

Wuchs: Zwiebelpflanze, die sich nur langsam über Brutzwiebeln vermehrt.
Blatt: Graugrün, schmal-lanzettlich.
Blüte: Mehrblütige Narzissen mit 4–8 kleineren Blüten pro Stiel. Häufig zweifarbig in Gelb, Orange oder Weiß, angenehm duftend.
Standort: Durchlässige, humos-lehmige Böden, sonnig bis halbschattig.
Verwendung: Tazetten sind nicht immer ausreichend winterhart, daher geschützte Standorte wählen, vor schützenden Mauern, Schnittblume.

Sorte: 'Geranium', robust und winterhart, weiß mit oranger Mitte, stark duftend.

Tiger-Lilie

Lilium lancifolium

↥ 100–120 cm ❁ 8–9 ○

Wuchs: Eintriebige Zwiebelpflanze.
Blatt: Tiefgrün, lanzettlich.
Blüte: Leuchtend orangerot, schwarzpurpur gesprenkelt, sternförmig mit zurückgeschlagenen Blütenblattzipfeln, nickend.
Standort: Durchlässige, nährstoffreiche, frische Gartenböden, sonnig und warm.
Verwendung: In lockeren Gruppen in Staudenbeeten, sonnige Gehölzränder.

Königs-Lilie (▷ Foto)

Lilium regale

↥ 80–120 cm ❁ 7 ○

Wuchs: Eintriebige Zwiebelpflanze.
Blatt: Dunkelgrün glänzend, linealisch.
Blüte: Weiß, außen dunkelrosa gefärbt, trompetenförmig, angenehm duftend, bis zu 15 Blüten pro Stiel.
Standort: Durchlässige, sandig-lehmige, nährstoffreiche Böden, sonnig, im Zwiebelbereich beschattet, warme Lagen.
Verwendung: In lockeren Gruppen zwischen Stauden und Rosen in Rabatten.

Vielblütige Traubenhyazinthe

Muscari armeniacum

↥ 15–20 cm ❁ 4–5 ○

Wuchs: Kolonienbildung durch Selbstaussaat und Brutzwiebelbildung.
Blatt: Grasgrün, linealisch, etwas fleischig, nach der Blüte einziehend. Blätter treiben vor dem Winter aus und überdauern den Winter.
Blüte: Zahlreiche Blütentrauben, die dicht mit dunkelviolettblauen Blüten besetzt sind, leichter Duft.
Standort: Durchlässige, nährstoffreiche, mäßig trockene bis frische Gartenböden, sonnig warm.
Verwendung: In lockeren Gruppen in Steppengärten, Steinanlagen.

Dolden-Milchstern (▷ Foto)

Ornithogalum umbellatum

↥ 15–25 cm ❁ 4–5 ○

Wuchs: Zwiebelpflanze, die sich stark versamt und wuchert.
Blatt: Frischgrün, schmal linealisch, bald nach der Blüte einziehend.
Blüte: Weiß, sternförmig, in vielblütigen Dolden, nur zur Mittagszeit öffnend.
Standort: Anspruchslos, jeder durchlässige, mäßig trockene Gartenböden in sonniger Lage.
Verwendung: Zur Verwilderung unter Gehölzen, in Blumenwiesen.
Weitere Art: *Ornithogalum nutans,* 40 cm, großblütiger.

Puschkinie

Puschkinia scilloides var. *libanotica*

↥ 10–15 cm ❁ 3–5 ○–◑ (▷ Foto)

Wuchs: Kolonienbildende Zwiebelpflanze, die sich reichlich versamt.
Blatt: Grasgrün, lanzettförmig, Laub zieht nach der Blüte ein.
Blüte: Weißlich mit zartblauen Streifen, glockenförmig, 8–12 Blüten pro Blütenstand.
Standort: Jeder trockene bis frische Gartenboden mit gutem Wasserabzug, sonnig bis halbschattig.
Verwendung: Ausdauernder Frühlingsblüher. Zur Verwilderung unter Gehölzen, in schütterem Rasen.

Sibirisches Blausternchen

Scilla sibirica

↥ 10–15 cm ❁ 3–4 ○–◑

Wuchs: Dauerhafte Zwiebelpflanze, die sich über Selbstaussaat und Tochterzwiebeln verbreitet.
Blatt: Frischgrün, breit linealisch, nach der Blüte einziehend.
Blüte: Azurblau mit dunkelblauen Streifen, sternförmig, nickend, 3 bis 5 Blüten pro Blütenstiel.
Standort: Durchlässige, humose, frische Gartenböden; sonnig warm.
Verwendung: Zur Verwilderung in lockerem Rasen, unter Gehölzen.

Sorte: 'Spring Beauty', 20 cm, sterile Sorte, horstig, großblütiger als die Art.

Bei Garten-Tulpen gibt es eine Vielzahl an Sorten, die sich in der Blütenform und -farbe sowie in der Blütezeit unterscheiden. Die Einteilung in Gruppen erleichtert die Auswahl.

Garten-Tulpen

■ **Frühe Tulpen**
Blütezeit ist von Mitte bis Ende April
Einfache frühe Tulpen
Niedrige Tulpen (30–40 cm), die einfache Blüten zeigen.
Gefüllte frühe Tulpen
Niedrige Tulpen (25–30 cm), die gefüllte Blüten haben und sich durch eine lange Blütezeit auszeichnen.

■ **Mittelfrühe Tulpen**
Blütezeit ist von Ende April bis Anfang Mai.
Triumpf-Tulpen
Eine robuste Tulpengruppe mit kräftigen Stielen (40–50 cm) und schön geformten, einfachen Blüten. Viele zweifarbige Sorten mit schönen Farbkombinationen.
Darwin-Tulpen
Besonders großblumige, einfache Tulpen auf kräftigen Stielen (60–70 cm).

■ **Späte Tulpen**
Blütezeit ist im Mai
Einfache späte Tulpen
Spät blühende Tulpen mit besonders großen, eiförmig geformten Blüten auf kräftigen Stielen (40–70 cm).
Gefüllte späte Tulpen
Diese Tulpen werden wegen ihrer Blütenform auch Pfingstrosen-Tulpen oder Paeonienblütige Tulpen genannt. Sie werden 40–50 cm hoch und blühen in der zweiten Maihälfte. Wegen der schweren Blüten sind windgeschützte Standorte empfehlenswert.
Lilienblütige Tulpen
Eine spät blühende Tulpengruppe, die besonders wohl geformte, schlanke Blüten aufweist. Die Blütenblätter sind spitz zulaufend und nach außen gebogen. Sie werden 50–70 cm hoch.
Viridiflora-Tulpen
Kennzeichen dieser Tulpengruppe sind die grünlich geflammten Blütenblätter, die oft ungewöhnliche Farbkombinationen ergeben.
Papagei-Tulpen
Großblütige Tulpen mit auffällig geformten und gefärbten Blütenblättern, die Papageifedern ähneln. Papagei-Tulpen werden 50–60 cm hoch und blühen in der zweiten Maihälfte, wegen der schweren Blüten ist ein windgeschützter Standort erforderlich.
Rembrandt-Tulpen
Rembrandt-Tulpen haben auffällige gefleckte oder geflammte Blütenblätter in kontrastierenden Blütenfarben.
Gefranste Tulpen (Crispa-Tulpen)
Merkmal dieser Tulpen-Gruppe sind die gefransten, am Blütenrand fein eingeschnittenen Blütenblätter.

Mit Garten-Tulpen kann man bereits im Frühjahr erste Blütenaspekte setzen. Gruppenweise gepflanzt kommen die verschiedenen Sorten am besten zur Geltung.

Garten-Tulpen (◁ Foto)

Tulipa

Wuchs: Straff aufrechte Zwiebelpflanzen, die sich durch Tochterzwiebeln vermehren.
Blatt: Graugrün, breit zungenförmig, ziehen nach der Blüte ein.
Blüte: Zahlreiche Sorten pro Tulpengruppe in vielen Farben, auch zwei- und mehrfarbige Sorten.
Standort: Mäßig trockene bis frische, sandig-lehmige Gartenböden in voller Sonne.
Verwendung: Rabatten, Trogbepflanzungen, Topfgärten.

Fosteriana-Tulpen

Tulipa-Fosteriana-Hybriden

↥ 20–40 cm ❁ 4 ○

Wuchs: Eintriebige Zwiebelpflanze.
Blatt: Graugrün, breit-lanzettlich.
Blüte: Leuchtend gelb, rot, weiß, auch mehrfarbig, sehr großblumig, glockenförmig, bei Sonne waagerecht aufgeklappt.
Standort: Durchlässige, mäßig trockene bis frische Böden in voller Sonne.
Verwendung: Steingärten, Steppenpflanzungen, Kies- und Schottergärten.

Greigii-Tulpen (◁ Foto)

Tulipa-Greigii-Hybriden

↥ 20–35 cm ❁ 3–4 ○

Wuchs: Eintriebige, kurz gedrungene Zwiebelpflanze.
Blatt: Blaugrün, breit-lanzettlich, braunrot gestreift oder gefleckt, welliger Rand.
Blüte: Viele Sorten in Rot, Gelb, Weiß oder Orange, oft auch zwei- oder mehrfarbig. Breitglockige Blüten mit schwarzem Basalfleck.
Standort: Durchlässige, mäßig trockene bis frische Böden, sonnig.
Verwendung: Steingarten, Steppenpflanzungen, Kies- und Schottergärten.

Seerosen-Tulpen

Tulipa-Kaufmanniana-Hybriden

↥ 15–30 cm ❁ 3–4 ○

Wuchs: Kurztriebige Zwiebelpflanze.
Blatt: Graugrün, breit-lanzettlich, viele Sorten auch bräunlich gezeichnet.
Blüte: Leuchtend gelb, orange, rot oder weiß, oft auch zwei- und mehrfarbig. Bei Sonne öffnen sich die Blütenblätter nahezu waagerecht, so dass sie sternförmig wirken.
Standort: Durchlässige, mäßig trockene bis frische Böden, sonnig warme Plätze.
Verwendung: Gruppenweise in Steingärten, Steppenpflanzungen, Kies- und Schottergärten.

Weinberg-Tulpe (◁ Foto)

Tulipa sylvestris

↥ 20–40 cm ❁ 4–5 ○–◑

Wuchs: Eintriebige Zwiebelpflanze, die sich durch Selbstaussaat stark vermehrt.
Blatt: Blaugrün, lanzettlich.
Blüte: Leuchtend gelb, nickende Knospen, glockenförmige Blüten, die sich dann aufrichten und sternförmig öffnen.
Standort: Durchlässige, mäßig trockene bis frische, sandig-lehmige, nährstoffreiche Böden, sonnig bis halbschattig.
Verwendung: Gut zur Verwilderung in Steppenpflanzungen, Kies- und Schottergärten, Naturgärten.

Vielblütige Tulpe

Tulipa tarda

↥ 10–15 cm ❁ 3–4 ●

Wuchs: Zwiebelpflanze, die sich durch Selbstaussaat und Ausläuferbildung stark vermehrt.
Blatt: Blaugrün, linealisch.
Blüte: Gelb mit Weiß, vielblütig, drei- bis achtblütig.
Standort: Durchlässige, mäßig trockene bis frische, sandig-lehmige, nährstoffreiche Böden, vollsonnig warm.
Verwendung: Kies- und Steingarten, Steppenpflanzungen.

Pflanzbeispiele vom Frühling bis zum Herbst

Eine Trockenmauer bepflanzen

Trockenmauern oder auch Betonformsteinelemente bieten ideale Pflanzbedingungen für Steingartenstauden. Besonders geeignet sind polsterbildende Steingartenstauden, die teppichartig über die Steine wachsen. Hierzu gehören zum Beispiel Polster-Phlox *(Phlox subulata)*, Blaukissen *(Aubrieta*-Hybriden), Felsen-Steinkraut *(Aurinia saxatile)* oder auch die Schleifenblume *(Iberis sempervirens)*.

Verwendete Pflanzen

Nummer	Bot. Name dt. Name	Porträt Seite
①	*Arabis caucasica*, Garten-Gänsekresse	279
②	*Aster alpinus*, Alpen-Aster	280
③	*Aubrieta*-Hybriden, Blaukissen	282
④	*Aurinia saxatilis*, Felsen-Steinkraut	282
⑤	*Campanula poscharskyana*, Hängepolster-Glockenblume	283
⑥	*Cerastium tomentosum* var. *columnae*, Filziges Hornkraut	284
⑦	*Euphorbia myrsinites*, Warzen-Wolfsmilch	287
⑧	*Iberis sempervirens*, Schleifenblume	290
⑨	*Phlox subulata*, Polster-Phlox	296
⑩	*Saponaria lempergii* 'Max Frei', Spätsommer-Seifenkraut	299

Je nach Sortenwahl entfachen sie ein buntes Farbenspektakel oder auch ein harmonisches Farbenspiel. Für willkommene Abwechslung zwischen den Polstern sorgen die sternförmigen Blüten der Alpen-Aster *(Aster alpinus)* oder die walzenförmigen Triebe der Warzen-Wolfsmilch *(Euphorbia myrsinites)*. Unentbehrlich ist das Späte Seifenkraut, einer der ganz wenigen Sommer- und Herbstblüher unter den Steingartenpflanzen. Grundvoraussetzung für üppiges Pflanzenwachstum ist die richtige Erdmischung. Sie sollte durchlässig und nicht zu nährstoffreich sein. Nach der Blüte werden alle Polsterpflanzen stark zurückgeschnitten, damit die Polster kompaktwüchsig bleiben und nicht vergreisen.

Frühlingszauber im Schatten

Wunderschöne Blautöne, vereint mit zartgelben und weißen Blütenfarben, verwandeln ein Schattenbeet in ein wirkungsvolles Frühlingsbeet. Geeignete Pflanzflächen finden sich in feucht-frischen Böden unter lichten Sträuchern und Bäumen. Eine mosaikartige Pflanzung aus unregelmäßig großen Gruppen von Lungenkraut, Gedenkemein, Kaukasusvergissmeinnicht, Golderdbeeren, Wald-Schaumblüte und Elfenblumen schafft ein natürliches Gartenbild. Verstreut gepflanzte Schlüsselblumen und Gemswurz vervollständigen den Frühlingszauber. Durch die Verwendung von Blumenzwiebeln beginnt das Frühlingserwachen in diesem harmonischen Farbdreiklang schon einige Wochen früher. Einen ansprechenden Hintergrund und eine farbliche Abrundung verwirklichen Sie mit zartgelb oder gelb blühenden Gehölzen, wie einer Scheinhasel *(Corylopsis)*, Forsythie *(Forsythia)* oder auch einer Zaubernuss *(Hamamelis)* als Frühlingsvorboten.

Verwendete Pflanzen

Nummer	Bot. Name dt. Name	Stück pro m²	Porträt Seite
①	*Brunnera macrophylla,* Kaukasusvergissmeinnicht	5–7	282
②	*Doronicum orientale,* Gemswurz	5–7	286
③	*Epimedium × versicolor* 'Sulphureum', Schwefel-Elfenblume	7–9	287
④	*Omphalodes verna,* Gedenkemein	7–8	295
⑤	*Primula elatior,* Hohe Schlüsselblume	9–11	297
⑥	*Pulmonaria dacica* 'Azurea', Schmalblättriges Lungenkraut	7–9	297
⑦	*Tiarella cordifolia,* Wald-Schaumblüte	7–11	299
⑧	*Waldsteinia geoides,* Golderdbeere	7–9	300

Blumenzwiebeln: *Scilla siberica, Chionodoxa sardensis, Anemone blanda, Puschkinia scilloides* var. *libanotica, Galanthus nivalis*

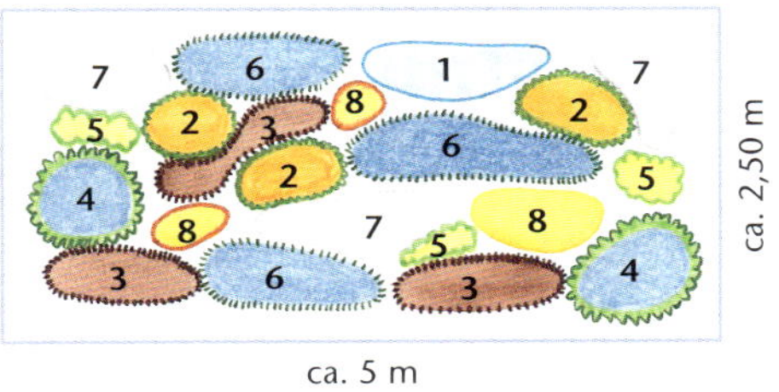

Glockenblumen – Intermezzo

Eine Pflanzenkombination für schattige, aber gut belichtete Gartenbereiche und frischen Boden. Hier dominieren helle Blütenfarben wie Weiß, Zartblau und -violett, die den lichtschattigen Bereich etwas aufhellen. Eine farbschöne Ergänzung bieten die gelblich grünen Schleier des Frauenmantels. Funkien, Wald-Schaumblüte und Schleier-Frauenmantel zieren zusätzlich mit ihrem Blattschmuck und bieten gleichzeitig einen natürlichen Halt für die Glockenblumen.

ca. 2,50 m

ca. 5 m

Verwendete Pflanzen

Nummer	Bot. Name dt. Name	Stück pro m²	Porträt Seite
①	*Campanula lactiflora*, Riesen-Glockenblume	3	283
②	*Campanula latifolia* var. *macrantha*, Wald-Glockenblume	5	283
③	*Campanula persicifolia*, Pfirsichblättrige Glockenblume	3–5	283
④	*Aruncus dioicus*, Wald-Geißbart	1–3	280
⑤	*Aster divaricatus*, Wald-Aster	1–3	280
⑥	*Hosta*-Hybriden, Funkie	2–5, je nach Art/Sorte	290
⑦	*Alchemilla mollis*, Schleier-Frauenmantel	3–5	278
⑧	*Tiarella cordifolia*, Wald-Schaumblüte	7–11	299
⑨	*Calamagrostis* × *acutiflora* 'Overdam' Garten-Sandrohr	3	302

Astilben und ihre Partner

Astilben, Eisenhut, Herbst-Anemonen und Silberkerzen passen sowohl standörtlich als auch farblich sehr gut zusammen. Sie alle bevorzugen einen hellen, schattigen Gartenplatz und frische bis feuchte Böden. Astilben bieten eine unglaubliche Sortenfülle, die attraktive Kombinationen ermöglicht. Die Sorten variieren hinsichtlich der Wuchshöhe, des Blütenzeitpunkts und der Blütenfarbe. Astilben wirken am besten, wenn sie in Gruppen zu fünft oder mehr gepflanzt werden. Mit Hilfe der Höhenstaffelung kann jede Sorte ins rechte Licht gesetzt werden. Nach der Astilbenblüte setzen Herbst-Eisenhut, Herbst-Anemonen und Silberkerzen einen weiteren Blütenhöhepunkt.

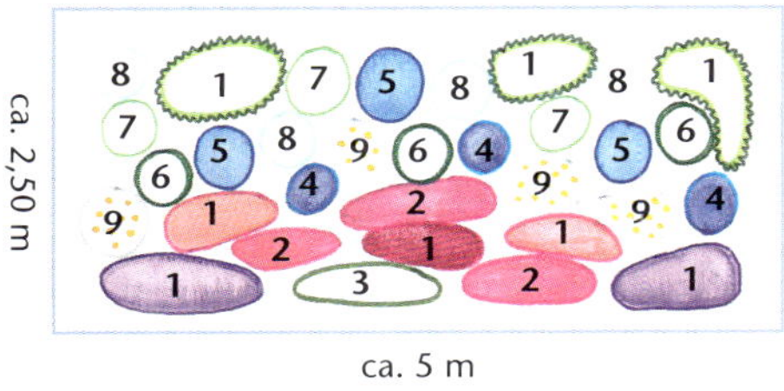

Verwendete Pflanzen

Nummer	Bot. Name dt. Name	Stück pro m²	Porträt Seite
①	*Astilbe-Arendsii*-Hybriden, Garten-Astilbe	5	281
②	*Astilbe-Japonica*-Hybriden, Japan-Astilben	5	281
③	*Astilbe-Thunbergii*-Hybriden, Wald-Astilben	3	282
④	*Aconitum napellus*, Blauer Eisenhut	3	278
⑤	*Aconitum carmichaelii* 'Arendsii', Herbst-Eisenhut	3	278
⑥	*Cimicifuga racemosa*, Juli-Silberkerze	1–3	285
⑦	*Cimicifuga ramosa*, Oktober-Silberkerze	1–3	285
⑧	*Cimicifuga simplex*, Oktober-Silberkerze	1–3	285
⑨	*Anemone-Japonica*-Hybriden, Herbst-Anemone	3	279

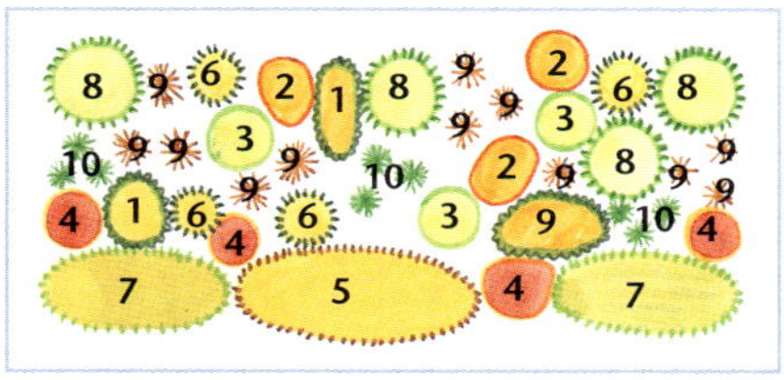

ca. 2,50 m

ca. 5 m

Gelbe Sonnenanbeter

Liebhaber gelber Farbtöne kommen bei diesem Gestaltungsvorschlag sicher auf ihre Kosten. Gelb besitzt eine hohe Leuchtkraft, die selbst an trüben Tagen wie ein Sonnenstrahl wirkt. In dieser einfarbigen Pflanzung rücken sämtliche Farbnuancen, die Gelb zu bieten hat, in den Vordergrund. Zusätzlich lebt diese Pflanzung von den unterschiedlichen Blüten- und Wuchsformen. Einen wichtigen Akzent setzen die abweichenden Wuchsformen der Gräser wie auch die fedrigen Blütenrispen der Garten-Goldrute neben den vielen Körbchenblüten.

Verwendete Pflanzen

Nummer	Bot. Name dt. Name	Stück pro m²	Porträt Seite
①	*Helianthus decapetalus,* Stauden-Sonnenblume	3	289
②	*Heliopsis helianthoides* var. *scabra,* Sonnenauge	3	289
③	*Helenium*-Hybriden, Sonnenbraut	3	289
④	*Gaillardia*-Hybriden, Kokardenblume	5–7	288
⑤	*Rudbeckia fulgida* var. *sullivantii* 'Goldsturm', Goldsturm-Sonnenhut	5	288
⑥	*Solidago*-Hybriden, Garten-Goldrute	3	299
⑦	*Coreopsis verticillata* 'Grandiflora', Mädchenauge	5–7	285
⑧	*Rudbeckia nitida,* Fallschirm-Rudbeckie	3	298
⑨	*Panicum virgatum* 'Strictum', Ruten-Hirse	3	306
⑩	*Calamagrostis × acutiflora* 'Karl Foerster', Garten-Sandrohr	3	302

Das Sonnenbeet

Eine Pflanzenkombination in Blau, Weiß und Gelb für vollsonnige Standorte und mäßig trockene, durchlässige Böden. Beide Faktoren sind unabdingbare Voraussetzung für den Pflanzerfolg. Farbkräftige Dauerblüher, wie die Gold-Garbe, Kugeldistel oder auch das Brandkraut, bereichern die Pflanzung zusätzlich mit ihrem Fruchtschmuck. Einen ansprechenden Herbst- und Winterschmuck bieten die Horste der beiden in dieser Pflanzung verwendeten Gräser.

ca. 2,50 m

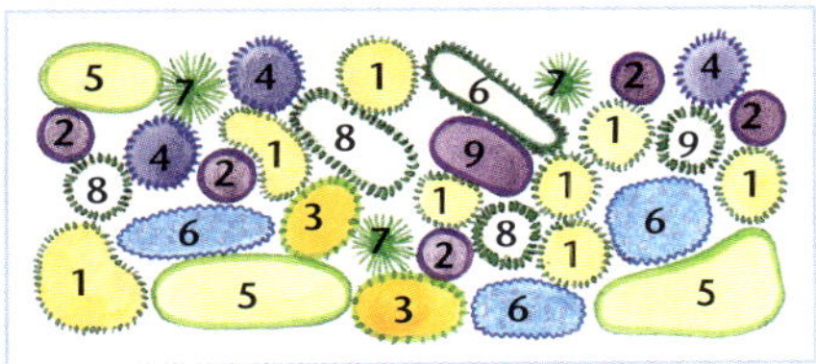

ca. 5 m

Verwendete Pflanzen

Nummer	Bot. Name dt. Name	Stück pro m²	Porträt Seite
1	*Achillea filipendulina,* Gold-Garbe	5	278
2	*Anchusa azurea,* Ochsenzunge	5–7	279
3	*Anthemis tinctoria,* Färberkamille	5–7	279
4	*Echinops bannaticus,* Kugeldistel	3	287
5	*Phlomis russeliana,* Brandkraut	5	296
6	*Salvia nemorosa* 'Blauhügel', 'Adrian', 'Mainacht', Hain-Salbei	5–7	298
7	*Festuca mairei,* Atlas-Schwingel	1	304
8	*Pennisetum alopecuroides,* Lampenputzergras	1	306

Rosen und ihre Begleiter

Eine Rosenpflanzung wirkt erst in dezenter Begleitung von Stauden so richtig vollendet. Geeignete Rosen finden Sie ab Seite 198. Als Begleiter bieten sich Graulaubige sowie Stauden mit dezenten Blütenfarben in zarten Blau- und Weißtönen an. Kissen-Astern, Steinquendel, Katzenminze und Eselsohr werden in kleinen Gruppen gepflanzt und gehören in den Vordergrund der Pflanzung. Die Vexier-Nelke ist als Lückenfüller einzusetzen. Sie ist eine kurzlebige Staude, die sich aber reichlich versamt und deshalb an vielen Stellen des Gartenbeetes wieder auftaucht.

➲ Weitere Kombinationsvorschläge finden Sie im Kapitel »Rosen« ab Seite 222.

ca. 2,50 m

ca. 5 m

Verwendete Pflanzen

Nummer	Bot. Name dt. Name	Stück pro m²	Porträt Seite
1	*Aster ericoides,* Myrten-Aster	2–3	281
2	*Aster dumosus,* Kissen-Aster	4–5	280
3	*Calamintha nepeta* ssp. *nepeta,* Steinquendel	5–7	283
4	*Crambe cordifolia,* Riesenschleierkraut	1–2	285
5	*Lavandula angustifolia,* Lavendel	5–7	292
6	*Lychnis coronaria* 'Alba', Vexiernelke	7–9	293
7	*Nepeta × faassenii,* Katzenminze	5–7	294
8	*Stachys byzantina,* Eselsohr	7–9	299
9	*Salvia officinalis,* Garten-Salbei	4–5	298
10	*Erigeron*-Hybriden, Feinstrahlaster	2–3	287
11	*Aster novi-belgii,* Glattblatt-Aster	1–2	281

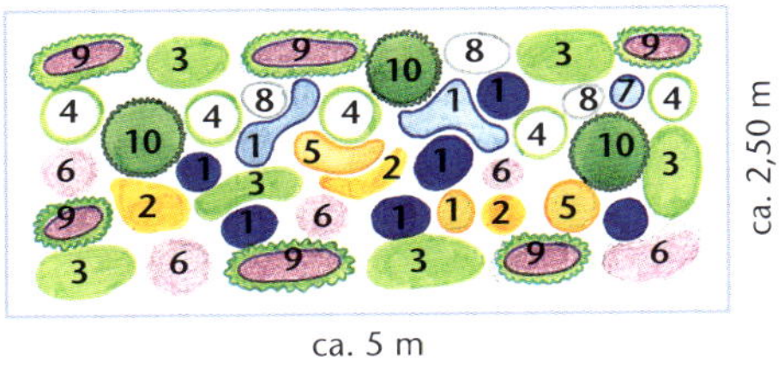

Duftiges Wiesenbeet

Dieser Bepflanzungsvorschlag zeigt eine wiesenartige Pflanzung in harmonischem Gelb, Weiß und Blau, die leicht zu verwirklichen ist. Eine wichtige Gemeinsamkeit bei dieser Pflanzenauswahl stellen die Standortansprüche. Alle verwendeten Stauden bevorzugen frische bis feuchte lehmige Böden in sonniger bis halbschattiger Lage. Zusätzlich harmonieren sie farblich sehr gut, wenn Sie Sorten aus dem Gelb-, Blau- und Weißspektrum auswählen. Nach der Blüte sollten Garten-Trollblume, Dreimasterblume, Schleier-Frauenmantel und Himmelsleiter bis auf die Basis zurückgeschnitten werden. Alle treiben erneut aus und zieren mit frischem Laub, die Garten-Trollblumen und die Himmelsleiter blühen ein zweites Mal im September.

Verwendete Pflanzen

Nummer	Bot. Name dt. Name	Stück pro m²	Porträt Seite
①	*Iris sibirica,* Wiesen-Iris	5	291
②	*Trollius*-Hybriden, Garten-Trollblume	5–7	300
③	*Alchemilla mollis,* Schleier-Frauenmantel	4–5	278
④	*Chelone obliqua* 'Alba', Schlangenkopf	3	284
⑤	*Hemerocallis*-Hybriden, Taglilie	2–3	290
⑥	*Tradescantia-Andersoniana*-Hybriden, Dreimasterblumen	5	300
⑦	*Polemonium caeruleum,* Himmelsleiter	5–7	297
⑧	*Veronica longifolia,* Langblättriger Ehrenpreis	4–5	300
⑨	*Symphytum grandiflorum,* Kaukasus-Beinwell	5–7	– –
⑩	*Molinia arundinacea,* Riesen-Pfeifengras	1–2	306

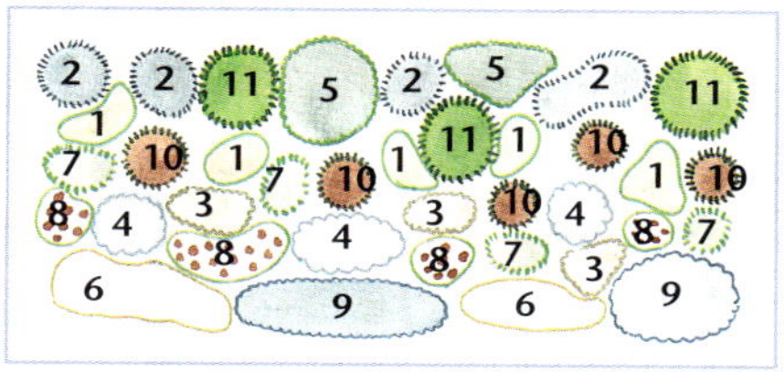

ca. 2,50 m

ca. 5 m

Der Weiße Garten

Einfarbige Gärten leben von den unterschiedlichen Blütenformen und Farbnuancen sowie von den Wuchsformen der verwendeten Pflanzen. Je unterschiedlicher diese sind, desto spannungsvoller wirkt ein Weißer Garten. Kontrastierende Blütenformen wie die sternförmigen Blüten des Purpursonnenhutes neben den ährigen Blütenständen des Kandelaber-Ehrenpreises beleben jede einfarbige Pflanzung. Willkommene Abwechslung bieten auch die Gräser mit ihren abweichenden Blüten- und Wuchsformen. Graulaubige Stauden wie das Eselsohr oder auch der Garten-Salbei harmonieren farblich sehr gut und vervollständigen diese Pflanzung. Bereits im Frühjahr können weiß blühende Tulpen- und Narzissen-Sorten auf das Farbthema einstimmen. Einen würdigen Rahmen setzen weiß blühende Gehölze wie Rosen, Felsenbirne *(Amelanchier)*, Stern-Magnolie *(Magnolia stellata)* oder auch Blüten-Hartriegel *(Cornus kousa)*. Einen eleganten Rahmen schaffen silbriglaubige Gehölze, etwa die Weidenblättrige Birne *(Pyrus salicifolia)*.

Verwendete Pflanzen

Nummer	Bot. Name dt. Name	Stück pro m²	Porträt Seite
①	*Aster ericoides* 'Herbstmyrte', Myrten-Aster	2–3	281
②	*Veronicastrum virginicum* 'Alba', Kandelaber-Ehrenpreis	2–3	300
③	*Erigeron*-Hybride 'Sommerneuschnee', Feinstrahlaster	2–3	287
④	*Paeonia-Lactiflora*-Hybride 'Festiva Maxima', Edel-Pfingstrose	1	295
⑤	*Phlox paniculata* 'Schneeferner', Hohe Flammenblume	1–2	296
⑥	*Aster dumosus* 'Kristina', Kissen-Aster	4–5	280
⑦	*Monarda*-Hybride 'Schneewittchen', Indianernessel	4–5	294
⑧	*Echinacea purpurea* 'Alba', Purpursonnenhut	3–5	287
⑨	*Stachys byzantina* 'Silver Carpet', Eselsohr	6–9	299
⑩	*Calamagrostis × acutiflora* 'Overdam', Garten-Sandrohr	2–3	302
⑪	*Miscanthus sinensis* 'Kleine Silberspinne', Chinaschilf	1	305

Herbstzauber

Einen krönenden Abschluss im Gartenjahr verwirklichen Sie mit einem Herbstbeet, das erst im Spätsommer so richtig zur Geltung kommt. Gräser und Herbst-Astern, die hier durch weitere Herbstblüher unterstützt werden, zeigen eine überzeugende Pflanzenkombination in Ihrem Beet.

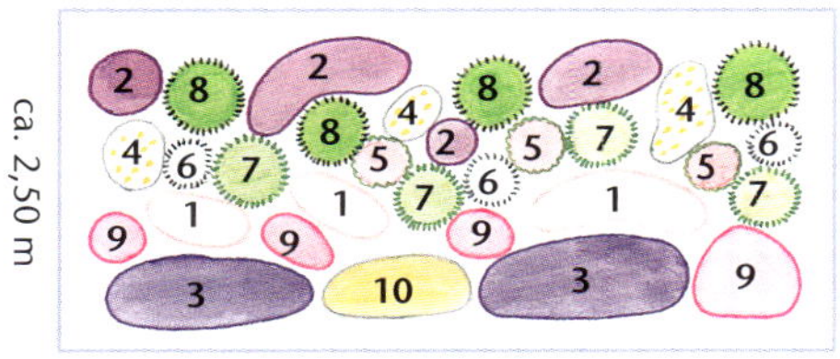

ca. 5 m

Verwendete Pflanzen

Nummer	Bot. Name dt. Name	Stück pro m²	Portrait Seite
①	*Aster ericoides* 'Herbstmyrte', 'Erlkönig', Myrten-Aster	2–3	281
②	*Aster novi-belgii* 'Dauerblau', 'Schöne von Dietlikon', Glattblatt-Aster	1–2	281
③	*Aster dumosus* 'Prof. Dr. A. Kippenberg', Kissen-Aster	4–5	280
④	*Leucanthemella serotina* 'Herbststern', Oktobermargerite	1–2	292
⑤	*Phlox-Maculata*-Hybriden 'Mrs. Lingard', 'Rosalinde', Wiesen-Flammenblume	1–2	296
⑥	*Veronicastrum virginicum* 'Alba', Kandelaber-Ehrenpreis	2–3	300
⑦	*Achnatherum brachytricha*, Diamantgras	1–2	301
⑧	*Miscanthus sinensis* 'Silberfeder', 'Kleine Spinne', Chinaschilf	1	305
⑨	*Echinacea purpurea*, Purpursonnenhut	3–5	286
⑩	*Leucanthemum-Maximum*-Hybride 'Gruppenstolz', Sommer-Margerite	5	292

Frühlings- und Sommerblumen

Ohne Frühlings- und Sommerblumen wären Garten, Terrasse und Balkon nur halb so attraktiv. Sie bringen Fröhlichkeit und Farbe rund ums Haus, auf Gartenbeete und an problematische Stellen, wo sich eine dauerhafte Bepflanzung nur schwer halten kann. Frühlings- und Sommerblumen wirken besonders schön auf eigenen Schmuckbeeten und in Gefäßen, sind jedoch zum Teil auch ideale Partner für Stauden und Gehölze. Nicht zuletzt eignen sich viele Arten und Sorten zum Schnitt, andere wieder zum Trocknen und lassen sich zu wunderbaren Sträußen binden.

Die Bandbreite dieser bunten Pflanzengesellschaft ist außerordentlich groß. Die einzelnen Gruppen unterscheiden sich in ihren Lebensformen zwar stark voneinander, doch sie werden unter dem einheitlichen Begriff Frühlings- und Sommerblumen zusammen gefasst. Im gärtnerischen Sprachgebrauch bezeichnet man sie als Wechselpflanzung. Gemeinsam ist ihnen die jahreszeitlich begrenzte Blütezeit und der damit verbundene wechselnde Flor im Frühling und im Sommer.

Manchmal wird solch eine Pflanzung sogar noch ein drittes Mal im Herbst mit Topf-Chrysanthemen *(Dendranthema × grandiflorum)*, Glockenheide *(Erica gracilis)*, Alpenveilchen *(Cyclamen)* und verschiedenen Strukturpflanzen ergänzt.

Gräser, hier *Stipa tenuissima* als dekorativer Solitär, geben Sommerblumenpflanzungen zusätzlichen Charme.

Was sind »Frühlings- und Sommerblumen«?

»Echte« Einjährige (Annuelle)

Annuelle nennt man Blütenpflanzen, deren Lebenszyklus innerhalb einer Vegetationsperiode abläuft. Sie keimen im Frühjahr, wachsen, blühen, fruchten und sterben nach der Samenreife im Herbst ab.

Dazu zählen heimische Ackerwildkräuter wie Kornblume *(Centaurea cyanus)*, Kornrade *(Agrostemma)* und Klatsch-Mohn *(Papaver rhoeas)* ebenso wie eine Vielzahl mediterraner und exotischer Arten.

Einjährig kultivierte Pflanzen

Die andere Gruppe der Einjährigen umfasst Pflanzen, die in ihrer Heimat als Stauden, Halbsträucher oder Gehölze wachsen. In unserem Klima halten sie jedoch den Frösten nicht stand und werden deshalb einjährig kultiviert.

Entweder zieht man diese Gewächse ebenso wie die echten Einjährigen aus Samen jährlich neu heran oder vermehrt

Tulpenblüten schweben wie Schmetterlinge über dem filigran gewebten Blütenteppich – einem Mosaik aus Vergissmeinnicht, Violen, Maßliebchen und Goldlack.

sie durch Stecklinge, die im Sommer abgenommen und unter Glas weiterkultiviert werden. Zu dieser Pflanzengruppe zählen auch die meisten unserer Kübelpflanzen. Wer selbst einen Wintergarten, ein Gewächshaus oder helle, kühle Räume zur Überwinterung besitzt, kann beispielsweise Strauchmargeriten *(Argyranthemum frutescens)*, Wandelröschen *(Lantana)*, Geranien, auch Pelargonien genannt *(Pelargonium)*, sowie Heliotrop *(Heliotropium)* über Jahre weiter pflegen und erhält dann große attraktive Büsche oder Hochstämme, die als Solitärs in Kübeln und Kästen Eingänge, Terrassen aber auch Beete schmücken.

Unter den einjährig kultivierten Pflanzen gibt es auch eine ganze Reihe frostempfindlicher und kurzlebiger Stauden, die in milden Wintern, an günstigem Standort und leicht geschützt, überleben können. Dazu gehören zum Beispiel die hohen Lobelien *(Lobelia × speciosa)*, das Schleier-Eisenkraut *(Verbena bonariensis)* und das Großblütige Mädchenauge *(Coreopsis grandiflora)*.

Auch die rasch wachsenden einjährigen Kletterpflanzen gehören in diese Gruppen. Sie ergänzen die sommerlichen Beete sehr wirkungsvoll durch ihre unterschiedlichen Strukturen, an Zäunen und Gittern bilden sie einen hübschen Hintergrund. Als Raumteiler oder Blickfang, etwa an Ranksäulen in einem Beet, eignen sie sich als gestalterisches Element zur Betonung der Vertikalen.

➲ Mehr zur Anzucht unter Glas auf den Seiten 89 und 529, zu den Kübelpflanzen ab Seite 344 und den Kletterpflanzen auf Seite 238.

Zweijährige (Bienne) oder Winter-Annuelle

Bei den biennen Pflanzen verteilt sich der Lebenszyklus auf zwei Vegetationsperioden. Hier handelt es sich um Frühlings- und Frühsommerblüher, deren Samen nach der Reife noch im gleichen Sommer oder Herbst keimen. Die Jungpflanzen überwintern in der Regel als Rosette. Im nächsten Frühjahr setzen sie ihre Entwicklung fort, blühen, fruchten und sterben anschließend ab. Wird eine Samenbildung jedoch durch den Rückschnitt nach der Blüte unterbunden, können die Pflanzen in vielen Fällen auch weiterleben.

Die Übergänge zwischen Annuellen, Biennen und den ausdauernden Stauden sind oft recht fließend. Bienne können bei zeitiger Aussaat auch einjährig gezogen werden, und kurzlebige Stauden werden häufig als zweijährige Pflanzen kultiviert. Die bekannten Frühlingsblüher wie Stiefmütterchen *(Viola × wittrockiana)*, Maßliebchen *(Bellis perennis)*, Vergissmeinnicht *(Myosotis sylvatica)*, Bartnelke *(Dianthus barbatus)*, Marien-Glokkenblume *(Campanula medium)*, Goldlack *(Erysimum cheiri)* und der verwandte Schöterich gehören in diese Gruppe. Sie haben wie alle anderen Beetpflanzen einen hohen Pflegeanspruch im Gegensatz zu den zweijährigen Wildformen, die anspruchslos und Trockenheit verträglich sind. Wenig Pflege brauchen Königskerzen (*Verbascum*-Arten), der Muskateller-Salbei *(Salvia sclarea)*, der Natternkopf *(Echium-Arten)*, die Ochsenzunge *(Anchusa)* und der Rote Fingerhut *(Digitalis purpurea)*.

Zwiebelblumen und Stauden als Ergänzung

In einer Frühjahrs- und Sommerbepflanzung spielen die Zwiebel- und Knollengewächse eine wichtige Rolle. Sie zählen ebenso wie Gräser und Farne zu den ausdauernden krautigen Pflanzen, den Stauden.

In den Frühlingsbeeten ziehen vorzugsweise Tulpen *(Tulipa)* und Narzissen *(Narcissus)*, aber auch Hyazinthen *(Hyacinthus)* und Kaiserkronen *(Fritillaria imperialis)*, alle Blicke auf sich. Im Frühsommer und Sommer dagegen ergänzen Zierlauch-Arten *(Allium)*, Präriekerzen *(Camassia)*, Steppenkerzen *(Eremurus)*, Riesenhyazinthen *(Galtonia candicans)* und Lilien *(Lilium)* so manche Pflanzung. Zum Herbst hin verstärken einige Dahlien- *(Dahlia)* und Gladiolen- *(Gladiolus)* Gruppen noch einmal die Farbenpracht in den Sommerblumenbeeten. Sie sind allerdings ebenso wie Indisches Blumenrohr *(Canna)*, das sich gut für ausgefallene ornamentale Schmuckbeete eignet, nicht frosthart und müssen im Haus überwintert werden.

➲ Mehr zu Stauden ab Seite 270, zu Zwiebel- und Knollenpflanzen ab Seite 310 und zu Gräsern ab Seite 301.

Der Bartfaden, eine kurzlebige Staude, blüht bereits als einjährige Pflanze und bereichert mit seinen üppigen Blüten die sommerliche Rabatte.

Einjährige Gräser

Name	Blütezeit	Höhe in cm	Wuchsform
Größtes Zittergras *Briza maxima*	Juni bis Juli	30 – 40	sehr zart
Mähnen-Gerste *Hordeum jubatum*	Juni bis August	40 – 60	buschig, zart
Hasenschwanzgras *Lagurus ovatus*	Juni bis August	20 – 40	buschig, zart
Rutenhirse, *Panicum virgatum* 'Fontaine'	Juli bis September	50 – 60	buschig, zart
Federborstengras *Pennisetum setaceum*	August bis Oktober	50–70	horstig, locker
Federborstengras *Pennisetum villosum*	August bis Oktober.	50–70	horstig, locker
Natal-Gras *Rhynchelytrum repens*	Juli bis August.	50–100	breit,dicht buschig
Kolbenhirse *Setaria italica*	Juli bis August	70–100	horstig, aufrecht
Federgras (Pferdeschweif) *Stipa tenuissima*	Juli bis September	40–50	dicht buschig, zart

Gestaltungsideen und Pflanzbeispiele

Möglichkeiten, mit Frühlings- und Sommerblumen den Garten zu bereichern, gibt es viele – der Stil des Gartens gibt jedoch den Ausschlag, wenn es um eine passende Bepflanzung geht.
Da bei diesen Beeten über Winter jegliche Strukturen fehlen, sollte man in Erwägung ziehen, die Rabatten mit einigen Gehölzen zu bereichern, zum Beispiel mit immergrünen oder weiß blühenden Sträuchern.

Frühlings- und Sommerblumen – unentbehrlicher Schmuck

Die ganze Vielfalt der Blumen und die Möglichkeiten ihrer Verwendung werden in öffentlichen Parkanlagen, Schau- und Schlossgärten sowie auf Gartenschauen präsentiert. Hier kann man immer wieder Neuheiten kennen lernen und sich von reizvollen Kombinationen inspirieren lassen. Im privaten Bereich muss man sich leider mit weitaus kleineren Flächen begnügen. Trotzdem können im Hausgarten viele wirkungsvolle Situationen entstehen, in denen Frühlings- und Sommerblumen zusammen mit ihren Begleitern den Ton angeben. Und das schöne dabei ist: Haus und Garten lassen sich mit Hilfe ein- und zweijähriger Pflanzen immer wieder verwandeln.
Bei allen Planungen ist es wichtig, das **Umfeld** in die gestalterischen Überlegungen mit einzubeziehen. Sehr farbkräftige Kompositionen haben ihren Platz nahe am Haus, im gebauten Umfeld. Balkon, Terrasse und Eingangsbereiche bieten gute Gelegenheiten, Blumenschmuck anzubringen und sorgen damit für eine fröhliche Ausstrahlung. Die farbliche Abstimmung mit den benachbarten Materialien ist allerdings Voraussetzung für eine ästhetische Gestaltung. Eine rote Klinkerfassade bietet andere Möglichkeiten als etwa weiß gekalkte Hauswände oder ein Natursteinbelag. **Hintergrund** und **Untergrund** etwa können eine Blütenfarbe verstärken oder auch in ihrer Intensität mindern. Entscheidend ist außerdem, ob eine Fernwirkung des Blumenschmucks erwünscht ist, oder ob feine Blatt- und Blütenstrukturen aus der Nähe bewundert werden können. Bei der Blumenauswahl sollte die Umgebung also immer berücksichtigt werden.
Je weiter man sich vom Haus entfernt und je natürlicher der Garten gestaltet ist, um so wichtiger wird ein harmonisches **Farbkonzept** bzw. die farbliche Einbindung des Wechselflors in das übrige Gartenumfeld. Meistens werden Frühlings- und Sommerblumen kleinräumig in Stauden- und Gehölzflächen integriert. Sie tragen dort zur Verlängerung oder Ergänzung des jahreszeitlichen Blütenflors bei. Beliebt sind die Blumen auch als Einfassungen und Lückenfüller, besonders in **Gartenneuanlagen**, solange sich andere Gewächse noch in der Wachstumsphase befinden. Hier sind Frühlings- und Sommerblumen ein unentbehrliches Schmuckelement, das gleichzeitig hilft, in den Anfangsjahren eine geschlossene Bodendecke zu schaffen.
Im dunklen Hintergrund des Gartens, wo meist **Gehölze** das Bild bestimmen, können neben Stauden auch Frühlings- und Sommerblumen für stimmungsvolle Bilder sorgen. Lichte Farben tragen hier zur optischen Aufhellung bei. Allerdings ist die Pflanzenauswahl im Sommer für die schattigeren Gartenpartien eingeschränkt. In erster Linie kommen an solchen Plätzen Frühlings-Zwiebelblumen in Frage.
Wer einen **bäuerlichen Garten** besitzt, kann dagegen völlig unbeschwert mit all den Blumen umgehen. In bunter Vielfalt lassen sich Ein- und Zweijährige, Zwiebel- und Knollengewächse, feine und derbe Gestalten wunderbar miteinander kombinieren. Der Reiz liegt sogar in dieser Kombination. Die Vielfarbigkeit wird aufgefangen durch das Grün im Umfeld – durch Gemüse, Obst und Kräuter, durch Hecken und schlichte Bodenbeläge.

Die warmen Gelb-, Orange- und Rottöne der Blumen vermitteln echte Sommerstimmung.

Stilrichtungen und Pflanzkonzepte

Wenn es um die Beetgestaltung mit saisonal wechselnden Blumen geht, lassen sich ganz grob zwei Stilrichtungen unterscheiden. Zum einen der formale Stil, der sich an die traditionellen geometrischen und **ornamentalen Muster** der Teppichbeete anlehnt. Im Gegensatz dazu steht die eher **naturgemäße Verwendung** der Frühlings- und Sommerblumen in Anlehnung an eine Staudenpflanzung oder eine natürliche wiesenartige Situation – hier spricht man auch vom Millefleurs-Stil. Das formale Teppichbeet lebt hauptsächlich von strenger Linienführung und kontrastierenden, mehr oder weniger intensiven Farbflächen mit plakativer Wirkung. Solche Beete sind häufig mit Buchs oder einer anderen einheitlichen Pflanzenart eingefasst und auch strukturiert. Ganz anders die wiesenartigen, **impressionistischen Konzepte.** Hier werden der Natur abgeschaute Pflanzenbilder, die durch Farben, Formen und Strukturen bestechen, ins Gärtnerische übertragen und eine Durchmischung der Arten und Sorten angestrebt. Im Gegensatz zur traditionellen Beetgestaltung kann trotz kunstvoller Zusammenstellung des Wechselflors dem Charakter der einzelnen Pflanzen besser entsprochen werden. Beide Stilrichtungen existieren gleichberechtigt nebeneinander, entscheidend ist die Art des Umfeldes. Komponenten beider Richtungen lassen sich auch gut miteinander verbinden, wenn zum Beispiel eine strenge Flächenpflanzung mit einigen höheren Pflanzen locker überstellt und durchsetzt wird.

Die klassische Beetgestaltung

Formale Beete müssen nicht langweilig sein. Wichtig ist die **Farbwahl**, weil klare Muster voneinander abgegrenzt werden sollen. Als Trennlinien und Umrahmung eignen sich neutrale Zwischentöne, zum Beispiel das Silberblatt *(Senecio cineraria)* und das blauviolette Heliotrop *(Heliotropium)*, aber auch weiße Strauch-Margeriten *(Argyranthemum frutescens)*. Dadurch erhält auch eine kräftige Grundbepflanzung zum Beispiel aus gelben Studentenblumen *(Tagetes)* oder rotem Feuer-Salbei *(Salvia splendens)* eine beruhigende Note.

Begonien, Fleißige Lieschen *(Impatiens walleriana)*, Geranien, Feuer-Salbei und Studentenblumen sind deshalb in Verruf geraten, weil sie häufig in ausgesprochen disharmonischer Gemeinschaft auftreten. Die Rosa-Töne der Eis-Begonien *(Begonia* Semperflorens-Grp.) neben dem kräftigen Gelb von *Tagetes* oder dem schreienden Rot des Feuer-Salbei sind einfach unverträglich. Solche gewagten Farbzusammenstellungen kann man in einer Pflanzung nur riskieren, wenn auch genügend vermittelnde Partner wie Blattstrukturpflanzen oder Gräser vorhanden sind. Diese genannten Sorten gehören jedoch mit Sicherheit zu den besten Farbträgern, und ihr Blütenflor hält den ganzen Sommer über an – ein wichtiger Gesichtspunkt überall dort, wo es um Farbwirkung und ein geschlossenes Pflanzenbild geht.

Will man kein Risiko eingehen, greift man auf diese Arten und Sorten zurück, mischt die Farben jedoch behutsamer und setzt **neue Akzente.** Von *Salvia splendens* gibt es zum Beispiel sehr viele interessante Farbsorten, die ins Lachs und Violett spielen und das brennende Rot etwas dämpfen. Als **guter Partner** zum genannten Standardsortiment hat sich *Salvia farinacea,* der Mehl-Salbei, in blauen und silbrigen Tönen bewährt. Er gliedert und beruhigt sehr farbintensive Flächen. Ein ebenso zuverlässiger Blüher und vermittelnd in der Farbe ist das Eisenkraut *(Verbena rigida),* besonders die hellviolette Sorte 'Polaris'. Für strenge Beetflächen kann man auch sanftere Farben als Grundbepflanzung wählen – etwa den Leberbalsam *(Ageratum houstonianum),* um dann kräftige Kontraste dagegenzusetzen, wie dies durch eingestreute Gruppen von Studentenblumen oder Strauchmargeriten *(Argyranthemum frutescens)* in Gelb oder Weiß möglich ist. Solitärs wie zum Beispiel Wandelröschen *(Lantana)* und Bleiwurz *(Plumbago)* in Form von Hochstämmchen, Fuchsien-Büsche oder andere Kübelpflanzen sorgen für **vertikale Strukturen** und bilden in flacheren Beeten willkommene Blickpunkte.

Pflanzungen im Millefleurs-Stil

Charakteristisch für dieses Pflanzkonzept erscheint das **lockere Durchmischen** und Überstellen der einzelnen Arten und Sorten bzw. einzelner Gruppen, wie dies die Natur vormacht. Aus einer Bodendecke oder weitgehend niedriger Bepflanzung heraus entwickeln sich unterschiedliche Pflanzenstrukturen. Sie variieren in der Höhe, in ihrer Wuchsform, in der Farbe, so, wie sich auf einer Wiese pulkartig verschiedene Pflanzenarten verdichten, langsam wieder auflockern und von anderen abgelöst werden. **Gräser** sind in einer naturhaften Pflanzung immer ideale Begleiter, weil sie nicht nur Farben harmonisieren, sondern auch harte Strukturen überspielen. Steife und kompakte Pflanzen wie Studentenblumen *(Tagetes)*, Mehl-Salbei *(Salvia farinacea)*, Löwenmaul *(Antirrhinum)* und Zinnien *(Zinnia)* gewinnen an Ausstrahlung, wenn sie von einjährigen Gräsern und anderen lockeren Gewächsen wie dem Orangen-Schmuckkörbchen *(Cosmos sulphureus)* oder dem hohen Leberbalsam einer Schnittsorte *(Ageratum houstonianum* 'Blue Horizon') umgeben sind.

Der Aufbau solcher Pflanzungen entspricht in etwa dem eines Staudenbeetes.

Frühlingswiese aus blauen Violen, weißen Vergissmeinnicht und Bellis, überstellt mit Kaiserkronen und Tulpen.

***Tagetes* und Heliotrop bilden in dieser Sommerrabatte den Teppich – höhere Blumen sind tuffartig eingestreut.**

Beet im Halbschatten mit Lobelien, Begonien, *Impatiens* und Ziertabak – Fuchsstämmchen betonen die Symmetrie

Leit- und Solitärpflanzen können eine Führungsrolle übernehmen. Sie werden einzeln oder in kleinen Gruppen zu drei bis fünf Stück gepflanzt. Für diese Aufgaben eignen sich hervorragend Kosmeen *(Cosmos bipinnatus),* Spinnenblume *(Cleome),* Berg-Tabak *(Nicotiana sylvestris), Tithonia,* aber auch große Blattschmuckpflanzen wie Rizinus, den es rot- oder grünblättrig gibt. Auch stattliche Maispflanzen und Sonnenblumen ergeben imposante Einzelgruppen. Solitärpflanzen setzen Akzente und betonen die Vertikale.

Eine **niedrige Flächenpflanzung,** bestehend aus einer oder mehreren Arten und Sorten, sollte den größten Teil des Beetes einnehmen, um Wirkung zu zeigen. Als vermittelnde Elemente werden etwa 40–70 cm hohe Pflanzen gesetzt, zum Beispiel verschiedene Salbei-Arten, wie *Salvia coccinea,* Zinnien und Fuchsschwanz *(Amaranthus).* Sie können in etwas größeren Gruppen beieinander stehen oder auch mehr oder weniger locker die gesamte Pflanzung durchziehen. Zur **Überstellung** eignet sich besonders gut *Verbena bonariensis,* die sich, obwohl straff im Erscheinungsbild, schleierartig verzweigt. Diese Grundstruktur lässt sich vielfältig abwandeln. Wird als niedriger Untergrund ein aufgelockerter Pflanzenteppich gewählt, etwa aus Kalifornischem Mohn *(Eschscholzia californica)* und Kap-Aster *(Felicia),* heben sich kompakte und strenge Pflanzenstrukturen, wie sie die Sommerzypresse *(Kochia)* zeigt, besonders gut ab. Durch ihr zartes grünes Laub trägt sie überdies zur Beruhigung intensiver Farbkompositionen bei. Dabei darf man nicht vergessen, dass sich die Sorte 'Trichophylla' im Herbst rot verfärbt.

Sehr schön ist hier die Höhenstaffelung innerhalb dieser Sommerblumenpflanzung zu sehen – niedere vorne, höhere, luftig lockere im Hintergrund.

Sommerblumen und Stauden sind ideale Partner. Hier helfen Sonnenblumen und Tagetes dabei, den Rittersporn richtig in Szene zu setzen.

Millefleurs-Pflanzungen lassen sich äußerst kleinteilig, aber auch im größeren Stil verwirklichen, je nachdem, wie viel Platz zur Verfügung steht. Auf einer kleinen Fläche sollten nicht zu viele Arten und Sorten verwendet werden. Eine wiesenartige lockere Bepflanzung kann man sich sehr wirkungsvoll vor ruhigem Hintergrund oder am Rande einer Rasenfläche vorstellen, ist jedoch auch denkbar auf einem streng geometrischen Beet, denn die lockere Pflanzung umspielt die harten Kanten. Im Gegensatz zu einer formal gestalteten Beetfläche achtet man bei natürlichen Pflanzungen darauf, dass keine geraden Linien entstehen, sondern die einzelnen Sorten sich untereinander verzahnen.

Sommerblumen und Stauden kombinieren

Neben der ganzen Palette von Zwiebelgewächsen haben sich Ein- und Zweijährige auch als Partner von Beetstauden bewährt. Sie stellen die gleichen Ansprüche an Boden, Ernährung und Pflege. Wichtig ist allerdings, dass keine gegenseitige Konkurrenz durch zu dichtes Pflanzen entsteht.

Doch längst nicht alle Sommerblumen sind geeignete Gesellschafter für Stauden. Sie sollen ihrem **Charakter** nach zu diesen passen, standfest sein, sommerlang blühen und die vorhandenen Pflanzen farblich ergänzen, denn die Blütezeiten der Stauden sind wesentlich kürzer. Ganz besonders bewährt haben sich dabei die Salbei-Arten, allen voran *Salvia farinacea* in Blau oder Weiß sowie *Salvia patens* mit seinen ungewöhnlich strahlend blauen Blütchen, aber auch die rote kleinblütige und sehr locker wachsende *Salvia coccinea* ist ein guter Partner.

Wundervolle Rot- und Blautöne bringen auch *Lobelia × speciosa,* sowie einige Bartfaden- *(Penstemon-)* Sorten ins Spiel – alle zwischen 50 und 70 cm hoch. Kaum mehr aus Staudenbeeten wegzudenken sind außerdem die Eisenkräuter *(Verbena bonariensis)* in ihrem neutralen Dunkelviolett sowie die niedrigere *Verbena rigida* in Rotviolett mit der fliederfarbenen Sorte 'Polaris'. Sie besitzen Farbtöne, die fast zu allen anderen passen oder zwischen Farben sehr gut vermitteln können wie es auch das dunkle Blau der Vanilleblume *(Heliotropium arborescens)* vermag. Beliebte Farbträger in Rosa und Violett sind Schmuckkörbchen *(Cosmos bipinnatus),* Becher-Malve *(Lavatera trimestris)* und Spinnenblume *(Cleome).* Durch ihre stattliche Größe werden sie zu guten Partnern für höhere Stauden, sie können sich sogar gegenseitig stützen. Die niedrigen und halb hohen Sommerblumen eignen sich dagegen hervorragend dazu, die teilweise verkahlenden unteren Partien mancher Stauden zu kaschieren, wenn die Jahreszeit fortschreitet.

Unter den gelb-orange blühenden Einjährigen gibt es eine große Zahl guter **Ergänzungsmöglichkeiten** zu blauen und violetten Stauden. Im Herbst, gemeinsam mit Astern, wirken Studentenblumen *(Tagetes),* Sterntaler *(Melampodium),* einjähriger Sonnenhut *(Rudbeckia hirta),* Sonnenblume *(Helianthus)* und Mädchenauge *(Coreopsis grandiflorum)* besonders hübsch. Zu den ausdauernden gelben Sonnenstauden wie Sonnenbraut *(Helenium)* und Sonnenauge *(Heliopsis)* bilden die vielfältigen Orangetöne von *Tithonia, Tagetes,* Ringelblume *(Calendula)* und vor allem der locker wachsenden, zarten *Cosmos sulphureus* eine harmonische Ergänzung. **Spannungsreicher** wird solch eine Kombination durch violette Kontraste oder durch weiße Blüten, wie sie die *Cosmos bipinnatus*-'Sonata'-Serie oder Strauchmargeriten und Ziertabak besitzen.

Besonders beliebte Partner der Stauden sind viele Zweijährige, weil sie durch ihre Blütezeit im Frühsommer einen guten Übergang vom Frühling zum Sommer schaffen und auch im Charakter den Stauden sehr ähnlich sind.

Kleine Farbenlehre

Frühlings- und Sommerblumen spielen als Hauptfarbträger im Garten eine wesentliche Rolle, denn Farben vermitteln ganz spezielle Stimmungen. Das Sortenspektrum ist riesig, alle nur denkbaren Farbabstufungen und -kompositionen sind möglich, und mit den Ein- und Zweijährigen bietet sich die Chance, in jeder Saison Neues auszuprobieren. Gerät einmal eine Kombination daneben, ist es nicht so tragisch wie etwa in einem Stauden- und Gehölzbereich, wo oft mühsame Umpflanzaktionen stattfinden müssen.
Der Umgang mit Farben geschieht häufig intuitiv, kann aber auch erlernt werden. Der **Farbkreis** bietet Hilfe an: hier stehen die reinen Farben Gelb, Rot und Blau den daraus entstandenen Mischfarben Orange, Violett und Grün gegenüber. Eng nebeneinander liegende, verwandte Farben strahlen große Harmonie aus. Im Gegensatz dazu bilden die im Farbkreis sich gegenüber stehenden Farben starke **Kontraste** wie Gelb und Violett, Orange und Blau, Rot und Grün. Um einer harmonischen Ton-in-Ton-Pflanzung etwas Spannung zu verleihen, bringt man einige Pflanzen in der Kontrastfarbe hinzu. Je intensiver diese ist, desto weniger Exemplare einer Art sind notwendig. Starke Kontraste bilden auch die warmen und die kühlen Farben. Beide Gruppen stehen sich im Farbkreis ebenfalls gegenüber, jede für sich allein erzeugt mit all ihren Übergangstönen wiederum eine harmonische Stimmung. Der warme leuchtende Farbkomplex vermittelt Nähe, während kühle Farben, insbesondere das Blau, einen Gegenstand gleichsam in die Ferne rücken. Für die praktische Gestaltung des Gartens bedeutet dies: eine **optische Verkürzung** erreicht man mit warmen Farben, eine Fernwirkung dagegen durch kühle Töne.
Auch der Farbwert spielt eine wichtige Rolle. Jede Farbe besitzt verschiedene **Helligkeitsstufen.** Wenn zum Beispiel aus einem Blau-Rot-Weiß-Farbdreiklang nur sehr helle und gebrochene Töne ausgewählt werden, entstehen zarte pastellfarbene Gartenbilder, die im Dämmerlicht und bei trübem Wetter eine besondere Ausstrahlung besitzen.
Aufhellen und Abschattieren kann man sehr intensive Farbkompositionen auch durch **kontrastierende Farbgruppen.** Leuchtendes Gelb wird gemildert durch dunkle oder helle violette Töne, wie sie die hohen und niedrigen Verbenen besitzen. Starke Kontraste lassen sich auch durch hellere oder dunklere Töne verwandter Farben auflösen. Intensive Farben werden sanfter, wenn viel Grün die kontrastierenden Blüten umgibt. Pflanzen mit viel Laubmasse mildern ein allzu kräftiges Farbgemisch. Daneben sorgen graulaubige und weiß blühende Pflanzen für farbliche Beruhigung.
Viele **Pflanzenkombinationen** werden bereits als Mischung angeboten, vor allem in Form von Saatgut. Die darin enthaltenen Farbtöne sind harmonisch aufeinander abgestimmt und bieten während der Blüte einen reizvollen Anblick.

Mit Hilfe des Farbkreises können Sie sehr schnell Farbzwei- und dreiklänge erkennen und damit Ihre Sommerblumen in harmonischen Farben kombinieren.

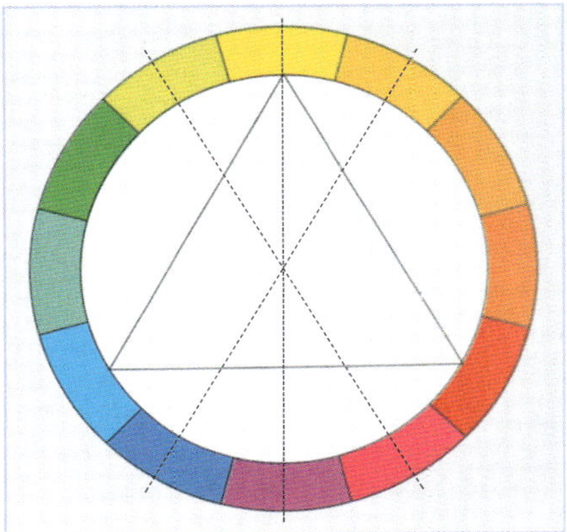

Formen und Strukturen

Beim Wechselflor spielen die Farben natürlich die größte Rolle, denkt man aber an eine Staudenrabatte, wird auch bewusst, wie wichtig Blattkontraste und Texturunterschiede sind. Diese gestalterischen Feinheiten können in ähnlicher Weise auch mit Sommerblumen erreicht werden. So schaffen **Blattschmuckpflanzen** wie die Schwarznessel *(Bellotia nigra)*, die Gartenmelde *(Atriplex × hortensis)*, die aparte Muschelblume *(Molucella)* oder Buntnesseln *(Solenostemon scutellarioides)* und das Silberblatt *(Senecio cineraria)* mit ihrem glänzenden oder samtigen Laub beruhigende Kontraste in einer leuchtenden Blütengesellschaft. Wirkungsvoll können auch sich einzelne Blüten aus dem Laub erheben. Beispielsweise der Fuchsschwanz *(Amaranthus)* mit überhängendem **Wuchs** bzw. straff aufrechten Blüten- und Fruchtständen und vor allem die einjährigen **Gräser** eignen sich zum reizvollen Kombinieren. Ebenso wichtig für eine abwechslungsreiche Gestaltung ist es, neben dem verschiedenartigen Habitus auch auf unterschiedliche **Blütenformen** zu achten.

Gelb, Orange und Blau-Violett bilden einen starken Farbkontrast. Abstufungen innerhalb der beiden Farbtöne lassen das Bild noch lebendiger erscheinen.

Leuchtend rote Fruchtstände erheben sich aus dem dunkleren, sehr dekorativen Laub der Rizinuspflanze. Die großen, handförmig geteilten Blätter haben ebenfalls Zierwert.

Die Praxis – Anzucht, Pflanzung und Pflege

Da die Herkunft von Frühlings- und Sommerblumen oft sehr unterschiedlich ist, unterscheiden sich häufig auch die Ansprüche der einzelnen Arten voneinander.

Anzucht und Aussaat

Viele der Ein- und Zweijährigen neigen zur Selbstaussaat, wie beispielsweise Jungfer im Grünen, Kapuzinerkresse, Ringelblume, Schleifenblume, Steinkraut und Sonnenblume. Dort, wo sie geeignete Lebensbedingungen finden, versamen sie sich Jahr um Jahr. Sie tauchen da und dort im Garten auf, wenn man ihnen freien Lauf lässt.
Andere stellen hohe Ansprüche, ihre Anzucht bleibt den professionellen Gärtnern vorbehalten, es sei denn, Sie besitzen ein beheizbares Gewächshaus. Die meisten Pflanzen sind jedoch auch auf der Fensterbank, im Wintergarten oder im Frühbeet vorzukultivieren. Beachten Sie jedoch die Angaben auf den Samentütchen genau.

Goldlack in warmen Farben kann man über Jahre im Garten halten, wenn man ihn teilweise zurückschneidet und teilweise sich versamen lässt.

Direktaussaat ist die einfachste Art der Sommerblumenkultur, viele Arten eignen sich dafür, die Blüte setzt in den meisten Fällen allerdings später ein als bei vorgetriebenen Pflanzen. Dort, wo eine Fläche rasch und ohne großen Aufwand begrünt werden soll, zum Beispiel mit bunten Blumenmischungen, wird breitwürfig an Ort und Stelle gesät. Auch für Pflanzen mit Pfahlwurzeln wie Mohn und Sommerazalee ist diese Methode günstiger. Einige Sommerblumen kommen bereits nach sechs Wochen zur Blüte, etwa der Bienenfreund, Schleierkraut, Ringel- und Schleifenblume. Im anderen Fall ist eine Reihen- oder Horstsaat vorzuziehen, sie erleichtert die Pflege wesentlich.

➲ Mehr zur Aussaat ab Seite 82.

Pflanzung des Sommerflors

Grundsätzlich wird nach den Eisheiligen – Mitte bis Ende Mai – ausgepflanzt. Spätfrost gefährdete Arten auch noch Anfang Juni, je nach Klima und Lage. Getopfte Jungpflanzen wachsen leichter an als nur einmal pikierte aus der Schale oder Kiste. Die Pflänzchen sollten schon rechtzeitig bevor sie ins Freiland gesetzt werden abgehärtet und wenn nötig noch einmal zurück geschnitten werden, damit sie leichter anwachsen und buschig bleiben.
Besonders die Sommerblumen sind ausgesprochen sonnenhungrig sowie wärmeliebend und stellen diesbezügliche Ansprüche an den Standort, sonst entwickeln sie sich nicht zu voller Schönheit. Nur wenige Arten und Sorten sind schattenverträglich. Windgeschützte, warme Plätze finden sie auf Rabatten zusammen mit Stauden und Gehölzen oder vor Hecken unf Mauern. Die Pflanzabstände richten sich nach der Wuchsstärke und endgültigen Größe der einzelnen Gewächse, aber auch nach der gewünschten Funktion der Pflanzung. Klima- und Bodenverhältnisse spielen dabei ebenfalls eine Rolle.
In reinen Schmuckpflanzungen wird dichter gesetzt – bei niedrigen Sorten rechnet man 20–25 Stück/m², bei teppichbildende Arten bis zu 30 Stück/m², bei mittelhohen Pflanzen reichen etwa 12–16 Stück/m² aus. Solitärs werden als erste in größeren Abständen – einzeln oder in kleinen Gruppen – gepflanzt, damit sie sich optimal entwickeln können. Wichtig ist, dass die Konkurrenz nicht zu stark wird und die Pflanzen sich nicht untereinander bedrängen. In einigen Fällen, zum Beispiel bei Pflanzen, die zum Kippen neigen, ist es jedoch günstig, wenn sie sich gegenseitig bzw. die kräftigeren Pflanzen schwächere stützen können.

Der Wechsel – Vorbereitungen auf das Frühjahr

Wenn im Oktober die große Blütenpracht vorbei ist, werden die Beete geräumt und auf die Frühlingsbepflanzung vorbereitet. Hier stehen längst nicht die vielfältigen Möglichkeiten der Bepflanzung zur Verfügung wie im Sommer. Aber die geringere Artenzahl bei den Zweijährigen wird durch das riesige Sortenspektrum, das Stiefmütterchen und Tulpen bieten, wieder wettgemacht.
Am besten wählt man frühe, mittelfrühe und späte Sorten aus, um den Zeitraum von April bis Ende Mai abzudecken. Auch hier lässt sich, je nach Geschmack, das strenge oder das lockere Konzept verwirklichen. Um eine natürliche Struktur zu erhalten, werden die Zwiebeln am besten aus den Tüten geschüttet und so, wie sie fallen, auch gepflanzt. Frühlingsblumen und Zwiebeln werden dabei gleichzeitig gesetzt. Man kann jedoch auch zuerst einen gleichmäßigen Blumenteppich pflanzen und anschließend die Zwiebeln einzeln und gruppenweise dazwischen setzen. Oder umgekehrt, zuerst die Zwiebeln pflanzen – allerdings dann tief genug, damit sie beim Setzen der Blumen nicht verletzt werden. Im Frühling werden die abgeblühten Zwiebelblumen entfernt, das Laub bleibt stehen. Nur dort, wo es vorzeitig vergilbt, wird die ganze Pflanze herausgezogen. Die Zwiebeln werden im Mai herausgenommen und trocken gelagert oder an anderer Stelle, zum Beispiel in eine Wiese unter Obstbäume, gepflanzt. Sie blühen zur gleichen Zeit, was besonders reizvolle Aspekte schafft.

➲ Mehr zur Pflanzung von Zwiebelblumen erfahren Sie ab Seite 98.

In klimatisch ungünstigen Lagen ist die Herbstpflanzung der Frühlingsblüher problematisch. Die riesenblumigen Stiefmütterchen (*Viola*-F_1-Hybriden) eignen sich nicht für die Herbstpflanzung – es gibt spezielle frostharte Typen. In ungünstigen Lagen kann man die Beete auch mit Reisig schützen. Im anderen Fall müssen die Blumen im Frühling zwischen den Zwiebeln nachgepflanzt werden, was technische Schwierigkeiten mit sich bringt. Außerdem sind die Beete über Winter kahl und wenig attraktiv.

Bei reinen Blumenpflanzungen werden 20–25 Stück/m^2 gesetzt, sind sie mit Zwiebeln durchzogen, dann reichen 15–20 Stück/m^2. Reine Zwiebelflächen erfordern bis zu 50 Stück/m^2.

Wichtig ist ein Farbkonzept. Es können leuchtend bunte, klare Farben gewählt werden – etwa ein blauer Stiefmütterchen-Teppich, über dem weiße, gelbe und rote Tulpen schweben, durchwirkt von einigen Gruppen Goldlack (*Erysimum*), die mehrere Wochen lang Akzente setzen, während die einzelnen Tulpensorten immer nur zwei bis vier Wochen blühen.

Zartere Pastelltöne erzielt man mit einer Pflanzung aus Maßliebchen (*Bellis perennis*) in Rosa-Rot-Weiß und Vergissmeinnicht (*Myosotis*) in Hellblau-Rosa-Weiß. Passend dazu kann die Fläche mit weißen, rosa, roten und violetten Tulpen überstellt werden. Auf kleinen Flächen können die einzelnen Arten und Sorten auch stärker durchmischt werden – es entsteht dann der Eindruck eines bunten Blumenstraußes (Millefleurs).

Kurze Sommerblumen-Praxis

- Beste Pflanzzeit ist bei bedecktem Himmel.
- Pflänzchen gut andrücken und angießen.
- Gleichmäßig feucht halten, blühende Beete möglichst nicht beregnen.
- Langzeitdünger verwenden oder nach sechs Wochen in 14tägigem Abstand flüssig düngen.
- Regelmäßig Verblühtes entfernen, eventuell Rückschnitt, um Blütezeit zu verlängern.
- Bei Bedarf Solitärpflanzen durch Stäbe möglichst unauffällig stützen.

Auch Sommerblumen brauchen Pflege

Sommerblumen haben nur eine begrenzte Lebensdauer. Sie müssen in dieser Zeit ihre gesamte Kraft einsetzen, um immer neue Blüten zu bilden und ihrem eigentlichen Ziel, der Samenbildung und damit der Vermehrung, näher zu kommen. Da wir in unseren Gärten jedoch daran weniger interessiert sind, sondern der Zierwert und ein Durchblühen bis zum Herbst im Vordergrund stehen, sind entsprechende Pflegemaßnahmen notwendig.

Auch anspruchslose Pflanzen müssen durch **gute Ernährung** und **regelmäßiges Wässern** in ständigem Wachstum gehalten werden. Der Boden soll humos, durchlässig ohne stauende Nässe und möglichst warm sein. Zur Nährstoffversorgung werden vor der Pflanzung am besten Komposte und organische Düngemittel verwendet. Auf besonders mageren Böden kann nach etwa sechs Wochen zusätzlich ein mineralischer Volldünger eingesetzt werden. Der **Nährstoffbedarf** ist außerdem abhängig vom Charakter der Pflanzung. Schmuckbeete, bei denen es auf reine Blütenwirkung ankommt, müssen reichlicher versorgt werden, als dies bei wiesenartig lockeren Pflanzungen oder in der Kombination mit Stauden der Fall ist.

Auch die **Frühlingsbeete** sollen gut gedüngt werden. Hier handelt es sich meist um hochgezüchtete, anspruchsvolle Pflanzen, nicht zu vergessen die Zwiebelblumen, die meist im nächsten Jahr wieder blühen sollen und deshalb Reservestoffe bilden müssen.

Trockenperioden können den Sommerflor vorzeitig beenden, weil die Pflanzen dann wie an ihren heimatlichen Standorten ihr Wachstum einstellen, um Samen zu bilden.

Wesentliche Maßnahmen bei der Sommerblumenpflege sind deshalb Wässern und Düngen.

Auch das **Ausbrechen von Verblühtem**, um den Fruchtansatz zu verhindern, zählt zu den regelmäßigen gärtnerischen Aufgaben. Teilweise wird sogar die Hälfte oder ein Drittel der Pflanze zurückgeschnitten, um die **Nachblüte** anzuregen. In diesem Fall ist unbedingt eine zusätzliche Düngung erforderlich. Zu den wichtigen **Pflegearbeiten** gehört weiterhin das Lockern und Jäten. In reinen, auf Fernwirkung bedachten Schmuckbeeten ist dies häufiger notwendig als in naturhaften Pflanzungen, in denen Wildkräuter weniger auffallen, weil sie größere Höhen- oder Strukturunterschiede sowie stärkere Grünanteile aufweisen. Nur ab und zu ist dort eine Kontrolle ratsam, um das Versamen und Überhand nehmen einzelner Unkräuter zu vermeiden.

Nach etwa sechs bis acht Wochen sind die Pflanzen zusammengewachsen, Jäten ist dann nur noch selten nötig!

Im **Herbst**, wenn die Blütenpracht dem Ende zugeht, werden die Beete geräumt und mit Kompostgaben für die Frühjahrsbepflanzung im Oktober vorbereitet. Für die Gesundheit der Pflanzen wäre es gut, wenn die Flächen nach einigen Jahren gewechselt werden könnten. Im Hausgarten ist dies jedoch selten möglich. In diesen Fällen sollte man allerdings immer wieder neue Pflanzenzusammenstellungen und Sorten wählen oder die Beete ab und zu nur mit Studentenblumen bepflanzen – sie helfen, einer **Bodenmüdigkeit** vorzubeugen.

Symbole

↕ = Höhe
⊙ = einjährig
⊙⊙ = zweijährig
♃ = Staude
Ⓣ = zum Trocknen geeignet
❀ = Blütezeit
○ = Sonne
◑ = Halbschatten
● = Schatten

Leberbalsam

Ageratum houstonianum

⊙ 15–60 cm ❁ 5–10 ○–◑

Merkmale: Buschiger Wuchs; niedrige Sorten kompakt, hohe locker verzweigt. Laub weich behaart.
Blüte: Unterschiedliche Blautöne, selten auch weiß (regenempfindlich). Dichte, samtige Blütendolden.
Verwendung: Niedrige Sorten flächig, Schnittsorten einzeln oder in kleinen Gruppen gut zur Überstellung und Auflockerung. Füller im Staudenbeet.

Sorten: 'Blaue Donau', mittelblau, 'Hawai'-Serie in Blau, Violett und Weiß, 'Neptune Blue', kräftiges Blau – alle 15–20 cm.
Schnittsorten: 'Blue Horizon', 60 cm, kräftig, hellblau; 'Schnittwunder', 60 cm, mittelblau; 'Blauer Schnitt', 40–50 cm, 'Weißer Schnitt', 60 cm.

Garten-Fuchsschwanz (◁ Foto)

Amaranthus caudatus und *A. paniculatus*

⊙ 30–100 cm ❁ 7–10 ○–◑

Merkmale: Buschig verzweigt; Laub groß, breitoval, hellgrün oder rotbraun.
Blüte: Schweifartige Ähren in Grün, Dunkelrot oder lachsfarben – bei *A. caudatus* überhängend, bei *A. paniculatus* aufrecht stehend.
Verwendung: Als Solitär oder in kleinen Grüppchen zur Strukturierung und farblichen Beruhigung der Beete.

Sorten: *A. c.* 'Pony Tails', Ähren karmin, grünlaubig'; 'Rotschwanz' oder 'Grünschwanz' – alle 75–90 cm hoch, mit lang herabhängenden Zöpfen. *A. p.* 'Öeschberg', dunkelrot; 'Monarch', beigebraun; 'Green Thumb' und roter 'Pigmy Torch' – alle 30–50 cm. 'Kupfergold' wird 100 cm hoch.

Goldtaler (◁ Foto)

Asteriscus maritimus

⊙ 25–30 cm ❁ 5–10 ○

Merkmale: Wuchs breitbuschig, polsterförmig oder überhängend; derbes, schmales, etwas silbrig schimmerndes Laub.
Blüte: Goldgelbe, 3–4 cm große einfache Korbblüten.
Verwendung: Gut als Einfassungspflanze sowie als flächiger Bodendecker geeignet. Auch hübsche, dankbare Ampelpflanze.
Durch Stecklinge vermehrbar.

Sorten: 'Gold Dollar' und 'Gold Coin'; 'Gnom' besitzt kleinere Blüten und ist etwas kompakter im Wuchs.

Spinnenblume

Cleome hassleriana

⊙ 80–130 cm ❁ 7–10 ○

Merkmale: Straff aufrechter, zum Teil sparrig verzweigter Wuchs. Stängel etwas klebrig und leicht dornig. Das Laub ist handförmig gelappt.
Blüte: Weiß, rosa, violett, in großen lockeren Doldentrauben zusammenstehend. Staubblätter und Fruchtstände bieten zusätzlichen Zierwert.
Verwendung: Als Solitärpflanzen und Ergänzung für Staudenbeete geeignet; auch als Hecke verwendbar.

Sorten: 'Helen Campell', weiß; 'Rosakönigin', 'Kirschkönigin', 'Violettkönigin' – schön als Mischung.

Fiederblättrige Schmuckblume, Schmuckkörbchen, Kosmee

Cosmos bipinnatus (◁ Foto)

⊙ 60–140 cm ❁ 7–10 ○–◑

Merkmale: Wuchs sehr breitbuschig und reich verzweigt – je nach Sorte locker oder kompakt. Sehr stark gefiedertes, dekoratives Laub.
Blüte: Weiß, rosa, karmin – meist einfache große Schalenblüten. Hauptblütezeit spät, hält bis zum Frost.
Verwendung: Leitpflanzen oder gute Füller in der Staudenrabatte. Auch für ländliche und naturhafte Gärten geeignet. Meist als Mischung.

Sorten: 'Sonata'-Serie, etwa 50 cm hoch und breit, kompakt und standfest.

Orangen-Schmuckkörbchen

Cosmos sulphureus

⊙ 30–80 cm ❁ 7–9 ○

Merkmale: Lockerer, leicht ausladender, sparriger Wuchs. Weniger stark gefiedertes Laub als *C. bipinnatus*, trotzdem zartes, zierliches Wuchsbild.
Blüte: Leuchtendes Orange, auch ins Gelb und Rot spielend. Blüten einfach bis leicht gefüllt, etwa 5 cm breit.
Verwendung: Sehr gute Lückenfüller. Die auffallende Blütenfarbe harmoniert am besten mit allen Gelb- und Rottönen und bildet einen herrlichen Kontrast zu dunklem Violett.

Sorten: 'Lichterfest', 50–60 cm, ist eine empfehlenswerte Mischung unterschiedlicher Orangetöne.

Zigarettenblümchen, Köcherblümchen (▷ Foto)

Cuphea ignea

⊙ 25–40 cm ❁ 5–10 ○–◑

Merkmale: Stark verästelter kleiner, kompakter Halbstrauch, der sich nach allen Seiten ausbreitet. Glänzend grüne Blättchen.
Blüte: Feuerrote, schmale Röhrenblütchen mit grau-schwarzem Ende, das einer brennenden Zigarette ähnelt.
Verwendung: Zur Einfassung und als Unterpflanzung geeignet; guter Bodendecker – auch noch für etwas schattigere Partien.

Weitere Arten: *C. hyssopifolia* ist eine zierliche Verwandte mit sehr kleinem Laub und winzigen Blütchen in rosa-violetten Tönen – sie wird auch als Sommer-Myrte bezeichnet.

Spanisches Gänseblümchen, Karwinskis Berufskraut

Erigeron karvinskianus

⊙ 20–30 cm ❁ 5–10 ○–◑

Merkmale: Locker polsterförmig, in die Breite gehend oder auch überhängend, von ausgesprochen zarter Wuchsform.
Blüte: Helle Pastellfarbe – weiße bis rötliche Gänseblümchen.
Verwendung: Bestens als Einfassung oder zur flächendeckenden Unterpflanzung gedacht, besonders hübsch zusammen mit Rosen-Hochstämmchen. Sehr anspruchslos, deshalb auch für Fugen geeignet. Hält in milden Wintern durch.

Sorte: 'Blütenmeer', kompakt und reich blühend.

Mittagsgold (▷ Foto)

Gazania rigens

⊙ 15–30 cm ❁ 6–10 ○

Merkmale: Je nach Sorte Pflanzen mit dunkelgrüner oder silbriggrauer Blattrosette, die auch mit weniger Blüten noch attraktiv wirken.
Blüte: Weiß, gelb, orange oder braunrot; bis zu 10 cm breite Korbblüten, einzeln an langen Blütenstielen stehend. Bei Lichtmangel schließen sich die Blüten.
Verwendung: Einfassungspflanze, auch für Steingärten hervorragend geeignet, da sehr wärmeliebend.

Sorten: 'Ministar'- und 'Talent'-Serie, 20 cm, auch als Mischungen; 'Daybreak'-Serie, 30 cm auch bei Bewölkung offene Blüten.

Vanilleblume, Heliotrop

Heliotropium arborescens

⊙ 30–50 cm ❁ 6–10 ○–◑

Merkmale: Stark verzweigte kleine Halbsträucher mit dunkelgrünem, etwas runzeligem Laub.
Blüte: Blauviolett, ausnahmsweise auch in Weiß. Winzige Einzelblütchen bilden eine breite Dolde. Duftend!
Verwendung: Beliebte Beet-, Balkon- und auch Kübelpflanze, wenn sie frostfrei überwintert werden kann. Gute Ergänzung zu bunten Blumen. Schön in Kombination mit Gelb, Weiß und Rot.

Sorten: 'Marine', 50 cm, stark duftend; 'Mini Marine', 30–40 cm, tiefblau mit dunklerem Laub. 'Atlanta' wächst noch kompakter.

Fleißiges Lieschen

Impatiens walleriana

⊙ 15–50 cm ❁ 5–10 ○–◑

Merkmale: Wuchs breitbuschig, verzweigt, saftreiche Triebe, die leicht brechen.
Blüte: Von Weiß bis Rot und Violett, auch zweifarbig oder mit Auge sowie hübsche gefüllte Formen.
Verwendung: Einer der besten Bodendecker unter den blühenden Beetpflanzen. Gedeiht besonders gut in frischen, halbschattigen Lagen. Bei zu dichtem Stand schieben sich die Pflanzen gegenseitig in die Höhe.

Sorten: Serien mit breiter Farbpalette – oft als Mischungen angeboten, zum Beispiel 'Accent'-, 'Bellizzy'- oder die gefüllte 'Fiesta'-Serie.

Edel-Lieschen (▷ Foto)

Impatiens Neuguinea-Grp.

⊙ 20–40 cm ❁ 5–10 ○–◑

Merkmale: Wuchs dichtbuschig; Laub größer, dunkler als bei *I. walleriana,* zum Teil auch panaschiert.
Blüte: Farbspektrum ähnlich dem Fleißigen Lieschen, jedoch größere Blüten und oft leuchtender im Ton.
Verwendung: Dankbare Beet- und Balkonpflanze für kühlere und absonnige Lagen.

Sorten: 'Celebrette'-Serie in vielen Farben, 'Spectra'-Mischung, 'Java-Mixture' sowie die höhere dunkellaubige Sorte 'Tango' in ausgefallenem Orange.

Becher-Malve, Garten-Strauchpappel

Lavatera trimestris

⊙ 50–100 cm ❁ 7–10 ○

Merkmale: Wuchs breitbuschig, stark verzweigt, zum Teil verholzend. Laub herzförmig, frischgrün.
Blüte: Weiß, rosa, karmin; große Trichterblüten teilweise fein geadert.
Verwendung: Leit- und Füllpflanzen für Blumenrabatten aller Art, aber auch zur Abgrenzung gut als niedrige Hecke.

Sorten: 'Mont Blanc', weiß, 50 cm; 'Silvercup', rosa, dunkle Aderung, 60 cm; 'Beauty'-Serie, weiß, hell- und dunkelrosa, auch als Mischung, 70–80 cm.

Pracht-Lobelie (◁ Foto)

Lobelia × speciosa

⊙ 50–90 cm ❁ 7–9 ○–◑

Merkmale: Wuchs straff aufrecht, Stiele aus einer Blattrosette aufsteigend. Laub teilweise rötlich.
Blüte: Verschiedene Rottöne, besonders leuchtendes Scharlach. Daneben schönes Blau und Violett. Blütchen bilden dichte, lange Trauben.
Verwendung: Vor allem zur Überstellung niedriger Beetpflanzen – gruppenweise pflanzen. Schmale Silhouette bildet Kontrast zu breitbuschigen Pflanzen. Halbstaude, die in milden Wintern überelebt.

Sorten: 'Fan'-Serie niedriger und kompakter als 'Kompliment'-Serie.

Sterntaler (◁ Foto)

Melampodium paludosum

⊙ 20–30 cm ❁ 5–9 ○–◑

Merkmale: Wuchs buschig, in die Breite gehend, fein verzweigt. Hübsches hellgrünes, etwas raues Laub.
Blüte: Goldgelbe, einfache Körbchenblüten, etwa 3–5 cm breit.
Verwendung: Der pflegeleichte Dauerblüher gedeiht am besten auf etwas feuchteren Böden und ist ein idealer Bodendecker – auch gut zu Stauden passend.

Sorten: 'Derby', 20 cm, goldgelb, kompakte gute Sorte; 'Showstar', 25 cm , hellgelb, großblütig, breitrunder Wuchs; 'Medaillon', 30 cm, gelborange, klein-und reichblütig.

Elfenspiegel

Nemesia fruticans

⊙ 20–30 cm ❁ 6–9 ○

Merkmale: Zarter buschiger Wuchs, vieltriebig und etwas überhängend. Kleines hellgrünes Laub.
Blüte: Lavendelblaue, rosa oder weiße kleine, löwenmäulchenartige Blüten sitzen an der Triebspitze dicht beieinander.
Verwendung: Zur Beeteinfassung, als Bodendecker oder Balkon- und Ampelpflanze geeignet; mit oder ohne Rückschnitt sehr ausdauernd.

Sorten: 'Florence Blue', lavendel; 'Sea Mist', rosa; 'Innocence', weiß, duftend.

Zier-Tabak (◁ Foto)

Nicotiana alata

⊙ 30–80 cm ❁ 6–10 ○–◑

Merkmale: Mehrtriebig aus einer Rosette wachsend. Stängel etwas klebrig. Weiche, hellgrüne Blätter.
Blüte: Weiß, gelbgrün, rosa, karmin bis dunkelrot.
Verwendung: Als Gruppenpflanze, auch für Staudenbeete.

Sorten: 'Nicki'- Serie, 40 cm, in verschiedenen Einzelfarben und als Mischung. 'Domino'-Serie, 25–35 cm, ist kompakter. 'Havana Apfelblüte', 30–40 cm, beliebte Sorte. 'Crimson Rock', 60 cm, rot; 'Lime Green', 80 cm; 'Daylight', 80 cm, weiß. 'Grüne Glocken', 60 cm, kleinblütig. ,

Weitere Art: *Nicotiana sylvestris*, Berg-Tabak, bis 150 cm, weiße, hängende Röhrenblüten, großblättrige, duftende Solitärpflanze (Foto).

Bartfaden

Penstemon barbatus

⊙ 30–80 cm ❁ 7–9 ○–◑

Merkmale: Schmal aufrechter Wuchs, vieltriebig aus einer Rosette. Frischgrünes Laub.
Blüte: Rosa, rot, violett, auch zweifarbig. Je nach Sorte unterschiedlich große Blütenglocken, die ähnlich dem Fingerhut lange Trauben bilden.
Verwendung: Gruppenweise auf Blumenrabatten aller Art, auch im Bauerngarten. Hat Staudencharakter und kann in mildem Klima überwintern.

Sorten: 'Scharlachkönigin', 75 cm, rot mit weißem Schlund, spät blühend; 'Giganteus Prachtmischung', 75 cm, lange Blütezeit. 'Rondo-Mischung', 40 cm, hübsch auch in Steingärten.

Rauer Sonnenhut (▷ Foto)

Rudbeckia hirta

⊙ 30–80 cm ❁ 7–10 ○

Merkmale: Horstartig, dichte Büsche bildend, vieltriebig aus einer Rosette. Weiches, rau behaartes Blatt.
Blüte: Warme Farbtöne sortenabhängig von Hellgelb über Gold bis bronzefarben. Sonnenblumenähnlich, einfache und gefüllte Formen, 5–12 cm Durchmesser.
Verwendung: Niedrige Sorten gruppenweise verwenden. Hohe Sorten staudenähnlich, eher vereinzelt setzen, da stattliche Büsche.

Sorten: 'Marmalade', 50–60 cm hoch und breit, goldgelb, einfach. 'Goldilocks', 50 cm, gefüllt. 'Sonora', 30 cm, gelb-braun; 'Toto', 25 cm, goldgelb.

Scharlachroter Salbei

Salvia coccinea

⊙ 30–60 cm ❁ 6–10 ○

Merkmale: Wuchs locker verzweigt. Zarte Blütentriebe über frischgrünem, melissenähnlichem Laub.
Blüte: Rot, lachs, weiß, klein, quirlig in langen Trauben angeordnet.
Verwendung: Besonders zur lockeren Überstellung in einer flächigen Pflanzung geeignet. Staudenähnliche Verwendung. Durch Wildblumencharakter auch Eignung für naturhafte Pflanzungen.

Sorten: 'Lady in Red', rot; 'Coral Nymphe', lachsfarben; 'Nymphe', weiß.

Mehl-Salbei (▷ Foto)

Salvia farinacea

⊙ 40–80 cm ❁ 6–10 ○–◑

Merkmale: Dicht verzweigter kleiner, kompakter Halbstrauch. Stängel graufilzig, Laub matt.
Blüte: Blautöne, weiß und silbrig. Kleine Blütchen zu dichten Ähren zusammengesetzt an straffen Blütenstielen.
Verwendung: Universell verwendbare, ununterbrochen blühende Pflanze, für Beete wie für Gefäße geeignet. Farblich passender Partner für nahezu alle Sommerblumen und Stauden.

Sorten: 'Victoria', tiefblau, 40–60 cm, wichtigste Sorte. 'Strata'oder 'Reference', blaue Blütchen an silbriger Ähre. 'Cirrus', weiß-silber, 'Catima' und 'Blauähre', dunkelblau, aber höher, 60–80 cm.

Abstehender Salbei

Salvia patens

⊙ 50–80 cm ❁ 7–10 ○

Merkmale: Aufrechter, sparriger Wuchs. Blättchen klein, weich behaart. Rhizomartig verdickter Wurzelstock – kann wie Dahlien überwintert werden.
Blüte: Einzigartiges strahlendes Blau. Relativ wenige offene Blüten an langer Ähre, trotzdem sehr attraktiv.
Verwendung: Halbstaude mit Wildcharakter passend in alle Rabatten. Am besten zwischen mittelhohe Pflanzen setzen, die den weniger schönen Wuchs etwas kaschieren.

Sorten: 'Marineblau', 75 cm; 'Cambridge Blue', blasser blau.

Feuer-Salbei (▷ Foto)

Salvia splendens

⊙ 20–30 cm ❁ 5–10 ○

Merkmale: Kleine, mehrfach verzweigte Büsche mit vierkantigen saftreichen Stängeln. Hellgrünes Laub.
Blüte: Hauptsächlich intensives Scharlachrot, aber auch Lachs, Violett, Creme und zweifarbig. Dauerblüher.
Verwendung: Zur flächigen Bepflanzung geeignet. Knallige Farben besser in kleinen Gruppen. Kombinationen mit andersfarbigen Sorten oder blauen Blumen und graulaubigen Blattschmuckpflanzen sind zu empfehlen.

Sorten: 'Scarlet King', 25 cm; 'Salsa'-Serie in sechs Farben; 'Cleopatra'-Serie, dunkelviolett, 30 cm.

Husarenknopf

Sanvitalia procumbens

⊙ 10–30 cm ❁ 5–10 ○–◑

Merkmale: Flach ausgebreitet wachsender, kleiner, stark verästelter Busch mit frischgrünem Laub.
Blüte: Sonnenblumenähnlich, klein, einfach und gefüllt. Dauerblüher.
Verwendung: Ideale Einfassungspflanze und guter Bodendecker; auch für Ampeln und andere Gefäße geeignet.

Sorten: 'Goldteppich', gelb mit schwarzer Mitte, einfach. 'Sprite Yellow' und 'Sprite Orange', gefüllt mit dunkler Mitte, 30 cm.
'Mandarin' und 'Irish Eyes', hellorange mit grünem Knopf. 'Plena', dicht gefüllt.
Die Sorte 'Aztekengold' fällt völlig aus dem Rahmen: sehr stark wachsend, auch überhängend, mit schmaleren Blütenblättchen, feuchtigkeitsliebend.

Studentenblume (◁ Foto)

Tagetes

⊙ 20–100 cm ❁ 6–10 ○

Merkmale: Vielfach verzweigte, kompakte Büsche mit mehr oder weniger gefiedertem Laub und charakteristisch strengem Duft.
Blüte: Hauptsächlich Gelb und Orange bis hin zu braun-roten Farbtönen. Blütengröße zwischen 2 und 10 cm. Einfach, in der Mehrzahl jedoch dicht gefüllte Blütenköpfe.
Verwendung: Bewährte Dauerblüher und leuchtender Blickfang auf Rabatten, in Gefäßen und auch im Gemüsegarten. Eine Einsaat vor allem mit *T. erect*a fördert die Bodengesundheit!

Sorten: Man unterscheidet drei Hauptgruppen: *T. erecta*, *T. patula* und *T. tenuifolia* mit ihren zahlreichen Sorten.
Die Erecta-Hybriden teilt man wiederum in drei Gruppen ein: die hohen Sorten mit 60–100 cm; halbhohe mit 40–60 cm und niedrige mit 20 bis 40 cm. Erecta-Hybriden besitzen, ob hoch oder niedrig, alle dicke Blütenbälle. Die hohen eignen sich zum Schnitt, die niedrigen sind gute Beetsorten, etwa die 'Antigua'-Serie und 'Vanilla', eine ausgefallene cremefarbene Sorte.
Patula-Hybriden sind insgesamt niedriger und haben kleinere Blüten. Die 'Disco'-Serie, 20 cm, und die 'Favourite'-Serie mit 30–40 cm besitzen einfache Blüten.
Daneben gibt es nelkenblütige und gefüllt blühende Sorten mit einem breiten Farbenspektrum.
T. tenuifolia besticht durch ihren zierlichen Charakter und das farnartige feine Laub. Die Blüten sind einfach und klein. Höhe und Breite der dicht verzweigten Büsche 30–40 cm.
Häufig auch als Mischung in verschiedenen Tönen angeboten.

Mexikanische Sonnenblume

Tithonia rotundifolia

⊙ 40–150 cm ❁ 7–10 ○

Merkmale: Stark verzweigter, breit ausladender, kräftiger Strauch. Samtiges, großflächiges Blatt – hoher Laubanteil.
Blüte: Hellorange oder orangerot, einfach, mit hervorstechenden gelben Staubgefäßen. Blüten zwischen 6 und 10 cm breit, einzeln auf langen Stielen.
Verwendung: Als Leit- und Solitärpflanzen, auch in kleinen Gruppen als Hintergrund oder als Füller zwischen Stauden. Eine Ausnahme bildet die niedrige Sorte 'Fiesta del Sol' mit 40 cm.

Sorten: 'Fackel', tieforange, 100–150 cm; 'Goldfinger', heller orange, 75 cm.

Schleier-Eisenkraut, Verbene

Verbena bonariensis (◁ Foto)

⊙ 80–120 cm ❁ 7–10 ○

Merkmale: Straffer, sparriger Wuchs; steife, fast unbelaubte, kantige Stängel.
Blüte: Hellviolett, in kleinen Dolden an jedem Triebende. Dauerblüher.
Verwendung: Gruppenweise zur Überstellung geeignet. Filigraner Habitus, Höhe und zurückhaltende Farbe erzeugen Schleierwirkung.

Weitere Arten: *Verbena rigida* ist eine niedrigere Verwandte von *V. bonariensis*. Sie wird 30–40 cm hoch, wächst ebenfalls sparrig, bildet aber breite, dicht und dunkel belaubte Büsche.
Die Blütenfarbe ist ein intensives Tiefviolett. Einen hübschen Kontrast liefert die Sorte 'Polaris' mit ihrem zart violetten Ton.

Zinnie (◁ Foto)

Zinnia elegans

⊙ 30–90 cm ❁ 6–10 ○

Merkmale: Wuchs straff aufrecht, an der Basis verzweigt. Laub eiförmig, hellgrün.
Blüte: Farbspektrum umfasst alle Töne außer Blau. Häufig werden Mischungen angeboten. Besonders schön sind die warmen Gelb- und Rottöne. Einzelblüten lang gestielt. Blütendurchmesser zwischen 3 und 10 cm.
Verwendung: Niedrige Sorten zur Flächenpflanzung geeignet, halbhohe gruppenweise in Rabatten einstreuen oder zwischen Stauden, passen auch gut in bäuerliche Gärten zwischen Gemüse und Kräuter. Hohe Sorten als Schnittblumen beliebt. Je öfter geschnitten wird, umso reicher der Knospenansatz.

Sorten: 'Profusion'-Serie, 30 cm, reich blühende kompakte neue Sorten in leuchtendem Orange, Kirschrot (Foto) und Creme, große einfache bis halb gefüllte Blüten; wächst kissenförmig. 'Peter Pan'Hybriden ebenfalls niedrig und großblütig. 'Liliput'-Serie, 50 cm, mit kleinen Blüten in Pomponform. 'Ruffles'-Hybriden, 60 cm, buschig, mittelgroße Blüten, reich blühend; 'Dahlienblütige Riesen', bis 90 cm. 'Froggy', 60 cm, eine grünliche, sehr apart blühende Zinnie.

Weitere Art: *Zinnia haageana*, 30 cm, buschige kleinblütige Sorten; 'Classic' leuchtend Orange oder 'Chrystal White' in Cremeweiß – alles unermüdliche Blüher, die sich sehr gut zu größeren Flächenpflanzungen oder als Einfassung eignen. Etwas höher und lockerer im Wuchs sind die mehrfarbigen Sorten 'Perserteppich' und 'Old Mexico'.

Maßliebchen, Tausendschönchen

Bellis perennis

⊙ 10–15 cm ❀ 3–5 ○–◑

Merkmale: Dichte, kleine Rosetten, Laub rundlich-oval.
Blüte: Weiß, rosa, rot, 3–6 cm breit, mehr oder weniger stark gefüllt, Strahlen- oder Pomponform.
Verwendung: In bunten Frühlingsbeeten, zusammen mit den farblich passenden Tulpen auch schön Ton in Ton.

Sorten: 'Habanera'-Serie, kompakt, große, dicht gefüllte Blüten; 'Robella', lachsrosa, früh; 'Tasso', große Pomponblüten, 'Rominette', kleinblütig.

Marien-Glockenblume

Campanula medium (▷ Foto)

⊙ 60–80 cm ❀ 6–7 ○

Merkmale: Aus kräftiger Grundrosette entwickelt sich ein mehrtriebiger Busch mit rau behaarten Blättern.
Blüte: Weiß, rosa, blau; große abstehende Blütenglocken an einer langen Rispe; einfache oder gefüllte Blüten im Frühsommer.
Verwendung: Mit anderen Zweijährigen als Gruppe in Staudenbeeten. Sollte in keinem Bauerngarten fehlen.

Sorten: Verschiedene Farbmischungen oder drei Einzelfarben.

Bart-Nelke (▷ Foto)

Dianthus barbatus

⊙ 30–50 cm ❀ 6–7 ○

Merkmale: Aus einer Rosette entwickeln sich sie straffen Blütenstiele. Laub spitz-oval.
Blüte: Weiß, rosa, rot, dunkelrot und purpurn – auch mehrfarbig. Einfache und gefüllte Einzelblüten, die eine 5–10 cm große flache Dolde bilden.
Verwendung: Gruppenweise in Einzelfarben zwischen Stauden oder als Schnittblumen auf gesonderte Beete pflanzen – meist als Mischung.

Sorten: 'Scarlet Beauty', ein besonders leuchtendes Scharlachrot. 'Prachtmischung'enthält eine Vielzahl schöner Farben; 'Indianerteppich', eine Mischung einfach blühender Zwergsorten.

Goldlack

Erysimum cheiri

⊙ 25–75 cm ❀ 4–6 ○

Merkmale: Buschig verzweigter kleiner Strauch – mehrjährig verholzend.
Blüte: Gelb- Orange- und Brauntöne. Einfache und gefüllte Formen.
Verwendung: Bilden mit Violen, Maßliebchen und Vergissmeinnicht bunte Frühlingsbeete. Alte Bauerngartenblume. Wegen ihres Duftes möglichst in »Riechweite« pflanzen.

Sorten: 'Einfache Prachtmischung', 50 cm; 'Zwerg Busch', gefüllt, 30 cm.

Weitere Art: *Erysimum* × *allionii*, der Schöterich, blüht rein gelb, orange oder auch violett als Sorte 'Bowles Mauve'.

Vergissmeinnicht (▷ Foto)

Myosotis sylvatica

⊙ 15–35 cm ❀ 4–6 ○–◑

Merkmale: Aus einer Blattrosette entwickelt sich ein kleiner Busch mit rau behaarten Blättchen.
Blüte: Blau , rosa, weiß; viele kleine zarte Einzelblütchen stehen traubenförmig am Triebende.
Verwendung: Besonders geeignet als Unterpflanzung von Tulpen, teppichbildend.

Sorten: 'Nina'-Serie, 15 cm, in Einzelfarben; 'Compindi', 15 cm, dunkelblau; 'Bluesylva', mittelblau, 20 cm; 'Musik', tiefblau, 25 cm; 'Blauer Strauß', tiefblau, 30 cm; 'Wallufer Schnitt', bis 50 cm.

Garten-Stiefmütterchen

Viola × *wittrockiana*

⊙ 15–30 cm ❀ 10–12 / 3–6 ○–◑

Merkmale: Buschiger Wuchs, saftreiche Triebe; Laub eiförmig, hellgrün.
Blüte: Alle Farben, kleine oder große samtige Blüten, mit und ohne charakteristische Zeichnung.
Verwendung: Kombinationen mit anderen Zweijährigen und Stauden und besonders mit Zwiebelblumen.

Sorten: Winterharte, bereits im Herbst blühende Rassen mit mittelgroßen Blüten sind 'Weseler Eis', 'Riesen Vorboten', 'Schweizer Riesen' und 'Ice Queen'. F_1-Hybriden sind meist großblütig und werden erst Mitte März ins Freiland gepflanzt. Es gibt Sorten in allen Farbschattierungen, auch viele neue Pastelltöne.

Kübelpflanzen verzaubern Garten, Terrasse und Balkon

Es ist noch gar nicht lange her, da waren Kübelpflanzen ein Privileg von Schlossverwaltungen, Stadtgärtnereien, Gartenschauen und – Bauern. Im Laufe des 19. Jahrhunderts brach bei den gut betuchten Pflanzenliebhabern eine wahre Sammelwut aus und aus den Kolonien fand bald ein großes Sortiment subtropischer Pflanzen den Weg nach Mitteleuropa. Bis zum Wirtschaftswunder hatten Normalsterbliche in ihren beengten Behausungen kaum die Möglichkeit, südliche Sonnenkinder über den Winter zu bringen, mit der Häuslebauerwelle hat sich das nachhaltig geändert. Keine Gartenzeitschrift kann ohne Kübelpflanzenartikel existieren und unser mitteleuropäischer Drang nach Süden tut ein Übriges; ein Scheibchen Urlaub nimmt jeder gern in den kühlen Norden mit.

Standort und Lichteinflüsse

Entscheidend für die Auswahl der passenden Pflanzen ist die richtige Einschätzung der Lichtverhältnisse am zukünftigen Standort. Bei den meisten Pflanzen werden mit abnehmendem Licht die Blätter größer, heller grün und dünner. Die Dichte der Belaubung nimmt ab, die Pflanzen entwickeln sich locker und offen. Gleichzeitig werden die Blüten kleiner und blasser, ihre Zahl verringert sich.
Umgekehrt färben sich die Blätter mit zunehmendem Licht dunkler grün, werden oft graufilzig sowie gleichzeitig dicker und härter. Die Pflanzen sind dann kompakt, gestaucht und dicht belaubt. Sowohl Blütenzahl als auch Blütengröße nehmen zu, die Farben werden intensiver. Demzufolge benötigen fast alle blühenden Kübelpflanzen einen möglichst sonnigen Standort.
Noch wärmer als vollsonnige und somit zwangsläufig freiliegende Flächen sind Standorte mit Windschutz auf West-, Nord- oder Ostseite. Ein wenig Schlagschatten kann man also durchaus in Kauf nehmen, ohne dass die Pflanzenqualität darunter leidet.

Kübelpflanzen für schattige Standorte

Am schwierigsten zu kultivieren sind Kübelpflanzen an kaum besonnten Plätzen. Halbschattige und schattige Standorte findet man in Hausgärten meist unter größeren Bäumen oder gar Baumgruppen, häufig so dicht ans Haus gepflanzt, dass sie dieses fast berühren. Viele ältere, eingewachsene Gärten haben dann fast nur noch Schatten- oder Halbschattenplätze anzubieten.
Jeder Gartenbesitzer weiß, was richtige Schattenlagen sind: all die Plätze, auf die während des Sommerhalbjahres so gut wie kein Sonnenstrahl fällt. Nun sind aber Schattenlagen genau die Orte, an denen es sich an heißen Sommertagen noch am ehesten aushalten lässt. Hier ist der richtige Ort für Waldpflanzen, und zahlreiche Schattenstauden inmitten von Farnen zaubern mit ihren farbigen Blüten Lichtpunkte ins Dunkel.
Dazu gibt es eine ganze Reihe von Kübelpflanzen, die schattige Lagen gut vertragen. Mit Ausnahme der Fuchsien sind ihre Blüten jedoch entweder weiß oder unscheinbar, und manche Arten blühen im Winter. Umso mehr überzeugen sie durch die ornamentalen Blätter und ihren Habitus.
Die Gruppe der schattenverträglichen Blattschmuckpflanzen zeichnet sich durch eine ganze Reihe von guten Eigenschaften aus: Die meisten bekommen kaum Schädlinge, sie vertragen spielend einige Grad Frost und können deshalb früh aus- und müssen erst spät wieder eingeräumt

Wer im Schattengarten sommerliche Blütenfülle wünscht, kommt um Fuchsien nicht herum. Eine Überfülle an Sorten bietet für jeden Geschmack das Passende.

Kübelpflanzen für schattige Standorte

Name	Blütenfarbe	Blütezeit	Höhe in cm	Überwinterung	Bemerkungen
Westlicher Erdbeerbaum *Arbutus unedo*	weiß	November bis Januar	200–300 (500)	Hart bis –10 °C	Erdbeerartige Früchte
Gold-Orange *Aucuba japonica*	rostrot	Dezember bis Februar	200–300 (–500)	Kann mit Winterschutz ausgepflanzt werden	Schöne rote Beeren, buntlaubige Sorten
Mexikanische Orangenblume *Choisya ternata*	weiß, Duft	August bis März	100–200	Hart bis –10 °C	Verträgt keine Staunässe
Efeuaralie × *Fatshedera lizei*	–	–	bis 200	Hart bis –10 °C	Bekannte Zimmerpflanze
Zimmeraralie *Fatsia japonica*	creme	September bis Dezember	200 (–500)	Hart bis –10 °C	Bekannte Zimmerpflanze
Fuchsie *Fuchsia*-Hybriden	viele Farben	Januar bis Dezember	100–200	Frostfrei	Rückschnitt beim Einräumen
Efeu *Hedera*-Arten	–	–	10–1000	Einige Sorten winterhart	Auch als Kletterpflanze
Zieringwer *Hedychium gardnerianum*	gelb-rot, Duft	April bis November	bis 150	Notfalls auch ganz dunkel	Nach Abblühen bodeneben zurückschneiden
Lorbeer *Laurus nobilis*	cremegelb	Februar bis April	200 (–800)	Hart bis –10 °C	Auf Schildläuse achten; Formschnitt
Japanische Faserbanane *Musa basjoo*	–	–	bis 500	Blattschopf entfernen	Windgeschützter Standort
Duftblüte *Osmanthus fragrans*	weiß, Duft	Herbst und Frühjahr	200	Kühl, aber frostfrei	Winzige Blüte
Bambus *Phyllostachys* u.a. Arten	–	–	bis 600	Manche Arten winterhart	
Klebsame *Pittosporum tobira*	weiß, Duft	April bis Juni	200 (–500)	Hart bis –10 °C	Neigt zum Verkahlen, Rückschnitt möglich
Paradiesvogelblume *Strelitzia reginae*	orange-blau	Dezember bis Mai	100–200	Lauwarm bis zimmerwarm	Vorzügliche Wintergarten-pflanze, kostbare Schnittblume
Sternjasmin *Trachelospermum jasminoides*	weiß, Duft	April bis November	10–500	Hart bis –10 °C	Kletterpflanze
Hanfpalme *Trachycarpus fortunei*	gelb	April	100 (–1000)	Hart bis –10 °C	Wächst im Kübel sehr langsam. Ausgesprochen robuste Kübelpalme

werden. Überwintern kann man sie in jedem kühlen Treppenhaus, in wenig geheizten Zimmern, kalten Kellern und notfalls in der Garage.

Zu der Gruppe der schattenverträglichen Pflanzen zählen noch eine ganze Reihe von Arten, die man eher an extrem heißen Standorten erwarten würde, zum Beispiel Agaven und einige Yucca- und Palmenarten. Da deren Platz eigentlich in der Sonne ist, werden sie dort ab Seite 348 besprochen. Auch die anderen in der Tabelle genannten Pflanzen gedeihen im schattigen Bereich, fühlen sich jedoch im Halbschatten, manche auch in der vollen Sonne wohler.

So sie sich nicht in Innenhöfen befinden, werden schattige Sitzplätze gewöhnlich mit winterharten Pflanzen umgeben. In den meisten Gärten werden das wegen ihrer geringen Lichtansprüche **Immergrüne** sein, Koniferen wie Hemlocktannen oder Eiben, Laubgehölze wie Rhododendren oder Lorbeerkirschen, aber auch Gräser, etwa Bambus. All diese Pflanzen, besonders der grazile Bambus, passen ganz vorzüglich zu den schattenverträglichen, subtropischen Blattschmuck-Kübelpflanzen. Bambus ist deshalb ein so wichtiger Begleiter, weil er nie schwermütig wirkt – eine Gefahr, die bei einer unbedachten Aneinanderreihung großblättriger Immergrüner nicht unterschätzt werden darf.

Eine weitere Auflockerung wird erzielt, indem man bei den Kübelpflanzen nicht unbedingt die gewöhnliche grüne Art nimmt, sondern panaschierte Formen, also solche mit weiß- oder gelbbunt gescheckten Blättern. Eine *Aucuba japonica* 'Crotonifolia' (Gold-Orange) wirkt im Gegensatz zur normalen Form so, als würden Lichtreflexe auf den Blättern spielen. Ähnliches gilt für die weißbunte Zimmeraralie *(Fatsia)* und verschiedene Efeu *(Hedera)*. Dabei soll jedoch nicht verschwiegen werden, dass sich die Farben im tiefen Schatten nicht so gut entwickeln wie an helleren Standorten, die Pflanzen neigen zum Vergrünen.

Viel zu wenig berücksichtigt wird, dass zahlreiche **Zimmerpflanzen** sehr gut den sommerlichen Schattenplatz im Freien

Köstlicher, weitströmender Duft ist das Kennzeichen von *Pittosporum tobira* (Klebsame). Außerhalb der Blütezeit eine dankbare Immergrüne auch für Schattenlagen.

schmücken können. Dies ist in südlichen Ländern allgemein üblich, in denen während des Sommers die Fensterläden ständig geschlossen sind. In unseren Breiten sollten diese Zimmerpflanzen nicht zu früh und möglichst während einer Schönwetterperiode ins Freie gebracht werden. Anderenfalls erleiden sie einen Kälteschock und wachsen wochenlang nicht weiter. In der Regel aber danken die Zimmerpflanzen eine Sommerfrische im Freien mit gutem Wuchs sowie gesunden und kräftigen Blättern. Allerdings müssen die meisten Ende September wieder ins Zimmer, da die Nächte dann schon merklich kühler werden.

Zimmerpflanzen, die in Schattenlagen im Freien gut gedeihen, sind: *Ardisia, Aspidistra,* Azaleen, *Cissus, Coffea, Dracaena,* Farne, *Ficus benjamina, Gardenia, Hydrangea, Monstera, Philodendron, Rhoicissus, Sansevieria, Schefflera, Zantedeschia* und andere.

Ein Höhepunkt des sommerlichen Schattengartens sind so genannte **Duftpflanzen.** Auch wenn die Blüten häufig eher unscheinbar sind, verströmen viele von ihnen doch einen intensiven Duft. Als Beispiele seien hier einige wenig lichthungrige Arten genannt, wie der Klebsame *(Pittosporum tobira),* die Duftblüte *(Osmanthus fragrans),* die mexikanische Orangenblüte *(Choisya ternata)* oder der kletternde Sternjasmin *(Trachelospermum jasminoides).*

Kübelpflanzen für halbschattige Standorte

Halbschattige Plätze müssen zumindest im Sommerhalbjahr ein paar Stunden direkte Sonne bekommen oder dürfen nur unter einem sehr lichten Baumschirm stehen. Dabei sind Plätze mit Morgen- oder Nachmittagssonne günstiger als Orte, die ausgerechnet während der heißesten Mittagsstunden volle Sonne abbekommen. Warum ist dies so? Ein typisches Beispiel sind die Nachtschattengewächse (Solanaceae). Sie zeichnen sich, wie viele andere rasch wachsende Pflanzen auch, durch einen sehr hohen Wasserbedarf aus. Bei mäßiger Sonneneinstrahlung kann der Wasserbedarf ohne weiteres über die Wurzeln gedeckt werden, während der heißesten Mittagsstunden verdunsten die Blätter jedoch mehr Wasser als die Wurzeln aufnehmen können – die Pflanzen welken. Mittelfristig hat das zur Folge, dass die Pflanzen die gewünschte tropische Üppigkeit vermissen lassen, die Blätter ziemlich klein bleiben, schnell Abbauerscheinungen (Vergilben, braune Blattränder und Blattflecken) zeigen und bald abfallen. Die Blüten sind weniger betroffen, meist bleiben sie aber klein und verblühen schneller, dafür ist ihre Zahl oft größer.

Im Halbschatten wachsen alle **Pflanzen für Schattenlagen** siehe Seite 344 ganz vorzüglich. Eine Ausnahme machen die Zimmerpflanzen, die selbst auf nur kurzzeitig andauernde direkte Sonneneinstrahlung mit einem fürchterlichen Sonnenbrand reagieren können. So ein Sonnenbrand hat oft den Totalverlust aller Blätter zur Folge, was sich bis zum Herbst kaum mehr auswächst.

Klassische Vertreter der Nachtschattengewächse: *Brugmansia.* Im lichten Schatten zeigen sie sich von ihrer besten Seite.

Andererseits gedeihen auch viele Pflanzen, die eigentlich volle Sonne haben sollten, im Halbschatten durchaus zufriedenstellend. Hier kommt es auf den Versuch an.

Wer sich einen tropisch üppigen Sitzplatz in einer halbschattigen Lage einrichten will, kommt an den **Nachtschattengewächsen** (Solanaceae) kaum vorbei, zumindest dann nicht, wenn er viel Wert auf Blüten legt. Am Abend besonnte Stellen sind besonders günstig, und in der Wärme der untergehenden Sonne lässt es sich lange aushalten. Gleichzeitig kann man den betörenden Duft, den viele Nachtschattengewächse erst in den Abendstunden ausströmen, genießen.

Sie liefern uns fast alle Farben, die das Pflanzenreich anzubieten hat: Engelstrompeten *(Brugmansia)* in Rot, Gelb,

Viele Blattschmuckpflanzen der Tropen, wie Bananen oder das Elefantenohr, ziehen sommerlichen Halbschatten der prallen Sonne vor.

Kübelpflanzen für halbschattige Standorte

Name	Blütenfarbe	Blütezeit	Höhe in cm	Überwinterung	Bemerkungen
Schönmalve *Abutilon*-Hybriden	gelb, rot, weiß	Januar bis Dezember	bis 200	Frostfrei, im Winter Zimmerpflanze	Schön als Stämmchen, Rückschnitt beliebig
Echtes Fleißiges Lieschen *Anisodontea capensis*	rosa	Januar bis Dezember	bis 300	Frostfrei	Schön als Stämmchen, starkwüchsig, Rückschnitt beliebig
Engelstrompete *Brugmansia*	viele Farben	Januar bis Dezember	bis 400	Frostfrei	Verliert im Winter viel Laub; viel Wasser und Nährstoffe
Hammerstrauch *Cestrum*-Arten	rot, orange lila, gelb	Januar bis Dezember	bis 300	Frostfrei	Auch als Stämmchen; viel Wasser und Nährstoffe
Orange, Zitrone, Mandarine *Citrus*-Arten und -Sorten	weiß, Duft	Januar bis Dezember, vor allem im Frühjahr	300 (-1000)	Frostfrei, nicht zu warm	Früchte werden auch bei uns reif; empfindlich gegen Kalk und Staunässe
Keulenlilie *Cordyline australis*	creme, Duft	Juni bis Juli	bis 600	Frostfrei, bei einseitigem Lichteinfall öfter drehen	Verzweigt sich nach der Blüte
Papyrus *Cyperus papyrus*	–	–	bis 400	Über 10°C, hell	Für tropisch aussehende Wasserbecken, Sumpfpflanze
Baumtomate *Cyphomandra betacea*	weiß, Duft	Januar bis Dezember	bis 500	Frostfrei	Früchte essbar; viel Wasser und Nährstoffe
Feige *Ficus carica*	–	–	bis 500	Hart bis –15°C	Laubabwerfend; im Sommer hoher Wasserbedarf
Silbereiche *Grevillea robusta*	orangegelb (im Alter)	April bis Juni	bis 2000	Frostfrei, hell	Verliert im Winter viel Laub. Triebe jährlich einkürzen
Veilchenstrauch *Iochroma*-Arten	rot, lila	Januar bis Dezember	bis 500	Frostfrei, hell	Vielfältig verwendbar (Spalier, Stämmchen, Busch); viel Wasser und Nährstoffe
Solanum *Lycianthes rantonnetii*	blau	Januar bis Dezember	bis 400	Frostfrei	Verliert im Winter viel Laub; Rückschnitt beliebig, viel Wasser und Nährstoffe
Bleiwurz *Plumbago auriculata*	blau, weiß	März bis November	bis 200	Ziemlich trocken, frostfrei	Kann auch als Stämmchen und am Spalier gezogen werden
Polygala *Polygala myrtifolia*	lila	Januar bis Dezember	bis 200	Hell und frostfrei	Empfindlich gegen Kalk und Staunässe
Prinzessinnenblume *Tibouchina urvilleana*	violett	Juli bis Mai	200 (–500)	Frostfrei, kühl und hell	Vorzügliche Wintergartenpflanze; oft entspitzen, regelmäßiger Rückschnitt
Priesterpalme *Washingtonia*-Arten	–	–	bis 2000	Hart bis –5°C, hell	Blattwerk und Stamm überaus dekorativ; hoher Wasserbedarf

Orange und Weiß, Hammersträucher *(Cestrum)* in Orange, Rot und Lila, verschiedene Nachtschatten *(Solanum)* in allen Blauschattierungen, dazu die lila Glocken des Veilchenstrauches *(Iochroma)* oder die tomatenfarbenen, hühnereigroßen Früchte der Baumtomate *(Cyphomandra)*. Um auch wirklich Freude an Kübelpflanzen zu haben, sollte man einiges über die Wuchsmerkmale der erwähnten Pflanzen wissen. Gerade die strauchartigen Solanaceae sind überaus starkwüchsig. So treibt eine gut ernährte, aufrecht wachsende Engelstrompete – die gelbe *Brugmansia aurea*, ihre weiße Abart und ebenso die rosa Typen – Jahrestriebe von über 3 m, ein kletternder Nachtschatten wie *Solanum jasminoides* kann auch 7 m zulegen.

Demgegenüber erreichen andere *Brugmansia*-Arten, etwa die rot blühende *Brugmansia sanguinea* oder *Brugmansia arborea* mit weißen Blüten, kaum mehr als 50 cm in einer Vegetationsperiode, wachsen dafür jedoch buschig und verzweigt.

Mittelstark im Wachstum sind – bis auf wenige Ausnahmen – die weiß blühenden Engelstrompeten, aber auch die verschiedenen Hammersträucher *(Cestrum*-Arten). Letztere eignen sich vorzüglich als seitliche Begrenzung oder Vorpflanzung zu hoch wachsenden Engelstrompeten. Durch ihre dichte Belaubung decken sie den oft nackten Fuß der Engelstrompeten ab und bieten diesen doch ziemlich brüchigen Pflanzen damit etwas Windschutz.

Wenig brüchig sind die buschartig wachsenden *Solanum*-Arten. Da ihre Blüten sehr grazil sind, rückt man sie am besten etwas von den bisher genannten Pflanzen ab, sie würden sonst durch deren Massivität optisch erschlagen. Neben dem dauerblühenden Enzianbaum *(Lycianthes rantonnetii)* ist als Solitär besonders der Geschlitztblättrige Nachtschat-

Der zu den Nachtschattengewächsen gehörende Rote Hammerstrauch, *Cestrum elegans*, weist die zuverlässigste Dauerblüte aller *Cestrum* auf.

Die Toleranz für halbschattige Standorte überrascht bei einer aus Südafrika stammenden Kübelpflanze wie *Plumbago auriculata*, dem Bleiwurz.

ten *(Solanum laciniatum)* oder der ganz ähnliche *Solanum aviculare* zu empfehlen. Diese beiden haben neben ihren tiefblauen Kartoffelblüten ein äußerst dekoratives, üppig dunkelgrünes, tief geschlitztes Laub und schmücken sich mit zahlreichen taubeneigroßen gelben und orangen Früchten. Kletterpflanzen wie den Costa-Rica-Nachtschatten *(Solanum wendlandii)* oder auch den spreizklimmenden Veilchenstrauch *(Iochroma)* lässt man in kräftige, winterharte Büsche klettern, die sie dann im Sommer und Herbst mit ihren lila Blüten überschütten.

Wem die niedrig und breitbuschig wachsenden Engelstrompeten und die verschiedenen Sommerblumen aus der Nachtschattenfamilie als Vorpflanzung nicht genügen, sollte es mal mit Zwergformen des Indischen Blumenrohrs *(Canna)* versuchen. Gerade mehrfarbige Sorten, etwa die gelb-rote 'Luzifer' oder 'Tropicanna' mit orange-gelb-grünen Blättern, verleihen solchen tropischen Pflanzungen den letzten Pfiff.

Werden Nachtschattengewächse in größeren Stückzahlen verwendet, sollte man sie, wenn irgend möglich, während des Sommers auspflanzen. Die im Frühjahr und Herbst anfallende zusätzliche Arbeit wird durch die wesentlich vereinfachte Düngung und Bewässerung mehr als ausgeglichen. Eines nämlich verlangen die Nachtschattengewächse: während der Hauptwachstumszeit gelegentlich eine gehäufte Handvoll Blaukornvolldünger pro Quadratmeter, dazu möglichst täglich durchdringende Bewässerung.

Wem das Überwintern der im Herbst oft riesigen Engelstrompeten zu mühsam ist, geht einen anderen Weg: Er lässt die Pflanzen erfrieren. Zuvor jedoch schneidet man aus den Stämmen eine Anzahl bis 50 cm langer Steckhölzer, steckt diese anschließend in große Töpfe und überwintert die Pflänzchen auf der Fensterbank. Bis zum Frühjahr sind sie zu kräftigen Büschen herangewachsen, die dann wieder als Sommerflor verwendet werden können.

Wegen der erhöhten Luftfeuchtigkeit gedeihen Solanaceae ganz besonders gut in der Nähe von Wasserbecken. Dort kann man ihnen ähnlich imposante, ungemein tropisch wirkende Pflanzen zuordnen, beispielsweise eine echte Lotosblume *(Nelumbo nucifera)* oder auch einen Papyrus-Solitär *(Cyperus papyrus)*.

Kübelpflanzen für sonnige Standorte

Manche Pflanzen, speziell die aus wüsten- und halbwüstenähnlichen subtropischen Gebieten, können gar nicht genug Licht und Wärme bekommen. Dies gilt besonders für diejenigen, deren Heimat das Mittelmeergebiet, das südliche Nordamerika, Südafrika und Australien ist. Vom Naturstandort her sind diese Pflanzen ständig strahlend blauen Himmel gewöhnt, die bei uns häufigen sommerlichen Schlechtwetterperioden sagen ihnen nicht zu. Verklebte Blüten nach Regenfällen sind dann häufig zu beobachten, zupft man sie nicht aus, kommt es zu Fäulnis.

Viele dieser Pflanzen haben trotzdem einen sehr hohen Wasserbedarf, denn an ihrem Naturstandort kann sich das Wurzelgeflecht wegen oft fehlender Konkurrenz weit ausdehnen, auf die heißen Tage folgen kühle Nächte und die Pflanzen können neben dem dann fallenden Tau das in der oberen Bodenschicht kondensierende Wasser aufnehmen. Wenn Sonnenpflanzungen fehlschlagen, liegt es oft an der Unkenntnis dieses Sachverhaltes. Kräftige Regengüsse oder tägliche durchdringende Bewässerung nützen diesen Pflanzen wenig, sie führen höchstens zu Staunässe und damit zum Abfaulen der Wurzeln. Gießen sollte man hier nach der Devise: mäßig, aber regelmäßig, während Schönwetterperioden möglichst jeden Morgen.

Sollte der Boden wirklich einmal zu trocken werden, zeigen uns das die Pflanzen: sie welken. Im Gegensatz zu Schat-

Ein klassischer Fall für heiße Südterrassen: Sukkulente wie Opuntien, Agaven, *Aeonium* oder *Yucca*, vorbildlich arrangiert.

tenpflanzen ist das hier aber nicht weiter schlimm. Wenn Schattenpflanzen richtig welken, werfen sie oft die Blätter ab oder bekommen braune Blattränder, welkende Sonnenpflanzen hingegen erholen sich nach einer Wassergabe meist innerhalb kürzester Zeit.
Wer eine südliche Stimmung im Garten liebt, aber weder Zeit noch Lust hat, sich täglich um seine Lieblinge kümmern zu müssen, kann sich ein **Sukkulentenbeet** anlegen. Sukkulenten sind Pflanzen, die eine ganze Menge Wasser speichern können, auf tägliche Bewässerung sind sie nicht angewiesen. Krankheiten und Schädlinge kommen kaum vor und die Pflege beschränkt sich auf das Entfernen absterbender Blätter.

Eine stets elegant wirkende Pflanze, die auch viele Schlossgärten schmückt, ist *Agapanthus*, die Schmucklilie. Das dekorative Laub tröstet über die nicht allzu lange Blütezeit hinweg.

Ein Sukkulentenbeet muss nicht zwangsläufig nur aus Sukkulenten bestehen. Es gibt zahlreiche andere Pflanzen mit ähnlich minimalen Ansprüchen, wovon sich viele in eine solche Pflanzung eingliedern lassen.
Den Mittelpunkt des Sukkulentenbeetes kann eine schon seit Jahrzehnten gepflegte Agave, eine große *Yucca* oder eine Palme bilden. Diese gräbt man mit dem Topf ein, entweder ebenerdig oder, um Höhe zu gewinnen, nur zur Hälfte in der Erde versenkt. Dieser Höhenunterschied

Kübelpflanzen für sonnige Standorte

Name	Blütenfarbe	Blütezeit	Höhe in cm	Kulturhinweise	Überwinterung	Bemerkungen
Aeonium *Aeonium arboreum*	gelb	Winter	bis 100	Sparsam düngen	Als Topfpflanze hell und frostfrei	Im Winter auf Fäulnis achten
Schmucklilie *Agapanthus*-Arten	blau, weiß	Mai bis Juli	bis 100	Selten umtopfen	Ziemlich trocken, frostfrei	Headbourne-Hybriden sind winterhart
Agave *Agave americana*	–	–	bis 150	Anspruchslos	Frostfrei	Blattspitzen entfernen
Strauchmargeriten *Argyranthemum*-Arten	viele Farben	Juni bis Frost	20–80	Aussaat ab März, Vorkultur	Auch bei optimalem Stand hohe Ausfallraten	Höhere Arten auch zum Schnitt; oft als Stamm gezogen
Blumenrohr *Canna indica*-Hybriden	viele Farben	Juni bis Frost	50–150	Fruchtansatz entfernen	Rhizome in trockenem Torf	Für kleine Beete oder Kübel Zwergsorten verwenden
Korallenstrauch *Erythrina crista-galli*	rot	Juni bis Oktober	bis 100	Abgeblühte Blütenstände entfernen	Frostfrei, relativ trocken	Junge Pflanzen im Winter hell stellen und gießen
Eukalyptus *Eucalyptus*-Arten	rot, gelb, weiß	artabhängig	baumartig	Regelmäßig zurückschneiden	Extrem hoher Lichtbedarf	Wertvolles Schnittmaterial für Gestecke etc.
Flanellbusch *Fremontodendron californicum*	gelb	März bis Frost	200 (–400)	Verträgt keine Staunässe	Hart bis –8 °C	Kratzende Härchen auf Blattoberseite
Heliotrop *Heliotropium arborescens*	violett, Duft	Mai bis Oktober	bis 40	Märzsaat, Vorkultur	Frostfrei, ziemlich trocken	Vorzüglich auch als Stämmchen
Chinesischer Eibisch *Hibiscus rosa-sinensis*	viele Farben	März bis Oktober	bis 300	Sehr hohe Wärmeansprüche	Nicht unter 10 °C, Zimmerpflanze	Im Winter sparsam gießen.
Kreppmyrte *Lagerstroemia indica*	viele Farben	August bis Frost	bis 500	Heiße, vollsonnige Lagen	Laubabwerfend, hart bis –10 °C	Nur im Weinbauklima empfehlenswert
Mittagsblume *Lampranthus*-Arten	viele Farben	März bis November	bis 50	Stecklingsvermehrung	Hell, frostfrei	Guter Bodendecker für Kübelpflanzen
Wandelröschen *Lantana camara*-Hybriden	viele Farben	Januar bis Dezember	bis 200	–	Frostfrei, hell	Auf Weiße Fliege achten; Früchte entfernen
Hornklee *Lotus berthelotii*	rot	März bis Sommer	Ampelpflanze	Nie trocken werden lassen	Hell und frostfrei	Vorzüglicher Bodendecker
Oleander *Nerium oleander*	weiß, gelb rosa, rot	April bis Oktober	bis 400	Viel Wasser, heißer Standort	Frostfrei	Gelegentlicher Rückschnitt aller Triebe
Granatapfel *Punica granatum*	weiß, rot orange	Juni bis Oktober	bis 500	Anspruchslos	Hart bis –10 °C	Laubabwerfend, Zwergsorten nur bis 1 m hoch
Gewürzrinde *Senna corymbosa*	gelb	Juli bis Frost	bis 300	Rückschnitt beim Einräumen	Frostfrei	Vorzüglich auch als Stämmchen
Kerzenstrauch *Senna didymobotrya*	gelb	Juni bis Frost	bis 300	Triebe nur leicht einkürzen	Nicht unter 10 °C, hell, trocken	Blätter mit typischem Erdnussbuttergeruch
Palmlilie *Yucca*-Arten	weiß	Juni bis September	je nach Art	Anspruchslos	Vertragen Frost (außer *Y. elephantipes*)	*Y. filamentosa* ist winterhart

Reichblühende Arten wie das Wandelröschen, *Lantana camara*, verursachen viel Arbeit: Verblühtes muss entfernt, Samenansätze herausgeschnitten werden.

lässt sich gut kaschieren, indem man den Erdaushub zum Anböschen verwendet, vor den Topf einige Felsbrocken legt oder in den Topf einige rasch wachsende Bodendecker dazugesellt.

Je größer das Beet ist, desto mehr Wert sollte auf eine ansprechende Modellierung der Oberfläche gelegt werden, um das naturgetreue Aussehen der Anlage zu betonen. Die schönsten Anlagen sind entsprechend gestaltete **Steingärten**, deren an sich winterharte Grundbepflanzung im Sommer durch geeignete Kübelpflanzen ergänzt wird. Nur sollte man dann auf die meist üblichen alpinen Steingartenstauden verzichten, Agaven und ähnliche Gesellen wirken im europäischen Hochgebirge etwas deplatziert. Dennoch ist die Auswahl an winterharten Pflanzen noch groß. Neben den obligatorischen Palmlilien (etwa *Yucca filamentosa)* und verschiedenen frostresistenten Kakteen *(Opuntia-Arten)* gibt es eine Vielzahl von Stauden und niederen Gehölzen speziell aus dem südlichen Nordamerika und aus Südafrika, die sich hervorragend eingliedern lassen. Ganz fantastisch sind einjährige Sukkulenten, wie der Portulak *(Portulaca)*. Dauerblüher sind auch zahlreiche Mittagsblumen *(Lampranthus, Mesembryanthemum)*, ihre Anzucht aus Frühjahrsstecklingen (siehe Seite 84) ist ein Kinderspiel. Wer mit Felsbrocken arbeitet, sollte diese meist bodendeckenden Pflanzen besser sparsam verwenden, also einzeln oder als Tuff, sonst wirkt das Ganze eher wie ein fremdländisches Blumenbeet.

Neben den echten Sukkulenten wie *Aeonium, Agave, Aloe,* Kakteen und Wolfsmilch-Gewächsen *(Euphorbia)* sowie Palmen und *Yucca* gibt es noch viele andere Pflanzen für den sonnigen Standort. Hoch wachsen zum Beispiel Keulenlilie *(Cordyline)*, Drachenbaum *(Dracaena draco)* und Johannisbrotbaum *(Ceratonia siliqua)*, als mittelhohe Sonnenliebhaber eignen sich der Neuseeländer Flachs *(Phormium tenax)*, die Bleiwurz *(Plumbago auriculata)* oder die schon im Frühjahr blühenden Zistrosen *(Cistus* sp.). Ebenfalls passend, aber anspruchsvoller sind Oleander *(Nerium)*, der Kerzenstrauch *(Senna didymobotrya)* oder der dunkelrote Korallenstrauch *(Erythrina crista-galli)*.

Auch einige **Kübelpflanzen-Raritäten** aus dem subtropischen Amerika passen vorzüglich ins Bild: Der äußerst auffallend gelb-rot blühende Paradiesvogelstrauch *(Caesalpinia gilliesii)* wirkt ebenso wie der Jerusalemdorn *(Parkinsonia aculeata)* durch das ausgesprochen filigrane Laub. Und der Kalifornische Flanellbusch *(Fremontodendron californicum)* mit seinen dottergelben Blüten kombiniert sich hervorragend dazu.

Decken Sie das ganze Beet mit einer dünnen Schicht aus Sand, Splitt und Schotter, am besten Mineralbeton, ab. Wenn Ihre Gäste bewundernd vor diesem Beet stehen bleiben, merken Sie sofort, dass es geglückt ist. Wer vorausdenkt, behält sich einige Kübel von diesem Abdecksubstrat als Reserve, denn beim Einsenken bzw. Herausholen der nicht winterharten Arten wird ebenso wie beim Jäten der humose Unterboden nach oben gebracht – diese Stellen sollten dann mit Hilfe des bevorrateten Materials wieder kaschiert werden.

Die Pflege der Kübelpflanzen

Während die Blattschmuckpflanzen durchweg als pflegeleicht gelten können, sind die meisten Blütenpflanzen pflegeintensiv. Sieht man vom Pflanzenschutz ab, liegt das hauptsächlich daran, dass die Blütenpflanzen Verblühtes entweder nicht abwerfen oder aber Samen ansetzen. Natürlich verursachen auch die vielen herunterfallenden verblühten Blüten einen nicht zu unterschätzenden Reinigungsaufwand.

Pflanzen, die Samen ansetzen, lassen in aller Regel mit der Blüte nach, denn die Pflanze steckt fast alle verfügbaren Nährstoffe in den Nachwuchs, also die Samenbildung. Um eine möglichst lang andauernde Blüte zu erhalten, sollte man deshalb alles Verblühte wegschneiden.

Ganz ähnlich ist das Problem bei vielen Pflanzen, die nicht zum Samenansatz neigen. Hier sind meist die Staubgefäße zu Blütenblättern umgewandelt, wodurch halb oder ganz gefüllte Blüten entstehen. Diese trocknen während Regenperioden in ihrem Innern kaum ab – ein optimaler Nährboden für Grauschimmel *(Botrytis)*. Auch hier gilt: Die Blüten regelmäßig kontrollieren und bei ersten Anzeichen einer Erkrankung entfernen.

Um empfindlich gegen Fäulnis zu sein, muss die Blüte einer Pflanze nicht unbedingt eine gefüllte Form besitzen, es reicht schon, wenn der Blütenstand sehr dicht ist. Beispiele hierfür sind verschiedene, sich nicht selbst reinigende Pelargonien-Sorten oder die Bleiwurz *(Plumbago)*.

Viele etwas höher wachsende Kübelpflanzen neigen unter dem Einfluss von Wind und Regen zum Umfallen. Solange es sich nur um einzelne Triebe handelt, kann man sie mit Hilfe von Bambusstäben stützen. Handelt es sich jedoch um Tuffs oder Büsche, helfen gestützte Drahtringe, die den ganzen Tuff umfassen. Das sieht zwar einige Tage, bis sich der Eingriff ausgewachsen hat, weniger schön aus, ist aber sicher besser, als die Pflanzen sich selbst zu überlassen.

Der Schnitt

Eine wichtige Pflegemaßnahme bei Kübelpflanzen ist der **Sommerschnitt** oder besser das **weiche Entspitzen.** Viele Pflanzen neigen dazu, einen oder mehrere Leittriebe zu bilden und vorzugsweise an deren Spitze zu blühen, die Seiten-

Das richtige Gießen

- Richtiges Gießen verlangt Fingerspitzengefühl.
- Die wichtigste Faustregel lautet: Lieber einmal zu wenig als einmal zu viel – Trockenschäden wachsen sich in aller Regel wieder aus, während sich verfaulte Wurzeln nie wieder erholen.
- Die meisten Kübelpflanzen sollten im Sommerhalbjahr – natürlich abhängig von der Witterung – lieber nur zweimal wöchentlich, dafür aber dann durchdringend gegossen werden. Eine Ausnahme bilden hier nur wenige Arten, wie Kamelien oder Eriken, sie brauchen stets gleichmäßig Feuchtigkeit.
- Im Winter reduziert man die Wassergaben drastisch, gegossen wird erst, wenn sich die Erde von der Topfwand löst. Klassische Ausnahme: Der Zylinderputzer *(Callistemon)* benötigt selbst im kühlen Winterquartier ausgesprochen viel Wasser.
- Im Herbst vor dem Einräumen achtet man darauf, dass die Ballen möglichst nicht mehr völlig durchnässt werden. Sinnvoll ist es, die Pflanzen rechtzeitig unter das Vordach zu ziehen oder eine Art Regencape aus Folie mit einer Wäscheklammer über der Erdoberfläche des Kübels zu befestigen.

triebe werden dadurch unterdrückt, der buschige, kompakte Habitus geht verloren und die Blütenfülle lässt zu wünschen übrig. Bei solchen Pflanzen empfiehlt es sich, mit einer kleinen Schere oder besser mit dem Daumennagel die Spitze der Leittriebe abzukneifen. Dies fördert die Seitentriebbildung, die Pflanze bleibt kompakt und blüht viel reicher. Besonders wichtig ist dieses weiche Entspitzen (Pinzieren) bei Stämmchen und Pyramiden, sie verlieren sonst schnell ihre Form. Allerdings sollte man nie alle Triebspitzen gleichzeitig wegnehmen, sondern immer nur die längsten, denn sonst kann es passieren, dass die Pflanze für eine Weile zu blühen aufhört. Bei Stämmchen und Pyramiden, die man kompakt halten will, nimmt man am besten bereits nach zwei bis vier Blättern die Spitze weg. Derartig behandelte Pflanzen werden beim Einräumen nicht zurückgeschnitten!

Ähnlich schneidet bzw. entspitzt man alle Blattschmuckstämmchen bzw. -pyramiden wie Lorbeer, Buchs oder Liguster. Auch wenn es viel Arbeit macht, sollte man hier Trieb für Trieb einzeln einkürzen und keinesfalls die Pflanze mit einer Heckenschere in Form bringen. Die Schnittstellen der verletzten Blätter werden sonst nämlich schwarz oder braun, wodurch die Pflanze ein schmutzig-grünes Aussehen bekommt.

Aus Platzgründen meist eine Pflichtübung ist das **Zurückschneiden vor dem herbstlichen Einräumen** in das Winterquartier. Hat man ausreichend Platz, sollte man jedoch lieber im Frühjahr oder Sommer schneiden. Der Grund: Die Schnittwunden heilen im Frühjahr bzw. Sommer schneller, außerdem können die Pflanzen rechtzeitig vor dem Herbst noch einmal durchtreiben und die jungen Triebe reifen entsprechend besser aus.

Kein Problem ist der herbstliche Rückschnitt bei allen schnell wachsenden Arten, etwa den Nachtschattengewächsen. Aber auch hier gilt zu bedenken: Schneidet man zum Beispiel blüteninduzierte Triebe bei Engelstrompeten ab, schiebt die Pflanze im nächsten Frühjahr erst einmal wieder vegetative Triebe, die dann ein gewisses Alter erreichen müssen, um zu blühen. Im Grunde genommen sollte man sich also bewusst sein, dass man mit jedem Schnitt potenzielle Blüten abschneidet.

Die Düngung

Eine in den letzten Jahren auf den Markt gekommene Neuheit macht alle vorhergehenden Düngeempfehlungen zu Makulatur: der Dauerdünger, auch Depotdünger genannt. Es gibt ihn in verschiedenen Formulierungen, die sich in ihrer Wirkungsdauer unterscheiden: 4M wirkt vier Monate, 5/6 M wirkt fünf bis sechs Monate usw. bis 12/14 M. Für den Kübelpflanzenbereich sind 4- oder 6-M-Formulierungen sinnvoll. Es wird dann jeweils zu Frühlingsanfang gedüngt. Wer einen Wintergarten sein Eigen nennt, sollte die 12-M-Variante wählen.

Wichtig ist, dass ausreichend gedüngt wird. Eine Gabe von 3 g pro Liter Topfvolumen erscheint meist ausreichend, nur bei sehr nährstoffbedürftigen Kübelpflanzen wie den Nachtschattengewächsen, bei Oleander und bei Pelargonien kann man bis zu 6 g pro Liter Topfvolumen geben. Die kunstharzumhüllten Körnchen werden auf die Topfoberfläche gestreut und leicht eingearbeitet, so dass sie allseitig von Erde umhüllt sind. An die Mengenangaben sollte man sich halten, auch wenn einem das recht viel erscheinen mag: Für einen 40-Liter-Kübel benötigt man bei 3 g pro Liter also 120 g Dauerdünger, das entspricht in etwa acht gehäuften Esslöffeln!

Um eine derart reiche Blüte zu erzielen, sollte man die Düngung nicht vernachlässigen.

Die Überwinterung von Kübelpflanzen

Verholzende Kübelpflanzen benötigen meist ein frostfreies Winterquartier. Je nach Pflanzenart ist die Überwinterung verschieden.

Eine erste Gruppe bilden alle Arten, die man bodeneben zurückschneiden muss. Hier gräbt man die Pflanzen nach den ersten Frösten aus, schneidet sie zurück, schlägt sie in mäßig feuchten Torf ein und stellt sie frostfrei auf. Bis zum Austrieb kann es völlig dunkel sein, Wasser brauchen die Pflanzen in der Regel nicht. Zu diesem Überwinterungstyp gehören zum Beispiel das Indische Blumenrohr *(Canna)* und der Korallenstrauch *(Erythrina)*. Auch die Bleiwurz *(Plumbago)*, das Löwenohr *(Leonotis)* oder verschiedene Nachtschattengewächse, wie etwa Engelstrompete *(Brugmansia)* oder Hammerstrauch *(Cestrum)*, kann man so behandeln. Sobald die Pflanzen austreiben, werden sie wieder hell gestellt und es wird wieder vorsichtig mit dem Gießen begonnen.

Laubabwerfende Gehölze und Halbimmergrüne

Die zweite Gruppe sind die laubabwerfenden Gehölze, zu denen man hinsichtlich der Überwinterung einen Großteil der Halbimmergrünen zählen kann. Viele der Halbimmergrünen verlieren nämlich nach Frosteinwirkung ihr Laub und können dann, ebenso wie die laubabwerfenden, völlig dunkel überwintert werden. Wichtig ist jedoch, dass diese Pflanzen möglichst kalt stehen, gelegentliche Frostgrade schaden meist nicht. Eingeräumt wird so spät wie möglich und ausgeräumt, sobald die Knospen zu schwellen beginnen – oft schon Anfang März. Ist die Überwinterung zu warm, treiben die Pflanzen zu früh aus und der Austrieb erfriert. Schlecht ist es auch, die Pflanzen bis nach den Eisheiligen im Überwinterungsquartier zu belassen, denn dann vergeilt der Austrieb wegen Lichtmangel und stirbt ab, sobald man ihn den Freilandbedingungen aussetzt.

Treiben Pflanzen zu früh aus, hilft nur eines: Tagsüber, bei frostfreiem Wetter, ins Freie stellen, nachts – so Frost droht – wieder in die Wohnung. Das ist zwar mühsam, aber die einzige Lösung, sofern man nicht einen kühlen und hellen Platz hat, an dem sich der Neutrieb normal entwickeln kann.

Drei Beispiele für Kübelpflanzen, die ein klassisches Winterquartier (kühl und hell) brauchen: Pelargonien, *Citrus* und *Solanum rantonnetii*.

Immergrüne Gehölze überwintern

Die dritte Gruppe sind die Immergrünen. Hier ist zu unterscheiden zwischen Pflanzen, die niedere Bodentemperaturen aushalten, und solchen, die dagegen empfindlich sind.

Pflanzen, die eine hohe Bodentemperatur benötigen, sollten in hellen Räumen, deren Durchschnittstemperatur nicht unter 10°C liegen darf, überwintert werden. Zu dieser Gruppe gehören *Bougainvillea, Hibiscus rosa-sinensis, Senna didymobotrya,* Papyrus *(Cyperus)* und verschiedene tropische Bananen. Im Winter werden diese Arten wie Zimmerpflanzen behandelt. Räumt man ihnen den hellsten Platz direkt am Fenster ein, können sie auch in den dunklen Wintermonaten weiterblühen.

Die andere Gruppe der Immergrünen hält niedere Temperaturen, ja zum Teil sogar ganz erhebliche Fröste aus. Ihr optimaler Winterstandort ist kühl und hell, zum Beispiel ein ungeheiztes Treppenhaus. Je niederer die Temperatur ist, desto geringer sind die Lichtansprüche. Dies bedeutet, dass sich viele Arten auch in einem dunklen Keller oder einer Garage überwintern lassen, wobei dieser Ort durchaus nicht ständig frostfrei zu sein braucht. Wichtig ist nur, dass der Ballen nicht über längere Zeit durchfriert. Natürlich sind solche Winterquartiere nicht optimal. Es kommt häufig zu Pilzbefall, besonders wenn die Luftfeuchte hoch und die Belüftung schlecht ist.

Im Falle eines ungünstigen Winterquartiers empfiehlt es sich, geringfügige Frostschäden zu riskieren, dafür aber die Überwinterungszeit auf ein Minimum zu verkürzen. Im gar nicht seltenen Extremfall lässt man die Pflanzen an einem geschützten Standort bis in die zweite Dezemberhälfte draußen und räumt bereits Anfang März wieder aus. Stichtage sind, wenn die tägliche Durchschnittstemperatur unter den Gefrierpunkt fällt bzw. wieder über den Gefrierpunkt steigt. Geeignet für diese Art der Überwinterung sind Klebsame *(Pittosporum tobira)*, Aukube *(Aucuba japonica)*, Hanfpalme *(Trachycarpus fortunei)* oder Granatapfel *(Punica granatum)*, Sternjasmin *(Trachelospermum jasminoides)*, Mastixstrauch *(Pistacia lentiscus)* und die Echte Fruchtfeige *(Ficus carica)*.

Kübelpflanzen als Stämmchen

Zu Stämmchen geformte Kübelpflanzen haben eine lange Tradition. Aber wie so viele Traditionen geriet auch diese weitgehend in Vergessenheit und wurde nur noch in Stadtgärtnereien und Schloßverwaltungen gepflegt. Den Erwerbsgärtnern war die Anzucht von Stämmchen meist zu langwierig und arbeitsaufwändig, vor allem aber war der Absatz nicht gesichert.

Diese Zeiten sind vorbei; der Trend zu Grün hat gerade dort, wo die Platzverhältnisse beschränkt sind, zu einem gewaltigen Aufschwung bei Stämmchen geführt – sie brauchen sommers wie winters eben sehr viel weniger Platz als frei wachsende Büsche. Außer den üblichen Pelargonien, Fuchsien, Lantanen, Strauchmargeriten und Schönmalven werden inzwischen auch Hammerstrauch *(Cestrum)*, *Bougainvillea*, Kreuzblume *(Polygala)* oder Oleander als Stämmchen angeboten.

Nun lässt sich im Prinzip aus jedem höher werdenden Strauch, ja selbst aus einigen Bodendeckern oder Kletterpflanzen ein Stämmchen ziehen. Wer solch eine Besonderheit will, muss sich also nach einer Spezialgärtnerei erkundigen – oder er zieht sein Stämmchen selbst. Etwas Geduld und Überlegung gehören allerdings dazu. Meist hat man schon die Pflanze und eine ziemlich genaue Vorstellung, was man mit dem zukünftigen Stämmchen anfangen will.

Als wichtiges, später nicht mehr zu veränderndes Maß ergibt sich dadurch die Stammhöhe. Will man die Pflanze im Kübel aufstellen, sind 50–80 cm üblich, entsprechend mehr, wenn das Stämmchen eingesenkt werden soll. Bei vergleichsweise schwach und kompakt wachsenden Pflanzen wie Gardenien, Zistrosen oder Myrten kann eine Stammhöhe von 30 cm ausreichen, bei anderen, etwa einigen stark wachsenden Engelstrompeten, darf wegen der erst in dieser Höhe auftretenden Blütentriebe eine Höhe von 100 bis 200 cm kaum unterschritten werden. Dafür kann man sich dann unter das Blätter- und Blütendach setzen und wie im sonnigen Süden fühlen.

Vergleichsweise leicht ist die Anzucht von Stämmchen, deren Jahrestrieb länger ist als die gewünschte Stammhöhe. Um zu geraden Stämmen zu kommen,

Nur mit Mühe zu halten: eine stark wüchsige Feige als Halbstamm. Will man die Pflanze nicht verhungern lassen, wäre ein Hochstamm angemessener.

empfiehlt sich bei den meisten dieser Arten, sie zuerst fast bodeneben zurückzuschneiden. Von den daraufhin aus der Basis erscheinenden Trieben nimmt man den stärksten und bindet ihn an einem Bambusstab an. Alle anderen Triebe werden weggeschnitten. Die sich am zukünftigen Stamm befindlichen Blätter entfernt man nicht. Hat der Stamm die gewünschte Höhe erreicht, knipst man die Endknospe aus. Die aus den oberen Blattachseln entspringenden Neutriebe werden nach zwei bis vier Blättern wieder entspitzt, weiter unten auftretende Neutriebe entfernt man. Auch wenn es vorläufig auf Kosten der Blüte geht, wiederholt man diese Prozedur so oft, bis man ein akzeptables Kronengerüst aufgebaut hat. Wer den Fehler macht, die Triebe nach dem Aufbau des Stammes erst einmal wachsen zu lassen, kann zwar mit einer früheren Blüte rechnen, aber auch damit, dass ihm die Krone auseinander bricht oder der Stamm krumm wächst, da die Pflanze ungestutzt zu schnell kopflastig wird. Ist die Krone dieser Stämmchen einmal aufgebaut, sind nur noch herausschießende, stark wüchsige Triebe einzukürzen. Zurückgeschnitten wird dann beim Einräumen in der Regel auf drei bis vier Augen.

Fast alle rasch wachsenden Stämmchen brauchen zeitlebens eine Stütze, vor allem dann, wenn sie an einem windexponierten Platz aufgestellt werden sollen. Meist ist dies ein Holzpfosten oder ein Bambusstab, der unbedingt bis ins Kroneninnere durchgehen sollte. Eine elegantere Methode wurde in der Stadtgärtnerei Lahr entwickelt. Aus wenigen Rundeisen konstruierte man eine Art Trichter, auf dem Trichter liegt die Krone, der »Auslass« ist unten am Topf befestigt.

Eine ganze Reihe von Pflanzen, besonders hartlaubige Immergrüne, erreichen in einem Jahr nicht die gewünschte Stammhöhe, der Stamm muss also über zwei oder mehr Jahre aufgebaut werden. Der Kronenaufbau erfolgt wie oben, nur dass er bei Blattschmuckpflanzen praktisch endlos so weitergeführt wird: Nach zwei bis drei Blättern kneift man die Triebspitze aus.

Bei Blütenpflanzen beschränkt man sich nach dem Kronenaufbau in der Regel auf einen Formschnitt, es werden also nur stark aus der Krone herausschießende Triebe zurückgeschnitten. Dies gilt auch beim Einräumen. Stämmchen dieser Art sollten deshalb möglichst hell überwintert werden, was bei den raschwüchsigen, stark zurückgeschnittenen und somit fast laublosen Stämmchen erst ab dem Austrieb notwendig ist. Diese fast laublosen Pflanzen brauchen im Winter nahezu kein Wasser.

➲ Mehr zu Kletterpflanzen, die sich für die Kultur in Kübeln eignen, finden Sie auf Seite 241.

Gekaufte Stämmchen

■ Oft werden Stämmchen aus viel zu rasch wachsenden Arten herangezogen. Der Profigärtner greift hier zu einem Trick: Mit Hilfe von chemischen Stauchemitteln werden die Abstände zwischen den einzelnen Blättern viel kürzer, die Kronen werden schön kompakt, die Blüte meist intensiver. Lässt nun im Laufe der Jahre die Wirkung dieser Stauchemittel nach, hat der Pflanzenliebhaber mit für den jeweiligen Kronendurchmesser bzw. die jeweilige Stammhöhe meist viel zu üppigem Neutrieb zu kämpfen.

■ Was ist zu tun? Bereits beim Einkauf Abstand nehmen von Stämmchen, die aus Kletterpflanzen (zum Beispiel *Solanum jasminoides* oder *Bougainvillea*) gezogen werden; ausreichend hohe Stämmchen kaufen – oder sich auf die schwierige Suche nach Stämmchen begeben, die ohne Stauchemittel herangezogen wurden.

GARTENFORMEN

Wassergarten • Naturnaher Garten
Biogarten • Bauerngarten

Wasser im Garten – Erlebnis für die Sinne

Es sind viele Gründe, die für die Anlage eines Gartenteiches sprechen. Wasser übt einen magischen Reiz aus. In der freien Natur empfinden wir Seen und Flüsse als eine außerordentliche Bereicherung der Landschaft – die Optik wechselt, die gerade Wasserfläche wirkt beruhigend, und wenn ein murmelndes Bächlein von den Ereignissen im Nachbargarten ablenkt, wird dies allgemein als angenehm empfunden. Wasser bietet aber auch Entfaltungsmöglichkeiten für eine sehr reichhaltige, anders geartete Flora und Fauna. Reizvolle Erlebnisse sind da vorprogrammiert.
Kulturvölker empfanden das Wasser schon immer als die Krönung der Gartenkunst. In früheren Jahrhunderten und in südlichen Ländern spendeten Gartenanlagen mit Wasser die erfrischende Kühle aus formal und kunstvoll angelegten Wasserbecken, verbesserten also das Klima. Damit verbunden war eine entsprechende Schau durch Wasserspiele und Prachtentfaltung in den Schlössern und Villen der Reichen. Solche Stilelemente sind heute wieder gefragt.

Heute spielt das repräsentative Aussehen eines Gartenteiches sicherlich ebenfalls eine nicht zu unterschätzende Rolle. Hinzu gekommen sind jedoch natürlich angelegte Teiche mit einem Erlebnis- und Erholungswert, der sich vielfältig äußern kann. Naturfreunde suchen bei bedrohter Umwelt nach Entfaltungsmöglichkeiten für eigene Initiativen. Sie möchten der Flora und der Fauna der gefährdeten Feuchtgebiete zu Hilfe kommen und Reservate im Garten anlegen – seien sie auch noch so klein. Pflanzenliebhaber interessieren sich für die einheimische Flora oder für interessante Pflanzen aus anderen Ländern.
Wasserläufe sind belebende Elemente. Bäche und Wasserfälle sind nicht nur dekorativ. Sie machen den Garten zur kleinen Wasserlandschaft, bieten vielen schönen Pflanzen Platz und können selbst auf Minigrundstücken gestaltet werden. Gerade dort, wo der Nachbar nur wenige Meter entfernt auf der Terrasse sitzt, ist ein murmelndes und plätscherndes Gewässer als angenehme Geräuschkulisse willkommen.

Und es gibt viele weitere Gründe für Wasser im Garten: Regenwasser sollte einem nützlichen Zweck dienen und nicht einfach versickern, Kinder, die aus dem Sandkastenalter heraus sind, brauchen Aktionsfelder und lassen gerne Schiffe fahren. Später kann ein solches Wasserbecken bepflanzt oder mit einem Wasserspiel ausgestattet werden.
Aquarianer suchen eine Erweiterung ihrer Aktivitäten und finden sie im Gartenteich. Vom Freilandaquarium bis hin zum privaten Angelteich oder zur Verbindung von Terrarium und Wasser zum so genannten Vivarium, in dem sich eine Vielzahl von wasser- und landbewohnenden Tieren halten lässt, reicht die vielfältige Palette der Möglichkeiten.

Den richtigen Standort für den Teich finden

Zwar kann man ein halbiertes Wasserfass auf der Terrasse sehr schnell installieren, doch der Plan zu einem Gartenteich reift selten über Nacht. Standort und Größe des künftigen Teiches sollten Sie nicht im Winter, sondern im Sommer festlegen, denn dann sind Bäume und Sträucher belaubt, und die Größenverhältnisse sowie die Verteilung von Licht und Schatten lassen sich realistischer beurteilen.
Eine Wasserfläche regt zum Betrachten an. Gern und häufig genutzte Plätze im Garten, etwa in unmittelbarer Hausnähe, an einem Sitzplatz oder am Hauseingang, bieten sich deshalb ganz besonders für das Gestalten mit Wasser an. Stimmen Bodenverhältnisse, Lichteinfall und Kleinklima und bieten sich auch für die umgebende Bepflanzung optimale Entwicklungsmöglichkeiten, dann entsteht bald der gewünschte Gesamteindruck üppigen Pflanzenwuchses, der die meisten Wasserlandschaften dominiert. Leider knicken aus dem Wasser herausragende Pflanzen leicht um, denn sie besitzen allgemein ein weiches Gewebe. Achten Sie deshalb auf ausreichenden Windschutz durch Mauern, Dichtzäune und Pergolen.

Für ein Grundstück auf dem Land gibt es nichts Besseres als einen Teich in naturhafter Umgebung. Hier stellen sich bald Molche, Frösche und Libellen ein.

Steine, Geröll und Kies zaubern an Bachläufen und an Teichrändern natürliche Stimmung herbei. Sie verdecken die Konstruktion und bieten Platz für Teichrandpflanzen.

Ein Gartenteich benötigt mindestens fünf bis sechs Stunden täglich volle Sonneneinstrahlung. Ideal ist also ein teilweise oder lediglich zu bestimmten Tageszeiten beschattetes Wasserbecken in offener Lage. Achten Sie beim Ausschachten besonders auf Erdkabel oder sonstigen Leitungen. Sie dürfen nicht im Wege sein.

Ein Wasserbecken in Hanglage eröffnet sehr reizvolle gestalterische Möglichkeiten, etwa den Übergang von der Terrasse zum Wassergarten, auf der anderen Seite stellt es an die Festigkeit des Untergrundes besondere Ansprüche und braucht daher eine entsprechende dauerhafte Abstützung.

Wegen der starken Verschmutzungsgefahr durch herabfallendes Laub scheiden Standorte direkt unter Bäumen, falls irgend möglich, aus. Schließlich soll ein solches Becken pflegeleicht sein und wenig Arbeit verursachen. Ich besitze allerdings selbst einen Teich, der teilweise unter einer Eiche liegt. Im Herbst und Winter sammelt sich darin trotz einer Netzabdeckung viel Laub. Im zeitigen Frühjahr bedeutet dies für einen halben Tag Arbeit: weitgehendes Ablassen des Wassers und ein gründliches Entfernen der Blätter. In größeren Teichen geht das Reinigen der Folie mit einem Hochdruckreiniger schnell voran. Anschließend wird das Wasser wieder ergänzt. Mit elektrischen Schlammsaugern entfällt auch das. Die Geräte entfernen zwar abgesetzte organische Masse, lassen aber sonst alles unversehrt. Die kleine Mühe nehme ich gern in Kauf, denn der in dieser Hinsicht ungünstige Platz schließt direkt an eine Terrasse an, ermöglicht daher die ständige Beobachtung vom Hause aus. Vögel kommen zum Trinken und Baden, Libellen schwirren, Frösche und Fische bewegen sich im Wasser. Das Wachsen und Blühen der Pflanzen bietet immer einen willkommenen Anlass zum Beobachten.

Vermeiden Sie vollen Schatten, denn dort hat man wegen des immer zu kalten Wassers, der zu geringen Lichtmenge und später Pflanzenentwicklung auf Dauer keine Freude.

Aber auch volle Sonne kann problematisch sein, vor allem dann, wenn man zusätzlich zu den Pflanzen Fische halten will. Bei zu großer Hitze erwärmt sich das Wasser und enthält nicht mehr genügend Sauerstoff, auch die Algenbildung nimmt zu. Ist das Becken dagegen groß und tief genug, in der Regel tiefer als 80 cm, können sich die Fische in sauerstoffreichere Bereiche zurückziehen. Auch kühlender Schatten durch hoch wachsende Pflanzen hilft gegen zu starke Sonneneinstrahlung. Sauerstoff reichert sich an, wenn Springbrunnen, Wasserfälle oder Wasserspeier in Betrieb sind. Verdunstendes Wasser lässt sich über einen Wasserstandsregler oder über einen verlegten Sprühschlauch ergänzen und auf diese Weise zusätzlich Sauerstoff einbringen. Den Fischen ist überdies mit einem Ausströmerstein gedient, der ins Becken verlegt wird, eine kleine Belüftungspumpe reichert das Wasser ständig mit Sauerstoff an.

Von Mini bis riesig: Größe und Form der Wasserfläche

Bei der Bezeichnung »Teich« denkt man unwillkürlich an eine größere Wasserfläche. Es hat sich jedoch eingebürgert, auch schon bei kleineren Teichen oder fertigen Behältern von »Gartenteichen« zu sprechen.

Nur ein Teich, bei dem sich die Wolken im Wasser spiegeln, vermittelt die erhoffte Faszination. Weil sich aber die Pflanzen schnell und kräftig entwickeln, darf die Wasserfläche nicht zu klein sein. Ein Beispiel: Schon zwei bis drei Seerosen und eine entsprechende Beipflanzung aus Sumpfiris, Tannenwedel oder Rohrkolben bedecken nach zwei bis drei Jahren eine Größe von wenigstens 4 x 2,50 m. Viele Gartenteiche sind kleiner – sehr zum Leidwesen der Besitzer. Später sagt man sich: Die doppelte Größe wäre richtig gewesen! Planen Sie deshalb so, dass nur etwa ein Drittel der Wasserfläche von den ausgewachsenen Pflanzen bedeckt wird, zwei Drittel bleiben frei, damit die Bepflanzung zur Geltung kommt. Der Gartenteich soll also eher eine Nummer zu groß sein. Fertigteiche wirken vor dem Einbauen ohnehin viel größer als später mit Bepflanzung.

Welche Form gewählt wird, hängt vom Stil des Gartens ab. Zu einer parkartigen Anlage passt eine natürlich wirkende, abgerundete Form. In kleinen Gärten oder in Hausnähe sind geometrische, vor allem rechteckige Formen eher angebracht. Zwar ist meistens die natürlich wirkende, mit der Umgebung verschmelzende Form gefragt, doch auf Dauer wird man sich in diesem Bereich mehr am Kontrast zwischen geraden Kanten und den vielfältigen Formen der Pflanzen erfreuen. Das Angebot von fertigen Becken berücksichtigt dabei fast alle Wünsche.

Klarheit schafft eine maßstabgerechte Skizze. Mit ihr kann man sich über die spätere Wirkung des Gartenteiches klar werden. Kommt der Frühling, werden die meisten Anlagen oft unüberlegt in Angriff genommen. Dabei wäre es viel besser, sich damit im Sommer oder Herbst zu befassen, denn dann ist die Vegetation voll entwickelt und Entscheidungen lassen sich leichter fällen. Ohnehin ist die Pflanzzeit bei dem reichhaltigen Angebot an blühenden, gut entwickelten Containerpflanzen in Gärtnereien und Gartencentern nicht mehr eng begrenzt und die Pflanzen sind bis in den Spätsommer vorrätig.

Welche Tiefe ist richtig?

Mehr Tiefe, das bedeutet mehr Aushub und damit höhere Kosten. Möglichst flach, heißt daher das Bestreben. Ein Teich mit reinem Pflanzenbewuchs kommt mit 40–60 cm maximaler Wassertiefe aus, er muss nicht tiefer, kann aber in einigen Zonen viel flacher sein. Gehen wir jedoch davon aus, dass Fische eingesetzt werden und darin auch über den Winter am Leben bleiben sollen, reichen 60 cm nicht aus, denn es besteht immer die Gefahr, dass sich in harten Wintern eine Eisschicht bis auf den Teichgrund bildet. Hier müssen mindestens an einer Stelle 80 cm oder besser 120 cm Wassertiefe erreicht werden, damit sich die Fische dorthin zurückziehen und ungefährdet den Winter überstehen können. Diese Tiefe ist auch günstig, wenn der Teich in voller Sonne liegt, um einer zu starken Erwärmung vorzubeugen.

Die Beschaffenheit des Teichgrundes

Haben Sie die Teichgrube ausgeschaufelt, muss der Untergrund auf jeden Fall befestigt werden und darf nicht nachgeben. Dies erreicht man durch Abrütteln einer etwa 10 cm dicken Sandschicht auf der Teichsohle (Sand arbeitet bei Frost weniger als Erde) oder durch eine entsprechende Schicht Magerbeton. Bei Fertigbecken mit unterschiedlichen Tiefen ist ein möglichst genaues Einpassen nötig. Nicht immer ist dies ganz einfach. Anzeichnen der Beckenform und mehrmaliges Einpassen sind notwendig, bis alles stimmt. Vorbeugend wird die Ausschachtung etwas größer vorgenommen und nach der Feinabstimmung mit der

Frühjahrsputz am Gartenteich. Mit einem leistungsfähigen Schlammsauger lassen sich die hässlichen und fauligen Ablagerungen vom Teichgrund und zwischen Steinen entfernen.

Wasserwaage Sand eingeschlämmt, der die verbleibenden Hohlräume füllt.
Eine Sandschicht ist auch notwendig bei steinigem Untergrund. Dass Wurzeln, Steine und andere Verunreinigungen sorgfältig abgesammelt werden, versteht sich von selbst, um Verletzungen der Teichhaut vorzubeugen. Ansonsten bietet der Handel Teichvliese oder so genannte Geo-Vliese an. Das sind unverrottbare weiche Textilmatten, die, unter den Folien verlegt, gegen Verletzungen schützen. Ferner sollte der natürliche Grundwasserspiegel möglichst unter der tiefsten Teichstelle bleiben, sonst gibt es im Winter Schwierigkeiten durch Eisbildung. Eine 20 cm starke Kiessohle als Dränage unter der Teichhaut sorgt für alle Fälle vor.
Der anfallende Aushub ist zur Modellierung des Gartengeländes meistens sehr willkommen. Muss die Erde jedoch abgefahren werden, fallen für Transport und Lagerung der Erdmengen erhebliche Kosten an, vor allem auf schlecht zugänglichen Grundstücken. Dies sollten Sie bei Ihren Berechnungen mit berücksichtigen.
Mineralischer, humusarmer Boden aus dem Untergrund hat sich als Erde, in der sich die Wasserpflanzen verankern, gut bewährt. Er kann lehmig sein, darf aber keine Pflanzenteile und erst recht keinen Mist enthalten, weil diese Materialien beim Verrotten das Teichwasser gefährden. Eine Erdschicht von 10–15 cm generell und von 20–25 cm an Stellen mit Seerosen- oder starkem Pflanzenbewuchs reichen aus. Torf ist für die Teichbodenbedeckung ungünstig, weil er sich stark verfestigt.
Soll der Teichboden regelmäßig gereinigt werden (zum Beispiel bei Schwimmteichen), hindert jede weiche Schicht beim Säubern. Dort können Sie die Wasserpflanzen in Töpfen und Körben einsetzen, die Folie aber bleibt frei. Gefällt Ihnen die sichtbare Folie nicht, können Sie entweder mit Sand oder grobem Kies (über 20 mm Körnung) abdecken. Von beiden Materialien können Sie mit Hilfe eines Schlammsaugers herabgefallene organische Teile wie Blätter oder kleine Äste entfernen. Auch eine dünne Kiesschicht ist günstig, wenn man nach dem Einpflanzen den Boden am Aufschwimmen hindern will. Sie sieht zumindest am Anfang gut aus. Später besteht die Gefahr der Veralgung, deshalb sollte die Körnung nicht zu fein sein.

Wo sollen die Pflanzen wachsen?

Stark wuchernde Pflanzen wie Schilf, Sumpf-Schwertlilie *(Iris psendacorus)* oder auch Seerosen muss man unter Kontrolle halten. Sie finden ihren Platz am besten in großen Töpfen oder Pflanzkörben, die mit sparsam gedüngter, lehmiger Erde oder fertiger Teicherde gefüllt sind. Mineralische Dünger dürfen sich nicht sofort im Wasser lösen, weil sie die Algenbildung fördern. Es gibt hierfür sogenannte Langzeit- oder Depotdünger, deren Nährstoffe erst nach Bedarf frei werden.
Beim Bepflanzen fängt man an der tiefsten Stelle an und arbeitet sich nach oben vor. Günstig sind terrassenartig modellierte Ränder, auf denen die Körbe mit den Wasserpflanzen in verschiedenen, passenden Tiefen Platz finden. Ungünstig und für Nichtschwimmer sogar gefährlich sind steil abfallende Ufer, denn auf der glatten Folie rutscht alles ab. Sehen Sie eine breite Flachwasserzone mit etwa 20 cm Tiefe vor, denn dort wachsen die schönsten Sumpf- und Uferrandpflanzen. Hier finden auch zahlreiche Teichbewohner Schutz vor räuberischen Feinden, hier ist ihre Kinderstube und hier können sich aus hässlichen Larven wunderschöne Schlankjungfern und Libellen entfalten.

Bedarf besonderer Sorgfalt: die Teichrandgestaltung

Entscheidend für den späteren Erfolg und das Aussehen ist, wie Sie den Teichrand gestalten. Blanke, sichtbare Folienränder müssen nicht sein, denn auf einer glatten Oberfläche halten sich weder Pflanzenwurzeln noch Erde. Modellieren Sie den Untergrund terrassenförmig und so, dass die Folie am Rand steil nach oben geführt wird. Damit schlagen Sie zwei Fliegen mit einer Klappe: die Folie wird durch vorgeschütteten Kies, durch Steine oder Pflanzen verborgen und – noch viel wichtiger – es kommt keine Verbindung mit der umgebenden Erde zustande. Das Wasser verbleibt im Teich. Gibt es dagegen eine Landbrücke, wandert allmählich wie bei einem Docht das Teichwasser in den Uferrand und das Wasser im Teich muss häufig nachgefüllt werden. Nur wenn Sie ein Sumpfbeet einrichten, das nie austrocknen soll, darf die Folie mit Erde überdeckt werden. Schneidet man die herausragende Folie ganz zum Schluss mit der Schere oder mit einem Messer ab, wird davon fast nichts mehr zu sehen sein.
Für den Fall, dass Sie blanke Folienränder nachträglich verschönern wollen, haben sich Böschungsmatten bewährt. Sie ähneln Säcken aus lockerem Jutegewebe und werden am Uferrand mit Haken befestigt, mit Erde gefüllt und dann bepflanzt. Schon nach wenigen Monaten ist der Rand unsichtbar geworden und natürlich begrünt, auch an steilen Stellen. Wer die Ränder von Folien- und Fertigteichen mit Pflanzen überdecken will, findet mit dem Pfennigkraut *(Lysimachia nummularia)* ideale Möglichkeiten. Diese immergrüne Staude wächst sich sowohl über als auch im Wasser zu einem dichten Geflecht aus, das alles verdeckt und im Hochsommer als üppiger gelber Teppich das Auge erfreut. Auch mit den überhängenden Blättern des Frauenmantels *(Alchemilla)* können Sie Teichränder geschickt verdecken.

Das Wasser: Reinigung statt Austausch

Ein häufiger Wasseraustausch kommt schon wegen der Kosten kaum in Frage. Das Wasser bleibt im Normalfall auch im Winter über im Becken. Es sei denn, es handelt sich um eine Springbrunnenanlage oder um Teiche mit reiner Sommernutzung. Gänzliches Ablassen würde die Winterformen vieler Wasserpflanzen vernichten.
Einmal jährlich kurz vor dem Winter oder im zeitigen Frühjahr ist eine Generalreinigung angebracht. Hierfür genügen eine Pumpe oder das Absaugen, wenn Gefälle vorhanden ist. Gut geeignet ist dafür eine robuste, kräftige Schlammpumpe, doch achten Sie auf einen schützenden Saugkorb, der Algenteppiche, Steine und grobe Verunreinigungen abhält.
Eine Ablassvorrichtung ist günstig, aber nicht immer nötig. Wohl aber braucht man zur völligen Entleerung eine Vertiefung, die den Saugkorb der Pumpe völlig aufnehmen kann. 10–15 cm Extratiefe hierfür reichen.
Gibt es keinen Stromanschluss für die Pumpe, wird ein eingebauter Ablauf erforderlich, am besten mit einem Standrohr als Überlauf kombiniert. Diese Armaturen in nichtrostender Ausführung gibt es fertig im Sanitärhandel. An der tiefsten Stelle eingebaut, entleeren sie über ein Rohr in das Abwassersystem des Hauses oder in eine mit Steinen gefüllte Sickergrube. In Hausnähe ist der Einbau eines Geruchsverschlusses (Syphon) erforderlich. Bei PVC-Folien arbeitet man besser mit Zwei-Komponenten-Klebern und befestigt die Armatur an einem Flansch oder an einer steilen Beckenwand, da das Material selbst zu wenig Halt gibt.
Ein einfacher Überlauf entsteht auch durch Einschneiden oder Niederdrücken des Teichrandes an einer geeigneten Stelle. Hier kann ein Ablaufrohr befestigt werden oder es schließen sich ein Sumpfbeet, ein Wasserlauf oder eine Sickergrube an.

Sicherheitsmaßnahmen und behördliche Vorschriften

Üblicherweise sind kleine Gartenteiche genehmigungsfrei. Von behördlicher Seite werden allerdings bei größeren Bauvorhaben (100 m^3 und mehr) Anzeige- und teilweise Genehmigungspflicht erwartet, eventuell auch ein wasserwirtschaftliches Verfahren. Besser ist es jedoch, sich durch eine Anfrage bei den zuständigen Bauämtern oder im Falle des Anzapfens natürlicher Gewässer bei der Wasserbehörde der Gemeinde oder des Kreises abzusichern. Gleiches gilt, wenn abgelassenes Teichwasser über die gemeindliche Kanalisation entsorgt werden soll.

Nur 4 x 3 Meter misst dieser kleine Gartenteich und passt damit an jede Terrasse und in jeden Reihenhausgarten. Der kleine Bach quillt aus einer Amphore.

Besonders wichtig ist jedoch die Sicherung gegen Unfallgefahr, denn schon aus geringen Wassertiefen können sich Kleinkinder nicht mehr selbst befreien. Ein Zaun um das ganze Grundstück sichert den Eigentümer weitgehend gegen unbefugten Zutritt, eine direkte Umzäunung des Teichs ist jedoch nur dann sinnvoll, wenn sie sehr hoch ist. Allerdings stört sie optisch und reizt sogar im Ernstfall dazu, den Zaun zu überklettern. Besser sind andere Lösungen: So kann man kleinere Gartenteiche bis kurz unter die Wasserfläche mit Steinen füllen oder einen Gartenteich-Bewegungsmelder ins Wasser legen, der bei plötzlichen Bewegungen lautstark quakt. Für Fertigteiche gibt es passende Abdeckplatten zum Einklinken. Sie verringern die Wassertiefe auf 10–15 cm und lassen sich mit Kies bestreuen, so dass die Anlage gefällig aussieht. Sind die Kinder größer, kann man beides leicht entfernen und hat dann einen vollwertigen Gartenteich. Noch besser sind auf Pfeilern sicher verankerte engmaschige Baustahlgitter oder stabile, kunststoffummantelte Geflechte. Dicht unter die Wasseroberfläche montiert, wachsen die Pflanzen ungestört hindurch und verdecken die Konstruktion mit ihren Blättern.
Doch bereits bei der Anlage kann man Unfällen vorbeugen: Keine Teiche in Vorgärten, keine steil abfallenden Ränder, sondern breite, flache Uferzonen, die den Kindern Rückzugsmöglichkeiten lassen und obendrein viele schöne Pflanzen aufnehmen. Die beste Maßnahme ist jedoch eine verständnisvolle Erziehung der Kinder, die sie lehrt, Gefahrenquellen zu meiden.

Eine sehr dekorative Lösung, Wasserbecken zu sichern ist diese Spezialabdeckung aus Metall.

Schmuddelwetter macht einem Gartenteich nichts aus, denn die offene Oberfläche ermöglicht den Austausch von Gasen. Für härtere Winter beugt ein Eisfreihalter vor.

Tipps gegen Winterschäden

Meist werden Gartenteiche ganzjährig genutzt. Fische und Pflanzen bleiben also auch den Winter über im Teich. Was ist nun bei der Anlage eines Teiches zu beachten, damit hinterher Frostschäden weitgehend ausgeschlossen sind?
Gefährdet sind vor allem steile Wände, die dem Eisdruck ausgesetzt sind. Bekanntlich vergrößert gefrorenes Wasser sein Volumen um zehn Prozent, und zwar nach allen Seiten. Dabei kann nicht nur das Wasser im Teich, sondern auch das umgebende gefrierende nasse Erdreich gegen Wände und von unten gegen den Boden drücken, so dass Risse und undichte Stellen entstehen. Das gilt vor allem für gemauerte oder betonierte Becken. Folienbecken oder Folienteiche aus PVC oder Polyesterharz sind dauerelastisch und damit weitaus problemloser.
Wenn ein fischloser Teich durchfriert, schadet dies wenig. Pflanzen mit grünen Unterwasserblättern wie Hornblatt *(Ceratophyllum lingua)*, Zungen-Hahnenfuß *(Ranunculus lingua)* und Laichkraut *(Potamogeton)* liefern auch im Winter noch Sauerstoff. Normalerweise erreicht die Eisdecke nicht mehr als 60 cm Dicke. Überwintern Fische im Teich, muss das Gewässer also 80–120 cm tief sein, damit sie am Grund im +4 °C warmen Wasser eine Rückzugsmöglichkeit finden. Dabei sollte die entstandene natürliche Wasserschichtung erhalten bleiben. Belassen Sie Gräser und schneiden Sie sie erst im Frühling ab, denn durch die hohlen Halme entweicht bei der Umwandlung von Laub und Pflanzenteilen entstehendes giftiges Methangas und umgekehrt dringt Sauerstoff ein. Günstig ist ein auf der Oberfläche schwimmender Eisfreihalter aus dem Handel. Selbst bei tiefer Kälte bleibt mit seiner Hilfe ein Loch offen. Es gibt Modelle, die mit einem schwachen Niedervoltstrom-Motor an der Oberfläche das Wasser in Bewegung halten. Andere kommen ohne Energie mit Unterdruck aus. Sind viele Fische im Teich, leiden sie leicht unter Sauerstoffmangel. Abhilfe schaffen eine Belüftungspumpe und ein feinporiger Luftausströmerstein aus dem Zoofachgeschäft.
Die Oberfläche des Wassers lässt sich gegen zu starkes Durchfrieren am einfachsten durch eine schwimmende, lichtdurchlässige Luftpolsterfolie schützen. Weitere Alternativen sind Styroporkugeln oder -platten, die das Wasser offen halten. Fische verbringen den Winter am Teichgrund, und ihr Kreislauf ist auf ein Minimum reduziert. Deshalb sollte man vereiste Flächen nicht betreten. Die Fische werden sonst aufgeschreckt, im Extremfall können sogar ihre Schwimmblasen platzen.

Der Bau von Teichen und Wasserläufen

Schnell realisiert: der Fertigteich

Fertigteiche aus Kunststoff gibt es in vielen Formen. Die kleineren bestehen aus Polyethylen (PE), die größeren sind aus glasfaserverstärktem Kunststoff (GFK) gefertigt. Fast jeder Anforderung werden sie gerecht, auch lassen sich mehrere Fertigteiche leicht zu einer größeren Anlage kombinieren.

Fertigteiche bieten auf sehr wenig Platz all das, was man sonst auf größerer Fläche unterbringen muss. Man braucht sich um die richtige Gestaltung keine Sorgen zu machen, denn um die passende Größe, Tiefe und um vorgeprägte Pflanzmöglichkeiten haben sich bereits erfahrene Konstrukteure gekümmert. Fertigteiche haben wenig Gewicht und können deshalb sowohl leicht transportiert als auch von ein bis zwei Personen schnell eingebaut werden. Die Materialien sind schlag- und stoßfest, verrottungsfest, frostbeständig, dauerelastisch, aber in sich genügend stabil gegen Verformung, so dass außer einem Sand-/Kiesbett keine weiteren Abstützungen benötigt werden. Weitere Vorteile sind sowohl die Herstellergarantie als auch die Möglichkeit, sie später wieder einmal herausnehmen und weiterverwenden zu können. Fertigteiche besitzen vorgeprägte Pflanzrinnen dicht unter der Wasseroberfläche, in denen die Uferrand- und Sumpfpflanzen Platz finden, dazu Pflanztaschen in verschiedenen Tiefen. Werden die Pflanzen später zu groß, kann man sie leicht umgruppieren und teilen. Dies ist besonders bequem, wenn sie von Anfang an in Töpfen stehen. Fertigteiche sind teurer als Folienteiche, dafür spart man beim Einsetzen und Gestalten. Und kleine Fertigbecken oder Schalen passen auch in den Innenbereich.

In Hanglagen sollte man die Gefahr des Abrutschens beachten und den Teich auf eine feste Unterlage stellen. Passen Sie die Teiche entsprechend dem Boden und Seitenprofil ein, schlämmen Sie ringsum Sand ein und richten Sie den Teich mit Hilfe einer Wasserwaage genau waagerecht aus. Wer ungenau arbeitet, wird später ständig durch eine »Schieflage« an den Fehler erinnert.

Mehrere Fertigteiche kann man so geschickt miteinander verbinden, dass eine kleine Teichlandschaft entsteht. Fertigteiche gibt es bis etwa vier Meter Länge. Größere Teiche werden besser aus Folie gefertigt.

Für kleine Gärten ist ein Fertigteich ideal. Schnell eingebaut, entsteht im Handumdrehen ein attraktiver Hingucker.

Einen Folienteich anlegen

Folienteiche kann man selber kostengünstig erstellen und bei späteren Wünschen zudem problemlos erweitern. Weil nicht jede beliebige Folie für den Teichbau geeignet ist, sollte man nur Qualitätsfolien mit Garantie von zuverlässigen Herstellern kaufen. Sie darf nicht spröde werden, sondern muss dauerelastisch bleiben, soll UV-lichtbeständig sein, Wurzeldruck und ständigem punktuellem Druck standhalten können und undurchsichtig sein. Teichfolien aus synthetischem Kautschuk (EPDM-Folien) sind umweltfreundlich und sehr schmiegsam, aber teuer. Man kann sie jedoch als einzige schon im zeitigen Frühjahr bei sehr niedrigen Temperaturen verlegen. PE(Polyethylen)-Folien lassen sich schlecht reparieren und kommen deshalb hauptsächlich für Großteiche in Frage. PVC-Folien haben den weitaus größten Marktanteil, sind preiswert und leicht zu verarbeiten.

Üblich sind Folienstärken von 0,5 bis 0,8 mm. Für Badeteiche haben sich Stärken von 1,2–1,5 mm bewährt. Wo die Ränder sehr stark begangen werden, greift man besser auf Spezialfolien mit Gewebeeinlage zurück.

Erweiterungen sind bei PVC- und Kautschukfolien leicht durch Anschweißen weiterer Bahnen möglich. Ist der Teich größer, lohnt es sich unbedingt, nach Angabe der Maße den Service der Hersteller zu nutzen. Sie fertigen die Folie passgenau mit Garantie an. So können Sie sicher sein, dass die Folie tatsächlich dicht ist. Sie wird mit Entroll-Plan fix und fertig geliefert. Nur bei kleineren Stücken lohnt es sich, diese Arbeiten an Ort und Stelle selber vorzunehmen. Dazu gehören spezielle Kunststoffkleber für PVC- und Kautschukfolien, die es im Fachhandel gibt.

Wichtig ist die Außentemperatur. Unter 10 °C dauert die Prozedur zu lange und gelingt nicht sicher. Bei Hitze über 25 °C muss man schnell und zügig arbeiten. Die Bahnen werden 5–10 cm überlappend gelegt und mit dem Flachpinsel beidseitig ein Kleber aufgetragen, der das Material anlöst. Wie beim Fahrradschlauch-Flicken entsteht durch kräftiges Andrücken eine dauerhafte Verbindung. Genügend Gewicht bringt ein sandgefülltes Säckchen, das die arbeitende Person nachzieht.

Gut erkennbar sind die terrassenförmigen Stell- und Pflanzzonen. Die Pumpe steht in einem Korb und ist so vor Algen geschützt.

Bereits bei der Planung der Teichschale muss Klarheit über die vorgesehene Gestaltung und Wassertiefe bestehen.

Wichtig ist, dass die Folie über dem Wasserspiegel endet, damit ein Überlaufen verhindert wird.

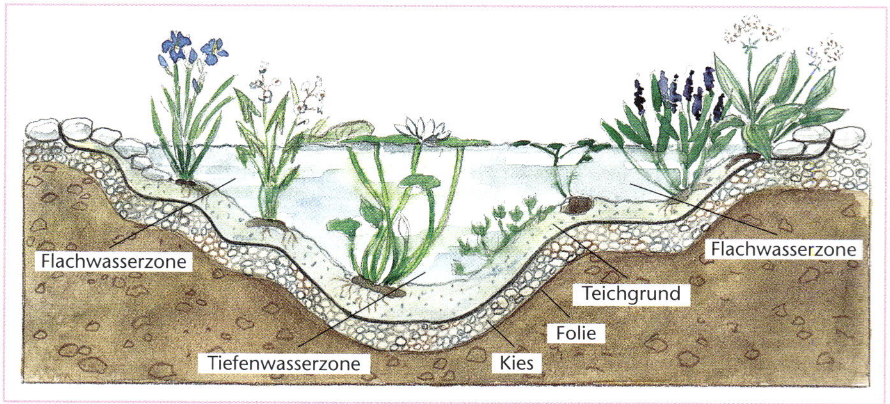

Die Teichfolie wird auf die fein planierte, fertig ausgehobene und modellierte Teichschale gebreitet. Sie sollte satt und mit 30–50 cm Überstand ausgelegt sein. Eine 20 cm starke, verdichtete Kies- und Sandschicht als Untergrund schützt gegen mögliche Verletzungen durch Steine, Wurzeln usw. Statt Sand können Sie die Folie auch mit einem untergelegten Geo-Vlies schützen. Provisorisch wird die Folie dann durch Steine gehalten und 15 cm hoch humusarme, ungedüngte Erde aus tieferen Schichten aufgetragen, in der die Pflanzen wachsen sollen. Oder es wird gleich mit Wasser aufgefüllt, wobei man noch Falten und Unebenheiten ausgleichen kann. Die Folie passt sich dabei dem Untergrund an.

Damit bei Folienteichen keine Erde nachrutscht, sollte die Böschungsneigung nicht steiler als 1:2 sein. Die nicht benötigten Ecken werden umgelegt oder abgeschnitten. Man kann natürlich auch eine Schnur durch die fertig ausgeschachtete Teichgrube legen, den Rand hinzugeben und erhält dann das genaue Maß, um danach die Folie zu kaufen.

Teichfolien sind in der Regel schwarz, weil damit nicht jede Verschmutzung sichtbar wird und die Teiche tiefer wirken. Es gibt auch braune, olivgrüne und cremeweiße Folien (für Badeteiche). Bunte Farben wirken aufgesetzt. Ohnehin werden sich schon nach kurzer Zeit Schwämmstoffe anlagern, auch kann man mit einem »Besandungsset« die Oberfläche anrauen und mit aufgestreutem Sand dem Teichrand oder Bachläufen zu einem natürlichen Aussehen verhelfen.

Berechnung der benötigten Folie

- Länge und Breite der Folie ergeben sich exakt, wenn man mit einer in die Grube gelegten Schnur alle Unebenheiten ausmisst.
- Gröber aber auch schneller arbeitet man nach einer Faustformel: Von Oberkante zu Oberkante werden mit einer Schnur Länge und Breite gemessen.
- Hinzu addieren: 2-mal die Tiefe.
- Ebenfalls hinzu addieren: 2-mal 30 cm für den Beckenrand. Dies jeweils für Länge und Breite.

Beispiel:

- Ein ovaler Teich mißt 5 m in der Länge und 3 m in der Breite, Tiefe 1 m.

5 + 1 + 1 + 0,30 + 0,30 =
benötigte Länge der Bahn 7,60 m.
3 + 1 + 1 + 0,30 + 0,30 =
benötigte Breite der Bahn 5,60 m.

Von besonderer Bedeutung: die Gestaltung der Randzone

Problematisch sind bei Folienteichen stets die Randzonen. Auf glatter Oberfläche halten sich weder Pflanzenwurzeln noch Erde. Durch geschicktes Modellieren des Randbereichs mit etwa 20 cm tiefen terrassenförmigen Pflanzmulden bleibt die Folie unsichtbar. Sie wird über die Teichmulde gezogen und mit 30–50 cm Überstand ausgelegt. Soll der Teich nicht unnötig Wasser verlieren, wird jede Verbindung, die über Erde oder Pflanzen entstehen kann, zur Umgebung unterbrochen. Lassen Sie deshalb die Folie nie flach in der Erde verschwinden, sondern stellen Sie den Rand aufrecht. Er wird mit einem Messer oder einer Schere erst ganz zum Schluss abgeschnitten und zwar so, dass die Schnittstelle immer höher als der Wasserspiegel liegt. Vorgeschütteter Kies oder Steine verbergen die sogenannte Kapillarsperre am Uferrand.

Wollen Sie blanke Folien- oder Kunststoffränder nachträglich begrünen, können Sie mit Hilfe einer Böschungsmatte Pflanzenwuchs herbeizaubern. Dieses Geflecht aus Kokos oder Jute wird in der Uferbepflanzung mit Ankern befestigt und reicht bis unter die Wasseroberfläche. Mit Sand, gröberem Kies oder Teicherde gefüllt, bietet es Pflanzen Halt. Nach kurzer Zeit haben sie sich ausgebreitet und vom Rand ist nichts mehr zu sehen. Günstig ist dies vor allem an steilen Stellen.

Teiche aus Beton oder Lehm

Folien- und Fertigteiche haben aus guten Gründen andere und traditionelle Materialien weitgehend ersetzt. Beton muss mit Armierung gebaut werden, sonst reißt er nach harten Wintern und ist dann mit erheblichen Aufwendungen verbunden. Das Gleiche gilt für die Naturbaustoffe Lehm und Ton. Daraus gebaute Teiche sind zwar besonders umweltfreundlich, aber oft nicht dicht. Man kann sie nur mit flach auslaufenden Ufern bauen, und um sie zu errichten, braucht man starke Männer und noch stärkere Maschinen für Materialtransport und Bodenmodellierung. Haben Sie jedoch das Glück, dass Ihr Garten auf tonigem Boden mit hohem Grundwasserstand liegt, steht einem Naturteich nichts entgegen.

Ein mustergültig angelegter Uferrand. Er geht harmonisch über in einen Bachlauf, der auch bei ausgeschalteter Pumpe Wasser hält.

Wasser auf kleinstem Raum: Balkone und Terrassen

Auch wer keinen Garten hat, braucht nicht auf die Freuden des Wassers zu verzichten. Halbierte Whiskyfässer, Tröge, Kübel und Terrassenteiche verfügen zwar über wenig Wasser und erwärmen sich schnell, doch wenn Sie nicht gerade Fische darin halten wollen, werden Sie mit diesen Mini-Teichen viel Freude haben. Zumindest stundenweise sollten die Gefäße in den Genuss des kühlenden Schattens kommen. Mit einem Stück passend eingelegter Teichfolie werden attraktive Amphoren, Thai-Keramik und Holzgefäße zuverlässig dicht. Fertig zu kaufen gibt es auch Balkonteiche, die aus Holz zusammengefügt und mit einer Teichfolie ausgelegt werden. Auf der Terrasse,

Wasserpflanzen gedeihen auch in Miniteichen vor dem Haus oder auf dem Balkon. Besonders gut eignen sich halbierte Fässer. Sie müssen jedoch dauerhaft abgedichtet sein.

am Hauseingang, im Hof und sogar auf Balkonen sehen diese Gefäße gut aus und bieten einigen Raum. So lässt sich aus je einer Pflanze von Zwergrohrkolben *(Typha minima)*, Binse *(Juncus)*, Hechtkraut *(Pontederia)*, Tannenwedel *(Hippuris)*, Sumpf-Vergissmeinnicht *(Myosotis palustris)* oder einer Zwerg-Seerose *(Nymphaea)* eine hübsche Gesellschaft kombinieren, die monatelang das Auge erfreut. Auch Fieberklee *(Menyanthes trifoliata)*, Pfeilkraut *(Sagittaria)*, Froschlöffel *(Alisma plantago-aquatica)* und Gauklerblume *(Mimulus)* sehen gefällig aus. Mehrere Gefäße zusammengestellt, ergeben eine kleine Teichlandschaft.

Gut geeignet, vor allem für anspruchsvolle tropische Wasserpflanzen, sind auch tiefe Balkonkästen. Selbstverständlich dürfen sie keine Abzugslöcher haben. Hier fühlen sich die orchideengleichen blauen Wasserhyazinthen, die duftende weiße Wasserähre und tropische Seerosen wohl. Mediterranen Flair erhalten 30–40 cm tiefe Gefäße auch durch Papyrus (wegen der Windempfindlichkeit Zwergsorten wählen), Zyperngras *(Cyperus)*, Zimmer-Calla *(Zantedeschia)* oder Indisches Blumenrohr *(Canna)*, das in seiner Heimat eine Sumpfpflanze ist.

Muss kein Traum bleiben: der Badeteich

Wer einen Gartenteich anlegt, sollte gleich ein wenig weiter denken. Ist an einer vollsonnigen Stelle im Garten genügend Platz vorhanden, kann man durchaus auch sommerliche Badefreuden genießen. Kein Autofahren zur überfüllten Badeanstalt, kein Schwitzen im Stau, kein beißendes Chlor in den Augen, keine aufdringlichen Nachbarn. Stattdessen duftende Seerosenblüten auf Nasenhöhe, Libellen zum Beobachten und den Blick in den blauen Himmel obendrein. Und das alles ganz bequem gleich hinter dem Haus.

Im Prinzip besteht ein Badeteich aus einem pflanzenfreien Schwimmteil und einem flacheren Bereich mit nährstoffhungrigen Pflanzen, die auf natürliche Weise das Wasser von Trübstoffen und Verunreinigungen klären. Dieser Teil kann, muss aber nicht direkt an den Schwimmbereich anschließen. Ist über Rohrleitungen eine Verbindung geschaffen, können Sie mit einem Bachlauf oder weiteren Teichen die Pflanzenwelt in einem anderen Bereich Ihres Grundstücks unterbringen, es damit besser ausnutzen und die Wasserlandschaft dabei idyllisch gestalten. Einige wichtige Punkte gilt es jedoch zu beachten, damit das Wasser sauber bleibt und der gefahrlose Ein- und Ausstieg möglich ist. Ein Ufer ist leicht zu steil und glitschig, besonders wenn zur Abdichtung Folie verwendet wird. Sie muss genügend dick sein (mindestens 1 mm), sonst tritt sie sich schnell durch. Besser ist es, den Einstieg terrassenförmig anzulegen und mit feinem Sand abzudecken. Oder von vornherein einen Steg vorzusehen mit einer Einstiegsleiter und einem Geländer als Haltevorrichtung.

Eine Tiefe von 150–160 cm ist in Norddeutschland angenehm, sie sollte jedoch mindestens 120 cm betragen. Im wärmeren Süden und in Österreich haben sich 180–220 cm Tiefe bewährt. Damit man im Teich gut schwimmen kann, wird ein Durchmesser von 6–8 m benötigt. Günstige Maße sind 10 m Länge und 4–6 m Breite für den Badebereich. Wer nicht so viel Platz hat, kommt bereits mit einem kleinen Tauchbecken für die Sauna zu gesunden und entspannenden Genüssen.

Ein abgeteilter flacher Bereich von 20 bis 50 cm Tiefe, der mit Wasserpflanzen bepflanzt ist, sorgt für die Reinhaltung des Wassers auf natürliche Weise. Er darf nicht zu klein sein (etwa die Hälfte des Badebereichs), sonst kann er seine Funktion nicht erfüllen. Das Wasser aus dem Badebereich wird entweder im Oberflächenbereich durch eine Pumpe abge-

Wer sich einen größeren Gartenteich baut, sollte gleich Bademöglichkeiten schaffen. Eine spezielle Bauweise macht es möglich.

Gezähmte Wildnis: ein Naturteich mit heimischer Vegetation. Vorsicht mit der Herkulesstaude (im Hintergrund). An ihren großen Blättern kann man sich böse verbrennen.

sogen (sie muss aus Sicherheitsgründen außerhalb stehen) oder durch ein Rohr an der tiefsten Stelle in einen Filterschacht geleitet und dort von groben Verunreinigungen mechanisch vorgeklärt. Hier setzen sich Schmutzpartikel (Mulm) ab, die alle zwei bis drei Jahre entfernt werden. Mittels einer im Untergrund verlegten Rohrleitung gelangt das Wasser zu einer erhöht angelegten »Quelle« und plätschert von dort über einen Bachlauf mit Kies- oder Sandbett in den Pflanzenbereich zur weiteren biologischen Klärung zurück. Dabei reichert sich das Wasser mit Sauerstoff an, was den Lebewesen im Teich bestens bekommt. Wenige Stunden Pumpenumlauf pro Tag, über eine Schaltuhr geregelt, genügen schon für die Klärung. Dabei gleicht sich auch die Wassertemperatur an: an sonnigen Tagen erhöht sie sich schnell, in der Nacht kühlt sie sich ab. Die Badesaison dauert so von Mai bis Oktober. In der Zeit des Laubfalls schützt ein darüber gezogenes Netz vor allzu großem Nährstoffeintrag. Auf ganz ähnliche Weise lassen sich auch ehemalige Schwimmbecken in eine erweiterte, naturgemäße und noch dazu reich blühende Wasserlandschaft verwandeln.

Naturteiche – abhängig vom Grundwasser

Hierunter versteht man Teiche, die durch natürlich vorhandenes Grundwasser einen ausreichenden Wasserstand erreichen. Ist ein Zufluss aus einem Gewässer oder einer Quelle vorhanden, der Grundwasserspiegel aber nicht hoch genug, wird man zur Abdichtung möglicherweise auch zu Ton greifen – vor allem, wenn dieses Material in Baustellennähe erhältlich ist, ansonsten ist diese Lösung teuer. Es gibt im Handel auch fertig aufbereitete Tonziegel, die mit einer Ramme verbunden und verdichtet werden. Dabei trägt man eine Schicht von 20–30 cm erdfeucht auf und rüttelt sie so lange ab, bis keine Risse mehr bestehen. Die Oberfläche glättet und dichtet man mit einer Tonschlämme, die mit dem Besen abgezogen wird. Darauf kommt eine schützende Kiesschicht (5 cm).

Faszinierende Moor- und Sumpfbeete

Auch wenn sich die Weite einsamer Moore im Garten nicht nachvollziehen lässt, für die Pflanzen des Moores mit ihren besonderen Eigenheiten und speziellen Formen sowie für ihre Bewohner findet sich dennoch überall ein Platz. Hiermit können Sie der bedrohten Umwelt ein Refugium bieten, denn Sumpf- und Moorpflanzen werden in ihrem Lebensbereich immer mehr zurückgedrängt, und mit ihnen Tiere, die in diesem Biotop Schutz und Nahrung finden.
Das Besondere am Moorbeet ist das Pflanzsubstrat aus Torf mit einem sehr niedrigen Säuregrad (pH-Wert unter 5), wie ihn spezielle Moorpflanzen fordern. Wichtig ist, dass weder mit hartem Wasser gegossen wird noch nährstoffreiches Wasser aus dem umgebenden Bereich die sauren Bodenverhältnisse im Moor verändern kann. Das Moorbeet kann eine Insel im Gartenteich sein oder zum Sumpfbeet gehören.
Ein Moorbeet lässt sich auf einfache Weise mit Teichfolie erstellen, etwa als Überlauf eines Wasserbeckens. Auch in Betonringen, Wannen oder Fertigteichen kann ein Moorbeet sicher von umgebenden Bodenverhältnissen abgetrennt werden. Die Gefäße werden im Boden versenkt und mit Fasertorf und Rindenschnitzeln gefüllt.
Regenwasser ist ideal. Es wird vom Regenwasserzulauf (am Fallrohr) oder bei weichem Stadtwasser (Wasserhärte unter 7) aus der Wasserleitung zugeleitet. Ein Moorbeet braucht volle Sonne. Keinesfalls gehört es in den Schatten, will man dauerhaft daran Freude haben. Wird ein Moorbeet neu angelegt, hat sich eine Mischung aus etwa 40 % ungedüngter Gartenerde, 50 % kiesigem Lehm und 10 % Torf bewährt. Wichtig: nie düngen und für einen sonnigen Standort sorgen. Da fast alle Moorbeetbewohner von zierlicher Statur sind, dürfen sie nicht durch die Wurzeln von wuchskräftigen Pflanzen wie Mädesüß *(Filipendula ulmaria)*, Sumpf-Schwertlilie *(Iris pseudacorus)*, Kalmus *(Acorus calamus)* oder gar Weiden in Bedrängnis geraten. Gute Partner sind dagegen Blut-Weiderich *(Lythrum salicaria)*, Binsen *(Juncus)*, Farne oder auch Zwiebelblumen wie die heimische Schachbrettblume *(Fritillaria meleagris)* oder die Wiesensiegwurz *(Gladiolus imbricatus)*. Richtig attraktiv sieht es aus, wenn Torfziegel und Baumstümpfe als charakteristische Merkmale die Moorlandschaft verkörpern und an einigen Stellen offenes Wasser zu sehen ist.
Weitere seltene Moor-Gewächse sind Wollgras *(Eriophorum)*, Glockenheide *(Erica)*, Rosmarinheide *(Andromeda)*, die

Gewöhnliche Moosbeere *(Vaccinium oxycoccos),* Seggen und Binsen. Für ein kleines Moorbeet eignen sich vor allem insektenfressende Pflanzen wie Rundblättriger Sonnentau *(Drosera rotundifolia)*, Gewöhnliches Fettkraut *(Pinguicula vulgaris)*, Venusfliegenfalle *(Dionaea muscipula)*, winterharte Schlauchpflanzen (Sarrazenien) aus Kanada, der hübsche blaue Lungen-Enzian *(Gentiana pneumonanthe)* oder einheimische Orchideen, die es in guten Staudengärtnereien aus Nachzuchten gibt. Besonders reizvoll sind Arten der Sumpf-Stendelwurz *(Epipactis palustris)*, die zwar willig gedeihen, aber mit ihren grün-braunen Blütchen relativ unscheinbar aussehen. Weitaus prächtiger sehen die Knabenkraut-Orchideen aus, die mit ihren langen walzenförmigen Blütenständen und den herrlich gezeichneten Blüten niedrige Nachbarstauden oder auch Gräser überragen. Wie bei dem heimischen Gefleckten Knabenkraut *(Dactylorhiza maculata)* sind bei vielen Arten nicht nur die einem Männchen ähnelnden Blüten, sondern auch die Blätter eindrucksvoll gefleckt. In Gartencentern gibt es aus Kulturen (die wenigen verbliebenen Knabenkräuter in freier Natur sind streng geschützt) nicht nur einheimische Arten wie das Fleischfarbene Knabenkraut *(D. incarnata)* oder das Breitblättrige Knabenkraut *(D. majalis)* sondern auch einige der ansehnlicheren Nordamerikanischen Arten (etwa *Dactylorrhiza praetermissa)* sowie Hybriden, die durch Zuchtarbeit entstanden sind.

In etwas trockeneren Randbereichen kann sich auch die in Gartencentern häufig angebotene gestreifte China-Orchidee *(Bletilla striata)* behaupten. Meistens sind diese Orchideen nicht so empfindlich, wie man glaubt, und ziemlich anpassungsfähig. Sie gedeihen in feuchten Moorbeeten und im angrenzenden Sumpfbereich, können sich aber auch in relativ trockenen Blumenwiesen ausbreiten und versamen. Allerdings ist es wichtig, auf ihre Lebensgewohnheiten einzugehen, denn sie leben in enger Gemeinschaft mit Pilzen (Mykorhiza), die mit dem Substrat kultivierter Arten in den Garten gelangen.

Bachläufe und Wasserfälle bringen Leben in den Garten

Die meisten Gartenteiche machen den Besitzern so viel Spaß, dass sie schon bald auf Erweiterung sinnen. Was liegt näher, als sie mit einem Bach oder Wasserfall zu ergänzen? Rasch wird daraus eine kleine Wasserlandschaft. Um einen Bach oder Wasserfall im Garten zu erstellen, wird nur wenig Gefälle benötigt. Als Quelle genügen ein unterirdisch verlegter Schlauch und eine Auffangschale, zum Beispiel ein Gartenteich, in dem die Umlaufpumpe steht. Sehr reizvoll ist es besonders auf kleinen Grundstücken, das Wasser aus einer Amphore zu Tal plätschern zu lassen. Man kann sie fertig samt Anschluss und Spiralschlauch im Gartencenter erstehen. Schon 50–60 cm Höhenunterschied und eine Bachlänge von 2,50–3 m reichen für eine gefällige Bachanlage aus.

Ein Erdhügel von 1–1,50 m Höhenunterschied ermöglicht bereits eine Vielzahl von Variationen und hält die laufenden Kosten für den Gartenbesitzer in Grenzen. Denn die hierfür benötigten elektrischen Unterwasser-Druckpumpen nehmen nicht viel mehr als 60–70 Watt auf, sind preisgünstig in der Anschaffung und leise im Betrieb. Je größer der Höhenunterschied und je breiter der Bach, desto stärker muss die Pumpe sein. Die Kosten für Installation und Betrieb können dann erheblich steigen. Allerdings ist Tag-und-Nacht-Betrieb kaum gefragt. Mit einer wetterfesten Schaltuhr kann man die Dauer des Betriebs regeln. Günstig ist es, Zeiten einzustellen, zu denen sich die Familie im Garten aufhält. Als angenehm werden dann die murmelnden und plätschernden Geräusche von Bachlauf und Wasserfall empfunden. Sie beruhigen nicht nur – die Geräuschkulisse lenkt auch von allem ab, was über den Gartenzaun dringt.

Einen Bachlauf modellieren

Wer über genügend Platz für einen Bach verfügt und perfekte Abrisskanten und Übergänge an den Staustufen sucht, modelliert den Untergrund so, dass auch bei ausgeschalteter Pumpe in Kuhlen und Senken Wasser verbleibt. Der Bachlauf sollte nie ganz leer laufen , sonst trocknen Sumpfpflanzen allzu schnell aus. Zudem macht ein leeres Bachbett keinen guten Eindruck. Die Kombination von Teichfolie im Untergrund und eingebauten Steinen und Pflanznischen erreicht man am besten mit einer Schicht Magerbeton. Allerdings birgt diese Bauweise auch die meisten Tücken, denn Beton und Wasserqualität vertragen sich schlecht. Geben Sie der Sand-Zement-Mischung auf jeden Fall ein Dichtmittel bei, mischen Sie alles schön geschmeidig und nicht zu trocken an, verdichten Sie den Beton nach Abschluss der Modellierungsarbeiten und lassen Sie alles eine Woche lang trocknen und abbinden, bevor das erste Wasser läuft. Ansonsten löst sich immer wieder Kalk heraus und das Wasser wird über lange Zeit zu hohe Härte und pH-

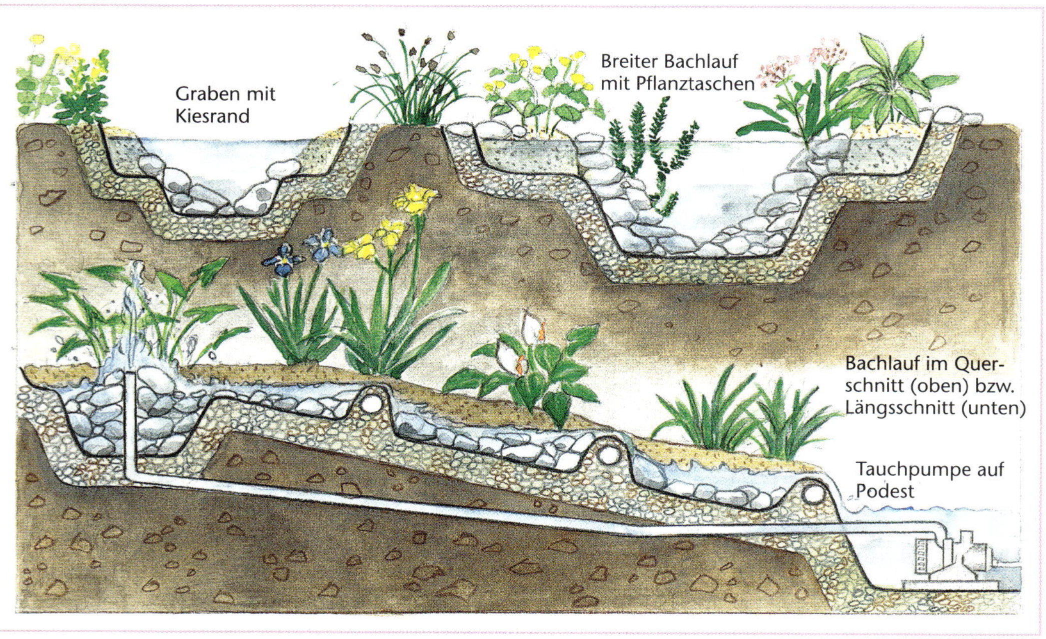

Bauchlauf im Querschnitt (oben) bzw. Längsschnitt (unten).

Werte zeigen, Algen werden wachsen und Wasserpflanzen kümmern. Viele Profis fangen die Höhenunterschiede mit einem Unterbau aus Brettern ab, überziehen dann die entstehenden Kammern mit Folie und füllen sie mit Steinen, Kies und Pflanzen an.

An Stelle der Bretter können Sie auch Flex- oder Dränrohre verwenden. Nachteil: An der geraden Überlaufkante wird immer das Konstruktionsverfahren sichtbar bleiben. Besser ist es, sich bei der Modellierung des Untergrundes mehr Mühe zu geben und Fantasie bei der Gestaltung der Staustufen zu entwickeln. Das Wasser darf sich dort keine Seitenwege suchen, sondern soll in malerischer Weise herunterplätschern, die Folie darf nicht zu sehen sein. Günstig ist dafür besandete Teichfolie, die es auch von der Rolle in verschiedenen Breiten gibt. Manche Firmen bieten auch Sets an, mit denen man nachträglich glänzender Folie mit aufgestreutem Sand und Kleber zu einem natürlicheren Aussehen verhilft. Besandete Folie passt sich der Umgebung besser an als ein schwarzer oder brauner glänzender Folien-Untergrund.

Profigärtner bauen flache Bachläufe am laufenden Meter nach einem ganz einfachen Verfahren: Graben ausschaufeln, mit Folie auslegen, Ränder hochstellen und mit einer Kiesschüttung abdecken. Anschließend mit Randpflanzen oder in größeren Mulden mit Sumpfvegetation bepflanzen. Für steile Hänge gibt es im Handel auch vorgefertigte Teile für den Bau von Bachläufen und Wasserfällen, die man in Windeseile und ohne die erwähnten Schwierigkeiten zusammenfügen kann. Sogar vormodellierte Wasserfälle mit Pflanznischen aus einem Stück und mit Wasseranschluss aus Kunststoff (GFK) werden angeboten.

Wasserfälle ergänzen den Garten

Weil man Wasserfälle meistens von vorne sieht, kommt es mehr als sonst darauf an, dass die Geheimnisse der Konstruktion unsichtbar bleiben. Ideal ist ein länglicher großer Stein, von dem das Wasser in malerischer Weise herabfällt, doch den zu finden ist ein Glücksfall. Ein steiler Hang mit mehreren Stufen ist eine weitere Möglichkeit. Oder ein gemauerter Wasserfall, der zum Stil eines modernen Gartens passt. Verwenden Sie möglichst besandete Folie, das nimmt schon manches Problem. Stellen Sie genügend Steine zum Modellieren bereit und türmen Sie diese abrutschsicher so auf, dass sie gefällig aussehen. Magerbeton sorgt für einen festen Verbund aller Materialien und deckt auch die Bachfolie an den Übergängen ab.

Wollen Sie ohne Beton auskommen, suchen Sie am besten einen schönen, flachen Stein mit einer Mulde, von der das Wasser in gleichmäßiger Fülle herabrauschen kann. Verankern Sie ihn mit leichtem Gefälle so, dass er sich nicht mehr bewegen kann.

In den tiefen Kuhlen staut sich später das Wasser. Die Folie wird erst ganz zuletzt abgeschnitten.

Über die in Magerbeton gebetteten Steine fließt das Wasser zu Tal. Pflanzen überwachsen die Ränder.

Die Alternative für schwieriges Gelände: ein Bachlauf aus glasfaserverstärktem Kunststoff. Geschmackssache: Nach der Kastenbauweise entstand der kanalartige Bach mit Rasenkante.

Oft rinnt das Wasser unten an der Kante herab und fällt nicht. Dann sollten Sie 1–2 cm entfernt von der Unterkante und damit unsichtbar für den Betrachter eine Nut einflexen, die den Wasserfluss unterbricht. Möglichst elegant soll auch der Übergang von der Folie zum Stein ausfallen. Man kann die Folie andübeln oder die Kante mit Dichtmasse (Silikon) ankleben. Diese Verbindung hält immerhin für drei bis vier Jahre und muss dann erneuert werden.

Teichtechnik und nützliches Zubehör

Je größer, desto teurer: Ein so gewichtiger Sprudelstein erfordert schweres Gerät.

Ist es Spieltrieb oder nur der Wunsch nach Bequemlichkeit? Jedenfalls erfreut sich das An- und Abschalten der Pumpe für den Wasserfall, das Dimmen der Teichbeleuchtung, der romantischen Schwimmkugeln und das Regulieren des Springbrunnens per Fernbedienung vom Wohnzimmer aus wachsender Beliebtheit. Auch Mini-Halogenscheinwerfer als nächtliche Attraktion für den Wasserfall und Unterwasserscheinwerfer sind keine Randerscheinung mehr. Nicht allen Teichbesitzern ist die Ruhe der Frösche erstes Gebot. Dabei muss sich beides nicht zwangsläufig ausschließen, wenn die Tiere ihre ruhige Zone behalten und reichhaltige Bepflanzung unter Wasser und im Uferbereich Rückzugsmöglichkeiten bietet.

Beliebt sind neben Wasserglocken, Schaumsprudlern und Mühlsteinbrunnen auch preisgünstige Quellsteine. Attraktive Findlinge werden in der Mitte durchgebohrt, auf eine Kreiselpumpe gesetzt, die wiederum in einer Auffangschale steht. Auch selbst gesammelte Steine werden so beim Steinmetzen zur ungewöhnlichen Zierde, von der nach allen Seiten das Wasser leise plätschernd herabrieselt. Steht Ihnen der Sinn nach einem Springbrunnen, dann sollte dieser mindestens so viel Abstand zu Seerosen haben, dass deren Blüten nicht ständig berieselt werden. Sie fühlen sich sonst ständig im Regen und blühen nicht.

Energiespendende Unterwasserpumpen

Längst hat sich neben stromsparenden Geräten die ungefährliche Niedervoltspannung (per Trafo auf 20 Volt heruntergeregelt) bei Pumpen, Beleuchtung und Wasserspielen durchgesetzt. Eine Außensteckdose am Haus ist Gold wert, wenn es um den Anschluss von elektrischen Geräten geht. Im Garten verlegte Leitungen, Steckdosen und Geräte können in Verbindung mit Wasser lebensgefährlich sein und müssen deshalb nach besonders strengen Richtlinien abgesichert sein und dürfen deshalb nur vom Fachmann angeschlossen werden. Lassen Sie sich bei der Auswahl der Pumpen und Filter vom Fachhandel beraten, denn die Berechnung der richtigen Leistung nach Förderhöhe und Wasserdurchsatz ist nicht ganz einfach.

Damit Bachläufe und Wasserfälle mit respektablem Schwall rauschen, sollte der Durchlass auf einen engen Durchlass konzentriert sein und die Fördermenge pro Stunde mindestens 3000, besser 6000 Liter, bei größeren Anlagen auch mehr betragen. Meistens ist die Druckpumpe geräuscharm im Teich versenkt. Bei Badeteichen muss sie jedoch aus Sicherheitsgründen außerhalb stehen, zum Beispiel in einer Kammer, die man leicht aus Waschbetonplatten zusammenfügen kann. Mittels Saugschlauch wird das Wasser angesogen und kann dann einen Bachlauf speisen. Achten Sie auf den Geräuschpegel, den die Pumpe verursacht. Während gleichmäßiges Wasserrauschen als Geräuschkulisse angenehm klingt, kann sich der Nachbar mit ungedämmten Pumpenlauten seltener anfreunden. Dauerbetrieb muss übrigens nicht sein, über Schaltuhren für den Außenbereich lassen sich Betriebszeiten von vier bis sechs Stunden einstellen. Es gibt kleine Pumpen im ungefährlichen Niedervoltbereich von nur 12 Volt, die mit einer Autobatterie oder sogar mit Solarenergie betrieben werden können.

Generell sollten Pumpen im Teich nicht direkt auf der Folie stehen, weil sie so weniger leicht verschmutzen können. Platzieren Sie sie auf einem Sockel, auf einem im Handel erhältlichen Stativ, auf Ziegelsteinen oder in einem Wasserpflanzenkorb, was zusätzliche Sicherheit vor Fadenalgen gibt. Sie bringen so die natürliche Wasserschichtung kaum durcheinander und wälzen einen kleineren Teil des Wassers ständig um, was der natürlichen Teichbiologie gut bekommt.

Filter für flache Gewässer

Ein gut angelegter und bepflanzter Teich kommt wie in der Natur ohne Filter aus. Oft jedoch sind Bäche und Teiche zu flach, heizen sich bei Sonne auf oder enthalten zu viele Nährstoffe, womit ein Algenwachstum vorprogrammiert ist. Filter fischen auf mechanischem Wege die Trübstoffe heraus und schaffen klares Wasser. Neue Entwicklungen begnügen sich damit nicht. Mit natürlichen Mineralen wie Zeolith entziehen sie Nährstoffe, vor allem Phosphor, der für das Wachstum der Algen entscheidend verantwortlich ist. Den hohen Anforderungen bei der Haltung von japanischen Zierkarpfen (Koi) entlehnt ist die Kombination der Filter mit einer UV-Lampe. Dieses Licht tötet Krankheitskeime und Algen ab. Auch ohne aufwändige Filter können Sie viel für sauberes Wasser tun. Zum Beispiel mit einem Überlauf (Skimmer), der – am tiefsten Teichrand eingebaut oder schwimmend samt Pumpe auf der Wasserfläche verankert – Blätter, Pollen, Samen, Zweige und anderes organisches Treibgut abfängt, bevor es auf den Grund absinkt und sich in Schlamm umwandelt. Ist das Sieb schräg eingebaut, kann es auch bei unterschiedlichem Wasserstand seine Funktion erfüllen.

Entscheidend für gesundes Wachstum: die Wasserqualität

Leitungswasser ist für den menschlichen Genuss aufbereitet und fast immer unbedenklich. Bevor Fische eingesetzt werden, sollte es einige Tage abstehen. Dabei lösen sich eventuell beigegebene Chlorgase heraus, und auch der richtige Sauerstoffgehalt stellt sich ein. Wasseraufbereitungsmittel aus der Aquariumstechnik neutralisieren zusätzlich eventuell enthaltene fischschädliche Salze. Ein hoher Eisengehalt führt nicht nur zu hässlichen Ablagerungen, sondern er kann sich auf Schleimhäute und Kiemen der Fische schädigend auswirken. Zu hoher Nitrat- und, nach weiterer Umwandlung, schädlicher Nitritgehalt entstehen durch Überdüngung, zu schnell abtauchendes Futter und zu starkes Füttern sowie durch einen ungenügend funktionierenden biologischen Abbauprozess. Der Teich sieht dabei »schlecht« aus, das Leben darin wird vergiftet.

Regenwasser kann Industrieschadstoffe mit sich führen, insbesondere aber schweflige Säure aus den Ölheizungsrückständen. Regenwasser ist daher in vielen Gegenden nicht unbedenklich. Eine Wasser-probe vorab schafft Klarheit. In Aquarienhandlungen gibt es einfache Testmethoden, die die genannten Bedingungen aufspüren, und im Fachhandel erhalten Sie auch die entsprechenden Mittel, um Schäden zu beheben.

Wassertemperatur und pH-Wert

Werden beim Teichbau keine grundsätzlichen Fehler gemacht, stellt sich bald ein biologisches Gleichgewicht ein – also ein Nährstoffkreislauf, bei dem sich frei werdende Nährstoffe durch das Vergehen der Pflanzen und der Entzug beim Wachstum neuer Pflanzenteile die Waage halten. Ein gutes Verhältnis von Wasseroberfläche zur Wassertiefe (etwa 350 Liter pro m^2) ebenso wie ausreichender Besatz von Sauerstoff liefernden Unterwasserpflanzen und wüchsigen Blütenpflanzen mit eher oberirdischem Wuchs sind dabei wichtig.

Günstige Temperaturen für Pflanzen und Fische liegen zwischen 12–22 °C. Bei Sonnenschein und Wärme entfalten sich sowohl die Pflanzen als auch die nährstoffzehrenden Algen üppiger. Kühles, sauerstoffreiches Wasser aus dem Untergrund ist bei Fischen und anderen Lebewesen bei großer Hitze mitunter lebensentscheidend, denn in warmem Wasser löst sich nur wenig Sauerstoff. Wie in der freien Natur kann Wasserbewegung für Ausgleich sorgen.

Dauerhaft zu niedrige Temperaturen hindern die Entwicklung, auch die der Fische. In quellgespeisten kalten Gartenteichen ist dies mitunter der Fall. Schon ein einfaches Vorwärmbecken, in dem sich das Wasser erst einmal staut und an die Lufttemperatur angleicht oder ein Bachlauf helfen. Achten Sie darauf, dass der Teich mindestens vier bis fünf Stunden täglich Sonne erhält.

Auch bei der Wasserqualität gibt es bei reinem Pflanzenbesatz weniger Probleme. Günstig ist Regenwasser, denn es ist von Natur aus weich und reichert sich erst allmählich mit gelösten Salzen an, die den pH-Wert nach oben verändern. In sauer reagierendem Wasser können Fische dagegen nicht existieren. Ein gewisser Kalkgehalt (ideal ist ein pH-Wert von 6–8) ist nötig, denn die Pflanzen benötigen Kalk zum Gewebeaufbau. Nur wenige gedeihen unter kalkarmen, extremen Moorbedingungen. Zu saures Wasser (Säurewert unter pH 5) ist selten, kann aber mit Präparaten aus dem Handel ausgeglichen werden. Oft genügt es schon, Leitungswasser einzuleiten, um einen Ausgleich herbeizuführen. Indikatorpapiere zeigen schnell, woran man ist. Ansonsten kann man auch etwas Branntkalk ins Wasser geben. Weitaus häufiger geht es darum, einen pH-Wert über 10 zu senken, weil zu hoher Kalkgehalt das Pflanzenwachstum bremst, für übermäßige Algenbildung verantwortlich ist und auch den Fischen nicht bekommt. Ganz einfach und auf natürlichem Wege geschieht das durch Hineinhängen eines Säckchens mit Humintorf (Schwarztorf) in das Wasserbecken. Die Wirkung braucht einige Tage, bis sie mit Teststreifen messbar ist. Am einfachsten ist es immer noch, zu einem geeigneten Zeitpunkt einen Teil des Wassers abzulassen und mit dem nächsten Regenwasser zu ergänzen. Falls dies nicht möglich ist, kann man Präparate aus dem Handel auf der Basis organischer Säuren (Ameisenäure, Essig usw.) verwenden. Eine ständige Kontrolle bis zum Erreichen des richtigen pH-Wertes ist dabei selbstverständlich.

Mit Algen leben

Grundsätzlich gehören Algen als Nährstoffverzehrer und Sauerstofflieferanten zum Wasser. Allerdings deutet ihr Überhandnehmen darauf hin, dass etwas mit dem biologischen Gleichgewicht nicht stimmt. Jeder frisch aufgefüllte Gartenteich erlebt nach kurzer Zeit die »Wasserblüte«, das heißt ein massiertes Auftreten von grünlichen, das Wasser trübenden Schwebealgen. Sie sind ein Zeichen des

Ein Teichbelüfter reichert das Wasser mit Sauerstoff an, was den Fischen gut bekommt.

intakten biologischen Klärungsprozesses und verschwinden nach Erreichen des biologischen Gleichgewichtes von alleine. Wasserwechsel wäre in diesem Falle völlig verkehrt.
Schlimmer sind die Blau- oder Fadenalgen, die mit watteartigen Kissen bis hinab zum Grund die Pflanzen überziehen und ersticken können. Sie sind ein Zeichen für zu hohen Kalkgehalt und zu viele Nährstoffe (Phosphor, Stickstoff) im Teich. Werden ihrem Wachstum die Voraussetzungen entzogen, verschwinden die wuchernden Wolken im Wasser von selbst.
Zunächst einmal kann man mit einem Kunststoffrechen (kein Metall!), einem Kescher, einfach durch vorsichtiges Ziehen mit den Händen, mit einem Stock oder Algenwickler aus dem Handel die grünen Fäden entfernen.
Konkurrenz durch Pflanzenwuchs und Schatten hält die Algenbildung in Grenzen. Aquarianer verdunkeln das Wasser durch Kaliumpermanganat und haben damit einen gewissen Erfolg. Hierauf beruhen auch einige Algenbekämpfungsmittel, die weitgehend pflanzen- und fischunschädlich sind.
Biologische Methoden der Algenbekämpfung sind auf Dauer wirksam: Kaulquappen und Posthornschnecken etwa leben von Algen, Schwimm- und Unterwasserpflanzen machen ihnen Licht und Nährstoffe streitig und hemmen damit ihren Ausbreitungsdrang. Außerdem erzeugen sie in hohem Maße Sauerstoff, der die Wasserqualität verbessert und die biologische Umsetzung des organischen Materials beschleunigt. Diesen Vorgang kann man (ähnlich wie bei einem Kompoststarter) durch eine stärkere Tätigkeit von im Teich ohnehin vorkommenden Bakterien fördern. Mit ihrem Nährstoffhunger machen sie den Algen die Lebensgrundlage streitig. Zwei- bis dreimaliges Ausbringen bei Temperaturen über 10 °C bringt ab Mai bald die gewünschte Wasserklärung.

Düngen oder nicht?

Selten tritt Düngermangel auf. Eher hat der Teichbesitzer mit einem Überangebot an Nährstoffen zu kämpfen. Die schnelle Entwicklung der Wasserpflanzen, die sich ausbreiten und schon bald nach Teilung verlangen, zeigt es an. Dennoch mag es hin und wieder angebracht erscheinen, etwas nachzuhelfen, vor allem, wenn die Pflanzen in Behältern stehen und ihre Nährstoffverluste nicht ergänzen können. Seerosen zeigen dies durch gelbe Blätter und wenig Blüten an. Langzeitdünger, die von den Pflanzen selbst gelöst werden, belasten die Wasserqualität nicht. Direkt in die Wurzelzone kann man auch organische Dünger wie Hornspäne und Hornmehl geben. Keinesfalls mineralische Dünger »als Flächendüngung« im Wasser ausbringen – das biologische Gleichgewicht wäre damit sofort gestört.

Fadenalgen lassen sich leicht herausfischen, doch bitte nicht so: scharfkantige oder spitze Werkzeuge haben im Folienteich nichts zu suchen.

Der Gartenteich im Winter

Fällt die Wassertemperatur unter 10 °C, stellen Fische die Aufnahme von Nahrung ein. Sie tauchen in die schützende Tiefe ab. Naht der Winter, sind am Gartenteich einige Pflegearbeiten fällig. Mit darüber gespannten Netzen können Sie verhindern, dass Laub ins Teichwasser gelangt. Kürzen Sie im und am Teich alle Pflanzen auf Bodennähe und entfernen Sie aus dem Wasser so viele greifbare Pflanzenteile wie möglich, denn ihre Umsetzung belastet die Teichbiologie mit Nährstoffen und entzieht den Sauerstoff, den Fische und andere Lebewesen dringend benötigen. Nur Gräser sollten sie bis zum Frühjahr belassen, denn sie schmücken mit grazilen Halmen und Samenständen. Durch ihre Halme findet während der Wintermonate ein gewisser Gasaustausch statt, der giftige Methangase entweichen und Sauerstoff eindringen lässt. Mehr Wirkung zeigen Eisfreihalter (Fachhandel!), die man schon vor Frostbeginn einsetzt.

Die Pflanzenwelt des Gartenteiches

Pflanzen, die im Wasser leben

Es sind einige Seerosen-Arten, die die höchsten Ansprüche an die Wassertiefe stellen: *Nuphar lutea*, die Gelbe Teichrose, auch Mummel genannt, und *Nymphaea alba*, unsere heimische Weiße Seerose, sowie einige davon abstammende Sorten. Beide vertragen Tiefen bis zu 150 cm, kommen aber schon mit 80–100 cm zurecht.
Die meisten Seerosen und Wasserpflanzen wollen flacher stehen. Schon mit 40–80 cm Tiefe kommen viele Sorten bestens aus. Für Zwergseerosen *(Nymphaea tetragona)* genügen bereits 10–20 cm Wassertiefe. Vor allem noch jungen Pflanzen bekommt ein flacherer Wasserstand aufgrund der besseren Erwärmung stets besser als ein zu hoher. Sollen Seerosen allerdings zur Blüte kommen, ist ein passender Wasserstand unerlässlich. Herausragende Blätter, bei denen die Stiele gut zu sehen sind, erinnern daran, dass die Pflanzen tieferes Wasser benötigen. Gelbe Blätter deuten auf Nährstoffmangel hin, bei geringer Blüte ist der Standort zu schattig.

Seerosen für tiefen Wasserstand (40–80 cm)

Weiß: *Nymphaea alba*, *N.*-Hybriden 'Hermine' und 'Marliacea Albida', *N. odorata* 'Maxima' (gefüllt)
Rosa: *N.*-Hybriden 'Anna Epple' (halbgefüllt), 'Rosea', 'Marliacea Rosea', 'Marliacea Carnea', 'Masaniello', *N. odorata* 'Rosennymphe' (gefüllt)
Rot: 'Attraction', 'Cardinal', 'Charles de Meurville', 'Conqueror', 'Gloriosa'
Gelb-Orange: *N.*-Hybriden 'Comanche', 'Marliacea Chromatella', 'Sulphurea' (gefüllt)

Seerosen für flachen Wasserstand (20–40 cm)

Weiß: *Nymphaea tetragona* 'Alba'
Rosa: *N.*-Hybriden 'Berthold' W.B. Shaw', 'Princess Elisabeth', 'Luciana', 'Laydekeri-Lilacea', 'Froebelii'
Rot: 'Ellisiana', 'Graziella', 'Laydekeri Purpurata', 'Laydekeri Fulgens'
Orange: 'Aurora', 'Indiana', 'Sioux' (kupferfarben)

Pflanzen für die Seerosenzone (nach Blühzeit geordnet)

Name	Einheimische Art	Blütezeit	Wassertiefe in cm	Stand	Blütenfarbe	Bemerkungen
Goldkeule *Orontium aquaticum*		Mai bis Juni	20–50	○	gelb	Tiefwurzler
Wasserähre *Aponogeton distachyos*		Mai bis Juni	30–50	○	weiß	Muss im Winter in eine frostfreie Zone gebracht werden
Europäische Wasserfeder *Hottonia palustris*	▲	Mai bis Juni	30–60	○	rosa bis weiß	Lebt untergetaucht, hübsche Blütenähre, graziler Wuchs
Schwimmendes Laichkraut *Potamogeton natans*	▲	Mai bis August	60–100	○	grün	Wuchernde Unterwasserpflanze, wertvoll zur Aufzucht von Jungfischen
Wasseraloë, Krebsschere *Stratiotes aloides*	▲	Mai bis August	40–80	○	weiß	Hübsche Gestalt, rosettenartig, algenbekämpfend
Kanadische Wasserpest *Elodea canadensis*		Mai bis August	20–200	○–◑	weiß	Stark wuchernd, Sauerstoff liefernde Unterwasserpflanze
Sumpf-Wasserstern *Callitriche palustris*	▲	Mai bis September	20–60	○–◑	grün	Polster bildend, wintergrün, reizvoll für Gefäße
Gewöhnlicher Wasserhahnenfuß *Ranunculus aquatilis*	▲	Juni bis Juli	10–40	○	weiß	Sehr hübsch blühend, bildet einen dichten Teppich
Europäisches Froschbiss *Hydrocharis morsus-ranae*	▲	Juni bis August	20–50	○	weiß	Gedeiht nur in kalkarmem Wasser
Raues Hornblatt *Ceratophyllum demersum*	▲	Juni bis August	50–120	○–◑	grün	Bildet stark Ausläufer, lebt untergetaucht
Quirliges Tausendblatt *Myriophyllum verticillatum*	▲	Juni bis August	10–120	○	rosa	Benötigt viel freien Raum, für größere Teiche
Gewöhnlicher Wasserschlauch *Utricularia vulgaris*	▲	Juni bis August	10–80	○	gelb	Wurzellos, hübsche Blüte, fängt kleinere Wassertiere
Gelbe Teichrose *Nuphar lutea*	▲	Juni bis September	100–150	○	gelb	Tiefwurzler, nur für große Teiche
Japanische Teichrose *Nuphar japonica*		Juli bis August	50–150	○	gelb	
Kleine Teichrose *Nuphar pumila*		Juli bis August	20–50	○	gelb	
Seekanne *Nymphoides peltata*	▲	Juli bis August	20–50	○	gelb	Ähnelt sehr der Seerose, Blätter kleiner
Spreizender Wasser-Hahnenfuß *Ranunculus circinatus*	▲	Juli bis August	30–80	○	weiß	Unterwasserpflanze, kommt mit hartem Wasser zurecht
Wasserknöterich *Persicaria amphibia*	▲	Juli bis August	10–40	○	rot	Vermehrt sich stark durch Ausläufer
Gewöhnliche Wassernuss *Trapa natans*	▲	Juli bis August	30–60	○	weiß	Unscheinbare Blüte, essbare Frucht
Kleine Wasserlinse *Lemna minor*	▲	–	0–100	●–◑	–	Schwimmpflanze, verbreitet sich unkrautartig
Armleuchteralge *Chara*-Arten	▲	–	50–80	○	–	Algen bekämpfend, gedeiht nur in kalkreichem Wasser

○ = volle Sonne ◑ = Halbschatten ● = Schatten

Die heimische gelbe Teichmummel *(Nuphar)* bevorzugt Wasserzonen von 100–150 cm Tiefe.

Die essbaren Früchte der Wasserkastanie *(Trapa natans)* fand man schon in Pfahlbausiedlungen.

Die Krebsschere *(Stratiodes)* lebt halb untergetaucht. Sie vermehrt sich durch Ableger.

Ein Seerosenteich direkt am Haus bietet ständig Freude und viele interessante Erlebnisse.

Nymphaea 'Masaniello' ist eine der schönsten Seerosen für den mittleren Wasserstand.

Die gefüllte gelbe *Nymphaea* 'Sulphurea' duftet süß, eine der wenigen gelben Sorten.

Pflanzen für flachen bis mittleren Wasserstand (20–40 cm)

Hierzu gehören überwiegend frei schwimmende und in der Tiefe wurzelnde Wasserpflanzen wie: *Callitriche* (Wasserstern), *Ceratophyllum* (Hornblatt), *Elodea* (Wasserpest, wichtig für die Fischhaltung), *Hottonia* (Wasserfeder), *Hydrocharis* (Froschbiss), *Nymphoides* (Seekanne), *Persicaria amphibia* (Wasserknöterich), *Potamogeton* (Laichkraut, gut geeignet zur Aufzucht von Fischen), *Ranunculus aquatilis* (Gewöhnlicher Wasserhahnenfuß), *Sparganium erectum* (Ästiger Igelkolben), *Stratiotes* (Krebsschere), *Trapa* (Wassernuss), *Utricularia* (Wasserschlauch), *Myriophyllum spicatum* (Ähriges Tausendblatt), *Chara* (Armleuchter), *Nitella* (Raue Alge, algenreduzierend).

Tropische Seerosen wie *Nymphaea* × *daubenyana* bleiben im Sommer gerne draußen im Miniteich.

Pflanzen für die immerfeuchte Uferregion (5–15 cm)

Acorus calamus (Kalmus), *Alisma* (Froschlöffel), *Butomus* (Blumenbinse), *Calla* (Sumpfkalla), *Caltha* (Sumpfdotterblume), *Carex* (Segge), *Hippuris* (Tannenwedel), *Iris pseudacorus* (Gelbe Sumpf-Schwertlilie), *Iris versicolor* (Verschiedenfarbige Schwertlilie), *Menyanthes* (Fieberklee), *Pontederia* (Hechtkraut), *Sagittaria* (Pfeilkraut), *Scirpus* (Simse), *Typha* (Rohrkolben), *Veronica beccabunga* (Bachbungen-Ehrenpreis).

Pflanzen für die feuchte Randbepflanzung (gelegentlich überflutet)

Drosera (Sonnentau), *Equisetum* (Schachtelhalm), *Filipendula* (Mädesüß), *Gentiana pneumonanthe* (Lungen-Enzian), *Gladiolus palustris* (Sumpf-Siegwurz), *Iris ensata* (Japan-Iris), *Juncus* (Binse), *Lysichiton* (Scheincalla), *Lysimachia* (Felberich, Pfennigkraut), *Mimulus* (Gauklerblume), *Lythrum* (Blutweiderich), *Myosotis palustris* (Sumpf-Vergissmeinnicht), *Dactylorhiza*-Arten (Knabenkraut).

Wasserpflanzen im Winter

Das Angebot an Wasserpflanzen enthält ganz überwiegend Arten, die völlig winterhart sind bei mindestens 40 cm, besser 80 cm Wassertiefe. Sie können also zumindest ein kurzes Einfrieren vertragen, da sie unserer heimischen oder der nordamerikanischen Flora entstammen. Gelbe oder kupferfarbene Seerosen sind etwas empfindlicher – hier sollte man die empfohlenen Wassertiefen strikt einhalten oder die Körbe, die in flachem Wasser stehen, rechtzeitig an tiefere Stellen bringen.

Tropische oder subtropische Wasserpflanzen sind etwas für Spezialisten, da ihre Überwinterung an heizbare Gewächshäuser gebunden ist. Einen Teil dieser Wasserpflanzen kennen wir als Zimmerpflanzen und als solche lassen sie sich im Wintergarten oder am Fensterbrett bei 12–18 °C überwintern: *Cyperus involucratus*, das Zypern-Gras, *Cyperus papyrus*, die Papyrusstaude, und *Zantedeschia aethiopica*, die Zimmer-Calla. Alle sind robuste Sumpfpflanzen, lediglich das Austrocknen nehmen sie übel. Eine andere Behandlung verlangen die hübsche, blau blühende Wasserhyazinthe *(Eichhornia crassipes)*, der Wassermohn *(Hydrocleys nymphoides)*, die Muschelblume *(Pistia stratiotes)*, auch Wassersalat genannt, oder die schönen tropischen Seerosen. Sie müssen rechtzeitig, also schon bei + 5 °C, aus dem Teich genommen und in ein geheiztes Gewächshaus bei einer Mindesttemperatur von 15 °C und vollem Licht gebracht werden. Hier bleiben sie in Gefäßen mit einer Lehmschicht als Boden, bis sie Ende Mai/Anfang Juni wieder nach draußen können. Eine Überwinterung im dunklen Keller ist leider nicht möglich und schränkt damit den Kreis derer ein, die solche Pflanzen halten können.

Der Tannenwedel *(Hippuris)* zählt zu den üppig wachsenden Bewohnern der Flachwasserzone.

Das schöne Pfeilkraut *(Sagittaria latifolia)* blüht im Flachwasser von Juni bis Ende August.

Das blaue Hechtkraut *(Pontederia)* aus Brasilien ist eine besondere Zierde im Uferbereich.

Pflanzen für den flachen Wasserstand (nach Blühzeit geordnet)

Name	Einheimische Art	Blütezeit	Wassertiefe in cm	Stand	Blütenfarbe	Bemerkungen
Tannenwedel *Hippuris vulgaris*	▲	Mai bis Juli	10–30	○–◑	grün	Nadelartige Blätter
Gewöhnliches Pfeilkraut *Sagittaria sagittifolia*	▲	Juni bis August	10–20	○	weiß	Dekorative Blätter und Blüten
Schwanenblume *Butomus umbellatus*	▲	Juni bis August	10–20	○	rosa-rot	Sehr hübsche Blütendolde
Zebra-Simse *Schoenoplectus tabernaemontani 'Zebrinus'*		Juli bis August	10–20	○	schwarzbraun	Hübsch gezeichnete Blätter, dekorativ
Zungen-Hahnenfuß *Ranunculus lingua*	▲	Juli bis August	10–20	○	gelb	Hoch und üppig wachsend
Hechtkraut *Pontederia cordata*		Juli bis September	10–20	○–◑	blau	Sehr apart, lang blühend, sollte nirgends fehlen
Kalmus *Acorus calamus*	▲	August bis September	10–20	◑–●	grün	Heilpflanze, irisartiger Wuchs
See- oder Teichsimse *Schoenoplectrus lacustris*	▲	August bis September	10–30	○–◑	schwarzbraun	An zusagendem Standort üppig wachsend
Vierblättriger Kleefarn *Marsilea quadrifolia*		–	10–20	○	–	Wasserfarn mit kleeähnlichen Blättern

○ = volle Sonne ◑ = Halbschatten ● = Schatten

Pflanzen für die Teichumgebung

In dieser Gruppe befinden sich einige besonders schöne Dauerblüher zumeist aus heimischer Flora. Eine gute Bepflanzung ist so abgestimmt, dass im und am Wassergarten ständig etwas blüht und sich die Pflanzen vom Typ und von der Farbe her ergänzen. Wie auch sonst ist es besser, statt eines Sammelsuriums von Raritäten zu jeder Jahreszeit drei bis fünf geeignete Arten in größeren Tuffs zusammen blühen zu lassen. Teilweise wachsen auch die Pflanzen aus der Gruppe der gelegentlich überfluteten Uferbereiche hier.

Stauden für den Uferbereich

Alchemilla (Frauenmantel), Dauerblüher für den Sommer, zarte und robuste Begleitpflanze; *Aruncus dioicus* (Geißbart), hohe Büsche bildend; *Astilbe*, für Halbschatten, in vielen Farben erhältlich; *Bergenia cordifolia*, ganz zeitig rosa blühend, immergrün; *Geranium* (Storchschnabel), mehrere unverwüstliche und schöne Arten für die Hochsommerblüte; *Helianthus salicifolius* (Weidenblättrige Sonnenblume), eine bis 200 cm hohe, grazile Erscheinung; *Hemerocallis* (Taglilie), in vielen schönen Farben, universell für Sonne und Schatten verwendbar; *Hosta* (Funkie), ein Sommerblüher für schattige Partien; *Inula magnifica* (Alant), bis 2 m hoch, Sommerblüher; *Iris sibirica* (Sibirische Schwertlilie), problemlos und reich blühend im Frühling; *Lysimachia punctata* (Goldfelberich), gelb blühend, unverwüstlich, bildet große Gruppen; *Myrrhis odorata* (Süßdolde), weiß, das Laub hat einen farnartigen Charakter; *Primula florindae* (Tibet-Primel), eine besonders wertvolle Primel für die Som-

Pflanzen für den immerfeuchten Uferrand (nach Blühzeit geordnet)

Name	Einheimische Art	Blütezeit	Wassertiefe in cm	Wuchshöhe in cm	Stand	Blütenfarbe	Bemerkungen
Schein-Calla *Lysichiton americanus*		April bis Mai	0	30–40	◑–●	gelb	Auffällige große Blüten und Blätter
Sumpfdotterblume *Caltha palustris*	▲	April bis Mai	0–10	20–30	○–◑	gelb	Unempfindlich, wüchsig; 'Multiplex' blüht zeitiger
Schmalblättriges Wollgras *Eriophorum angustifolium*	▲	April bis Juli	0–10	30–40	○	weiß	Breitet sich schnell aus
Asiatische Sumpf-Schwertlilie *Iris laevigata*		Mai bis Juni	5–10	60–80	○	blau-rosa	Besonders reich blühend
Fieberklee *Menyanthes trifoliata*	▲	Mai bis Juni	5–10	20–30	○	weiß	Braucht kalkarme Bedingungen
Sumpf-Schwertlilie *Iris pseudacorus*	▲	Mai bis Juni	5–20	80–100	○–◑	gelb	Wüchsig, reich blühend
Sumpf-Wolfsmilch *Euphorbia palustris*	▲	Mai bis Juni	+10–5	50–100	○–◑	grün-gelb	Verbreitet sich an zusagendem Standort
Schlangen-Wiesenknöterich *Bistorta officinalis*	▲	Mai bis Juni	0–10	60–80	○–◑	rosa	Breitet sich schnell aus
Knabenkräuter und andere Wildorchideen *Dactylorhiza*-Arten	▲	Mai bis Juli	+10–0	30–40	○–◑	gefleckt rosa, rot	Unter Naturschutz, kultiviert erhältlich
Bachbungen-Ehrenpreis *Veronica beccabunga*	▲	Mai bis August	10–15	20–30	○	blau	Passt als Fußpflanzung zu Iris-Arten
Verschiedenfarbige Schwertlilie *Iris versicolor*		Juni bis Juli	5–10	60–70	○	rosa bis rot	Verträgt keinen tiefen Wasserstand
Japan-Iris *Iris ensata*		Juni bis Juli	+10–5	60–70	○	rosa, blau, weiß	Prächtige Erscheinung, im Winter trockener Stand
Ästiger Igelkolben *Sparganium erectum*	▲	Juni bis September	5–20	30–60	○–◑	weißlich-grün	Sehr wüchsig
Pfennigkraut *Lysimachia nummularia*	▲	Juni bis September	+10–10	5–10	○–◑	gelb	Verdeckt schnell unschöne Ränder
Sumpf-Vergissmeinnicht *Myosotis palustris*	▲	Juni bis Oktober	+10–10	30–40	○–◑	hellblau	Sät sich leicht selbst aus
Schwertblättrige Binse *Juncus ensifolius*	▲	Juli bis August	0–15	50–60	○–◑	schwarz-braun	Dekorativ, besonders zwischen Kieselsteinen
Gewöhnlicher Froschlöffel *Alisma plantago-aquatica*	▲	Juli bis September	5–20	30–70	○–◑	weiß/rötlich	Schleierkraut ähnliche Blüten, hübsch für Trockensträuße
Gelbe Gauklerblume *Mimulus luteus*		Juli bis September	0–15	20–25	○	gelb	Breitet sich leicht durch Samen aus
Zwerg-Igelkolben *Sparganium natans*	▲	Juli bis September	5–15	20–30	○	weißlich grün	Interessante, kastanienartige Blüten
Wasserdost *Eupatorium purpureum*	▲	Juli bis Oktober	+10–0	150–200	○	purpurrot	Gute Schnittblume
Blut-Weiderich *Lythrum salicaria*	▲	August bis September	+10–10	70–100	○–◑	karminrot	Lang andauernde Blüte
Sumpf-Siegwurz *Gladiolus palustris*	▲	August bis Oktober	+10–5	60–70	○	rosa gefleckt	Aparte Erscheinung, winterhart
Gauklerblume *Mimulus ringens*		September bis Oktober	0–30	40–60	○	blau	Sehr hübsch, bis 60 cm hoch
Breitblättriger Rohrkolben *Typha latifolia*	▲	September bis November	+10–30	150–180	○	schwarz-braun	Wuchert, haltbare Blütenstände
Zwerg-Rohrkolben *Typha minima*		September bis November	+10–20	100–120	○	schwarz-braun	Kurzer Blütenstand

○ = volle Sonne ◑ = Halbschatten ● = Schatten

merblüte, duftet, blüht lange. *Rodgersia aesculifolia* (Schaublatt), wirkt durch seine riesigen Blätter; *Rudbeckia fulgida* var. *sullivantii* 'Goldsturm', problemloser Spätsommerblüher; *Trollius* (Trollblume), blüht im Mai, gehört in jeden Wassergarten.

➲ Weitere Stauden ab Seite 277.

Gräser und Bambus

Cortaderia (Pampasgras); *Miscanthus* (Chinaschilf), bis 200 cm hoch; *Molinia* (Pfeifengras), schöne Herbstfärbung; *Pennisetum alopecuroides* 'Hameln' (Lampenputzergras); *Fargesia* (Gartenbambus), wintergrün.

➲ Weitere Gräser ab Seite 301, Bambus ab Seite 171.

Farne für den Halbschatten

Adiantum pedatum (Pfauenrad-Farn); *Asplenium scolopendrium* (Hirschzungenfarn), *Blechnum spicant* (Gewöhnlicher Rippenfarn), wintergrün; *Osmunda regalis* (Königsfarn) sowie *Polystichum setiferum* 'Proliferum' (Borstiger Schildfarn).

➲ Weitere Farne ab Seite 307.

Verwendete Pflanzen

1. *Ajuga reptans* (Günsel)
2. *Alchemilla mollis* (Frauenmantel)
3. *Aruncus silvestris* (Geißbart)
4. *Butomus umbellatus* (Schwanenblume)
5. *Calla palustris* (Schlangenwurz)
6. *Caltha palustris* (Sumpfdotterblume)
7. *Dactylorhiza majalis* (Knabenkraut-Orchidee)
8. *Eriophorum* (Wollgras)
9. *Eupatorium cannabinum* (Dost)
10. *Filipendula vulgaris* (Mädesüß)
11. *Hippuris vulgaris* (Tannenwedel)
12. *Iris pseudacorus* (Iris)
13. *Iris sibirica* (Iris)
14. *Juncus ensifolius* (Binse)
15. *Leucanthemum maximum* (Margerite)
16. *Lychnis flos-cuculi* (Kuckucks-Lichtnelke)
17. *Lysimachia nummularia* (Pfennigkraut)
18. *Lysimachia punctata* (Felberich)
19. *Lythrum salicaria* (Blut-Weiderich)
20. *Matteuccia struthiopteris* (Straußfarn)
21. *Menyanthes trifoliata* (Fieberklee)
22. *Myosotis palustris* (Sumpf-Vergissmeinnicht)
23. *Nuphar lutea* (Teichrose)
24. *Nymphaea odorata* (Seerose)
25. *Nymphoides peltrata* (Seekanne)
26. *Osmunda regalis* (Königsfarn)
27. *Ranunculus lingua* (Zungenhahnenfuß)
28. *Sagittaria sagittifolia* (Pfeilkraut)
29. *Salix caprea* (Kätzchenweide)
30. *Stratiodes aloides* (Krebsschere)
31. *Thalictrum dipterocarpum* (Wiesenraute)
32. *Trollius europaeus* (Trollblume)
33. *Typha angustifolia* (Schmalblättriger Rohrkolben)

Der zierliche Kleine Rohrkolben *(Typha minima)* wuchert nicht. Er wächst sogar in Miniteichen.

Zur kaskadenreichen Teichlandschaft passt die herrlich exotische Japan-Iris *(Iris ensata)*.

Von den Knabenkraut-Orchideen *(Dactylorhiza)* gibt es längst wüchsige Hybriden aus Kulturen.

Die Tiere des Wassergartens

Wer eine Wasserfläche als Grundlage für ein Feuchtbiotop anzubieten hat, muss und darf wenig tun. Mit ein wenig Geduld und zusagenden Verhältnissen wird er bald trotzdem seine Freude an vielen Tieren haben, die sich nach und nach einstellen. Alles Leben kommt bekanntlich aus dem Wasser. So bildet sich ganz ohne unser Zutun (oder mit ein wenig Nachhilfe) eine Nahrungskette und damit eine Lebensgemeinschaft heraus, die mit dem Wasserfloh beginnt.

Wasserfloh und Co.

Dieses winzige Krebstier mit dem hübschen Namen *Daphnia* bewegt sich ruckartig vorwärts, wird nur etwa 1mm dick und ist bald in Massen in jeder Wasserpfütze zu finden, wo es sich von Algen ernährt und sogar wirksam zur Dezimierung beiträgt. Keine Angst vor Unannehmlichkeiten, denn sein Schicksal ist es, anderen Gästen im und am Gartenteich als Nahrung zu dienen, vornehmlich den Libellenlarven und Fischen. Darin gleicht es den Mücken, die an sonnigen Teichen ebenfalls selten lästig fallen. Meiden Sie jedoch Buschwerk und den Aufenthalt unter Bäumen, denn dorthin ziehen sich die erwachsenen Tiere Schutz suchend zurück.

Neben den **Wasserflöhen** gibt es eine Vielzahl von winzigen Lebewesen, wie zum Beispiel Hüpferlinge, Pantoffeltierchen, Wassermilben, Muschelkrebschen, Eintagsfliegenlarven, die einerseits als Gesundheitspolizei fungieren und pflanzliche und tierische Überreste verzehren, andererseits aber auch von höheren Tieren gefressen werden.

Sehr bald schon findet sich im Wasserteich der gravitätisch dahingleitende **Wasserläufer** ein, ein Räuber, der von lebenden und toten Insekten lebt.

Auffälliger sind der fliegende **Taumelkäfer** und der eifrig tauchende **Furchenschwimmer.** Wo es Fische gibt, können sich diese Insekten jedoch nicht lange halten. Die etwa 1 cm langen braunen Rückenschwimmer oder Wasserbienen leben in den obersten Schichten stehender Gewässer. Mit dem Bauch nach oben hängen sie an der Wasseroberfläche und stürzen sich auf kleinere Wassertiere. Stechen können sie auch, wenn sie sich bedroht fühlen, den Menschen stechen. Ihr Stich ist für kurze Zeit schmerzhaft, bleibt aber ohne weitere Folgen.

Die Wasserfrösche blähen sich mächtig auf. Selten werden sie als störend empfunden.

Anders ist allerdings der etwa 3 cm große **Gelbrandkäfer** zu bewerten, ein hübsches, maikäferähnliches Tier, das eine Zierde in fischfreien Teichen ist, aber ansonsten als schlimmer Schädling auftritt, sich von Larven der Frösche, Molche und von Laich ernährt, aber selbst auf erwachsene Fische und Frösche losgeht. In Fischteichen sollte man zugeflogene Gelbrandkäfer mit dem Kescher schnell herausfischen, bevor sie größeren Schaden anrichten.

Libellen

Auffällige Vertreter gibt es auch unter den Libellen, die als Larven etwa drei Jahre heranwachsen, in warmen Sommernächten an Blattstängeln aus dem Wasser herausklettern, sich zum letzten Mal häuten und dann davonschwirren. Sie erhaschen ihre Nahrung (Mücken) im Flug. Trotz ihres bedrohlichen Aussehens sind sie für den Menschen völlig ungefährlich, eher nützlich. Eine besondere Zierde sind die wesentlich kleineren, metallisch gefärbten Kleinlibellen, die **Schlankjungfern**, wie sie auch genannt werden. Die Weibchen fallen durch smaragdgrüne, die Männchen durch leuchtend blaue Färbung auf.

Amphibien

Von selbst finden sich auch häufig Vertreter der teils an Land und teils im Wasser lebenden Amphibien ein. Zu ihnen zählen die Frösche, Kröten und Unken, aber auch die urtümlich anmutenden Molche mit bei den Männchen während der Paarungszeit lebhaft gefärbtem Kamm. Vom Steg aus kann man die für uns Menschen harmlosen, 6–11 cm langen Minisaurier bei ihren langsamen Bewegungen von oben beobachten. Bei Gefahr tauchen sie sofort unter, sind aber gezwungen, nach einiger Zeit wieder zum Luftholen an die Oberfläche zu kommen.

Der schönste aller Molche ist der **Bergmolch** mit herrlich blau schimmernder Oberseite und gelbem Bauch. Er kommt nicht nur im Bergland vor. Der schwarzbraune **Teichmolch** ist weit häufiger und findet sich gern von selbst am Gartenteich ein. Sagen ihm die Verhältnisse zu, kann er sich kräftig vermehren, ohne lästig zu fallen. Nach der Laichzeit im April bis Mai verlegen die Molche ihren Aufenthaltsort gern an Land und verstecken sich in der umgebenden Bepflanzung. Sie ernähren sich von Kaulquappen, Krebs- und Weichtieren und von zahlreichen Insektenlarven.

Frösche im Teich auszusetzen ist verboten und es hat auch keinen Zweck, da sie wie die Kröten stets an die Stätte ihrer Geburt zurückstreben. Auch die Entnahme von Laich aus der freien Natur ist nicht gestattet. Die Entwicklung vom nach lautstarker Hochzeitsnacht abgelegten gallertartigen Laich über das Kaulquappenstadium mit fischartigem Schwanz bis hin zum fertigen Springer hat wohl jedes naturverbundene Kind erkundet.

Das Männchen des blauen Bergmolchs, dem schönsten aller Molche, färbt sich zur Laichzeit besonders prächtig aus.

Der **Grüne Wasserfrosch** *(Rana esculenta)* hält sich am Gartenteich gern auf, wenn er durch reichen Pflanzenwuchs in der Umgebung Schutz findet. Die Kaulquappen sind stark gefährdet, deshalb verringert sich die Zahl rasch zunehmend. Quillt der Teich nach der Ablage im zeitigen Frühjahr noch vor Laich über, erreichen durch die Fresstätigkeit von Libellenlarven, Gelbrandkäfern oder Fischen oft weniger als ein Prozent das Alter erwachsener Tiere. Den erwachsenen Fröschen setzen in Hausnähe besonders Katzen zu. Den Alptraum manches Teichbesitzers von störenden Froschkonzerten erlebt man deshalb zwar in großen Sumpfgebieten, aber sehr selten am kleinen Gartenteich. Auch in Schwimmteichen sind sie keineswegs unangenehm, denn sobald der Mensch ins Wasser geht, flüchten die Tiere ins Dickicht ufernaher Pflanzen. Frösche sind lebhafte, zutrauliche Tiere, die unter Mückenlarven, Schnecken, Würmern, Schnaken und Fliegen kräftig aufräumen. Seien Sie daher tolerant und freuen Sie sich an ihrem possierlichen Verhalten.

Neben dem Wasserfrosch findet man den erdfarbenen **Grasfrosch** *(Rana temporaria)*, der sich nur im Winter und während der Laichzeit im Frühjahr in Teichen und Tümpeln aufhält. Im Sommer lebt er lieber am feuchten Uferrand und ernährt sich von Schnecken, Kaulquappen, Insekten und sogar kleinen Mäusen. Gelegentlich hört man sein tiefes, nicht aufdringliches Knurren.

Am Uferrand und in Hausnähe finden wir gelegentlich die behäbige **Erdkröte** *(Bufo bufo)*, braunrot gefärbt. Trotz ihrer wenig ansprechenden Erscheinung ist sie sehr nützlich, macht sie doch während der Abend- und Nachtstunden auf Schnecken, Raupen und Würmer Jagd. Ihr Ruf ist ein angenehm weicher Glockenklang.

Den Kröten eng verwandt sind die zierlicheren **Unken** *(Bombina)*. In wassergefüllten Lehmgruben kommt die Rotbauch- oder Tieflandunke vor. Hübscher ist die Berg- oder Gelbbauchunke *(Bombina variegata)*, die kiesiges Gelände bevorzugt. Fühlt sie sich bedroht, dann wirft sie sich auf den Rücken und zeigt dem Feind warnend die auffallend gemusterte Bauchseite. Beide können am Gartenteich heimisch werden. Ihre Paarungszeit dauert von April bis August.

➲ Weiteres zu Amphibien finden Sie auch auf Seite 387.

Teichmuschel als Studienobjekt

Ein interessantes Studienobjekt ist auch die Teichmuschel, die in vielen Bächen und Flüssen vorkommt und im Zoofachhandel erhältlich ist. Ihr weicher Körper wird von einer schwarzgrauen Kalkschale geschützt. Bei Gefahr schließen sich die Schalenhälften fest. Bald nach dem Einsetzen im Gartenteich versucht sie, im sandigen Teichgrund zu verschwinden, den sie durchpflügt, filtriert und dabei auch durchlüftet, so dass weniger giftige Fäulnisprozesse auftreten. Sie ernährt sich von Schwebeteilchen und geht mit den Bitterlingen eine Partnerschaft ein. Sie nutzt sie als Behausung für die Aufzucht ihrer Jungen.

Wasserschnecken

Etwas problematisch können Wasserschnecken sein. Für viele Teichbesitzer gehören sie als nützliche Vertilger von Algenrasen dazu, für andere sind sie schlimme Schädlinge. Vor allem die **Großen Spitzschlammschnecken** mit gelblichem Gehäuse, etwa 6 cm lang, raspeln stark an Stängeln und Blättern unserer Wasserpflanzen. Dagegen hilft nur eine üppige, robuste Bepflanzung. Ist Ihr Teich aber klein oder gerade erst mit wenigen jungen Pflanzen besetzt, sollten Sie sie schon beim ersten Auftreten herauskeschern, bevor sie sich vermehren können.

Anders ernährt sich die **Große Posthornschnecke.** Sie sucht methodisch den Bodengrund nach Nahrung ab und verzehrt in großen Mengen Algen, frisst jedoch selten an Pflanzen.

Schildkröten

Schildkröten sind besonders für Kinder attraktiv. Die im Mittelmeerraum häufig vorkommende **Europäische Sumpfschildkröte** scheint sich sogar in freien Niedersächsischen Gewässern wieder zu behaupten. Sie wird, aus Zuchten in den Balkanländern kommend, in Zoohandlungen angeboten und erweist sich als robust. Die bis zu 35 cm langen Tiere leben sowohl im Wasser als auch auf dem Lande. In der Freiheit lebende Wasserschildkröten ernähren sich von Regenwürmern, Insekten, Kaulquappen sowie kranken oder toten Fischen. Sie bevorzugen stark mit Pflanzen bewachsene Gewässer, und lassen sich bei uns gut in einem umgrenzten Terrarium mit Planschteich halten.

Fische im Gartenteich

Ist ein Gartenteich schon interessant genug, so steigert sich das Vergnügen noch, wenn das Gewässer von Fischen bewohnt wird. Orfen, die ruhig ihre Kreise ziehen, haben ihren Reiz und den Kindern gefallen besonders Goldfische, die zutraulich zum Füttern kommen. Höchste Ansprüche an die Wasserqualität und an die Haltung stellen Kois, die Japanischen Zierkarpfen. Leicht kann ein besonders schönes Zuchtexemplar 1000 Euro kosten.

Ist Ihr Grundstück groß genug, können Sie mit Teichfolie sogar einen großen Angelteich gestalten. Mindestabmessungen für Karpfen- und Schleiehaltung sind 150 cm Tiefe und etwa 10 m Durchmesser. Fast alle Zierteiche sind kleiner und mit Goldfischen, Kois, Pfauenaugenbarschen, Diamantbarschen oder den einheimischen kleinen Fischen besetzt. Gut geeignet sind zum Beispiel Plötzen, Elritzen, Rotfedern, Karauschen, Grundlinge oder Orfen und Moderlieschen.

Wenn Sie Fische in einen neuen Gartenteich setzen wollen, sollten Sie zwei bis drei Wochen warten, damit sich das Wasser neutralisiert und Schadstoffe, wie Chlor, entweichen können. Füttern Sie maßvoll oder gar nicht, damit kein übermäßiges Algenwachstum durch überhöhtes Nährstoffangebot auftritt.

Die Europäische Sumpfschildkröte kommt vielleicht bald wieder in heimischen Gewässern vor.

Der Naturnahe Garten

Viele Gartenbesitzer wollen einen Garten für sich selber anlegen und zugleich möglichst vielen bei uns heimischen Pflanzen und Tieren einen Lebensraum aus zweiter Hand bieten. Dieser Garten soll natürlichen Gegebenheiten aus der Landschaft ähnlich sehen, und oft werden diese Details um der Vielfalt der Lebewesen willen auf kleinstem Raum miteinander verwoben. Verschiedene Standorte entstehen dann auf kleiner Fläche: Licht und Schatten, Trockenbereiche und Feuchtgebiete. Und da der Platz auf der kleinen Gartenfläche knapp ist, werden auch die Fassaden und Dächer der Gebäude mit einbezogen. Solche Gärten können, werden sie nicht nur mit gärtnerischem, sondern auch ökologischem Sachverstand angelegt, für den Menschen reizvoll und zugleich funktionell sein, aber auch eine Artenvielfalt beherbergen, wie man sie in der nächsten Umgebung des Gartens auf derart engem Raum kaum vorfindet. Solche Gärten bezeichnet man als Naturnahe Gärten.

Eine dem Waldrand ähnliche Gartensituation: die zarten Blüten bringen helle Lichteffekte in das dunkle Grün (oben).
Mauerpfeffer und Königskerzen lieben dagegen die Sonne und kargen Boden.

Die Natur als Vorbild

In der Natur sind immer die Übergangszonen die belebtesten Bereiche: bei einem Wald der Waldrand, an einem Gewässer die Uferzone mit seinem Schilfgürtel, auf einem Acker der Feldrain, an einem Felsen der Übergang ins Tal oder auf eine Bergwiese. Diese Bereiche können Vorbilder sein, die wir als Miniaturen im Garten nachbilden.

Der Waldrand

Stufenlos geht die hohe Baumschicht in eine Strauchschicht über, an deren Fuß eine Kraut- und Gräserschicht gedeiht. Die hohen Bäume sind Schattenspender, Ausguck und Nistbäume für verschiedene Vögel, sie tragen Bucheckern und Eicheln und bieten vielen Tieren des Waldes Nahrung. In ihrem lichten Schatten können sich Moose, Flechten, Pilze, Farne und Gräser ansiedeln. In der Strauchschicht nistet eine Vielzahl von Singvögeln. Sie finden im dornigen Gestrüpp Schutz und reichlich Beerennahrung. Schließlich locken Kräuter und Blumen Wild- und Honigbienen, Hummeln und unzählige andere Insekten an. Wo es im Sommer schattig, aber im Frühjahr, bevor die Bäume und Sträucher austreiben, hell und sonnig ist, gedeihen zwischen dem Herbstlaub des Vorjahres Busch-Windröschen *(Anemone nemorosa)*, Schlüsselblumen *(Primula)*, Lungenkraut *(Pulmonaria)* und Bär-Lauch *(Allium ursinum)*, der seinen an Knoblauch erinnernden würzigen Duft durch den österlichen Frühlingswald sendet.

Kräuter und Gräser

An natürlichen Waldrändern und auch auf Waldlichtungen setzen sich die Kräuter- und Gräsergesellschaften fort. Je nach Licht und Schattenverhältnissen sowie nach Bodenbeschaffenheit können diese Gesellschaften sehr verschiedenartig sein. An einem sonnigen Waldsaum gedeihen Kräuter, Heilpflanzen und Wildblumen wie Thymian *(Thymus)*, Johanniskraut *(Hypericum)*, Dost *(Origanum)*, Königskerze *(Verbascum)*, Fingerhut *(Digitalis)*, Wegwarte *(Cichorium)*, Natterkopf *(Echium)*, Hauhechel *(Onomis)*, Sonnenröschen *(Helianthemum)* und manche andere Blume.

Wiesen

Wiesen können in ihrer Artenzusammensetzung sehr unterschiedlich sein. Dies hängt vor allem vom Boden, vom pH-Wert, vom Nährstoffgehalt, der Feuchtigkeit und der Art der Bewirtschaftung ab.

➲ Im Kapitel »Blumenwiese« ab Seite 256 werden verschiedene Wiesentypen wie Magerrasen, Fettwiese und Feuchtwiese näher beschrieben.

Felsen und Geröllfluren

Wo es überwiegend Steine gibt, herrschen karge Bodenverhältnisse. Die Pflanzen, die dort gedeihen, sind wahre Hungerkünstler und besitzen nicht selten in Blattform und Blüte ganz besondere Reize. Auch an Insekten, Eidechsen, Blindschleichen und anderen Kleintieren mangelt es nicht.

Feuchtgebiete

Wasser zieht immer eine Vielzahl von Lebewesen an, vor allem, wenn es sich in unmittelbarer Nachbarschaft zu den oben beschriebenen Randzonen befindet. Gewässer haben vielfältige Formen und Größen, vom kleinen Rinnsal zum tosenden Wasserfall, vom Waldtümpel zum großen See, von der Moorschlenke bis zum Wiesenweiher. Je nach Licht- und Schattenverhältnissen, Wassertiefe, Größe des Gewässers, pH-Wert und Nährstoffgehalt des Wassers entwickeln sie sich vegetationsreich oder bleiben fast ohne Bewuchs. So ziehen sie auch die unterschiedlichsten Insekten und Amphibien an.

➲ Weitere Ideen dazu im Kapitel »Wassergarten« ab Seite 356.

Gutes Klima auf kleinstem Raum

Das Wetter können wir nicht beeinflussen. Aber jeder Baum verändert durch seinen Schattenwurf die Temperatur in seinem unmittelbaren Umfeld, jeder Strauch, jede Hecke bremst den Wind, eine Bodenwelle hält die vom Berg abfließende Kaltluft auf. Wasser und Steine speichern Wärme, die sie bei Nacht an ihre Umgebung abgeben. Nahezu alles, was wir an Natur- und Baumaterialien sowie an Pflanzen einsetzen, kann zu einem günstigen Kleinklima im Garten beitragen.

Der Erdwall als Sonnenfalle

Ein Garten auf einer völlig ebenen Fläche kann mitunter recht langweilig wirken und ist Wind und Wetter schonungslos ausgesetzt. Wenn Sie genügend Platz im Garten haben, können Sie eine regelrechte Sonnenfalle bauen, indem Sie an der Gartennordseite, eventuell im Bogen nach Westen und Osten vorgezogen, einen Erdwall errichten. Dieser Wall zeigt schon bei einem Meter Höhe seine Wirkung. Locker aufgeschüttet, nimmt er bei einem Meter Höhe etwa zwei bis drei Meter Bodenfläche ein. Mit Trockenmauern, vor allem auf der Innenseite des Gartens, wo sie als Wärmespeicher und Lebensraum für Kleintiere dienen, lässt sich der Wall abfangen und auf diese Weise Platz sparen. Dieser Wall hält die kalten Winde von Norden, Osten und Westen ab und fängt die Sonne von Süden her ein. Außerdem gewinnen Sie mit ihm an Fläche, die sich mit ihrer Hanglage in alle Himmelsrichtungen in vielfältiger Weise gestalten und bepflanzen lässt.

Bevor Sie den Wall aufschütten, sollten Sie die Oberbodenschicht von dessen künftiger Grundfläche abräumen. Es wäre schade, wenn der kostbare Boden unter der Last des Erdwalls erdrückt würde. Anschließend wird der Unterboden aufgerissen (siehe Kapitel »Boden« Seite 66). Da der Erdwall nicht aus Oberboden bestehen soll, schütten Sie in seiner Mitte einen Kern aus Kiesel- oder Schottersteinen auf, der dann mit einer Lage Unterboden abgedeckt wird. Nun wird gleichmäßig eine Schicht Oberboden von 25 cm Dicke aufgetragen. Säen Sie zunächst Gründüngung auf dem Wall ein, denn die aufgeschüttete Erde sollte sich erst einige Monate lang setzen, bevor Sie den Wall mit Gehölzen bepflanzen.

Frei wachsende und geschnittene Hecken

Eine Hecke oder dichte Gehölzpflanzung schützt den Garten wesentlich besser vor Wind als eine Mauer. Windschutz ist jedoch eine wichtige Maßnahme, um im Garten ein gesundes Kleinklima zu erreichen: die Feuchtigkeit bleibt zwischen den grünen Wänden erhalten, die Temperaturen sinken langsamer ab und der Boden trocknet nicht zu schnell aus. Bäume, Sträucher, Kräuter, Stauden, Gräser und nicht zuletzt das Gemüse gedeihen hier besser. In diesem Klima fühlen sich auch die Kleintiere des Gartens wohl. Je breiter und höher eine Gehölzpflanzung ist, desto wirkungsvoller schützt sie vor Wind. Auf einem Erdwall angelegt, wird der Wind nicht nur durch die Gehölze gebremst, sondern über den Wall zusätzlich nach oben abgeleitet.

Frei wachsende Hecken aus Wildgehölzen bieten zu jeder Jahreszeit vielen Tieren Nahrung und Unterschlupf.

Die Trockenmauer speichert Sonnenwärme, ist Pflanzen und Tieren Lebensraum, aber auch gelungenes Gestaltungselement im Naturnahen Garten.

Salomonssiegel, Islandmohn, Akelei und gelber Lerchensporn bilden eine üppige Pflanzengemeinschaft, die auch im lichten Schatten von Gehölzen gedeiht.

Verfügen Sie über weniger Platz im Garten, so leistet auch eine einreihige frei wachsende oder geschnittene Hecke gute Dienste. Eine frei wachsende Hecke kann aus verschiedenen Gehölzen mit unterschiedlichen Wuchshöhen bestehen, in ihr dürfen auch hohe Kronenbäume wachsen.

Ist der Platz sehr knapp bemessen, so tut es ein Zaun aus Maschendraht oder Zaunlatten (Staketen), der auf jeden Fall durchlässig sein sollte. Diesen Zaun lassen Sie mit ausdauernden Kletterpflanzen bewachsen, die ebenfalls den Wind in seiner Geschwindigkeit mindern.

➲ Mehr zu Hecken ab Seite 188, zu Kletterpflanzen ab Seite 232.

Steine und Wasser als Wärmespeicher

Steine aller Art speichern Sonnenwärme und geben sie nachts an ihre Umgebung ab. Deshalb sollten Sie Trockenmauern oder größere Pflasterflächen wenn irgend möglich an sonnigen Plätzen anordnen. Trockenmauern können zum Beispiel einen Hang oder Erdwall abfangen, und in einem ebenen Garten bietet sich der Bau eines Trockenmauerwalls an. Dieser besteht aus zwei parallell zueinander verlaufenden Trockenmauern, deren Inneres mit Erde gefüllt ist und dessen Krone bepflanzt wird. Wenn Sie den Wall in Ost-West-Richtung anlegen, besteht die Möglichkeit, eine besonnte und eine schattige Seite zu erhalten und auf beiden Seiten unterschiedliche Pflanzengesellschaften ansiedeln zu können. Eidechsen, Blindschleichen und zahlreiche Insekten mögen die trocken-warmen Plätze im Bereich von Mauern, und auch der Gärtner genießt die ersten Sonnenstrahlen im Schutz einer Trockenmauer.

Schattenspender für heiße Sommertage

Vorweg ein Tipp: Ehe Sie sich mit Ihrem Nachbarn über dessen zu hoch gewachsene Bäume und Sträucher streiten, denken Sie doch einmal darüber nach, ob Sie den Schatten nicht sinnvoll ausnützen können, zum Beispiel für einen schattigen Sommersitzplatz, für eine Schattenstaudengesellschaft, für eine Waldvegetation mit Farnen, Wald-Geißbart *(Aruncus dioicus)* oder Salomonssiegel *(Polygonatum)*.

Pflanzen Sie, wenn überhaupt, möglichst wenige Nadelbäume in Ihren Garten. Die meisten Arten entziehen dem Boden durch ihre flachwachsenden Wurzeln Nahrung und sie werfen ständig Schatten, sommers wie winters.

Laubbäume, die im Herbst ihre Blätter verlieren, lassen den Winter über die Sonne in den Garten und spenden erst dann Schatten, wenn er wieder erwünscht ist. Berücksichtigen Sie diesen Schattenwurf bei der Planung Ihres Gartens und ordnen Sie die Bäume so an, dass sie in Ihren Gartenablauf passen.

Reicht der Platz für hohe Bäume und Sträucher nicht, so bieten platzsparende Kletterpflanzenspaliere und Lauben eine reizvolle Alternative.

Mehrfacher Nutzen für Umwelt, Mensch und Tier

Nehmen wir einen gewöhnlichen Schwarzen Holunder *(Sambucus racemosa)* als Beispiel: Neben den Komposthaufen gepflanzt, spendet er Schatten und nimmt mit seinen Wurzeln überschüssige Nährstoffe aus den Sickerwässern des Komposts auf. Er bietet mit seinen Blüten zahlreichen Insekten und mit seinen schwarzen Beeren vielen Vögeln reichliche Nahrung. Schließlich lassen sich sowohl die Blüten als auch die Früchte in der Küche vielfältig nutzen. Und sägt man mal einen älteren Stamm aus dem schnell wachsenden Holunderbusch heraus, so kann man ihn mit den Sporen des Judasohrs impfen, eines Pilzes, der in Chinarestaurants als Morchel serviert wird, und den man nun von dem Holunderholz ernten kann.

Je mehr Sie diesen Gedanken des mehrfachen Nutzens berücksichtigen, desto lebendiger, vielfältiger und artenreicher wird Ihr Garten. Wählen Sie möglichst viele Gehölze, die sowohl offene Blüten als auch Früchte tragen, die von Insekten wie Vögeln angenommen werden, von denen Sie aber auch selber ernten können.

Bauliche Elemente im Naturnahen Garten

Aus Liebe zur Natur und was uns an Lebewesen aus ihr noch geblieben ist, verbinden wir bei der Anlage des Gartens unsere Bedürfnisse mit denen der Pflanzen und Tiere mit dem Ziel einer möglichst großen naturnahen Vielfalt. Dabei kommen wir um gewisse bauliche Maßnahmen nicht herum, manche Baulichkeiten können aber zugleich als Lebensraum für Pflanzen und Tiere dienen.

Unversiegelte Wege und Plätze

Durch Besiedlung, Wege- und Straßenbau sowie riesige Parkplätze sind inzwischen weite Flächen versiegelt und damit der natürliche Kreislauf des Wassers unterbrochen. Im Garten können wir es besser machen.

Häckselgut und Rindenmulch

Wege, die im Garten nicht allzu häufig begangen werden, können Sie mit Holzhäcksel oder Rindenmulch belegen. Gartencenter, Kommunen oder Forstämter verkaufen entsprechendes Material. Verwenden Sie möglichst Eichenrinde, denn sie enthält am meisten Gerbsäure und verrottet am langsamsten.

Hübsche Alternative: Knüppelwege

Aber das Holz muss nicht immer gehäckselt werden. Versuchen Sie es mit einem Knüppelweg, bei dem Holzknüppel mit einem Durchmesser von 7–10 cm Durchmesser und auf Wegesbreite geschnitten auf die vorher geglättete Fläche nebeneinander gelegt und rechts und links mit längeren Saumhölzern verbunden werden. Besseren Halt finden die Hölzer, wenn der Oberboden entfernt und ein Kies- oder Sandbett als Unterbau dient.

Nostalgische Kieswege

Sie bieten eine weitere einfache und preiswerte Alternative zur Bodenversiegelung. Auch hierzu koffert man den Oberboden aus und füllt Kies auf. Damit sich der Kies mit der Zeit nicht in den seitlichen Rabatten und Beeten verliert, ist eine Wegkante, zum Beispiel aus Natursteinplatten, empfehlenswert. Zur besseren Festigkeit wird der Kies in mehreren Lagen eingefüllt und jede Lage gesondert festgestampft.

Sehr dauerhaft: Natursteinpflaster

Als gute Alternative bietet sich ein Natursteinpflaster an, das mit möglichst großen Fugen verlegt wird, die dann begrünt werden können. Je größer die Steine oder Natursteinplatten sind, desto breiter dürfen die Fugen sein. Die Fugen werden aus einer Mischung von drei gleichen Teilen aus Sand, lehmigem Unterboden und Oberboden ausgefüllt. Anschließend können diese Fugen mit Grassamen eingesät oder mit trittfesten Kräutern und Polsterstauden, etwa der Römischen Kamille *(Chamaemelum nobile)* oder der Stein-Nelke *(Dianthus sylvestris)*, bepflanzt werden. Diese beiden Pflanzen haben sich besonders bewährt, weil sie sich dort, wo der Weg häufig betreten wird, wie Rasen ausbreiten, aber am Rand der Pflasterfläche zur Blüte kommen.

➲ Mehr zum Bau von Wegen und Plätzen ab Seite 24.

Eine Wallhecke aus Totholz

Die Vögel nehmen diese Totholzhecke als Lebensraum an, finden im aufgeschichteten Geäst Schutz sowie Nistgelegenheit und lassen ihren Kot fallen. Darin befindet sich der Samen genau jeder Pflanzen, welche die Vögel zu ihrer Ernährung brauchen. Aus dem allmählich verrottenden Totholz wächst im Laufe der Jahre eine natürliche Feldhecke heran, die keinen Pfennig gekostet hat. Und so schichten Sie eine Wallhecke auf:

Sägen Sie die längsten, dicksten und möglichst gerade gewachsenen Hölzer auf eine Länge von 200–250 cm zurecht und spitzen Sie diese am unteren Ende an. Sie dienen als stützende Pfosten und werden in zwei im Abstand von 100 cm parallel zueinander verlaufenden Reihen in den Boden geschlagen. Anschließend verbinden Sie diese Pfosten mit geraden und diagonal verlaufenden stangenartigen Hölzern, die Sie gegebenenfalls an den Pfosten festbinden. Diese zaunähnlichen Abgrenzungen sollen den in ihrem Innern aufgeschichteten Hölzern Halt geben. Anschließend lockern Sie den Boden zwischen den Zaunreihen und schichten darin Reisig auf. Um möglichst vielen und unterschiedlichen Tierarten einen Unterschlupf zu bieten, ist es ratsam, nicht nach Ordnungsprinzipien möglichst gleichmäßig zu schichten, sondern die Hölzer mal locker und mit großen Hohlräumen aufeinander zu legen, mal dünnes Reisig dicht übereinander zu schichten. Als Sitzbaum können Sie hier und dort einen langen, starken und verzweigten Ast senkrecht in die Hecke stellen, der aussieht wie ein abgestorbener Baum.

Natürlich sind unter Berücksichtigung all dieser Grundsätze Ihrer Fantasie keine Grenzen gesetzt. Eine Wallhecke kann sich im Bogen winden, Torbogen enthalten, unter denen Sie hindurchgehen können, von einem Türmchen gekrönt sein und vieles andere mehr. Wenn Ihnen die kahle Totholzaufschichtung nicht gefällt, steht es Ihnen frei, am Rand der Hecke Kletterpflanzen zu säen oder zu pflanzen. Stangenbohnen oder rankende Kapuzinerkresse *(Tropaeolum)* erobern die Hecke schon innerhalb eines Sommers. Als dauerhafte Kletterer und Begrüner bieten sich Brombeeren *(Rubus)*, Knöterich *(Fallopia)* oder wilde Waldreben *(Clematis)* an.

Vielfältige Trockenmauern

Der Bau von Trockenmauern ist eine uralte Technik, die unsere Vorfahren meisterhaft beherrscht haben und von denen es auch heute noch in ländlichen Gegenden ganz Europas eindrucksvolle Beispiele gibt. Diese Mauern sind ohne Mörtel aufgeschichtet, schön und oft statisch so perfekt angelegt, dass sie Jahrhunderte überstanden haben. Sie dienen als Abgrenzungen und Windschutz für Wiesen und Felder, ihre Steine speichern Wärme und geben sie bei Nacht wieder ab.

Dass ein naturnah gestalteter Garten für jeden etwas zu bieten hat, zeigt die Grafik: Wasser, Trockenmauer, Wallhecke, aber auch Gemüse finden hier ihren Platz.

Sie können aus jedem Stein, sei es unregelmäßiger oder zu Bossen behauener Naturstein, aus Kunststeinen wie Ziegeln und Dachpfannen, ja sogar aus Betonbrocken errichtet werden. Wichtig ist: die Steine müssen einander so viel Halt geben, dass die Mauer stabil steht. Schichten Sie die Trockenmauer möglichst an sonnigen Standorten auf. In der Nähe eines Gartenteiches bieten sie den darin lebenden Kröten und Molchen einen winterlichen Unterschlupf. Lassen Sie dazu einige senkrechte Fugen frei und schaffen Sie ganz bewusst Hohlräume, die bis hinter die Trockenmauer reichen. Für das Mauswiesel, einen Wühlmausjäger, bauen Sie ein Steingutrohr von etwa zehn Zentimeter Durchmesser in die Trockenmauer ein.

➲ Mehr über Trockenmauern ab Seite 32 und Seite 320.

Landverstecke für Amphibien und andere Tiere

■ Fehlt Ihnen für eine Trockenmauer der Platz, dann schichten Sie einen Steinhaufen auf einer Grundfläche von etwa einem Quadratmeter (oder mehr) auf.

■ Lockern Sie vorher den Boden, denn manche Kröten graben sich gerne in die weiche Erde ein.

■ Einige große Steine verteilen Sie so, dass von außen nach innen Gänge von etwa 5–7cm Breite entstehen. Darüber schichten Sie kleine und größere Steine zu einem etwa pyramiden- oder kegelförmigen Haufen auf.

■ Auch unter Holzstapeln, Reisighaufen und Laubhaufen muss der Boden gelockert werden. Auch sie sollten eine Grundfläche von mindestens einem Quadratmeter besitzen.

■ Bevor Sie Holzscheite, Knüppel und Rundhölzer aufschichten, schaufeln Sie auf der Grundfläche eine flache Mulde, die Sie mit Laub, Heu oder Stroh ausfüllen. Anschließend werden die Knüppel darübergedeckt und versetzt zueinander aufgeschichtet.

■ Nach dem gleichen Prinzip können Sie einen Reisighaufen errichten.

■ Eine Laubschüttung wird ebenfalls in einer kleinen Mulde angelegt und zu einem Haufen aufgeschüttet, den man, um ein Davonfliegen der Blätter zu verhindern, locker mit einigen Zweigen abdeckt.

Feuchtbiotope anlegen

Kein Element in Natur und Garten zieht so viele Lebewesen an wie das Wasser. Ein naturnaher Teich, der als Ersatz-Feuchtbiotop dienen soll, darf von der Außenwelt nicht abgeschnitten sein. Legen Sie ihn also nicht inmitten einer Rasenfläche an, das sieht langweilig aus und entspricht auch nicht den natürlichen Gegebenheiten. Lassen Sie seine Uferzone in eine Blumenwiese oder Staudenrabatte übergehen, die ihrerseits an einen Gehölzgürtel oder eine Hecke anschließt. Wichtig ist auch die Umgebung des Gartens: Woher kommen die zugewanderten Tiere und wohin gehen sie, wenn sie den Teich auf der Suche nach einem Winterquartier verlassen? Grenzt Ihr Garten zum Beispiel an eine stark befahrene Straße, so ist zu prüfen, ob nicht Amphibien von der anderen Straßenseite angelockt und dabei zu Hunderten überfahren werden.

Ein naturnaher Teich, von Wildpflanzen umgeben, lockt zahlreiche Insekten und Amphibien an.

Vielfältige Tierwelt

Die Lebewesen, welche im Teich leben oder auch nur vom Wasser angelockt werden, sind vielfältig. Allein durch die Pflanzen werden ganze Heerscharen von Flohkrebsen (auch Wasserflöhe genannt), Rückenschwimmern, Ruderwanzen, Wasserläufern, Taumelkäfern und Libellenlarven angezogen. Die Amphibien wandern nach Monaten oder Jahren von selber aus der Umgebung zu. Niemals dürfen Sie die Tiere aus anderen Gewässern entnehmen und in den Teich einsetzen! Die Tiere müssen den von Ihnen geschaffenen Lebensraum aus zweiter Hand von selber annehmen. Oft ist es erstaunlich, was selbst in dicht besiedelten Wohngebieten an Fröschen und Kröten, Molchen und Unken alles zuwandert.

Ein Biotopteich muss nicht tief sein

Was wir Gartenteiche nennen, entspricht größtenteils den Tümpeln in der Natur. Diese Tümpel gleichen oft nur etwas größeren Pfützen, nicht selten sind sie mit Wasser gefüllte Spuren der Holzfahrzeuge im Wald. So muss auch ein Biotopteich im Garten weder groß noch tief sein, denn die Tiere laichen im flachen Wasser ab. Wichtig ist, dass die Teichmulde ganz sacht vom Ufer her nach innen abfällt, etwa im Verhältnis 1:3, was einen Meter Tiefe auf drei Meter Länge entspricht. Bereits eine Tiefe von 50 cm reicht für einen Biotopteich aus. Die Wasserpflanzen benötigen kein tiefes Wasser, und selbst unter den Seerosen gibt es eine große Auswahl von Sorten, die im flachen Wasser gedeihen.
Das sachte Gefälle bietet den Vorteil, dass sich Pflanzenabfälle, zum Beispiel abgestorbene Seerosenblätter oder in den Teich gewehtes Herbstlaub, nicht in der Mitte des Teiches in einem Trichter sam-

Der grüne Pelz aus Efeu schützt die Hauswand vor Schlagregen, bindet Staub und dämmt Lärm.

meln und dort Faulschlamm bilden, sondern sich gleichmäßig auf dem Teichboden verteilen und dort von den Mikroorganismen verarbeitet, das heißt mineralisiert werden. Die frei gewordenen Nährstoffe kommen auf diese Weise wieder den Pflanzen zugute.
Leider sieht man immer wieder kleine Teiche mit wenigen Quadratmeter Oberfläche und einer Tiefe von mehr als einem Meter. Solche »Löcher« gibt es in der Natur nicht. Sie kommen durch die Empfehlung der Zoofachhändler zustande, die sich mit der Teichtiefe an den Bedürfnissen der Fische orientieren. In einem Teich von weniger als 20 Quadratmeter Oberfläche sollte man jedoch keine Fische einsetzen. Goldfische und andere Exoten gehören ohnehin nicht in einen Biotopteich, denn sie reichern das Wasser mit ihren Ausscheidungen an, fördern somit das Algenwachstum und stören das Leben der Amphibien und anderer Teichbewohner ganz erheblich.

Heimische Pflanzen bevorzugen

Die Bepflanzung eines Biotopteichs sollte ausschließlich aus heimischen Pflanzen bestehen und äußerst sparsam ausfallen. Wichtig ist, Unterwasserpflanzen wie das Raue Hornblatt *(Ceratophyllum demersum)* oder das Krause Laichkraut *(Potamogeton crispus)*, sowie Schwimmpflanzen, zum Beispiel den Europäischen Froschbiss *(Hydrocharis morsus-ranae)* oder die Krebsschere *(Stratiotes aloides)*, einzusetzen. Diese Pflanzen decken ihren Nährstoffbedarf direkt aus dem Wasser und entziehen damit den Algen die Nährstoffe. Unterwasserpflanzen setzen außerdem Sauerstoff frei, der den Teichlebewesen zugute kommt. Schwimmpflanzen beschatten das Wasser, entziehen damit den Algen Licht und verhindern eine allzu schnelle Erwärmung.
Da man in den meisten Fällen nicht voraussehen kann, welche Tiere den Teich besiedeln, sollte das Angebot an Kleinstlebensräumen rund um den Teich möglichst vielfältig sein. Schaffen Sie vegetationsreiche und karge, nur mit Kies bedeckte Uferzonen. Ein großer Stein oder ein modernder Baumstamm werden gern von den Tieren als Sitzplatz oder Unterschlupf angenommen.
➲ Weiteres zum Thema »Gartenteich« ab Seite 356.

Ökologischer Nutzen grüner Wände

Die Bodenflächen sind knapp. Da bietet es sich an, die Hauswände zur Begrünung zu nutzen.
An der Wetterseite des Hauses bringt der grüne Pelz Schutz, Nord- und Westwände sollten deshalb mit einem immergrünen Kletterer begrünt werden, wie zum Beispiel Efeu *(Hedera)* oder dem Kletternden Spindelstrauch *(Euonymus fortunei)*. Südseiten und Ostseiten sollten im Winter von der wärmenden Sonne beschienen werden, doch im Sommer kann der Wilde Wein *(Parthenocissus)*, auch Jungfernrebe genannt, oder ein anderer sommergrüner Kletterer mit seinen Blättern wohltuenden Schatten spenden und somit eine Aufheizung durch die Sonne verhindern.
➲ Detaillierte Informationen über die richtige Fassadenbegrünung, die Pflanzen und ihre Kletterhilfen finden Sie ab Seite 232.

Viel zu selten: begrünte Dächer

Gebäude versiegeln den Boden und unterbrechen damit den Kreislauf des Wassers. Mit einem begrünten Dach kann man die Bodenversiegelung zwar nicht wettmachen aber doch einige negative Auswirkungen von Baulichkeiten auf die Umwelt etwas abmildern. Regnet es auf ein unbegrüntes Dach, so rinnt das Wasser über die Dachdeckung, wird von der Regenrinne aufgefangen und durch die Kanalisation abgeführt. Ein großer Teil des Regenwassers wird durch den grünen Pelz auf dem Dach aufgesaugt und zurückgehalten. Dies ist einer der großen Vorteile begrünter Dächer.
Im Sommer bleibt das Gründach kühl. Es strahlt keine Hitze ab, wie zum Beispiel ein Bitumendach. Temperaturextreme zwischen sommerlicher Hitze und winterlichem Frost werden ausgeglichen. Die Dehnung und das Zusammenziehen der Dachhaut werden erheblich vermindert. Grüne und blühende Dächer heben sich dem Auge des Betrachters wohltuend aus dem städtischen Dächermeer aus Dachpfannen, Kies und Bitumen ab. Je dicker der Substrataufbau auf dem Dach, desto größer die Vielfalt, die sich dort oben ansiedeln lässt. Die Dicke der Dachbegrünung ist von der Tragfähigkeit des Daches abhängig. Im Zweifelsfall sollten Sie einen Statiker zu Rate ziehen. Sie können aber mit dem grünen Dachpelz auch experimentieren. Kleine Dächer vom Geräteschuppen bis zum Vogelfutterhäuschen bieten sich an. Und Sie werden staunen, was bei einer geringen Substratauflage von nur fünf bis sieben Zentimetern alles blühen und gedeihen kann.
➲ Weiteres zur Dachbegrünung ab Seite 41.

Wild- und Gartenstauden

Leitstaude	Blüte	Höhe in cm	Standort und Verwendung	Begleitende Stauden
Gewöhnliche Schafgarbe *Achillea millefolium,* auch verschiedene Kultursorten	Juni bis September, weiß, rot	60	Mäßig trockener, sandig-lehmiger Boden, volle Sonne	Pfirsichblättrige Glockenblume *(Campanula persicifolia),* Steppen-Salbei *(Salvia nemerosa)*
Eisenhut *Aconitum spec.*	Juni bis Oktober, blau	110 bis 130	Frischer, humoser Boden, auch feuchter Standort, Sonne bis Halbschatten	Herbst-Anemone *(Anemone hyphenensis* var. *japonica),* Farne
Gewöhnliche Akelei *Aquilegia vulgaris*	April bis Juni, blau, violett, rosa, weiß	bis 50	Auf humusreichem Boden am Gehölzrand oder in Wiesenstaudengesellschaften	Zwerg-Herzblumen *(Dicentra eximia),* Kaukasus-Gämswurz *(Doronicum orientale),* Rote Nelkenwurz *(Geum coccineum),* Schlüsselblume *(Primula vulgaris)*
Astern, Herbst-Astern *Aster spec.,* verschiedene Arten und Sorten	August bis Oktober, meistens blau bis violett	je nach Art 30 bis 200	Staudenbeete oder Steingarten, lehmig-humoser Boden	Gräser, Herbst-Anemonen *(Anemone hupehensis),* Rauer Sonnenhut *(Rudbeckia hirta)*
Rittersporn *Delphinium*-Hybriden, zahlreiche Sorten	Juni bis Juli und September, blau in verschiedenen Tönen und weiß	120 bis 180	Nährstoffreiche humose Böden, volle Sonne	Margerite *(Chrysanthemum leucanthemum),* Mädchenauge *(Coreopsis verticillata),* Mohn *(Papaver orientale),* Sonnenbraut *(Helenium),* Strauchrosen
Flammendes Herz *Dicentra spectabilis*	April bis Mai, rosarot	60	Nährstoffreicher frischer Boden, in Anlehnung an Gehölze	März-Veilchen *(Viola odorata),* Farne
Diptam, Brennender Busch *Dictamnus albus*	Mai bis Juni, rosa bis weiß	80	Trockener, kalkhaltiger Schotterboden, lichter Schatten	Astlose Gras-Lilie *(Anthericum liliacum),* Großes Windröschen *(Anemone sylvestris)*
Feld-, Mannstreu, Distel *Eryngium campestre*	Juli bis August, grünlich weiß	50	Sonnig-warme Plätze, kalkhaltiger Schotterboden	Blaustrahlhafer *(Helictotrichon sempervirens),* Woll-Ziest *(Stachys byzantina)*
Echtes Mädesüß *Filipendula ulmaria*	Juni bis August, gelblich weiß	100	Feuchte, nährstoffreiche Wiese, Teichufer	Blut-Weiderich *(Lythrum salicaria),* Blaue Himmelsleiter *(Polemonium caerulum),* Wiesenknöterich *(Bistorta officinalis),* Europäische Trollblume *(Trollius europaeus)*
Gewöhnliche Sonnenbraut *Helenium autumnale*	Juli bis Oktober, gelb	120	Sandig-lehmiger Boden, volle Sonne	Rittersporn *(Delphinium),* Phlox *(Phlox paniculata),* Sonnenhut *(Rudbeckia nitida)*
Margerite, Gewöhnliche Wucherblume *Leucanthemum vulgare*	Mai bis Juli, weiß	60	Sonnige, nährstoffreiche Wiesen	Wiesenknöterich *(Polygonum bistorta),* Trollblume *(Trollius europaeus)*
Blut-Weiderich *Lythrum salicaria*	Juni bis September, rosa bis dunkelrot	100	Lehmig feuchter Boden, Teichrand	Echtes Mädesüß *(Filipendula ulmaria),* Sumpf-Schwertlilie *(Iris pseudacorus),* Wiesen-Schwertlilie *(Iris sibirica)*
Gewöhnliche Katzenminze *Nepeta cataria*	Juni bis September, weiß, rot gefleckt	70	Sonne, lehmig- sandige Schotterböden	Steinkraut *(Alyssum saxatile),* Mädchenauge *(Coreopsis verticillata)*
Garten-Pfingstrose *Paeonia lactiflora*	April bis Juni, einfach oder gefüllt, rosa und rot	80	Frische lehmig-humose Böden in voller Sonne	Rittersporn *(Delphinium)*
Mohn, Türkischer Mohn *Papaver orientale*	Mai bis Juni, lachsrosa	80	Sonnige Rabatten	Rittersporn *(Delphinium),* Ochsenzunge *(Anchusa azurea),* Katzenminze *(Nepeta cataria)*
Stauden-Phlox *Phlox paniculata* mit vielen Sorten	Juni bis Juli, rosa, rot, weiß	80 bis 90	Nährstoffreicher humser Boden, volle Sonne	Sonnenbraut *(Helenium),* Sonnenauge *(Heliopsis)*
Schlitzblättriger Sonnenhut *Rudbeckia lanciniata*	Juli bis Oktober, gelb	200	Frischer Boden, volle Sonne	Rittersporn *(Delphinium),* Wucherblume *(Chrysanthemum maximum),* Ehrenpreis *(Veronica longifolia)*
Gelbe Wiesenraute *Thalictrum flavum*	Juni bis August, gelb	100	Feuchter, lehmig-humoser Boden	Storchschnabel *(Geranium),* Blauer Eisenhut *(Aconitum napellus)*
Europäische Trollblume *Trollius europaeus*	Mai bis Juni, gelb	50	Kühl-feuchte, nähstoffreiche Wiese, lehmiger oder humoser Boden	Sumpfdotterblume *(Caltha palustris),* Sumpf-Vergissmeinnicht *(Myosotis palustris),* Pfennigkraut *(Lysimachia nummularia)*
Wiesenstorchschnabel *Geranium pratense*	Juni bis August, blauviolett	30 bis 60	Frischer, nährstoffreicher, humoser Boden	Wiesenbärenklau *(Heracleum spondylium),* Frauenmantel *(Alchemilla vulgaris),* Wiesenkerbel *(Anthriscus sylvestris),* Margerite *(Leucanthemum vulgare),* Wildes Stiefmütterchen *(Viola tricolor)*

Pflanzen für den Naturnahen Garten

Unterscheiden wir zwischen Naturgarten und Naturnahem Garten, so verbieten sich Exoten im Naturgarten von selber, weil er ja eine originalgetreue Nachbildung ursprünglicher Lebensräume sein soll. Im Naturnahen Garten müssen wir heimisch und nicht heimisch nicht so streng unterscheiden. Selbstverständlich greifen wir auch darin zu einem großen Teil auf Wildpflanzen zurück und orientieren uns auch ein Stück weit an der uns umgebenden Landschaft. Aber wenn wir an einem exotischen Gehölz unsere Freude haben, warum sollen wir es uns verbieten?

Die standortgerechte Auswahl

Müssen Sie unbedingt auf einem alkalischen Boden Moorbeetpflanzen ansiedeln? Wo die Vielfalt der kalkliebenden Flora doch mindestens ebenso groß und reizvoll ist? Umgekehrt: Warum sollten Sie in einer niedersächsischen Moorlandschaft ausgerechnet alpine Gebirgsflora, die auf Kalkgestein gedeiht, ansiedeln? Sie machen sich die Gartenarbeit schwerer, wenn Sie einen Fremdkörper integrieren. Statt heimisch oder nicht heimisch gilt: standortgerecht. Als Orientierung dienen die Wildpflanzen in der Ihren Garten umgebenden Landschaft und dazu können Sie Blütenstauden, Kräuter, Gräser, Ein- und Zweijährige, auch Exoten kombinieren, die an ähnlichen Standorten gedeihen.
Wichtig sind vor allem möglichst viele Gehölze, Stauden und Sommerblumen mit einfachen, also ungefüllten Blüten, die für eine Vielzahl heimischer Insekten erreichbar sind. Achten Sie außerdem auch auf samen- und früchtetragende Pflanzen als Nahrungslieferanten für die Vögel.

Naturnahe Kombinationen

Auf einem großen, ohnehin schon naturnahen Grundstück ist es relativ einfach, diese Naturnähe durch das Hinzufügen weiterer Elemente oder Pflanzengesellschaften weiter auszubauen und damit das Artenspektrum der Pflanzen und Tiere zu vergrößern. Was tut aber der Besitzer eines kleinen Reihenhausgartens? Natürlich reicht der Platz nicht, einen ganzen Waldrand nachzugestalten. Aber betrachten Sie einmal die Gehölze Ihres Nachbarn. Stehen sie nicht so, dass Sie an die hohen Bäume und Sträucher auf Ihrer Zaunseite nur noch mit einer Gesellschaft aus Stauden, Gräsern und Kräutern anzuknüpfen brauchen? Nutzen Sie die Kulisse Ihres Nachbarn so gut es geht! Der Zaun zwischen den beiden Grundstücken könnte mit dem Fünfblättrigen Wilden Wein *(Parthenocissus quinquefolia)*, mit kleinblütigen Wildarten der *Clematis*, mit Jelängerjelieber *(Lonicera caprifolium)* oder – sofern Schatten vorherrscht – mit der Kletter-Hortensie *(Hydrangea petiolaris)* sowie Efeu *(Hedera)* begrünt werden. So siedeln Sie wichtige Nahrungspflanzen auf kleinster Fläche an. Die Müllbox vor der Tür kann eine Dachbegrünung aufnehmen und Wasser muss nicht immer in Form eines Gartenteiches eingebracht werden, sondern kann sich auch in Form eines Wassergrabens durch den Garten schlängeln. An Stelle eines Erdwalls bietet sich ein Trockenmauerwall (siehe Seite 381) an, dessen Mitte genügend Platz für ein Staudenbeet bieten kann. Und – das ist am leichtesten zu verwirklichen – die Wege erhalten durchlässige Pflaster mit begrünten Fugen. Für eine richtige Blumenwiese bleibt nur andeutungsweise Platz. Vielleicht ist es da besser, einige typische Wiesenpflanzen in die Staudenrabatte zu integrieren. Ansonsten lassen Sie auf zwei, drei Quadratmetern oder hier und dort am Wegesrand oder zwischen den Stauden Wildwuchs zu.

Sonnige, halbschattige und schattige Standorte gehen nahtlos ineinander über. Hier lässt sich eine Vielzahl blühender Pflanzen ansiedeln.

Ein Platz für Tiere

Solitärbienen und andere Insekten brauchen als Wohnung nur eine schmale Höhle. Sie nehmen mit den Bohrlöchern in Harthölzern oder hohlen Stängeln vorlieb.

Schwebfliegen und andere Nützlinge

Schwebfliegen, Solitärbienen und Schlupfwespen legen ihre Eier in den schmalen Gängen der Holzwürmer ab, die sie in abgestorbenen Baumstämmen finden. Sind solche natürlichen Nisthilfen im Garten nicht vorhanden, müssen Sie ein wenig nachhelfen.

Besorgen Sie sich ein Stück Hartholz von Eiche oder Buche und bohren Sie dort hinein unregelmäßig über die Ansichtsfläche verteilt Löcher von 2–10 mm Durchmesser und unterschiedlicher Tiefe. Ein solches Bohrholz kann ein ziegelgroßer Quader sein oder ein Stück Baumstamm, auch ein abgestorbener Obstbaum kann zur Nisthilfe werden. Harthölzer eignen sich besser als Weichhölzer, denn sie sind witterungsbeständiger und die Bohrlöcher quellen nicht so schnell zu. Bohren Sie die Löcher leicht nach oben gerichtet ins Holz, damit kein Regenwasser eindringen kann und die Hohlräume trocken bleiben.

Ähnliche Höhlen finden die Tiere auch in hohlen Stängeln, zum Beispiel beim Holunder *(Sambucus)* oder in den Halmen des Schilfrohrs *(Phragmites)*. Sie können diese Halme gebündelt in eine Blechdose, in einen Hohlblockstein oder in ein abgesägtes Stück eines hohlen Baumstamms stecken. Die Hüllen sollten die Halme leicht überragen, so dass auch hier die Hohlräume vor Nässe geschützt bleiben.

Gitterziegel können Sie in eine sonnige Trockenmauer integrieren. Auch Sie werden von Insekten angenommen. Eine weitere Möglichkeit: Weichen Sie gehäckseltes Stroh etwa eine halbe Stunde in Wasser ein und vermischen Sie dann ein Teil Stroh mit drei Teilen Lehm. Diese noch feuchte Mischung pressen Sie dann in eine Holzkiste, streichen die Oberfläche glatt und stechen in den antrocknenden Lehm mit unterschiedlich dicken Nägeln Löcher von etwa 10 cm Tiefe. Nach dem Trocknen stellen Sie die Kiste senkrecht an sonniger Stelle auf und bedecken sie mit einem leicht überstehendem Dächlein.

All diese Nisthilfen hängt man an einem von der Wetterseite abgewandten, sonnigen und geschützten Ort auf. Dort sollten sie auch im Winter hängen bleiben.

Ein Blumentopf, dicht am Stamm aufgehängt, mit Stroh gefüllt und mit einem Maschendraht vor Vögeln geschützt, ist die ideale Behausung für den Ohrwurm.

Besonders nützlich: Florfliegen

Sie benötigen einen besonderen Kasten. Wenn Sie handwerklich geschickt sind, können Sie diesen Kasten selbst aus Holz basteln. Andernfalls gibt es Florfliegenkästen aus Holzbeton zu kaufen. Ein Florfliegenkasten (siehe Seite 122) weist an seiner Vorderseite Lamellen auf, durch welche die Florfliegen in den Kasten kriechen. Das Innere wird mit Stroh gefüllt, in dem die Fliegen ihre Eier ablegen. Florfliegenkästen hängt man möglichst frei an einem Pfahl auf, denn an einer Wand werden die hauchzarten Tiere vom warmen Aufwind des Mauerwerks oft abgetrieben.

➲ Mehr zu Nützlingen ab Seite 122.

Der Ohrwurm gegen Läuse

Er trägt seinen Namen zu Unrecht. Er krabbelt weder ins Ohr noch macht er Musik, die den Menschen nachhaltig in den Ohren klingt, und er ist auch kein Wurm, sondern ein Käfer. Gern wird der Ohrwurm zur Bekämpfung von Läusen

Ohrwurmtöpfe

Als Nisthilfe für den nachtaktiven Ohrwurm dient ein Ton-Blumentopf mit etwa 12 cm Durchmesser. Durch das Abzugsloch des Topfes steckt man einen Draht, der im Topfinnern an einem Querhölzchen befestigt wird. Dann wird der Topf locker mit Heu, Stroh oder Holzwolle gefüllt. Die große Öffnung des Topfes schützt man mit einen Kükendraht, der rundum mit einem Bindedraht am Topf befestigt wird. So fällt die Füllung nicht heraus und ist auch vor Vögeln sicher, die diese Materialien gern zum Nestbau verwenden. Der Ohrwurmtopf wird in die Krone des Obstbaums gehängt und muss den Stamm berühren. Nun können die Ohrwürmer nachts auf Beutezug gehen.

Eine Nisthöhle für Hummeln

Suchen Sie ein möglichst ruhiges Gartenstück aus und wählen Sie einen Ton-Blumentopf mit einem Abzugsloch von mindestens 15 mm Durchmesser. Diesen Topf füllen Sie mit etwas trockenem Moos oder den Resten eines alten Mäusenestes und graben ihn so ein, dass der Boden mit dem Abzugsloch nur wenige Millimeter über den Boden hinausragt. So haben Sie eine künstliche Hummelhöhle geschaffen. Zum Schutz vor Regen wird etwas schräg, an einer Seite durch einen untergelegten Stein erhöht, eine Steinplatte über das Nest gelegt.

an Obstbäumen eingesetzt. Doch Kritiker meinen, er werde selber zum Schädling, indem er das Obst annage. Dies mag bei einer Überpopulation dieses Insektes der Fall sein. In diesem Fall braucht man die Nisthilfen einfach nur wegzunehmen.

Hummeln und Bienen im Garten

Verschiedene Arten von **Hummeln** lassen sich durch die entsprechenden Nahrungspflanzen, oft Lippenblütler, aber auch andere Wildpflanzen und Zuchtstauden mit offenen Blüten heimisch machen. Sie bauen ihre Nester gern in Baumhöhlen oder Erdlöchern, wie zum Beispiel verlassenen Mauselöchern. Derartige Nisthilfen können Sie den Hummeln zusätzlich anbieten. Dazu gibt es spezielle Hummelkästen auf dem Markt, die man in ähnlicher Form auch selber bauen kann.
Was wären schließlich unsere Gärten ohne die **Honigbienen**? Sie sind allgegenwärtig, aber die Imker und mit ihnen die Bienen werden leider immer weniger. Dabei lassen sich in nahezu jedem Garten bis zu drei Bienenvölker aufstellen. Die Angst vor Stichen ist nahezu unbegründet, denn die heutigen Bienenrassen sind auf Sanftmut gezüchtet. Lediglich Allergiker oder Gartenfreunde mit anderen gesundheitlichen Problemen sollten sich von einem Arzt beraten lassen, bevor sie sich mit der Imkerei befassen. Ein Bienenstock nimmt eine Grundfläche von nur rund einem halben Quadratmeter ein. Bei zwei bis drei Völkern hält sich die Arbeit in annehmbaren Grenzen und Sie werden mit reichen Obsterträgen und schließlich einer Honigernte für ein ganzes Jahr belohnt.

Nisthilfen für Vögel

Die natürlichen Nistgelegenheiten in der Natur sind knapp geworden. Deshalb können Ersatznistplätze oder Nisthöhlen für die heimische Vogelwelt sehr sinnvoll sein. Dies allerdings nur, wenn die Umwelt auch sonst als Lebensraum für die verschiedenen Vogelarten in Frage kommt. So ist es zu erklären, warum sich nicht immer der gewünschte Erfolg des Nistkastenbastlers einstellt und die liebevoll und handwerklich perfekten Kästen von den Vögeln nicht angenommen werden. Meistens schwankt die Besiedlung auch von Jahr zu Jahr, und das ist nur natürlich.
Nistkästen können nach den Bedürfnissen und Lebensweisen der Vögel in verschiedensten Ausführungen und Größen hergestellt werden. Entscheidend ist, dass die Öffnungen der Fluglöcher und die Tiefen der Kästen auf die Vogelarten abgestimmt sind, für die sie gebaut werden. Als Material kommen ungehobeltes Fichten- oder Tannenholz mit 2 cm Brettstärke in Frage. Die Nisthöhlen oder Kästen müssen vor allem dicht und ihr Inneres muss vor Nässe geschützt sein.
Wer zum Bau eines Nistkastens nicht geschickt oder geduldig genug ist, kann auf die im Handel befindlichen Holzbetonkästen zurückgreifen. Sie sind nach den Erkenntnissen der Vogelschützer konzipiert und auf jeden Fall geeignet. Der einzige Nachteil des Materials Holzbeton: Fällt er einmal auf den Boden, so brechen Deckel oder dünne Ecken leicht ab.
Nistkästen für Kleinmeisen mit Marderschutz, Nischenbrüter, Star, Wiedehopf, Eule, Schleiereule, Steinkauz, Turmfalke, Wasseramsel, Mauersegler sowie Nistbretter und Nisthilfen für verschiedene Schwalben. Bei Schwalben wird deutlich, wie wichtig auch andere Elemente in der Umgebung für die Vögel zum Nisten sind. Legen Sie ihnen eine Lehmpfütze

Nistkästen aus Holzbeton haben sich bewährt. Wie jede Vogelnisthilfe müssen sie so angebracht werden, dass Katzen und Marder sie nicht erreichen können.

an, aus der die Schwalben Lehm für ihren Nestbau sammeln können.
Hängen Sie die Kästen mit den Einflugslöchern nie zur Wetterseite (Westseite), sondern immer nach Süden oder Osten auf. Die ideale Höhe für Höhlenbrüter und andere kleine Vögel liegt bei zwei bis drei Metern, Stare und andere größere Vögel bevorzugen eine Höhe von vier bis acht Meter.

Eidechsen und Blindschleichen

Trockenmauern und Lesesteinhaufen, so wie sie zuvor für Amphibien beschrieben wurden, werden, sofern sie an geschütztem Platz und in voller Sonne liegen, auch von Eidechsen gern angenommen. Wenn Sie am Rand der Steine eine besonnte und vegetationslose Sandfläche anlegen, haben die Tiere dort die Möglichkeit zur Eiablage.
Blindschleichen sind zwar auch auf Steinhaufen und in Trockenmauern zu finden, brauchen aber auch schattige

Blindschleichen sind mit den Eidechsen verwandt. Sie verstecken sich in Trockenmauern, Steinhaufen und unter moderndem Holz.

Mit einfachen Mitteln können Sie Igeln im Garten ein Zuhause schaffen.

Bereiche. Legen Sie im Schatten von Sträuchern an feuchter Stelle einige modernde Bretter und Balken locker übereinander und laden Sie an diesen Stellen noch etwas Moos, das Sie zum Beispiel aus dem Rasen gekratzt haben, ab. Auch ein paar Steine dürfen dort herumliegen, und das Ganze sollte mit der Zeit von Moos überwachsen werden. Dort finden sich auch die Tiere ein, von denen sich Blindschleichen ernähren, zum Beispiel Schnecken.

Eine Igelburg bauen

Die Maße: etwa 30 x 26 cm Grundfläche, 25–30 cm Höhe (schräges Dach) sowie ein 10 x 10 cm großes Schlupfloch. Sie können diese Igelwohnung aus einer Holzkiste zimmern oder Ziegel- oder Feldsteine aufschichten und mit einer Stein- oder Holzplatte abdecken. Die Holzplatte wird mit einem oder mehreren Steinen beschwert. Seitliche Lücken füllen Sie mit Erde aus. Das Innere wird mit Heu oder Stroh ausgepolstert. Wichtig: Der Unterschlupf muss trocken bleiben. Eventuell ist ein kleiner Entwässerungsgraben rund um die Igelburg empfehlenswert. Darüber wird nun ein Reisighaufen oder eine Wallhecke aufgeschichtet.

Säugetiere als Gäste im Garten

Als Erstes fällt einem da immer der Igel ein. Das Stacheltier geht im Sommer nachts auf Beutezug und verschläft den Tag sowie den ganzen Winter. Dazu und um seine nach der Geburt noch stachellosen Jungen aufzuziehen, braucht er einen trockenen und warmen Unterschlupf. Den kann er unter einer dichten Hecke, einer Wallhecke oder einem Reisighaufen finden und sich mit trockenem Gras, Heu oder Stroh einrichten. Sie können ihm aber auch eine kleine Igelburg bauen.

Die Pflege des Naturnahen Gartens

Die Natur entwickelt sich ständig weiter. Moosen und Flechten folgen Gräser, Gräsern folgen Brombeeren und Himbeeren, denen wiederum Birken und am Ende wächst ein Wald mit Eichen und Buchen heran. Eine ähnliche Entwicklung kann sich auch im Garten vollziehen, wenn wir nicht eingreifen. Ließen wir sie zu, so würde so manche liebevoll gepflanzte Staude verschwinden und auch so mancher Käfer und manches Insekt wäre nach einigen Jahren nicht mehr da. Um der Vielfalt willen und zu unserem eigenen Nutzen müssen wir eingreifen, um das nach natürlichen Vorbildern geschaffene künstliche Entwicklungsstadium aufrechtzuerhalten. Das beginnt schon mit dem Jäten.

Wildpflanzen ja – Unkraut nein!

Genau genommen gibt es kein Unkraut. Doch manche Wildkräuter wuchern so stark, dass sie andere im Nu verdrängen. Die nennen wir Unkräuter. Und wir dürfen sie im Garten nicht dulden. Dazu gehören vor allem hartnäckige Wurzelunkräuter wie Quecke, Acker-Winde, Giersch, Krauser Ampfer sowie Schachtelhalm und so genannte Samenunkräuter, die sich durch Samenflug sehr rasch verbreiten können. Durch Selbstaussaat verbreiten sich aber auch die meisten von uns erwünschten Wildpflanzen. Und was wäre besser in unserem Garten aufgehoben als das, was sich selber ausgesät hat und diesen von uns geschaffenen Lebensraum aus zweiter Hand annimmt?

Diese farbenfrohe Wildflora ist kein Unkraut und darf nicht von hartnäckigen Wucherern verdrängt werden.

Manches Pflänzchen wollen Sie vielleicht sogar vermehren. Da ist es am besten, kurz bevor sich die Samenkapseln oder Samenstände öffnen, die Blüten abzuschneiden, nachzutrocknen und dann den Samen dort auszusäen, wo man sich dieses Wildkraut wünscht. Haben sich Mohn- *(Papaver)* oder Akelei-Kapseln *(Aquilegia)* und andere bereits geöffnet, so schneiden Sie die Stiele ab und schütteln den Samen an gewünschter Stelle heraus. Bei Zweijährigen wie Fingerhut *(Digitalis)* und Königskerze *(Verbascum)* sollten Sie die Selbstaussaat ruhig zulassen und dann die jungen Pflänzchen nach Ihren Wünschen versetzen. Sie können den Samen auch bis ins nächste Frühjahr aufbewahren und dann an den gewünschten Platz aussäen.

Jäten ohne Stress

So genannte Samenunkräuter lassen sich leichter reduzieren als Wurzelunkräuter. Man muss sie nur rechtzeitig jäten, bevor sie Samen ansetzen. Dazu braucht man noch nicht einmal die Pflanze mit der Wurzel herauszuziehen. Man hackt sie an einem trocken-heißen Tag einfach mit der Ziehhacke ab und lässt sie als Mulch liegen.
So genannte Wurzelunkräuter lassen sich schwerer beseitigen. Oft treten sie aber auch dort auf, wo das Bodengefüge gestört ist. Sie sollten vor der Anlage des Gartens möglichst gründlich mit den Wurzeln beseitigt werden. Wie im Kapitel »Boden« (siehe Seite 71) erklärt, gibt es Pflanzen, von der Kartoffel über Kreuzblütler bis zu Bienenfreund *(Phacelia)*, die den Wurzelunkräutern die Bodenarbeit abnehmen und diese verdrängen. Unmittelbar nach dem Jäten keimende Wurzelunkräuter lassen sich noch gut mit der Hand herausziehen.

Gehölzschnitt im Naturnahen Garten

Viele Bäume und Sträucher wären weitaus kurzlebiger, wenn sie nicht mit Säge und Schere ständig jung gehalten würden. Auch Blütenreichtum und Fruchtbehang lassen sich durch einen gezielten Schnitt vergrößern. Es kommt also beim Schnitt von Bäumen und Sträuchern immer darauf an, was man bezwecken will. Ist ein Baum oder Strauch schön locker und malerisch gewachsen, sollte man besser mit der Schere von ihm fern bleiben.

Licht für Blüten und Früchte

Je mehr Licht bis tief ins Innere einer Baumkrone oder eines Strauches dringen kann, desto reicher blüht das Gehölz, desto mehr Früchte wird es tragen. Dies ist einer der Gründe, warum Obstgehölze jedes Jahr geschnitten werden, bei Zier- und Wildgehölze können die Intervalle größer sein.

Auf den Stock setzen und Astquirle schneiden

Haben Sie eine große frei wachsende oder auch geschnittene Hecke, die mit den Jahren von unten immer mehr verkahlt ist, dann können Sie diese Hecke drastisch verjüngen, indem Sie sie auf den Stock setzen. Das heißt nichts anderes, als die einzelnen Sträucher radikal etwa 20 cm über dem Boden abzuschneiden. Eine solche Maßnahme ist allerdings nur bei Laubgehölzen möglich, und Sie sollten sie in Etappen über zwei bis drei Jahre durchführen, damit den Tieren die Rückzugsmöglichkeiten in der Hecke erhalten bleiben.
Auf den Stock setzen ist eine Winter- oder Herbstarbeit. Im Frühling und Frühsommer sollten Sie wegen der nistenden Vögel nicht schneiden. Aus dem verbleibenden Stock treiben die Gehölze dann üppig wieder aus.
Nisthilfen für Vögel können Sie auch durch den **Astquirlschnitt** schaffen. Sie kappen entgegen der oben beschriebenen Regel einen kräftigen Trieb auf etwa drei Viertel seiner Länge. An dieser Schnittstelle treibt er kräftig aus. Im nächsten Jahr stutzen Sie diese Austriebe auf etwa 10 cm Länge und wiederholen dies noch ein weiteres Jahr. So entstehen Astquirle, in denen Zaunkönig und andere Singvögel nisten können.

Lebensraum Kopfbäume

Vorzugsweise erzieht man Weiden zu Kopfbäumen, weil sie am schnellsten wachsen und den gewünschten hohlen Stamm bilden. Aber Sie können auch viele andere Bäume zu Kopfbäumen erziehen. Gehölze vertragen nahezu jede Art von Schnitt, jedoch muss dieser Schnitt dann beibehalten werden. Ein Vorteil für die Vögel: Im dichten Geäst finden sie Nistgelegenheit und Schutz vor Katzen.
Im Hinblick auf den Naturnahen Garten, beabsichtigen wir mit der Kopfform aber noch mehr: der Stamm des Baumes soll

Durch ständigen Schnitt erhalten Kopfweiden ihre Form. Im Alter wird ihr Stamm hohl und bietet somit idealen Lebensraum für Käfer, Fledermäuse und Höhlenbrüter. Die ideale Ergänzung in Ihrem Garten!

allmählich ausgehöhlt und damit Lebensraum für zahlreiche Käfer, Fledermäuse und Höhlenbrüter werden. Sie können dazu einen bereits gewachsenen Baum auf Kopfform schneiden oder eine Kopfweide aus einem Steckholz heranziehen.

Der Kopfbaumschnitt

Bei einem alten Baum schneiden Sie die Äste rigoros am Stammansatz ab. Rund um die Schnittstellen treiben die Bäume wieder kräftig aus. Die seitlichen Austriebe am Stamm unterhalb der Krone lassen Sie bis nach der Sommersonnenwende wachsen. Danach werden sie entfernt. Der Neuaustrieb an der Krone muss in regelmäßigen Abständen von zwei bis drei Jahren bis an die Basis der Triebe zurückgeschnitten werden. Unterbleibt dieser Rückschnitt, so bedrängen sich die Triebe mit zunehmendem Dickenwachstum immer mehr und verlieren den Halt an ihrer Basis, während sie immer länger werden. Kommt dann ein Sturm, werden diese Äste herausgebrochen und reißen die tiefen Wunden in den Stamm.

Anerkannt und erfolgreich: biologisch gärtnern

Der Biogarten ist längst zu einem festen, vertrauten Begriff geworden. Er wird ganz selbstverständlich nicht nur von »alternativen«, sondern auch von ganz »normalen« Gärtnern benutzt. Kaum jemand bezweifelt noch, dass die Methode des biologischen Gärtnerns praktikabel und erfolgreich ist. Nicht ganz so leicht dürfte für viele Menschen die Frage zu beantworten sein: Was bedeutet denn eigentlich »biologisch gärtnern«? Woher kommt diese Methode und nach welchen Gesetzen funktioniert sie?

Am Anfang war der naturgemäße Garten

Als aus den umherziehenden Jägern und Sammlern in der Jungsteinzeit sesshafte Ackerbauern wurden, waren die Menschen noch so sehr mit der Natur verbunden, dass auch Felder und Gärten nur mit natürlichen Mitteln bestellt wurden. Etwas anderes wäre nicht nur unvorstellbar, sondern auch lebensgefährlich gewesen. Wer gegen die übermächtige Natur handelte, war verloren.

Bereits bei den Germanen war die Zweifelderwirtschaft bekannt. Anbau und Brache wechselten sich bei diesem fortgeschrittenen System ab. Der Boden konnte sich so auf natürliche Weise immer wieder regenerieren. Erst um 800 n.Chr. wurden in einem immer dichter besiedelten europäischen Kulturraum die zusätzliche Düngung und die Dreifelderwirtschaft eingeführt. So konnten Bodenfruchtbarkeit und Ernteerträge gesteigert werden. Erde, Pflanzen, Haustiere und Menschen bildeten einen geschlossenen Kreislauf. Bauern und Gärtner handelten dabei stets im Einklang mit der Natur. Jahrtausende lang funktionierten diese naturgemäßen Anbaumethoden. Sie erhielten die Fruchtbarkeit der Böden und ernährten die Menschen.

Erst mit dem Beginn des industriellen Zeitalters im 19. Jahrhundert änderte sich die Situation grundlegend. Die Bevölkerungsdichte auf der Erde nahm dramatisch zu. Immer mehr Menschen mussten ernährt werden. Die Entwicklung synthetischer Düngemittel und chemischer Pflanzenschutzpräparate machte den Weg frei für die Erzeugung von Nahrungsmitteln in großem Stil. Riesige Monokulturen verdrängten die kleinteilige Vielfalt des alten Ackerbaus. Das Wohl der Erde trat dabei immer mehr in den Hintergrund. Die Gesetze der Produktion wurden aus den Fabriken auf die Landwirtschaft übertragen: Hohe Erträge und hohe Gewinne galten nun als die erstrebenswerten Ziele – koste es, was es wolle.

Schon bald sahen sich die Hobbygärtner die neuen Methoden bei den Bauern ab. Preiswerte Düngesalze, deren Anwendung keine Mühe bereitete, und »schlagkräftige« chemische Pflanzenschutzmittel, die radikal »aufräumten« unter Läusen und anderen ungebetenen Mitessern im Garten, waren sehr verlockend. Es dauerte einige Jahrzehnte, bis man erkannte, dass der »Fortschritt« sehr teuer erkauft wurde. Zu teuer. Die natürlichen Ökosysteme waren durch rücksichtslose Ausbeutung bereits schwer geschädigt. Eine Rückbesinnung auf sanfte, natürliche Anbaumethoden setzte ein – nicht nur im Landbau, sondern auch bei den Gärtnern. Da auf privaten Gemüsebeeten keine hohen Erträge für den Lebensunterhalt gewonnen werden mussten, war eine Umstellung hier viel leichter zu verwirklichen. Die Idee des Biogartens begann die Köpfe, die Herzen und die Gärten zu erobern.

Nicht von gestern – Biogärtner auf dem Weg in eine gesunde Zukunft

Der Begriff »Biogarten« ist inzwischen so gebräuchlich geworden, dass man kaum noch über seine Bedeutung nachdenkt. Jeder weiß, was damit gemeint ist. Inhaltlich eindeutiger wäre eigentlich die Umschreibung »Naturgemäßer Garten«. Darin kommt schon klar zum Ausdruck, dass ein Gärtner, der nach dieser Methode arbeitet, im Sinne der Natur handelt. Er beachtet die Gesetze der großen ökologischen Zusammenhänge, in die sein kleiner Garten eingebettet ist.

Der heutige Biogarten ist tief verwurzelt in der Jahrhunderte alten Tradition des Bauerngartens. Die vielfältige Mischung aus Gemüse, Kräutern und Blumen prägt beide Gartenformen.

Der Bauer mit Pferd und Pflug arbeitet im Einklang mit der Natur. Moderne ökologische Methoden nutzen auch fortschrittliche Technik für einen sanften, umweltschonenden Landbau.

Für riesige Monokulturen gelten die Gesetze von Fabrikanlagen: hohe Erträge und hohe Gewinne. Bezahlt wird mit dem Verlust der Artenvielfalt und dem Zusammenbruch der Ökosysteme.

Ganz einfach ausgedrückt: Biogärtner arbeiten mit der Natur zusammen – nicht gegen sie.

Diese Rückkehr zu den natürlichen Gesetzmäßigkeiten bedeutet aber keinen Rückschritt in die Steinzeit, in der der Gartenbau begann. Der Biogarten wurzelt in Naturgesetzen, deren Gültigkeit unumstößlich ist. Sie bilden die Grundlage des Lebens auf unserer Erde. Gleichzeitig ist das Leben aber ständigen Wandlungen unterworfen. Nichts bleibt, wie es einmal war. Deshalb hat auch das naturgemäße Gärtnern viele Entwicklungen durchgemacht. Neue Erkenntnisse sind wichtig für den Fortschritt. Noch wichtiger aber ist, dass Fortschritt nicht auf Kosten der Natur geht.
Ein Produkt Jahrtausende langer Entwicklungen war auch der **Bauerngarten**, wie er uns aus den letzten Jahrhunderten überliefert wurde. An die bunte, vielfältige Mischung aus Gemüse, Kräutern, Obst und Blumen, die für die ländlichen Gärten charakteristisch waren, knüpft der heutige Biogarten organisch an. Er wurzelt tief in dieser bäuerlichen Tradi-tion, aber ein guter Biogärtner schaut nicht nur rückwärts. Er bewahrt die wertvollen Erfahrungen der Vergangenheit, aber er lebt und gärtnert in unserer schwierigen Gegenwart. Hier und jetzt versucht er, sich alle modernen Entwicklungen, die für seinen Garten und für die Natur hilfreich sind, nutzbar zu machen. Er ist auf dem Weg in eine Zukunft, in der die Erde mit ihren Pflanzen, Tieren und Menschen hoffentlich wieder gesunden kann.

Das große Netzwerk des Lebendigen

Wer im Einklang mit der Natur gärtnern möchte, der muss, bevor er zu Sauzahn und Brennnessel-Jauche greift, zunächst einige wichtige Zusammenhänge begreifen. Biogärtnern beginnt immer im Kopf und im Herzen, dann erst können die Hände richtig zupacken.
Die wichtigste Erkenntnis ist die von der Einheit alles Lebendigen. Alle Lebewesen – von der kleinsten Mikrobe bis zum Nobelpreisträger – sind miteinander verbunden. Dieses große wunderbare Netzwerk ist unendlich vielfältig verknüpft. Es gibt nicht ein einziges Lebewesen, kein Sandkorn, keinen Regentropfen, keinen Grashalm, der außerhalb dieses Netzwerkes existieren könnte.
Wer einen Apfel pflückt, der hält in seinen Händen auch – in umgewandelter Form – Sonnenstrahlen und Gewitterregen, Bestandteile verwesender Blätter und Stoffwechselprodukte von unzähligen Bodenlebewesen. Eine solche Erkenntnis weckt die Ehrfurcht vor dem Leben.
Das Netzwerk des Lebendigen ist in Jahrmillionen gewachsen. Wenn es an einer Stelle gewaltsam beschädigt wird, reichen die Auswirkungen in zahlreiche Verzweigungen. Wer zum Beispiel Gift gegen Läuse spritzt, der trifft unweigerlich gleichzeitig einen ganzen lebendigen Komplex, der in seinem Zusammenwirken gestört wird: Nützlinge, Bodenlebewesen, Grundwasser, Menschen, die giftige Rückstände aufnehmen und speichern. Für einen Biogärtner bedeutet diese Erkenntnis, dass er sich selbst und seinen Garten als Teil eines großen Ganzen betrachtet. Er trägt Verantwortung dafür, dass das Ganze auch heil bleibt – für ihn selbst und für alle anderen Lebewesen. Die Zusammenhänge verstehen und behutsam handeln sind deshalb wichtige Voraussetzungen für das naturgemäße Gärtnern.
Die kleine Welt des Gartens ist eingebettet in das große Wirken der Elemente: Erde ist die Grundlage allen Lebens auf unserem Planeten. Im braunen Humus gedeihen Pflanzen, die Menschen und Tieren als Nahrung dienen. Wasser, Luft und Sonnenlicht machen diese sich immer wieder regenerierenden Prozesse möglich. Ineinander greifende Kreisläufe lassen Leben entstehen, vergehen und aufs Neue sich entfalten. Ein guter Gärtner ordnet sich in diese natürlichen Zusammenhänge ein. Er nützt ihre Kräfte, aber er denkt nicht nur an den eigenen Vorteil. Er behält das Wohl des Ganzen im Auge, soweit ihm dies auf seinem Stück Erde möglich ist.

Die praktischen Grundlagen des Biogartens

Die allgemeinen Kenntnisse der natürlichen Zusammenhänge müssen für den Garten »übersetzt« werden. Der naturgemäße Garten ist keine Wildnis, in der die Natur ihren eigenen Gesetzen folgt. Auch Biogärten sind kultivierte Gärten. Sie brauchen die ordnende Hand des Gärtners. Aber es ist eine behutsame Hand, die von Einsicht und Liebe gelenkt wird.

Allgemeingültige Regeln

Zunächst gelten auch im naturgemäßen Garten die allgemeinen Regeln für ein gutes Gedeihen der Pflanzen. Ein Gärtner muss vor allem Bescheid wissen über die Beschaffenheit seines Bodens. Er ist die Grundlage, auf der er arbeitet. Lockerer Humus, schwerer Lehm oder durchlässiger Sand stellen ganz unterschiedliche Anforderungen. Undurchlässiger Boden muss zum Beispiel durch verschiedene naturgemäße Mittel wie Kompost oder Gründüngung gelockert werden. Leichter Sand kann mit Hilfe von Kompost, Steinmehl und Mulchdecken mit der Zeit humusreicher und bindiger werden.
Wichtig für gesundes Wachstum sind auch die Licht- und Schattenverhältnisse in einem Garten. Für einen Biogärtner sollte es selbstverständlich sein, dass er für seine Pflanzen Plätze aussucht, auf denen sie so gedeihen können, wie es ihrer Natur entspricht. Das bedeutet zum Beispiel, dass Rosen, Kräuter und Stauden, die die Sonne lieben, nicht gezwungen werden, in dunklen Ecken mühsam und kränklich zu vegetieren. Ein Biogärtner, der lichthungrige oder schattenliebende Pflanzen an die richtigen Stellen im Garten setzt, weiß, dass er damit die Grundlagen für gesundes Wachstum legt. Hier beginnt bereits der vorbeugende Pflanzenschutz!
Wärme und Kälte gehören ebenfalls zu den wichtigen Grundbedingungen, die Pflanzenleben fördern oder schädigen können. Wer im Einklang mit der Natur gärtnern möchte, der wird nicht wärmeliebende Tomaten und Gurken auf ungeschützte Beete in rauen Höhenlagen pflanzen. Er weiß, dass aus solchen gewaltsamen Versuchen nur Enttäuschungen erwachsen. Es sind ganz einfach Handlungen wider die Natur. Eigentlich sind solche Einsichten ganz selbstverständlich. Und doch wird immer wieder dagegen gehandelt, weil Gärtner versuchen, ihre Lieblingspflanzen – koste es was es wolle – im Garten anzusiedeln. Das ist verständlich, aber wenig sinnvoll. Wer dagegen konsequent und einsichtig die Grundlagen für gesundes Wachstum beachtet, der hat bereits wichtige Voraussetzungen für das naturgemäße Gärtnern geschaffen.

Kompost – die Lebensgrundlage des Biogartens

Die Erde, die ein Biogärtner in seinem Garten vorfindet, ist mehr oder weniger gut. Der Humusgehalt schwankt, die Nährstoffe, die vorhanden sind, werden verbraucht und müssen wieder ergänzt werden, wenn die Pflanzen harmonisch wachsen sollen. Das wichtigste Mittel, das einem Biogärtner zur Verfügung steht, um den Boden zu verbessern und kontinuierlich mit Nährstoffen anzureichern, ist der Kompost. Ein gepflegter Kompostplatz ist deshalb das Herzstück eines naturgemäßen Gartens. Er liegt zwar meist am Rande des Grundstücks, aber er ist von zentraler Bedeutung für alles, was da wächst und gedeiht.
Kompost ist bester, fruchtbarer Humus aus Menschenhand. Auf seinem Kompostplatz setzt der Biogärtner einen schöpferischen Prozess in Gang. Hier schließt er den Kreislauf zwischen Werden und Vergehen. Alle organischen Abfälle, die sich im Laufe eines Jahres im Garten und auch im Haushalt ansammeln, werden an diesem Platz aufgehäuft. Sie wandeln sich mit der Zeit wieder in Erde um. Dieser selbst erzeugte Humus ist reich an Nährstoffen und Bodenleben. Kompost kann überall im Garten verteilt werden. Er verbessert die Struktur des Bodens und erhöht Jahr für Jahr den Humusgehalt. Solange der Kompost noch nicht völlig vererdet ist, enthält er auch noch eine Fülle aktiver Bodenlebewesen. Überall dort, wo sie auf die Beete gelangen, regen diese Mikroorganismen die lebendigen Prozesse in der Erde zusätzlich an.

Der Kompostplatz ist das Herzstück eines Biogartens. Hier verwandeln sich alle organischen Abfälle wieder in fruchtbaren Humus. Ein geschützter, leicht schattiger Platz ist günstig für diese Umsetzungsprozesse.

Kompost ist das wichtigste Bodenverbesserungsmittel im Biogarten – eine sanfte, abgerundete Nahrungsgrundlage und ein vorzügliches Mittel zur Pflege des Humusgehaltes. Voraussetzung ist natürlich, dass der Kompost fachgerecht aufgesetzt und gepflegt wird. Aus einem wüsten Abfallhaufen wird nie wirklich guter, duftender Humus entstehen!

➲ Wie Sie in der Praxis Kompost aufsetzen und im Garten anwenden können, erfahren Sie ausführlich in den Kapiteln »Kompost« auf Seite 77 und »Düngung« auf Seite 114.

Ein Gärtner, der in seinem Garten den Kreislauf der Stoffe schließt und alle organischen Abfälle in Erde umwandelt, handelt nach dem Vorbild der Natur. Im Wald und überall in der Landschaft vollzieht sich ständig der gleiche Prozess: Blätter fallen im Herbst zu Boden, Gräser welken, Tiere sterben. In ungestörten Lebensräumen schichten sich diese Abfälle und vergehenden Organismen am Boden auf. Sie setzen sich an Ort und Stelle um und füllen die Humusschicht ständig auf: unter Bäumen und Sträuchern, in Mulden, an den Ufern von Bächen und Teichen. Ohne dass je ein Mensch eingreifen müsste, erhält und erneuert sich auf diese Weise die Fruchtbarkeit der Böden überall in der Landschaft. Vorausgesetzt, niemand stört und zerstört diese Prozesse.

Ein aufmerksamer Biogärtner kann die Gesetze, die seiner Gartenarbeit zugrunde liegen, überall in der Natur vorfinden. Um sie auf den Garten zu übertragen, muss er allerdings selber die »Produktion« in die Hand nehmen und die notwendigen Abläufe sinnvoll lenken. Er lässt die Abfälle nicht dort liegen, wo sie anfallen, sondern schichtet sie sorgfältig in einer Miete oder in einem Silo auf. Den Kompost, der dort entsteht, verteilt er dann gezielt auf den Beeten, die neuen nahrhaften Humus brauchen. So »übersetzt« er den großen Kreislauf in der Natur auf die kleinen Verhältnisse im Garten.

Natürliche Düngemittel

Kompost ist die wichtigste Nahrungsgrundlage für einen naturgemäßen Garten. Aber das Angebot an Nährstoffen reicht nicht für alle Pflanzen aus. Die gezüchteten Gewächse im Gemüse- und Blumengarten stellen zum Teil höhere Ansprüche. Dafür liefern sie auch höhere Erträge und größere Blütenpracht als

Gründüngung reichert den Boden mit zusätzlichen Nährstoffen an.

ihre wilden, bescheidenen Vorfahren. Zu den so genannten »Starkzehrern« auf den Gemüsebeeten zählen zum Beispiel die großen Kohl-Arten, Tomaten, Lauch und Zucchini. Im Blumengarten verlangen die Prachtstauden und auch die Rosen nach kraftvoller Nahrung. Zusätzlich zu einer ausgewogenen Kompostversorgung müssen diese Pflanzen mit organischem Dünger versorgt werden.

Für eine natürliche Ernährung der Pflanzen bieten sich zahlreiche erprobte Düngemittel an. Dazu zählen zum Beispiel Mist von Kühen, Pferden, Schafen, Ziegen, Kaninchen und Geflügel oder Hornspäne. Diese traditionellen Dünger stammen von Haustieren. Es gibt aber auch Zusatzdünger, die aus Pflanzen gewonnen werden. Dazu gehören Algenprodukte, Rizinusschrot und Trester, der aus Trauben oder anderen Obstrückständen bei der Pressung entsteht. Gründüngung, vor allem die Aussaat stickstoffsammelnder Leguminosen, reichert den Boden ebenfalls mit zusätzlichen Nährstoffen an. Alle pflanzlichen, aber auch ein Teil der tierischen Dünger sind im Handel erhältlich.

➲ Weitergehende Informationen zum Thema »Düngung« finden Sie auf Seite 108.

Die organischen Düngemittel werden in die Erde eingearbeitet und dort von den Bodenlebewesen aufgenommen und umgewandelt. Erst dann sind sie für die Wurzeln der Pflanzen verfügbar. Sie können langsam und nach Bedarf aufgenommen werden. So wird eine stark treibende Wirkung vermieden, wie sie für die rasche Aufnahme synthetischer Nährsalze typisch ist. Im naturgemäßen Garten wird also zuerst das Bodenleben ernährt und dann die Pflanze. So entsteht gesundes, harmonisches Wachstum.

Pflanzenjauche – flüssige Nahrung

Außer den aus festen organischen Stoffen stammenden Düngern gibt es auch flüssige Jauche, die jeder Biogärtner leicht aus Brennnesseln, Beinwell und anderen Kräutern herstellen kann. Die frische grüne Blattmasse wird mit Wasser angesetzt und vergoren. Nach zwei bis drei Wochen entsteht eine stickstoff- und kalireiche Jauche, die verdünnt werden muss, bevor sie an die Wurzeln der Pflanzen gegossen wird. Diese Flüssignahrung wird schneller aufgenommen als die festen organischen Dünger. Sie eignet sich in der Hauptwachstumszeit vor allem für Starkzehrer wie Tomaten und Kohl, aber auch für Stauden, Rosen und Kübelpflanzen.

Pflanzenjauche ist im Biogarten sehr beliebt, weil sie wirksam, gesund und preiswert ist. Die Natur liefert die Zutaten zum Nulltarif und die Zubereitung bereitet keine große Mühe.

➲ Mehr dazu erfahren Sie im Kapitel »Düngung« Seite 114.

Der Misthaufen ist ein wertvoller Düngelieferant. Für die Verwendung im Garten muss Kuh- oder Pferdemist gut verrottet oder kompostiert sein. Er sollte aus ökologischer Tierhaltung stammen.

Mulchen – Bodendecken nach dem Vorbild der Natur

Zu den wichtigsten Prinzipien des naturgemäßen Gärtnerns gehört das Mulchen. Das Vorbild ist auch bei dieser Praxis die Natur. Ein aufmerksamer Gärtner wird beobachten, dass in der freien Landschaft keine kahlen Stellen mit offenem, ungeschütztem Boden zu finden sind. Die Natur sorgt mit ihren unerschöpflichen Samenvorräten dafür, dass »offene Wunden« schnell wieder geschlossen werden. Ein lebendiger grüner Teppich überzieht in kurzer Zeit frei liegende Erde.
Diese Schutzmaßnahme hat einen tiefen Sinn: Offener Boden ist allen Elementen schutzlos ausgeliefert. Er dörrt in der Sonne aus und wird vom Regen fortgeschwemmt. Im Extremfall endet eine solche Entwicklung in gefährlicher Erosion. Anstelle der einst fruchtbaren Erde wachsen Steppen und Wüsten. Dies geschieht an vielen Stellen auf der Welt, wo Menschen die natürlichen Regenerationsprozesse der Natur grundlegend gestört haben.
Für den Biogärtner bedeutet diese Erkenntnis, dass er auch auf seinen Gartenbeeten den kostbaren Humus nicht den Kräften von Sonne, Wind und Regen ausliefern darf. Er schützt deshalb die Erde mit natürlichen Decken aus Grasschnitt, Laub oder anderem organischem Material. Unter einer solchen Mulchschicht bleibt die Feuchtigkeit an heißen Tagen länger erhalten. Weder Sonne noch Wind trocknet den Boden zu schnell aus.

Mulchdecken schützen den Boden. Grasschnitt oder anderer organischer Abfall kann locker zwischen den Kulturen ausgestreut werden.

Salat und Kohlrabi bilden eine bewährte Mischkultur. Leuchtende Ringelblumen sind überall im Garten gesundheitsfördernde Nachbarn.

Andererseits kann zum Beispiel ein starker Gewitterregen die Erde nicht verschlämmen, weil die Bodendecken den harten Druck prasselnder Tropfen abfedern.
Ein Biogärtner, der seine Beete regelmäßig mulcht, braucht weniger zu gießen und zu hacken. Der Boden bleibt locker und feucht. Unkraut wird bereits beim Keimen gestört und kann, wo es »den Durchbruch« schafft, leicht ausgerissen werden. Schließlich bietet die Mulchdecke noch einen sehr wichtigen Vorteil: Sie dient zahlreichen Bodenlebewesen – vom Regenwurm bis zu den Mikroorganismen – als Nahrung. So trägt die grüne Decke auch dazu bei, dass direkt auf den Beeten Humus und Nährstoffe entstehen.
➲ Wie das Mulchen in der Praxis aussieht, können Sie im Kapitel »Mulchen« ab Seite 74 nachlesen.

Mischkultur – gesunde Nachbarschaft im Garten

Neben Kompost und Mulchen ist die Mischkultur die dritte wichtige Voraussetzung für erfolgreiches Biogärtnern. Diese drei Praxisbestandteile ergänzen sich und runden die Methode des naturgemäßen Gärtnerns harmonisch ab.
Auch für die Mischkulturen bietet die Natur wieder ihr erprobtes Vorbild an: Überall in Wäldern, auf Wiesen und an den Ufern der Gewässer gedeihen wilde Pflanzen stets in abwechslungsreichen Gemeinschaften, die gut zueinander passen. Monokulturen sind eine Erfindung des Menschen! Sie dienen dem Profit, sind aber im Grunde lebensfeindlich. Nur mit einem großen Aufwand an künstlichen Düngemitteln und chemischem Pflanzenschutz können diese widernatürlichen »Produktionsflächen« am Leben erhalten werden. Aufeinander abgestimmte Pflanzengemeinschaften sind dagegen lebensstark und kaum krankheitsanfällig.
Pflanzenkombinationen, die sich im naturgemäßen Garten bewährt haben, nennt man Mischkulturen. Während die Standortgemeinschaften in der Natur sich von selbst über einen langen Zeitraum hinweg entwickelt haben, wurden die günstigen Nachbarschaften im Garten von Menschen entdeckt und erprobt. Gärtner, die sowohl die Natur als auch ihre Gartenpflanzen genau beobachteten, fanden heraus, dass Gemüse, Kräuter und manchmal auch Blumen in bestimmten Kombinationen besonders gut und gesund miteinander gedeihen. In langjährigen Experimenten und Beobachtungen kristallisierten sich so die günstigsten Mischkulturen heraus. Diese bewährten Kombinationen werden heute allgemein für den Biogarten empfohlen. Sie kön-

nen aber jederzeit durch eigene Beobachtungen und Erfahrungen bereichert werden.
Die bewährten Mischkulturen des Biogartens ergänzen sich sowohl oberirdisch als auch unterirdisch im Wachstum. Das bedeutet, die Nachbarn bedrängen sich nicht und haben genügend Raum zur Entfaltung. In wissenschaftlichen Untersuchungen wurde außerdem herausgefunden, dass Düfte und Wurzelausscheidungen eine Rolle dabei spielen, ob Nachbarpflanzen »sich grün sind«. Manche können sich offenbar im wahrsten Sinn des Wortes »nicht riechen«.
Günstige Mischkulturen fördern aber nicht nur harmonisches Wachstum, manche Kombinationen wehren auch erfolgreich Schädlinge oder Krankheiten von ihren Nachbarn ab. Ein klassisches Beispiel ist das stark duftende Bohnenkraut, das – am Rande des Bohnenbeetes gesät – die Schwarzen Läuse abhält.
➲ Ausführlicher können Sie die Praxis der Mischkultur im Kapitel »Gemüse« ab Seite 467 kennen lernen.

Pflanzenschutz im Biogarten

Wer nach den bisher beschriebenen naturgemäßen Grundsätzen seinen Garten bestellt, der hat bereits die Grundlagen gelegt für starke, widerstandsfähige Gewächse. In einem gesunden Boden wachsen auch gesunde Pflanzen! Harmonische organische Düngung sorgt ebenfalls für ausgeglichenes Wachstum. Gut ernährte Gewächse sind nicht krankheitsanfällig. Auch die Mischkulturen tragen ihren Teil dazu bei, dass die Pflanzen des Biogartens nicht von Krankheiten und Schädlingen geplagt werden.
Vorbeugende Maßnahmen stehen also an erster Stelle beim naturgemäßen Pflanzenschutz. Außer den Kulturmaßnahmen spielen dabei die Nützlinge eine wichtige Rolle. Sie nehmen dem Gärtner die Jagd auf so genannte Schädlinge ab und halten die ungebetenen Mitesser in erträglichen Grenzen. Im naturgemäßen Garten geht es ja nicht um Vernichtungsfeldzüge sondern darum, ein **biologisches Gleichgewicht** herbeizuführen, in dem Pflanzen, Schädlinge, Nützlinge und Menschen ohne größere Probleme miteinander leben können.
Deshalb versucht ein Biogärtner, wo immer es möglich ist, Lebensräume für Nützlinge in seinem Garten zu schaffen.

Vögel gehören zu den zahlreichen Helfern bei der natürlichen Schädlingsabwehr im Garten. Sie fangen große Mengen Insekten. Zum Lohn darf die Mönchsgrasmücke auch mal einen Apfel anpicken.

Dazu gehören zum Beispiel Nistmöglichkeiten für Vögel, Feuchtbiotope für Frösche und Kröten, Laubdecken für überwinternde Marienkäfer und andere Tiere, Pflanzen, die Schwebfliegen in den Garten locken, und vieles andere mehr.
Dennoch ist auch ein naturgemäßer Garten keine Insel der Seligen, auf der kein Unheil geschehen kann. Auch Biogärtner machen Fehler. Umwelt- und Witterungseinflüsse können dazu beitragen, dass das biologische Gleichgewicht eines Gartens gestört wird und die Wachstumsbedingungen sich dadurch verschlechtern. Wenn dann einmal eine Läuseplage oder Pilzbefall auftreten, gibt es zahlreiche ungiftige Mittel, die im Notfall helfen.
Manche wirksame Spritzbrühe kann der Biogärtner aus Kräutern selber herstellen. Es gibt aber inzwischen auch im Handel zahlreiche bewährte Produkte vom Spritzmittel gegen Läuse oder Mehltau bis zum umweltfreundlichen Schneckenkorn. Manche Präparate wirken selektiv, das heißt, sie treffen gezielt nur bestimmte Schädlinge, während alle anderen Tiere im Garten – vor allem Nützlinge – nicht gefährdet werden. Dies ist eine sehr positive Entwicklung.
Ob selbst gemixt oder gekauft – wichtig ist, dass Biogärtner sich im Notfall helfen können, ohne die Natur durch einen Rundumschlag in Gefahr zu bringen. Der Pflanzenschutz im Biogarten sollte immer dem Grundsatz folgen: Vorbeugen ist die beste Schädlingsabwehr. Wenn dennoch einmal reguliert werden muss, dann sollte dies so sanft und schonend wie möglich geschehen, damit das ökologische Netz und die Gemeinschaft aller Lebewesen keinen Schaden erleiden.
➲ Praktische Ratschläge, die gegen die am meisten verbreiteten Plagen helfen, finden Sie im Kapitel »Biologischer Pflanzenschutz« auf Seite 144.

Biogärtnern – eine ganzheitliche Methode

Wer sich entscheidet, ein Stück Erde in einen biologischen oder naturgemäßen Garten umzuwandeln, der sollte sich darüber im Klaren sein, dass er eine umfassende ganzheitliche Methode gewählt hat. Alle Mittel und Maßnahmen greifen ineinander. Erst in diesem vernetzten System entsteht eine biologische Balance, die ausgewogenes Wachstum möglich macht. Wer nur ein paar beliebte Rezepte, wie zum Beispiel die Brennnessel-Jauche oder die Bierfalle gegen Schnecken ausprobieren möchte, der wird die lebendige Welt eines naturgemäßen Gartens nie richtig kennen lernen und auch keine dauerhaften Erfolge erzielen. Andererseits ist das Biogärtnern keine Geheimwissenschaft. Es ist auch keine komplizierte Methode. Jeder kann nach den Regeln der Natur gärtnern. Wer sich ernsthaft darauf einlässt, wird schon bald erkennen: Es lohnt sich!

Wichtige Hilfsmittel im Biogarten sind Jauchen aus Brennnesseln oder Beinwell. Sie stärken die Gesundheit und die Abwehrkräfte der Pflanzen.

Die Geschichte des Bauerngartens

Wenn das Zauberwort »Bauerngarten« fällt, blüht in der Erinnerung vieler Menschen ein romantisches Bild in üppigen Farben auf: Runde rote Pfingstrosen leuchten neben prächtigen Salatköpfen, bunte Astern neben prallem Kohl. Über den Holzzaun nicken hohe Sonnenblumen, grüßen Dahlien, Stockrosen und Wicken. Farbige Fülle und Vielfalt der Pflanzen waren charakteristisch für die ländlichen Gärten der Vergangenheit. Seit Jahrhunderten hatten hier Gemüse, Obst, Kräuter und Blumen einen gemeinsamen Lebensraum. Die Gewächse des Bauerngartens gediehen immer in bunter Mischung, aber es herrschte dabei weder Durcheinander noch Zufall. Der Bauerngarten war ein schön verzierter Nutzgarten, in dem alles seinen Platz und seine praktische Ordnung hatte.

Pflanzenwissen aus alten Zeiten

Die Wurzeln des bäuerlichen Gartens reichen weit zurück in die Vergangenheit. Als Kaiser Karl der Große um 812 n.Chr. für seine Landgüter eine Liste derjenigen Pflanzen aufstellen ließ, die er für anbauwürdig hielt, arbeiteten seine Experten sicher eng mit den wichtigsten Klöstern zusammen. Über reiche Erfahrungen im Gartenbau verfügten vor allem die Benediktiner. Aber auch die gelehrten Mönche schöpften bereits aus sehr viel älteren Quellen. In ihren Klosterbibliotheken, vor allem im Stammkloster Montecassino in Italien, standen ihnen die Bücher der antiken Gelehrten aus Rom und Griechenland zur Verfügung. Die Pflanzen- und Heilpflanzenkunde von Hippokrates, Theophrastus, Galenos und Dioscurides bildeten die Grundlagen des botanischen und medizinischen Wissens in Europa bis weit ins Mittelalter hinein. Hinzu kamen die Sammelwerke von Plinius dem Älteren und Columnella.

Die antiken Pflanzenkenner wurzelten ihrerseits wieder in noch älteren Traditionen. Diese reichten von den europäischen Mittelmeerländern nach Nordafrika, Ägypten, Kleinasien und den uralten Kulturen zwischen Euphrat und Tigris. Wenn man so will, führt die Entwicklung zurück bis zum Paradiesgarten, der irgendwo zwischen Ur und Babylon gelegen haben soll. Aber dort verlieren sich die Spuren im Dunkel der Frühgeschichte.

Sichtbar und greifbar begann die Entwicklung unseres Bauerngartens nach der Zeitenwende, als römische Legionäre ihre Gartenkultur über die Alpen ins raue Germanien mitbrachten. In den ersten Jahrhunderten nach Christus gelangten Gemüse wie Kürbis und Gurken, Spargel und Knoblauch nach Mitteleuropa.

Zahlreiche Kräuter und so »unnütze« Schönheiten wie Rosen, Lilien und Veilchen erhielten erstmals einen Platz in den Gärten. Weinstöcke, Aprikosen-, Pfirsich- und Kirschenbäume trugen nie gesehene süße Früchte.

Alle diese kultivierten Herrlichkeiten, von denen sich die Bauern Germaniens sicher schon einiges für ihre eigenen Gärten abgeschaut hatten, gingen zusammen mit dem römischen Weltreich unter. Überlebt hat eine Auswahl nützlicher Pflanzen nur hinter schützenden Klostermauern. Auf diese »grünen Schätze« konnte dann Karl der Große zurückgreifen.

Langsam, auf dem Weg über Ableger und Samenkörner, gelangten zahlreiche Kräuter und Gemüse auch in die umliegenden Bauerngärten. Was in der Praxis

Bauerngärten waren von jeher geprägt durch bunte Vielfalt. Neben dem Gemüse gediehen hier auch heilkräftige Kräuter und Blumen in gesunder Mischkultur.

Bestand hatte und was sich im harten Alltag bewährte, wurde dort heimisch. Jahrhundertelang hielten vor allem die Bäuerinnen diesen Nahrungs- und Heilpflanzen ihrer Hausgärten die Treue.
Da die Benediktiner zahlreiche Gewächse aus ihrem italienischen Mutterkloster mitgebracht hatten, wurden diese Fremdlinge systematisch an das rauere Klima in Mitteleuropa gewöhnt. Übrig blieben alle, die sich als anpassungsfähig erwiesen: vom Lavendel über den Salbei bis zum Sellerie und den Nussbäumen.
Weitere Einwanderer kamen aus den Burggärten. Dort hatte man auch genügend Zeit und Muße, um die Schönheit der Blumen zu genießen. Madonnenlilien, Pfingstrosen, Akeleien, Schwertlilien, Maiglöckchen, Veilchen, Goldlack und Vergissmeinnicht wanderten im Laufe der Jahre und Jahrhunderte den Burgberg hinunter in die Bauerngärten.

Erfolgreich adoptiert: Kinder aus aller Welt

Nach den Mönchen waren es vor allem die Kreuzritter, die aus fernen Ländern Samen seltener Pflanzen mitbrachten. Ysop und Estragon fanden auf diese Weise Einlass in unsere Gärten. Noch reichlicher war einige Jahrhunderte später die Ausbeute der Weltumsegler und Entdecker. Manche Blume, die uns heute als typische Bauerngartenschönheit vertraut ist, stammt ursprünglich aus weit entfernten Kontinenten: Sonnenblumen und Dahlien sind in Südamerika zu Hause, Astern kamen ebenso aus China wie die späten Chrysanthemen und das liebliche Tränende Herz.
Die Bäuerin – Herrin im bunten Gartenreich – probierte gern etwas Neues aus; aber sie behielt nur, was sich ohne Mühe von selbst behaupten konnte. Für Spielereien, die Zeit kosteten und nichts einbrachten, konnte die Gärtnerin auf dem Lande sich nicht begeistern. Sie hatte auf dem Hof alle Hände voll zu tun. Der Garten war zwar für sie oft ein Ort, an dem sie für eine Stunde Ruhe fand, aber gleichzeitig musste er auch seinen Beitrag für das Leben der großen Familie leisten: Salat, Gemüse und Gewürze für den täglichen Bedarf und Heilkräuter für die Hausapotheke. Der Bauerngarten bot nicht zuletzt aus diesem Grunde ein Bild gesunder Üppigkeit: Seine Pflanzen und die Anbaumethoden haben sich jahrhundertelang bewährt.

Die Gestaltung des Bauerngartens

Der typische historische Bauerngarten war ganz in der Tradition der Klostergärten angelegt. Dort hatte sich die Landbevölkerung einst abgeschaut, »wie man es macht«. Schön und praktisch zugleich war die Aufteilung: Ein Wegekreuz gliederte das Rechteck oder Viereck des Gartens in vier gleichmäßige Quartiere. In der Mitte, wo die Wege sich kreuzten, entstand Platz für einen Brunnen oder für ein Rondell mit besonderen Schmuckpflanzen. Diese Gestaltungsformen haben auch heute noch Gültigkeit.
Die im klassischen Bauerngarten stets symmetrisch angeordneten Grundformen können vielfältig untergliedert und abgewandelt werden. Jede Zeit und jede Landschaft entwickelte ihre eigenen Bauerngartenanlagen und so wurden die schlichten Vierecke durch runde und ovale Formen aufgelockert oder langgestreckte, rechteckige Quartiere durch parallel verlaufende kleine Wege in mehrere Beete unterteilt, die sich sehr gut von zwei Seiten bearbeiten ließen. Manchmal verlief rund um die gesamte Anlage ein Aussenweg. Er trennte den Nutzgarten von breiten Beeten am Zaun, die mit blühenden Stauden und Gehölzen bepflanzt waren. Die starke Gliederung des Gartens erwies sich als sehr praktisch. Die Vielfalt der verschiedenen Pflanzen ließ sich auf diese Weise ordentlich und übersichtlich auf den Beeten verteilen. Säen, Pflanzen, Gießen und Ernten bereiteten keine Probleme, da die Gewächse von allen Seiten leicht erreichbar waren.
Diese jahrhundertelang erprobten Gestaltungsmuster lassen sich problemlos auf eine Bauerngartenanlage in unserer Zeit übertragen.

Wege, Einfassungen und Zäune

In einfachen Gärten bestanden die Wege aus schlichten Trampelpfaden, die im Herbst umgegraben und im Frühling neu angelegt wurden. In schönen, beständigen Gärten waren die Wege mit Kies oder

Vorbild bei der Gestaltung der bäuerlichen Gärten war oft der traditionelle Klostergarten mit dem Wegekreuz und einem Rondell in der Mitte. Die Zeichnungen zeigen Variationsmöglichkeiten.

Buchsbaum-Einfassungen waren lange Zeit ebenso typisch für Bauerngärten wie die symmetrische Einteilung der Beete. Dekorative und praktische Elemente ergänzten sich dabei. Für Wege und Zäune verwendete man heimisches Material. Der Flechtzaun (Mitte) hat uralte Tradition.

Rinde bestreut. Je nach Landschaft wurden auch Ziegelsteine oder Natursteine zur Befestigung verwendet. Nehmen Sie diese Anregungen auf und erwecken Sie sie in Ihrem »modernen« Bauerngarten zu neuem Leben!

Die klassische Beeteinfassung bestand im Bauerngarten aus niedrigen, immergrünen Buchsbaumhecken, die uralt wurden und regelmäßig geschnitten werden mussten. Eine Einfassungspflanze mit historischer Tradition war auch die duftende Eberraute *(Artemisia abrotanum)*. Manchmal wurden Beete mit niedrigen Blütenpflanzen, wie zum Beispiel Feder-Nelken *(Dianthus plumarius)* oder Vergissmeinnicht *(Myosotis)* umgrenzt.

Ländliche Gärten wurden in der Regel mit hölzernen Lattenzäunen eingefriedet. Typisch für unterschiedliche Landschaftstraditionen waren Flechtzaun, Staketenzaun, Profillattenzaun oder der Hanichl, der aus runden Fichten- oder Tannenstämmchen bestand. Seltener waren kunstvolle Schmiedeeisenzäune oder Bruchsteinmäuerchen.

Für Wege, Einfassungen und Zäune verwendeten die Bauern also natürliches Material, das sowohl zu der Landschaft als auch zum dörflichen Hauscharakter passte. Alles wirkte »wie gewachsen« und fügte sich harmonisch zusammen. Darauf sollten Sie auch bei der Anlage Ihres Bauerngärtchens achten.

Typische Pflanzen des Bauerngartens

Als »gestandene Mischkultur«, die sich seit Jahrhunderten in der Praxis bewährt hat, könnte man die farbenfrohe Pflanzengemeinschaft des Bauerngartens bezeichnen. Gemüse, Salate, Kräuter, Beerenobst und Blumen gedeihen hier in fruchtbarer Nachbarschaft. Niemals hätte eine Bäuerin die Ringelblumen in der Nähe des Kohls geduldet oder das Bohnenkraut zu den Bohnen gesät, wenn sie nicht aus Erfahrung gewusst hätte, dass solche Mischungen sich gegenseitig günstig beeinflussen. Die bunte Pracht bedeutete – damals wie heute – keine unnütze Verschwendung kostbarer Erde. Sie trägt ihren Teil dazu bei, dass die Ernte gut und reichlich ausfällt. Und schließlich gehört ein schöner Blumenstrauß zu den Dingen, die den harten Arbeitsalltag ein wenig aufheitern.

Nur um den Überblick zu erleichtern und eine Auswahl für den eigenen Garten zu ermöglichen, werden die Gewächse des Bauerngartens auf den folgenden Seiten aufgegliedert in Nutz- und Zierpflanzen. In der ländlichen Tradition bildeten sie immer eine unzertrennliche Einheit.

Gemüse und Salat

Bereits in den Pflanzenlisten Karls des Großen wurden Gurken, Melonen, Sellerie, Saubohnen, Kichererbsen, Salat, Endivien, Mangold, Möhren, Pastinak, Kohlrabi, Kohl, Lauch (Porree), Rettich, Schalotten, Zwiebeln, Bohnen, Felderbsen und Rote Bete zum Anbau empfohlen. Sie alle haben also im Garten und in der Küche eine lange Tradition und finden ihre Verwendung auch im heutigen Bauerngarten.

➲ Mehr über Anbau, Ernte und Verwendung lesen Sie bitte im Kapitel »Gemüse« ab Seite 458 nach.

Die Gemüsesorten haben sich allerdings im Laufe der Jahrhunderte stark verändert. Immer wieder und zu allen Zeiten haben Gärtner versucht, größere, widerstandsfähigere oder wohlschmeckendere Züchtungen zu erzielen. Im Bauerngarten wurde immer Gemüse angebaut, das sich bewährt hatte. Aber auch Neuheiten probierte die Bäuerin aus, wenn sie sich reichere Ernten oder eine Abwechslung im Speiseplan davon versprach. Erfüllten solche Sorten ihre Erwartungen, dann wurden sie in den »festen Bestand« übernommen und oft jahrzehntelang angebaut.

So kommt es, dass in bäuerlichen Gemüsegärten, im Gegensatz zum Kräuter- und Blumengarten, nur noch wenige urtümliche Pflanzenformen zu finden sind. Erst in unserer Zeit wurde das Verschwinden der alten Sorten als Verlust empfunden. Die Bemühungen, Gemüse aus Großmutters Garten wieder anzubauen und damit zu erhalten, spielen deshalb eine wichtige Rolle bei der Anlage neuer Gärten in der alten Bauerngarten-Tradition.

Beerenobst

Große Obstbäume hatten im Bauerngarten keinen Platz. Sie wurden auf den umliegenden Wiesen gepflanzt, wo sie sich frei und ungestört entfalten konnten. Im blühenden Nutzgarten wurde nur Beerenobst geduldet. Aber auch diese Sträucher gelangten erst spät in den schützenden Bereich hinter dem Gartenzaun. Ursprünglich wurden alle Beeren »draußen«, am Waldrand, gesammelt, wo sie wild wuchsen. Ohne Pflege und Mühe konnten dort reiche Ernten von Himbeeren, Brombeeren und Walderdbeeren eingesammelt werden.
Wahrscheinlich zogen Beerensträucher erst im 18. Jahrhundert in die Bauerngärten ein, als großfrüchtige Kulturformen gezüchtet worden waren, die die Mühe des Anbaus lohnten. Seither haben Johannisbeeren, Stachelbeeren und noch später auch die Erdbeeren einen festen Platz im Nutzgarten erhalten. Beerenbüsche erfüllen auch heute am Zaun zusätzlich die Aufgabe einer kleinen Hecke, zierliche Hochstämmchen säumen den Hauptweg und verbinden die Freude an süßen Früchten mit einem hübschen Anblick.
Bewährte ältere Beerenobstsorten sind noch heute in Baumschulen erhältlich.
➲ Mehr zum Thema »Beerenobst« ab Seite 440.

Lebensstarke Mischkulturen gab es schon in alten ländlichen Gärten. Ringelblumen sind zwischen Gemüse und Heilkräutern ebenso zu Hause wie auf Blumenbeeten – damals wie heute.

Seltene Kräuter

Die meisten Kräuter, die einst den Bauerngarten mit ihren Düften und ihren vielen guten Eigenschaften bereicherten, stammten ursprünglich aus den Mittelmeerländern. Sie gelangten direkt aus den Klostergärten zu den Landfrauen, die sie jahrhundertelang für Menschen und Tiere zu nutzen wussten. Viele traditionsreiche Würz- und Heilpflanzen sind im Kapitel »Kräuter« ab Seite 498 beschrieben. Hier sind nur einige typische, uralte Bauerngartenpflanzen beschrieben, die heute nur noch selten zu finden sind. Es lohnt sich, sie im »modernen« Bauerngarten wieder kennen zu lernen.

Eberraute *(Artemisia abrotanum)*

Im ländlichen Garten legten die Bäuerinnen gern kleine Hecken aus den bis zu 100 cm hoch wachsenden Pflanzen an. Sie werden ähnlich wie Buchsbaum verwendet und lassen sich gut in Form schneiden. Die Pflanzen lieben durchlässigen, etwas kalkhaltigen Boden und einen warmen, sonnigen Platz.
Die Eberraute ist auch ein apartes Würzkraut, das in kleinen Mengen zu Soßen und Salaten verwendet wird. Ein Teeaufguss aus frischen oder getrockneten Blättern wirkt appetitanregend und magenstärkend.

Ysop *(Hyssopus officinalis)*

Die niedrigen, verholzenden Halbsträucher haben schmale, dunkelgrüne, mit Öldrüsen besetzte Blätter. Die leuchtend blauen Lippenblüten stehen in zierlichen Scheinähren zusammen. Manchmal sind die Blüten auch rosa oder weiß gefärbt. Im Garten liebt der kleine Strauch einen warmen, sonnigen Platz und lockeren, eher trockenen Boden.

Der Färberwaid gehört zu den alten ländlichen Traditionspflanzen. Blüten und Samenstände sind sehr dekorativ. Aus den Blättern wurde im Mittelalter blauer Farbstoff gewonnen.

Zum Trocknen werden blühende Zweige abgeschnitten. Ysoptee stärkt den Magen, fördert die Verdauung, wirkt schleimlösend und entkrampfend.
Die frischen Ysopblätter schmecken sehr aromatisch, ein wenig wie Minze und leicht bitter. Kleine Mengen ergeben eine aparte Würze für Salate, Soßen, Fleischgerichte und Suppen.
In altmodisch-romantischen Gärten kann man aus den kleinen Sträuchern niedrige Hecken um die Beete anlegen. Ähnlich wie Lavendel haben die stark duftenden Pflanzen eine gewisse abwehrende Wirkung gegenüber Läusen und Schnecken.

Färber-Waid *(Isatis tinctoria)*

Diese zweijährigen Pflanzen haben hübsche graugrüne, pfeilförmige Blätter und zarte gelbe Blüten, die locker wie Schleierkraut angeordnet sind. Sehr dekorativ sind auch die schwärzlich violetten Samenschoten, welche die Pflanzen in großen Mengen ansetzen. Färber-Waid gedeiht am besten an einem sonnigen, geschützten Platz in durchlässigem, möglichst etwas kalkhaltigem Boden.
Aus den Blättern des Färber-Waid wurde im Mittelalter ein begehrter blauer Farbstoff gewonnen. Heute sind die graziösen, bis zu 150 cm hoch werdenden, dekorativen Blütenbüsche eine Zierde für jeden Garten.

Kugelige, borstige Samenstände sind typisch für den Andorn. Im Bauerngarten war er früher als Hustenkraut sehr geschätzt.

Echtes Herzgespann *(Leonurus cardiaca)*

Das Kraut kann an günstigen Standorten bis 150 cm hoch wachsen. Die Pflanzen haben schöne, handförmig gelappte Blätter und kleine rosarote Lippenblüten. Im Garten gedeiht das Herzgespann am besten an sonnigen Standorten mit magerem Boden.
Wie schon der Name verrät, hilft das Herzgespann bei Herzbeschwerden. Für den Tee wird das ganze blühende Kraut verwendet, es wirkt bei nervösem Herzklopfen, bei Herzschwäche, Wechseljahrsbeschwerden und Schlafstörungen.
Auch die Imker schätzen das Herzgespann, weil die blühenden Pflanzen mit reichem Nahrungsangebot die Bienen anlocken.

Gewöhnlicher Andorn *(Marrubium vulgare)*

Seine kleinen weißen Blüten bilden einen dichten Kranz in den Blattachseln. Auffallend sind die kugeligen, borstigen Samenstände; geerntet werden die oberen Teile der blühenden Zweige im Sommer. Im Garten sind die Pflanzen sehr anspruchslos, sie gedeihen am besten auf sonnigen Plätzen.
Andorn ist reich an Bitterstoffen, ätherischen Ölen, Harz und Gerbstoffen.
Seit alters her wird ein Tee aus diesem Kraut als wirksames Mittel gegen quälenden Husten empfohlen.

Sommerblumen und Stauden

Für die ländlichen Gärten war eine bestimmte Blumenauswahl typisch. Sie bestand teilweise aus uralten heimischen oder sehr frühzeitig eingeführten Blütenpflanzen, teilweise aber auch aus »zugewanderten« fremden Schönheiten. Die Bäuerin war durchaus nicht abgeneigt, etwas Neues auszuprobieren, vor allem dann, wenn es sich um eine aufregend schöne Neuheit handelte. Bewährten sich die »Neuen«, so blieben sie und wanderten rasch von einem Garten zum anderen. Die Fremdlinge wurden bald zum Allgemeingut und irgendwann dachte niemand mehr daran, dass sie einst in dumpfen Schiffsbäuchen aus Amerika, Indien oder China angereist waren. Im Laufe der Jahrhunderte bildete sich auf diese Weise ein fester Bestand an Blumen, die das Bild des ländlichen Gartens prägten. Es ist eine abwechslungsreiche Mischung aus kurzlebigen und ausdauernden Pflanzen, die auch jedem modernen Bauerngarten zur farbenfrohen Zierde gereichen.

Einjährige Blumen

Aus selbst geernteten Samen oder aus gekauften Samentüten müssen die folgenden Blumen jedes Jahr von neuem ausgesät werden: Aster *(Aster)*, Atlasblume *(Clarkia amoena)*, Gartenspringkraut oder Balsamine *(Impatiens balsamina)*, Becher-Malven *(Lavatera trimestris)*, Chinesernelke *(Dianthus chinensis)*, Garten-Fuchsschwanz *(Amaranthus canadatus)*, Jungfer im Grünen *(Nigella damascena)*, Kapuzinerkresse *(Tropaeolum)*, Klarkie oder Sommerfuchsien *(Clarkia unguiculata)*, Kokardenblume *(Gaillardia)*, Levkojen *(Matthiola incana)*, Löwenmaul *(Antirrhinum majus)*, Resede *(Reseda odorata)*, Ringelblume *(Calendula officinalis)*, Rittersporn *(Delphinium)*, Sommer-Schleierkraut *(Gypsophila elegans)*, Schleifenblume *(Iberis)*, Schmuckkörbchen *(Cosmos)*, Gewöhnliche Sonnenblume *(Helianthus annuus)*, Strohblumen *(Helichrysum bracteatum)*, Studentenblume *(Tagetes)*, Wicke *(Vicia)*, Prunkwinde *(Ipomoea)* und Zinnie *(Zinnia)*.
Sie alle blühen bunt und fröhlich einen Sommer lang. Die einjährigen Blumen wachsen rasch und füllen manche Lücke zwischen Stauden, Rosen und Gehölzen. Kahle Zäune gewinnen durch Kletter-

Zum festen Bestand der Bauerngärten gehören seit Jahrhunderten die orange-roten Feuerlilien. Sie sind robust und bereiten viele Jahre lang Freude.

pflanzen aus der Samentüte ungeahnten Charme. Die meisten blühen bis in den Herbst. Aber der erste Frost bereitet ihrem kurzen Leben ein Ende. Doch spätestens im nächsten Frühling beginnt der heitere Blumenreigen aufs Neue.

Zweijährige Blumen

Unter den zweijährigen Sommerblumen finden sich zahlreiche »Schönheiten vom Lande«, die ganz besonders typisch für das Bild des bäuerlichen Gartens sind. Diese Blumen haben einen zweijährigen Lebensrhythmus. Die Samen werden von Juni bis Juli ausgesät. Bis zum Herbst entwickeln sich Jungpflanzen mit Blättern, ihre Blüten erscheinen erst im folgenden Frühling oder Sommer. Einige der Zweijährigen halten bei guter Pflege an günstigen Standorten auch ein wenig länger aus und blühen noch ein oder zwei Jahre länger. Der Blühhöhepunkt liegt aber immer im zweiten Jahr.

Zu den zweijährigen Bauerngartenblumen gehören: Stockrose *(Alcea)*, Maßliebchen *(Bellis)*, Marien-Glockenblume *(Campanula medium)*, Bart-Nelke *(Dianthus barbatus)*, Fingerhut *(Digitalis)*, Goldlack *(Erysimum cheiri)*, Nachtviole *(Hesperis)*, Silberling *(Lunaria annua)*, Vergissmeinnicht *(Myosotis)*, Nachtkerze *(Oenothera)*, Königskerze *(Verbascum)*, Horn-Veilchen *(Viola cornuta)* und Stiefmütterchen *(Viola × wittrockiana)*.

➲ Mehr zu den ein- und zweijährigen Blumen erfahren Sie in den Kapiteln »Sommerblumen« ab Seite 330 und »Kletterpflanzen« Seite 232.

Stauden und Zwiebelblumen

Auch unter den langlebigen Blumen gibt es viele, die schon seit eh und je im Bauerngarten heimisch sind. Meist sind es unkomplizierte Stauden, die viele Jahre am gleichen Ort stehenbleiben können und sich dort prächtig vermehren und vergrößern.

Aus der großen Auswahl hier ein bunter Ausschnitt: Blauer Eisenhut *(Aconitum napellus)*, Aster *(Aster)*, Akelei *(Aquilegia)*, Gewöhnliches Maiglöckchen *(Convallaria majalis)*, Dahlie *(Dahlia)*, Rittersporn *(Delphinium)*, Chrysantheme *(Dendranthema)*, Feder-Nelke *(Dianthus plumarius)*, Tränendes Herz *(Dicentra spectabilis)*, Gämswurz *(Doronicum)*, Sonnenbraut *(Helenium)*, Christrose *(Helleborus niger)*, Taglilie *(Hemerocallis)*, Purpurglöckchen *(Heuchera sanguinea)*, Echter Alant *(Inula helenium)*, Schwertlilie *(Iris)*, Lupine *(Lupinus)*, Brennende Liebe *(Lychnis)*, Lichtnelke *(Lychnis)*, Margerite *(Leucanthemum maximum)*, Mutterkraut *(Matricaria)*, Nachtkerze *(Oenothera)*, Pfingstrose *(Paeonia)*, Mohn *(Papaver)*, Phlox *(Phlox)*, Lampionblume *(Physalis)*, Alpen-Aurikel *(Primula auricula)*, Mauerpfeffer *(Sedum)*, Goldrute *(Solidago)*, Sonnenhut *(Rudbeckia)*, und Veilchen *(Viola)*.

Zu den ausdauernden Bauerngartenbewohnern gehören auch viele Zwiebelpflanzen: Montbretie *(Crocosmia × crocosmiiflora)*, Krokus *(Crocus)*, Kaiserkrone *(Fritillaria imperialis)*, Schneeglöckchen *(Galanthus)*, Gladiole *(Gladiolus)*, Hyazinthe *(Hyacinthus)*, Frühlings-Knotenblume *(Leucojum vernum)*, Feuer-Lilie *(Lilium bulbiferum)*, Madonnen-Lilien *(Lilium candidum)*, Türkenbund-Lilien *(Lilium martagon)*, Narzisse *(Narcissus)* und Tulpe *(Tulipa)*.

Alle diese Stauden und Zwiebelblumen sind auch heute noch im Fachhandel erhältlich. Zu den alten Sorten sind inzwischen zahlreiche neue Züchtungen hinzugekommen. Manchmal findet man aber in Gärten auf dem Lande noch hier und da eine schöne und vor allem lebensstarke Staude aus der traditionellen »Stammlinie«. Dann lohnt es sich, um einen Ableger zu bitten. Da Blumentausch in bäuerlichen Gärten immer üblich war, wird man in der Regel nicht abgewiesen werden.

Alte Duftrosen waren einst in allen Bauerngärten zuhause. Als Schmuckstücke bereichern sie auch neue Gärten nach bäuerlichem Vorbild.

Blütensträucher und Rosen

Viel Platz blieb im bunten bäuerlichen Nutzgarten nicht übrig für große, sperrige Gehölze. Holunder und Haselnuss wuchsen eher an der Hauswand, an der Mauer oder an der Scheune als im Gemüsegarten. In rauen Landschaften waren die Gärten zum Schutz gegen kalte Winde oft von dichten Hecken aus Hainbuche oder Weißdorn umgeben. Für niedrige Einfassungen war der immergrüne Buchsbaum *(Buxus)* das beliebteste Gehölz.

Als einzelne »Schmuckstücke« im Garten wurden vor allem Ranunkelstrauch *(Kerria japonica)*, Goldregen *(Laburnum)*, Falscher Jasmin *(Philadelphus coronarius)*, Flieder *(Syringa)* oder der Gewöhnliche Schneeball *(Viburnum opulus)* gepflanzt. Sie sind auch im heutigen Bauerngarten die richtige Wahl.

Eine besondere Rolle spielten seit alten Zeiten die Rosen. Zur Tradition des Bauerngartens passen auch heute wieder am besten alten Duftrosen und schlichte Wildrosen. Die Zentifolien mit ihren kugelrunden, dicht gefüllten Blüten und dem starken süßen Duft sind besonders typisch für den Charme des ländlichen Gartens. Heimisch sind dort auch seit alter Zeit die Bibernell-Rose *(Rosa pimpinellifolia)*, die Damaszener-Rose *(Rosa × damascena)*, die Essig-Rose *(Rosa gallica)*, die Heckenrose *(Rosa canina)*, die Kapuzinerrose *(Rosa foetida)*, die Kartoffel-Rose *(Rosa rugosa)*, die Weiße Rose *(Rosa × alba)*, die Wein-Rose *(Rosa rubiginosa)* und die Zimt-Rose *(Rosa majalis)*. Kletterrosen und zierliche Rosenbäumchen sind damals wie heute der Stolz und die Freude der Bauerngartenbesitzer.

➲ Das Thema »Rosen« wird ab Seite 198, das Thema »Blütensträucher« ab Seite 152 ausführlich behandelt.

DER NUTZGARTEN

Baumobst • Beerenobst
Gemüse • Kräuter

Das Baumobst – Genuss für Auge und Gaumen

Obstbäume wachsen in jedem Garten. Erfolg und Freude werden wir damit aber nur haben, wenn wir die Eigenheiten der einzelnen Arten berücksichtigen bzw. wenn wir nur solche Obstarten pflanzen, die sich für die Verhältnisse in unserem Garten eignen. Das Goethe-Wort »Die Pflanze gleicht den eigensinnigen Menschen, von denen man alles erhalten kann, wenn man sie nach ihrer Art behandelt« gilt auch für die Obstbäume.

Unsere wichtigste Obstart: der Apfel

Malus

Äpfel gehören zu der Familie der Rosaceae. Die Sortenvielfalt ermöglicht es uns, ab Ende Juli bis weit in das nächste Frühjahr hinein Äpfel aus dem eigenen Garten zu essen. Mit ihrem Apfel aus dem Paradies könnte Eva heute allerdings keinen Adam mehr verführen, denn der Urapfel der Menschheitsgeschichte war vermutlich holzig, sauer und verlockte kaum zum Hineinbeißen. Anders die Äpfel von heute. Wir können sie direkt vom Baum essen – einfach paradiesisch! – oder vielseitig verwerten zu Apfelmus, Gelee oder Dörrobst, Apfelsaft (Süßmost) und Apfelwein, also Most. Und wer isst nicht gerne einen mit Apfelschnitzen belegten Kuchen?

Der gesundheitliche Wert des Apfels ist allgemein bekannt, und mancher hat es sich angewöhnt, täglich vor dem zubettgehen noch einen Apfel zu essen. Äpfel enthalten jedenfalls beträchtliche Mengen an Vitamin A, B, C und Mineralstoffen. Wertvoll ist auch der Reichtum an Pektinen und Gerüststoffen.

Die Standortansprüche

Apfelbäume können in jedem Garten gepflanzt werden, auch im kleinsten. Durch die Wahl entsprechender Unterlagen haben wir die Möglichkeit, die Kronenausdehnung den vorhandenen Platzverhältnissen anzupassen.

Der Baum wurzelt verhältnismäßig flach, was aber nicht heißt, dass ihm ein flachgründiger Boden besonders zusagen würde. Vor allem darf der Boden nicht zu trocken sein. Unter solchen »mageren« Verhältnissen würde ein Apfelbaum klein bleiben, geringe Erträge bringen und bereits frühzeitig absterben. Auch kalte und nasse Böden sagen dieser Obstart nicht zu; das Holz reift dann, vor allem in regenreichen Jahren, nur schlecht aus. Als Folge davon ist der Baum frostgefährdet und wird leicht krebsig.

Ideal ist ein nährstoffreicher, lehmiger Boden, tiefgründig, gut durchlüftet und gut mit Humus versorgt. Wenn diese Verhältnisse nicht von Natur aus vorhanden sind, versuchen wir sie annähernd zu schaffen.

Der Apfelbaum liebt eine höhere Luftfeuchtigkeit als die übrigen Obstarten. Pflanzen Sie ihn deshalb möglichst nicht an einen trockenen Südhang oder als Spalier an eine Südwand, denn die Bäume bleiben dort klein, leiden unter Schädlingen und Krankheiten und tragen schlecht. In sehr warmen, trockenen Gegenden eignen sich Apfelbäume besser für die kühlere, feuchtere Nordlage.

Die Befruchtungsverhältnisse

Alle Apfelsorten sind selbstunfruchtbar, also auf Bestäubung mit sortenfremden Pollen (Fremdbestäubung) angewiesen.

Doch es wird noch komplizierter: Nicht jede Sorte ist auch ein guter Pollenspender. Nur Sorten mit diploidem, also zweifachem Chromosomensatz (bei Apfel 34 Chromosomen) sind als Pollenspender geeignet.

Dies heißt: Für jede Apfelpflanzung sind mindestens zwei diploide Sorten erforderlich, die sich gegenseitig und außer-

Apfelernte wie im Paradies, und dafür muss der Garten noch nicht einmal groß sein!

Schwachwachsende Unterlagen bei Apfel

M 9

■ Wichtigste Unterlage für klein bleibende Apfelbäumchen, also Spindelbusch, Obsthecke, Spalier oder Kunstkrone (zum Beispiel senkrechter Kordon, Palmette).

■ Die aufveredelte Sorte beginnt früh und regelmäßig zu tragen, oft schon im Jahr nach der Pflanzung.

■ Die Fruchtqualität, also Größe, Farbe und Inhaltsstoffe, ist auf M 9 ausgezeichnet.

■ Voraussetzung für den Erfolg sind allerdings beste Bodenverhältnisse, die sich durch Zusatz von Kompost oder anderen Humusstoffen schaffen lassen.

■ Bei guter Pflege werden die Bäumchen 20–25 Jahre alt.

M 26

■ Dieser Typ hat ähnliche Eigenschaften wie M 9. Er wächst allerdings geringfügig stärker und wird deshalb bevorzugt auf mittleren und schwächeren Böden verwendet, also auf Böden, die nicht ganz so ideal sind wie für M 9 nötig.

■ Auch schwach wachsende Edelsorten, die auf M 9 zu zwergig bleiben würden, werden besser auf M 26 gepflanzt.

■ In manchen Baumschulen wird auf MM 106 veredelt, eine Unterlage mit ähnlichen Eigenschaften wie M 26.

M 27

■ Auch diese Unterlage hat ähnliche Eigenschaften wie M 9, vermindert aber das Wachstum der aufveredelten Sorten noch stärker als M 9.

■ Geeignet für besonders starkwüchsige Sorten (zum Beispiel 'Boskop', 'Gravensteiner'), die auf guten Böden auf M 9 nicht genügend klein bleiben würden.

■ Diese besonders schwach wachsende Unterlage wird auch für den Topf-Obstbau verwendet.

Deutlich ist bei diesem Spindelbusch über dem Boden die knollenartige Veredlungsstelle zu erkennen.

dem vorhandene triploide Sorten befruchten können. Wenn im eigenen Garten oder in der Nachbarschaft mehrere Apfelbäume stehen, braucht man sich hierzu keine Gedanken zu machen. Wer aber ein isoliert liegendes Grundstück besitzt oder als Einziger in der Umgebung Apfelbäume pflanzen will, sollte auf diese Zusammenhänge achten.

Die Unterlagen

Die ursprüngliche Unterlage beim Apfel ist der Sämling. Dabei werden die Apfelkerne in der Baumschule ausgesät und später auf die Sämlingspflanzen die Edelsorten veredelt. Solche Bäume bekommen ein umfangreiches Wurzelwerk, eine weit ausladende Krone, sie erreichen ein hohes Alter und können hohe Erträge bringen. Der Ertragsbeginn liegt allerdings spät, man muss sich gedulden; bei manchen Sorten hat es früher an die acht bis 12 Jahre gedauert, bis sie so richtig mit dem Ertrag einsetzten. Durch die empfohlenen Schnittmethoden (siehe ab Seite 424), vor allem durch Waagerechtbinden von nicht zum Kronenaufbau benötigten Trieben, lässt sich bereits wesentlich früher, meist ab drittem bis fünftem Standjahr, eine erste Ernte erzielen. Sämlingsunterlagen werden für Hoch- und Halbstämme verwendet. Daneben gibt es die vegetativ vermehrten Zwerg-Unterlagen, meist als Typenunterlagen bekannt, die von der englischen Versuchsstation East Malling stammen. Sie werden mit arabischen Zahlen bezeichnet (siehe Kasten).

Die Verwendung im Garten

In einem größeren Garten, etwa ab 600 bis 800 m², sollte, wenn irgendwie möglich, ein Hoch- oder Halbstamm gepflanzt werden, vielleicht als Eckpunkt der Terrasse oder an einer anderen Stelle, die betont werden soll.

Ideal aufgebauter Apfel-Buschbaum mit nur wenigen kräftigen Ästen und gleichmäßig verteiltem Fruchtholz, das beinahe bis an den Stamm reicht.

Oben: 'Prinz Albrecht von Preußen', eine wertvolle Liebhabersorte, die reich und beinahe jedes Jahr trägt.
Unten: 'Gloster' hält sich bis März.

Bewährte Apfel-Sorten

Sorten	Baumreife B Genussreife G	Bemerkungen
'Mantet'	B und G Ende Juli bis Mitte August	Gute Rotfärbung und besserer Fruchtgeschmack als bei 'Weißer Klarapfel'; trägt reich, daher kräftiger Schnitt und Ausdünnen der Früchte nötig
'Alkmene'	B Anfang bis Mitte September G bis Ende November	In Form und Farbe der 'Goldparmäne' ähnelnd; Geschmack erfrischend aromatisch; Ertrag früh einsetzend und reich
'James Grieve'	B ab Anfang September G September bis Mitte November	Ersatz für Gravensteiner; trägt reich und regelmäßig; Spindelbüsche sollen auf M 26 oder M 7 stehen, da sie sich auf M 9 zu leicht erschöpfen und schwach wachsen
'Elstar'	B Ende September, G Oktober bis Mitte Januar	Frucht mittelgroß, gelb, sonnenseits intensiv gerötet; feines Aroma, saftig; Ertrag mittel bis hoch, nicht ganz regelmäßig tragend, deshalb Früchte ausdünnen
'Jonagold'	B Ende September bis Mitte Oktober G Oktober bis März	Farbe im vollreifen Zustand sattgelb, sonnenseits verwaschen bis geflammt orangerot; Geschmack süßlich-feinsäuerlich; reich tragend
'Goldparmäne'	B Anfang Oktober G Oktober bis Dezember	Nach wie vor eine wertvolle Sorte; gute Fruchtfärbung; sehr geschätzt zur Weihnachtszeit; sehr wohlschmeckend; früher und meist jedes zweite Jahr reicher Ertrag; dann ausdünnen
'Prinz Albrecht von Preußen'	B Anfang Oktober G Oktober bis Januar	Trägt regelmäßig und sehr reich und ist deshalb bei Gartenfreunden sehr beliebt; sehr frosthart, unempfindlich gegen Schorf
'Rubinette'	B Anfang Oktober G Ende Januar	Frucht klein bis mittelgroß, kugelig, orangerot bis rostrot gestreift; hervorragendes Aroma; Ertrag früh einsetzend, hoch, regelmäßig; gegen Schorf spritzen und unbedingt ausdünnen, da sonst Früchte zu klein bleiben; ein Apfel für Könner und Kenner!
'Freiherr von Berlepsch'	B Anfang Oktober G November bis März	Jedes zweite Jahr reich tragend, ausgezeichneter Geschmack; hoher Vitamin-C-Gehalt; die Sorte 'Roter Berlepsch' ist intensiv rot gefärbt
'Melrose'	B Anfang Oktober G Dezember bis Mai	Farbe dunkelrot mit Braun auf gelbem Grund; Früchte mittelgroß bis groß; Geschmack fruchtig süßlich, aromatisch
'Gloster'	B Mitte Oktober G Dezember bis März	Frucht ziemlich groß, hoch gebaut, Farbe dunkelrot mit Blaustich und winzigen hellen Punkten; Ertrag früh einsetzend, hoch, regelmäßig
'Zuccalmaglio'	B ab Mitte Oktober G November bis April	Früchte zitronengelb, sonnenseits orangefarben; Früchte ausdünnen, da sonst sehr klein; feiner Tafelapfel; wenig anfällig für Krankheiten und Schädlinge; auch noch für höhere, raue Lagen geeignet
'Roter Boskoop'	B Mitte Oktober G Ende Dezember bis Mitte März	Sehr großfruchtig; würziger frischer Geschmack (hoher Säuregehalt); Bratapfel; trägt auf Typ M 9 (Spindelbusch) früh und regelmäßig; zum Aufpfropfen auf schwachwüchsigere Bäume (auch Halb- bzw. Hochstämme) gut geeignet
'Ontario'	B Ende Oktober G Januar bis April	Farbe wird auf Lager gelb; wertvoll wegen der langen Haltbarkeit; früh und reich tragend; Schorfanfälligkeit gering; im Holz empfindlich, in der Blüte dagegen sehr unempfindlich gegen Kälte, in schweren Böden krebsanfällig

Am besten verwenden wir dazu eine Sorte, die wenig anfällig gegen Krankheiten und Schädlinge ist und deshalb nicht gespritzt zu werden braucht.
Gut geeignet sind zum Beispiel 'Grahams Jubiläumsapfel', 'Blenheim', 'Kaiser Wilhelm'. Erstgenannte hat den Vorzug, dass sie erst sehr spät im Mai blüht. Die »Eisheiligen« können ihr also nichts anhaben, so dass es jedes Jahr Früchte gibt.
Ob ein Hochstamm oder Halbstamm gepflanzt werden soll, muss jeder selbst entscheiden. Wer unter der Krone bequem hindurchgehen will, sollte einen Hochstamm mit 180 cm Stammhöhe bevorzugen und dabei bedenken, dass mit etwa 8–12 m Kronendurchmesser zu rechnen ist.

Erntevielfalt durch Spindelbüsche und Obsthecken

Für die Selbstversorgung mit Obst ziehen wir kleine Baumformen, also den Spindelbusch, vor. Dadurch bringen wir auf die gleiche Fläche, die ein Hoch- oder Halbstamm beansprucht, acht bis zehn Bäumchen unter. Was nützt es, wenn wir von einem großkronigen Apfel- oder Birnbaum sechs bis acht Zentner und noch mehr Früchte von ein und derselben Sorte ernten, die wir im eigenen Haushalt kaum verbrauchen können?
Pflanzen Sie dagegen Spindelbüsche oder eine Obsthecke, so bringen Sie auf einer verhältnismäßig kleinen Fläche mehrere Sorten unter und haben bei überlegter Sortenwahl über viele Monate hinweg Äpfel aus dem eigenen Garten.
Bei Spindelbüschen genügt ein Pflanzabstand von 180–220 cm, wenn nur eine Reihe gepflanzt wird. Erziehen Sie die Bäumchen als »Schlanke Spindel«, so sind bereits 120 cm ausreichend. Auch die Höhe bleibt sehr im Rahmen: 250 cm werden kaum überschritten, und wenn, dann brauchen wir ja nur beim Schnitt den Mitteltrieb, also die Stammverlängerung, auf einen weiter unten befindlichen seitlichen Trieb absetzen. Auf diese Weise können die Bäumchen zeitlebens niedrig gehalten werden.

Ältere robuste Apfel-Sorten

Sorten	Baumreife B Genussreife G	Bemerkungen
'Ernst Bosch'	B Oktober G Oktober/November	Sichere und reiche Erträge auch bei weniger günstigen Böden und Lagen
'Brettacher'	B ab Mitte Oktober G Dezember bis April	Vorzüglicher Lagerapfel; starkwachsend; große Früchte; widerstandsfähig gegen Krankheiten
'Blenheim'	B Mitte Oktober G November bis März	Gesunder Wuchs; kaum schorfanfällig
'Grahams Jubiläumsapfel'	B ab Mitte September G September bis Januar	Wertvoller Kochapfel; kaum krankheitsanfällig; auch für raue Lagen; blüht erst ab Mitte Mai, deshalb kaum Ausfälle durch Blütenfrost
'Jakob Fischer'	B ab Anfang September G September/Oktober	Bewährter Herbstapfel für baldigen Verbrauch; sehr starker, gesunder Wuchs
'Kaiser Wilhelm'	B Mitte Oktober G November bis März	Wertvoller Apfel für Most- und Süßmostbereitung; in späteren Jahren reiche und regelmäßige Erträge
'Lohrer Rambur'	B ab Ende Oktober G Januar bis Mai	Wertvoller Wirtschaftsapfel für raue Lagen; kaum krankheitsanfällig; guter Mostapfel
'Rote Sternrenette'	B Mitte Oktober G November bis Januar	Ertrag mittel, unregelmäßig; widerstandsfähig gegen Krankheiten; beliebter Weihnachtsapfel
'Schöner aus Wiltshire'	B ab Mitte Oktober G November bis März	Wertvoller Tafel- und Wirtschaftsapfel mit großer Anpassungsfähigkeit; widerstandsfähig gegen Schorf
'Winterrambour'	B ab Mitte Oktober G November bis März	Wirtschaftsapfel für den bäuerlichen Anbau; starkwüchsig mit breit ausladender Krone; ziemlich anspruchslos; spät, dann aber reich tragend
'Zabergäurenette'	B ab Mitte Oktober G Dezember bis März	Robuster, guter Tafelapfel mit feinem Aroma

Oben: 'Brettacher', ein vorzüglicher Lagerapfel, der kaum von Schorf befallen wird. Unten: 'Grahams' blüht erst nach den Eisheiligen und trägt deshalb fast jedes Jahr.

Apfel-Sorten für naturnahen Anbau

Sorten	Baumreife B Genussreife G	Bemerkungen
'Piros'	B August G August	Bis zu drei Wochen haltbar; sehr robust; Frucht groß, fest, aromatisch; widerstandsfähig gegen Mehltau; eine Spitzensorte unter den Sommeräpfeln
'Pirella'	B ab September G September bis November	Wuchs mittelstark mit guter Verzweigung; früh, regelmäßig und reich tragend; Frucht groß bis sehr groß, leuchtend rot auf gelbem Grund, aromatisch
'Reglindis'	B ab September G September bis November	Mittelstarker Wuchs; regelmäßig und reich tragend; Frucht mittelgroß, Farbe leuchtend rot auf grüngelbem Grund, saftig, süß-säuerlich; resistent gegen Schorf und Obstbaumspinnmilbe, wenig anfällig für Mehltau und Feuerbrand
'Resi'	B ab September G September bis Dezember	Schwach bis mittelstark wachsend; früh, regelmäßig und sehr reich tragend; Früchte unbedingt ausdünnen, da sie sonst zu klein bleiben; Frucht mittelgroß, leuchtend rot, fest und saftig, süßlich-aromatisch; resistent gegen Schorf, Feuerbrand und Obstbaumspinnmilbe; guter Tafelapfel
'Topaz'	B ab September G Oktober bis Februar	Mittelstark wachsend; früh, regelmäßig und reich tragend; Frucht mittelgroß, orangerot auf gelbem Grund, fest und sehr saftig, angenehm süß-säuerlich; resistent gegen Schorf, wenig mehltauanfällig; Tafelapfel zum Einlagern
'Rewena'	B Oktober G November bis Februar	Schwachwachsend, sehr lockere Krone; reich und regelmäßig tragend; Frucht mittelgroß, leuchtend rot, saftig; resistent gegen Schorf, Mehltau und Feuerbrand; für Rohgenuss und zu Saftbereitung; gut lagerfähig
'Pinova'	B Oktober G November bis April	Schwach bis mittelstark wachsend; früh, regelmäßig und reich tragend; Früchte unbedingt ausdünnen; Frucht mittelgroß, rot, fest, saftig, süß-säuerlich; vorzüglicher Winter-Tafelapfel, gut lagerfähig; ideale Sorte für »Schlanke Spindel«; ausreichend widerstandsfähig gegen Schorf und Feuerbrand
'Pilot'	B Oktober G Dezember bis Mai	Schwach wachsend; sehr früh, reich und regelmäßig tragend; Frucht mittelgroß, leuchtend orangerot, fest, süß-säuerlich, spritzig; sehr ertragreicher Winterapfel, gut lagerfähig; wenig anfällig für Schorf und Mehltau; wegen des schwachen Wuchses auch für Topf-Obstbau

Alle Arbeiten lassen sich am Spindelbusch bequem durchführen, ganz gleich, ob es sich um den Schnitt, um Pflanzenschutzmaßnahmen oder um die Ernte handelt. Zur Ernte benötigen wir äußerstenfalls einen Hocker oder eine kleine Haushaltsleiter, um auch die letzten Früchte oben am Gipfeltrieb zu erreichen. Ein weiterer Vorteil: Der Ertrag bei solchen zwergig wachsenden Bäumchen auf schwachwüchsiger Unterlage setzt sehr früh ein, meist gibt es schon im zweiten Standjahr die ersten Naschfrüchte. Dabei ist die Ernte bei Spindelbüschen regelmäßig und erstaunlich hoch. Spitzenerträge von 150–250 Früchten und 25–40 kg sind bei bester Kultur auch im Haus- und Kleingarten zu erreichen. Hinzu kommt, dass sich mit einer Spindelbuschreihe oder einer Obsthecke entlang der Nachbargrenze ein guter Sichtschutz und zugleich Windschutz schaffen lässt.

Aromatische Köstlichkeit: die Birne

Pyrus

Die meisten Birnen-Sorten lassen sich nicht so lange lagern wie Äpfel; selbst ausgesprochene Winterbirnen halten sich bei weitem nicht so lange wie so manche späte Apfel-Sorte.
Doch saftreiche, aromatische Birnen – sie gehören zu den Rosacaeaen – sind etwas Köstliches. Soweit sie nicht gleich vom Baum oder nach kurzer Lagerung gegessen werden, können wir die Früchte in Gläsern oder Dosen für den Winter haltbar machen, aber auch zu Kompott oder Dörrobst verarbeiten.
Birnen enthalten zwar weniger Vitamin C als Äpfel, sind aber reicher an Vitamin A und vor allem an Calcium; an Vitaminen der B-Gruppe enthalten sie etwa genauso viel.

Die Standortansprüche

Die Birne will mehr Wärme als der Apfel. Dies gilt besonders für spät reifende Sorten, die nur im Weinklima oder an sehr begünstigten Stellen ihr köstliches, sortentypisches Aroma entwickeln. Unter weniger günstigen Verhältnissen sollten Sie anspruchsvolle Spätsorten nur als Spalier an eine Süd- oder Südwestwand pflanzen, denn sonst werden wir nur in sehr sonnenreichen Jahren mit ihrer Ernte zufrieden sein, während in feuchten, kühlen Jahren der Geschmack eher rübenartig und das Fruchtfleisch trocken und zäh bleibt. Schneidet man die Früchte mit dem Messer durch, sind dann um das Kernhaus herum häufig die für Birnen typischen Steinzellen zu finden.
Die Birne ist ein Tiefwurzler, wenn die Hoch- und Halbstämme auf Birnen-Sämlinge veredelt wurden. Diese Bäume können wegen des tief reichenden Wurzelsystems auch längere Trockenzeiten gut überstehen.
Das trifft allerdings nicht auf Birnen-Spindelbüsche oder Obsthecken aus Birnbäumchen zu, die auf Quittenunterlage mit verhältnismäßig flach verlaufendem Wurzelwerk veredelt sind.
Ganz allgemein sagt der Birne ein tiefgründiger, leichter, sandiger Lehm- oder lehmiger Sandboden besonders zu. Ungeeignet sind dagegen Böden, die zu ständiger Nässe im Untergrund oder zur Verdichtung neigen. In solchen Fällen kommt es zu Luftmangel im Wurzelbereich.
Auf Quitte veredelte Birnen neigen auf kalkhaltigem Boden oder nach längeren Regenperioden häufig zu Chlorose, was bedeutet, dass die Blätter ihr typisches Grün verlieren und eine gelblich bleiche Färbung annehmen.
Die Birnenblüte wird durch Spätfröste wegen der früheren Blüte häufiger geschädigt, als dies bei der Apfelblüte der Fall ist. Im Holz sind vor allem auf Quitte veredelte Birnen in besonders kalten Wintern empfindlich. Trotzdem kann man alte Mostbirn-Bäume auf Fluren vorfinden, die bestimmt 100 Jahre und älter sind und auch die extremsten Winter der letzten Jahrzehnte ohne Schaden überlebt haben.

Die Befruchtungsverhältnisse

Hier gilt das Gleiche wie beim Apfel, das heißt, die Birnen-Sorten sind selbstunfruchtbar und benötigen den Blütenstaub (Pollen) einer anderen Sorte, damit die Samenanlagen befruchtet werden können. Allerdings sind die meisten Sorten diploid.
Interessant ist, dass bei der Birne die so genannte Jungfernfrüchtigkeit (Parthenokarpie) vorkommen kann. In diesem Fall entwickeln sich Früchte, ohne dass vorher eine Befruchtung stattgefunden hat, etwa dann, wenn durch Frost die Samenanlagen vernichtet wurden. Bekannt ist diese Erscheinung vor allem bei der Sorte 'Williams Christ', aber auch bei 'Frühe von Trévoux' und 'Alexander Lucas'.

Die Unterlagen

Ebenso wie beim Apfel wird für Hoch- und Halbstämme der Birnen-Sämling als Unterlage verwendet. Auf weniger fruchtbaren Böden kommen Birnen auf Sämling besser voran als solche, die auf Quitte veredelt wurden. Kräftiger Wuchs, hohes Alter und eine gute Standfestigkeit sind die Vorteile von Bäumen auf Sämling. Hinzu kommt die ausgezeichnete Frosthärte selbst in extrem kalten Wintern. Nachteilig ist, von den umfangrei-

'Gräfin von Paris', eine edle Sorte, eignet sich vorzüglich als Wandspalier. Wichtig: Erst spät, gegen Ende Oktober, ernten, da sie sonst rübenartig schmeckt.

'Bosc's Flaschenbirne', eine geschmacklich hochwertige Tafelbirne, die zudem kaum krankheitsanfällig ist; die zimtbraun berosteten Früchte sind saftreich mit edler Würze.

chen, oft sehr hohen Kronen abgesehen, dass die Fruchtqualität meist nicht so gut ist wie bei den auf Quitte veredelten Bäumen.

Auf Quitte veredelte Birnen

Die Quitten-Unterlage zeigt schwachen Wuchs und benötigt ständig einen Pfahl. Sie eignet sich für den Spindelbusch, für die Obsthecke und für kleinere Obstspaliere. Weitere Vorteile sind der günstige Einfluss auf Fruchtgröße und -qualität sowie auf die Reife. Auf Quitte veredelte Birnbäume tragen außerdem regelmäßiger. Allerdings: Ganz so schwachwüchsig wie M 9 und M 26 als Typenunterlage bei Apfel ist die Quitte nicht. Birnspindelbüsche werden also meist etwas größer als Apfelspindelbüsche, sie ähneln vielfach bereits einem Buschbaum. Soll entlang der Gartengrenze eine Obstreihe gepflanzt werden, empfiehlt es sich, Apfel- und Birnspindelbüsche nicht durcheinander zu setzen und bei den Birnen etwas mehr Abstand einzuhalten.

Bewährte Birnen-Sorten

Sorten	Baumreife B Genussreife G	Bemerkung
'Frühe von Trévoux'	B und G Mitte August	Auch für ungünstige Lagen geeignet; saftig, aromatisch; Ertrag sehr regelmäßig
'Clapps Liebling'	B und G Mitte August	Haltbarkeit ein bis zwei Wochen; eine der wertvollsten Frühbirnen; saftiges Fleisch und würziges Aroma; nicht sehr windfest; Ernte sollte acht bis zehn Tage vor Vollreife erfolgen, Früchte werden bei zu später Ernte rasch teigig
'Williams Christ'	B Mitte August G Ende August bis Anfang September	Gleichmäßig gelb gefärbte Frucht von unregelmäßiger Form; trägt hauptsächlich am kurzen Fruchtholz, deshalb auch für Spalier geeignet; Fruchtbarkeit früh und reich; weißes, saftig-würziges Fruchtfleisch; bestens zur Konservierung geeignet
'Gute Luise'	B Mitte September G Ende September, Oktober	Saftig-süß, hervorragender Geschmack; reich tragend; bei dichter Baumkrone sehr schorfanfällig, deshalb Krone sehr licht halten; vorzüglich als Spalier; regengeschützt unter Vordach, dann schorffrei
'Köstliche von Charneu'	B Mitte September G ab Oktober	Reich tragend; ziemlich süß, saftig, wohlschmeckend
'Tongern'	B Ende September G Oktober	Sobald grüne Grundfarbe gelb wird (nicht zu spät) ernten, Fruchtfarbe braunrot; saftig, aromatisch; Erträge hoch und regelmäßig
'Bosc's Flaschenbirne'	B Oktober G Oktober/ November	Haltbarkeit drei bis vier Wochen; nur für warme Lagen; Blüte spät, widerstandsfähig; nicht schorfanfällig
'Alexander Lucas'	B Mitte Oktober G November bis Dezember	Frucht groß bis sehr groß; früh einsetzende, regelmäßige Fruchtbarkeit, sehr widerstandsfähig gegen Schorf; in rauen Gegenden nur als Südwand-Spalier
'Madame Verté'	B Mitte Oktober G Dezember bis Februar	Sehr wertvolle Wintersorte, auch für klimatisch weniger günstige Gebiete; das köstliche, zimtartige Aroma entwickelt sich ab Januar, gut als Spalier geeignet
Ältere robuste Sorten		
'Bunte Julibirne'	B Mitte Juli G Anfang August	Beliebte Frühbirne; auch für weniger günstige Standorte
'Gute Graue'	B September G September	Haltbarkeit zwei Wochen; eine Frühbirne, die auch vorzügliches Dörrobst liefert
'Neue Poiteau'	B September G Oktober	Haltbarkeit sechs Wochen; hohe Ertragssicherheit auch in raueren Lagen

Die Verwendung im Garten

Einen Birnen-Hoch- oder -Halbstamm pflanzen Sie am besten im Terrassenbereich oder an einer anderen Stelle des Gartens, die aus gestalterischen Grün-

'Clapps Liebling', eine wertvolle Frühbirne, reift bereits im August; sie hält sich ein bis zwei Wochen.

den betont werden soll. Der rein obstbauliche Nutzen kann dabei eine untergeordnete Rolle spielen. Bei der Planung nicht zu vergessen ist der Kronendurchmesser eines solchen Baumes, der nach einigen Jahren durchaus sechs bis acht Meter erreichen kann. Auch wachsen viele Birnen-Sorten steil in die Höhe.
Für den eigentlichen Obstertrag pflanzt man die Birne dagegen bevorzugt als Spindelbusch mit einem Abstand von mindestens 250–280 cm bei einreihiger Pflanzung. Ebenso wie Äpfel lassen sich die auf Quitte veredelten Bäumchen als Obsthecke ziehen.
Ausgezeichnet eignet sich die Birne für ein Spalier an der Süd- oder Südwestwand des Hauses, wobei Sorten zu bevorzugen sind, die von Natur aus kurzes Fruchtholz bilden. Für die besonders wärmeliebenden Spätsorten kommt in Gegenden, die nicht gerade Weinklima haben, ohnehin nur eine geschützte Hauswand in Frage.

Solch ein blühender Birnbaum kann es an Schönheit mit jedem Ziergehölz aufnehmen. An markanter Stelle gepflanzt, wird er zum idealen Hausbaum für den größeren Garten.

Nakai, die China-Birne

Pyrus pyrifolia var. *culta*

Bei dieser Obstart aus Fernost, die auch unter dem Namen Nashi oder Japanische Apfelbirne bekannt ist, ähneln die Blätter den Birnbäumen, die Früchte sehen dagegen wie Äpfel aus. Die gelben oder bräunlichen Früchte sind hellgrau punktiert und wirken deshalb recht apart. Sie sind knackig, saftig, honigartig süß und sehr erfrischend; die Schale ist besonders dünn. Sie eignen sich hervorragend zu Obstsalat und zum sofortigen Essen, etwa als Erfrischung aus dem Kühlschrank. Nakai können überall dort gepflanzt werden, wo auch Birnen gut wachsen. Allerdings sind sie wegen ihrer frühen Blüte – zwischen Pfirsich und Birne – stärker spätfrostgefährdet als diese. Die im Herbst geernteten reifen Früchte müssen allerdings innerhalb von zwei Wochen verbraucht werden.
Als Hauptsorte gilt derzeit 'Hosui', bronzegelb gefärbt, sehr aromatisch und reich tragend. Zur Befruchtung eine andere der im Handel befindlichen Sorten beigeben! Die auf Birnen-Sämling veredelten Bäume zeigen einen mäßigen Wuchs und beginnen bald mit dem Ertrag.

Die Nashi-Birne wächst auf Birnen-Sämling veredelt nur mäßig und beginnt bald zu tragen.

Pflaume, Zwetsche, Mirabelle und Reneklode

Prunus

Pflaumen sind an den Enden abgerundet, sie haben eine Fruchtnaht wie zum Beispiel Pfirsiche, und ihr Kern sitzt mehr oder weniger fest am Fruchtfleisch.
Mirabellen werden nur etwa kirschgroß. Typisch sind außerdem ihre goldgelbe Schale sowie das gelbe Fruchtfleisch. Sie reifen ab August. Wegen ihrer Süße kann man sie direkt vom Baum naschen, begehrt sind sie aber auch zum Einmachen.
Renekloden, auch Reineclauden geschrieben, erkennt man an der kugeligen Form, der grüngelben Haut und dem hellen Fruchtfleisch. Wir essen die köstlichen Früchte direkt vom Baum oder verarbeiten sie zu Kompott.
Zwetschen sind kleiner als Pflaumen, haben spitze Enden, keine Fruchtnaht und sind meist gut vom Stein zu lösen. Die sehr zarte Haut zerfällt beim Kochen leicht, so dass Zwetschen sich gut einkochen lassen. Zu Mus eignen sich vor allem Zwetschen, die am Stiel schon leicht runzelig zu werden beginnen; sie sind besonders aromatisch und enthalten viel Fruchtzucker. Überhaupt haben Zwetschen von allen den höchsten Gehalt an Fruchtzucker und den niedrigsten Wassergehalt. Sie sind vielseitig in der Küche zu verwenden und lassen sich als einzige »Pflaumen-Art« einfrieren, entweder als ganze Früchte ohne Zucker oder halbiert und mit einer Zuckerlösung bedeckt. Vor allem die spätestreifende Sorte, die 'Hauszwetsche', ist sehr wertvoll, da sich ihre zuckerreichen Früchte hervorragend als Kuchenbelag (Zwetschgen-Datschi) eignen. Genauso gerne essen wir sie aber auch direkt vom Baum, machen daraus Marmelade, wecken sie ein oder dörren sie. Wichtig ist, dass wir die 'Hauszwetsche' lange genug am Baum hängen lassen, damit der Zuckergehalt möglichst hoch wird und sich das typische Aroma voll ausbildet. Leichte Nachtfröste schaden den Früchten nicht.

Die Standortansprüche

Pflaumen, Zwetschen und all die anderen aus dieser Gruppe kommen mit jedem halbwegs normalen Gartenboden gut zurecht. Dies ist wohl auch der Grund für ihre weite Verbreitung.
Ideal sind nährstoffreiche, warme, dabei aber ausreichend feuchte Böden, die gut mit Humus versorgt sind. Dabei braucht der Boden gar nicht besonders tiefgründig zu sein. Selbst ein Grundwasserstand, der bis 50 cm unter die Bodenfläche an-

Pflaumen, Zwetschen, Mirabellen und Renekloden

Sorte	Reife	Bemerkung
'Zimmers Frühzwetsche'	Anfang August	Gut vom Stein lösend; vielseitig verwertbar; Ertrag reich und regelmäßig; nur für warme, geschützte Standorte
'Ontario-Pflaume'	Anfang August	Frucht groß bis sehr groß, kugelig und von goldgelber Farbe; wohlschmeckend; gut für Konservierung geeignet; Baum starkwüchsig; wenig anspruchsvoll; oft zu reich tragend
'Graf Althans Reneklode'	August	Frucht groß bis sehr groß, kugelig, von violettrosa Farbe mit bläulichem Hauch; Fleisch gelb, saftig und sehr aromatisch; gut vom Stein lösend; der Baum ist stark wachsend; Erträge früh einsetzend und regelmäßig; auch zum Einkochen vorzüglich geeignet
'Mirabelle von Nancy'	Mitte bis Ende August	Kleine bis mittelgroße, rundliche Früchte von gelber Farbe; gut vom Stein lösend; süßer, würziger Geschmack; bestens geeignet zur Konservierung;
'Wangenheims Frühzwetsche'	Mitte August bis Mitte September	Früchte rötlich-blau, bereift; sehr süß; vorzüglich als Kuchenbelag geeignet; beginnt früh mit dem Ertrag; sehr reich tragend; Ersatz für 'Hauszwetsche' in rauen Gebieten; steinlösend
'Große Grüne Reneklode'	Ende August bis Mitte September	Frucht mittelgroß, rund, dunkelgrün; Fleisch meist vom Stein lösend, saftig und von bestem Geschmack; hervorragend für Frischgenuss und zur Konservierung
'Hauszwetsche'	ab Mitte September	Sollte in keinem Garten fehlen, da für alle Zwecke geeignet; nur wertvollen Typ pflanzen! Frucht länglich, tiefblau und leicht Stein lösend; Baum starkwüchsig und reich tragend
'Jojo'	ab Mitte September	Reift mit der 'Hauszwetsche'; Ertrag früh einsetzend, hoch und regelmäßig; gut steinlöslich, sehr gut als Kuchenbelag; gering krankheitsanfällig, erste scharkaresistente Zwetschensorte
Zwetsche 'Top'	Anfang Oktober	Selbstfruchtbar; Ertrag früh einsetzend, Frucht groß, dunkelblau, steinlösend, schmeckt vorzüglich; robuster Massenträger; bisher wenig anfällig für Krankheiten; für Frischgenuss, zum Backen und Tiefgefrieren

'Grüne Reneklode', vorzüglich zum Vom-Baum-Essen und zum Konservieren.

Mirabellen, süß und würzig, sind bestens zur Konservierung geeignet.

steigt, macht einem Zwetschenbaum nichts aus. Nur Trockenheit wird schlecht vertragen; es kommt dann zu Fruchtfall noch vor der Reife.

Die Pflanzstelle sollte möglichst sonnig und warm sein. Bei zu viel Schatten werden die Früchte nicht genügend süß, und in einer rauen Lage wird die wertvolle, aber späte 'Hauszwetsche' in manchen Jahren nicht reif. Ansonsten aber ist gerade sie sehr anpassungsfähig.

Die Befruchtungsverhältnisse

Bei Pflaumen und Zwetschen gibt es alle Übergänge von selbstfruchtbar bis zu selbstunfruchtbar. Um eine sichere Befruchtung zu erreichen, ist es deshalb am besten, wenn im eigenen Garten oder in der näheren Umgebung verschiedene Sorten stehen. Auch Schlehen *(Prunus spinosa)* und die in so manchem Garten stehende Blutpflaume *(Prunus cerasifera* 'Nigra') sollen nach Beobachtungen in der Lage sein, Pflaumen und Zwetschen zu befruchten. Die 'Hauszwetsche' ist normalerweise voll selbstfruchtbar, das heißt, auch ein einzelstehender Baum kann gute Erträge bringen.

Die Unterlagen

Auch bei dieser Obstart gibt es sowohl Sämlingsunterlagen als auch auf ungeschlechtlichem Weg vermehrte Unterlagen. Bäume, die auf schwach wachsenden Unterlagen veredelt sind, bleiben

Eine 'Hauszwetsche' eignet sich für beinahe jeden Garten, die Ernte lässt sich vielseitig verwerten.

kleiner, werden höchstens 300 cm hoch und beginnen schon nach zwei bis drei Jahren mit dem Ertrag; es lassen sich damit sogar Spindeln erziehen.

Die Verwendung im Garten

Was im größeren Garten ein Apfel- oder Birnbaum als gestalterisch betonter Punkt sein kann, ist im kleinen Garten ein Baum aus der Pflaumen-Gruppe. Auch den Kompostplatz kann ein Zwetschenbaum beschatten. Für alle diese Zwecke bevorzugen wir den Hoch- oder Halbstamm, weil man darunter hindurchgehen und arbeiten kann. Der Kronendurchmesser liegt bei vier bis sechs Metern, man muss also mit einem Platzbedarf von 25–35 m^2 rechnen; dabei spielt es keine Rolle, ob Sie einen Hoch-, Halb- oder Buschbaum pflanzen.

Etwas anspruchsvoll: die Süß-Kirsche

Prunus avium

Eine wertvolle Obstart, die durch die hohen Erntekosten teuer geworden ist. Schon vom Preis her lohnt also der Anbau im eigenen Garten. Leider stehen dem der große Platzbedarf von mindestens 60–80 m^2 und die recht speziellen Bodenansprüche entgegen. Ein weiterer Nachteil: Die umfangreiche Krone lässt sich nur sehr schwer mit Netzen gegen Amseln und Stare schützen, welche die Früchte ebenso gern mögen wie wir.

Wenn wir eine Süß-Kirsche im Garten stehen haben, essen wir die Kirschen am liebsten vollreif vom Baum, ganz gleich, ob es sich um eine früh reifende, weichfleischige Herz-Kirsche oder um eine später reifende, im Fleisch meist festere Knorpel-Kirsche handelt. Daneben können wir die Kirschen tiefgefrieren, in Gläsern einmachen oder zur Saftbereitung verwenden.

Die Standortansprüche

Die Süß-Kirsche ist nicht anspruchsvoll an die Qualität des Bodens. Ideal: tiefgründig und kalkhaltig; er darf durchaus steinig sein, wenn er nur in der Tiefe genügend zerklüftet ist. Höhenlagen sind zum Anbau geeignet, ebenso auch etwas trockene Böden. Der Wasserbedarf dieser Obstart ist nämlich gering, denn die Früchte reifen schon im Juni/Juli, so dass die Bäume noch aus dem Wasservorrat vom Winter her zehren können.

Bestes Wachstum und hoher Ertrag sind aber auch bei der Süß-Kirsche nur von einem »Idealboden« zu erwarten, der tiefgründig, gut mit Humus versorgt, nährstoffreich und ausreichend durchlüftet sein sollte.

Auf nassem, kaltem, schwerem Boden wird dagegen ein Kirschbaum nur noch dahinvegetieren. Es tritt Spitzendürre auf, häufig auch Gummifluss, und schließlich sterben ganze Astpartien ab. Auch Frostschäden werden an einem solch ungeeigneten Standort gefördert; die Blüte ist außerdem sehr empfindlich gegen Spätfröste. In Gegenden mit hohen Niederschlägen während der Reifezeit platzen die Früchte auf. Vor allem die wertvollen, großfrüchtigen Knorpel-Kirschen sind gefährdet.

Die Befruchtungsverhältnisse

Bei der Süß-Kirsche sind alle Sorten selbstunfruchtbar, das heißt, die Narben müssen mit sortenfremdem Blütenstaub (Pollen) bestäubt werden. Die Befruchtungsverhältnisse sind hier weitaus komplizierter als bei den anderen Obstarten. Oft ist der Mangel an Früchten nach einer reichen Blüte auf das Fehlen von Befruchtern zurückzuführen.

Manchmal hilft es, in den blühenden Kirschbaum einige mit Wasser gefüllte Eimer voll blühender Zweige von Vogel-Kirsche *(Prunus avium)* zu hängen.

Inzwischen gibt es aber auch selbstfruchtbare Süß-Kirschen wie 'Sunburst' und 'Lapius'. Außerdem bieten einige Baumschulen Süß-Kirschen-Bäume mit zwei oder drei Sorten an, die sich gegenseitig befruchten können. Eine pfiffige Lösung bei beengten Platzverhältnissen.

Die Unterlagen

Süß-Kirschen-Sorten werden überwiegend auf Vogel-Kirschen-Sämlinge und auf den Vogel-Kirschen-Typ F 12/I veredelt. Verschiedene Baumschulen veredeln auch auf 'Gisela 5'- und 'Weiroot Nr. 158'-Unterlagen. Beide bewirken ein schwächeres Wachstum, so dass die aufveredelten Süß-Kirschen-Sorten früher und reicher tragen; die Bäume bleiben kleiner und lassen sich dadurch mit Netzen besser gegen Amseln und Stare schützen. Bei Verwendung der Unterlage 'Tabel-Edabriz' sollen die Bäume sogar nur noch 30 Prozent des Kronenvolumens gegenüber der Unterlage Vogel-Kirsche erreichen.

Die Verwendung im Garten

Bevor wir eine Süß-Kirsche pflanzen, sollte geprüft werden, ob in der näheren

Die Kirsche als Hausbaum in einem großen Garten. Zu hohe Kronen lassen sich nach der Ernte heruntersetzen.

Süß-Kirschen

Halb- oder Hochstamm		
Sorte	**Ernte**	**Bemerkungen** (KW = Kirschwoche)
'Hedelfinger' 'Schneiders Späte Knorpelkirsche'	4.–5. KW (E. Juli) 5.–6. KW (A. Aug.)	Sollten ausnahmsweise Süß-Kirschen als Halb- oder Hochstamm gepflanzt werden, so sei zu diesen altbekannten, wertvollen Sorten geraten, vor allem deshalb, weil sie sich in der Befruchtung ergänzen
Kurzholz-Kirschen		
Sorte	**Ernte**	**Bemerkungen**
'Burlat'	1.–2. KW (M. Juni)	Französische Tafel-Standard-Sorte; mäßiger Wuchs; früh, sehr reich und regelmäßig tragend; große, lebhaft rote, festfleischige Kirschen, die auf Grund der frühen Reife kaum von Maden befallen werden
'Van'	4.–5. KW (E. Juli)	Mäßiger Wuchs; früh, reich und regelmäßig tragend; großfruchtige, dunkelrote Knorpel-Kirsche, reich mit Fruchtholz garniert; vorzügliche Fruchtqualität, auch an trockenen Standorten
'Regina'	7.–8. KW (A.–M. August)	Kräftiger, kompakter Wuchs; früh einsetzende, regelmäßige, hohe Erträge; feste, sehr große und relativ platzfeste Knorpel-Kirsche
'Lamperts Compact'	4.–5. KW (E. Juli)	Spät blühend, dadurch weniger gefährdet durch Spätfröste; hält kalte Winter gut durch; früher Ertragsbeginn, ab viertem Standjahr etwa 5 kg, nach zehn Jahren etwa 12–15 kg je Baum; gute Befruchter-Sorten sind 'Hedelfinger', 'Van', 'Sam' sowie die Sauer-Kirsche 'Morellenfeuer', andernfalls blühende Zweige der Vogel-Kirsche *(Prunus avium)*

'Lamperts Compact', eine niedrig bleibende Süß-Kirsche. Andere Möglichkeiten für Kirschenanbau in kleineren Gärten siehe Text.

und weiteren Nachbarschaft Süß-Kirschen-Bäume stehen, die gesund sind und reich tragen. Damit hätten wir den praktischen Beweis, dass sich der Boden in unserem Garten für diese Obstart eignet. Und noch etwas: Zur Erntezeit würde sich die Vogelschar auf mehrere Bäume verteilen, so dass der Schaden beim einzelnen Baum nicht so sehr ins Gewicht fällt. Schließlich lassen sich von einem gut entwickelten Süß-Kirschen-Baum 100 bis 150 kg und mehr ernten.

Der Süß-Kirschen-Spindelbusch

Durch eine Kombination von schwach wachsenden Unterlagen, mäßig wachsenden Kurzholz-Sorten und einer speziellen Kronenerziehung lassen sich klein bleibende Süß-Kirschen-Bäume erzielen. Dazu pflanzen wir einjährige Veredlungen und binden die daran befindlichen vorzeitigen Triebe gleich nach der Pflanzung waagerecht. Dies wird auch die Jahre danach fortgesetzt, so dass ein Stamm entsteht, um den herum sich locker gestreut waagrechte Fruchtäste befinden, so wie wir dies bereits vom Apfel- oder Birnen-Spindelbusch her kennen.
Eine bewährte Stammhöhe ist 40–60 cm. Wegen der geringen Gesamthöhe lässt sich ein Schutz gegen Vögel mit Netzen und Folie gegen Aufplatzen bei viel Regen leicht bewerkstelligen; zudem ist ein bequemes Ernten möglich.

Kurzholz-Sorten auf schwach wachsender Unterlage wie Gisela 5, als Spindelbusch gezogen, werden nur etwa 250 cm hoch. Bei 'Lamperts Compact' sorgen wir für einen Kronenaufbau mit fünf bis sechs gut um den Stamm verteilten Hauptästen. Danach ist nur gelegentliches Auslichten nötig. Ohne Schnitt wird solch ein Buschbaum etwa 400 cm hoch, durch Schnitt lässt sich die Höhe auf 250 bis maximal 300 cm begrenzen. Der Baum ist standfest, lediglich zum Anwachsen empfiehlt sich ein leichter Pfahl.

Sehr genügsam: die Sauer-Kirsche

Prunus cerasus

Dies ist eine Obstart, die sich für den kleinen Garten ebenso gut eignet wie für den großen. Die Krone bleibt von Natur aus wesentlich kleiner als bei der Süß-Kirsche und lässt sich zudem gut im Schnitt halten. Ein Schutz mit Netzen gegen Vögel ist deshalb gut möglich, so dass wir von einem Sauer-Kirschen-Busch durchaus 20 bis 40 kg Früchte ernten können. Sauer-Kirschen reifen später als Süß-Kirschen, je nach Gegend im Juli oder August, und blühen auch später. Außerdem sind die Blüten recht widerstandsfähig gegen tiefe Temperaturen, alles Gründe, warum Sauer-Kirschen sehr regelmäßig tragen.
Die Verwertungsmöglichkeiten sind ähnlich wie die der Süß-Kirschen. Nur zum Essen direkt vom Baum können sie an erstere nicht heran; das Naschen von ein paar Früchten genügt uns meistens.

Wenn geeignete Kirschsorten als Befruchter fehlen, kann mit blühenden Zweigen von Wildkirschen (Vogelkirschen) nachgeholfen werden.

Sauer-Kirschen, als Buschbaum gepflanzt, lassen sich mit Netzen gegen Amseln und Stare schützen.

Sauer-Kirschen

Sorte	Ernte	Bemerkung
'Schattenmorelle'	Ende Juli bis Mitte August	Für den Liebhaber wertvolle Sorte; selbstfruchtbar; sehr reich tragend; Baum trägt am einjährigen Holz, deshalb jährlich nach der Ernte scharfer Schnitt, um die Neutriebbildungen anzuregen
'Morellenfeuer' (= 'Kelleriis Nr. 16')	Ende Juli	Fast die frosthärtesten in der Blüte und geschmacklich mit an der Spitze aller Sauer-Kirschen-Sorten; meist selbstfruchtbar; kein regelmäßiger Schnitt erforderlich, sondern nur gelegentliches Auslichten; Frucht etwa ein Drittel kleiner als bei 'Schattenmorelle'
'Gerema'	Ende Juli bis Mitte August	Neu! Selbstfruchtbar, schwach wachsend, reich tragend; spät blühend; die großen, dunkelroten Früchte können vollreif noch zehn Tage am Baum hängen bleiben; mehrjähriges Holz verkahlt nicht, deshalb genügt gelegentliches Auslichten; weitgehend resistent gegen Monilia-Spitzendürre, Sprühflecken- und Schrotschusskrankheit

Dafür sind sie in Gläsern eingemacht eine köstliche Nachspeise für all die übrigen Monate des Jahres. Man sollte aber den Baum kräftig schneiden, weil dadurch bei der bekannten 'Schattenmorelle' die Früchte doppelt so groß werden, während sich der Stein nicht vergrößert. Und weil wir schon beim Genießen sind: Eine Schwarzwälder Kirschtorte aus vollreifen Sauer-Kirschen ist ein Hochgenuss.

Frühling wie aus dem Bilderbuch: Ein Sauer-Kirschenbaum in voller Blüte vor strahlend blauem Maienhimmel.

Standortansprüche, Befruchtung und Unterlagen

Die Sauer-Kirsche ist hinsichtlich Klima und Boden äußerst genügsam. Selbst in raueren Gegenden und in Gebieten mit wenig Niederschlägen kommt sie gut voran. Auch wenn der Boden dürftig ist, die Sauer-Kirsche wächst und bringt Früchte.

Der Boden darf im Prinzip also schlecht sein, aber die Durchlüftung sollte dann stimmen. Ausgesprochen »sauer« reagiert die Sauer-Kirsche nur auf sehr schwerem, kaltem Boden, vor allem, wenn Nässe hinzukommt. Wachstum und Ertrag lassen unter solchen extremen Verhältnissen zu wünschen übrig, vor allem erhöht sich auch die Anfälligkeit gegen Krankheiten. Besonders bei der Sorte 'Schattenmorelle' tritt dann Zweig- und Frucht-Monilia auf; einige Äste werden dürr, und manchmal stirbt sogar der ganze Baum ab. An halbwegs »normalen« Standorten aber gibt es mit Sauerkirschen kaum Probleme.

Für unseren Garten wählen wir nur selbstfruchtbare Sorten, die sogar ohne Insekten auskommen, weil sie in den meisten Fällen ausreichend durch den Wind bestäubt werden. Unterlagen wie bei Süß-Kirschen.

Die Verwendung im Garten

Die Sauer-Kirsche pflanzen wir als Buschbaum in den Garten oder geben ihr einen schönen Platz an der Hauswand, wo sie als Spalier fächerförmig gezogen wird. Da die Krone, besonders bei 'Schattenmorelle' und 'Gerema', klein gehalten werden kann, eignet sich solch ein Busch gut als optischer Schwerpunkt am Anfang oder am Ende eines Staudenbeetes oder im Terrassenbereich anstelle eines kleinkronigen Ziergehölzes.

In allen Fällen können wir den Kirschbaum vor der Ernte mit einem Netz gegen Vögel schützen, denn die Krone wird nicht groß. Ein Durchmesser von 3–5 m wird kaum überschritten und bei der 'Schattenmorelle', der ein scharfer Schnitt gut tut, lässt sich die Krone sogar noch wesentlich kleiner halten.
Mit einem Vorurteil muss bei der 'Schattenmorelle' allerdings aufgeräumt werden: dass sie auch im Schatten prächtig gedeihe. Das Gegenteil ist der Fall: Je mehr Sonne der Baum bekommt, desto besser wächst er und desto köstlicher schmecken die Früchte. Der Wortteil »Schatten« ist vielmehr vom französischen »château« (Schloss) abgeleitet. Der Baum sollte also auf keinen Fall an die Nordseite des Hauses oder unter ein anderes großkroniges Obstgehölz gepflanzt werden, wie dies manchmal geschieht.
Wichtig ist, dass wir mit der Ernte abwarten, bis sich die Früchte schwarzrot färben. Erst in diesem Zustand entwickeln sie ihr köstliches Aroma, eine aparte Mischung aus Säure und Süße, zu früh abgenommen, sind die Früchte nur sauer.

Pfirsiche, ein Genuss fürs Auge zur Blütezeit und wenn sich im Sommer die Früchte rosarot färben.

Zusammen mit Tulpen und Stiefmütterchen entbietet dieses Pfirsichbäumchen am Hauseingang einen freundllichen Willkommensgruß.

Wärmeliebend: der Pfirsich

Prunus persica

Eine sehr wärmebedürftige Obstart, die sich vor allem im Weinbauklima wohl fühlt. Erwerbsmäßig werden Pfirsiche deshalb bei uns nur in solch begünstigten Gebieten angebaut.
Wegen ihres saftreichen Fleisches essen wir die druckempfindlichen Pfirsiche direkt vom Baum. Ebenso gut eignen sie sich zum Einmachen in Gläsern oder für Marmelade. Spät reifende Sorten sind aromatischer als früh reifende und sollten daher für den Anbau im eigenen Garten bevorzugt werden. Die gelbfleischigen Früchte enthalten vor allem das wertvolle Karotin (Provitamin A) und reichlich Kalium. Pfirsiche aus dem eigenen Garten, von denen wir wissen, dass sie nicht gespritzt sind, essen wir samt Schale; sie ist besonders reich an Karotin.

Die Standortansprüche

Der Pfirsich liebt das ganze Jahr über eine möglichst warme Lage. Auch die Winter dürfen nicht zu kalt sein, da sonst das Holz geschädigt wird. Wir suchen deshalb für diese Obstart eine besonders begünstigte Stelle aus. Der Boden sollte locker und warm, dabei aber genügend feucht sein. Auf leichteren Böden, vor allem in Verbindung mit kiesigem Untergrund, können Pfirsichbäume alt werden. Gänzlich ungeeignet sind dagegen nasse und kalte Böden sowie kalte, spätfrostgefährdete Lagen. Hier leidet der Pfirsich bald unter Gummifluss. Solche nicht zusagenden Verhältnisse, auch zu viel Kalk im Boden, haben vielfach Chlorose zur Folge, das heißt, die Blätter bekommen ein krankhaftes gelbes Aussehen.

Verwendung im Garten

Der Pfirsich wird in Gegenden mit Weinklima vor allem als Buschbaum angebaut, die fertige Krone bekommt einen Durchmesser von 400–500 cm. Im Garten kann man den Buschbaum aber durchaus auch kleiner halten, denn der Pfirsich ist für scharfen Schnitt (siehe Seite 429) ohnehin dankbar. Kernechte Sorten eignen sich auch für klimatisch weniger günstige Lagen, vor allem, wenn sie als Fächerspalier an einer warmen Hauswand wachsen dürfen.
Selbst in rauen Lagen können wir es mit einem Pfirsich versuchen, müssen dann allerdings in Kauf nehmen, dass die Blüte in zwei von drei Jahren erfriert. In den verbleibenden Ertragsjahren ist die Ernte aber auch unter ungünstigen Bedingungen erstaunlich hoch. Erträge von 50 kg je Baum und mehr sind dann keine Seltenheit.
Ebenso wie den klein bleibenden Sauer-Kirschen-Busch können wir auch den Pfirsich in den Ziergarten mit einbauen.

Pfirsich

Sorte	Ernte	Bemerkung
'Revita'	Mitte bis Ende August	Neuheit. Frucht groß, weißfleischig; besonders wertvoll wegen der geringen Anfälligkeit für Kräuselkrankheit; Gleiches gilt für die gelbfleischige Sorte 'Suncrest'
'Rekord aus Alfter'	Mitte August, September	Die Frucht ist gut steinlösend, saftig und wohlschmeckend; verhältnismäßig widerstandsfähig
'South Haven'	Anfang September	Bestechende Fruchtgröße, gelbfleischig, gut steinlösend, saftig, süß; starkwüchsig, auf Kräuselkrankheit achten
'Roter Ellerstädter'	September	Auch 'Kernechter vom Vorgebirge' genannt; gilt als beste Einmach-Frucht; Frucht mittelgroß, saftig, aromatisch; auch noch für höhere, windgeschützte Lagen geeignet; verhältnismäßig resistent gegen Kräuselkrankheit

Zur Blütezeit oder mit Fruchtbehang ist er ein Schmuckstück. Sogar im Gemüsegarten könnte ein Pfirsich stehen, denn das luftige Gezweig mit den schmalen Blättern nimmt nur wenig Luft und Licht weg.

Die Nektarine

Sie ist eine glattschalige, unbehaarte Varietät des gewöhnlichen Pfirsichs; Ansprüche an Boden, Klima und Pflege sind gleich. Die großen, saftigen Früchte schmecken besonders süß und aromatisch und Früchte mit 100 g und mehr Einzelgewicht sind keine Seltenheit. Ihre Steine lösen sich leicht vom Fruchtfleisch. Die Ernte zieht sich über drei bis vier Wochen hin, so dass man sich etwas Zeit lassen kann. Ebenso wie der Pfirsich eignet sich die Nektarine zum Frischgenuss und zur Konservierung.

Blüht sehr früh: die Aprikose

Prunus armeniaca

Auch die Aprikose (Marille) lässt sich vielseitig verwenden: Wir können die herrlich aromatischen Früchte direkt vom Baum essen, ebenso gut eignen sie sich für Kompott, Marmelade sowie zum Dörren.

Trotz dieser Vorzüge finden wir sie selten in den Gärten. Grund: Was beim Pfirsich über Wärmebedürftigkeit gesagt wurde, trifft noch mehr für die Aprikose zu. Sie ist nach der Haselnuss die am frühesten blühende Obstart und wird deshalb häufig bereits während oder nach der Blüte durch Frost geschädigt. Vielfach trägt sie nur in jedem dritten Jahr Früchte. Im Holz ist die Aprikose allerdings frosthärter als der Pfirsich; man kann sie deshalb sogar als Spalier gepflanzt in nach Süden geöffneten Bergtälern finden. Ein anderer Grund, warum die Aprikose so selten in den Gärten zu finden ist: Die Bäume sterben oft plötzlich ab, sozusagen über Nacht. Die Ursachen sind noch nicht restlos geklärt, es scheint aber, dass pilzliche Schädiger, Gummifluss und Schäden am Holz zusammenwirken.

Aprikosen enthalten reichlich Karotin, die Vorstufe von Vitamin A, und zwar gleich das Zwanzigfache wie etwa Äpfel. Besonders getrocknete Aprikosen sind für die Gesundheit wertvoll durch ihren Gehalt an konzentriertem Karotin.

Aprikosen

Sorte	Ernte	Bemerkung
'Ungarische Beste' 'Aprikose von Nancy'	Anfang bis Mitte August	Beide Sorten sind verhältnismäßig widerstandsfähig; trotzdem ist der Anbau nur in sehr günstigen klimatischen Gebieten zu empfehlen oder an geschützter Stelle

Die Standortansprüche

Der Anbau ist nur im Weinklima oder an einer warmen, geschützten Hauswand ratsam, die Bodenansprüche sind ähnlich wie beim Pfirsich. Wo es im Sommer viel regnet, leidet die Aprikose unter verschiedenen Pilzerkrankungen wie Monilia, Schrotschuss und anderen.

Günstig ist es, wenn in solchen Gegenden die Aprikose unter einem vorspringenden Dach steht, das den Regen abhält. In klimatisch begünstigten Gebirgstälern mit hohen sommerlichen Niederschlägen lässt sich beobachten, wie sich derart geschützte Aprikosenbäume wohl fühlen.

Die Befruchtungsverhältnisse

Die hier empfohlenen Sorten sind im Allgemeinen selbstfruchtbar. Wind und Insekten (Bienen) sorgen bei günstiger Witterung gemeinsam für Bestäubung und damit für die nachfolgende Befruchtung. Sollten während der frühen Blütezeit noch keine oder nur wenige Bienen fliegen und die Lage sehr windgeschützt sein (Spalier), kann im Liebhabergarten die Bestäubung mit einem trockenen Pinsel erfolgen, das heißt, der Gärtner überträgt den Blütenstaub von einer Blüte zur anderen. Dies ist zwar zeitraubend, aber es wirkt. Dieselbe Methode können Sie übrigens genauso gut für Pfirsiche anwenden, die ebenfalls früh blühen.

Die Verwendung im Garten

In den meisten Gegenden ist nur die Pflanzung an eine warme, geschützte Hauswand erfolgversprechend.

Um die frühe Blüte vor Frost zu bewahren, gibt es eine recht simple, dabei aber sehr wirkungsvolle Methode: Ein einfaches Gestell aus Dachlatten wird in entsprechender Größe zusammengezimmert, mit Maschendrahtgeflecht bespannt und zwischen die Drahtmaschen werden bereits während des Winters Fichtenzweige hindurchgesteckt. Dann lehnt man diese locker gesteckte Fichtenwand im Februar leicht schräg vor das Aprikosen-Spalier an der Südseite des Hauses; dadurch wird die Blüte bis Ende März oder April hinausgezögert. Der Schutz bleibt dann noch bis zu den Eisheiligen vor dem Aprikosen-Baum stehen, denn auch die jungen Früchte sind kälteempfindlich.

Aprikosen können im eigenen Garten bis zur vollen Reife hängen bleiben. Erst dann bieten die köstlich duftenden Früchte vollen Genuss.

Vielseitig: die Quitte

Cydonia oblonga

Obwohl mit Apfel und Birne verwandt, können die prächtigen, pelzigen Quitten-Früchte nicht direkt vom Baum gegessen werden; sie sind nur im gekochten Zustand genießbar. Ende Oktober, wenn die Quitten gelb werden, nimmt man die flaumigen Früchte ab, legt sie in einen Spankorb und bewahrt sie im Hause auf. Sie sehen nicht nur hübsch aus, sie verströmen auch einen einmaligen Duft. Im November oder auch erst im Dezember werden dann die köstlich duftenden, aromatischen Früchte zu Quitten-Gelee oder Quitten-Likör verarbeitet.
Die Quitte, als Busch oder kleines Bäumchen gezogen, wird nicht groß und eignet sich deshalb auch für kleinste Gärten; sie wird nur 200–300 cm hoch und ebenso breit.

Die Standortansprüche

Die Quitte liebt einen möglichst warmen, geschützten Platz. Dadurch reift das Holz gut aus und die Empfindlichkeit gegenüber Winterfrösten wird herabgesetzt. Ansonsten aber ist die Quitte denkbar anspruchslos. Sie fühlt sich auch auf weniger fruchtbaren, trockenen Böden noch recht wohl und trägt selbst dort genügend Früchte. Der Boden sollte nur nicht zu kalkreich sein, da sonst die Blätter chlorotisch werden, sich also bleichgelb verfärben. Günstig ist die sehr späte Blüte, so dass ein Quitten-Strauch sogar an eine etwas spätfrostgefährdete Stelle gepflanzt werden kann, die sich für früh blühende Obstbäume nicht eignet.

Die Befruchtungsverhältnisse

Die Quitte ist meist selbstfruchtbar, ein Busch genügt also. Einzelstehende Bäumchen oder Sträucher zeigen uns dies.

Unterlagen

Um hochstämmige Quitten-Bäumchen zu bekommen, wird der Rotdorn *(Crataegus laevigata)* als Stammbildner (Verbindung zwischen Wurzelunterlage und Quitten-Sorte) verwendet. Durch diesen »Trick« bekommt man einen geraden Stamm.

Ein Quittenbaum eignet sich selbst für den kleinsten Garten. Das hier gezeigte Exemplar ist von einer Größe, wie man sie nur selten antrifft. Links: Birnenförmige Quitten.

Quitten

Sorte	Ernte	Bemerkung
'Champion'	Oktober/ November	Birnenförmige, große Früchte von rein gelber Farbe; früh und reich tragend; wenig frostempfindlich im Holz; selbstfruchtbar
'Konstantinopeler'	Oktober/ November	Früchte apfelförmig und groß

Die Verwendung im Garten

Wenn auch der Nutzwert nicht so hoch ist wie bei anderen Obstarten, so sollte die Quitte allein schon wegen der Zierde gepflanzt werden. Selbst in einem schmalen Reihenhausgarten hat ein Quitten-Busch noch Platz. Er sieht im Sommer und Winter malerisch aus und macht dabei kaum Arbeit. Allein die großflächigen dunklen Blätter wirken so hübsch, dass sich fast schon ihretwegen die Pflanzung lohnt. Dazu kommen im Frühjahr die großen weißen, rötlich angehauchten Blüten. Ein weiterer Vorzug: Der Quitten-Strauch steht das ganze Jahr über gesund da; Schädlinge und Krankheiten sind kaum bekannt.

Echte Walnuss für große Gärten

Juglans regia

Diese Obstart eignet sich wegen ihrer später umfangreichen Krone nur für sehr große Gärten, etwa ab 1200 m², denn 12 bis 15 Meter Kronen-Durchmesser sind keine Seltenheit. Dort kann sie als malerischer Schattenbaum im Bereich der Wohnterrasse oder als Hofbaum in einem bäuerlichen Anwesen eine beherrschende Rolle spielen.

Einmal gepflanzt, haben wir mit einem Walnuss-Baum kaum Arbeit. Er wächst mehr oder weniger von selbst, und die in nassen Sommern auftretenden Pilzkrankheiten schädigen zwar die Fruchtschalen und Nüsse, können aber dem Baum nicht viel anhaben.

In erster Linie wird man den Baum in klimatisch begünstigten Gebieten pflanzen; die praktischen Erfahrungen zeigen aber, dass die Walnuss auch in verhältnismäßig rauen Gegenden gut gedeiht, wenn die Lage einigermaßen geschützt und nicht extrem spätfrostgefährdet ist. Von einem aus dem Kern selbst gezogenen und daher von der Fruchtqualität her meist weniger wertvollen Baum können wir später durchaus 25–40 kg Nüsse ernten, die zur Weihnachtszeit und den ganzen Winter über von Jung und Alt gern aufgeknackt werden.

Die Nüsse enthalten, im Unterschied zu den anderen Obstarten, wenig Wasser und nicht allzu viele Vitamine. Sie sind aber sehr eiweiß- und vor allem fettreich. Auf 100 g essbaren Anteil bezogen, enthalten Walnüsse 62,7 g Fett (1685 Joule).

Walnuss

Sorte	Bemerkung
Nr. 26	Relativ kleinkronig; Austrieb spät, deshalb wenig spätfrostgefährdet; Ertrag früh einsetzend, hoch und regelmäßig; Früchte hängen oft büschelweise zusammen
Nr. 139	Mittelstark und kompakt wachsend; Austrieb spät, deshalb wenig spätfrostgefährdet; Ertrag früh beginnend, sehr hoch und regelmäßig; Nüsse hängen teilweise in traubenförmigen Ansätzen
'Mars'	Schwach bis mittelstark wachsend; treibt spät aus, deshalb wenig spätfrostgefährdet; selbstfruchtbar; bringt bereits ab dem vierten Standjahr sehr große Nüsse; neuere, sehr ertragreiche Sorte

Die Standortansprüche

Der Boden soll warm, aber nicht zu trocken und vor allem gut durchwurzelbar sein. Geeignet sind vor allem tiefgründige, bessere Sandböden oder ein nicht zu schwerer Lehmboden. Auch ein gut zerklüfteter, genügend feuchter Gesteinsboden ist günstig.

Vor allem Höhenlagen, die nicht so sehr spätfrostgefährdet sind, eignen sich für den Anbau, während in Tallagen mit Kaltluftstau die Blüten und auch der Austrieb im Mai häufig erfrieren und nur selten Früchte geerntet werden können.

In tief gelegenen Frostlagen friert der Baum auch im Holz leicht zurück. Sollte trotz ungeeigneten Standorts der junge Trieb einmal erfrieren, so geht der Baum noch nicht zugrunde; er treibt im Frühsommer erneut aus. Dies darf sich allerdings nicht häufig wiederholen, sonst leidet die Holzausreife und es kommt zu einer nachhaltigen Schädigung des Baumes.

Die Befruchtungsverhältnisse

Die Blüten sind nicht zwittrig, sondern männliche und weibliche befinden sich getrennt am selben Baum.

Die auffälligen Kätzchen, also die männlichen Blüten, liefern den Blütenstaub, der bei Wind einer gelben Wolke gleich durch den Baum schwebt; an den unauffälligen weiblichen Blüten sind bei genauem Hinsehen der Fruchtknoten und darüber drei kleine gelbliche Federn, die Narben, zu erkennen; sie fangen den Blütenstaub auf, damit es zur Befruchtung kommt. Weithin leuchtende Blütenblätter, die bei den anderen Obstarten die Insekten anlocken, sind nicht nötig, denn die Walnuss wird ausschließlich vom Wind bestäubt.

Dieser Walnussbaum an der Terrassenecke gibt dem Sitzplatz optischen Halt. Das Bild zeigt, wie gewaltig sich solch ein Baum im Laufe der Jahre entwickeln kann.

Die Walnüsse fallen im Herbst von selbst aus den Schalen und können am Boden eingesammelt werden.

Zwar ist die Walnuss selbstfruchtbar. Trotzdem gibt es bei aus Samen gezogenen Walnuss-Bäumchen häufig Schwierigkeiten, da hier der männliche Pollen bereits reift, ehe die weiblichen Narben empfängnisbereit sind und umgekehrt. In solchen Fällen kommt es zu keiner Befruchtung, es sei denn, im Umkreis von etwa 100 Metern stehen weitere Walnuss-Bäume.

Die Verwendung im Garten

Bei der Pflanzung im Hausgarten geben wir einem veredelten Walnuss-Baum mit kleinerer Krone den Vorzug, denn bei einem Sämling weiß man nie, was in Bezug auf Fruchtgröße und Ertrag herauskommt.
Wer allerdings genügend Platz hat und die Walnuss als markanten Haus- oder Hofbaum möchte, wird den Sämling bevorzugen. Wir können ihn selbst heranziehen, indem wir an die gewünschte Stelle eine Nuss in die Erde legen.

Die Haselnuss

Corylus* var. *avellana

Im Gegensatz zum Walnuss-Baum eignet sich die Haselnuss auch für den kleineren Garten. Sie wächst meist strauchartig und wird deshalb gerne als Sichtschutz oder als Ziergehölz verwendet. Aber auch zur Befestigung von Böschungen sind Haselnuss-Sträucher gut geeignet. Man sollte aber die Stärke des Wuchses nicht unterschätzen, denn ein Haselnuss-Strauch kann durchaus sechs bis sieben Meter hoch werden und einen ebenso großen Durchmesser bekommen.

Die Standortansprüche

Der Haselnuss-Strauch gedeiht gut in jedem nicht zu trockenen Boden. Die bei den anderen Obstarten gefürchteten Spätfröste beeinträchtigen den Fruchtansatz nur unwesentlich. Was die Frosthärte des Holzes angeht, übertrifft die Hasel alle übrigen Obstarten. Erst bei –35°C bis –45°C konnten Schäden an einzelnen Ästen festgestellt werden. Die Kätzchen, also die männlichen Blütenstände, sind dagegen frostempfindlich.

Die Befruchtungsverhältnisse

Die Haselnuss ist nicht selbstfruchtbar, also auf fremden Blütenstaub angewiesen. Deshalb sollten möglichst verschiedene Sorten gepflanzt werden oder man pflanzt zu einer Kultursorte eine Wildhasel, die sich gut zur Bestäubung eignet.

Die Verwendung im Garten

Meist wird der Haselnuss-Strauch in der das Grundstück umgebenden Rahmenpflanzung, zusammen mit verschiedenen Ziersträuchern verwendet, oder man bringt ihn als Großstrauch in einer Gartenecke unter. Vor allem im Naturnahen Garten darf er nicht fehlen.
Der Haselnuss-Strauch ist Nutz- und Ziergehölz zugleich. Bereits im Februar/März fallen die gelben männlichen Blütenkätzchen auf, während die sich zur gleichen Zeit am Strauch befindlichen weiblichen Blüten, ähnlich wie bei der Walnuss, recht unscheinbar sind.
Wer Farbe in den Garten bringen will, kann auch die Lamberts-Hasel *(Corylus maxima)* pflanzen, eine geschmacklich wertvolle Sorte mit roten Blättern. Die Nüsse sind allerdings kleiner und der Ertrag geringer als bei den reich tragenden Sorten 'Hallesche Riesen' und 'Webbs Preisnuss'.

Der Haselnuss-Strauch wird nicht sehr groß und ist Nutz- und Zierpflanze in einem. Besonders im Naturnahen Garten sollte sie auf keinen Fall fehlen.

Die Stammhöhen der Obstbäume

Bei den Obstgehölzen gibt es nicht nur verschiedene Sorten, die auf verschiedene Unterlagen veredelt werden, sie werden in der Baumschule auch mit unterschiedlichen Stammhöhen angeboten.

Der Hoch- und Halbstamm

Die Stammhöhe beträgt beim Hochstamm 160–180 cm, beim Halbstamm 100–120 cm. Dies ist die klassische Baumform, die früher fast ausschließlich verwendet wurde. Heute pflanzen wir Hoch- und Halbstämme im Garten vorwiegend aus gestalterischen Gründen, denn ein großkroniger Apfel- oder Birnbaum steht einem Ziergehölz bezüglich Schönheit in nichts nach.

Der Hochstamm hat den den Vorteil, dass wir uns bequem unter seiner Krone bewegen können. Unter hochstämmigen Kronen kann im bäuerlichen Garten das Vieh weiden, und man kann mit der Sense oder Maschine mähen. Halbstämme eignen sich vor allem für Pflaumen, Zwetschen und Süß-Kirschen.

Der Buschbaum

Mit einer Stammhöhe von nur 40–60 cm ist der Buschbaum im Haus- und Kleingarten vor allem für Sauer-Kirsche und Pfirsich, neuerdings auch für kleinbleibende Süß-Kirschen empfehlenswert. Diese Obstarten bleiben verhältnismäßig kleinkronig. Außerdem erfordern sie einen jährlich scharfen Schnitt, der am Buschbaum bequem durchzuführen ist, das Gleiche gilt für die Ernte. Bei der Kirsche kommt noch hinzu, dass wir kleinere Bäume zur Erntezeit mit Netzen verhältnismäßig leicht schützen können.

Der Spindelbusch

Mit einer Stammhöhe von nur 40 bis 60 cm ist der Spindelbusch die Baumform schlechthin, zumindest bei Apfel und Birne, inzwischen auch bei Süß-Kirsche und zum Teil bei Zwetsche und Pflaume.
Er ist für den kleinen Garten geradezu ideal, eignet sich aber ebenso gut für mittlere und große Gärten. Man verwendet diese Baumform, wenn im Nutzgartenteil entlang des Zaunes eine Reihe reich tragender Obstbäumchen gepflanzt werden soll, oder auch als einzelstehendes Bäumchen in einem kleinen Reihenhausgarten. Spindelbüsche blühen und fruchten sogar, wenn sie in einen großen Topf gepflanzt auf der Terrasse oder auf dem Balkon aufgestellt werden. Im Klein-

Ein Kirschbaum als Halbstamm gepflanzt. Dadurch wird die Ernte erleichtert, jedoch behindert die niedrige Krone das Durchgehen unter dem Baum.

Ein Spindelbusch mit etwa 60 cm Stammhöhe, Sorte 'Prinz Albrecht von Preußen'. Pflege und Ernte lassen sich an niedrigen Bäumchen besonders bequem durchführen.

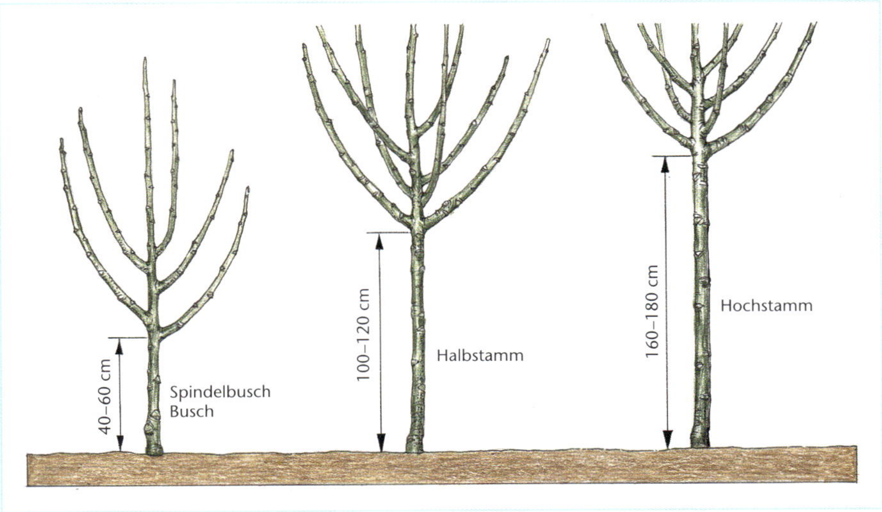

Je nach Verwendungszweck und Obstart werden in den Baumschulen verschiedene Stammhöhen angeboten. Zu Vor- und Nachteilen siehe Bemerkungen im Text.

garten wird diese Baumform gerne benutzt, um entlang der Parzellengrenze einen fruchttragenden Sicht- und Windschutz zu erzielen.

Der zeitlebens klein bleibende Spindelbusch trägt im Gegensatz zum Hoch- und Halbstamm zwar oft »nur« 10 kg, vielfach jedoch 20–30 kg und mehr. Doch dies genügt für den eigenen Haushalt.

Ein weiterer Vorteil: Alle anfallenden Pflegearbeiten können an den klein bleibenden Spindelbüschen bequem durchgeführt werden, der Schnitt, die Schädlingsbekämpfung, die Ernte. Dies alles macht so richtig Spaß, denn wir brauchen dazu keine Leiter.

Außerdem können wir die kleinen Bäumchen sozusagen im Vorbeigehen im Auge behalten, so dass es kaum zu einem unbemerkten Auftreten von Schädlingen und Krankheiten kommen kann, und können durch genaues Beobachten mit einer Spritzung so lange warten, bis diese wirklich nicht mehr zu umgehen ist. Entscheidend für den Erfolg mit Spindelbüschen ist eine schwachwachsende Unterlage.

Ballerina für den Minigarten

Ballerina-Obstbäumchen finden selbst im Kleinstgarten, auf dem Balkon oder der Terrasse ausreichend Platz. Sie wachsen säulenförmig, werden 200–300 cm hoch und nur 30 cm breit; 60 cm Pflanzabstand genügen, ein Pfahl wird nicht benötigt.

Ballerina-Apfelbäume befruchten sich zum Teil selbst. Schon eine zweite Sorte genügt, um den Fruchtansatz deutlich zu erhöhen, andere Apfelbäume im eigenen oder in benachbarten Gärten sind ebenfalls geeignete Partner. Der Schnitt ist denkbar einfach: Einzelne zu lange Seitentriebe auf drei Augen zurückschneiden – fertig. Die Pflanzen eignen sich hervorragend für Holzkübel oder Terrakotta-Töpfe mit mindestens 25 Liter Erde Inhalt. Als Sorten sind derzeit 'Bolero', 'Polka' und 'Waltz' angeboten; letztere, ein Winterapfel, lässt sich mehrere Monate lagern.

Die Obsthecke

Statt einer Reihe Spindelbüsche können wir entlang der Nachbargrenze eine Obsthecke ziehen. Ernte und Sichtschutz lassen sich auf diese Weise gut kombinieren. Außerdem wird noch weniger Platz benötigt, weil durch Schnitt dafür gesorgt wird, dass sich die stärkeren Triebe (Fruchtäste) nur nach zwei Seiten hin entwickeln. Eine Hecke ist deshalb besonders für schmale Reihenhaus-, aber

Links: Ballerina-Bäumchen bleiben zeitlebens schlank. Die Früchte entstehen am kurzen Fruchtholz.
Unten: Eine Obsthecke entlang der Nachbargrenze bietet lockeren Sichtschutz und bringt zudem reiche Ernte.

auch für Kleingärten ideal, obwohl sie im Vergleich zu Spindelbüschen etwas steif wirkt.
Auch hier verwenden wir ein- bis zweijährige Veredelungen auf schwach wachsender Unterlage. Der Abstand von Baum zu Baum sollte an die 250 cm betragen. Für ein etwa 160 cm hohes Spaliergerüst wird mindestens alle 500 cm ein imprägnierter Pfahl in den Boden geschlagen oder ein Eisenrohr einbetoniert und daran jeweils im Abstand von 50 cm ein verzinkter Draht gespannt. Entlang dieser Drähte ziehen wir stärkere Triebe, an denen sich das Fruchtholz entwickeln soll. Der Schnitt wird ähnlich wie bei einem locker aufgebauten Spalier vorgenommen. Bald beschränkt er sich vorwiegend auf das Entfernen zu dicht oder zu steil stehender Triebe und die Fruchtholzverjüngung.

Das Obstspalier

Ein Spalier bezieht das Haus erst richtig in den Garten mit ein. Ein von Spalierbäumen umgebenes Haus verbreitet eine gemütliche Note, es ist einladend. Dörfer werden durch Obstspaliere liebenswert, mehr noch als durch Blumenschmuck. Hinzu kommt, dass sich gerade in raueren Gebieten manche Obstart oder -sorte überhaupt nur als Wandspalier erfolgreich ziehen lässt, denn die Früchte reifen an der warmen Hauswand aus, sie werden süß und aromatisch. Vor allem für anspruchsvolle Birnen-Sorten, für Pfirsich, Aprikose, Sauer-Kirsche und Wein ist eine sonnige Hauswand der ideale Platz.
Neben dem Wohnhaus bieten sich die Wände einer Garage, Werkstatt, Stallung oder eines Geräteschuppens hierfür an. Birne, Pfirsich, Aprikose, Sauer-Kirsche und Wein pflanzen wir bevorzugt an die Süd-, Südwest- oder Südostwand.
Damit die Äste den nötigen Halt bekommen, ist ein Spaliergerüst nötig. Es wird meist aus gehobelten Latten erstellt. Dabei genügt es, wenn die Latten etwa 4 cm breit und 1,5 cm stark sind. Ihre Länge, meist 300–400 cm, richtet sich nach der Hauswand.
Die Längslatten werden im Abstand von 50 cm angebracht. Dabei unterlegt man sie je Meter mit einem Holzklötzchen, einem Lattenstück von 10 cm Länge, und befestigt die Längslatte an diesen Stellen mit genügend langen, in das Mauerwerk hineinreichenden Nägeln. Auf diesen Längslatten werden, verteilt auf die Mauerfläche, einige Querlatten mit schwächeren, kürzeren Nägeln angebracht.
Es gibt auch andere Möglichkeiten, um ein Spaliergerüst anzubringen, etwa mit nur zwei gut im Mauerwerk befestigten kräftigen Querlatten, auf denen im Abstand von 50–60 cm schwächere Längslatten befestigt werden. Das Spaliergerüst sollte von der Wand 5–10 cm Abstand haben, damit die Luft zirkulieren kann.
Wer auf die hübsche grafische Wirkung, vor allem im Winter, eines gut gestalteten Spaliergerüsts keinen Wert legt, bringt im Bereich der stärkeren seitlichen Äste einige Dübel an und verbindet sie mit Drähten.

Für Spaliere geeignete Obstsorten

Bei Pfirsich, Aprikose und Wein eignen sich alle Sorten auch für Wandspaliere.
Bei Birnen bevorzugen wir dagegen Sorten, die willig kurzes Fruchtholz bilden, etwa 'Frühe von Trévoux', 'Williams Christ', 'Gute Luise', 'Vereinsdechantsbirne'. 'Alexander Lucas', 'Gräfin von Paris', 'Madame Verté', 'Josefine von Mecheln'.
Äpfel sind bei weitem nicht so gut geeignet für eine Wandbepflanzung als Birnen; sie lieben mehr Luftfeuchtigkeit und Luftbewegung. Von der Fruchtholzbildung her gesehen eignen sich 'Klarapfel', 'Stark Earliest', 'Mantet', 'Gravensteiner', 'Landsberger Renette', 'Ontario', 'Ananasrenette', 'Zuccalmaglio', vor allem aber 'Weißer Winterkalvill'. Letztgenannte Sorte sollte nur als Wandspalier gezogen werden.
Eine kleine Skizze des Grundstücks, auf der die Pflanzstellen unter Berücksichtigung der nötigen Pflanz- und Grenzabstände eingezeichnet werden, ist eine wertvolle Hilfe. Dadurch kommen wir nicht so leicht in Versuchung, in der ersten Begeisterung zu viele Sträucher und Bäume zu pflanzen, so dass diese später zu eng stehen. Ein Fehler, der immer wieder gemacht wird.

Dieses Birnspalier gibt dem prächtigen Fachwerkhaus eine zusätzliche persönliche Note.

'Weißer Winterkalvill' eignet sich vorzüglich als Wandspalier. Regengeschützt bleibt die Sorte frei von Schorf.

Pflanzung von Halb- und Hochstamm, Buschbaum

Das Vorbereiten der Pflanzgrube

Für einen einzelstehenden Baum wird eine Pflanzgrube ausgehoben: 120 x 120 cm und einen Spatenstich tief. Sofern eine Bodenuntersuchung ergibt, dass im Boden Phosphat und Kali fehlen, bringen wir diese Nährstoffe als Vorratsdünger in die untere Bodenschicht mit ein: Man streut auf die Sohle Thomasmehl und Kalimagnesia oder Phosphatkali – Menge nach Angabe der Bodenuntersuchungsanstalt – und vermischt diese Vorratsdünger beim folgenden Umgraben mit der Grabgabel mit der unteren Bodenschicht. Der Boden ist also anschließend etwa 40–50 cm tief gelockert. Dies reicht meist, denn auch großkronige Obstbäume wurzeln nicht so sehr in die Tiefe, sondern vielmehr in die Breite.

Wenn allerdings der Untergrund sehr verfestigt ist, hebt man zuerst die obere Bodenschicht in Spatentiefe aus und lagert sie an einer Seite der Pflanzgrube. Danach wird die darunter befindliche Schicht bis auf etwa 40 cm Tiefe ebenfalls ausgehoben, an der anderen Seite der Grube gelagert und mit der Hälfte der empfohlenen Vorratsdüngung vermischt. Dann streuen wir den restlichen Vorratsdünger auf die Sohle aus und lockern diese mit der Grabgabel oder dem Spaten und bei sehr schwerem Boden mit dem Pickel.

Beim darauf folgenden Einfüllen kommen die Bodenschichten genau so in die Grube, wie sie vorher gelegen haben, also der Unterboden nach unten, der lebendigere Oberboden (Mutterboden) obenauf. Die Grube wird bis auf eine kleine Vertiefung an der eigentlichen Pflanzstelle restlos eingefüllt.

Eine derart gründliche Bodenvorbereitung lohnt sich. Schließlich bleiben Obstbäume ein Menschenalter, ja oft über Generationen hinweg im Garten. Auf keinen Fall sollte der Fehler begangen werden, auf schwerem Boden nur ein kleines Loch auszubuddeln und den Baum zu pflanzen. Die Wurzeln befinden sich dann wie in einem Blumentopf und stoßen bald an die verdichtete »Topfwand« an; das Wachstum stockt.

Einen Baumpfahl anbringen

Er muss bei Halb- und Hochstämmen nicht sein. Wer sparen will, verwendet einen längeren Tomatenpfahl, denn die Krone ist nach dem Pflanzschnitt nicht mehr allzu groß, so dass sie dem Wind keine nennenswerte Angriffsfläche bietet. Sobald aber die Krone umfangreicher wird, hat sich bereits ein umfangreiches Wurzelwerk entwickelt, das den Baum auch bei Sturm im Boden gut verankert. Dies gilt allerdings nur für Bäume, die auf Sämling oder eine andere stark wachsende Unterlage veredelt sind.

Die Pflanzung des Obstbaums

Zuerst schneiden wir die Wurzeln, soweit sie beschädigt sind, bis auf gesunde Teile zurück. Alle übrigen Wurzeln bleiben,

Obstbaumpflanzung: Beschädigte Wurzeln bis auf gesunde Teile zurückschneiden ①, Pflanzschnitt durchführen ②, Gießrand aufwerfen, kräftig angießen und abschließend die Baumscheibe mulchen ③.

wie sie sind, denn je mehr Wurzeln verbleiben, desto rascher kann der Baum anwachsen.

Das Pflanzen geht am besten zu zweit. Dabei hält eine Person das Bäumchen in das Pflanzloch, während die andere die mit feuchtem Torfsubstrat und Kompost verbesserte Erde einfüllt und gelegentlich mit den Händen nachhilft. Durch Rütteln des Bäumchens und durch gelegentliches Heben und Senken fällt die Erde in alle Hohlräume und legt sich dicht an die Wurzeln an.

Anschließend treten wir den Boden um den Baum herum leicht an und binden den Stamm mit einem Kokosfaserstrick oder anderem kräftigem Material in Form einer 8 am Pfahl an. Das Anbinden sollte aber nur ganz locker geschehen, damit sich das frisch gepflanzte Bäumchen noch setzen kann. Wichtig ist, dass der Baum nicht tiefer gepflanzt wird, als er vorher in der Baumschule gestanden hat, das heißt, die wulstartige Veredelungsstelle muss über dem Boden zu sehen sein.

Wird im Herbst gepflanzt, führen wir den Pflanzschnitt erst im darauf folgenden Frühjahr durch, bei Frühjahrspflanzung sofort.

Rund um den Baum werfen wir einen Gießrand, also einen kleinen Erdwall auf und schwemmen den Baum mit mehreren Gießkannen Wasser oder mit dem Schlauch ein. Abschließend wird die ganze Baumscheibe mit kurzem Stroh, verrottetem Stallmist oder Grasschnitt abgedeckt, damit sich die Feuchtigkeit lange hält und der Boden locker bleibt.

Pflanzung von Spindelbusch, Obsthecke und Obstspalier

Die Pflanzung

Hier geht das Pflanzen, bis auf ein paar Besonderheiten, genauso vor sich, wie bei Halb- und Hochstämmen sowie dem Buschbaum. Spindelbüsche haben ein schwach ausgebildetes, flach dahinstreichendes Wurzelwerk, das heißt, der Bo-

Spindelbüsche brauchen zeitlebens einen Pfahl. Rechtzeitig für Ersatz sorgen, da sonst die Bäumchen umfallen.

den muss hier besonders gründlich vorbereitet und verbessert werden. Wir heben nicht einzelne Pflanzgruben aus, sondern bearbeiten den Boden in der gesamten Länge der Spindelbusch-Reihe, meist werden mehrere Bäumchen in einer Reihe gepflanzt, in einer Breite von etwa 200 cm und 30–40 cm Tiefe. Stets muss dabei die unterste Bodenschicht unten, die oberste Bodenschicht oben bleiben. Bei dieser Bodenvorbereitung werden selbstverständlich auch größere Steine und Dauerunkräuter entfernt.

Unbedingt nötig: der Baumpfahl

Ein Pfahl bei Spindelbüschen ist unbedingt nötig. Er sollte 220–250 cm lang und 7–8 cm stark sein. Der Pfahl wird vor der Pflanzung in den Boden geschlagen und muss immer wieder erneuert werden, sobald er abgefault ist. Andernfalls würde der Spindelbusch mit seinem schwachen Wurzelwerk besonders bei starkem Fruchtbehang oder im Winter bei Schneedruck beim nächsten Sturm umfallen.

Die richtige Pflanztiefe

Besonders bei Spindelbüschen ist es wichtig, dass der Baum nicht zu tief in den Boden kommt. Auch dann, wenn sich der Baum nach dem Pflanzen etwas gesetzt hat, muss die wulstartige Veredlungsstelle noch gut zu sehen sein.
Andernfalls beginnt der Spindelbusch unerwünscht stark zu wachsen.

Besonders wichtig: der richtige Obstbaumschnitt

Bäumchen, die nicht geschnitten werden, tragen früher, manchmal schon im Jahr nach der Pflanzung, doch solche Bäumchen erschöpfen sich bald unter der Last der Früchte, die Triebe hängen nach unten, der Neutrieb bleibt nur schwach.
Durch richtigen Schnitt erreichen wir, dass die Krone zeitlebens licht bleibt. In einer solchen Baumkrone entwickelt sich das Fruchtholz entlang des Stammes und der Äste bis unten hin und nicht nur weit oben, wie bei einem ungeschnittenen Baum. Nicht geschnittene Bäume tragen zudem meist recht unregelmäßig. In dem einen Jahr gibt es eine Massenernte, in dem darauf folgenden überhaupt nichts. Hinzu kommt, dass in nicht geschnittenen Bäumen die Früchte klein bleiben; sie bekommen wegen des Schattens wenig Farbe und schmecken zudem säuerlich.
Nachdem wir möglichst nicht oder nur wenig spritzen wollen, kommt dem Obstbaumschnitt eine besondere Bedeutung zu. Dichte Baumkronen werden nämlich stärker von Pilzkrankheiten befallen als licht gehaltene. Grund: Die Blätter bleiben nach Regenfällen länger feucht; nachdem aber auch die mikroskopisch kleinen Pilze zu ihrer Entwicklung Wärme und Feuchtigkeit benötigen, ebenso wie die Waldpilze, kommt es in dichten Kronen zu starkem Befall. Obstbaumschnitt ist vorbeugender Pflanzenschutz.
Gekonnter Obstbaumschnitt ist allerdings, ebenso wie das Veredeln, eine Arbeit, die man aus einem Buch kaum richtig erlernen kann. Hier gehört die Praxis unbedingt dazu.
Ein Tipp: Besuchen Sie im Winter Kurse über Obstbaumschnitt. Sie werden viel lernen und die Arbeit wird Ihnen Spaß machen, vorausgesetzt, der Kurs wird von einem erfahrenen Fachmann geleitet, der nicht nur schneiden, sondern auch das »Wie« und »Warum« gut verständlich erklären kann. Solche Kurse werden von Obst- und Gartenbauvereinen, von Siedler- und Kleingärtnervereinen und von Volkshochschulen veranstaltet.

Der Schnitt des Halb- und Hochstammes

Hoch- und Halbstämme, also Bäume mit hohem Stamm und großer Krone, pflanzen wir meist nur punktuell, vielfach anstelle von Ziergehölzen. Mit einem richtigen Pflanz- und Erziehungsschnitt wachsen Bäume heran, die nicht nur gestalterische Schwerpunkte in unserem Garten bilden, sondern zusätzlich gesundes Obst bringen.
Durch Schnitt erzielen wir eine ideale Baumkrone, bestehend aus Stamm, Leitästen und Seitenästen, also ein kräftiges Kronengerüst, an dem sich locker gestreut gut belichtete Fruchtäste und Fruchtholz befinden. Was hierzu nach-

Der Aufbau eines Halb-/Hochstammes bzw. Buschbaumes mit nur drei Leitästen und einer Stammverlängerung. Durch Abspreizen lässt sich ein günstiger Astwinkel erzielen.

folgend gesagt wird, gilt für alle Obstarten, die als Halb- oder Hochstamm gepflanzt werden, ebenso aber auch für Buschbäume.

Pflanzschnitt der jungen Krone

Wir wählen in der jungen Krone drei kräftige, günstig am Stamm verteilte Triebe aus, die späteren Leitäste. Spitzwinklig angesetzte Triebe sind als Leitäste nicht geeignet, weil bei ihnen die Gefahr besteht, dass sie später bei stärkerem Fruchtbehang oder Schneedruck abschlitzen. Alle kräftigen, steil stehenden Triebe werden deshalb aus der jungen Baumkrone entfernt, vor allem der Konkurrenztrieb. Darunter versteht man den Trieb, der sich zuoberst am Mitteltrieb befindet, zumeist in einem sehr spitzen Winkel.

Außer diesen drei künftigen Leitästen können durchaus noch ein bis zwei schwache Triebe in der jungen Krone verbleiben. Ohne Schnitt setzen sie frühzeitig Blütenknospen und Früchte an und versorgen mit ihren Blättern den jungen Baum zusätzlich mit Baustoffen (Assimilaten).

Das Einkürzen der Äste

Anschließend kürzen wir die drei Leitäste um mindestens ein Drittel bis die Hälfte ein, und zwar immer auf eine nach außen gerichtete Knospe. Nur so treiben sämtliche Knospen aus, und die Leitäste bekleiden sich bereits von unten her mit Fruchtholz. Außerdem wird durch den Rückschnitt das Dickenwachstum der künftigen Leitäste gefördert. Je kräftiger der Rückschnitt, desto stärker der Austrieb und umgekehrt; im Zweifelsfall also besser etwas kräftiger zurückschneiden.

Die Schnittflächen der drei Triebe sollen in ungefähr der gleichen Höhe liegen (Saftwaage). Nur wenn ein Trieb kräftiger als die beiden anderen ist, halten wir diesen etwas kürzer, weil er ohnehin begünstigt ist.

Die Stammverlängerung (Mitteltrieb) schneiden wir so weit zurück, dass sie die drei künftigen Leitäste um Handbreite überragt. Wir kürzen sie über einer Knospe ein, die eine möglichst gerade Triebfortsetzung verspricht.

Erziehungsschnitt

Auch im kommenden Spätwinter wird die junge Baumkrone geschnitten. Wir sprechen jetzt von Erziehungsschnitt. Man wiederholt ihn so oft, bis die Krone fertig aufgebaut ist, also etwa fünf bis acht Jahre lang.

Beim Erziehungsschnitt entfernen wir alle Konkurrenztriebe sowie zu dicht stehende oder auf den Astoberseiten entstandene Triebe an den Ansatzstellen. Die übrigen neu gebildeten Triebe werden mit Bast in eine beinahe waagerechte Lage gebunden, sofern sie nicht schon weitgehend waagerecht stehen. Anschließend werden die Stamm- und Leitastverlängerungen auf nach außen zeigende Knospen zurückgeschnitten.

Wie stark wird zurückgeschnitten?

Der Rückschnitt der Stamm- und Leitastverlängerungen sollte so stark sein, dass zwar sämtliche Knospen austreiben, sich jedoch nur wenige kräftige, aber zahlreiche schwache Triebe, Fruchtholz, entwickeln. Wer beobachtet, wird rasch feststellen, ob die Stärke des vorjährigen Rückschnitts richtig war. Die Jahre danach bleiben die Schnittarbeiten die gleichen. Neu kommt nur die Erziehung von Seitenästen hinzu, etwa drei je Leitast.

Oben: Die Leitastverlängerung wird freigestellt, also Entfernen der nach innen wachsenden Triebe.
Unten: Auslichten eines alten, bisher falsch geschnittenen Baumes.

Der erste dieser Seitenäste darf erst mindestens 80–100 cm vom Stamm entfernt entstehen; andernfalls würde die Krone später zu dicht. Untereinander sollen die Seitenäste etwa 100–150 cm Abstand haben, damit auch in der fertig aufgebauten Krone alle Teile genügend Licht bekommen. Die Seitenäste sollten leicht schräg aufwärts gerichtet und in ihrer Länge den Leitästen untergeordnet sein.

Die Entwicklung der Fruchtäste

Die übrigen, entlang der Leitäste entstehenden Triebe behandeln wir als Fruchtäste, das heißt, wir schneiden sie nicht zurück, sondern lenken sie durch Ableiten auf jüngere Triebe so, dass ihre Spitze waagerecht gerichtet ist oder leicht abwärts zeigt. Dadurch wird verhindert, dass sie zu einer Konkurrenz für die Sei-

Erziehungsschnitt bei einem Zwetschenbaum. Vorrangig werden dabei die Konkurrenztriebe und alle nach innen wachsenden Triebe entfernt. Dadurch entsteht eine lichte Krone.

tenäste werden. Jungtriebe allerdings, die sich entlang der Leit- und Seitenäste entwickeln und zu dicht stehen, werden beim jährlichen Schnitt ganz entfernt. Auch entlang der Stammverlängerung sollten sich in lockerer Streuung einige Fruchtäste bilden. Wir erziehen sie so, dass sie auf Lücke stehen und die darunter befindlichen Äste möglichst nicht beschatten.

Konkurrenztriebe entfernen

Ebenso werden alle Konkurrenztriebe an der Stammverlängerung sowie an den Leit- und Seitenästen entfernt. Auch andere steil stehende Jungtriebe, die auf den Oberseiten der kräftigen Astteile (Leitäste, Seitenäste, Fruchtäste) entstanden sind, schneiden wir an den Ansatzstellen.

Triebe auf der Oberseite von Ästen behindern den Lichtzutritt. Sie gehören entfernt.

Wertvolles Fruchtholz fördern

An dem beim Erziehungsschnitt entstehenden kräftigen Kronengerüst entwickelt sich das Fruchtholz. Es besteht aus schwach wachsenden Kurztrieben, die Blütenknospen ansetzen. Zu viel Fruchtholz, wie es häufig bei älteren Bäumen vorkommt, ist ein Zeichen von Vergreisung. In solchen Fällen sollte man das Fruchtholz verjüngen, indem man von jedem Fruchtholzansatz etwa die Hälfte wegschneidet. So entsteht ein Triebanreiz. Ist zu viel Fruchtholz vorhanden, bleiben die Früchte klein. Die Bäume neigen außerdem zur Alternanz, das heißt, sie tragen sehr unregelmäßig.
Abschließend schneiden wir die im letzten Jahr entstandenen Verlängerungstriebe von Stamm, Leitästen und Seitenästen zurück.

Das Ziel: eine dachförmige Krone

Nach dem Einkürzen soll der Baum die Form eines Hausdaches haben, das heißt, die Spitze ist die Stammverlängerung, der sich die Enden der Leitäste dachförmig unterordnen und diesen wiederum die Seitenäste.
Eine Faustregel: Schwache Verlängerungstriebe sollte man um etwa die Hälfte einkürzen, bei kräftigem Jahrestrieb genügt es dagegen meist, wenn nur ein Drittel weggeschnitten wird. Wichtig: Immer auf nach außen gerichtete Augen (= Knospen) schneiden, damit eine breit ausladende, gut belichtete Krone entsteht.

Das Kronengerüst eines Obstbaumes

Es besteht bei richtigem Pflanz- und Erziehungsschnitt aus
- Stamm bzw. Stammverlängerung (Mitteltrieb),
- drei gut verteilten kräftigen Leitästen; bei schwachwüchsigen Steinobst-Arten wie Zwetsche, Pflaume, Sauer-Kirsche dürfen es auch vier sein,
- drei Seitenästen an jedem Leitast,
- mehreren locker gestreuten Fruchtästen entlang der Stammverlängerung und entlang der Leit- und Seitenäste,
- Fruchtholz, das über alle diese kräftigen Kronenteile gleichmäßig verteilt ist; es sollte möglichst waagerecht stehen, gut belichtet sein und ständig etwas Neutrieb zeigen.

Der Instandhaltungsschnitt

Sobald die Krone fertig aufgebaut ist, brauchen wir sie nur noch in Ordnung zu halten. Wichtig ist dabei die ständige Fruchtholzerneuerung, so wie dies beim Spindelbusch beschrieben wird. In all den folgenden Jahren muss die Krone vor allem licht bleiben; nur dann kann gesundes Qualitätsobst geerntet werden.

Der Schnitt des Spindelbusches

Spindelbüsche behalten zeitlebens eine kleine Krone. Sie stehen im Gegensatz zum Halb- und Hochstamm, der auf Sämling veredelt ist, auf einer schwachwüchsigen Unterlage und benötigen deshalb einen speziellen Schnitt. Dadurch bleiben die Bäume licht, die Fruchtqualität wird gesteigert.

Der richtige Pflanzschnitt

Er wird ebenso wie beim Halb- und Hochstamm im zeitigen Frühjahr durchgeführt.
Meist beziehen wir den Spindelbusch von der Baumschule mit zweijähriger Krone, wobei zuerst der Konkurrenztrieb sowie die tiefer als 50 cm über dem Boden entstandenen Triebe weggeschnitten wer-

den. Dann binden wir vier gut verteilte Triebe fast waagerecht, sofern sie nicht von selbst in ziemlich flachem Winkel aus dem Stamm entspringen. Diese Triebe bleiben so wie sie sind, das heißt, sie werden nicht eingekürzt. Dadurch setzt der Ertrag früher ein. Sollten noch weitere starke Triebe entlang des Stammes vorhanden sein, so entfernen wir diese, denn andernfalls würde die Krone später zu dicht. Vorhandene Kurztriebe bleiben dagegen am Stamm; sie werden nicht zurückgeschnitten.
Der Mitteltrieb wird auf fünf bis sieben Augen (= Knospen) über dem obersten seitlichen Trieb zurückgeschnitten. Dadurch entstehen entlang des Mitteltriebes viele Seitentriebe sowie Fruchtholz und der Ertrag setzt bereits im zweiten Jahr nach der Pflanzung ein.

Erziehungsschnitt beim Spindelbusch

In den folgenden Jahren sollen entlang des Stammes weitere Fruchtäste entstehen, locker gestreut und so am Stamm angeordnet, dass sie auf Lücke stehen, also zwischen den darunter befindlichen Fruchtästen. Beim Rückschnitt der Triebe streben wir eine pyramidale Krone an. Neben diesem Aufbau der kleinen Spindelbusch-Krone beschränkt sich der Schnitt in den Jahren nach der Pflanzung überwiegend auf eine leichte Verjüngung, das heißt, wir leiten abgetragene Triebteile, die meist stark nach unten hängen, auf Jungtriebe ab. Fruchtholz, das älter als drei Jahre ist, wird entfernt, da sich sonst der reich tragende Spindelbusch zu rasch erschöpfen würde.

Der Instandhaltungsschnitt

Ab fünftem bis sechstem Standjahr kürzen wir die Enden der Fruchtäste etwas ein oder setzen sie auf Jungtriebe zurück. Dadurch wird der Neutrieb angeregt und einer raschen Erschöpfung vorgebeugt. Nach dem Schnitt soll der Spindelbusch seine pyramidale Form beibehalten. Dadurch sind alle Teile optimal belichtet.

Verjüngungsschnitt gegen Erschöpfung

Nach weiteren Ertragsjahren wird schließlich eine Verjüngung notwendig. Den Zeitpunkt hierfür erkennt man am nachlassenden Trieb. Sobald der Neutrieb jährlich nur noch wenige Zentimeter beträgt, setzt man die Stammverlängerung, also den Mitteltrieb, 50 cm und mehr herunter. Gleichzeitig schneidet man alle Fruchtäste kräftig bis ins alte Holz hinein zurück, das heißt, man setzt sie auf Triebe ab, die sich näher am Stamm befinden. Zusätzlich wird der größte Teil des schwachen Fruchtholzes ganz entfernt und das normal entwickelte um etwa ein Drittel eingekürzt.
Auch nach dieser Radikalkur sollte der Spindelbusch wie eine Pyramide aussehen. In Verbindung mit Düngung und Bodenpflege entsteht dann ab Frühjahr ein kräftiger Neutrieb. Das Bäumchen zeigt neues Leben und bessere Fruchtqualität.

Oben: Fruchtäste waagrecht binden. Dadurch beginnen Spindelbüsche meist schon im nächsten Jahr zu tragen.
Unten: Die Schlanke Spindel benötigt besonders wenig Platz, Seitentriebe beim Pflanzschnitt nicht einkürzen!

Der Schnitt älterer Baumkronen

Vielfach stehen in den Gärten ältere Apfel-, Birn- und Pflaumen-Bäume, an denen seit Jahren nichts mehr getan wurde. Ihre Kronen sind meist viel zu dicht, und Fruchtholz fehlt im Kroneninnern oft völlig. Dafür haben sich umso mehr Triebe an den Enden der stärkeren Äste entwickelt, so dass ein dichtes Blätterdach kaum mehr einen Lichtstrahl in das Innere der Krone lässt.

Luft und Licht durch Auslichten

Zunächst werden sämtliche zu dicht stehenden Äste an den Ansatzstellen entfernt, bevorzugt natürlich krebsige oder schwächlich gebliebene Äste bzw. solche, die dicht auf anderen aufliegen. Ziel dieser Arbeit: eine gut belichtete Krone sowie Bildung von Jungtrieben.
Ältere, stark verwahrloste Kronen sollten nicht auf einmal ausgelichtet werden, weil sonst an den verbleibenden Ästen ein kaum zu bändigender, starker Neutrieb, so genannte Wasserschosse, entstehen würde. Solche Bäume werden besser in zwei bis drei Wintern hintereinander ausgelichtet, wobei natürlich zuerst die besonders störenden Teile entfernt werden. Für all diese groben Schnittarbeiten ist die verstellbare Baumsäge das richtige Werkzeug.
Das zu dichte Triebgewirr an den äußeren Partien einer seit Jahren ungepflegten Krone wird mit der Schere gelichtet. Zu hohe Kronen setzen wir auf tiefer stehende Äste ab, so dass die Pflege- und Erntearbeiten erleichtert werden. Alle diese groben Schnittarbeiten können bereits ab November, also gleich nach dem Laubfall, vorgenommen werden. Am Ende dieser Durchforstung sollte die Krone eine stumpfpyramidale Form haben, also einem Hausdach ähnlich sehen.
Durch ein solches Auslichten lässt sich verständlicherweise keine Idealkrone mehr erzielen, so wie sie beim Erziehungsschnitt beschrieben ist. Wir müssen Kompromisse schließen. Doch es ist schon viel erreicht, wenn in das Kroneninnere wieder genügend Luft und Licht gelangen können, wenn die Früchte größer werden und besser gefärbt sind und wenn der Befall an Schädlingen und Krankheiten zurückgeht.

Jungtriebe vereinzeln

Mit dem Auslichten allein ist es allerdings nicht getan. Entscheidend für den

Falscher Schnitt: An diesem Apfelbaum wurden sämtliche Jungtriebe jeweils auf einige Knospen eingekürzt. Folge: Viel zu viele neue Triebe. Daneben: Der Baum nach einer Nachbehandlung.

langfristigen Erfolg ist die Nachbehandlung, denn an den verbleibenden Ästen entstehen zahlreiche Jungtriebe. Die zu dicht stehenden werden im kommenden Winter entfernt. Lediglich alle 40–50 cm verbleibt ein Trieb. Diese Jungtriebe, auch wenn sie sich senkrecht auf den Astoberseiten befinden, brauchen nicht eingekürzt zu werden. Bereits im Jahr danach setzen sie Blütenknospen an, und wieder ein Jahr später blühen und fruchten sie. Dann entfernen wir diese Triebe an der Ansatzstelle, damit es Platz für neue gibt. Sie länger zu belassen hat wenig Sinn, da sie sich wegen ihrer steilen Stellung sehr kräftig entwickeln und die Krone überbauen und beschatten würden.

Neben solchen Jungtrieben gibt es in einer gut ausgelichteten Krone auch am verbliebenen alten, aber leicht verjüngten Fruchtholz reichlich Blüten und Früchte von wesentlich besserer Qualität als vorher.

Radikalkur für alte Bäume

Ältere Bäume, die kaum noch Neutrieb zeigen und deren Früchte zu klein bleiben, können wir verjüngen. Damit wird der zunehmenden Vergreisung entgegengewirkt. Die Krone wird dabei insgesamt um etwa ein Drittel zurückgenommen. Zuerst wird die gesamte Krone ausgelichtet, so wie vorher beschrieben. Dann werden alle verbliebenen starken Äste um 100–200 cm eingekürzt.

Das Verjüngen kann ebenso wie das Auslichten älterer Baumkronen bereits ab November, also gleich nach dem Laubfall, vorgenommen werden. Je früher, desto kräftiger ist der nächstjährige Austrieb. In Verbindung mit einer Düngung lassen sich alternde Obstbäume auf diese Weise förmlich zu neuem Leben erwecken.

Schnittbesonderheiten

Süß-Kirschen

Sie sind sehr starkwüchsig, deshalb sollten die Leitäste entlang des Stammes besonders weit auseinander stehen. Ist das Kronengerüst einmal aufgebaut, wird nur noch ausgelichtet. Eine Fruchtholzbehandlung entfällt. Grobe Schnittarbeiten wie das Entfernen größerer Äste oder ein Verjüngen der gesamten Krone führen wir gleich nach der Ernte (Juli/ August) durch. Bei einer Verjüngung ist darauf zu achten, dass an den Schnittstellen stärkerer Äste möglichst junge Triebe oder Nebenäste sitzen.

Pflaumen und andere Steinobst-Arten

Steinobst ist gegen direkte Sonnenstrahlung auf starke Astteile sehr empfindlich; die Stammverlängerung sowie die Leit- und Seitenäste sollten deshalb reichlich mit Fruchtholz garniert sein. Wir lassen bei diesen Obstarten deshalb mehr Fruchtholz stehen als bei Apfel und Birne. Anstelle von drei Leitästen können hier durchaus vier starke Äste belassen werden, die möglichst gleichmäßig verteilt und nicht an einem Punkt des Stammes entstehen sollen.

Sauer-Kirschen

Sie werden meist als einjährige Veredlungen gepflanzt.

Über dem 60 cm hohen Stamm belassen wir nur drei bis vier Triebe und kürzen sie auf zwei bis vier Augen ein, führen also einen sehr scharfen Pflanzschnitt durch. Der Mitteltrieb wird eine Handspanne darüber auf eine gut ausgebildete Knospe zurückgeschnitten.

Nach diesem Schnitt treibt der Baum gewöhnlich stark durch. Im nächsten Frühjahr wählen wir aus den zahlreichen Trieben drei bis vier günstig gestellte, möglichst gleichmäßig um den Stamm verteilte Triebe aus und schneiden sie scharf bis auf etwa ein Drittel ihrer Länge zurück. Der weitere Kronenaufbau vollzieht sich wie beim Halb- und Hochstamm.

Fruchtholzbehandlung bei der 'Schattenmorelle'

Nachdem in vielen Gärten die besonders wertvolle Sorte 'Schattenmorelle' angebaut wird, sei auf die besondere Art der hier erforderlichen Fruchtholzbehandlung hingewiesen: Die Schattenmorelle trägt fast nur an Trieben, die sich im Vorjahr entwickelt haben, das heißt, wir sollten durch entsprechenden Schnitt dafür sorgen, dass alljährlich viele kräftige Jungtriebe entstehen.

Unterlassen wir die Fruchtholzbehandlung, so verlängern sich die Triebe jährlich nur um ein kleines Stückchen. An diesem kurzen Neutrieb sitzen im nächsten Jahr Blüten und Früchte, der dahinter liegende Teil verkahlt. Unbehandelte ältere Schattenmorellen gleichen deshalb Trauerweiden. Die Früchte, die sich an den nur kurzen, schwachen Neutrieben bilden, werden merklich kleiner.

Um dies zu verhindern, schneiden wir jeweils nach der Ernte die abgetragenen Triebe bis auf Jungtriebe zurück, die sich in der Nähe stärkerer Kronenteile (Stamm, Äste) entwickelt haben. Diese Jungtriebe kürzen wir nicht ein, weil sie besonders im oberen Drittel die meisten Blüten und Früchte tragen.

Apfelbaum vor und nach dem Sommerschnitt. Dabei wurden die Konkurrenztriebe und alle nach innen wachsenden Triebe entfernt, so dass reichlich Licht ins Kroneninnere gelangt.

Durch diese ständige Fruchtholzverjüngung nach der Ernte bleibt der Schattenmorellen-Baum lebendig. Jährlich entstehen zahlreiche kräftige Neutriebe. Die Früchte werden wesentlich größer als ohne Schnitt.

Pfirsich

Er wird ebenfalls meist als einjährige Veredlung gepflanzt. Pflanzschnitt und sonstiger Kronenaufbau erfolgen wie bei der Sauer-Kirsche. Anstelle einer normalen Krone mit Stammverlängerung, Leit- und Seitenästen können wir hier eine Hohlkrone aufbauen; sie hat sich beim Pfirsich bewährt. Beim Erziehungsschnitt im Jahr nach der Pflanzung bleiben dann nur drei möglichst gleichmäßig im Luftraum verteilte Leitäste stehen, während die Stammverlängerung herausgeschnitten wird. Der weitere Aufbau der Leit- und Seitenäste erfolgt wie bei einer normalen Baumkrone.

Nachdem der Pfirsich von Natur aus besonders stark zur Spitzenförderung neigt, sollten wir den Baum ständig in scharfem Schnitt halten; andernfalls verkahlen die unteren Teile der Baumkrone sehr rasch. Wie die 'Schattenmorelle', so trägt auch der Pfirsich nur an den im Vorjahr gebildeten Trieben. Wir sorgen also auch hier durch Schnitt für jährlichen Neutrieb.

Die schönsten Früchte entwickeln sich beim Pfirsich an den »wahren Fruchttrieben«. Diese Triebe sind etwa bleistiftstark und haben eine Länge von 50 cm und mehr. Meist stehen an ihnen drei Knospen zusammen: zwischen zwei rundlichen Blütenknospen ist eine Holzknospe eingebettet. Wenn wir diese wahren Fruchttriebe um etwa die Hälfte einkürzen, bilden sich besonders schöne, große Früchte. Außerdem entsteht dadurch ein kräftiger Neutrieb, also wahre Fruchttriebe für das kommende Jahr.

»Falsche Fruchttriebe« sind erheblich schwächer und kürzer; sie sind beinahe ausschließlich mit Blütenknospen besetzt. Nachdem sich mangels Blättern an solchen Trieben kaum Früchte ausbilden, schneiden wir sie bis auf kurze Stummel von ein bis zwei Knospen zurück. Durch diesen scharfen Rückschnitt erreichen wir kräftigen Neutrieb und damit die Bildung wahrer Fruchttriebe für das kommende Jahr.

Wenn ein Pfirsich-Busch oder ein Spalier in seinen unteren Teilen verkahlt, so wird er im Sommer gleich nach der Ernte verjüngt. Die Leitäste und die an diesen locker verteilten Seitenäste werden dabei weit ins alte Holz hinein zurückgenommen. Dabei darauf achten, dass sich an den größeren Schnittstellen jüngere Triebe befinden, die als Verlängerung der betreffenden Äste dienen können. Das Verstreichen aller größeren Wunden mit einem Wundverschlussmittel ist besonders beim Pfirsich wichtig.

Der Sommerschnitt, eine sinnvolle Ergänzung

Es ist ratsam, den Erziehungsschnitt in den ersten Jahren nach der Pflanzung durch eine Sommerbehandlung im Juli/August zu ergänzen. Dies gilt für Halb- und Hochstamm, für Busch und Spindelbusch. Bei Spindelbüschen empfiehlt sich ein Sommerschnitt auch später. Besonders wichtig ist eine sommerliche Be-

Links: Eine Krone vor und nach dem Sommerschnitt. Rechts: Sommerschnitt an Obsthecke, einige Triebe wurden waagerecht gebunden.

Auch mit Betonklötzchen lassen sich Triebe in die Waagrechte bringen; sie beginnen bevorzugt zu tragen. Rechts: Stützen verhindern Astbruch bei reichem Behang.

handlung bei Wandspalieren und anderen streng gezogenen Formobstbäumen. Dabei werden alle für den Kronenaufbau entbehrlichen Triebe, die man im Winter ohnehin entfernen müsste, weggeschnitten: die Konkurrenztriebe an Stammverlängerung und Leitästen sowie steile »Ständer«, also Triebe, die auf den Astoberseiten sitzen und zu sehr ins Kroneninnere wachsen, und zu dicht stehende schwächere Triebe.
Alle übrigen Triebe, soweit sie nicht für das Kronengerüst benötigt werden, binden wir waagerecht, denn: Je waagerechter sich ein Trieb im Baum befindet, desto mehr neigt er zum Blühen und Fruchten, je steiler er dagegen steht, desto mehr wird er vom Saft-Nährstoffstrom begünstigt, desto kräftiger und ungestümer wächst er.
Wer den Sommerschnitt durchführt, braucht im Winter nicht mehr viel zu tun.

Obsthecken schneiden

Die stärkeren Triebe sollen sich nur nach zwei Seiten hin entwickeln. Sie werden in einem stumpfen Winkel zum Stamm oder aber weitgehend waagerecht erzogen. Bereits bei der Pflanzung heften wir die untersten beiden Seitentriebe an den Draht und kürzen den Mitteltrieb etwa 50 cm darüber, unmittelbar über einer Knospe, ein.
So treibt die Mitte kräftig durch und es entstehen dicht unterhalb der Schnittstelle Triebe, von denen die zwei geeignetsten wiederum zu beiden Seiten an den nächstfolgenden Spanndraht angeheftet werden.
Im kommenden Frühjahr schneiden wir wieder nur die Mitte auf 50 cm über der zweiten Astserie zurück, damit die nächsten Seitenäste entstehen können. So entwickelt sich eine frei wachsende Obsthecke, aus der nur alle sehr steil sowie zu dicht stehenden Triebe an der Ansatzstelle entfernt werden, während die übrigen verbleiben.
Sobald die Obsthecke die gewünschte Höhe von 220–250 cm, in kleinen Gärten niedriger, erreicht hat, biegen wir den Mitteltrieb auf den obersten Spanndraht herunter, damit der Wuchs gebremst wird. Wenn die Bäume dann richtig in Ertrag kommen, lässt der Trieb von selbst nach.
Ähnlich wie beim Spindelbusch werden im Laufe der Jahre das Fruchtholz und die Seitenäste (Fruchtäste) auf Jungtriebe zurückgesetzt, so dass der vorhandene Platz ausreicht. Dies bedeutet gleichzeitig eine ständige leichte Verjüngung.
Außer Apfel und Birne eignen sich für diese Art der Erziehung auch Sauer-Kirsche, Pfirsich und Aprikose. Diese drei Obstarten erzieht man am besten als Fächerspalier, indem man die entstehenden Neutriebe einschließlich des Mitteltriebes in jedem Sommer umbiegt und etwas schräg an den Draht heftet.

Richtiges Schneiden einer Obsthecke, die stärkeren Triebe sollen sich nur nach zwei Seiten hin entwickeln.

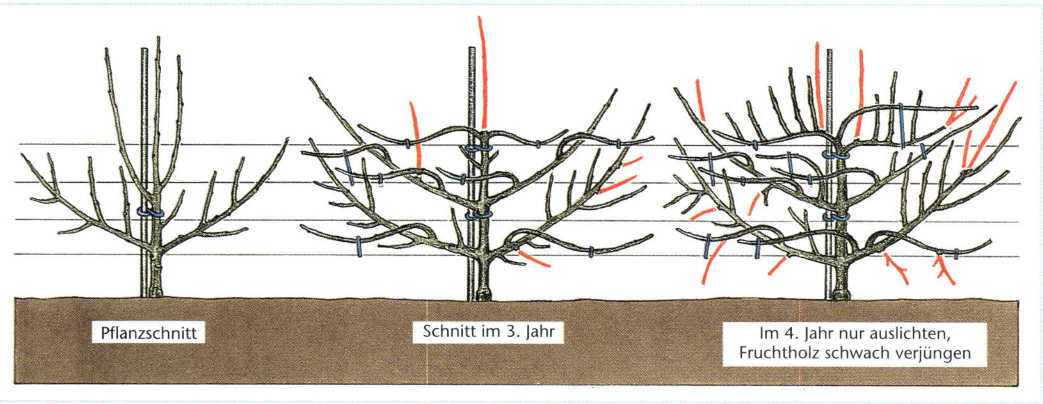

Der Schnitt eines Obstspaliers

Obstbäume an Hauswänden können als locker aufgebautes Spalier, als naturgemäßes Fächerspalier oder als strenges Formspalier gezogen werden. Die beiden erstgenannten Methoden erfordern weniger Kenntnisse und machen vor allem auch weniger Arbeit. Das Fruchtholz ist allerdings etwas ungleichmäßiger verteilt und steht meist etwas weiter von der Hauswand ab, als dies bei einem strengen Formspalier der Fall ist.
Ein locker aufgebautes Spalier und das Fächerspalier brauchen eine größere Wandfläche zur freien Entfaltung, vor allem wenn eine starkwüchsige Sämlingsunterlage verwendet wurde. Besonders unter ungünstigeren klimatischen Verhältnissen bringen naturgemäß gezogene Spaliere regelmäßigere Erträge und ebenso schönes Obst wie ein Formspalier.
Aus diesem Grunde soll hier nur der Schnitt der beiden erstgenannten besprochen werden.
Ideal eignen sich Pfirsich, Aprikose und Sauer-Kirsche für ein Fächerspalier, während für Apfel und Birne das frei wachsende, also das locker aufgebaute Spalier mehr zu empfehlen ist.

'Schattenmorelle' an der Hauswand als Fächerspalier gezogen. Eine Zierde während der Blüte und danach.

Das locker aufgebaute Spalier

Für ein locker aufgebautes Spalier verwenden wir das gleiche Pflanzmaterial wie beim Spindelbusch, also ein- bis zweijährige Veredlungen auf schwachwachsenden Unterlagen bzw. auf starkwachsenden, wenn eine größere Wandfläche bedeckt werden soll. Bei einer zweijährigen Veredlung werden die untersten beiden Seitentriebe in flachem Winkel an das Spaliergerüst geheftet und der Mitteltrieb etwa 50 cm darüber abgeschnitten. Der weitere Aufbau erfolgt wie bei der Obsthecke.
So entwickelt sich ein locker aufgebautes Obstspalier, bei dem nur auf den Seitenästen sehr steil bzw. zu dicht stehende Triebe an der Ansatzstelle entfernt werden.

Einfach zu verwirklichen: das Fächerspalier

Es bedeckt die Wandfläche recht unregelmäßig. Die Pflanzware ist die gleiche wie bereits beschrieben, nur wird hier der Mitteltrieb nicht gerade belassen und eingekürzt, sondern in eine schräge oder beinahe waagerechte Lage gebunden. Durch das Umbiegen des Mitteltriebes wird dessen Triebkraft gebremst und die Entwicklung von Fruchtholz gefördert.
Kräftige Jungtriebe, die an der Biegungsstelle entstehen, dürfen nicht eingekürzt werden. Wir binden sie vielmehr links oder rechts am Spaliergerüst oder an waagerecht gespannten Drähten an, ganz so, wie es der vorhandene Platz erlaubt. Dabei werden diese kräftigen Triebe bogenförmig umgelegt. Was zu viel ist, schneiden wir dicht an der Entstehungsstelle weg.
Eingekürzt braucht bei einem Fächerspalier überhaupt nichts zu werden, es sei denn, wir stellen fest, dass die unteren Augen der waagerecht oder bogenförmig gebundenen Triebe nicht austreiben und sich an diesen Stellen kein Fruchtholz entwickelt. In solchen Fällen schneiden wir die Triebe um etwa ein Viertel bis ein Drittel ihrer Länge zurück und erreichen dadurch den Durchtrieb aller Augen.
Beim Aufbau eines Fächerspaliers sorgen wir dafür, dass die Wandfläche möglichst gleichmäßig bekleidet wird. Je stärker ein Trieb wächst, desto mehr müssen wir ihn waagerecht binden. Dadurch wird der Trieb gebremst und die Bildung von kurzem Fruchtholz gefördert. Diese Arbeit erfolgt am besten im Juli/August, weil zu diesem Zeitpunkt die Triebe noch weich sind und sich in jeder Lage fügen.

Das Veredeln von Obstbäumen

Veredeln ist ähnlich wie der Obstbaumschnitt eine Handfertigkeit, die man nicht allein aus Büchern lernen kann. Man muss sie praktisch üben.
Bereits vorhandene Bäume lassen sich umveredeln, wenn deren Ertrag oder die Qualität nicht befriedigt. Vor allem können wir durch Veredeln wertvolle alte Obstsorten erhalten, die nur lokale Bedeutung haben und die folglich in den Baumschulen nicht erhältlich sind.
Um im Garten noch mehr Sorten unterzubringen, ist es möglich, auf vorhandene Obstbäume zusätzlich eine oder auch mehrere Sorten aufzuveredeln. Dies gelingt auch bei Spindelbüschen recht gut. Grundsätzlich sollten aber nur Bäume umveredelt werden, die noch verhältnismäßig jung und wüchsig sind.

Vorbereitungen zur Veredelung

Bereits im Winter vor dem Umveredeln wird die gesamte Baumkrone bis weit ins alte Holz hinein zurückgenommen, »abgeworfen«, wie der Fachausdruck lautet. Je nach Obstart ist der Abwurfwinkel verschieden. Beim Apfel soll die abgeworfene Krone einem flachen, bei Birne und Steinobst einem steilen Hausdach ähneln. Kronen, die keinen richtigen Aufbau mit

Der Abwurf muss genau die richtige Länge haben (rechte Grafik). Die Vorbereitung der Stumpen geschieht im Winter, das endgültige Absägen der Pfropfköpfe erfolgt erst kurz vor dem Einsetzen der Reiser.

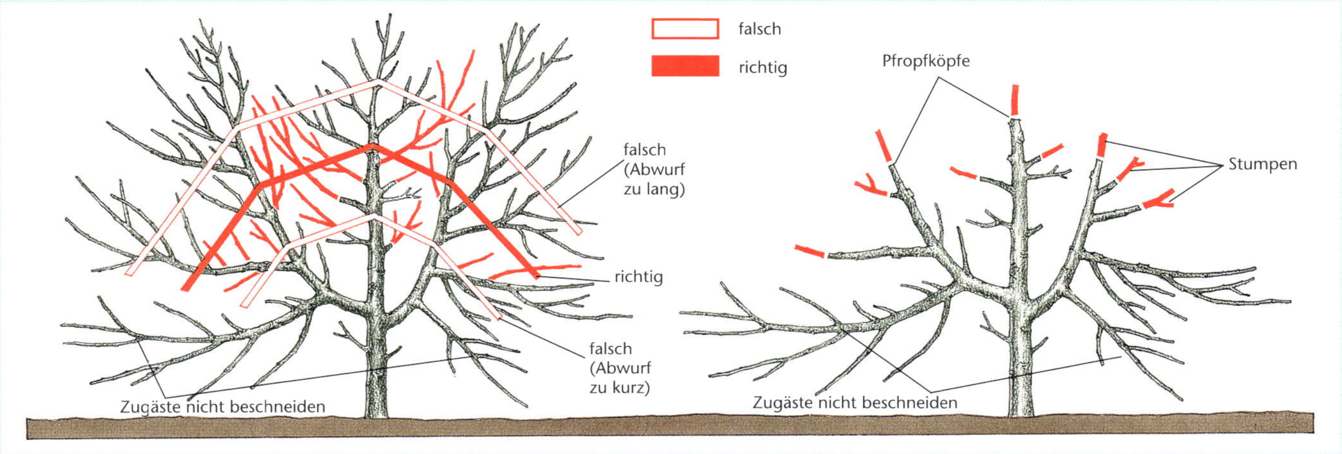

Veredelungsvorgang:
① Seitliches Einschneiden der Unterlage.
② Vorsichtig mit einem sauberen Messer die Rinde lösen und anheben.
③ Nun wird das vorbereitete Edelreis hinter die Rinde geschoben.
④ So sieht ein passgenau eingeschobenes Edelreis aus.
⑤ Ist die Unterlage stark genug, können auch zwei Reiser aufgepfropft werden.
⑥ Nun wird gut mit Bast verbunden und anschließend Baumwachs aufgebracht.

Leit- und Seitenästen haben bzw. zu dicht sind, werden vor dem Abwerfen ausgelichtet.

Die stärksten Äste sollen nach dem Abwerfen noch 1–1,50 m lang sein, bei sehr jungen Bäumen und Spindelbüschen jedoch wesentlich kürzer. Nachdem die Umveredlung erst im Frühjahr erfolgt, lassen wir die zu veredelnden Äste zunächst etwa 20 cm länger; sie werden erst unmittelbar vor dem Veredeln bis ins frische Holz nachgeschnitten! Wichtig ist auch, dass die Pfropfköpfe nicht mehr als 10 cm Durchmesser haben; andernfalls würde deren Verheilung zu lange dauern. Einige schwächere und tief hängende Äste bleiben unbehandelt; wir belassen sie als »Zugäste«.

Es gibt verschiedene Veredlungsmethoden. **Geißfußpfropfen** und **Pfropfen in den seitlichen Spalt** können bereits im zeitigen Frühjahr, also vor dem Austrieb, vorgenommen werden. Diese Verfahren sind für den Ungeübten etwas schwierig. Deshalb soll hier nur auf das **Pfropfen hinter die Rinde** eingegangen werden, ein Verfahren, das meist gelingt und auch für den obstbaulichen Anfänger leichter erlernbar ist.

Schnitt der Edelreiser

Die Edelreiser werden bereits von Ende Dezember bis Mitte Januar, also während der Saftruhe, von einem reich tragenden Baum der gewünschten Sorte geschnitten. Nur bleistiftstarke, einjährige Triebe, die sich an der Sonnenseite des Mutterbaumes befinden, sind gut ausgereift und haben kräftige Knospen ausgebildet.

Nach dem Schnitt schlagen wir die Reiser an der Nordseite des Hauses tief in die Erde ein. Sie dürfen weder eintrocknen noch vorzeitig austreiben.

Einfaches Verfahren: das Pfropfen hinter die Rinde

Es wird angewandt, sobald sich die Rinde gut vom Holz löst, ab Mitte April und im Mai. Pflaumen und Zwetschen werden bereits ab Anfang April, Kirschen am besten während der Blütezeit umveredelt. Bei Apfel und Birne ist dies von April bis Anfang Juni möglich. Wann der günstigste Zeitpunkt ist, hängt immer auch von der Witterung und dem örtlichen Kleinklima ab. Auf jeden Fall muss sich die Rinde lösen.

Kurz vor dem Veredeln wird der Pfropfkopf frisch abgesägt. Dann werden die Edelreiser mit der Baumschere in Stücke mit drei bis fünf Augen (Knospen) geschnitten und gegenüber einem Auge mit einem mindestens 4–5 cm langen, glatten Schnitt versehen. Dazu brauchen wir ein scharfes Kopuliermesser. Die Bildserie zeigt, wie weiter vorgegangen wird. Bereits nach zwei bis drei Wochen beginnen die Reiser auszutreiben, gelegentlich kann dies aber auch noch einige Wochen länger dauern. Also nicht gleich die Geduld verlieren, sondern beobachten!

Die Nachbehandlung der Pfropfköpfe

Nach etwa fünf bis sechs Wochen wird der Bast, mit dem die Edelreiser festgebunden sind, durch einen Längsschnitt gelöst. Andernfalls würde er bei dem nun beginnenden Dickenwachstum die Edelreiser einschnüren.

Unterhalb der Pfropfköpfe kommt es infolge von Wegnahme und Einkürzen vieler Äste zu starkem Neutrieb. Ab Frühsommer sollten deshalb bis auf 30 cm unterhalb der Pfropfköpfe alle Jungtriebe bis auf die Blattrosette entfernt werden. Die noch weiter unterhalb entstandenen kräftigen Triebe werden entspitzt oder waagerecht gebunden. Dadurch kommt der Saftstrom vor allem den Edelreisern zugute.

Der aus den Reisern entstandene Neutrieb bleibt im Sommer unbehandelt; wenn auf stärkeren Pfropfköpfen zwei, drei oder vier Reiser aufgesetzt wurden, belassen wir nur den aus dem Reis auf der Astoberseite entstandenen Trieb, während wir die übrigen entspitzen. Dadurch wird ein Trieb, die erwünschte Ast- bzw. Stammverlängerung, gefördert, während die anderen untergeordnet werden; sie dienen nur der raschen Verheilung des Pfropfkopfes.

Im kommenden Winter schneiden wir die Äste bis auf 30 cm unterhalb der Pfropfköpfe vollkommen frei. In der Krone entstandene steil stehende Triebe werden ebenfalls entfernt. Andere, schwächere oder nicht ganz so steil stehende Triebe bringen wir in eine waagerechte Lage oder leiten sie möglichst nach außen ab. Auch jetzt wäre es falsch, alle Triebe der Unterlage, also der alten Sorte, zu entfernen. An den verbleibenden Trieben bildet sich vielmehr bald Fruchtholz, und es gibt an diesen Stellen bald besonders schöne große Früchte.

Je Pfropfkopf soll nur ein Neutrieb die Fortsetzung übernehmen. Die übrigen aus den Edelreisern entstandenen Jungtriebe werden waagerecht gebunden oder abgesetzt, damit keine Konkurrenz zu den Leit- und Seitenastverlängerungen entsteht.

Der weitere Aufbau der neuen Krone mit den aus den Edelreisern entstandenen Trieben erfolgt genauso wie bereits beim Halb- und Hochstamm bzw. Spindelbusch unter »Erziehungsschnitt« ab Seite 427 beschrieben.

Platz sparen mit mehreren Sorten auf einem Baum

Der Hobbygärtner möchte in seinem Garten, im Gegensatz zum Erwerbsobstbauer, möglichst viele Sorten haben. Meist fehlt es aber an Platz, um all die Bäumchen unterbringen zu können. Was liegt also näher, als auf vorhandene Halb- und Hochstämme, aber auch auf Spindelbüsche zusätzliche Sorten aufzuveredeln. Dies gelingt recht gut.

Jeder Leitast und dessen Seitenäste bringen dann eine andere Sorte, während an den bei der Veredlung ohnehin erforderlichen Zugästen und am unteren Teil der Krone weiterhin die Früchte der bisherigen Sorte hängen. Wir sollten nur darauf achten, dass wir je Baum immer nur starkwüchsige oder schwachwüchsige Sorten zusammenbringen. Andernfalls würde sich ein Ast, der mit einer besonders starkwüchsigen Sorte veredelt wurde, wesentlich stärker entwickeln als die Stammverlängerung und die übrigen Äste.

Äpfel und Birnen sind pflückreif, sobald sie sich bei leichtem Anheben oder Drehen vom Fruchtholz lösen, ohne dass dieses beschädigt wird. Hier: zwei verschiedene Apfelsorten an einem Baum.

Obstbäume richtig pflegen

Die Wundpflege

Beinahe jedes Jahr kommt es zu Schäden an Stamm und Ästen, sei es durch Frost, Obstbaumkrebs, Abschlitzen eines Astes, Zweig-Monilia oder Hasenfraß. Auch beim Schnitt entstandene größere Wunden sollten nachbehandelt werden, damit sie rasch verheilen.

Dazu werden die Wundränder mit einem scharfen Messer (Hippe) nachgeschnitten und die Wunden mit einem Wundverschlussmittel verstrichen. Bei Krebsstellen schneiden wir die befallene Stelle gründlich bis auf das gesunde Holz aus und verstreichen sie ebenfalls.

Handelt es sich um Frostplatten, so wird der erfrorene, eingesunkene Rindenteil beseitigt und von den meist braunen Rändern so viel weg geschnitten, bis das gesunde, grünlich-gelb gefärbte Holz sichtbar wird.

Mit gut streichfähigem Wundverschlussmittel können wir alle Wunden gegen das Eindringen von Pilzen abdichten. Zum Verschließen kleinerer Wunden an unseren Obstbäumen kann man auch normales Baumwachs nehmen.

Eine andere Möglichkeit, die sich vor allem bei großen Wunden bewährt hat: Wundränder nachschneiden und Wunde mit Lehmbrei verstreichen, dem ein Drittel strohfreier Kuhmist beigemengt ist. Anschließend Wunde mit Sackleinen umwickeln und feucht halten.

Große Schäden durch Hasen- und Mäusefraß

Meist bleibt bei Hasenfraß noch genügend lebensfähiges Gewebe am Stamm, so dass die Verheilung rasch Fortschritte macht. Wenn die Rinde allerdings bis zur Hälfte des Stammes weggefressen ist, so besteht wenig Aussicht auf Erfolg. Schlimm sind vor allem Schäden durch Mäuse, da hier meist die Rinde rundherum bis aufs Holz weggenagt ist. In einem solchen Fall kommt jede Hilfe zu spät, und wir pflanzen besser einen neuen Baum.

Richtige Wundenpflege bewahrt manchen alten Baum vor größeren Schäden. Nachdem der Wundrand mit der Hippe glatt geschnitten wurde, wird die gesamte Wunde mit einem im Handel befindlichen Wundverschlussmittel verstrichen.

Das Mulchen

Vor allem unter flach wurzelnden Spindelbüschen und Beerensträuchern decken wir den Boden vom Frühjahr an mit organischem Material ab, ebenso die Baumscheiben von Hoch- und Halbstämmen. Sehr gut eignet sich dazu kurzer Rasenschnitt, mit dem man im Haus- und Kleingarten meist ohnehin nicht weiß, wohin; er wird 10–15 cm hoch, also knapp handhoch aufgebracht. Ebenso gut kann kurzes Stroh oder gut verrotteter Stallmist verwendet werden, wobei eine geringere Abdeckhöhe genügt.

Durch Mulchen bleibt der Boden feucht, was gerade in einem trockenen Sommer viel Wasser spart. Zusätzlich wird die Entwicklung von Unkraut gehemmt.

Erst im Herbst legen wir dann die Baumstämme wieder frei, sonst besteht die Gefahr von Mäusefraß im Winter.

➲ Mehr zum Thema »Mulchen« ab Seite 74.

Das Wässern

Frisch gepflanzte Obstbäume brauchen vor allem im ersten Jahr reichlich Wasser. Ihr Wurzelwerk ist noch spärlich und verläuft sehr flach. Bei Trockenheit also gießen!

Ältere Obstbäume werden dagegen nur gewässert, wenn es längere Zeit hindurch trocken ist. Besonders während der Blütezeit und in den Wochen vor der Ernte, aber auch in sehr heißen Sommerwochen legen wir den Schlauch an die Bäume. Dabei ist durchdringend zu wässern bei großkronigen Bäumen vor allem auch im Bereich der Kronentraufe, damit das Wasser tatsächlich in den Wurzelbereich gelangt.

Den Baumpfahl erneuern

Bei Spindelbüschen auf schwachwachsender Unterlage sollte immer wieder der Pfahl überprüft werden. Ist er morsch geworden, so erneuern wir ihn möglichst rasch.

Es ist ärgerlich, wenn ein mit viel Liebe gepflegtes Bäumchen umfällt.

Auch das Bindematerial überprüfen wir von Zeit zu Zeit. Auf Etiketten achten, die beim Dickenwachstum den Stamm einschnüren oder gar schon hineingewachsen sind! Am besten die Sorten auf einem Lageplan festhalten bzw. die Etiketten so an den Bäumchen anbringen, dass ein Einschnüren nicht möglich ist.

Das Anlegen von Baumscheiben

Großkronige Obstbäume, also Halb- und Hochstämme, werden meist in den Rasen oder in eine Wiese gepflanzt. Damit das Gras den wenigen jungen Wurzeln nicht zu viel Wasser und Nährstoffe wegnimmt, legen wir bei der Pflanzung eine Baumscheibe von 100–150 cm Durchmesser an und decken diese den Sommer über mit Mulchmaterial ab. Sobald die Krone entwickelt ist, können wir die Baumscheiben einsparen.

Frostschutz für den Stamm

Ab Mitte Januar, spätestens ab Februar beginnen sich an sonnigen Tagen die Baumstämme an der Südseite zu erwärmen, während in darauf folgenden klaren Nächten die Temperaturen stark absinken. Dadurch entstehen Spannungen im Rindengewebe, die zu Frostrissen führen können. Auch Frostplatten, Teile der Rindenfläche trocknen ein, sind Folgen einer starken Sonnenbestrahlung und extremer Temperaturschwankungen.

Kalken der Baumstämme im Januar/Februar bietet Schutz vor Frostschäden. Im Handel gibt es dazu fertigen Weißanstrich.

Gegen solche Schäden streichen wir die Bäume vorbeugend mit einer im Handel erhältlichen fertigen Kalkbrühe ein oder stellen an die Südseite jedes Baumstammes ein Brett, das die Sonnenstrahlen ebenfalls abhält. Übrigens, ein Kalkanstrich nützt nichts gegen Schädlinge, er reflektiert nur die Sonnenstrahlen.

Obstgehölze düngen

Von der Nährstoffzufuhr hängen Regelmäßigkeit und Höhe der Erträge entscheidend ab. Allem voran sollte die Versorgung des Bodens mit organischen Stoffen, besonders mit Kompost oder verrottetem Stallmist, stehen. Dadurch wird der Boden locker und lebendig, das Bakterienleben wird gefördert.
Daneben brauchen die Obstbäume aber auch einige wichtige Nährstoffe, damit sie wachsen, fruchten und gleichzeitig Blütenknospen für das kommende Jahr ausbilden können. Es sind dies Stickstoff, Phosphor, Kali und Magnesium sowie einige Spurenelemente. Diese Stoffe sind zwar in den meisten Böden infolge von Verwitterungs- und Zersetzungsprozessen organischer Substanzen vorhanden, die Menge genügt aber bei im Ertrag befindlichen Obstbäumen nicht immer. Schließlich werden diese Nährstoffe in Form des im Herbst geernteten Obstes dem Boden entzogen.
Aufgrund einer Bodenuntersuchung wissen wir zuverlässig, wie es um den Nährstoffgehalt unseres Bodens bestellt ist, wir düngen nicht mehr ins Blaue hinein. Wenn alle drei bis fünf Jahre eine derartige Untersuchung durchgeführt wird, können sowohl Kosten als auch Arbeit eingespart werden. Vor allem aber wollen wir aus Gründen des Umweltschutzes dem Boden nicht mehr Nährstoffe zuführen als notwendig.
Doch auch ohne Bodenuntersuchung können wir in etwa feststellen, ob Nährstoffmangel vorliegt. Wir brauchen nur zu beobachten. Wenn die Obstbäume gut und regelmäßig tragen, dabei reichlich Neutrieb entwickeln und gleichzeitig Blütenknospen für das kommende Jahr ansetzen, befinden sie sich im Idealzustand. Der Fachmann spricht dann

Kompost ist die Grundlage jeder Düngung. Dadurch bleibt der Boden lebendig, wie hier unter der Spindelbusch-Reihe.

vom »physiologischen Gleichgewicht«. Was wollen wir mehr? Warum sollten wir sie noch zusätzlich füttern? Auch Obstbäume wachsen nicht in den Himmel und sollen es auch gar nicht. Also lassen wir das Düngen bleiben, bis sich Bedarf zeigt.
➲ Mehr zu Düngung ab Seite 108, zur Bodenuntersuchung ab Seite 67.

Die Düngung in der Praxis

Unter Spindelbüschen und unter Beerensträuchern, also auf offenem Boden, bringen wir im März – sobald der Schnee weggetaut ist – Kompost aus, etwa drei bis fünf Eimer je 10 Liter auf 10 m^2. Wenn nötig, streuen wir einen Blau-Volldünger bzw. Einzeldünger auf die von Wurzeln durchzogene Fläche, wobei wir uns nach dem Ergebnis einer Bodenuntersuchung richten. Wer einen organisch-mineralischen Dünger bevorzugt, sollte den geringeren Nährstoffgehalt berücksichtigen bzw. sich nach dem Aufdruck auf der Packung richten. Die Wirkung ist zwar langsamer als bei mineralischen, dafür aber lange anhaltend.
Auf keinen Fall darf einseitig mit Stickstoff gedüngt werden, da dies negative Folgen für die Pflanzen und die Umwelt hätte. Fehlt ausschließlich Stickstoff, weil die übrigen Nährstoffe in ausreichender

Der Apfelwickler verursacht »wurmige« Äpfel.

Schorf, die wichtigste Krankheit bei Apfel und Birne.

Von Mehltau befallene Triebspitzen sollten nach Erkennen entfernt werden.

Der Birnengitterrost fällt durch weithin sichtbare orangerote Flecken auf.

Krankheiten und Schädlinge an Obstbäumen

Krankheit, Schädling	Schadbild	Bekämpfung
Apfel		
Schorf	Auf den Blättern erst olivgrüne, später dunkle Flecken; auf den Früchten ähnliche runde, dunkle Flecken; die Schale reißt auf, sie wird schorfig	Wichtigste Krankheit bei Apfel und Birne; durch reichliche Pflanzabstände und lichte Kronen lässt sich der Befall verhältnismäßig gering halten. Obstbaumschnitt! Sortenwahl!
Apfelwickler (Obstmade)	»Wurmige« Äpfel, auf den Früchten krümelige, braune Häufchen, darunter der Fraßgang; im Innern rötliche Raupe	Anfang Juli an den Stämmen der Obstbäume Wellpappegürtel anlegen, nach der Ernte abnehmen und verbrennen; geringen Befall in Kauf nehmen, da sich »wurmige« Stellen ausschneiden lassen
Grüne Apfelblattlaus, Mehlige Apfelblattlaus	Blätter rollen und kräuseln sich	Beobachten, ob genügend Nützlinge am Baum sind (zum Beispiel Marienkäfer und deren Larven), so dass sich eine Bekämpfung erübrigt
Apfelmehltau	Nach dem Austrieb auf Blättern, Blütenknospen und Blüten weißer, mehliger Belag; Blüten kränklich blassgrün	Beim Winterschnitt Mehltautriebe entfernen, nach Austrieb erkrankte Triebe abschneiden und vernichten
Obstbaumkrebs	Am Stamm oder an den Ästen Krebswucherungen, die sich ausdehnen, über diesen stirbt der Trieb oder Ast meist ab	Bodenansprüche beachten, nicht mit Stickstoff überdüngen, größere Schnitt- und andere Wunden verstreichen; befallene Zweige und schwächere Äste gut handbreit unterhalb der Krebsstelle abschneiden
Birne		
Schorf	Auf den Blättern erst grünliche, später dunkle Flecken, die immer größer werden, an den Früchten ebenfalls dunkle Flecken; Schale reißt häufig auf	Wichtigste Krankheit, wie beim Apfel; Pflanzabstände genügend weit wählen, lichte Kronen aufbauen, dadurch Befall sichtbar geringer
Birnengitterrost	Auf den Blättern ab Frühsommer leuchtende orangerote, runde Flecken; ab Spätsommer auf den Blattunterseiten gelbliche Anschwellungen	Sobald Krankheit sichtbar wird, an kleinen Bäumen die befallenen Blätter entfernen und vernichten
Feuerbrand	Blütenknospen von Birnen (auch Apfel) treiben aus, ohne sich zu entfalten, sie werden schwarz und vertrocknen; junge Triebe, auch größere Zweige welken und bräunen sich oft ganz plötzlich	Befallene Teile großzügig herausschneiden; bei starkem Befall den ganzen Baum roden; Auftreten dem nächsten Pflanzenschutz- oder Landwirtschaftsamt melden
Birnenblattsauger	Kleine, blattlausähnliche, platte, erst gelbliche, später dunkelbraune Tiere sitzen kolonienweise am Grund junger Triebe; Honigtau und Rußtau	Birnbäume im Frühjahr gelegentlich mit der Lupe kontrollieren; der günstigste Zeitpunkt für eine Bekämpfung liegt nach dem Schlüpfen der Larven aus den gelben Eiern; natürliche Feinde sind Raubwanzen und Schlupfwespen

Menge vorhanden sind, so genügt es meist, wenn wir 20–25 g/m², also etwa eine halbe Handvoll zum Beispiel Kalkammonsalpeter bzw. Hornmehl in entsprechender Menge im März/April ausstreuen und diesen nur oberflächlich einarbeiten.

Bei Obstbäumen, die im Rasen stehen, hätte es wenig Sinn, den Dünger auszustreuen, denn das meiste davon würde von der Grasnarbe aufgenommen werden. In diesem Fall düngen wir flüssig: Von einem Blau-Volldünger werden 100 bis 150 g, das sind etwa zwei bis drei Handvoll, in 10 Liter Wasser durch kräftiges Umrühren gelöst. Wenn auf Grund einer Bodenuntersuchung Kalium und Phosphor ausreichend vorhanden sind, wird nur ein Stickstoffdünger, etwa 70–100 g Kalkammonsalpeter, in der genannten Wassermenge gelöst. Dann öffnen wir im gesamten Wurzelbereich, also bis etwa 200 cm über die Kronentraufe hinausreichend, mit der Grabgabel je Quadratmeter zwei bis drei schmale Spalten, in die je ein knapper Liter der

Krankheiten und Schädlinge an Obstbäumen

Krankheit, Schädling	Schadbild	Bekämpfung
Pflaume und Zwetsche		
Pflaumensägewespe	Die jungen Früchte fallen bald nach der Blüte ab, jede Frucht weist ein kleines Loch auf	Schädling kann mehrere Früchte hintereinander befallen; sofort nach Abfallen der Blütenblätter bis fünf Tage danach mit einem zugelassenen Insektizid spritzen
Pflaumenwickler	Früchte »wurmig«, vorzeitiger Fruchtfall	»Wurmige« Pflaumen in Kauf nehmen, da meist erntereife Unterkulturen vorhanden
Narren- oder Taschenkrankheit	Früchte flach gedrückt, anfangs gelblich grün, dann braun mit mehligem Überzug, größer als normal	Befallene Früchte frühzeitig pflücken und vernichten
Zwetschenrost	Auf der Oberseite der Blätter kleine gelbe Flecken, auf der Blattunterseite dunkelbraune Pusteln, vorzeitiger Laubabfall	Kronen licht halten
Süß- und Sauer-Kirsche		
Schrotschusskrankheit	Auf jungen Blättern kleine rötliche Flecken, die später herausfallen	Kronen licht halten
Blüten- und Zweig-Monilia	Triebe welken während und kurz nach der Blütezeit und sterben ab (Spitzendürre)	Abgestorbene Triebe sofort bis etwa 20 cm ins gesunde Holz zurückschneiden; bei 'Schattenmorelle' jährlicher Fruchtholzschnitt gleich nach der Ernte
Sprühfleckenkrankheit	Auf den Blättern zahlreiche kleine rotviolette »Sprühflecken«, Blätter werden gelblich und fallen vorzeitig ab	Kronen licht halten
Kirschfruchtfliege	»Wurmige« Kirschen	Frühe Sorten werden nicht befallen; leuchtend gelbe Leimtafeln in die Südseite des Baumes hängen, sobald sich die ersten Früchte nach Gelb oder Gelbrot verfärben; einen Teil »wurmige Kirschen« in Kauf nehmen
Pfirsich und Aprikose		
Kräuselkrankheit	Blätter im Frühjahr blasig aufgetrieben; weißlich grün bis rot gefärbt; erkrankte Blätter vertrocknen und fallen ab	Vereinzelt befallene Blätter entfernen; gelbfleischige Sorten sind besonders anfällig
Chlorose	Blätter gelb bis ausgebleicht	Keine Krankheit, sondern Eisenmangel; kommt häufig auf kalkreichem, schwerem, nassem, schlecht durchlüftetem Boden vor; günstige Kulturbedingungen schaffen, Boden mit Kompost verbessern
Aprikosensterben	Äste welken und vertrocknen ganz plötzlich, Gummifluss tritt auf, manchmal stirbt die ganze Krone ab	Ursache nicht bekannt; einzelne abgestorbene Äste herausschneiden. Wunden verstreichen; roden, wenn der ganze Baum abgestorben ist

Düngerlösung gegossen wird. Dies geht recht einfach und rasch: Mit der Grabgabel in den Rasen einstechen, die Grabgabel etwas hin- und herbewegen, so dass sich ein Spalt öffnet, Düngerlösung hineingießen und mit dem Fuß leicht auf den Spalt treten, so dass sich die Grasnarbe wieder schließt.

Eine solche Düngung wirkt sich sichtbar auf den Neutrieb, die Blattentwicklung, ebenso aber auch auf die Ausbildung der jungen Früchte und den Blütenknospenansatz für das nächste Jahr aus.

Bäumen mit starkem Fruchtbehang und mäßiger Triebentwicklung können wir Anfang Juni einen kleinen Nachschlag geben, etwa 10–20 g/m² eines Stickstoffdüngers.

Düngen wir wie empfohlen, so werden unsere Obstbäume sowohl Früchte tragen als auch Blütenknospen für das nächste Jahr ansetzen und gleichzeitig reichlich Neutriebe entwickeln. Ist dieser Idealzustand vorhanden, so können die Obstbäume auf mehr oder weniger lange Zeit auch ohne eine Düngung auskommen.

Der Birnenblattsauger schädigt vor allem die Jungtriebe.

Die Schrotschusskrankheit zeigt sich durch rötliche Flecken auf den Kirschblättern.

Die Narren- oder Taschenkrankheit tritt gelegentlich bei der 'Hauszwetsche' auf.

Die Kräuselkrankheit befällt einige Pfirsichsorten.

Der Lohn guter Pflege: eine reiche Obsternte

Wenn wir schon Obst anbauen, wollen wir auch in den Genuss des vollen Aromas kommen. Die Früchte dürfen weder zu früh noch zu spät vom Baum genommen werden, da sonst Färbung, innere Qualität und Haltbarkeit nicht optimal sind.
Empfindliche Obstsorten pflücken wir in Plastikeimer oder in gepolsterte Handkörbe. Auch die Kisten, in die dann die Eimer oder Körbe entleert werden, sollten mit Wellpappe oder anderem weichem Material ausgelegt sein. Andernfalls ist es unvermeidlich, dass ein beträchtlicher Teil der Früchte einige Druckstellen oder Abschürfungen bekommt und bald zu faulen beginnt. Weniger empfindliche Apfel- und Birnensorten können in größeren gepolsterten Weidenkörben, in Obstkisten oder Flachsteigen transportiert werden.

An Spindelbüschen macht die Obsternte Spaß, denn hier erübrigt sich eine lange Leiter.

Kernobst ernten

Frühäpfel

Sie reifen unterschiedlich, wir pflücken deshalb die Bäume mehrmals durch. Bleiben Frühäpfel zu lange am Baum, werden sie mehlig.

Frühbirnen

Sie nehmen wir schon acht bis zehn Tage vor der eigentlichen Reife vom Baum, sonst werden sie teigig. Wie alle anderen Birnen-Sorten werden sie nach der Ernte bis zur Genussreife kühl gelagert.

Herbstäpfel

Zu ihnen gehören 'James Grieve' oder 'Oldenburg', wir lassen sie bis zur vollen Reife am Baum hängen und nehmen sie erst ab, wenn die Farbe gut ausgebildet ist.

Herbstbirnen

Sorten wie 'Gute Luise' werden schon vor der Genussreife abgenommen und noch etwas gelagert, bis sie ihr köstliches Aroma ausgebildet haben. Die Früchte müssen sich bei leichtem Drehen oder Anheben mühelos vom Fruchtholz lösen; dann ist der richtige Erntezeitpunkt gekommen.

Apfel- und Spätsorten

Zu den Apfel-Spätsorten gehören 'Boskoop', 'Berlepsch', 'Ontario' und andere, sie werden immer etwas vor der vollen Baumreife abgenommen, weil dies die Lagerfähigkeit verbessert. Das ist meist Mitte Oktober der Fall.
Einige späte Birnensorten, wie 'Gräfin von Paris' oder 'Madame Verté', nehmen wir erst gegen Ende Oktober ab. Bei zu früher Ernte bilden sie ihr typisches Aroma nicht aus und schmecken rübenartig. Leichte Nachtfröste schaden den Früchten nicht, nur dürfen wir sie nach einer kalten Nacht nicht gleich mit den Händen anfassen, da es sonst Faulstellen gibt.

Quitten

Hier reifen die Früchte am Busch nicht aus. Wir warten mit der Ernte bis zu den ersten Frösten und lassen sie dann in der Wohnung nachreifen.

Die Ernte von Steinobst

Beim Steinobst zeigt uns eine Kostprobe, ob die Ernte beginnen kann. Auch stärkerer Fruchtfall ist bei Zwetschen und anderen Arten ein sicheres Zeichen dafür. Zwetschen und Mirabellen können geschüttelt werden, während wir die empfindlichen Pflaumen und Reneklоden besser von Hand pflücken.

Zwetschen

Die 'Hauszwetsche' und andere späte Sorten sollen möglichst lange am Baum hängen bleiben. Erst wenn die ersten Früchte zu schrumpeln beginnen, ist der ideale Zeitpunkt für die Ernte gekommen. Leichte Nachtfröste schaden nicht.

Pfirsiche

Sie umfasst man mit der ganzen Hand. Durch leichtes Drehen und Anheben der Frucht löst sie sich vom Fruchtholz; dies gilt auch für die Aprikose. Nicht zu früh ernten, denn nur bei Vollreife entwickeln Pfirsiche und vor allem Aprikosen ihr köstliches Aroma und den herrlichen Duft.

Süß-Kirschen

Sie werden mit Stiel geerntet. Dabei zwicken wir die Stiele mit den Fingernägeln vom Fruchtholz ab oder drehen sie ab. Für besonders saftige Sorten nimmt man am besten die Schere zu Hilfe. Auch Sauer-Kirschen-Sorten, die sich schlecht pflücken lassen, ernten wir mit der Schere. Für die Verwertung können die meisten Sorten ohne Stiel gepflückt werden.

Nüsse sammeln

Walnüsse

Sie werden geerntet, wenn sie sich von selbst aus der grünen Hülle lösen, und werden aufgesammelt, wenn sie ab September, vor allem aber im Oktober vom Baum fallen. Falsch wäre es, die Nüsse mit Stangen vom Baum zu schlagen.

Haselnüsse

Die Haselnuss-Ernte fällt ebenfalls in die Monate September und Oktober. Die Nüsse sind reif, sobald die harte Nussschale in der unteren Hälfte ringsum braun gefärbt ist. Die Nüsse lassen sich dann leicht aus den sie umgebenden Hülsen lösen. Wir können die Nüsse zu diesem Zeitpunkt pflücken oder aber den Strauch schütteln und die am Boden liegenden auflesen. Sollen Nüsse gelagert werden, so müssen sie völlig reif sein und sich selbständig aus den Hüllen lösen.

Das Obst lagern

Während Beerenobst und Kirschen im Haushalt vielfach in der Gefriertruhe aufbewahrt werden, ergeben sich für Spätobst meist Lagerprobleme. Wir haben keinen Obstlagerraum wie im Erwerbsobstbau und müssen uns deshalb mit einem möglichst kühlen Raum behelfen.
In zu warmen, trockenen Räumen beginnen die Früchte bald zu schrumpfen,

Walnüsse fallen von selbst vom Baum. In luftigen Säcken gelagert, halten sie gut ein Jahr.

besonders die rauschaligen. Als günstige Temperatur gelten 3–5°C, zumindest sollten 8°C nicht überschritten werden. Die relative Luftfeuchtigkeit sollte 85–90 % betragen.
Meist werden wir die Früchte in den Keller bringen oder in einen anderen, möglichst kühlen Raum. Zusätzlich öffnen wir die Fenster, wenn es kalt und neblig ist.
Vor dem Einlagern wird der Raum gründlich gereinigt und geweißt. Dabei kann ein Desinfektionsmittel der Farbe zugesetzt werden. Auch die Stellagen, Obsthorden und alle weiteren Behälter sollten desinfiziert werden.
Äpfel und Birnen sollten möglichst übersichtlich lagern, damit Früchte, die zu faulen beginnen, gleich entdeckt und entfernt werden können. Gut eignen sich für Äpfel und Birnen richtige Obsthorden oder aber Flachsteigen, die wir in jedem Lebensmittelgeschäft gratis bekommen können. Durch Übereinanderstellen lässt sich der Raum gut ausnutzen.

Ideal: die Gerätehütte

Sehr gut geeignet für die Obstlagerung ist ein Keller unter einem Gartenhaus: kühl, dabei absolut frostsicher. Außerdem ist eine günstige relative Luftfeuchtigkeit vorhanden, bedingt durch den Natur- oder Ziegelboden.
Wenn ein solcher Keller fehlt, so kann trotzdem das Obst im Gartenhaus oder in der Gerätehütte gelagert werden. Die Obstkisten müssen dann nur mit Decken oder, noch besser, mit Isolierfolie (Noppenfolie) abgedeckt werden, damit bei nicht zu strenger winterlicher Kälte das Obst nicht erfriert. Einige Grad unter Null schaden nicht. Nur wenn es ab Januar so richtig kalt wird, sollte das Obst aus dem Lager geholt und ins Haus gebracht werden. Doch bis dahin ist meist schon ein ganzer Teil verbraucht.

Balkon und Miete nutzen

Mangels eines geeigneten Lagerraums können wir die Obstkisten auf den Balkon stellen. Man gibt auf den Boden jeder Kiste mehrere Lagen Zeitungspapier und deckt die Kisten dick mit Zeitungspapier, Isolierfolie oder Wolldecken ab. Auf diese Weise halten sich die Äpfel meist bis zum Frühjahr frisch.
Sehr spät reifende und besonders hartfrüchtige Sorten, wie zum Beispiel 'Rheinischer Bohnapfel', 'Welschisner', 'Roter Eiserapfel', lassen sich bis zum Frühjahr ausgezeichnet in 30–50 cm tiefen Erdmieten oder in leer stehenden tiefen Frühbeetkästen lagern, so wie wir dies von Wintergemüse her kennen.

Keller-Lichtschacht, eine ideale Lagermöglichkeit!

Bei dieser Art der Lagerung werden Flachsteigen übereinander in den Lichtschacht gestellt und so beschriftet, dass beim Öffnen des Kellerfensters Sorte und Reifezeit abgelesen werden können. Wenn es draußen unter –5°C kalt wird, sollten Sie auf den Rost des Lichtschachtes eine dicke Styroporplatte legen, um Ihr Obst vor dem Erfrieren zu bewahren.

Horden oder Flachsteigen sind ideal für die Obstlagerung. Man behält den Überblick und kann faulende Früchte auslesen.

Das Beerenobst

Ist der Garten auch noch so klein, ein Erdbeerbeet oder einige Beerensträucher lassen sich fast immer unterbringen. Zu Recht ist Beerenobst sehr beliebt. Zum einen lässt es sich vielseitig verwerten, und zum anderen sind die meisten Beerenobst-Arten wegen ihrer Anpassungsfähigkeit an Boden und Klima sehr sicher im Ertrag.

Sehr schmackhaft: die Erdbeere

Fragaria

Die Erdbeere ist das am weitesten verbreitete Beerenobst. Sie eignet sich für den großen Garten genauso gut wie für einen schmalen Reihenhaus- oder Kleingarten. Jedes Jahr freuen wir uns auf die köstlichen Beeren, die zudem auch hübsch aussehen. Dieses Jahr in den Boden gebracht, bringen die Pflanzen bereits im nächsten Jahr eine reiche Ernte.
Obendrein sind Erdbeeren gesund. Neben anderen wertvollen Inhaltsstoffen enthalten sie fast doppelt so viel Vitamin C wie Zitronen, von denen wir außerdem keine großen Mengen essen können.

Die Ansprüche

Erdbeeren können in beinahe jedem Garten angebaut werden. Lediglich extrem spätfrostgefährdete Lagen sind nicht geeignet. Wenn die Temperatur zur Blütezeit nur wenig unter 0°C absinkt, kann es zu Schäden an den Samenanlagen kommen; der Blütenboden färbt sich schwarz.
Die Erdbeeren stammen aus humusreichen Gebieten. Nach Möglichkeit geben wir deshalb auch im Garten reichlich Humus in Form von Kompost oder verrottetem Stallmist. Bewährt hat es sich, den Mist bereits zur Vorkultur zu geben. Ansonsten stellen Erdbeeren an den Boden keine speziellen Ansprüche. Sie gedeihen in humosem Lehmboden, in lehmigem Sand oder sandigem Lehm und ebenso auf Moorboden. Selbst ein leichter, sandiger Boden ist geeignet, wenn wir ihn mit Humus anreichern, düngen und wässern. Auch bezüglich des pH-Wertes besteht eine große Anpassungsfähigkeit; der Boden kann leicht sauer (pH 5–6,5) bis nahezu neutral (pH 7) sein.

Bei solch einer Ernte läuft einem das Wasser im Munde zusammen. Im eigenen Garten können wir die Erdbeeren hängen lassen, bis sie ihr volles Aroma erreicht haben und köstlich schmecken.

Die Pflanzung der Erdbeeren

Die Erdbeere kann mit ihren Wurzeln bis zu 60 cm tief nach unten gehen. Die der Pflanzung vorangehende Bodenbearbeitung sollte deshalb möglichst tiefgründig erfolgen. Andererseits lieben Erdbeeren einen guten Bodenschluss. Der Ertrag im kommenden Jahr hängt entscheidend vom Pflanzzeitpunkt ab. Ideal ist, wenn die Pflanzen bereits ab Ende Juli in den Boden kommen. Versuche haben ergeben, dass bei einer Pflanzung bis zum 15. August bereits im ersten Jahr mit einem Vollertrag gerechnet werden kann. Wird dagegen erst im September gepflanzt, so schrumpft der Ertrag auf die Hälfte zusammen, ja, er ist gleich null, wenn wir die Pflanzen erst Ende September oder gar erst im Oktober auf das Beet bringen.
Sollte das vorgesehene Beet im August noch nicht frei sein, so setzen wir die Jungpflanzen provisorisch an einen anderen Ort und bringen sie mit großem, ungestörtem Wurzelballen so bald als möglich an die vorgesehene Stelle.
Grundsätzlich gilt also: je zeitiger die Pflanzung, desto höher der Ertrag im nächsten Jahr und umgekehrt. Dies hängt vor allem mit der Wurzelbildung zusammen, die Ende September ganz aufhört.
Wichtig zu wissen ist es auch, dass bei Erdbeeren die Blütenknospen nicht erst im Frühjahr ausgebildet werden, wie häufig angenommen wird. Dies erfolgt bereits im September, ausgelöst durch die kürzer werdenden Tage und die abnehmenden Temperaturen.
Meist werden Erdbeeren auf Beete im Gemüsegarten, die eine Breite von 110 bis 120 cm besitzen, gepflanzt. In diesem Fall bringen wir drei Reihen mit 40 cm Abstand unter. In der Reihe sollte je nach Sorte ein Abstand von etwa 30 cm eingehalten werden. Nach der ersten Ernte kommt die Mittelreihe heraus, so dass im zweiten Jahr zwischen den verbleibenden Reihen ein Abstand von 80 cm vorhanden ist. Um diesen Platz zu nutzen, können im Spätsommer nach der Entfernung der Mittelreihe Salat, Kohlrabi und anderes Gemüse gepflanzt werden. Ab kommenden Frühjahr sollte aber der Platz zwischen den Reihen frei bleiben.
Wenn Erdbeeren nach der Pflanzung nicht richtig wachsen wollen, hat dies meist zwei Gründe: Entweder wurde zu tief gepflanzt oder sofort nach der Pflanzung kräftig gedüngt; manchmal trifft beides zu.

Was ist sinnvoller – ein- oder mehrjährige Kultur?

Die einjährige Kultur hat den Vorteil, dass wir ständig eine Auslese gesunder, besonders ertragreicher Pflanzen vornehmen und jährlich die Anbaufläche wechseln können. Außerdem ist eine solche Pflanzung lichter und luftdurchlässiger als eine mehrjährige. Einjähriger Anbau ist also gleichzeitig vorbeugender Pflanzenschutz. In einer einjährigen Pflanzung sind die Früchte größer als in einer zwei- oder mehrjährigen; sie reifen außerdem einige Tage früher.

Gewichtsmäßig gesehen bleibt der Gesamtertrag in etwa der gleiche, weil bei einjähriger Kultur enger gepflanzt werden kann. Es genügt ein Reihenabstand von 40–50 cm; in der Reihe sollte je nach Wüchsigkeit der Sorte ein Abstand von 15–30 cm eingehalten werden.

Wem jedoch die jährliche Pflanzarbeit zu viel ist und wer nicht frühzeitig, also gegen Ende Juli/Anfang August pflanzen kann, tut besser daran, die Kultur zwei oder drei Jahre stehen zu lassen. Nach dieser Zeit sollte sie aber möglichst erneuert werden.

Düngung bringt Ertrag

An erster Stelle sollte die Versorgung des Bodens mit reichlich Humus stehen. Wir geben deshalb bereits vor der Pflanzung verrotteten Stallmist oder Kompost.

Hinsichtlich der Versorgung mit Nährstoffen sind Erdbeeren dagegen recht bescheiden. Wer eine größere Pflanzung anlegen möchte, lässt am besten eine Bodenuntersuchung durchführen, um zu erfahren, wie es im Boden mit dem Nährstoffvorrat aussieht und welche Düngemittel und Mengen gegeben werden sollen. Ist dies nicht möglich, verwenden wir einen organischen Dünger oder einen chlorfreien Blau-Volldünger. Hiervon genügen 50–60 g/m², also etwa eine bis eineinhalb Handvoll. Nachdem frisch gepflanzte Erdbeeren empfindlich gegen Mineraldünger sind, geben wir die Gesamtmenge in zwei Gaben bis September verteilt, die erste Gabe etwa zwei Wochen nach der Pflanzung.

Dadurch entwickeln sich die Pflanzen bis zum Wintereintritt sehr kräftig und setzen reichlich Blütenknospen für das kommende Jahr an. Das wiederholt sich im nächsten Jahr nach der Ernte. Nachdem das dürr gewordene Laub samt Unkraut entfernt und der Boden oberflächlich gelockert wurde, bringen wir zwischen den Reihen Kompost und einen organischen Volldünger oder 50–60 g/m² eines Blau-Volldüngers etwa vier Wochen nach der Ernte ein.

Entscheidend für den Erfolg ist diese Herbstdüngung, denn die Blütenanlagen werden bereits im September ausgebildet. Im Frühjahr sollte dagegen nur noch gedüngt werden, und zwar mit Stickstoff, wenn die Pflanzen schwächlich durch den Winter gekommen sind. Zu viel Stickstoff im Frühjahr fördert eine mastige Laubentwicklung und den Befall mit Grauschimmel. Die Ernte würde dadurch eher geringer als höher.

Die richtige Pflege

Zwischen Erdbeeren darf der Boden nur flach gelockert, auf keinen Fall gegraben werden, um eine Beschädigung der Wurzeln zu vermeiden. Bevor die Früchte reifen, legen wir Stroh unter die Pflanzen, damit die Beeren nicht verschmutzen.

Den größten Wasserbedarf haben Erdbeeren beim Anwachsen, also bei und nach der Pflanzung, während der Blütenknospenbildung im September/Oktober und von Blühbeginn bis zur Ernte. Regelmäßiges Gießen bei trockenem Wetter ist deshalb Pflicht. Wenig Wasser wird dagegen von der Ernte bis Ende August benötigt.

Wer keine Jungpflanzen benötigt, sollte die sich bildenden Ranken laufend abschneiden. Die Mutterpflanze wird verständlicherweise geschwächt, wenn sie neben den Früchten auch noch die Ausläufer ernähren soll.

Blüte, Frucht und Ernte

Die Blüten der heutigen Sorten sind zwittrig, das heißt, männlich und weiblich zugleich. Trotzdem ist es ratsam, nicht nur eine Sorte anzubauen. Die Bestäubung erfolgt durch Wind und Insekten, besonders aber durch Bienen. Werden die Blüten infolge mangelnden Bienenfluges oder regnerischen Wetters ungenügend bestäubt, so führt dies zu teilweise verkrüppelten Früchten. Je mehr Samenanlagen befruchtet werden, desto vollkommener entwickeln sich die Beeren.

Die Ernte zieht sich je nach Gegend und Sorte von Ende Mai bis in den Juli hinein hin. Geerntet wird am besten in den frühen Vormittagsstunden. Nur kleine Gefäße verwenden! Bei den heutigen Sorten und guter Kultur können wir je Pflanze mit 500 g Ertrag rechnen.

Erdbeeren in Töpfen: Hierzu eignen sich vor allem mehrmals tragende Sorten, von denen wir bis spät in den Herbst hinein ernten können.

Ein nettes Mitbringsel zum Geburtstag: Eine Erdbeerpflanze mit leuchtend roten Früchten.

Erdbeeren

Sorte	Ernte	Bemerkungen
'Elvira'	Anfang Juni	Wuchs schwach bis mittelstark; ertragreich und leicht zu pflücken; vorzügliches Aroma; außer Mehltau wenig krankheitsanfällig; zur Verfrühung unter Glas, Folie oder Vlies besonders geeignet
'Korona'	Mitte Juni bis Mitte Juli	Aufrechter, offener Wuchs; reich tragend, Früchte groß, dunkelrot, köstliches Aroma; wenig krankheitsanfällig; für Frischgenuss, Marmelade, Einfrieren; vorzüglich für den Garten
'Senga Sengana'	Ende Juni	Sehr starker Wuchs, starke Rankenbildung; Geschmack säuerlich-aromatisch; geringe Bodenansprüche, anfällig für Grauschimmel (Fruchtfäule); Früchte vielseitig verwertbar, neben Frischgenuss vor allem zum Einmachen und Tiefgefrieren bestens geeignet
'Florika'	Ende Juni	Hoher Ertrag, vorzügliches Aroma, da Herkunft von der Walderdbeere; die Frucht löst sich leicht vom Kelch; Strohunterlage nicht nötig, da Früchte an kräftigen Stielen in Blatthöhe; kaum Schneckenfraß; zunächst in Reihen gepflanzt, entwickelt sich 'Florika' zu einer immergrünen, pflegeleichten Erdbeerwiese, gebildet aus vielen Ausläufern, die über fünf Jahre hinweg genutzt werden kann; wächst auf jedem Boden; geeignet als Bodendecker unter Bäumen und Sträuchern, besonders für den Naturnahen Garten, Früchte vielseitig verwertbar
'Elsanta'	Ende Juni	Wuchs stark aufrecht, kräftige lange Blütenstiele; Früchte groß, gleichmäßig in Form und Farbe, von gutem Geschmack, sehr fest und lange haltbar, leicht zu pflücken; Ertrag überdurchschnittlich hoch; eignet sich nur für leichten Gartenboden, da sonst sehr anfällig gegen Wurzelkrankheiten; empfindlich gegen Barfröste (Frost ohne Schneedecke)
'Tenira'	Anfang bis Mitte Juli	Ziemlich aufstrebender starker Wuchs; Ertrag hoch bis sehr hoch; große leuchtend ziegelrote Früchte, sehr aromatisch, leicht ohne Kelch zu pflücken; gesund, robust gegen Krankheiten; geeignet für mehrjährige Kultur; vorzüglich als Kuchenbelag
'Mieze Schindler'	Ende Juli	Schwacher Wuchs, geringer Ertrag; älteste deutsche Liebhabersorte; brombeerähnliches Aroma und Aussehen; rein weiblich, als Befruchtungspartner eignet sich jede andere Sorte, zum Beispiel die frühe 'Hummi-Aroma', ebenfalls eine Erdbeere für Genießer
'Ostara'	mehrmals tragend	Wuchs stark, breit ausladend; große Früchte, die denen von 'Senga Sengana' ähneln, aber besser schmecken; erste Blüten entfernen, Ernte setzt dann erst nach 20. Juli ein, nachdem die üblichen Sorten abgeerntet sind, und zieht sich bis in den Herbst hin

Denkbar einfach: die Vermehrung

Es gibt wohl kaum einen Gartenfreund, der Erdbeeren nicht selbst vermehrt, zumal dies denkbar einfach ist: Wir brauchen nur zu warten, bis die Pflanzen während der Erntezeit und danach Ausläufer bilden; sie bewurzeln sich rasch. Wenn sie kräftig genug sind, nehmen wir sie aus dem Boden und pflanzen damit ein neues Beet auf. Dies lässt sich fördern, indem man nach der Ernte den Boden zwischen den Reihen oberflächlich lockert. Wenn wir dann noch Kompost oder feuchten Torf oder Torfkultursubstrat aufbringen, bewurzeln sich die Pflänzchen ausgezeichnet und können bereits Anfang August mit kräftigem Ballen auf die neuen Beete gepflanzt werden.

Wir können die Ausläufer aber auch in kleine Töpfchen stecken, die mit Torf-Kompost-Gemisch gefüllt sind, und die Töpfchen zwischen den Erdbeerreihen einsenken oder in Kistchen pikieren.

Wie wir auch immer die Vermehrung vornehmen wollen, sie darf nur von reich tragenden und vor allem von gesunden Pflanzen erfolgen. Andernfalls würden sich schlechte Eigenschaften fortpflanzen, das neue Beet würde bald Krankheitserscheinungen zeigen. Aus diesem Grunde kennzeichnen wir bereits vor Erntebeginn die besten Träger und gesündesten Pflanzen mit Stäben. Nur von diesen werden Ausläufer gewonnen.

Noch einfacher gelingt die Auslese, wenn wir auf einem Erdbeerbeet, das geräumt werden soll, sofort nach der Ernte alle nicht gekennzeichneten Pflanzen entfernen; dadurch entsteht Platz für die Ausläufer der gesunden Bestträger.

Trotz dieser ständigen Auslese bauen die Erdbeeren im Laufe der Jahre ab, Ertrag und Gesundheitszustand lassen nach. Aus diesem Grunde sollte alle drei bis vier Jahre hochwertiges Erdbeerpflanzgut von einem Spezialbetrieb zugekauft werden.

Ableger können direkt auf dem Beet in kleine Töpfchen gedrückt werden und darin bis zur Verpflanzung auf ein neues Beet verbleiben.

Lange, mit Beeren voll besetzte Trauben aus einem licht gehaltenen Strauch. Bei solcher Qualität geht die Ernte rasch voran.

Sorten für den Hausgarten

Wie bei keiner anderen Obstart werden bei Erdbeeren laufend neue Sorten gezüchtet. Es ist daher selbst für den Fachmann schwierig, den Überblick zu behalten. Wir bevorzugen Sorten, die reich tragen und dabei ein vorzügliches Aroma haben; außerdem sollten die Pflanzen möglichst gesund bleiben und die Früchte vielseitig zu verwerten sein. Im Liebhabergarten können wir eine Neuheit durchaus in kleiner Stückzahl ausprobieren, das Risiko ist nicht groß. Eine »Jahrhundertsorte« wie die 'Senga Sengana', die auch heute noch in vielen Haus- und Kleingärten zu finden ist, kommt allerdings nur selten auf den Markt.

Die Monats-Erdbeere

Fragaria vesca* var. *hortensis

Monats-Erdbeeren tragen unermüdlich das Jahr über bis in den späten Herbst hinein, ihre Früchte haben ein köstliches Aroma. Die Beeren sind gleich gut zum Frischgenuss, als Kuchenbelag oder zum Verzieren geeignet. Und wie sich erst die Kinder freuen!

Monats-Erdbeeren bilden keine Ausläufer. Sie eignen sich deshalb bestens als Wegeinfassung im Gemüsegarten.

Die Pflanzen können Sie durch Aussaat selbst heranziehen, indem Sie ab April in Schalen oder einem größeren Topf dünn aussäen. Am Zimmerfenster oder im Frühbeet ist dies auch schon früher möglich. Nach leichtem Übersieben mit feiner Erde wird das Kistchen schattig gestellt und stets feucht gehalten. Darauf ist besonders zu achten, andernfalls vertrocknet die Saat während der Keimung. Sobald dann die Sämlinge drei bis fünf Blättchen entwickelt haben, pikieren wir sie auf 5 cm Abstand und pflanzen sie später, nachdem sie sich kräftig entwickelt haben, aus. Noch besser: Wir geben die kleinen Pflanzen in Töpfchen und kultivieren sie darin weiter, bis sich kräftige Pflanzen entwickelt haben. Sie können dann den ganzen Sommer über mit Ballen ausgepflanzt werden und wachsen selbst bei Hitze ohne Störung weiter. Bereits im Spätsommer gibt es dann die erste Ernte.

An Monatserdbeeren haben vor allem Kinder ihre Freude. Sie blühen und tragen bis in den Herbst hinein.

Johannisbeeren für jeden Geschmack

***Ribes*-Arten**

Johannisbeer-Sträucher haben in jedem Garten Platz. Wir können sie entlang der Grenze pflanzen oder mit ein paar Sträuchern den Kompostplatz abschirmen. Auch als Begrenzung des Gemüsegartens zur Rasenfläche hin sind Sie geeignet.

Es gibt Rote, Weiße und Schwarze Johannisbeeren. Nachdem sich die beiden erstgenannten in ihren Ansprüchen und in der Pflege ähneln, werden sie hier unter »Roten Johannisbeeren« zusammengefasst und lediglich bei den Sortenempfehlungen getrennt behandelt.

Rote Johannisbeeren enthalten zwar wesentlich weniger Vitamin C als schwarze Sorten dafür aber erheblich mehr Zitronen-, Apfel- und Weinsteinsäure sowie Pektin. Durch diese Fruchtsäuren bleibt beim Kochen ein großer Teil der Vitamine erhalten.

Während Rote Johannisbeeren säuerlich schmecken, weiße sind süßer, ist den

schwarzen Sorten ein typisch strenger Geruch eigen, der aber keineswegs unangenehm ist. Im Winter braucht man nur an den Trieben zu reiben und kann dann im Zweifelsfall sofort rote von schwarzen Sträuchern unterscheiden.
Schwarze Johannisbeeren zeichnen sich durch den höchsten Vitamin-C-Gehalt unter allen Früchten unseres Gartens aus. Zur Reifezeit können wir die Beeren gleich roh vom Strauch essen oder aber wir verarbeiten sie zu Saft. Schwarze Johannisbeeren wirken blutreinigend und sind reich an wertvollem Fruchtzucker.

Die Ansprüche der Johannisbeeren

Die Johannisbeere gedeiht zwar noch im Halbschatten, entschieden reicher trägt sie aber in sonniger, luftiger Lage; die Früchte enthalten dann mehr Zucker, während die Beeren an einem etwas schattigen Standort einen höheren Säuregehalt aufweisen.
Günstig ist ein nährstoffreicher Boden mit einem pH-Wert von 5,5–6, also leicht sauer. Da Johannisbeeren sehr flach wurzeln, sollte besonders die obere Bodenschicht vor der Pflanzung mit Kompost- oder Pflanzerde verbessert werden. Besonders aber sollten Sie darauf achten, dass der Boden frei von Dauerunkräutern wie Giersch, Quecke und Ackerwinden ist. Im anderen Fall würden die Wurzeln solcher langlebiger Unkräuter sehr rasch in die Wurzelstöcke der Johannisbeeren hineinwachsen, von wo aus sie sich in das umliegende Gartenland ausbreiten.

Die Pflanzung

Gepflanzt wird am besten im Herbst, denn Johannisbeeren treiben sehr zeitig aus. Kann erst im Frühjahr gepflanzt werden, so sollte dies so bald als möglich geschehen. Inzwischen werden Johannisbeeren in den Baumschulen und Gartencentern auch in Containern, also blumentopfähnlichen Behältern aus Kunststoff, angeboten. Eine solche Ware kann das ganze Jahr über, mit Ausnahme winterlicher Frostperioden, gepflanzt werden. Man stellt die Container samt Pflanzen ins Wasser, bis keine Luftbläschen mehr aufsteigen, dann wird der Container von der Pflanze abgezogen und diese in den Boden gebracht.

Rote Sorten sollten nur etwas tiefer gepflanzt werden, als sie vorher in der Baumschule gestanden haben, schwarze Sorten bringen wir dagegen um Handbreite tiefer in den Boden. Dadurch entstehen aus dem Wurzelstock reichlich junge Triebe, die wir bei den schwarzen Sorten zur ständigen Verjüngung brauchen.
Soll eine ganze Reihe Johannisbeersträucher gepflanzt werden, so arbeiten wir den Boden vorher in der gesamten Länge und etwa 150 cm breit durch. Er sollte mindestens in Spatentiefe gelockert werden, besser noch etwas tiefer. Mit der Grabgabel lassen sich die Erdklumpen leicht zerkleinern und die zur Verbesserung verwendete Komposterde gleichmäßig verteilen. Bei schwerem oder steinigem Boden wird man den Pickel zu Hilfe nehmen müssen, um das Erdreich gründlich zu lockern.
Als Pflanzware genügen Sträucher mit drei bis vier oder fünf bis sieben Trieben. Eine stärkere und dadurch teurere Ware ist nicht nötig, da wir den Strauch ohnehin am Anfang mit höchstens sechs Trieben aufbauen. Für den Eigenbedarf reichen bei einer vierköpfigen Familie vier Rote und drei Schwarze Johannisbeersträucher aus. Nur wer viel Johannisbeersaft oder -wein herstellen will, wird mehr pflanzen.
Bei der Pflanzung werden beschädigte Wurzeln bis auf gesunde Teile zurückgeschnitten, mit der Schaufel im vorbereiteten Boden ein kleines Pflanzloch ausgehoben, so groß, dass alle Wurzeln gut Platz haben, der Strauch hineingestellt und die Wurzeln mit ein paar Handvoll feuchtem Torfsubstrat, Kompost oder Pflanzerde umgeben. Dadurch wird die Neubildung von Wurzeln gefördert. Dann wird das Loch mit Erde gefüllt, wobei darauf geachtet werden sollte, dass die Wurzeln gut in Erde eingebettet sind. Schließlich wird der Boden um den Strauch herum leicht angetreten, die Pflanze mit Wasser kräftig angegossen und der Boden um den Strauch herum mit kurzem Stroh, Rasenschnitt oder Stallmist abgedeckt. Auf diese Weise bleibt die Erde gleichmäßig feucht und locker; der Strauch hat ideale Startbedingungen.

Beerenobst-Hochstämmchen geben dem Garten eine romantische Note. Wichtig: auf einen stabilen Pfahl achten, an dem das Stämmchen auch in der Krone angebunden wird.

Johannisbeeren, als Spalier gezogen, sehen nicht nur hübsch aus, sondern bringen auch eine vorzügliche Qualität.

Die Pflanzabstände der Sträucher

Schwarze Johannisbeeren 200 cm, Rote Johannisbeeren 180 cm (stark wüchsige Sorten wie 'Traubenwunder', 'Rote Vierländer', 'Rondom') oder 150 cm (schwach wüchsige Sorten wie 'Red Lake', 'Heros' sowie weißfrüchtige Johannisbeeren). Diese Abstände genügen bei einreihiger Pflanzung, wie dies im Haus- und Kleingarten meist üblich ist.

Pflanz- und Erhaltungsschnitt

Unmittelbar bei der Pflanzung lassen wir nur fünf bis sechs Triebe, natürlich besonders kräftige und gut verteilte, stehen und kürzen sie auf etwa ein Drittel der vorhandenen Trieblänge ein. Durch diesen Rückschnitt erfolgt bereits im ersten Jahr ein kräftiger Austrieb. Je schärfer nämlich der Rückschnitt, desto kräftiger der Austrieb, desto rascher entsteht ein prächtiger Strauch und umgekehrt. Durch den Pflanzschnitt entsteht aus jeder Endknospe ein kräftiger Verlängerungstrieb, während die übrigen Knospen ebenfalls austreiben und sich zu kurzem Fruchtholz entwickeln.

Auch die nächsten zwei bis drei Jahre wird der Strauch auf diese Weise im Winter geschnitten. Wir kürzen die Verlängerungen der einzelnen Triebe so weit ein, dass die Endknospe wiederum kräftig durchtreibt, während die übrigen Knospen lediglich seitliches Fruchtholz entwickeln sollen.

Wie weit eingekürzt werden muss, richtet sich nach der Sorte, dem Boden und der Düngung. Entwickeln sich aus allen Knospen starke Triebe, so war der Schnitt zu radikal; es darf dann nur wenig eingekürzt werden. Treibt dagegen nur die Endknospe aus und bleibt ansonsten der letztjährige Trieb weitgehend kahl, so ist dies ein Zeichen, dass zu wenig eingekürzt wurde. In den meisten Fällen ist es richtig, wenn die letztjährige Triebverlängerung um ein Drittel zurückgeschnitten wird, zwei Drittel bleiben also erhalten. Diese Empfehlungen sollten nicht zu tierisch ernst genommen werden. Es klingt alles viel komplizierter, als es ist, außerdem lassen sich gemachte Fehler im nächsten Jahr korrigieren. Der weitere Schnitt ist bei Roten und Schwarzen Johannisbeeren unterschiedlich.

Rote Johannisbeeren schneiden

Bei den roten Sorten sollte der im Ertrag befindliche Strauch nicht mehr als acht bis zwölf kräftige, gut verzweigte Triebe haben. Triebe, die älter als fünf Jahre sind, erkenntlich am dunklen Holz, werden spätestens im Winter entfernt und dafür als Ersatz zwei oder drei den Sommer über entstandene Jungtriebe belassen. Also: Jedes Jahr, am besten gleich nach der Ernte, zwei oder drei ältere Triebe herausnehmen und ebenso viele kräftige, gut verteilte Neutriebe nachziehen. Alle übrigen aus dem Wurzelstock entstandenen Neutriebe werden im Sommer dicht über dem Boden herausgeschnitten.

Ein jährlicher Rückschnitt der Verlängerungstriebe ist nur bei schwachwüchsigen Sorten nötig, bei denen wir im Winter den Triebzuwachs um ein Drittel bis die Hälfte einkürzen. Dadurch wird eine gute Verzweigung erreicht, die Triebe werden stabil und hängen bei reichem Fruchtbehang nicht allzu sehr zu Boden.

Schwarze Johannisbeeren schneiden

Während die roten Sorten vor allem am zwei- bis dreijährigen Holz reich tragen, bringen Schwarze Johannisbeeren den besten Ertrag vorwiegend an den einjährigen Trieben, und zwar besonders zur Spitze hin. Aus diesem Grunde sorgen wir hier alljährlich für Neutrieb. Das erreicht man, indem die abgeernteten Triebe bis auf Jungtriebe zurückgesetzt werden, die sich aus dem unteren Drittel der alten Triebe entwickelt haben. Wer es sich ganz bequem machen möchte, kann Ernte und Schnitt kombinieren: Man schneidet die mit Beeren behangenen Triebe aus dem Strauch, entweder dicht über dem Boden oder über einem seitlich entstandenen Jungtrieb, und kann sie auf der Terrasse im Sitzen abpflücken. Die im Strauch verbleibenden Triebe können sich dann im Laufe des Sommers noch kräftig entwickeln.

Besonders hübsch: Johannisbeer-Hochstämmchen

Ebenso wie bei Stachelbeeren gibt es auch Johannisbeeren als Stämmchen zu kaufen. Wer mehrere davon pflanzen will, sollte einen gegenseitigen Abstand von 130 cm einhalten. Der Schnitt ist ähnlich wie bei den Sträuchern. Nach dem Aufbau sollte die Krone nicht mehr als acht kräftige, gut verteilte Triebe besitzen. Hochstämmchen benötigen einen stabilen Pfahl, an dem sowohl das Stämmchen als auch ein kräftiger Trieb in der Krone angebunden werden.

Düngung und Pflege der Johannisbeeren

Als Grundlage der Düngung arbeiten wir jedes Frühjahr reichlich Kompost oberflächlich unter den Sträuchern ein. Auf diese Weise wird der Humusgehalt und damit die Bodenstruktur verbessert und das Bodenleben gefördert.

Um den Nährstoffbedarf zu decken, geben wir jährlich 50–70 g/m^2 eines chlorfreien Blau-Volldüngers, also eine bis eineinhalb Handvoll. Ein Drittel dieser Gesamt-

Der Schnitt kann bereits nach der Ernte oder im Winter vorgenommen werden, dabei bevorzugt alte Triebe – hier rot gekennzeichnet – herausschneiden.

Weiße, rote und schwarze Johannisbeeren, dazwischen ein Stachelbeer-Stämmchen.

Die ideale Form der Bodenpflege unter den flach wurzelnden Sträuchern ist eine Bodenabdeckung mit Mulchmaterial. Dazu eignet sich vor allem der ab Mai anfallende kurze Rasenschnitt, mit dem man meist ohnehin nicht weiß, wohin damit, aber auch kurzes Stroh und verrotteter Stallmist.

Unter einer solchen 10–15 cm hohen Mulchdecke bleibt der Boden gleichmäßig feucht, besitzt eine ausgezeichnete Gare und wird bei Regen nicht verschlämmt. Außerdem kommt kaum Unkraut hoch. Dass sich die Beerensträucher dabei sehr wohl fühlen, kann man schon daran erkennen, dass der Boden unter der Mulchdecke bis obenhin durchwurzelt wird.

➲ Mehr zu Mulch ab Seite 74.

Blüte, Frucht und Ernte

Johannisbeeren blühen oft bereits Anfang April, die Beeren reifen im Juli. Die grünlichen Blüten hängen in Trauben und sind zwittrig. Rote und weiße Johannis-

menge wird im zeitigen Frühjahr, ein Drittel zur Blütezeit und ein Drittel Anfang Juni ausgebracht, allerdings nur bei reichem Fruchtbehang. Auf diese Weise stehen den Sträuchern in der Zeit der Hauptentwicklung laufend Nährstoffe zur Verfügung, außerdem ist die Gefahr einer Einwaschung in tiefere Bodenschichten wesentlich geringer. Wer organischen Dünger bevorzugt, gibt die Gesamtmenge im zeitigen Frühjahr.

Ergibt eine Bodenuntersuchung, dass der Boden reichlich mit Phosphat und Kali versorgt ist, geben wir lediglich einen organischen Stickstoffdünger wie Hornspäne oder Hornmehl oder Stickstoff in mineralischer Form.

Johannisbeersträucher in den Rasen gepflanzt, kümmern jämmerlich dahin, der Ertrag ist äußerst gering, denn die Grasnarbe entzieht Wasser und Nährstoffe.

Da die meisten Wurzeln sehr flach in nur 2–20 cm Tiefe verlaufen, darf auf keinen Fall im Herbst mit dem Spaten umgegraben werden! Es würden dabei eine Menge Faserwurzeln abgestochen, die für die Wasser- und Nährstoffaufnahme nötig sind. Wenn der Boden gelockert und Unkraut entfernt werden muss, dann nur flach und mit der Grabgabel.

Rote und weiße Johannisbeeren

Sorte	Ernte	Bemerkungen
'Red Lake'	ab Mitte Juni	Schwach wachsend, etwas überhängend und schlechte Verzweigung, deshalb ständig in Schnitt halten und düngen; lange Trauben mit sehr großen, mild aromatischen Beeren, vorzüglich für Frischgenuss; für Heckenerziehung (Spalier) geeignet, Mehltau anfällig
'Jonkheer van Tets'	ab Mitte Juni	Kräftiger, gesunder Wuchs, neigt in frostgefährdeten Lagen zum Rieseln; trägt reich und regelmäßig; lange Trauben mit großen wohlschmeckenden Beeren, für Frischgenuss und Verarbeitung; gut zur Heckenerziehung
'Rondom'	ab Ende Juni	Starkwüchsig und sehr ertragreich; später Austrieb, deshalb auch für raue Lagen; für Frischgenuss und Saftbereitung; für Heckenerziehung geeignet
'Rovada'	Mitte Juli	Länger am Strauch haltbar; kräftig wachsend, sehr ertragreich, sehr lange Trauben mit großen aromatischen Beeren; relativ regenfest, Blüte spät; hervorragend für Frischgenuss und Verarbeitung; ideal für Heckenerziehung; für den Garten besonders empfehlenswert
'Heinemanns rote Spätlese'	August	Reife fünf bis sechs Wochen nach den übrigen Sorten; späte Blüte; stark wüchsig und sehr ertragreich; lange Trauben mit mittelgroßen, hellroten Beeren, die viele Samen enthalten; säuerlich, gut gelierfähig; für Frischgenuss und Verarbeitung; Sträucher zur Erntezeit mit Netzen schützen (Amseln)
'Weisse Versailler'	ab Anfang Juli	Mittelstarker Wuchs, ziemlich lichte Büsche mit straffen, wenig verzweigten Trieben; braucht wenig Schnitt; anspruchslos an Boden und Klima; frühe Blüte; mittlerer Ertrag; langstielige Trauben mit locker verteilten grünlich weißen Beeren, süßsäuerlich, aromatisch; vorzüglich zum Frischgenuss; Liebhabersorte

Schwarze Johannisbeeren

Sorte	Ernte	Bemerkungen
'Rosenthals Langtraubige Schwarze'	Anfang Juli	Sehr stark wachsend; frühe Blüte, relativ frostempfindlich in Holz und Blüte; mittlere bis hohe Erträge; sehr große, tiefschwarze Beeren an langen Trauben; hoher Vitamin-C- und Säuregehalt; für Verarbeitung; Fremdbefruchtung nötig
'Silvergieters Schwarze'	Anfang Juli	Kräftiger, aufrechter Wuchs; bedingt selbstfruchtbar; ertragssicherer als 'Rosenthals'; große Beeren an mittellangen Trauben; süßer und milder als obige, deshalb bevorzugt Rohgenuss; Vitamin-C-Gehalt mittel
'Ometa'	ab Mitte Juli	Stark wachsend, breit ausladend; sehr reich und regelmäßig tragend; lange Trauben, aromatisch; bisher widerstandsfähig gegen Blattfallkrankheit, Rost, Mehltau und Gallmilben, deshalb besonders wertvoll
'Titania'	Mitte Juli	Starker, aufrechter Wuchs; reicher und regelmäßiger Ertrag, etwa 5 kg pro Strauch; lange Trauben mit sehr großen, tiefschwarzen Beeren; ideales Zucker-Säure-Verhältnis; resistent gegen Johannisbeergallmilbe, Mehltau, Rost und Blattfallkrankheit, deshalb besonders wertvoll
'Josta'	Anfang Juli	Kreuzung zwischen Schwarzer (Jo)hannisbeere und (Sta)chelbeere; sehr stark wachsend, braucht mindestens 250 cm Abstand; jährliches, mäßiges Auslichten genügt; wesentlich größere Beeren als bei anderen Schwarzen Johannisbeeren, widerstandsfähig gegen die genannten Schädlinge und Krankheiten; geeignet zum Frischgenuss, vorzüglich zu Gelee, Marmelade, Saft; Die Josta-Sorte 'Jogranda' mit sehr großen Beeren bei schwachem, eher hängendem Wuchs ist ideal für den kleinen Garten

beeren sind weitgehend selbstfruchtbar; wenn möglich, pflanzen wir aber mindestens zwei verschiedene Sorten, denn Fremdbefruchtung fördert Ertrag und Beerengröße. Auch bei Schwarzen Johannisbeeren sollten mindestens zwei Sorten zusammengepflanzt werden.

Bienenflug ist bei Roten und Schwarzen Johannisbeeren günstig für die Bestäubung und den Fruchtansatz. Dadurch werden in den einzelnen Beeren mehr Samen ausgebildet, und die Beeren werden größer. Von gut entwickelten, reich tragenden Sträuchern können bei roten Sorten 10–15 kg je Strauch geerntet werden, bei Schwarzen Johannisbeeren 3–5 kg. Das »Rieseln« der kleinen Beeren bald nach der Blüte kann man vor allem bei Schwarzen, aber auch bei Roten Johannisbeeren beobachten.

Die häufigste Ursache hierfür sind Spätfröste während der Blütezeit oder mangelnde Befruchtung, wenn während der Blüte der Bienenflug durch kaltes, nasses Wetter behindert ist. Auch das Fehlen von geeigneten Pollenspendern, also anderer Sorten in unmittelbarer Nähe, kann das Rieseln begünstigen.

'Titania', eine wertvolle Schwarze Johannisbeersorte, da weitgehend resistent. Darunter 'Weiße Versailler' mit aromatischen grünlich-weißen Beeren zum Frischgenuss.

Sehr vitaminreich: die Stachelbeere

Ribes uva-crispa

Die Stachelbeere enthält wertvollen Fruchtzucker, ebenso Zitronensäure sowie Vitamin C in ähnlicher Höhe wie die Rote Johannisbeere.

Die Ansprüche der Stachelbeeren

In ihren Ansprüchen gleichen Stachelbeeren weitgehend den Johannisbeeren. Sie wollen hell und sonnig stehen, bringen aber auch bei sonstiger guter Pflege eine reiche Ernte, wenn sie wenigstens den halben Tag Sonne bekommen.

Der Boden sollte möglichst lehmig und nährstoffreich sein. Trockene, sandige Böden werden deshalb vor der Pflanzung mit reichlich Kompost verbessert, weil sonst die Blattfallkrankheit stark auftritt. Die Blüten sind gegen Spätfröste empfindlich, und es gibt dann eine geringe Ernte. Werden die Sträucher dagegen während der frühen Blüte einmal überraschend von Schnee bedeckt, so hat dies auf den Behang kaum einen nachteiligen Einfluss. Hochstämmchen sollte man bei viel Schnee, der im April meist nass und schwer ist, abschütteln, damit sie nicht abbrechen.

Eine reiche Ernte! Die Beeren eignen sich bevorzugt zum Einkochen und für die Kompottbereitung.

'Rote Triumph', ein bekannter Massenträger unter den Stachelbeeren, der sich auch für Grünpflücke und Verarbeitung eignet.

Stachelbeeren

Sorte	Ernte	Bemerkungen
'Hönings Früheste'	ab Ende Juni	Stark wachsende gelbe Frühsorte; reich tragend; süß, wohlschmeckend; vorzüglich zum Essen vom Hochstämmchen oder Strauch; etwas mehltau-anfällig
'Rote Triumph'	ab Mitte Juli	Massenträger, kann jedoch Mehltau bekommen; Geschmack angenehm süß-säuerlich; wichtigste rote Sorte; geeignet auch für Grünpflücke und Verarbeitung
'Invicta'	ab Mitte Juli	Stark wachsend; sehr regelmäßige, hohe Erträge; Beeren hellgrün, fein aromatisch; resistent gegen Mehltau, deshalb für Garten bestens geeignet
'Rokula'	Mitte Juli	Mittelstarker, lockerer Wuchs; Früchte dunkel weinrot, wohlschmeckend; ebenfalls Mehltau resistent
'Rolonda'	Mitte bis Ende Juli	Stark und etwas sparrig wachsend; die schwarz-roten Früchte halten sich lange am Strauch; wenig anfällig gegen Blattfallkrankheit, resistent gegen Mehltau
'Redeva'	Mitte bis Ende Juli	Starker, aufrechter Wuchs; reich tragend; große purpurrote Früchte, süß, aromatisch; fast stachellos; mehltaufest, hervorragend für Haus- und Kleingarten

Pflanzung und Schnitt

Hier gilt das Gleiche wie bei Johannisbeeren. Wenn einreihig gepflanzt wird, soll der Abstand von Strauch zu Strauch gut 150 cm betragen. Bei Hochstämmchen, die sich durch Schnitt in ihrem Umfang begrenzen lassen, genügt ein Abstand von 120–130 cm. Wer allerdings genügend Platz hat, pflanzt die Hochstämmchen 150–180 cm auseinander. Dann können die jungen Triebe lang bleiben und die Krone kann sich zur vollen Größe entwickeln.

Pflanzschnitt und Aufbau erfolgen bei den Stachelbeeren wie bei der Johannisbeere beschrieben. Der fertige Strauch soll aus nicht mehr als acht bis zwölf ein- und zweijährigen Trieben bestehen. Dies gilt auch für den Hochstamm. Triebe, die älter als drei Jahre sind, erkenntlich am dunkleren Holz, werden möglichst entfernt und an ihrer Stelle wieder Jungtriebe nachgezogen. Diese entstehen bei Sträuchern aus dem Wurzelstock, bei Hochstämmchen aus der Kronenbasis.

Das Auslichten geschieht am besten gleich nach der Ernte, denn zu diesem Zeitpunkt sind uns die »stachligen Erfahrungen« noch in bester Erinnerung, und wir sind dann beim Ausschneiden nicht gar so zimperlich.

Sollte »Amerikanischer Mehltau« vorhanden sein, kürzen wir im Winter sämtliche Triebspitzen bis auf das gesunde Holz ein. Sind die Jungtriebe dagegen gesund, so erübrigt sich ein Einkürzen. Die Beeren hängen dann an den Jungtrieben wie an einer Perlenkette bis zur Spitze hin.

Etwas Besonderes: Heckenerziehung und Hochstämmchen

Stachelbeeren können, ebenso wie Johannisbeeren, auch als Hecke gezogen werden. Man baut dazu ein etwa 120 cm hohes Drahtgerüst, verteilt daran die aus dem Boden kommenden Triebe im Abstand von 20–25 cm locker nach rechts und links und heftet sie mit Bast an den Drähten an.

Ein Schnurgerüst soll hier reich behangene Stachelbeertriebe vor dem Abbrechen schützen. Bei richtigem Schnitt ist dies nicht nötig, da arbeitsaufwändig und keine Zierde.

Sehr beliebt ist bei Stachelbeeren der Hochstamm. Wir können, sozusagen im Vorbeigehen, an den reifen Früchten naschen, und das Beet lässt sich im Parterre zusätzlich mit Sommerblumen oder Gemüse nutzen, ohne dass diese allzu sehr beschattet werden.

Mit Hochstämmchen bringen wir einen Hauch Romantik in unseren Garten und gliedern gleichzeitig den Gartenraum. Dabei kann sich der Ertrag sehen lassen, denn 5 kg Ernte von einem gut gepflegten Hochstämmchen sind durchaus möglich.

Die Lebensdauer ist allerdings kürzer als beim Strauch, denn die Hochstämmchen sind auf die Gold-Johannisbeere *(Ribes aureum)* aufveredelt. Veredlungen mit nur 40–50 cm hohen Stämmchen bezeichnet man als Fußstamm, solche mit 80–90 cm als Hochstämmchen.

Wichtig ist bei der Pflanzung von Hochstämmchen, dass sie einen imprägnierten Pfahl bekommen, der in die Krone hineinragen muss. An diesem wird nicht nur das Stämmchen, sondern auch ein kräftiger Trieb, der sich möglichst in der Mitte der Krone befindet, angebunden. Wird nur das Stämmchen befestigt, besteht die Gefahr, dass eine umfangreich entwickelte Krone bei reichem Behang, Sturm, starkem Regen oder nassem Schneefall genau an der Bindestelle abbricht. Dies ist dann sehr ärgerlich. Aus dem gleichen Grunde überprüfen wir auch immer wieder durch leichtes Dagegendrücken, ob der Pfahl noch in Ordnung oder bereits abgefault ist. In diesem Fall sollte er schleunigst ersetzt werden.

Der Schnitt des Hochstämmchens ist ähnlich wie beim Strauch. Nach einem kräftigen Rückschnitt bei der Pflanzung ist in den kommenden Jahren dafür zu sorgen, dass die Krone licht bleibt und sich stets lange Jungtriebe entwickeln, an denen die köstlichen Beeren hängen.

Pflege und Düngung

Für Bodenbearbeitung und Düngung gilt das bei den Johannisbeeren (siehe Seite 445) gesagte.

Blüte, Frucht und Ernte

Die im April erscheinenden Blütenglöckchen sind unscheinbar gelbgrün. Sie stehen meist einzeln, zu zweit oder in kleinen Büscheln zusammen. Botanisch interessant ist, dass der männliche Blütenstaub bereits vorhanden ist und keimen kann, ehe die weibliche Narbe empfängnisbereit ist. Aus diesem Grunde sollten mehrere Sorten, mindestens zwei, gepflanzt werden.

Wenn in der weiteren Umgebung Bienen vorhanden sind, summt es in blühenden Stachelbeersträuchern und in den Kronen der Hochstämmchen den ganzen Tag über, aber auch schwerfällige Hummeln lieben die Stachelbeer-Blüten und tragen zur Bestäubung bei.

Von reich tragenden Sträuchern oder Stämmchen können bereits ab Mitte Mai ein Drittel bis die Hälfte der noch unreifen Beeren herausgepflückt und in der Küche verwertet werden. Man spricht von Grünpflücke. Selbstverständlich sind diese Beeren nur zum Einkochen oder zur Kompottbereitung geeignet, immer mit verhältnismäßig viel Zucker. Bei der Grünpflücke nehmen wir vorwiegend die mangelhaft ausgebildeten Beeren weg und lassen die schönsten hängen. Die verbleibenden Früchte werden dadurch besonders gut ausgebildet.

Die Haupternte liegt im Juli. Man muss aber nicht alle Beeren auf einmal pflücken, sondern kann dies bei jeder Sorte über zwei bis drei Wochen hinweg ausdehnen. Wir pflücken dann jeweils nur die vollreifen und schönsten Früchte heraus. Ein gut gepflegter Stachelbeerstrauch kann 5–10 kg bringen, ein Hochstämmchen 5 kg und darüber.

Himbeeren für den Garten

Rubus idaeus

Himbeeren zeichnen sich durch einen hohen Gehalt an Mineralstoffen aus. Im eigenen Garten angebaut, können wir die Beeren bis zur vollen Reife an den Pflanzen belassen. Allerdings, an das köstliche Aroma der kleineren Wald-Himbeeren kommen auch die besten Sorten von Garten-Himbeeren nicht heran.

Die Ansprüche der Himbeeren

Himbeeren wachsen am besten auf einem lockeren und humosen Gartenboden in möglichst windgeschützter, sonniger Lage. Sie lieben leicht sauren Boden; ein pH-Wert von 5,5–6 wäre ideal, doch auch wenn dieser etwas höher liegt, kann man reichlich ernten, sofern die sonstigen Kulturansprüche beachtet werden. Ein zu hoher pH-Wert hat allerdings Eisen- und Manganmangel zur Folge; die Blätter färben sich dann gelblich (Chlorose).

Ist der vorhandene Boden leicht und sandig, verbessern wir ihn mit organischen Düngemitteln, also mit Kompost oder verrottetem Stallmist. Wenn dann gemulcht und zusätzlich bei Trockenheit während des Wachstums und der Fruchtreife gewässert wird, ist auch unter solchen von Haus aus ungeeigneten Böden der Anbau von Himbeeren lohnend.

Die Pflanzung

Himbeeren pflanzen wir wie auch das übrige Strauch-Beerenobst am besten im Herbst. Können wir erst im Frühjahr pflanzen, dann so früh wie möglich. Himbeeren in Containern, also mit Topfballen, können ohne Rückschnitt fast das ganze Jahr über in den Garten gebracht werden. Himbeeren werden meist nur in einer Reihe gepflanzt, vielfach entlang des Zaunes oder als Abgrenzung des Gemüsegartens. Als Pflanzabstand

Himbeeren sind sehr druckempfindlich, schon deshalb lohnt der Anbau im Garten.

Himbeeren

Sorte	Ernte	Bemerkungen
'Meeker'	Mitte Juli	Sehr starkwüchsig, regelmäßige hohe Erträge, sehr aromatische gut haltbare Früchte; nicht geeignet für Höhenlagen über 700 m; widerstandsfähig gegen Rutenkrankheit und Grauschimmel, virusresistent; sehr gut zum Tiefgefrieren
'Rutrago'	Mitte Juli	Stark wachsend, anspruchslos, reich tragend, Früchte fest und sehr aromatisch; virusresistent, kein Rutensterben
'Rubaca'	Mitte bis Ende Juli	Anspruchslos, reich tragend, gutes Aroma; virusresistent, widerstandsfähig gegen Rutensterben und Botrytis (Grauschimmel)
'Schönemann'	Ende Juli	Spät reifende, bewährte Sorte; kräftiges, gesundes Wachstum, robust, reich tragend, Aroma angenehm süß-säuerlich; wenig anfällig gegen Botrytis
'Autumn Bliss'	Mitte August bis Frost	Herbstsorte, reich tragend, geschmacklich wertvolle Früchte; Ruten gleich nach der Ernte dicht über dem Boden abschneiden; virusresistent, widerstandsfähig gegen Wurzelfäule und Rutenkrankheit; gut geeignet für Pflanzgefäße auf dem Balkon

genügen 40–50 cm und 150 cm Reihenabstand, wenn mehrere Reihen gepflanzt werden sollen. Die grundlegende Bodenvorbereitung nehmen wir wie bei den Johannisbeeren oder Stachelbeeren vor.

Wichtig ist, dass die an der Basis sitzenden Triebknospen nicht beschädigt werden, denn die sich daraus entwickelnden Triebe bringen die erste Ernte im Jahr nach der Pflanzung. Wir setzen die Pflanzen so tief, dass die Bodenknospen etwa 5 cm hoch mit Erde bedeckt sind. Dann gießen wir an und decken den Boden mit Rasenschnitt, kurzem Stroh, verrottetem Stallmist oder grobem Kompost ab. Schließlich werden die Triebe auf etwa 20–30 cm Länge eingekürzt.

Entscheidend für den Erfolg sind auch hier die Sorte sowie die Herkunft des Pflanzmaterials. Es muss vor allem gesund sein, denn viele Himbeer-Kulturen leiden unter Mosaikvirus, gelblich grüner Marmorierung und leichter Kräuselung der Blätter.

Die abgetragenen, alten Ruten sollten sofort nach der Ernte bodeneben abgeschnitten werden. Von den jungen Ruten werden bevorzugt die schwächeren entfernt, so dass die verbleibenden licht stehen.

Der Schnitt ist einfach

Gleich nach der Ernte werden die abgetragenen Ruten dicht über dem Boden abgeschnitten. Gleichzeitig entfernt man alle schwachen, zu dicht stehenden Neutriebe. Je Meter Pflanzreihe sollten nur etwa acht bis zwölf Ruten verbleiben. Diese tragen im kommenden Jahr. Zusätzlich können wir im zeitigen Frühjahr die besonders langen Ruten auf etwa 200 cm Länge einkürzen. Sie bringen dann zwar ein paar Beeren weniger, die verbleibenden werden dafür umso größer.

Triebe, die zu weit von den Mutterpflanzen entfernt entstanden sind, gräbt man mit dem Spaten aus. Dadurch sieht die Pflanzung ordentlich aus, die eigentliche Himbeerreihe bekommt genügend Licht.

Bei den zweimal tragenden Sorten werden dagegen im Winter bzw. zeitigen Frühjahr alle Triebe abgeschnitten. Man kann sie richtiggehend abmähen. Nachdem sich die neuen Ruten entwickelt haben, entfernen wir gegen Mitte Juni alle schwachen Jungtriebe, so dass nur noch acht bis zwölf kräftige Triebe je Meter Pflanzreihe verbleiben.

Wenn wir so vorgehen, beginnen wir bei remontierenden, also zweimal tragenden Sorten, erst dann mit der Ernte, wenn diese bei den normalen Sorten bereits beendet ist, was bedeutet, dass sich die Ernte bis in den Spätherbst hinzieht. Wenn es im Oktober kälter wird, spannen wir eine Folie darüber und können auf diese Weise noch lange weiter ernten, denn Himbeeren erfrieren erst bei etwa –5 bis –6°C.

Himbeeren brauchen ein Spaliergerüst

Himbeeren benötigen ein einfaches Drahtgerüst: In Abständen von etwa 500 cm

Himbeeren in Reihe gepflanzt ergeben einen hübschen Sichtschutz und bringen zudem reiche Ernte.

werden imprägnierte Holzpfähle 50 cm tief in den Boden geschlagen; ihre Höhe über dem Boden sollte etwa 130 cm betragen. Nach 70 cm und nach weiteren 50 cm werden Drähte gespannt, an denen wir die Ruten mit Bast befestigen.
Eine andere Möglichkeit ist es, an den Pfählen in 70 und 120 cm Höhe oder in Abständen wie in der Zeichnung je ein Querholz anzubringen und diese durch Doppeldrähte miteinander zu verbinden. Die Ruten wachsen dann zwischen den Drähten hoch. Bei dieser Methode ersparen wir uns das Anbinden.

Pflege und Düngung

Gerade bei der Himbeere hat sich das Abdecken des Bodens mit organischen Stoffen bestens bewährt. Die bis dicht an die Oberfläche reichenden feinen Saugwurzeln sind dadurch ständig von Humus umgeben, vor Sonnenstrahlen geschützt, haben es feucht und gleichzeitig luftig. Die Pflanzen fühlen sich unter einer solchen Mulchdecke sichtlich wohl, denn auch an ihrem natürlichen Standort, in Waldlichtungen, ist die Himbeere bedeckten Boden gewohnt. Gleichzeitig ist das Mulchen mit die wichtigste Vorbeugungsmaßnahme gegen die Rutenkrankheit. Der Boden sollte bei Himbeeren überhaupt nicht gelockert werden. Die Wurzeln wachsen so sehr in die Mulchdecke, dass auch eine ganz flache und vorsichtige Bodenbearbeitung zu einer Wachstumsstörung führen kann. Vorhandenes Unkraut kann leicht von Hand aus der Mulchdecke entfernt werden.

➲ Mehr zum Thema »Mulchen« ab Seite 74.

Auch zur Düngung haben sich organische Stoffe bewährt. Um die verbrauchten Nährstoffe zu ersetzen, geben wir verrotteten Stallmist, Kompost, Hornspäne oder Rizinusschrot. Daneben bekommen die Pflanzen bei Bedarf Blau-Volldünger (siehe Johannisbeeren), der auch Magnesium enthalten sollte. Himbeeren leiden nämlich leicht an Magnesiummangel, wobei die Blätter zwischen den Rippen vergilben. Selbstverständlich kann auch einer der im Handel befindlichen organisch-mineralischen Volldünger in entsprechender Aufwandmenge, siehe Aufdruck auf der Packung, verwendet werden. Nachdem solche Dünger langsam wirken, gibt man die gesamte Menge im zeitigen Frühjahr gleich auf einmal.
Ob eine Düngung und ob zusätzlich Kalk nötig ist oder ob nur Stickstoff gegeben werden sollte, kann nur durch eine Bodenuntersuchung festgestellt werden. Nachdem Himbeeren einen schwach sauren Boden bevorzugen, sollte nur dann kohlensaurer Kalk ausgebracht werden, wenn der optimale pH-Wert von 5,5–6 unterschritten wird.

➲ Mehr zur Bodenuntersuchung siehe Seite 67.

Blüte, Frucht und Ernte

Himbeeren sind selbstfruchtbar. Doch empfiehlt sich die Pflanzung von mehreren Sorten, denn auch bei dieser Beerenobst-Art bringt Fremdbestäubung besonders hohe und regelmäßige Erträge sowie große Beeren.
Die Früchte hängen an den im Vorjahr entstandenen Ruten und reifen im Juli. Gleichzeitig wachsen aus den Wurzelstöcken neue Triebe, die den Ertrag für das nächste Jahr liefern.
Geerntet wird erst, wenn die Beeren völlig rot sind. Dabei zieht man sie einfach vom Zapfen (Fruchtboden) ab. Nachdem die Beeren rasch überreif werden, pflücken wir sie alle zwei bis drei Tage durch, bei heißem Wetter sogar möglichst täglich.

Kein Problem: die Vermehrung

Bei Himbeeren ist die Vermehrung noch einfacher als bei den bisher genannten Arten. Wir brauchen im Herbst oder Frühjahr nur die kräftigsten Wurzelschösslinge, von denen oft mehr entstehen, als uns lieb ist, auszugraben und können mit diesen gleich ein neues Beet bepflanzen. Dazu ist allerdings nur zu raten, wenn es sich bei den Mutterpflanzen um eine geschmacklich wertvolle, reich tragende Sorte handelt und die Pflanzen einwandfrei gesund, also virusfrei sind. Nachdem aber die Himbeerbestände in den Gärten weitgehend virusverseucht sind, ist es meist besser, wenn wir neue Himbeerpflanzen von einer zuverlässigen Baumschule beziehen.

'Autumn Bliss' mit gelben Beeren ist eine wertvolle Herbstsorte, die von August bis zum Frost trägt. Zudem ist sie widerstandsfähig gegen Krankheiten.

Dunkle Schönheit: die Brombeere

***Rubus*-Arten**

Bei Himbeeren sind es die Ausläufer, die so manchen Gartenfreund von der Pflanzung abhalten, bei den Brombeeren ist es das Gewirr von stachligen Trieben.
Dabei zählen die aromatischen, besonders bei Kindern beliebten Brombeeren zu den gesündesten Früchten. Von allen Beerenobst-Arten weisen sie den höchsten Gehalt an Vitamin A (Karotin) auf.
Von besonderer Bedeutung ist der Gehalt an Mineralstoffen und Fruchtsäuren. Brombeeren eignen sich vorzüglich als Naschfrüchte, man kann sie zu wohlschmeckenden Marmeladen, zu Kompott und Gelee verarbeiten oder aber zu Saft und sogar zu Likör.
Loganbeere, Boysenbeere, Youngbeere und Marionbeere sind Kreuzungen von Brombeeren mit Himbeeren. Sie werden in den USA in vielen Sorten angebaut, haben aber bei uns trotz ihres interessanten Aussehens und vorzüglichen Geschmacks keine Bedeutung.
Wer eine der genannten Hybriden (Kreuzungen) trotz ihrer geringen Frosthärte und des geringen Ertrags pflanzen möchte, sollte dafür einen besonders geschützten Platz auswählen.

Die Ansprüche der Brombeeren

Ideal für Brombeeren ist ein sonniger Platz, der möglichst wind- und frostgeschützt sein sollte. Dagegen sind die Ansprüche an den Boden sehr gering. Diese Beerenobst-Art ist selbst mit einem leichten, sandigen Boden zufrieden, der sich für andere Obstarten nur wenig eignet. Nur bei schwerem, feuchtem Boden ist Vorsicht geboten, weil hier besonders häufig winterliche Frostschäden auftreten.
Damit sind wir bei einem kleinen Schönheitsfehler: In sehr kalten Wintern, in denen die Temperatur unter –15°C absinkt, erfrieren häufig die Ranken. In einem solchen Jahr gibt es dann keine Ernte. Ähnlich wie bei Kletterrosen treiben aber nach einem solchen Frostwinter aus dem Stock zahlreiche Jungtriebe aus, die im kommenden Jahr ganz normal blühen und fruchten.
Wegen der Kälteempfindlichkeit eignen sich Höhenlagen über 600 m nicht mehr besonders für den Brombeeranbau. Hier kann es bereits im September Frostnächte geben, also bereits zu einer Zeit, zu der die Beeren noch bei weitem nicht alle abgeerntet sind. Pflanzt man die Brombeeren allerdings an eine sonnige, geschützte Hauswand oder an einen Holzschuppen, so gibt es auch in höheren Lagen noch eine annehmbare Ernte von köstlich schmeckenden, aromatischen Beeren.

Die Pflanzung

Um Ausfälle während des Winters zu vermeiden, pflanzen wir Brombeeren am besten erst im Frühjahr. Die Bodenvorbereitung erfolgt wie beim übrigen Strauchbeerenobst. Obwohl anspruchslos, sollte man auch bei Brombeeren darauf achten, dass vor der Pflanzung alle Wurzelunkräuter wie Giersch, Quecken und Ackerwinde entfernt werden. Andernfalls würden diese, vom Wurzelstock der Brombeere ausgehend, immer wieder in den Garten hineinwachsen.
Bei den rankenden, mit Stacheln bewehrten Sorten sollten 350–400 cm Pflanzabstand eingehalten werden, während bei den stachellosen Brombeeren 200 cm Abstand genügen. Aufrecht wachsende Sorten werden mit 50 cm Abstand in der Reihe und mit 150–200 cm Reihenabstand gepflanzt, sofern mehrere Reihen angelegt werden.
Wir pflanzen so tief, dass die bodennahen Knospen anschließend etwa 5 cm hoch mit Erde bedeckt sind. Dann wird angegossen und der Boden um die Pflanzstelle mit organischem Material abgedeckt.

Wichtig: ein Spaliergerüst

Auch bei Brombeeren ist ein Spaliergerüst erforderlich. Wir schlagen etwa alle 500 cm einen imprägnierten Pfahl mit 10 cm oberem Durchmesser in den Boden oder betonieren ein Eisenrohr ein. Das

Fast wie ein Gemälde! Tiefschwarze Brombeeren inmitten grüner und gleichzeitig herbstlich gelb und rot gefärbter Blätter.

Spaliergerüst soll 180 cm hoch sein. Höhere, mit Ranken bewachsene Drahtgerüste machen den Garten optisch kleiner. Der erste Draht wird 50 cm über dem Boden gespannt, in Abständen von je 25 cm folgen fünf weitere. Auf diese Weise haben wir die Möglichkeit, bei jeder Pflanze sechs Tragruten und sechs Jungtriebe anzuheften.
Wer will, kann aber auch nur drei Drähte in 60, 120 und 170 cm Höhe spannen und an diesen die Tragruten und Jungtriebe in geschlungener Form anbinden.

Schnitt gegen Wildwuchs

Bei der Pflanzung im Frühjahr wird an den Pflanzen mit Topfballen weder an den Wurzeln noch an den Ruten etwas zurückgeschnitten, wir binden lediglich die sommerlichen Jungtriebe an den Drähten des Spaliergerüsts an. Geiztriebe, die sich ab Ende Juni in deren Blattachseln entwickeln, werden auf zwei bis vier Augen zurückgeschnitten, sobald sie 30–40 cm lang geworden sind. Dies geschieht bis zum Herbst mehrmals, ebenso wie das laufende Anbinden der Jungtriebe an den Drähten.
Durch das Einkürzen der Geiztriebe entwickeln sich aus deren verbleibenden Augen (zwei bis vier) im nächsten Jahr große Blütenstände und große Beeren, die rasch gepflückt werden können, ohne dass wir uns dabei die Hände zerkratzen. Dieser Sommerschnitt ist die wichtigste Arbeit. Unterbleibt er, so entsteht in kurzer Zeit ein Triebgewirr, in dem wir uns kaum mehr zurechtfinden.
Im Winter nach der Pflanzung entfernen wir alle Triebe bis auf drei besonders kräftige, die bis zur Hälfte eingekürzt werden. Im zweiten Jahr nach der Pflanzung entsteht daraufhin aus dem Wurzelstock eine große Anzahl junger Triebe, von denen wir nur die sechs kräftigsten stehen lassen und diese an den Drähten links und rechts festbinden.
Der Sommerschnitt wiederholt sich in der beschriebenen Weise. Also Geiztriebe einkürzen! Im nächsten Jahr blühen und fruchten die sechs stehen gebliebenen Triebe. Gleichzeitig entwickeln sich aus dem Wurzelstock wiederum zahlreiche Jungtriebe, von denen wir ebenfalls nur die sechs kräftigsten belassen und diese an den noch freien Drähten festbinden.
Um ein gewisses System in die Arbeit zu bringen, binden wir in dem einen Jahr die sechs neu gebildeten Triebe links und rechts von der Pflanzenmitte an den ersten, dritten und fünften Draht, während die Jungtriebe des nächsten Jahres am zweiten, vierten und sechsten Draht befestigt werden. An den anderen Drähten befinden sich die Tragranken.
Eine andere Möglichkeit besteht darin, dass wir in dem einen Jahr die sechs belassenen Jungtriebe links von der Pflanzenmitte an die Drähte anbinden, während sich rechts davon die sechs tragenden Ranken befinden.
Der sich jährlich wiederholende Winterschnitt wird erst im zeitigen Frühjahr durchgeführt. Dabei werden alle abgetragenen Ranken weggeschnitten, während man die sechs im letzten Sommer

Brombeeren

Sorte	Ernte	Bemerkungen
'Theodor Reimers'	Anfang August bis Oktober	Altbekannte, bewährte Sorte, entwickelt selbst auf leichten, mageren Böden bis 10 m lange Ranken; sehr stachelig, sehr reich tragend; Beeren vollreif, saftig, sehr süß und aromatisch, im Geschmack bisher unübertroffen; für Frischgenuss und zur Verarbeitung; frostempfindlich, deshalb Ranken im Herbst herunterlegen und abdecken; wegen der hohen Fruchtqualität trotz der Stacheln die beste Sorte
'Black Satin'	Anfang August bis Oktober	Stachellos, mittelstark bis stark wachsend; guter Ertrag, Frucht sehr groß, typisches Brombeer-Aroma Weitere stachellose Sorten: 'Thornless Evergreen', 'Thornfree', 'Nessy'
'Loch Ness' 'Nessy'	Anfang August bis Okober	Gesund, sehr robust, Wuchs mittelstark; regelmäßig und reich tragend; Frucht sehr groß, etwa doppelt so groß wie 'Theodor Reimers', derzeit die beste stachellose Sorte

Brombeeren am Spaliergerüst bekleiden hier den Durchgang entlang eines Gartenhauses. Schön fürs Auge und nützlich zugleich.

Der Schnitt (rote Triebe werden entfernt) einer Brombeerpflanze.

Brombeeren lassen sich leicht durch Absenker vermehren. So werden die Eigenschaften der betreffenden Sorte unverändert fortgepflanzt.

belassenen Jungtriebe gleichmäßig verteilt an den Drähten anbindet. Wegen der Frostgefahr sollten sie im Spätherbst zusammen mit den abgetragenen Ranken auf den Boden heruntergelegt und, wenn möglich, mit Fichtenzweigen oder Stroh locker bedeckt werden.
Zu lange Ranken, bei der bekannten Sorte 'Theodor Reimers' können sie 8–10 m lang werden, schneiden wir im zeitigen Frühjahr um etwa ein Drittel zurück. Wir können sie dann leichter am Drahtgerüst anbinden, außerdem kommt dieser Rückschnitt den Blüten und Früchten zugute.
Wurde der Sommerschnitt versäumt, so kann er im Nachwinter nachgeholt werden, wenn auch mit erheblich mehr Arbeitsaufwand als im Sommer. In diesem Fall kürzen wir die in den Blattachseln entstandenen Geiztriebe auf ein bis zwei Knospen, also auf kurze Stummel ein.

Pflege und Düngung

Auch Brombeeren sind für ein Bedecken des Bodens mit organischem Material (kurzes Stroh, verrotteter Stallmist, Rasenschnitt) dankbar, vor allem wenn sie auf einem leichten, sandigen Boden stehen. Wer die Pflanzen im Spätherbst gegen winterliche Kälte mit Stroh bedeckt hat, kann dieses im Frühjahr gleich als Mulchdecke liegen lassen. Düngung wie bei Himbeeren.

Blüte, Frucht und Ernte

Brombeeren sind selbstfruchtbar, es genügt also eine Sorte. Die Bestäubung erfolgt durch Bienen und Hummeln während der gesamten Blütezeit vom Mai bis in den August hinein. Blüten und Früchte sind während dieser Zeit gemeinsam an den Ranken zu finden.
Geerntet wird erst, wenn die Früchte gut ausgereift sind, weil sie erst dann ihre Inhaltsstoffe und ihr köstliches Aroma voll entwickelt haben. Die Ansatzstelle des Fruchtbodens ist dann bläulich bis violett gefärbt, die Beeren bekommen meist einen matten Schimmer und lassen sich bei Vollreife leicht vom Fruchtboden lösen. Je nach Witterung und Sorte reifen die Früchte von Mitte Juli bis Ende September. Je Meter Pflanzreihe kann man mit 3–4 kg Ertrag rechnen.

Einfach und schnell: die Vermehrung

Bei den rankenden Sorten braucht man gegen Anfang September die Triebspitzen nur in kleine Vertiefungen am Boden einzulegen und mit Erde zu bedecken. An der heruntergelegten und mit einem Haken festgehaltenen Triebspitze bilden sich bald Wurzeln und ein neuer Austrieb. Diese neue Pflanze schneidet man im Frühjahr von der Ranke ab.
Die aufrecht wachsenden Sorten, etwa 'Wilsons Frühe', werden wie Himbeeren durch Wurzelaustriebe vermehrt, das heißt, diese brauchen nur ausgegraben und aufgepflanzt zu werden.

Tayberry, Taybeere

***Rubus*-Form**

Eine Kreuzung aus Himbeere und Brombeere, die allerdings vom Wuchs her der Brombeere viel näher steht. Pflege, Düngung und Schnitt sind ähnlich wie bei der Brombeere. Die Ernte beginnt Anfang Juli und zieht sich über drei Wochen hin. Die Taybeere ist keine Frucht für den Frischgenuss, denn sie schmeckt auch im vollreifen Zustand recht sauer. Sie eignet sich nur für die Zubereitung von Gelee, Marmelade oder Konfitüre. Wenn die Beeren frisch püriert oder gezuckert werden, bekommt man eine Fruchtsoße, die zu Eis oder Pudding köstlich schmeckt. Sehr gut lässt sich Tayberry auch tiefgefrieren.

Die Taybeere sieht zwar recht attraktiv aus, eignet sich aber nicht zum Frischgenuss.

Kultur-Heidelbeere, Amerikanische Heidelbeere

Vaccinium corymbosum

Die köstlich schmeckenden Kultursorten finden unter den Gartenfreunden zunehmend Liebhaber. Sie reifen, je nach Sorte, von Mitte Juli bis Mitte September. Am besten schmecken die fast kirschgroßen Beeren (14–18 mm Durchmesser), wenn man sie frisch vom Strauch pflückt und gleich isst. Aber auch für Kuchen, Kompott, Saft und zum Einfrieren sind sie geeignet. Zur Blütezeit im Mai sind Heidelbeeren besonders attraktiv. Man kann die bis zu 200 cm hoch werdenden Sträucher durchaus als Zierpflanzen am Gartenrand mit einpflanzen und später noch die Früchte ernten, sofern wir sie rechtzeitig vor Vogelfraß schützen.

Heidelbeeren benötigen sauren Boden. Wo ein solcher von Natur aus fehlt, müssen wir ihn erst schaffen.

Die Ansprüche der Kultur-Heidelbeere

Wichtigste Voraussetzung für den Erfolg mit Kultur-Heidelbeeren ist ein saurer Boden mit einem pH-Wert von etwa 4–5, besser noch 3,5–4,5, denn dies entspricht dem pH-Wert eines Hochmoor- oder eines humusreichen Waldbodens, der von Haus aus für die Kultur von Heidelbeeren geeignet ist.

Die meisten Gartenböden zeigen dagegen eine nur schwach saure bis neutrale Reaktion (pH 6–7) und müssen deshalb speziell für die Pflanzung von Heidelbeeren vorbereitet werden. Andernfalls würden die Pflanzen kümmern.

Wir heben dazu vor der Pflanzung für jeden Strauch eine Grube von mindestens 100 x 100 cm und 40 cm Tiefe aus und füllen diese mit einer Mischung, bestehend aus saurem Torf oder Torfersatzstoffen. Als solche eignen sich verschiedene Abfallprodukte aus dem Garten, wie Lauberde, Nadelstreu, Sägespäne, Borke – am besten gelagerte, vererdete Borke von Kiefern –, geschredderte oder zerkleinerte Schilfblätter, aber auch im Handel angebotener Torfersatz wie Kokosfasern. In Gegenden mit besonders kalkreichen Böden können wir zusätzlich die Innenwände der Pflanzgrube mit Folie auskleiden, damit von den Seiten her möglichst kein Kalk eingewaschen wird. Bewährt hat es sich auch, ein leeres Fass oder einen großen Kübel ohne Boden einzugraben und mit dem beschriebenen sauren Boden zu füllen. Kalk und frischer Stallmist sind für Heidelbeeren Gift!

Und noch etwas: Die im Garten gepflanzten Sorten wollen, im Gegensatz zur Wald-Heidelbeere *(Vaccinium myrtillus)*, in voller Sonne stehen.

Die Pflanzung

Schön sieht es aus, wenn die Sträucher in einer Gruppe zusammenstehen, die dann gleichzeitig Zierwert hat. Der Abstand von Strauch zu Strauch sollte etwa 150 bis 200 cm betragen. Bei schwachwüchsigen Sorten wie 'Bluetta', 'Patriot' genügen 100 cm. Nicht zu tief pflanzen, da die Wurzeln sehr lufthungrig sind. Heidelbeeren bilden mit verschiedenen Bodenpilzen eine Lebensgemeinschaft (Mykorrhiza-Symbiose), vorausgesetzt, der Boden ist gut mit Sauerstoff versorgt.

Pflege und Düngung

Ebenso wie Johannis- und Stachelbeeren sind die Kultur-Heidelbeeren ausgesprochene Flachwurzler. Besonders wüchsig zeigen sich die Heidelbeeren, wenn der Boden unter den Sträuchern mit einer 10–15 cm hohen Schicht aus Rindenmulch oder angerotteten Sägespänen bedeckt wird. Zum Gießen wird möglichst kalkarmes Wasser, am besten also Regenwasser verwendet.

Bezüglich Nährstoffen sind Kulturheidelbeeren recht genügsam. Schwacher Neutrieb und gelblich grüne Blätter sind Anzeichen von Stickstoffmangel. In diesem Fall gibt man im Frühjahr einen der im Fachhandel erhältlichen Spezialdünger, die sauer wirken, also Kleinpackungen eines Heidelbeer-, Azaleen- oder Rhododendron-Düngers.

Heidelbeeren

Sorte	Ernte	Bemerkungen
'Patriot'	Juli	Wuchs kräftig aufrecht; reich tragend, großfrüchtig; für den Hausgarten in sonniger, warmer Lage; frosthart, deshalb auch für Höhenlagen geeignet; resistent gegen Wurzelfäule
'Bluecrop'	Ende Juli bis Ende August	Stark wachsend, hoher, regelmäßiger Ertrag, lange Erntezeit; frosthart, widerstandsfähig gegen Trockenheit; eignet sich auch noch für weniger gute Standorte
'Berkeley'	August	Starker Wuchs, breit ausladend, hoher Ertrag bei genügend feuchtem Boden; sehr große, hellblau bereifte Beeren

Auch Preiselbeeren brauchen sauren Boden. Sie eignen sich als Bodendecker im Ziergarten, unter Rhododendren und Azaleen, die es ebenfalls »sauer« wollen.

Der Schnitt von Kultur-Heidelbeeren

Erst nach etwa fünf Jahren werden überalterte und zu sehr am Boden aufliegende Triebe herausgeschnitten, entweder dicht über dem Boden oder aber über einem Jungtrieb, der aus einem älteren Trieb entstanden ist. Als Ersatz lässt man einige gut verteilte kräftige Jungtriebe stehen. Die Triebe sollen möglichst nicht älter als vier bis fünf Jahre werden und dann durch junge ersetzt werden.

Blüte, Frucht und Ernte

Die 120–200 cm hoch werdenden Sträucher sind im Mai mit weiß bis rosa gefärbten, glockenförmigen Blüten besetzt. Sie sind zwittrig und selbstfruchtbar. Trotzdem empfiehlt es sich, mindestens zwei Sträucher verschiedener Sorten zu pflanzen. Durch Fremdbestäubung bringen die Sträucher höhere Erträge und größere Beeren.

Vom dritten bis vierten Jahr ab gibt es bereits recht erfreuliche Erträge. Ein voll entwickelter Strauch kann 4–7 kg Beeren bringen, unter besonders günstigen Verhältnissen sogar bis zu 10 kg und mehr.

Mit der Ernte warten wir, bis die Beeren richtig blau sind; erst dann haben sie ihr köstliches Aroma voll entwickelt. Nachdem die Beeren nacheinander reifen, werden sie gerne von Vögeln heimgesucht. Einzelne Sträucher oder eine kleine Gruppe umgeben wir deshalb am besten mit einem Käfig aus engmaschigem Drahtgeflecht oder Kunststoffnetz.

Eine Delikatesse: die Preiselbeere

Vaccinium vitis-idaea

Preiselbeeren sind bekanntlich nicht nur vielseitig verwertbar, sie haben auch einen vorzüglichen Geschmack und gelten deshalb zu Recht als Delikatesse.

Die Ansprüche der Preiselbeere

Preiselbeeren wachsen von Natur aus auf den sandigen Böden Norddeutschlands, in den Mittelgebirgen, etwa im Bayerischen Wald, und in den Alpen bis zu 3000 m Höhe, vor allem aber sind sie in Finnland zu Hause. Der Boden ist an diesen Stellen sandig, kiesig oder humusreich, in jedem Fall aber nährstoffarm und sauer.

Diese Voraussetzungen müssen wir auch den züchterisch bearbeiteten Pflanzen bieten. Überspitzt ließe sich sagen, dass Preiselbeeren da wachsen, wo sonst nichts mehr wächst. Sie lieben es humusreich, sandig, durchlässig, nährstoffarm. Sind solche Verhältnisse nicht gegeben, bereiten wir den Boden wie zur Pflanzung von Rhododendren und Azaleen bzw. wie bei Kultur-Heidelbeeren (siehe Seite 454) vor.

Die Eingewöhnung von Preiselbeeren in den Garten fällt jedenfalls leichter als die von Kultur-Heidelbeeren. Auch später sind sie weniger heikel, weil sie ein geringeres Wurzelwachstum haben und deshalb nicht aus der vorbereiteten Bodenschicht herauswachsen.

Pflanzung und Pflege

Je Quadratmeter werden fünf bis sechs Pflanzen benötigt. Wenn wir die Pflanzen etwas tiefer setzen, treiben sie reichlich Ausläufer und bedecken bald das ganze Beet.

Sie können die Preiselbeeren im Ziergarten unterbringen, etwa als Bodendecker zwischen Rhododendren und Azaleen, denn sie gedeihen sowohl in voller Sonne als auch in leichtem Schatten und sind wintergrün. Auch für einen Heidegarten sind sie geeignet.

Das Mulchen mit Sägespänen, Torfmull oder Nadelstreu ist vorteilhaft für die Entwicklung der Pflanzen.

Blüte, Frucht und Ernte

Die Preiselbeeren blühen meist zweimal, im Mai/Juni und nochmals im Juli/August. Die Reife der Beeren erfolgt ebenfalls in zwei Schüben. Der erste ist im Juli dran, der zweite im September/Oktober. Die Haupterntezeit ist der Herbst. Die dann geernteten Beeren sind auch größer und von besserer Qualität.

Die glöckchenförmigen Blüten stehen dicht an dicht in mehrblütigen Trauben; sie sind weiß und rötlich getönt. Ebenso wie die Blüten hängen auch die Früchte in dichten Trauben. Sie sind kugelig, erst weiß glänzend, dann scharlachrot.

Preiselbeeren

Sorte	Ernte	Bemerkungen
'Erntesegen'	Oktober	Ziemlich stark überhängende Triebe; große hellrote Beeren, aromatisch; sehr wüchsig und gesund
'Koralle'	Oktober	Höhe etwa 30 cm, sehr hohe, regelmäßige Erträge, Beeren mittelgroß, süß, mild-aromatisch, hervorragend geeignet für die Verarbeitung; ein interessanter Bodendecker (10–12 Pflanzen/m²) mit Fruchtertrag

Krankheiten und Schädlinge bei Beerenobst

Krankheit, Schädling	Schadbild	Bekämpfung
Johannisbeere		
Johannisbeer-Gallmilbe	Kugelig angeschwollene Knospen an den winterlichen Trieben von Schwarzen Johannisbeeren; noch auffälliger kurz vor dem Austrieb	Bereits im Winter alle erkennbaren Rundknospen auszwicken und in die Mülltonne geben; Triebe mit nur noch wenigen gesunden Knospen dicht über dem Boden schneiden
Säulenrost	Auf den Blattunterseiten von Schwarzen Johannisbeeren im Hochsommer rotbrauner Belag: es kann sehr rasch zu vorzeitigem Blattausfall kommen.	Sträucher bei oder gleich nach der Ernte gut auslichten! Sortenwahl! Als resistent gegen Säulenrost hat sich 'Titania' gezeigt
Blattfallkrankheit	Winzig kleine, nur wenige Millimeter große dunkle Flecken auf den Blättern	Sträucher gut auslichten! Möglichst an vollsonnige Stellen pflanzen. Resistente Sorten (zum Beispiel 'Titania') bevorzugen
Stachelbeere		
Amerikanischer Stachelbeer-mehltau	Blätter, Triebe und Früchte von mehligem, weißem Pilzbefall überzogen, der später braun wird; Früchte zur Ernte fleckig braun und ungenießbar	Sträucher gut auslichten, befallene Triebspitzen im Winter zurückschneiden; mehltauempfindliche Sorten meiden; resistente Sorten wie 'Invicta', 'Rokula', 'Rolanda' bevorzugen
Blattfallkrankheit	Im Sommer braune, runde Flecken auf den Blättern, die bald gelb werden und viel zu früh abfallen	Sträucher gut auslichten!
Stachelbeerblattwespe	Sträucher plötzlich von innen heraus kahl gefressen	Im Mai ab und zu nachsehen, ob Befall vorhanden; die nesterweise auftretenden Raupen absammeln und befallene Triebteile abschneiden
Himbeere		
Himbeerruten-krankheit	Im Frühsommer zeigen sich an den jungen Trieben violette bis graue Flecken; die Rinde reißt auf und blättert ab	Abgetragene Ruten sofort nach der Ernte bodeneben entfernen; nicht hacken, sondern zwischen den Pflanzen mulchen, optimal düngen; zwei Drittel der Gesamtmenge im zeitigen Frühjahr, ein Drittel gegen Ende der Blüte
Virus-Krankheiten	Marmorierte Blätter, Vergilbungen Bänderung der Blattadern	Kranke Pflanzen aus dem Boden nehmen und vernichten; gesundes Meristem-Pflanzgut beziehen
Brombeere		
Brombeerranken-krankheit	Im Sommer auf den jungen Ranken etwa 2 cm große rötliche Flecken; sie färben sich allmählich braun mit typischem roten Rand; Blatt- und Fruchtentwicklung leiden	Junge Ranken rechtzeitig hochbinden, kranke Ruten herausschneiden
Erdbeere		
Grauschimmel *(Botrytis)*	Reife und halb reife Früchte überziehen sich häufig sehr rasch mit einem grauen Schimmel; sie beginnen zu faulen, besonders bei Regenwetter; wichtigste Pilzkrankheit bei Erdbeeren	Nicht zu eng pflanzen, Kultur möglichst nicht älter als zwei Jahre werden lassen, nicht zu viel Stickstoff geben, vor allem keine Stickstoffgaben im Frühjahr, Früchte mit Stroh unterlegen, während des Fruchtbehangs nicht spätabends gießen, kranke Beeren sofort entfernen, Sortenwahl
Erdbeermilbe	Die Herzblätter sind stark gekräuselt und verkrüppelt; Blüten und Früchte sind missgestaltet	Befallene Pflanzen entfernen; gesundes Pflanzgut beziehen
Nacktschnecken	Früchte werden vor allem nachts und bei feuchtem Wetter angefressen; Schleimspuren sichtbar	Zwischen Erdbeerbeete alte Bretter legen, Schnecken können untertags von der Unterseite abgelesen werden; Schnecken frühmorgens oder bei leichtem Regen einsammeln
Tausendfüßler	Längliche Tiere mit vielen Beinen fressen an oder in den Früchten	Fruchtstände mit Stroh oder Holzwolle unterlegen; halbierte Kartoffeln als Köder mit der Schnittfläche nach unten auslegen
Engerlinge, Erdraupen	Pflanzen kümmern und welken; Wurzelfraß; Befall besonders bei heißem, trockenem Wetter sichtbar	Welkende Pflanzen aus dem Boden heben und die an den Wurzeln fressenden Larven und Raupen zertreten; bei Befallsverdacht einige Salatpflanzen als Köder zwischen die Erdbeerreihen setzen

Befall durch Johannisbeer-Gallmilbe an Schwarzer Johannisbeere.

Amerikanischer Stachelbeermehltau tritt häufig an anfälligen Sorten auf.

Himbeerrutenkrankheit. Bester Schutz: Abgetragene Ruten entfernen, mulchen.

Grauschimmel an Erdbeeren lässt sich durch Sortenwahl und richtige Kultur vermeiden.

Gemüse aus dem eigenen Garten

Mag das Angebot im Supermarkt auch noch so appetitanregend aussehen, es kann doch niemals konkurrieren mit der Frische und dem Wohlgeschmack gerade gepflückter Erbsen oder mit dem Genuss, den Tomaten bieten, die an der Pflanze ausgereift sind. Ganz zu schweigen von den Erlebnissen und Empfindungen, die das Beschäftigen mit den sprießenden Pflanzen auslösen. Der Geruch der winterfeuchten Erde, wenn im Frühling beim Säen der Boden dampft, wenn beim Pflanzen die wärmenden Sonnenstrahlen ein schönes Jahr versprechen, Amsel und Lerche mit freudigem Gesang den Sommertag verkünden oder frische Winde im Herbst das Ernten zum Erlebnis machen – all das kann ein folienverpacktes Produkt nicht vermitteln. Bei ihm ist die Haltbarkeit im Regal wichtigste Eigenschaft und nicht seine inneren Qualitäten. Der Garten kommt den Kindern zugute, die gerne beim Säen und Pflanzen mit Hand anlegen, sich im Feuerbohnenzelt verstecken oder von den aromatischen Kirschtomaten pflücken. Ganz abgesehen davon schmeckt das eigene Gemüse viel besser und man weiß genau, was in den Früchten steckt. Mögliche Rückstände von Schädlingsbekämpfungsmitteln sind im eigenen Garten kein Problem.

Langes Leben mit Gemüse – Vorsorge hält gesund

Gemüse ist sehr gesund und neuere Forschungen haben es jetzt deutlich bewiesen: Vitamine, Mineralstoffe, Ballaststoffe und – bislang wenig erforscht – bioaktive Substanzen (so genannte sekundäre Pflanzenstoffe) machen Gemüse zu wertvollen Nahrungsmitteln. Viele Studien belegen deutlich die positiven Einflüsse eines erhöhten Gemüse- und Obstverzehrs auf die Gesundheit, insbesondere beim Schutz vor Krebs-, Herz- und Kreislauf-Erkrankungen, bei der Infektionsabwehr, für den Blutzuckerspiegel und bei der Verdauungsförderung. Verantwortlich dafür sind **Ballaststoffe**, unverdauliche Bestandteile, die Darmtätigkeit und Entgiftungsreaktionen des Körpers anregen, die Darmflora unterstützen, die Blutzuckerregulation verbessern und zur Senkung des Cholesteringehaltes beitragen. Außerdem **bioaktive sekundäre Pflanzenstoffe** wie Flavonoide, Saponine, Glucosinolate, Carotinoide oder Lycopin. Pflanzen produzieren davon reichlich: zur Verteidigung gegen Bakterien, Pilzkrankheiten und Schädlinge, als Schutzstoffe gegen UV-Strahlen, als Hormone, Antioxidanzien, Gerüstsubstanzen und anderes. Ebenso wie bestimmte Aminosäuren, Vitamine und Mineralstoffe können bioaktive Inhaltsstoffe sich nicht im Stoffwechsel des Menschen bilden, sie müssen aus Gemüse oder Obst zugeführt werden. Weil ein Mangel nicht akut zu Mangelkrankheiten oder akuten Gesundheitsproblemen führt, wurde ihnen früher, im Gegensatz zu Mineralstoffen, Vitaminen, Eiweißen und Spurenelementen, wenig Beachtung geschenkt. Das hat sich jedoch gründlich geändert.

Gemüse als Heilmittel

Nicht nur in der chinesischen, japanischen, indischen und südamerikanischen Medizin, auch im Altertum verband man mit pflanzlichen Lebensmitteln gesundheitsfördernde Wirkungen. Oft wurden Spargel, Kohl, Zwiebeln, Knoblauch und Kresse speziell für Heilzwecke angebaut. Die Bezeichnung »officinalis« im botanischen Namen deutet noch heute darauf hin. Viele solcher Überlieferungen lassen sich wissenschaftlich erklären, und eine ganze Industrie schickt sich an, aus »Health Food« einen neuen Trend zu machen. Allerdings können Präparate die Heilkraft aus pflanzlicher Nahrung nicht ersetzen. Umgekehrt aber weisen immer mehr Forschungsergebnisse darauf hin, dass Gemüse anstelle von bestimmten Medikamenten wirksam werden kann. So berichtet die Zeitschrift Gemüse (12/2000) von einer gelungenen Forschungsarbeit Erlanger und Wiener Mediziner an der Universitäts-Kinder-Klinik über Oligogalaturonsäuren, die in Möhren, Äpfeln, Heidelbeeren und Preiselbeeren enthalten sind. Sie sind vielen Antibiotika überlegen und können diese teilweise ersetzen. Mit dem Extrakt aus gekochten Möhren klang Durchfall schon nach

Ein Beet mit buntem Gemüse. Die zarten Salate werden zuerst geerntet, dann kann sich das Rotkraut zu voller Größe entwickeln. Als Blickfang dient eine formschöne Amphore.

Roter Grünkohl 'Redbor' und Toskanischer Palmkohl bringen Abwechselung aufs Gemüsebeet. Auch rechteckige Beete müssen nicht sein – Dreiecke kann man leichter bearbeiten.

zwei Tagen ab, denn bereits in minimalen Konzentrationen können diese Säuren krankheitserregende Darmbakterien daran hindern, an der Darmwand anzudocken, und hindern sie an der Auslösung der Krankheit.

Bioaktive sekundäre Pflanzenstoffe und ihre Wirkung

Carotinoide

Dies sind rote, gelbe oder orangerote Farbstoffe, welche in Karotten, Paprika und Tomaten reichlich enthalten sind, aber auch in dunkelgrünem Gemüse. Beta-Carotin, die Vorstufe für das seit langem geschätzte Vitamin A, ist wichtig für die Sehkraft und schützt vor Grauem Star. Carotinoide können das Immunsystem stärken, wirken als Antioxydanzien, verringern das Risiko für Haut- und Lungenkrebs, hemmen die Entartung von Zellen, beugen Arteriosklerose, Herzinfarkt und Schlaganfall vor.

Flavonoide

Diese Farbstoffe sind in vielen Gemüsen enthalten, zum Beispiel in Auberginen, Paprika, Radieschen, Radicchio, Tomaten, Rotkohl, Roter Bete, rotem Rettich, roten Zwiebeln und in grünen Salaten. Sie können teilweise das Vitamin C ersetzen, hemmen Entzündungen und die Blutgerinnung, können Krankheitskeime abtöten, beugen dem Herzinfarkt vor und tragen zur Krebsvorbeuge bei.

Glucosinolate (Senfölglykoside)

Diese Verbindungen zwischen Zucker und schwefelhaltigen Stoffen sind in allen Kreuzblütlern enthalten. Sie verursachen den guten Geschmack, Geruch und Schärfe von »scharfen« Gemüsen wie Meerrettich, Senf, Garten- und Brunnenkresse, Löffelkraut, Radieschen und Rettich. Vor allem in Brokkoli, Grünkohl, Weiß-, Rot- und Wirsingkohl, Blumen- und Rosenkohl, Kohlrabi, Kohlrüben, Chinakohl und fernöstlichen Kohlgewächsen ist der Gehalt hoch. Als wahre Gesundheits-Rekordhalter haben sich nach amerikanischen Studien Brokkoli-Keimsprossen erwiesen (50 mal mehr als bei frischem Brokkoli). Glucosinolate wehren Erkältungen und Infektionen ab, hemmen das Wachstum von Mikroorganismen und verringern das Risiko von Darmkrebs erheblich.

Lycopin

Dieser sekundäre Pflanzenstoff aus der Gruppe der Carotinoide ist besonders reichlich in Tomaten enthalten. Er kann nach amerikanischen Studien das Risiko für Männer, an Prostatakrebs zu erkranken, um die Hälfte verringern. Tomaten sind deshalb besonders gesund, gleichgültig, ob sie frisch genossen oder in Form von Saft oder Suppe zubereitet werden.

Saponine und Phytinsäure

Diese schleim- und schaumlösenden, leicht bitter schmeckenden Inhaltsstoffe sind nicht nur in vielen Heilkräutern sondern auch in Hülsenfrüchten und Spinat enthalten. Sie können den Cholesteringehalt senken sowie das Abwehrsystem des Körpers gegen Krankheiten positiv beeinflussen. Bohnen und Erbsen enthalten darüber hinaus Phytinsäure, die den Blutzucker senkt und deshalb für Diabetiker besonders wertvoll ist.

Sulfide

Diese Schwefelverbindungen sind verantwortlich für den intensiven Geruch und die Schärfe von Porree, Zwiebeln, Schalotten, Schnittlauch und Knoblauch.

Neue Forschungsergebnisse bestätigen: Gemüse ist viel gesünder als bisher angenommen. Man bleibt nicht nur schlank, sondern beugt auch Herz-, Kreislauf- und Krebserkrankungen vor.

Schon im Altertum wurden sie viel verwendet, weil sie das Immunsystem stärken, die Blutgerinnung beeinflussen, die Ablagerung von Cholesterin hemmen und damit Arterienverkalkung vorbeugen, die Verdauung fördern und das Risiko für Magenkrebs bedeutend verringern.

Fit und gesund durch mehr Pflanzenkost

Obst und Gemüse sind frei von Cholesterin, das vor allem mit der an tierischen Fetten so reichen herzhaften »deutschen Küche« viel zu reichlich zugeführt wird. Steigen Sie um von Bratwurst, Schmalz, Rührei, Sahnetorte und Eisbein auf die anerkannt schmackhafte Mittelmeerküche mit gesundem Olivenöl, Kräutern, viel Gemüse und Obst oder auf asiatische Küche mit viel pflanzlicher Nahrung, kaum Fleisch, aber viel Fisch aus dem Meer – dann können Sie abnehmen, ohne zu hungern oder sich mit teuren Kuren zu quälen (zwei bis drei Kartoffeln mehr gleichen das Hungergefühl aus).
Täglich 250–300 Gramm ausgereiftes Gemüse, die Hälfte davon roh genossen, und ebenso viel Obst schützen vor den wichtigsten Ernährungskrankheiten.
Fünfmal über den Tag verteilt (dreimal Gemüse und zweimal Obst) genossen, wirken die in pflanzlichen Lebensmittel enthaltenen Biostoffe am besten. Ob in Form von Rohkost, gedünstet oder als Saft, ist weniger von Bedeutung.

Gemüseanbau auf kleinem Raum

Das Hochbeet: Gärtnern ohne Bücken

Auch wenn Ihr Grundstück ringsum an nahe Grenzen stößt, müssen Sie keinesfalls auf frische, knackige Gemüse, würzige Kräuter oder Blumen für Sträuße verzichten. Wie wäre es mit einem Hochbeet? Die kastenförmigen Gebilde sind äußerst praktisch, umweltfreundlich und passen in jeden Garten. Dass man in Hochbeeten erstaunlich viel ernten kann, hat schon viele überrascht.

Sie sind ideal für alle, die sich nicht gerne bücken, denen ein großer Garten zu viel Arbeit macht, die aber trotzdem Spaß am Säen und Ernten haben. Vor allem aber sparen sie Platz. Selten breiter als 120 cm und beliebig lang, sind sie ideal für intensive Kulturen und mehrere Fruchtfolgen im gleichen Jahr.

Ein Hochbeet kann man vielseitig nutzen. Es bietet Platz für die Anzucht der Blumen im Frühling, liefert im Sommer frischen Salat, Erdbeeren, gesunde Karotten oder Radieschen knackfrisch und giftfrei und gut geschützt vor Schnecken auf den Tisch. Gurken ranken herab, Tomaten recken sich in die Höhe. Duftende Blumen und Kräuter vereinen sich in Mischkultur – alles dekorativ in Augen- und Nasenhöhe. Wird es dazu noch flott angestrichen, kann das Hochbeet ein wahres Schmuckstück sein. Trendfarben sind (vornehm englisch) ein dunkles Grün, heiteres Sonnengelb oder aufmunterndes Blau. Achten Sie auf pflanzenfreundliche Farben und verwenden Sie nur umweltfreundlich imprägniertes Holz. Eine Folie auf der Innenseite schützt vor Verwitterung.

Grünabfälle verwandeln sich in fruchtbare Erde

In Hochbeeten kann man Grünabfälle entsorgen, kostenlos und umweltfreundlich, denn Reste vom Heckenschnitt und Zweige verschwinden als unterste Schicht im Bauch des voluminösen Kastens. Als Nächstes schluckt er eine dicke Lage aus Kohlblättern, Küchenabfällen, Häcksel vom Schredder, Blättern oder Laub. Auch brockiger, noch halbreifer Kompost oder Erde können folgen. Als Abschluss dient eine Schicht Reifekompost oder feine Erde, in die man säen oder pflanzen kann. Das alles wandelt sich im Hochbeet durch die Tätigkeit der Bodenbakterien in nahrhaften Humus um. Dabei entsteht Wärme, die den Pflanzen gut gefällt. Sie danken es durch rasantes Wachstum und reiche Erträge. Gurken, Melonen und Paprika entwickeln sich weit besser als in einem Beet.

Ein Hochbeet selber bauen

Hochbeete kann man vorgefertigt kaufen. Allerdings sind sie nicht ganz billig. Wer handwerklich ein wenig geschickt ist, kann sie auch selber bauen. Der äußere Rahmen besteht in der Regel aus etwa 80–100 cm hoch geschichteten Stämmen oder Palisaden, in haltbarerer Version aus vorgefertigten, imprägnierten Segmenten aus Holz, Metall oder Kunststoff, die ineinander gefügt werden. Man kann ein Hochbeet auch mauern oder aus Hohlblocksteinen ohne Mörtel zusammenstellen. Die Konstruktion kann so lang sein wie gewünscht. Praktisch sind fünf bis sieben Meter. Ost-West-Lage lässt die Pflanzen den ganzen Tag lang von der Sonne profitieren.

Preisgünstig ist der Eigenbau mit Holz aus dem Baumarkt. Mit nicht mal zwei Quadratmeter Fläche (80 cm Breite, 200 cm Länge, 90 cm Höhe) passt unser Hochbeet in den kleinsten Garten und sogar auf die Terrasse. Trotzdem hat eine kleine Familie bei Mischkultur-Bepflanzung Mühe, all das frische Gemüse aufzuessen. Die Konstruktion ist so leicht, dass man sie mit zwei Personen transportieren kann. Auch andere Abmessungen oder Materialien sind möglich.

Für Stabilität sorgt ein Rahmen aus Vierkant-Latten. Die Profilbretter sind von außen schnell verschraubt und sehen mit ihrer Schattenfuge zudem gut aus. Extra breit ist der umlaufende Rand gestaltet. Er bietet Platz für alles, was man zum Gärtnern braucht: Pflanzen, Samentüten, Handschaufel, Kralle und zur Erfrischung auch Gläser mit Getränken.

Und so befüllen Sie das Hochbeet

Zunächst wird eine spatentiefe Mulde gegraben, das Hochbeet eingesetzt und befüllt. Der grobe Kern besteht aus Schredder oder Holzresten. Darauf kommt – wenn man hat – eine Schicht aus grob verrottetem Mist, Laub oder Gartenboden. Die Pflanzen wurzeln in einer dicken Schicht aus fruchtbarem Kompost. Wenn sich im Laufe der Zeit durch die Zersetzung das Erdniveau senkt, wird mit Frisch- oder Reifekompost wieder ausgeglichen. Steht nicht genug eigener Kompost zur

Noch viel zu wenig Verwendung finden die praktischen Hochbeete. Gemüse, Kräuter, Blumen – für alle ist hier Platz.

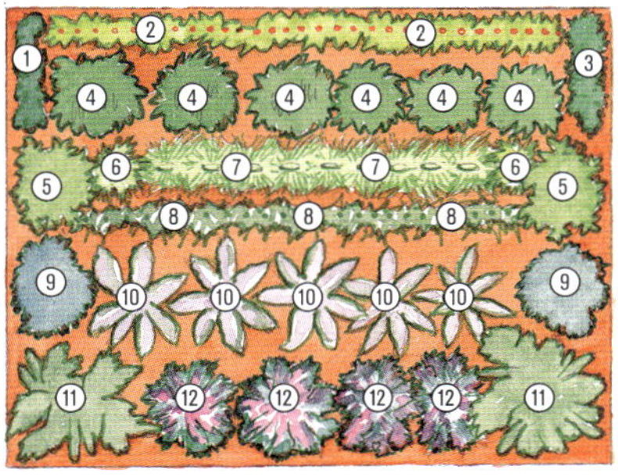

Ein Hochbeet läßt sich hervorragend mit Mischkulturen bebauen. Links ein Beispiel dafür.

Pflanz- und Säplan für ein Hochbeet (Maße 200x140 cm):
① Wilde Salatrauke als Dauerkultur
② Radieschen in Folgen aussäen
③ Petersilie: Ernte rund ums Jahr
④ Buschbohnen: immer zeitig pflücken
⑤ Immertragende Erdbeeren bis Herbst
⑥ Stangensellerie, sehr aromatisch
⑦ Knollenfenchel bringt viel Aroma
⑧ Porree: Ernten Sommer bis Winter
⑨ Basilikum, Blätter zum Würzen
⑩ Kohlrabi: Ernte Mai bis Oktober
⑪ Salatgurken baumeln herab
⑫ Pflücksalat: Ernte über Monate

Verfügung, können Sie feinste Qualitäten nach dem Heißrotte-Verfahren in unkrautfreier und geprüfter Qualität von kommunalen Kompostanlagen erwerben. Sind sie erst einmal gefüllt, machen Hochbeete kaum Arbeit. Sie sind ideal für Jung und Alt. Wer sich das Gießen ersparen will, installiert einen Tropfschlauch oder eine andere automatische Bewässerung. Wird das Hochbeet mit einem Tunnel und luftigem Vlies darüber bespannt, wandelt es sich im Frühling (oder auch später noch, denn es gibt immer etwas auszusäen) zur Pflanzenkinderstube. Gemüse- und Blumensetzlinge wachsen unter der luftigen Decke schnell und sicher heran. In den Sommermonaten weicht das Vlies einem engmaschigen Kunststoffnetz – eine wirksame Barriere gegen Hagel, Läuse, Raupen, Schnecken oder Vögel. Gut geschützt wachsen hier leckere Karotten, Radieschen, Rettiche, Kohlrabi, Chinakohl und andere Gemüse giftfrei in appetitlicher Frische heran.

Hochbeete: ideal für Gemüse-Mischkulturen

Klein, aber fein – Hochbeete eignen sich prächtig für Mischkulturen, denn alle Dimensionen lassen sich nutzen. Die Höhe mit Paprika, Knoblauch und Tomaten an Stäben, die Fläche mit Brokkoli, Blumenkohl, Porree und zarten Salaten. Die Ränder zieren allerhand Kräuter, von Schnittlauch über Bohnenkraut, Kerbel und Thymian bis Oregano. Über den Rand baumeln noch Rankgewächse wie Gurken, Kürbisse und immertragende Erdbeeren. Farbige Gemüse tragen ebenfalls zur Abwechslung bei. Blaue Kohlrabis, silbrige Artischocken mit blauen Blüten, Paprika und Tomaten in auffälligen Tönen. Rote Eis-, Kopf- und Pflücksalate (etwa 'Lollo Rossa'), Radicchio, blauer Blumenkohl und Brokkoli, Porreestangen für den Winter – die Liste ist lang. Dazu als Kontrast filigraner Fenchel. Nicht allzu hohe Tomaten (Buschformen sind bevorzugt), Sellerie, Lauch, Salate (vor allem Pflücksalate, geerntet wird Blatt für Blatt) und Kohlarten bilden die hauptsächlichen Kulturen. Beim Pflanzen gilt es beson-

So bauen Sie ein Hochbeet

■ Mit den Seitenwänden wird begonnen. Alle Teile zunächst passend zusägen und zur Kontrolle auslegen.

■ Kanthölzer bilden den Rahmen. Profilholzbretter werden im rechten Winkel verschraubt.

■ Zwei Kanthölzer in der Mitte halten das Ganze zusammen. Mit langen Kreuzschrauben von außen verschrauben.

■ Die Fronten (eventuell farbig lasiert) werden montiert. Genau im Winkel arbeiten, dabei gewinnt die Konstruktion Stabilität.

■ Verzinkter und ummantelter Kaninchendraht hält am Boden Wühlmäuse ab, ist aber für nützliche Regenwürmer offen.

■ Material
12 Profilbretter 200 x 15 x 2 mm
2 Bretter für Rand 220 x 15 x 2 mm
2 Bretter für Rand 85 x 15 x 2 mm
12 Profilbretter 70 x 15 x 2 cm
4 m Winkelleisten 3 x 3 cm
2,5 m Kaninchendraht
Folie (0,2 mm, als Schutz gegen Verrotten)
Messing-Kreuzschrauben
3,0 x 100 mm, 3,0 x 16 mm
Umweltfreundliche Landhausfarbe
Akkuschrauber, Bohrer,
Stichsäge, Hammer,
Tacker, Zange, Pinsel

Damit sich zwischen den verrottenden Ästen keine Wühlmäuse einnisten, wird vorbeugend eine Lage engmaschiger Kaninchendraht eingelegt oder schon beim Bau angetackert.

Nicht nur Senioren genießen die geruhsame Entspannung beim Säen, Pflanzen oder Ernten. Das mühsame Bücken hat ausgedient, am Hochbeet gedeiht alles in bequemer Höhe.

Umgeben von farbenprächtigen Blumen fand das Hochbeet dicht am Haus einen idealen Platz. Schon im April sind unter dem luftigen Vlies appetitliche, wurmfreie Radieschen gereift.

ders den Sonneneinfall zu beachten, damit keine Pflanze der anderen zu viel Licht wegnimmt. Hohe Pflanzen stehen daher im Norden, niedrigere in der Mitte und ganz vorn diejenigen mit niedrigem Wuchs oder hängenden Trieben.

Auch Kräuter lieben warme Hochbeete

Boretsch hält seine himmelblauen Blüten bis in den Spätherbst für Nektar suchende Insekten bereit, seine Blätter würzen grüne und Gurkensalate und die Blüten eignen sich zum Dekorieren und als schmückende Zugabe in Cocktails. In Eiswürfeln eingefroren, stehen sie immer abrufbereit.

Ysop ist ein Magnet für Schmetterlinge, **Oregano** ebenfalls. **Bergbohnenkraut** ist mehrjährig, ausreichend winterhart und bedeckt sich im Juni mit hunderten von Blüten. Das Kraut passt hervorragend zu Bohnengerichten.

Das silberblättrige **Heiligenkraut**, auch Graue Heiligenblume genannt *(Santolina chamaecyparyssus),* hat gelbe Blütenkissen zu offerieren, der kräftige Duft vertreibt Fliegen.

Duft, Nutzen und dekorative Schönheit findet man auch bei **Basilikum**. Neben den niedrigen feinblättrigen Buschsorten sind es die rostroten Blätter und violetten Blütchen der Sorten 'Moulin Rouge' und 'Opal', die zu Studentenblumen *(Tagetes)* und Gemüsen kontrastieren. Basilikum ist die ideale Würze zu Tomaten, Pizzen und Mozzarellakäse.

Von **Pfefferminze** gibt es herrlich aromatische Arten, Basilikum-, Zitronen- und Orangenminze lohnen das Ausprobieren. Da sie Ausläufer bilden, sollte man sie immer nur in Töpfen einsenken.

Petersilie gehört in jede Kräutersammlung.

Zitronenmelisse empfiehlt sich durch ihren intensiven Zitronengeschmack für Salate und alles, wofür man Zitrone braucht. **Currykraut** *(Helichrysum italicum* 'Silbernadel') schmückt mit starren Trieben fast das ganze Jahr und liefert willkommene Würze für Frühlingsrollen, Suppen und asiatische Gerichte aus dem Wok.

Am Rand des Hochbeetes kann sich mit buschigem, niedrigem Wuchs **Thymian** entfalten. Besonders empfehlenswert ist Zitronen-Thymian *(Thymus × citriodorus)* mit seiner starken Aromakombination. Im Winter braucht er Schutz durch Reisig.

➲ Mehr zum Thema »Kräuter« ab Seite 498.

Hügelbeete helfen Platz sparen

Chinesen sollen, dem Vernehmen nach, die intensive Kultur auf den Nährstoffe spendenden Erdhügeln erfunden haben. Viel Ertrag auf kleinem Raum, Mischkulturen und eine elegante Beseitigung der vielen Abfälle, die das Jahr hindurch im Garten anfallen – in der Tat, das Hügelbeet ist eine Pfundslösung.

Mit dem Bau eines Hügelbeetes erweitert sich das Platzangebot für Ihre Gemüseanzucht um etwa ein Drittel Fläche, bedingt durch seine »in die Höhe« gehende Bauweise. Hügelbeete sind auf allen schweren, nassen Böden von Vorteil. Besonders in Hanglagen kann man mit ihnen besser gärtnern. Nur auf sandigen, leichten Böden werden auch die Nachteile klar: die Beete trocknen schnell aus. Mit Mulchen oder Abdecken mit Schlitzfolie und mit Bewässerungssystemen lässt sich allerdings Ausgleich schaffen.

Hügelbeete sind wie Hochbeete aber auch zugleich ideale Abfallverwerter. Schnittreste von Hecken, Ziersträuchern und Apfelbäumen, das viele Laub im Herbst und dann noch jede Menge von verwelkten Blättern, Trieben, Blumensträußen und was sonst noch so anfällt im Garten – es kommt vieles zusammen, und die Quantitäten können schon beachtlich sein. Verbrennen ist mit Recht verboten, die Komposttonne meistens zu klein, ein Schredder nicht ausgelastet – da kommt ein Hügelbeet sehr gelegen. Bei der Umsetzung sind wie im Hochbeet Milliarden von Organismen und Kleintieren tätig, allen voran der Regenwurm, der organische Masse sorgfältig zerkaut. Mit Nährstoffen angereichert, verlässt die krümelige Masse den flexiblen Leib und wird zu fruchtbarem Kompost. Auch Käfer, Springschwänze, Asseln, Pilze und Mikroben sind eifrig am Werk. Dabei entsteht durch die Umsetzungstätigkeit der Kompostbakterien angenehm milde Wärme, die den Pflanzen gut bekommt. Vor allem bei der Jungpflanzenanzucht, beim Keimem der Samen und für die Kultur von Gurken, Melonen oder anderen südländischen Gewächsen lässt sie sich gut nutzen.

Sowohl im Hochbeet als im Hügelbeet genügen wenige Quadratmeter, um eine Familie mit Mengen von gesundem Gemüse zu versorgen. Blumen machen ein Schmuckstück daraus.

Grobe und feinere Gartenabfälle werden etwa einen Meter hoch angehäuft und in Mischkultur bepflanzt. Besonders auf schwerem Boden haben sich die fruchtbaren Hügel bewährt.

So bauen Sie ein Hügelbeet

Suchen Sie einen sonnigen Platz im Garten, etwa 180 cm breit und 400–600 cm lang (er darf auch etwas schmäler oder länger sein). In Nord-Süd-Richtung wird nun eine spatentiefe Mulde ausgehoben. Falls es im Garten Probleme mit den gefräßigen Wühlmäusen gibt, sollten Sie den Untergrund vorsichtshalber mit einem engmaschigen Netz von Maschendraht auslegen. In dem Material, aus dem das Hügelbeet entsteht, fühlen sich die Nager nämlich besonders wohl. Ein Kern aus grob zerkleinerten Ästen, Stämmen oder Zweigen wird dicht geschichtet und mit Rasensoden, Staudenresten, Grasschnitt, Laub oder Stroh ummantelt. Was an organischen Abfällen anfällt, kann hier gut verstaut werden. Wenn es daran fehlt, kann man für den Kern auch Strohballen nehmen, sollte sie allerdings gut anfeuchten. Das Hügelbeet entspricht einem Komposthaufen, auf dem es munter wächst. Samentragende Wildkräuter, tierische Abfälle, Asche und bedrucktes Papier gehören daher nicht ins Hügelbeet. Die nächste Schicht besteht aus halb verrottetem Frischkompost. Den krönenden Abschluss bildet dann eine dicke Schicht aus Reifekompost und Gartenerde, die mit organischem Dünger angereichert wurde, damit es auf dem etwa 80 cm hohen Hügel von Anfang an gut wächst. Wichtig: alle Schichten jeweils gut festklopfen!

Die Hügelkrone erhält eine wohlgeformte Delle, damit das Gießen nicht zum Problem wird. Man kann von Anfang an auch einen Sprühschlauch auslegen, damit das Hügelbeet immer schön feucht bleibt und – vor allem auf sandigem Boden – nicht austrocknet. Auch sonst ist eine leichte Terrassierung angebracht, sonst rinnt das Gießwasser zu schnell und ungenutzt bergab.

Die Nutzung des Hügelbeetes

Schon bald wird sich durch die biologische Aktivität der Mikroben Wärme entwickeln, die Umsetzung beginnt. Ist das Hügelbeet anfangs noch etwa 80 cm hoch, sackt es nach und nach zusammen, bis es sich nach drei bis vier Jahren der Umgebung angeglichen hat. Doch bis dahin sind sicherlich schon weitere Hügel entstanden.

Optimal ist eine Anlage von vier Hügelbeeten, entsprechend dem Fruchtfolgeschema Starkzehrer – Mittelzehrer – Schwachzehrer – Dauerkulturen (siehe Seite 470). Hier bieten sich die verschiedenen Mischkulturen an – von Salat, Rettich, Radieschen, Kohlrabi und Salat über Möhren, Zwiebeln, Tomaten, Gurken, Knoblauch und Kohl bis hin zu Lauch, Pak Choi, Chinakohl, Feldsalat,

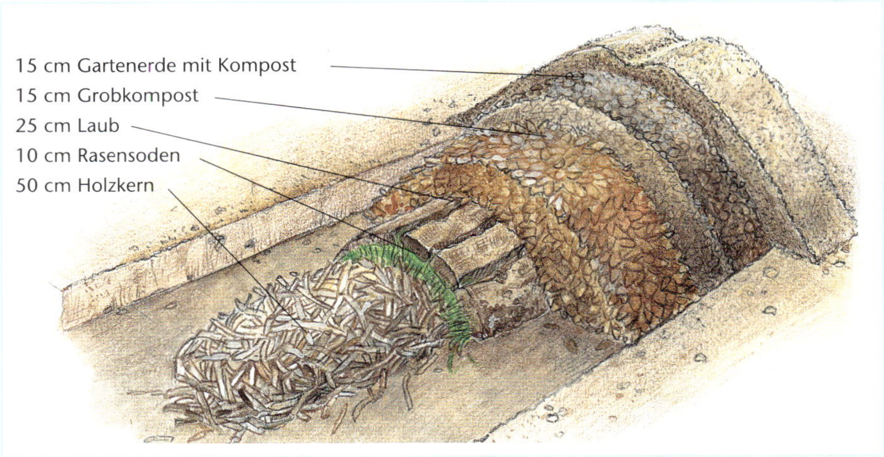

In einem Hügelbeet folgen auf grobe Äste als Dränage Rasensoden, Laub, halb verrotteter Grobkompost, zum Pflanzen feiner Reifekompost.

Das Kraterbeet wirkt als windgeschützte Sonnenfalle, in dem auch anspruchsvolle Gemüse prächtige Erträge bringen.

Sellerie und Endivien im Herbst. Besonders gut und zierend macht sich eine Umrandung mit Schnitt- und Pflücksalat, Gartenkresse, Salatrauke, Feldsalat oder Kräutern wie Basilikum, Majoran und Bohnenkraut. Ein paar Beetpflanzen dazwischen, wie Studentenblumen *(Tagetes)*, Leberbalsam *(Ageratum)* oder Fleißige Lieschen *(Impatiens walleriana)*, lockern die Variation in Grün optisch auf.

Gut macht sich auch eine Umrandung mit Saatbändern (niedrige Wildblumen-Mischung, Basilikum-Hecke, Romantikblumen) oder Kapuzinerkresse *(Tropaeolum)*, vor allem mit nicht rankenden Sorten wie 'Whirlybird' oder 'Juwelen-Mischung'. Aber auch Salatsorten, die in der Farbe wechseln, etwa rotblättriger 'Lollo rossa' und grüner 'Lollo bionda' oder grün- und rotblättriger Romana-Salat, sind einfache und wirkungsvolle Mittel, um die Hügelbeete interessanter zu gestalten.

Kraterbeete als Sonnenfallen

Wie eine große Satellitenschüssel sehen Kraterbeete aus. Die kreis- oder ellipsenförmigen Konstruktionen haben sich nicht nur im Weinbau auf Lanzarote bewährt, wo sie gleichzeitig Wärme speichern, Feuchtigkeit kondensieren und mit Lava als lockerer Mulchschicht kein Unkraut aufkommen lassen. Bei uns eignet sich die muldenförmige Sonnenfalle vor allem für wärmeliebende Kulturen. Gut bewährt haben sie sich in windigen Gegenden, auf schweren Marschböden, in Höhenlagen und in Gärten, die nur stundenweise Sonnenlicht genießen. Die Wärmefalle lässt sich optimal auf den Sonnenstand ausrichten. Zusätzlichen Nutzen bringt ein Kraterbeet, wenn man es als Frühbeet nutzt. Dazu wird in der Mitte ein Pfahl gesetzt und daran zeltartig Folie befestigt. So entsteht ein mollig warmes, geschütztes Anzuchtbeet, das den Pflanzen sogar in windigen und regenreichen Gegenden günstige Startbedingungen gewährt. Tomaten kann man auf diese Weise drei Wochen früher als üblich pflanzen. Steine in der Mitte erleichtern das Betreten und Bearbeiten. Gleichzeitig speichern sie Wärme und geben sie in den Nachtstunden wieder ab. Vor allem bei Nachtfrostgefahr kann dies von Bedeutung sein.

Ein Kraterbeet ist schnell gebaut

Für kleine Gärten ist das Kraterbeet ideal. Bereits 200 cm im Durchmesser und 60 cm Tiefe reichen für ein erstaunlich üppiges Wachstum aus. Wer sich wie ein Maulwurf in den Boden gräbt und ringsum 30–40 cm hohe Wälle aufwirft, nutzt nämlich jedes bisschen Energie, jeden wärmenden Sonnenstrahl, er verfrüht und verlängert die Wachstumsperiode. Dunkle Komposterde, lockere Bodenstruktur und eine gute Durchlüftung des Bodens verstärken diese Wirkung und kommen dem Pflanzenwachstum zugute. Je schwerer der Boden, desto günstiger wirkt sich die dränierende Wirkung des Gefälles aus. Selbstverständlich soll das Rundbeet möglichst sonnig liegen, ausgerichtet nach dem optimalen Lichteinfall. Mit einem Pflock in der Mitte und einer Schnur lässt sich auf geharktem Boden leicht ein Kreis markieren. Seine Größe kann beliebig sein – praktisch sind 200–300 cm im Durchmesser. Man kann zusätzlich aus Steinen eine erhöhte Trockenmauer für die Kräuter aufbauen und damit die Schüsselwirkung noch verstärken. Notwendig ist dies nicht, denn Erdwälle genügen. Nun wird der Boden von innen nach außen geschaufelt und wallartig aufgehäuft. Die Tiefe richtet sich nach dem Durchmesser und liegt zwischen 40 und 60 cm. Zu steil sollten die Ränder nicht sein, sonst ergeben sich beim Pflanzen, Gießen, Mulchen und Betreten praktische Schwierigkeiten. Da die Bodenkrume im Inneren kaum belebt und fruchtbar ist, verbessert man die Erde mit reichlich dunklem Kompost, Hornspänen und organischem Dünger.

Was wächst im Kraterbeet?

Insbesondere Gurken, Zucchini, Kürbisse, Tomaten und Auberginen, Melonen und Kräuter wissen Kraterbeete zu schätzen und gedeihen selbst in schwierigen Höhenlagen oder im Norden, wo der Wind pfeift – überall dort, wo das Klima sonst zu ungemütlich ist. Überraschend hohe Ernteerträge belohnen für die Mühe, die das Einrichten des Rundbeetes zunächst einmal erfordert, dafür kann man es dann jahrelang nutzen. In Verbindung mit ertragreichen Sorten liefert das Beet sehr viel Gemüse und Kräuter, was man mit einem üblichen Gartenbeet nicht erreichen kann. Gesät wird ringförmig in Rillen: Salate, Radieschen, Rettiche, Feldsalat und Spinat als Vor- oder Nachkultur. Dazu kommen die Kräuter, die als Mischkulturpartner gleichzeitig manchen Schädling abwehren: einjährige wie Basilikum und Bohnenkraut, Dill, Kerbel und Kresse und mehrjährige wie Thymian, Oregano, Ysop, Salbei oder Lavendel. Alle verschönern die intensive Kultur und bilden zugleich einen schützenden, intensiv duftenden Zaun. Gut geeignet sind Pflanzkulturen wie Zucchini mit der ertragreichen kletternden Sorte 'Black Forest', die über den Rand hinaus wächst. Weitere Gemüse sind Auberginen, Zucker- und Wassermelonen, Paprika oder Knollenfenchel. Bei Gurken verwendet man vorgezogene Gewächshaus-Schlangengurken, die resistenten Sorten 'Euphya', 'Sudica' oder 'Flamingo' oder die Minigurken 'Printo' und 'Hayat'. Zwei Pflanzen genügen, um an mehreren Trieben über 40 Früchte gedeihen zu lassen.
Auch Paprika 'Feher' (gelb) und 'Bell Boy' (grün/rot) oder 'Ariane' in Orange tragen reichlich. Bei Tomaten eignen sich Buschsorten wie zum Beispiel die kleinfrüchtige 'Tumbler' (extrem früh), 'Marzano' (eierfrüchtig) oder 'Balkonstar' (rund) oder die aromatische Cocktailtomate 'Picolino', die bei Geschmackstesten meist den ersten Platz belegt.

Gemüse in Töpfen und Balkonkästen

Wer gerne nascht, legt sicher Wert auf kurze Wege. Was liegt näher, als sich leckere Vitaminträger auf die Terrasse zu holen? In großen Töpfen und Kübeln oder in Balkonkästen gedeihen viele Gemüse, aber auch Beerenfrüchte, ja sogar Kirschen auf schwachwüchsigen Veredelungen. Wer Spaß daran hat, kann sich ein nahrhaftes Paradies selbst auf dem Balkon einrichten.

Wichtig für das Gelingen: richtige Gefäße und gute Pflege

Wählen Sie Ihre Kübel und Pflanzbeete groß genug. Balkonkästen sollten wenigstens 120 cm in Länge und 20 cm Tiefe messen, damit sie nicht dauernd austrocknen. Mit einem Wasserspeicher ausgestattet, überstehen sie auch ein langes Wochenende. Empfehlenswert ist eine automatische Tröpfchenbewässerung, wofür man entweder einen Wasseranschluss oder einen Vorratsbehälter braucht. Die Töpfe sollen mindestens acht Liter Inhalt fassen können. Geben Sie den Pflanzen eine strukturstabile Erde, die sich nicht sofort verdichtet. Langzeitdünger geben die Nährstoffe über Monate verteilt ab.

Was gedeiht in Töpfen?

Radieschen, Rettiche, Salat, Feldsalat und Petersilie sind bei fleißigem Gießen und Düngen kein Problem, selbst Zucchini, Paprika und Stangen- oder Feuerbohnen gedeihen an windgeschützter Stelle prächtig, von Kräutern ganz zu schweigen. Schlangengurken erfordern halbschattige Lage und eine besonders humusreiche, lockere Erde. Von Salat und Kräutern gibt es schon ab März vorgezogene Setzlinge. Eine weitere Möglichkeit sind Saatbänder mit schnellem Balkongemüse wie Radieschen, Salat und Salatrauke.
Interessante und ertragreiche Kübelpflanzen sind neben den vielen milden und scharfen Sorten des **Paprikas** (siehe auch Seite 488) vor allem **Tomaten** (siehe auch Seite 488). Die Auswahl an Sorten und Formen scheint fast unerschöpflich: neben den normalen runden gibt es dicke

Auf Balkonen und Terrassen ist der Platz knapp, doch viele Gemüse und Kräuter fühlen sich in Töpfen und dekorativen Gefäßen wohl.

Fleischtomaten, längliche Flaschentomaten, birnenförmige, pflaumenförmige, kirschgroße Obsttomaten und winzig kleine Johannisbeertomaten. Die Farben reichen von leuchtend Rot über Orange, Gelb, Cremeweiß bis zu gestreift.
Wichtiger scheint der Geschmack, und hier ist der Gourmet mit den süß-aromatischen Obst- oder Cocktailtomaten am besten bedient. Klein, aber fein, heißt die Devise.
Attraktiv sind die blauschwarzen **Eierfrüchte** (Auberginen, siehe auch Seite 486 und 532) und ihre Zierart, Eierbaum genannt. Aus wunderschönen lila Blüten mit leuchtend gelben Staubgefäßen entwickeln sich im Spätsommer mehrere weiße oder gelbe Früchte, die tatsächlich Hühner- oder Gänseeiern zum Verwechseln ähnlich sehen. Dies ist ein Spaß vor allem für Kinder, denn die Früchte sind essbar und schmecken gut.
Ideal zum Naschen sind **Andenbeeren** (Physalis, Inkapflaume oder Kapstachelbeere). Die Kultur ähnelt der nahe verwandten Tomate. Die Frühjahrsaussaat ergibt wüchsige Pflanzen, die in großen Töpfen bei guter Pflege üppig wachsen und aus gelben Blüten fortlaufend lampionförmige Hüllen produzieren. Im Reifezustand finden sich darin gut kirschgroße orange Früchte mit angenehmem, säuerlich süßem Aroma, ähnlich Stachelbeeren. Eine Pflanze kann weit über 100 Früchte liefern, das ergibt Früchte zum Naschen in Hülle und Fülle – von August bis Weihnachten.

Der Eierbaum *(Solanum melongena)* ist eine Sorte der Auberginen. Obwohl essbar, belässt man die Früchte als interessantes Dekoobjekt.

Keimsprossen auf der Fensterbank

Speisekeimlinge wie Sojasprossen, Weizenkeime, Alfalfa-Salat und Grünkraut (hier erntet man wie bei Kresse die ersten Blättchen) erfreuen sich wachsender Beliebtheit. Kein Wunder, denn das schnelle Frischgemüse schmeckt gut und hält fit durch Ballaststoffe und eine üppige Ladung Vitamine.
Gesundheitliche Werte sind Hauptargumente für die fernöstliche Sprossenküche, die besonders in China und Japan weit verbreitet ist. Eine Vielzahl von Samen, Kernen und Körnern lassen sich auf einfachste Weise durch Vorquellen im Zimmer heranziehen – weitab von jeder Umweltbelastung durch Schadstoffe, nur in sauberem Wasser. Vor allem im Herbst und Winter, wenn nur noch wenig Frischgemüse zur Verfügung steht, kann man sich mit Keimsprossen aus der Fernsterbankkultur preisgünstig und gesund ernähren.

Keimsprossen sind ideale Nahrung

Zahlreiche Geschmacksvarianten machen die Rezepte interessant. Weizenkeime schmecken durch hohen Gehalt an Traubenzucker süß, Kichererbsen haselnussartig, Mungobohnen (»Grüne Soja«), Lunja, Azukis und Alfalfa erinnern an frische Erbsen. Bockshornklee ist ein Bestandteil des Curries, Rettichsprossen sind scharf, Grünkraut aus Salatrauke schmeckt nussartig und Kresse würzig pikant. Sehr empfehlenswert sind auch Mischungen, die man selbst komponieren oder fertig gemischt als Samenportion kaufen kann. Besonders wertvoll sind Brokkolisprossen dank ihrer kreislauffördernden und antibiotischen Wirkung. Zudem schmecken sie würzig-pikant.
Salate oder Salatzugaben sind die häufigste Anwendung, wobei alle Vorzüge und die Geschmacksvarianten der Keimlinge voll zur Wirkung kommen. Auch in Suppen oder als Gemüsebeigabe, angebraten oder frittiert, in Säften oder in Cocktails zerkleinert, in Omelettes oder mit Sojasoße im Wok nach China-Art angerichtet, sind Keimsprossen delikat.

Gesunde Sprossen in Hydrokultur – sie sind schnell und leicht anzuziehen. Die Samen keimen in unterschiedlichen Gefäßen.

So wird gekeimt

Im fernen Osten besteht das Keimgefäß meistens aus Ton und ist etagenförmig aufgebaut, wobei frisches Wasser von oben nach unten rinnt. Dieses Prinzip findet man auch hier bei einigen Keimgeräten. Noch einfacher arbeiten ebenfalls im Handel erhältliche Fertig-Sets. In eine hygienische, transparente und stabile Kulturschale passt ein durchlässiger Keimboden, der sich leicht mit Samen füllen und später wieder reinigen lässt. Ein- bis zweimal täglich wird der gleichmäßig verteilte Samen mit frischem Wasser angefeuchtet, bis die Keimlinge nach wenigen Tagen das Verzehrstadium erreicht haben.
Die im Handel in vielen Variationen erhältlichen Keimgeräte sichern durch ihre Konstruktion, dass der Samen neben Wasser zum Quellen viel Sauerstoff erhält. Ein leichter Wasserfilm genügt durchaus zum Keimen und Wachsen, bei zu viel Wasser setzt Fäulnis ein. Gebleichte, unter Lichtabschluss gewachsene Keimlinge sehen für viele Asien-Fans attraktiver und zarter aus. Hierfür muss das Keimgefäß in einem Schrank oder unter einem Deckel abgedunkelt stehen. Mit Licht, auf der Fensterbank gekeimt, enthalten die Sprossen jedoch viel mehr Vitamin C.
Kritisch sollte man bei der Auswahl des Saatgutes sein. Dass es nicht gebeizt oder in irgendeiner Weise chemisch behandelt sein darf, ist selbstverständlich. Saatgut aus biologischer Erzeugung wird auch in der Keimqualität überwacht und mit einem Zertifikat geliefert.

Die Planung des Gemüsegartens

Wer viel Gemüse von seinen Beeten ernten möchte, kommt um eine durchdachte Planung nicht herum. Ein Spielraum von ein bis drei Wochen ist allerdings vorgegeben: zum Beispiel setzt der Frühling früher oder später ein, der Kopfsalat wird nicht rechtzeitig aufgegessen, Regenperioden verschieben die Ernte oder man richtet sich entsprechend dem Mondrhythmus nach den Aussaattagen.

Mischkultur: mehr ernten nach Plan

Die Natur kennt keine Monokulturen. Jedes Fleckchen und jeder Lichtstrahl werden genutzt. Gute Nachbarschaft ist dabei wichtig, denn die Pflanzen helfen sich gegenseitig mit Duftstoffen, Windschutz oder Schatten. Gut bewährt hat sich in größeren und kleineren Gärten die Methode der Mischkultur. Mit ihr kann man auf Bio-Art jede Lücke und jeden Quadratmeter Boden intensiv und umweltgerecht nutzen. Wer zur Mischkultur greift, profitiert von den Jahrtausende lang bewährten Segnungen der Natur.

Mischkulturen haben viele Vorteile

- Der knappe Beetplatz wird rund ums Jahr optimal genutzt, entzieht dem Boden nicht einseitig Nährstoffe. Zusätzliche Düngung ist kaum nötig.
- Erträge und vor allem der Geschmack verbessern sich durch die positiven Wechselwirkungen zwischen den Pflanzen.
- Ernterückstände werden optimal genutzt, Blatt- und Wurzelausscheidungen wirken sich fördernd aus.

In der Mischkultur schützen sich die meisten Gemüse und Kräuter gegenseitig vor Schädlingen. Nur wenige mögen sich nicht.

So viel Gemüse können Sie von einem Quadratmeter ernten

Buschbohnen	1,2–1,8 kg	Rote Bete	4–5 kg
Stangenbohnen	2,3–3,5 kg	Sellerie	4–6 kg
Erbsen	0,7–0,9 kg	Tomaten	
Gurken	2,0–3,5 kg	von drei Pflanzen	7–10 kg
Gewächshausgurken		Kopfsalat	12–16 Stück
pro Pflanze	15–30 Stück	Eissalat	9–12 Stück
Möhren	4,0–6,0 kg	Zucchini	
Paprika		von zwei Pflanzen	10–40 Stück
von vier Pflanzen	2,5–4,0 kg	Zwiebeln	3–4 kg
Rettiche	10–14 Stück	Weißkohl von 4 Pflanzen	8–12 kg

- Krankheiten und Schädlinge treten kaum auf, denn Duftstoffe wehren gegenseitig die Schädlinge der Nachbarn ab.
- Bestimmte einjährige Sommerblumen wie Studentenblume *(Tagetes)*, Sonnenhut (Rudbeckia), Mädchenauge *(Coreopsis)* oder Ringelblume *(Calendula)* befreien Rosengewächse wie Erdbeeren, Obst, Möhren, Dill, Sellerie, Petersilie und Lauch,

aber auch Zierpflanzen wie Lilien *(Lilium)* von parasitierenden Fadenwürmern oder Bodenälchen (Nematoden).

- Sä- und Pflanzkulturen greifen ineinander. Hauptkulturen wie Tomaten, Kohl oder Möhren werden durch schnellwüchsige Lückenfüller wie Spinat, Radieschen, Gartenkresse oder Schnittsalat begleitet. Auch nach der Ernte bleibt der Boden bedeckt und fruchtbar.
- Duftstoffe fördern den Wuchs der Nachbarpflanzen und schützen vor Schädlingen. So halten Zwiebeln und Lauch die Möhrenfliege ab, Bohnenkraut schützt vor Läusen und Kapuzinerkresse zieht Kohlweißlingsraupen, Läuse und andere Schädlinge auf sich. Ihr üppiger Wuchs steckt manche Attacke problemlos weg. Und wo Knoblauch wächst, haben es Rost- und Mehltaupilze schwer.

Tricks seit Jahrhunderten

Schon seit Urzeiten nutzen die südamerikanischen Indios eine nutzbringende Dreierkombination: Der immer hungrige Mais reckt sich in die Höhe und bietet der kletternden Bohne ein Tragegerüst, das sie nutzt, um aus der Luft möglichst viel Stickstoff einzufangen. Die Bohne revanchiert sich als Leguminose mit Nährstoffen, die symbiotisch lebende Knöllchen-Bakterien in ihren Wurzelknöllchen als Vorrat einlagern. Auch für den dicken Kürbis bleibt noch etwas übrig. Dafür hält er den beiden anderen mit großen Blättern den Boden schattig und schützt ihn vor dem Austrocknen.

Zum Glück kommen fast alle Pflanzen gut miteinander aus (siehe Tabelle Mischkultur). Achten Sie darauf, dass hohe Pflanzen nicht niedrigen die Sonne wegstehlen, dass Tiefwurzler neben Flachwurzlern stehen, sie daher ihre Wurzeln in unterschiedlichen Tiefen streifen lassen und pflanzen Sie den Wermut weit weg, denn er gilt allgemein als ein schlechter Nachbar.

Schnell wachsende Kulturen machen den nachfolgenden Platz. Planung ist wichtig, sonst drängelt sich alles zu dicht beieinander.

+ gute Nachbarn – schlechte Nachbarn St= Starkzehrer M= Mittelzehrer S= Schwachzehrer	Bohnen (S)	Dill (S)	Endivien (M)	Erbsen (S)	Erdbeeren (M)	Fenchel (M)	Gurken (S)	Kapuzinerkresse (S)	Kartoffeln (St)	Knoblauch (M)	Kohlarten (St)	Kohlrabi	Kopfsalat (M)	Lauch (St)	Möhren (M)	Petersilie (S)	Pfefferminze (S)	Pflücksalat (S)	Radies./Rettich (S)	Rote Rüben (M)	Salbei (S)	Sellerie (S)	Spinat (M)	Tomaten (St)	Zucchini (M)	Zwiebeln (M)
Bohnen (S)		+		–	+	–	+		+	–	+	+	+	–				+	+	+		+		+		–
Dill (S)	+			+			+				+		+		+			+		+						
Endivien (M)						+					–			+												
Erbsen (S)	–	+				+	+		–	–	–	+	+	–	+				+					–	+	–
Erdbeeren (M)	+									+			+	+					+				+			+
Fenchel (M)	–		+	+			+						+					+			+			–		
Gurken (St)	+	+		+		+			–	+	+		+	+					-	+		+		–		+
Kapuzinerkresse (S)									+										+					+	+	
Kartoffeln (St)	+			–			–	+		+		+					+			–		–	+	–		
Knoblauch (M)	–			–	+		+		+		–				+					+				+		
Kohlarten (St)	+	+	+	+	–		+			–			+	+			+	+	+	+		+	+	+		–
Kohlrabi	+			+					+				+	+					+	+		+	+	+		
Kopfsalat (M)	+	+		+	+	+	+				+	+		+	+	-	+		+	+		–		+		+
Lauch (St)	–		+	–	+		+				+	+	+		+					–		+		+		+
Möhren (M)		+		+						+			+	+			+	+	+		+			+		+
Petersilie (S)													–													
Pfefferminze (S)									+		–		+		+									+		
Pflücksalat (S)	+	+				+					–				+				+	+				+		
Radies./Rettich (M)	+			+	+		–	+			+	+	+		+	+		+					+	+		
Rote Rüben (M)	+	+					+		–	+	+	+	+	–				+						+		+
Salbei (S)						+									+											
Sellerie (St)	+						+		–		+	+	–	+										+		
Spinat (M)					+				+		+	+							+					+		
Tomaten (St)	+			–		–	–	+	–	+	–	+	+	+	+	+	+	+	+	+		+	+		–	
Zucchini (M)				+				+																		+
Zwiebeln (M)	–	+		–	+		+				-		+	+	+					+					–	

Fruchtfolge für gesundes Gedeihen

Dass ein Garten oder Teile davon immer nach dem gleichen Schema besät oder bepflanzt werden, mag gute Gründe haben, aber es ist schlicht falsch, denn jede Pflanzenart laugt den Boden auf ihre spezifische Weise aus, leert – je nachdem, wo die Wurzeln streifen – höhere oder tiefere Bodenschichten von Nährstoffen und hinterlässt gleichzeitig Rückstände, die sich hemmend auf Wachstum und Ertrag auswirken. Auch Schädlinge wie die Bodenälchen (Nematoden) sammeln sich an und machen nachfolgenden Kulturen das Leben schwer. Ein Wechsel von Beet zu Beet und damit auch eine durchdachte Fruchtfolge sind daher sehr wichtig. Dabei gilt es, mehrere Aspekte gleichzeitig zu beachten, weshalb es kaum ohne ein Schema abgeht, das man einmal erstellt hat und immer wieder anwendet.

Wichtig zu wissen: die Familienzugehörigkeit

Zu welcher Familie eine Pflanze gehört, ist wichtig, um das Überhandnehmen von Pflanzenkrankheiten und Schädlingen im Griff zu behalten.

So zählen zum Beispiel Kohlrabi, Rosenkohl, Radieschen, Gartenkresse und Weißkohl alle zur Familie der **Kreuzblütler** und sollten daher nicht nacheinander angebaut werden. Zu den **Doldenblütlern** gehören Dill, Fenchel, Möhren, Pastinaken, Petersilie und Sellerie, zu den **Schmetterlingsblütlern** Busch- und Stangenbohnen, Erbsen, Puffbohnen, Sojabohnen. Gartenmelde, Mangold, Rote Rüben und Spinat sind **Gänsefußgewächse.** Auberginen, Kartoffeln, Paprika und Tomaten gehören zu den **Nachtschattengewächsen.**

Fruchtfolge im vierjährigen Rhythmus

In welchem Maße dem Boden Nährstoffe entzogen werden, hat mehr mit der Wuchskraft und dem Ertrag der Pflanzen zu tun. Wenn auch heute kaum noch mit Mist gedüngt wird und andere Maßnahmen wie Kompostzufuhr, Gründüngung, organische oder mineralische Dünger den Nährstoffvorrat ergänzen, so hat sich doch an der traditionellen Einteilung der Pflanzen nach ihrem Nährstoffentzug nichts geändert. Entsprechend sollen die Kulturen eingeplant werden. Am besten teilt man dazu den verfügbaren Gartenraum in fünf Beete ein: Dauergemüse wie Rhabarber, Erdbeeren, Spargel oder Meerrettich, die über viele Jahre an derselben Stelle wachsen, sind für ein Extra-Beet vorgesehen.

Vermeiden Sie diese Nachbarschaften

Bohnen	–	Knoblauch Tomaten
Erbsen	–	Zwiebeln Knoblauch
Gurken	–	Rettich, Sellerie Kohl, Rote Rüben
Möhren	–	Rote Rüben
Petersilie	–	Sellerie, Salate
Porree	–	Bohnen, Erbsen, Rote Rüben
Spinat	–	nicht vor Roten Rüben
Tomaten	–	Kartoffeln Bohnen, Erbsen
Fenchel	–	Kohl

Die restlichen vier Quartiere sind nach dem schon im Mittelalter bewährten System der Vierfelder-Wirtschaft den Stark-, Mittel- und Schwachzehrern vorbehalten, wobei die Düngerstufen und mit ihnen die Kulturen jedes Jahr wechseln. Im vierten Jahr beginnt der Kreislauf von Neuem mit einer Parzelle, auf der nur gedüngt und mit Gründüngung der Boden regeneriert wird.

Erstes Jahr Gründüngung: Im ersten Jahr wird der Boden gründlich gedüngt, mit Humusprodukten im Frühjahr oder einer Mineraldüngung nach Bodenanalyse, Gründüngung durch Stickstoff sammelnde Leguminosen das Jahr über, mit verrottetem Mistkompost oder Frischmist im Herbst.

Zweites Jahr Starkzehrer: Hierzu zählen Gurken, Kartoffeln, alle Kohlarten, Kürbis, Mangold, Lauch, Spinat, Tomaten, Paprika, Sellerie und Zuckermais.

Drittes Jahr Mittelzehrer: Sie belegen im Folgejahr die Fläche. Knollenfenchel, Möhren, Rettiche, Rote Rüben, Salate, Schwarzwurzeln, Radicchio, Zuckerhut, Zichoriensalat gehören hierzu.

Viertes Jahr Schwachzehrer: Im letzten Jahr werden Nährstoffe über Gründüngung und Reifekompost ergänzt, die beide erst im Spätwinter eingearbeitet werden. Das Beet beherbergt dann Gemüse,

Hölzerne Roste haben sich besonders auf Lehmböden bewährt. So kann man die Beete auch nach Regen mit sauberen Schuhen betreten.

die mit wenig zufrieden sind oder selbst zur Bodenverbesserung beitragen, zum Beispiel Busch- und Stangenbohnen, Erbsen, Puffbohnen, Feldsalat, Gartenkresse, Radieschen und Kräuter.

Ein Modellgarten im Vierjahresturnus

Wie ein solcher Fruchtwechsel im Vierjahresturnus abläuft, zeigt der Modell-Pflanzplan mit Abständen und Reihen für jeweils einen Quadratmeter. Wenn Ihre Beete größer sind, verlängern Sie einfach die Reihen. Das Sä- und Pflanzschema verschiebt sich nach jeweils einem Jahr auf die nächste Parzelle.

Gründüngung mit organischem Dünger und Ölrettich im Frühjahr sowie Lupinen im Herbst reichern den Boden mit Humus und Stickstoff an.

Starkzehrer nutzen im nächsten Jahr als Erste die Nährstoffe aus. Kopfsalat und Eissalat in Mischkultur mit Radieschen als schnelle Markiersaat, alles unter Vlies appetitlich herangereift, bildet die Vorhut. Noch während der Ernte werden vorgezogene Tomaten und Zucchini dazwischengepflanzt. Pflücksalat und Endivien bringen noch Ertrag im Herbst.

Mittelzehrer: Das Beet brachte im Frühjahr reiche Ernten von Spinat und Rübstiel 'Namenia'. Anschließend wachsen darauf Möhren, enorme Mengen von schmackhaften Stangenbohnen und Petersilie als Dauerkultur. Die Schwarzwurzeln werden kurz vor Frostbeginn geerntet.

Schwachzehrer: Petersilie kann man rund ums Jahr ernten. Auch Zuckererbsen bringen viel Ertrag. Den Erbsen folgen Radieschen, Radicchio und Feldsalat für Herbst und Winter.

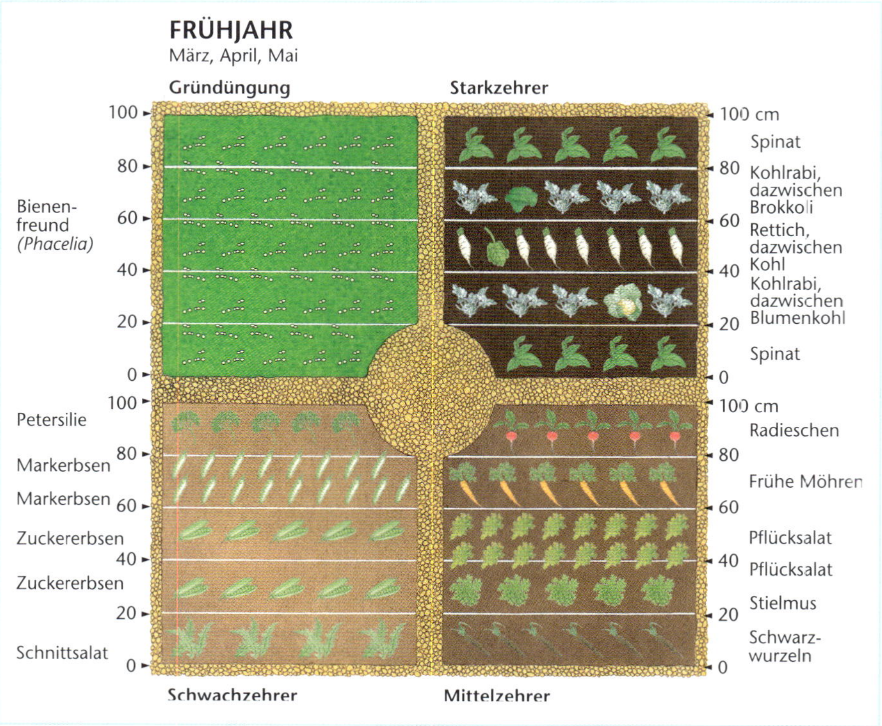

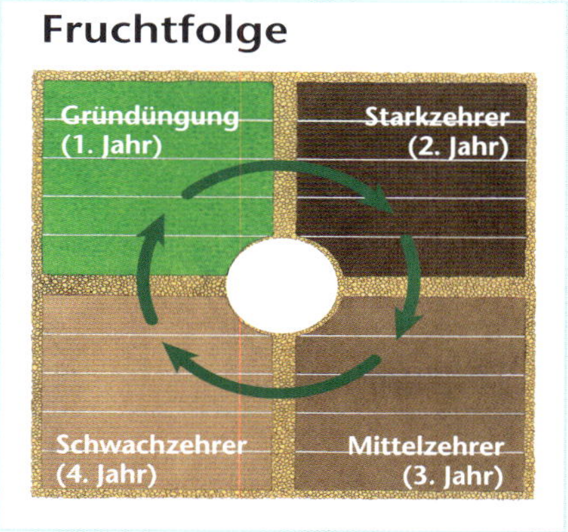

Fruchtfolge und gesunde Mischkultur bieten Ihrem Gemüse optimale Wachstumsbedingungen das ganze Gartenjahr hindurch.

Das Modell können Sie nach eigenem Geschmack variieren, nach Bauerngarten-Manier in Kreuzform anlegen oder in Reihen vor einem Rankgerüst mit blühenden Kletterpflanzen schmücken. Wenn Sie eine niedrige Reihe Buchs davorpflanzen und mitten ins Beet mit Hochstämmen von Johannisbeeren oder Stachelbeeren eine zweite Ebene einziehen, nutzen Sie selbst kleinste Flächen optimal. Obendrein sieht Ihr Garten gekonnt gestaltet aus.

Kulturfolgen innerhalb eines Jahres

Wenn verschiedene Gemüse nacheinander angebaut werden, kann man die vorhandene Beetfläche optimal nutzen.

Zu einer **Hauptkultur** mit längerer Wachstumszeit, zum Beispiel Tomaten, kann man Radieschen oder schnellwüchsigen

Ist der Nutzgarten auch klein, kann er doch eine gesunde Vielfalt bieten. Ein durchdachter Fruchtwechsel verhindert Probleme.

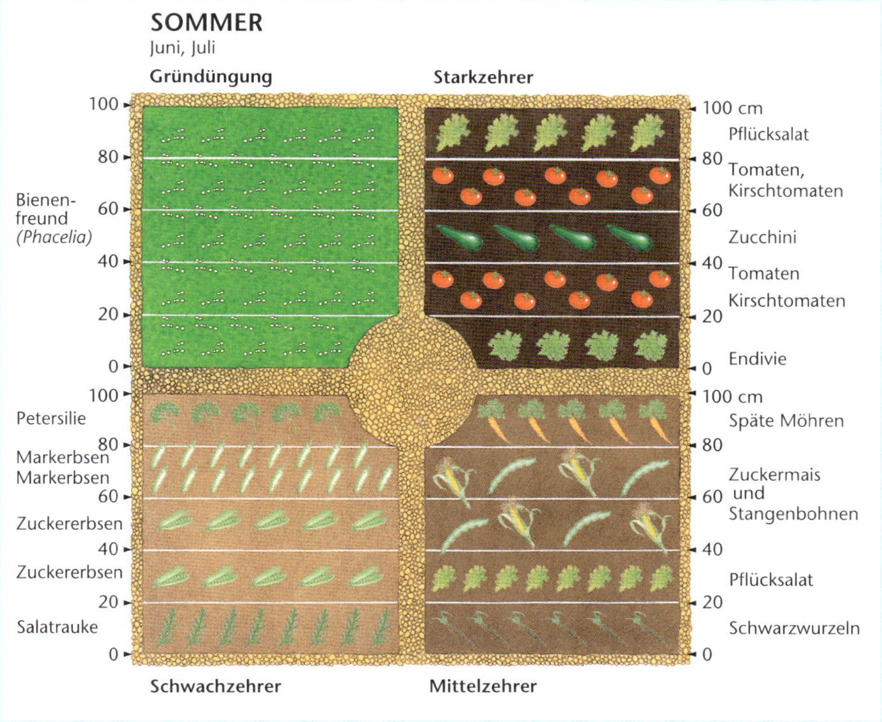

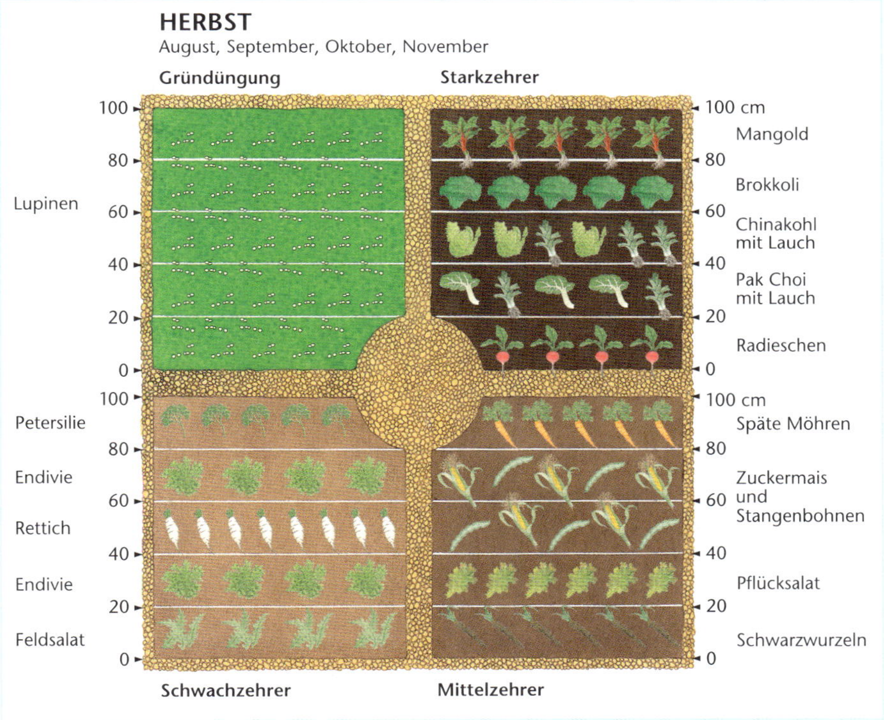

Salat als **Vorkultur** ordnen. Nach dem Abernten bleibt gerade noch Zeit, um Löffelkraut als **Nachkultur** für den Winter auszusäen. Was Platz finden soll, bestimmen die Wünsche der Familie. Wenn Sie diese auflisten, ergibt sich schnell ein Einkaufszettel für Samen und vorgezogene Pflanzen.

Vorkulturen

Tomaten, Bohnen, Paprika, Möhren und Zucchini sind meistens auch diejenigen Kulturen, die das Beet über längere Zeit blockieren. Ein Kulturfolgeplan orientiert sich an den Wünschen der Familie und ergänzt die sommerlichen Erntebringer durch passende Vor- und Nachkulturen.

Das A und O für einen »funktionierenden« Gemüsegarten ist die richtige Fruchtfolge.

Die Wochen zwischen Mitte und Ende Mai sind die wichtigsten im Garten. Feldsalat und Winterspinat haben die Beete schon geräumt. Auch die im zeitigen Februar oder März gesäten Vorkulturen wie frühe Radieschen, Schnittsalat, Gartenmelde, Kresse, Mairübchen, Stielmus, Salatrauke und Winterportulak darf man schon ernten. Im Gewächshaus oder Frühbeet ist dann bereits schnittreifes Frühgemüse herangereift wie es appetitlicher nicht sein kann. Zarter Kohlrabi, butterweicher Salat, Radieschen und Rettiche, selbst der erste Eissalat zeigen im Mai schon die beginnende Ernte an. Dazu sind natürlich vorgezogene Pflanzen nötig, die Ende März ausgepflanzt wurden. Das Abdecken der Beete mit Vlies, geschlitzter oder gelochter Folie lohnt sich sehr, denn das Gemüse darunter ist um diese Jahreszeit drei bis vier Wochen früher fertig.

➲ Mehr zu Anzucht unter Folie und Vlies ab Seite 520.

Sommerliche Hauptkulturen

Im Mai wird nach den Frösten gepflanzt: Tomaten, Paprika und Sellerie wurden abgehärtet und werden zusammen mit dem wärmeliebenden Zuckermais und Kürbisgewächsen wie Gurken, Melonen, Kürbis und Zucchini die Beete bis Ende September/Oktober beanspruchen. Möhren, Zwiebeln, Buschbohnen, Erbsen und Blumenkohl sowie Sommerporree räumen den Platz so früh, dass man ab August oder Anfang September noch zahlreiche Gemüse säen oder pflanzen kann. Schwarzwurzeln können sogar im Boden überwintern.

Nachkulturen

Bis Ende Juli kann man noch Eissalat, Kopfsalat, Radicchio, Zuckerhutsalat, Endivien und Kohlrabi pflanzen, die im Laufe der Herbstmonate reifen. Zu diesem Zeitpunkt kann man auch noch säen: Pflücksalate, Schnittsalate, Salatrauke, Chinakohl, Pak Choy, Winterrettiche, Winterzwiebeln für die zeitige Ernte im Frühjahr, Radieschen, Spinat und Feldsalat. Ab September werden die Tage merklich kürzer. Nur ganz schnelle Radieschen, Kresse, Schnittsalat, Rübstiel und Salatrauke bieten sich noch für eine Ernte im Spätherbst an.

Gemüse brauchen Pflege

Licht und Wasser

Damit Gemüse gut heranreift, braucht es ein Minimum an Pflege und möglichst günstige Verhältnisse.

Fast alle Gemüsearten und erst recht die Kräuter können sich nur bei voller Sonne entfalten, dicke Köpfe bilden, Ertrag bringen und ihr volles Aroma entwickeln. Mit Halbschatten nehmen nur wenige vorlieb, aber Rote Bete, Rhabarber, Spinat, Mangold, Meerrettich, Sauerampfer und Brunnenkresse gedeihen auch noch bei weniger Sonne. Werden die Beete in Ost-West-Richtung angelegt, können sie vom gesamten Tageslauf der Sonne profitieren.

Die beste Zeit zum Gießen ist der Morgen, denn dann sind die Pflanzen besonders aufnahmefähig und nasse Blätter trocknen bald ab, womit vielen Pilzkrankheiten die Ausbreitung schwer gemacht wird. Wer abends gießt, lockt dagegen Schnecken an. Verwenden Sie immer eine weiche Brause und wässern Sie gründlich, im Hochsommer 20–30 Liter pro m^2 ein- bis zweimal pro Woche. Gut bewährt haben sich automatische Bewässerungen, die mit Tropfschläuchen oder Miniregnern die Pflanzen unter dem Laub benetzen, so dass die Blätter trocken bleiben.

Düngung organisch und mineralisch

Gemüse ist besonders auf Nährstoffe angewiesen, sonst bleibt es schwach, bringt unbefriedigende Erträge und wird anfällig für Schädlinge und Krankheiten. Die Pflanzen können Nährstoffe nur in mineralisierter (anorganischer) Form aufnehmen. Ihnen ist es gleich, ob die Nahrung aus mineralischer oder organischer Düngung stammt. Wollen Sie wissen, wie der Zustand Ihres Gartenbodens ist, entnehmen Sie eine Bodenprobe (siehe Seite 67) und schicken diese an eine staatliche Bodenuntersuchungsanstalt oder an ein privates Institut. Gegen eine erträgliche Gebühr erhält man eine Analyse und Düngevorschläge.

Meist sind die Mineralien **Kali** (fördert die Wasseraufnahme, die Widerstandsfähigkeit gegen Krankheiten, sorgt für guten Geschmack) und **Phosphor** (ist zuständig für Blüten- und Fruchtbildung) in Boden und Kompost reichlich vorhanden. **Stickstoff** (N) dagegen ist wasserlöslich, wird im Boden entweder von den Pflanzen aufgenommen oder driftet umweltschädigend in den Untergrund ab. Auf Stickstoff kann man nicht verzichten, denn er lässt die Pflanzen wachsen und fruchten. Gezielte, mehrfache Gaben sind notwendig, denn ein Überangebot macht die Pflanzen anfällig und verschlechtert den Geschmack. Sparsames Düngen hält auch den Nitratgehalt niedrig. Ein wichtiger Nährstoff ist auch **Magnesium** (Mg), das die Bildung von Blattgrün und damit die Umsetzung der Energie des Sonnenlichts und der Nährstoffe in Pflanzenmasse steuert.

Kalken im Gemüsegarten

Auch **Kalk** (Calcium) wird ausgewaschen oder durch Ernten entzogen und muss deshalb in Abständen ergänzt werden, sonst versauert der Boden. Calcium festigt die Zellen. Kalk macht ein Wachstum erst möglich, denn er neutralisiert überschüssige Bodensäuren. Mit einer Kalkung alle zwei bis drei Jahre im Herbst kann man den pH-Wert (Säurewert) regulieren. Auf leichten Böden haben sich 150–200 Gramm pro m^2 kohlensaurer Kalk bewährt, auf schweren Böden gekörnter Branntkalk (80–120 Gramm pro m^2).

Günstige pH-Werte im Gemüsegarten

Sand- und Moorboden	pH 5,5–6,0
sandiger Lehm	pH 6,0–6,5
Lehm	pH 6,5–7,0

Im Fachhandel gibt es einfache Testsets, mit denen man den pH-Wert selber ermitteln kann. Ist der Boden zu sauer, wird nach Vorschrift gekalkt. Allzu üppiger Umgang mit Kalk blockiert jedoch wichtige Mineralstoffe und Spurenelemente wie Eisen, Bor, Kupfer, Zink und Mangan, die für Wachstum und Fruchtbildung unverzichtbar sind.

Die beste Zeit zum Beregnen ist am frühen Morgen. Kaltes Wasser am Mittag kann bei Gurkengewächsen zu Schäden führen.

Kompostgaben verbessern den Boden und führen auf schonende Art neue Nährstoffe zu. 5–7 Liter pro Quadratmeter reichen als jährliche Gabe aus.

Mineralische Volldünger enthalten alle wichtigen Pflanzennährstoffe und Spurenelemente. Bevorzugen Sie dabei phosphorarme Erzeugnisse. Mineraldünger sind Salze, die bei Übermengen oder nachlässigem Ausbringen zu ätzenden Verbrennungen führen können. Teilen Sie deshalb den Bedarf immer in mehrere Gaben auf, streuen Sie sparsam und gleichmäßig verteilt und arbeiten Sie die Körner leicht ein. Keine Verbrennungen gibt es, wenn Sie kugelförmigen Vorrats- oder Depotdünger verwenden, der die Nährstoffe langsam über drei bis vier Monate abgibt.

Organische Dünger wie Hornmehl, Hornspäne, Guano oder Mischdünger ätzen nicht. Sie brauchen jedoch eine längere Anlaufzeit, bevor ihre Nährstoffe durch Bodenlebewesen umgesetzt und den Wurzeln zugänglich sind. Einige Gemüse wie Gurken, Melonen, Paprika und Kürbisse sind empfindlich gegen Salze und kommen mit organischen Düngern besser zurecht.

➲ Mehr zu Düngung ab Seite 108, pH-Wert Seite 67, Kalkung Seite 70.

Wie viel düngen?

Schwachzehrer wie Erbsen, Bohnen, Kresse, Schnittsalat, Feldsalat brauchen 20–40 g/m² mineralischen Volldünger in einer bis zwei Gaben.

Mittelzehrer wie Chinakohl, Chicoree, Endivien, Fenchel, Kohlrabi, Kopfsalat, Mangold, Möhren, Rettich, Rote Rüben, Spinat, Zwiebeln brauchen 70–120g/m² Volldünger in zwei Gaben.

Starkzehrer wie Artischocken, Gurken, Tomaten, Kopfkohle, Porree, Rosenkohl brauchen 120–140 g/m² mineralischen Volldünger in 2–3 Gaben.

Kompost im Gemüsegarten

Auch Kompost enthält neben viel Humus aus Pflanzenresten langsam, aber stetig frei werdende Nährstoffe. 5–7 Liter pro m² und Jahr ist eine günstige Menge für lehmig-sandige Böden. Kommt der Kompost von fruchtbaren Böden, sind 2–3 Liter schon genug, auf leichtem Sand wird der ständige Nährstoffentzug mit 7–8 Litern ausgeglichen. Von diesem Rohstoff der Natur kann man nie genug haben – und er steht gratis zur Verfügung. Aus Triebspitzen vom Heckenschnitt, angewelktem gemähtem Gras oder Gemüse- und Pflanzenresten entsteht innerhalb von etwa einem Jahr wertvoller Humus, den man als natürlichen Dünger bei allen Pflanzen einsetzen kann.

➲ Alles zum Thema »Kompost« erfahren Sie ab Seite 77.

Gründüngung: Erholungskur für Gemüsebeete

Nach der Ernte brauchen ausgezehrte Böden neue Nahrung. Am besten lässt sich dies mit Gründüngung bewirken, also mit Pflanzen, die viel Blatt- und Wurzelmasse entwickeln. Sie werden bei Blühbeginn oder nach den Frösten abgemäht und in den Boden gebracht, wo sie den Bodenlebewesen als Nährhumus

Gründüngung beschattet den Boden, aktiviert das Bodenleben und bietet den vielen Milliarden Lebewesen Nahrung. Neue Fruchtbarkeit entsteht.

dienen. Gründüngung ist preisgünstig und verbessert den Boden auf natürliche Weise.

➲ Näheres zum Thema »Gründüngung« erfahren Sie ab Seite 71.

Von April bis September ist Aussaatzeit. Der ideale Monat ist August. Säen Sie den Samen breitwürfig oder in Reihen von 20 cm Abstand und harken Sie alles flach in Ihrem Gemüsebeet ein. Gut feucht halten!

Für den Herbst eignen sich schnellwüchsige, nicht frostbeständige Arten wie **Lupinen** (gelbe und blaue für leichte Böden, weiße für lehmige Böden). Mit Hilfe von Knöllchenbakterien reichern sie Stickstoff an, der im Boden frei wird. Besonders gut gedeihen danach Kartoffeln und Blattgemüse.

Gelbsenf wächst besonders schnell und kann deshalb bis in den September gesät werden. Der Boden wird krümelig, Unkraut wird unterdrückt.

Ölrettich hat ähnliche Eigenschaften wie Gelbsenf, wurzelt aber tiefer und entwickelt mehr Blattmasse.

Bienenfreund *(Phacelia)* bildet eine sehr dichte Blattmasse, die das Unkraut unterdrückt. Blüht üppig blau.

Für die Überwinterung eignen sich **Winterraps** (bildet ein dichtes Blätterdach mit viel Blatt- und Wurzelmasse) und **Gräser** wie Deutsches Weidelgras und Roggen. Sie durchwurzeln und lockern den Boden intensiv. Roggen kann man bis November säen.

Raps, Ölrettich und **Senf** sind Kreuzblütler. Sie dürfen nicht auf Beete gesät werden, auf denen man später andere Kreuzblütler (zum Beispiel Kohl) anbaut. Sonst wird die gefürchtete **Kohlhernie** übertragen.

Bodenälchen auf Bio-Art bekämpfen

Gründüngung dient der Bodengesundung. So gleicht der Bienenfreund *(Phacelia tanacetifolia)* neutralisierend allzu enge Fruchtfolgen aus und mit Studentenblumen *(Tagetes erecta* und *T. patula nana)* kann man schädliche Fadenwürmer (Nematoden) auf Bio-Art wirksam bekämpfen. Diese Schädlinge sind nicht nur verantwortlich für verkrüppelte Karotten, verzweigte Petersilienwurzeln, bärtigen Sellerie und schwache Erträge bei Bohnen, Erbsen, Lauch und Zwiebeln. Mit Vorliebe befallen sie Mitglieder der Rosen-Familie, zu der die meisten Obstarten, Stauden wie Frauenmantel oder Fingerkraut und vor allem Erdbeeren zählen. Farbenprächtige Mischungen wie 'Nematodenkiller' oder 'Gartendoktor' gibt es im Fachhandel. Die besonders wirksame *Tagetes*-Sorte 'Single Gold' wird mit etwa 80 cm Höhe recht üppig, sieht gut aus und bringt neben einer hervorragenden Wirkung gegen die schädlichen Fadenwürmer (Älchen) viel Gründüngungsmasse in den Boden.

Pflanzenschutz auf sanfte Art

Auch Gemüse wird von Schädlingen und Krankheiten befallen. Allerdings verfügen die Pflanzen durchaus über Abwehrmechanismen und wissen sich zu wehren. Leiden sie jedoch unter Kulturfehlern wie unzureichender Ernährung (oder von allem zu viel), einem ungeeigneten dunklen oder zugigen Standort, verdichtetem Boden, Trockenheit oder Vernässung, dann werden sie anfällig. Viele Probleme lassen sich durch resistente (immune) oder tolerante (widerstandsfähige) Sorten vermeiden.

Wer seine Pflanzen auf natürliche und bequeme Art schützen will, lockt mit Blumen Schwebfliegen und andere Nützlinge heran.

Schädlinge und Krankheiten an Gemüsepflanzen

Gemüseart	Schädling/ Krankheit	Beschreibung	Was hilft?
Bohnen	Brennflecken	runde, braune Flecken	tolerante Sorten
	Virus	verkrüppelte Pflanzenteile	tolerante Sorten
	Spinnmilben	punktförmige Saugstellen, unter Blättern feine Netze	Trockenheit vermeiden, Raubmilben im Gewächshaus, Insektizide
	Bohnenfliege	Samen treiben nicht aus, Keimblätter verkrüppeln	mit Netz oder Vlies abdecken
	Schwarze Bohnenläuse	saugen an jungen Trieben, Blüten und Hülsen fallen ab	für Nützlinge sorgen, Insektizide spritzen
Erbsen	Echter Mehltau	mehlartiger Belag auf allen Pflanzenteilen	tolerante Sorten verwenden
Gurken	Mosaikvirus	verkrüppelte Pflanzenteile	tolerante Sorten
	Krätze	braunrissige Blätter	tolerante Sorten
	Echter Mehltau	mehlartiger Belag	tolerante Sorten
	Falscher Mehltau	unterseits wässrige, später braune Flecken	tolerante Sorten, Spritzen mit Euparen
	Spinnmilben	feine Saugstellen, später braune Flecken und Absterben	Nützlinge wie Raubmilben, hohe Luftfeuchte
	Weiße Fliege	blattunterseits viele winzige weiße Schmetterlinge	Gelbtafeln aufhängen, Schlupfwespen
Kohl	Kohlhernie	verdickte Wurzeln, Kümmerwuchs	Fruchtwechsel, Boden kalken
	Kohlblattlaus	verkrüppelter Wuchs durch Saugtätigkeit	Spritzen mit Insektiziden, mit Netz abdecken
	Kohlfliege	Maden in den Wurzeln, Pflanzen welken	mit Netz abdecken, Strünke anhäufeln
	Erdflöhe	Lochfraß an Keimblättern	Beete immer feucht halten
	Raupen	Lochfraß an den Blättern	absammeln, Eier zerdrücken, Bacillus thuringiensis spritzen
Möhren	Möhrenfliege	vermadete Rüben	mit Netz abdecken, tolerante Sorten
Porree	Lauchmotte	junge Herzblätter werden zerfressen	Kulturschutznetze
Petersilie	Wurzelfäule	Blätter werden bald nach Aufgang gelb	Staunässe beseitigen. erst Mitte August säen, in Töpfen vorziehen und pflanzen
Radieschen, Rettich	Kohlfliege	Maden an Wurzeln	Kulturschutznetze
Salate	Grauschimmel	grauer Pilzrasen an Blättern	hoch pflanzen, trocken halten, Spritzen mit Euparen
	Falscher Mehltau	Pilzrasen unter Blättern, später Verfaulen	tolerante Sorten
	Virus	verkrüppelte, kleine Köpfe	tolerante Sorten
	Blattläuse	zahlreiche Saugstellen	tolerante Sorten, Abdecken mit Netz, Insektizide
Sellerie	Blattflecken	schwarzbraune Flecken an Blättern	befallene Blätter entfernen, tolerante Sorten verwenden
Spinat	Mehltau	erst Pilzrasen blattunterseits, später gelb-braune Flecken	tolerante Sorten anbauen
Tomaten	Kraut- und Braunfäule	nur im Freiland, braunschwarze Flecken auf Blättern und Früchten	tolerante Sorten, vor Nässe schützen durch Folie, Glas
	Weiße Fliege	unter den Blättern zahlreiche weiße kleine Falter, schwacher Wuchs	im Gewächshaus Gelbtafeln aufhängen, Schlupfwespen
	Cladosporium	Samtflecken, vorwiegend im Gewächshaus	resistente Sorten verwenden
	Nematoden	nachlassender Ertrag	veredelte Pflanzen verwenden
Zwiebeln	Zwiebelfliege	vermadete Wurzeln und Zwiebeln	Kulturschutznetze, Insektizide

Der Echte Mehltau befällt Gurken, Melonen, Kürbisse, Zucchini, Spinat und Salate. Die beste Abhilfe bieten mehltauresistente Sorten.

Kohlhernie an den Wurzeln kann man nur durch Kalken und Fruchtwechsel verhindern. Bei Chinakohl gibt es resistente Sorten.

Die Braunfäule der Tomaten tritt fast jedes Jahr auf. 'De Berao' und 'Vitella' sind Sorten, die der Krankheit von Natur aus widerstehen.

Wichtig: richtige Sortenwahl

Von Natur aus widerstandsfähig, so sollten Gemüse sein. Diesem Ziel sind die Pflanzenzüchter ein ganzes Stück näher gekommen. Kopf- und Eissalat ohne Blattläuse, Karotten ohne Maden (Gemüsefliegen machen einen weiten Bogen darum), Gurken und Spinat ohne Mehltau oder Tomatensorten mit Widerstandskraft gegen die gefürchtete Kraut- und Braunfäule gehören zu einer neuen Generation von Gemüsezüchtungen, die noch vor wenigen Jahren kaum denkbar war. Mit Gentechnik hat das alles nichts zu tun, eher mit viel Fantasie und gründlicher Beobachtung der Natur. Die Züchter sehen sich zunächst in den Pflanzensammlungen von Genbanken und Instituten nach geeigneten Altsorten oder Wildpflanzen um, an denen nie Mehltau beobachtet wurde, an denen man nie eine Laus fand oder die man bei Pilzinfektionen als widerstandsfähig erkannte. Was nach Darwins Lehre ohne Einwirkung des Menschen Jahrtausende dauert, holt der Züchter mit zahlreichen Tests in Labors und Gewächshäusern im Schnellgang nach. Besonders widerstandsfähige Sorten sind in den Porträts als Erste erwähnt.

Nützlinge im Gemüsegarten

Auf die Abwehrkräfte der Natur setzt auch der biologische Gartenbau, denn zu jedem Schädling gehört mindestens ein Nützling, der sich von ihm ernährt. Diese Erkenntnis ist nicht neu. Schon Wilhelm Busch hat in seinen Gedichten von dem gewaltigen Appetit der Läusevertilger wie Schwebfliege, Florfliege und Marienkäfer berichtet. Während man im Gewächshaus gezielt bei beginnendem Befall Nützlinge bestellen und einsetzen kann, muss man sie im Freien mit einer farbenprächtigen Nützlingsecke in den Garten locken.

➲ Mehr zu Nützlingen ab Seite 122.

Säen oder pflanzen Sie im Garten viele Sommerblumen mit ungefüllten oder halb gefüllten Blüten. Sind sie schalenförmig, ist dies günstig für die kurzen Rüssel zum Nektarsaugen. Im Fachhandel gibt es bunte Mischungen wie ‘Blüten für Nützlinge’ oder ‘Nützlingswiese’ (siehe Foto Seite 474). Man sät sie breitflächig als Nektarquelle aus, etwa unter Obstbäumen als Baumscheibenbegrünung, neben dem Komposthaufen als netter Blickfang, als Streifen vor dem Zaun, als blühende Ergänzung zum Kräutergarten oder zwischen Gemüsebeeten als leuchtender Farbtupfer.

Appetitliches Gemüse unter Netz und Vlies

Gemüse und besonders Kohlgewächse werden leicht zur Beute von Kohlweißlingsraupen, Gemüsefliegen, Motten, Läusen oder Wanzen. Wer all diese Schädlinge in Schach halten will, kann dies auf ebenso einfache wie umweltfreundliche Weise tun. Das frühzeitige Abdecken der Gemüsebeete mit dichtmaschigem **Schutznetz** hat sich bewährt und garantiert ansprechendes Gemüse mit vollem Aroma und ohne Fraßstellen durch Insekten. Wichtig ist, dass die Ränder so aufliegen, mit Häringen befestigt oder mit Erdhäufchen abgedeckt werden, dass keine Insekten ins Innere finden. Damit die Pflanzen genügend Platz haben, soll das Netz locker aufliegen oder durch einen Tunnel aus Draht- oder Kunststoffbögen getragen werden. Die Kunststoffnetze sind gewöhnlich so stabil, dass man sie mehrere Jahre lang verwenden kann.

Im zeitigen Frühjahr, Herbst oder während des Winters ist man mit **Vliesen**, den luftdurchlässigen leichten Gespinsten aus Kunststofffasern, besser bedient. Sie verhelfen zu früheren und sichereren Ernten und schützen nicht nur gegen Schädlinge, Rehe und Kaninchen, sondern zusätzlich (bedingt) gegen leichte Fröste, allzu viel Sonne, gegen Hagel und Wind. Im Sommer ist ihr Gewebe zu dicht, dann steigt man um auf die luftigeren Netze.

➲ Mehr zu Netzen und Vlies ab Seite 520.

Veredelte Tomaten und Gurken tragen besser

Wer ein Gewächshaus hat, kennt das Problem schon lange. Wie bei den Gurken, ruft auch bei Tomaten und Auberginen eine intensive Nutzung des Bodens nach einigen Jahren Pilzkrankheiten und Ertragsminderungen durch Bodenschädlinge hervor. Mitten im üppigen Wuchs klappen die Pflanzen durch den Befall mit Welkepilzen unrettbar zusammen. Die beste Methode ist die Veredelung der Kultursorte. Bei Gurken stammt der wüchsige Wurzelstock von einem Feigenblattkürbis und bei Tomaten von einer resistenten Unterlage (‘Beaufort’ oder 'Vigomax' F_1). Sie ist gegen Fadenwürmer (Nematoden) und Welkekrankheiten auf ganz natürliche Weise immun.

Wer geschickt ist, kann die Pflanzen selber aussäen und veredeln. Hierfür gibt es im Handel ein Set mit den dazu nötigen Clips, Verbindungsstiften und Samen der Unterlage. Gartencenter bieten auch veredelte Pflanzen an.

Im Sommer bleiben Möhren, Rettiche, Radieschen, Porree und Kohlgewächse durch Netze geschützt. Tomaten werden überbaut.

Ein Hochbeet eignet sich gut für Frühkulturen und zur Anzucht von Setzlingen. Unter dem schützenden Vlies wachsen sie zeitig heran.

Gemüseanzucht für den Garten

Der Gärtner unterscheidet zwischen **Sägemüse** wie Möhren, Zwiebeln, Bohnen, Erbsen oder Roter Bete, die man möglichst dünn verteilt direkt ins Freie sät, und **Pflanzgemüse**, das wie Tomaten, Paprika oder Melonen aus wärmeren Regionen stammt und einige Wochen Vorkultur braucht, um rechtzeitig Früchte zu tragen. Wer glaubt, man könne sowieso alles fertig kaufen, hat nicht an den eigenen Geldbeutel gedacht. Und der wird ganz schön geschröpft, wenn es im Frühling ans Pflanzen geht. Je größer der Garten, desto eher lohnt sich die eigene Pflanzenanzucht. Obendrein macht die Pflanzen-Kinderstube noch Spaß. Ab Januar entwickelt die Sonne täglich ein bisschen mehr Kraft und scheint einige Minuten länger. Im Februar und März wird es für viele Gemüse und Blumen aus wärmeren Ländern Zeit zum Säen. Sie brauchen einige Wochen Vorkultur, damit sie rechtzeitig zum Auspflanzen die nötige Größe haben.

Eine **Fensterbank** im mollig warmen Zimmer leistet gute Dienste, vor allem, wenn sie im Osten oder Westen liegt. Hell soll sie sein, aber nicht der prallen Mittagssonne ausgesetzt. Viele Fensterbänke sind im Mauerwerk eingelassen und ziehen daher unbemerkt Kälte von draußen nach drinnen. Die Folge: der Keimerfolg lässt auf sich warten. Ein Thermometer zur Kontrolle schafft Klarkeit, ein isolierendes Holzbrett, Kork oder Styropor beseitigen den Mangel.

Ein **Gewächshaus** ist natürlich ideal, besonders wenn es sich beheizen lässt. In »kalten« Gewächshäusern kann man mit Heizplatten, heizbaren Anzuchtbeeten oder Heizkabeln separate warme Zonen einrichten, wo die Pflanzen bei hoher Luftfeuchte optimale Bedingungen vorfinden. Vlies, Schlitzfolie oder gelochte Folie tun ein Übriges, um Sonnenwärme zu speichern und die Heizkosten niedrig zu halten.

Frühbeete sind die Favoriten für die Anzucht von Sommerblumen, Kohlrabi, Porree, Blumenkohl und Kopfsalat – also Pflanzen, die schneller wachsen und keine allzu hohen Ansprüche stellen.

➲ Mehr zu diesen Themen ab Seite 89, und Seite 520.

Bevor Sie säen, ein paar Tipps

Es zahlt sich immer aus, bessere Sorten zu wählen. Die geringen Mehrkosten sichern letztlich nicht nur höheren Ertrag, sie vermeiden auch viele Probleme. Wo immer möglich, verdienen deshalb Züchtungen den Vorzug, die mit Schädlingen und Krankheiten besser fertig werden und leichter zu pflegen sind. Achten Sie bei der Sortenwahl nicht nur auf den Ertrag, sondern mehr noch auf Vitamingehalt und intensives Aroma, denn das eigene Gemüse soll ja besonders gut schmecken.

Säen Sie nicht zu früh aus! Wenig Licht im Winter lässt auch die Sämlinge kraftlos erscheinen. Sie werden anfällig, kippen schon kurz nach dem Keimen durch Pilzbefall um und »vergeilen«. Zwar kann man im Zimmer oder im Gewächshaus zusätzlich belichten. Trotzdem ersetzt nichts die Kraft des Sonnenlichts, das in den Frühjahrsmonaten schnell an Dauer und Menge zunimmt. Säen Sie nur früher, wenn Sie besondere Ziele verfolgen. Aber zögern Sie auch nicht zu lange.

Die Keimung verläuft schneller in warmer, feuchter Atmosphäre. Bedecken Sie daher das Saatbeet mit einem Tunnel, mit gelochter oder geschlitzter Folie oder noch besser mit Vlies, das zugleich Insekten und Schnecken abhält. Diese Hilfsmittel sind das ganze Jahr über nützlich: im Frühling für Aussaaten und zum Verfrühen, im Sommer zur Saat von Chinakohl, Radicchio und Zweijahresblumen, im Herbst gegen Nässe und frühe Fröste, im Winter gegen Wild und Schnee.

Salat keimt besser bei kühlen Temperaturen. Abends säen und an heißen Sommertagen erst angefeuchtet über Nacht in den Kühlschrank. Danach sofort aussäen.

Frühsalate und Frühkohlrabi werden schon im Februar gesät. Tomaten, Paprika und viele Blumen beginnen Anfang März, mit Gurken, Zucchini, Melonen und Kürbis kann man bis Anfang April warten.

➲ Mehr zur Aussaat auf den Seiten 82 und 501.

Ernte und Lagerung von Gemüse

Selbstgerntetes kommt am besten frisch auf den Tisch. Knackig frische Salate und sonnenreife Tomaten, süße Melonen und herzhafte Kräuter sind der verdiente Lohn fürs Säen, Pflanzen und Betreuen. Den vollen Genuss bekommt freilich nur, wer auch bei der Ernte weiß, worauf es ankommt. Der optimale Geschmack von Gartenfrüchten ist kein Naturereignis, das sich von selbst ergibt. Vielmehr wirken mehrere Faktoren zusammen.

Jedes Gemüse hat seine Reifezeit. Bei unreifen Früchten fehlen noch viele Geschmackskomponenten, Überreifes wird schon abgebaut und kann sogar widerlich schmecken. Vielen Früchten sieht man schon von außen den besten Erntezeitpunkt an:

Möhren bekommen dann eine abgerundete Wurzel. Spitze Rüben – sehr häufig sieht man sie so – brauchen in der Regel noch etliche Tage bis zum optimalen Reifezeitpunkt.

Grüner Paprika ist keine Sorteneigenschaft, sondern solche Früchte sind noch nicht reif. Ein paar Tage zu warten lohnt sich, dann färbt er sich rot, schmeckt obstartig süß, aromatischer und nicht bitter – er ist in diesem Zustand viel besser.

Die goldgelben Kolben des **Zuckermaises** sind in grüne Hüllblätter verpackt. Süß schmecken sie nur im Stadium der Milchreife. Aber wie erkennt man das? Ganz einfach: wenn sich die heraushängenden Samenfäden schwarzbraun färben, kann man ernten.

Kopfsalat und **Eissalat** bilden einen Kopf. Erst wenn sich die Innenblätter überdecken und beim vorsichtigen Drücken mit der Hand Widerstand spürbar wird, lohnt sich die Ernte.

Pflücksalate dagegen erntet man Blatt für Blatt, das Herz bleibt stehen und regeneriert sich immer wieder. Auf diese Weise hat man über viele Monate frischen Salat griffbereit – viermal mehr als beim Kopfsalat.

Tomaten gibt es in Gelb, Orange, gestreift und sogar in Weiß. Am meisten verbreitet ist jedoch die rote Farbe. Nicht grün ernten! Lassen Sie die Früchte an der Pflanze ausreifen. Platzfeste Sorten wie 'Vanessa', 'Virginia' oder die Cocktailtomate 'Picolino' können bis zu zwei Wochen an der Pflanze reifen. Erst gut gefärbte Früchte, von der Sonne verwöhnt, sind voller Aroma. Frisch und gegrillt schmecken sie am besten. Für Salate nach Mittelmeerart braucht man jedoch schnittfeste Früchte. Auch wenn sie noch weitgehend geschmacklos sind, werden dafür grünrote Fleischtomaten bevorzugt. Im übrigen: Tomaten immer zimmerwarm lagern zum Ausreifen, dann entwickeln sie sogar im Herbst noch Geschmack.

Bei **Zuckermelonen** der Sortengruppe 'Cantaloup Charentais' erkennt man die Reife am intensiven Duft. Also ruhig mal schnuppern! Überreife Früchte lösen sich vom Stiel und fallen ab – ein Netz beugt dem Aufplatzen vor.

Netzmelonen zeigen den Reifezustand durch einen deutlichen Farbumschlag in der Schale an. Wenn diese sich von Cremeweiß ins Ockergelbe wandelt, sind die Melonen optimal.

Ernten und Naschen macht Spaß. Knackfrisch aus dem Beet geholt, kann man das optimale Aroma und alle Vitamine genießen.

Wassermelonen muss man mit der flachen Hand beklopfen. Ist der Ton fest, sind die Früchte noch nicht reif. Hört er sich dumpf an, weiß der Fachmann, dass jetzt die optimale Süße erreicht ist.

Kartoffeln sind reif, wenn sich das Laub allmählich gelb färbt und zu welken beginnt.

Brokkoli erfordert im Sommer Aufmerksamkeit. Fein genarbt und voller winziger Knospen sollen die Köpfe sein – wenn sie sich mit gelber Blüte öffnen, ist es zu spät. Dann nicht verzagen, sondern die Köpfe abschneiden und die Pflanze stehen lassen. Brokkoli schiebt bald wieder neue Triebe, bis zu dreimal kann man ernten. Mehr Zeit zur Ernte als im Sommer hat der Gartenbesitzer im Herbst. Also später pflanzen (im Juni), dann reift Brokkoli in bester Qualität.

Ein kühler Raum ist gut zum Lagern. In Kisten mit feuchtem Sand bleiben Möhren, Rettiche, Schwarzwurzeln und Kohl monatelang frisch.

Der richtige Erntezeitpunkt

Die beste Erntezeit ist bei den meisten Gemüsen gegen Abend. Vollgetankt mit Sonne haben sich dann die Vitamin- und Aromagehalte erhöht, der **Nitratgehalt** befindet sich jedoch nach der Assimilationstätigkeit des Tages auf einem niedrigen Stand. Der Nährstoff Nitrat wird zum Aufbau von Pflanzenmasse gebraucht und ist in der Natur überall vorhanden. Kein Grund deshalb, sich vom saisongerechten Verzehr von Gemüse aus dem Freiland abhalten zu lassen. Die Umwandlung in Nitrit und dieses wieder in Nitrosamine (für Kleinkinder bedenklich) vollzieht sich allerdings bei Sommertemperaturen schnell. Also geerntetes Gemüse immer kühl aufbewahren, vor Sonnenlicht schützen und bald verbrauchen.

Zucchini schmecken am besten, wenn sie noch jung und nur 20–25 cm lang sind. Eine dauernde Ernte fördert den Ertrag – wachsen die Früchte zu Riesen aus, unterbleibt der Nachwuchs. Das läßt sich für den Urlaub nutzen: Nicht mehr ernten, dann hört der Segen auf. Nach dem Urlaub alle Früchte ernten und etwas schnell wirkenden Dünger geben (Blutmehl, Kalkammonsalpeter), dann geht die Ernte weiter.

Auch **Gurken** wollen laufend beerntet werden, dann erhöht sich der Ertrag beträchtlich.

Gemüse lagern

Damit Gemüse lange frisch bleibt, wird es, so schnell wie möglich, kühl gelagert. Ob befeuchtet wie Salat oder trocken wie Kohl, hängt von der Gemüseart ab. Ein Plastikbeutel schränkt die Verdunstung ein. So verpackt, können Chinakohl, Zuckerhut, Radicchio und Eissalat Wochen im Gemüsefach des Kühlschranks verbringen.

Steht ein kühler Keller zur Verfügung, können Sie Möhren, Rettiche, Schwarzwurzeln und Rüben, in feuchtem Sand in eine Kiste geschichtet, bis zum Frühjahr frisch halten. Die Kiste ist weit praktischer als die umständlichen und unsicheren Erdmieten von früher. Kartoffeln und Rote Bete werden trocken auf Haufen geschüttet. Eine einfache Methode für Salatgemüse wie Chinakohl oder Endivien ist das Einrollen gesunder Köpfe in Zeitungspapier, die aufrecht dicht an dicht in Kisten gestellt werden. So vor dem Austrocknen und Verfaulen geschützt, stehen sie bei kühlen Temperaturen monatelang zum Verzehr parat.

Ernten Sie nur ganz gesundes Gemüse ohne Faulstellen und lassen Sie es vor dem Einlagern an der milden Herbstsonne abtrocknen.

Hülsenfrüchte

Buschbohnen, Fisolen

Phaseolus vulgaris var. *nanus*

Familie: Schmetterlingsblütler
Beschreibung: Die wärmeliebenden Pflanzen stammen aus dem tropischen Amerika. Im Gegensatz zu den kletternden Stangen-, Feuer- und Spaghettibohnen wächst die weniger anspruchsvolle Buschbohne 30–40 cm hoch. Sie braucht keinen Halt. Die saftigen, zarten und wohlschmeckenden Hülsen erscheinen ab Juli aus weißen oder violetten Blüten. Bohnen gehören zu den Leguminosen (Schmetterlingsblütlern). Wie alle Mitglieder dieser Familie sammeln sie Stickstoff aus der Luft und lagern diesen Pflanzennährstoff durch Symbiose mit Rhizoctonia-Bakterien in Wurzelknöllchen ein.
Sie sind deshalb auch wertvolle Gründüngerpflanzen.
Standort: Die Schwachzehrer gedeihen auf jedem Gartenboden in sonniger Lage und vertragen sich in der Mischkultur mit fast allen Gemüsen. Bohnenkraut schützt vor Läusen.
Kultur: Aussaatzeit ist von Anfang Mai bis Anfang Juli, entweder alle 5–7 cm ein Korn in flache Reihen säen (3–4 cm tief) oder in Horsten (4–7 Körner pro Saatstelle). Vorteil: so stützen sich die Pflanzen gegenseitig. Reihenabstand 40 cm. Anhäufeln bei einer Pflanzenhöhe von 10 cm verbessert die Standfestigkeit. In der Blütezeit dürfen die Pflanzen weder dürsten noch Hunger leiden. Das Einhacken von 30–40 g Volldünger eine Woche vor der Blüte und reichliches Gießen ergeben lange Hülsen und reiche Ernte.
Ernte, Verwendung: Ab Juli bis zum Frost dauert die Ernteperiode. Pflücken Sie zeitig, dann setzen bald neue Hülsen an. Filet- und Keniaböhnchen werden ganz fein und jung geerntet, Brechbohnen eignen sich zum Kochen und Konservieren. Mit Trockenkochbohnen kann man aus halbreifen Samen deftige Salate anrichten oder aus getrockneten Körnern (nach Einweichen über Nacht) leckere Suppen bereiten. Gelbe Hülsen sind besonders knackig und ergeben einen idealen Bohnensalat. Blaue und gesprenkelte Hülsen werden beim Kochen grün.

Buschbohnen wollen oft durchgepflückt werden.

Mit Recht gelten sie als besonders schmackhaft.
Tipp: Weil sie Phasin enthalten, ein Eiweiß, das bei empfindlichen Menschen giftig wirken kann, dürfen alle Bohnen niemals roh gegessen werden. Beim Kochen wird Phasin zerstört.

Sorten: Grünhülsig, früh, 12–13 cm lang: 'Dufrix', 'Juvina', 'Montano'; mittelfrüh, 16–18 cm lang: 'Delinel', 'Dubra', 'Maxi', 'Pergousa':
Filetbohnen: 'Caruso', 'Telstar'.
Gelbhülsig: 'Golden Teepee', 'Golddukat', 'Rocdor'.
Blauhülsig: 'Purple Teepee', 'Purple King'.
Trockenkochbohnen (Wachtelbohnen): 'Borlotto rosso di fuoco nano' (Feuerzungen), 'Red Kidney' (Rote mexikanische).

Stangenbohnen

Phaseolus vulgaris var. *vulgaris*

Familie: Schmetterlingsblütler
Beschreibung: Stangenbohnen sind wärmebedürftiger, im Geschmack aromatischer und ertragreicher als Buschbohnen. Ist der Platz knapp, sind sie gerade richtig. Frühe Sorten sind auch für das Gewächshaus interessant. Dort ergeben sie hohe Erträge. Je nach Sorte werden die sich windenden Pflanzen 2–4 m hoch. Sie brauchen dafür Halt an senkrecht, kreisförmig oder kreuzweise aufgestellten Stangen, an Netzen oder Schnüren. Die meist 22–30 cm langen Hülsen sind je nach Sorte grün, gelb oder blauviolett.
Standort: Die Mittelzehrer brauchen einen windgeschützten Platz und humosen, nährstoffreichen Boden.
Kultur: Vor der Aussaat werden die Klettergerüste aufgestellt, Standweite für Stangen: 100 x 50–60 cm. Zwischen Mitte Mai und Ende Juni verteilt man in 2–3 cm tiefen Rillen je 5–6 Samen, häufelt die Jungpflanzen bei 15 cm Höhe an und leitet die Triebe zu den Stangen.
Ernte, Verwendung: wie Buschbohnen.

Sorten: Grüne Hülsen, früh: 'Eva', 'Fortissima', 'Marga', 'Markant', 'Toplong', mittelspät: 'Neckarkönigin'.
Gelbe Hülsen: 'Goldmarie', 'Neckargold'.
Blaue Hülsen: 'Blauhilde'.

Feuerbohne, Prunkbohne, Wollbohne

Phaseolus coccineus

Familie: Schmetterlingsblütler
Beschreibung: Ihre Blüten sind feuerrot, weiß oder rot-weiß und damit eine schnell wachsende Zierde für Zäune und Balkone. Es gibt auch buschig wachsende Sorten. Die langen Hülsen sind flach und fleischig mit rauer Oberfläche und sehr aromatisch. Mit ihren violett-schwarzen Flecken sehen die großen Samen dekorativ aus.

Stangenbohnen gibt es in den Farben Grün, Gelb und Blau.

Prunk- oder Feuerbohnen sind auch Zierde, blaue Kapuzinererbsen sind eine Rarität (rechts), und Puffbohnen verzaubern mit hübschen Blüten (unten).

Standort, Kultur und Verwendung: wie Stangenbohnen

Sorten: Fadenlos, rote Blüten: 'Butler', 'Lady Di', mit weißen Blüten 'Desiree', 'Mergoles'. Buschiger Wuchs: 'Hestia' (rot-weiß), 'Barot' (rot).

Puffbohnen, Dicke Bohnen

Vicia faba var. *faba*

Familie: Schmetterlingsblütler
Beschreibung: Als eines der ältesten Gemüse aus dem Mittelmerraum war diese Bohne ein Hauptnahrungsmittel in Europa. Weiße oder weiß-schwarz gefleckte Blüten. Ab Mai bis Ende September dicke, fleischige Hülsen.
Kultur: Puffbohnen vertragen bis –7°C Frost. Sie können bei milder Witterung schon im Februar (bis Anfang Juni) direkt ins Freiland gesät werden. 4–8 cm tief in Reihen von 60 cm Abstand einzeln im Abstand von 10–15 cm oder je 3–4 in Horsten von 40–50 cm Abstand, was neben mehrfachem Anhäufeln die Standfestigkeit der bis 120 cm hohen Pflanzen verbessert.
Standort: wie Buschbohnen.
Ernte, Verwendung: Sie werden rechtzeitig ausgepalt und frisch verwertet oder eingefroren. Die milchreifen schmackhaften Körner werden gekocht und mit einer Weißen Soße zu Fleisch serviert.
Tipp: Sehr frühe Aussaat hilft, dem Befall Schwarzer Läuse zu entgehen, die erhebliche Ertragsverluste bewirken können.

Sorten: Gefleckt blühende Sorten mit braunen Kernen: 'Hedosa', 'Osnabrücker Markt'.
Weiß blühend mit weiß-grünlichen Kernen: 'Dreifach Weiße', 'Hangdown grün', beide früh.

Erbsen

Pisum sativum

Familie: Schmetterlingsblütler
Beschreibung: Schon in der Steinzeit wurden Erbsen wegen ihrer eiweiß- und stärkereichen Samen kultiviert. Heute liebt man mehr die süßen, frischen Körner, die sich an einem 40–120 cm hohen Trieb bilden, der Halt an Maschendraht oder Reisig braucht. Unterschieden werden mehrere Gruppen:
Schalerbsen besitzen runde Körner, sind früh und unempfindlich, schmecken aber nur für wenige Tage süß.
Kleine zarte Körner sind das Ziel beim Konservieren in Gläsern und Dosen. Die reifen Samen werden nach dem Quellen für Suppen verwendet.

Sorten: 'Kleine Rheinländerin', 'Maiperle', 'Feltham First' (auch zur Herbstaussaat geeignet).

Kapuzinererbsen mit blauen Hülsen sind eine friesische Spezialität. Die

trockenen gelben Samen werden für Suppen und Pürees verwendet.

Sorte: 'Blauschokker Desiree'.

Markerbsen besitzen gerunzeltes Korn, das beim Einweichen nicht quillt. Süß im Geschmack, werden vor allem sie zum Einfrieren und zum Frischverzehr verwendet.

Sorten: 'Aromunda', 'Lancet', 'Novelia', 'Wunder von Kelvedon', 'Salout', 'Sublima' und 'Markana' (blattarm, selbststützend).

Zuckererbsen werden immer beliebter, vor allem die universell verwendbaren Knackerbsen mit dicken, fleischigen Hülsen, die kein Pergamin enthalten und deshalb mitgegessen werden können. »Kaiserschoten« heißen die ganz jungen flachen Hülsen, die man im Ganzen isst. Wer will, kann die süßen Körner größer werden lassen und wie gewohnt auspalen und einfrieren.

Sorten: 'Nofila', 'Snowflake' und 'Oregon Sugar Pod'.
'Delikata' und 'Zuccola' kann man zur Herbsternte bis Mitte Juli säen.

Standort: sonnig.
Kultur: Man sät Schalerbsen von Ende März bis April 2–3 cm tief in krümeligen Boden, Mark- und Zuckererbsen folgen Mitte April bis Juni. Bewährt haben sich Doppelreihen im Abstand von 20 x 50 cm. Bei 10–15 cm Pflanzenhöhe häufelt man an und gibt Halt an Maschendraht oder Reisig.
Ernte, Verwendung: Erbsen schmecken frisch gepflückt, gekocht und tiefgefroren.

Blatt- und Stängelgemüse

Chicoree, Treibzichorie

Cichorium intybus var. *foliosum*

Familie: Korbblütler
Beschreibung: Chicoree gehört wie die Wegwarte, Endivien und Radicchio zur Familie der Zichorien. Geerntet werden im Winter die austreibenden Schosse.
Standort: Zur Anzucht der Wurzeln sind Sonne und humoser, sandig-durchlässiger Boden ideal.
Kultur: Gesät wird Mitte Mai bis Anfang Juni dünn verteilt in Reihen von 30 cm Abstand. Nach dem Aufgang verziehen auf 8–12 cm Abstand. Im Oktober bis November gräbt man die 7–9 cm dicken Wurzeln aus, schneidet die Blätter 2 cm über dem Kopf ab und lagert sie als Vorrat in Kisten oder im Frühbeet-Einschlag. Zum Treiben braucht man einen abgedunkelten Eimer mit Deckel, steckt die Wurzeln dicht an dicht hinein und gibt etwa 2–3 cm hoch humusreiche Erde und handhoch Wasser hinzu.
Ernte, Verwendung: Bei 18–25 °C (Zimmertemperatur) haben sich nach 3–4 Wochen zapfenförmige Schosse gebildet, die man abschneiden kann. Sie sind lecker als gedünstetes Gemüse, mit Käse überbacken oder als Salat.

Sorten: 'Magnum', 'Zoom', 'Rouge Carla' (rotweiß).
Ähnlich wie Chicoree wird der appetitanregende **Löwenzahn** *(Taraxacum officinale)* kultiviert und angetrieben.

Chicoreelaub wird im Spätherbst abgeschnitten.

Durch Bleichen wird Endiviensalat zarter.

Endivie, Winterendivie

Cichorium endivia var. *latifolium*

Familie: Korbblütler
Beschreibung: Endivien sind ein beliebtes Gemüse für die Ernte im Herbst und Lagerung im Winter. Gefranste Sorten werden als Friseesalat *(Cichorium endivia* var. *crispum)* bezeichnet. Je dichter die 30–40 cm breiten Köpfe gefüllt sind, desto weniger Licht erhalten die inneren Blätter. Sie schmecken milder im Geschmack als die Außenblätter. Sorten mit hochgeschlossenem Wuchs bleichen durch dichte Pflanzung von selbst.
Standort: Die Mittelzehrer brauchen einen sonnigen Platz und lehmigen, humusreichen Boden ohne stauende Nässe.
Kultur: Aussaaten im Frühjahr schossen bald nach Erreichen der Schnittreife von selbst. Sät man erst Mitte Juni bis Mitte Juli in Töpfe oder direkt ins Freie, bilden sich in den Herbstmonaten große, haltbare Köpfe. Abstand 30 x 30 cm. Hoch pflanzen, denn die Keimblätter müssen über der Erde bleiben, sonst tritt leicht Fäulnis ein!
Ernte, Verwendung: Das knackige Herbstgemüse kann man ab Ende September bis nach den ersten leichten Frösten ernten. Was nicht gleich verzehrt wird, lässt sich bis Januar in einem kühlen Keller lagern, entweder in Zeitungspapier gerollt und aufrecht in Kisten gestellt oder an den Wurzeln aufgehängt. Einzelne Köpfe halten sich in Plastikfolie gehüllt im Kühlschrank 2–3 Wochen. Sie werden als Salat angerichtet oder gegart und in einer Sahnesoße heiß serviert.

Sorten: 'Bubikopf', 'Jeti', 'Diva', 'Nuance'.
Frisee: 'Wallone frisee', 'Tres fine maraichere Goldherz', 'St. Laurent Midori', 'Sally'.

Feldsalat kann man rund ums Jahr kultivieren.

Feldsalat, Rapunzel, Nüssli

Valerianella locusta

Familie: Baldriangewächse
Beschreibung: Das heute rund ums Jahr beliebte Feingemüse ist auf deutschen Äckern heimisch. Die flachen Rosetten mit runden bis löffelförmigen Blättchen enthalten viele Vitamine und Mineralstoffe.
Standort: Die Schwachzehrer gedeihen auf abgeräumten Beeten in Sonne und Halbschatten, im Freiland, Frühbeet, Gewächshaus, ja sogar in Balkonkästen.
Kultur: Mit den älteren Langtagssorten ist nur die Aussaat von Ende Juli zur Herbsternte bis Mitte September zur Winter- und Frühjahrsernte möglich. Im Gewächshaus kann bis Ende Oktober gesät werden. Mit den langsam schossenden Sorten ist ganzjährige Aussaat und Ernte möglich. Man sät dünn verteilt und nur 0,5–1 cm tief in Reihen von 10–15 cm Abstand. Den Samen gut andrücken und während der langen Keimdauer feucht halten.
Ernte, Verwendung: Die kalorienarmen Pflanzen kann man das ganze Jahr über ohne viel Nachputzen als Salat mit Essig, Öl und Zwiebeln anrichten.

Sorten: nur mehltauresistente Züchtungen lohnen den Anbau in Frühbeet und Gewächshaus wie 'Vit', 'Elan', 'Medaillon' und 'Jade'. Für ganzjährige Kultur: 'Gala', 'Favor', 'Rodeion'.

Kapuzinerkresse

Tropaeolum majus

Familie: Kapuzinerkressengewächse
Beschreibung: Diese so angenehm duftende und reich blühende Blume unter den Gemüsen zu finden ist sicher überraschend.
Kultur: Von Ende April bis Anfang Juni werden je 2–3 Samen in Töpfe oder direkt ins Freie im Abstand von 25–30 cm gesteckt. In Sonne oder Halbschatten und in feuchtem Boden haben sie bald die Erde bedeckt.
Ernte und Verwendung: Alle Teile der Pflanze sind essbar, von den kresseartig schmeckenden Blättern und Blüten bis zu den Knospen, die, in Essig eingelegt, Kapern ersetzen können. Die Blätter enthalten viel Vitamin C und krankheitshemmende Senfölglykoside.
Tipp: Der Wuchs ist so üppig, dass die Pflanzen als »biologischer Prügelknabe« für Obstbäume oder andere Gemüse in der Nähe dienen können. Blutläuse und Kohlweißlingsraupen werden von der Kapuzinerkresse leicht verkraftet, die Nutzpflanzen bleiben dagegen vom Befall verschont.

Mangold, Römerkohl, Krautstiele

Beta vulgaris ssp. *cicla*

Familie: Gänsefußgewächse
Beschreibung: Schon zur Römerzeit war diese alte Kulturpflanze aus Vorderasien weit verbreitet. Blatt- oder Schnittmangold wird wegen seiner 30–40 cm hohen, spinatähnlichen Blätter kultiviert.

Sorten: 'Gelber Schnitt', 'Grüner Schnitt', 'Zilver' (mit weißen Rippen), 'Lukullus'.

Stiel- oder Rippenmangold hat breite, fleischige Rippen und 50–60 cm große, kräftige Blätter.

Sorten: 'Genfer Spezial', 'Paros'. 'Lukullus' hat schmalere Rippen. 'Vulkan', 'Rhubarb Chard' haben kräftig rote Stiele und 'Bright Lights' ist als Ziermangold mit roten, gelben, orange und violettroten Stielen sehr dekorativ auch in Blumenbeeten.

Standort: Mangold gedeiht auf jedem nährstoffreichen, humosen Gartenboden an sonniger oder halbschattiger Stelle.
Kultur: Wegen Schossgefahr sät man im Freien nicht früher als Mitte April bis Juni, dünn verteilt in Reihen von

30–40 cm Abstand. Stielmangold wird vereinzelt auf 30–40 cm Abstand. Zur Überwinterung Schutz durch Reisig oder Vlies.
Ernte, Verwendung: Wie Spinat. Die Stiele werden gedünstet, mit Käse überbacken, mit Zwiebeln gewürzt heiß serviert.

Neuseeländer Spinat

Tetragonia tetragonioides

Familie: Eiskrautgewächse
Beschreibung: Weil die fleischigen, mild schmeckenden, etwa 60 cm hohen rankenden Triebe nicht schossen, kann man die Blätter den ganzen Sommer lang abernten.
Standort: Die Pflanze gedeiht auf jedem durchlässigen, humosen und nährstoffreichen Gartenboden an sonniger Stelle, sogar in größeren Gefäßen.
Kultur: Die wärmeliebenden Pflanzen werden auf der Fensterbank von Februar bis Anfang April in Töpfen vorgezogen und nach den Frösten ins Freie gepflanzt im Abstand 50–60 cm.
Ernte, Verwendung: wie Spinat.

Roter Mangold sieht sehr dekorativ aus.

Rhabarber

Rheum rhaponticum

Familie: Knöterichgewächse
Beschreibung: Das Knöterichgewächs ist in Ostasien zu Hause. Apfelsäuren und Oxalsäure ergeben das delikate, säuerliche Aroma. Im Sommer beendet ihr hoher Gehalt die Ernte. Man düngt dann mit 60–80 g Volldünger oder Kompost.
Standort: Rhabarber bevorzugt feuchten, nährstoffreichen Boden.
Kultur: Die Kultur braucht nur alle 7–8 Jahre erneuert zu werden. Beste Zeit zum Teilen und für die Neuanlage ist der Spätherbst bis zum Frostbeginn. Die »Klumpen« mit 2–3 Trieben werden auf gut gedüngtem, tief gegrabenem Boden im Abstand von 1,5 x 1 Meter gepflanzt. Zum Verfrühen der Ernte eignen sich tunnelartig übergelegtes Vlies oder Lochfolie, außerdem große Eimer und spezielle Treibglocken aus Ton. Die Stängel werden nach und nach herausgedreht. Blüten entfernen, denn sie kosten unnötig Kraft.
Ernte, Verwendung: Die dicken, noch zarten Stängel ergeben von März bis zur Sonnenwende (21. Juni) ein leckeres Kompott. Auch zu Saft, Marmeladen und Kuchen wird Rhabarber verarbeitet.
Tipp: Rhabarber passt mit seinen dekorativen Blättern auch in Staudenbeete, vor allem am Teichrand.

Neuseeländer Spinat wird im Sommer geerntet (links), und Rhabarber passt gut an den feuchten Uferrand (rechts).

Kopf-, Eis-, Kraus-, Romana-, Pflück-, Schnittsalat

Lactuca sativa

Familie: Korbblütler

Beschreibung: Salat gehört zu den ganz alten Kulturpflanzen der Menschheit. Je nach Art und Sorte entwickeln sich mehr oder weniger fest geschlossene Köpfe. Auch die Blattfarben künden von Vielfalt: Grün, gefleckt, Weinrot und Rotbraun. Da Salat im Sommer leicht schosst, sind Sorten von großer Bedeutung. Gegen Krankheiten wie Viren, Falschen Mehltau, Wurzelläuse und Blattläuse gibt es Sorten mit Resistenzen.

Geschlossene Köpfe entwickeln der **butterzarte Kopfsalat** und der knackige, **nicht schossende Eissalat** sowie der im Mittelmeerraum und in der Schweiz beliebte **hitzebeständige Romanasalat** (Lattich). Beim Pflücksalat bleibt er offen und locker (hier werden die Blätter einzeln abgeerntet), ebenfalls bei dem aus Kreuzungen damit entstandenen und besonders ertragreichen grünen oder rotblättrigen **Kraussalat**. Vom **besonders schnellwüchsigen Schnittsalat** werden nur die zarten Blätter geerntet.

Standort: Alle Salate brauchen viel Licht und einen humusreichen, wasserhaltenden Boden.

Pflanzenanzucht im Gewächshaus: Ende März wird der erste Frühsalat im Freien gepflanzt. Hierfür sät man Mitte Februar aus bei kühlen 12° C bis höchstens 15° C. 3–4 Wochen nach der Aussaat werden die Ballen ausgepflanzt im Abstand von 25 x 30 cm.

Dabei ist wichtig, dass der Pflanzenhals über die Erde kommt, sonst verfaulen die Salate leicht.

Aussaat im Freien: Ab Ende März bis Juli sät man direkt in Reihen von 30 cm, dünn verteilt und 1 cm tief in flache Rillen. Nach dem Aufgang vereinzeln auf 25–30 cm Abstand.

Ernte, Verwendung: 8–12 Wochen nach der Aussaat schneidet man die Köpfe oder Blätter dicht über der Erde ab und richtet sie frisch an.

Sorten:

Kopfsalat: 'Dynamite' und 'Fiorella' sind resistent gegen die Salatblattlaus, tolerant gegen Virus, Wurzelläuse und Falschen Mehltau. Gewächshaus: 'Larissa', 'Siletta'.

Eissalat: Die Kultur dauert 2 Wochen länger und er braucht mehr Platz: pflanzen Sie im Abstand von 35 x 35 cm.

Sorten: Gewächshaus, Tunnel und Folie: 'Kellys'. Freiland: 'Fortunas' und 'Barcelona' sind läuseresistent, tolerant gegen Viren und Falschen Mehltau. Rotblättrig: 'Pablo'.

Pflücksalate: Einmal säen oder pflanzen und bis zu 4 Monate lang davon ernten. Das Herz bleibt stehen und liefert immer wieder neue Ernten nach. 'Amerikanischer brauner', 'Australischer gelber', 'Grand Rapids'. 'Till'(grün), 'Teufelsohren', 'Hussarde-Cerbiata' (sehr dekorativ). 'Salad bowl'.

Petticoatsalat: Eine italienische Spezialität mit gerüschten, gespitzten Blatträndern. Kräftig im Geschmack, hält er sich lange frisch und wird von Schnecken weitgehend gemieden. 'Lollo rossa' (braunrot), 'Lollo bionda' (gelbgrün).

Romanasalat, Lattich: Hat besonders knackige, steife Blätter und schmeckt herzhaft. 'Valmaine', 'Corsica' (grün), 'Little Leprechaun' (braunrot), 'Forellenschluß' (braun-grün gefleckt).

»Minirömer«: Salatköpfchen mit wenig Umblatt und viel Herz, das angenehm süßlich schmeckt, gedeihen selbst im Balkonkasten. 'Ronda RZ', 'Tom Thumb'.

Schnittsalat: Einfach in Reihen säen und 4–6 Wochen später ernten. 'Gelber runder', 'Hohlblättriger Butter'. Salatwiese, Misticanza, Mesclun: In Italien und Frankreich ist die farbenprächtige Mischung von vielen roten und grünen Blattsalaten mit Endivien sehr beliebt. Einfach breitwürfig aussäen, handhoch wachsen lassen, abschneiden und genießen. Kommt mehrfach wieder.

Der läuseresistente Eissalat 'Fortunas' (unten). Braunrote Sorten (Mitte oben) schmecken deutlich herzhafter, Pflücksalat wächst immer wieder nach (oben rechts). Die Wilde Salatrauke hat intensives Aroma (rechts).

Kultivierte Salatrauke, Rucola, Öl-Rauke

Eruca sativa (weiße Blüte)

Wilde Salatrauke, Schmalblättriger Doppelsame

Diplotaxis tenuifolia (gelbe Blüte)

Familie: Kreuzblütler

Beschreibung: Das uralte Wildgemüse mit dem zwischen Erdnuss und Kresse liegenden Geschmack ist ein Hit vor allem der Mittelmeerküche.

Kultur, Ernte, Verwendung: Die Kultur ist sehr einfach: von Ende März bis September dünn in Reihen säen, im Freiland, in Balkonkästen oder Gefäßen oder im Gewächshaus. Ernte, sobald die Blätter handhoch sind. Kultivierte Rauke wächst schnell und wird in Folgesätzen gesät. Die Wilde Rauke braucht lange bis zur Ernte, kann dann über Monate beerntet werden. Ihre Blätter sind tief gebuchtet und das Aroma ist intensiver.

Stangensellerie, Staudensellerie und Bleichsellerie

Apium graveolens var. *dulce*

Familie: Doldenblütler
Beschreibung: Stangensellerie bildet keine Knollen, sondern wird wegen der fleischigen, aromatischen Blattstiele geschätzt, die als Rohkost, für Gemüsecocktails und Salate, aber auch zum Dünsten benutzt werden.
Kultur: Wie bei Knollensellerie (Seite 496).

Sorte: 'Tall Utah'.

Bleichsellerie: Goldgelbe Sorten werden gebleicht und sind dadurch milder im Geschmack, was man kurz vor der Ernte durch Umwickeln mit schwarzer Folie (für 2–3 Wochen) oder durch dichtere Pflanzung (30 x 30 cm) mit selbstbleichenden Sorten erreicht.

Sorten: Selbstbleichend sind 'Golden Spartan', 'Selfira', 'Giant Pascal'.

Schnittsellerie, Blattsellerie

Apium graveolens var. *dulce*

Familie: Doldenblütler
Beschreibung: Dieser Sellerie ist in allem feiner, bildet keine Knolle, sondern wird nur wegen der aromatischen Blätter als Würze kultiviert.
Kultur: Er braucht keine Vorkultur, sondern wird von April–Mai direkt ins Freie gesät. Saattiefe 0,5–1 cm, Reihenabstand 30–40 cm.

Spinat

Spinacea oleracea

Familie: Gänsefußgewächse
Beschreibung: Durch die Araber gelangte das vitaminreiche Gänsefußgewächs nach Europa. Die schnellwüchsigen, ein- bis zweijährigen Pflanzen bilden leicht blasige Blätter, die bis zum beginnenden Schossen im Juni als mild schmeckendes Gemüse genutzt werden können. Das Frühjahr, der Herbst und die Überwinterung sind deshalb die bevorzugten Anbauperioden.
Standort: Der Gartenboden sollte gut gelockert sein, stauende Näse verträgt der Mittelzehrer nicht.
Kultur: März bis Mai sind Aussaatzeit für die Frühsommerernte, Ende Juli bis Ende August für die Herbsternte und Ende September für die Überwinterung. Man sät dünn verteilt 2–3 cm tief in Reihen von 20–30 cm Abstand.
Ernte, Verwendung: Spinat wird vor der Blüte abgeschnitten, sobald die Blätter etwa 20 cm hoch sind, geputzt, zerkleinert und gekocht oder als Salat angerichtet.

Sorten: Schossfest und mehltauresistent sind 'Chica', 'Mazurka','Dolphin', 'Rico', 'Monnopa', 'Sharan'.

Zichoriensalate, Radicchio, Zuckerhut

Cichorium intybus var. *foliosum*

Familie: Korbblütler
Beschreibung: Zur Familie der im Mittelmeerraum beheimateten Zichorien gehören so unterschiedliche Gemüse wie die früher viel als Kaffeeersatz verwendete Wurzelzichorie, Endivien, Radicchio und Zuckerhut. Alle Zichorien sind wegen der enthaltenen Bitterstoffe, Mineralien und Vitamine sehr gesund und appetitanregend.
Standort: Sonnig, humusreich.
Kultur: Weil die Langtagspflanzen im Sommer schossen, sät man erst zwischen Mitte Juni und Mitte Juli aus in flache Rillen von 30 cm Abstand und verzieht die Pflänzchen mit den langen Pfahlwurzeln nach dem Aufgang auf 25–35 cm Abstand. Auch die Saat in Topfplatten ist möglich. Nach 3–4 Wochen wird auf 25 x 30 cm Abstand gepflanzt.
Radicchio: Grüne Außenblätter und faustgroße, knackige, dicht gefüllte Köpfe im Inneren von weinroter oder dekorativ rot-weißer Farbe machen den Radicchio zu einem begehrten Herbstgemüse. Die attraktiven Blätter mit dem herb-aromatischen Geschmack werden oft mit anderen Salaten gemischt.

Sorten: 'Palla rossa', 'Roter Ballon', 'Medusa', 'Indigo'. Besonders edel sieht der gelb-grün-rot gefleckte Orchideensalat der Sorte 'Castelfranco' aus.

Zuckerhutsalat, Fleischkraut: Im Spätherbst formen sich die tütenförmigen, etwa 40 cm hohen »Hüte«, die nach dem Abputzen der Außenblätter einen walzenförmigen Kopf ergeben. Im Kühlschrank hält er sich wochenlang, man kann je nach Bedarf davon abschneiden und die herb-aromatischen Blätter als Salat anrichten. Man kann die Köpfe auch dünsten und mit Käse überbacken heiß servieren. Zuckerhut verträgt Fröste bis –8 °C.

Zuckerhutsalat bildet im Herbst feste Kegel. Bleichsellerie ist lecker und lohnt das Probieren (unten links). Bei Spinat auf langsam schossende Sorten achten (unten rechts)

Fruchtgemüse

Artischocken

Cynara scolymus

Familie: Korbblütler
Beschreibung: Die bis 2 m hohe, mehrjährige Edeldistel aus dem Mittelmeerraum hat silbergraue, tief gelappte Blätter. Sie wächst verzweigt. Geerntet werden die großen Knospen vor dem Aufblühen als Delikatessgemüse. Die herrlichen blauvioletten Blüten erfreuen von August bis Oktober. In der Vase und getrocknet halten sie lange.
Standort: Volle Sonne, nährstoffreicher Boden ohne stauende Nässe, braucht viel Platz.
Kultur: Die Aussaat erfolgt unter Glas bei 20–25 °C, 3–4 Samen pro Töpfchen. Nach den Frösten wird ausgepflanzt, Abstand 100 x 100 cm.
Ernte, Verwendung: Von August bis zum Frost können Sie die Knospen ernten, kochen und mit einer Soße servieren. Essbar sind die verdickten Blütenblätter und die aromatisch schmeckenden Blütenböden.
Tipp: Die Pflanzen vertragen keine Winternässe. Deshalb die Blätter kurz vor den Frösten zurückschneiden und das Herz mit einem Eimer bedecken, rundherum dick in Laub einpacken. Man kann die Wurzelstöcke auch ausgraben und frostfrei überwintern.

Sorten: 'Große von Laon' (grün), 'Violetta di Romagna' (violett).

Artischocken sind ein attraktives Gemüse (links), Auberginen oder Eierfrüchte (rechts) brauchen Wärme. Bei Gurkenhybriden (oben) bringt jede Blüte eine Frucht.

Aubergine, Eierfrucht

Solanum melongena

Familie: Nachtschattengewächse
Beschreibung: Die wärmeliebende Pflanze aus Ostindien hat schöne violette Blüten. Sie ist mit den Tomaten eng verwandt.
Kultur: Die Aubergine wird im Gewächshaus und an sonnigem, geschütztem Standort im Freien ausgepflanzt oder in großen Töpfen auf der Terrasse kultiviert.
Ernte,Verwendung: Die Ernte dauert von August bis zum Frost. Die glänzend schwarzen, violetten, gelben oder auch hühnereigroßen weißen Früchte (Eierbaum) entwickeln erst beim Anbraten in heißem Fett Geschmack, in Scheiben oder Stücke geschnitten und paniert, auch sauer eingelegt.

Sorten: 'Violetta lunga', 'Moneymaker', 'Negro' (für Gewächshaus), 'Olivade' (weiß, Eierbaum).

Gurken

Cucumis sativus

Familie: Kürbisgewächse
Beschreibung: Heimat sind Indien und Afrika. Die einjährigen, schnell wachsenden Pflanzen entwickeln lange Triebe, die zunächst männliche Blüten mit Pollen, etwas später weibliche Blüten mit Fruchtanlagen entwickeln. Neuere Züchtungen blühen entweder überwiegend weiblich oder jungfernfrüchtig (parthenokarp). Unabhängig von einer Bestäubung durch Insekten können sich daher aus jeder Blüte Früchte entwickeln, die keine vollwertigen Samen enthalten, sondern nur zarte Anlagen dazu. Moderne F_1-Hybriden bringen viel mehr Ertrag, sind bitterstofffrei und resistent gegen viele Krankheiten wie Gurkenkrätze, Virus, Echten Mehltau

und – teilweise – Falschen Mehltau. Gurken enthalten viel Wasser und Ballaststoffe, aber wenig Kalorien. Sie wirken erfrischend, der Saft wird auch zur Hautpflege verwendet.
Standort: Windgeschützte, sonnige Plätze und ein lockerer, nährstoffreicher, wasserhaltender Boden mit viel Humus lassen die Flachwurzler gut gedeihen.
Kultur: Weil die zarten Wurzeln sehr empfindlich gegen Verletzungen sind, wird nicht pikiert, sondern von Ende März bis April gleich in Töpfchen gesät, 2–3 Samen pro Topf. Hohe Keimtemperaturen sind günstig: unter Glas 20–25° C, im Freien mindestens 15°C. Die Aussaat im Freien erfolgt Anfang Mai bis Anfang Juni, jeweils 2–3 Samen alle 30–40 cm, Reihenabstand 120 bis 150 cm. Nur die jeweils kräftigste Pflanze darf weiterwachsen. Gurken lieben organischen Dünger (2–3 Gaben im Abstand von 3 Wochen), Abdecken des Bodens durch gehäckseltes Stroh oder Mulch, gleichmäßige Wasserversorgung und häufiges Pflücken. Wer auf 20–30 cm hohe Dämme sät oder pflanzt, vermeidet stauende Nässe. Die meisten Sorten der Gewächshausgurken brauchen einen Schnitt, um übermäßigen Fruchtansatz zu vermeiden, den Wurzelwerk und Blätter nicht ernähren können: Zunächst bis 60 cm Höhe alle Früchte entfernen, dann den Haupttrieb kappen, wenn er die Gewächshaushöhe erreicht hat. Die bald erscheinenden Nebentriebe nochmals bis 1–2 Blätter vor dem ersten Fruchtansatz abschneiden. Bei Minisalatgurken ('Amir', 'Printo') erscheinen die Früchte in Büscheln, die Seitentriebe sind kaum entwickelt. Solche Sorten kommen ohne Schnitt aus.

Im Freiland hat es sich bewährt, schwarze Mulchfolie auszulegen und in kreuzförmige Einschnitte zu säen oder pflanzen. Gut bekommt den Gurken auch das Klettern an Rankgittern, Schnüren oder Maschendraht. Im Freiland spart man dadurch Platz (Reihenabstand nur 1 m), erntet ohne Bücken und erhält dazu schönere Früchte. Häufiges Pflücken junger Früchte steigert den Ertrag.
Ernte, Verwendung: Laufendes Pflücken der noch jungen Früchte erhöht den Ertrag. Je nach Sortentyp kann man sie roh als Salat in Scheiben geschnitten, als Suppe gekocht oder süßsauer eingelegt genießen.

Arten, Sorten: Trauben- oder Einlegegurken: kleine, 5–15 cm langen Früchte: 'Amber', 'Bimbostar', 'Conny'.
Schälgurken: walzenförmige, 35–40 cm lange Früchte zum Einmachen (süß-sauer) von Senfgurken: 'Carnimus', 'Fatum', 'Roly'.
Salatgurken: 15–50 cm Länge, zum **Frischverzehr:** 'Bush Champion' (kurze Ranken, für Balkon), 'Jazzer', 'Sprint', 'Tanja', 'White Wonder' (weiße Früchte).
Schlangengurken: Anbau im Gewächshaus, 35 bis 50 cm Länge: 'Corona', 'Flamingo', 'Girola', 'Sudica', 'Styx'.
Minisalat-, Portions- oder Partygurken: 15–25 cm Länge, feine Schale und sehr guter Geschmack; die kurzen Früchte werden früh geerntet, dafür mehr Ertrag: 'Amir', 'Hayat', 'Rawa', 'Printo'.

Kürbisse

Cucurbita maxima

Familie: Kürbisgewächse
Beschreibung: Seit mehreren Jahrtausenden wird diese alte Kulturpflanze in Süd- und Mittelamerika kultiviert. Nach den Reisen von Christopher Kolumbus gelangten Samen nach Europa und Asien, wo sich besondere Vorlieben für einzelne Arten dieser formenreichen Pflanzenfamilie entwickelten. Einige Sorten wachsen buschig, doch die meisten bilden üppige Ranken mit großen Blättern und wasserreichen Früchten, die sich oft viele Monate lang halten. Männliche und fruchttragende weibliche Blüten sitzen an derselben Pflanze.
Sommerkürbisse wie Zucchini, Patisson (Fliegende Untertassen), Rondini oder Schwanenhals (Crookneck) werden frisch verzehrt, **Winterkürbisse** wie Eichel- oder Hokkaidokürbis kann man lange lagern. **Steirische Ölkürbisse** enthalten viel heilkräftiges Öl, das die Nierentätigkeit fördert.

Der rote Zentnerkürbis (links) enthält viel Carotin. Zuckermais wird in der Milchreife geerntet, dann sind die Körner zart, saftig und süß.

Standort: Alle Kürbisse brauchen einen windgeschützten sonnigen Platz und als Starkzehrer besonders humusreichen, nährstoffreichen Boden mit viel organischer Masse.
Kultur: Weil die Wurzeln aller Kürbisgewächse sehr empfindlich sind und Verletzungen nicht vertragen, wird entweder in Töpfe gesät (2–3 Samen pro Topf) und nach den Frösten je nach Sorte im Abstand von 80–200 cm gepflanzt oder man sät bis spätestens Anfang Juni jeweils 2–3 Samen als Horst ins Freie und belässt später nur die beste Pflanze. Kürbisse brauchen viel Wasser und 2–3 zusätzliche Düngergaben.
Ernte, Verwendung: Sommerkürbisse werden laufend jung geerntet, Winterkürbisse lässt man bis in den Herbst reifen und lagert sie so kühl und trocken, dass sie sich nicht berühren. Für die Verwendung als Gemüsebeilagen, Pürree, für Salate, Suppen, zum Einmachen und zum Backen gibt es viele Rezepte. Besonders schmackhaft ist Kürbisbrot.

Sorten: Sehr zahlreich. Züchtungen wie 'Atlantic Giant' oder 'Big Max' produzieren die größten Früchte der Erde.

Mais, Zucker- oder Süßmais

Zea mays

Familie: Gräser
Beschreibung: Der angenehm schmeckende Süßmais fällt auf durch einen wesentlich höheren Zuckergehalt und süßen Geschmack. Die einjährigen, zu den Gräsern zählenden Pflanzen werden 150 bis 200 cm hoch. Männliche Blüten erscheinen im Juli bis August an den Triebenden. Ihr Blütenstaub wird vom Wind auf die weiblichen Blüten übertragen, die in einem von Hüllblättern umgebenen Kolben in den Blattachseln sitzen. Pro Pflanze entwickeln sich 2–3 Kolben.
Standort: Starkzehrer, braucht einen nährstoffreichen, sandig-lehmigen Boden und einen sonnigen Platz.
Kultur: Nach den Frösten sät man im Freiland jeweils 2–3 Körner, 4–5 cm tief in einem Abstand von 30 x 50 cm oder zieht ab April die Pflanzen bei Zimmerwärme auf der Fensterbank vor (je 2–3 Samen pro 10 cm Topf). Später werden nur die beiden stärksten Pflanzen belassen.
Ernte, Verwendung: Die zarte Milchreife der zuckersüßen Kolben erkennt man daran, dass sich die herausragenden Haarbüschel braunschwarz verfärben. Man kann die entblätterten Kolben roh essen, grillen oder in kochendem Wasser 15–20 Minuten lang garen, mit Butter bestreichen und heiß abknabbern.
Tipp: Extrasüße Sorten sind deutlich schmackhafter und halten sich gekühlt länger. Wegen der Gefahr der Fremdbestäubung nicht mit Futtermais oder anderen Sorten in der Nähe pflanzen.

Sorten: 'Tasty Gold', 'Tasty Sweet', 'Golden Supersweet'. Minimais mit kleinen Kolben: 'Minor'.

Melonen, Zuckermelonen

Cucumis melo

Wassermelonen

Citrullus lanatus

Familie: Kürbisgewächse
Beschreibung: Ihre Heimat sind die warmen Gebiete in Kleinasien, Asien und Afrika. **Zuckermelonen** haben runde, ganzrandige Blätter und Früchte mit gelbem, grünlichem oder orange Fleisch. Die anspruchsvolleren **Wassermelonen** besitzen tief eingebuchtete Blätter und saftreiche Früchte mit rotem oder gelbem Fleisch. Bei einigen neuen Sorten sind die vielen braunschwarzen Samen weggezüchtet.
Standort: Volle Sonne und Schutz vor Wind, humusreicher, mit organischen Nährstoffen angereicherter Boden. Melonen gedeihen besonders gut in Frühbeeten oder im Gewächshaus.
Kultur: Wie Gurken (siehe Seite 486). Schwarze Mulchfolie erwärmt den Boden, fördert den Wuchs und den Fruchtansatz erheblich. An Seitentrieben der Zuckermelonen bilden sich leichter Früchte, kappen Sie deshalb den Haupttrieb nach dem ersten Blattpaar.
Ernte, Verwendung: Wählen Sie Sorten des französischen Typs 'Charentais' (runde, mittelgroße Zuckermelonen mit weiß-grüner leicht gerippter Schale und orange Fleisch), denn sie zeigen die beginnende Reife an: rund um das Stielende reißt die Schale und köstlicher Duft lässt erkennen, welche Frucht als nächste geerntet werden muss. Damit sie nicht abfällt, kann man sie in ein Netz binden oder ein Kistchen darunterschieben.

Sorten: Fusariumwelke-und mehltauresistente Zuckermelonen 'Delta', 'Marlene', 'Resistant Joy', 'Accent'. Wassermelonen: 'Red Honey', 'Sugar Baby', 'Sugar Belle'.

Charentais-Melonen färben sich in der Reifezeit hell und strömen einen wunderbaren Duft aus.

Paprika, Peperoni

Capsicum annuum

Familie: Nachtschattengewächse
Beschreibung: Das wärmeliebende Gewächs aus den Anden ist buschig verzweigt, wird je nach Sorte 20 bis 80 cm hoch und bringt Früchte mit mildem (Gemüsepaprika) bis sehr scharfem Geschmack (Peperoni). Ihre zunächst grüne Farbe wechselt mit zunehmender Reife in Gelb, Violett, Orange zu Rot. Es gibt zahlreiche Formen, von blockig und rund bis spitz. Paprika ist reich an Vitamin C und Provitamin A (Carotin), an Capsaicin und Flavonoiden.
Standort: Sonnig, windgeschützt mit nährstoffreichem, lockerem Boden, Gewächshaus oder Frühbeet. Die Pflanzen eignen sich gut für die Kultur in größeren Gefäßen auf Balkon oder Terrasse.
Kultur: Aussaat Mitte Februar bis Mitte März bei 20–24° C. Bald nach dem Aufgang wird pikiert und nach den Frösten im Abstand von 50 x 50 cm auf gemulchten Boden ausgepflanzt. Geben Sie Halt an Stöcken oder Schnüren. Regelmäßiges Gießen und Düngen (alle 14 Tage flüssig) sind wichtig, damit die Knospen nicht abgestoßen werden. Brechen Sie die erste »Königsknospe« aus. Sofort kommen die nächsten zum Zuge und der Ertrag wird insgesamt höher.
Ernte, Verwendung: Ab Ende Juli bis zum Frost. Die grünen unreifen Schoten können zum Füllen mit Fleisch, für Salate, für Suppen und als Gemüsesnack verwendet werden. Süß-aromatisch schmecken die reifen Früchte. Gewürzpaprika kann man frisch, sauer eingelegt oder getrocknet verwenden.

Sorten: Mild schmeckend, grün/rot: 'Bell Boy', 'Cartago', 'Californian Wonder', 'Merit', 'Yolo Wonder' (blockige Form), 'Lombardo', 'Medusa' (hornförmig, spitz).
Gelb: 'Feher' (spitz), 'Golden Bell', 'Giallo di Asti', 'Pusztagold', 'Topboy', 'Samanta'. Orange: 'Ariane', 'Gypsy', 'Topgirl', 'Liebesapfel'.
Scharf: 'de Cayenne', 'Westlandia'.

Tomaten, Paradeiser

Lycopersicum esculentum

Familie: Nachtschattengewächse
Beschreibung: Von dem wärmeliebenden Gewächs aus Südamerika gibt es eine enorme Vielfalt an Formen und Sorten mit aromatischem oder süßlichem Geschmack. Im Garten können Tomaten mehrfach auf der gleichen Stelle gedeihen. Schon eine Pflanze bringt Früchte, weil sich die Blüten bei Sonne und etwas Wind mit eigenem Pollen selbst bestäuben. Grüne Früchte sind giftig, reife dagegen sehr gesund. Sie sind reich an Mineralien, Vitaminen B und C, ätherischen Ölen und Fruchtsäuren.
Standort: Sonnig, windgeschützt und warm, im Gewächshaus und in Gefäßen auf Balkon und Terrasse.
Kultur: Aussaat Ende Februar bis Ende März in Schalen, Töpfe oder Topfplatten bei 18–22° C. Bald nach dem Keimen wird vereinzelt oder in Töpfe pikiert. Weiterhin hell stellen bis zum Auspflanzen nach den Frösten im Mai, Abstand 50 x 60 cm. Tomaten brauchen viel Wasser und laufend Nährstoffe, entweder organisch vor der Pflanzung oder alle 2–3 Wochen bis

Paprika ist sehr variabel in Form, Farbe und Geschmack.

Auch Tomaten-Topfsorten tragen reichlich Früchte (links). Birnförmige Perrettitomaten (rechts) schmecken, 'Green Zebra' (Mitte) ist besonders aromatisch. Kenner ernten Zucchini (unten rechts) mit kleinen Früchten.

August als Flüssigdünger. Beim Pflanzen wird ein Tontopf dicht am Stamm in den Boden versenkt, durch dessen Loch das Nass schonend an die Wurzeln gelangt. Geben Sie allen hoch wachsenden Sorten bald einen Halt durch Pfähle, Spiralstäbe oder Schnüre. Den Boden mulchen, damit das Wasser den Tomaten zugute kommt. Gegen die Braunfäulekrankheit (Phytophthora) überbauen mit einem Foliendach. Das Ausbrechen der Seitentriebe bei 2–3 cm Länge (»ausgeizen«) bringt den Früchten mehr Licht und steigert den Ertrag. Tomaten bringen im Freien 4–5 Trauben zur Ausreife, im Gewächshaus 5–6. Wenn Sie die Pflanzen Ende August darüber kappen, entwickeln sich die restlichen Fruchttrauben besser.

Ernte, Verwendung: Ist Frost angesagt, lohnt es sich, die gesunden grünen Früchte abzupflücken. Sie reifen in einer Kiste flach ausgebreitet bei warmen 18–20 °C nach. Kirschtomaten und die Stabtomate 'Vanessa' schmecken zu Weihnachten noch.

Sorten (besonders gut schmeckende sind mit * bezeichnet):
Topf-, Zier- und Buschtomaten: 'Yellow Canary' (gelb), 'Red Robin', 'Micro Tom', 'Totem' und 'Balkonzauber' (alle rot) verzweigen sich selbst und brauchen nicht ausgegeizt zu werden.
Ampeltomaten mit hängendem Wuchs: 'Tumbler', 'Pendulina'.
Runde Stabtomaten mit den üblichen mittelgroßen, roten Früchten: 'Vitella' und 'De Berao' (braunfäuletolerant): * 'Sparta', 'Gourmet', * 'Culina' und * 'Tigerella' (gestreift), 'Vanessa' (sehr hoher Ertrag), 'Matina', 'Estrella', 'Bolero', 'Harzfeuer'. Gelb: 'Goldene Königin', 'Orangino'.
Fleischtomaten mit plattrunden, großen Früchten: 'Myrto' (Braunfäule tolerant), 'Master', 'Montfavet'.
Kirsch- oder Obsttomaten mit kleinen, sehr aromatischen Früchten in langen Trauben: * 'Sweet 100', * 'Sweet million', * 'Evita' (alle rot), * 'Goldita' (gelb-orange).
Cocktail-Traubentomaten haben etwas größere, feste Früchte und sehr guten Geschmack: Sorten * 'Aranca', * 'Picolino', * 'Delicado', * 'Olivade' und * 'Serafino' (eierförmig).
Flaschentomaten reifen spät, sind fest im Fleisch und lange haltbar. Zum Kochen, Grillen, für Suppen und Pürree: 'Roma', 'San Marzano', 'Ranger'.
Birnen- oder Perettitomaten bringen kleine, fruchtig schmeckende Früchte in Birnenform: 'Yellow Pearshaped' (gelb), 'Red Pear'(rot).
Besonderheiten: * 'Green Zebra' ist eine Stabtomate mit grüngestreiften runden Früchten. Ist reif, wenn sich ein gelblicher Schimmer zeigt. * 'Tear Drop' tropfenförmige, kleine Früchte mit süßem, sehr fruchtigen Geschmack. * 'Johannisbeertomate' ist der wilden Kirschtomate sehr ähnlich, schmeckt fruchtig wie Obst.

Zucchini, Zucchetti, Courgettes

Cucurbita pepo var. *giromontina*

Familie: Kürbisgewächse
Beschreibung: Die Früchte ähneln Gurken, doch botanisch gehören Zucchini zu den Gartenkürbissen, denen sie in der Kultur gleichen. Jede Pflanze trägt männliche Blüten für die Bestäubung und weibliche, die man am Fruchtknoten erkennen kann.
Standort: Ein sonniger Platz und nährstoffreicher, humoser Boden mit reichlich Feuchte lässt Zucchini üppig gedeihen.
Kultur: wie Kürbisse (siehe Seite 487).
Ernte, Verwendung: Schnell wachsen die Früchte zu großen Keulen aus, doch Kenner bevorzugen die kleinen, zarten Früchte, nicht länger als 15–20 cm. Je öfter Sie pflücken, desto höher der Ertrag. Man kann sie roh als Salat genießen, in der Pfanne braten, panieren, für Suppen verwenden oder schnell und einfach daraus ein köstliches südfranzösisches Ratatouille bereiten. Zwiebeln, Tomaten, Auberginen und Zucchini in Scheiben schneiden oder würfeln, in Olivenöl anbraten und mit etwas Salz und Knoblauch gewürzt heiß servieren. Auch die Blüten sind in Pfannenkuchenteig getaucht, in heißem Öl frittiert und mit Zucker oder Salz bestreut eine echte Delikatesse.
Tipp: Besonders platzsparend sind kletternde Zucchini der Sorte 'Black Forest'. Die Triebe werden an Gittern aufgeleitet, in Wellstäbe oder Schnüre eingedreht. Bis zu 30 Früchte, alle in der idealen kleinen Länge, kann man von einer Pflanze nach und nach ernten.

Sorten: Gelb: 'Gold Rush'.
Grün: 'Defender' (virusresistent), 'Diamant', 'Ambassador', 'Eight Ball' und 'Tonda di Nizza (ballförmig, Rondini).

Kohlgemüse

Asia-Salate

Brassica rapa spec. und andere

Familie: Kreuzblütler
Beschreibung: Asia-Salate, unter dieser Sammelbezeichnung werden eine Reihe von Blattkohlarten angeboten, die sich in der Kultur ähneln, aber im Geschmack sehr unterschiedlich sind, von mildem Stängelbrokkoli bis zum scharfen, senfartigen Amsoi.
Kultur: Man kultiviert die schnellwüchsigen Gemüse mit Aussaat ins Freie (Reihenabstand 25–30 cm) von April bis August. Nach dem Aufgang vereinzeln auf 10–15 cm. Man kann in Sätzen säen, um immer versorgt zu sein. Sicherer als die frühen Saattermine ist wegen Schossgefahr die Kultur im Herbst mit Aussaat Ende Juni bis Mitte Juli. In der Düngung sind alle diese Kohle bescheiden, 20–30 g Volldünger pro m² oder 5–6 Liter Kompost pro m² genügen.
Ernte, Verwendung: Die Ernte erfolgt 6–10 Wochen nach der Aussaat, im Sommer ist die Kultur kürzer, im Herbst länger. Sie alle eignen sich geschnitten wie Spinat als Salate, auch in Mischung, zum Andünsten oder zum kurzen Anbraten in Öl im Wok, der in Asien beliebten Schüsselpfanne. Dazu passen weitere asiatische Gemüse wie Chinakohl und Pak Choy, Salatchrysantheme, die Würznessel (japan. Shiso) oder Kaiserschoten (Zuckererbsen) und Japanrettich.

Mizuna (unten) schmeckt zart und knackig wie Rübstiel. Pak Choy (oben Mitte) ist saftig mit leichtem Senfgeschmack, hohe Chinakohlsorten (rechts oben) sind lange lagerfähig.

Arten, Sorten:
Amsoi, Japanischer Senfkohl *(Brassica juncea)*: Bildet einen lockeren Kopf, der bei der besonders dekorativen Sorte 'Red Giant' rostrot gefärbt ist.
Kailan, Chinesischer Brokkoli *(Brassica oleracea* var. *alboglabra)*: Ähnlich wie ein lockerer Brokkoli.
Komatsuna, Blattkohl *(Brassica rapa* var. *perviridis)*: Blattkohl mit weißen Rippen und mildem Geschmack.
Mibuna, Japanischer Raps *(Brassica rapa* var. *japonica)*: Bildet einen Schopf mit vielen länglichen Blättern, mild im Geschmack. Für Salate und Wok.
Mizuna, Japanischer Rübstiel *(Brassica rapa* var. *japonica)*: Ähnelt sehr dem Rübstiel 'Namenia'. Bildet einen großen Schopf mit vielen gezackten Blättern, mild im Geschmack.
Pak Choi, Chinesischer Senfkohl *(Brassica rapa chinensis)*: Bildet einen aufrechten Kopf mit mangoldähnlichen Blattstielen. Mild schmeckend, wird gedünstet oder als Salat. Kultur als Herbstgemüse wie Chinakohl.
Tat Soi, Tah Tsai, Chinesischer Rosettenkohl *(Brassica chinensis* var. *rosularis)*: Bildet eine flache Blattrosette, die mit fleischigen Stielen, dunkelgrünen Blättern und in der Verwendung unserem Mangold ähnelt. Verträgt leichte Fröste. Sorte: 'Ryokusai'.

Chinakohl

Brassica rapa Pekinensis Grp.

Familie: Kreuzblütler
Beschreibung: Die Pflanzen formen einen festen Kopf mit leicht gekräuselten Blättern und dicken, fleischigen Blattstielen, die mild schmecken. Enthalten wenig Kalorien, aber viele Ballaststoffe und sind gekühlt monatelang haltbar.
Standort: Sonnig mit humosem, nährstoffreichem und wasserhaltendem Boden.
Kultur: Chinakohl schosst und blüht im Sommer (Langtag) und ist deshalb ein typisches Herbstgemüse. Aussaaten vor Juli sind nur beim Gärtner (Anzucht im Gewächshaus) möglich. Man sät von Anfang Juli bis Anfang August entweder in Töpfe (Pflanzung bis Mitte August)

oder direkt ins Freie in Reihen von 30 bis 40 cm Abstand. Nach dem Aufgang vereinzeln auf 30–35 cm Abstand.
Ernte, Verwendung: Die Ernte erfolgt ab September bis zum Beginn stärkerer Fröste. Die Köpfe lassen sich kühl lange lagern.
Verwendung: Ein ideales Salatgemüse, das wenig Putzaufwand fordert. Man kann Chinakohl aber auch kochen, dünsten und mit Käse überbacken.

Sorten: Nur kohlhernieresistente Sorten lohnen, etwa 'Chorus', 'Parkin', 'Nemesis'.

Kopfkohle (Butter-, Rot-, Weiß-, Wirsingkohl)

Brassica oleracea spec.

Familie: Kreuzblütler
Beschreibung: Fast alle Kopfkohle stammen von einer Wildform *(Brassica oleracea* ssp. *oleracea)* ab, die an den europäischen Küsten heimisch ist. Kohl ist sehr gesund.
Standort: Vollsonnig. Lehmig-humose Böden mit guter Wasserhaltekraft sind optimal.
Kultur: Die eigene Aussaat von Pflanzen dauert 4–6 Wochen und ist leicht möglich, im Frühbeet, Freilandsaatbeet oder in Töpfen. Bei vorgezogenen Pflanzen aus dem Gartencenter ist die Auswahl an guten Sorten beschränkt.
Ernte, Verwendung: Alle Kopfkohle sind eine gewisse Zeit an kühler Stelle lagerfähig (Kühlschrank, Keller).
Butterkohl *(B.* var. *sabauda* convar. *fimbriata)*

Diese alte und besonders zart und angenehm schmeckende Kohlart ähnelt dem Wirsing, formt allerdings nur einen lockeren Kopf und kann Blatt für Blatt geerntet werden, ist also ein interessantes, pflegeleichtes Dauergemüse. Verwendung wie Wirsing oder als Salat.

Rotkohl *(B.* var. *capitata rubra)*
Wird immer beliebter, auch wegen seiner dekorativen Farbe der Blätter und der weinroten Köpfe. Reife ab Juli bis zum Winter. Die Verwendung verlagert sich immer mehr vom schmackhaften Kochgemüse zum Frischkonsum als Salat.

Weißkohl *(B.* var. *capitata alba)*
Das Weißkraut (Weißkabis) hat größte Bedeutung in der Ernährung vieler Völker. Vom schon im Juni reifenden Spitzkohl über die vielen Sorten des runden Kohls bis zum lange lagerfähigen Filderkraut (spitz, sehr gute Sauerkraut-Qualitäten) gibt es zahlreiche Variationen. Während die Verwendung als Kochgemüse nachlässt, steigt der Verbrauch an leckerem Krautsalat.

Wirsingkohl *(B.* convar. *capitata* var. *sabauda)*

Rosenkohl (oben) schmeckt erst nach dem Frost gut, Wirsingkohl (Mitte rechts) wird als Delikatesse geschätzt. Rot-, Grün- und Weißkohl reifen im Herbst.

Von Juni bis aus dem Winterlager steht er über lange Zeit zur Verfügung. Die fein genarbten Blätter sind eine Zierde, besonders wenn Regen perlt oder Raureif sie wie verzuckert erscheinen lässt. Wirsing wird gekocht, gedünstet, seltener als Salat genosen.

Blumenkohl, Karfiol

(Brassica oleracea var. *botrytis)*

Brokkoli, Sprossenkohl, Spargelkohl

(Braccica oleracea var. *italica)*

Familie: Kreuzblütler
Beschreibung: Aus einer Blattrosette wächst ein Kopf heran, der aus vielen dicht aneinander gefügten Knospen besteht. Der weiße, grüne oder violette Blumenkohl und der etwas gröbere Brokkoli mit langen zarten Sprossen gelten als Feingemüse mit sehr angenehmem Geschmack, das ab Mai bis zum Frostbeginn in Sätzen angebaut und geerntet werden kann. Zwischen beiden Arten steht der im Herbst reifende grüne **Minarettkohl** (Romanesco), der besonders delikat schmeckt und mit seinen türmchenartigen Knospen attraktiv aussieht. Alle lassen sich gut einfrieren, kochen und als Salat verarbeiten. Brokkoli ist Spitzenreiter unter den Gemüsen hinsichtlich gesundheitlich wertvoller Inhaltsstoffe.
Kultur: Für die ersten Kulturen im Freiland sät man ab Ende Februar bei etwa 18°C. Gepflanzt wird ab April ins Freie bis Ende Juni im Abstand von 50 x 60 cm.
Tipp: Blumenkohl-Köpfe bleiben schön weiß, wenn man einige Blätter nach innen knickt, sobald das Köpfchen 5–6 cm Durchmesser erreicht hat.

Sorten: Blumenkohl: Cremeweiß: 'Opaal' (früh), 'Igloory', 'Sierra' (Sommer), 'Hormade' (Herbst), 'Walcheren Winter 3' (zum Überwintern in milden Gegenden).
Violett: 'Rosalind', 'Violetta di Sicilia'.
Grün: 'Alverda'.
Minarettkohl: 'Minaret', 'Shannon', Romanesco'.
Brokkoli: Frühanbau: 'Emperor', 'Green Duke'.
Herbstanbau: 'Marathon' (mehltauresistent), 'Corvet'.

Vom Brokkoli kann man bis zu dreimal ernten. Nach dem Abschneiden des Kopfes entstehen saftige Seitensprosse, die man nochmals ernten kann.

Grünkohl, Krauskohl, Federkohl

Brassica oleracea Acephala Grp.

Beschreibung: Ein kräftiger Stamm mit stark gekrausten Blättern verleiht der 40–80 cm hohen Pflanze ein dekoratives Aussehen. Der typische süß-aromatische Geschmack entwickelt sich erst nach den ersten Frösten, wenn sich eingelagerte Stärke in Traubenzucker wandelt. Das frostbeständige Wintergemüse (bis –25°C werden vertragen) ist besonders reich an Mineralien, Vitaminen und sekundären Inhaltsstoffen.
Standort: Der Starkzehrer braucht Sonne und einen nährstoffreichen, humosen Boden ohne Staunässe.
Kultur: Aussaat zwischen Mai und Juni dünn verteilt in Reihen von 10–15 cm Abstand, nach 3–4 Wochen auspflanzen im Abstand von 50 x 50 cm bis Mitte August. Grünkohl ist eine ideale Nachfrucht für abgeerntete Beete.
Ernte, Verwendung: Von Oktober bis Februar werden die Blätter geerntet und abgestreift in Fleischbrühe mit deftiger Wurst gekocht.
Tipp: Die dekorative rotblättrige Sorte 'Redbor' nimmt nach dem Kochen die übliche grüne Farbe an. Sie wird als Ziergemüse für den ansonsten kahlen winterlichen Garten genutzt. Zur Blütezeit von Stiefmütterchen und Tulpen schmücken sich die attraktiven Pflanzen mit zahlreichen goldgelben Blüten.

Sorten: 'Halbhoher grüner Krauser', 'Fribor', 'Winterbor' (besonders frostbeständig), 'Lerchenzungen' (besonders fein gekraust), 'Redbor' (rotblättriger Grünkohl).

Grünkohl (unten links) ist ein typisches Wintergemüse, Toskanischer Palmkohl (oben) gilt als Ziergemüse. Vom Kohlrabi (rechts) gibt es grüne und blaue Sorten, Kohl- oder Steckrüben (unten rechts) sind wieder gefragt.

Palmkohl, Toskanischer Palmkohl ist ein nahe verwandter Blattkohl aus Italien. Er wird wie Grünkohl kultiviert. Die langen Blätter sind schwarzgrün, blaugrün bereift und wie bei einer Palme dekorativ angeordnet. Sie sind ein wohlschmeckendes Spätsommer- und Herbstgemüse von 50–60 cm Höhe. Ein ungewöhnliches Ziergemüse.

Sorte: (Sorte 'Nero tardivo di Toscana').

Kohlrabi, Oberkohlrabi

Brassica oleracea Gongylodes Grp.

Familie: Kreuzblütler
Beschreibung: Kohlrabi bildet eine zarte, süßlich schmeckende Knolle. Es gibt weiße und blaue Sorten, die sich jedoch nur in der Farbe unterscheiden.
Kultur: Für Gewächshaus und Frühbeet sät man im Januar bis Februar, Ernte ab Ende April), ab Ende Febraur bis Juli im Freien. Pflanzabstand 20 x 30 cm.
Ernte, Verwendung: Sowohl als Rohkost, in Scheiben oder Stifte geschnitten und gekocht mit einer weißen Soße ist Kohlrabi ein beliebtes Feingemüse, das wenig Putzaufwand erfordert, sich gut zum Einfrieren eignet und fast das ganze Jahr frisch zur Verfügung steht.

Sorten: Weiße Knollen bilden 'Quickstar', 'Trero' (fürs Gewächshaus), 'Lanro', 'Korist' und 'Superschmelz' (spät, bringt Riesenknollen).
Blaue Knollen bilden 'Azurstar' und 'Blaro'.

Kohlrüben, Steckrüben, Bodenkohlrabi

Brassica napus ssp. *rapifera*

Familie: Kreuzblütler
Beschreibung: Ein altes Wintergemüse mit lange lagerfähigen Knollen von 2–3 kg Gewicht und gelber Fleischfarbe.
Kultur: Als Nachfrucht nach Erbsen oder Salat werden die Jungpflanzen Ende Juni bis Anfang Juli im Abstand von 30 x 50 cm ausgepflanzt (»gesteckt«). Die Ernte erfolgt im Herbst. Man kann die Rüben bis in den Spätwinter lagern.
Ernte, Verwendung: Man verwendet die aromatisch schmeckenden Knollen roh als fein geschnittener Salat, als Pürree oder für deftige Eintöpfe.

Sorten: 'Seefelder', 'Östgöta'(beide mit grünen Köpfen), 'Marian' und 'Magres' (violette Köpfe).

Wurzelgemüse

Fenchel, Knollenfenchel

Foeniculum vulgare var. *azoricum*

Familie: Doldenblütler
Beschreibung: Neben dem zweijährigen Gewürz- oder Teefenchel *(Foeniculum vulgare* var. *dulce),* der mit einer bronzefarbigen Ziersorte auch als Bronzefenchel in viele Gärten Einzug fand, ist es der einjährige Knollenfenchel, der als modernes, ballaststoffreiches Fitness-Gemüse immer mehr Anklang findet. Die saftigen, cremeweißen breitrunden Knollen mit anisartigem, feinem Geschmack werden nicht nur als Gemüse gekocht, sondern vor allem als Rohkost, Snacks und für die Salatbar verwendet.
Sie enthalten viele Mineralien und würzige atherische Öle.
Standort: Das Knollengemüse braucht einen humusreichen, nährstoffreichen Boden und viel Sonne.
Kultur: Ursprünglich war der Mittelzehrer ein reines Herbstgemüse mit Aussaat Mitte Juni bis Mitte Juli und Ernte im Oktober. Durch schossfeste Sorten ist jetzt ein Anbau über die ganze Saison möglich geworden. Man sät ab Februar im Gewächshaus und ab Mitte April im Freiland, die Ernte erfolgt ab Ende Mai bis Oktober.
Weil Fenchel eine dünne Pfahlwurzel besitzt und schlecht anwächst, zieht man die Jungpflanzen entweder in Töpfen vor oder sät direkt ins Beet und vereinzelt später auf 15–20 cm Abstand.
Ernte, Verwendung: Als Rohkost, gedünstet, gekocht.

Sorten: 'Rondo', 'Selma'.

Knollenfenchel schmeckt angenehm würzig. Dank schossfester Sorten kann man schon im März mit der Aussaat beginnen.

Kartoffeln, Erdäpfel

Solanum tuberosum

Familie: Nachtschattengewächse
Beschreibung: In vielen Ländern zählt man die in Südamerika beheimateten Verwandten der Tomate zum Feingemüse. In unseren Gärten dürfen zumindest die Frühkartoffeln nicht fehlen, denn die frisch geernteten Knollen schmecken besonders gut und zählen zu den besten Delikatessen, die ein Garten bieten kann. Ihre weißen oder violetten Blüten sind eine Zierde, ebenso die kugelförmigen Samenstände, die wie die Blätter giftig sind.
Standort: Volle Sonne und ein sandig-humoser Boden lassen die Frühkartoffeln schon Ende Juni reifen. Lagersorten brauchen zwei bis drei Monate mehr.
Kultur: Die frostempfindlichen Pflanzen brauchen mindestens 7 °C Bodentemperatur, weshalb die Knollen erst Anfang April bis Mitte Mai – je nach Klima – im Abstand von 30–40 cm in 8–10 cm tiefe Rillen gelegt werden. Die Reihen liegen 40–50 cm auseinander. Der weite Abstand ist wichtig für das Anhäufeln, das dann vorgenommen wird, wenn die Blätter 15 cm hoch sind.
Gut bewährt hat sich auch das Abdecken der Beete mit schwarzen oder transparenten Folien, wodurch sich die Ernte um zwei bis drei Wochen verfrüht. Häufiges Hacken und gründliches Wässern bei Trockenheit fördern die Reife, die sich durch gelb werdendes Laub ankündigt.
Ernte, Verwendung: Mit einer Grabegabel hebt man die Knollen heraus. Sie lassen sich trocken und frostfrei locker aufgeschüttet lagern.

Sorten: Gut schmeckende **Frühkartoffeln** sind 'Erstling', 'Sieglinde', 'Saskia', 'Leyla'.
Mittelfrüh reifen 'Charlotte', 'Gloria', 'Granola' und 'Rosella'.
Zum **Einlagern** eignen sich 'Cilena', 'Forelle', 'Nicola' und die mehlige 'Quarta'.
Liebhabersorten mit feinem Geschmack sind die länglichen 'Bamberger Hörnle', die sehr ähnliche 'La Ratte' und 'Violetta' (mit rötlichem Fleisch).

Achten Sie auf den Geschmack. Bei Kartoffeln sind die Sorten-Unterschiede groß. Die Knollen sind erntereif, sobald sich die Blätter gelb färben. Trocken und kühl lagern sie monatelang.

Möhren, Karotten

Daucus carota

Familie: Doldenblütler
Beschreibung: Die alte Kulturpflanze ist in Vorderasien heimisch und gelangte mit den Arabern nach Europa. Es gibt Sorten mit weißen, violetten, gelben und orangeroten, je nach Reifezeit kurzen oder längeren Rüben. Ein hoher Gehalt an Provitamin A (Carotin) zeichnet viele Sorten aus.
Standort: Sonnig bis halbschattig, der Boden soll durchlässig, am besten sandig und steinfrei sein.
Kultur: Aussaatzeit ist von Februar bis Anfang Juli. Man sät möglichst dünn verteilt und 1,5–2 cm tief, Reihenabstand 25–40 cm. Nach dem Aufgang muss auf 4–5 cm Abstand vereinzelt werden, denn bei zu dichtem Stand gibt es ein heilloses Gedränge und verkrüppelte Wurzeln. Wer sich nicht plagen will, kann mit Pillensaat und Saatbändern gleich für den richtigen Abstand sorgen.
Ernte, Verwendung: Möhren schmecken angenehm süß, sobald sich die Wurzelspitzen abstumpfen. In feuchtem Sand oder in Folienbeuteln im Kühlschrank lassen sich gesunde Möhren mehrere Wochen lang lagern.
Tipp: Die Maden der Möhrenfliege machen durch Fraßgänge die Karotten ungenießbar. Sorten mit geringem Gehalt an Chlorogensäure wie 'Flyaway' und 'Ingot' werden weitgehend von den Schädlingen gemieden.

Sorten: Früh: 'Cesaro', 'Amsterdamer Treib', 'Mokum', die runden Pariser Karotten 'Kundulus' und 'Pariser Markt'.
Mittelfrüh: 'Nantaise', 'Napoli', 'Almaro', 'Nanco'.
Spät, zum Lagern mit großen Rüben: 'Lange rote stumpfe ohne Herz', 'Berlikumer', 'Rote Riesen', 'Flamaro'.

Pastinaken, Hammelmöhren

Pastinaca sativa

Familie: Doldenblütler
Beschreibung: Der wüchsige Doldenblütler mit 70–100 cm langen, aufrechten, sellerieähnlichen Blättern ist in Europa heimisch. Geerntet werden die angenehm süß-aromatisch schmeckenden verdickten Wurzeln, die viele Mineralstoffe, Vitamine und ätherische Öle enthalten.
Kultur: Man sät den großen, flachen Samen von März bis Anfang Mai im Abstand von 6–8 cm und 60–70 cm von Reihe zu Reihe.
Ernte, Verwendung: Sie können als eines der wenigen winterharten Gemüse nicht nur im Herbst, sondern auch den ganzen Winter hindurch vom Beet geerntet werden. Weil ihr weißes Fleisch besonders bekömmlich ist, werden Pastinaken der Möhrenbabynahrung beigemischt. Man kann die cremeweißen Wurzeln auch schälen, dünsten oder als Gratin backen.

Sorten: 'Halblange weiße', 'Student', 'White Diamond'.

Nur bei genügend Abstand werden Möhren groß. Deshalb sind Pillensaat oder Vereinzeln wichtig.

Schade, dass Pastinaken so unbekannt sind. Der süß-aromatische Geschmack ist unvergleichlich.

Radieschen

Raphanus sativus var. *sativus*

Familie: Kreuzblütler
Beschreibung: Kurze Kulturzeit und angenehm würziger Geschmack machen das einjährige Radieschen zu einem besonders beliebten Gemüse. Die runden, spitzkegeligen oder zylindrischen Knollen können rot, rot-weiß oder weiß gefärbt sein.
Standort: Radieschen brauchen viel Sonne, reichlich Abstand und einen humosen Gartenboden.
Kultur: Radieschen kann man im Gewächshaus rund ums Jahr säen, im Frühbeet und Freiland von Ende März bis September. Säen Sie immer in flache Rillen (0,5–1 cm tief), denn sonst werden die Knollen nicht rund. Wichtig ist ein ausreichender Pflanzenabstand von 4–5 cm im Sommer und 8–10 cm im Winter durch dünne Saat oder Vereinzeln. Weil man sie schon nach 6–8 Wochen ernten kann, sind Radieschen die idealen Lückenfüller. Die allerersten Radieschen erhalten Sie, wenn beim Aussäen der Karotten Mitte bis Ende März als Kennsaat alle 10–20 cm ein Radieschenkorn zwischen die sehr langsam keimenden Möhrensamen ausbringen. Vorteil: die Reihen sind schon sichtbar und können gehackt werden, und durch den weiten Stand reifen Radieschen besonders schnell.

Die schnellwüchsigen Radieschen gelingen im Frühjahr und im milden Herbst am besten.

Rettich braucht besonders tiefgründig gelockerten, humosen und wasserhaltenden Boden.

Ernte, Verwendung: Sobald die zarten Knollen 2–3 cm Durchmesser zeigen, kann man ernten und aus den würzigen Knollen einen Salat bereiten oder sie zum Butterbrot verzehren.

Sorten:
Gewächshaus: 'Juwasprint', 'Cyros', 'Tarzan', 'Karissima', 'Fanal'.
Frühjahr und Herbst: 'Saxa 2/Bon', 'Cyros', 'Falco', 'Florent', 'Rundes halbrot-halbweiß', 'French Breakfast' und 'Flamboyant'(zylindrisch, rotweiß), 'Eiszapfen' (weiß, spitz).
Sommer: 'Parat', 'Ilka', 'Riesen von Aspern', 'Stoplite', 'Sora', 'Eterna', 'Carnita'.

Rettich

Raphanus sativus var. *niger*

Familie: Kreuzblütler
Beschreibung: Die viel langsamer wachsende Verwandte des Radieschens ist eine Spezialität deutschsprachiger Länder. Viel milder im Geschmack und größer sind japanische Rettiche, die leicht 30–40 cm Länge erreichen.
Standort: Rettiche brauchen einen tief gelockerten, humosen, nährstoffreichen Boden und viel Licht.
Kultur: Im Gewächshaus kann man die ersten Aussaaten schon im Januar und die letzten Ende August vornehmen. Im Freiland wird zwischen Mitte März und Anfang August gesät. Reihenabstand 20–25 cm, in der Reihe wird auf 12–20 cm vereinzelt. Japanische Riesenrettiche brauchen 30 x 35 cm Abstand. Das Abdecken der Beete mit Vlies bringt eine erhebliche Verfrühung. Im Sommer können Sie mit Insektennetz abdecken und damit Schäden durch Schädlinge wie Raupen, Läuse oder Rettichfliegen vermeiden.
Ernte, Verwendung: Die würzigen Rettiche werden geschält und frisch verzehrt, in dünne Scheiben geschnitten oder geraspelt als Salat. Japanische Rettiche kann man nach fernöstlicher Art im Wok in Streifen geschnitten anbraten, dünsten und in Essigsoßen einlegen.

Sorten:
Gewächshaus, Tunnel und Vlies: ganzjährig 'Rex' (weiß).
Freiland, Ernte im Frühling oder Herbst: 'Neckarruhm' (weiß und dunkelrosa), 'Rex' und 'Ostergruß rosa', 'Neptun', 'April Cross' (weiß).
Sommer: 'Halblanger weißer Sommer'.
Zur Winterlagerung: 'Hild's Blauer Herbst und Winter', 'Runder schwarzer Winter', 'Münchner Bier' (weiß).

Rote Bete, Rote Rüben, Randen

Beta vulgaris ssp. *vulgaris*

Familie: Gänsefußgewächse
Beschreibung: Rote Rüben sind mit den Zuckerrüben eng verwandt.
Standort: Sonnig-halbschattig. Der Boden soll humusreich und nie trocken sein.
Kultur: Aussaat nicht früher als Mitte April dünn verteilt in Reihen von 25 bis 30 cm Abstand. Bei älteren Sorten enthält ein Samenknäuel mehrere Keime.

Eine echte Delikatesse von früher ist die mit dekorativen Ringen versehene Rote Bete 'Chioggia'.

Sie müssen später auf 6–8 cm Entfernung vereinzelt werden. Bei neuen, »monogermen« Sorten liegen die einzelnen Samen gleich im richtigen Abstand.
Ernte, Verwendung: Von Juli bis Oktober kann man ernten. Schneiden Sie das Laub mit Stummel ab, damit die runden oder die besonders ertragreichen zylindrischen Rüben nicht ausbluten. Man kann sie bis zum Frühjahr wie Kartoffeln kühl und trocken lagern. Schälen Sie die Rüben erst nach dem Kochen, denn dann lässt sich die Haut ganz einfach abziehen. Man schneidet die Rüben in Scheiben oder Würfel und genießt sie als Rohkost, Saft oder gekocht als süß-sauer angerichteter Salat.

Sorten: Rund: 'Rote Kugel', 'Juwakugel'. 'Moulin Rouge', 'Monalisa' (einkeimig). 'Chioggia', mit dekorativen weiß-roten Ringen.
Zylindrisch: 'Forono', 'Loma'.

Schwarzwurzeln

Scorzonera hispanica

Familie: Korbblütler
Beschreibung: Die mehrjährigen Pflanzen werden meist einjährig kultiviert. Unter einem etwa 40 cm hohen Blattschopf bilden sich im Herbst daumendicke, 30 cm lange, schwarze Wurzeln, die einen Milchsaft enthalten.

Schwarzwurzeln werden »Spargel des Winters« genannt. Das Wurzelgemüse ist frostbeständig und kann stets aus dem Freien geerntet werden.

Standort: sonnig
Kultur: Aussaat Ende März bis Anfang April in einer Tiefe von 2–3 cm mit einem Reihenabstand von 25–30 cm und vereinzelt später auf einen Abstand von 5–7 cm. Der Boden soll tiefgründig gelockert, nährstoffreich und humos sein.
Ernte, Verwendung: Dieses alte Gemüse aus dem Süden ist frosthart und kann sowohl im Herbst in feuchtem Sand eingelagert als auch bei Tauwetter frisch aus dem Boden geholt werden. Die 30–40 cm langen Wurzeln sind besonders schmackhaft. Nach dem Schälen werden sie gegart und mit einer weißen Soße heiß oder als Salat serviert.

Sellerie, Knollensellerie

Apium graveolens

Familie: Doldenblütler
Beschreibung: Die schon im Altertum bekannte Gemüsepflanze stammt aus den Brackwassersümpfen Siziliens. Sie hat einen hohen Bedarf an Salz und Feuchtigkeit und zählt zu den Starkzehrern mit hohem Nährstoffbedarf. Knollensellerie bildet halb-oberirdische, breitrunde Knollen und schmeckt aromatisch. Ätherische Öle, Apiol, viele Mineralien und Ballaststoffe machen Sellerie zu einem wertvollen Gemüse. Stangen- und Bleichsellerie siehe Seite 485.
Standort: Sonne bis Halbschatten und ein feuchter, nährstoffreicher Boden mit reichlich Kali sind günstig.
Kultur: Die lange Kulturzeit und die Empfindlichkeit gegen Schossen machen eine warme Anzucht im Gewächshaus erforderlich. Oft lohnt sich deshalb der Kauf von Jungpflanzen. Der feine Samen wird Mitte bis Ende März in Schalen ausgesät bei mindestens 16 °C und nach dem Aufgang pikiert im Abstand von 6–8 cm. Das Abhärten vor dem Auspflanzen (Fenster und Türen tagsüber öffnen, Kisten nach draußen stellen) ist wichtig, um einen Kälteschock zu vermeiden. Ein guter Pflanzabstand ist 40 x 40 cm. Mehrfach hacken, anhäufeln, 2–3 mal mineralisch düngen und reichlich gießen.
Ernte, Verwendung: Erntezeit ist ab Spätsommer bis zum Herbst. Die Knollen lassen sich kühl 2–3 Monate lagern. Sellerie wird als Salat gekocht und und in Scheiben geschnitten. Er gehört ins Suppengrün, das Eintöpfen und Muschelgerichten herzhaften Geschmack verleiht.

Sorten: Wichtig ist die Widerstandsfähigkeit gegen Sellerie-Blattfleckenkrankheit: 'Bergers weiße Kugel', 'Mars', 'Rex', 'Regent'.

Knollensellerie kann reichlich Nährstoffe und Feuchtigkeit verkraften. Die aromatischen Knollen sind bis ins Frühjahr lagerfähig.

Zwiebelgemüse

Porree, Lauch

Allium porrum

Familie: Liliengewächse
Beschreibung: Die alte Kulturpflanze stammt aus dem Mittelmeergebiet. Sie wird 40–80 cm hoch, hat breite, lanzenförmige Blätter mit dickem Schaft, ohne Zwiebel. Mineralstoffe, ätherische Öle und antibiotisch wirkende sekundäre Inhaltsstoffe machen Porree zu einem besonders wertvollen Gemüse mit viel Aroma.
Standort: Der Starkzehrer liebt einen humosen, nährstoffreichen Boden und volle Sonne.
Kultur: Man kann Porree von April bis Mai ins Freie säen und später auf 8–12 cm Abstand vereinzeln. Häufiger ist jedoch die Jungpflanzenanzucht in Kistchen oder Topfplatten. Herbstporree wird schon im März gesät und Ende Mai ausgepflanzt. Winterporree kann man Ende Mai aussäen und im Juli pflanzen. Damit auch harte Fröste (unter –15 °C) nicht schaden, wird das Beet über Winter mit Vlies abgedeckt. Schöne lange Schäfte mit viel Weißanteil erzielt man durch Lochpflanzung: Stoßen Sie in tief gelockerten Boden mit dem Rechenstiel etwa 20 cm tiefe Löcher und lassen Sie die Jungpflanzen hineinfallen. Mit einem weichen Wasserstrahl schlämmt man die Jungpflanzen gründlich ein. Wird später noch 1–2mal angehäufelt, erreichen die Schäfte leicht 40–50 cm Länge.
Ernte, Verwendung: Von Juli bis Ende April ist Erntezeit, bei Winterporree von November bis April. Porree passt gut zur Salate-, Bistro- und Fitnessküche. Ob als Auflauf, Quiche, Kochgemüse oder Suppe, Porree ist nie aufdringlich oder zu scharf. Man kann ihn gut frosten.

Wer Porree pflanzt, tut seinem Boden etwas Gutes. Die vielen Wurzeln und blattreichen Ernterückstände bringen reichlich Humus.

Sorten: Früh: 'Tropita', 'Albana', 'Hilari', 'Amundo'.
Herbsternte: 'Ducal', 'Blaugrüner Herbst', 'Bavaria', 'Genita'.
Winterernte: 'Blaugrüner Winter/Eskimo', 'Husky', 'Alaska'.

Zwiebeln

Allium cepa

Familie: Liliengewächse
Beschreibung: Sie zählen zu den ältesten Kulturpflanzen. Groß ist die Vielfalt der Arten und Sorten, die ein- bis mehrjährig genutzt werden. Zwiebeln enthalten reichlich Senföle, die keim-

hemmend wirken und Erkältungen bekämpfen, Mineralien und sekundäre Inhaltsstoffe.
Standort: Der Mittelzehrer braucht volle Sonne und einen durchlässigen, humosen Gartenboden.
Kultur: Aus Steckzwiebeln gelingt die Kultur schnell. Man kann sie im März bis April oder im September bis Oktober im Abstand von 3–5 cm in die Erde stecken und schon im Juni bis Juli ernten. Aussaaten ins Freie brauchen etwas länger. Wichtig ist eine frühe Aussaat. März bis Anfang April wird 2 cm tief dünn verteilt in Reihen gesät bei 25–30 cm Reihenabstand und nach dem Aufgang vereinzelt. Die Ernte erfolgt August bis September. Wer Ende Juli bis Mitte August zur Überwinterung sät, kann vom Spätherbst bis zur Ernte bereits grünes Schlottenlaub schneiden und die Zwiebeln ab nächsten Juli ernten. Lassen Sie die Zwiebeln noch einige Tage auf dem Beet liegen und in der Sonne trocknen, dann bleiben sie monatelang lagerfähig.
Ernte, Verwendung: Es gibt gelbe, scharfe rote und milde weiße Küchenzwiebeln. Man verwendet sie für viele Gerichte zum Würzen, für Salate, Zwiebelkuchen und für Suppen.

Sorten:
Gelbschalig: 'Stuttgarter', 'Sturon', 'Zittauer gelbe', 'Rijnsburger', 'Corona', 'Birnförmige'.
Rotschalig: 'Braunschweiger dunkelblutrote', 'Czardas'.
Weißschalig: 'Weiße Frühlingszwiebel', 'Weiße Königin', 'White Lisbon'.

Kleine Silberzwiebeln: Hervorragend zum Einmachen.
Gemüsezwiebeln: Sie sind besonders mild und saftig. Man zieht sie unter Glas vor und pflanzt im Mai aus (Abstand 25 x 30 cm).

Sorten: 'Ailsa Craig', 'Exhibition', 'The Kelsae'.

Lauchzwiebeln *(Allium fistulosum)*: Sie schmecken besonders mild und sind wegen des langen, porreeähnlichen Schaftes und des würzigen Laubs begehrt. Man sät sie von März bis Mai oder über Winter im August.

Sorten: 'Kaigaroo', 'Lange weiße Milda'. 'Toga' (roter Schaft).

Winterheckezwiebeln *(Allium fistulosum)*: Sie werden rund ums Jahr wegen ihres schnittlauchähnlichen Laubes genutzt. Frost macht ihnen nichts aus.
Etagen- oder Luftzwiebeln *(Allium cepa* var. *viviparum)*: Sie bilden keinen Samen, sondern auf 50–60 cm langen Stielen in luftiger, Höhe im August 2–3 cm dicke, feste Zwiebeln, die zum Einlegen von Gurken und in der Küche genutzt werden, ansonsten aber herunterfallen und sofort Wurzeln schlagen. Die Pflanzen sind frosthart und liefern im Sommer wie im Winter frisches Schlottengrün.
Schalotten *(Allium cepa* var. *ascalonicum)*: Sie bilden horstartig geteilte rote oder gelbe Zwiebeln und werden wegen ihres mildwürzigen Geschmacks von Feinschmeckern geschätzt.

Knoblauch bringt Geschmack an viele Gerichte. Seine heilenden Kräfte bei Erkältung, Herz- und Kreislaufkrankheiten sind allgemein anerkannt.

Knoblauch

Allium sativum

Familie: Liliengewächse
Beschreibung: Das bekannte Liliengewächs aus Zentralasien zählt zu den ältesten Kulturpflanzen der Welt. Die würzenden, keimhemmenden und kreislauffördernden Eigenschaften machen die Zwiebeln sehr wertvoll. Sie sind in viele »Zehen« geteilt, die auch zur Weitervermehrung genutzt werden, denn Knoblauch bringt keinen Samen.
Standort: Sonnig und warm. Ein nährstoffreicher, lockerer Boden ist günstig für den Mittelzehrer.
Kultur: Im September bis Oktober oder auch noch im März und April steckt man die Zehen im Abstand von 15–20 cm 4–5 cm tief in den Boden. Reihenabstand 20–25 cm.
Ernte, Verwendung: Man gräbt die Zwiebeln aus und lässt sie an luftiger Stelle nachtrocknen.
Knoblauch würzt frisch oder getrocknet viele Gerichte.

Sorten: Es gibt nur Herkünfte, meist vom Balkan oder aus Frankreich. Der porreeähnliche Riesenknoblauch 'Elephant garlic' aus den USA bringt bis zu handgroße Zwiebeln mit besonders mildem Geschmack.

Kaum ein Gemüse ist so abwechslungsreich wie Zwiebeln. Lauch- und Gemüsezwiebeln sind mild, Haushaltszwiebeln und Schalotten scharf.

Kräutergärten im Wandel der Zeit

Wild wachsende Kräuter gehörten sicher zu denjenigen Pflanzen, die die Menschen seit grauer Vorzeit sammelten und nutzten. Von Naturvölkern, die ihre ursprüngliche Lebensweise bis heute beibehalten haben, wissen wir, dass sie ganz erstaunliche Kräuterkenntnisse besitzen, die sie im täglichen Leben und vor allem auch in der Heilkunde anwenden. Das enge Zusammenleben mit der Natur, genaue Beobachtungen und Erfahrungen, die von einer Generation an die andere weitergegeben werden, ermöglichen diesen Reichtum des Wissens. Ähnlich können wir uns auch das Verhältnis unserer frühesten Vorfahren zu den Wildkräutern vorstellen.

Erste Beweise für die Verwendung von Kräutern in der Vorzeit fanden Archäologen, die Reste von Mohn, Angelika und Kümmel in Pfahlbauten der Jungsteinzeit entdeckten. Erst als die Sammler und Jäger sesshaft wurden, erhielten auch die Kräuter einen festen Platz in eingezäunten Gärten. In allen Hochkulturen der Erde tauchen bereits in den ersten schriftlichen Überlieferungen Nachrichten über Heilkräuter und Gewürze auf. Reichhaltige Werke, in denen das gesamte damals bekannte Wissen über Heil- und Würzpflanzen gesammelt wurde, sind uns aus dem antiken Griechenland und aus dem römischen Weltreich überliefert. Die Bücher von Hippokrates, Galenos, Dioskurides, Plinius dem Älteren und Columnella bildeten das Fundament des Wissens, auf dem die abendländische Medizin jahrhundertelang gegründet war.

Einwanderer aus dem warmen Süden

Zahlreiche Kräuter, die ursprünglich in den Ländern rund um das Mittelmeer zu Hause waren, wanderten nach der Zeitenwende über die Alpen nach Mitteleuropa. Im Gepäck römischer Legionäre und frommer Mönche reisten Lavendel, Salbei, Rosmarin und viele andere »Spezereien« aus dem sonnigen Italien in die raue Fremde. Die Gärten der Römer in Germanien gingen zusammen mit dem Weltreich unter. Die Kräuter, die später hinter schützenden Klostermauern angesiedelt wurden, überstanden dagegen viele Jahrhunderte mit wechselvoller Geschichte.

Auch Kaiser Karl der Große trug viel zur Ausbreitung und Wertschätzung der Kräuter in seinem Reich bei. Um 812 n. Chr. erließ er eine Verordnung für seine Landgüter (das berühmte Capitulare de villis). Darin empfahl er den Anbau eines reichhaltigen Gewürz- und Arzneipflanzen-Sortimentes. Erwähnt sind in dieser Liste zum Beispiel Anis, Bach-Minze, Bohnenkraut, Dill, Eberraute, Fenchel, Krause-Minze, Kerbel, Kresse, Koriander, Knoblauch, Kümmel, Liebstöckel, Muskateller-Salbei, Minze, Petersilie, Raute, Rosmarin, Salbei, Sellerie, Senf, Schnittlauch, Wilde Minze und Zwiebeln.

Aber erst als die Erfindung der Buchdruckerkunst das Wissen von den verborgenen Kräften der Kräuter »unter die Leute« brachte, breiteten sich auch die Pflanzen in den Gärten weiter aus. Im ausgehenden Mittelalter schrieben die berühmten »Kräuterväter« Otho Brunfels, Leonhard Fuchs, Hieronymus Bock, Petrus Andreas Mathiolus und Jacobus Theodorus Tabernaemontanus ihre umfangreichen Bücher. Sie trugen mit dazu bei, dass eine Vielzahl aromatischer Pflanzen in die Bauern- und Bürgergärten Einlass fanden. Nun nutzten immer mehr Menschen die guten Eigenschaften der heimischen und der eingewanderten Kräuter in ihrem Alltag. Sie verfeinerten ihre

Nach historischen Vorbildern wurde dieser reichhaltige Kräutergarten angelegt. Für den normalen Hausgarten kann man sich einzelne Gestaltungs-Aspekte und Pflanzen-Details abschauen.

Speisen mit würzigen Blättern und Blüten und füllten die Hausapotheke mit wohltuender Naturarznei.

Die Kräuter im 20. Jahrhundert

In dieser Zeit erlitt der vertraute Umgang mit den Kräutern in der Natur und im eigenen Garten einen tief greifenden Rückschlag. Die atemberaubend rasche Entwicklung neuer Techniken und wissenschaftlicher Fortschritte auf medizinischem Gebiet ließ Großmutters Kräuter altmodisch und überholt erscheinen. Auch die Gärten in den großen Städten der Industriegesellschaft veränderten sich. Da immer mehr Häuser gebaut wurden, stiegen die Grundstückspreise, schrumpften die grünen Oasen zu kleinen Parzellen zusammen. Das kostbare Stückchen Erde hinter dem eigenen Haus war nun zu schade für gewöhnliche Nutzpflanzen. An Stelle von Gemüse, Obst und Kräutern pflanzten die meisten Menschen Blumen und Ziergehölze. Der Garten wurde zum Freizeit- und Erholungsraum für stressgeplagte Bürger.
Erst Umweltschäden und Zivilisationskrankheiten führten dazu, dass das Pendel wieder zurückschlug. Die Erkenntnis, dass Fortschritt nicht mit der Zerstörung der Natur bezahlt werden darf, setzte sich auf breiter Basis durch. Naturgemäße Gärten, natürliche Ernährung und auch die Naturheilkunde finden inzwischen wieder zahlreiche Anhänger. Die guten alten Kräuter erhielten im Zuge dieser Entwicklung einen neuen Ehrenplatz im Garten, in der Küche und auch in der Hausapotheke.
Da viele Kenntnisse, die einst Jahrhunderte lang von einer Generation zur anderen überliefert wurden, verloren gingen oder in Vergessenheit gerieten, muss die Kräuterkunde heute von neuem verbreitet werden. Auch diesmal spielen die Bücher dabei eine wesentliche Rolle. Lernen wir mit ihrer Hilfe wieder Kräuter und Gewürze im Garten anzubauen und sie in der Küche ebenso wie in der Hausapotheke richtig zu verwenden.

Einen Kräutergarten anlegen

Es gibt keinen Garten, in dem sich nicht ein passendes Fleckchen Erde für ein paar duftende Kräuter finden ließe. Die anregende Würze und die sanfte Heilkraft dieser Pflanzen sind so wichtig für ein gesundes Leben, dass sie nirgends fehlen dürfen. Ein großer Kräutergarten kann ein Paradies der Wohlgerüche und eine Fundgrube natürlicher Heilschätze sein. Aber auch ein kleines Gewürzbeet bietet bereits wertvolle Zutaten für die Küche und die Hausapotheke. In einem naturgemäßen Garten spielen Kräuter eine so wichtige Rolle, dass sie immer in die Anlage eingeplant werden sollten.

Bei der Anlage eines Kräutergartens sind der Kreativität keine Grenzen gesetzt. Symmetrisch angeordnete Beete erleichtern die Ordnung. Ein Rondell wirkt sehr dekorativ; eine Spirale lädt zu Schnupperspaziergängen zwischen Würz- und Duftkräutern ein.

Licht, das Lebenselixier aller Kräuter

Die meisten Kräuter, die heute in unseren Gärten gedeihen, waren ursprünglich in den Ländern rund um das Mittelmeer zu Hause. Dort wachsen Thymian, Lavendel, Salbei und Rosmarin noch heute an heißen, lichtdurchfluteten Standorten wild. Nur unter dem intensiven Einfluss der Sonnenstrahlen entwickeln sie den höchsten Gehalt an ätherischen Ölen und anderen wertvollen Inhaltsstoffen. Deshalb müssen Sie für Ihren Gewürzgarten einen möglichst sonnigen, geschützten Platz aussuchen.
Nur wenige Kräuter fühlen sich auch im lichten Schatten wohl. In der Regel sind es einheimische Gewächse, die seit jeher an ein kühleres, feuchteres Klima und an wolkenverhangenen Himmel gewöhnt sind. Dazu gehören zum Beispiel Pfefferminze, Schnittlauch, Kümmel und Beinwell.

Magere Erde als Grundlage

In magerem Boden, der locker und wasserdurchlässig ist, fühlen sich die meisten Kräuter wohler als in nährstoffreicher Erde. An gut gedüngten Standorten entwickeln die Pflanzen zwar üppiges Blattwerk, aber ihre Substanz leidet; der Gehalt an Inhaltsstoffen und der Duft schwinden bei übermäßig angebotener »Wohlstandskost«.
Wenn Ihr Garten »fette«, lehmige Erde enthält, sollten Sie den Boden auf den Kräuterbeeten mit Sand lockern. Wo durch schweren, tonigen Lehm stauende Nässe entsteht, verlegen Sie den Gewürzgarten besser auf Hochbeete, die mit einer guten Dränage ausgestattet sind. Auch Steingärten oder speziell für Kräuter angelegte Trockenmäuerchen überbrücken solche schwierigen Bodenverhältnisse.

Wenig Wasser, sparsame Düngung

Nur Aussaaten und junge Gewürzpflanzen müssen Sie regelmäßig feucht halten. Wenn die Kräuter genügend Wurzeln entwickelt haben und fest im Boden verankert sind, brauchen sie nur in heißen Sommerwochen ein wenig zusätzliche Feuchtigkeit. Im Allgemeinen vertragen die meisten Arten Trockenheit besser als Nässe.
Eine Ausnahme bilden auch hier heimische Gewächse wie Schnittlauch, Kümmel, Engelwurz, Beinwell und Pfefferminze.

Sie lieben, ebenso wie Liebstöckel, Petersilie und Boretsch, tiefgründigen, feuchten Humus.
Gedüngt wird im Kräutergarten vor allem regelmäßig mit reifem Kompost. Nur starkwüchsige Pflanzen wie Liebstöckel, Beinwell, Engelwurz, Alant und einige andere vertragen eine leichte Zusatznahrung. Am besten eignet sich ein langsam wirkender organischer Vorratsdünger, zum Beispiel Hornspäne, der im zeitigen Frühling rund um die Pflanzen ausgestreut und leicht in die Erde eingeharkt wird. Im Sommer können Sie einmal eine kleine Portion stark verdünnte Brennnessel-Jauche (1:20) direkt in den Wurzelbereich gießen. Brausen Sie die nahrhafte Brühe aber niemals über die Blätter; der Jauchegeruch könnte Ihnen sonst eine Zeitlang den Genuss der Würze verderben!

Der klassische Kräutergarten

Für die Anlage eines Kräutergartens gibt es zahlreiche Möglichkeiten. Wenn Sie einen günstigen Standort ausgesucht haben, bleibt die äußere Gestaltung völlig Ihrer Fantasie überlassen.
Falls Sie reichlich Platz zur Verfügung haben, lohnt es sich, einen richtigen Kräutergarten anzulegen. Teilen Sie ihn in einzelne Beete auf, die durch schmale Wege voneinander abgegrenzt werden. Die Anlage wird in symmetrisch angeordnete Grundformen gegliedert. Dies können Rechtecke oder Quadrate sein, kombiniert mit Rundbögen und Kreisen. Sehr reizvoll ist auch ein Muster, bei dem die Wege sternförmig auf ein Rondell im Mittelpunkt zulaufen.
Als fester Belag für die Trittflächen eignen sich Platten, Ziegelsteine, Kies, Holzpflaster oder eine dicke Schicht aus Rindenmulch. In einer solchen Anlage können Sie die verschiedenen Gewürzpflanzen übersichtlich anordnen. Die kleinen Beete erleichtern die Pflege und die Ernte.

Nach traditionellen Vorbildern wurde diese mit Buchsbaum umrandete Anlage gestaltet. Sie ist pflegeaufwändig, aber sehr dekorativ. Die Kräuterauswahl muss zu den Ornamenten passen.

Mit Formen spielen

Ein besonders hübscher Anblick sind ornamental gestaltete Kräutergärtchen, die auch auf begrenztem Raum Platz finden. Die Grundform wird aus Bruchsteinplatten oder Ziegelsteinen ausgelegt. Diese in einer Sandschicht eingebetteten Steine dienen dann gleichzeitig als Trittplatten oder Wege. So können Sie ein Kräuter-Rondell in Form eines Rades mit Speichen anlegen oder fantasievoll Rauten- und Spiralmuster gestalten.

Kräuter im Steingarten

Wenn Sie einen sonnig gelegenen Steingarten besitzen, können Sie dort zwischen den blühenden Polsterstauden auch Thymian, Salbei, Ysop, Weinraute, Origano, Lavendel und Eberraute pflanzen. Sie gedeihen gut unter den gleichen Bedingungen wie Gebirgspflanzen: in magerem, warmem Boden mit raschem Wasserabzug.

Salbei, Bergbohnenkraut und andere Kräuter aus dem Mittelmeerraum gedeihen gut auf Trockenmauern (oben). Bunt leuchtet das Kräuterbeet mit Ringelblumen und Monarden (unten).

Bunt und würzig: die Kräuter-Rabatte

Sehr hübsch ist auch ein Beet, das Sie am Rand des Gartens als Kräuter-Rabatte bepflanzen. Hier können Sie ausdauernde Stauden wie Zitronen-Melisse, Estragon, Salbei, Origano, Thymian, Schnittlauch und Eberraute mischen mit einjährigen Kräutern wie Kerbel, Dill, Bohnenkraut, Boretsch und Koriander.
Besonders anmutig wirkt ein solches Duft- und Würzbeet, wenn Sie noch einige farbenfrohe Arznei- und Teepflanzen daruntermischen: zum Beispiel die leuchtenden Sonnen der Ringelblumen, rote

Indianernesseln, gelbe Königskerzen, weiße Madonnen-Lilien und eine altmodische Zentifolien-Rose.

Kräuter als Begleiter von Gemüse und Blumen

Wenn Sie nur sehr wenig Platz zur Verfügung haben, säen oder pflanzen Sie einige Kräuter einfach am Rand der Gemüsebeete oder zwischen den Blumen des Gartens aus. Die folgenden Kombinationen haben sich in der Praxis bewährt: Bohnenkraut zu Buschbohnen, Dill zu Gurken, Petersilie zu Tomaten, Schnittlauch zu Erdbeeren, Lavendel, Ysop und Salbei zu Rosen, Boretsch, Ringelblumen und Kapuzinerkresse zu den Sommerblumen.

Würze aus dem Blumentopf

Das kleinste Kräutergärtchen hat in Töpfen, Kästen und Kübeln Platz. Gefäße aller Größen können Sie als kleine Gewürzsammlung auf der Terrasse, auf dem Balkon, an einer sonnigen Hauswand oder in einem kleinen Innenhof aufstellen. In größeren Töpfen gedeihen sogar ausdauernde Kräuter wie Zitronen-Melisse, Estragon, Ysop und Salbei. Bohnenkraut, Dill, Kerbel, Kresse und Boretsch eignen sich zum Aussäen in Kästen. Lorbeer-Bäumchen und Rosmarin verleihen einem kleinen mobilen Kräutergärtchen südländische Atmosphäre. Sie müssen aber im Winter ins Haus geholt werden.

Das Kräuterbeet im Jahreslauf

Wenn Sie den idealen Standort für Ihre Kräuter ausgesucht und den Platz nach Ihren Vorstellungen gestaltet haben, sollten Sie zuerst die Erde gründlich lockern, zum Beispiel mit dem Sauzahn oder mit einer Grabgabel. Entfernen Sie alle Unkräuter, die sich nun leicht herausziehen lassen. Dann glätten Sie den Boden mit einer kleinen Harke oder einem Grubber. Alle groben Erdbrocken müssen dabei sorgfältig zerkleinert werden.
Streuen Sie nun 1–2 cm dick feinen reifen Kompost aus. Zum Schluss ziehen Sie mit dem Rechen die ganze Fläche glatt. Dabei wird der Kompost ganz leicht in die Oberfläche eingeharkt. Das Beet soll nun ein feinkrümeliges, weiches Bett für die Samenkörner und die Wurzeln junger Pflanzen bilden. Damit ist die Grundlage für Ihren Kräutergarten gelegt.

Aussaat vom Frühling bis zum Sommer

Wenn die Märzsonne zum ersten Mal warm über den Garten strahlt, kribbelt es den meisten Gärtnern unwiderstehlich in den Fingern. »Alte Hasen« bleiben dann trotz der himmlischen Verlockungen geduldig. Sie wenden sich zunächst der Erde zu. Beim ersten prüfenden Handgriff stellen sie fest: Der braune Humus fühlt sich noch nass und kalt an, der Boden klebt zwischen den Fingern und unter den Stiefeln. In diesem Zustand darf er auf keinen Fall bearbeitet werden.
Lassen Sie sich nicht zu früh zum Aussäen verlocken. Nasse Böden, vor allem lehmige Erde, verkleben und verdichten sich jetzt noch unter jedem Schritt. An warmen Tagen backt die Oberfläche anschließend zu einer steinharten Kruste zusammen. Wie soll der zarte Kräuterkeimling sich in einer solchen Umgebung entfalten?
Warten Sie lieber, bis die Erde nach ein paar sonnigen Tagen wirklich angewärmt und etwas abgetrocknet ist. Wenn Sie mit den Händen hineingreifen, soll der Humus von selbst in lockere, weiche Krümel auseinander fallen. In diesem Boden können sich Samenkörner und junge Pflanzenwurzeln leicht entfalten.
Zum Keimen ist unbedingt eine warme, feuchte Atmosphäre nötig. In nasskalter Umgebung besteht die Gefahr, dass die Samen faulen oder nur sehr langsam zum Leben erwachen.

Zahlreiche Kräuter wachsen auch eine Zeit lang in Töpfen. Hier lädt eine Sammlung verschiedener Minzesorten zu Duftvergleichen und zur Tee-Ernte ein.

Die wetterfesten Kräuter

Beginnen Sie, sobald die Voraussetzungen günstig sind, mit denjenigen Kräutern, die die rauen Gewohnheiten des Märzwetters nicht übel nehmen. Sie müssen ja damit rechnen, dass auf sonnige Tage wieder Schneeschauer oder Regengüsse folgen werden. Petersilie, Kresse und Kerbel sind hart im Nehmen; sie werden sich den Launen des frühen Frühlings anpassen.
Lockern Sie das Beet noch einmal mit dem Grubber oder einer kleinen Harke. Dann ziehen Sie die Erde mit dem Rechen glatt. Wenn Sie gerade, ordentliche Reihen lieben, spannen Sie zwischen zwei Stöcken eine Schnur. Darunter ziehen Sie mit dem umgedrehten Stiel des Rechens flache Rillen. Streuen Sie durchgesiebten, reifen Kompost in die Vertiefung, so dass ein feines, gleichmäßiges Saatbett entsteht.
Der Abstand der Reihen richtet sich nach dem späteren Wachstum der Pflanzen. Sehen Sie auf den Samentüten nach, dort sind meist genaue Maße angegeben. Petersilie braucht zum Beispiel 10–15 cm Abstand von einer Reihe zur nächsten. Bei Kerbel und Kresse genügen 10 cm.

Nun können Sie mit der Aussaat beginnen. Achten Sie darauf, dass die Samen nicht zu dicht liegen, sonst nehmen sich die jungen Pflanzen später Nahrung und Platz weg. Petersiliensamen keimt sehr langsam; manchmal dauert es drei Wochen, bis die ersten grünen Blättchen erscheinen. Legen Sie deshalb im Abstand von 10–15 cm einige Radieschenkörner in die Saatrille. Diese großen, kugelrunden Samen keimen rasch und markieren die Reihe, so dass Sie ohne Gefahr die Erde dazwischen lockern können.
Zum Schluss schieben Sie mit den Händen oder aber auch mit dem Rücken des Rechens von beiden Seiten eine dünne Erddecke über die Saatreihen. Drücken Sie diese feine Humusschicht über den Samenkörnern ein wenig fest, damit die Körner ringsum von Erde eingehüllt sind. Nun gießen Sie mit feiner Brause und temperiertem Wasser leicht an. Dabei darf die Erde nicht auseinander geschwemmt werden.
In den kommenden Wochen ist es sehr wichtig, dass alle Saatreihen gleichmäßig feucht bleiben. Bei warmem Wetter müssen Sie also morgens oder am Nachmittag gießen. Wenn die Aussaaten längere Zeit trocken liegen, verlieren sie ihre Keimkraft und gehen nicht auf.
Vergessen Sie auch nicht, das Samentütchen neben den Reihen zu befestigen. Sonst rätseln Sie später: Was wächst denn da? Solange Sie sich im Reich der Kräuter noch nicht so gut auskennen, ist eine Orientierungshilfe wichtig. Sie können die Tüte einfach in die Erde drücken und mit einem Stein beschweren. Sicherer ist es, wenn Sie ein kleines Holz- oder Bambusstäbchen am oberen Ende spalten und das Papier dazwischen einklemmen. Wie eine kleine Fahnenstange stecken Sie dieses Holz dann in die Erde. Falls Sie nicht alle Samen verbraucht haben und die Tüte noch aufheben, verwenden Sie Holz- oder Kunststoffetiketten, die Sie zusammen mit einem wetterfesten Stift für die Beschriftung im Samenhandel kaufen können.

Säen Sie die einjährigen Kräuter in Reihen aus, damit Sie dazwischen jäten können.

Kresse kann auch breitwürfig ausgestreut werden, weil sie rasch keimt und gut zu erkennen ist.

➲ Mehr zum Thema »Aussaat« ab Seite 82.

Die Aufzucht auf der Fensterbank

Außer den wetterfesten Freilandkräutern können Sie im März auch schon wärmeliebende Gewürze aus dem Süden aussäen. Dafür räumen Sie einen Platz auf einer hellen, warmen Fensterbank frei. Im Blumentopf oder in einem kleinen Zimmergewächshaus aus Kunststoff können Sie Kräuter aus den Mittelmeerländern anziehen. Vor allem das duftende Basilikum lohnt diese kleine Mühe.
Für Kräutergärtner, die gern experimentieren, und solche, die viele Pflanzen brauchen, lohnt sich auch die Aussaat mehrjähriger Kräuter. Für die Vorkultur auf der warmen Fensterbank oder im Gewächshaus eignen sich zum Beispiel Lavendel, Thymian, Salbei, Ysop, Zitronenmelisse und Rosmarin.
Legen Sie zunächst ein paar Tonscherben über die Öffnung des Blumentopfes, dann füllen Sie eine Handvoll Sand darüber. Auch die Schale des Fensterbankgewächshauses erhält eine Bodenschicht aus Sand. Wichtig für alle Aussaaten im Haus ist, dass das Gießwasser immer gut abfließen kann und kein sumpfiger Grund entsteht.
Die Anzuchterde vermengen Sie ebenfalls mit etwas Sand. Eigene Mischungen können Sie aus Gartenhumus, reifem Kompost und Sand herstellen. Ziehen Sie die eingefüllte Erde mit einem kleinen Holzbrettchen flach und glatt. Nun streuen Sie, ähnlich wie im Freiland, die Samenkörner über die Fläche. Reihen brauchen Sie in den kleinen Gefäßen nicht zu ziehen, wenn Sie nur ein einziges Kraut aussäen. Erproben Sie Ihr Geschick für die Fensterbank-Gärtnerei zuerst einmal mit Basilikum.
Die feinen, glänzendschwarzen Körner sind nicht so einfach zu dosieren. Vermischen Sie sie in der Hand zuerst mit etwas feinem Sand. Wenn Sie nun beides ausstreuen, entstehen von selbst Zwischenräume. Drücken Sie die Samen leicht mit den Fingern fest, und decken Sie sie nur hauchdünn mit ein wenig feiner Erde zu. Zum Schluss gießen Sie sehr zart und vorsichtig an.
Das Zimmergewächshaus decken Sie nun mit einem durchsichtigen Dach zu. Über

Robuste Kräuter für die Frühlingsaussaat im Freien

- Bei der **Petersilie** können Sie zwischen den altbekannten krausen Sorten und der glattblättrigen Bauernpetersilie wählen. Die krausen Blätter eignen sich gut zum Dekorieren. Die glatten Sorten, die ein wenig an feine Sellerieblätter erinnern, besitzen dagegen ein kräftiges Aroma.
- Außerdem können Sie noch **Wurzelpetersilie** aussäen. Hier müssen Sie später im Frühling die jungen Pflanzen in der Reihe auslichten, bei 10 cm Abstand entwickeln sich kräftige Wurzeln, die im Herbst geerntet werden. Suppen, Braten und Wildgerichte lassen sich mit Wurzelpetersilie hervorragend würzen.
- **Kresse** und **Kerbel** werden auf die gleiche Art ausgesät wie Petersilie. Die rotbraunen Kressesamen sind sehr handlich und lassen sich gut dosieren. Mit ihnen können Sie das Aussäen besonders gut üben.
- Kresse und Kerbel keimen und wachsen rasch. Bei günstiger Witterung zeigt die Kresse schon nach einer Woche die ersten grünen Blättchen. Beide Kräuter sollten Sie jung schneiden und gleich frisch verbrauchen, denn im Alter werden sie hart und scharf. Säen Sie alle 14 Tage eine neue Reihe aus, dann gibt es immer zarten Nachwuchs.

Wärmebedürftige Kräuter können frühzeitig auf der Fensterbank ausgesät werden. Dafür eignen sich Töpfe, Schalen oder Minigewächshäuschen. Vergessen Sie das Lüften nicht.

den Blumentopf können Sie eine Glasscheibe legen; auch ein Kunststoffhäubchen mit Gummizug, wie man es im Haushalt braucht, eignet sich als Abdeckung. So entsteht eine feucht-warme Gewächshausatmosphäre, in der die Samen rasch keimen. Sobald sich die winzigen grünen Blättchen Ihrer Kräuter zeigen, sollten Sie einmal am Tag die Abdeckung öffnen und etwas lüften. Die Erde muss immer gleichmäßig feucht gehalten werden, sie darf aber nie vor Nässe triefen.

Sobald Sie die jungen Pflänzchen zwischen den Fingern fassen können, setzen Sie sie einzeln in kleine Blumentöpfchen um. Darin werden sie weitergepflegt, bis sie im Mai ins Freiland umziehen können.

Bereits ab April: Kräuter im Freiland

Wenn der April nicht noch einmal eine Schneemütze aufsetzt, kann Ihr Kräutergarten in diesen Wochen Fortschritte machen. Viele einjährige Würz- und Küchenpflanzen vertragen bereits Freilandtemperaturen. Besorgen Sie sich rechtzeitig Saatgut, solange die Auswahl noch reichhaltig ist.

Kleiner Vorsprung unter einem Foliendach

Für die erste frische Kräuterernte legen Sie am besten gleich zu Anfang des Monats ein Extrabeet unter einem Folientunnel an. Fertige Konstruktionen können Sie überall im Fachhandel kaufen. Auch ein Frühbeet tut gute Dienste. Es ist aber auch keine große Kunst, eine durchsichtige Abdeckung selber zu basteln. Dazu brauchen Sie nur einige starke, halbrunde Bögen aus Eisen oder festem Draht. Sie sollten mindestens 100 cm breit die Erde überspannen. Drücken Sie diese Bögen fest in den Boden. Dann breiten Sie Kunststofffolie, die Sie als Meterware kaufen können, darüber aus. Diese wärmende Haut wird glatt gezogen und an den Breitseiten des Beetes mit sauberen Brettern und Steinen beschwert. An den Schmalseiten raffen Sie die Folie wie einen Vorhang zusammen und geben ihr dann ebenfalls mit Ziegelsteinen oder Platten festen Halt.

Bevor Sie dieses Frühlingsbeet zudecken, sollten Sie die Erde sehr sorgfältig durchhacken und glatt rechen, so dass ein feinkrümeliges Saatbeet entsteht. Jedes Unkraut muss entfernt werden. Streuen Sie über die ganze Fläche etwa zwei Finger hoch reifen Kompost aus. Diese Erde darf keine Unkrautsamen enthalten, sonst überwuchern die vitalen Wildkräuter in kurzer Zeit die junge Saat. Unter der Folie entsteht ja ein feucht-warmes Klima, in dem alles besonders schnell wächst. Dadurch bereiten Sie sowohl den Kräutern als auch den Un-Kräutern ein »warmes Bett«.

Teilen Sie nun das Beet in Reihen ein, dann kann die Aussaat beginnen. Für die Kultur unter dem Foliendach eignen sich besonders solche Kräuter, die Sie für den ersten vitaminreichen Frühlingssalat schneiden können: Dill, Kresse, Kerbel und Boretsch.

➲ Mehr zu den Themen »Frühbeet« und »Folientunnel« ab Seite 520.

Die erste gesunde Frühlings-Mischkultur anlegen

Legen Sie in der Mitte des Beetes eine Reihe mit Kopfsalat an. Pflanzen bekommen Sie um diese Zeit in jeder guten Gärtnerei. Länger ernten Sie von einer Reihe Schnitt- oder Pflücksalat, die Sie an den Rand des kleinen Kräuterbeetes aussäen können.

Neben der Kresse, die schnell wächst und bald abgeerntet ist, sollten Sie ein paar Radieschenkörner in die Erde legen. Diese beiden Pflanzen beeinflussen sich gegenseitig günstig im Aroma. Außerdem schmecken sie auch vorzüglich, wenn Sie sie zusammen auf eine Scheibe Schwarzbrot mit Butter legen.

Auf diesem Kräuter-Mischkulturenbeet gedeihen die Zutaten für würzige Salate direkt nebeneinander. Wenn Sie sie jung und frisch ernten, schmecken sie besonders pikant. Kresse, Kerbel und Radieschen benötigen nur 10 cm Reihenabstand. Für Boretsch und Dill sollten Sie 15–20 cm Zwischenraum zum Nachbarn einplanen. Die Kräuter auf diesem Beet sind für den schnellen Verbrauch im Laufe des Frühlings bestimmt. Säen Sie deshalb gegen Monatsende noch einmal auf Ihrem normalen Küchengartenbeet oder im eigentlichen Gewürzgärtchen Boretsch, Dill, Kresse und Kerbel nach. Dort benötigen Boretsch und Dill aber mehr Platz, weil sie sich nun zu großen Pflanzen entwickeln dürfen.

Falls Ihr Beet unter dem Folientunnel lang genug ist, sollten Sie eine Ecke abteilen, die Sie zur Anzucht wärmebedürftiger einjähriger Kräuter benutzen. Hier können Sie schon frühzeitig Bohnenkraut, Majoran, Portulak und Basilikum vorziehen. Ab Mitte Mai, wenn keine Nachtfröste mehr zu befürchten sind, werden diese Kräuter an ihren endgültigen Platz im Garten ausgepflanzt. Sie haben dann bereits einen beachtlichen Vorsprung vor den Maiaussaaten im Freiland.

Decken Sie alle Saatreihen dünn mit fein gesiebter Erde zu, und klopfen Sie sie mit dem Rücken des Rechens oder mit der flachen Hand behutsam ein wenig fest. Zum Schluss feuchten Sie mit feiner Brause und abgestandenem warmem Wasser das ganze Beet an. Nun erst wird

Im geschützten Frühbeet wachsen die ersten Frühlingskräuter schneller als im Freiland. Achten Sie auf das Unkraut, es gedeiht hier prächtig!

die Folienhaut über die Bögen gezogen und der Tunnel an allen Seiten dicht geschlossen.

Für gutes Gedeihen: lüften, gießen und Schnecken abwehren

Unter dem durchsichtigen Dach entsteht sehr bald ein feucht-warmes Treibhausklima. Die Saat keimt rasch, das Unkraut ebenfalls. Nun müssen Sie öfter zwischen den Reihen mit dem Grubber oder einer kleinen Hacke die Erde lockern und alle unwillkommenen Pflanzen herauszupfen. Gießen Sie nur am Vormittag. In der Mittagszeit können Wassertropfen, die wie Brenngläser die Sonnenstrahlen einfangen, Verbrennungsschäden verursachen. Späte Nässe kann Fäulnis hervorrufen, wenn die Frühlingsnächte kühl oder sogar frostig sind.

Sehr wichtig für das gesunde Gedeihen Ihres »Vitamin-Beetes« ist das Lüften. Manchmal strahlt im April die Sonne schon sehr warm vom Himmel. Dann entstehen unter der durchsichtigen Haut schnell hohe Temperaturen. Damit die Pflanzen nicht verbrennen, rollen Sie die Folie morgens hoch. An weniger warmen Tagen genügt es, wenn Sie eine Schmalseite öffnen. Am späten Nachmittag muss der Folientunnel wieder geschlossen werden. So bleibt die Sonnenenergie noch eine Weile eingefangen.

Die Mischkultur von Buschbohnen und Bohnenkraut hat eine bewährte schädlingsabwehrende Wirkung: Der starke Duft des Krautes vertreibt die Schwarze Bohnenlaus.

Damit nicht über Nacht Ihre zarten Pflänzchen abgefressen werden, müssen Sie sorgfältig kontrollieren, ob sich Schnecken eingeschlichen haben. Rechtzeitiges Absammeln ist die einfachste Methode. Achten Sie vor allem darauf, dass die Tiere nicht unter der Folie durchkriechen können.

➲ Mehr zum Thema »Schnecken« finden Sie ab Seite 137 und 146.

Robuste Freiland-Kräuter

Im Freiland können Sie ab Mitte April ebenfalls Boretsch, Dill, Kresse, Kerbel, Rauke, Petersilie, Anis, Kümmel, Löffelkraut, Pimpinelle und Schnittlauch aussäen.

Aussaat im Mai bringt Würze für den ganzen Sommer

Sobald im Mai die Erde warm und trocken geworden ist, können alle einjährigen Kräuter ausgesät werden. Zu Beginn des Monats fangen Sie mit den robusteren Arten an, die einen kühlen Wetterstreich nicht übel nehmen. Dazu gehören Boretsch, Kerbel, Kresse, Dill, Koriander und Winterportulak.

Ab Mitte Mai, wenn keine Nachtfröste mehr drohen, kommen die Samen der wärmebedürftigen Arten in die Erde: Majoran, Bohnenkraut, Portulak und Schnittsellerie.

Kräuter für die Aussaat im Freiland

Die Samen der einjährigen Kräuter können Sie breitwürfig ausstreuen oder in Reihen aussäen. Die Reihensaat hat den Vorteil, dass Sie zwischen den kleinen keimenden Pflanzen bereits frühzeitig Unkraut jäten können. Bei lockerer Aussaat haben die Kräuter mehr Platz zur Entfaltung. Den kräftigen Boretsch sollten Sie zum Beispiel niemals in enge Reihen zwängen. Winterportulak gedeiht ebenfalls besser auf geräumigen Flächen. Auch die Kapuzinerkresse braucht Platz für ihre langen Ranken. Sie zaubert leuchtende gelbe und rote Farbtöne in den sommerlichen Kräutergarten. Blätter und Blüten dienen als aparte, wohlschmeckende Würze für Salate.

Die so genannten Lichtkeimer werden nicht oder nur hauchdünn mit Erde zugedeckt; dazu gehören zum Beispiel Majoran, Bohnenkraut und Basilikum. Wenn Sie die einjährigen Kräuter in Reihen auf

Die Krausblättrige Petersilie wurde hier als dekorative Beeteinfassung ausgesät. Im nächsten Jahr muss das Kraut aber den Standort wechseln, weil es mit sich selbst unverträglich ist.

einem Gewürzbeet aussäen, sollten Sie sie mit Namensschildern oder Samentüten kennzeichnen. Vor allem Anfänger gehen so sicher, dass sie später die verschiedenen Arten nicht durcheinander bringen.

Einige Kräuter gedeihen in der Mischkultur mit verschiedenen Gemüsearten besser als auf einem Extrabeet. Versuchen Sie einmal, den Dill an den Rand des Gurkenbeetes und das Bohnenkraut neben den Buschbohnen auszusäen. Die Kräuter wachsen in dieser Kombination besonders gesund und problemlos. Ganz nebenbei schützt das Bohnenkraut seine Nachbarn vor Schwarzen Läusen.

Und falls die Maisonne schon sehr heiß vom Himmel scheinen sollte, bewährt sich ein alter Gärtnertrick: Legen Sie feuchte Säcke über die Beete, bis die ersten Keimblätter durch die Erde dringen. Andernfalls müssen Sie regelmäßig gießen. Wenn die Saat aufgegangen ist, breiten Sie eine dünne Mulchdecke aus.

Vergessen Sie niemals: Wärme und Feuchtigkeit sind die beiden Elemente, die alle Samenkörner brauchen, um aufzubrechen und neues Leben zu entfalten.

Junge Kräuter brauchen Platz

Wenn die jungen Pflanzen zu wachsen beginnen, sehen Sie bald, wo sie zu dicht stehen. Zupfen Sie überall so viele Sämlinge heraus, dass die übrig bleibenden reichlich Raum zur Entfaltung haben.

Den Überschuss verwenden Sie entweder als erste frische Würze in der Küche oder als kostbare Zugabe zu Kompost und Kräuterjauchen. Auch zum Mulchen können Sie die überzähligen Kräuter gebrauchen.

Bei Kresse und Kerbel ist ein Ausdünnen meist nicht nötig. Diese rasch wachsenden Kräuter sollten Sie noch öfter während des Sommers nachsäen.

Majoran, Bohnenkraut und Portulak können Sie auch verpflanzen. Setzen Sie die Sämlinge, sobald sie kräftig zu treiben beginnen, auseinander. Ein trüber, feuchter Tag ist dafür geeigneter als warmes, trockenes Wetter.

Auch Boretsch lässt sich mit etwas Glück und Behutsamkeit verpflanzen. Meist »trauert« er anfangs und lässt seine großen, wasserhaltigen Blätter hängen. Setzen Sie deshalb nur sehr junge Boretschpflanzen bei regnerischem Wetter um. Dill eignet sich mit seinen langen Pfahlwurzeln nicht zum Verpflanzen!

Basilikum entwickelt sich buschiger, wenn Sie bei den jungen, bereits angewachsenen Pflanzen die obersten Spitzen herausbrechen. Dieses Kraut müssen Sie bei heißem Wetter reichlich gießen. Majoran und Bohnenkraut sind dagegen, wenn sie erst einmal richtig Fuß gefasst haben, während des Sommers unempfindlich gegen Trockenheit.

Im Sommer säen: wintergrüne Kräuter

Robuste Gewächse, die auch in Eis und Schnee nicht untergehen, werden im Spätsommer und frühen Herbst gesät. Die günstigste Zeit liegt in den Monaten August bis September. Meist handelt es sich hier um die zweijährigen Arten. Sie bleiben auch in der kalten Jahreszeit grün und liefern Ihnen dann frische Würze und vor allem Vitamine für den winterlichen Speisezettel.

Für die Spätsommeraussaat eignen sich zum Beispiel Petersilie, Löffelkraut, Winterkresse und Winterportulak. Alle diese Kräuter lieben einen feuchten, durchlässigen Humus und halbschattige Lagen. Sie können sie im Kräutergarten aussäen oder am Rand abgeernteter Gemüsebeete. Sehr gut gedeihen die wintergrünen Kräuter auch in einem leeren Frühbeet. Wenn Sie vor starkem Frost oder Schneefall die Fenster schließen, ist die frische Ernte jederzeit möglich. Bereiten Sie den Platz für die späten Kräuter immer

Zu dicht gesäte Kräuter müssen beim Auspflanzen vereinzelt werden. Achten Sie immer auf genügend Abstand, damit alle Pflanzen sich gut entwickeln können.

gründlich vor. Die Erde muss locker und unkrautfrei sein. Streuen Sie reichlich reifen Kompost über die gesamte Fläche oder zumindest in die Saatrillen.

Petersilie, die auch im Frühling gesät werden kann, keimt in der sommerlich warmen Erde viel schneller und problemloser. Wenn Sie Schwierigkeiten mit diesem viel begehrten Küchenkraut haben, sollten Sie deshalb die späte Aussaat vorziehen. Für raue Landschaften, wo sich der Boden erst spät erwärmt, ist sie unbedingt empfehlenswert.

Bis zum Winter sollten alle Kräuter bereits kräftiges Blattwerk entwickelt haben. Decken Sie sie vor dem ersten Schnee locker mit Kiefernzweigen ab, dann können Sie noch lange frisches Grün ernten. Auch in den ersten Frühlingswochen füllen diese Kräuter die Lücken, bis neue Aussaaten heranwachsen. Wenig später schießen sie in Blüte.

Die mehrjährigen Kräuter

Im Frühling von April bis Mai und im Herbst von September bis Oktober ist die Zeit günstig, um die wichtigsten Staudenkräuter im Garten auszupflanzen. Ähnlich wie die ausdauernden Blumen im Ziergarten können diese Würz- und Heilpflanzen viele Jahre lang am gleichen Platz stehen bleiben. Sie werden mit der Zeit immer größer und üppiger. Damit sie gesund wachsen und reiche Ernten bringen, sollten Sie das Beet für diese langlebigen Kräuter gut vorbereiten.

Wählen Sie einen sonnigen Standort, und lockern Sie die Erde gründlich auf. Unkraut sollten Sie sehr sorgfältig mit allen Wurzeln entfernen. Damit ersparen Sie sich viel Ärger für die folgenden Jahre. Denn wenn sich die Wurzeln der Stauden mit Hahnenfuß, Winden oder Quecken verfilzen, wird es sehr mühsam, wieder Ordnung zu schaffen.

Versorgen Sie die ganze Fläche mit reifem, möglichst unkrautfreiem Kompost, der nur oberflächlich mit einem Grubber in die Erde geharkt wird. Diese Humusschicht genügt als Wachstumsgrundlage für das erste Jahr.

Vorgezogene Staudenkräuter können Sie in vielen Gärtnereien, auf dem Blumenmarkt oder in Gartencentern kaufen. Das Angebot und die Auswahl sind in den letzten Jahren erfreulich vielseitig geworden. Ein Grundsortiment für den Anfang werden Sie meist in Ihrer Nähe finden. Wo dies schwierig ist, können Sie ausdauernde Gewürz- und Heilpflanzen auch bei guten Staudengärtnereien oder bei Kräuter-Spezialfirmen bestellen.

Ein Kräuter-Staudenbeet anlegen

Verteilen Sie die Pflanzen, die meist in kleinen Töpfen angezogen werden, zuerst einmal »oberflächlich« auf dem vorbereiteten Beet. Stellen Sie sich dabei vor,

Beete mit mehrjährigen Kräutern sind nicht nur ein Dufterlebnis, sondern auch eine Augenweide. Besonders attraktiv wirken buntblättrige Salbeisorten.

Zahlreiche Kräuter kann man vorgezogen in Töpfen kaufen. Mit dieser Auswahl lässt sich schnell ein abwechslungsreiches Kräutergärtchen anlegen.

wie groß sie in ein bis zwei Jahren wachsen werden. Planen Sie dann so viel Abstand ein, dass auch die erwachsenen Kräuter noch genügend Luft und Licht bekommen. Dann wird gepflanzt.
Denken Sie an die zum Teil sehr unterschiedlichen »Gestalten« der Kräuter: So wächst zum Beispiel Zitronen-Melisse 50–100 cm hoch. Sie bildet breite Büsche, da ihr Wurzelstock sich seitlich immer weiter ausdehnt. Estragon treibt im Sommer 60–150 cm hohe Stängel. Er dehnt sich jedes Jahr auch seitlich aus, weil er unterirdische Ausläufer bildet.

Verteilen Sie die ausdauernden Kräuter so auf dem Beet, dass hoch wachsende Stauden im Hintergrund und niedrige vorne am Rand stehen.

Zierlicher bleibt das Bergbohnenkraut, das zu einem kleinen, holzigen Strauch von 25–50 cm Höhe heranwächst. Der robuste Beifuß erreicht dagegen leicht 100–200 cm Höhe; seine Zweige bilden umfangreiche Büsche. Besonders kraftvoll entwickelt sich der Liebstöckel. Nach ein paar Jahren kann er mühelos 200–300 cm Höhe erreichen und sich auch nach allen Seiten sehr »breitmachen«.
Die Unterschiede in den Höhenangaben bei den einzelnen Pflanzen sind in den verschiedenartigen Wachstumsbedingungen begründet. Wenn Ihr Garten fruchtbaren Humus bereithält, dann entwickeln sich alle Gewächse, auch die Kräuter, üppiger. Auf magerem Sandboden wachsen sie dagegen langsamer und bleiben zierlicher. Unter durchschnittlichen Bedingungen sollten Sie für die meisten Stauden-Kräuter einen Pflanzabstand von 30–40 cm nach allen Seiten einplanen.
Im ersten Jahr können Sie die Lücken, die sich nur langsam schließen, mit niedrigen Sommerblumen wie Studentenblume *(Tagetes)* oder duftendem Steinkraut *(Alyssum)* bedecken. Auch niedrige einjährige Kräuter, etwa Majoran, eignen sich als Bodenteppich zwischen den Stauden. Dabei sollte immer genügend Abstand gehalten werden, so dass die jungen Pflanzen sich ungehindert entwickeln können.
Wenn Sie die Kräuter mit ausreichendem Zwischenraum auf dem Beet verteilt haben, prüfen Sie noch einmal, ob auch die Höhenverhältnisse stimmen. Ähnlich wie in der Blumenrabatte (siehe Seite 97) sollten auch auf dem Kräuterbeet die hoch wachsenden Stauden im Hintergrund, die niedrigen im vorderen Bereich stehen. Liebstöckel und Beifuß gehören zu den »Großen«; mittlere Höhe erreichen Melisse, Salbei, Lavendel, Sauerampfer, Pfefferminze und Origano. Für den Beetrand eignen sich Thymian und Schnittlauch.

➲ Weitere Informationen zur Kultur ein- und zweijähriger Pflanzen ab Seite 330, zu Stauden (mehrjährige Pflanzen) ab Seite 270.

Symbole

⊙ = einjährig
⊙⊙ = zweijährig
♃ = mehrjährig
↥ = Höhe
Ⓣ = zum Trocknen geeignet

Basilikum

Ocimum basilicum

⊙ ↥ 30–60 cm

Merkmale: Basilikum bildet stark verzweigte Pflanzen mit kantigen Stängeln und länglich-ovalen Blättern. Blüte von Juli bis September; die weißlichen oder rosa Lippenblüten bilden Scheinquirle. Die Pflanze wird 30–60 cm hoch.
Inhaltsstoffe: Basilikum enthält ätherische Öle, Gerbstoffe, Glykosid und Saponin.
Anbau: Das wärmebedürftige Kraut säen Sie im März oder April auf einer Fensterbank oder im Gewächshaus aus. Basilikum ist ein Lichtkeimer; die feinen Samenkörner werden nur mit der Hand ins Erdreich gedrückt. Setzen Sie die jungen Pflänzchen büschelweise in kleine Töpfe um.
Ab Mitte Mai können Sie Basilikum an sehr warme, geschützte Plätze im Garten umpflanzen. Es gedeiht auch gut in großen Blumentöpfen und Kästen. Die Erde sollte humusreich und locker sein. Bei Trockenheit müssen Sie reichlich gießen. Auf dem Gartenbeet benötigt das Basilikum 25 x 25 cm Abstand. Wenn Sie den Mitteltrieb herausbrechen, verzweigen sich die Pflanzen besser.
Ernte, Verwendung: Blätter und Zweige können Sie während des ganzen Sommers pflücken. Trocknen lohnt nicht, weil das Aroma verloren geht. Basilikum passt zu Tomaten, Mittelmeergemüsen, Soßen, Salaten und Hähnchen. Basilikumtee stärkt den Magen und lindert Blähungen.

Sorten: Im Handel werden kleinblättrige, großblättrige und rotblättrige Sorten angeboten, außerdem zahlreiche Spezialitäten wie Zimt-Basilikum, Zitronen-Basilikum und mexikanisches Gewürz-Basilikum.

Bohnenkraut, Sommer-Bohnenkraut

Satureja hortensis

⊙ ↕ 30–40 cm

Merkmale: Die Pflanze ist mit einer starken Hauptwurzel im Boden verankert und verzweigt sich nach allen Seiten. Ihre schmalen, dunkelgrünen Blätter sind leicht behaart, die zierlichen Lippenblüten weiß, blasslila oder rosa gefärbt. Sie erscheinen von Juli bis Oktober. Die buschige Pflanze wird 30–40 cm hoch.

Inhaltsstoffe: Bohnenkraut enthält ätherische Öle und Gerbstoffe.

Anbau: Ab Mai, wenn die Erde sich erwärmt hat, können Sie Bohnenkraut breitwürfig oder in Reihen im Garten aussäen. Das Kraut liebt lockeren Humus und viel Sonne. Es gehört zu den Lichtkeimern, deshalb dürfen die Samen nur dünn mit Erde oder Sand bedeckt werden. Später brauchen die einzelnen Pflanzen 25–30 cm Abstand. Bohnenkraut gedeiht besonders gut am Rand eines Bohnenbeetes. Sie können im Juni noch einmal eine Portion aussäen.

Ernte, Verwendung: Blätter und Zweige können Sie bis in den Herbst jederzeit pflücken. Kurz vor und während der Blüte ist Bohnenkraut besonders würzig und heilkräftig. Dann sollten Sie es in größeren Mengen schneiden und zum Trocknen aufhängen.

In der Küche passt das kräftig-aromatische Kraut zu Bohnen, Eintöpfen und Kartoffelgerichten.

Ein Tee aus Bohnenkraut löst Krämpfe im Magen-Darm-Bereich und regt den Appetit an.

Boretsch, Gurkenkraut

Borago officinalis

⊙ ↕ 80 cm

Merkmale: Die Pflanzen wachsen mit starken Wurzeln tief in den Boden. Ihre verzweigten Stängel sind kräftig, saftreich und rau behaart. Auch die großen, elliptisch geformten Blätter haben auf beiden Seiten eine haarige Oberfläche, die sich anfangs samtig, im Alter aber hart und borstig anfühlt. Während des ganzen Sommers blühen an den kräftigen Pflanzen blaue, rosa oder weißliche Blütensterne auf. An günstigen Standorten erreicht der Boretsch leicht 80 cm Höhe.

Inhaltsstoffe: Das Kraut enthält vor allem Schleimstoffe, Gerbstoffe, Saponine, Kieselsäure und Mineralstoffe.

Anbau: Boretsch ist nicht empfindlich und kann ab April breitwürfig im Garten ausgesät werden. Bedecken Sie die großen, schwarzen Samenkörner gut mit Erde, denn das Kraut gehört zu den Dunkelkeimern. Zu dicht stehende Sämlinge zupfen Sie später aus, damit die Pflanzen sich breit und kräftig entwickeln können. 40–50 cm Abstand sind empfehlenswert.

Boretsch liebt feuchten, nährstoffreichen Humus und gedeiht an sonnigen bis halbschattigen Plätzen.

Ernte, Verwendung: Pflücken Sie nur junge Blätter, auch die Blüten sind essbar. Verwenden Sie das frisch-säuerlich schmeckende Kraut stets sofort, denn es lässt sich nicht konservieren. Boretsch passt zu Salaten, Gurken, Quark und kalten Soßen.

Boretschtee wirkt blutreinigend, schleimlösend und herzstärkend.

Dill

Anethum graveolens

⊙ ↕ 150 cm

Merkmale: Dill wächst aus einer langen Pfahlwurzel. Es besitzt hohle Stängel, zart gefiederte Blätter und große gelbe Blütendolden, die sich von Juni bis August öffnen. Charakteristisch sind auch die gerippten, länglichen Samenkörner, die in zwei Teile zerfallen. Die Pflanze erreicht 150 cm Höhe.

Inhaltsstoffe: Dill ist reich an ätherischen Ölen.

Anbau: Ab April können Sie Dill im Garten breitwürfig oder in Reihen aussäen. Das Kraut gedeiht am besten in feuchtem, lockerem Humus an einem sonnigen, warmen Platz. Die Reihen benötigen 25–30 cm Abstand. Zu dicht stehende Sämlinge sollten Sie auslichten, denn verpflanzen lässt sich das Kraut wegen der langen Pfahlwurzeln schlecht. Sie können aber bis zum Frühsommer noch mehrmals nachsäen. Sobald die Pflanzen größer geworden sind, empfiehlt sich eine leichte Mulchdecke, die den Boden feucht hält. Sehr gut gedeiht Dill im Gurkenbeet zwischen den Ranken.

Ernte, Verwendung: Frische Dillblätter werden vom Frühling bis zum Herbst gepflückt und lassen sich gut einfrieren. Die Dillsamen ernten Sie am besten kurz vor der Reife, damit sie nicht ausfallen. Trocknen Sie die Dolden. Sie werden als Einmachgewürz oder Tee verwendet.

Das frisch-würzige Dillkraut passt zu Salaten, Gurken, Soßen und Fisch.

Tee aus Dillsamen lindert Blähungen und krampfartige Bauchschmerzen.

Kerbel, Garten-Kerbel

Anthriscus cerefolium

⊙ ↑ 30–60 cm

Merkmale: Aus einer dünnen, langen Wurzel wächst ein hohler Stängel, der sich mehrfach verzweigt. Das Kraut hat weich gefiederte Blätter. Aus den Blattachseln treiben Stiele, an denen sich von Mai bis August weiße Blütenschirme öffnen. Die ganze Pflanze erreicht 30–60 cm Höhe.

Inhaltsstoffe: Kerbel enthält vor allem ätherische Öle, Glykosid und Bitterstoffe.

Anbau: Das unempfindliche Kraut können Sie bei günstiger Witterung schon ab März im Freiland aussäen. Die Reihen benötigen nur 10 cm Abstand. Kerbel gedeiht am besten in etwas feuchtem Boden; er verträgt auch Halbschatten. Bei trockenem Wetter müssen Sie reichlich gießen. Das anspruchslose Kraut wächst rasch und beginnt auch bald zu blühen. Säen Sie Kerbel öfter nach, dann haben Sie immer zarte Blätter vorrätig.

Ernte, Verwendung: Nur die zarten, jungen Blätter schmecken süß-würzig. Blühendes Kraut wird wertlos. Schneiden Sie Kerbel stets frisch. Er passt zu Suppen, Omeletts, Soßen und Salaten. Das frische Kraut eignet sich gut für eine blutreinigende Frühjahrskur.

Sorten: Sie können Samen von glattblättrigen oder krausblättrigen Sorten im Handel kaufen.

Koriander

Coriandrum sativum

⊙ ↑ 30–70 cm Ⓣ

Merkmale: Der gerillte Stängel wächst aus einer spindelförmigen Wurzel. Koriander verzweigt sich und bringt zwei verschiedene Blattformen hervor: die unteren sind dreilappig, die oberen zart gefiedert. An den Zweigspitzen öffnen sich von Juni bis Juli weiß-rosa Blütendolden. Die runden Samen bestehen aus zwei Halbkugeln. Die ganze Pflanze wird 30–70 cm hoch.

Inhaltsstoffe: Kerbel enthält ätherische Öle, Gerbstoffe und Zucker.

Anbau: Koriander ist nicht besonders anspruchsvoll. Säen Sie ihn ab April ins Freiland; die runden Samenkörner sollten etwa 1 cm tief in der Erde liegen. Die Reihen benötigen 30 cm Abstand. Achten Sie darauf, dass der Boden locker ist; ein wenig Kalk bekommt dem Kraut gut. Wählen Sie einen sonnigen Standort, damit die Samen gut ausreifen! Lichten Sie die Sämlinge später so aus, dass zwischen den Pflanzen 10–15 cm Zwischenraum entsteht. Verpflanzen ist nicht unmöglich, aber schwierig.

Ernte, Verwendung: Schneiden Sie die Dolden mit den fast reifen Samen, und lassen Sie sie im Haus trocknen, bis sie ausfallen. In verschlossenen Gläsern sind die angenehm würzigen Korianderkörner lange haltbar. Sie werden zu Lebkuchen, Soßen, Marinaden, Braten und Likören verwendet.

Majoran

Origanum majorana

⊙ ↑ 20–40 cm Ⓣ

Merkmale: Das Kraut bildet niedrige, stark verästelte Sträuchlein mit vierkantigen, behaarten Stängeln. Typisch sind die kleinen graugrünen, eiförmigen Blättchen. An den Spitzen der Zweige bilden sich von Juni bis September kugelige Blütenstände, die geöffnet weiß-rosa oder lila gefärbt sind. Die Pflanze erreicht, je nach Standort und Wärme, 20–40 cm Höhe.

Inhaltsstoffe: Majoran enthält reichlich ätherische Öle, Gerb- und Bitterstoffe.

Anbau: Majoran ist sehr wärmebedürftig. Erst ab Mai dürfen Sie ihn im Garten aussäen. Sie können das Kraut jedoch schon im März oder April im Haus vorziehen. Wählen Sie im Garten einen warmen, sonnigen Platz mit humusreicher, durchlässiger Erde. Die feinen Samen werden nur dünn mit Sand oder Kompost bedeckt. Die Reihen benötigen 20–25 cm Abstand. Majoran lässt sich gut verpflanzen. Setzen Sie immer mehrere Sämlinge zusammen. Zwischen den Pflanzen halten Sie etwa 15 cm Abstand ein.

Ernte, Verwendung: Einzelne Zweige können Sie vom Frühsommer bis zum Herbst pflücken. Kurz bevor die Knospen sich zu Blüten öffnen, erreicht der Majoran seine stärkste Würzkraft. Dann können Sie ihn in größeren Mengen schneiden und trocknen. Das Kraut behält sein Aroma noch sehr lange. Majoran wird in der Küche zu Braten, Hackfleisch, Kartoffelgerichten, Tomaten und Aufläufen verwendet. Er besitzt eine unverwechselbare kräftige Würze.

Portulak, Gemüse-Portulak

Portulaca oleracea ssp. *sativa*

⊙ ↕ 15–30 cm

Merkmale: Das Kraut bildet eine spindelförmige, verzweigte Wurzel und verästelte, sehr fleischige Stängel von rötlich-grüner Farbe. Die verkehrt eiförmigen Blätter sind ebenfalls dick und saftreich. Kleine gelbliche Blüten erscheinen in den Gabelungen der Zweige und an den obersten Trieben. Die ganze Pflanze erreicht 15–30 cm Höhe.
Inahltsstoffe: Portulak ist sehr vitaminreich.
Anbau: Erst ab Mai können Sie die feinen Samen des wärmebedürftigen Krautes im Garten aussäen. Der Platz muss sonnig sein, die Erde locker und durchlässig. Am besten eignet sich ein sandiger Boden. Decken Sie die feine Saat nur dünn mit Erde oder Sand zu. Die Reihen benötigen 20 cm Abstand. Sie können Portulak wie Spinat zum Schnitt in der Reihe säen, Sie können aber auch einzelne Pflanzen mit Abstand versetzen. Dann verzweigen sie sich und werden größer. Das saftreiche Kraut braucht zum Gedeihen viel Wasser. Geschnittene Pflanzen wachsen noch mehrmals nach, auch weitere Aussaaten lohnen sich.
Ernte, Verwendung: Geerntet werden stets die jungen saftigen Blätter, solange sie nachwachsen. Zum Konservieren eignet sich das Kraut nicht. Blühende Pflanzen werden ungenießbar. In der Küche verwenden Sie die Blätter, die frisch und ein wenig säuerlich bis salzig schmecken, zu Salaten, Soßen, Suppen und Quark.

Ringelblume, Garten-Ringelblume

Calendula officinalis

⊙ ↕ 30–50 cm Ⓣ

Merkmale: Aus verzweigten Wurzeln wachsen kantige, leicht behaarte Stängel. Wenn sie brechen, tritt ein harziger, streng riechender Saft aus. Die länglichen, ebenfalls behaarten Blätter werden im Alter sehr fest. An den Spitzen der verzweigten Stängel erscheinen von Juni bis zum Frost leuchtende gelbe oder orangefarbige Strahlenblüten. Die Pflanzen erreichen 30–50 cm Höhe.
Inhaltsstoffe: Ringelblumen enthalten ätherische Öle, Farbstoff, Bitterstoffe, Schleim, Saponine und Calendulin.
Anbau: Die Ringelblumen sind sehr anspruchslos und gedeihen fast überall. Sonnige Plätze und nährstoffreiche Böden sind aber besonders geeignet. Die großen Samenkörner können Sie schon ab März im Freiland ausstreuen. Die Sämlinge lassen sich später mühelos mit 20–30 cm Abstand verpflanzen. Schneiden Sie im Sommer stets alle verblühten Blumen heraus. Wo Ringelblumen einmal heimisch geworden sind, säen sie sich von Jahr zu Jahr selber aus.
Ernte, Verwendung: Frische Blütenblätter können Sie während des ganzen Sommers bis zum Herbst zum Würzen von Salaten und Fleischbrühe pflücken. Die Blütenblätter gerade aufgeblühter Blumen werden abgezupft und vorsichtig im Schatten getrocknet.
Aus frischen Blumenblättern wird die berühmte Ringelblumensalbe mit Schmalz oder Butter hergestellt. Ringelblumentee wirkt blutreinigend und leicht krampflösend.

Winterportulak, Winterpostelein

Montia perfoliata

⊙ ↕ 10–20 cm

Merkmale: Die Heimat des Winterportulak liegt in Amerika. Die Pflanze hat verzweigte Wurzeln und bildet am Boden eine dichte Rosette. Die Blätter sind teils spitz-eiförmig, überwiegend aber rundlich geformt mit einer schüsselförmigen Vertiefung. Aus der Blattmitte wachsen im Frühling zierliche Stiele mit weißen, sternförmigen Blütchen. Das Kraut wird 10–20 cm hoch.
Inhaltsstoffe: Portulak ist vitaminhaltig.
Anbau: Winterportulak ist, wie schon der Name vermuten lässt, nicht kälteempfindlich. Sie können ihn ab April im Freiland aussäen. Die feinen Samen werden nur dünn mit Erde zugedeckt. Ziehen Sie die Reihen mit 15–20 cm Abstand. Günstiger ist eine breitwürfige Aussaat, dann können sich die rundlichen Büsche, die bis zu 20 cm Durchmesser erreichen, besser ausbreiten. Zu dicht stehende Pflanzen müssen Sie rechtzeitig herauszupfen. Wichtig ist, dass Sie diese Aussaat gleichmäßig feucht halten.
Von August bis September können Sie noch einmal Winterportulak aussäen. Diese Pflanzen bleiben über Winter grün und liefern in der kalten Jahreszeit willkommene Würze.
Ernte, Verwendung: Die frisch-säuerlich schmeckenden Blätter können jederzeit geerntet werden. Sie können sie auch mit den Blüten essen oder zum Dekorieren einer Salatschüssel verwenden. Konservieren lohnt nicht. Winterportulak passt zu Salaten, Kräutersoßen, Quark und kalten Platten.

Kümmel, Wiesen-Kümmel

Carum carvi

⊙ ↑ 120 cm Ⓣ

Merkmale: Der Kümmel ist ein heimisches Kraut, das in ganz Europa wild wächst. Man findet ihn vor allem auf feuchten Wiesen. Aus einer langen Pfahlwurzel treibt die Pflanze im ersten Jahr eine niedrige Rosette gefiederter Blätter. Im zweiten Jahr entwickeln sich kräftige, gerillte Stängel, die sich mehrfach verzweigen. Von Mai bis Juli öffnen sich an den Zweigspitzen weiß bis rosa gefärbte Blütendolden. Im Spätsommer und Herbst reifen die Samenkörner, die in zwei sichelförmige Teile auseinander fallen.
Die ausgewachsene Pflanze wird bis zu 120 cm hoch.
Inhaltsstoffe: Die Samen enthalten reichlich ätherische Öle.
Anbau: Säen Sie Kümmel entweder von April bis Mai oder von Juli bis August aus. Am besten gedeiht er in feuchtem, etwas kalkhaltigem Humus. Kümmel gehört zu den Lichtkeimern, deshalb dürfen die Samen nur dünn mit Erde bedeckt werden. Die Reihen sollten 30–35 cm auseinander liegen. Halten Sie die Aussaat gleichmäßig feucht! Als zweijähriges Kraut ist der Kümmel natürlich winterhart.
Ernte, Verwendung: Geerntet werden vor allem die Samen. Der richtige Zeitpunkt ist erreicht, wenn sie sich braun färben. In verschlossenen Gefäßen halten sie sich sehr lange.
In der Küche passt Kümmel mit seinem typischen scharf-würzigen Geschmack zu Kohl, Käse, Quark und Fleisch. Kümmeltee hilft gegen Blähungen.

Echtes Löffelkraut

Cochlearia officinalis

⊙ ↑ 20–30 cm

Merkmale: Das Löffelkraut bildet eine spindelförmige Hauptwurzel mit vielen Nebenwurzeln. Daraus wachsen leicht verzweigte, kantige Stängel. Die unteren Blätter zeigen die Löffelform, der das Kraut seinen Namen verdankt, die oberen sind eiförmig. Im zweiten Jahr blüht das Löffelkraut mit Trauben duftender weißer Blüten.
Die ganze Pflanze wird 20–30 cm hoch.
Inhaltsstoffe: Löffelkraut enthält Senfölglykosid, Mineralstoffe, Gerbstoffe, Bitterstoffe und reichlich Vitamin C.
Anbau: Gesät wird das anspruchslose Kraut entweder von März bis April oder von August bis September direkt ins Freiland. Es liebt feuchten Boden und gedeiht auch gut im Halbschatten. Die Reihen brauchen 20 cm Abstand, breitwürfige Aussaat ist günstiger. Sorgen Sie immer für Feuchtigkeit; eine Mulchdecke ist empfehlenswert!
Ernte, Verwendung: Die löffelförmigen Blätter können laufend frisch gepflückt werden. Ihr kresseartiger Geschmack passt zu Salaten, Quark, Kräutersoßen und Eiern.
Das vitaminreiche, sehr gesunde Kraut hilft gegen die Frühjahrsmüdigkeit.

Petersilie

Petroselinum crispum

⊙ ↑ 120 cm

Merkmale: Die Petersilie stammt aus den südöstlichen Mittelmeerländern. Aus einer langen Pfahlwurzel treiben im ersten Jahr nur Blätter dicht über dem Boden. Im zweiten Jahr erscheint ein kantiger, verzweigter Stängel. Von Juni bis Juli bilden sich Dolden mit kleinen gelblich grünen Blüten. Die braunen Samen reifen im Spätsommer.
Inhaltsstoffe: Die Blätter der Petersilie sind reich an ätherischen Ölen, Mineralstoffen und Vitamin C. Sie enthalten auch in geringen Mengen das giftige Apiol. Deshalb sollte das sonst gesunde Kraut nie im Übermaß verwendet werden. Gefährlich sind nur die Samen, die sehr viel Apiol enthalten und deshalb nie gegessen werden dürfen!
Anbau: Am besten gedeiht die Petersilie in nahrhaftem, feuchtem Boden. Ein halbschattiger Platz ist günstig. Wechseln Sie jedes Jahr den Standort, denn Petersilie ist mit sich selbst unverträglich! Säen Sie das Kraut entweder von März bis April oder von August bis September aus. Halten Sie bei den Reihen einen Abstand von 10–15 cm ein. Sorgen Sie für gleichmäßige Feuchtigkeit durch Hacken, Gießen und Mulchen.
Ernte, Verwendung: Frische grüne Petersilienblätter können Sie jederzeit pflücken – auch im Winter. Petersilie lässt sich gut auf Vorrat einfrieren.
Die kräftige, ein wenig scharfe Würze passt in der Küche zu Salat, Kartoffeln, Gemüse, Suppen und Soßen.

Sorten: Für den Garten können Sie zwischen krausblättrigen und glattblättrigen Petersiliensorten wählen. Außerdem gibt es noch Wurzelpetersilie.

Gewöhnlicher Beifuß

Artemisia vulgaris

♃ ↥ 200 cm Ⓣ

Merkmale: Der Beifuß ist ein heimisches Kraut, das in ganz Europa wild wächst. Im Boden ist er mit einem stark verzweigten Wurzelstock verankert. Daraus wächst eine buschige, verästelte Pflanze. Die Blätter sind verschiedenartig gefiedert, auf der Oberseite grün und auf der Unterseite hellgrau gefärbt. Im August erscheinen an langen Rispen unscheinbare gelbliche Blüten.
Die ganze Pflanze kann leicht 200 cm Höhe erreichen.
Inhaltsstoffe: Beifuß enthält ätherische Öle, Gerb- und Bitterstoffe.
Anbau: Beifuß ist äußerst anspruchslos. Sie können sich an Schuttplätzen oder Wegrändern eine kleine Pflanze ausgraben oder vorgezogene Kräuter in der Gärtnerei kaufen.
Pflanzen Sie Beifuß an eine sonnige Stelle. Die Erde sollte dort eher mager und gut wasserdurchlässig sein. Etwas Kalk bekommt dem Kraut gut. Sonst ist keine besondere Pflege erforderlich.
Ernte, Verwendung: Geerntet werden die Blütenknospen des Beifuß, solange sie noch geschlossen sind. Sie dienen als Gewürz. Für die Hausapotheke können Sie die oberen Rispen mit Blütenknospen und Blättern trocknen.
In der Küche passt Beifuß frisch oder getrocknet als Würze zu Gänse-, Enten-, Hammel- und Schweinebraten. Er macht fette Speisen besser verträglich. Beifußtee hilft außerdem bei Magenverstimmungen.

Estragon

Artemisia dracunculus

♃ ↥ 60–150 cm Ⓣ

Merkmale: Das Kraut hat einen flachen Wurzelstock mit vielen seitlichen Ausläufern. An den buschig verzweigten Stängeln sind schmale, längliche Blätter locker verteilt. An den Spitzen öffnen sich von Juli bis September unscheinbare grün-gelbe Blüten. Die ganze Pflanze erreicht 60–150 cm Höhe.
Für den Garten werden zwei Arten angeboten: der **Echte Aromatische Estragon**, auch Französischer oder Deutscher Estragon genannt, der ein feineres Aroma besitzt und nur vegetativ durch Ausläufer oder Stecklinge vermehrt wird, und der **Russische Estragon**, der weniger aromatisch ist, dafür aber winterhärter. Er kann durch Samen vermehrt werden.
Inhaltsstoffe: Estragon enthält ätherische Öle, Harz, Gerb- und Bitterstoffe.
Anbau: Estragon gedeiht sowohl in der Sonne als auch im lichten Halbschatten. Der Boden sollte humusreich und feucht sein. Pflanzen Sie das Kraut im Frühling oder im Herbst mit 40 x 40 cm Abstand. Ab April können Sie Estragonsamen im Freiland aussäen. Im Juli oder August werden Stecklinge für die Vermehrung geschnitten. Im Herbst oder im Frühling können Sie Wurzelausläufer abtrennen.
Ernte, Verwendung: Frische Blätter können Sie jederzeit pflücken. Der Estragon passt zu Salaten, Geflügel, Suppen, Soßen, Fisch, eingelegten Gurken und Kräuteressig. Estragontee hilft gegen Appetitlosigkeit.

Johanniskraut, Tüpfel-Hartheu

Hypericum perforatum

♃ ↥ 30–90 cm Ⓣ

Merkmale: Das Johanniskraut ist in Europa heimisch. Aus verzweigten Wurzeln, die nach allen Seiten Ausläufer treiben, wachsen kantige Stängel, die sich verästeln. Die Blätter sind länglich geformt und laufen in eine Spitze aus. Von Juli bis Oktober öffnen sich an den Zweigspitzen gelbe, schalenförmige Blüten.
Das echte Johanniskraut besitzt zweikantige Stängel, seine Blätter wirken, wenn Sie sie gegen das Licht halten, wie durchlöchert; dies sind Drüsen, die ätherische Öle und Harz enthalten. In den Blütenknospen befindet sich blutroter Saft, der beim Zerdrücken austritt. Johanniskraut wird 30–90 cm hoch.
Inhaltsstoffe: Johanniskraut enthält ätherische Öle, Rutin, Harze, Gerbstoffe und roten Farbstoff.
Anbau: Das anspruchslose Kraut gedeiht am besten in voller Sonne. Der Boden muss locker und durchlässig sein. Pflanzen Sie mit 30–40 cm Abstand. Wenn das Kraut gut angewachsen ist, braucht es kaum noch Pflege.
Ernte, Verwendung: Wenn das Kraut in voller Blüte steht, wird es geschnitten und getrocknet. Einen Teil der Blätter können Sie mit verwenden. Sie können Johanniskraut auch in Öl einlegen und das berühmte Rote Johannisöl selber herstellen. Johanniskraut-Tee wirkt nervenberuhigend. Das Öl hilft bei Nervenschmerzen, Rheuma und kleinen Brandwunden.

Echter Lavendel

Lavandula angustifolia

♃ ↑ 30–60 cm Ⓣ

Merkmale: Aus einer tief reichenden Pfahlwurzel wächst der kleine verholzende, reich verzweigte Halbstrauch. Die grau-grünen Blätter sind schmal und nadelartig. An langen Stielen öffnen sich von Juli bis September lilablaue, duftende Blütenähren. Lavendel wird 30–60 cm hoch.

Inhaltsstoffe: Lavendel enthält reichlich ätherische Öle sowie Gerb- und Bitterstoffe.

Anbau: Pflanzen Sie Lavendel im Frühling an einen sonnigen Platz, wo der Boden trocken, durchlässig und kalkhaltig ist. Vorgezogene Pflanzen werden überall angeboten. Ab März können Sie das Kraut auch im Warmen selber aussäen. Im Sommer ist eine Vermehrung durch Stecklinge möglich. Geben Sie dem Lavendel nur Kompost; stark treibende Dünger verträgt er nicht.

Ernte, Verwendung: Schneiden Sie den Lavendel mit langen Stielen zum Trocknen, wenn die Blüten sich gerade zu öffnen beginnen. Dann duften sie besonders frisch und würzig. Für die Küche können Sie auch jederzeit einige Blätter zum Würzen von Fisch und Fleisch pflücken.

Lavendeltee wirkt entspannend und nervenberuhigend.

Arten und Sorten: Es gibt intensiv blau blühende Sorten wie 'Hidcote Blue' oder 'Munstead', außerdem den Großen Speik *(Lavandula latifolia)* mit breiten Blättern und Schopf-Lavendel *(Lavandula stoechas)*, der samtige Blätter und purpurviolette Blüten besitzt.

Liebstöckel

Levisticum officinale

♃ ↑ 200–300 cm Ⓣ

Merkmale: Aus einem stark verzweigten Wurzelstock wachsen hohe Stängel mit glänzend grünen, rhombenförmigen Fiederblättern. Von Juli bis August öffnen sich gelb-grüne Blütendolden. Die kräftige Pflanze erreicht 200–300 cm Höhe.

Inhaltsstoffe: Liebstöckel enthält ätherische Öle, Harze, Säuren und Bitterstoffe.

Anbau: Liebstöckel braucht tiefgründigen, nährstoffreichen, feuchten Boden; er verträgt auch Halbschatten. Pflanzen Sie ihn im Frühling oder Herbst mit viel Kompost. Für organischen Dünger und einen Guss Brennnessel-Jauche sind die erwachsenen Pflanzen in der Hauptwachstumszeit dankbar. Im Übrigen braucht das robuste Kraut wenig Pflege. Es wird mit den Jahren sehr groß und breit. Deshalb genügt eine Pflanze für den normalen Familienbedarf. Bei mehreren Stauden müssen Sie gut 50 cm Abstand einhalten.

Ernte, Verwendung: Frische Blätter, die noch nicht zu derb sind, können Sie jederzeit pflücken. Auch zum Trocknen sollten Sie nur weiche Blätter verwenden. In der Küche passt die kräftige Würze zu Suppen, Eintöpfen, Soßen und Fleisch. Aus den getrockneten Wurzeln kann harntreibender Tee zubereitet werden.

Melisse, Zitronen-Melisse

Melissa officinalis

♃ ↑ 50–100 cm Ⓣ

Merkmale: Aus einem verzweigten Wurzelstock, der seitlich Ausläufer treibt, wachsen vierkantige, verästelte Stängel. Die eiförmigen Blätter sind am Rand gezähnt. In den Blattachseln öffnen sich von Juli bis August kleine weiße bis malvenfarbige Lippenblüten. Das buschig wachsende Kraut erreicht 50–100 cm Höhe.

Inhaltsstoffe: Melisse, auch Zitronen-Melisse genannt, enthält ätherische Öle, Gerb- und Bitterstoffe.

Anbau: Wie alle Mittelmeerkräuter braucht die Melisse einen warmen, sonnigen Platz und durchlässigen Untergrund. Die Erde sollte humusreich sein.

Vorgezogene Stauden setzen Sie im Frühling oder im Herbst mit 30 cm Abstand in den Garten. Im April oder Mai können Sie Melisse auch ohne Schwierigkeiten auf einem Saatbeet oder im Frühbeet selber aussäen. Im Sommer besteht die Möglichkeit der Vermehrung durch Stecklinge. Ältere Pflanzen säen sich oft selber aus.

Ernte, Verwendung: Frische zarte Blätter können Sie jederzeit pflücken. Kurz vor der Blüte schneiden Sie die oberen Zweigspitzen zum Trocknen. Sie dienen als Teevorrat; als Würze sind sie gedörrt leider kaum zu verwenden. Der frische Zitronengeschmack passt zu Salaten, Quark und Kräutersoßen. Melissentee beruhigt Herz und Nerven.

Origano, Gewöhnlicher Dost, Wilder Majoran

Origanum vulgare

♃ ↑ 30–50 cm Ⓣ

Merkmale: Der Origano besitzt einen verzweigten Wurzelstock und verholzende Ausläufer. An den vierkantigen, rötlich braunen Stängeln sitzen kleine eiförmige Blätter, die fein behaart sind. Von Juli bis September blüht Origano mit weißen oder rosa Blüten. Die ganze Pflanze erreicht 30–50 cm Höhe.

Inhaltsstoffe: Origano enthält ätherische Öle, Gerb- und Bitterstoffe.

Anbau: Das anspruchslose Kraut liebt einen warmen, sonnigen Platz und durchlässigen, trockenen Boden. Vorgezogene Pflanzen setzen Sie mit 20–25 cm Abstand in den Garten. Im Mai können Sie das Kraut auch selber aussäen. Später ist eine Vermehrung durch Stecklinge möglich. Alte Pflanzen samen sich reichlich aus.

Ernte, Verwendung: Blätter und Triebspitzen können Sie jederzeit pflücken. Zur Blütezeit lohnt es sich, größere Mengen abzuschneiden und zu trocknen. Das Kraut bleibt auch gedörrt noch lange würzig. Das kräftige Aroma passt zu Pizza, Käse, Tomaten, Fleisch und Eintöpfen.

Origano-Tee regt den Appetit an und hilft bei Magen-Darm-Störungen.

Arten und Sorten: Spezialgärtnereien bieten zahlreiche internationale Origano-Spezialitäten an, die aus den Mittelmeerregionen und aus Mittelamerika stammen.

Pfefferminze

Mentha × piperita

♃ ↑ 20–80 cm Ⓣ

Merkmale: Verschiedene Pfefferminz-Arten sind in Europa heimisch und gedeihen dort noch heute wild. Aus einem flach wachsenden Wurzelstock mit zahlreichen Ausläufern treiben kantige Stängel mit eiförmigen, gezähnten Blättern. Von Juli bis August öffnen sich an den Zweigspitzen rosa bis violette Blüten, die Scheinähren bilden. Pfefferminze wird, je nach Art und Bodenbeschaffenheit, 20–80 cm hoch.

Inhaltsstoffe: Die Blätter enthalten reichlich ätherische Öle, Gerb- und Bitterstoffe.

Anbau: Pfefferminze liebt feuchten, humusreichen Boden. Sie gedeiht gut in lichtem Halbschatten. Das Kraut wuchert durch Ausläufer sehr stark. Geben Sie ihm deshalb einen Platz, wo andere Pflanzen nicht bedrängt werden. Wurzelausläufer oder vorgezogene Pflanzen werden flach in die Erde gelegt und mit reichlich Kompost versorgt. Sorgen Sie für gleichmäßige Feuchtigkeit, und entfernen Sie jedes Unkraut, damit es sich nicht im Wurzelfilz der Minze festsetzen kann.

Ernte, Verwendung: Frische Blätter können Sie laufend pflücken. Kurz vor der Blüte ist die günstigste Zeit für die Trockenernte. Minzblätter würzen Lammfleisch, Soßen und kalte Getränke. Pfefferminz-Tee hilft bei Leibschmerzen und Magenbeschwerden.

Arten und Sorten: Im Handel erhalten Sie Wild-Arten, wie Rossminze oder Poleiminze und Edelminzen mit zahlreichen Kreuzungen und Variationen. Orangeminze, Schokominze und Ananasminze sind nur wenige Schnupperbeispiele aus der Fülle neuer Möglichkeiten.

Rosmarin

Rosmarinus officinalis

♃ ↑ 50–150 cm Ⓣ

Merkmale: Aus einem verzweigten Wurzelstock wachsen buschige Halbsträucher. Die schmalen, nadelartigen Blätter sind fest und ledrig, an der Oberseite dunkelgrün und an der Unterseite grau gefärbt. In den Blattachseln entfalten sich von März bis Juni hellviolette, manchmal auch weiße Blüten.

Der Rosmarin kann 50–150 cm hoch werden.

Inhaltsstoffe: Rosmarin ist reich an ätherischen Ölen und enthält außerdem Gerb- und Bitterstoffe.

Anbau: Diese Mittelmeerpflanze ist sehr wärmebedürftig. Halten Sie Rosmarin in Töpfen oder Kübeln, die nur in der warmen Jahreszeit in den Garten gestellt werden (Mitte Mai bis Oktober). Wählen Sie einen sonnigen, geschützten Standort und versorgen Sie die Pflanze im Sommer mit reichlich Wasser und etwas Dünger. Den Winter verbringt das Kraut an einem kühlen, hellen Platz im Haus. Gegossen wird dann nur sehr sparsam. Rosmarin können Sie selber aussäen oder im Sommer durch Stecklinge vermehren.

Ernte, Verwendung: Blätter und kleine Triebspitzen können Sie vom Frühling bis zum Herbst ernten. Gehen Sie aber schonend mit den Pflanzen um. Zum Trocknen schneiden Sie einige Zweige kurz vor der Blüte. Sie behalten ihr Aroma sehr gut.

In der Küche passt das Kraut zu Fleisch, Tomaten, Käse und Soßen. Rosmarin-Tee kräftigt Herz und Nerven.

Salbei, Echter Salbei

Salvia officinalis

♃ ↑ 30–50 cm Ⓣ

Merkmale: Aus einem stark verzweigten Wurzelstock wächst ein verholzender Halbstrauch mit kantigen Stängeln. Die länglichen Blätter bilden an der Basis manchmal zwei Zipfel. Sie sind graugrün gefärbt und leicht filzig. Von Juni bis August öffnen sich an langen Stielen violette Blüten in Scheinquirlen. Die Sträucher werden 30–50 cm hoch.
Inhaltsstoffe: Die Blätter enthalten ätherische Öle, Harz, Gerb- und Bitterstoffe, Kampfer und Säuren.
Anbau: Der Salbei liebt einen sehr sonnigen, warmen Platz und durchlässige Erde, die etwas kalkhaltig sein sollte. Setzen Sie die vorgezogenen Pflanzen ab Mai mit 30–40 cm Abstand ins Freiland. Zur Bodenverbesserung verwenden Sie nur Kompost und etwas Algenkalk. Im Frühbeet können Sie ab April auch Salbei selber aussäen. Im Sommer lassen sich die Bestände durch Absenker oder Stecklinge von älteren Pflanzen vermehren. Nur in rauen Gegenden braucht das Kraut Winterschutz. Erfrorene Zweige werden im Frühling zurückgeschnitten.
Ernte, Verwendung: Blätter und Triebspitzen können Sie jederzeit pflücken. Kurz vor der Blüte schneiden Sie die oberen Zweige zum Trocknen. Das etwas strenge Aroma passt zu Fleisch, rustikalen Suppen, Käse und Aal. Salbei-Tee lindert Halsschmerzen.

Arten und Sorten: Für den Garten gibt es auch buntblättrige Varietäten des Salbei. Spezialgärtnereien bieten internationale Salbeispezialitäten mit wunderbaren Duftnoten an. Dazu gehören zum Beispiel Ananas-Salbei, Honigmelonen-Salbei oder Muskateller-Salbei.

Schnittlauch

Allium schoenoprasum

♃ ↑ 20–30 cm Ⓣ

Merkmale: Der Schnittlauch ist in Europa heimisch, er gehört zu den Liliengewächsen. Aus einem dichten Wurzelballen wächst eine Vielzahl röhrenförmiger Blätter. Von Juni bis August öffnen sich an langen Stielen rötlich-lila Blüten, die rundliche Scheindolden bilden.
Die Pflanzen erreichen 20–30 cm Höhe.
Inhaltsstoffe: Schnittlauch enthält ätherische Öle, Vitamin C und Mineralstoffe.
Anbau: Schnittlauch braucht zum guten Gedeihen nährstoffhaltigen, feuchten Boden, der auch Kalk enthält. Er wächst in der Sonne und im Halbschatten. Geben Sie ihm Kompost und etwas organischen Dünger oder Brennnessel-Jauche. Im April können Sie Schnittlauch im Freiland aussäen. Die Sämlinge werden später büschelweise mit 20 x 20 cm Abstand verpflanzt. Später können Sie Ihre Bestände vermehren, indem Sie ältere Stauden ausgraben und teilen.
Ernte, Verwendung: Frische Schnittlauchröhren können Sie vom Frühling bis zum Herbst schneiden. Die Pflanzen treiben immer wieder nach. Konservieren lohnt nicht. Es ist aber möglich, einen Schnittlauchballen einzutopfen und im Winter auf der Fensterbank anzutreiben. Wichtig für das Gelingen ist, dass der ausgegrabene Wurzelballen vorher einmal tüchtig durchfriert. Die zwiebelartige Schnittlauchwürze passt zu Salaten, Quark, Eiern, Suppen und Soßen.

Thymian, Echter Thymian

Thymus vulgaris

♃ ↑ 10–40 cm Ⓣ

Merkmale: Aus einer kräftigen Pfahlwurzel wächst ein niedriger Halbstrauch mit stark verästelten Zweigen. Die kleinen, schmalen Blätter bleiben im Winter grün. Von Mai bis zum Herbst öffnen sich rosa bis lila Blüten, die in Scheinquirlen zusammenstehen. Thymian wird 10–40 cm hoch.
Inhaltsstoffe: Die Blätter enthalten ätherische Öle, Harz, Gerb- und Bitterstoffe.
Anbau: Auf trockenen, sonnigen Plätzen mit gutem Wasserabzug gedeiht der Thymian am besten. Dünger und zu viel Feuchtigkeit verträgt er nicht. Setzen Sie vorgezogene Pflanzen ab April in die Erde. Halten Sie dabei 20 x 20 cm Abstand ein. Im Warmen können Sie das Kraut auch ab März aussäen. Stecklinge schneiden Sie im Sommer. Im Frühling stutzen Sie die kleinen Sträucher vorsichtig zurück, damit sie neu austreiben.
Ernte, Verwendung: Frische Zweige können Sie jederzeit pflücken. Zum Trocknen schneiden Sie größere Vorräte kurz vor der Blüte. Das Aroma hält sich ausgezeichnet.
In der Küche passt Thymian zu Fleisch, Eintopf, Soßen und Kartoffelgerichten. Thymian-Tee ist ein krampflösendes Hustenmittel.

Arten und Sorten: Im Handel bekommen Sie Französischen und Deutschen Thymian; letzterer ist unempfindlicher gegen Frost. Eine Bereicherung des Kräutergartens ist der Zitronen-Thymian. Außerdem gibt es zahlreiche internationale Spezialitäten, wie zum Beispiel Lavendel-Thymian oder italienischen Oregano-Thymian.

Kräuter trocknen und aufbewahren

Mitten im Sommer, wenn die Sonne hoch und heiß am Himmel steht, erreichen die meisten Gewürz- und Heilkräuter den Höhepunkt ihrer Reife. In diesen Wochen besitzen sie den höchsten Gehalt an ätherischen Ölen und anderen wertvollen Inhaltsstoffen. Wenn Sie jetzt, zum richtigen Zeitpunkt, ernten und konservieren, können Sie den größten Reichtum an Düften, aromatischer Würze und Heilkraft für sich gewinnen.

Zahlreiche Kräuter lassen sich, zu Sträußen gebunden, trocknen und für viele Monate haltbar machen. Dies ist eine der ältesten und schonendsten Konservierungsmethoden. Dabei sollten Sie sehr sorgfältig und behutsam arbeiten, damit die kostbaren Bestandteile keinen Schaden erleiden. Kräuter sind Pflanzen besonderer Art, sie wollen auch besonders behandelt werden.

Grundregeln für schonendes Trocknen sind mäßige, sanfte Wärme, luftige, schattige Umgebung und langsames, harmonisches Dörren.

Bei direkter Sonnenbestrahlung oder einer anderen starken Hitzequelle werden die leicht flüchtigen ätherischen Öle und andere wertvolle Stoffe zerstört. Was Ihnen übrig bleibt, gleicht eher trockenem Heu als aromatischer Würze oder inhaltsreicher Naturarznei.

Die Ernte: behutsame Handarbeit

Pflücken Sie, wo immer dies möglich ist, die Blätter und Zweige der Gewürz- oder Heilpflanzen behutsam mit den Händen. Nur bei sehr harten Stängeln nehmen Sie ein scharfes Messer oder eine Schere zu Hilfe. Wählen Sie einen sonnigen Morgen für die Ernte. Der günstigste Zeitpunkt ist der etwas spätere Vormittag, wenn der Tau auf den Pflanzen gerade abgetrocknet ist. Die sommerliche Hitze darf die Blätter aber noch nicht ermattet haben, sie sollen noch frisch und voller Saft sein.

Ernten Sie aus der duftenden Fülle des Sommers Vorräte für die Winterzeit. Viele Kräuter kann man trocknen oder in Essig und Öl konservieren.

Suchen Sie nur ganz gesunde Blätter und Triebspitzen aus; kranke oder verdorbene Pflanzenteile sind es nicht wert, konserviert zu werden. Benutzen Sie zum Sammeln ein luftiges Weidenkörbchen und legen Sie die Kräuter nur locker aufeinander. Sie dürfen nicht zerdrückt werden. Ganz ungeeignet sind Plastiktüten oder andere luftdichte Gefäße, in denen die Blätter »schwitzen« und schnell verderben.

Sommerdüfte konservieren

Verarbeiten Sie Ihre Kräuterernte gleich weiter, denn längeres Liegen schadet den empfindlichen Pflanzen und zerstört die Inhaltsstoffe. Am besten wäre es, wenn Sie die Blätter, Blüten und Zweige so trocknen lassen, wie Sie sie geerntet haben.

In Gegenden mit hoher Luftverschmutzung werden Sie leider eine kurze Reinigung nicht umgehen können. Schütteln Sie zunächst die Kräuter kräftig aus, damit versteckte kleine Tiere herausfallen. Sortieren Sie sorgfältig alle beschädigten Pflanzenteile aus. Wenn es nötig ist, waschen Sie die Kräuter dann rasch unter einem sanft fließenden Wasserstrahl ab. Schütteln Sie sie noch einmal, damit der größte Teil des Wassers abläuft, und legen Sie sie dann locker auf saubere Baumwollhandtücher zum Abtropfen. Mit Küchenpapier können Sie behutsam die Feuchtigkeit wegtupfen. Erst wenn sie wieder ganz abgetrocknet sind, dürfen die Kräuter weiterverarbeitet werden; anderenfalls könnte Ihre duftende Ernte schimmeln oder faulen.

So ist es richtig: Die duftende Kräuterernte wird in einem luftigen Korb gesammelt. Günstig für den Schnitt ist ein warmer, trockener Vormittag, bevor die Mittagshitze einsetzt.

Kräuter, die sich zum Trocknen eignen

Sorte	Ernte
Einjährige Kräuter	
Basilikum *Ocimum basilicum*	Während der Blüte ganze Zweige ernten
Bohnenkraut *Satureja hortensis*	Kurz vor und während der Blüte ganze Zweige ernten
Majoran *Origanum majorana*	Ernte kurz bevor sich die runden Blütenknospen öffnen, ganze Zweige
Ringelblume *Calendula officinalis*	Äußere Blütenblätter während des ganzen Sommers pflücken
Mehrjährige Kräuter	
Estragon *Artemisia dracunculus*	Den ganzen Sommer über Blatttriebe oder Zweige mit frisch geöffneten Blüten ernten
Beifuß *Artemisia vulgaris*	Oberste Rispen mit geschlossenen Blütenknospen ernten
Johanniskraut *Hypericum perforatum*	Blühendes Kraut, Blüten, Knospen und Blätter lassen sich trocknen
Lavendel *Lavandula angustifolia*	Blüten abzupfen, wenn sie sich frisch öffnen
Liebstöckel *Levisticum officinale*	Ernte nicht zu derber Blätter vom Frühling bis zum Sommer
Melisse *Melissa officinalis*	Kurz vor der Blüte die oberen Triebe abschneiden
Pfefferminze *Mentha × piperita*	Ernte kurz vor der Blüte, ganze Zweige ernten
Origano *Origanum vulgare*	Während der Blüte ganze Zweige zum Trocknen sammeln
Salbei *Salvia officinalis*	Kurz vor der Blüte die oberen Triebspitzen ernten
Thymian *Thymus vulgaris*	Kurz vor der Blüte werden ganze Zweige geschnitten
Brennnessel *Urtica dioica, U. urens*	Frühling bis August das ganze Kraut mit oder ohne Blüten ernten und trocknen

Geht schnell: Trockensträuße binden

Binden Sie Ihre Kräuter an den Stielen zu lockeren Sträußen zusammen, die dann an einem schattigen Platz kopfunter zum Trocknen aufgehängt werden. Der Raum sollte warm, luftig und möglichst staubfrei sein. Oft ist ein wenig benutztes Gästezimmer geeigneter als ein Speicher. In gut isolierten Zimmern müssen Sie unbedingt für frische Luft sorgen und ab und zu das Fenster öffnen.

Ungeeignet zum Trocknen ist auf jeden Fall die Küche, in der ständig feuchte und fettige Dünste beim Kochen entstehen. Fotos, auf denen bunte Kräutersträuße direkt neben dem Herd zu sehen sind, wirken zwar sehr dekorativ, aber die Nachahmung ist nicht empfehlenswert!

Methoden zum Trocknen und Dörren

Wenn Sie keinen geeigneten Raum besitzen, in dem Ihre Kräutersträuße unter guten Bedingungen trocknen, können Sie die Pflanzenteile auch einzeln und locker ausgebreitet auf Rosten dörren. Dies kann zum Beispiel im Backofen geschehen, wenn Sie nur eine geringe Wärmestufe (30–40°C) einstellen und die Ofentür immer einen Spalt geöffnet lassen. So kann die verdunstende Feuchtigkeit abziehen.

Aus Holzleisten und Kunststoff-Fliegendraht (kein Metall!) können Sie sich einfache Trockenroste selber bauen, die luftig gestapelt werden. Mit dieser Methode lassen sich einzelne Blätter und vor allem empfindliche Blüten schonend ausbreiten.

Sehr gut eignet sich auch ein im Handel erhältlicher Trockenapparat, bei dem die Wärme mit einem Thermostat geregelt werden kann. Mehrere übereinandergestapelte Siebe bieten viel Platz für verschiedene Kräuter.

Der Raum, in dem Sie Ihre Kräuter trocknen, ist vom sinnlich-würzigen Abschiedsduft des Sommers erfüllt. Gute Dienste leistet bei der Verarbeitung der Ernte auch ein Dörrapparat (oben rechts).

Aufbewahren für die kalte Jahreszeit

Die Kräuter sind dann fertig getrocknet, wenn sie so dürr sind, dass sie zwischen den Fingern rascheln und sich leicht brechen oder bröseln lassen. Sie dürfen weder dunkel noch fleckig sein! Zu diesem Zeitpunkt sollten Sie Ihre kostbare, duftende Ernte möglichst rasch verschließen. Lose Blätter zerkrümeln Sie vorher, von den trockenen Zweigen streifen Sie die Blätter mit den Fingern ab. Füllen Sie Gewürze und Tees in gut verschließbare Gläser oder nicht rostende Blechdosen. Bewahren Sie sie möglichst kühl und dunkel auf, dann halten sich Aroma und Heilstoffe länger. Solange Sie noch nicht zu den geübten »Kräuterhexen« gehören, die den Inhalt der Dosen und Gläser mit der Nase erschnuppern können, sollten Sie die Gefäße mit Etiketten kennzeichnen, auf denen Name und Erntedatum vermerkt sind.

So haben Sie Duft, Würze und Heilkraft sicher aufbewahrt und können noch viele Monate, vor allem in der kalten Jahreszeit, vom Überfluss des Sommers zehren. Aroma und Heilkräfte der Kräuter bleiben bei richtiger Behandlung etwa ein Jahr lang erhalten.

Sorgfältig werden später die getrockneten Blätter und Blüten von den Stängeln gestreift und in dicht schließenden Gefäßen aufbewahrt. Sie behalten ein Jahr lang ihre Würz- und Heilkräfte.

GÄRTNERN UNTER GLAS UND FOLIE

Verfrühen • Kleingewächshaus • Wintergarten

Verfrühen mit Folie, Vlies und Frühbeet

Das erste Gemüse, die ersten Früchte, die ersten Blumen sind bekanntlich besonders begehrt, und sie sind teuer. Ein bisschen Mehraufwand für eine Verfrühung lohnt sich deshalb auch wirtschaftlich.
Großvaters Mistbeetkasten hat, weil Pferde- oder Rindermist höchstens bei Reitställen und auf dem Lande zu bekommen sind, viel Konkurrenz bekommen. Mit Folien, Vlies und Tunnels lässt sich ein ähnliches Ergebnis erzielen. Sie machen jedoch weniger Arbeit und sind oftmals billiger.
Dabei lohnen sich Verfrühungsmaßnahmen durchaus, besonders in rauen, windigen Gegenden, in Höhenlagen und bei ungünstigem, nasskaltem Frühjahrswetter. Auf solche Art geschützt, erhöht sich durch einfallende Sonnenstrahlen die Bodentemperatur – und ein besonders günstiges Kleinklima mit hoher Luftfeuchtigkeit entsteht. Hierin keimen Samen viel schneller und sicherer, die Beete trocknen nicht so schnell aus und der Aufgang ist daher besser. Auch die weitere Entwicklung kommt viel schneller voran, so dass sich leicht eine Verfrühung von drei bis vier Wochen gegenüber dem ungeschützten Auspflanzen ergeben kann, je nachdem, wie das Frühjahr mit Wind und Rückschlägen im Freien durch Schnee, gelegentliche Fröste und unfreundliche Witterung verläuft. Das ist eine Extraernte, denn bei günstiger Witterung kann man schon ab Ende Februar Salat, Radieschen, Spinat und auch den ersten Kohlrabi aussäen oder pflanzen.

Gelochte Folien und das feine Gespinst der Vliese bieten keimenden Samen und heranwachsenden Pflanzen ein günstiges Kleinklima. Im Frühling kann der Vorsprung 3 bis 4 Wochen betragen.

Flachfolien beschleunigen die Keimung

Die Keimung des Samens und das Anwachsen von Pflanzen werden bereits durch Abdecken mit transparenter, farbloser PVC-Plastikfolie mit einer Stärke von 0,02–0,05 mm stark beschleunigt. Die Folie sollte jedoch unbedingt gelocht sein, damit bei Sonneneinstrahlung die auftretende Wärme entweichen kann. Schon im März können unter Folie leicht Temperaturen von 40–50°C auftreten. Unter solchen Bedingungen »verkocht« keimender Samen.
Während einfache, ungelochte Folie daher sehr riskant ist, kann eine stark gelochte Folie lange auf dem Beet liegen bleiben. Nur auf den ersten Blick erstaunlich ist, dass der Effekt für das Wachstum der Pflanzen umso besser wird, je stärker die Folie gelocht ist. 750 Loch pro Quadratmeter wurden als Optimum ermittelt. Die Bodentemperatur erhöht sich darunter durch einfallende Sonnenstrahlen tagsüber um 6–8°C und während der Nachtstunden bleibt dieser Effekt lange Zeit erhalten. Unter gelochten Folien entstehen nicht nur mehr Wärme und höhere Luftfeuchtigkeit, sie ermöglichen auch bei Sonne die nötige Luftzirkulation, so dass es nicht zu Verbrennungen kommen kann.

Vegetationshütchen schützen die jungen Pflanzen nach dem Auspflanzen (links). Unter einer Abdeckung aus dünnem Vlies gedeihen Pflanzen optimal.

Schlitzfolie oder »mitwachsende Folie«

Noch besser ist das erreichbare Kleinklima unter einer geschlitzten Folie, die bei fortschreitendem Pflanzenwachstum von den Pflanzen emporgehoben und auseinander gezogen wird. Aus diesem Grunde wird sie auch »mitwachsende Folie« genannt. Man kann sie in Längen von 10 m und Breiten von 140 cm bekommen.

Auf Aussaaten und gepflanztes Gemüse locker ausgelegt und seitlich eingegraben oder mit Steinen, Eisenstangen oder Latten befestigt, bietet sie den Kulturen neben idealen Wachstumsbedingungen auch Schutz vor leichten Nachtfrösten, ferner vor Wind, Platzregen, Fraß durch Wild und Befall durch Insekten. Sie ist auch deshalb praktisch, weil Regen und Gießwasser durch ihre Schlitze an die Pflanzen gelangen. Erst Ende Mai/Anfang Juni wird sie abgenommen.

Mulchfolie zur Bodenbedeckung

Eine Variante der Schlitzfolie ist die Mulchfolie, eine eingefärbte geschlitzte oder fein gelochte Folie zur Bodenbedeckung. Sie ist schwarz, lichtundurchlässig, verhindert Unkrautwuchs, hält den Boden länger feucht und erwärmt ihn stärker, was besonders der Wurzelentwicklung zugute kommt. Aus diesem Grund eignet sie sich besonders gut für Gurkengewächse, auch für Melonen. Die vorgezogenen Pflanzen werden in den erforderlichen Abständen in Pflanzlöcher gesetzt, die durch kreuzförmige Einschnitte entstehen.

Aber nicht nur Kunststoffe werden zum Mulchen verwendet, es gibt Produkte für vergleichbare Zwecke auch aus umweltfreundlich verrottendem Papier.

Vlies und Insekten-Schutznetz auflegen

Einen ähnlichen Effekt wie mit der Loch- und Schlitzfolie können Sie durch Auflegen von Vlies erreichen. Die hervorragenden Eigenschaften dieses sehr leichten, transparenten, luft- und wasserdurchlässigen Gespinstes für den Pflanzenbau haben hektarweise auch im Profigemüseanbau überzeugt.

Vliese gibt es in UV-Strahlen-stabilisierter Form, die gegen die schnelle Zersetzung unter Lichteinfluss wirkt, in weißer oder hellgrüner Einfärbung, in verschiedener Schwere und Festigkeit. In der Wirkung unterscheiden sich diese Varianten des Vlieses wenig. Wie bei der Folie ist eine Frostschutzwirkung kaum gegeben. Sie entsteht nur indirekt durch Tau, der an dem Material haftet, in kalten Nächten zu Eis gefriert und damit eine isolierende, schützende Schicht erzeugt. Wichtiger ist die Erhöhung der Bodenwärme und der Luftfeuchtigkeit, der Schutz vor Hagel, Wind, starkem Regen, zuwandernden Schnecken oder zufliegenden Insekten.

Gut bewährt hat sich das festere **Insekten-Schutznetz**, das in den heißen Monaten einen besseren Luftaustausch gewährt und deshalb ab Mai das Vlies ersetzt. Gemüsefliegen, Läuse, Wanzen und zuwandernde Schnecken (sofern das Areal vorher frei davon ist) sowie Vögel und Hagel werden damit zuverlässig abgehalten.

Folientunnel im Garten

Tunnelkonstruktionen gibt es fertig zu kaufen. Man kann sie aber auch aus Drahtbügeln und mit UV-Strahlen stabilisierter Folie leicht selbst erstellen. Sie bieten den Pflanzen einen freieren Luftraum, erfordern jedoch einen größeren Arbeitsaufwand für Belüften und Gießen. Mit Tunnels aus gelochter Folie können Sie diesen Nachteil weitgehend ausgleichen.

Universell nutzbar: das Frühbeet

In vielen Gärten gehört das Frühbeet traditionell dazu. Nach wie vor hat es nichts von seiner Aktualität verloren, im Gegenteil, es erscheinen ständig neue Konstruktionen auf dem Markt mit transparenten Rahmen und Hauben, mit automatischer Lüftung wie beim Kleingewächshaus, mit selbstlüftenden Fensterscheiben, als leicht transportable Wanderkästen oder kleines Pflanzbeet für den Balkon. Das Frühbeet erfüllt einen guten Zweck als immer zur Verfügung stehendes geschütztes Anzuchtbeet für Aussaaten im Frühjahr und Sommer (für Zweijährige), als geschützte Kulturfläche für wärmeliebende Kulturen (wie Melonen) und als Einschlag für Spätherbst- und Wintergemüse.

Als Material eignen sich neben Holz Betonfertigteile, Glas oder transparente, gewellte Plastikelemente. Zur Abdeckung lassen sich Frühbeetfenster mit Rahmen aus Holz oder Leichtmetall verwenden. Sie werden mit genörpeltem Glas oder UV-Strahlen-stabilisierter Folie in 0,15 bis 0,2 mm Dicke bedeckt. Zur Stabilisierung und damit sich kein Regenwasser sammeln kann, sollten Sie die Plastikfolie über einen oder zwei leicht nach außen gewölbte Drähte spannen. Holzleisten, die Sie kreuzweise anbringen, verhindern ebenfalls ein Durchhängen der Folie.

Frühbeetsets aus umweltfreundlichem Recyclingmaterial sind ebenfalls erhältlich. Über den Kasten gespannte Bügel können mit der mitgelieferten Folie oder mit Vlies-Bahnen und Insekten-Schutznetz überspannt werden, die Verfrühung ist perfekt.

Das Kleingewächshaus, Heimat vieler Pflanzenarten

Ein Gewächshaus soll den sich darin befindlichen Pflanzen ein Optimum an Licht und Wärme vermitteln. Deshalb macht nur ein Standort Sinn, der sonnig und, wenn möglich, auch windgeschützt ist. Über einen Platz unter Bäumen würden Sie sich immer ärgern. Auch von hohen Hecken, Mauern, Trennwänden sollte ein Abstand von mindestens 3–4 m eingehalten werden.
Optimal ist die Ausrichtung mit der Breitseite nach Süden, schon weniger günstig eine Ost- oder Westlage. Nicht akzeptabel ist die Nordlage hinter einem Haus. Ein wichtiger Gesichtspunkt ist auch die Entfernung zum Haus. Ist sie gering, kann man über einen gut isolierten Anschluss die Hausheizung nutzen. Nur selten reichen deren Reserven für die Mitbenutzung nicht aus.

Behördliche Vorschriften beachten

Kleine Gewächshäuser zur Nutzung mit Pflanzen sind zwar im Allgemeinen genehmigungsfrei, jedoch gibt es eng gezogene Obergrenzen. Deshalb sollten Sie noch vor dem Kauf des Gewächshauses mit dem Hersteller und bei Ihrem zuständigen Bauamt ein Gespräch über mögliche Vorschriften führen.

Bauformen für jeden Zweck

Beim Durchblättern der Kataloge stoßen Sie mit Sicherheit auf verschiedene Gewächshausformen. Ein Hausbesitzer wird bestrebt sein, mit einem angefügten **Pultdach**- oder einem **Anlehnhaus** mehr Platz in Form eines Wintergartens zu erreichen. Der wärmespeichernde Effekt eines Gewächshauses kann dann die Energierechnung entlasten, vorausgesetzt, die im Winter angestrebte Dauertemperatur ist nicht zu hoch. Kübelpflanzen oder Pflanzen der Mittelmeerflora, Azaleen und Alpenveilchen benötigen nur wenige Grade über Null. Bei tropischen Pflanzen sieht die Energierechnung ganz anders aus. In jedem Fall aber sollten Sie diese Möglichkeit nutzen, wenn die vorhandene Hausheizungsanlage auch zum Erwärmen des Gewächshauses herangezogen werden kann.
Demgegenüber sind Bauformen wie das **Satteldachhaus** überwiegend für die Kultivierung von Pflanzen gedacht und damit freistehend. Es sollte eine ausreichende Stehwandhöhe besitzen, das heißt mindestens 160 cm, und eine ausreichende Firsthöhe, die das Begehen und Befahren, zum Beispiel mit einer Schubkarre, ermöglicht.
Pavillons sind wenig ideal in der Platzausnutzung, die sechs- oder achteckigen Versionen stellen hier hohe Anforderungen an Fantasie und Können der Gewächshausbauer beim Unterbringen von Anzuchten, Arbeitstischen, Heizelementen und allerhand Technik. Rechtecke oder Quadrate sind da wesentlich einfacher einzurichten. Dafür fügen sich Pavillons meist optisch sehr ansprechend in eine Gartenanlage ein.
Interessant, aber selten sind in den Boden hineingebaute **Erdhäuser.** Leider, kann man sagen, denn das erdnahe Klima bringt nicht nur Energieeinsparung, sondern viele Pflanzen (etwa Orchideen) gedeihen in ihnen sichtbar besser. Mitunter lassen sich auch normale Gewächshäuser in die Erde bauen.

Die Größe des Hauses

Dies ist ein wichtiger Punkt für Ihre Überlegungen. Wählen Sie nicht zu klein! Für die Versorgung einer vierköpfigen Familie reichen 10–12 m^2 Grundfläche knapp aus. 15–18 m^2 sind eher zu empfehlen, vor allem, wenn neben den Gurken und Tomaten auch noch einige Blumen für den Vasenschnitt gezogen werden.

Die Inneneinrichtung

Wer die ersten Jungpflanzen gesät und pikiert hat, wird schnell merken, wie wichtig zusätzliche Stellflächen sind. Platz kann ein Gärtner nie genug haben.

Hängeregale schaffen Platz

Auf ihnen finden Aussaatkisten, Topfplatten und Töpfe genügend Licht in luf-

Sichere Ernten sind im Kleingewächshaus garantiert. Bei entsprechendem Aufwand kann man sogar tropische Pflanzen mit Erfolg ziehen.

Gewächshäuser aus Macrolon-Hohlraumplatten sind besonders stabil. Rechts: Kann man Teich und Pflanzenliebhaberei verbinden, ist die Erholung perfekt.

tiger Höhe dicht unter dem Glas. Für gute Ausnutzung achten Sie auf die Standardmaße: für Kistchen sind es 34 cm Breite, englische Maße 24 cm, Länge 100 oder 200 cm. Günstig sind Modelle, die man im Sommer wegklappen oder wegstapeln kann.

Wichtig: der stabile Arbeitstisch

Für viele Arbeiten im Gewächshaus benötigt man einen stabilen Tisch aus Aluminium oder Kunststoff. Die Tiefe sollte zwischen 60 cm und maximal 100 cm liegen. Gut ist eine etwa 20 cm hohe Bordwand an drei Seiten, um mit Erde arbeiten zu können.

Hängevorrichtung für Kletterer

Viele Gemüsekulturen wachsen an Schnüren. Für sie werden Hängevorrichtungen benötigt. Bei guten Herstellern sind die Sprossen dafür vorbereitet, um Schrauben und Haken an beliebiger Stelle aufzunehmen. Hier kann man auch Gitter oder Netze für kletternde Wicken, Gurken, Stangenbohnen, Melonen, Bromelien, Orchideen oder andere Epiphyten anbringen.

Erdhäuser sparen Energie und wirken sich günstig auf das Wachstum aus. Besonders gut bekommt die gleichmäßig hohe Luftfeuchte den Orchideen.

Was ist beim Kauf zu beachten?

- Aus welchem Material besteht die Tragekonstruktion?
- Verzinkter Stahl fängt auch bei guter Behandlung nach einiger Zeit an zu rosten, bei Aluminium kann dies nicht passieren. Es ist zudem leichter und sehr stabil.
- Holz spricht Naturliebhaber und Selberbauer an. Es sieht zunächst gut aus, braucht aber jedes Jahr Pflege, sonst verrottet es und ist nur unter Bedenken zu empfehlen. Bewährt haben sich nur nordamerikanische Hölzer sowie die einheimische Lärche, diese soll wenigstens zwei Jahre abgelagert sein. Frisches Holz treibt Harzblasen, daher mit dem Anstrich warten! Nur ölhaltige Farben wählen, denn sie sind dauerhafter als wasserlösliche. Leider gibt es für Holzbauten kaum inländische Hersteller!
- Die Türen sollten mindestens 100 cm breit sein. Schiebetüren erfordern weniger Platz als Schwingtüren. Sie sollten ein gutes Schloss besitzen.
- An scharfen Kanten kann man sich verletzen. Achten Sie daher auf gute Verarbeitung.
- Die Scheiben sollten möglichst durchgehend sein (keine Schindelbauweise), damit keine Energie- und Lichtverluste auftreten.
- Glasstärke nicht unter 4 mm, Kunststoff nicht unter 8 mm Dicke. Bei Warmhäusern Isolierglas nicht unter 16 mm und Kunststoff möglichst als »no-drop«-Version.
- Die Konstruktion darf keine Kältebrücken aufweisen, wenn an Beheizung gedacht ist. Profile müssen deshalb gut durchkonstruiert und gestaltet sein.
- Wie sieht es mit dem Zubehör aus? Alles muss zum System passen.
- Verlässliche Technik ist gut, doch ein ansprechendes Aussehen gehört auch dazu. Welche Farben werden geboten? Insbesondere hausnahe Gewächshäuser und Wintergärten sollten etwas Schick besitzen.

In den Frühjahrsmonaten ist der Platz knapp im Gewächshaus. Gut, wenn es dann genügend Hängeborde und Aufhängemöglichkeiten gibt.

Abschließbarer Schrank für Kleinigkeiten und weiteres Zubehör
Ein abschließbarer Schrank nimmt Pflanzenschutzmittel, Pikierstäbe, Arbeitshandschuhe und all die vielen Kleinigkeiten auf, die man gerne griffbereit hat. Topfplatten aus Kunststoff für 4 x 4, 6 x 6 oder 8 x 8 cm-Ballen sind praktisch und immer verwendbar. Ferner braucht man Töpfe, Aussaatschalen, Pikierkisten, ein Sieb, Gießkanne oder Gießbrause, Schlauch, Handsprayer und eine Pflanzenschutzspritze.

Ein Ventilator für Spezialkulturen

Günstig für das allgemeine Wachstum sowie für die Befruchtung von Tomaten, Paprika und Auberginen und eine Vorbeugemaßnahme gegen Pilzbefall ist ein Ventilator, den es auch für Solarbetrieb gibt.

Die Eindeckung: Schutz vor Wind und Wetter

Ob die Eindeckung aus Glas oder Kunststoff besteht, ist für die Nutzung heute nicht mehr sehr erheblich.

Leicht und stabil: Kunststoffe

Kunststoffe, wie zum Beispiel die Stegdoppelplatten aus Acrylglas (Plexiglas), die es in verschiedenen Dicken, auch dreischalig, gibt, verändern sich auch über Jahre in der Lichtdurchlässigkeit nur wenig. Sie sind stabil, sehr leicht, lassen sich durch Sägen oder Verkleben leicht verarbeiten und bieten eine recht gute Lichtstreuung. Vielfach werden durch sie bereits Schattierungsmaßnahmen überflüssig, es gibt kaum Verbrennungen. Das Material lässt sogar UV-Strahlen hindurch, so dass man sich darunter bräunen kann.
Nachteilig ist die Feuergefahr. Hagel durchschlägt die Stegdoppelplatte so gut wie nie, allerdings kann sie dabei splittern und sieht anschließend beschädigt aus.

Ein Glasdach für Ihr Gewächshaus

Das wesentlich gewichtigere Glas gibt es in verschiedenen Standardnormen sowie einkämmrig und zweikämmrig als Isolierglas. 60 cm ist die Standardbreite. Glas lässt UV-Strahlen hindurch, die für die Ausbildung von Farben und Geschmacksstoffen von besonderer Bedeutung sind. **Gartenblankglas** ist voll durchsichtig mit glatter Oberfläche. **Gartenklarglas**, das der Erwerbsanbau vorwiegend verwendet, hat eine genörpelte Oberfläche mit entsprechender Lichtstreuung und verminderter Gefahr des Verbrennens von Pflanzenteilen.

Geht schnell: das Foliendach

Einfache Gewächshäuser sind mit Folien leicht und schnell zu erstellen. Sie sind gegen den zersetzenden Einfluss von UV-Strahlen stabilisiert und garantieren eine Haltbarkeit von drei bis fünf Jahren. Eine häufig verwendete Dicke für Gewächshäuser ist 0,2 mm. Fragen Sie jedoch nach Gewächshausfolien, denn Folien aus dem Baustoffhandel, die zum Verpacken benutzt werden, sind nicht geeignet, da sie sich innerhalb sehr kurzer Zeit zersetzen und brüchig werden.

Heizung und Frostschutz im Gewächshaus

Dass man am besten die vorhandene Heizungsanlage nutzt, wurde schon angesprochen, doch nicht überall ist dies möglich.

Der Elektrolufterhitzer

Wo es einen Stromanschluss gibt, lohnt sich ein thermostatgesteuerter Elektrolufterhitzer, der preisgünstig die Erwärmung eines Gewächshauses auf 5–8°C sichert. Dies genügt für die meisten Pflanzen zur Überwinterung. Thermostate (Frostwächter) verhindern, dass die Temperatur unter die Frostschwelle absinkt. Solche Geräte gibt es überall im Gewächshausbedarfs- und Elektrohandel. Sie kosten unter 50,– Euro und verbrauchen, da sie nicht ständig laufen, relativ wenig Energie. Zusätzlich kann man das Gewächshaus mit Luftpolsterfolie auskleiden (bei Folienhäusern üblich) oder aber eine Glaskonstruktion von außen mit dieser Folie schützen. Die Wärmeabstrahlung wird dadurch beträchtlich gesenkt. Immerhin kann man mit einer Differenz von etwa 3°C rechnen.

Für die Pflanzenanzucht und für tropische Pflanzen hat sich Unterwärme aus Heizkabeln oder Schläuchen mit Warmwasser bewährt.

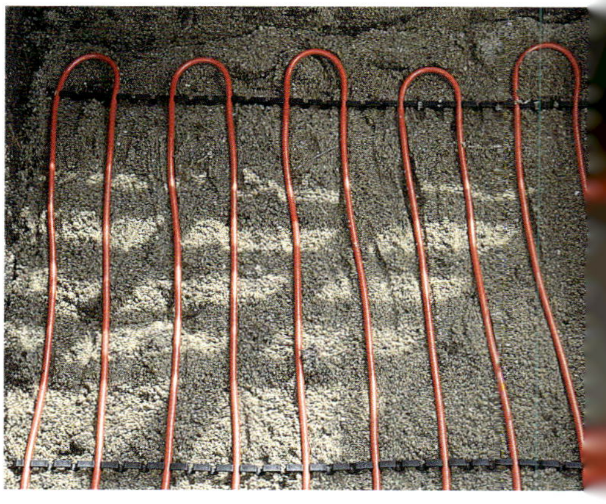

Gasthermen und Petroleumöfen

Auch Gasthermen und stromunabhängige Petroleumöfen mit einem Vorratstank für mehrere Tage sind Hilfsmittel, die sowohl für die frostfreie Überwinterung von Balkon- und Kübelpflanzen als auch für die Überbrückung von kalten Nächten im Frühjahr und im Herbst in Frage kommen, zum Beispiel zum Ausreifen der letzten Tomaten.

Frostschutz mit Fantasie

Sogar primitive Maßnahmen haben durchaus eine Berechtigung, wenn es gilt, kurzzeitig ein Einfrieren zu verhindern. Bewährt haben sich zum Beispiel Petroleum-(Sturm-)Lampen, Stearinkerzen mit darüber gestülpten Blumentöpfen aus Ton, die wie Kacheln die Wärme verteilen, sowie das Überdecken der Pflanzen mit geschlitzter Folie oder mit einem Vlies. Deren Wirkung beruht darauf, dass der Tau an dem Feingespinst kondensiert und beim Gefrieren eine isolierende Eisschicht bildet, welche die darunter befindlichen Pflanzen schützt. In Versuchen traten selbst bei –8°C keine Frostschäden auf.

Die richtige Klimaregulierung

Jedes Gewächshaus wirkt als Sonnenkollektor. Das einfallende Licht wandelt sich in Wärmestrahlen um. Zu viel Wärme jedoch stresst die Pflanzen. Sinkt dann noch die Luftfeuchtigkeit und staut sich die heiße Luft, kommt es leicht zu Verbrennungen der Pflanzenteile, was bis zum Absterben führen können. Bei über 45°C beginnt die Eiweißzersetzung, die Pflanze verkocht.

Ohne Lüftung geht es nicht

Effektive Lüftungsmöglichkeiten sind wichtige Faktoren bei der Auswahl des gewünschten Gewächshaustyps. Insbesondere, wenn die Nutzung auch zum menschlichen Aufenthalt gedacht ist, also für Wintergärten, gewinnt dieser Punkt eine besondere Bedeutung. Besonders wichtig ist die Querlüftung mit ausreichend konzipierten **Lüftungsklappen** an den Seiten und im Dachbereich.

Der Lüftungsbedarf hängt entscheidend mit der geplanten Nutzung zusammen, ebenfalls mit dem zur Verfügung stehenden Lichtangebot. Während bei geringem Lichteinfall 20°C bereits für winterliche Salat- oder Radieskulturen zu viel sind, fühlen sich tropische Orchideen noch bei 35–40° C sehr wohl. Automatische Fensteröffner, die ohne Strom auf der Basis von Öl reagieren, das sich ausdehnt und zusammenzieht, gehören heute schon zur Standardausrüstung.

Das Gewächshaus ist mit isolierender Noppenfolie ausgekleidet, ein Lufterhitzer vermeidet Erfrieren. Lüftungsklappen und Ventilator beugen Hitzestau vor (rechts).

Der **Luftumwälzung** kommt eine starke Bedeutung zu. Ein oder mehrere gut arbeitende Ventilatoren wälzen die Luft um, verhindern damit Schäden an den Pflanzen durch Hitzestau und in entscheidendem Ausmaß auch das Auftreten von Pilzkrankheiten und Schädlingen. Für kleinere Gewächshäuser sind bereits bewegliche Tischventilatoren aus dem Elektrohandel brauchbar. Für größere Anlagen werden Ventilatoren in die Außenwand gesetzt. Sie sollten das Luftvolumen wenigstens fünf- bis zehnmal pro Stunde umwälzen können.

Luftumwälzung senkt nicht die Luftfeuchtigkeit. Viele Pflanzen fühlen sich dann erst richtig wohl. Ihre Spaltöffnungen sind dabei weit geöffnet, Gasaustausch und Transpiration laufen auf Hochtouren, die Pflanze wächst und gedeiht. Bei niedriger Luftfeuchte schützt sich die Pflanze vor dem Verdampfen von zu viel Feuchte durch Schließen der Spaltöffnungen im Blatt.

Auf richtige Luftfeuchtigkeit achten

Luftfeuchtigkeit entsteht am einfachsten durch Besprühen der Wegeflächen und des Gewächshausbodens mit dem Schlauch, auch die Pflanzen sind für eine Dusche dankbar. Man kann auch Behälter mit Wasser zum Verdunsten aufstellen. In kleineren Häusern sind elektrische Luftbefeuchter wirksam. Hohe Luftfeuchtigkeit, insbesondere nachts, lässt jedoch bei absinkenden Temperaturen auch Pilzkrankheiten aufkommen, etwa Mehltau und Grauschimmel. Daher vor allem morgens gießen, damit die Blätter rechtzeitig abtrocknen können.

Schattierung gegen Überhitzung

Neben Lüftung und Luftumwälzung ist das Schattieren die wirkungsvollste Methode, um zu hohe Temperaturen abzufangen und Schäden durch Verbrennen entgegenzuwirken. Geeignetes Eindeckmaterial macht zusätzliche Maßnahmen weitgehend überflüssig. Früher wurden Gewächshäuser mit weißer Farbe bestrichen, die gegen Herbst wieder entfernt wurde. Der Nachteil: Bei trübem Wetter erhalten die Pflanzen zu wenig Licht und das Abwaschen ist mit hohem Arbeitsaufwand verbunden. Heute gibt es Schat-

Außenschattierung ist die beste Lösung, weil sie keine Hitze eindringen lässt. Leider ist sie aufwändig und durch Wind gefährdet.

tiergewebe aus Kunststoffgeflecht, die auf das Dach aufgelegt werden. Aufwändiger sind Aufrolleinrichtungen für Matten aus Plastikröhrchen, die sich sogar automatisch steuern lassen.
Außenschattierungen müssen sturmfest gebaut werden und sind deshalb teuer. Innenschattierungen aus Leinen- oder Kunststoffgeflecht oder (in Wintergärten) Sonnensegel sind weitaus preisgünstiger und leichter anzubringen. Obwohl sie ihren Zweck erfüllen, gibt es einen kleinen Nachteil: Die Wärme gelangt auf jeden Fall in den Innenraum. Außerdem werden rankende Pflanzen wie Gurken oder Wein im Dachbereich in ihrer Entwicklung gehemmt.

Licht für dunkle Tage

Während der Wintermonate steht den Pflanzen häufig zu wenig Licht zur Verfügung. Licht ist ihre Energiequelle, die erst den Aufbau von Biomasse ermöglicht. Jede Pflanze hat einen unterschiedlich starken Lichtbedarf. Einige Schattenkünstler aus dem Untergehölz des Regenwaldes kommen mit 600–800 Lux aus (Lux = Maßeinheit für Licht). Gemüse und blühende Topfpflanzen hingegen benötigen im Allgemeinen mindestens 2000–3000 Lux. In den trüben Wintermonaten werden oft nur 1000–1500 Lux gemessen, was bedeutet, dass das Wachstum nicht nur zum Stillstand kommt, sondern sogar bereits gebildete Biomasse wieder abgebaut werden kann. Die Pflanzen vergeilen, werden schwach und anfällig für Pilzkrankheiten. Erntbare Blätter oder Früchte können sich unter solchen Umständen nicht mehr entwickeln, sondern erst dann, wenn das Lichtangebot wieder steigt. Zusatzlicht kann daher der Assimilation bei Jungpflanzen deutlich auf die Sprünge helfen und auch die Blütenentwicklung bei Topfpflanzen und Schnittblumen entscheidend fördern.
Obwohl es inzwischen ein breites Angebot an Pflanzenleuchten gibt, empfehlen sich als Zusatzbelichtung zur Jungpflanzenanzucht nach wie vor Leuchtstoffröhren, die an Ketten höhenverstellbar aufgehängt werden (40–50 cm hoch, 60–100 Watt/m^2 = 2 Röhren à 40–60 Watt in 100 cm Länge).
Beachten Sie bitte das richtige Lichtspektrum. **Fluora-Leuchtstoffröhren** mit hohem Blau-Rot-Anteil kommen den Bedürfnissen der Pflanzen am nächsten, die Farbwiedergabe ist jedoch unangenehm. Inzwischen gibt es gute Röhren in Form von kostengünstigen, kompakten »**Energiesparlampen**« mit pflanzenfreundlichem Tageslichtspektrum. Sie sind wie Leuchtstoffröhren gebaut, aber mit integriertem Trafo. Man kann sie ohne weitere Technik in die üblichen E27-Sockel schrauben, und einige von ihnen sehen sogar mit ihrer Birnenform gefällig aus.
Für die Pflanzenzucht eignen sich auch die kostengünstigen **Natriumdampf-Hochdrucklampen** (Nachteil: gleißendes Licht) und die in vielen Pflanzenleuchten integrierten **Halogen-Metalldampflampen.** Nur für Spotlights geeignet, aber nicht für die Pflanzenanzucht, sind normale Halogenleuchten.

Automatische Bewässerungen arbeiten mit Druck. Ein dazwischen montierter Druckminderer löst das Problem.

In den kurzen Wintertagen sind Jungpflanzen und Orchideen dankbar für zusätzliche Belichtung. Günstig sind Aquarien- und Pflanzenleuchten.

Automatisches Gießen im Gewächshaus

Tröpfchenbewässerungen haben sich im Erwerbsanbau bewährt, sie geben langsam und gezielt Wasser ab, wobei die Zuflussmenge in der Regel von Hand eingestellt oder auch automatisch geregelt wird. Die Regelung übernehmen entweder stark hygroskopische Zylinder aus Holz oder Ton oder elektrische Tensiometer. Die elektrische Messung ist besonders zuverlässig. Wo kein Wasserhahn zur Verfügung steht, kann trotzdem automatisiert werden. Die Tröpfchenbewässerung erhält in diesem Fall ihren Zufluss aus aufgehängten Vorratsbehältern, die zugleich auch Düngerlösungen verteilen können. Denken Sie daran, dass Tröpfchenbewässerungen gelegentlich entkalkt werden müssen, sie setzen sich sonst zu.
Für Gewächshaustische bietet sich vor allem die **Staubewässerung** an, wobei das Wasser ebenfalls über Tropfschläuche zugeführt oder durch eine Matte aufgesogen wird. Die Pflanzen stehen dabei auf einer saugfähigen Matte (Vlies). Sobald Wasser verdunstet wird, ergänzen Wurzeln und Substrat die Feuchtigkeit aus der Matte. Ein sicher funktionierendes System, das der natürlichen Wasserversorgung im Boden gleicht, der Kapillarität. Einziger Nachteil: Vlies- oder Sandbedeckung können leicht veralgen. Eine schwarze Folie beugt vor, sie wird über die Anstaufläche gelegt und mit kreuzförmigen Einschnitten an den Stellen versehen, auf denen die Töpfe mit dem Abzugsloch stehen.

Substrate und Erden geben den Pflanzen Halt

Dass Pflanzen nicht nur in Erde, sondern in allen möglichen Materialien, etwa Steinwolle, Bimskies, Blähton, Splitt, in Torf- oder Rindenkompost, ja sogar in reinem Wasser (Hydrokultur) gedeihen, ist keine Überraschung mehr.

Praktische »Growbags«

Substrate und Rindensubstrate gibt es in handlichen Plastiksäcken, die zuweilen sogar optisch ansprechend gestaltet sind. In diesen »Growbags« kann man, wo immer Platz ist, auch auf Platten und Tischen, Gemüse und Blumen hervor-

In vielen Gewächshäusern treten nach einigen Jahren Welkekrankheiten durch Bodenpilze auf. Ein Ausweg ist das Kultivieren in Erdsäcken.

ragend kultivieren. Kreuzförmige oder runde Einschnitte nehmen die Pflanzen auf. Einziger Nachteil: Das Substrat darf niemals vollständig austrocknen, die stark ansteigende Düngerkonzentration würde die Pflanzenwurzeln verbrennen. Auch lässt sich einmal trocken gewordenes Substrat schlecht wieder anfeuchten.

Erden für jeden Pflanzentyp

Fertige Erden (= Substrate) gibt es in vielfältiger Auswahl für viele Pflanzengruppen: für Orchideen, Kakteen, Sommerblumen, Azaleen und speziell auch zum Aussäen und Pikieren. Unterschiedlich sind die Düngergehalte und die Strukturen.
Der eigene Reifekompost ist für Aussaaten geeignet, allerdings erst, nachdem die Erde sterilisiert wurde. Das Verfahren ist einfach: die Erde in Bratfolie füllen und im Backofen etwa 30 Minuten bei 150° C erhitzen.

Den Gewächshausboden nutzen

Der Gewächshausboden sollte jährlich mindestens einmal tief und gründlich gelockert werden. Bei dieser Gelegenheit können Sie ihn mit unkrautfreiem oder desinfiziertem Kompost, mit Torf oder Rindenhumus anreichern. Rindenmulch befindet sich noch in der Umsetzung und entzieht Nährstoffe, die eigentlich den Pflanzen zugedacht waren. Hier heißt es aufpassen und entsprechend mehr düngen. Sie sollten organische Dünger bevorzugen oder so genannte mineralische Depotdünger.
Damit sich keine Pflanzenkrankheiten wie die Gurkenwelke ausbreiten können, empfiehlt es sich, intensiv genutzten Gewächshausboden alle zwei bis drei Jahre auszutauschen. Eine Bodenuntersuchung gibt Aufschluss über die enthaltenen Nährstoffe und den tatsächlichen Düngebedarf.
➲ Mehr zu Bodenprobe und Düngung siehe Seite 67 und 108.

Fruchtfolge und Hygiene für gesunde Pflanzen

Wichtig ist auch die richtige Planung der Kulturfolge, die sich auf den Beeten über den gesamten Jahresablauf hinweg vollzieht. Es soll kein Leerlauf entstehen und die zur Verfügung stehende Fläche kann ständig genutzt werden.
Mischkulturen sind dabei eine gute Hilfe, zum Beispiel im Frühjahr Radieschen, Rettich und Kohlrabi mit Pflücksalat oder Stielmangold. Im Sommer Tomaten oder Gurken mit Paprika, Auberginen und Melonen oder im Herbst Tomaten mit Außenreihenbepflanzung von Chinakohl, Knollenfenchel oder Chrysanthemen.
➲ Mehr zu Mischkulturen ab Seite 467.

Ein geplanter **Fruchtwechsel** ist im Gewächshaus genauso nötig, wie im Freien, damit sich keine bodenbürtigen Krankheiten festsetzen können. Eine Rotation innerhalb des Hauses ist daher unbedingt nötig. Sie setzt einen entsprechenden Kulturfahrplan voraus, der am besten in einer Folie, gegen Feuchtigkeit eingehüllt, im Gewächshaus deutlich sichtbar angebracht wird.
Ergeben sich dennoch einmal Schwierigkeiten mit der Hygiene, zum Beispiel durch Gurkenwelke oder den viele Kulturen (auch Blumen) befallenden Pilz *Fusarium*, dann wird ein Austausch der gesamten infizierten Erde notwendig. Wegen der oft beträchtlichen Erdbewegungen unterbleibt ein Erdaustausch gerne. Was bleibt dann zu tun? Für die wenigen, wirklich gefährdeten Kulturen, wie Schlangengurken oder Tomaten, können Sie bei Auftreten der ersten Schäden auch gedüngte Fertigerden verwenden. Die Pflanzen gedeihen dann in Containern oder Eimern, nicht mehr im freien Grund. Gut bewährt hat sich das vorbeugende Veredeln von Gurken, Tomaten und Auberginen auf **resistente Unterlagen.** Die Pflanzen sind viel wüchsiger, tragen länger und erheblich mehr Das Veredeln kann man mit etwas Geschick selber durchführen oder aber in Gartencentern schon verdelte Pflanzen kaufen.

Preisgünstig sind Folienhäuser. In Ausrüstung und in den Kulturmöglichkeiten stehen sie der gläsernen Konkurrenz kaum nach.

Tipps für vorbeugenden Pflanzenschutz

- Wählen Sie die Pflanzen so aus, dass sie in die gegebenen Verhältnisse passen. Je mehr Sie dabei über die Pflanzen wissen, desto besser.
- Keimfreie Erden verwenden und auf deren gute, vergießfeste Struktur achten.
- Dem Bedarf der Pflanzen angepasst düngen und gießen, damit weder Mangel noch Übermaß auftritt.
- Für ein ideales Kleinklima mit hoher Luftfeuchtigkeit sorgen. Zugluft vermeiden, aber auf ausreichende Lüftung und Luftumwälzung achten.
- Die Blätter nicht unnötig benetzen. Möglichst morgens gießen, damit die Pflanzen bis zum Abend wieder abgetrocknet sind und Pilzsporen nicht auskeimen können. Nicht von oben in Blattscheiden, Knospen oder junge Triebe gießen, denn dort faulen sie besonders leicht.
- Widerstandsfähige, resistente Sorten gegenüber älteren Züchtungen bevorzugen, sie machen manche Pflanzenschutzmaßnahme überflüssig.
- Gurken, Tomaten und Auberginen möglichst auf resistente Unterlagen veredeln.
- Einige Pflanzenarten werden immer befallen, sie stecken andere an, daher möglichst darauf verzichten. Hierzu gehören zum Beispiel Gerbera (Weiße Fliege), Cinerarien (Läuse), *Ficus pumila* (Rote Spinne), Begonien (Mehltau).

Schädlinge und Krankheiten sanft bekämpfen

Bei auftretendem Schädlingsbefall ist es meist angebracht, gezielt gegen einen Schädling vorzugehen und Mittel mit geringer Giftigkeit zu bevorzugen. Möglichst auf Insektizide biologisch unbedenklicher Art oder auf Nützlinge zurückgreifen, die für Menschen und Haustiere unschädlich sind.

Gieß-, Streu- oder Räuchermittel können gezielter und einfacher angewendet werden als Spritzmittel. Die nachfolgende Tabelle berücksichtigt aus Platzgründen nur die wichtigsten Krankheiten und Schädlinge. Notfalls greifen Sie bitte zu Spezialliteratur oder fragen Ihr zuständiges Pflanzenschutzamt um Rat.

Die Weiße Fliege oder Mottenschildlaus ist ein hartnäckiger Schädling, der viele Gemüse und Blumen befällt. Gelbtafeln beugen vor.

➲ Mehr zu Pflanzenschutz ab Seite 116.

Schädlinge und Krankheiten im Kleingewächshaus

Schädling, Krankheit	Vorkommen	Schadbild	Bekämpfung
Blattläuse	Nutz- und Zierpflanzen	Feine, helle Saugstellen, verkrüppelter Wuchs	Bei geringem Befall abspritzen mit Wasserstrahl, Räuchern und Spritzen; über geeignete Mittel informiert der Fachhandel. Einsatz von Marienkäfern
Gemüsefliegen	Chinakohl, Kohlrabi, Rettich, Radieschen, Möhren	Fraßgänge, später dann Maden	Treten erst ab Mai und nur bis September auf; für Luftbewegung sorgen; Insektenschutznetz einsetzen
Spinnmilben (Rote Spinne)	Gurken, Tomaten, Paprika, die meisten Zierpflanzen	Blattoberseits helle, später braune Saugstellen; blattunterseits mehlartiges Gespinst	Luftfeuchte erhöhen, mehrfach im Ein-Wochen-Abstand spritzen, sprühen, räuchern, Raubmilben einsetzen
Weiße Fliege (Mottenschildläuse)	Gurken, Paprika, Auberginen, Gerbera, Levkojen, Oleander, Abutilon u.a.	Blattoberseits punktförmige Saugstellen, blattunterseits zahlreiche winzige kleine Falter	Zuflug begrenzen mit leimbestrichenen gelben Tafeln, den Fachmann befragen. Einsatz von Schlupfwespen; Luftfeuchtigkeit erhöhen
Schildläuse	Zitrusgewächse, Anthurien, Orchideen, Abutilon, Palmen, Farne, Ficus-Arten und andere	Zahlreiche Saugstellen an Blättern und Stielen, Ausscheidungen von Sekret, auf dem sich Rußtau ansiedelt	Bei geringem Befall die Tiere mit Schwamm und Seifenlauge abwischen; wiederholt spritzen, denn der Schädling ist nur im Jugendstadium bekämpfbar, Paraffinöle verkleben Atemöffnungen
Wollläuse	Kakteen, Sukkulenten, Orchideen	Wachsartige Kolonien der Schädlinge in Blattachseln	Wie Schildläuse; Australische Marienkäfer als Nützlinge einsetzen
Kellerasseln	Verfaulende Pflanzenmasse, Orchideen, Zwiebeln, Knollen	Fraßschäden an Wurzelspitzen, jungen Trieben, Blättern, Knospen	Ködern durch ausgelegte Kartoffelscheiben (nachts kontrollieren)
Schnecken	Salatarten, Gurken, Orchideen, Lilien	Fraßschäden an allen oberirdischen Pflanzenteilen	Ködern durch Kartoffelscheiben, Bier
Trauermückenlarven	Nutz- und Zierpflanzen	Fraßschäden an Wurzeln und Stecklingen	Besprühen der Erde mit einem Insektizid, gießen mit Neem
Auflaufkrankheiten, Umfallkrankheiten, Schwarzbeinigkeit	Im Aussaatbeet an fast allen Sämlingen	Hell- bis dunkelbraune Stellen an den Stielen der Sämlinge, Umfallen	Nur keimfreie Anzuchterde verwenden, für Licht und Luft sorgen, Samen beizen
Samtflecken	Tomaten	Weiche, mittelbraune Flecken auf Blättern und Früchten	Resistente Sorten verwenden, gut lüften, Luftfeuchtigkeit senken; vorbeugend mit Pilzmitteln spritzen
Grauschimmel *(Botrytis)*	An fast allen Kulturpflanzen, besonders an Erdbeeren, Wein	Fahlgrauer Pilzrasen auf Stängeln, Blättern und Früchten	Pflanzen abhärten, Kulturbedingungen verbessern, Luftfeuchte senken; geeignete Spritzmittel hält der Fachhandel bereit
Herzfäule	Salat-Arten	Pflanzen welken, Wurzeln und Blätter faulen am Stängelgrund	Salat nicht zu tief pflanzen, Tröpfchenbewässerung einsetzen, anstatt zu gießen, lüften, auf Frucht- und Erdwechsel achten
Gurkenwelke	Gurken, Melonen	Pflanzen welken	Pflanzen vorbeugend veredeln oder Erde austauschen, auf hohe Bodentemperatur achten
Echter Mehltau	Gurken, Salate, Begonien, Usambaraveilchen, Rosen	Mehlartiger Belag blattoberseits	Temperatur und Lüftung erhöhen, wiederholt spritzen (Fachhandel!); resistente Sorten verwenden
Falscher Mehltau	Gurken, Feldsalat, Kopfsalat, Levkojen, Rosen, Wein	Hellgrauer Pilzrasen auf der Blattunterseite	Resistente Sorten verwenden; Luftfeuchte senken, spritzen mit im Fachhandel erhältlichen Präparaten

Stangenbohnen sind eine lohnende Frühkultur, die schon im Frühsommer Ernten bringt. Gegen die schädliche Rote Spinne helfen Raubmilben.

Das Gewächshaus sinnvoll nutzen

Pflanzen züchten und vermehren, Gemüse über das ganze Jahr anbauen und ernten, Zierpflanzen überwintern – ein Gewächshaus bietet für jeden Pflanzenliebhaber Möglichkeiten in Hülle und Fülle. Dabei sind die jeweiligen Wachstumsbedingungen der einzelnen Pflanzen zu berücksichtigen und die Tatsache, dass nicht jede Pflanzenart mit jeder »kann«. Manche lieben feuchtwarmes Klima, andere brauchen nur im Winter ein wenig Heizung, um nicht zu erfrieren. Die Grafiken Seite 530 und 531 bieten einen kleinen Überblick über die gängigen Nutzungsmöglichkeiten. In einem beheizten Gewächshaus sollte das Thermometer nicht weniger als 16° C anzeigen, im frostfreien Gewächshaus reicht in der Regel ein Frostwächter aus, und im ungeheizten Kleingewächshaus finden Pflanzen Platz, die im Winter schon einmal kurzzeitige Frostperioden überstehen.

Die Biologische Schädlingsbekämpfung

Mehr und mehr finden Methoden der Biologischen Schädlingsbekämpfung Eingang. Teilweise sind sie recht wirksam, erfordern jedoch einiges Wissen um den Lebensrhythmus der Schädlinge und der Räuber, die von ihnen leben.
Entscheidend ist der richtige Einsatzpunkt. Einerseits müssen genügend Schädlinge da sein, damit sich die Räuber ernähren können, andererseits dürfen die Schäden an den Pflanzen noch nicht zu weit fortgeschritten sein. Treten mehrere Schädlinge gleichzeitig im Gewächshaus auf, wird es schwierig, da nicht gegen alle natürliche Feinde verfügbar sind.
Bewährt hat sich der Einsatz von Raubmilben gegen Spinnmilben (Rote Spinne), Florfliegen gegen Blattläuse, Nematoden gegen Trauermücken, Australische Marienkäfer gegen Wollläuse und Schlupfwespen gegen Weiße Fliegen. Schlupfwespen parasitieren auch auf Raupen. Den Erfolg der Schlupfwespenarbeit kann man bereits acht bis zehn Tage nach dem Aussetzen anhand von schwarz gefärbten Schädlingslarven kontrollieren.
Sehr bewährt hat sich eine vorbeugende Maßnahme, nämlich das Aufhängen von mit Leim bestrichenen gelben Tafeln oder gelben Stickern zwischen den Pflanzen. Von außen zufliegende Insekten werden auf diese Weise schon bei Beginn eines Befalls abgefangen. Blaue Tafeln helfen gegen Thrips und sind eine preiswerte Alternative zu teuren chemischen Pflanzenschutzmitteln.

Die Anzucht von Jungpflanzen

Die eigene Anzucht von Jungpflanzen gehört zu den besonderen Freuden in einem Gewächshaus. Am besten gelingt dies in einem beheizten Gewächshaus, wo bereits ab Mitte Februar Gemüse und Sommerblumen für den Sommer vorgezogen werden können.

Die Anzucht aus Samen und Stecklingen

Viele Pflanzen zieht man am besten aus **Samen** heran. Die Angebote im Samenfachhandel oder in Gartencentern sind umfangreich. Immer neue attraktive Gemüse und Blumen kommen hinzu. Es ist erstaunlich, wie viele dieser Neuheiten sich in unserem Klima heimisch fühlen.
➲ Mehr zum Thema »Samen« und »Beizung« auf den Seiten 82 und 83.
Stecklinge lassen sich besonders gut im Gewächshaus kultivieren. Usambara-Veilchen, Pelargonien, Begonien und viele mehr werden in kleinen Töpfen bei konstanter Wärme (22–26° C) herangezogen.

So kann die Bepflanzung im Sommer aussehen. Gelbtafeln sowie eine gesunde Mischkultur halten Schädlingsbefall in Grenzen.

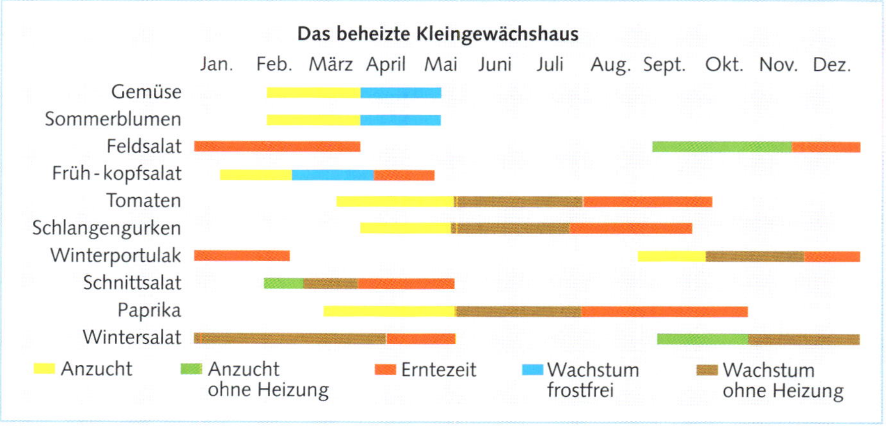

Eine Bodenheizung oder eine Heizplatte mit Niedervoltspannung leisten dabei gute Dienste.

Sommerblumen selbst ziehen

Gekaufte Sommerblumen kosten viel Geld – je größer der Garten, desto mehr lohnt sich die eigene Anzucht. Ob im Gewächshaus, auf der Fensterbank oder im Frühbeet, es gibt einige Grundregeln, die man beachten sollte.

Nicht zu früh aussäen, denn mit wachsender Tageslänge und Lichtintensität gibt es weniger Probleme. Natürliches (oder künstlich gegebenes) Licht als Energiequelle ist ein besonders wichtiger Faktor für ein problemloses Wachstum. Beachten Sie die richtige Aussaatzeit, die auf den Saattüten vermerkt ist.

Wählen Sie immer die bestmögliche Sorte. Eine bessere Züchtung sichert zugleich ein deutliches Wachstum, das die Pflanzen vor dem Umfallen bewahrt.

Verwenden Sie eine schwach gedüngte, möglichst keimfreie Aussaaterde. Übliche Blumenerde ist wegen des zu starken Düngergehaltes nicht geeignet. Der eigene Kompost darf nur desinfiziert verwendet werden, denn er enthält viele Bekterien und Keime, die den Sämlingen gefährlich werden können.

➲ Tipps zur Erde, Aussaat und Anzucht auf den Seiten 64, 82 und 89.

Die meisten Blumen kommen mit Zimmertemperatur (18–22 °C) gut zurecht, im ungeheizten Gewächshaus kann es nachts jedoch empfindlich kalt werden. Speziell bei tropischen Pflanzen wie Feuersalbei, Begonien oder Fleißigen Lieschen können diese kühlen Nächte den Keimerfolg stark beeinträchtigen. Eine unterlegte Wärmeplatte verbessert den Keimerfolg beträchtlich. Und auch für die Bewurzelung von Stecklingen ist sie eine wertvolle Hilfe.

Frühe Ernte durch geschickte Nutzung

Wer ein Gewächshaus besitzt, kann bereits zu einer Zeit ernten, zu der im Freiland die Aussaat gerade erst beginnt. Ein rasch steigendes Lichtangebot und die eingefangene Sonnenwärme sorgen im Spätwinter für ein schnelles Wachstum von Radieschen, Rettich, Schnitt-, Pflück- und Wintersalat sowie von Spinat, Stielmus, Bremer Scherkohl und Feldsalat. All diese Kulturen vertragen Frost, das heißt, sie benötigen nicht unbedingt eine Heizung.

Unsere Vorschläge (siehe oben) vermeiden unnötige Energiekosten. Zu den sommerlichen Hauptkulturen gehören Schlangengurken, Tomaten und Paprika, für fortgeschrittene Gewächshausgärtner auch Auberginen, Melonen und Stangenbohnen. Ihnen wurden passende Vor- und Nachkulturen beigeordnet.

Entgegen manchen Behauptungen lassen sich Gurken, Tomaten und Paprika durchaus in einem sommerlichen, unbeheizten Gewächshaus nebeneinander kultivieren. Für eine gute Befruchtung benötigen jedoch Tomaten und Auberginen reichliche, im Sommer ständig geöffnete Belüftung. Notfalls muss der Fruchtansatz durch Herabschütteln des Blütenstaubes während der Mittagsstunden erzwungen werden, indem Sie die Pflanzen leicht bewegen.

Kartoffeln verfrühen in Gefäßen

Die ersten Frühkartoffeln sind eine besonders leckere und nicht ganz billige Delikatesse. Haben Sie ein frostfreies Gewächshaus, dann können Sie mit einer Kultur in Gefäßen erstaunlich hohe Erträge erzielen (2,5–3,5 Kilo aus einem 10-Liter-Container).

Für eine Ernte Anfang Mai treibt man die Saatkartoffeln ab 15. Januar am hellen Fensterbrett oder im Gewächshaus an, in einem Eierdeckel ohne Erde ausgelegt. Etwa ab 20. Februar kommen je zwei Knollen in einen Eimer, der zur Hälfte mit nährstoffreicher, sandiger Land- oder Blumenerde gefüllt ist. Haben sich die ersten Blätter gebildet, füllt man Erde bis zum Rand nach und stellt die Gefäße so hell wie möglich auf. Verwen-

Es sprießt in Kisten und Schalen, denn die eigene Pflanzenkinderstube spart Geld. Bis zum Auspflanzen platzt sie aus allen Nähten.

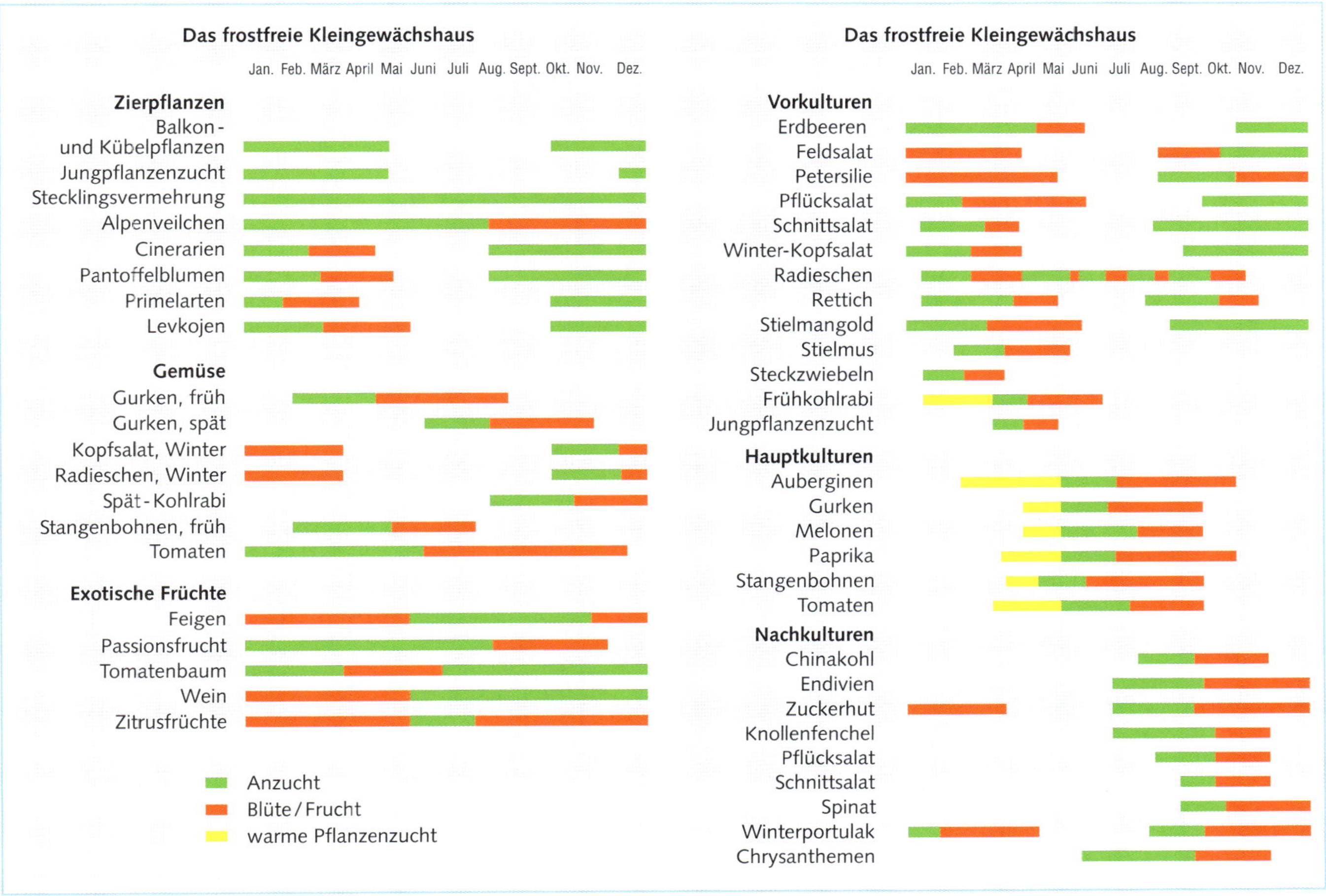

den Sie nur schnellwüchsige Frühsorten wie ‘Christa’ oder ‘Erstling’.

➲ Über die Kultur im Freien erfahren Sie mehr ab Seite 493.

Erdbeeren vortreiben

Zu den besonderen Freuden des Gewächshausbesitzers gehört das Verfrühen leckerer Erdbeeren, die ab April geerntet werden können. Neue, einjährige Pflanzen oder bereits einmal abgeerntete werden im Herbst zu einer bis drei Pflanzen in größere Töpfe gesetzt. Nach den ersten Frösten bringt man sie ins Gewächshaus und setzt sie einer schwachen Treibwärme aus (etwa 10 °C). Ab Februar wird jede Woche leicht gedüngt (1–2 g Volldünger pro Liter). Bald setzt danach die Blüte ein. Da im Gewächshaus keine Bienen fliegen, muss mit dem Pinsel der Blütenstaub von Pflanze zu Pflanze übertragen werden. Nur frühe Sorten lohnen den Aufwand (‘Regina’, ‘Gorella’, ‘Elsanta’, ‘Tenira’, ‘Marieva’). Viel Licht ist für einen guten, vollen Geschmack entscheidend.

➲ Wie Erdbeeren im Freiland gezogen werden, erfahren Sie ab Seite 440.

Problemkulturen im Winter

Die im Sommer so einfachen Kulturen Radieschen und Kopfsalat bringen Gewächshausbesitzer während des Winters mitunter zur Verzweiflung, allerdings nur, wenn die grundlegenden Zusammenhänge von Licht und Temperatur nicht verstanden oder angewendet werden. Radieschen sollen schnell Knollen, Salatpflanzen möglichst bald feste Köpfe bilden. Zu beiden Ansprüchen gehört sehr viel Licht, das im Winter Mangelware ist. Dennoch lohnt sich Zusatzbelichtung nicht.
Besser ist es, etwas Geduld für eine längere Entwicklung aufzubringen, die Temperaturen auf maximal 10–12°C, an lichtreichen Tagen auf 15–16°C zu senken und den Pflanzen einen ausreichenden Abstand zu gewähren, das heißt Radieschen auf einen Abstand von 8 x 10 cm zu verziehen und Salat auf 25 x 30 cm zu pflanzen. Fehler bei einer Kultur während des Winters äußern sich in vergeiltem Wuchs und frühzeitigem Schossen. Aussaaten ab Januar sind problemlos.

Überwintern von Balkon- und Kübelpflanzen

Ein frostfrei gehaltenes Kalthaus oder ein kühler Wintergarten sind ideale Räume zum Überwintern von Balkon- und Kübelpflanzen. Meist richtig sind Temperaturen von 8–12°C. Fast immer ist die Zahl der Pflanzen größer, als eigentlich Platz vorhanden. Jede Gelegenheit zum Rückschnitt ist daher willkommen.
Während des Spätwinters ist die Gefährdung durch Weiße Fliege und Spinnmilben besonders groß.
Ein Gewächshaus eröffnet noch sehr viel mehr Möglichkeiten. Während des Winters können Sie aus dem Freiland Blütenstauden holen und antreiben, Blumenzwiebeln verfrühen. Nach dem 4. Dezember, dem Barbaratag, geschnittene Zweige antreiben, Lilien in Töpfen zur Blüte bringen, Orchideen und Bromelien kultivieren, Gehölze und Stauden vermehren und viele grüne und blühende Topfpflanzen kultivieren.

➲ Mehr zur Überwinterung erfahren Sie ab Seite 352.

Bewährtes Gemüse im Gewächshaus

Gurken und Melonen

Cucumis sativus und *Cucumis melo*

Kultur: Schlangengurken und Zuckermelonen ähneln sich in Ansprüchen und Kultur. Wassermelonen dagegen vertragen keine hohe Luftfeuchtigkeit und sind daher eher etwas für geschützte Stellen im Freiland.
Säen Sie Gurken und Melonen nicht zu früh, sonst vergeilen die Pflanzen. Im geheizten Gewächshaus Ende Februar bis Ende März, im ungeheizten Anfang April bis Mitte Juni.
Die Keimung geht schnell vor sich, erfordert jedoch unbedingt hohe Temperaturen, die auch nachts nicht abfallen dürfen, also mindestens 22°C, besser 25–28°C betragen müssen. Bei zu niedrigen Temperaturen gehen nicht alle Samen auf, auch können die Sämlinge in der Folgezeit noch verfaulen. Pikieren ist für alle Gurken- und Kürbisgewächse ungünstig, denn ihre Wurzeln sind zu empfindlich, das Risiko eines Ausfalls zu hoch. Säen Sie daher am besten direkt ein bis zwei Samenkörner pro Topf in lockere humose Erde. Die Entwicklung geht an einem hellen, warmen Platz sehr schnell vonstatten. Auspflanztermin in einem unbeheizten Gewächshaus ist Mitte bis Ende Mai oder auch noch später.
Es bekommt den flach wurzelnden Gurken und Melonen gut, wenn sie auf erhöhte Dämme gepflanzt werden, so dass das Wasser abfließen kann,

Damit reife Zuckermelonen nicht herabfallen, werden sie durch Netze geschützt.

Das Ausgeizen der Tomaten bringt mehr Ertrag.

auch wenn die Erde stark mit humusreichem Material (Torf, abgelagertem Mist, Stroh) angereichert wird. Ein Beschneiden der Gurken und Melonen hat den Sinn , die Zahl der angesetzten Früchte in ein vernünftiges Verhältnis zum Blatt- und Wurzelwerk zu bringen, so dass sie auch ernährt werden können. Dazu entfernt man zunächst bis zu einer Höhe von 80 cm alle Stammfrüchte. Sobald die Pflanze das Gewächshausdach erreicht hat, wird die Spitze gekappt. Sehr bald entwickeln sich Seitentriebe, die ebenfalls zurückgeschnitten werden. Nur jeweils ein Blatt und eine Frucht verbleiben.

Tomaten und Auberginen (Eierfrüchte)

Lycopersicon esculentum und *Solanum melongena*

Kultur: Diese nahe verwandten Gemüsearten werden ähnlich kultiviert. Aussaatzeit Ende Februar bis März, Keimdauer 10 bis 15 Tage bei 20–25°C, Erntezeit Mitte Juli bis Dezember.
Im Gewächshaus bevorzugen Eierfrucht (siehe Foto Seite 486) und Tomate nährstoffreiche, wasserhaltende und lockerhumose Böden. Der Wasser- und auch der Nährstoffbedarf sind hoch. Die Luft dagegen sollte ziemlich trocken und warm genug sein, damit der Pollen, ohne zu verkleben, auf die Narbe fallen, darauf keimen und diese selbstbefruchten kann. Bei ungenügendem Fruchtansatz können Sie die Pflanzen zur Mittagszeit schütteln oder mit einem Pinsel nachhelfen.
Während die Tomate eintriebig an einem Pfahl oder an Schnüren in die Höhe geleitet wird, hat sich bei Auberginen die dreitriebige Kultur durchgesetzt. Versuche ergaben, dass das Ausbrechen aller weiteren Seitentriebe den Ertrag steigert. Selbst bei den stark wachsenden Spaliertomaten ist es nicht ratsam, viele Triebe stehen zu lassen, denn das viele Blattwerk verzögert die Reife.
Für Gewächshausbesitzer ist die Verlängerung der Kulturperiode besonders interessant. Wenn Sie die ersten Nachtfröste durch etwas Zusatzheizung überbrücken, verlängern Sie alleine damit die Ernteperiode bis Mitte November/Anfang Dezember. Wenn es mit dem Frost wirklich ernst wird, werden alle halbreifen und auch noch die grünen Früchte abgeerntet, sofern sie unbeschädigt und ohne Pilzbefall sind. Kranke Tomatenfrüchte lohnen nicht den Aufwand. An einem warmen Platz (zum Beispiel im Küchenschrank) reifen die Tomaten nach. Insbesondere die Obsttomaten entwickeln dabei auch noch viel Geschmack. Auf diese Weise können Sie bis Weihnachten oder Anfang Januar mit frischen Tomaten aufwarten.

Neu: das Veredeln

Eine neue Entwicklung ist das Veredeln von Tomaten und Auberginen. Die Unterlagen, Tomate 'Vigomax'

Paprika nutzt den Platz zwischen Tomaten.

oder 'Baufort', sind so wüchsig, dass sie leicht auch zwei oder drei Triebe tragen können.

Die ganze Vielfalt der Tomaten
Dass Tomaten nicht nur 5–6 cm dick und rund sind, sondern in einer Vielzahl von Formen und Größen, in Rot, Gelb und sogar in Weiß angeboten werden, kann man in jedem guten Samenfachgeschäft herausfinden.

Wirken exotisch: Eierfrüchte
Zu den Auberginen gehören auch Zierformen wie der Eierbaum mit essbaren Früchten, die anfangs weißen, später gelben Hühnereiern täuschend ähnlich sehen.

Paprika

Capsicum annuum

Kultur: Paprika benötigt zum Gedeihen viel Wärme und ist daher für Gewächshäuser besonders gut geeignet. Geheizte Kultur benötigt er allerdings nicht. Die Aussaat erfolgt Mitte bis Ende März. Die Samen keimen innerhalb von acht bis vierzehn Tagen bei 20° C, besser bei 22–25° C. Die Ernte erfolgt zwischen Ende Juni bis Oktober. Er benötigt sehr humosen, wasserhaltenden und nährstoffreichen Boden und verträgt keine Nass-Trocken-Behandlung, weil dabei bereits angesetzte Früchte abgestoßen werden. Sie können den Fruchtansatz steigern, wenn Sie die erste Frucht beizeiten ausbrechen. Schon bald entwickeln sich weitere Früchte aus den nachfolgenden Blüten. Die schwachen Triebe benötigen Halt an Stützen und Schnüren.

Stangenbohnen

Phaseolus vulgaris

Kultur: Die Aussaat erfolgt ab Ende März bis Ende Juli. Keimdauer acht bis zehn Tage bei 18–25°C. Stangenbohnen gehören zu den ertragreichsten und lohnendsten Kulturen für den Gewächshausbesitzer. Zudem kann man die Bohnen bereits dann ernten, wenn sie auf den Märkten noch sehr spärlich und entsprechend teuer im Angebot sind. Die Spätsaat ist bis Ende Juli möglich, sie bringt noch im September/Oktober eine willkommene Ernte.

Stangenbohnen, Melonen und Tomaten kombiniert.

Bewährt hat sich die Anzucht in Töpfchen ab Anfang April, jeweils sechs bis sieben Samen in einem mit Erde gefüllten Topf. Nach zwei bis drei Wochen sind die vorkultivierten Töpfe fertig zum Auspflanzen im Abstand von etwa 40–50 cm. Sie dürfen noch keine Ranken gebildet haben, denn die später in sich verschlungenen Triebe brechen leicht ab. Diese Beschädigungen können zu Wachstumsverzögerungen und Ertragsverlusten führen. An Schnüren klimmen die Triebe sehr schnell in die Höhe. Während der Blütezeit benötigen alle Schmetterlingsblütler ausreichend Feuchtigkeit, damit die gerade angesetzten Früchte nicht abgeworfen werden. Bewässern Sie nach dem Verblühen jedoch ausschließlich von unten, damit die Luftfeuchtigkeit nicht zu hoch wird. Achten Sie besonders auf Schädlinge wie Weiße Fliege und Rote Spinne.

Sorten: Achten Sie auf spezielle Gewächshaussorten, die nicht allzu viel Blattwerk entwickeln und deren Wachstum gebremst bleibt (z.B. 'Dea', 'Eva', 'Goldmarie', gelb, 'Hilda', 'Marga' und 'Limka', flachhülsig).

Ergänzungskulturen bringen Vielfalt
Den genannten Hauptkulturen können Sie Begleitkulturen hinzufügen, entweder dazwischengepflanzt oder als schnellwüchsige Vor- und Nachkultur. Die Grafik auf Seite 470/471 gibt hierüber Auskunft.

➲ Mehr zu den Gemüsesorten ab Seite 480.

Exotische Früchte und Wein

Weinreben, Feigen und Kiwis gedeihen auch in einem Gewächshaus ohne Heizung. Zitrusfrüchte, Tomatenbaum und Passionsfrucht wollen dagegen frostfrei überwintern. Wegen des hohen Platzbedarfes pflanzt man sie am besten in Kübel und bringt sie während des Sommers ins Freie.

Zitrusfrüchte

Kultur: Zitrusfrüchte sind aus vielerlei Gründen attraktiv. Blätter, Blüten und auch Früchte duften angenehm, das dunkelgrüne, glänzende Laub sieht immer interessant aus, dazu gibt es hübsche, weiße Blüten, die mehrmals pro Jahr erscheinen. An ihnen bilden sich durch Bienen- oder Pinselbestäubung Früchte, die auch in unserem Klima sehr guten Geschmack erreichen können. Die Anzucht aus Samen lohnt sich nicht bei Zitronen, Apfelsinen, Grapefruit, Mandarinen und Kumquats, denn ohne Veredelung blühen die Pflanzen zwar, eventuell angesetzte Früchte sind jedoch bitter und klein. Als Veredelungsunterlage dient die im Weinbauklima auch bei uns winterharte Wildzitrone oder Bitterorange *(Poncirus trifoliata)*. Das Selberveredeln ist schwierig. Längst gibt es jedoch im Handel zu akzeptablen Preisen frucht-

Zitrusfrüchte wollen kühl überwintern.

tragende Bäumchen, an deren weiterer Kultur Sie viel Freude haben werden. Alle Zitrusfrüchte überwintern am besten bei möglichst niedrigen Temperaturen, vertragen auch leichte Fröste bis –2° C. Bei mehr als +15° C treiben die Pflanzen zu früh aus und erhalten nicht die nötige Ruhepause, um im kommenden Frühjahr reich zu blühen. Zitrusfrüchte benötigen einen sauren Boden. Bei zu hohem Kalkgehalt zeigen sie aufgehellte, chlorotische Blätter. Zugabe von Eisenchelat, ins Gießwasser oder auf die Erde gestreut, behebt den Schaden innerhalb kürzerer Zeit. Während der gesamten Vegetationszeit dürfen die Wurzelballen niemals ganz austrocknen, sonst werden Blüten, angesetzte Früchte und auch neue Blättchen abgeworfen. Gelbe Blätter deuten darauf hin, dass der Ballen im Inneren zu trocken war. Aber auch gegen zu viel Nässe sind Zitruspflanzen empfindlich, bei stauender Nässe gehen sie leicht ein. Abhilfe: Stellen Sie die Kübel auf einen Pflanzenroller und sorgen Sie für guten Wasserablauf. Dann seltener, aber durchdringend gießen. Zitronen fruchten das ganze Jahr, Mandarinen im Spätherbst, und Orangen sind eine wohlschmeckende Pracht im schneebedeckten Wintergarten. Bleiben sie lange am Bäumchen, gewinnen sie an Aroma und sehen gut aus. Allerdings sollte man sie dann abernten, sonst setzen sie keine neuen Früchte an.

Zier-Orange, Kumquat und Co.

Das häufigste Zitrusgewächs ist die leicht zu kultivierende Zier- oder Calamondinorange × *Citrofortunella microcarpa*, deren zahlreiche Früchte bitter schmecken, aber essbar sind. Am interessantesten für Liebhaber ist die Zitrone *(Citrus limon)*, die, aus Stecklingen gezogen, bald fruchtet, oft schon im zweiten Jahr. Mit ausgereiften Triebspitzen (Kopfstecklingen) gelingt die Bewurzelung mit Hilfe von Hormonpräparaten und einer Wärmeplatte bei gleichbleibend hoher Temperatur von 25–26° C.
Mandarine, Grapefrucht und Kumquat benötigen jeweils 1–2 m² Platz. Orangen, Zitronen und (selten angeboten) Pomelo dagegen sind erheblich wüchsiger und erreichen bei zusagenden Verhältnissen in Kübeln Durchmesser von 150–200 cm.

Zwergbananen (links) tragen leckere Früchte, im Warmen tragen Feigen auch im Winter.

Zier-Banane und Zwerg-Banane

Ensete ventricosum und *Musa acuminata*

Bananen sind schöne Kübelpflanzen. Aus Samen kann man die Zier-Banane leicht im Gewächshaus heranziehen. Sie werden schnell groß, bringen allerdings nur Blätter und setzen keine Früchte an.
Anders die afrikanischen Zwerg-Bananen, die auf den Kanarischen Inseln und auf Madeira in großen Kulturen wachsen. Auch im Gewächshaus setzen sie bei gutem Wachstumszustand wohlschmeckende mittelgroße Früchte an.
Wenn möglich, sollten Sie die Pflanzen in Erde auspflanzen oder ihnen in großen Kübeln genügend Erdvolumen zugestehen. Während des Winters bekommt ihnen Bodenheizung, zum Beispiel in Schläuchen zirkulierendes Warmwasser, gut. Bananen vertragen keinen Frost, jedoch ohne weiteres Temperaturen nahe der 0°C-Grenze.

Feigen zum Naschen

Ficus carica

Kultur: Von den essbaren Feigen gibt es grüne und blaue Sorten. Aus den Blütenknospen werden anschließend die Früchte. Sie enthalten bei den in Europa üblichen Sorten die nach innen gerichteten, selbst bestäubenden Blüten, die sich nie öffnen – eine Besonderheit in der Botanik. Bis zur reifen Frucht dauert die Entwicklung unter Glas vier bis fünf Monate, im Freien durch die Winterpause fast ein ganzes Jahr. Die Pflanzen können in milden Klimaten auch in Deutschland im Freien überwintern.
Besonders robust ist die Bayernfeige 'Violetta', die selbst unter nördlichen Bedingungen mit etwas Schutz durch Schilfmatten oder Noppenfolie zwar zurückfrieren kann, aber immer wieder von unten her ausschlägt. Vorsichtshalber sollten Sie die Kübel jedoch ab November ins Haus holen. Da die Büsche großen Umfang erreichen und 200–300 cm hoch werden können, ist ein entsprechender Rückschnitt unerlässlich. Die anfallenden Triebspitzen kann man gut zur Weitervermehrung nutzen. Bei etwa 25° C bewurzeln Steckhölzer und Kopfstecklinge im Vermehrungsbeet schnell. Besonders gut eignen sich vorjährige Triebe, die im Spätwinter geschnitten werden. Wer Feigen ständig im Gewächshaus oder Wintergarten hält, kann mit einer durchgehenden Ernte rechnen.

Passionsfrucht, Maracuja

Passiflora edulis

Kultur: Die Passiflora-Familie weist nicht nur Arten mit sehr hübschen, ausdrucksvollen Blüten auf, einige von ihnen sind auch als Heilpflanzen bekannt. *Passiflora edulis* liefert den wohlschmeckenden exotischen Maracuja-Saft. Die eiförmigen Früchte werden ausgelöffelt, sie enthalten ein gallertartiges Fruchtfleisch, das sehr aromatisch und schmackhaft ist. Die stark rankende Pflanze entwickelt

200–400 cm lange Triebe und beginnt schon im zweiten Jahr mit dem Fruchtansatz. Während des Winters darf die Temperatur nicht unter 10° C absinken, sonst wirft die Pflanze alle Blätter ab. Ein kräftiger Rückschnitt im Frühjahr bekommt ihr gut.

Pepino, Birnenmelone

Solanum muricatum

Kultur: Noch viel zu wenig bekannt ist die lecker-fruchtige Birnenmelone. In Gärtnereien, Gartencentern oder von Pflanzenversendern erhält man das leicht fruchtende, 40 cm hohe Gewächs bislang als Pflanze. Es gibt zum Selberziehen auch Samen davon. Die aus Peru stammende Birnenmelone ist mit den Tomaten eng verwandt und ähnlich leicht in der Anzucht. Die schöne Pepino mit den ausdrucksvollen violett-blauen Blüten gedeiht im Gewächshaus, aber auch als hängende Ampelpflanze auf geschützten Terrassen. Die dekorativen, gänseeigroßen Früchte sind gelb mit violetten Streifen und als Naschobst beliebt. Nachdem man die Haut abgeschält hat, präsentiert sich ein leicht grünliches Fruchtfleisch, das angenehm nach Birnen und Zuckermelonen schmeckt. Man kann es frisch als Obst genießen und Kompott oder Säfte daraus herstellen. Geerntet wird ab August.
Die Aussaat der feinen Samen beginnt schon im Januar oder Februar bei Temperaturen um 20°C. Gepflanzt wird im Mai, wobei die schwachtriebigen Pflanzen entweder auf ein Hängebord gestellt oder an Gittern oder Schnüren aufgeleitet werden. Im Gewächshaus reifen die letzten Früchte noch im November. Pepino kann bei mindestens 15°C an heller Stelle überwintern, aber das Ergebnis befriedigt meistens wenig, so dass sich eher eine neue Anzucht oder Stecklingsvermehrung lohnen. Pepinos sind selbst befruchtend, man kann also auch mit einer Pflanze Erfolg haben.

***Passiflora edulis,* die Maracuja.**

Baumtomaten ähneln im Geschmack Kiwis.

Baumtomate, Tamarillo

Cyphomandra betacea

Kultur: Dieses mit der Tomate verwandte Gewächs stammt aus den Anden und entwickelt sich nach der Aussaat im Februar bis April bei 18–25°C sehr rasch. Nach ihrer Überwinterung bilden sich aus blass-lila, duftenden Blüten zahlreiche eiförmige Früchte, die in der Reife leuchtend rot gefärbt sind und dann tatsächlich Tomaten ähneln. Der Geschmack ist fruchtig und angenehm, ähnlich Kiwi und Maracuja, keinesfalls jedoch tomatenähnlich. Die Frucht wird ausgelöffelt. Die Außenhaut ist bitter.

Wein

Vitis vinifera

Kultur: Schon immer hat Gewächshausbesitzer die Kultur von Weintrauben gereizt. Wegen des Platzbedarfes des Wurzelwerkes und der notwendigen Winterruhe empfiehlt sich die Pflanzung außerhalb des Gewächshauses, wobei der Trieb unter dem Fundament hindurch oder durch einen Einlass ins Innere geleitet und am First entlang gezogen wird.
Wein ist selbstfruchtbar. Künstliche Bestäubung erübrigt sich also. Die Pflanzen kommen ohne zusätzliche Heizung aus.
Wein benötigt für gutes Gedeihen besonders viel Humus. Deshalb muss die Pflanzerde neben einem Drittel lehmigen Bestandteilen zu einem Drittel aus Kompost und einem Drittel aus gedüngtem, mit Nährstoffen versehenem Torf oder Rindenkompost bestehen. Die sehr langen Wurzeln breiten sich gern im Erdreich aus. Während der Wintermonate schneidet man die zahlreichen Triebe auf wenige Hauptranken von maximal 60–65 cm Länge zurück. Ideal sind zwei bis drei Triebe. Über dem Auge lässt man einen Zapfen von 1–2 cm Länge stehen, um ein Austrocknen des Triebes zu vermeiden. Nach dem Austrieb, dem Blühen und Ansetzen der Trauben müssen im Sommer alle Seitentriebe nach dem ersten oder zweiten Blatt abgeschnitten werden, damit die Früchte genügend Licht und Luft zur weiteren Entwicklung erhalten. Besonders große Früchte erreicht man durch das Ausdünnen mit einer spitzen Schere, wenn die Beeren knapp Erbsengröße erreicht haben. Gegen zu hohe Temperaturen sind Weinblätter empfindlich, deshalb mindestens 25 cm vom Glas Abstand halten, reichlich lüften und an heißen Tagen überbrausen.

Sorten: Fertige Pflanzen in geeigneten Sorten, die krankheitsresistenten 'Phoenix' (weiß), 'Buffalo' (blau) oder 'Boskoop Glorie' (blau) gibt es in Baumschulen oder in Versandgärtnereien.

Wein spendet natürlichen Schatten.

Der Wintergarten – wohnen zwischen Pflanzen

Der beliebteste Raum im Haus – so die Erfahrung von vielen – ist schon bald der Wintergarten. Das »Grüne Zimmer« steht für Erholung, Entspannung, für das Verwirklichen von neuen und alten Interessen. Hier finden Topf- und Kübelpflanzen ideale Bedingungen, hier kann man sich an Exoten erfreuen und Pflanzen für den Garten heranziehen.

Wenn Sie Ihren Wintergarten als Erweiterung des Wohnzimmers ansehen und auch im Winter »draußen« sitzen wollen, werden Sie einen beheizbaren Wintergarten bauen. Diese Form ist dann zwar für uns Menschen sehr angenehm, widerspricht jedoch den Lebensbedingungen vieler Pflanzen. Sie wollen nämlich in den kurzen Tagen kühlere Temperaturen für die notwendige Saftruhe.

Wollen Sie in Ihrem Wintergarten vor allem Pflanzen überwintern, den Wintergarten ähnlich einem Gewächshaus nutzen oder einen speziellen Themengarten bauen, werden die Temperaturbedürfnisse der Pflanzen berücksichtigt – wir nutzen ihn dann, wenn im Frühling die ersten wärmenden Sonnenstrahlen auch für Menschen geeignete Wohlfühl-Temperaturen im Wintergarten entstehen lassen.

Eine Vielzahl von Pflanzen stellt man am besten in lockeren Gruppen zusammen. Formschöne Tongefäße oder Körbe helfen dabei.

Das Anlehnhaus bietet sich als Erweiterung des Wohnraums an. Trotz Isolierglas ist die Schiebetür wichtig, sonst zieht es im Winter.

Von klassisch bis modern

Aber wie soll er aussehen, der neue Wintergarten? Klassisch, im Stil der Jahrhundertwende, mit Fächerpalmen, Empire-Möbeln und Azaleen? Mit duftenden Kübelpflanzen vom Mittelmeer, mit leichten Bistromöbeln, Minibar und viel Pfiff? Oder lieben Sie die Exotik? Mit einem Dschungel von Zimmerpflanzen, schönen Orchideen und Wassergeplätscher im Hintergrund?

Vielleicht liegt Ihnen diese Romantik überhaupt nicht und Sie wollen ganz einfach einen Raum, in dem Ihre Gartenmöbel vom Sommer Platz finden und der eine optimale Möglichkeit bietet, um Pflanzen im zeitigen Frühjahr für den Garten heranzuziehen, Zimmerpflanzen zu vermehren und gut zu pflegen. Diese und noch mehr Möglichkeiten bietet der Glasanbau, das »Grüne Zimmer«.

Der kalte (ungeheizte) Wintergarten

Winterquartier für Kübelpflanzen

Der gerade frostfrei gehaltene Wintergarten ist für viele Palmenarten ein ideales Quartier. Aber auch die viel geliebten Kübelpflanzen aus dem mediterranen Klima bevorzugen die Kombination von kühlen Temperaturen im Winter und Wärme im Sommer.

Im Kaltwintergarten gibt es eine schwache Heizung mittels Heizlüfter, Propangas oder Hausanschluss, wodurch die Temperaturen zumindest frostfrei gehalten werden. Kübelpflanzen oder Pflanzen mit geringen Wärmeansprüchen benötigen in der Regel Temperaturen, die während der Winterzeit im Bereich von +2 bis 8° C liegen.

Nutzung als Mittelmeergarten

Ein Kalthaus ist ideal für Mittelmeerpflanzen, die hier das ganze Jahr über stehen können oder zum Überwintern hereingebracht werden. Kübelpflanzen wie Palmen, Erdbeerbaum *(Arbutus)*, Lorbeer *(Laurus)*, Duftmimosen *(Acacia Odealbata)*, Stechapfel *(Datura)*, Zylinderputzer *(Callistemon)*, Bleiwurz *(Plumbago)*, Zimmertanne *(Araucaria)*, Eukalyptus, Oleander *(Nerium)*, Farne und besonders alle Zitrusgewächse gedeihen hier prächtig.

Ein Kaltwintergarten in Selbstbauweise. Hier verbringen die Kübelpflanzen den Winter. Die Dachabdeckung besteht aus leichtem Plexiglas.

Sie werden im Herbst ergänzt durch überwinternde Balkonpflanzen wie Fuchsien *(Fuchsia)*, Pelargonien *(Pelargonium)*, Margeriten-Stämmchen *(Argyranthemum)*, Passionsblume *(Passiflora)* und Gerbera.

Topfpflanzen aus Großmutters Zeit

Im Kalthaus fühlen sich wieder wohl: Alpenveilchen *(Cyclamen)*, Azaleen *(Rhododendron)*, Cinerarien, Clivien, *Cymbidium*-Orchideen, Hortensien *(Hydrangea)*, Gardenien, Myrten *(Myrtus)*, Pantoffelblumen *(Calceolaria)* und Kamelien. Sie alle lieben kühlere Temperaturen und damit höhere Luftfeuchte, um Knospen anzusetzen und sie zum Erblühen zu bringen.

Zauberhafte Düfte

Kräuter sind gern gesehene Gäste im Wintergarten. Ab Herbst werden zum Beispiel Rosmarin und Salbei hereingeholt und liefern im Winter weiter schmackhafte Würze für die Küche. Gleichzeitig verbreiten sie einen angenehmen Duft.
Besonders wohlriechend und intensiv duften Orangenbäumchen, weißer Jasmin, Zitronen-Pelargonien und Myrte *(Myrtus)*. Versuchen Sie es einmal mit der Anzucht von Duftwicken *(Lathyrus)* oder probieren Sie es mit den bescheidenen Blauen Lieschen *(Exacum affine)*.
Aber auch Königslilien *(Lilium regale)*, Goldband-Lilien *(Lilium auratum)* und Pracht-Lilien *(Lilium speciosum)* sind eine Schönheit – es lohnt sich in jedem Fall, sie in Töpfen anzuziehen.

Der Wüstengarten

Das Kalthaus bietet Gelegenheit zum Schaffen von Mini-Wüstenlandschaften. Kakteen und andere Sukkulenten bevorzugen kühle, winterliche Temperaturen für ihre Ruhepause. Ohne sie ist die Blüte nicht sicher. Sie sind auch im Sommer hier gut untergebracht, die Seitenflügel bleiben bis zum Frost ständig weit geöffnet. So kann der Tag-und-Nacht-Unterschied voll zur Wirkung kommen, den diese Pflanzen benötigen.

Pflegeleichte Kakteen und Sukkulenten wollen im Winter kühl und nahezu trocken stehen. Im Wüstengarten blüht es im Frühjahr und Sommer.

Überlegungen vor dem Bau

- Wenn Energieeinsparung ein vordringliches Ziel ist, bleibt der Wintergarten kühl. Es wird nur wenig zusätzlich geheizt, so dass die Temperatur nicht unter 5 bis 10°C sinkt. Das sind ideale Bedingungen, um Kübelpflanzen zu überwintern.
- Betrachten Sie den Wintergarten dagegen eher als eine Erweiterung des Wohnraums und als Gelegenheit zum Kultivieren schöner Pflanzen, ist Energiesparen schwierig. Natürlich sind die Heizkosten bei voller Sonneneinstrahlung nicht so hoch, aber die Kälte des Winters hat durch die Glasflächen auch größere Chancen, ins Innere zu kommen.
- Bleiben die Pflanzen in großen Schalen oder Töpfen, dann ist ein glatter, gefliester Boden, eventuell mit Bodenheizung, ideal, man kann mit dem Schlauch gießen oder sprühen, was die Luftfeuchte erhöht und den Pflanzen gut bekommt.
- Fliesen sind auch ideal bei erhöhten oder im Boden versenkten Pflanzbeeten. Ein gefliester oder gemauerter umlaufender Sockel in einer Breite von mindestens 25 cm erlaubt es, Saatkisten, Blumentöpfe, Balkonkästen zum Überwintern unterzubringen.
- Auch größere Pflanzeninseln oder Pflanzenlandschaften lassen sich in Pflanzkübeln, die man selbst fertigen oder kaufen kann, gut verwirklichen.
- Eine Erleichterung für die spätere Nutzung bieten Rollen unter den Gefäßen, denn nach der Bepflanzung ist das Gewicht nicht unerheblich.

Der warme Wintergarten

Der Wintergarten hat gegenüber normalen Räumen den Vorzug, dass durch die große Glasfläche auch in der dunklen Jahreszeit sehr viel Licht einfällt. Für die Pflanzen bedeutet dies nahezu optimale Wachstumsbedingungen. Das Bedürfnis nach Luftfeuchte ist gekoppelt mit Wärme und Licht. Je höher die Temperaturen sind, desto mehr sollte gesprüht werden. Sprühgeräte gibt es als Düse auf einem Schlauch, als Spritzen oder aber in Form von automatischen Luftbefeuchtern.
Selbst für die wärmeliebenden Pflanzen kann es im Sommer zu heiß werden. Eine gute Belüftung und Schattierung müssen daher gleich mit geplant werden.

Ein Wintergarten zum Wohnen

Eigentlich kann man den warmen Wintergarten mit seinen Temperaturen von 18 bis 23°C mit üblichen Wohnräumen vergleichen. Oft geht der Glasanbau sogar in die Wohnräume über. Die meisten unserer beliebten Zimmerpflanzen fühlen sich im temperierten Bereich wohl. Es kann daher sehr reizvoll sein, eine Tropenlandschaft nachzugestalten. Prächtiges Wachstum wie im Süden ist beinahe garantiert.
Wer unter extrem warmen und unter besonders feuchten Bedingungen tropische Pflanzen kultivieren möchte, muss zum Wohnraum hin ständig abschotten. Ein besseres Klima für die Pflanzen und Rücksicht auf die Möbel gebieten das. Warmhaus-Orchideen, tropische Farne aus den Regenwäldern Borneos und Javas, Insektivoren (= Fleisch fressende Pflanzen) oder das silbrig weiße Louisiana-Moos *(Tillandsia usneoides)* gedeihen hier gut. Ebenso tropische Nutzpflanzen wie Vanille, Kakao und Passionsblume *(Passiflora)*. Sie alle schaffen exotische Atmosphäre.
Gibt es ein Grundbeet, kann man bodendeckende Pflanzen auspflanzen. Pflegeleicht ist zum Beispiel der bekannte Glücksklee aus Südamerika. Arten wie das Neu-Guinea-Lieschen *(Impatiens Neu-Guinea*-Hybr.), Fleißiges Lieschen *(Impatiens walleriana)*, der Efeu *(Hedera)*, die Fittonia oder der Korallen-Moos *(Nertera)* werden in größeren Tuffs ausgepflanzt.

Steht die Pflanze im Vordergrund, kann man sich mit Bistrotischen und platzsparenden Stühlen wie mitten im Urwald fühlen.

Pflanzen für das Zimmerklima

Die große Pflanzenauswahl für diesen Bereich erlaubt es, nach Herzenslust auszuwählen und zu gestalten. Pflanzenarten, die trotz Zimmertemperatur geringere Luftfeuchtigkeit (50 % rel. Luftfeuchtigkeit) schätzen, erfreuen sich besonderer Beliebtheit, weil sie unkomplizierter zu pflegen sind. Eine kleine Auswahl finden Sie im nebenstehenden Kasten.
Wählen Sie aus dem reichhaltigen Angebot die Pflanzen aus, die sich bei Ihnen zu Hause im Wintergarten wohl fühlen werden. Lassen Sie sich dabei von einem Fachmann beraten, um zu große Kulturunterschiede zu vermeiden. Natur ist kein Serienartikel, jede Pflanze ist anders.
Bevorzugen Sie Blattpflanzen oder lieben Sie bunt blühende, ja vielleicht sogar duftende Töpfe? Natürlich kann man

Schön aber aufwändig – ein Wintergarten im Fachwerkstil, der zum übrigen Anwesen passt. Selbstreinigendes Glas ersetzt weitgehend den Fensterputzer.

Hier wird der Wintergarten als Wohnraum und angenehme Bereicherung empfunden. Orchideen- und Bromelien bringen exotisches Ambiente.

beide Arten sehr gut miteinander kombinieren. Die beliebten Usambaraveilchen *(Saintpaulia)* kommen besonders gut neben dem Frauenhaarfarn *(Adiantum)* oder umgeben von rankendem Efeu *(Hedera)* zur Geltung. Farne sind sehr gefragt und auch relativ unproblematisch in der Pflege, wenn man sie nicht austrocknen oder ertrinken lässt. In großen Kübeln wirken Palmen äußerst dekorativ und strahlen eine südliche Atmosphäre aus. Die allerorts vertretenen und strapazierfähigen *Ficus*-Arten erfreuen durch kräftiges Wachstum.
Wie wäre es mit einer Besonderheit, der rankenden Hakenlilie *(Gloriosa)* aus Südafrika? Sie wirkt sehr exotisch.
Aus Omas Blumenfenster geholt, feiert das Flammende Käthchen *(Kalanchoe)* ein großes Comeback. Nicht mehr nur in Dunkelrot, sondern in vielen Rottönen bis hin zum Orange und Gelb bieten die Geschäfte Pflanzen an. Sie sind dankbare Blüher und unempfindlich gegen Krankheiten. Bei gleichmäßiger Wärme und Wassergabe fühlt sich die Dieffenbachie wohl. Sie ist eine robuste Blattpflanze, die momentan fast in jedem Haushalt zu finden ist.

Pflegeleichte Pflanzen für das Zimmerklima

Wenn Sie gerade eben Ihren neuen Wintergarten als Erweiterung des Wohnraums eingerichtet haben und Ihren Zimmerpflanzen eine neue Heimat geben wollen, bietet sich eine Vielzahl geeigneter, robuster Pflanzen an. Hübsch in attraktiven Töpfen arrangiert, wird auch bei wenig Pflegeaufwand bald ein üppiges Grünen und Blühen beginnen.

Kleine Auswahl unempfindlicher Blütenpflanzen

Aechmea *(Aechmea fasciata)*, hat zudem schönes Blattwerk, Allamande *(Allamanda cathartica)*, Zierananas *(Ananas comosus)*, Schiefblatt *(Begonia*-Arten) in seiner Blatt- und Blütenvielfalt, Brunfelsie *(Brunfelsia)*, Kaffeebaum *(Coffea arabica)* mit glänzend dunklem Blatt und hübschen roten Früchten, Echeverie *(Echeveria setosa)*, Blattkaktus *(Epiphyllum*-Hybriden), Guzmanie *(Guzmania*-Arten), Elefantenohr, auch Blutblume genannt *(Haemanthus albiflorus)*, Medinille *(Medinilla magnifica)* mit auffallenden, schweren Blüten, Mottenkönig *(Plecthrantus fruticosus)* mit seinen blauen Blütchen, Bleiwurz *(Plumbago auriculata)*, Osterkaktus *(Rhipsalidopsis gaertneri)*, Weihnachtskaktus *(Schlumbergera*-Hybriden), Kranzschlinge *(Stephanotis floribunda)* mit weißen Blütchen, Strelitzie *(Strelitzia*-Arten), Tillandsie *(Tillandsia flabellata)* und das Flammenschwert *(Vriesea splendens)* mit verschiedensten Blatt- und Blütenfarben.

Nicht zu vergessen die reiche Auswahl der Orchideen, allen voran *Cattleya*- und *Phalaenopsis*-Hybriden, die am richtigen Platz zu unermüdlichen Blühern werden.

Beruhigende Grünpflanzen für das Zimmerklima

Aloe *(Aloe arborescens)*, Drachenbaum *(Dracaena marginata)*, Christusdorn *(Euphorbia millii)*, der neben seiner stacheligen Gestalt auch hübsche Blütchen hervorbringt, Gummibaum *(Ficus*-Arten), Glücksklee *(Oxalis tetraphylla)*, Madagaskarpalme *(Pachypodium lamieri)*, ein stacheliger Geselle, Schraubenbaum *(Pandanus*-Arten), Russischer Wein *(Rhoicissus capensis)* als Hänge- oder Kletterpflanze, Bogenhanf *(Sansevierea trifasciata)*, Henne mit Küken *(Tolmiea menziesii)* mit ihren interessanten Blättern und Palmlilie *(Yucca aloifolia)*.

Dass alleine mit verschiedensten Blattstrukturen eine äußerst interessante Optik erreicht werden kann, zeigt dieses Beispiel.

ARBEITSKALENDER

Januar

Ziergarten

■ **Ziersträucher auslichten**
Älteren, sehr dichten Sträuchern tut ein gelegentliches Auslichten gut. Dabei werden vorrangig alte Triebe entfernt, erkennbar an ihrer Stärke und am dunkleren Holz. Blütenzweige, die dabei anfallen, lassen sich in der Vase antreiben.
➲ Siehe auch ab Seite 184.

■ **Hecken verjüngen**
Sofern es sich um Hecken aus Hain- oder Rot-Buche, Kornelkirsche, Liguster und andere Laubgehölze handelt, können diese bis weit ins alte Holz hinein zurückgeschnitten, also verjüngt werden. Je früher im Jahr dies geschieht, desto kräftiger der Austrieb im Frühjahr.
➲ Siehe auch ab Seite 189.

Beim Auslichten von Sträuchern darauf achten, dass sie ihre natürliche Wuchsform beibehalten, also nicht »amputiert« werden.

■ **Morsche, brüchige Äste absägen**
➲ Siehe auch ab Seite 184.

■ **Gehölze von Schneelast befreien**
Starker Schneefall begünstigt Astbruch. Deshalb die Äste wertvoller Gehölze rechtzeitig abschütteln.

■ **Verpflanzen von Gehölzen**
Zu groß gewordene oder zu dicht stehende Laubgehölze können mit Frostballen oder zumindest mit einem kompakten Wurzelballen umgepflanzt werden.

■ **Vogelfütterung**
Dazu nur sauberes, trockenes Futter verwenden, da sonst Krankheiten auftreten können.

■ **Kataloge und Gartenbücher**
Jetzt ist Zeit zum Schmökern, Planen, neue Anregungen holen.

Gemüsegarten

■ **Anbauplan erstellen**
Dabei die Erfahrungen des letzten Jahres berücksichtigen. Von Gemüsearten, die im Überfluss vorhanden waren, weniger einplanen und umgekehrt.

■ **Fruchtwechsel**
Beim Anbauplan darauf achten, dass Gemüsearten mit langer Entwicklungsdauer nicht auf das gleiche Beet kommen wie im Vorjahr. Ausnahme: Tomaten. Sie gedeihen viele Jahre hindurch ohne Nachteil an einer möglichst sonnigen, regengeschützten Stelle.
➲ Siehe auch ab Seite 470.

■ **Sämereien bestellen**
Wenn nicht am Ort gekauft wird, Kataloge durchsehen und die Bestellung abschicken.

■ **Keimproben**
Bei älteren Sämereien die Keimfähigkeit feststellen.
➲ Siehe auch ab Seite 83.

■ **Gemüsemiete**
An einem warmen Tag die Miete öffnen und eingelagertes Gemüse für die nächsten Wochen entnehmen.
➲ Siehe auch ab Seite 479.

■ **Gartengeräte durchsehen**
Beschädigte Werkzeuge reparieren oder durch neue Geräte ersetzen.

Obstgarten

■ **Beerensträucher schneiden**
Dies eilt, denn Stachel- und Johannisbeersträucher treiben früh aus.
➲ Siehe auch ab Seite 445.

■ **Auslichten älterer Obstbäume**
Dadurch kommt Licht in zu dichte Kronen, der Krankheitsbefall wird verringert.
➲ Siehe auch ab Seite 427.

■ **Verjüngen**
Alte Obstbäume, die kaum mehr Neutrieb zeigen und zu kleine Früchte bringen, lassen sich durch Verjüngen zu neuem Leben erwecken. Bei Kirschen, Aprikose und Pfirsich damit bis nach der Ernte warten.
➲ Siehe auch ab Seite 427.

■ **Baumstämme gegen Frostschäden schützen**
Dies kann durch einen Weißanstrich oder Vorstellen eines Brettes vor die Südseite geschehen.
➲ Siehe auch ab Seite 435.

■ **Knospenfraß bei Beerenobst**
Netze halten Vögel davon ab, an den Knospen zu picken.

■ **Edelreiser schneiden**
Nur wenn sie während der Saftruhe geschnitten werden, gelingt die Veredlung.
➲ Siehe auch ab Seite 431.

■ **Umveredlung vorbereiten**
Dazu die Krone des Baumes, auf den eine andere Sorte aufveredelt werden soll, um etwa zwei Drittel zurückschneiden.
➲ Siehe auch ab Seite 431.

■ **Obstlager durchsehen**
Früchte, die zu schrumpeln beginnen, bevorzugt verbrauchen.

Frühbeet

■ **Ausbesserungsarbeiten**
Beschädigte Fenster und Kästen reparieren, damit ab Februar gesät und gepflanzt werden kann. Einen neuen Kasten und Fenster bereits jetzt bestellen.

Gewächshaus

■ **Wärmedämmung**
Durch Isolierfolie (Noppenfolie) an den Innenseiten des Glashauses lässt sich Heizung sparen. Die Nordseite zusätzlich mit Styroporplatten verkleiden, dabei darauf achten, dass die Isolierung nicht zu viel Licht wegnimmt.
➲ Siehe auch ab Seite 524.

■ **Aussaaten in der Wohnung**
Wird im Zimmer ausgesät, braucht das Gewächshaus erst ab Februar geheizt zu werden, wenn die Schalen und Multitopfplatten mit pikierten Pflanzen dort aufgestellt werden.
➲ Siehe auch ab Seite 82.

Februar

Ziergarten

- **Ziersträucher auslichten**
  und Hecken verjüngen.
  ➲ Siehe auch ab Seite 184.
- **Schnittholz kompostieren**
  Das beim Auslichten und Verjüngen anfallende Schnittholz mit der Gartenschere oder dem Häcksler zerkleinern und kompostieren bzw. zum Mulchen oder Bau eines Hügelbeetes verwenden.
  ➲ Siehe auch ab Seite 74.
- **Herbstpflanzung von Stauden durchsehen**
  Hochgefrorene Pflanzen bei warmem, sonnigem Wetter andrücken, damit sie nicht vertrocknen.
- **Holzschutz erneuern**
  Zäune, Pergolen oder Rankgerüste mit einem zugelassenen Holzschutzmittel streichen.
- **Rosenmüden Boden austauschen**
  Wollen Rosen nicht mehr wachsen und blühen, dann nicht nur neue Pflanzen setzen, sondern auch den Boden bis auf etwa 40 cm Tiefe austauschen.
  ➲ Siehe auch ab Seite 227.
- **Clematis schneiden**
  Je nach Art die Pflanzen bereits jetzt kräftig ins alte Holz zurückschneiden.
- **Überhang beseitigen**
  In Nachbars Garten oder auf die Straße überhängende Zweige und Äste an der Ansatzstelle entfernen, es sei denn, der Nachbar ist mit dem Überhang einverstanden.
  ➲ Siehe auch ab Seite 49.
- **Bäume verpflanzen**
  Ein Frostballen, zumindest ein kräftiger Wurzelballen, bietet die beste Gewähr für sicheren Austrieb im Frühjahr. Auf gleiche Weise können größere Sträucher, die zu eng oder an falscher Stelle stehen, umgepflanzt werden.
  ➲ Siehe auch ab Seite 101.
- **Erste Sommerblumen aussäen**
  Arten mit langer Vorkultur bereits jetzt im warmen Zimmer aussäen und später, wenn es nicht mehr so kalt ist, ins Frühbeet oder Gewächshaus pikieren.
  ➲ Siehe auch ab Seite 336.

Gemüsegarten

- **Januar-Arbeiten fortsetzen**
  Anbauplan erstellen, Keimproben durchführen, Sämereien bestellen.
- **Ersten Kopfsalat und Frühgemüsearten aussäen**
  Dies kann ab Monatsmitte im warmen Zimmer geschehen.
- **Kompost vorbereiten**
  Damit zu Frühjahrsbeginn reichlich Komposterde vorhanden ist, bereits jetzt halbwegs verrottetes Kompostmaterial durch ein grobmaschiges Wurfgitter werfen und mit schwarzer Folie gegen Regen abdecken. So ist Ende März erdfeuchte, aber nicht nasse Komposterde zur Hand.
  ➲ Siehe auch ab Seite 77.

Frühbeet

- **Warmen Kasten packen**
  Am besten eignet sich hierzu frischer, dampfender Pferdemist von Reitställen. Bei einer festgetretenen Schicht von 40–50 cm Stärke kann ab Monatsmitte in die aufgebrachte Erde gesät oder gepflanzt werden.
- **Erste Kulturen**
  Sobald sich das Frühbeet etwas erwärmt hat, frühe Sorten von Kopfsalat, Kohlrabi, und Rettiche pflanzen bzw. Radieschen, Gartenkresse, frühe Salate und Frühgemüsearten für späteres Auspflanzen auf Beete säen.
  ➲ Siehe auch ab Seite 520.
- **Wärmeschutz**
  Damit die Wärme, vor allem über Nacht, erhalten bleibt, den ganzen Kasten mit Stallmist oder Laub ummanteln, die Fenster mit Luftpolsterfolie und Brettern abdecken.
- **Reichlich lüften**
  Bei Sonne sollten die Temperaturen nicht wesentlich über 20° C ansteigen, bei bedecktem Himmel genügen bereits an die 10° C.

Gewächshaus

- **Erste Kulturen**
  Im heizbaren Haus ab Monatsmitte Salate und andere Gemüsearten säen und pflanzen wie im Frühbeet.
  ➲ Siehe auch ab Seite 531.
- **Jungpflanzenanzucht**
  In Schalen Kopfsalat und Frühgemüsearten sowie Sommerblumen, die eine längere Vorkultur brauchen, ansäen. Reichlich lüften und nur selten gießen!
  ➲ Siehe auch ab Seite 530.
- **Kälteschutz**
  Um Heizung zu sparen, Kopfsalat, Kohlrabi, Rettiche, Radieschen gut zwei Wochen lang mit Vlies oder »wachsender« Folie abdecken.

Die Jungpflanzenanzucht gelingt auch im Zimmer, dicht am Fenster. Wenn es die Witterung erlaubt, Anzuchtgefäße ins Freie stellen.

Obstgarten

- **Schnittarbeiten fortsetzen**
  Zu dichte Baumkronen auslichten bzw. den gesamten Baum verjüngen. Bei Bäumen, die umveredelt werden sollen, Krone abwerfen.
  ➲ Siehe auch ab Seite 431.
- **Jungbäume schneiden,**
  empfindliche Obstarten wie Aprikose, Pfirsich und Brombeere erst ab Ende des Monats.
- **Mäusefraß verhindern**
  Mulchmaterial schnellstens in Stammnähe entfernen, soweit nicht bereits im Herbst geschehen.
- **Pflanzenschutz**
  Beim Baumschnitt mehltaubefallene Triebspitzen und Fruchtmumien entfernen.
- **Beerensträucher auslichten**
  Eilt, da Stachel- und Johannisbeeren bereits im Februar austreiben.
  ➲ Siehe auch ab Seite 450.
- **Weinspalier schneiden**
  Gegen Monatsende ist meist der richtige Zeitpunkt, da die Triebe bei zu spätem Schnitt stark »bluten«.

März

Ziergarten

■ **Pflanzzeit**
Sobald der Boden frostfrei und etwas abgetrocknet ist, Laubgehölze, Hecken, Rosen und Stauden pflanzen.
➲ Siehe auch ab Seite 99.

■ **Stauden**
Im Herbst gepflanzte, hochgefrorene Stauden andrücken, damit die Wurzeln wieder Verbindung mit der Erde bekommen. Beetstauden zu Monatsende düngen, Kompost einbringen, Boden leicht lockern. Von jetzt ab auf Schnecken achten, vor allem bei Rittersporn!

■ **Ziergräser**
Nach Winterende dicht über dem Boden abschneiden bzw. Arten, die den Winter über nicht dürr werden, »auskämmen«, also unansehnliche Teile entfernen.

■ **Rosen**
Bei Austrieb Winterschutz wegnehmen, abhäufeln, schneiden und düngen.
➲ Siehe auch ab Seite 229.

■ **Aussaat von Sommerblumen**
Wärmeliebende Arten mit längerer Vorkultur ins warme Frühbeet oder ins Gewächshaus säen. Eine andere Möglichkeit: Am warmen Zimmerfenster aussäen und erst ab Mitte März in einen kalten Frühbeetkasten pikieren.
➲ Siehe auch ab Seite 89.

■ **Garten säubern**
Zweige und Laub zusammenrechen und kompostieren. Unter Strauchgruppen, vor allem auch unter naturhaften Wildstaudenpflanzungen das inzwischen angerottete Laub liegen lassen.

Ab Mitte März können Kopfsalat, Kohlrabi, Frühretttiche und Radieschen in einem »kalten Kasten« angebaut werden.

Frühbeet

■ **Kalter Kasten**
Ab Anfang bis Mitte März ist hier der Anbau von Frühgemüse und die Anzucht von Jungpflanzen möglich.
➲ Siehe auch ab Seite 520.

■ **Pikieren**
Sommerblumen und Gemüsearten, die im Februar am Zimmerfenster ausgesät wurden, pikieren; ab Monatsmitte genügt auch ein kalter Kasten. Vorsicht, Schnecken!
➲ Siehe auch ab Seite 520.

■ **Gießen**
Nur, wenn nötig, und dann in den Vormittagsstunden, möglichst mit vorgewärmtem Wasser.

■ **Wärmeliebende Gemüsearten**
Tomaten, Paprika, Auberginen gegen Mitte März im warmen Kasten aussäen. Ansonsten im Zimmer und die Pflanzen Anfang April eingetopft in den kalten Kasten einsenken.

Gewächshaus

■ **Erster Anbau**
Ab Monatsmitte kann auch im nicht heizbaren Haus gesät und gepflanzt werden, dabei die Kulturen die ersten zwei Wochen mit Vlies oder »wachsender« Folie abdecken. Auch Zeitungspapier, locker aufgelegt, schützt vor nächtlicher Kälte.

■ **Heizung**
Für die Anzucht von wärmeliebenden Gemüse- und Blumenpflanzen muss das Haus heizbar sein.

■ **Temperatur**
Bei Sonne darf sie bis etwa 25°C ansteigen, bei bedecktem Himmel sollte sie nicht höher als 12–15°C liegen; andernfalls würden die Pflanzen vergeilen, also lang werden. Besser mehr als zu wenig lüften!

■ **Gießen**
Selten, dann aber durchdringend! Je nach Temperaturen im Haus ist dies oft nur alle fünf bis sieben Tage nötig. Siehe »Frühbeet«.

Gemüsegarten

■ **Beete vorbereiten**
Sobald der Boden oberflächlich abgetrocknet ist, Gemüseland saat- und pflanzfertig herrichten. Mit dem Anbau bis Anfang April warten, außer in klimatisch besonders begünstigten Gebieten.
➲ Siehe auch ab Seite 92.

■ **Ernteverfrühung**
Unter Folientunnels ist vielfach ab Mitte März der Anbau von Kopfsalat, Kohlrabi, Rettichen, Radieschen und Spinat möglich.
➲ Siehe auch ab Seite 520.

■ **Erste Freilandsaaten**
In begünstigten Gebieten bereits ab Monatsende Spinat, Zwiebeln, Petersilie, Schwarzwurzeln, Radieschen und Frühmöhren aussäen. Ein Abdecken mit Vlies oder Schlitzfolie verfrüht die Entwicklung.
➲ Siehe auch ab Seite 477.

■ **Frühkartoffeln**
Zur Ernteverfrühung die Knollen ab Mitte März in Flachsteigen vorkeimen und im April unter Vlies oder Folie auslegen.
➲ Siehe auch ab Seite 530.

Obstgarten

■ **Schnitt beenden**
Den Schnitt jüngerer Bäume bis Monatsende erledigen, ebenso den Pflanzschnitt von Obstbäumen und Beerensträuchern.

■ **Pflanzzeit**
Sobald der Boden frostfrei ist, Obstbäume und Beerensträucher pflanzen. In manchen Wintern ist dies schon im Februar möglich.
➲ Siehe auch ab Seite 99.

■ **Weinreben schneiden**
Zu Monatsbeginn bzw. vor dem Knospenschwellen, da sonst der Weinstock zu stark »bluten« würde.

■ **Baumpfähle überprüfen**
Wenn sie abgefault sind, die Pfähle umgehend erneuern, ebenso verrottetes Bindematerial. Das gilt auch für Beeren-Stämmchen.
➲ Siehe auch ab Seite 424.

■ **Düngen**
Möglichst aufgrund einer Bodenuntersuchung düngen bzw. darauf verzichten, wenn die Bäume blühen, tragen und gleichzeitig gesunde Neutrieb zeigen.
➲ Siehe auch ab Seite 67.

■ **Humusgaben**
Offenen Boden unter Spindelbüschen und Beerensträuchern mit halbverrottetem Kompost verbessern; nur flach einarbeiten.

April

Ziergarten

■ **Pflanzzeit**
für Laub- und Nadelgehölze, Hecken, Rosen und Stauden. Nachdem immer mehr Pflanzware in Containern abgeboten wird, ist eine Pflanzung auch in den kommenden Monaten möglich.
➲ Siehe auch ab Seite 99.

■ **Winterschutz**
entfernen, damit der Austrieb nicht behindert wird. Bei frostempfindlichen Arten sollte das Deckreisig für kalte Nächte noch einige Wochen neben den Pflanzen liegen bleiben.
➲ Siehe auch ab Seite 229.

■ **Blumenzwiebeln**
Kleinblumenzwiebeln lassen sich nach dem Abblühen ohne weiteres verpflanzen. Bei Tulpen, Narzissen und Hyazinthen die verblühten Teile abschneiden, die Blätter dagegen belassen, bis sie vergilben und von selbst einziehen.
➲ Siehe auch ab Seite 310.

■ **Sommerblumen,**
die keiner Vorkultur bedürfen, an Ort und Stelle aussäen und später bei zu dichtem Aufgang vereinzeln.
➲ Siehe auch ab Seite 336.

■ **Rasen**
lüften (vertikutieren), düngen und regelmäßig schneiden. Blumenzwiebelflächen so lange aussparen, bis die Blätter vergilbt sind.
➲ Siehe auch ab Seite 252.

Gemüsegarten

■ **Beete vorbereiten,**
sobald der Boden nicht mehr schmiert und oberflächlich abgetrocknet ist. Dabei Kompost und Grunddüngung einbringen.
➲ Siehe auch ab Seite 92.

■ **Pflanzarbeiten**
Zu Monatsbeginn Kopfsalat und Kohlrabi pflanzen, etwas später alle Frühkohlarten, aber auch verschiedene Salate und Knollenfenchel.
➲ Siehe auch ab Seite 480.

■ **Erste Aussaaten**
Dazu zählen Petersilie, Zwiebeln, Schwarzwurzeln, Möhren, Radieschen, Spinat, Rettiche, Dicke Bohnen, Erbsen, Dill und Kerbel. Etwas später folgen Rettiche, Rote Rüben, Pflücksalat und Mangold.
➲ Siehe auch ab Seite 480.

■ **Folienabdeckung**
All die genannten Kulturen wachsen rascher heran, wenn man sie mit »wachsender« Folie (Schlitzfolie) oder Vlies abdeckt.
➲ Siehe auch ab Seite 520.

■ **Freilandsaatbeet**
Ab Monatsmitte mit 10 cm Reihenabstand die verschiedenen Sommersalate sowie Rosenkohl, Blumenkohl, alle Spätkohlarten, Kohlrabi, Brokkoli und Rote Rüben aussäen.
➲ Siehe auch ab Seite 92.

Frühbeet

■ **Aussaaten**
Gegen Monatsmitte Gurken, Zucchini, Zuckermelonen, Zuckermais und andere wärmeliebende Gemüsearten säen. Bei solcher Vorkultur sind Mitte Mai kräftige Pflanzen vorhanden. Ebenso Sommerblumen, die einer mehrwöchigen warmen Vorkultur bedürfen, jetzt ins Frühbeet oder Gewächshaus säen.
➲ Siehe auch ab Seite 530.

■ **Eintopfen**
Im März gesäte Tomaten, Paprika und Auberginen eintopfen und ins Frühbeet einsenken. Gegen Monatsende die Töpfe weit genug auseinander rücken, damit sich die Pflanzen kräftig entwickeln können.

■ **Pflegearbeiten**
Bei typischem Aprilwetter lüften, sobald die Sonne scheint, und bei Abkühlung durch Graupelschauer Fenster wieder schließen.

Sobald die Rosenknopsen zu spitzen beginnen, Winterschutz entfernen, abhäufeln und düngen.

Gewächshaus

■ **Lüften**
Im Zweifelsfall besser zu viel als zu wenig lüften. Andernfalls verweichlichen die Pflanzen und werden anfällig gegen Pilzkrankheiten.
➲ Siehe auch ab Seite 525.

■ **Jungpflanzenanzucht**
und Aussaaten wie unter »Frühbeet«.

■ **Pflegearbeiten**
Den im März aufgelegten Kälteschutz (Vlies, Folie) entfernen, aber in der Nähe liegen lassen. Im ungeheizten Haus bei Nachtfrostgefahr damit erneut Kopfsalat, Rettiche und andere schützen. Gießen nur, wenn der Boden wirklich trocken ist; bei Kopfsalat Brause abnehmen und nur zwischen den Reihen gießen.

Obstgarten

■ **Obstbaumschnitt beenden**
Bei sehr starktriebigen Bäumen kann dagegen später Schnitt erwünscht sein, um das Wachstum zu bremsen, etwa bei einem Wandspalier, dessen Höhe begrenzt bleiben soll.

■ **Wundpflege**
Baumwunden (Wildfraß, Frostschäden) an den Rändern nachschneiden und mit Wundverschlussmittel verstreichen.
➲ Siehe auch ab Seite 434.

■ **Pflanzung von Obstbäumen**
und Beerensträuchern ist den ganzen April hindurch möglich, je eher, desto besser. Dabei erfolgt gleich der Pflanzschnitt.
➲ Siehe auch ab Seite 422.

■ **Veredeln,**
sobald sich die Rinde löst. Bei Kirschen und Zwetschen gelingt das Veredeln am besten zur Blütezeit, bei Apfel und Birne ist dies bis in den Mai hinein möglich.
➲ Siehe auch ab Seite 431.

■ **Pflanzenschutz**
Licht gehaltene Kronen, weite Pflanzabstände und widerstandsfähige Sorten tragen dazu bei, dass sich Pilzkrankheiten in Grenzen halten.

Mai

Ziergarten

■ **Pflanzzeit**
für Nadelgehölze, Rhododendron und Freilandazaleen.

■ **Rosen**
Im Herbst oder Frühjahr gepflanzte Rosen abhäufeln. Wildtriebe, die an älteren Rosen erscheinen, an der Entstehungsstelle abreißen.
➲ Siehe auch Seite 231.

■ **Abgeblühtes entfernen**
Dies gilt für Tulpen, Narzissen, Hyazinthen, Rhododendren, Azaleen, Flieder und andere. Jeder Samenansatz bedeutet Kraftentzug.

■ **Knollenpflanzen**
In der ersten Maihälfte die Knollen von Dahlien, Gladiolen, Montbretien und anderen in den Boden bringen.
➲ Siehe auch ab Seite 98.

■ **Pflanzenstützen anbringen**
Hoch wachsende Stauden brauchen rechtzeitig einen Halt, damit sie bei Regengüssen nicht umfallen.

■ **Einjahrsblumen auspflanzen**
Nach den Eisheiligen, also nach Mitte Mai, die frostempfindlichen Arten ins Freie bringen.
➲ Siehe auch ab Seite 94.

Jetzt ist die richtige Zeit, um die Knollen von Dahlien, Gladiolen und anderen in den Boden zu bringen.

■ **Rasen**
regelmäßig schneiden, bei Trockenheit durchdringend wässern und einen Spezial-Rasendünger mit Langzeitwirkung geben, wenn dies nicht bereits im April erfolgt ist. Blumenzwiebel-Gruppen im Rasen beim Mähen so lange aussparen, bis die Blätter vergilbt sind.
➲ Siehe auch ab Seite 252.

■ **Blumenwiese**
von jetzt ab nicht mehr betreten. Ab Monatsende beginnt sie zu blühen.
➲ Siehe auch ab Seite 256.

Gemüsegarten

■ **Aussaat**
Gewürzkräuter wie Dill, Bohnenkraut, Kerbel, Borretsch aussäen, ebenso Mangold, gegen Monatsmitte folgen Gurken, Busch- und Stangenbohnen. Auch schossfeste Sorten von Knollenfenchel können bereits jetzt gesät werden.
➲ Siehe auch ab Seite 504.

■ **Auspflanzen**
In der zweiten Maihälfte kommen alle wärmeliebenden Gemüsearten ins Freie.
➲ Siehe auch ab Seite 531.

■ **Folienschutz**
empfiehlt sich bei besonders wärmeliebenden Gemüsearten wie Paprika, Auberginen und Zuckermelonen. Sie können bei uns nur unter Glas oder Folie mit Erfolg angebaut werden. Gurken und Zucchini, bis Anfang Juni mit Folie überdeckt, wachsen besonders flott voran, vor allem, wenn sie auf schwarze Mulchfolie gepflanzt wurden.
➲ Siehe auch ab Seite 520.

■ **Saatbeet**
Durch Folgesaaten der verschiedenen Salate sind stets kräftige Pflanzen vorhanden. Ebenso können Blumenkohl, Brokkoli und Kohlrabi vorgezogen werden.

■ **Pflegearbeiten**
Zu dicht stehende Sä-Gemüse wie Möhren, Petersilie, Radieschen, Zwiebeln, Rote Rüben und Schwarzwurzeln nach dem Aufgang ausdünnen. Erbsen, Puffbohnen, Frühkohlarten und vor allem Frühkartoffeln anhäufeln. Schlitzfolien und Vlies spätestens Mitte Mai an einem trüben Tag von den Kulturen abnehmen.

Frühbeet

■ **Neubestellung**
Ideal hierfür sind Gurken, Zuckermelonen, Paprika und Tomaten, sofern bei den beiden letztgenannten die Fenster auf einen Lattenrahmen hochgelegt werden.

Gewächshaus

■ **Tomaten**
Eine bewährte Sommerkultur. Möglichst Sorten wählen, die gegen Krankheiten resistent sind.

■ **Treibgurken**
Sie benötigen mehr Wärme und höhere Luftfeuchtigkeit als Tomaten und Paprika. Bei Kombination von Tomaten, Paprika, Gurken deshalb Sorten wählen, die mit mehr Luft und weniger Wärme zurechtkommen, also auf spezielle Treibgurken verzichten.

Obstgarten

■ **Mulchen**
Offenen Boden unter Obstbäumen, Beerensträuchern und Himbeeren mit kurzem Rasenschnitt, Stroh oder Häckselmaterial abdecken. Eine andere Möglichkeit: Baumscheiben mit Kapuzinerkresse, Bienenfreund *(Phacelia)* oder Ringelblumen ansäen.
➲ Siehe auch ab Seite 74.

■ **Wässern**
Neu gepflanzte Obstbäume und Beerensträucher bei anhaltender Trockenheit gründlich gießen und Boden mit Mulchmaterial abdecken.

■ **Erdbeeren**
Bei Trockenheit wässern, Unkraut entfernen und nach Mitte Mai den Boden unter den Pflanzen mit kurzem Stroh bedecken. Besonders reich tragende, gesunde Pflanzen kennzeichnen und nur von diesen Jungpflanzen gewinnen.

■ **Himbeeren**
Ruten anbinden oder zwischen die parallel verlaufenden Spanndrähte schieben. Von zu dicht stehenden Jungtrieben, die jetzt aus dem Boden kommen und im nächsten Jahr tragen, die schwächsten ausreißen, damit sich die übrigen kräftig entwickeln können.
➲ Siehe auch ab Seite 449.

■ **Pflanzenschutz**
An Apfelbäumen die weißlichen Mehltauspitzen, bei Sauerkirschen eingetrocknete Zweige (Zweig-Monilia) entfernen.
➲ Siehe auch ab Seite 436.

Juni

Ziergarten

■ **Gießen**
Bei anhaltender Trockenheit die neu gepflanzten Gehölze, Rosen und Stauden wässern.

■ **Stauden**
Höher wachsende Arten stäben bzw. die bereits aufgelegten Stützen allmählich nach oben ziehen. Wenn die Mittelrispe bei Rittersporn verblüht ist, Rückschnitt bis auf die noch länger blühenden Seitenrispen.

■ **Sommerblumen**
können noch an Ort und Stelle ausgesät bzw. gepflanzt werden. Wenn bei Pflanzungen im Mai kein Langzeitdünger gegeben wurde, nachdüngen, um einen üppigen, lang anhaltenden Flor zu erzielen.
➲ Siehe auch ab Seite 336.

■ **Mulchen**
erspart bei neugepflanzten Gehölzen und Hecken zu häufiges Gießen.
➲ Siehe auch ab Seite 74.

■ **Laubgehölzhecken**
gegen Monatsende schneiden. Dabei darauf achten, dass sich die Hecke nach oben zu leicht verjüngt.

■ **Kletterpflanzen**
anbinden und sie dabei in die gewünschte Richtung leiten. Dies gilt auch für die jungen Triebe der Kletterrosen.

■ **Rasen**
Eine Neuanlage ist zu Monatsbeginn, also vor Beginn größerer Hitze, noch sinnvoll.
➲ Siehe auch ab Seite 246.

Gemüsegarten

■ **Boden lockern**
Wie im Ziergarten den Boden auch bei Gemüse nach Regenfällen wiederholt lockern. Nur bei den flach wurzelnden Tomaten ist davon abzuraten; hier besser mulchen.

■ **Verziehen**
von Möhren, Zwiebeln, Rote Rüben, Radieschen und anderen auf ausreichende Abstände.
➲ Siehe auch ab Seite 494.

■ **Kopfdüngung**
ist bei allen Gemüsearten ratsam, die über Monate hinweg auf den Beeten verbleiben.
➲ Siehe auch ab Seite 113.

Damit eine derart reife Ernte erreicht wird, muss regelmäßig entgeizt werden.

■ **Tomaten**
Geiztriebe regelmäßig ausbrechen und die Pflanzen wiederholt an den Pfählen anbinden.
➲ Siehe auch ab Seite 488.

■ **Rhabarber**
Ernte gegen Johanni (24. Juni) beenden, damit sich die Wurzelstöcke für die nächste Saison kräftigen können.

■ **Pflanzungen**
von Spätkohlarten, einschließlich Rosenkohl, sowie Salaten in wiederholten Sätzen.

■ **Aussaaten**
Anfang, spätestens Mitte Juni, nochmals Möhren für den Herbst- und Winterbedarf säen; mittelfrühe Sorten bevorzugen.

■ **Saatbeet**
Endivie gegen Mitte Juni locker aussäen und ab Mitte Juli auf Beete pflanzen.

Frühbeet

■ **Gurken**
Die Fenster auch bei sommerlicher Wärme auf dem Kasten belassen, jedoch reichlich lüften und Fenster mit mehreren Kalkstreifen schattieren.

■ **Paprika**
Pflanzen stäben, da sie sonst allzu leicht umfallen. Fenster auf Lattengestell, etwa 80–100 cm hoch, legen und mit Draht gegen Wind anbinden.

Gewächshaus

■ **Düngen**
Wenn nicht bereits bei Kulturbeginn ein Langzeitdünger bzw. ein langsam wirkender organischer Volldünger gegeben wurde, wiederholt in kleinen Mengen nachdüngen; am besten flüssig.
➲ Siehe auch ab Seite 113.

■ **Tomaten**
Zu hohe Luftfeuchtigkeit, wenig Luftbewegung und niedrige Temperaturen verhindern, dass der Blütenstaub auf die Narbe der gleichen Blüte (Selbstbefruchter!) gelangt. Deshalb: viel lüften und möglichst die Pflanzen ein paar Mal pro Woche kurz nach Mittag kräftig rütteln.

Obstgarten

■ **Sommerschnitt**
Bei Formspalieren von Apfel und Birne die entlang der waagrechten Äste oder am Stamm entstandenen Holztriebe entspitzen, so dass noch drei bis vier Blätter verbleiben.
➲ Siehe auch ab Seite 429.

■ **Veredelungen**
Sobald die aufgepfropften Reiser austreiben, den Bast mit einem Längsschnitt lösen und die unterhalb der Veredlungsstelle entstandenen »Wildtriebe« entspitzen.
➲ Siehe auch ab Seite 431.

■ **Früchte ausdünnen**
Apfel-Spindelbüsche setzen oft überreich Früchte an. Dann je Fruchtbüschel nur ein bis zwei Äpfelchen belassen, damit sie sich zu normaler Fruchtgröße entwickeln können.

■ **Erdbeeren**
Bei Trockenheit morgens oder am frühen Abend gießen und vor Erntebeginn kurzes Stroh unterlegen. Die sich bildenden Ranken laufend abschneiden, es sei denn, es sollen Ausläufer für eine Neupflanzung gewonnen werden.
➲ Siehe auch ab Seite 440.

■ **Brombeeren**
In den Blattachseln entstehende Geiztriebe auf zwei bis vier Augen einkürzen.

■ **Weinreben**
Beim Sommerschnitt zu dicht stehende Triebe ausbrechen, andere entspitzen, Triebe mit Gescheinen (Blüten) bis auf zwei bis vier Blätter darüber zurückschneiden.

Juli

Ziergarten

Zweijährige aussäen
Bis zur Monatsmitte Stiefmütterchen, Vergissmeinnicht, Bellis, Goldlack, Bartnelken, Marienglockenblumen und andere in den Frühbeetkasten oder auf ein gut vorbereitetes Beet aussäen. Wichtig: Der Samen darf während der Keimung nicht austrocknen.
➲ Siehe auch ab Seite 92.

Verblühtes entfernen
Das gilt für Rosen, Stauden und alle großblumigen Sommerblumen.

Stauden
Rittersporn und Feinstrahl *(Erigeron)* gleich nach dem Abblühen auf Handbreite über dem Boden zurückschneiden, düngen und wässern. Vorsicht Schnecken! Nach Austrieb kommt es zu einer erneuten Blüte im Herbst.

Rosenkrankheiten
Sternrußtau, Mehltau und Rosenrost führen zu Blattschäden bzw. Blattfall, das Blühen lässt merklich nach, die Frosthärte leidet. Wenn nötig, mit einem gegen diese Krankheiten zugelassenen Mittel spritzen.
➲ Siehe auch ab Seite 231.

Sommerblumen
Wenn das Blühen nachlässt, die Pflanzen mit in Wasser aufgelöstem Dünger übergießen und mit klarem Wasser nachbrausen.

Gemüsegarten

Aussaaten
Endivie spätestens zu Monatsbeginn auf einem Saatbeet locker aussäen und Anfang August auspflanzen. Die Aussaat von Zuckerhut eilt, ebenso von Radicchio zur Herbsternte. Zur Überwinterung kann letzterer noch den ganzen Juli über gesät werden. Chinakohl und Pak Choi, zwei eng verwandte Kohlarten, gegen Monatsmitte ebenfalls in Reihen aussäen. Buschbohnen, Anfang Juli gelegt, bringen im September eine reiche Ernte sehr zarter Bohnen. Knollenfenchel spätestens zur Monatsmitte in Reihen säen und auf Schnecken achten.

Pflanzen
Kopf- und Eissalat, Römischer und Pflücksalat können den ganzen Juli über gepflanzt werden, ebenso Grünkohl. Ideale Pflanzzeit bei Endivie: Mitte Juli bis Anfang August, bei Blumenkohl bis

Rittersporne sind ideale Blühpartner zu Rosen, vor allem, wenn eine Sorte gewählt wird, die nicht gestützt zu werden braucht.

Monatsmitte. Blumenkohl und bis Anfang August gepflanzte Kohlrabi bringen bis zum Herbst meist eine vorzügliche Qualität.

Kopfdüngung
bei Kulturen, die über einen längeren Zeitraum auf den Beeten verbleiben: Stangenbohnen, Tomaten, Sellerie, Porree und alle Spätkohlarten.
➲ Siehe auch ab Seite 113.

Anhäufeln
von späten Kopfkohlarten, Porree und Buschbohnen.

Tomaten
ausgeizen, anbinden und untere bereits von Braunfäule befallene Blätter entfernen.

Frühbeet

Pflegearbeiten
Unkraut entfernen, gießen, unter Tomaten, Paprika und Auberginen mit kurzem Rasenschnitt mulchen. Gelegentlich flüssig nachdüngen, sofern nicht zu Kulturbeginn ein organischer Volldünger oder Langzeitdünger gegeben wurde. Gurken ernten, wenn sie etwa 500 g schwer sind; dies steigert den Fruchtansatz.

Gewächshaus

Pflegearbeiten
wie unter »Frühbeet«, außerdem bei Gewächshausgurken, im Gegensatz zu Kastengurken, regelmäßiger scharfer Schnitt.

Obstgarten

Wässern
Bei anhaltender Trockenheit vor allem bei Spindelbüschen und Obstspalieren im Wurzelbereich den Schlauch auf den Boden legen und das Wasser schwach laufen lassen.

Früchte ausdünnen
Je früher, desto besser für den Blütenansatz im nächsten Jahr. Jetzt, nach dem Juni-Fruchtfall, bewirkt das Ausdünnen bei Äpfeln und Birnen lediglich eine bessere Fruchtqualität.

Sommerschnitt
gegen Monatsende bei Jungbäumen, Spindelbüschen, Obsthecken und Wandspalieren.
➲ Siehe auch ab Seite 429.

Süßkirschen
Zu hohe Kronen bei oder gleich nach der Ernte auf tiefer stehende Äste herabsetzen. Dadurch wird die Ernte im nächsten Jahr erleichtert, die Unfallgefahr verringert.
➲ Siehe auch ab Seite 428.

Erdbeeren
Nach Beendigung der Ernte den Boden ganz flach lockern, Unkraut und Ausläufer entfernen und düngen. Pflanzen für ein neues Erdbeerbeet bestellen.

Johannis- und Stachelbeeren
Nach der Ernte mit dem Auslichten beginnen, bei Schwarzen Johannisbeeren lässt sich der Schnitt gleich mit der Ernte verbinden.

Himbeeren
Abgetragene Triebe dicht über dem Boden abschneiden, nur die kräftigsten Jungtriebe belassen.

Weinstock
Jungtriebe einkürzen bzw. auslichten, damit Blätter und Früchte reichlich Licht bekommen.

Umgeben von strahlend gelbem Sonnenhut beginnen hier die ersten Frühäpfel zu reifen.

August

Ziergarten

■ **Zweijahresblumen**
Die im Juni/Juli ausgesäten Arten auf ein Freilandbeet oder in Schalen pikieren.

■ **Rosen**
Vom Sternrußtau und von anderen Krankheiten befallene Blätter entfernen bzw. vorbeugend spritzen.
➲ Siehe auch ab Seite 231.

■ **Heckenschnitt**
Thujen- und andere Nadelgehölz-Hecken treiben im nächsten Frühjahr besonders kräftig aus, wenn der Schnitt im August erfolgt.
➲ Siehe auch ab Seite 190.

■ **Nadelgehölze**
ab Mitte August gepflanzt, wachsen bis Wintereintritt gut an.

■ **Stauden**
Im August ist Pflanzzeit für Madonnenlilien, Kaiserkronen, Steppenkerzen und Iris. Andere Stauden aus dem Container können bis in den Herbst hinein gepflanzt werden.

■ **Sommerblumen**
Wenn sie mit dem Blühen erkennbar nachlassen, bringt sie ein leicht löslicher Volldünger rasch wieder in Schwung.

■ **Rasen**
Nach Abklingen der sommerlichen Hitze ab Ende August keimt eine Neuansaat rasch. Rasen, der zu hoch geworden ist, möglichst bei trübem Wetter mähen, damit die Grasnarbe nicht zu sehr ausbrennt.
➲ Siehe auch ab Seite 246.

Gemüsegarten

■ **Aussaaten**
Winterrettiche und Chinakohl spätestens Anfang August säen, Spinat, Feldsalat und Winterzwiebeln in der ersten Monatshälfte.

■ **Pflanzen**
von Grünkohl, Kohlrabi, Endivie und Kopfsalat zu Monatsbeginn.

■ **Düngung**
Die Herbst- und Wintergemüse befinden sich im Hauptwachstum. Eine schwache Kopfdüngung fördert die Entwicklung. Dabei wird der Dünger zwischen die Reihen gestreut und anschließend kräftig gegossen.
➲ Siehe auch ab Seite 113.

■ **Verziehen**
Im Juli gesäte Möhren, Radieschen, Knollenfenchel, Rote Rüben, Zuckerhut und Chinakohl auf ausreichende Abstände vereinzeln.

■ **Pflanzenschutz**
Auf Kohlweißlingsraupen achten und absammeln. Welkende Endivienpflanzen zeigen an, dass die Wurzeln von schmutzig grauen Erdraupen abgefressen wurden. Pflanzen mit Pflanzkelle herausheben, Raupe zertreten und aus dem Saatbeet eine kräftige Pflanze an die Stelle setzen.
➲ Siehe auch ab Seite 148.

Frühbeet

■ **Gurken**
Damit der Ertrag nicht nachlässt, wöchentlich einmal mit einer schwachen Düngerlösung gießen (siehe Juli). Die Frühbeetfenster auch nachts über hochgelüftet belassen; nicht entfernen, da sonst Wachstumsschock und nachlassender Ertrag.

Gewächshaus

■ **Pflegearbeiten**
Tomaten, Gurken, Zuckermelonen, Paprika, Auberginen wöchentlich flüssig düngen (siehe »Juni«).

■ **Lüften**
Wenn das Haus nicht ausschließlich mit Treibgurken und Zuckermelonen genutzt wird, die Türen und Lüftungsklappen auch nachts über geöffnet lassen. Dies beugt Pilzbefall vor.

Obstgarten

■ **Süß- und Sauerkirschen**
Hohe Kronen nach der Ernte auf tiefer stehende Äste herabsetzen und auslichten. Da die »Schattenmorelle« am einjährigen Holz trägt, nach der Ernte scharfer Schnitt, der zu kräftigem Neutrieb führt.
➲ Siehe auch ab Seite 428.

■ **Pfirsich und Aprikose**
Gleich nach der Ernte grobe Schnittarbeiten vornehmen, vor allem im unteren Bereich verkahlte Kronen herabsetzen.

■ **Walnuss**
Bei dieser Obstart nicht viel herumschneiden. Nur wenn die Kronenform durch eine zu stark entwickelte Astpartie einseitig geworden ist oder starke Äste zu dicht aufeinander liegen, kann man jetzt eingreifen. Im Frühjahr würde der Baum stark »bluten«.

■ **Sommerschnitt**
Eine Arbeit, die sich bei Jungbäumen, Spindelbüschen und Spalieren lohnt.
➲ Siehe auch ab Seite 429.

■ **Erdbeeren**
Jungpflanzen, selbst vermehrt oder von einem Spezialbetrieb bezogen, so bald als möglich pflanzen. Je früher, desto höher der Ertrag im kommenden Jahr.

■ **Brombeeren**
erst ernten, wenn die Früchte tiefschwarz sind. Jungtriebe zwischen die tragenden Triebe bzw. an freie Stellen ans Spalier binden. Geiztriebe auf zwei bis vier Blätter einkürzen.

■ **Veredlungen**
Triebe, die zur Fortsetzung kräftiger Äste dienen, an Stäbe anbinden, damit sie bei Sturm nicht abbrechen. Befinden sich an einem Pfropfkopf mehrere Reiser, sollte das an der Oberseite befindliche die Führung übernehmen, die anderen werden kurz gehalten.
➲ Siehe auch ab Seite 431.

■ **Mulchen**
Wenn das in den Vormonaten aufgebrachte Material infolge von Hitze und Regen zusammengesackt ist, erneut kurzen Rasenschnitt, Stroh oder Häckselmaterial auf die Flächen verteilen.
➲ Siehe auch ab Seite 74.

■ **Ernte**
Frühobst reift nicht gleichmäßig, deshalb die Bäume mehrmals durchpflücken.

Nach der Ernte ist ein günstiger Zeitpunkt für grobe Schnittarbeiten an Süß- und Sauer-Kirschen, Pfirsich und Aprikose.

September

Ziergarten

■ **Blumenzwiebeln**
von Tulpen, Narzissen, Hyazinthen in den Boden bringen, ebenso die vielen reizvollen Kleinzwiebelgewächse.
➲ Siehe auch ab Seite 98.

■ **Pflanzzeit**
für Nadelgehölze und immergrüne Laubgehölze. Auch Stauden, jetzt gepflanzt, können vor Winterbeginn noch Fuß fassen.

■ **Zweijahresblumen**
Sobald erste Nachtfröste den Sommerflor vernichtet haben, die inzwischen kräftig herangewachsenen Stiefmütterchen, Vergissmeinnicht, Bellis und all die vielen anderen an die vorgesehenen Stellen pflanzen. Wenn noch nicht möglich, die Pflanzen aus dem Pikierbeet nehmen und vorübergehend auf einem frei gewordenen Gemüsebeet »zwischenparken«.

■ **Heckenschnitt**
von Nadelgehölzen, also Thujen, Eiben, Scheinzypressen und Fichten möglich.
➲ Siehe auch ab Seite 190.

■ **Unkräuter**
rasch entfernen, bevor sie blühen oder gar Samen ansetzen. Mit einem Pendeljäter an einem sonnigen, warmen Tag geht dies sehr rasch.

■ **Pflanzflächen vorbereiten**
auf die im Spätherbst Gehölze, Hecken oder Rosen kommen sollen. Dabei vor allem Dauerunkräuter entfernen.
➲ Siehe auch ab Seite 68.

■ **Trockenblumen**
Zu Monatsbeginn Strohblumen und andere Trockenblumen ernten und luftig zum Trocknen aufhängen.

■ **Rasen**
Ein guter Monat für eine Neuanlage: Es ist noch warm genug, andererseits bleibt der Boden jetzt gleichmäßig feucht, so dass der Samen rasch keimt. Bestehende Rasenfläche regelmäßig mähen, bei einer Blumenwiese ist dies ein zweites Mal nötig.
➲ Siehe auch ab Seite 246.

Jetzt an das nächste Frühjahr denken, Tulpen- und all die vielen anderen Blumenzwiebeln in den Boden bringen.

Gemüsegarten

■ **Aussaaten**
Feldsalat spätestens zu Monatsbeginn säen, Spinat für die Frühjahrsernte gegen Monatsmitte. Frei gewordene Beete mit Gründüngung ansäen.

■ **Rosenkohl**
Bei Pflanzen, die Mitte September noch keine Röschen angesetzt haben, die Endknospen ausbrechen. Die übrigen Blätter bleiben unberührt.

■ **Gewürzkräuter**
Ausdauernde Arten wie Schnittlauch, Zitronenmelisse und andere im Abstand von einigen Jahren aus dem Boden nehmen, teilen und neu aufpflanzen.
➲ Siehe auch ab Seite 505.

■ **Spätgemüse**
Kohlarten, Porree, Sellerie, Möhren und andere nehmen im September noch beachtlich an Größe zu. Dazu benötigen sie Wasser und Nährstoffe.

■ **Erste Nachtfröste**
Empfindliche Gemüsearten wie Gurken, Zucchini, Kürbisse, Busch- und Stangenbohnen vor dem ersten Nachtfrost ernten und in einen Lagerraum bringen. Oder: Kulturen mit Folien schützen, denn auf wenige frühe Frostnächte folgt meist wieder eine milde Periode, so dass ganz normal weiter geerntet werden kann.

Frühbeet

■ **Abräumen**
Gurken und Zuckermelonen bringen kaum noch eine Ernte. Nur Paprika unter hochgelegten Fenstern hält meist bis in den Oktober hinein durch.

■ **Herbstnutzung**
Von Kopfsalat, zu Monatsbeginn gepflanzt, kann man ab Anfang November zarte Salatköpfe ernten. Dazwischen Radieschen säen. Gegen Monatsmitte gesäter Feldsalat kann den ganzen Winter über geerntet werden. Zu dicht aufgegangene Feldsalatpflänzchen aus einem Freilandbeet nehmen und im Abstand von 10x10 cm in den Frühbeetkasten pikieren oder in Töpfen vorkultiviert. Endivie und Zuckerhut in den Kasten pflanzen.

Gewächshaus

■ **Neubestellung**
wie beim Frühbeet. Im heizbaren Haus kann bis zur Monatsmitte gepflanzt und Feldsalat noch im Oktober ausgesät werden.

Obstgarten

■ **Obsternte**
Jetzt sind die Herbstsorten an der Reihe. Baumreife Früchte lösen sich bei leichtem Drehen oder Anheben vom Fruchtholz, ohne dass dies beschädigt wird. Auch die Haupternte von Zwetschen fällt in den September.
➲ Siehe auch ab Seite 438.

■ **Obstlagerung**
Vor der Ernte der späten Sorten den Lagerraum und die Horden reinigen.
Siehe auch ab Seite 439.

■ **Erdbeeren**
Jetzt und nicht erst im Frühjahr werden die Blütenanlagen ausgebildet, deshalb die Nährstoffe in den Spätsommermonaten und nicht im Frühjahr geben. Bei Trockenheit gießen, denn nur bei genügend Wasser im Boden können die Nährstoffe gelöst und von den Pflanzen aufgenommen werden.

■ **Pflanzenschutz**
In wühlmausgefährdeten Gärten die schädlichen Nager mit Fallen fangen und das im Sommer aufgebrachte Mulchmaterial in unmittelbarer Umgebung der Baumstämme entfernen.

■ **Unkraut entfernen**
Unter Beerensträuchern und den flach wurzelnden Spindelbüschen eignet sich dazu die Grabgabel, nicht aber der Spaten.

Oktober

Ziergarten

Abräumen
Die nach den ersten Nachtfrösten abgestorbenen Sommerblumen kompostieren, ebenso die abgeschnittenen Stauden. Kräftige Stängel wie die von Sonnenblumen, Herbstastern, Phlox, Sonnenauge u. a. vorher in kurze Stücke schneiden oder häckseln; sie verrotten dann rascher.
➲ Siehe auch ab Seite 77.

Pflanzzeit
für alle Zweijahresblumen, ebenso für Stauden, Gehölze und Rosen. Auch alle Arten von Blumenzwiebeln sollten möglichst bald in den Boden kommen.
➲ Siehe auch ab Seite 96.

Stauden
Sobald das Blühen zu Ende ist, die Beetstauden über dem Boden abschneiden, Unkraut entfernen und den Boden zwischen den Pflanzen mit der Grabgabel flach lockern. Keinen Spaten verwenden, da dabei zu viele Wurzeln abgestochen würden.

Einwintern
Dahlien, Gladiolen und andere Knollenpflanzen mit Etiketten versehen, auf denen Farbe und Höhe angegeben sind. Nach den ersten Frösten die Knollen aus dem Boden nehmen, abtrocknen lassen und ins Winterlager einräumen.

Kübelpflanzen
möglichst lange auf der Terrasse belassen; sie vertragen Temperaturen bis um den Gefrierpunkt.

Rasen
Eine Neuansaat zu Monatsbeginn ergibt noch vor Wintereintritt einen grünen Teppich.
➲ Siehe auch ab Seite 246.

Gemüsegarten

Ernte
Späte Möhren, Knollensellerie, Schwarzwurzeln, Rote Rüben, Winterrettiche und alle Spätkohlarten nicht vor Monatsende ernten. Sie nehmen auch in diesen Wochen noch an Größe und Gewicht zu.

Lagerung
Ideal ist die Lagerung in einer Erdmiete oder in einem Frühbeetkasten, nachdem die meisten Keller zu warm und trocken sind. Geeignet sind all die oben genannten Spätgemüsearten, wenn sie gesund und nicht beschädigt sind.
➲ Siehe auch ab Seite 478.

Schwarzwurzeln
Die Lagerung erfolgt am besten in einer Obstkiste mit feuchtem Torfmull zwischen je zwei Schichten.
➲ Siehe auch ab Seite 495.

Rosenkohl
Wo keine strengen Winter zu erwarten sind, kann er im Freien verbleiben. Sonst die Pflanzen aus dem Boden nehmen, an geschützter Stelle einschlagen oder die Röschen abpflücken und in die Gefriertruhe geben.

Porree
Auch winterharte Sorten sind nicht immer ganz winterhart, deshalb vor Wintereintritt hoch anhäufeln bzw. die Stangen geschützt an der Hauswand einschlagen.

Pflanzen teilen
Dies ist bei Rhabarber möglich, ebenso bei ausdauernden Gewürzkräutern.
➲ Siehe auch ab Seite 86.

Frühbeet

Pflegearbeiten
Auf den im September gepflanzten Kopfsalat die Fenster zu Monatsbeginn auflegen, aber untertags reichlich lüften. Nur selten gießen; wenn nötig, dann möglichst an sonnigen Tagen und vormittags. Das Gleiche gilt für Endivie und Zuckerhut.
Endivie und Zuckerhut einschlagen. Dazu gut entwickelte Pflanzen aus einem Gartenbeet ausgraben und mit möglichst unbeschädigten Wurzelballen in den Kasten pflanzen. Abstände weit genug wählen, reichlich lüften und – wenn nötig – nur zwischen den Pflanzen gießen. So kann bis Weihnachten Endivie geerntet werden. Zuckerhut sogar noch im Winter.

Gewächshaus

Herbstnutzung
wie unter »Frühbeet«.

Aussaaten
Auch im nicht beheizbaren Glashaus können noch Feldsalat und Spinat gesät werden. An frostfreien Tagen reichlich lüften.

Frostschutz
Bei Nachtfrostgefahr die Pflanzen mit Zeitungspapier, Vlies oder Folie abdecken; das wiederholte Gefrieren und Auftauen bekommt den genannten Kulturen nicht gut. Untertags das Abdeckmaterial entfernen, damit die Pflanzen genügend Luft bekommen.

Nach Ende des Blühens Beetstauden und frostempfindliche Gehölze abschneiden, zerkleinern und kompostieren.

Obstgarten

Obsternte
Spätsorten nicht zu früh ernten. Selbst Frostnächte werden von Äpfeln und Birnen gut überstanden, die Früchte dürfen nur nicht im gefrorenen Zustand mit den Händen angefasst werden.

Leitern und Pflückgefäße
Sprossen und Standfestigkeit überprüfen, vor allem bei Holzleitern. Früchte, die schwer erreichbar sind, mit dem Obstpflücker abernten oder den Amseln überlassen.

Obstverwertung
Bei der Ernte beschädigtes Obst für Süß- oder Gärmost verwenden. Vor allem säuerlich schmeckende Sorten – Mostobst – eignen sich. Größere Mengen zu einer Obstverwertungsstelle bringen. Von dort kann man den Saft gleich mitnehmen.

Obstlagerung
Nur gesunde, unbeschädigte Äpfel und Birnen einlagern, alles übrige Obst bald verbrauchen oder »verflüssigen«.
➲ Siehe auch ab Seite 439.

Pflanzung
Boden vorbereiten, wenn gegen Monatsende oder im November gepflanzt werden soll.

Pflanzenschutz
Wenn im Frühjahr mit Fraßschäden durch Frostspanner-Raupen zu rechnen ist, jetzt Leimringe um die Baumstämme legen.
➲ Siehe auch ab Seite 133.

November

Ziergarten

■ **Pflanzzeit**
Gehölze, Hecken und Rosen können den ganzen Monat über gepflanzt werden, es sei denn, Schnee oder gefrorener Boden behindern dies. Blumenzwiebeln möglichst bald in den Boden legen.
➲ Siehe auch ab Seite 98.

■ **Staudenpflege**
Siehe unter »Oktober«.
Verschiedene Gräser und Stauden mit aparten Samenständen den Winter über stehen lassen.

■ **Rosen**
Pflanzen anhäufeln oder auf je zwei bis drei Beetrosen einen Eimer Komposterde schütten. Hochstammrosen zu Boden legen und die Krone mit Erde bedecken.
➲ Siehe auch ab Seite 228.

■ **Rhododendron**
und andere wintergrüne Laubgehölze gegen winterliche Sonne locker mit Fichtenzweigen bedecken, es sei denn, sie stehen im Schatten. In einem trockenen Herbst vor Wintereintritt alle immergrünen Laub- und wertvolle kleinere Nadelgehölze gründlich wässern.

■ **Alpine Stauden**
in schneearmen Gegenden locker mit Fichtenzweigen abdecken.

Novemberstimmung, Abschied nehmen vom Gartenjahr. Ein Bild, das ein wenig traurig stimmt.

■ **Rasen**
ein letztes Mal kurz schneiden und zusammen mit herumliegendem, inzwischen feuchtem Laub zusammenrechen und kompostieren.
➲ Siehe auch ab Seite 252.

■ **Kübelpflanzen**
ins kühle aber frostfreie Winterquartier einräumen.
➲ Siehe auch ab Seite 352.

Gemüsegarten

■ **Ernte, Lagerung**
Spätgemüse bis Monatsmitte ernten und in einer Erdmiete oder einem ausgehobenen Frühbeetkasten einlagern.

■ **Kompostieren**
von Ernterückständen. Dabei möglichst sparrige Bohnenpflanzen mit weichen Gurken-, Salat-, Kohlblättern u. ä. vermischen.
➲ Siehe auch ab Seite 77.

■ **Chicoree, Löwenzahn**
Wurzeln bis spätestens Monatsmitte ausgraben und in Kübel oder Kisten zum Treiben aufstellen.

■ **Pflegearbeiten**
Bei Spinat, Feldsalat und Winterzwiebeln den Boden lockern und alles Unkraut – vor allem Vogelmiere – entfernen.

■ **Zuckerhut**
ist sehr frosthart und kann in vielen Gegenden im Freien verbleiben, vor allem wenn er von Schnee umhüllt wird. Lediglich die äußeren Blätter sind nach strenger Kälte nicht mehr zu gebrauchen. Möglichst vor Regen schützen.

■ **Chinakohl**
ist gegen Kälte empfindlich. Deshalb die Pflanzen samt Wurzeln aus dem Boden nehmen, die Köpfe einzeln in Papier einwickeln, senkrecht in eine Obststeige stellen und in einen kühlen Raum bringen.

Frühbeet

■ **Endivie**
hält bis –5°C aus und kann oft noch bis Weihnachten geerntet werden. An frostfreien Tagen viel lüften, nur wenn unbedingt nötig, zwischen den Pflanzen gießen und bei stärkerer Kälte die Fenster mit Isolierfolie und Brettern abdecken.

■ **Feldsalat**
während Frostperioden mit lichtdurchlässigem Vlies abdecken und nur gießen, wenn der Boden wirklich trocken ist.

Gewächshaus

■ **Frostschutz**
Im nicht geheizten Haus erntereifen Kopfsalat, Endivie und Feldsalat in Frostnächten mit Vlies oder Zeitungspapier gegen Kälte schützen.
➲ Siehe auch ab Seite 524.

Obstgarten

■ **Pflanzzeit**
für die meisten Obstarten. Lediglich kälteempfindliche Obstarten wie Pfirsich, Aprikose, Walnuss, Edelrebe und Brombeere besser erst im Frühjahr pflanzen.
➲ Siehe auch ab Seite 422.

■ **Einschlag**
Ist der Boden noch nicht vorbereitet, kann man die gekauften oder von einer auswärtigen Baumschule bezogenen Obstarten dicht an dicht vorübergehend im Gemüsegarten einschlagen.
➲ Siehe auch ab Seite 101.

■ **Obstlagerung**
Bei Nacht oder an Nebel- und Regentagen die Fenster des Lagerraumes öffnen, damit viel feuchte, kühle Luft eindringen kann. Das Obst wöchentlich durchsehen, angefaulte Früchte entfernen bzw. ausschneiden und verwerten.
➲ Siehe auch ab Seite 439.

■ **Pfähle, Bindematerial**
überprüfen und wenn nötig erneuern. Vor allem bei Spindelbüschen und Beerenstämmchen darf dies nicht übersehen werden. Ebenso einschnürende Etiketten und Baumbänder entfernen und durch neue ersetzen.
➲ Siehe auch ab Seite 434.

■ **Bodenuntersuchung**
Dazu Proben aus dem künftigen Wurzelbereich entnehmen und an eine Untersuchungsanstalt einschicken, Unter- und Oberboden getrennt. Aufgrund des Ergebnisses kann dann gezielt gedüngt werden.
➲ Siehe auch ab Seite 66.

■ **Pflanzenschutz**
An jungen Bäumen Drahthosen gegen Wildverbiss anlegen, in wildgefährdeten Gärten auf eine dichte Umzäunung achten. Bei Wühlmausgefahr Jungbäume in Drahtkörbe pflanzen.

■ **Obstbaumschnitt**
Damit bei älteren Bäumen, die ein gründliches Auslichten brauchen, bereits jetzt beginnen.
➲ Siehe auch ab Seite 424.

Dezember

Ziergarten

- **Winterschutz**
  bei Rosen, Rhododendron und anderen Immergrünen siehe unter »November«. Zu hohe Beetrosen bis auf Kniehöhe herunterschneiden; das bekommt dem winterlichen Gartenbild gut, der endgültige Rückschnitt erfolgt erst im Frühjahr.
- **Wasserleitung**
  abstellen, damit die Rohre, die vom Haus in den Garten führen, im Winter ohne Wasser sind. Gießkannen und Schlauch in die Gerätehütte bringen.
- **Zierbecken**
  haben meist eine tiefe Stelle, die frostfrei bleibt, so dass Fische und Seerosen im Becken überwintern können.
- **Geräteraum**
  ausräumen, sauber machen, Geräte und alles Zubehör neu einordnen. Dabei Geräte säubern und mit einem öligen Lappen einreiben. Tank des Motor-Rasenmähers entleeren und den Vergaser leer laufen lassen. Das erspart Ärger beim Frühjahrsstart.
- **Barbarazweige**
  Forsythien, Kirschen- und Zwetschenzweige, am Barbaratag (4. Dezember) geschnitten und ins warme Zimmer gestellt, blühen zu Weihnachten.
- **Gehölzschnitt**
  Wer sich im Freien betätigen will, kann bereits jetzt Hecken verjüngen und Ziersträucher auslichten (siehe unter »Januar«).
  ➲ Siehe auch ab Seite 184.
- **Laub**
  Nachdem auch die letzten Blätter gefallen sind, das Laub auf dem Rasen zusammenrechen und vermischt mit anderen Gartenabfällen kompostieren. In Wildstaudenpflanzungen sowie unter Sträuchern das Laub liegen lassen. Es verrottet und ergibt eine Mulchdecke, in der sich die Pflanzenwurzeln wohl fühlen.

Gemüsegarten

- **Winterschutz**
  Frühlingszwiebeln, Feldsalat und Spinat bei schneeloser Kälte locker mit Fichtenzweigen abdecken.
- **Sämereien**
  sind ein Leckerbissen für Mäuse. Deshalb nicht in der Gartenhütte belassen, sondern in einem kühlen frostfreien Raum aufbewahren.

Von Schnee eingehüllt, hält der Garten Winterschlaf. Doch auch in der kalten Jahreszeit gibt es Reizvolles zu entdecken.

- **Kompostieren**
  Dazu eignen sich alle Garten- und organischen Küchenabfälle. Alten, weitgehend verrotteten Kompost durch ein grobmaschiges Wurfgitter werfen und den Haufen bis zum Frühjahr mit unauffälliger dunkler Folie gegen Regen und Schnee abdecken.
  ➲ Siehe auch ab Seite 77.
- **Hügel- und Hochbeet**
  Zum Bau eignen sich all die Zweige, die beim Schnitt von Obstbäumen, Sträuchern und Hecken anfallen, ebenso Laub.
  ➲ Siehe auch ab Seite 460.
- **Bodenbearbeitung**
  Bei schwerem Boden und in neu angelegten Gärten die abgeräumten Beete mit dem Spaten umgraben. Lockern, humusreichen Boden dagegen nur mit der Grabgabel oder dem Sauzahn lockern, damit die lebendige Bodenschicht oben bleibt.
  ➲ Siehe auch ab Seite 68.

Frühbeet

- **Erde vorbereiten**
  Wenn der Kasten im Frühjahr mit Mist gepackt werden soll, nach dem Abernten die Erde ausheben und seitlich lagern. Dort kann sie den Winter über durchfrieren.
  In einem kalten Kasten, der erst ab März bestellt werden soll; lediglich umgraben bzw. lockern, damit der Frost krümelnd einwirken kann.

Gewächshaus

- **Mist einarbeiten**
  Im leeren Haus gut verrotteten Mist, der mindestens ein Jahr lang gelagert hat, untergraben. Ist das Haus noch mit Feldsalat oder anderen Kulturen belegt, dann den Mist erst im Frühjahr oder im Mai vor der Pflanzung von Gurken, Tomaten und Paprika einbringen. Durch die höheren Bodentemperaturen unter Glas werden die organischen Stoffe rascher abgebaut als im Freiland.

Obstgarten

- **Obstbaumschnitt**
  Bei günstiger Witterung das Auslichten und Verjüngen älterer Bäume fortsetzen.
  ➲ Siehe auch ab Seite 424.
- **Schnittkurse**
  Hier kann man die Praxis sehen, denn der Obstbaumschnitt kann nicht ausschließlich aus Büchern erlernt werden.
- **Umveredeln**
  Gesunde, nicht zu alte Bäume, deren Sorte nicht entspricht, bereits jetzt im dachförmigen Winkel abwerfen. Edelreiser ab Monatsende schneiden und an der Nordseite des Hauses in Erde einschlagen.
  ➲ Siehe auch ab Seite 431.
- **Obstlager**
  wiederholt durchsehen und Früchte mit Faulstellen rasch verwerten.
- **Pflanzung**
  von Obstbäumen und Beerensträuchern, solange der Boden offen ist.
- **Pflanzenschutzmittel**
  Flüssige Präparate und die Obstbaumspritze den Winter über in einen frostfreien Raum bringen.

Fett gedruckte Ziffern sind Hauptverweise, * = Abbildung

Bibliografische Information Der Deutschen Nationalbibliothek

Die Deutsche Nationalbibliothek verzeichnetdiese Publikation in der Deutschen Nationalbiografie; detaillierte bibliografische Daten sind im Internet über http.//dnb.d-nb.de abrufbar.

BLV Buchverlag GmbH & Co. KG
80797 München

Umschlagfoto: Gettyimages

Layoutkonzept Innenteil:
Parzhuber und Partner, München

Schriftleitung. Eva Ott
Lektorat: Dr. Thomas Hagen
Herstellung: Hermann Maxant

Gedruckt auf chlorfrei gebleichtem Papier

Printed in Slowakei
ISBN 978-3-8354-0744-2

Bildnachweis:

Baumjohann: 66o, 66m, 66u, 73, 75o, 75ur, 76ol, 80r, 103ul, 103ur, 104o, 109ol, 109ur, 111, 120, 121u, 130r, 136u, 139or, 141o, 142, 147ul, 249m, 255r, 414u, 436o, 436mo, 436mu, 437mo, 437mu, 481ol, 528

BBA: 149u

BKN Strobel: 201, 214r

Borstell: 10/11, 12, 15o, 15u, 16, 17, 18l, 18r, 20o, 20u, 24, 25o, 25mu, 25u, 26l, 26r, 27mr, 29ol, 29or, 29m, 29u, 31, 33u, 35ur, 36, 37o, 37u, 38, 39, 40o, 41, 42o, 44u, 45, 46, 47, 150/151, 210o, 216o, 219, 222u, 222o, 236, 263m, 264o, 264u, 265o, 267o, 267m, 268/269, 270, 275m, 278m, 280o, 281m, 282o, 283u, 287m, 290m, 291m, 293m, 294m, 295u, 296m, 296u, 298o, 298u, 300o, 301mr, 302m, 302u, 303o, 303m, 303u, 305u, 306m, 307u, 308o, 315u, 317m, 318u, 402/403

Burchardt: 64, 398or

Burda: 43o

Diez: 70ul, 75ul, 78ur

Dittmer: 74, 79o, 81u, 147ol, 502u, 503o, 517u, 517or

Franke: 67o, 69o, 256r

GBA/Didillon: 153m, 547

GBA/Engelhardt: 154u

GBA/GPL: 179, 187l, 217, 225u, 238, 498

GBA/Noun: 56/57, 68, 70ol, 84ul, 92, 95ol, 188, 251o, 281u

GBA/Wothe: 376o

Henseler: 118m, 118u, 122or, 129o, 133u, 136ol, 140, 437o, 457o, 457mo, 475o, 475m

Klock: 432

Krieger: 523or, 524u, 527l, 529o, 532ul, 534l

Krohme: 404, 433, 461o, 469

Leyhe: 280u, 281o, 295o, 297u, 305o

Markley: 153u, 160m, 165u, 171o, 173m, 173u, 174m, 193o, 193m, 196u, 197m, 199ol, 206, 229, 266o

Petersen: 525u

Pfletschinger/Angermayer: 122mr, 122ur, 123or, 124ol, 124or, 124ul, 124ur, 125o, 127u, 128o, 133or, 135o, 137u, 137o, 138or, 139ul

Pforr: 27or, 32l, 51, 53, 233u, 260ul, 260ur, 261, 265m, 271u, 272o, 274, 282m, 287o, 287u, 288m, 292u, 294u, 297o, 301ul, 315o, 316m, 317u, 318o, 319m, 319u, 371r, 376u, 378o, 379u, 385, 387u, 388o, 395o, 398u, 505u, 507r, 508l, 509l

Redeleit: 49, 54, 65l, 65r, 67ur, 69u, 72u, 78or, 81o, 83ur, 87or, 88u, 90ol, 100u, 100o, 102ol, 102mo, 102or, 102ul, 102mu, 102ur, 106o, 106ul, 107ol, 114o, 114ul, 114ur, 121ol, 122ul, 146ol, 146ul, 146or, 147or, 152, 155m, 156u, 167o, 176m, 183, 191o, 194o, 208o, 226o, 226ul, 226um, 226ur, 228, 231l, 233o, 234ol, 242/243, 246u, 246o, 247ol, 247or, 249ml, 249mr, 250, 251u, 252ol, 252ur, 253l, 255l, 330or, 332, 334u, 337, 356, 360o, 364u, 367ul, 367ur, 367or, 367mr, 368, 370, 392, 394o, 398ol, 401, 417o, 420l, 423o, 423m, 434u, 442u, 454o, 456, 459u, 463l, 463m, 472, 485ur, 491m, 503u, 505o, 524o, 525ol, 526o, 527r, 530, 532o, 536u, 537o, 538u, 549

Reinhard: 2/3, 13o, 13ul, 13ur, 14, 19, 22, 27ol, 27u, 30, 34u, 34o, 35o, 35ul, 40ur, 43u, 44o, 48, 50, 52o, 59, 61, 71, 76or, 77, 79u, 80m, 89, 90or, 90ul, 90ur, 91u, 94, 98, 99u, 101, 105, 106ur, 107or, 112, 113o, 115, 116o, 119l, 119r, 121or, 123ur, 126u, 133ol, 136or, 138ol, 141u, 144u, 144o, 148l, 148r, 149o, 153o, 154m, 155o, 155u, 156o, 156m, 157o, 158o, 158m, 158u, 160u, 161o, 161u, 162o, 162m, 162u, 163m, 164m, 164u, 166o, 166u, 168o, 168u, 169m, 170o, 172o, 173o, 174o, 175o, 176o, 176u, 177, 178, 180, 184, 185, 187r, 189, 191u, 194m, 194u, 195o, 195m, 195u, 196o, 196m, 197o, 197u, 198, 202ol, 202or, 202u, 205, 209l, 209r, 210u, 214l, 215, 218o, 220, 221, 224o, 224u, 232, 234ur, 234or, 235u, 235o, 237, 241, 245, 249u, 254, 255m, 262, 264m, 265u, 271o, 272u, 273, 275o, 275u, 279o, 283m, 284o, 284m, 284u, 285u, 286m, 289o, 290o, 295m, 296o, 297m, 298m, 299o, 299m, 300m, 300u, 301or, 302o, 304u, 307o, 308u, 309o, 309m, 309u, 310, 311o, 311u, 312o, 312m, 313o, 313u, 314m, 314u, 315m, 316o, 317o, 330ul, 331, 335o, 338o, 338m, 339o, 340o, 342m, 343m, 345, 360u, 364o, 365, 369, 371l, 372or, 373l, 373r, 375l, 375m, 375r, 377, 378u, 379o, 380, 383, 389, 393o, 395u, 399u, 399o, 406u, 407o, 409u, 410o, 411u, 411m, 414o, 417u, 419o, 419u, 421u, 422u, 426u, 434ol, 434or, 436u, 437u, 439o, 440, 441, 442o, 443o, 444, 445, 446, 447ol, 447ul, 447r, 448o, 448u, 449, 451, 452, 453, 454u, 455, 458, 462, 465, 466u, 466o, 467, 468, 473o, 478, 479o, 479u, 480u, 481u, 481or, 483ul, 484ol, 485o, 486o, 488o, 488u, 489ol, 489u, 490ol, 490or, 491ul, 491o, 491ur, 492or, 492ur, 495o, 496o, 500m, 504o, 506ol, 507l, 508m, 508r, 509m, 510l, 510m, 511l, 511r, 512m, 513r, 514l, 514r, 515, 516, 517ol, 518/519, 523ol, 529u, 533o, 533u, 534r, 535ul, 535o, 535ur, 536o, 538o, 539u, 540/541, 543, 544, 546, 548u, 548o, 550, 551, 552

Reithmeier: 118o, 125u, 132o, 132ul, 134u

Ruckszio: 25mo, 52u, 135u, 145, 199or, 204, 212ol, 212or, 216u, 218u, 225o, 227, 231r, 263o, 267u, 276u, 278u, 279u, 283o, 285m, 286o, 286u, 289u, 291o, 292o, 293u, 294o, 301ur, 314o, 318m, 338u, 340m, 340u, 341u, 342u, 372ul, 400o, 512l, 513m, 509r

Sammer: 83ul, 87ol, 91o, 109ul, 253r, 506u

Schlüter: 116u, 117ol, 117ur, 123ol, 123ul, 126o, 129u, 130l, 131l, 131r, 132ur, 134ol, 139ur

Schneider/Will: 386o, 387o, 388u, 390, 391l, 391r, 393u, 396, 500o, 501, 553

Seidl: 154o, 157m, 157u, 159o, 159m, 159u, 164o, 165m, 170m, 171m, 171u, 172u, 174u, 175m, 175u, 181, 199ur, 208u, 212ur, 263u, 266m, 266u, 276o, 278o, 279m, 280m, 282u, 285o, 288o, 288u, 289m, 290u, 291u, 292m, 293o, 299u, 304o, 304m, 305m, 306o, 306u, 308m, 311m, 312u, 313m, 316u, 319o, 334o, 335u, 336, 339m, 339u, 341m, 342o, 343o, 371m, 506or, 507m, 510r, 511m, 512r, 513l, 514m

Stangl: 21, 23, 67ul, 72or, 78ul, 84mo, 84mu, 84or, 99o, 99m, 103o, 109or, 110o, 113u, 190, 249ol, 249om, 249or, 405o, 405u, 406o, 407u, 408, 409o, 411o, 413o, 413u, 416, 418, 420r, 421o, 422o, 423u, 424, 425, 426ol, 426or, 427, 428, 429, 430, 431, 435u, 435o, 438, 439u, 443u, 457mu, 457u, 470, 480o, 489or, 522

Stehling: 33o, 258, 361r, 362 (1–4v.o.)

Stein: 32r, 42u, 72ol, 76u, 82, 83o, 85, 86o, 87ul, 87mr, 87u, 88o, 93ml, 93mr, 93ul, 93ur, 93or, 104u, 192, 247u, 256l, 257ol, 257or, 257ul, 259, 354/355, 357, 358, 361ul, 362u, 363, 372ol, 373m, 386u, 394u, 410u, 412, 415l, 415r, 450, 459o, 460, 461m, 461u, 463r, 464ol, 464ul, 464r, 473u, 474, 475u, 476, 477, 482u, 482ol, 482or, 483o, 483ur, 484or, 484ul, 484ur, 485ul, 486ul, 486ur, 487l, 487r, 489m, 490u, 492ul, 492ol, 493o, 493u, 494ol, 494or, 494u, 495ul, 495ur, 496u, 497o, 497u, 500u, 504u, 520, 521l, 521r, 523ur, 525or, 526u, 532ur, 539o

Strauß: 1, 55, 70ur, 80l, 86u, 95or, 95mr, 95ur, 96o, 96ml, 96mr, 96ul, 96ur, 97, 107u, 108, 110u, 160o, 161m, 163o, 163u, 165o, 167m, 167u, 168m, 169o, 169u, 170u, 193u, 234ul, 239, 252ul, 341o, 343u, 344, 346u, 346o, 347, 348o, 348u, 349, 350, 351, 352, 353, 359, 372om, 400u, 537u, 542, 545

Willner: 60, 260or, 382

Wothe: 502o

Zinkernagel: 40ul

Zunke: 117ul, 117or, 127o, 128u, 134or, 138u, 139ol

Grafiken:

Sylvia Bespaluk: 17, 18, 19, 23, 25, 28, 29, 30, 31, 32, 33, 34, 36, 38, 39, 41, 45, 46, 333, 362, 366, 375, 381, 397, 461, 463, 499

Daniela Farnhammer: 335

Heidi Janiček: 88, 98, 190, 191, 200, 228, 230, 236, 237, 244, 248

Jörg Mair: 68, 252, 530, 531

Johannes-Christian Rost: 58, 59, 60, 61, 65, 421, 424, 429, 430, 431, 445, 450, 451, 453, 470, 471

Sabine Weber: 20, 22, 26, 320, 321, 322, 323, 324, 325, 326, 327, 328, 329

Mein Gartenberater

Die Kompetenz-Reihe: fundiertes Wissen erfahrener Gartenpraktiker

Jeder Band:
128 Seiten,
ca. 120 Fotos
& Grafiken

ISBN 978-3-8354-0503-5

ISBN 978-3-8354-0512-7

ISBN 978-3-8354-0502-8

ISBN 978-3-8354-0501-1

ISBN 978-3-8354-0574-5

ISBN 978-3-8354-0571-4

ISBN 978-3-8354-0506-6

ISBN 978-3-8354-0505-9

ISBN 978-3-8354-0572-1

ISBN 978-3-8354-0513-4

ISBN 978-3-8354-0711-4

ISBN 978-3-8354-0507-3

ISBN 978-3-8354-0514-1

ISBN 978-3-8354-0515-8

ISBN 978-3-8354-0720-6

ISBN 978-3-8354-0573-8

ISBN 978-3-8354-0516-5

ISBN 978-3-8354-0640-7

ISBN 978-3-8354-0721-3

Bücher fürs Leben. blv